Dicionário
LAROUSSE
Francês/Português • Português/Francês

Bolso

Dicionário
LAROUSSE
Francês/Português • Português/Francês

Bolso

LAROUSSE
Cultura para todos

Copyright © 2006 Larousse
Copyright © 2006 Larousse do Brasil
Todos os direitos reservados.

Direção geral: Janice McNeillie
Direção editorial: Soraia Luana Reis
Coordenação editorial: José A. Gálvez
Editora: Camila Werner
Revisão: Maria Alice Farah C. Antonio,
Revisão tipográfica: Célia Regina Rodrigues de Lima
e Isabel Jorge Cury
Capa: Light Criação e Comunicação
Diagramação: LCT Tecnologia
Gerente de Produção: Fernando Borsetti

**Dados Internacionais de Catalogação na Publicação (CIP)
(Câmara Brasileira do Livro, SP, Brasil)**

Dicionário Larousse francês-português,
  português-francês : bolso / [coordenação
  editorial José A. Galvez]. -- São Paulo :
  Larousse do Brasil, 2006.

ISBN 85-7635-173-0

1. Francês - Dicionários - Português
2. Português - Dicionários - Francês I. Galvez,
José A..

	CDD-443.69
06-7554	-469.43

Índices para catálogo sistemático:
1. Francês : Dicionários : Português 443.69
2. Português : Dicionários : Francês 469.43

1ª edição brasileira: 2006
Direitos de edição para o Brasil:
Larousse do Brasil Participações Ltda.
Rua Afonso Brás 473, 16º andar – São Paulo/SP – Cep: 04511-011
Tel (11) 3044-1515 – Fax (11) 3044-3437
E-mail: info@larousse.com.br Site: www.larousse.com.br

Apresentação

O *Dicionário Larousse Francês-Português/Português-Francês Bolso* é a obra ideal tanto para os estudantes brasileiros nos primeiros anos de aprendizagem da língua francesa quanto para os turistas e profissionais em viagem.

É uma obra prática que apresenta soluções rápidas e precisas para as dúvidas do dia-a-dia. Com mais de 30 000 palavras e expressões, e mais de 40.000 traduções – incluindo a linguagem utilizada em placas de sinalização, cardápios etc. –, o *Dicionário Larousse Bolso* ajuda o viajante a orientar-se com agilidade e apresenta de forma ampla o vocabulário do francês e do português.

Além disso, boxes ao longo do dicionário trazem informações turísticas tanto para o brasileiro em viagem ao exterior quanto para o falante do francês em visita ao Brasil.

O *Dicionário Larousse Bolso* traz ainda um suplemento prático e fácil de ser consultado, um Guia de Conversação que ajuda o leitor a se comunicar verbalmente em diversas situações.

Este dicionário, enfim, é uma ferramenta prática para solucionar dúvidas e enriquecer o vocabulário de estudantes e viajantes. Boa viagem!

A editora

Abreviaturas

abreviatura	*abrev/abr*	abréviation
adjetivo	*adj*	adjectif
adjetivo feminino	*adj f*	adjectif féminin
adjetivo masculino	*adj m*	adjectif masculin
advérbio	*adv*	adverbe
anatomia	*ANAT*	anatomie
artigo	*art*	article
automóvel	*AUT*	automobile
auxiliar	*aux*	auxiliaire
termo belga	*Belg*	belgicisme
termo canadense	*Can*	canadianisme
comércio	*COM(M)*	commerce
comparativo	*comp(ar)*	comparatif
conjunção	*conj*	conjonction
culinária	*CULIN*	cuisine, art culinaire
educação, escola	*EDUC*	domaine scolaire
esporte	*ESP*	sport
interjeição	*excl*	exclamation
substantivo feminino	*f*	nom féminin
familiar	*fam*	familier
figurado	*fig*	figuré
finanças	*FIN*	finances
formal	*fml*	soutenu
geralmente	*ger/gén*	généralement
gramática	*GRAM(M)*	grammaire
termo suíço	*Helv*	helvétisme
informática	*INFORM*	informatique
interjeição	*interj*	exclamation
interrogativo	*interr*	interrogatif
invariável	*inv*	invariable
jurídico	*JUR*	juridique
substantivo masculino	*m*	nom masculin
matemática	*MAT(H)*	mathématiques
medicina	*MED/MÉD*	médecine
substantivo que tem a mesma forma para o masculino e para o feminino	*mf*	nom masculin et féminin
substantivo masculino que tem também uma forma para o feminino	*m, f*	nom masculin et féminin avec une désinence féminine

VII

termos militares	*MIL*	domaine militaire
música	*MÚS/MUS*	musique
substantivo	*n*	nom
termos naúticos	*NÁUT/NAVIG*	navigation
substantivo feminino	*nf*	nom féminin
substantivo masculino	*nm*	nom masculin
substantivo que tem a mesma forma para o masculino e para o feminino	*nmf*	nom masculin et féminin
substantivo masculino que tem também uma forma para o feminino	*nm, f*	nom masculin et féminin avec une désinence féminine
numeral	*num*	numéral
pejorativo	*pej*	péjoratif
plural	*pl*	pluriel
política	*POL*	politique
particípio passado	*pp*	participe passé
gerúndio	*ppr*	participe présent
preposição	*prep/prép*	préposition
pronome	*pron*	pronom
algo	*qqch*	quelque chose
alguém	*qqn*	quelqu'un
marca registrada	®	nom déposé
religião	*RELIG*	religion
substantivo	*s*	nom
educação, escola	*SCOL*	domaine scolaire
formal	*sout*	soutenu
sujeito	*suj*	sujet
superlativo	*sup(erl)*	superlatif
termos técnicos	*TEC(H)*	technologie
televisão	*TV*	télévision
verbo	*v*	verbe
verbo intransitivo	*vi*	verbe intransitif
verbo impessoal	*v impess/ v impers*	verbe impersonnel
verbo pronominal	*vp*	verbe pronominal
verbo transitivo	*vt*	verbe transitif
vulgar	*vulg*	vulgaire
equivalente cultural	≈	équivalent culturel

Transcrição fonética

Vogais portuguesas

[a]	pá, amar
[ɛ]	sé, seta, hera
[e]	ler, mês
[i]	ir, sino, nave
[ɔ]	nota, pó
[o]	corvo, avô
[u]	azul, tribo

Vogais francesas

[a]	lac, papillon, âme
[ɛ]	bec, aime
[e]	pays, année
[ə]	le, je
[i]	fille, île, système
[o]	drôle, aube, eau
[ø]	aveu, jeu
[œ]	peuple, boeuf
[u]	outil, goût
[y]	usage, lune

Semivogais

[j]	eleito, maio
[w]	luar, quadro, poema

[j]	yeux, lieu
[w]	ouest, oui
[ɥ]	lui, nuit

Ditongos

[aj]	faixa, mais
[ej]	leite, rei
[ɛj]	hotéis, pastéis
[ɔj]	herói, bóia
[oj]	coisa, noite
[uj]	azuis, fui
[aw]	nau, jaula
[ɛw]	céu, véu
[ew]	deus, seu
[iw]	riu, viu

Vogais nasais

[ã]	maçã, santo
[ẽ]	lençol, sempre
[ĩ]	fim, patim
[õ]	onde, com, honra
[ũ]	jejum, nunca

[ã]	champ, ennui
[ɛ̃]	timbre, main
[õ]	ongle, mon
[œ̃]	parfum, brun

Ditongos nasais

[ãj]	cãibra, mãe
[ãw]	camarão, cão
[ẽj]	bem, quem
[õj]	cordões, leões

IX

Consoantes

beijo, abrir	[b]	bateau, abeille	
casa, dique	[k]	coq, quatre, képi	
dama, prenda	[d]	dalle, ronde	
faca, afinal	[f]	fort, physique	
grande, agora	[g]	garder, digue	
gelo, cisne, anjo	[ʒ]	rouge, jeune	
lata, feliz, cola	[l]	lit, halle	
folha, ilha	[ʎ]		
mel, amigo	[m]	mât, drame	
novo, mina	[n]	nager, trône	
linha, sonho	[ɲ]	agneau, peigner	
anca, inglês	[ŋ]	parking	
pão, gripe	[p]	prendre, grippe	
cura, era	[r]	arracher, sabre	
cima, desse, caça	[s]	cela, savant	
noz, bis, caixa, chá	[ʃ]	charrue, schéma	
tema, lata, porta	[t]	théâtre, temps	
vela, ave	[v]	voir, rive, wagon	
rádio, terra	[x]		
zelo, brisa	[z]	fraise, zéro	

O símbolo [´] representa o "h" aspirado francês, por exemplo, hacher ['aʃe]. O símbolo ['] indica a sílaba acentuada em português. Quando há duas sílabas tônicas, nomeadamente nos substantivos compostos como **curtocircuito** [ˌkurtusir'kwitu] ou nos advérbios como **raramente** [ˌrara'mẽnte], o símbolo [ˌ] indica a mais fraca das duas.

Todas as entradas, tanto francesas como portuguesas, são seguidas por uma fonética API.

As regras de pronúncia aplicadas ao português refletem a língua falada no Rio de Janeiro.

Marcas registradas
O símbolo ® indica que a palavra em questão é uma marca registrada. Esse símbolo, ou sua eventual ausência, não afeta, no entanto, a situação legal da marca.

Conjugaison des verbes français

Conjugação de verbos franceses

avoir

ind prés
j'ai, tu as, il a, nous avons, vous avez, ils ont
imparfait
j'avais, tu avais, il avait, nous avions, vous aviez, ils avaient
ind futur
j'aurai, tu auras, il aura, nous aurons, vous aurez, ils auront
subj prés
que j'aie, que tu aies, qu'il aie, que nous ayons, que vous ayez, qu'ils aient
imp aie, ayons
pprés ayant
pp eu

être

ind prés
je suis, tu es, il est, nous sommes, vous êtes, ils sont
imparfait
j'étais, tu étais, il était, nous étions, vous étiez, ils étaient
ind fut
je serai, tu seras, il sera, nous serons, vous serez, ils seront
subj prés
que je sois, que tu sois, qu'il soit, que nous soyons, que vous soyez, qu'ils soient
imp sois, soyons
pprés étant
pp été

chanter

ind prés
je chante, tu chantes, il chante, nous chantons, vous chantez, ils chantent
imparfait
je chantais, tu chantais, il chantait, nous chantions, vous chantiez, ils chantaient
ind fut je chanterai, tu chanteras, il chantera, nous chanterons, vous chanterez, ils chanteront
subj prés
que je chante, que tu chantes, qu'il chante, que nous chantions, que vous chantiez, qu'ils chantent
imp chante, chantons
pprés chantant
pp chanté

baisser

ind prés
je baisse, nous baissons
imparfait
je baissais
ind fut
je baisserai
subj prés
que je baisse
imp baisse, baissons
pprés baissant
pp baissé

pleurer

ind prés
je pleure, nous pleurons
imparfait
je pleurais
ind fut
je pleurerai
subj prés
que je pleure
imp pleure, pleurons
pprés pleurant
pp pleuré

jouer

ind prés
je joue, nous jouons
imparfait
je jouais
ind fut
je jouerai
subj prés
que je joue
imp joue, jouons
pprés jouant
pp joué

IV

saluer

ind prés
je salue, nous saluons
imparfait je saluais
ind fut je saluerai
subj prés
que je salue
imp salue, saluons
pprés saluant
pp salué

arguer

ind prés
j'argue, nous arguons
imparfait j'arguais
ind fut j'arguerai
subj prés que j'argue
imp argue, arguons
pprés arguant
pp argué

copier

ind prés
je copie, nous copions
imparfait je copiais
ind fut je copierai
subj prés
que je copie
imp copie, copions
pprés copiant
pp copié

prier

ind prés
je prie, nous prions
imparfait je priais
ind fut je prierai
subj prés que je prie
imp prie, prions
pprés priant
pp prié

payer

ind prés
je paie, nous payons,
ils paient
imparfait je payais
ind fut je paierai
subj prés
que je paie
imp paie, payons
pprés payant
pp payé

grasseyer

ind prés
je grasseye,
nous grasseyons
imparfait
je grasseyais
ind fut
je grasseyerai
subj prés
que je grasseye
imp grasseye,
grasseyons
pprés grasseyant
pp grasseyé

ployer

ind prés
je ploie, nous ployons,
ils ploient
imparfait je ployais

ind fut je ploierai
subj prés
que je ploie
imp ploie, ployons
pprés ployant
pp ployé

essuyer

ind prés
j'essuie, nous
essuyons
imparfait
j'essuyais
ind fut
j'essuierai
subj prés
que j'essuie
imp essuie, essuyons
pprés essuyant
pp essuyé

créer

ind prés
je crée, nous créons
imparfait
je créais
ind fut je créerai
subj prés
que je crée
imp crée, créons
pprés créant
pp créé

avancer

ind prés
j'avance, nous
avançons, ils avancent

imparfait
j'avançais
ind fut
j'avancerai
subj prés
que j'avance
imp avance, avançons
pprés avançant
pp avancé

manger

ind prés
je mange,
nous mangeons
imparfait
je mangeais
ind fut
je mangerai
subj prés
que je mange
imp mange,
mangeons
pprés mangeant
pp mangé

céder

ind prés
je cède,
nous cédons,
ils cèdent
imparfait je cédais
ind fut je céderai
subj prés
que je cède
imp cède, cédons
pprés cédant
pp cédé

semer

ind prés je sème,
nous semons
imparfait
je semais
ind fut
je sèmerai
subj prés
que je sème
imp sème,
semons
pprés semant
pp semé

rapiécer

ind prés je rapièce,
nous rapiéçons,
ils rapiècent
imparfait
je rapiéçais
ind fut
je rapiécerai
subj prés
que je rapièce
imp rapièce,
rapiéçons
pprés rapiéçant
pp rapiécé

acquiescer

ind prés
j'acquiesce,
nous acquiesçons,
ils acquiescent
imparfait
j'acquiesçais
ind fut
j'acquiescerai

subj prés
que j'acquiesce
imp acquiesce,
acquiesçons
pprés acquiesçant
pp acquiescé

siéger

ind prés
je siège, nous
siégeons, ils siègent
imparfait
je siégeais
ind fut
je siégerai
subj prés
que je siège
imp siège, siégeons
pprés siégeant
pp siégé

déneiger

ind prés
je déneige,
nous déneigeons
imparfait
je déneigeais
ind fut
je déneigerai
subj prés
que je déneige
imp déneige,
déneigeons
pprés
déneigeant
pp déneigé

appeler

ind prés
j'appelle,
nous appelons,
ils appellent
imparfait j'appelais
ind fut
j'appellerai
subj prés
que j'appelle
imp appelle, appelons
pprés appelant
pp appelé

peler

ind prés
je pèle, nous pelons,
ils pèlent
imparfait je pelais
ind fut je pèlerai
subj prés que je pèle
imp pèle, pelons
pprés pelant
pp pelé

interpeller

ind prés j'interpelle,
nous interpellons
imparfait
j'interpellais
ind fut
j'interpellerai
subj prés
que j'interpelle
imp interpelle,
interpellons
pprés interpellant
pp interpellé

jeter

ind prés
je jette, nous jetons,
ils jettent
imparfait je jetais
ind fut je jetterai
subj prés
que je jette
imp jette, jetons
pprés jetant
pp jeté

acheter

ind prés
j'achète, nous
achetons, ils achètent
imparfait
j'achetais
ind fut
j'achèterai
subj prés
que j'achète
imp achète, achetons
pprés achetant
pp acheté

dépecer

ind prés je dépèce,
nous dépeçons, ils
dépècent
imparfait je dépeçais
ind fut je dépècerai
subj prés
que je dépèce
imp dépèce,
dépeçons
pprés dépeçant
pp dépecé

envoyer

ind prés j'envoie,
nous envoyons,
ils envoient
imparfait
j'envoyais
ind fut
j'enverrai
subj prés
que j'envoie
imp envoie, envoyons
pprés envoyant
pp envoyé

aller

ind prés je vais,
nous allons, ils vont
imparfait
j'allais
ind fut j'irai
subj prés
que j'aille
imp va, allons
pprés allant
pp allé

finir

ind prés
je finis, tu finis, il finit,
nous finissons, vous
finissez, ils
finissent
imparfait
je finissais, tu
finissais, il finissait,
nous finissions, vous
finissiez, ils finissaient
ind fut je finirai,

tu finiras, il finira,
nous finirons, vous
finirez, ils finiront
subj prés
que je finisse, que tu
finisses, qu'il finisse,
que nous finissions,
que vous finissiez,
qu'ils finissent
imp finis, finissons
pprés finissant
pp fini

haïr

ind prés
je hais, nous haïssons
imparfait
je haïssais
ind fut je haïrai
subj prés
que je haïsse
imp hais,
haïssons
pprés haïssant
pp haï

ouvrir

ind prés
j'ouvre, nous ouvrons
imparfait
j'ouvrais
ind fut j'ouvrirai
subj prés
que j'ouvre
imp ouvre, ouvrons
pprés ouvrant
pp ouvert

fuir

ind prés
je fuis, nous fuyons,
ils fuient
imparfait je fuyais
ind fut je fuirai
subj prés
que je fuie
imp fuis, fuyons
pprés fuyant
pp fui

dormir

ind prés je dors,
nous dormons
imparfait je dormais
ind fut je dormirai
subj prés
que je dorme
imp dors, dormons
pprés dormant
pp dormi

mentir

ind prés
je mens,
nous mentons
imparfait
je mentais
ind fut
je mentirai
subj prés
que je mente
imp mens, mentons
pprés mentant
pp menti

servir

ind prés je sers,
nous servons
imparfait je servais
ind fut je servirai
subj prés
que je serve
imp sers, servons
pprés servant
pp servi

acquérir

ind prés j'acquiers,
nous acquérons,
ils acquièrent
imparfait
j'acquérais
ind fut
j'acquerrai
subj prés
que j'acquière
imp acquiers,
acquérons
pprés acquérant
pp acquis

venir

ind prés
je viens, nous venons,
ils viennent
imparfait je venais
ind fut
je viendrai
subj prés
que je vienne
imp viens, venons
pprés venant
pp venu

cueillir

ind prés je cueille,
nous cueillons
imparfait
je cueillais
ind fut
je cueillerai
subj prés
que je cueille
imp cueille, cueillons
pprés cueillant
pp cueilli

mourir

ind prés
je meurs, nous
mourons, ils meurent
imparfait je mourais
ind fut
je mourrai
subj prés
que je meure
imp meurs, mourons
pprés mourant
pp mort

partir

ind prés je pars,
nous partons
imparfait
je partais
ind fut
je partirai
subj prés
que je parte
imp pars, partons
pprés partant
pp parti

revêtir

ind prés
je revêts, nous
revêtons
imparfait
je revêtais
ind fut
je revêtirai
subj prés
que je revête
imp revêts, revêtons
pprés revêtant
pp revêtu

courir

ind prés
je cours, nous courons
imparfait je courais
ind fut
je courrai
subj prés
que je coure
imp cours,
courons
pprés courant
pp couru

faillir

ind prés
je faillis, nous
faillissons
imparfait
je faillissais
ind fut je faillirai
subj prés
que je faillisse
pprés faillissant
pp failli

défaillir

ind prés je défaille,
nous défaillons
imparfait
je défaillais
ind fut je défaillirai
subj prés
que je défaille
imp défaille,
défaillons
pprés défaillant
pp défailli

bouillir

ind prés je bous,
nous bouillons
imparfait je bouillais
ind fut je bouillirai
subj prés
que je bouille
imp bous, bouillons
pprés bouillant
pp bouilli

gésir

ind prés
je gis, nous gisons
imparfait
je gisais
pprés gisant
pp gît

saillir

ind prés
il saille, ils saillent
imparfait il saillait
ind fut je saillerai

subj prés
qu'il saille,
qu'ils saillent
pprés saillant
pp sailli

ouïr

ind prés
j'ouïs, nous ouïssons
imparfait j'ouïssais
ind fut j'ouïrai
subj prés
que j'ouïsse
imp ouïs, ouïssons
pprés oyant
pp ouï

recevoir

ind prés
je reçois, nous
recevons, ils reçoivent
imparfait je recevais
ind fut je recevrai
subj prés
que je reçoive
imp reçois, recevons
pprés recevant
pp reçu

devoir

ind prés
je dois, nous devons,
ils doivent
imparfait je devais
ind fut je devrai
subj prés
que je doive

pprés devant
pp dû

mouvoir

ind prés
je meus, nous
mouvons, ils meuvent
imparfait je mouvais
ind fut je mouvrai
subj prés
que je meuve,
que nous mouvions,
qu'ils meuvent
imp meus, mouvons
pprés mouvant
pp mû

émouvoir

ind prés
j'émeus, nous
émouvons,
ils émeuvent
imparfait j'émouvais
ind fut j'émouvrai
subj prés
que j'émeuve
imp émeus,
émouvons
pprés émouvant
pp ému

promouvoir

ind prés je promeus,
nous promouvons,
ils promeuvent
imparfait
je promouvais

ind fut je promouvrai
subj prés
que je promeuve
imp promeus,
promouvons
pprés promouvant
pp promu

vouloir

ind prés je veux,
nous voulons,
ils veulent
imparfait je voulais
ind fut je voudrai
subj prés
que je veuille,
que nous voulions,
qu'ils veuillent
imp veuille, veuillons
pprés voulant
pp voulu

pouvoir

ind prés je peux,
nous pouvons,
ils peuvent
imparfait je pouvais
ind fut je pourrai
subj prés
que je puisse
pprés pouvant
pp pu

savoir

ind prés
je sais, nous savons,
ils savent

imparfait je savais
ind fut je saurai
subj prés
que je sache
imp sache, sachons
pprés sachant
pp su

valoir

ind prés
je vaux, nous valons
imparfait je valais
ind fut je vaudrai
subj prés
que je vaille
imp vaux, valons
pprés valant
pp valu

prévaloir

ind prés je prévaux,
nous prévalons
imparfait
je prévalais
ind fut
je prévaudrai
subj prés
que je prévale
imp prévaux,
prévalons
pprés prévalant
pp prévalu

voir

ind prés
je vois, nous voyons,
ils voient

imparfait
je voyais
ind fut
je verrai
subj prés
que je voie
imp vois, voyons
pprés voyant
pp vu

prévoir

ind prés
je prévois,
nous prévoyons,
ils prévoient
imparfait
je prévoyais
ind fut
je prévoirai
subj prés
que je prévoie
imp prévois,
prévoyons
pprés prévoyant
pp prévu

pourvoir

ind prés
je pourvois,
nous pourvoyons,
ils pourvoient
imparfait
je pourvoyais
ind fut
je pourvoirai
subj prés
que je pourvoie
imp pourvois,
pourvoyons
pprés pourvoyant
pp pourvu

asseoir

ind prés
j'assieds, nous
asseyons, ils assoient
imparfait j'asseyais
ind fut j'assiérai
subj prés
que j'asseye
imp assieds, asseyons
pprés asseyant
pp assis

surseoir

ind prés
je sursois, nous
sursoyons, ils
sursoient
imparfait
je sursoyais
ind fut
je surseoirai
subj prés
que je surseoie
imp sursois,
sursoyons
pprés sursoyant
pp sursis

seoir

ind prés
il sied, ils siéent
imparfait
il seyait

ind fut
il siéra
subj prés
qu'il siée, qu'ils siéent
pprés seyant

pleuvoir

ind prés il pleut
imparfait
il pleuvait
ind fut
il pleuvra
subj prés
qu'il pleuve
pprés pleuvant
pp plu

falloir

ind prés il faut
imparfait il fallait
ind fut
il faudra
subj prés
qu'il faille
pp fallu

échoir

ind prés
il échoit, ils échoient
imparfait
il échoyait
ind fut
il échoira
subj prés
qu'il échoie
pprés échéant
pp échu

déchoir

ind prés je déchois,
nous déchoyons, ils
déchoient
ind fut je déchoirai
subj prés
que je déchoie,
qu'ils déchoient
pp déchu

choir

ind prés
je chois, ils choient
ind fut je choirai
pp chu

vendre

ind prés
je vends, tu vends,
il vend, nous vendons,
vous vendez,
ils vendent
imparfait je vendais,
tu vendais, il vendait,
nous vendions, vous
vendiez, ils vendaient
ind fut
je vendrai, tu vendras,
il vendra, nous
vendrons, vous
vendrez, ils vendront
subj prés que je
vende, que tu vendes,
qu'il vende, que
nous vendions, que
vous vendiez, qu'ils
vendent
imp vends, vendons

pprés vendant
pp vendu

répandre

ind prés je répands,
nous répandons
imparfait
je répandais
ind fut je répandrai
subj prés
que je répande
imp répands,
répandons
pprés répandant
pp répandu

répondre

ind prés
je réponds,
nous répondons
imparfait
je répondais
ind fut je répondrai
subj prés
que je réponde
imp réponds,
répondons
pprés répondant
pp répondu

mordre

ind prés
je mords,
nous mordons
imparfait
je mordais
ind fut je mordrai

subj prés
que je morde
imp mords, mordons
pprés mordant
pp mordu

perdre

ind prés
je perds, nous perdons
imparfait
je perdais
ind fut
je perdrai
subj prés
que je perde
imp perds, perdons
pprés perdant
pp perdu

rompre

ind prés je romps,
nous rompons
imparfait
je rompais
ind fut
je romprai
subj prés
que je rompe
imp romps, rompons
pprés rompant
pp rompu

prendre

ind prés
je prends, nous
prenons, ils prennent
imparfait je prenais

ind fut
je prendrai
subj prés
que je prenne
imp prends, prenons
pprés prenant
pp pris

craindre

ind prés je crains,
nous craignons
imparfait
je craignais
ind fut
je craindrai
subj prés
que je craigne
imp crains, craignons
pprés craignant
pp craint

peindre

ind prés je peins,
nous peignons
imparfait
je peignais
ind fut je peindrai
subj prés
que je peigne
imp peins,
peignons
pprés peignant
pp peint

joindre

ind prés je joins,
nous joignons

imparfait
je joignais
ind fut
je joindrai
subj prés
que je joigne
imp joins, joignons
pprés joignant
pp joint

battre

ind prés je bats,
nous battons
imparfait
je battais
ind fut
je battrai
subj prés
que je batte
imp bats, battons
pprés battant
pp battu

mettre

ind prés je mets,
nous mettons
imparfait
je mettais
ind fut
je mettrai
subj prés
que je mette
imp mets,
mettons
pprés
mettant
pp mis

moudre

ind prés je mouds, nous moulons
imparfait je moulais
ind fut je moudrai
subj prés que je moule
imp mouds, moulons
pprés moulant
pp moulu

coudre

ind prés je couds, nous cousons
imparfait il cousait
ind fut je coudrai
subj prés que je couse
imp couds, cousons
pprés cousant
pp cousu

absoudre

ind prés j'absous, nous absolvons
imparfait j'absolvais
ind fut j'absoudrai
subj prés que j'absolve
imp absous, absolvons
pprés absolvant
pp absous

résoudre

ind prés je résous, nous résolvons
imparfait je résolvais
ind fut je résoudrai
subj prés que je résolve
imp résous, résolvons
pprés résolvant
pp résolu

suivre

ind prés je suis, nous suivons
imparfait je suivais
ind fut je suivrai
subj prés que je suive
imp suis, suivons
pprés suivant
pp suivi

vivre

ind prés je vis, nous vivons
imparfait je vivais
ind fut je vivrai
subj prés que je vive, que nous vivions
imp vis, vivons
pprés vivant
pp vécu

paraître

ind prés je parais, nous paraissons
imparfait je paraissais
ind fut je paraîtrai
subj prés que je paraisse
imp parais, paraissons
pprés paraissant
pp paru

naître

ind prés je nais, nous naissons
imparfait je naissais
ind fut je naîtrai
subj prés que je naisse
imp nais, naissons
pprés naissant
pp né

croître

ind prés je croîs, nous croissons
imparfait il croissait
ind fut je croîtrai
subj prés que je croisse
imp croîs, croissons
pprés croissant
pp crû

XIV

accroître

ind prés j'accrois, nous accroissons
imparfait il accroissait
ind fut j'accroîtrai
subj prés que j'accroisse
imp accrois, accroissons
pprés accroissant
pp accru

rire

ind prés je ris, nous rions
imparfait je riais
ind fut je rirai
subj prés que je rie
imp ris, rions
pprés riant
pp ri

conclure

ind prés je conclus, nous concluons
imparfait je concluais
ind fut je conclurai
subj prés que je conclue
imp conclus, concluons
pprés concluant
pp conclu

nuire

ind prés je nuis, nous nuisons
imparfait je nuisais
ind fut je nuirai
subj prés que je nuise
imp nuis, nuisons
pprés nuisant
pp nui

conduire

ind prés je conduis, nous conduisons
imparfait je conduisais
ind fut je conduirai
subj prés que je conduise
imp conduis, conduisons
pprés conduisant
pp conduit

écrire

ind prés j'écris, nous écrivons
imparfait j'écrivais
ind fut j'écrirai
subj prés que j'écrive
imp écris, écrivons
pprés écrivant
pp écrit

suffire

ind prés je suffis, nous suffisons
imparfait je suffisais
ind fut je suffirai
subj prés que je suffise
pprés suffisant
pp suffi

confire

ind prés je confis, nous confisons
imparfait je confisais
ind fut je confirai
subj prés que je confise
imp confis, confisons
pprés confisant
pp confit

dire

ind prés je dis, nous disons
imparfait je disais
ind fut je dirai
subj prés que je dise
imp dis, disons
pprés disant
pp dit

contredire

ind prés
je contredis, nous contredisons
imparfait
je contredisais
ind fut
je contredirai
subj prés
que je contredise
imp contredis, contredisons
pprés contredisant
pp contredit

maudire

ind prés
je maudis, nous maudissons
imparfait
je maudissais
ind fut
je maudirai
subj prés
que je maudisse
imp maudis, maudissons
pprés maudissant
pp maudit

bruire

ind prés je bruis
imparfait je bruyais
ind fut je bruirai
pp bruit

lire

ind prés
je lis, nous lisons
imparfait je lisais
ind fut je lirai
subj prés que je lise, que nous lisions
imp lis, lisons
pprés lisant
pp lu

croire

ind prés
je crois, nous croyons, ils croient
imparfait
je croyais
ind fut je croirai
subj prés
que je croie
imp crois, croyons
pprés croyant
pp cru

boire

ind prés je bois, nous buvons, ils boivent
imparfait
je buvais
ind fut je boirai
subj prés
que je boive
imp bois, buvons
pprés buvant
pp bu

faire

ind prés
je fais, nous faisons, ils font
imparfait
je faisais
ind fut je ferai
subj prés
que je fasse
imp fais, faisons, faites
pprés faisant
pp fait

plaire

ind prés
je plais,
nous plaisons
imparfait
je plaisais
ind fut
je plairai
subj prés
que je plaise
imp plais, plaisons
pprés plaisant
pp plu

taire

ind prés
je tais, nous taisons
imparfait je taisais
ind fut je tairai
subj prés
que je taise
imp tais, taisons
pprés taisant
pp tu

extraire

ind prés j'extrais,
nous extrayons,
ils extraient
imparfait
j'extrayais
ind fut j'extrairai
subj prés
que j'extraie
imp extrais, extrayons
pprés extrayant
pp extrait

clore

ind prés
je clos, nous closons
ind fut je clorai
subj prés
que je close
pprés closant
pp clos

vaincre

ind prés
je vaincs,
nous vainquons
imparfait
je vainquais
ind fut
je vaincrai
subj prés
que je vainque
imp vaincs,
vainquons
pprés vainquant
pp vaincu

frire

ind prés je fris
ind fut je frirai
imp fris
pp frit

foutre

ind prés je fous,
nous foutons
imparfait
je foutais
ind fut
je foutrai
subj prés
que je foute
imp fous, foutons
pprés foutant
pp foutu

FRANÇAIS – PORTUGAIS

FRANCÊS – PORTUGUÊS

A

a [a] → **avoir**.
A (*abr de* **autoroute**) A.
à [a] *prép* **1.** *(gén)* a • **penser à qqch** pensar em algo • **donner qqch à qqn** dar algo a alguém • **allons au théâtre** vamos ao teatro • **il est parti à la pêche** ele foi à pesca • **embarquement à 21h30** embarque às 21h30 • **au mois d'août** no mês de agosto • **le musée est à cinq minutes d'ici** o museu fica a cinco minutos daqui • **à jeudi!** até quinta-feira! • **à deux** a dois • **à pied** a pé • **écrire au crayon** escrever a lápis • **à la française** à francesa • **un billet d'entrée à 8€**, um ingresso a 8 euros • **j'ai acheté une robe à 40€**, comprei um vestido de 40 euros • **être payé à l'heure** ser pago por hora • **100 km à l'heure** 100 km por hora • **le courrier à poster** a carta para pôr no correio • **maison à vendre** casa à venda • **travail à faire** trabalho para fazer **2.** *(indique le lieu où l'on est)* em • **j'habite à Paris** moro em Paris • **rester à la maison** ficar em casa • **il y a une piscine à deux kilomètres du village** há uma piscina a dois quilômetros da aldeia **3.** *(indique un moyen de transport)* de • **une promenade à vélo** um passeio de bicicleta • **un voyage à dos d'âne** uma viagem de burro **4.** *(indique l'appartenance)* de • **cet argent est à moi/à Isabelle** este dinheiro é meu/dele/da Isabelle • **une amie à moi** uma amiga minha • **à qui sont ces lunettes?** de quem são estes óculos? **5.** *(indique une caractéristique)* de • **le garçon aux yeux bleus** o rapaz de olhos azuis • **un bateau à vapeur** um barco a vapor • **un tissu à fleurs** um tecido florido.
AB[1] (*abr de* **assez bien**) suficiente.
AB[2] (*abr de* **agriculture biologique**) [ab] *abrev* agricultura *f* biológica.

abaisser

abaisser [abese] *vt (manette)* abaixar.

abandon [abɑ̃dɔ̃] *nm* ◆ **à l'abandon** ao abandono ◆ **laisser qqch à l'abandon** deixar algo ao abandono.

abandonné, e [abɑ̃dɔne] *adj* abandonado(da).

abandonner [abɑ̃dɔne] ◆ *vt* abandonar. ◆ *vi* desistir.

abasourdi, e [abazuʀdi] *adj* **1.** *(stupéfait)* embasbacado (da) **2.** *(étourdi)* aturdido(da).

abat-jour [abaʒuʀ] *nm inv* abajur *m.*

abats [aba] *nmpl* miúdos *mpl.*

abattoir [abatwaʀ] *nm* matadouro *m.*

abattre [abatʀ] *vt* abater.

abattu, e [abaty] *adj (découragé)* abatido (da).

abbaye [abei] *nf* abadia *f.*

abcès [apsɛ] *nm* abcesso *m.*

abdos [abdo] *(fam) abr de* **abdominaux.**

abeille [abej] *nf* abelha *f.*

aberrant, e [abeʀɑ̃, ɑ̃t] *adj* aberrante.

abîmer [abime] *vt* estragar ◆ **s'abîmer** *vp* estragar-se ◆ **s'abîmer les yeux** estragar a vista.

aboiements [abwamɑ̃] *nmpl* latidos *mpl.*

abolir [abɔliʀ] *vt* abolir.

abominable [abɔminabl] *adj* abominável.

abondant, e [abɔ̃dɑ̃, ɑ̃t] *adj* abundante.

abonné, e [abɔne] *adj & nm* assinante.

abonnement [abɔnmɑ̃] *nm* assinatura *f (subscrição).*

abonner [abɔne] ◆ **s'abonner à** *vp + prép (journal)* assinar.

abord [abɔʀ] ◆ **d'abord** *adv* primeiro ◆ **abords** *nmpl* arredores *mpl.*

abordable [abɔʀdabl] *adj* acessível.

aborder [abɔʀde] *vt & vi* abordar.

aboutir [abutiʀ] *vi* dar resultado ◆ **aboutir à** levar a.

aboyer [abwaje] *vi* latir.

abrégé [abʀeʒe] *nm* ◆ **en abrégé** em resumo.

abréger [abʀeʒe] *vt* abreviar.

abreuvoir [abʀœvwaʀ] *nm* bebedouro *m.*

abréviation [abʀevjasjɔ̃] *nf* abreviatura *f.*

abri [abʀi] *nm* abrigo *m* ◆ **à l'abri de** ao abrigo de.

Abribus® [abʀibys] *nm* ◆ ponto *m* de ônibus, parada *f* de ônibus.

abricot [abʀiko] *nm* damasco *m.*

abriter [abʀite] ◆ **s'abriter (de)** *vp + prép* abrigar-se (de).

abrupt, e [abʀypt] *adj* abrupto(ta).

abruti, e [abʀyti] ◆ *adj (fam) (bête)* parvo(va); *(assommé)* embrutecido(da) ◆ *nm (fam)* parvo *m,* -va *f.*

abrutissant, e [abʀytisɑ̃, ɑ̃t] *adj* embrutecedor(ra).

absence [apsɑ̃s] *nf (d'une personne)* ausência *f;* *(manque)* falta *f.*

absent, e [apsɑ̃, ɑ̃t] *adj & nm* ausente.

absenter [apsɑ̃te] ♦ **s'absenter** *vp* ausentar-se.

absolu, e [apsɔly] *adj* absoluto(ta).

absolument [apsɔlymɑ̃] *adv* (à tout prix) absolutamente; (tout à fait) completamente.

absorbant, e [apsɔrbɑ̃, ɑ̃t] *adj* absorvente.

absorber [apsɔrbe] *vt* absorver.

abstenir [apstənir] ♦ **s'abstenir** *vp* (de voter) abster-se.

abstention [apstɑ̃sjɔ̃] *nf* abstenção *f*.

abstenu, e [apstəny] *pp* → abstenir.

abstrait, e [apstrɛ, ɛt] *adj* abstrato(ta).

absurde [apsyrd] *adj* absurdo(da).

abus [aby] *nm* abuso *m*.

abuser [abyze] *vi* abusar • **abuser de** abusar de.

académie [akademi] *nf* (zone administrative) = direção *f* regional de educação • **l'Académie française** a Academia Francesa de Letras.

acajou [akaʒu] *nm* (bois) mogno *m*.

accabler [akable] *vt* deitar abaixo • **accabler qqn de** (travail) sobrecarregar alguém de ou com; (reproches, injures) cobrir alguém de.

accaparer [akapare] *vt* (personne, conversation) monopolizar.

accéder [aksede] ♦ **accéder à** *vp + prép* (lieu) aceder a.

accélérateur [akseleratœr] *nm* acelerador *m*.

accélération [akselerasjɔ̃] *nf* aceleração *f*.

accélérer [akselere] *vi* acelerar.

accent [aksɑ̃] *nm* (intonation) sotaque *m*; (signe graphique) acento *m* • **mettre l'accent sur** pôr a tônica em • **accent aigu** acento agudo • **accent circonflexe** acento circunflexo • **accent grave** acento grave.

accentuer [aksɑ̃tɥe] *vt* (mot) acentuar ♦ **s'accentuer** *vp* acentuar-se.

acceptable [akseptabl] *adj* aceitável.

accepter [aksepte] *vt* aceitar • **accepter de faire qqch** aceitar fazer algo.

accès [aksɛ] *nm* acesso *m* • **donner accès à** dar acesso a • **accès interdit** acesso proibido • **accès aux trains** acesso às plataformas de ferrovias.

accessible [aksesibl] *adj* acessível.

accessoire [akseswar] *nm* acessório *m*.

accident [aksidɑ̃] *nm* acidente *m* • **accident de la route** acidente de estrada • **accident du travail** acidente de trabalho • **accident de voiture** acidente de carro.

accidenté, e [aksidɑ̃te] *adj* acidentado(da).

accidentel, elle [aksidɑ̃tɛl] *adj* acidental.

accolade [akɔlad] *nf* (signe graphique) chave *f*.

accompagnateur

accompagnateur, trice [akɔ̃paɲatœʀ, tʀis] *nm* acompanhante *mf.*

accompagnement [akɔ̃paɲmɑ̃] *nm* MÚS acompanhamento *m.*

accompagner [akɔ̃paɲe] *vt* acompanhar.

accomplir [akɔ̃pliʀ] *vt* cumprir.

accord [akɔʀ] *nm (consentement, pacte)* acordo *m*; MÚS acorde *m*; GRAM concordância *f* • **d'accord!** está bem! • **se mettre d'accord** pôr-se de acordo • **être d'accord avec** estar de acordo com • **être d'accord pour faire qqch** estar de acordo para fazer algo.

accordéon [akɔʀdeɔ̃] *nm* acordeão *m.*

accorder [akɔʀde] *vt* MÚS afinar • **accorder qqch à qqn** conceder algo a alguém • **s'accorder** *vp* concordar • **s'accorder bien** *(couleurs, vêtements)* combinar bem.

accoster [akɔste] • *vt (personne)* abordar • *vi* acostar.

accotement [akɔtmɑ̃] *nm* acostamento *m.*

accouchement [akuʃmɑ̃] *nm* parto *m* • **accouchement sous X** parto anônimo, parto de mãe incógnita.

accoucher [akuʃe] *vi* dar à luz • **accoucher de jumeaux** dar à luz gêmeos.

accouder [akude]
◆ **s'accouder** *vp* apoiar os cotovelos.

accoudoir [akudwaʀ] *nm* braço *m (de cadeira).*

accourir [akuʀiʀ] *vi* acorrer.

accouru, e [akuʀy] *pp* → **accourir**.

accoutumer [akutyme]
◆ **s'accoutumer à** *vp + prép* acostumar-se com.

accroc [akʀo] *nm (déchirure)* rasgão *m.*

accrochage [akʀɔʃaʒ] *nm (accident)* colisão *f*; *(fam) (dispute)* pega *f.*

accrocher [akʀɔʃe] *vt (remorque)* prender; *(au mur, au portemanteau)* pendurar; *(à un clou)* enganchar; *(heurter)* colidir
◆ **s'accrocher** *vp (fam) (persévérer)* agarrar-se • **s'accrocher à** *(se tenir à)* agarrar-se a.

accroupir [akʀupiʀ]
◆ **s'accroupir** *vp* acocorar-se.

accu [aky] *nm (fam)* bateria *f.*

accueil [akœj] *nm* recepção *f.*

accueillant, e [akœjɑ̃, ɑ̃t] *adj* acolhedor (ra).

accueillir [akœjiʀ] *vt (personne)* acolher; *(nouvelle)* receber.

accumuler [akymyle] *vt* acumular ◆ **s'accumuler** *vp* acumular-se.

accusation [akyzasjɔ̃] *nf* acusação *f.*

accusé, e [akyze] • *nm* réu *m*, ré *f* • *nm* • **accusé de réception** aviso *m* de recebimento.

accuser [akyze] *vt* acusar • **accuser qqn de qqch** acusar alguém de algo • **accuser qqn de faire qqch** acusar alguém de fazer algo.

acéré, e [aseʀe] *adj* afiado(da).

acharnement [aʃaʀnəmɑ̃] *nm* obstinação *f* • **avec acharnement** com afinco.

acharner [aʃaʀne]
• **s'acharner** *vp* • **s'acharner à faire qqch** obstinar-se em fazer algo • **s'acharner sur qqn** lançar-se sobre alguém.

achat [aʃa] *nm* compra *f* • **faire des achats** fazer compras.

acheter [aʃte] *vt* comprar • **acheter qqch à qqn** comprar algo para alguém.

acheteur, euse [aʃtœʀ, øz] *nm* comprador *m*, -ra *f*.

achever [aʃve] *vt (terminer)* acabar; *(tuer)* acabar com
• **s'achever** *vp* chegar ao fim.

acide [asid] • *adj* ácido(da)
• *nm* ácido *m*.

acier [asje] *nm* aço *m* • **acier inoxydable** aço inoxidável.

acné [akne] *nf* acne *f*.

acompte [akɔ̃t] *nm* sinal *m (entrada em dinheiro)*.

à-coup [aku] *(pl* **à-coups**) *nm* solavanco *m* • **par à-coups** *(travailler)* irregularmente; *(avancer)* aos trancos.

acoustique [akustik] *nf* acústica *f*.

acquérir [akeʀiʀ] *vt* adquirir.

acquis, e [aki, iz] *pp* → **acquérir**.

acquisition [akizisjɔ̃] *nf* aquisição *f* • **faire l'acquisition de** adquirir.

acquitter [akite] *vt* absolver
• **s'acquitter de** *vp + prép (dette)* saldar; *(travail)* cumprir.

âcre [akʀ] *adj (odeur)* acre.

acrobate [akʀɔbat] *nm* acrobata *mf*.

acrobatie [akʀɔbasi] *nf* acrobacia *f*.

acrylique [akʀilik] *nm* acrílico *m*.

acte [akt] *nm* ato *m*; *(de naissance)* certidão *f*; *(de réunion)* ata *f*.

acteur, trice [aktœʀ, tʀis] *nm* ator *m*, -triz *f*.

actif, ive [aktif, iv] *adj* ativo(va).

action [aksjɔ̃] *nf* ação *f*.

actionnaire [aksjɔnɛʀ] *nm* acionista *mf*.

actionner [aksjɔne] *vt* acionar.

active → **actif**.

activer [aktive] *vt (feu)* atiçar
• **s'activer** *vp (se dépêcher)* apressar-se.

activité [aktivite] *nf* atividade *f*.

actrice → **acteur**.

actualité [aktyalite] *nf* • **l'actualité** a atualidade • **d'actualité** atual, de atualidade
• **actualités** *nfpl* notícias *fpl*.

actuel, elle [aktɥɛl] *adj* atual.

actuellement [aktɥɛlmɑ̃] *adv* atualmente.

acupuncture [akypɔ̃ktyʀ] *nf* acupuntura *f*.

adaptateur [adaptatœʀ] *nm (pour prise de courant)* adaptador *m*.

adaptation [adaptasjɔ̃] *nf* adaptação *f*.

adapter

adapter [adapte] *vt (pour le cinéma, la télévision)* adaptar • **adapter qqch à** adaptar algo a • **s'adapter** *vp* adaptar-se • **s'adapter à** adaptar-se a.
additif [aditif] *nm* aditivo *m* • **sans additif** sem aditivo.
addition [adisjɔ̃] *nf (calcul)* adição *f*, soma *f*, *(note)* conta *f* • **faire une addition** fazer uma adição • **payer l'addition** pagar a conta • **l'addition, s'il vous plaît!** a conta, por favor.
additionner [adisjɔne] *vt* adicionar • **s'additionner** *vp* adicionar-se.
adepte [adɛpt] *nm* adepto *m*, -ta *f*.
adéquat, e [adekwa, at] *adj* adequado(da).
adhérent, e [aderɑ̃, ɑ̃t] *nm* aderente *mf*.
adhésif, ive [adezif, iv] *adj* adesivo(va).
adieu, x [adjø] *nm* adeus *m* • **adieu!** adeus!
adjectif [adʒɛktif] *nm* adjetivo *m*.
adjoint, e [adʒwɛ̃, ɛ̃t] *nm* adjunto *m*, -ta *f*.
admettre [admɛtr] *vt* admitir.
administration [administrasjɔ̃] *nf* administração *f* • **l'Administration** a Administração.
admirable [admirabl] *adj* admirável.
admirateur, trice [admiratœr, tris] *nm* admirador *m*, -ra *f*.
admiration [admirasjɔ̃] *nf* admiração *f*.
admirer [admire] *vt* admirar.

admis, e [admi, iz] *pp* → admettre.
admissible [admisibl] *adj EDUC* admitido(da) para realizar a prova oral.
adolescence [adɔlesɑ̃s] *nf* adolescência *f*.
adolescent, e [adɔlesɑ̃, ɑ̃t] *nm* adolescente *mf*.
adopter [adɔpte] *vt* adotar.
adoptif, ive [adɔptif, iv] *adj* adotivo(va).
adoption [adɔpsjɔ̃] *nf (d'un enfant)* adoção *f*.
adorable [adɔrabl] *adj* adorável.
adorer [adɔre] *vt* adorar.
adosser [adose] • **s'adosser** *vp* • **s'adosser à** OU **contre** encostar-se em OU contra.
adoucir [adusir] *vt (linge)* amaciar; *(traits, caractère)* suavizar.
adresse [adrɛs] *nf* **1.** *(domicile)* endereço *m*; *(habileté)* destreza *f* **2.** *INFORM* • **adresse (électronique)** endereço eletrônico • **adresse mail** OU **de courriel** endereço eletrônico • **adresse Web** website *m*.
adresser [adrese] *vt* dirigir • **s'adresser à** *vp + prép (parler à)* dirigir-se a; *(concerner)* dizer respeito a.
adroit, e [adrwa, at] *adj* hábil.
ADSL *(abr de* asymmetric digital subscriber line*) nm* ADSL, Internet de banda larga.
adulte [adylt] *nm* adulto *m*, -ta *f*.
adverbe [advɛrb] *nm* advérbio *m*.

adversaire [advɛʀsɛʀ] *nm* adversário *m*, -ria *f*.

adverse [advɛʀs] *adj* oposto(ta).

aération [aeʀasjɔ̃] *nf* arejamento *m*.

aérer [aeʀe] *vt* arejar.

aérien, enne [aeʀjɛ̃, ɛn] *adj* aéreo(rea).

aérodrome [aeʀɔdʀɔm] *nm* aeródromo *m*.

aérodynamique [aeʀɔdinamik] *adj* aerodinâmico(ca).

aérogare [aeʀɔgaʀ] *nf* terminal *m* aéreo.

aéroglisseur [aeʀɔglisœʀ] *nm* aerodeslizador *m*.

aérogramme [aeʀɔgʀam] *nm* aerograma *m*.

aérophagie [aeʀɔfaʒi] *nf* aerofagia *f*.

aéroport [aeʀɔpɔʀ] *nm* aeroporto *m*.

aérosol [aeʀɔsɔl] *nm* aerossol *m*.

affaiblir [afeblir] *vt (rendre faible)* enfraquecer; *(diminuer)* diminuir ◆ **s'affaiblir** *vp (personne)* debilitar-se; *(vue, lumière)* diminuir; *(son)* abaixar.

affaire [afɛʀ] *nf (entreprise, marché)* negócio *m*; *(question)* assunto *m*; *(scandale)* caso *m* ◆ **avoir affaire à qqn** ter de tratar com alguém ◆ **faire l'affaire** servir perfeitamente ◆ **affaires** *nfpl (objets)* coisas *fpl* ◆ **les affaires** FIN os negócios ◆ **occupe-toi de tes affaires** meta-se com a sua vida.

affaisser [afese] ◆ **s'affaisser** *vp (personne)* abater-se; *(sol)* ceder.

affamé, e [afame] *adj* esfomeado(da).

affecter [afɛkte] *vt* afetar.

affection [afɛksjɔ̃] *nf (sentiment)* afeto *m*, afeição *f*.

affectueusement [afɛktɥøzmɑ̃] *adv (tendrement)* carinhosamente, afetuosamente; *(dans une lettre)* com carinho.

affectueux, euse [afɛktɥø, øz] *adj* carinhoso(osa), afetuoso(osa).

affichage [afiʃaʒ] *nm* visualização *f*.

affiche [afiʃ] *nf* cartaz *m*.

afficher [afiʃe] *vt (placarder)* afixar.

affilée [afile] ◆ **d'affilée** *adv* de enfiada.

affirmation [afiʀmasjɔ̃] *nf* afirmação *f*.

affirmer [afiʀme] *vt* afirmar ◆ **s'affirmer** *vp* afirmar-se.

affligeant, e [afliʒɑ̃, ɑ̃t] *adj* aflitivo(va).

affluence [aflyɑ̃s] *nf* afluência *f*.

affluent [aflyɑ̃] *nm* afluente *m*.

affolement [afɔlmɑ̃] *nm* afobação *f*.

affoler [afɔle] *vt* afobar ◆ **s'affoler** *vp* afobar-se.

affranchir [afʀɑ̃ʃiʀ] *vt (timbrer)* franquear.

affranchissement [afʀɑ̃ʃismɑ̃] *nm (timbre)* franquia *f*.

affreusement [afʀøzmɑ̃] *adv (extrêmement)* horrivelmente.

affreux, euse [afʀø, øz] *adj* horroroso(osa).

affronter

affronter [afʀɔ̃te] *vt* enfrentar
♦ **s'affronter** *vp* enfrentar-se.
affût [afy] *nm* ♦ **être à l'affût (de)** estar à espreita (de).
affûter [afyte] *vt* afiar.
afin [afɛ̃] ♦ **afin de** *prép* a fim de ♦ **afin que** *conj* para que.
africain, e [afʀikɛ̃, ɛn] *adj* africano(na) ♦ **Africain, e** *nm* africano *m*, -na *f*.
Afrique [afʀik] *nf* ♦ **l'Afrique** a África ♦ **l'Afrique du Sud** a África do Sul.
agaçant, e [agasɑ̃, ɑ̃t] *adj* irritante.
agacer [agase] *vt* irritar.
âge [aʒ] *nm* idade *f* ♦ **quel âge as-tu?** qual é a sua idade?
• **une personne d'un certain âge** uma pessoa de uma certa idade.
âgé, e [aʒe] *adj* idoso(osa)
• **les enfants âgés de huit ans** as crianças de oito anos (de idade).
agence [aʒɑ̃s] *nf* agência *f*
• **agence de voyages** agência de viagens.
agenda [aʒɛ̃da] *nm* agenda *f*
• **agenda électronique** agenda eletrônica.
agenouiller [aʒnuje] ♦ **s'agenouiller** *vp* ajoelhar-se.
agent [aʒɑ̃] *nm* ♦ **agent (de police)** agente *mf* (de polícia)
• **agent de change** corretor *m*, -ra *f* da Bolsa.
agglomération [aglɔmeʀasjɔ̃] *nf* aglomeração *f* ♦ **l'agglomération parisienne** a aglomeração parisiense.

aggraver [agʀave] *vt* agravar
♦ **s'aggraver** *vp* agravar-se.
agile [aʒil] *adj* ágil.
agilité [aʒilite] *nf* agilidade *f*.
agir [aʒiʀ] *vi* agir ♦ **s'agir** *vimpers* ♦ **il s'agit de** trata-se de.
agitation [aʒitasjɔ̃] *nf* agitação *f*.
agité, e [aʒite] *adj* (personne) irrequieto(ta); (sommeil, mer) agitado(da).
agiter [aʒite] *vt* agitar ♦ **s'agiter** *vp* (mer) agitar-se; (personne) estar irrequieto(ta).
agneau [aɲo] (*pl* **-x**) *nm* cordeiro *m*.
agonie [agɔni] *nf* agonia *f*.
agrafe [agʀaf] *nf* (de bureau) grampo *m*; (de vêtement) colchete *m*.
agrafer [agʀafe] *vt* grampear.
agrafeuse [agʀaføz] *nf* grampeador *m*.
agrandir [agʀɑ̃diʀ] *vt* aumentar; (photo) ampliar ♦ **s'agrandir** *vp* aumentar.
agrandissement [agʀɑ̃dismɑ̃] *nm* (photo) ampliação *f*.
agréable [agʀeabl] *adj* agradável.
agrès [agʀɛ] *nm* aparelhos *mpl* de ginástica.
agresser [agʀese] *vt* agredir.
agresseur [agʀesœʀ] *nm* agressor *m*, -ra *f*.
agressif, ive [agʀesif, iv] *adj* agressivo(va).
agression [agʀesjɔ̃] *nf* agressão *f*.
agricole [agʀikɔl] *adj* agrícola.
agriculteur, trice [agʀikyltœʀ, tʀis] *nm* agricultor *m*, -ra *f*.

agriculture [agʀikyltyʀ] *nf* agricultura *f*.

agripper [agʀipe] *vt* agarrar
• **s'agripper à** *vp + prép* agarrar-se a.

agrumes [agʀym] *nm* cítricos *mpl*.

ahuri, e [ayʀi] *adj* pasmado (da).

ahurissant, e [ayʀisɑ̃, ɑ̃t] *adj* surpreendente.

ai [ɛ] → **avoir**.

aide [ɛd] *nf* ajuda *f* • **appeler à l'aide** pedir ajuda • **à l'aide!** acudam! • **à l'aide de** com a ajuda de.

aide-éducateur, trice (*mpl* **aides-éducateurs**, *fpl* **aides-éducatrices**) [ɛdedykatœʀ, tris] *nm* EDUC auxiliar educacional.

aider [ede] *vt* ajudar • **aider qqn à faire qqch** ajudar alguém a fazer algo • **s'aider de** *vp + prép* servir-se de, utilizar-se.

aie [ɛ] → **avoir**.

aïe [aj] *interj* ai!

aigle [ɛgl] *nm* águia *f*.

aigre [ɛgʀ] *adj* (*goût*) azedo(da); (*remarque, ton*) amargo(ga).

aigre-doux, aigre-douce [ɛgʀədu, ɛgʀədus] (*mpl* **aigres-doux**, *fpl* **aigres-douces**) *adj* agridoce.

aigri, e [egʀi] *adj* amargurado(da).

aigu, uë [egy] *adj* agudo(da); (*pointu*) pontudo(da).

aiguillage [eguijaʒ] *nm* (*manœuvre*) agulhagem *f*; (*appareil*) agulha *f*.

aiguille [eguij] *nf* agulha *f*; (*de montre*) ponteiro *m* • **aiguille de pin** agulha de pinheiro • **aiguille à tricoter** agulha de tricô.

aiguillette [eguijɛt] *nf* • **aiguillettes de canard** filés de carne de pato preparados na frigideira.

aiguiser [egize] *vt* aguçar.

ail [aj] *nm* alho *m*.

aile [ɛl] *nf* (*d'oiseau, d'avion*) asa *f*; (*de bâtiment*) ala *f*.

ailier [elje] *nm* (*foot*) ponta *m*.

aille [aj] → **aller**.

ailleurs [ajœʀ] *adv* noutro local • **d'ailleurs** aliás.

aimable [emabl] *adj* amável.

aimant [emɑ̃] *nm* ímã *m*.

aimer [eme] *vt* (*d'amour*) amar; (*apprécier*) gostar de • **aimer (bien) qqch/faire qqch** gostar (muito) de algo/de fazer algo • **j'aimerais prendre du café** gostaria de tomar café • **j'aimerais qu'on m'offre des fleurs** gostaria que me oferecessem flores • **aimer mieux** gostar mais de, preferir.

aine [ɛn] *nf* virilha *f*.

aîné, e [ene] *adj & nm* mais velho(lha).

ainsi [ɛ̃si] *adv* assim • **ainsi que** assim como • **et ainsi de suite** e assim por diante.

aïoli [ajɔli] *nm* maionese com alho e azeite.

air [ɛʀ] *nm* ar *m*; (*musique*) melodia *f* • **avoir l'air (d'être) malade** ter ar (de estar) doente • **avoir l'air d'un clown** parecer

aire

um palhaço • **il a l'air de faire beau** parece que está fazendo bom tempo • **en l'air** *(en haut)* para cima • **il a fichu sa carrière en l'air** *(fam)* a carreira dele foi pelos ares • **prendre l'air** tomar ar • **air conditionné** ar condicionado.

aire [ɛʀ] *nf* área *f* • **aire de jeu** área de jogo • **aire de repos** área de serviço • **aire de stationnement** zona *f* de estacionamento.

airelle [ɛʀɛl] *nf (Can)* mirtilo *m*.

aisance [ɛzɑ̃s] *nf (facilité)* desembaraço *m*; *(richesse)* abastança *f*.

aise [ɛz] *nf* • **à l'aise** à vontade • **être mal à l'aise** não estar à vontade.

aisé, e [eze] *adj (riche)* abastado(da).

aisselle [ɛsɛl] *nf* axila *f*.

ajouter [aʒute] *vt* • **ajouter qqch (à)** acrescentar algo (a) • **ajouter que** acrescentar que.

ajuster [aʒyste] *vt* ajustar.

alarmant, e [alarmɑ̃, ɑ̃t] *adj* alarmante.

alarme [alarm] *nf* alarme *m* • **donner l'alarme** dar o alarme.

albinos [albinos] *adj* & *nm* albino(na).

album [albɔm] *nm* álbum *m* • **album (de) photos** álbum de fotografias.

alcool [alkɔl] *nm* álcool *m* • **sans alcool** sem álcool • **alcool à 90°** álcool etílico • **alcool à brûler** álcool metílico.

alcoolique [alkɔlik] *nm* alcoólatra *mf*.

alcoolisé, e [alkɔlize] *adj* alcoólico(ca) • **non alcoolisé** não alcoólico.

Alcotest® [alkotɛst] *nm* bafômetro *m*.

aléatoire [aleatwar] *adj* aleatório(ria).

alentours [alɑ̃tuʀ] *nmpl* arredores *mpl* • **aux alentours** *(près)* nos arredores • **aux alentours de** *(environ)* por volta de.

alerte [alɛʀt] • *adj* alerta • *nf* alerta *m* • **donner l'alerte** dar o alerta.

alerter [alɛʀte] *vt* alertar.

algèbre [alʒɛbʀ] *nf* álgebra *f*.

Alger [alʒe] *nom* Argel.

Algérie [alʒeʀi] *nf* • **l'Algérie** a Argélia.

algérien, enne [alʒeʀjɛ̃, ɛn] *adj* argelino(na) • **Algérien, enne** *nm* argelino *m*, -na *f*.

algues [alg] *nfpl* algas *fpl*.

alibi [alibi] *nm* álibi *m*.

alignement [aliɲmɑ̃] *nm* alinhamento *m*.

aligner [aliɲe] *vt* alinhar • **s'aligner** *vp* alinhar-se.

aliment [alimɑ̃] *nm* alimento *m*.

alimentation [alimɑ̃tasjɔ̃] *nf (nourriture)* alimentação *f*; *(épicerie)* produtos *mpl* alimentícios.

alimenter [alimɑ̃te] *vt (nourrir)* alimentar; *(approvisionner)* abastecer.

Allah [ala] *nm* Alá *m*.

allaiter [alete] *vt* amamentar.

alléchant, e [aleʃɑ̃, ɑ̃t] *adj* aliciante.

allée [ale] *nf* alameda *f* • **allées et venues** idas *fpl* e vindas.

allégé, e [aleʒe] *adj (aliment)* magro(gra).

Allemagne [almaɲ] *nf* • **l'Allemagne** a Alemanha.

allemand, e [almã, ãd] • *adj* alemão(ã) • *nm (langue)* alemão *m* ◆ **Allemand, e** *nm* alemão *m*, -ã *f*.

aller [ale] • *nm* ida *f* • **à l'aller** na ida • **aller (simple)** passagem *f* de ida • **aller et retour** passagem *f* de ida e volta • *vi* **1.** *(gén)* ir • **aller au Portugal** ir a Portugal • **pour aller à la cathédrale, s'il vous plaît?** para ir até a catedral, por favor? • **aller en vacances** sair de férias • **où va ce chemin?** aonde vai dar este caminho? • **l'autoroute va jusqu'à Mâcon** a auto-estrada vai até Mâcon • **comment allez-vous?** como vai? • **(comment) ça va? – ça va** tudo bem? – tudo bem • **aller bien/mal** ir bem/mal • **j'irai le chercher à la gare** irei buscá-lo na estação • **aller voir** ir ver • **aller faire qqch** ir fazer algo **2.** *(convenir)* servir • **ces chaussures ne me vont pas** estes sapatos não me servem • **aller bien/mal à qqn** ficar bem/mal a alguém • **le rouge ne lui va pas** o vermelho não lhe fica bem • **aller avec qqch** combinar com algo **3.** *(dans les expressions)* • **allez!** vamos! • **allons, calmez-vous!** vamos, acalmem-se! • **allons, allons, tu ne penses quand même pas ce que tu dis!** ora, ora, você não acredita realmente naquilo que está dizendo! • **y aller** *(partir)* ir-se embora; *(se décider)* e lá ◆ **s'en aller** *vp (partir)* ir-se embora; *(suj: tache)* sair; *(suj: couleur)* desbotar • **allez-vous en!** vão-se embora!

allergie [alɛrʒi] *nf* alergia *f*.

allergique [alɛrʒik] *adj* • **être allergique à** ser alérgico(ca) a.

aller-retour [aler(ə)tur] *(pl* **allers-retours)** *nm (billet)* passagem *f* de ida e volta.

alliage [aljaʒ] *nm* liga *f*.

alliance [aljãs] *nf* aliança *f*.

allié, e [alje] *nm* aliado *m*, -da *f*.

allô [alo] *interj* alô?

allocation [alɔkasjɔ̃] *nf* subsídio *m* • **allocations familiales** salário-família *m*.

allocs *(abr de* **allocations familiales)** *nfpl* salário-família *m*.

allonger [alɔ̃ʒe] *vt (vêtement)* encompridar; *(bras, jambes)* esticar ◆ **s'allonger** *vp (devenir plus long)* alongar-se; *(s'étendre)* estender-se.

allumage [alymaʒ] *nm* AUTO ignição *f*.

allume-cigares [alymsigar] *nm inv* isqueiro *m (de automóvel)*.

allumer [alyme] *vt (feu, lumière)* acender; *(gaz, radio)* ligar ◆ **s'allumer** *vp* acender-se.

allumette [alymɛt] *nf* fósforo *m*.

allure

allure [alyʀ] *nf (apparence)* aspecto *m*; *(vitesse)* velocidade *f* ♦ **à toute allure** a toda velocidade.

allusion [alyzjɔ̃] *nf* alusão *f* ♦ **faire allusion à** fazer alusão a.

alors [alɔʀ] *adv* então ♦ **alors, tu viens?** então, você vem ou não? ♦ **ça alors!** essa agora! ♦ **et alors!** *(et ensuite)* e então?; *(pour défier)* e depois? ♦ **alors que** *(pendant que)* enquanto; *(bien que)* apesar de.

alourdir [aluʀdiʀ] *vt* tornar pesado(da).

aloyau [alwajo] (*pl* **-x**) *nm* lombo *m* de vaca.

Alpes [alp] *nf* ♦ **les Alpes** os Alpes.

alphabet [alfabɛ] *nm* alfabeto *m*.

alphabétique [alfabetik] *adj* alfabético(ca) ♦ **par ordre alphabétique** por ordem alfabética.

alpin [alpɛ̃] *adj m* → **ski**.

alpinisme [alpinism] *nm* alpinismo *m*.

alpiniste [alpinist] *nmf* alpinista *mf*.

Alsace [alzas] *nf* ♦ **l'Alsace** a Alsácia.

alternatif [alternatif] *adj m* → **courant**.

alternativement [alternativmã] *adv* alternadamente.

alterner [alterne] *vi* alternar.

altitude [altityd] *nf* altitude *f* ♦ **à 2 000 m d'altitude** a 2000 m de altitude.

aluminium [alyminjɔm] *nm* alumínio *m*.

amabilité [amabilite] *nf* amabilidade *f*.

amadouer [amadwe] *vt* lisonjear.

amaigrissant, e [amegʀisɑ̃, ɑ̃t] *adj* emagrecedor(ra).

amande [amɑ̃d] *nf* amêndoa *f*.

amant [amɑ̃] *nm* amante *m*.

amarrer [amaʀe] *vt* amarrar.

amas [ama] *nm* montão *m*.

amasser [amase] *vt* amontoar; *(argent)* ajuntar.

amateur [amatœʀ] *adj & nm* amador(ra) ♦ **être amateur de** ser apreciador(ra) de.

Amazone [amazɔn] *nm* ♦ **l'Amazone** o Amazonas.

Amazonie [amazɔni] *nf* ♦ **l'Amazonie** a Amazônia.

ambassade [ɑ̃basad] *nf* embaixada *f*.

ambassadeur, drice [ɑ̃basadœʀ, dʀis] *nm* embaixador *m*, -ra *f*.

ambiance [ɑ̃bjɑ̃s] *nf (atmosphère)* ambiente *m*; *(entrain)* animação *f*.

ambigu, uë [ɑ̃bigy] *adj* ambíguo(gua).

ambitieux, euse [ɑ̃bisjø, øz] *adj* ambicioso(osa).

ambition [ɑ̃bisjɔ̃] *nf* ambição *f*.

ambulance [ɑ̃bylɑ̃s] *nf* ambulância *f*.

ambulant [ɑ̃bylɑ̃] *adj m* → **marchand**.

âme [am] *nf* alma *f*.

amélioration [ameljɔʀasjɔ̃] *nf* melhoramento *m*.

améliorer [ameljɔʀe] *vt* melhorar ♦ **s'améliorer** *vp* melhorar.

aménagé, e [amenaʒe] *adj* equipado(da).

aménager [amenaʒe] *vt* instalar.

amende [amɑ̃d] *nf* multa *f*.

amener [amne] *vt* trazer
• **amener qqn à faire qqch** levar alguém a fazer algo.

amer, ère [amɛʀ] *adj* amargo(ga).

américain, e [ameʀikɛ̃, ɛn] *adj* americano(na) ◆ **Américain, e** *nm* americano *m*, -na *f*.

Amérique [ameʀik] *nf* • **l'Amérique** a América • **l'Amérique centrale** a América Central • **l'Amérique latine** a América Latina • **l'Amérique du Sud** a América do Sul.

amertume [amɛʀtym] *nf (d'un aliment)* azedume *m*; *(tristesse)* amargura *f*.

ameublement [amœbləmɑ̃] *nm* mobília *f*.

ami, e [ami] *nm (camarade)* amigo *m*, -ga *f*, *(amant)* namorado *m*, -da *f* • **être (très) amis** ser (muito) amigos.

amiable [amjabl] *adj* amigável
• **à l'amiable** amigável.

amiante [amjɑ̃t] *nm* amianto *m*.

amical, e, aux [amikal, o] *adj* amistoso(osa).

amicalement [amikalmɑ̃] *adv* amigavelmente; *(dans une lettre)* com amizade.

amincir [amɛ̃siʀ] *vt* adelgaçar.

amitié [amitje] *nf* amizade *f*
• **amitiés** *(dans une lettre)* cumprimentos.

amnésique [amnezik] *adj* amnésico(ca).

amoncèler [amɔ̃sle]
◆ **s'amonceler** *vp* amontoar-se.

amont [amɔ̃] *nm* montante *m*
• **en amont (de)** a montante (de).

amorcer [amɔʀse] *vt* dar início a.

amortir [amɔʀtiʀ] *vt (choc, son)* amortecer; *(rentabiliser)* amortizar.

amortisseur [amɔʀtisœʀ] *nm* amortecedor *m*.

amour [amuʀ] *nm* amor *m*
• **faire l'amour** fazer amor.

amoureux, euse [amuʀø, øz]
◆ *adj* apaixonado(da) ◆ *nm* namorados *mpl* • **être amoureux de qqn** estar apaixonado por alguém.

amour-propre [amuʀpʀɔpʀ] *nm* amor-próprio *m*.

amovible [amɔvibl] *adj* removível.

amphithéâtre [ɑ̃fiteatʀ] *nm* anfiteatro *m*.

ample [ɑ̃pl] *adj (jupe)* largo(ga); *(geste)* amplo(pla).

amplement [ɑ̃pləmɑ̃] *adv* largamente.

ampli [ɑ̃pli] *nm (fam)* amplificador *m*.

amplificateur [ɑ̃plifikatœʀ] *nm (de chaîne hi-fi)* amplificador *m*.

amplifier [ɑ̃plifje] *vt (son)* amplificar; *(phénomène)* ampliar.

amplitude [ɑ̃plityd] *nf* amplitude *f*.

ampoule

ampoule [ɑ̃pul] *nf (de lampe)* lâmpada *f*; *(de médicament)* ampola *f*; *(cloque)* bolha *f*.

amputer [ɑ̃pyte] *vt* amputar; *(texte)* cortar.

amusant, e [amyzɑ̃, ɑ̃t] *adj* divertido(da).

amuse-gueule [amyzgœl] *nm inv* aperitivo *m*.

amuser [amyze] *vt* divertir ♦ **s'amuser** *vp* divertir-se ♦ **s'amuser à faire qqch** divertir-se em fazer algo.

amygdales [amidal] *nfpl* amígdalas *fpl*.

an [ɑ̃] *nm* ano *m* ♦ **il a neuf ans** ele tem nove anos (de idade) ♦ **en l'an 2000** no ano 2000.

anachronique [anakʁɔnik] *adj* anacrônico(ca).

analogue [analɔg] *adj* análogo(ga).

analphabète [analfabɛt] *adj* analfabeto(ta).

analyse [analiz] *nf* análise *f* ♦ **analyse (de sang)** análise (de sangue).

analyser [analize] *vt* analisar.

ananas [anana(s)] *nm* abacaxi *m*.

anarchie [anaʁʃi] *nf* anarquia *f*.

anatomie [anatɔmi] *nf* anatomia *f*.

ancêtre [ɑ̃sɛtʁ] *nm (parent)* antepassado *m*, -da *f*; *(version précédente)* predecessor *m*, -ra *f*.

anchois [ɑ̃ʃwa] *nm* anchova *f*.

ancien, enne [ɑ̃sjɛ̃, ɛn] *adj* antigo(ga).

ancienneté [ɑ̃sjɛnte] *nf (dans une entreprise)* antiguidade *f*.

ancre [ɑ̃kʁ] *nf* âncora *f* ♦ **jeter l'ancre** lançar âncora ♦ **lever l'ancre** levantar âncora.

Andorre [ɑ̃dɔʁ] *nf* ♦ **l'Andorre** a Andorra.

andouille [ɑ̃duj] *nf* CULIN lingüiça *f* de tripas de porco que se come fria, cortada em rodelas; *(fam) (imbécile)* palerma *mf*.

andouillette [ɑ̃dujɛt] *nf* lingüiça *f* de tripas de porco que se come quente.

âne [ɑn] *nm (animal)* burro *m*; *(imbécile)* burro *m*, -ra *f*.

anéantir [aneɑ̃tiʁ] *vt* arrasar.

anecdote [anɛkdɔt] *nf* anedota *f*.

anémie [anemi] *nf* anemia *f*.

ânerie [ɑnʁi] *nf* asneira *f*.

anesthésie [anɛstezi] *nf* anestesia *f* ♦ **être sous anesthésie** estar sob anestesia ♦ **anesthésie générale** anestesia geral ♦ **anesthésie locale** anestesia local.

ange [ɑ̃ʒ] *nm* anjo *m*.

angine [ɑ̃ʒin] *nf* angina *f* ♦ **angine de poitrine** angina do peito.

anglais, e [ɑ̃glɛ, ɛz] ♦ *adj* inglês(esa) ♦ *nm (langue)* inglês *m* ♦ **Anglais, e** *nm* inglês *m*, -esa *f*.

angle [ɑ̃gl] *nm (coin)* canto *m*; *(de rue)* esquina *f*; *(géométrique)* ângulo *m* ♦ **angle droit** ângulo reto.

Angleterre [ɑ̃glətɛʁ] *nf* ♦ **l'Angleterre** a Inglaterra.

angoisse [ɑ̃gwas] *nf* angústia *f*.

angoissé, e [ɑ̃gwase] *adj* angustiado(da).

angora [ɑ̃gɔra] *nm (laine)* angorá *m*.

anguille [ɑ̃gij] *nf* enguia *f* • **anguilles au vert** (*Belg*) enguias com vinho branco, espinafre e creme de leite.

animal [animal, o] (*pl* -**aux**) *nm* animal *m* • **animal doméstique** animal doméstico.

animateur, trice [animatœʀ, tʀis] *nm* (*de club, de groupe*) coordenador *m*, -ra *f*; (*à la radio, à la télévision*) apresentador *m*, -ra *f*.

animation [animasjɔ̃] *nf* animação *f* • **animations** *fpl* atividades *fpl*.

animé, e [anime] *adj* animado(da).

animer [anime] *vt* animar • **s'animer** *vp* animar-se.

anis [ani(s)] *nm* anis *m*.

anneau [ano] (*pl* -**x**) *nm* (*bague*) anel *m*; (*maillon*) argola *f* • **anneaux** *nm ESP* argolas *fpl*.

année [ane] *nf* ano *m* • **année bissextile** ano bissexto • **année scolaire** ano letivo.

annexe [anɛks] *nf* anexo *m*.

anniversaire [anivɛʀsɛʀ] *nm* aniversário *m* • **anniversaire de mariage** aniversário de casamento.

annonce [anɔ̃s] *nf* anúncio *m* • (**petites**) **annonces** anúncios classificados.

annoncer [anɔ̃se] *vt* anunciar • **s'annoncer** *vp* • **s'annoncer bien** apresentar-se bem.

annuaire [anɥɛʀ] *nm* anuário *m* • **annuaire** (**téléphonique**) lista *f* telefônica.

annuel, elle [anɥɛl] *adj* anual.

annulaire [anylɛʀ] *nm* anular *m*.

annulation [anylasjɔ̃] *nf* anulação *f*.

annuler [anyle] *vt* **1.** anular **2.** *INFORM* cancelar.

anomalie [anɔmali] *nf* anomalia *f*.

anonyme [anɔnim] *adj* anônimo(ma).

anorak [anɔʀak] *nm* anoraque *m*.

anormal, e, aux [anɔʀmal, o] *adj* anormal.

ANPE *nf* (*abr de* **Agence nationale pour l'emploi**) agência nacional francesa do emprego.

anse [ɑ̃s] *nf* (*poignée*) asa *f*; (*crique*) enseada *f*.

Antarctique [ɑ̃taʀktik] *nm* • **l'(océan) Antarctique** o (oceano) Antártico.

antenne [ɑ̃tɛn] *nf* antena *f* • **antenne parabolique** antena parabólica.

antenne-relais (*pl* -**s**) [ɑ̃tɛnʀəlɛ] *nf* (*télécommunications*) antenas das estações de base dos telefones móveis.

antérieur, e [ɑ̃teʀjœʀ] *adj* anterior.

antiacarien [ɑ̃tiakaʀjɛ̃, ɛ] *nm* antiácaro *m*.

antibactérien, enne [ɑ̃tibakteʀjɛ̃, ɛn] *adj* antibacteriano(na), bactericida.

antibiotique [ɑ̃tibjɔtik] *nm* antibiótico *m*.

antibrouillard [ɑ̃tibʀujaʀ] *nm* farol *m* de neblina.

anticiper [ɑ̃tisipe] *vt* antecipar.

antidote

antidote [ɑ̃tidɔt] *nm* antídoto *m*.

antigel [ɑ̃tiʒɛl] *nm* anticongelante *m*.

antillais, e [ɑ̃tijɛ, ɛz] *adj* antilhano(na) ◆ **Antillais, e** *nm* antilhano *m*, -na *f*.

antimite [ɑ̃timit] *nm* antitraça *m*.

anti-mondialisation [ɑ̃timɔ̃djalizasjɔ̃] *adj inv* antiglobalização.

anti-mondialiste [ɑ̃timɔ̃djalist] *adj* antiglobalista.

Antiope [ɑ̃tjɔp] *n sistema francês de videotexto televisivo*.

antipathique [ɑ̃tipatik] *adj* antipático(ca).

antiquaire [ɑ̃tikɛʀ] *nmf* antiquário *m*, -ria *f*.

antique [ɑ̃tik] *adj* antigo(ga).

antiquité [ɑ̃tikite] *nf* antiguidade *f* ◆ **l'Antiquité** a Antiguidade.

antiseptique [ɑ̃tisɛptik] *adj* antisséptico(ca).

antislash [ɑ̃tislaʃ] *nm INFORM* barra invertida.

antitranspirante, e [ɑ̃titrɑ̃spirɑ̃, ɑ̃t] *adj* antitranspirante.

antivirus [ɑ̃tivirys] *nm inv INFORM* antivírus *m inv*.

antivol [ɑ̃tivɔl] *nm* dispositivo *m* anti-roubo.

anxiété [ɑ̃ksjete] *nf* ansiedade *f*.

anxieux, euse [ɑ̃ksjø, øz] *adj* ansioso(osa).

AOC (*abr de* appellation d'origine contrôlée) denominação de origem controlada.

août [u(t)] *nm* agosto *m*, → septembre.

apaiser [apeze] *vt (personne, colère)* apaziguar; *(douleur)* aliviar.

apathique [apatik] *adj* apático(ca).

APEC (*abr de* association pour l'emploi des cadres) [apɛk] *nf* agência de colocação de executivos.

apercevoir [apɛʀsəvwaʀ] *vt* avistar ◆ **s'apercevoir** *vp* • **s'apercevoir de** aperceber-se de ◆ **s'apercevoir que** aperceber-se de que.

aperçu, e [apɛʀsy] ◆ *pp* = **apercevoir** ◆ *nm* ideia *f* geral.

apéritif [apeʀitif] *nm* aperitivo *m*.

aphone [afɔn] *adj* afônico(ca).

aphte [aft] *nm* afta *f*.

apitoyer [apitwaje]
◆ **s'apitoyer sur** *vp + prép* compadecer-se de.

ap. J.-C. (*abr de* après Jésus-Christ) d.C.

aplanir [aplaniʀ] *vt* aplanar.

aplatir [aplatiʀ] *vt* achatar.

aplomb [aplɔ̃] *nm (culot)* descaramento *m* ◆ **d'aplomb** *(vertical)* a prumo.

apostrophe [apɔstʀɔf] *nf* apóstrofo *m* ◆ **s apostrophe** s apóstrofo.

apôtre [apotʀ] *nm* apóstolo *m*.

apparaître [apaʀɛtʀ] *vi (se montrer)* aparecer; *(sembler)* parecer.

appareil [apaʀɛj] *nm (dispositif)* aparelho *m*; *(poste téléphonique)* telefone *m* ◆ **qui est à l'appareil?** quem está falando?
• **appareil digestif** aparelho

digestivo • appareil ménager eletrodoméstico *m* • **appareil photo** máquina *f* fotográfica.

apparemment [aparamã] *adv* aparentemente.

apparence [aparɑ̃s] *nf* aparência *f*.

apparent, e [aparɑ̃, ɑ̃t] *adj* aparente.

apparition [aparisjɔ̃] *nf (arrivée)* aparecimento *m*; *(fantôme)* aparição *f*.

appartement [apartəmɑ̃] *nm* apartamento *m*.

appartenir [apartənir] *vi* • **appartenir à** pertencer a.

appartenu [apartəny] *pp* → **appartenir**.

apparu, e [apary] *pp* → **apparaître**.

appât [apa] *nm* isca *f*.

appel [apɛl] *nm* chamada *f*; *(cri)* apelo *m* • **faire l'appel** EDUC fazer a chamada • **faire appel à** apelar a • **appel de phares** sinal *m* de luzes.

appeler [aple] *vt* chamar; *(au téléphone)* telefonar • **appeler à l'aide** pedir ajuda • **s'appeler** *vp* chamar-se • **comment t'appelles-tu?** como você se chama? • **je m'appelle...** eu me chamo... • **on s'appelle ce soir?** telefono para você esta noite?

appendicite [apɛ̃disit] *f* apendicite *f*.

appesantir [apəzɑ̃tir] ♦ **s'appesantir sur** *vp + prép* teimar em.

appétissant, e [apetisɑ̃, ɑ̃t] *adj* apetitoso(osa).

appétit [apeti] *nm* apetite *m* • **avoir de l'appétit** ter apetite • **bon appétit!** bom apetite!

applaudir [aplodir] *vt & vi* aplaudir.

applaudissements [aplodismɑ̃] *nmpl* aplausos *mpl*.

application [aplikasjɔ̃] *nf* **1.** aplicação *f* **2.** INFORM aplicativo *m*.

applique [aplik] *nf (lampe)* aplique *m*.

appliqué, e [aplike] *adj* aplicado(da).

appliquer [aplike] *vt* aplicar ♦ **s'appliquer** *vp* aplicar-se.

appoint [apwɛ̃] *nm* • **faire l'appoint** pagar a quantia exata • **d'appoint** *(chauffage, lit)* adicional.

apporter [aporte] *vt* trazer.

appréciation [apresjasjɔ̃] *nf* apreciação *f*.

apprécier [apresje] *vt* apreciar.

appréhension [apreɑ̃sjɔ̃] *nf* apreensão *f*.

apprendre [aprɑ̃dr] *vt (étudier)* aprender; *(nouvelle)* saber de • **apprendre qqch à qqn** *(discipline)* ensinar algo a alguém; *(nouvelle)* informar alguém de algo • **apprendre à faire qqch** aprender a fazer algo.

apprenti, e [aprɑ̃ti] *nm* aprendiz *m*.

apprentissage [aprɑ̃tisaʒ] *nm* aprendizagem *f*.

apprêter [aprete] ♦ **s'apprêter à** *vp + prép* aprontar-se para.

appris, e [apʀi, iz] *pp* → **apprendre**.

apprivoiser [apʀivwaze] *vt* domesticar.

approcher [apʀɔʃe] • *vt* aproximar. • *vi* aproximar-se • **approcher qqch de** aproximar algo de • **approcher de** aproximar-se de ◆ **s'approcher** *vp* aproximar-se ◆ **s'approcher de** aproximar-se de.

approfondir [apʀɔfɔ̃diʀ] *vt* aprofundar.

approprié, e [apʀɔpʀije] *adj* apropriado(da).

approuver [apʀuve] *vt* aprovar.

approvisionner [apʀɔvizjɔne] ◆ **s'approvisionner** *vp* • **s'approvisionner (en)** abastecer-se (de).

approximatif, ive [apʀɔksimatif, iv] *adj* aproximativo(va).

appt (*abr de* **appartement**) apto.

appui-tête [apɥitɛt] (*pl* **appuis-tête**) *nm* apoio *m* para a cabeça.

appuyer [apɥije] • *vt* apoiar • *vi* • **appuyer sur** pressionar ◆ **s'appuyer** *vp* • **s'appuyer à** apoiar-se em.

après [apʀɛ] • *prép* depois de • *adv* (*dans le temps*) depois; (*dans l'espace, dans un classement*) a seguir • **après avoir fait** depois de ter feito • **après tout** afinal • **l'année d'après** no ano seguinte • **d'après moi** a meu ver.

après-demain [apʀɛdmɛ̃] *adv* depois de amanhã.

après-midi [apʀɛmidi] *nm inv & nf inv* tarde *f* • **l'après-midi** (*tous les jours*) à tarde.

après-rasage [apʀɛʀazaʒ] (*pl* **après-rasages**) *nm* loção *f* pós-barba.

après-shampooing [apʀɛʃɑ̃pwɛ̃] *nm inv* condicionador *m*.

après-ski [apʀɛski] (*pl* **après-skis**) *nm* après-ski *m*.

a priori [apʀijɔʀi] • *adv* a priori • *nm inv* a priori *m inv*.

APS (*abr de* **Advanced Photo System**) *nm* APS.

apte [apt] *adj* • **apte à** apto(ta) a.

aptitudes [aptityd] *nf* aptidões *fpl*.

aquarelle [akwaʀɛl] *nf* aquarela *f*.

aquarium [akwaʀjɔm] *nm* aquário *m*.

aquatique [akwatik] *adj* aquático(ca).

aqueduc [akdyk] *nm* aqueduto *m*.

Aquitaine [akitɛn] *nf* • **l'Aquitaine** a Aquitânia.

AR *abrev* = **aller-retour**; (*abr de* **accusé de réception**) AR.

arabe [aʀab] • *adj* árabe • *nm* (*langue*) árabe *m* ◆ **Arabe** *nmf* árabe *mf*.

arachide [aʀaʃid] *nf* amendoim *m*.

araignée [aʀɛɲe] *nf* aranha *f*.

arbitraire [aʀbitʀɛʀ] *adj* arbitrário(ria).

arbitre [aʀbitʀ] *nm* árbitro *m*.

arbitrer [aʀbitʀe] *vt* arbitrar.

arbre [aRbR] nm árvore f • **arbre fruitier** árvore frutífera • **arbre généalogique** árvore genealógica.

arbuste [aRbyst] nm arbusto m.

arc [aRk] nm arco m.

arcade [aRkad] nf arcada f.

arc-bouter [aRkbute] ◆ **s'arc-bouter** vp apoiar-se.

arc-en-ciel [aRkãsjɛl] (pl **arcs-en-ciel**) nm arco-íris m.

archaïque [aRkaik] adj arcaico(ca).

arche [aRʃ] nf (voûte) arco m.

archéologie [aRkeɔlɔʒi] nf arqueologia f.

archéologue [aRkeɔlɔg] nm arqueólogo m, -ga f.

archet [aRʃɛ] nm arco m.

archipel [aRʃipɛl] nm arquipélago m.

architecte [aRʃitɛkt] nm arquiteto m, -ta f.

architecture [aRʃitɛktyR] nf arquitetura f.

archives [aRʃiv] nf arquivo m.

Arctique [aRktik] nm • **l'(océan) Arctique** o (oceano) Ártico.

ardent, e [aRdã, ãt] adj ardente.

ardeur [aRdœR] nf ardor m.

ardoise [aRdwaz] nf ardósia f.

ardu, e [aRdy] adj árduo(dua).

arènes [aREn] nf praça f de touros.

arête [aREt] nf (de poisson) espinha f; (angle) aresta f.

argent [aRʒã] nm (métal) prata f; (monnaie) dinheiro m • **argent liquide** dinheiro vivo • **argent de poche** dinheiro de bolso.

argenté, e [aRʒãte] adj prateado(da).

argenterie [aRʒãtRi] nf prataria f.

Argentine [aRʒãtin] nf • **l'Argentine** a Argentina.

argile [aRʒil] nf argila f.

argot [aRgo] nm gíria f.

argument [aRgymã] nm argumento m.

aride [aRid] adj árido(da).

aristocratie [aRistɔkRasi] nf aristocracia f.

arithmétique [aRitmetik] nf aritmética f.

armature [aRmatyR] nf armação f.

arme [aRm] nf arma f • **arme à feu** arma de fogo.

armé, e [aRme] adj armado(da) • **être armé de** estar armado com.

armée [aRme] nf exército m.

armement [aRmɔmã] nm (armes) armamento m.

armer [aRme] vt armar; (appareil photo) carregar.

armistice [aRmistis] nm armistício m.

armoire [aRmwaR] nf armário m • **armoire à pharmacie** armário de remédios.

armoiries [aRmwaRi] nf armas fpl de brasão.

armure [aRmyR] nf armadura f.

aromate [aRɔmat] nm erva f aromática.

aromatique [aRɔmatik] adj aromático(ca).

aromatisé

aromatisé, e [aʀɔmatize] adj aromatizado(da) • **aromatisé à** (yaourt) aromatizado com.

arôme [aʀom] nm aroma m.

arqué, e [aʀke] adj arqueado(da).

arracher [aʀaʃe] vt arrancar • **arracher qqch à qqn** arrancar algo de alguém.

arrangement [aʀɑ̃ʒmɑ̃] nm (disposition) arrumação f; (accord) entendimento m; MÚS arranjo m.

arranger [aʀɑ̃ʒe] vt (organiser) organizar; (résoudre, réparer) arranjar • **ça m'arrange** seria conveniente para mim ◆ **s'arranger** vp (se mettre d'accord) entender-se; (s'améliorer) ficar bem • **s'arranger pour faire qqch** dar um jeito para fazer algo.

arrestation [aʀɛstasjɔ̃] nf detenção f.

arrêt [aʀɛ] nm (interruption) fim m; (immobilisation, station) parada f • **arrêt interdit** estacionamento proibido • **arrêt d'autobus** ponto m de ônibus • **arrêt de travail** (grève) paralisação f de trabalho; (pour maladie) licença f de saúde • **sans arrêt** (parler, travailler) sem parar.

arrêter [aʀete] ◆ vt (interrompre, immobiliser) deter; (suspect) prender ◆ vi **1.** parar • **arrêter de faire qqch** parar de fazer algo • **arrête de parler!** pare de falar! **2.** INFORM encerrar ◆ **s'arrêter** vp parar • **s'arrêter de faire qqch** parar de fazer algo.

arrhes [aʀ] nfpl entrada f (em dinheiro).

arrière [aʀjɛʀ] ◆ adj inv atrás • **nm** parte f de trás • **à l'arrière de** na parte de trás de • **en arrière** (regarder, tomber) para trás.

arriéré, e [aʀjeʀe] adj (pej) (démodé) atrasado(da).

arrière-boutique [aʀjɛʀbutik] (pl **arrière-boutiques**) nf armazém m (de uma loja).

arrière-grand-mère [aʀjɛʀgʀɑ̃mɛʀ] (pl **arrières-grands-mères**) nf bisavó f.

arrière-grand-père [aʀjɛʀgʀɑ̃pɛʀ] (pl **arrières-grands-pères**) nm bisavô m.

arrière-grands-parents [aʀjɛʀgʀɑ̃paʀɑ̃] nm bisavós mpl.

arrière-pensée [aʀjɛʀpɑ̃se] (pl **arrière-pensées**) nf segunda intenção f.

arrière-plan [aʀjɛʀplɑ̃] (pl **arrière-plans**) nm segundo plano m • **à l'arrière-plan** em segundo plano.

arrière-saison [aʀjɛʀsɛzɔ̃] (pl **arrrière-saisons**) nf outono m.

arrivée [aʀive] nf chegada f • **arrivées** chegadas.

arriver [aʀive] ◆ vi (train, personne) chegar; (se produire) acontecer ◆ vimpers • **il arrive qu'il pleuve en été** pode acontecer que chova no verão • **il m'arrive d'aller au cinéma** pode ser que vá ao cinema • **que t'est-il arrivé?** o que é que lhe aconteceu? • **arriver à (faire) qqch** chegar a (fazer) algo.

arriviste [aʀivist] nm arrivista mf.
arrogant, e [aʀɔgɑ̃, ɑ̃t] adj arrogante.
arrondir [aʀɔ̃diʀ] vt arredondar.
arrondissement [aʀɔ̃dismɑ̃] nm bairro m.

ⓘ ARRONDISSEMENT

Em Paris, Lyon e Marselha, o "arrondissement" (distrito) é uma subdivisão do município que tem seu próprio presidente da câmara. Há vinte distritos parisienses, dispostos em forma de caracol a partir do primeiro distrito, situado no centro da cidade. São geralmente designados pelo seu número e a alguns deles estão associadas características específicas. Por exemplo, o 16º (também se escrevem freqüentemente os números dos distritos com algarismos romanos, principalmente na indicação de casas) evoca a alta burguesia e o comércio de luxo, enquanto o 6º é sinônimo de ambiente estudantil, bares e cinemas.

arrosage [aʀozaʒ] nm rega f.
arroser [aʀoze] vt regar.
arrosoir [aʀozwaʀ] nm regador m.
Arrt abrev = **arrondissement**.

art [aʀ] nm • **l'art** a arte • **arts plastiques** artes fpl plásticas • **arts martiaux** artes marciais.
artère [aʀtɛʀ] nf artéria f.
artichaut [aʀtiʃo] nm alcachofra f.
article [aʀtikl] nm artigo m.
articulation [aʀtikylasjɔ̃] nf articulação f.
articulé, e [aʀtikyle] adj articulado(da).
articuler [aʀtikyle] vt & vi articular.
artifice [aʀtifis] nm → **feu**.
artificiel, elle [aʀtifisjɛl] adj artificial.
artisan [aʀtizɑ̃] nm artesão m.
artisanal, e, aux [aʀtizanal, o] adj artesanal.
artisanat [aʀtizana] nm artesanato m.
artiste [aʀtist] nmf artista mf.
artistique [aʀtistik] adj artístico(ca).
as¹ [a] → **avoir**.
as² [as] nm ás m.
asc. abrev = **ascenseur**.
ascendant [asɑ̃dɑ̃] nm ascendente m.
ascenseur [asɑ̃sœʀ] nm 1. elevador m 2. INFORM scroll box.
ascension [asɑ̃sjɔ̃] f • **l'Ascension** a Ascensão.
asiatique [azjatik] adj asiático(ca) ◆ **Asiatique** nmf asiático m, -ca f.
Asie [azi] nf • **l'Asie** a Ásia.
asile [azil] nm asilo m.
aspect [aspɛ] nm aspecto m.
asperge [aspɛʀʒ] nf aspargo m • **asperges à la flamande**

asperger

(Belg) aspargos com ovos cozidos picados.
asperger [aspεʀʒe] *vt* borrifar.
aspérités [aspeʀite] *nfpl* asperezas *fpl*.
asphyxier [asfiksje] *vt* asfixiar ◆ **s'asphyxier** *vp* asfixiar-se.
aspirante [aspiʀɑ̃t] *adj f* → **hotte**.
aspirateur [aspiʀatœʀ] *nm* aspirador *m*.
aspirer [aspiʀe] *vt* aspirar.
aspirine [aspiʀin] *nf* aspirina® *f*.
assaillant, e [asajɑ̃, ɑ̃t] *nm* assaltante *mf*.
assaillir [asajiʀ] *vt* assaltar ◆ **assaillir qqn de questions** bombardear alguém com perguntas.
assaisonnement [asεzɔnmɑ̃] *nm* tempero *m*.
assassin [asasɛ̃] *nm* assassino *m*, -na *f*.
assassiner [asasine] *vt* assassinar.
assaut [aso] *nm* assalto *m*.
assemblage [asɑ̃blaʒ] *nm* (*ensemble*) ajuntamento *m*.
assemblée [asɑ̃ble] *nf* assembléia *f*.
assembler [asɑ̃ble] *vt* juntar.
asseoir [aswaʀ] ◆ **s'asseoir** *vp* sentar-se.
asservir [asεʀviʀ] *vt* subjugar.
assez [ase] *adv* (*suffisamment*) muito; (*plutôt*) bastante ◆ **il y a assez de pommes pour faire une tarte** (*suffisamment de*) há maçãs suficientes para fazer uma torta ◆ **en avoir assez (de)** estar farto (de).
assidu, e [asidy] *adj* assíduo(dua).
assiéger [asjeʒe] *vt* sitiar.
assiette [asjεt] *nf* prato *m* ◆ **assiette de crudités** prato de legumes crus servido com molho vinagrete ◆ **assiette creuse** prato de sopa ◆ **assiette à dessert** prato de sobremesa ◆ **assiette plate** prato raso.
assimiler [asimile] *vt* (*comprendre*) assimilar; (*comparer*) ◆ **assimiler qqn/qqch à** associar alguém/algo a.
assis, e [asi, iz] ◆ *pp* → **asseoir** ◆ *adj* ◆ **être assis** estar sentado.
assises [asiz] *nfpl* **(cour d') assises** Tribunal *m* criminal.
assistance [asistɑ̃s] *nf* assistência *f*.
assistant, e [asistɑ̃, ɑ̃t] *nm* assistente *mf* ◆ **assistante sociale** assistente social.
assister [asiste] *vt* assistir ◆ **assister à** (*concert*) assistir a; (*meurtre*) presenciar.
association [asɔsjasjɔ̃] *nf* associação *f* ◆ **association humanitaire** associação humanitária.
associer [asɔsje] *vt* associar ◆ **s'associer** *vp* ◆ **s'associer (à** *ou* **avec)** associar-se (a).
assombrir [asɔ̃bʀiʀ] *vt* escurecer ◆ **s'assombrir** *vp* escurecer.
assommer [asɔme] *vt* (*tuer*) matar com uma pancada na cabeça.

assorti, e [asɔʀti] *adj (en harmonie)* que combina bem; *(varié)* sortido(da).
assortiment [asɔʀtimã] *nm* sortido *m*.
assoupir [asupiʀ]
♦ **s'assoupir** *vp* adormecer.
assouplir [asupliʀ] *vt* amaciar.
assouplissant [asuplisã] *nm* amaciante *m* (de roupa).
assouplissement [asuplismã] *nm* amaciamento *m*, flexibilização *f*.
assouplisseur [asuplisœʀ] = **assouplissant**.
assourdissant, e [asuʀdisã, ãt] *adj* ensurdecedor(ra).
assumer [asyme] *vt* assumir.
assurance [asyʀãs] *nf (contrat)* seguro *m*; *(aisance)* segurança *f*
• **assurance automobile** seguro de automóvel • **assurance tous risques** seguro total.
assuré, e [asyʀe] *adj (garanti)* assegurado(da); *(résolu)* seguro(ra).
assurer [asyʀe] *vt (maison, voiture)* pôr no seguro; *(fonction, tâche)* estar encarregado(da)de
• **je t'assure que** eu lhe asseguro que ♦ **s'assurer** *vp* fazer um seguro • **s'assurer contre le vol** fazer um seguro contra roubo • **s'assurer de** assegurar-se de • **s'assurer que** assegurar-se de que.
astérisque [asteʀisk] *nm* asterisco *m*.
asthmatique [asmatik] *adj* asmático(ca).
asthme [asm] *nm* asma *f*.

asticot [astiko] *nm* larva da mosca-da-carne, utilizada como isca.
astiquer [astike] *vt* dar brilho a.
astre [astʀ] *nm* astro *m*.
astreignant, e [astʀɛɲã, ãt] *adj* exigente.
astrologie [astʀɔlɔʒi] *nf* astrologia *f*.
astronaute [astʀɔnot] *nm* astronauta *m*.
astronomie [astʀɔnɔmi] *nf* astronomia *f*.
astuce [astys] *nf* astúcia *f*.
astucieux, euse [astysjø, øz] *adj* astuto(ta).
atelier [atəlje] *nm (d'usine)* oficina *f*; *(de peintre)* ateliê *m*; *(groupe de travail)* grupo *m* de trabalho.
athée [ate] *adj* ateu(atéia).
athénée [atene] *nm (Belg)* = escola *f* secundária de ensino público.
athlète [atlɛt] *nmf* atleta *mf*.
athlétisme [atletism] *nm* atletismo *m*.
Atlantique [atlãtik] *nm*
• **l'(océan) Atlantique** o (oceano) Atlântico.
atlas [atlas] *nm* atlas *m inv*.
atmosphère [atmɔsfɛʀ] *nf* atmosfera *f*.
atome [atom] *nm* átomo *m*.
atomique [atomik] *adj* atômico(ca).
atomiseur [atomizœʀ] *nm* atomizador *m*.
atout [atu] *nm* trunfo *m*.
atroce [atʀɔs] *adj* atroz.
atrocité [atʀɔsite] *nf* atrocidade *f*.

atrophier

atrophier [atʀɔfje] vt atrofiar ◆ **s'atrophier** vp atrofiar-se.

attabler [atable] ◆ **s'attabler** vp sentar-se à mesa • **s'attabler devant qqch** instalar-se diante de algo.

attachant, e [ataʃɑ̃, ɑ̃t] adj cativante, apaixonante.

attaché-case [ataʃekɛz] (pl **attachés-cases**) nm pasta f (de executivo).

attachement [ataʃmɑ̃] nm apego m.

attacher [ataʃe] ◆ vt prender ◆ vi agarrar-se • **attachez vos ceintures** apertem os cintos ◆ **s'attacher** vp prender-se • **s'attacher à qqn** apegar-se a alguém.

attaquant [atakɑ̃] nm atacante m.

attaque [atak] nf ataque m.

attaquer [atake] vt atacar ◆ **s'attaquer à** vp + prép atirar-se a.

attarder [ataʀde] ◆ **s'attarder** vp demorar-se.

atteindre [atɛ̃dʀ] vt atingir.

atteint, e [atɛ̃, ɛ̃t] pp → atteindre.

atteinte [atɛ̃t] nf → hors.

atteler [atle] vt atrelar.

attelle [atɛl] nf tala f.

attendre [atɑ̃dʀ] ◆ vt (personne, événement) esperar; (espérer) estar à espera de ◆ vi esperar • **attendre un enfant** estar esperando bebê • **attendre que** estar à espera de que • **attendre qqch de** esperar algo de ◆ **s'attendre à** vp + prép estar à espera de.

attendrir [atɑ̃dʀiʀ] vt enternecer.

attentat [atɑ̃ta] nm atentado m • **attentat à la bombe** atentado à bomba.

attentat-suicide (pl **-s-s**) [atɑ̃tasɥisid] nm atentado m suicida • **impliqué dans l'organisation d'attentats-suicides au cours desquels plusieurs personnes ont été tuées** implicado na organização de atentados suicidas durante os quais morreram várias pessoas.

attente [atɑ̃t] nf espera f • **en attente** em suspenso.

attentif, ive [atɑ̃tif, iv] adj atento(ta).

attention [atɑ̃sjɔ̃] nf atenção f • **attention!** cuidado! • **faire attention (à)** (se concentrer) prestar atenção (a ou em); (être prudent) ter cuidado (com).

atténuer [atenɥe] vt atenuar.

atterrir [ateʀiʀ] vi aterrissar.

atterrissage [ateʀisaʒ] nm aterrissagem f • **à l'atterrissage** no momento da aterrissagem.

attestation [atɛstasjɔ̃] nf atestado m.

attirant, e [atiʀɑ̃, ɑ̃t] adj atraente.

attirer [atiʀe] vt atrair • **attirer l'attention de qqn** atrair a atenção de alguém ◆ **s'attirer** vp • **s'attirer des ennuis** arranjar problemas.

attiser [atize] vt (feu) atiçar.
attitude [atityd] nf atitude f.
attraction [atraksjɔ̃] nf atração f.
attrait [atrɛ] nm atrativo m.
attrape-nigaud [atrapnigo] (pl **attrape-nigauds**) nm armação f.
attraper [atrape] vt apanhar.
attrayant, e [atrɛjɑ̃, ɑ̃t] adj atraente.
attribuer [atribɥe] vt • **attribuer qqch à qqn** atribuir algo a alguém.
attroupement [atrupmɑ̃] nm aglomeração f.
au [o] = à + le; → **à**.
aube [ob] nf madrugada f • **à l'aube** de madrugada.
auberge [obɛrʒ] nf pousada f, albergue m • **auberge de jeunesse** albergue da juventude.
aubergine [obɛrʒin] nf beringela f.
aucun, e [okœ̃, yn] • adj nenhum(ma) • pron nenhum(ma) • **sans aucun doute** sem dúvida alguma • **aucune idée!** não faço idéia! • **aucun des deux** nenhum dos dois • **aucun d'entre nous** nenhum de nós.
audace [odas] nf audácia f.
audacieux, euse [odasjø, øz] adj audacioso(osa).
au-delà [odəla] adv mais além • **au-delà de** para além de.
au-dessous [odsu] adv (dans l'espace) por baixo; (dans une hiérarchie) abaixo • **au-dessous**

auréole

de (dans l'espace) por baixo de; (dans une hiérarchie) abaixo de.
au-dessus [odsy] adv (dans l'espace) por cima; (dans une hiérarchie) acima • **au-dessus de** (dans l'espace) por cima de; (dans une hiérarchie) acima de • **au-dessus de 1 000 €** acima de 1000 euros.
audience [odjɑ̃s] nf audiência f.
audiovisuel, elle [odjovizɥɛl] adj audiovisual.
auditeur, trice [oditœr, tris] nm ouvinte m.
audition [odisjɔ̃] nf audição f.
auditoire [oditwar] nm auditório m.
auditorium [oditɔrjɔm] nm auditório m (sala).
augmentation [ogmɑ̃tasjɔ̃] nf aumento m • **augmentation (de salaire)** aumento (de salário) • **en augmentation** em elevação.
augmenter [ogmɑ̃te] vt & vi aumentar.
aujourd'hui [oʒurdɥi] adv hoje; (à notre époque) hoje em dia • **d'aujourd'hui** de hoje.
auparavant [oparavɑ̃] adv (d'abord) primeiramente; (avant) antes.
auprès [oprɛ] • **auprès de** prép junto de.
auquel [okɛl] = à + lequel; → **lequel**.
aura → **avoir**.
auréole [oreɔl] nf **1.** (couronne lumineuse) auréola f **2.** (tache) mancha f.

aurore

aurore [ɔʀɔʀ] *nf* aurora *f.*
ausculter [oskylte] *vt* auscultar.
aussi [osi] • *adv* 1. (également) também • j'ai faim! – moi aussi! estou com fome! – eu também! 2. (introduit une comparaison) • aussi... que tanto ou tão... quanto • il fait aussi chaud qu'à Lisbonne está tão calor como em Lisboa • il est aussi intelligent que son frère ele é tão inteligente quanto o irmão 3. (à ce point) tão • je n'ai jamais rien vu d'aussi beau nunca vi nada tão bonito • *conj* (par conséquent) por isso.
aussitôt [osito] *adv* logo • aussitôt que assim que.
austère [ostɛʀ] *adj* austero(ra).
Australie [ostʀali] *nf* • l'Australie a Austrália.
australien, enne [ostʀaljɛ̃, ɛn] *adj* australiano(na).
autant [otɑ̃] *adv* 1. (exprime la comparaison) • autant que tanto quanto • l'aller simple coûte presque autant que l'aller et retour a passagem de ida custa quase tanto quanto a de ida e volta • autant de... que tanto... quanto • autant de femmes que d'hommes tantas mulheres quanto homens 2. (exprime l'intensité) • je ne savais pas qu'il pleuvait autant ici não sabia que aqui chovia tanto • autant de... tanto... • autant de choses tantas coi-

sas 3. (il vaut mieux) • autant partir demain é melhor partir amanhã 4. (dans des expressions) • j'aime autant... prefiro... • d'autant que até porque • d'autant mieux que tanto mais que • pour autant que je sache que eu saiba.
autel [otɛl] *nm* altar *m.*
auteur [otœʀ] *nm* autor *m*, -ra *f.*
authentique [otɑ̃tik] *adj* autêntico(ca).
auto [oto] *nf* automóvel *m.* • autos tamponneuses carrinho *m* bate-bate.
autobiographie [otɔbjɔgʀafi] *nf* autobiografia *f.*
autobus [otɔbys] *nm* ônibus *m.*
autocar [otɔkaʀ] *nm* ônibus *m.*
autocollant [otɔkɔlɑ̃] *nm* autocolante *m.*
autocouchette(s) [otɔkuʃɛt] *adj inv* • train autocouchette(s) trem noturno, com carro-leito, que transporta passageiros e seus carros.
autocuiseur [otɔkɥizœʀ] *nm* panela *f* de pressão.
auto-école [otɔekɔl] (*pl* **auto-écoles**) *nf* auto-escola *f.*
autographe [otɔgʀaf] *nm* autógrafo *m.*
automate [otɔmat] *nm* autômato *m.*
automatique [otɔmatik] *adj* automático(ca).
automne [otɔn] *nm* outono *m* • en automne no outono.
automobile [otɔmɔbil] *adj* automóvel.

automobiliste [otomobilist] *nm* automobilista *mf*.

autonome [otonom] *adj* autônomo(ma).

autonomie [otonomi] *nf* (*indépendance*) autonomia *f*.

autopsie [otopsi] *nf* autópsia *f*.

autoradio [otoradjo] *nm* auto-rádio *m*.

autorisation [otorizasjɔ̃] *nf* autorização *f*.

autoriser [otorize] *vt* autorizar • **autoriser qqn à faire qqch** autorizar alguém a fazer algo.

autoritaire [otoriter] *adj* autoritário(ria).

autorité [otorite] *nf* autoridade *f* • **les autorités** as autoridades.

autoroute [otorut] *nf* auto-estrada *f* • **autoroute à péage** auto-estrada com pedágio.

auto-stop [otostop] *nm* carona *f* • **faire de l'auto-stop** pedir carona.

autour [otur] *adv* em volta • **tout autour** em toda a volta • **autour de** (*dans l'espace*) à volta de, ao redor de; (*environ*) por volta de, em torno de.

autre [otr] *adj* outro(outra) • **j'aimerais essayer une autre couleur** gostaria de experimentar outra cor • **une bouteille d'eau minérale, s'il vous plaît** outra garrafa de água mineral, por favor • **il n'y a rien d'autre à voir ici** não há mais nada para ver aqui • **veux-tu quelque chose d'autre?** você quer mais alguma coisa? • **les deux autres** os outros dois • **les autres passagers sont priés de descendre de l'appareil** pede-se aos demais passageiros que desçam do avião • **autre part** em outro lugar • **d'autre part** por outro lado • **l'autre** o outro (a outra) • **un autre** um outro • **il ne se soucie pas des autres** ele não se preocupa com os outros • **d'une minute à l'autre** de um minuto para o outro • **entre autres** entre outras coisas • **j'aime les bons vins, entre autres ceux de Bordeaux** gosto dos bons vinhos, entre outros os de Bordeaux → **lequel**.

autrefois [otrəfwa] *adv* outrora.

autrement [otrəmã] *adv* (*différemment*) de outra maneira; (*sinon*) senão • **autrement dit** ou seja.

Autriche [otriʃ] *nf* • **l'Autriche** a Áustria.

autrichien, enne [otriʃjɛ̃, ɛn] *adj* austríaco(ca) ◆ **Autrichien, enne** *nm* austríaco *m*, -ca *f*.

autruche [otryʃ] *nf* avestruz *f*.

autrui [otrɥi] *pron* outrem.

auvent [ovã] *nm* alpendre *m*.

Auvergne [overɲ] *nf* → **bleu**.

aux [o] = **à** + **les**; → **à**.

auxiliaire [oksiljer] ◆ *nm* auxiliar *mf* ◆ *nm GRAM* auxiliar *m*.

auxquelles [okel] = **à** + **lesquelles**; → **lequel**.

auxquels

auxquels [okɛl] = à + lesquels; → **lequel**.
av. (abr de avenue) Av.
avachi, e [avaʃi] adj (canapé, chaussures) deformado(da); (personne) abatido(da).
aval [aval] nm (d'un cours d'eau) jusante f • **en aval (de)** a jusante (de).
avalanche [avalɑ̃ʃ] nf avalanche f.
avaler [avale] vt engolir.
avance [avɑ̃s] nf (progression) avanço m; (prêt) adiantamento m • **à l'avance, d'avance** desde já • **en avance** adiantado(da).
avancer [avɑ̃se] • vt (rapprocher) avançar; (anticiper, prêter) adiantar • vi avançar; (montre, pendule) adiantar • **avancer de cinq minutes** adiantar cinco minutos ◆ **s'avancer** vp (se rapprocher) avançar; (partir devant) ir à frente.
avant [avɑ̃] • prép antes de • adv antes • nm frente f; ESP centroavante m ◆ adj inv da frente • **avant de faire qqch** antes de fazer algo • **avant que** antes que • **avant tout** (surtout) acima de tudo; (d'abord) primeiramente • **l'année d'avant** no ano anterior ou passado.
avantage [avɑ̃taʒ] nm vantagem f.
avantager [avɑ̃taʒe] vt beneficiar.
avantageux, euse [avɑ̃ta-ʒø, øz] adj vantajoso(osa).

avant-bras [avɑ̃bʀa] nm antebraço m.
avant-dernier, ière, s [avɑ̃dɛʀnje, ɛʀ] adj & nm penúltimo(ma).
avant-hier [avɑ̃tjɛʀ] adv anteontem.
avant-première [avɑ̃pʀəmjɛʀ] (pl **avant-premières**) nf pré-estréia f.
avant-propos [avɑ̃pʀɔpo] nm inv prefácio m.
avare [avaʀ] adj & nm avarento(ta).
avarice [avaʀis] nf avareza f.
avarié, e [avaʀje] adj estragado(da).
avatar [avataʀ] (pl **-es**) nm INFORM avatar m.
avec [avɛk] prép com • **avec élégance** com elegância • **et avec ça?** algo mais?
avenir [avniʀ] nm futuro m • **à l'avenir** de hoje em diante • **d'avenir** de futuro.
aventure [avɑ̃tyʀ] nf aventura f; (amoureuse) caso m.
aventurer [avɑ̃tyʀe] ◆ **s'aventurer** vp aventurar-se.
aventurier, ère [avɑ̃tyʀje, ɛʀ] nm aventureiro m, -ra f.
avenue [avny] nf avenida f.
avérer [aveʀe] ◆ **s'avérer** vp revelar-se.
averse [avɛʀs] nf aguaceiro m.
avertir [avɛʀtiʀ] vt avisar • **avertir qqn de qqch** avisar alguém de algo.
avertissement [avɛʀtismɑ̃] nm aviso m; EDUC advertência escolar que precede a sanção.

aveu [avø] (*pl* **aveux**) *nm* confissão *f*.

aveugle [avœgl] *adj & nm* cego(ga).

aveugler [avœgle] *vt* cegar.

aveuglette [avœglɛt] ◆ **à l'aveuglette** *adv* às cegas.

aviateur [avjatœr] *nm* aviador *m*.

aviation [avjasjɔ̃] *nf* aviação *f*.

avide [avid] *adj* ávido(da) • avide de ávido de.

avion [avjɔ̃] *nm* avião *m* • avion à réaction avião a jato • par avion via aérea.

aviron [avirɔ̃] *nm* remo *m*.

avis [avi] *nm* (*opinion*) opinião *f*; (*information*) aviso *m* • **changer d'avis** mudar de opinião • **à mon avis** na minha opinião • **avis de réception** aviso de recebimento ◆ **avis de recherche** *nm* mandado de busca.

avisé, e [avize] *adj* sensato(ta).

av. J-C (*abr de* **avant Jésus-Christ**) a.C.

avocat [avɔka] *nm* (*homme de loi*) advogado *m*; (*fruit*) abacate *m*.

avoine [avwan] *nf* aveia *f*.

avoir [avwar] *vt* 1. (*gén*) • **j'ai deux frères et une sœur** tenho dois irmãos e uma irmã • **avoir les cheveux bruns** ter cabelo castanho • **avoir de l'ambition** ser ambicioso • **quel âge as-tu ?** quantos anos você tem? • **j'ai 13 ans** tenho 13 anos • **avoir des remords** ter remorsos • **avoir à faire qqch** ter de fazer algo • **vous n'avez qu'à remplir ce formulaire** só tem que preencher este formulário • **j'ai à faire** tenho que fazer 2. (*examen*) • **ça y est, j'ai mon bac!** pronto, passei no exame! • **il a eu son permis du premier coup** ele tirou a carta de motorista logo da primeira vez 3. (*fam*) (*duper*) enganar • **je t'ai bien eu!** enganei-te! • **se faire avoir** ser enganado • **30 € pour un repas, je me suis vraiment fait avoir** 30 euros por uma refeição, enganaram-me bem! 4. (*dans des expressions*) • **vous en avez encore pour longtemps ?** ainda vai demorar muito? • **nous en avons eu pour 30 €** ficou-nos por 30 euros ◆ *v aux* • **j'ai terminé** acabei • **hier nous avons visité le château** ontem visitamos o castelo • **j'aurai fini ce travail la semaine prochaine** na semana que vem terei terminado este trabalho • **il y a** *v impers* 1. (*présentatif*) há • **il y a un problème** há um problema • **y a-t-il des toilettes ici ?** há toaletes por aqui? • **qu'est-ce qu'il y a ?** o que é que se passa? • **il n'y a qu'à revenir demain** só nos resta voltar amanhã 2. (*temporel*) há • **il y a trois ans** há três anos • **il y a plusieurs années que nous venons ici** vimos aqui há vários anos.

avortement [avɔrtəmɑ̃] *nm* aborto *m*.

avorter [avɔrte] *vi* abortar.

avouer [avwe] *vt* confessar.
avril [avril] *nm* abril *m* • **le premier avril** o dia primeiro de abril → **septembre**.

ℹ️ PREMIER AVRIL

O dia Primeiro de Abril é aquele em que as pessoas pregam peças nas outras. As brincadeiras, difundidas pela imprensa e pela televisão, são sempre ansiosamente esperadas. Por tradição, as crianças colam peixes de papel nas costas de outras crianças e até de transeuntes sem que estes o saibam.

---

axe [aks] *nm (pivot)* eixo *m*; *(routier, ferroviaire)* importante via de tráfego • **axe rouge** via onde é especialmente proibido parar.
ayant [ejɑ̃] *ppr* → **avoir**.
ayons [ejɔ̃] → **avoir**.
azote [azɔt] *nm* nitrogênio *m*.
Azur [azyʀ] *nom* → **côte**.

B

B *(abr de bien)* bem.
baba [baba] *nm* • **baba au rhum** babá *m* ao rum.
babines [babin] *nfpl* beiços *mpl*.
babiole [babjɔl] *nf* bugiganga *f*.
bâbord [babɔʀ] *nm* bombordo *m* • **à bâbord** a bombordo.
baby-foot [babifut] *nm inv* pebolim *m*.
baby-sitter [bebisitœʀ] *(pl* **baby-sitters**) *nm* babá *f*.
bac [bak] *nm* 1. *(récipient)* tina *f* 2. *(bateau)* barca *f* 3. *(fam) (abr de* **baccalauréat**) • **bac + 2/3/4/5** ≃ prova de conclusão de curso do ensino médio 4. *INFORM* • **bac à papier** bandeja para papel.
baccalauréat [bakaloʀea] *nm* exame final do ensino médio francês.
bâche [baʃ] *nf* toldo *m*.
bâcler [bakle] *vt (fam)* atabalhoar.
bacon [bekɔn] *nm* bacon *m*.
bactérie [bakteʀi] *nf* bactéria *f*.
badge [badʒ] *nm* 1. crachá *m*; *(d'identité)* cartão *m* de identificação 2. *INFORM* crachá *m* magnético.
badgeuse [badʒøz] *nf* leitor óptico.
badigeonner [badiʒɔne] *vt (mur)* pincelar.
badminton [badmintɔn] *nm* badminton *m*.
baffe [baf] *nf (fam)* tabefe *m*.
baffle [bafl] *nm* caixa *f* de som.
bafouiller [bafuje] *vi* balbuciar.
bagage [bagaʒ] *nm* bagagem *f* • **bagages** bagagem • **bagage à main** bagagem de mão.
bagarre [bagaʀ] *nf* arruaça *f*.
bagarrer [bagaʀe] • **se bagarrer** *vp* brigar.

bagarreur, euse [bagaʀœʀ, øz] adj arruaceiro(ra).

bagnes [baɲ] nm (Helv) queijo de leite de vaca utilizado sobretudo na fondue.

bagnole [baɲɔl] nf (fam) carro m, máquina f.

bague [bag] nf anel m.

baguette [bagɛt] nf (tige) vara f; (de chef d'orchestre) batuta f; (chinoise) pauzinho m; (pain) baguete f • **baguette magique** varinha f de condão.

baie [bɛ] nf (fruit) baga f; (golfe) baía f; (fenêtre) vão m • **baie vitrée** vidraça f.

baignade [bɛɲad] nf banho m • **baignade interdite** é proibido tomar banho.

baigner [beɲe] • vt (bébé) dar banho em; (suj: sueur, larmes) banhar • vi : **baigner dans** estar embebido(da) • **se baigner** vp banhar-se.

baignoire [bɛɲwaʀ] nf banheira f.

bail [baj] (pl **baux**) nm contrato m de arrendamento.

bâiller [baje] vi (personne) bocejar; (chaussure) estar com a sola despregada; (vêtement) estar desconjuntado(da).

bâillonner [bajɔne] vt amordaçar.

bain [bɛ̃] nm banho m • **prendre un bain** tomar (um) banho • **prendre un bain de soleil** tomar banho de sol • **grand bain** piscina f para adultos • **petit bain** piscina f para crianças.

bain-marie [bɛ̃maʀi] nm banho-maria m.

baïonnette [bajɔnɛt] nf (arme) baioneta f; (d'ampoule) rosca de encaixar.

baiser [beze] nm beijo m.

baisse [bɛs] nf baixa f • **en baisse** em baixa.

baisser [bese] vt & vi baixar • **se baisser** vp abaixar-se.

bal [bal] nm baile m.

balade [balad] nf passeio m.

balader [balade] • **se balader** vp passear.

baladeur [baladœʀ] nm walkman® m.

balafre [balafʀ] nf cicatriz f (no rosto).

balai [balɛ] nm (pour nettoyer) vassoura f; (d'essuie-glace) palheta f.

balance [balɑ̃s] nf balança f • **Balance** nf Balança f, Libra f.

balancer [balɑ̃se] vt balançar; (fam) (jeter) jogar fora • **se balancer** vp balançar-se.

balancier [balɑ̃sje] nm (de pendule) pêndulo m.

balançoire [balɑ̃swaʀ] nf gangorra f.

balayer [baleje] vt varrer.

balayeur [balejœʀ] nm gari m.

balbutier [balbysje] vi balbuciar.

balcon [balkɔ̃] nm (terrasse) varanda f; (au théâtre) balcão m.

baleine [balɛn] nf (animal) baleia f; (de parapluie) vareta f.

balise [baliz] nf baliza f.

ballant, e [balɑ̃, ɑ̃t] adj • **les bras ballants** de braços pendentes.

balle

balle [bal] nf *ESP* bola f; *(d'arme à feu)* bala f; *(fam) (franc)* ≃ pau m • **balle à blanc** tiro m de pólvora seca.
ballerine [balʀin] nf *(chaussure)* sapatilha f; *(danseuse)* bailarina f.
ballet [balɛ] nm balé m.
ballon [balɔ̃] nm balão m; *ESP* bola f.
ballonné, e [balɔne] adj inchado(da).
ballotter [balɔte] vi chocalhar.
balnéaire [balneɛʀ] adj → **station**.
balustrade [balystʀad] nf balaustrada f.
bambin [bɑ̃bɛ̃] nm bambino m.
bambou [bɑ̃bu] nm bambu m.
banal, e [banal] adj banal.
banane [banan] nf *(fruit)* banana f; *(porte-monnaie)* pochete f.
banc [bɑ̃] nm *(siège)* banco m; *(de poissons)* cardume m • **banc public** banco público • **banc de sable** banco de areia.
bancaire [bɑ̃kɛʀ] adj bancário(ria).
bancal, e [bɑ̃kal] adj *(personne)* coxo(xa); *(chaise, table)* bambo(ba).
bandage [bɑ̃daʒ] nm atadura f.
bande [bɑ̃d] nf *(de tissu, de papier)* tira f; *(pansement)* ligadura f; *(groupe)* banda f • **bande d'arrêt d'urgence** acostamento m • **bande dessinée** história f em quadrinhos • **bande magnétique** fita f magnética

• **bande originale** trilha f sonora original.
bandeau [bɑ̃do] *(pl -x)* nm *(dans les cheveux)* faixa f; *(sur les yeux)* venda f.
bander [bɑ̃de] vt *(yeux)* vendar; *(blessure)* enfaixar.
banderole [bɑ̃dʀɔl] nf bandeirola f.
bandit [bɑ̃di] nm bandido m, -da f.
bandoulière [bɑ̃duljɛʀ] nf bandoleira f • **en bandoulière** a tiracolo.
banjo [bɑ̃dʒo] nm banjo m.
banlieue [bɑ̃ljø] nf subúrbio m.
banlieusard, e [bɑ̃ljøzaʀ, aʀd] nm suburbano m, -na f.
bannir [baniʀ] vt banir • **bannir qqch de** banir algo de.
banque [bɑ̃k] nf *(agence)* banco m.
banquet [bɑ̃kɛ] nm banquete m.
banquette [bɑ̃kɛt] nf *(de voiture)* banco m; *(de restaurant)* banqueta f.
banquier [bɑ̃kje] nm *(directeur)* banqueiro m.
banquise [bɑ̃kiz] nf banquisa f.
baptême [batɛm] nm *(sacrement)* batismo m; *(réception)* batizado m • **baptême de l'air** batismo do ar.
bar [baʀ] nm *(café)* bar m; *(comptoir)* balcão m • **bar à café** *(Helv)* bar onde não são servidas bebidas alcoólicas.
baraque [baʀak] nf *(de jardin)* casinha f; *(de fête foraine)* barraca f; *(fam) (maison)* barraco m.

baratin [baratɛ̃] nm (fam) conversa f fiada.

barbare [baʀbaʀ] adj bárbaro(ra).

barbe [baʀb] nf barba f • **barbe à papa** algodão-doce m.

barbecue [baʀbəkju] nm (gril) churrasqueira f; (repas) churrasco m.

barbelé, e [baʀbəle] nm • **(fil de fer) barbelé** arame m farpado.

barboter [baʀbɔte] vi chafurdar.

barbouillé, e [baʀbuje] adj (malade) • **être barbouillé** estar enjoado.

barbouiller [baʀbuje] vt borrar.

barbu [baʀby] adj m barbudo.

barème [baʀɛm] nm tabela f.

baril [baril] nm barril m.

bariolé, e [baʀjɔle] adj sarapintado(da).

barman [baʀman] nm barman m.

baromètre [baʀɔmɛtʀ] nm barômetro m.

baron, onne [baʀɔ̃, ɔn] nm barão m, -ronesa f.

barque [baʀk] nf barca f.

barrage [baʀaʒ] nm barragem f • **barrage de police** barreira policial.

barre [baʀ] nf **1.** barra f; NAVIG roda f do leme **2.** INFORM • **barre de défilement** barra de rolagem • **barre d'état** barra de status.

barreau [baʀo] (pl **-x**) nm (de prison) grade f; (de chaise) travessa f.

barrer [baʀe] vt (rue, route) barrar; (mot, phrase) riscar; NAVIG manobrar a roda do leme de.

barrette [baʀɛt] nf (à cheveux) travessa f.

barricade [baʀikad] nf barricada f.

barricader [baʀikade] vt (porte) trancar; (rue) barricar ♦ **se barricader** vp trancar-se.

barrière [baʀjɛʀ] nf barreira f.

bar-tabac [baʀtaba] (pl **bars-tabacs**) nm bar onde também se vendem selos e tabaco.

bas, basse [ba, bas] adj baixo(xa); MUS grave • nm (partie inférieure) parte f de baixo; (vêtement) meia f • **bas résille** meias de rede • adv baixo • **en bas** embaixo • **en bas de** embaixo de.

bas-côté [bakote] (pl **bas-côtés**) nm (de la route) acostamento m.

bascule [baskyl] nf (pour peser) balança f; (jeu) balanço m.

basculer [baskyle] vi tombar.

base [baz] nf base f • **à base de** de base de • **de base** de base • **produits de base** produtos básicos • **base de données** base de dados ♦ **base de loisirs** nf complexo m poliesportivo.

baser [baze] vt • **baser qqch sur** basear algo em ♦ **se baser sur** + prép basear-se em.

basilic [bazilik] nm manjericão m.

basilique [bazilik] nf basílica f.

basket [basket] nm & nf (chaussure) tênis mpl.

basket(-ball)

basket(-ball) [baskɛt(bol)] nm basquetebol m.

basquaise [baskɛz] adj → poulet.

basque [bask] • adj basco(ca) • nm (langue) basco m ◆ **Basque** nmf basco m, -ca f.

basse → bas.

basse-cour [baskuʀ] (pl basses-cours) nf capoeira f.

bassin [basɛ̃] nm (plan d'eau) tanque m; ANAT bacia f • **le Bassin parisien** a Bacia parisiense • **grand bassin** piscina f para adultos • **petit bassin** piscina f para crianças.

bassine [basin] nf bacia f.

Bastille [bastij] • **l'opéra Bastille** a ópera da Bastilha.

bataille [bataj] nf batalha f.

batailleur, euse [batajœʀ, øz] adj batalhador(ra).

bâtard, e [bataʀ, aʀd] nm (chien) vira-lata m.

bateau [bato] (pl -x) nm barco m; (sur le trottoir) guia f rebaixada • **bateau de pêche** barco de pesca • **bateau à voiles** barco à vela.

bateau-bus (pl -x) [batobys] nm ferry m, ferryboat m • **prendre le bateau-bus** tomar o ferry.

bateau-mouche [batomuʃ] (pl bateaux-mouches) nm barco que realiza passeios pelo rio Sena.

bâtiment [batimɑ̃] nm edifício m • **le bâtiment** (activité) a construção civil.

bâtir [batiʀ] vt edificar.

bâton [batɔ̃] nm pau m • **bâton de craie** giz m.

bâtonnet [batɔnɛ] nm pauzinho m • **bâtonnet de glace** picolé m.

battant [batɑ̃] nm (d'une porte) batente m.

battement [batmɑ̃] nm (coup) bater m; (intervalle) intervalo m; (de cœur) batida f.

batterie [batʀi] nf bateria f • **batterie de cuisine** utensílios mpl de cozinha.

batteur, euse [batœʀ, øz] • nm MÚS baterista mf • nm (mélangeur) batedeira f.

battre [batʀ] • vt (frapper) bater; (vaincre) vencer • vi bater • **battre des œufs en neige** bater as claras em neve • **battre la mesure** marcar o compasso • **battre des mains** bater palmas ◆ **se battre** vp • **se battre (avec qqn)** lutar (com alguém).

baume [bom] nm bálsamo m.

baux [bo] → **bail**.

bavard, e [bavaʀ, aʀd] adj & n tagarela.

bavardage [bavaʀdaʒ] nm tagarelice f.

bavarder [bavaʀde] vi tagarelar.

bavarois [bavaʀwa] nm CULIN sobremesa fria à base de gelatina, creme inglês e musse de frutas.

bave [bav] nf baba f.

baver [bave] vi babar • **en baver** (fam) passar por maus momentos.

bavette [bavɛt] *nf* CULIN filé de lombo de vaca.

baveux, euse [bavø, øz] *adj* (omelette) malpassado(da).

bavoir [bavwaʀ] *nm* babador *m*.

bavure [bavyʀ] *nf* (tache) borrão *m*; (erreur) erro *m*.

bazar [bazaʀ] *nm* (magasin) bazar *m*; (fam) (lieu en désordre) zona *f*.

BCBG *adj* (abr de bon chic bon genre) mauricinho *m*, patricinha *f*.

Bd (abr de boulevard) Al.

BD *nf* (fam) gibi *m*, = **bande dessinée**.

beach-volley (*pl* -s) [bitʃvɔlɛ] *nm* vôlei *m* de praia • **jouer au beach-volley** jogar vôlei de praia.

beau, belle [bo, bɛl] (*mpl* **beaux**) (Belg [bɛl] devant voyelle ou h muet) • *adj* lindo(da); (ironique) mauvais belo(la) • *adv* **il fait beau** está fazendo bom tempo • **j'ai beau essayer...** por mais que eu tente... • **c'est du beau travail!** (ironique) bonito serviço! • **un beau jour** um belo dia.

beaucoup [boku] *adv* (aimer, manger) muito • **il a lu beaucoup de livres** ele leu muitos livros • **beaucoup plus cher** muito mais caro • **elle fait beaucoup plus de fautes qu'avant** ela faz muito mais erros do que antes.

beau-fils [bofis] (*pl* **beaux-fils**) *nm* (fils du conjoint) enteado *m*; (gendre) genro *m*.

beau-frère [bofʀɛʀ] (*pl* **beaux-frères**) *nm* cunhado *m*.

beau-père [bopɛʀ] (*pl* **beaux-pères**) *nm* (père du conjoint) sogro *m*; (conjoint de la mère) padrasto *m*.

beauté [bote] *nf* (qualité) beleza *f*; (femme) beldade *f*.

beaux-parents [bopaʀɑ̃] *nmpl* sogros *mpl*.

bébé [bebe] *nm* bebê *m*.

bec [bɛk] *nm* bico *m* • **bec verseur** bico vertedor.

béchamel [beʃamɛl] *nf* • (sauce) **béchamel** (molho) bechamel *m*.

bêche [bɛʃ] *nf* enxada *f*.

bêcher [beʃe] *vt* cavar.

bée [be] *adj* • **bouche bée** boquiaberto(ta).

bégayer [begeje] *vi* gaguejar.

bégonia [begɔnja] *nm* begônia *f*.

beige [bɛʒ] *adj & nm* bege.

beigne [bɛɲ] *nm* (Can) ≃ sonho *m* (bolo).

beignet [bɛɲɛ] *nm* (salé) bolinho *m*; (sucré) ≃ filhó *f*.

bel → **beau**.

bêler [bele] *vi* balir.

belge [bɛlʒ] *adj* belga • **Belge** *nmf* belga *mf*.

Belgique [bɛlʒik] *nf* • **la Belgique** a Bélgica.

bélier [belje] *nm* carneiro *m* • **Bélier** *nm* Carneiro *m*, Áries *m*.

belle-fille [bɛlfij] (*pl* **belles-filles**) *nf* (fille du conjoint) enteada *f*; (conjointe du fils) nora *f*.

Belle-Hélène [bɛlelɛn] *adj* → **poire**.

belle-mère

belle-mère [bɛlmɛʀ] (pl **belles-mères**) nf (mère du conjoint) sogra f; (conjointe du père) madrasta f.

belle-sœur [bɛlsœʀ] (pl **belles-sœurs**) nf cunhada f.

belote [bəlɔt] nf bisca f.

bénéfice [benefis] nm FIN lucro m; (avantage) benefício m.

bénéficier [benefisje]
• **bénéficier de** vp + prép beneficiar-se com.

bénéfique [benefik] adj benéfico(ca).

bénévole [benevɔl] adj benévolo(la).

bénin, igne [benɛ̃, iɲ] adj benigno(gna).

bénir [beniʀ] vt (foule) abençoar; (pain) benzer.

bénite [benit] adj f → **eau**.

bénitier [benitje] nm pia f de água benta.

benne [bɛn] nf contentor m.

BEP nm (abr de **brevet d'études professionnelles**) certificado de estudos profissionais.

béquille [bekij] nf MED muleta f; (de vélo, de moto) descanso m.

berceau [bɛʀso] (pl **-x**) nm (d'enfant) berço m.

bercer [bɛʀse] vt (un enfant) embalar.

berceuse [bɛʀsøz] nf (chanson) cantiga f de ninar.

Bercy [bɛʀsi] n • **(le palais omnisports de Paris-)Bercy** ginásio polidesportivo e sala para concertos parisiense.

béret [beʀɛ] nm boina f.

berge [bɛʀʒ] nf margem f.

berger, ère [bɛʀʒe, ɛʀ] nm, f pastor m, -ra f • **berger allemand** pastor alemão.

bergerie [bɛʀʒəʀi] nf curral m.

berlingot [bɛʀlɛ̃go] nm (bonbon) caramelo em forma de tetraedro; (de lait, de Javel) embalagem de plástico flexível, para pequenas doses de líquido.

bermuda [bɛʀmyda] nm bermuda f.

berner [bɛʀne] vt enganar.

besogne [bəzɔɲ] nf tarefa f.

besoin [bəzwɛ̃] nm necessidade f • **avoir besoin de qqch** precisar de algo • **avoir besoin de faire qqch** precisar fazer algo • **faire ses besoins** fazer as necessidades.

bestiole [bɛstjɔl] nf inseto m, bicho m pequeno.

best-seller [bɛstsɛlœʀ] (pl **best-sellers**) nm best-seller m.

bétail [betaj] nm gado m.

bête [bɛt] • adj parvo(va) • nf besta f, animal m.

bêtement [bɛtmã] adv estupidamente.

bêtise [betiz] nf (acte, parole) besteira f.

béton [betɔ̃] nm concreto m.

bette [bɛt] nf acelga f.

betterave [bɛtʀav] nf beterraba f.

beurre [bœʀ] nm manteiga f.

beurrer [bœʀe] vt (tartine) cobrir com manteiga; (plat) untar.

biais [bjɛ] nm en viés • **par le biais de** por meio de.

bibande [bibɑ̃d] adj dual band.

bibelot [biblo] nm bibelô m.

biberon [bibʀɔ̃] nm mamadeira f • **donner le biberon à** dar a mamadeira a.

Bible [bibl] nf • **la Bible** a Bíblia.

bibliothécaire [biblijɔtekɛʀ] nmf bibliotecário m, -ria f.

bibliothèque [biblijɔtɛk] nf biblioteca f.

biceps [bisɛps] nm bíceps m inv.

biche [biʃ] nf corça f.

bicyclette [bisiklɛt] nf bicicleta f.

bidet [bidɛ] nm bidê m.

bidon [bidɔ̃] ◆ nm botijão m ◆ adj inv (fam) • **c'est du bidon** isso é uma treta.

bidonville [bidɔ̃vil] nm favela f.

bien [bjɛ̃] (*mieux est le comparatif et le superlatif de bien* [mjø]) ◆ adv **1.** *(de façon satisfaisante)* bem • **as-tu bien dormi?** você dormiu bem? **2.** *(beaucoup, très)* muito • **une personne bien sympathique** uma pessoa bem simpática • **je me suis bien amusé pendant ces vacances** eu me diverti muito durante estas férias • **j'espère bien que...** espero muito que... • **c'est une bien triste histoire** é uma história bem triste • **bien mieux/plus** bem melhor/mais **3.** *(au moins)* • **cela fait bien deux mois qu'il n'a pas plu** já não chove há bem uns dois meses **4.** *(effectivement)* bem • **c'est bien ce qu'il me semblait** é bem o que me parecia • **c'est bien ce que je disais** bem o que dizia • **mais oui, c'est bien lui!** sim, é ele mesmo! **5.** *(dans des expressions)* • **bien des gens** muita gente • **il a bien de la chance** ele tem muita sorte • **(c'est) bien fait (pour toi) !** (foi) bem feito! • **nous ferions bien de réserver à l'avance** faríamos bem em reservar com antecedência ◆ adj **1.** *(devoir, travail)* bom(boa) **2.** *(beau)* bonito(ta) **3.** *(moralement)* • **c'est une fille bien** é uma moça honesta • **c'est bien, ce que tu as fait pour lui** é admirável o que você fez por ele • **j'ai trouvé son attitude très bien dans cette affaire** achei muito correta a sua atitude neste caso **4.** *(convenable)* • **ça fait bien** fica bem • **des gens bien** gente bem **5.** *(en bonne santé, à l'aise)* bem • **être/se sentir bien** andar/sentir-se bem • *interj* muito bem! ◆ nm bem m • **c'est bien pour ton bien** é para o seu bem • **dire du bien de** falar bem de • **faire du bien à qqn** fazer bem a alguém ◆ **biens** nm *(richesse)* bens mpl.

bien-être [bjɛ̃nɛtʀ] nm bem-estar m.

bienfaisant, e [bjɛ̃fəzɑ̃, ɑ̃t] adj benéfico(ca).

bientôt [bjɛ̃to] adv daqui a pouco tempo, logo • **à bientôt!** até logo!

bienveillant, e [bjɛ̃vɛjɑ̃, ɑ̃t] adj benevolente.

bienvenu, e [bjɛ̃v(ə)ny] adj bem-vindo(da).

bienvenue

bienvenue [bjɛ̃v(ə)ny] *nf*
• bienvenue! bem-vindo(da)!
• souhaiter la bienvenue à qqn dar as boas-vindas a alguém.
bière [bjɛʀ] *nf* cerveja *f.*
bifteck [biftɛk] *nm* bife *m.*
bifurquer [bifyʀke] *vi (route)* bifurcar; *(voiture)* virar.
Bige® [biʒ] *adj inv* • billet Bige passagem de trem para estudantes que lhes permite circular pela Europa a um preço reduzido.
bigorneau [bigɔʀno] *(pl* **-x***) nm* caramujo *m.*
bigoudi [bigudi] *nm* rolo *m* para o cabelo.
bijou [biʒu] *(pl* **-x***) nm* jóia *f*; *(fig)* jóia *f.*
bijouterie [biʒutʀi] *nf* joalheria *f.*
Bikini® [bikini] *nm* biquíni *m.*
bilan [bilɑ̃] *nm* balanço *m*
• faire le bilan (de) fazer o balanço (de).
bilingue [bilɛ̃g] *adj* bilíngüe.
billard [bijaʀ] *nm* bilhar *m.*
bille [bij] *nf (petite boule)* esfera *f*; *(pour jouer)* bola de gude *m.*
billet [bijɛ] *nm (de transport)* passagem *f*; *(de spectacle)* ingresso *m* • **billet de banque** nota *f* • **billet aller et retour** passagem de ida e volta.
billetterie [bijɛtʀi] *nf* bilheteria *f* • **billetterie automatique** *(de billets de train)* bilheteria automática; *(de billets de banque)* caixa *m* automático.
bimensuel, elle [bimɑ̃sɥɛl] *adj* bimensal.

biographie [bjɔgʀafi] *nf* biografia *f.*
biologie [bjɔlɔʒi] *nf* biologia *f.*
biologique [bjɔlɔʒik] *adj* biológico(ca).
bioterrorisme [bjɔteʀɔʀism] *nm* bioterrorismo *m.*
bis [bis] • *interj* bis! • *adv* bis • **6 bis** 6 b.
biscornu, e [biskɔʀny] *adj (objet)* de forma irregular; *(idée)* estrambólico(ca).
biscotte [biskɔt] *nf* torrada *f.*
biscuit [biskɥi] *nm* biscoito *m*
• **biscuit salé** biscoito *m* aperitivo.
bise [biz] *nf (baiser)* beijo *m*; *(vent)* vento *m* norte • **faire une bise à qqn** dar um beijo em alguém • **grosses bises** *(dans une lettre)* muitos beijos.
bison [bizɔ̃] *nm* bisão *m* • **Bison Futé** órgão de informação rodoviária.

(i) BISON FUTÉ

Sistema criado em 1975 que visa facilitar as condições de tráfego nos dias de grande movimento, principalmente no início e no fim das épocas de férias. Indica os horários e os itinerários a evitar. Propõe estradas menos movimentadas, chamadas "itinerários bis", indicadas por setas verdes.

bisou [bizu] *nm (fam)* beijinho *m.*

bisque [bisk] *nf* sopa espessa de crustáceos com creme de leite.

bissextile [bisɛkstil] *adj* → **année**.

bistro(t) [bistro] *nm* bistrô *m*.

bitume [bitym] *nm* betume *m*.

bizarre [bizaʀ] *adj* bizarro(a).

blafard, e [blafaʀ, aʀd] *adj (visage)* lívido(da); *(lumière)* baço(ça).

blague [blag] *nf (histoire drôle)* anedota *f*; *(mensonge)* conversa *f*; *(farce)* peça *f* ◆ **sans blague!** sério?

blaguer [blage] *vi* caçoar.

blâmer [blame] *vt* censurar.

blanc, blanche [blɑ̃, blɑ̃ʃ] ◆ *adj* branco(ca); *(vierge)* em branco ◆ *nm (couleur)* branco *m*; *(espace)* espaço *m* em branco; *(vin)* vinho *m* branco ◆ **à blanc** *(chauffer)* até ficar branco; *(tirer)* com um tiro de pólvora seca ◆ **blanc cassé** branco sujo ◆ **blanc d'œuf** clara *f* de ovo ◆ **blanc de poulet** peito *m* de frango ◆ **Blanc, Blanche** *nm* branco *m*, -ca *f*.

blancheur [blɑ̃ʃœʀ] *nf* brancura *f*.

blanchir [blɑ̃ʃiʀ] ◆ *vt (mur)* caiar; *(linge, argent)* lavar ◆ *vi (cheveux)* embranquecer.

blanchisserie [blɑ̃ʃisʀi] *nf* lavanderia *f*.

blanquette [blɑ̃kɛt] *nf (plat)* ensopado de vitela, cordeiro ou frango com molho de vinho branco; *(vin)* vinho branco espumante ◆ **blanquette de veau** ensopado de vitela com molho de vinho branco.

blasé, e [blaze] *adj* entediado(da).

blazer [blazɛʀ] *nm* blazer *m*.

blé [ble] *nm* trigo *m* ◆ **blé d'Inde** *(Can)* milho *m*.

blême [blɛm] *adj* macilento(ta).

blessant, e [blesɑ̃, ɑ̃t] *adj* que magoa.

blessé, e [blese] *nm* ferido *m*, -da *f*.

blesser [blese] *vt (physiquement)* ferir, machucar; *(vexer)* magoar ◆ **se blesser** *vp* magoar-se ◆ **se blesser à la main** machucar a mão.

blessure [blesyʀ] *nf* ferida *f*, machucado *m*.

blette [blɛt] = **bette**.

bleu, e [blø] ◆ *adj* azul; *(steak)* malpassado(da) ◆ *nm (couleur)* azul *m*; *(hématome)* machucado *m* roxa ◆ **bleu (d'Auvergne)** queijo da região de Auvergne que apresenta raias azuladas de mofo em sua massa ◆ **bleu ciel** azul-celeste ◆ **bleu marine** azul-marinho ◆ **bleu de travail** macacão *m*.

bleuet [bløɛ] *nm* centáureaazul *f*; *(Can)* murtinho *m*.

blindé, e [blɛ̃de] *adj* blindado(da).

blizzard [blizaʀ] *nm* blizar *m* vento glacial acompanhado de tempestades de neve.

bloc [blɔk] *nm* bloco *m* ◆ **à bloc** ao máximo ◆ **en bloc** *(acheter)* por atacado; *(nier)* totalmente.

blocage

blocage [blɔkaʒ] *nm (des prix, des salaires)* congelamento *m*; *(psychologique)* bloqueio *m*.

bloc-notes [blɔknɔt] *(pl* **blocs-notes)** *nm* bloco *m* de notas.

blocus [blɔkys] *nm* bloqueio *m*.

blond, e [blɔ̃, blɔ̃d] *adj* louro(ra).

blonde [blɔ̃d] *nf* cigarro de tabaco claro • *(bière)* **blonde** cerveja *f* clara.

bloquer [blɔke] *vt* bloquear; *(prix, salaires)* congelar.

blottir [blɔtiR] ◆ **se blottir** *vp* encolher-se.

blouse [bluz] *nf (d'élève, de médecin)* bata *f.*

blouson [bluzɔ̃] *nm* blusão *m.*

blues [bluz] *nm* blues *m inv.*

bob [bɔb] *nm* chapéu *m* de pano.

bobine [bɔbin] *nf (de fil)* carretel *m*; *(de film)* bobina *f.*

bobo [bɔbo] *nm (langage enfantin)* dódói *m.*

bobsleigh [bɔbslɛg] *nm* bobsleigh *m.*

bocal [bɔkal, o] *(pl* **-aux)** *nm (de conserves)* frasco *m*; *(à poissons)* aquário *m.*

body [bɔdi] *nm* body *m.*

body-building [bɔdibildiŋ] *nm* fisiculturismo *m.*

bœuf [bœf] *(pl* **-s)** *nm (animal)* boi *m*; CULIN carne *f* de vaca • **bœuf bourguignon** cozido de carne de vaca preparado com vinho tinto e cebolas.

bof [bɔf] *interj* puf!

bohémien, enne [bɔemjɛ̃, ɛn] *nm* cigano *m*, -na *f.*

boire [bwaR] ◆ *vt (avaler)* beber, *(absorber)* absorver ◆ *vi* beber • **boire un coup** beber algo.

bois [bwa] ◆ *nm (matière)* madeira *f*; *(de chauffage)* lenha *f*; *(forêt)* bosque *m* ◆ *nm (d'un cerf)* galhada *f.*

boisé, e [bwaze] *adj* arborizado(da).

boiseries [bwazRi] *nf* revestimento *m* de madeira.

boisson [bwasɔ̃] *nf* bebida *f* • **la boisson** *(alcool)* o álcool.

boîte [bwat] *nf* caixa *f* • **boîte d'allumettes** caixa de fósforos • **boîte de conserve** lata *f* de conserva • **boîte aux lettres** caixa do correio • **boîte (de nuit)** boate *f* • **boîte à outils** caixa de ferramentas • **boîte postale** caixa postal • **boîte de vitesses** caixa de câmbio.

boiter [bwate] *vi* coxear.

boiteux, euse [bwatø, øz] *adj* coxo(xa).

boîtier [bwatje] *nm (de montre, de cassette)* caixa *f*; *(d'appareil photo)* corpo *m.*

bol [bɔl] *nm* tigela *f.*

bolide [bɔlid] *nm* bólide *m.*

bombardement [bɔ̃baRdəmã] *nm* bombardeio *m.*

bombarder [bɔ̃baRde] *vt* bombardear • **bombarder qqn de questions** bombardear alguém com perguntas.

bombe [bɔ̃b] *nf (arme)* bomba *f*; *(vaporisateur)* spray *m* • **bombe atomique** bomba atômica.

bomber [bɔ̃bœR] *nm* casaco *m* de aviador.

bon, bonne [bɔ̃, bɔn] *(meilleur est le comparatif et le superlatif de bon [mɛjœʀ])* ♦ *adj* **1.** *(gén)* bom(boa) • **nous avons passé de très bonnes vacances** passamos umas férias muito boas • **connais-tu un bon garagiste dans les environs?** você conhece um bom mecânico nos arredores? • **être bon en qqch** ser bom em algo • **c'est bon pour la santé** é bom para a saúde • **il n'est bon à rien** não presta para nada • **c'est bon à savoir** é bom saber • **ta carte d'autobus n'est plus bonne** o seu passe de ônibus já não é válido • **bonne année!** bom ano! • **bonnes vacances!** boas férias! **2.** *(correct)* certo(certa) • **est-ce le bon numéro?** é o número certo? **3.** *(en intensif)* e tanto • **une bonne heure** faz uma hora e tanto • **ça fait deux bons kilos** pesa dois quilos e tanto **4.** *(dans des expressions)* • **bon!** *(d'accord)* está bem!; *(pour conclure)* bom! • **ah, é?** • **c'est bon!** *(soit)* está bem! • **pour de bon de bon.** ♦ *adv* • **il fait bon** faz bom tempo • **sentir bon** cheirar bem • **tenir bon** resistir ♦ *nm* cupom *m*; *(en cadeau)* vale *m* • **bon de commande** ordem *f* de encomenda • **bon de livraison** nota *f* de entrega.

bonbon [bɔ̃bɔ̃] *nm* bala *f*.

bond [bɔ̃] *nm* salto *m*.

bondé, e [bɔ̃de] *adj* lotado(da).

bondir [bɔ̃diʀ] *vi (sauter)* saltar; *(fig) (réagir)* pular.

bonheur [bɔnœʀ] *nm (état)* felicidade *f*; *(chance, plaisir)* alegria *f*.

bonhomme [bɔnɔm] *(pl* **bonshommes)** *nm (fam) (homme)* homenzinho *m*; *(silhouette)* boneco *m* • **bonhomme de neige** boneco de neve.

bonjour [bɔ̃ʒuʀ] *interj* bom dia! • **dire bonjour à qqn** cumprimentar alguém.

bonne ♦ *adj* → **bon.** ♦ *nf* criada *f*.

bonnet [bɔnɛ] *nm* gorro *m* • **bonnet de bain** touca *f* de banho.

bonsoir [bɔ̃swaʀ] *interj* boa noite! • **dire bonsoir à qqn** dizer boa-noite a alguém.

bonté [bɔ̃te] *nf* bondade *f*.

booléen, ne [buleɛ̃, ɛn] *adj* booleano *(operador)*.

bord [bɔʀ] *nm* borda *f* • **à bord (de)** a bordo (de) • **au bord (de)** à beira (de) • **au bord de la mer** à beira-mar.

bordelaise [bɔʀdəlɛz] *adj f* → **entrecôte.**

border [bɔʀde] *vt (longer)* ladear; *(enfant)* ajeitar a roupa de • **bordé de** ladeado de.

bordure [bɔʀdyʀ] *nf (bord)* rebordo *m*; *(liséré)* orla *f* • **en bordure de** na orla de.

borgne [bɔʀɲ] *adj* zarolho(lha).

borne

borne [bɔʀn] *nf* marco *m* • **dépasser les bornes** (*fig*) passar dos limites.

borné, e [bɔʀne] *adj* tacanho(nha).

bosquet [bɔskɛ] *nm* pequeno bosque *m*.

bosse [bɔs] *nf* (*saillie*) bossa *f*; (*au front*) galo *m*; (*sur le dos*) corcunda *f*.

bossu, e [bɔsy] *adj* corcunda.

botanique [bɔtanik] • *adj* botânico(ca) • *nf* botânica *f*.

botte [bɔt] *nf* (*chaussure*) bota *f*; (*de légumes*) maço *m*; (*de foin*) feixe *m*.

Bottin® [bɔtɛ̃] *nm* lista *f* telefônica.

bottine [bɔtin] *nf* botina *f*.

bouc [buk] *nm* (*animal*) bode *m*; (*barbe*) barbicha *f*.

bouche [buʃ] *nf* boca *f* • **bouche d'égout** boca de esgoto • **bouche de métro** entrada *f* de metrô.

bouchée [buʃe] *nf* (*morceau*) bocado *m*; (*au chocolat*) bombom de chocolate recheado • **bouchée à la reine** vol-au-vent recheado com carne branca.

boucher¹ [buʃe] *vt* tapar; (*évier*) entupir; (*passage*) bloquear.

boucher², ère [buʃe, ɛʀ] *nm* açougueiro *m*, -ra *f*.

boucherie [buʃʀi] *nf* açougue *m*.

bouchon¹ [buʃɔ̃] *nm* (*de bouteille*) rolha *f*; (*embouteillage*) engarrafamento *m*; (*de pêche*) bóia *f*.

boucle [bukl] *nf* (*de cheveux*) caracol *m*; (*de fil*) volta *f*; (*de ceinture*) fivela *f*; (*circuit*) curva *f* fechada • **boucle d'oreille** brinco *m*.

bouclé, e [bukle] *adj* encaracolado(da).

boucler [bukle] • *vt* (*valise*) fechar; (*ceinture*) apertar; (*fam*) (*enfermer*) trancar • *vi* (*cheveux*) encaracolar.

bouclier [buklije] *nm* escudo *m*.

bouddhiste [budist] *adj* & *nm* budista.

bouder [bude] *vi* amuar.

boudin [budɛ̃] *nm* (*ressort*) rolo *m* • **boudin blanc** morcela com carne branca, servida sobretudo no Natal • **boudin noir** morcela *f*.

boue [bu] *nf* lama *f*.

bouée [bwe] *nf* bóia *f* • **bouée de sauvetage** bóia salva-vidas.

boueux, euse [buø, øz] *adj* enlameado(da), barrento(ta).

bouffant, e [bufɑ̃, ɑ̃t] *adj* (*manches*) bufante.

bouffe [buf] *nf* (*fam*) rango *m*.

bouffée [bufe] *nf* (*d'air*) lufada *f*; (*de tabac*) baforada *f* • **avoir des bouffées de chaleur** ter ondas de calor • **avoir une bouffée d'angoisse** ter uma crise de angústia.

bouffi, e [bufi] *adj* inchado(da).

bougeotte [buʒɔt] *nf* • **avoir la bougeotte** (*fam*) ter bicho-carpinteiro.

bourratif

bouger [buʒe] ◆ *vt* mexer ◆ *vi (remuer, agir)* mexer-se; *(changer)* mudar.

bougie [buʒi] *nf* vela *f*.

bouillabaisse [bujabɛs] *nf* ≃ caldeirada *f* de peixe.

bouillant, e [bujɑ̃, ɑ̃t] *adj* fervente.

bouillie [buji] *nf (pour bébé)* papa *f*; *(pâte)* papa *f*.

bouillir [bujir] *vi (liquide)* ferver; *(aliment)* cozinhar; *(fig) (personne)* estar fervendo.

bouilloire [bujwar] *nf* chaleira *f*.

bouillon [bujɔ̃] *nm* caldo *m*.

bouillonner [bujɔne] *vi* borbulhar.

bouillotte [bujɔt] *nf* bolsa *f* de água quente.

boulanger, ère [bulɑ̃ʒe, ɛr] *nm* padeiro *m*, -ra *f*.

boulangerie [bulɑ̃ʒri] *nf* padaria *f*.

boule [bul] *nf* bola *f*; ◆ **boule de Bâle** *(Helv)* salsichão servido com molho vinagrete ◆ **jouer aux boules** ≃ jogar bocha ◆ **boules** *nf* ◆ **avoir les boules** *(fam)* estar irritado, enervado, estar farto.

bouledogue [buldɔg] *nm* buldogue *m*.

boulet [bulɛ] *nm* bala *f*.

boulette [bulɛt] *nf* bolinha *f* ◆ **boulette de viande** almôndega *f*.

boulevard [bulvar] *nm* alameda *f* ◆ **les grands boulevards** alamedas parisienses que vão da praça da Madeleine à République.

bouleversement [bulvɛrsəmɑ̃] *nm* reviravolta *f*; *(émotion)* transtorno *m*.

bouleverser [bulvɛrse] *vt* transtornar.

boulon [bulɔ̃] *nm* parafuso *m*.

boulot [bulo] *nm (fam)* trampo *m*.

boum [bum] *nf (fam)* festa *f* surpresa.

bouquet [bukɛ] *nm* **1.** *(de fleurs)* buquê *m*; *(crevette)* camarão *m*; *(d'un vin)* aroma *f* **2.** ◆ **bouquet numérique** *TV* pacote digital.

bouquin [bukɛ̃] *nm (fam)* livro *m*.

bourbeux, euse [burbø, øz] *adj* pantanoso(osa).

bourdon [burdɔ̃] *nm* zangão *m*.

bourdonner [burdɔne] *vi* zumbir.

bourgeois, e [burʒwa, az] *adj* & *nm* burguês(esa).

bourgeoisie [burʒwazi] *nf* burguesia *f*.

bourgeon [burʒɔ̃] *nm* rebento *m*.

bourgeonner [burʒɔne] *vi* brotar.

Bourgogne [burgɔn] *nf* ◆ **la Bourgogne** a Borgonha.

bourguignon, onne [burgiɲɔ̃, ɔn] *adj* → **bœuf, fondue**.

bourrasque [burask] *nf* borrasca *f*.

bourratif, ive [buratif, iv] *adj* pesado(da).

bourré, e [buʀe] *adj (plein)* cheio(cheia); *(vulg) (ivre)* alto(ta) • **bourré de** cheio de.

bourreau [buʀo] *(pl* **-x***) nm* carrasco *m.*

bourrelet [buʀlɛ] *nm (isolant)* fita *f* adesiva isolante; *(de graisse)* pneu *m.*

bourru, e [buʀy] *adj* carrancudo(da).

bourse [buʀs] *nf* bolsa *f* • **la Bourse** a Bolsa.

boursier, ère [buʀsje, ɛʀ] *adj (étudiant, transaction)* bolsista.

boursouflé, e [buʀsufle] *adj* inchado(da).

bousculade [buskylad] *nf* empurrão *m.*

bousculer [buskyle] *vt (heurter)* empurrar; *(fig) (presser)* apressar.

boussole [busɔl] *nf* bússola *f.*

bout [bu] *nm (des doigts, d'un objet)* ponta *f; (de la rue, du couloir)* fim *m; (morceau)* pedaço *m* • **au bout de** *(dans l'espace)* no fundo de; *(à la fin de)* ao fim de; *(après)* depois de • **être à bout de** não agüentar mais.

boute-en-train [butɑ̃tʀɛ̃] *nm inv* animador *m,* -ra *f.*

bouteille [butɛj] *nf* garrafa *f* • **bouteille de gaz** botijão de gás • **bouteille d'oxygène** cilindro de oxigênio.

boutique [butik] *nf* loja *f* • **boutique franche** ou **hors taxes** free shop *m.*

bouton [butɔ̃] *nm* botão *m; (sur la peau)* espinha *f.*

bouton-d'or [butɔ̃dɔʀ] *(pl* **boutons-d'or***) nm* botão-de-ouro *m.*

boutonner [butɔne] *vt* abotoar.

boutonnière [butɔnjɛʀ] *nf* casa *f* do botão.

bowling [bulin] *nm* bowling *m.*

box [bɔks] *nm inv (garage)* boxe *m* privado; *(d'écurie)* coxia *f.*

boxe [bɔks] *nf* boxe *m,* pugilismo *m.*

boxer [bɔksɛʀ] *nm* boxer *m.*

boxeur [bɔksœʀ] *nm* pugilista *m,* boxeador *m.*

boyau [bwajo] *(pl* **-x***) nm (de roue)* câmara-de-ar *f* ◆ **boyaux** *nm ANAT* tripas *fpl.*

boycotter [bɔjkɔte] *vt* boicotar.

BP *(abr de* **boîte postale***)* caixa *f* postal.

bracelet [bʀaslɛ] *nm (bijou)* pulseira *f; (de montre)* pulseira *f.*

bracelet-montre [bʀaslɛmɔ̃tʀ] *(pl* **bracelets-montres***) nm* relógio *m* de pulso.

braconnier [bʀakɔnje] *nm* **1.** caçador *m* furtivo **2.** pescador *m* furtivo.

brader [bʀade] *vt* liquidar • **on brade** liquidação total.

braderie [bʀadʀi] *nf* liquidação *f.*

braguette [bʀagɛt] *nf* braguilha *f.*

braille [bʀaj] *nm* braille *m.*

brailler [bʀaje] *vi (fam)* berrar.

braise [bʀɛz] *nf* brasa *f.*

brancard [bʀɑ̃kaʀ] *nm* maca *f.*

branchages [bʀɑ̃ʃaʒ] *nm* ramagem *f.*

branche [brɑ̃ʃ] nf ramo m; (de lunettes) haste f.
branchement [brɑ̃ʃmɑ̃] nm conexão f.
brancher [brɑ̃ʃe] vt ligar (à corrente).
brandade [brɑ̃dad] nf • brandade (de morue) bacalhau desfiado, com alho, creme de leite ou leite.
brandir [brɑ̃diʀ] vt agitar.
branlant, e [brɑ̃lɑ̃, ɑ̃t] adj oscilante.
braquer [brake] • vi (automobiliste) virar tudo • vt (diriger) apontar • braquer qqch sur apontar algo a ♦ **se braquer** vp obstinar-se.
bras [brɑ] nm braço m • **bras de mer** braço de mar.
brassard [brasaʀ] nm braçadeira f.
brasse [bras] nf bruços mpl.
brasser [brase] vt (remuer) misturar; (bière) fabricar; (affaires, argent) lidar com.
brasserie [brasʀi] nf cervejaria f.
brassière [brasjɛʀ] nf (pour bébé) camisinha de mangas longas para bebê; (Can) (soutien-gorge) sutiã m.
brave [brav] adj valente • **il est brave** é boa pessoa.
bravo [bravo] interj bravo!
bravoure [bravuʀ] nf valentia f.
break [bʀɛk] nm 1. break m (automóvel) 2. (fam) pausa f 3. ESP break m.
brebis [bʀəbi] nf ovelha f.
brèche [bʀɛʃ] nf brecha f.

bredouiller [bʀəduje] vi gaguejar.
bref, brève [bʀɛf, bʀɛv] • adj breve • adv enfim.
Brésil [bʀezil] nm • **le Brésil** o Brasil.
brésilien, enne [bʀeziljɛ̃, ɛn] adj brasileiro(ra) ♦ **Brésilien, enne** nm brasileiro m, -ra f.
Bretagne [bʀətaɲ] nf • **la Bretagne** a Bretanha.
bretelle [bʀətɛl] nf (de vêtement) alça f; (d'autoroute) ramal m de acesso ♦ **bretelles** nfpl suspensórios mpl.
breton, onne [bʀətɔ̃, ɔn] • adj bretão(ã) • nm (langue) bretão m ♦ **Breton, onne** nm bretão m, -ã f.
brève → **bref**.
brevet [bʀəvɛ] nm (diplôme) diploma m; (de pilote) brevê m; (d'invention) patente f.
bribes [bʀib] nfpl (de conversation) fragmentos mpl.
bricolage [bʀikɔlaʒ] nm bricolagem f • **faire du bricolage** fazer bricolagem.
bricole [bʀikɔl] nf coisinha f.
bricoler [bʀikɔle] • vt reparar • vi fazer pequenos consertos.
bricoleur, euse [bʀikɔlœʀ, øz] nm amador m, -ra f de bricolagem.
bride [bʀid] nf rédea f.
bridé, e [bʀide] adj • **avoir les yeux bridés** ter os olhos puxados.
bridge [bʀidʒ] nm (jeu) bridge m; (appareil dentaire) ponte f fixa.
brie [bʀi] nm queijo m Brie.

brièvement

brièvement [bʀijɛvmɑ̃] *adv* sucintamente, em poucas palavras.
brigade [bʀigad] *nf* brigada *f*.
brigand [bʀigɑ̃] *nm* bandido *m*, -da *f*.
brillamment [bʀijamɑ̃] *adv* brilhantemente.
brillant, e [bʀijɑ̃, ɑ̃t] ♦ *adj* brilhante ♦ *nm (diamant)* brilhante *m*.
briller [bʀije] *vi* brilhar.
brimer [bʀime] *vt (personne)* reprimir.
brin [bʀɛ̃] *nm (de laine)* fio *m*
• **brin d'herbe** folha *f* de grama • **brin de muguet** raminho *m* de lírios-do-vale.
brindille [bʀɛ̃dij] *nf* graveto *m*.
brioche [bʀijɔʃ] *nf* brioche *m*.
brique [bʀik] *nf (d'argile)* tijolo *m*; *(de lait, de jus de fruit)* pacote *m*.
briquer [bʀike] *vt (fam)* esfregar.
briquet [bʀikɛ] *nm* isqueiro *m*.
brise [bʀiz] *nf* brisa *f*.
briser [bʀize] *vt* quebrar.
britannique [bʀitanik] *adj* britânico(ca) ♦ **Britannique** *nm* britânico *m*, -ca *f*.
brocante [bʀɔkɑ̃t] *nf* loja *f* de antiguidades.
brocanteur [bʀɔkɑ̃tœʀ] *nm* antiquário *m*.
broche [bʀɔʃ] *nf (bijou)* broche *m*; CULIN espeto *m*.
brochet [bʀɔʃɛ] *nm* lúcio *m*.
brochette [bʀɔʃɛt] *nf (plat)* espetinho *m*.
brochure [bʀɔʃyʀ] *nf* brochura *f*.
brocoli [bʀɔkɔli] *nm* brócolis *m*.

46

broder [bʀɔde] *vt* bordar.
broderie [bʀɔdʀi] *nf* bordado *m*.
bronches [bʀɔ̃ʃ] *nfpl* brônquios *mpl*.
bronchite [bʀɔ̃ʃit] *nf* bronquite *f*.
bronzage [bʀɔ̃zaʒ] *nm* bronzeamento *m*, bronzeado *m*.
bronze [bʀɔ̃z] *nm* bronze *m*.
bronzer [bʀɔ̃ze] *vi* bronzear
• **se faire bronzer** bronzear-se.
brosse [bʀɔs] *nf (pour nettoyer)* escova *f* • **en brosse** à escovinha • **brosse à cheveux** escova de cabelo • **brosse à dents** escova de dentes.
brosser [bʀɔse] *vt* escovar
• **se brosser les dents** escovar os dentes.
brouette [bʀuɛt] *nf* carro *m* de mão.
brouhaha [bʀuaa] *nm* zumzum *m*.
brouillard [bʀujaʀ] *nm* nevoeiro *m*.
brouillé [bʀuje] *adj m* → **œuf**.
brouiller [bʀuje] *vt (idées)* embaralhar; *(liquide, vue)* turvar
• **se brouiller** *vp (se fâcher)* zangar-se; *(idées)* ficar embaralhado(da); *(vue)* turvar-se.
brouillon [bʀujɔ̃] *nm* rascunho *m*.
broussailles [bʀusaj] *nfpl* mato *m*.
brousse [bʀus] *nf* mato *m*.
brouter [bʀute] *vt* pastar.
broyer [bʀwaje] *vt* moer.
brucelles [bʀysɛl] *nfpl (Helv)* pinça *f*.

brugnon [bʀyɲɔ̃] nm nectarina f.
bruine [bʀɥin] nf garoa f.
bruit [bʀɥi] nm (son) ruído m; (vacarme) barulho m • **faire du bruit** fazer barulho.
brûlant, e [bʀylɑ̃, ɑ̃t] adj (liquide) escaldante; (aliment) fervente; (soleil) escaldante.
brûlé [bʀyle] nm • **ça sent le brûlé** cheira a queimado.
brûle-pourpoint [bʀylpuʀpwɛ̃] adv de chofre, à queimaroupa.
brûler [bʀyle] • vt (carboniser) queimar; (irriter) queimar • vi (flamber) arder; (chauffer) queimar • **brûler un feu rouge** passar com o sinal vermelho ◆ **se brûler** vp queimar-se • **se brûler la main** queimar a mão.
brûlure [bʀylyʀ] nf (blessure) queimadura f; (sensation) ardor m • **brûlures d'estomac** azia f.
brume [bʀym] nf bruma f.
brumeux, euse [bʀymø, øz] adj nebuloso(osa).
brun, e [bʀœ̃, bʀyn] adj (personne) moreno(na); (cheveux) castanho(nha); (tabac) escuro(ra).
brune [bʀyn] nf cigarro m de tabaco escuro • **(bière) brune** cerveja f preta.
Brushing® [bʀœʃiŋ] nm fazer escova.
brusque [bʀysk] adj brusco(ca).
brut, e [bʀyt] adj bruto(ta); (cidre, champagne) seco(ca).
brutal, e, aux [bʀytal, o] adj brutal; (personne) bruto(ta).

bulle

brutaliser [bʀytalize] vt brutalizar.
brute [bʀyt] nf bruto m, -ta f.
Bruxelles [bʀy(k)sɛl] nom Bruxelas.
bruyant, e [bʀɥijɑ̃, ɑ̃t] adj barulhento(ta); (moteur) ruidoso(osa).
bruyère [bʀɥijɛʀ] nf urze f.
BTS nm (abr de brevet de technicien supérieur) diploma de técnico superior.
bu, e [by] pp → boire.
buanderie [bɥɑ̃dʀi] nf (Can) lavanderia f.
bûche [byʃ] nf cavaca f • **bûche de Noël** tronco m de Natal.
bûcheron [byʃʀɔ̃] nm lenhador m.
budget [bydʒɛ] nm orçamento m.
buée [bɥe] nf vapor m de água.
buffet [byfɛ] nm (meuble) aparador m; (repas) bufê m; (de gare) cafeteria f • **buffet froid** bufê de pratos frios.
building [bildiŋ] nm arranhacéu m.
buisson [bɥisɔ̃] nm arvoredo m.
buissonnière [bɥisɔnjɛʀ] adj f → école.
Bulgarie [bylgaʀi] nf • **la Bulgarie** a Bulgária.
bulldozer [byldozɛʀ] nm bulldozer m.
bulle [byl] nf 1. (de gaz) bolha f; (de savon) bola f • **faire des bulles** (avec un chewing-gum) fazer bolas; (de savon) fazer bolas de sabão 2. INFORM • **bulle d'aide** caixa f de ajuda.

bulletin

bulletin [byltɛ̃] nm (papier) impresso m; (d'informations) boletim m; EDUC caderneta f escolar • **bulletin météorologique** boletim meteorológico • **bulletin de salaire** contracheque m, holerite m • **bulletin de vote** cédula f.

bungalow [bœ̃galo] nm bangalô m.

bureau [byʀo] nm escritório m; (meuble) escrivaninha f • **bureau de change** casa f de câmbio • **bureau de poste** agência f de correios • **bureau de tabac** tabacaria f.

burlesque [byʀlɛsk] adj burlesco(ca).

bus [bys] nm ônibus m (em cidade).

buste [byst] nm (partie du corps) tronco m; (statue) busto m.

but [byt] nm (intention) objetivo m; (destination) fim m, ESP (point) gol m • **les buts** ESP (zone) as balizas • **dans le but de** com o objetivo de.

butane [bytan] nm gás m butano.

buté, e [byte] adj obstinado(da).

buter [byte] vi • **buter sur** ou **contre** (objet) tropeçar em; (difficulté) deparar com ♦ **se buter** vp obstinar-se.

butin [bytɛ̃] nm espólio m.

butte [byt] nf outeiro m.

buvard [byvaʀ] nm mata-borrão m.

buvette [byvɛt] nf bar m.

C

c' → ce.

ça [sa] pron (pour désigner) isto; (objet lointain) isso • **ça n'est pas facile** isso não é fácil • **ça va?** – **ça va!** tudo bem? – tudo bem! • **comment ça?** como assim? • **c'est ça** é isso mesmo.

cabane [kaban] nf cabana f.

cabaret [kabaʀɛ] nm cabaré m.

cabillaud [kabijo] nm bacalhau m fresco.

cabine [kabin] nf (de bateau) camarote m; (de téléphérique) cabine f; (sur la plage) barraca f • **cabine de douche** boxe m • **cabine d'essayage** cabine de provas • **cabine (de pilotage)** cabine (de pilotagem) • **cabine (téléphonique)** cabine (telefônica).

cabinet [kabinɛ] nm (d'avocat) escritório m; (de médecin) consultório m • **cabinet de toilette** banheiro m ♦ **cabinets** nmpl privada f.

câble [kabl] nm cabo m • **(télévision par) câble** televisão a cabo.

cabosser [kabɔse] vt deformar.

cabriole [kabʀijɔl] nf cambalhota f.

caca [kaka] nm • **faire caca** (fam) fazer cocô.

cacah(o)uète [kakawɛt] nf amendoim m.

cacao [kakao] nm cacau m.

cache-cache [kaʃkaʃ] nm inv • **jouer à cache-cache** brincar de esconde-esconde.

cachemire [kaʃmiʀ] nm caxemira f.

cache-nez [kaʃne] nm inv echarpe f.

cacher [kaʃe] vt esconder; (vue, soleil) tapar ◆ **se cacher** vp esconder-se.

cachet [kaʃɛ] nm (comprimé) comprimido m; (tampon) carimbo m; (allure) estilo m.

cachette [kaʃɛt] nf esconderijo m • **en cachette** às escondidas.

cachot [kaʃo] nm masmorra f.

cacophonie [kakɔfɔni] nf cacofonia f.

cactus [kaktys] nm cacto m.

cadavre [kadavʀ] nm cadáver m • **un cadavre d'animal** um animal morto.

Caddie® [kadi] nm carrinho m (de supermercado).

cadeau [kado] (pl **-x**) nm presente m • **faire un cadeau à qqn** dar um presente a alguém • **faire cadeau de qqch à qqn** presentear alguém com algo.

cadenas [kadna] nm cadeado m.

cadence [kadɑ̃s] nf • **en cadence** cadenciadamente.

cadet, ette [kadɛ, ɛt] adj mais novo(mais nova) ◆ nm caçula m f.

cadran [kadʀɑ̃] nm (de montre, de tableau de bord) mostrador m • **cadran solaire** relógio m de sol.

cadre [kadʀ] nm (bordure) moldura f, caixilho m; (tableau) quadro m; (décor) ambiente m; (d'une entreprise) executivo m, -va f; (de vélo) quadro m (de bicicleta) • **dans le cadre de** (fig) no âmbito de.

cafard [kafaʀ] nm barata f • **avoir le cafard** (fam) estar na fossa.

café [kafe] nm café m • **café crème** OU **au lait** café com leite • **café épicé** (Helv) café com cravo e canela • **café liégeois** sorvete de café com chantilly (ou chantili).

ℹ️ CAFÉ

Estabelecimento público que dá geralmente para a rua, com terraços ou amplas vidraças, em que são servidas bebidas, sanduíches e refeições rápidas. Alguns deles – sobretudo em Paris – estiveram estreitamente ligados à vida política, cultural ou literária de uma determinada época. Nesses bares o café é consumido de diversas maneiras. Existe, por exemplo, o "café-crème", ao qual se adiciona leite quente; o "café noisette", ligeiramente misturado com leite, e o "express" ou "expresso", mais forte,

cafétéria

que só se bebe em xícaras pequenas. No café-da-manhã serve-se tradicionalmente um "grand crème", normalmente chamado "café au lait", acompanhado de pão com manteiga ou de croissants.

cafétéria [kafeterja] *nf* cafeteria *f.*
café-théâtre [kafeteatʀ] (*pl* **cafés-théâtres**) *nm* café-teatro *m.*
cafetière [kaftjɛʀ] *nf* cafeteira *f.*
cage [kaʒ] *nf* (*à oiseau*) gaiola *f;* (*aux fauves*) jaula *f, ESP* baliza *f* • **cage d'escalier** vão *m* da escada.
cagoule [kagul] *nf* (*d'enfant*) gorro *m;* (*de gangster*) capuz *m* • **porter une cagoule** estar embuçado(da).
cahier [kaje] *nm* caderno *m* • **cahier de brouillon** caderno de rascunho • **cahier de textes** caderno onde os alunos da escola primária anotam os trabalhos de casa.
caille [kaj] *nf* codorniz *f.*
cailler [kaje] *vi* (*lait*) coalhar; (*sang*) coagular.
caillot [kajo] *nm* coágulo *m.*
caillou [kaju] (*pl* **-x**) *nm* pedra *f.*
caisse [kɛs] *nf* caixa *f* • **caisse (enregistreuse)** caixa (registradora) • **caisse d'épargne** caixa econômica *f* de poupança • **caisse rapide** caixa-rápido *m.*
caissier, ère [kesje, ɛʀ] *nm* caixa *mf.*
cajou [kaʒu] *nm* → **noix.**
cake [kɛk] *nm* bolo *m* inglês.
calamar *nm* lula *f.*
calcaire [kalkɛʀ] • *nm* calcário *m* • *adj* calcário(ria).
calciné, e [kalsine] *adj* calcinado(da).
calcium [kalsjɔm] *nm* cálcio *m.*
calcul [kalkyl] *nm* cálculo *m; MÉD* cálculo *m* • **calcul mental** cálculo mental.
calculer [kalkyle] *vt* calcular.
cale [kal] *nf* calço *m.*
calé, e [kale] *adj* (*fam*) (*doué*) bom(boa) • **il est très calé** é um sabichão.
caleçon [kalsɔ̃] *nm* (*sous-vêtement*) cueca *f* samba-canção; (*pantalon*) legging *m.*
calembour [kalɑ̃buʀ] *nm* trocadilho *m.*
calendrier [kalɑ̃drije] *nm* calendário *m.*
cale-pied [kalpje] (*pl* **cale-pieds**) *nm* (*vélo*) encaixe *m* do pé.
caler [kale] • *vt* (*stabiliser*) calçar • *vi* (*voiture, moteur*) parar; (*fam*) (*à table*) estar cheio (cheia).
califourchon [kalifuʀʃɔ̃] *prép* a cavalo em.
câlin [kalɛ̃] *nm* carinho *m* • **faire un câlin à qqn** fazer carinho em alguém.
calmant [kalmɑ̃] *nm* calmante *m.*
calmars [kalmaʀ] = **calamars.**
calme [kalm] • *adj* calmo(ma) • *nm* calma *f* • **du calme!** calma!
calmer [kalme] *vt* (*douleur*) aliviar; (*personne*) acalmar ♦ **se**

calmer vp (personne) acalmar-se; (tempête) amainar; (douleur) aliviar.

calorie [kalɔʀi] nf caloria f.

calque [kalk] nm ♦ **(papier-calque)** papel m vegetal.

calvados [kalvados] nm aguardente de maçã.

camarade [kamaʀad] nmf colega mf ♦ **camarade de classe** colega de turma.

cambouis [kãbwi] nm óleo escurecido pelo uso prolongado em máquinas e motores.

cambré, e [kãbʀe] adj arqueado(a).

cambriolage [kãbʀijɔlaʒ] nm assalto m.

cambrioler [kãbʀijɔle] vt assaltar.

cambrioleur [kãbʀijɔlœʀ] nm assaltante m.

camembert [kamãbɛʀ] nm camembert m.

caméra [kameʀa] nf câmera f.

Caméscope® [kameskɔp] nm câmera f de vídeo, filmadora f.

camion [kamjɔ̃] nm caminhão m.

camion-citerne [kamjɔ̃sitɛʀn] (pl **camions-citernes**) nm caminhão-tanque m.

camion-poubelle (pl **camions-poubelles**) [kamjɔ̃pubɛl] nm caminhão m de lixo ♦ **le camion-poubelle vient ramasser les déchets dans les villages** o caminhão de lixo vem recolher o lixo nas cidades.

camionnette [kamjɔnɛt] nf caminhonete f.

camionneur [kamjɔnœʀ] nm (chauffeur) caminhoneiro m.

camp [kã] nm (tentes) acampamento m; (de joueurs, de sportifs) campo m ♦ **camp de vacances** acampamento de férias ♦ **faire un camp (de vacances)** ir para um acampamento de férias.

campagne [kãpaɲ] nf (champs) campo m; (électorale, publicitaire) campanha f.

camper [kãpe] vi acampar.

campeur, euse [kãpœʀ, øz] nmf campista mf.

camping [kãpiŋ] nm (terrain) camping m; (activité) camping m ♦ **faire du camping** fazer camping ♦ **camping sauvage** camping selvagem.

camping-car [kãpiŋkaʀ] (pl **camping-cars**) nm trailer m.

Camping-Gaz® [kãpiŋgaz] nm inv fogareiro m a gás.

Canada [kanada] nm ♦ **le Canada** o Canadá.

canadien, enne [kanadjɛ̃, ɛn] adj canadense ♦ **Canadien, enne** nmf canadense mf.

canadienne [kanadjɛn] nf (veste) casaco forrado com pele de carneiro; (tente) barraca f canadense.

canal, aux [kanal, o] (pl **-aux**) nm canal m ♦ **Canal +** canal de televisão privado, por assinatura.

canalisation [kanalizasjɔ̃] nf canalização f.

canapé [kanape] nm canapé m ♦ **canapé convertible** sofá-cama m.

canapé-lit [kanapeli] (*pl* **canapés-lits**) *nm* sofá-cama *m*.

canard [kanaʀ] *nm (animal)* pato *m; (sucre)* torrão de açúcar que se molha no café • **canard laqué** prato chinês à base de pato macerado em mel e assado • **canard à l'orange** pato com laranja.

canari [kanaʀi] *nm* canário *m*.

cancer [kɑ̃sɛʀ] *nm* câncer *m* • **Cancer** Câncer *m*.

cancéreux, euse [kɑ̃seʀø, øz] *adj* canceroso(osa).

candidat, e [kɑ̃dida, at] *nm* candidato *m*, -ta *f*.

candidature [kɑ̃didatyʀ] *f* candidatura *f* • **poser sa candidature (à)** lançar a sua candidatura (a).

caneton [kantɔ̃] *nm* patinho *m*.

canette [kanɛt] *nf (bouteille)* pequena garrafa de cerveja; *(boîte)* lata *f*.

caniche [kaniʃ] *nm* caniche *m*.

canicule [kanikyl] *nf* canícula *f*.

canif [kanif] *nm* canivete *m*.

canine [kanin] *nf* dente *m* canino.

caniveau [kanivo] (*pl* **-x**) *nm* valeta *f*.

canne [kan] *nf* bengala *f* • **canne à pêche** vara *f* de pescar.

canneberge [kanbɛʀʒ] *nm (Can)* mirtilo *m*.

cannelle [kanɛl] *nf* canela *f*.

cannelloni(s) [kanɛlɔni] *nm* canelone *m*.

cannette [kanɛt] = **canette**.

canoë [kanɔe] *nm* canoa *f* • **faire du canoë** fazer canoagem.

canoë-kayak [kanɔekajak] (*pl* **canoës-kayaks**) *nm* modalidade esportiva com provas com canoa e caiaque.

canon [kanɔ̃] *nm (arme)* canhão *m*; *(d'une arme à feu)* cano *m* • **chanter en canon** cantar em cânone.

canot [kano] *nm* bote *m* • **canot pneumatique** bote pneumático ou inflável • **canot de sauvetage** bote salva-vidas.

cantal [kɑ̃tal] *nm* queijo *m* de Cantal.

cantatrice [kɑ̃tatʀis] *nf* cantora *f* de ópera.

cantine [kɑ̃tin] *nf (restaurant)* cantina *f*.

cantique [kɑ̃tik] *nm* cântico *m*.

canton [kɑ̃tɔ̃] *nm* cantão *m*.

(i) CANTON

A Suíça é uma confederação de 23 estados chamados cantões, dos quais três são subdivididos em semicantões. Cada cantão dispõe de poder executivo e legislativo próprios, mas certas esferas, tais como política externa, alfândega, moeda e correio, dependem exclusivamente do governo federal.

---

cantonais [kɑ̃tɔnɛ] *adj m* → **riz**.

caoutchouc [kautʃu] *nm* borracha *f*.

cap [kap] *nm (pointe de terre)* cabo *m*; NAVIG rumo *m* • **mettre le**

caravane

cap sur tomar o rumo de, rumar a.
CAP nm (abr de Certificat d'aptitude professionnelle) diploma concedido aos alunos que optam pela via profissional.
capable [kapabl] adj capaz • **être capable de faire qqch** ser capaz de fazer algo.
capacité [kapasite] nf capacidade f.
cape [kap] nf capa f.
capitaine [kapiten] nm capitão m, -ã f.
capital, e, aux [kapital, o] adj & nm capital.
capitale [kapital] nf (ville) capital f; (lettre) maiúscula f.
capitaliser ◆ **capitaliser sur** v + prép investir.
capot [kapo] nm capô m.
capote [kapɔt] nf AUTO capota f.
capoter [kapɔte] vi (Can) (fam) perder a cabeça.
câpre [kapʀ] nf alcaparra f.
caprice [kapʀis] nm (colère) birra f; (envie) capricho m • **faire un caprice** ter um capricho.
capricieux, euse [kapʀisjø, øz] adj caprichoso(sa).
Capricorne [kapʀikɔʀn] nm Capricórnio m.
capsule [kapsyl] nf (de bouteille) tampa f • **capsule spatiale** cápsula espacial.
capter [kapte] vt (station de radio) captar.
captivité [kaptivite] nf cativeiro m • **en captivité** (animal) em cativeiro.
capture [kaptyʀ] nf • **capture d'écran** INFORM captura f de tela.
capturer [kaptyʀe] vt capturar.
capuche [kapyʃ] nf capuz m.
capuchon [kapyʃɔ̃] nm (d'une veste) capuz m; (d'un stylo) tampa f.
Cap-vert nm • **les îles du Cap-vert** as ilhas de Cabo Verde.
caquelon [kaklɔ̃] nm (Helv) recipiente de barro ou metal no qual se prepara a fondue.
car[1] [kaʀ] conj pois.
car[2] [kaʀ] nm ônibus m (entre cidades).
carabine [kaʀabin] nf carabina f.
caractère [kaʀaktɛʀ] nm caráter m; (tempérament) temperamento m • **avoir du caractère** ter personalidade; (maison) ter estilo • **avoir bon caractère** ter bom gênio • **avoir mauvais caractère** ter mau gênio • **caractères d'imprimerie** letras fpl de fôrma.
caractéristique [kaʀakteʀistik] ◆ nf característica f ◆ adj • **caractéristique de** característico(ca) de.
carafe [kaʀaf] nf garrafa f.
Caraïbes [kaʀaib] nf • **les Caraïbes** as Caraíbas.
carambolage [kaʀɑ̃bɔlaʒ] nm (fam) engavetamento m.
caramel [kaʀamɛl] nm caramelo m.
carapace [kaʀapas] nf carapaça f.
caravane [kaʀavan] nf caravana f.

carbonade

carbonade [kaʀbɔnad] *nf* • **carbonades flamandes** (*Helv*) *ensopado de carne de vaca cozida com cerveja.*

carbone [kaʀbɔn] *nm* carbono *m* • **(papier) carbone** papel-carbono *m*.

carburant [kaʀbyʀɑ̃] *nm* carburante *m*.

carburateur [kaʀbyʀatœʀ] *nm* carburador *m*.

carcasse [kaʀkas] *nf* (*d'animal*) carcaça *f*; (*de voiture*) carroceria *f*.

cardiaque [kaʀdjak] *adj* cardíaco(ca).

cardigan [kaʀdigɑ̃] *nm* cardigã *m*.

cardinaux [kaʀdino] *adj m pl* → **point**.

cardiologue [kaʀdjɔlɔg] *nm* cardiologista *mf*.

caresse [kaʀɛs] *nf* carícia *f*.

caresser [kaʀese] *vt* acariciar.

cargaison [kaʀgɛzɔ̃] *nf* carregamento *m*.

cargo [kaʀgo] *nm* cargueiro *m*.

caricature [kaʀikatyʀ] *nf* (*dessin*) caricatura *f*.

carie [kaʀi] *nf* cárie *f*.

carillon [kaʀijɔ̃] *nm* carrilhão *m*.

carnage [kaʀnaʒ] *nm* carnificina *f*.

carnaval [kaʀnaval] *nm* Carnaval *m*.

(i) CARNAVAL

Este período festivo, que vai do Dias de Reis até a Quarta-feira de Cinzas, é comemorado em certas cidades com desfile de carros enfeitados com flores. Na Bélgica, a cidade de Binge é famosa pelos seus GIGANTES, chamados, "gilles".

carnet [kaʀnɛ] *nm* (*cahier*) caderno *m*; (*de tickets*) talão *m*; (*de timbres*) cartela *f* • **carnet de timbres** cartela *f* (quantidade) selos • **carnet d'adresses** caderno *m* de endereços • **carnet de chèques** talão *m* de cheques • **carnet de notes** ≃ caderneta *f* escolar.

carnotzet [kaʀnɔtze] *nm* (*Helv*) local onde se servem pratos à base de queijo, como a raclette.

carotte [kaʀɔt] *nf* cenoura *f*.

carpe [kaʀp] *nf* carpa *f*.

carpette [kaʀpɛt] *nf* tapete *m* pequeno.

carré, e [kaʀe] • *adj* quadrado(da) • *nm* (*forme géométrique*) quadrado *m*; (*de chocolat*) quadradinho *m*; (*d'agneau, de porc*) carré *m* • **deux mètres carrés** dois metros quadrados • **deux au carré** dois ao quadrado.

carreau [kaʀo] (*pl* -**x**) *nm* (*vitre*) vidraça *f*, (*sur le sol*) ladrilho *m*; (*sur les murs*) azulejo *m*; (*carré*) quadrado *m*; (*aux cartes*) ouros *mpl* • **à carreaux** xadrez; (*tissu*) xadrez.

carrefour [kaʀfuʀ] *nm* cruzamento *m*.

carrelage [kaʀlaʒ] *nm (au mur)* azulejos *mpl*; *(au sol)* ladrilhos *mpl*.

carrément [kaʀemã] *adv (franchement)* francamente; *(très)* mesmo.

carrière [kaʀjɛʀ] *nf (de pierre)* pedreira *f*; *(profession)* carreira *f* • **faire carrière dans qqch** fazer carreira em algo.

carrossable [kaʀɔsabl] *adj* transitável.

carrosse [kaʀɔs] *nm* coche *m*.

carrosserie [kaʀɔsʀi] *nf* carroceria *f*.

carrure [kaʀyʀ] *nf* largura *f* dos ombros.

cartable [kaʀtabl] *nm* mala *f* escolar, mochila *f*.

carte [kaʀt] *nf (à jouer)* carta *f*; *(document officiel)* cartão *m*; *(plan)* mapa *m*; *(de restaurant)* cardápio *m* • **à la carte** à la carte • **carte d'anniversaire** cartão de aniversário • **carte bancaire** cartão bancário • **Carte Bleue®** = cartão multibanco • **carte de crédit** cartão de crédito • **carte d'électeur** título *m* de eleitor • **carte d'embarquement** cartão de embarque • **carte grise** certificado *m* de registro de veículo • **carte (nationale) d'identité** carteira *f* de identidade • **Carte Orange** cartão de assinatura que permite utilizar livremente os transportes urbanos e suburbanos em Paris • **carte postale** cartão-postal • **carte téléphonique** ou **de téléphone** cartão telefônico • **carte de visite** cartão de visita • **carte de vœux** cartão/postal de Boas Festas.

cartilage [kaʀtilaʒ] *nm* cartilagem *f*.

carton [kaʀtɔ̃] *nm* **1.** cartão *m*; *(boîte)* caixa *f* de papelão **2.** *(fig)ESP* • **carton jaune/rouge** cartão amarelo/vermelho.

cartouche [kaʀtuʃ] *nf (munition)* cartucho *m*; *(d'encre)* recarga *f*; *(de cigarettes)* pacote *m*.

cas [ka] *nm* caso *m* • **au cas où** no caso de • **dans ce cas** nesse caso • **en cas de** em caso de • **en tout cas** em todo caso.

cascade [kaskad] *nf (chute d'eau)* cascata *f*; *(au cinéma)* cena *f* perigosa.

cascadeur, euse [kaskadœʀ, øz] *nm* dublê *mf*.

case [kaz] *nf (de damier, de mots croisés)* casa *f*; *(de meuble)* divisória *f*; *(hutte)* cabana *f*.

caserne [kazɛʀn] *nf* caserna *f* • **caserne des pompiers** quartel *m* dos bombeiros.

casier [kazje] *nm* escaninho *m* • **casier à bouteilles** móvel *m* para garrafas.

casino [kazino] *nm* cassino *m*.

casque [kask] *nm (de moto, d'ouvrier, de soldat)* capacete *m*; *(écouteurs)* fones *mpl* de ouvido ◆ **casques bleus** *m* • **les casques bleus** os capacetes azuis.

casquette [kaskɛt] *nf* boné *m*.

casse-cou [kasku] *nm inv* temerário *m*, -ria *f*.

casse-croûte

casse-croûte [kaskʀut] nm inv lanche m.

casse-noix [kasnwa] nm inv quebra-nozes m inv.

casser [kase] vt partir • casser les oreilles à qqn (fam) furar os tímpanos de alguém • casser les pieds à qqn (fam) encher alguém ◆ **se casser** vp quebrar-se • se casser le bras quebrar o braço • se casser la figure (fam) cair.

casserole [kasʀɔl] nf panela f.

casse-tête [kastɛt] nm inv quebra-cabeça m.

cassette [kasɛt] nf fita f • cassette vidéo fita f (de vídeo).

cassis [kasis] nm cassis m.

cassoulet [kasulɛ] nm cassoulet m guisado de feijão-branco, com carne de pato, ganso, carneiro ou porco, servido em panela de barro.

catalogue [katalɔg] nm catálogo m.

catastrophe [katastʀɔf] nf catástrofe f • catastrophe naturelle catástrofe natural.

catastrophique [katastʀɔfik] adj catastrófico(ca).

catch [katʃ] nm luta f livre.

catéchisme [kateʃism] nm catecismo m.

catégorie [kategɔʀi] nf categoria f.

catégorique [kategɔʀik] adj categórico(ca).

cathédrale [katedʀal] nf catedral f.

catholique [katɔlik] adj & nm católico(ca).

cauchemar [koʃmaʀ] nm pesadelo m.

cause [koz] nf causa f • fermé pour cause de... fechado para... • à cause de por causa de.

causer [koze] vt (provoquer) causar ◆ vi (parler) conversar.

caution [kosjɔ̃] nf (paiement) caução f; (personne) fiador m, -ra f.

cavalier, ère [kavalje, ɛʀ] • nm (à cheval) cavaleiro m, -ra f; (partenaire) par m • nm (aux échecs) cavalo m.

cave [kav] nf porão m, adega f.

caverne [kavɛʀn] nf caverna f.

caviar [kavjaʀ] nm caviar m.

CB abrev = Carte Bleue®.

CD nm (abr de Compact Disc®) CD m.

CDI nm (abr de centre de documentation et d'information) biblioteca de uma escola secundária.

CD-I nm (abr de Compact Disc interactif®) CD-i m.

CD-ROM [sedeʀɔm] nm CD-ROM m.

ce, cette [sə, sɛt] (pl ces) ◆ adj 1. (proche dans l'espace ou dans le temps) este(esta) • cette nuit esta noite • c'est ce lundi ou celui d'après? é nesta segunda-feira ou na outra? 2. (éloigné dans l'espace ou dans le temps) esse(essa) • donne-moi ce livre dê-me esse livro 3. (très éloigné dans l'espace ou dans le temps) aquele(aquela) • cette année-

là naquele ano • *pron* **1.** *(pour mettre en valeur)* • **c'est mon frère** é o meu irmão • **c'est moi!** sou eu! • **ce sont mes chaussettes** são as minhas meias • **c'est ton collègue qui m'a renseigné** foi o seu colega que me informou **2.** *(dans des interrogations)* • **est-ce bien là?** é mesmo aqui? • **qui est-ce?** quem é? **3.** *(avec un relatif)* • **ce que tu voudras** o que você quiser • **ce qui nous intéresse, ce sont les paysages** o que nos interessa são as paisagens • **ce dont vous aurez besoin en camping** aquilo de que tiver necessidade no camping **4.** *(en intensif)* • **ce qu'il fait chaud!** mas que calor!

CE *nm* (abr *de* cours élémentaire) • **CE1** = primeira série *f* (do ensino fundamental) • **CE2** = segunda série *f* (do ensino fundamental).

ceci [səsi] *pron* isto • **ceci veut dire que** isto quer dizer que.

céder [sede] ♦ *vt (laisser)* ceder ♦ *vi* ceder • **cédez le passage** ceda a passagem • **céder à** ceder a.

cédérom (*pl* **-s**) [sederɔm] *nm INFORM* cd-rom.

CEDEX [sedɛks] *nm* sistema *de distribuição do correio que permite às grandes empresas receber de manhã todo sua correspondência, ficando por sua conta a retirada da mesma.*

cédille [sedij] *nf* cedilha *f* • **c cédille** cê-cedilha.

CEE *nf* (abr *de* Communauté économique européenne) CEE *f*.

CEI *nf* (abr *de* Communauté d'États indépendants) CEI *f*.

ceinture [sɛ̃tyʀ] *nf* cintura *f*; *(accessoire)* cinto *m* • **ceinture de sécurité** cinto de segurança.

cela [səla] *pron* isso • **cela ne fait rien** não faz mal • **comment cela?** como assim? • **c'est cela** *(c'est exact)* é isso.

célèbre [selɛbʀ] *adj* célebre.

célébrer [selebʀe] *vt* celebrar.

célébrité [selebʀite] *nf* celebridade *f*.

céleri [sɛlʀi] *nm* aipo *m*.

célibataire [selibatɛʀ] *adj & nm* solteiro(ra).

celle → **celui**.

celle-ci → **celui-ci**.

celle-là → **celui-là**.

Cellophane® [selɔfan] *nf* celofane *m* • **sous Cellophane** envolvido em celofane.

cellule [selyl] *nf* célula *f*; *(cachot)* cela *f*.

cellulite [selylit] *nf* celulite *f*.

celui, celle [səlɥi, sɛl] (*mpl* **ceux**) *pron* aquele(la) • **celui de devant** o da frente • **celui de Pierre** o do Pedro • **celui qui part à 13h30** aquele que parte às 13h30 • **ceux dont je t'ai parlé** aqueles de que lhe falei.

celui-ci, celle-ci [səlɥisi, sɛlsi] (*mpl* **ceux-ci**) *pron* (*dans l'espace*) este(esta); (*dont on vient de parler*) esse(essa).

celui-là, celle-là [səlɥila, sɛlla] (*mpl* **ceux-là**) *pron* aquele(ela).

cendre

cendre [sɑ̃dʀ] *nf* cinza *f.*
cendrier [sɑ̃dʀije] *nm* cinzeiro *m.*
censurer [sɑ̃syʀe] *vt* censurar.
cent [sɑ̃] *num* cem • **pour cent** por cento → **six**.
centaine [sɑ̃tɛn] *nf* • **une centaine (de)** uma centena (de).
centième [sɑ̃tjɛm] *num* centésimo, → **sixième**.
centime [sɑ̃tim] *nm* cêntimo *m*, ≃ centavo *m.*
centimètre [sɑ̃timɛtʀ] *nm* centímetro *m.*
central, e, aux [sɑ̃tʀal, o] *adj* central.
centrale [sɑ̃tʀal] *nf* central *f* • **centrale nucléaire** usina *f* nuclear.
centre [sɑ̃tʀ] *nm* centro *m*; *(point essentiel)* cerne *m* • **centre aéré** centro de atividades ao ar livre para crianças durante as férias • **centre commercial** centro comercial.
centre-ville [sɑ̃tʀəvil] (*pl* **centres-villes**) *nm* centro *m* da cidade.
cèpe [sɛp] *nm* boleto *m (cogumelo).*
cependant [səpɑ̃dɑ̃] *conj* no entanto.
céramique [seʀamik] *nf* cerâmica *f.*
cercle [sɛʀkl] *nm* círculo *m.*
cercueil [sɛʀkœj] *nm* caixão *m.*
céréale [seʀeal] *nf* cereal *m* • **des céréales** cereais *mpl.*
cérémonie [seʀemɔni] *nf* cerimônia *f.*
cerf [sɛʀ] *nm* cervo *m.*

58

cerf-volant [sɛʀvɔlɑ̃] (*pl* **cerfs-volants**) *nm* papagaio *m*, pipa *f.*
cerise [səʀiz] *nf* cereja *f.*
cerisier [səʀisje] *nm* cerejeira *f.*
cerner [sɛʀne] *vt (ville, ennemi)* cercar; *(fig) (problème)* delimitar.
cernes [sɛʀn] *nm* olheiras *fpl.*
certain, e [sɛʀtɛ̃, ɛn] *adj & pron* certo(ta) • **être certain de (faire) qqch** estar certo de (fazer) algo • **être certain que** estar certo de que • **un certain temps** um certo tempo • **un certain Jean** um tal de João
◆ **certains, certaines** *adj & pron* alguns(gumas) • **certains pensent que...** certas pessoas pensam que...
certainement [sɛʀtɛnmɑ̃] *adv (probablement)* certamente; *(bien sûr)* com certeza.
certes [sɛʀt] *adv (bien sûr)* decerto; *(il est vrai que)* é verdade que.
certificat [sɛʀtifika] *nm* certificado *m* • **certificat médical** atestado *m* médico • **certificat de scolarité** certificado *m* de escolaridade.
certifier [sɛʀtifje] *vt* certificar.
certitude [sɛʀtityd] *nf* certeza *f.*
cerveau [sɛʀvo] (*pl* **-x**) *nm* cérebro *m.*
cervelas [sɛʀvəla] *nm* espécie *f* de salsichão de carne picada, bem condimentado.
cervelle [sɛʀvɛl] *nf* miolos *mpl.*
ces → **ce**.

CES nm (abr de **collège d'enseignement secondaire**) antigo nome dado às escolas preparatórias.

César [sezaʀ] nm prêmio cinematográfico francês.

CÉSARS

A entrega dos Césares é a versão francesa do Prêmio Oscar norte-americano. Desde 1976, todos os anos, no mês de março, os profissionais da indústria cinematográfica francesa escolhem o melhor filme francês, o melhor filme estrangeiro, o melhor realizador, ator etc. O nome "César" provém do próprio nome do escultor dos troféus que são entregues aos vencedores.

cesse [sɛs] adv • **sans cesse** sem cessar.

cesser [sese] vi cessar • **cesser de faire qqch** cessar de fazer algo.

c'est-à-dire [setadiʀ] adv quer dizer.

cet → ce.
cette → ce.
ceux → celui.
ceux-ci → celui-ci.
ceux-là → celui-là.
Cf. (abr de confer) Cf.

chacun, e [ʃakœ̃, yn] pron (chaque personne) cada um(cada uma); (tout le monde) cada qual • **chacun pour soi** cada um por si.

chagrin [ʃagʀɛ̃] nm desgosto m • **avoir du chagrin** estar triste.

chahut [ʃay] nm algazarra f • **faire du chahut** fazer algazarra.

chahuter [ʃayte] vt gozar de.

chaîne [ʃɛn] nf (suite de maillons) corrente f; (bijou) corrente f; (suite) série f; (de télévision) canal m • **chaîne cablée/cryptée** canal a cabo, canal codificado; (d'hôtels, de restaurants) cadeia f • **à la chaîne** em cadeia • **chaîne (hi-fi)** aparelho f (de som) • **chaîne de montagnes** cordilheira f
♦ **chaînes** nfpl (de voiture) correntes fpl.

chair [ʃɛʀ] nf (d'animal) carne f • adj (couleur) da pele • **chair à saucisse** carne picada • **en chair et en os** em carne e osso • **avoir la chair de poule** ficar com a pele arrepiada.

chaise [ʃɛz] nf cadeira f • **chaise longue** espreguiçadeira f.

châle [ʃal] nm xale m.

chalet [ʃalɛ] nm (de bois) chalé m; (Can) (maison de campagne) casa f de campo.

chaleur [ʃalœʀ] nf calor m.

chaleureux, euse [ʃalœʀø, øz] adj caloroso(osa).

chaloupe [ʃalup] nf (Can) barca f.

chalumeau [ʃalymo] (pl -x) nm maçarico m.

chalutier [ʃalytje] *nm barco equipado para a pesca de arrasto.*

chambre [ʃãbʀ] *nf* • **chambre (à coucher)** quarto *m* (de dormir) • **chambre à air** câmara *f* de ar • **chambre d'amis** quarto de hóspedes • **Chambre des députés** Câmara *f* dos deputados • **chambre double** quarto duplo • **chambre simple** quarto individual.

chameau [ʃamo] *(pl* **-x)** *nm* camelo *m.*

chamois [ʃamwa] *nm* → **peau.**

champ [ʃã] *nm* campo *m* • **champ de bataille** campo de batalha • **champ de courses** hipódromo *m.*

champagne [ʃãpaɲ] *nm* champanhe *m.*

(i) CHAMPAGNE

Vinho branco espumante (também existe champagne rosé), produzido na região do mesmo nome, no nordeste da França. Bebida muito famosa, é imprescindível em todos os acontecimentos familiares importantes ou em comemorações oficiais. Também pode ser tomado como aperitivo, puro ou com o licor de cassis, denominado, nesse caso, "kyr royal".

---

champignon [ʃãpiɲã] *nm* cogumelo *m* • **champignons à la grecque** cogumelos à grega • **champignon de Paris** cogumelo *m* de Paris.

champion, onne [ʃãpjɔ̃, ɔn] *nm* campeão *m,* -peã *f.*

championnat [ʃãpjɔna] *nm* campeonato *m.*

chance [ʃãs] *nf (sort favorable)* sorte *f; (probabilité)* hipótese *f*
• **avoir de la chance** ter sorte
• **avoir des chances de faire qqch** ter chance de fazer algo
• **bonne chance!** boa sorte!

chanceler [ʃãsle] *vi* cambalear.

chandail [ʃãdaj] *nm* pulôver *m* de lã.

Chandeleur [ʃãdlœʀ] *nf* • **la Chandeleur** a Candelária.

(i) CHANDELEUR

A "Chandeleur" é celebrada no dia dois de fevereiro. Nessa ocasião, preparam-se crepes numa frigideira cujo cabo é segurado com uma só mão, já que a outra contém uma moeda. Segundo a tradição popular, o ano será próspero se se conseguir lançar o crepe para cima de modo a virá-lo, e apanhá-lo de novo com a frigideira, sem o deixar cair no chão.

---

chandelier [ʃãdəlje] *nm* castiçal *m.*

chandelle [ʃãdɛl] *nf* vela *f.*

change [ʃãʒ] *nm (taux)* câmbio *m.*

changement [ʃɑ̃ʒmɑ̃] nm mudança f ◆ **changement de vitesse** alavanca f de câmbio.

changer [ʃɑ̃ʒe] ◆ vt mudar; (argent) trocar; (bébé) mudar a fralda de ◆ vi mudar ◆ **changer des euros en dollars** trocar euros em dólares ◆ **changer de** mudar de ◆ **se changer** vp (s'habiller) trocar de roupa ◆ **se changer en** transformar-se em.

chanson [ʃɑ̃sɔ̃] nf canção f.

chant [ʃɑ̃] nm canto m.

chantage [ʃɑ̃taʒ] nm chantagem f.

chanter [ʃɑ̃te] vt & vi cantar.

chanteur, euse [ʃɑ̃tœr, øz] nm cantor m, -ra f.

chantier [ʃɑ̃tje] nm obra f.

chantilly [ʃɑ̃tiji] nf ◆ **(crème) chantilly** chantili m.

chantonner [ʃɑ̃tɔne] vi cantarolar.

chapeau [ʃapo] (pl -x) nm chapéu m ◆ **chapeau de paille** chapéu de palha.

chapelet [ʃaplɛ] nm RELIG rosário m; (succession) enfiada f.

chapelle [ʃapɛl] nf capela f.

chapelure [ʃaplyr] nf farinha f de rosca.

chapiteau [ʃapito] (pl -x) nm (de cirque) tenda f.

chapitre [ʃapitr] nm capítulo m.

chapon [ʃapɔ̃] nm capão m.

chaque [ʃak] adj cada ◆ **chaque mercredi** todas as quartas-feiras.

char [ʃar] nm (de carnaval) carro alegórico m; (Can) (voiture) carro m ◆ **char d'assaut** tanque m

◆ **char à voile** prancha com rodas propulsada por uma vela.

charabia [ʃarabja] nm (fam) algazarra f.

charade [ʃarad] nf charada f.

charbon [ʃarbɔ̃] nm carvão m.

charcuterie [ʃarkytri] nf (aliments) frios mpl; (magasin) casa f de frios.

chardon [ʃardɔ̃] nm cardo m.

charge [ʃarʒ] nf (cargaison) carga f; (fig) (gêne) fardo m; (responsabilité) cargo m ◆ **charges** nf (d'un appartement) condomínio m.

chargement [ʃarʒəmɑ̃] nm carregamento m.

charger [ʃarʒe] vt (gén) carregar; (appareil photo) carregar ◆ **charger qqn de faire qqch** encarregar alguém de fazer algo ◆ **se charger de** vp + prép encarregar-se de.

chariot [ʃarjo] nm (charrette) carrinho m; (au supermarché) carrinho m (de supermercado); (de machine à écrire) carro m.

charité [ʃarite] nf caridade f ◆ **demander la charité** pedir esmola.

charlotte [ʃarlɔt] nf charlote f.

charmant, e [ʃarmɑ̃, ɑ̃t] adj encantador(ra).

charme [ʃarm] nm charme m.

charmer [ʃarme] vt encantar.

charnière [ʃarnjɛr] nf dobradiça f.

charpente [ʃarpɑ̃t] nf vigamento m.

charpentier [ʃarpɑ̃tje] nm carpinteiro m.

charrette [ʃaʀɛt] nf carroça f.

charrue [ʃaʀy] nf arado m.

charter [ʃaʀtɛʀ] nm ◆ **(vol) charter** (vôo) charter m.

chas [ʃa] nm buraco m da agulha.

chasse [ʃas] nf caça f ◆ **aller à la chasse** ir à caça ◆ **tirer la chasse (d'eau)** puxar a descarga ◆ **chasse au trésor** nf caça ao tesouro.

chasselas [ʃasla] nm (Helv) casta de vinhos brancos.

chasse-neige [ʃasnɛʒ] nm inv (véhicule) limpa-neves m inv; (au ski) posição de esquiador na qual os esquis convergem.

chasser [ʃase] ◆ vt (animal) caçar; (personne) mandar embora ◆ vi caçar ◆ **chasser qqn de** mandar alguém embora de.

chasseur [ʃasœʀ] nm caçador m.

châssis [ʃasi] nm (de voiture) chassi m inv; (de fenêtre) caixilho m.

chat, chatte [ʃa, ʃat] nm 1. gato m, -ta f ◆ **avoir un chat dans la gorge** estar rouco 2. INFORM conversa on-line, chat.

châtaigne [ʃatɛɲ] nf castanha f.

châtaignier [ʃatɛɲe] nm castanheiro m.

châtain [ʃatɛ̃] adj castanho(nha).

château [ʃato] nm (pl **châteaux**) nm castelo m ◆ **château d'eau** castelo de água ◆ **château fort** castelo ◆ **château gonflable** castelo inflável.

(i) CHÂTEAUX DE LA LOIRE

Assim se designa o conjunto de moradias reais ou senhoriais construídas no vale do rio Loire, no centro-oeste da França, entre os séculos XVI e XVII, em que predomina, naturalmente, o estilo renascentista. Os principais castelos são Chambord, mandado construir por Francisco I, Chenonceaux, construído sobre arcos que mergulham no rio Cher, e Azay-le-Rideau, situado numa ilhota do rio Indre.

---

chaton [ʃatɔ̃] nm gatinho m, -nha f.

chatouiller [ʃatuje] vt fazer cócegas.

chatouilleux, euse [ʃatujø, øz] adj cocegunto(ta).

chatte → **chat**.

chaud, e [ʃo, ʃod] ◆ adj quente ◆ nm ◆ **rester au chaud** ficar no quentinho ◆ **il fait chaud** está calor ◆ **avoir chaud** ter calor ◆ **tenir chaud** aquecer(se).

chaudière [ʃodjɛʀ] nf caldeira f.

chaudronnée [ʃodʀɔne] nf (Can) caldo com diversos frutos do mar, ≈ caldeirada f de peixe.

chauffage [ʃofaʒ] nm aquecimento m • **chauffage central** aquecimento central.

chauffante [ʃofɑ̃t] adj f → **plaque**.

chauffard [ʃofaʀ] nm • **c'est un chauffard** é um barbeiro.

chauffe-eau [ʃofo] nm inv aquecedor m.

chauffer [ʃofe] vt & vi aquecer.

chauffeur [ʃofœʀ] nm motorista mf • **chauffeur de taxi** motorista de táxi.

chaumière [ʃomjɛʀ] nf casa com telhado de colmo.

chaussée [ʃose] nf via f pública • **chaussée déformée** pista com defeito.

chausse-pied [ʃospje] (pl **chausse-pieds**) nm calçadeira f.

chausser [ʃose] vi • **chausser du 38** calçar 38 ♦ **se chausser** vp calçar-se.

chaussette [ʃosɛt] nf meia f.

chausson [ʃosɔ̃] nm (pantoufle) pantufa f; CULIN empada f • **chausson aux pommes** espécie de pastel de massa folhada de maçã • **chaussons de danse** sapatilhas fpl de balé.

chaussure [ʃosyʀ] nf sapato m • **chaussures à talons** sapatos de salto alto • **chaussures de marche** botas fpl (de caminhada).

chauve [ʃov] adj careca.

chauve-souris [ʃovsuʀi] (pl **chauves-souris**) nf morcego m.

chauvin, e [ʃovɛ̃, in] adj chauvinista.

chavirer [ʃaviʀe] vi virar-se.

Chèque-Restaurant®

chef [ʃɛf] nm (directeur) chefe m; (cuisinier) chefe m de cozinha • **chef d'entreprise** empresário m, -ria f • **chef d'État** chefe de Estado • **chef de gare** chefe de estação m • **chef d'orchestre** maestro m.

chef-d'œuvre [ʃɛdœvʀ] (pl **chefs-d'œuvre**) nm obra-prima f.

chef-lieu [ʃɛfljø] (pl **chefs-lieux**) nm sede de uma divisão administrativa.

chemin [ʃəmɛ̃] nm caminho m • **en chemin** a caminho • **chemin d'accès** INFORM caminho de acesso.

chemin de fer [ʃ(ə)mɛ̃dfɛʀ] (pl **chemins de fer**) nm estrada f de ferro, ferrovia f.

cheminée [ʃəmine] nf chaminé f, lareira f.

chemise [ʃəmiz] nf (vêtement) camisa f; (en carton) pasta f • **chemise de nuit** camisola f.

chemisier [ʃəmizje] nm chemisier m.

chêne [ʃɛn] nm carvalho m.

chenil [ʃənil] nm (pour chiens) canil m; (Helv) (objets sans valeur) bugiganga f.

chenille [ʃənij] nf lagarta f.

chèque [ʃɛk] nm cheque m • **chèque barré** cheque cruzado • **chèque en blanc** cheque em branco • **chèque sans provision** cheque sem fundo • **chèque de voyage** cheque de viagem.

Chèque-Restaurant® [ʃɛkʀɛstɔʀɑ̃] (pl **Chèques-Res-**

chèque-vacances

taurant nm tíquete-restaurante m.

chèque-vacances [ʃɛkvakɑ̃s] (pl **chèques-vacances**) nm tíquete concedido aos funcionários que permite o financiamento das férias, bem como o desconto em vários locais, sendo que a empresa paga uma parte dos custos.

chéquier [ʃekje] nm talão m de cheques.

cher, chère [ʃɛʀ] adj caro(ra) • **cher Monsieur/Laurent** caro senhor/Laurent • **coûter cher** custar caro.

chercher [ʃɛʀʃe] • vt (objet, personne) procurar; (provoquer) provocar • **aller chercher qqch/qqn** ir buscar algo/alguém • vi • **chercher à faire qqch** tentar fazer algo.

chercheur, euse [ʃɛʀʃœʀ, øz] nm pesquisador m, -ra f.

chéri, e [ʃeʀi] • adj querido(da) • nm • **mon chéri, ma chérie** meu querido, minha querida.

cheval [ʃəval, o] (pl **-aux**) nm cavalo m • **monter à cheval** montar a cavalo • **faire du cheval** andar a cavalo • **à cheval sur** (chaise, branche) a cavalo sobre, escarranchado(da) em; (lieux, périodes) entre.

chevalier [ʃəvalje] nm cavaleiro m.

chevelure [ʃəvlyʀ] nf cabeleira f.

chevet [ʃəvɛ] nm → **lampe, table**.

cheveu [ʃəvø] (pl **-x**) nm cabelo m ◆ **cheveux** nmpl cabelo m.

cheville [ʃəvij] nf ANAT tornozelo m; (en plastique) cavilha f.

chèvre [ʃɛvʀ] nf cabra f.

chevreuil [ʃəvʀœj] nm veado m.

chewing-gum [ʃwiŋɡɔm] (pl **-s**) nm chiclete m.

chez [ʃe] prép em casa de; (dans le caractère de) em • **chez moi** em minha casa • **aller chez le dentiste** ir ao dentista.

chic [ʃik] adj chique.

chiche [ʃiʃ] adj m → **pois**.

chicon [ʃikɔ̃] nm (Belg) endívia f.

chicorée [ʃikɔʀe] nf chicória f.

chien, chienne [ʃjɛ̃, ʃjɛn] nm, f cão m, cadela f.

chiffon [ʃifɔ̃] nm trapo m • **chiffon (à poussière)** pano m (de pó).

chiffonner [ʃifɔne] vt amarrotar.

chiffre [ʃifʀ] nm MATH número m; (montant) valor m.

chignon [ʃiɲɔ̃] nm coque m.

chimie [ʃimi] nf química f.

chimique [ʃimik] adj químico(ca).

Chine [ʃin] nf • **la Chine** a China.

chinois, e [ʃinwa, az] • adj chinês(esa) • nm (langue) chinês m ◆ **Chinois, e** nm chinês m, -esa f.

chiot [ʃjo] nm cachorrinho m, -nha f.

chipolata [ʃipɔlata] nf salsicha f fresca.

chips [ʃips] *nf* batatas *fpl* chips.

chirurgie [ʃiryrʒi] *nf* cirurgia • **chirurgie esthétique** cirurgia estética, cirurgia plástica.

chirurgien, enne [ʃiryrʒjɛ̃, ɛn] *nm* cirurgião *m*, -ã *f*.

chlore [klɔr] *nm* cloro *m*.

choc [ʃɔk] *nm* choque *m*.

chocolat [ʃɔkɔla] *nm* (friandise) chocolate *m*; (boisson) leite *m* com chocolate • **chocolat blanc** chocolate branco • **chocolat au lait** chocolate ao leite • **chocolat liégeois** sorvete de chocolate com creme de chantilly (ou chantili) • **chocolat noir** chocolate preto.

chocolatier [ʃɔkɔlatje] *nm* chocolateiro *m*.

chœsels [dʒuzɛl] *nm* (Belg) ensopado de carnes e miúdos cozidos com cerveja.

chœur [kœr] *nm* coro *m* • **en chœur** em coro.

choisir [ʃwazir] *vt* escolher.

choix [ʃwa] *nm* escolha *f* • **avoir le choix** ter liberdade de escolha • **au choix** à escolha • **de premier/second choix** de primeira/segunda categoria.

cholestérol [kɔlɛsterɔl] *nm* colesterol *m*.

chômage [ʃomaʒ] *nm* desemprego *m* • **être au chômage** estar desempregado(da).

chômeur, euse [ʃomœr, øz] *nm* desempregado *m*, -da *f*.

choquant, e [ʃɔkɑ̃, ɑ̃t] *adj* chocante.

choquer [ʃɔke] *vt* chocar.

chut

chorale [kɔral] *nf* coral *m*.

chose [ʃoz] *nf* coisa *f*.

chou [ʃu] (*pl* **-x**) *nm* couve *f* • **chou de Bruxelles** couve-de-bruxelas *f* • **chou à la crème** carolina recheada com creme • **chou rouge** repolho roxo.

chouchou, oute [ʃuʃu, ut] • *nm* (fam) queridinho *m*, -nha *f* • *nm* frufru *m*.

choucroute [ʃukrut] *nf* • **choucroute (garnie)** chucrute acompanhado de carne de porco e batatas cozidas.

chouette [ʃwɛt] • *nf* coruja *f* • *adj* (fam) legal.

chou-fleur [ʃuflœr] (*pl* **choux-fleurs**) *nm* couve-flor *f*.

chrétien, enne [kretjɛ̃, ɛn] *adj & nm* cristão(ã).

chromé, e [krome] *adj* cromado(da).

chromes [krom] *nm* acessórios *mpl* cromados (de um veículo).

chronique [krɔnik] • *adj* crônico(ca). • *nf* crônica *f*.

chronologique [krɔnɔlɔʒik] *adj* cronológico(ca).

chronomètre [krɔnɔmɛtr] *nm* cronômetro *m*.

chronométrer [krɔnɔmetre] *vt* cronometrar.

CHU *nm* (abr de centre hospitalo-universitaire) hospital *m* universitário.

chuchotement [ʃyʃɔtmɑ̃] *nm* cochicho *m*.

chuchoter [ʃyʃɔte] *vt & vi* cochichar.

chut [ʃyt] *interj* psiu!

chute

chute [ʃyt] nf queda f. • **chute d'eau** queda-d'água f. • **chute de neige** queda de neve.
ci [si] adv • **ce livre-ci** este livro aqui • **ces jours-ci** estes últimos dias.
cible [sibl] nf alvo m.
ciboulette [sibulɛt] nf cebolinha f.
cicatrice [sikatris] nf cicatriz f.
cicatriser [sikatrize] vi cicatrizar.
cidre [sidr] nm sidra f.
Cie (abr de compagnie) Cia.
ciel [sjɛl] nm céu m, (pl cieux) (paradis) céu m.
cierge [sjɛrʒ] nm círio m.
cieux [sjø] → **ciel**.
cigale [sigal] nf cigarra f.
cigare [sigar] nm charuto m.
cigarette [sigarɛt] nf cigarro m • **cigarette filtre** cigarro com filtro • **cigarette russe** palito m de champanhe.
cigogne [sigɔɲ] nf cegonha f.
ci-joint, e [siʒwɛ̃, ɛ̃t] adj anexo(xa).
cil [sil] nm cílio m.
cime [sim] nf cimo m.
ciment [simã] nm cimento m.
cimetière [simtjɛr] nm cemitério m.
cinéaste [sineast] nm cineasta mf.
ciné-club [sineklœb] (pl **ciné-clubs**) nm cine-clube m.
cinéma [sinema] nm cinema m.
cinémathèque [sinematɛk] nf cinemateca f.
cinéphile [sinefil] nm cinéfilo m, -la f.
cinq [sɛ̃k] num cinco, → **six**.

cinquantaine [sɛ̃kɑ̃tɛn] nf • **une cinquantaine (de)** cerca de cinqüenta.
cinquante [sɛ̃kɑ̃t] num cinqüenta, → **six**.
cinquantième [sɛ̃kɑ̃tjɛm] num qüinquagésimo(ma), → **sixième**.
cinquième [sɛ̃kjɛm] • num quinto(ta) • nf EDUC ≃ sexta série f do ensino fundamental; (vitesse) quinta f, → **sixième**.
cintre [sɛ̃tr] nm cabide m.
cintré, e [sɛ̃tre] adj acinturado(da).
cipâte [sipat] nm (Can) torta com camadas de batata e de carne.
cirage [siraʒ] nm graxa f.
circonflexe [sirkɔ̃flɛks] adj → **accent**.
circuit [sirkɥi] nm (piste automobile) autódromo m; (trajet) percurso m; (électrique) circuito m • **circuit touristique** circuito turístico.
circulaire [sirkylɛr] adj & nf circular.
circulation [sirkylasjɔ̃] nf circulação f.
circuler [sirkyle] vi circular; (électricité) passar.
cire [sir] nf cera f.
ciré [sire] nm impermeável m.
cirer [sire] vt (parquet) encerar; (chaussure) engraxar.
cirque [sirk] nm circo m.
ciseaux [sizo] nm • **(une paire de) ciseaux** uma tesoura.
citadin, e [sitadɛ̃, in] nm citadino m, -na f.
citation [sitasjɔ̃] nf citação f.

cité [site] *nf* (ville) cidade *f*; (groupe d'immeubles) bairro *m* • **cité universitaire** cidade universitária.

citer [site] *vt* citar.

citerne [sitɛʀn] *nf* cisterna *f*.

citoyen, enne [sitwajɛ̃, ɛn] *nm* cidadão *m*, -ã *f*.

citron [sitʀɔ̃] *nm* limão *m* siciliano • **citron vert** limão-galego *m*.

citronnade [sitʀɔnad] *nf* limonada *f*.

citrouille [sitʀuj] *nf* abóbora *f*.

civet [sive] *nm* guisado de coelho, lebre ou outra caça, cozido com vinho tinto e cebolas.

civière [sivjɛʀ] *nf* maca *f*.

civil, e [sivil] ◆ *adj* civil ◆ *nm* civil *m* • **en civil** à paisana.

civilisation [sivilizasjɔ̃] *nf* civilização *f*.

cl (*abr de* **centilitre**) cl.

clafoutis [klafuti] *nm* espécie de bolo assado, à base de farinha, leite, ovos e frutas.

clair, e [klɛʀ] ◆ *adj* claro(ra); (pur) límpido(da) ◆ *adv* claro ◆ *nm* • **clair de lune** luar *m*.

clairement [klɛʀmɑ̃] *adv* claramente.

clairière [klɛʀjɛʀ] *nf* clareira *f*.

clairon [klɛʀɔ̃] *nm* clarim *m*.

clairsemé, e [klɛʀsəme] *adj* ralo(la).

clandestin, e [klɑ̃dɛstɛ̃, in] *adj* clandestino(na).

claque [klak] *nf* bofetada *f*.

claquement [klakmɑ̃] *nm* estalo *m*.

claquer [klake] ◆ *vt* (porte) bater (com) ◆ *vi* (volet, porte) bater • **claquer des dents** bater os dentes • **claquer des doigts** estalar os dedos ◆ **se claquer** *vp* • **se claquer un muscle** ter uma distensão muscular.

claquettes [klakɛt] *nfpl* (chaussures) sapatos *mpl* de sapateado; (danse) sapateado *m*.

clarifier [klaʀifje] *vt* esclarecer.

clarinette [klaʀinɛt] *nf* clarinete *m*.

clarté [klaʀte] *nf* (lumière) claridade *f*; (d'un raisonnement) clareza *f*.

classe [klas] *nf* (groupe d'élèves) turma *f*; (salle) sala *f* (de aula); (en train, élégance) classe *f* • **aller en classe** ir para as aulas • **première classe** primeira classe • **classe affaires** classe executiva • **classe de mer** colônia escolar na praia • **classe de neige** colônia escolar na montanha • **classe touriste** classe econômica • **classe verte** colônia escolar no campo.

> ### (i) CLASSE VERTE DE NEIGE / DE MER
>
> Estes termos designam estadias de uma ou duas semanas nas montanhas, à beira-mar ou no campo, feitas por grupos de alunos acompanhados pelos respectivos professores. Organizam-se, além de atividades esportivas, passeios que permitem às crianças co-

classement

nhecerem o meio ambiente e se relacionarem com os habitantes da região.

classement [klasmɑ̃] nm *(rangement)* arrumação f; *(sportif)* classificação f.
classer [klase] vt *(dossiers)* arrumar; *(grouper)* classificar • **se classer** vp • **se classer premier** classificar-se em primeiro lugar.
classeur [klasœʀ] nm arquivo m.
classique [klasik] adj clássico(ca).
clavicule [klavikyl] nf clavícula f.
clavier [klavje] nm teclado m.
clé [kle] nf *(de porte, de voiture)* chave f; *(outil)* chave f • **fermer qqch à clé** fechar algo à chave • **clé anglaise** ou **à molette** chave f inglesa • **clé de contact** chave f de contato.
clef [kle] = **clé**.
clémentine [klemɑ̃tin] nf mexerica f.
cliché [kliʃe] nm *(négatif, photo, idée banale)* clichê m.
client, e [klijɑ̃, ɑ̃t] nm cliente mf.
clientèle [klijɑ̃tɛl] nf clientela f.
cligner [kliɲe] vi • **cligner des yeux** piscar os olhos.
clignotant [kliɲɔtɑ̃] nm piscapisca m.
clignoter [kliɲɔte] vi piscar.
climat [klima] nm clima m.
climatisation [klimatizasjɔ̃] nf climatização f.

climatisé, e [klimatize] adj climatizado(da).
clin d'œil [klɛ̃dœj] nm • **faire un clin d'œil à qqn** piscar o olho para alguém • **en un clin d'œil** num piscar de olhos.
clinique [klinik] nf clínica f.
clip [klip] nm *(boucle d'oreille)* brinco m de pressão; *(film)* clipe m.
cliquable [klikabl] adj clicável.
clochard, e [klɔʃaʀ, aʀd] nm vagabundo m, -da f.
cloche [klɔʃ] nf sino m • **cloche à fromage** queijeira f.
cloche-pied [klɔʃpje] • **à cloche-pied** adv com uma perna só.
clocher [klɔʃe] nm campanário m.
clochette [klɔʃɛt] nf campainha f.
cloison [klwazɔ̃] nf divisória f.
cloître [klwatʀ] nm claustro m.
clonage [klɔnaz] nm clonagem • **clonage thérapeutique** clonagem terapêutica.
cloque [klɔk] nf bolha f.
clôture [klotyʀ] nf *(barrière)* cerca f.
clôturer [klotyʀe] vt *(champ, jardin)* cercar.
clou [klu] nm prego m • **clou de girofle** cravo-da-índia m ♦ **clous** nm *(passage piétons)* faixa f de pedestres.
clouer [klue] vt pregar.
clouté, e [klute] adj m → **passage**.
clown [klun] nm palhaço m.
club [klœb] nm clube m.

cm (abr de **centimètre**) cm.
cm nm (abr de **cours moyen**) • **CM1** ≃ terceira série f (do ensino fundamental). • **CM2** ≃ quarta série f (do ensino fundamental).
coaguler [kɔagyle] vt coagular.
cobaye [kɔbaj] nm cobaia f.
Coca(-Cola)® [kɔka(kɔla)] nm inv Coca-Cola® f.
coccinelle [kɔksinɛl] nf joaninha f.
cocher [kɔʃe] vt marcar com uma cruz.
cochon, onne [kɔʃɔ̃, ɔn] • nm (fam & pej) (personne sale) porco m, -ca f • nm porco m • **cochon d'Inde** porquinho-da-índia m, cobaia f.
cocktail [kɔktɛl] nm coquetel m.
coco [kɔko] nm → **noix**.
cocotier [kɔkɔtje] nm coqueiro m.
cocotte [kɔkɔt] nf panela f • **cocotte en papier** galinha f de papel.
Cocotte-Minute® [kɔkɔtminyt] (pl **Cocottes-Minute**) nf panela f de pressão.
code [kɔd] nm código m • **code confidentiel** código de acesso • **code postal** código postal • **code de la route** código de trânsito ◆ **codes** nm AUTO farol m baixo.

ⓘ CODE POSTAL

Na indicação de uma residência, os cinco algarismos do código postal precedem o nome da cidade. Os dois primeiros algarismos indicam o departamento em que a cidade se encontra. Nas cidades divididas em "arrondissements", estes correspondem aos dois últimos algarismos. Certas empresas ou organismos importantes possuem um código especial denominado "Cedex" (Codex).

codé, e [kɔde] adj codificado(da).
code-barres [kɔdbaʀ] (pl **codes-barres**) nm código m de barras.
cœur [kœʀ] nm ANAT (gentillesse) coração m; (centre) m; (aux cartes) copas fpl • **avoir bon cœur** ter bom coração • **de bon cœur** de boa vontade • **par cœur** de cor • **cœur d'artichaut** coração de alcachofra • **cœur de palmier** palmito m.
coffre [kɔfʀ] nm (de voiture) porta-malas m inv, (malle) mala f.
coffre-fort [kɔfʀəfɔʀ] (pl **coffres-forts**) nm cofre-forte m.
coffret [kɔfʀɛ] nm estojo m.
cognac [kɔɲak] nm conhaque m.
cogner [kɔɲe] vi bater ◆ **se cogner** vp bater • **se cogner la tête** bater com a cabeça.
cohabiter [kɔabite] vi coabitar.

cohérent

cohérent, e [kɔeRɑ̃, ɑ̃t] *adj* coerente.

cohue [kɔy] *nf* barafunda *f*.

coiffer [kwafe] *vt* pentear ◆ **être coiffé de** usar (na cabeça) ◆ **se coiffer** *vp* pentear-se.

coiffeur, euse [kwafœR, øz] *nm* cabeleireiro *m*, -ra *f*.

coiffure [kwafyR] *nf* penteado *m*.

coin [kwɛ̃] *nm* canto *m* ◆ **au coin de** no canto de ◆ **dans le coin** *(dans les environs)* por aqui.

coincer [kwɛ̃se] *vt* entalar ◆ **se coincer** *vp* ficar entalado(da) ◆ **se coincer le doigt** entalar o dedo.

coïncidence [kɔɛ̃sidɑ̃s] *nf* coincidência *f*.

coïncider [kɔɛ̃side] *vi* coincidir.

col [kɔl] *nm (de vêtement)* gola *f*; *(en montagne)* colo *m* ◆ **col roulé** gola alta ◆ **col en pointe** ou **en V** decote *m* em V.

colère [kɔlɛR] *nf* raiva *f* ◆ **être en colère (contre qqn)** estar com raiva (de alguém) ◆ **se mettre en colère** irritar-se.

colin [kɔlɛ̃] *nm* pescada *f*.

colique [kɔlik] *nf* cólica *f*.

colis [kɔli] *nm* ◆ **colis (postal)** encomenda *f* (postal).

collaborer [kɔlabɔRe] *vi* colaborar ◆ **collaborer à qqch** colaborar em algo.

collant, e [kɔlɑ̃, ɑ̃t] ◆ *adj (adhésif)* colante; *(étroit)* justo(ta) ◆ *nm* meia-calça *f*.

colle [kɔl] *nf (pâte)* cola *f*; *(devinette)* adivinha *f*; *EDUC (retenue)* castigo *m*.

collecte [kɔlɛkt] *nf* coleta *f*.

collectif, ive [kɔlɛktif, iv] *adj* coletivo(va).

collection [kɔlɛksjɔ̃] *nf* coleção *f*.

collectionner [kɔlɛksjɔne] *vt* colecionar.

collège [kɔlɛʒ] *nm* escola *f* preparatória.

collégien, enne [kɔleʒjɛ̃, ɛn] *nm* aluno *m*, -na *f*.

collègue [kɔlɛg] *nmf* colega *mf*.

coller [kɔle] *vt (faire adhérer)* colar; *(fam) (donner)* pregar; *EDUC (punir)* castigar.

collier [kɔlje] *nm (bijou)* colar *m*; *(de chien)* coleira *f*.

colline [kɔlin] *nf* colina *f*.

collision [kɔlizjɔ̃] *nf* colisão *f*.

colocataire [kɔlɔkateR] *nm* coinquilino *f*.

Cologne [kɔlɔɲ] *nom* → **eau**.

colombe [kɔlɔ̃b] *nf* pomba *f*.

colonie [kɔlɔni] *nf* colônia *f* ◆ **colonie de vacances** colônia de férias.

colonne [kɔlɔn] *nf* coluna *f* ◆ **colonne vertébrale** coluna vertebral.

colorant [kɔlɔRɑ̃] *nm* corante *m* ◆ **sans colorants** sem corantes.

colorier [kɔlɔRje] *vt* colorir.

coloris [kɔlɔRi] *nm* colorido *m*.

coma [kɔma] *nm* coma *m* ◆ **être dans le coma** estar em coma.

combat [kɔ̃ba] *nm* combate *m*.

combattant [kɔ̃batɑ̃] nm combatente m • **ancien combattant** antigo combatente.

combattre [kɔ̃batʀ] vt (ennemi, maladie, idées) combater • vi (contre un ennemi, une maladie, des idées) combater.

combien [kɔ̃bjɛ̃] adv • **combien de** quanto(ta) • **combien ça coûte?** quanto custa?

combinaison [kɔ̃binɛzɔ̃] nf combinação f; (de motard, skieur) roupa f • **combinaison de plongée** roupa de mergulho.

combiné [kɔ̃bine] nm • **combiné (téléphonique)** auscultador m.

combiner [kɔ̃bine] vt combinar.

comble [kɔ̃bl] nm • **c'est un comble!** é o cúmulo! • **le comble de** o cúmulo de.

combler [kɔ̃ble] vt (boucher) tapar; (satisfaire) satisfazer.

combustible [kɔ̃bystibl] nm combustível m.

comédie [kɔmedi] nf (film, pièce de théâtre) comédia f; (fam) (caprice) fita f • **jouer la comédie** fazer fita.

comédien, enne [kɔmedjɛ̃, ɛn] nm comediante mf.

comestible [kɔmɛstibl] adj comestível.

comique [kɔmik] adj cômico(ca).

comité [kɔmite] nm comitê m • **comité d'entreprise** conselho formado por representantes eleitos pelos funcionários e presidido pelo presidente da empresa, tendo um papel de consultoria e controle sobre o andamento da empresa.

commandant [kɔmɑ̃dɑ̃] nm comandante m.

commande [kɔmɑ̃d] nf comando m; COMM (achat) encomenda f • **les commandes** (d'un avion) os comandos.

commander [kɔmɑ̃de] vt (diriger) comandar; (dans un bar) pedir; (acheter) encomendar; TECH acionar • **commander à qqn de faire qqch** mandar alguém fazer algo.

comme [kɔm] ♦ conj 1. (gén) como • **elle est blonde, comme sa mère** ela é loura como a mãe • **comme si rien ne s'était passé** como se nada tivesse acontecido • **comme vous voudrez** como queira • **comme il faut** (correctement) como deve ser; (convenable) respeitável • **les villes fortifiées comme Carcassonne** as cidades fortificadas como Carcassonne • **qu'est-ce que vous avez comme desserts?** o que há como sobremesa? • **comme vous n'arriviez pas, nous sommes passés à table** como vocês não chegavam, começamos a comer 2. (dans des expressions) • **comme ça** assim • **comme ci comme ça** (fam) assim assim • **comme tout** (fam) (très) extremamente ♦ adv (exprime l'intensité) como • **vous savez comme il est difficile de se loger ici** sabem co-

commencement

mo é difícil se hospedar aqui • **comme c'est grand !** que grande!

commencement [kɔmɑ̃smɑ̃] *nm* começo *m*.

commencer [kɔmɑ̃se] *vt & vi* começar • **commencer à faire qqch** começar a fazer algo • **commencer par qqch** começar por algo • **commencer par faire qqch** começar por fazer algo.

comment [kɔmɑ̃] *adv* como • **comment?** *(pour faire répéter)* como? • **comment tu t'appelles?** como você se chama? • **comment allez-vous?** como vão vocês?

commentaire [kɔmɑ̃tɛr] *nm* comentário *m*; *(d'un match)* relato *m*.

commerçant, e [kɔmɛrsɑ̃, ɑ̃t] • *adj* comercial • *nm* comerciante *mf*.

commerce [kɔmɛrs] *nm (activité)* comércio *m*; *(boutique)* loja *f* • **commerce équitable** comércio equitativo • **commerce en ligne** INFORM comércio eletrônico • **dans le commerce** no comércio.

commercial, e, aux [kɔmɛrsjal, o] *adj* comercial.

commettre [kɔmɛtr] *vt* cometer.

commis, e [kɔmi, iz] *pp* → **commettre**.

commissaire [kɔmisɛr] *nm* • **commissaire (de police)** delegado *m* (de polícia).

commissariat [kɔmisarja] *nm* • **commissariat (de police)** delegacia *f* (de polícia).

commission [kɔmisjɔ̃] *nf* comissão *f*; *(message)* recado *m* • **commissions** *nf (courses,* compras *fpl* • **faire les commissions** fazer as compras.

commode [kɔmɔd] • *adj* cômodo(da) • *nf (meuble)* cômoda *f*.

commun, e [kɔmœ̃, yn] *adj* comum • **mettre qqch en commun** reunir algo.

communauté [kɔmynote] *nf* comunidade *f* • **la Communauté économique européenne** a Comunidade Econômica Européia.

commune [kɔmyn] *nf* comuna *f*.

communication [kɔmynikasjɔ̃] *nf* comunicação *f* • **communication (téléphonique)** ligação *f* (telefônica).

communion [kɔmynjɔ̃] *nf* comunhão *f*.

communiqué [kɔmynike] *nm* comunicado *m*.

communiquer [kɔmynike] *vt & vi* comunicar.

communisme [kɔmynism] *nm* comunismo *m*.

communiste [kɔmynist] *adj & nm* comunista.

compact, e [kɔ̃pakt] • *adj* compacto(ta) • *nm* • **(disque) compact** compacto *m*.

Compact Disc® [kɔ̃paktdisk] (*pl* **Compact Discs**) *nm* CD *m*.

composer

compagne [kɔ̃paɲ] *nf (camarade)* colega *f; (dans un couple)* companheira *f*.

compagnie [kɔ̃paɲi] *nf* companhia *f* ◆ **en compagnie de** em companhia de ◆ **tenir compagnie à faire** companhia a ◆ **compagnie aérienne** companhia aérea.

compagnon [kɔ̃paɲɔ̃] *nm* companheiro *m*.

comparable [kɔ̃paʀabl] *adj* comparável ◆ **comparable à** comparável a.

comparaison [kɔ̃paʀɛzɔ̃] *nf* comparação *f*.

comparer [kɔ̃paʀe] *vt* comparar ◆ **comparer qqch à** ou **avec** comparar algo a ou com.

compartiment [kɔ̃paʀtimɑ̃] *nm* compartimento *m* ◆ **compartiment fumeurs** compartimento para fumantes ◆ **compartiment non-fumeurs** compartimento para não-fumantes.

compas [kɔ̃pa] *nm* MATH compasso *m; (boussole)* bússola *f*.

compatible [kɔ̃patibl] *adj* compatível.

compatriote [kɔ̃patʀijɔt] *nmf* compatriota *mf*.

compensation [kɔ̃pɑ̃sasjɔ̃] *nf* compensação *f*.

compenser [kɔ̃pɑ̃se] *vt* compensar.

compétence [kɔ̃petɑ̃s] *nf* competência *f*.

compétent, e [kɔ̃petɑ̃, ɑ̃t] *adj* competente.

compétitif, ive [kɔ̃petitif, iv] *adj* competitivo(va).

compétition [kɔ̃petisjɔ̃] *nf* competição *f*.

complément [kɔ̃plemɑ̃] *nm* complemento *m*.

complémentaire [kɔ̃plemɑ̃tɛʀ] *adj* complementar.

complet, ète [kɔ̃plɛ, ɛt] *adj (entier)* completo(ta); *(plein)* cheio(cheia); *(aliment)* integral ◆ **complet** *(parking)* lotado; *(théâtre)* esgotado.

complètement [kɔ̃plɛtmɑ̃] *adv* completamente.

compléter [kɔ̃plete] *vt* completar ◆ **se compléter** *vp* completar-se.

complexe [kɔ̃plɛks] ◆ *adj* complexo(xa) ◆ *nm* complexo *m*.

complice [kɔ̃plis] *adj & nm* cúmplice.

compliment [kɔ̃plimɑ̃] *nm* cumprimento *m* ◆ **faire un compliment à qqn** cumprimentar alguém.

compliqué, e [kɔ̃plike] *adj* complicado(da).

compliquer [kɔ̃plike] *vt* complicar ◆ **se compliquer** *vp* complicar-se.

complot [kɔ̃plo] *nm* conspiração *f*.

comportement [kɔ̃pɔʀtəmɑ̃] *nm* comportamento *m*.

comporter [kɔ̃pɔʀte] *vt* comportar ◆ **se comporter** *vp* comportar-se.

composer [kɔ̃poze] *vt* compor; *(bouquet)* fazer; *(code, numéro)* discar ◆ **composé de**

compositeur

composto de ou por ◆ **se composer de** *vp + prép* compor-se de.

compositeur, trice [kɔ̃pozitœR, tRis] *nm* compositor *m*, -ra *f*.
composition [kɔ̃pozisjɔ̃] *nf* composição *f*.
composter [kɔ̃pɔste] *vt* validar ◆ **compostez votre billet** valide o seu bilhete.
compote [kɔ̃pɔt] *nf* compota *f* ◆ **compote de pommes** compota de maçã.
compréhensible [kɔ̃pReɑ̃sibl] *adj* compreensível.
compréhensif, ive [kɔ̃pReɑ̃sif, iv] *adj* compreensivo(va).
comprendre [kɔ̃pRɑ̃dR] *vt* compreender ◆ **se comprendre** *vp (personnes)* compreender-se ◆ **ça se comprend** é compreensível.
compresse [kɔ̃pRɛs] *nf* compressa *f*.
compresser *vt* 1. comprimir 2. *INFORM* compactar.
comprimé [kɔ̃pRime] *nm* comprimido *m*.
comprimer [kɔ̃pRime] *vt* comprimir.
compris, e [kɔ̃pRi, iz] ◆ *pp* → **comprendre** ◆ *adj (inclus)* incluído(da) ◆ **non compris** não incluído ◆ **tout compris** ao todo ◆ **y compris** inclusive.
compromettre [kɔ̃-pRɔmɛtR] *vt* comprometer.
compromis, e [kɔ̃pRɔmi, iz] ◆ *pp* → **compromettre** ◆ *nm* compromisso *m*.

74

comptabilité [kɔ̃tabilite] *nf* contabilidade *f*.
comptable [kɔ̃tabl] *nm* contador *m*, -ra *f*.
comptant [kɔ̃tɑ̃] *adv* ◆ **payer comptant** pagar à vista.
compte [kɔ̃t] *nm* conta *f* ◆ **se rendre compte de** dar-se conta de ◆ **se rendre compte que** dar-se conta de que ◆ **compte joint** conta conjunta ◆ **compte postal** conta bancária aberta nos Correios na França ◆ **en fin de compte** afinal de contas ◆ **tout compte fait** feitas as contas ◆ **comptes** *nm* contas *fpl* ◆ **faire ses comptes** fazer as contas.
compte-gouttes [kɔ̃tgut] *nm inv* conta-gotas *m inv*.
compter [kɔ̃te] ◆ *vt (calculer)* contar; *(inclure)* contar com ◆ *vi* contar ◆ **compter faire qqch** contar fazer algo ◆ **compter sur** *vp + prép* contar com.
compte-rendu [kɔ̃tRɑ̃dy] *(pl* **comptes-rendus***) nm* ata *f*.
compteur [kɔ̃tœR] *nm* contador *m* ◆ **compteur (kilométrique)** hodômetro *m* ◆ **compteur (de vitesse)** velocímetro *m*.
comptoir [kɔ̃twaR] *nm* balcão *m*.
comte, comtesse [kɔ̃t, kɑ̃tɛs] *nm* conde *m*, -dessa *f*.
con, conne [kɔ̃, kɔn] *adj (vulg)* besta.
concentration [kɔ̃sɑ̃tRasjɔ̃] *nf* concentração *f*.
concentré, e [kɔ̃sɑ̃tRe] ◆ *adj* concentrado(da) ◆ *nm* ◆ **con-**

centré de tomate polpa f de tomate.
concentrer [kɔ̃sɑ̃tʀe] vt concentrar ♦ **se concentrer (sur)** vp + prép concentrar-se em.
conception [kɔ̃sɛpsjɔ̃] nf concepção f.
concerner [kɔ̃sɛʀne] vt dizer respeito a.
concert [kɔ̃sɛʀ] nm concerto m.
concessionnaire [kɔ̃sesjɔnɛʀ] nm concessionário m.
concevoir [kɔ̃səvwaʀ] vt conceber.
concierge [kɔ̃sjɛʀʒ] nm zelador m, -ra f.
concis, e [kɔ̃si, iz] adj conciso(sa).
conclure [kɔ̃klyʀ] vt concluir.
conclusion [kɔ̃klyzjɔ̃] nf conclusão f.
concombre [kɔ̃kɔ̃bʀ] nm pepino m.
concorder [kɔ̃kɔʀde] vi coincidir, concordar.
concours [kɔ̃kuʀ] nm concurso m • **concours de circonstances** concurso de circunstâncias.
concret, ète [kɔ̃kʀɛ, ɛt] adj concreto(ta).
concurrence [kɔ̃kyʀɑ̃s] nf concorrência f.
concurrent, e [kɔ̃kyʀɑ̃, ɑ̃t] nm concorrente mf.
condamnation [kɔ̃danasjɔ̃] nf condenação f.
condamner [kɔ̃dane] vt (accusé) condenar; (porte, fenêtre) interditar • **condamner qqn à** condenar alguém a.
condensation [kɔ̃dɑ̃sasjɔ̃] nf condensação f.

condensé, e [kɔ̃dɑ̃se] adj condensado(da).
condiment [kɔ̃dimɑ̃] nm condimento m.
condition [kɔ̃disjɔ̃] nf condição f • **à condition de** com a condição de • **à condition que** desde que.
conditionné [kɔ̃disjɔne] adj m → **air**.
conditionnel [kɔ̃disjɔnɛl] nm condicional m.
condoléances [kɔ̃dɔleɑ̃s] nf pêsames mpl • **présenter ses condoléances à qqn** dar os pêsames a alguém.
conducteur, trice [kɔ̃dyktœʀ, tʀis] nm condutor m, -ra f.
conduire [kɔ̃dɥiʀ] vt (véhicule) conduzir; (accompagner) acompanhar; (guider) levar ♦ vi (automobiliste) conduzir; (chemin, couloir) ir dar a ♦ **se conduire** vp conduzir-se.
conduit, e [kɔ̃dɥi, it] pp → **conduire**.
conduite [kɔ̃dɥit] nf (attitude) conduta f; (tuyau) conduto m • **conduite à gauche** direção f do lado esquerdo.
cône [kon] nm (figure géométrique) cone m; (glace) sorvete m de casquinha.
confection [kɔ̃fɛksjɔ̃] nf confecção f.
confectionner [kɔ̃fɛksjɔne] vt confeccionar.
conférence [kɔ̃feʀɑ̃s] nf conferência f.
confession [kɔ̃fesjɔ̃] nf confissão f.

confetti

confetti [kɔ̃feti] *nm* confete m (de Carnaval).

confiance [kɔ̃fjɑ̃s] *nf* confiança f • **avoir confiance en** ter confiança em • **faire confiance à** confiar em.

confiant, e [kɔ̃fjɑ̃, ɑ̃t] *adj* confiante.

confidence [kɔ̃fidɑ̃s] *nf* confidência f • **faire des confidences à qqn** fazer confidências a alguém.

confidentiel, elle [kɔ̃fidɑ̃sjɛl] *adj* confidencial.

confier [kɔ̃fje] *vt* confiar • **confier qqch à qqn** confiar algo a alguém ♦ **se confier (à)** *vp + prép* abrir-se (com).

confirmation [kɔ̃firmasjɔ̃] *nf* confirmação f.

confirmer [kɔ̃firme] *vt* confirmar ♦ **se confirmer** *vp* confirmar-se.

confiserie [kɔ̃fizri] *nf (sucreries)* doce m; *(magasin)* confeitaria f.

confisquer [kɔ̃fiske] *vt* tirar.

confit [kɔ̃fi] ♦ *adj m* → **fruit** ♦ *nm* • **confit de canard ou de oie** conserva de pato ou de ganso cozidos na própria gordura.

confiture [kɔ̃fityr] *nf* geléia f.

conflit [kɔ̃fli] *nm* conflito m.

confondre [kɔ̃fɔ̃dr] *vt* confundir.

conforme [kɔ̃fɔrm] *adj* conforme • **conforme à** em conformidade com.

conformément [kɔ̃fɔrmemɑ̃] ♦ **conformément à** *prép* de acordo com.

confort [kɔ̃fɔr] *nm* conforto m • **tout confort** com todas as comodidades.

confortable [kɔ̃fɔrtabl] *adj* confortável.

confrère [kɔ̃frɛr] *nm* colega m.

confronter [kɔ̃frɔ̃te] *vt* confrontar.

confus, e [kɔ̃fy, yz] *adj (compliqué)* confuso(sa); *(embarrassé)* embaraçado(da).

confusion [kɔ̃fyzjɔ̃] *nf* confusão f; *(honte)* embaraço m.

congé [kɔ̃ʒe] *nm* férias *fpl* • **être en congé** estar de férias • **congé (de) maladie** licença f médica.

congélateur [kɔ̃ʒelatœr] *nm* congelador m.

congeler [kɔ̃ʒle] *vt* congelar.

congestion [kɔ̃ʒɛstjɔ̃] *nf MÉD* congestão f.

congolais [kɔ̃gɔlɛ] *nm* bolo m de coco.

congrès [kɔ̃grɛ] *nm* congresso m.

conjoint [kɔ̃ʒwɛ̃] *nm* cônjuge mf.

conjonction [kɔ̃ʒɔ̃ksjɔ̃] *nf* conjunção f.

conjonctivite [kɔ̃ʒɔ̃ktivit] *nf* conjuntivite f.

conjoncture [kɔ̃ʒɔ̃ktyr] *nf* conjuntura f.

conjugaison [kɔ̃ʒygɛzɔ̃] *nf* conjugação f.

conjuguer [kɔ̃ʒyge] *vt (verbe)* conjugar.

connaissance [kɔnɛsɑ̃s] *nf (savoir)* conhecimento m; *(relation)* conhecido m, -da f • **avoir**

des connaissances en qqch ter conhecimentos de algo • faire la connaissance de qqn travar conhecimento com alguém • perdre connaissance perder os sentidos.

connaisseur, euse [kɔnɛsœʀ, øz] nm conhecedor m, -ra f.

connaître [kɔnɛtʀ] vt conhecer; (leçon, adresse) saber • **s'y connaître (en)** vp + prép ser entendido(a) em.

conne → **con**.

connecter [kɔnɛkte] vt conectar.

connu, e [kɔny] pp → **connaître** ◆ adj conhecido(a).

conquérir [kɔ̃keʀiʀ] vt conquistar.

conquête [kɔ̃kɛt] nf conquista f.

conquis, e [kɔ̃ki, iz] pp → **conquérir**.

consacrer [kɔ̃sakʀe] vt consagrar • **consacrer qqch à** consagrar algo a ◆ **se consacrer à** vp + prép consagrar-se a.

consciemment [kɔ̃sjamɑ̃] adv conscientemente.

conscience [kɔ̃sjɑ̃s] nf consciência f • **avoir conscience de qqch** ter consciência de algo • **prendre conscience de qqch** tomar consciência de algo • **avoir mauvaise conscience** ter a consciência pesada.

consciencieux, euse [kɔ̃sjɑ̃sjø, øz] adj consciencioso(osa).

conscient, e [kɔ̃sjɑ̃, ɑ̃t] adj consciente • **être conscient de qqch** estar consciente de algo.

consécutif, ive [kɔ̃sekytif, iv] adj consecutivo(va) • **consécutif à** consecutivo a.

conseil [kɔ̃sɛj] nm conselho m • **demander conseil à qqn** pedir conselho a alguém.

conseiller[1] [kɔ̃seje] vt aconselhar • **conseiller qqch à qqn** aconselhar algo a alguém • **conseiller à qqn de faire qqch** aconselhar alguém a fazer algo.

conseiller[2], **ère** [kɔ̃seje, ɛʀ] nm conselheiro m, -ra f.

conséquence [kɔ̃sekɑ̃s] nf consequência f.

conséquent [kɔ̃sekɑ̃] ◆ **par conséquent** adv por conseguinte.

conservateur [kɔ̃sɛʀvatœʀ] nm conservante m.

conservatoire [kɔ̃sɛʀvatwaʀ] nm conservatório m.

conserve [kɔ̃sɛʀv] nf (boîte) lata f de conserva.

conserver [kɔ̃sɛʀve] vt conservar.

considérable [kɔ̃sideʀabl] adj considerável.

considération [kɔ̃sideʀasjɔ̃] nf consideração f • **prendre qqn/qqch en considération** levar alguém/algo em consideração.

considérer [kɔ̃sideʀe] vt considerar • **considérer que** considerar que • **il le considère comme un ami** ele o considera um amigo • **je considère ce**

consigne

roman comme un chef-d'œuvre considero este romance uma obra-prima.

consigne [kɔ̃siɲ] *nf (de gare)* depósito *m* de bagagem; *(instructions)* instruções *fpl* • **consigne automatique** armário metálico que se abre com a inserção de uma moeda e que fornece uma chave ou um código.

consistance [kɔ̃sistɑ̃s] *nf* consistência *f*.

consistant, e [kɔ̃sistɑ̃, ɑ̃t] *adj* consistente.

consister [kɔ̃siste] *vi* consistir • **consister à faire qqch** consistir em fazer algo • **consister en** consistir em.

consœur [kɔ̃sœʀ] *nf* colega *f*.

consolation [kɔ̃sɔlasjɔ̃] *nf* consolação *f*.

console [kɔ̃sɔl] *nf* console *f* • **console de jeux** console de jogos.

consoler [kɔ̃sɔle] *vt* consolar.

consommateur, trice [kɔ̃sɔmatœʀ, tʀis] *nm (acheteur)* consumidor *m*, -ra *f*; *(dans un bar)* cliente *mf*.

consommation [kɔ̃sɔmasjɔ̃] *nf* consumo *m*.

consommé [kɔ̃sɔme] *nm* consomê *m*.

consommer [kɔ̃sɔme] *vt* consumir.

consonne [kɔ̃sɔn] *nf* consoante *f*.

constamment [kɔ̃stamɑ̃] *adv* constantemente.

constant, e [kɔ̃stɑ̃, ɑ̃t] *adj* constante.

constat [kɔ̃sta] *nm (d'accident)* • **constat (à l'amiable)** boletim de ocorrência de acidente automobilístico.

constater [kɔ̃state] *vt* constatar.

consterné, e [kɔ̃stɛʀne] *adj* consternado(da).

constipé, e [kɔ̃stipe] *adj* • **être constipé** estar com prisão de ventre.

constituer [kɔ̃stitɥe] *vt* constituir • **constitué de** constituído por.

construction [kɔ̃stʀyksjɔ̃] *nf (d'une maison, d'un bateau)* construção *f*; *(bâtiment)* construção *f* civil.

construire [kɔ̃stʀɥiʀ] *vt* construir.

construit, e [kɔ̃stʀɥi, it] *pp* → **construire**.

consulat [kɔ̃syla] *nm* consulado *m*.

consultation [kɔ̃syltasjɔ̃] *nf* consulta *f*.

consulter [kɔ̃sylte] *vt* consultar.

contact [kɔ̃takt] *nm* contato *m*; *(d'un moteur)* ignição *f* • **couper le contact** desligar a ignição • **entrer en contact avec** *(heurter)* ir contra; *(entrer en relation)* entrar em contato com • **mettre le contact** ligar a ignição.

contacter [kɔ̃takte] *vt* contatar.

contagieux, euse [kɔ̃taʒjø, øz] *adj (maladie)* contagioso(osa); *(rire)* contagiante.

contaminer [kɔ̃tamine] *vt* contaminar.

conte [kɔ̃t] *nm* conto *m*.

contempler [kɔ̃tɑ̃ple] *vt* contemplar.

contemporain, e [kɔ̃tɑ̃pɔrɛ̃, ɛn] *adj* contemporâneo(nea).

contenir [kɔ̃tnir] *vt* conter.

content, e [kɔ̃tɑ̃, ɑ̃t] *adj* contente • **être content de qqch** estar contente com algo • **être content de faire qqch** estar contente por fazer algo.

contenter [kɔ̃tɑ̃te] *vt* contentar ◆ **se contenter de** *vp + prép* contentar-se com • **se contenter de qqch** contentar-se com algo • **se contenter de faire qqch** contentar-se em fazer algo.

contenu, e [kɔ̃tny] ◆ *pp* → **contenir** • *nm* conteúdo *m*.

contester [kɔ̃teste] *vt* contestar.

contexte [kɔ̃tɛkst] *nm* contexto *m*.

continent [kɔ̃tinɑ̃] *nm* continente *m*.

continu, e [kɔ̃tiny] *adj* contínuo(nua).

continuel, elle [kɔ̃tinɥɛl] *adj* contínuo(nua).

continuellement [kɔ̃tinɥɛlmɑ̃] *adv* continuamente.

continuer [kɔ̃tinɥe] *vt & vi* continuar • **continuer à** ou **de faire qqch** continuar a fazer algo.

contour [kɔ̃tur] *nm* contorno *m*.

contourner [kɔ̃turne] *vt* contornar.

contraceptif, ive [kɔ̃trasɛptif, iv] ◆ *adj* contraceptivo(va) • *nm* contraceptivo *m*.

contraception [kɔ̃trasɛpsjɔ̃] *nf* contracepção *f*.

contracter [kɔ̃trakte] *vt* contrair; *(assurance)* contratar.

contradictoire [kɔ̃tradiktwar] *adj* contraditório(ria).

contraindre [kɔ̃trɛ̃dr] *vt* obrigar • **contraindre qqn à faire qqch** obrigar alguém a fazer algo.

contraire [kɔ̃trɛr] ◆ *nm* contrário *m* ◆ *adj* contrário(ria) • **contraire à** contrário a • **au contraire** pelo contrário.

contrairement [kɔ̃trɛrmɔ̃] ◆ **contrairement à** *prép* contrariamente a.

contrarier [kɔ̃trarje] *vt* contrariar.

contraste [kɔ̃trast] *nm* contraste *m*.

contrat [kɔ̃tra] *nm* contrato *m*.

contravention [kɔ̃travɑ̃sjɔ̃] *nf* multa *f*.

contre [kɔ̃tr] *prép* contra • **un sirop contre la toux** um xarope para tosse • **par contre** pelo contrário.

contre-attaque (*pl* **contre-attaques**) *nf* contra-ataque *m*.

contrebande [kɔ̃trəbɑ̃d] *nf* contrabando *m* • **passer qqch en contrebande** contrabandear algo.

contrebasse

contrebasse [kɔ̃tʀəbas] *nf* contrabaixo *m*.
contrecœur [kɔ̃tʀ əkœʀ] ◆ **à contrecœur** *adv* a contragosto.
contrecoup [kɔ̃tʀəku] *nm* (fig) consequência *f*.
contredire [kɔ̃tʀədiʀ] *vt* contradizer.
contre-indication (*pl* -s) *nf* contra-indicação *f*.
contre-jour [kɔ̃tʀəʒuʀ] ◆ **à contre-jour** *adv* em contraluz.
contrepartie [kɔ̃tʀəpaʀti] *nf* contrapartida *f* • **en contrepartie** em contrapartida.
contreplaqué [kɔ̃tʀəplake] *nm* compensado *m*.
contrepoison [kɔ̃tʀəpwazɔ̃] *nm* contraveneno *m*.
contresens [kɔ̃tʀəsɑ̃s] *nm* contra-senso *m* • **à contresens** na contramão.
contretemps [kɔ̃tʀətɑ̃] *nm* contratempo *m*.
contribuer [kɔ̃tʀibɥe]
◆ **contribuer à** *vp + prép* contribuir para.
contrôle [kɔ̃tʀol] *nm* controle *m*; EDUC teste *m* • **contrôle aérien** controle aéreo • **contrôle d'identité** controle de identidade • **contrôle parental** INFORM controle de acesso.
contrôler [kɔ̃tʀole] *vt* controlar.
contrôleur [kɔ̃tʀolœʀ] *nm* fiscal *m* • **contrôleur aérien** controlador aéreo *m*.
contrordre [kɔ̃tʀɔʀdʀ] *nm* contra-ordem *f*.

80

convaincre [kɔ̃vɛ̃kʀ] *vt* convencer • **convaincre qqn de qqch** convencer alguém de algo • **convaincre qqn de faire qqch** convencer alguém a fazer algo.
convalescence [kɔ̃valesɑ̃s] *nf* convalescência *f*.
convenable [kɔ̃vnabl] *adj* conveniente.
convenir [kɔ̃vniʀ] ◆ **convenir à** *vp + prép* convir a.
convenu, e [kɔ̃vny] *pp* → **convenir**.
conversation [kɔ̃vɛʀsasjɔ̃] *nf* conversa *f*.
convertible [kɔ̃vɛʀtibl] *adj* → **canapé**.
convocation [kɔ̃vɔkasjɔ̃] *nf* convocação *f*.
convoi [kɔ̃vwa] *nm* comboio *m*.
convoiter [kɔ̃vwate] *vt* cobiçar.
convoquer [kɔ̃vɔke] *vt* convocar.
cookie [kuki] *nm* **1.** *(petit gâteau)* cookie *m* **2.** INFORM cookie *m*.
coopération [kɔɔpeʀasjɔ̃] *nf* cooperação *f*.
coopérer [kɔɔpeʀe] *vi* cooperar • **coopérer à qqch** cooperar com algo.
coordonné, e [kɔɔʀdɔne] *adj* coordenado(da).
coordonnées [kɔɔʀdɔne] *nf* • **laissez-moi vos coordonnées** deixe-me o seu endereço e o seu número de telefone.
coordonner [kɔɔʀdɔne] *vt* coordenar.

copain, copine [kɔpɛ̃, kɔpin] *nm (fam) (ami)* amigo *m*, -ga *f*; *(petit ami)* namorado *m*, -da *f*.

copie [kɔpi] *nf* **1.** *(reproduction)* cópia *f*; *(devoir)* lição *f* de casa; *(feuille)* folha *f* **2.** *INFORM* • **copie d'écran** captura *f* de tela.

copier [kɔpje] *vt* copiar • **copier (qqch) sur qqn** copiar (algo) de alguém.

copier-coller [kɔpjekɔle] *vt INFORM* copiar-colar.

copieux, euse [kɔpjø, øz] *adj* copioso(sa).

copilote [kɔpilɔt] *nm* co-piloto *m*.

copine → **copain**.

coq [kɔk] *nm* galo *m* • **coq au vin** frango com vinho tinto.

coque [kɔk] *nf (de bateau)* casco *m*; *(coquillage)* berbigão *m*.

coquelet [kɔklɛ] *nm* galeto *m*.

coquelicot [kɔkliko] *nm* papoula *f*.

coqueluche [kɔklyʃ] *nf MÉD* coqueluche *f*.

coquet, ette [kɔkɛ, ɛt] *adj* charmoso(sa).

coquetier [kɔktje] *nm* porta-ovo *m*.

coquillage [kɔkijaʒ] *nm (crustacé)* marisco *m*; *(coquille)* concha *f*.

coquille [kɔkij] *nf (d'œuf, de noix)* casca *f*; *(de mollusque)* concha *f* • **coquille Saint-Jacques** vieira *f*.

coquillettes [kɔkijɛt] *nf* massa alimentícia em forma de cilindro curvo.

coquin, e [kɔkɛ̃, in] *adj (enfant)* maroto(ta).

cor [kɔr] *nm (instrument)* trompa *f*; *MÉD* calo *m*.

corail [kɔraj, o] *(pl -aux) nm* coral *m* • **(train) Corail** vagão de trem sem compartimentos, com corredor central.

Coran [kɔrɑ̃] *nm* Alcorão *m*.

corbeau [kɔrbo] *(pl -x) nm* corvo *m*.

corbeille [kɔrbɛj] *nf* **1.** cesto *m* • **corbeille à papiers** cesto de papéis **2.** *INFORM* lixeira *f*.

corbillard [kɔrbijar] *nm* carro *m* fúnebre.

corde [kɔrd] *nf* corda *f* • **corde à linge** varal *m* • **corde à sauter** corda de pular • **cordes vocales** cordas vocais.

cordon [kɔrdɔ̃] *nm (petite corde)* cordão *m*; *(électrique)* fio *m*.

cordonnerie [kɔrdɔnri] *nf* • **aller à la cordonnerie** ir à sapataria.

cordonnier [kɔrdɔnje] *nm* sapateiro *m*.

coriandre [kɔrjɑ̃dr] *nf* coentro *m*.

corne [kɔrn] *nf (d'animal)* corno *m*; *(matière)* osso *m*.

cornet [kɔrnɛ] *nm (de glace)* casquinha *f*; *(de frites)* cartucho *m*.

cornettes [kɔrnɛt] *nf (Helv)* massa *f* com pontinhas.

cornichon [kɔrniʃɔ̃] *nm* pepino *m* em conserva.

corps [kɔr] *nm* corpo *m*.

correct, e [kɔrɛkt] *adj* correto(ta).

correction [kɔrɛksjɔ̃] *nf* correção *f*; *(punition)* castigo *m*.

correspondance

correspondance [kɔʀɛspɑ̃dɑ̃s] nf correspondência f; (train, métro) baldeação f • **par correspondance** por correspondência.

correspondant, e [kɔʀɛspɔ̃dɑ̃, ɑ̃t] • adj correspondente • nm (à qui on écrit) correspondente m; (au téléphone) interlocutor m, -ra f.

correspondre [kɔʀɛspɔ̃dʀ] vi (coïncider) corresponder; (écrire) corresponder-se.

corrida [kɔʀida] nf tourada f.

corridor [kɔʀidɔʀ] nm corredor m.

corriger [kɔʀiʒe] vt (erreur, examen) corrigir; (défaut) emendar • **se corriger** vp corrigir-se.

corrosif, ive [kɔʀozif, iv] adj corrosivo(va).

corsage [kɔʀsaʒ] nm corpete m.

corse [kɔʀs] adj corso(sa) • **Corse** • nm corso m, -sa f • nf • **la Corse** a Córsega.

cortège [kɔʀtɛʒ] nm cortejo m.

corvée [kɔʀve] nf chatice f.

costaud, e [kosto, od] adj (fam) (musclé) robusto(ta); (solide) sólido(da).

costume [kɔstym] nm (d'homme) terno m; (de théâtre, de déguisement) figurino m.

côte [kot] nf (pente) encosta f; ANAT costela f; (d'agneau, de porc etc.) costeleta f; (bord de mer) costa f • **côte à côte** lado a lado • **la Côte d'Azur** a Costa Azul (francesa).

côté [kote] nm lado m • **de quel côté dois-je aller?** para que lado devo ir? • **à côté** ao lado • **à côté de** ao lado de • **de l'autre côté (de)** do outro lado (de) • **de côté** de lado • **mettre qqch de côté** pôr algo de lado.

côtelé [kotle] adj m → **velours**.

côtelette [kotlɛt] nf costeleta f.

cotisation [kotizasjɔ̃] nf cota f • **cotisations** nfpl descontos mpl.

coton [kɔtɔ̃] nm algodão m • **coton (hydrophile)** algodão (hidrófilo).

Coton-Tige® [kɔtɔ̃tiʒ] (pl **Cotons-Tiges**) nm cotonete m.

cou [ku] nm pescoço m.

couchage [kuʃaʒ] nm → **sac**.

couchant [kuʃɑ̃] adj m → **soleil**.

couche [kuʃ] nf (épaisseur) camada f; (de bébé) fralda f.

couche-culotte [kuʃkylɔt] (pl **couches-culottes**) nf fralda f descartável.

coucher [kuʃe] • vt deitar • vi (dormir) dormir • **être couché** estar deitado • **coucher avec qqn** (fam) dormir com alguém • **se coucher** vp (personne) deitar-se; (soleil) pôr-se.

couchette [kuʃɛt] nf cama f, couchette f.

coucou [kuku] • nm (oiseau) cuco m; (horloge) relógio m de cuco • interj olá!

coude [kud] nm ANAT cotovelo m; (courbe) curva f.

coudre [kudʀ] vt & vi costurar.

couette [kwɛt] *nf (édredon)* edredom ♦ **couettes** *nfpl (coiffure)* rabo *m* de cavalo.

cougnou [kuɲu] *nm (Belg) brioche* com a forma do Menino Jesus que se degusta no Natal.

couler [kule] ♦ *vi (liquide, rivière)* correr; *(bateau)* afundar-se ♦ *vt (bateau)* afundar.

couleur [kulœʀ] *nf (teinte)* cor *f*; *(de cartes)* naipe *m* • **de quelle couleur est...?** de que cor é...?

couleuvre [kulœvʀ] *nf* cobra *f*.

coulis [kuli] *nm* caldo de legumes, de fruta ou de mariscos.

coulisser [kulise] *vi* deslizar.

coulisses [kulis] *nfpl* bastidores *mpl*.

couloir [kulwaʀ] *nm (d'appartement)* corredor *m*; *(de bus)* corredor *m* de circulação.

coup [ku] *nm* 1. *(choc physique)* pancada *f* • **donner un coup à qqn** dar uma pancada em alguém • **donner un coup de coude à qqn** dar uma cotovelada em alguém • **coup de couteau** facada *f* • **coup de feu** tiro *m* • **coup de pied** pontapé *m* • **coup de poing** murro *m* 2. *(avec un instrument)* • **passer un coup de balai** varrer • **coup de marteau** martelada *f* • **coup de crayon** traço *m* 3. *(choc moral, action malhonnête)* golpe *m* • **coup dur** *(fam)* golpe duro • **ça m'a fait un coup au cœur** aquilo foi um choque para mim • **faire un coup à qqn** dar um golpe baixo em alguém 4. *(bruit)* • **il y a eu un coup sec** houve um estampido • **coup de sonnette** toque *m* (de campainha) • **les douze coups de minuit** as doze badaladas da meia-noite 5. *(à la porte)* pancada *f* 6. *(aux échecs)* jogada *f* 7. *(en sport)* lance *m* • **coup franc** *(au football)* tiro *m* livre; *(au rugby)* lance *m* livre 8. *(fam) (fois)* vez *f* • **du premier coup** de primeira • **d'un (seul) coup** *(en une fois)* de uma só vez; *(soudainement)* de repente • **j'ai tout bu d'un (seul) coup** bebi tudo de um (só) gole • **ça marche à tous les coups** funciona sempre 9. *(dans des expressions)* • **avoir un coup de barre/de pompe** *(fam)* fadiga, cansaço, canseira • **coup de chance** golpe de sorte • **coup de fil** ou **de téléphone** telefonema *m* • **donner un coup de main à qqn** dar uma mão a alguém • **jeter un coup d'œil (à)** dar uma olhadela (em) • **coup de soleil** queimadura *f* (solar) • **coup de foudre** amor *m* à primeira vista • **coup de vent** rajada *f* de vento • **passer en coup de vent** fazer uma visita rápida • **boire un coup** *(fam)* beber um copo • **du coup,...** resultado,... • **tenir le coup** *(fam)* agüentar • **valoir le coup** *(fam)* valer a pena • *(locution prepositionnelle)* **sur le coup** no instante, no momento.

coupable

coupable [kupabl] *adj & nm* culpado(da) • **coupable de qqch** culpado de algo.
coupe [kup] *nf* taça *f*; *(de cheveux, de vêtements)* corte *m* • **à la coupe** *(fromage etc.)* em fatia.
coupe-papier [kuppapje] *nm inv* corta-papel *m*.
couper [kupe] *vt & vi* cortar • **couper la route à qqn** cortar a frente de alguém • **se couper** *vp* cortar-se • **se couper le doigt** cortar o dedo.
couple [kupl] *nm* casal *m*.
couplet [kuple] *nm* estrofe *f*.
coupure [kupyʀ] *nf* corte *m* • **coupure de courant** corte de eletricidade • **coupure de journal** recorte *m* de jornal.
couque [kuk] *nf* *(Belg)* *(biscuit)* bolacha *f*; *(pain d'épices)* pão-de-mel *m*; *(brioche)* brioche *m*.
cour [kuʀ] *nf* *(d'immeuble, de ferme)* pátio *m*; *(tribunal)* tribunal *m*; *(d'un roi)* corte *f* • **cour de récréation)** recreio *m*.
courage [kuʀaʒ] *nm* coragem *f* • **bon courage!** coragem!
courageux, euse [kuʀaʒø, øz] *adj* corajoso(osa).
couramment [kuʀamã] *adv* *(fréquemment)* freqüentemente; *(parler)* fluentemente.
courant, e [kuʀã, ãt] *adj* *(fréquent)* corrente • *nm* corrente *f* • **être au courant (de)** estar ao corrente (de) • **courant d'air** corrente de ar • **courant alternatif** corrente alternada • **courant continu** corrente contínua.

courbatures [kuʀbatyʀ] *nfpl* dores *fpl* musculares.
courbe [kuʀb] • *adj* curvo(va) • *nf* *(ligne arrondie)* curva *f*.
courber [kuʀbe] *vt* *(plier)* dobrar; *(pencher)* curvar.
coureur, euse [kuʀœʀ, øz] *nm, f* corredor *m*, -ra *f* • **coureur automobile** piloto *m* *(de provas automobilísticas)* • **coureur cycliste** ciclista *mf*.
courgette [kuʀʒɛt] *nf* abobrinha *f*.
courir [kuʀiʀ] *vt & vi* correr.
couronne [kuʀɔn] *nf* coroa *f*; *(de fleurs)* coroa *f* de flores.
courriel [kuʀjɛl] *nm INFORM* correio *m* eletrônico.
courrier [kuʀje] *nm* correio *m*.
courroie [kuʀwa] *nf* correia *f*.
cours [kuʀ] *nm* *(leçon)* aula *f* • **cours particuliers** aulas particulares, explicações; *(d'une monnaie, d'une marchandise)* cotação *f* • **au cours de** ao longo de • **en cours** em curso • **cours d'eau** curso de água.
course [kuʀs] *nf* corrida *f*; *(démarche)* volta *f* • **courses** *(achats)* compras *fpl* • **faire les courses** fazer compras.
court, e [kuʀ, kuʀt] • *adj* curto(ta) • *nm* *(de tennis)* quadra *f* de tênis • *adv* • **des cheveux coupés court** cabelo cortado curto • **s'habiller court** vestir saias curtas • **être à court de** estar com falta de.
court-bouillon [kuʀbujɔ̃] *(pl* **courts-bouillons)** *nm* caldo composto de água, vinho bran-

co e condimentos, no qual se cozinha o peixe.

court-circuit [kuʀsiʀkɥi] (*pl* **courts-circuits**) *nm* curto-circuito *m*.

court-métrage [kuʀmetʀaʒ] (*pl* **courts-métrages**) *nm* curta-metragem *f*.

courtois, e [kuʀtwa, az] *adj* cortês.

couru, e [kuʀy] *pp* → **courir**.

couscous [kuskus] *nm* cuscuz *m*.

cousin, e [kuzɛ̃, in] *nm* primo *m*, -ma *f* • **cousin germain** primo-irmão *m*.

coussin [kusɛ̃] *nm* almofada *f*.

cousu, e [kuzy] *pp* → **coudre**.

coût [ku] *nm* custo *m*.

couteau [kuto] (*pl* **-x**) *nm* faca *f*.

coûter [kute] *vt* & *vi* custar • **combien ça coûte?** quanto custa?

coutume [kutym] *nf* costume *m*.

couture [kutyʀ] *nf* costura *f*.

couturier, ère [kutyʀje, ɛʀ] *nm* costureiro *m*, -ra *f* • **grand couturier** grande costureiro.

couvent [kuvɑ̃] *nm* convento *m*.

couver [kuve] *vt* & *vi* chocar.

couvercle [kuvɛʀkl] *nm* (*de casserole, bocal*) tampa *f*.

couvert, e [kuvɛʀ, ɛʀt] • *pp* → **couvrir** • *nm* talher *m* • *adj* (*ciel*) encoberto(ta); (*marché, parking*) coberto(ta); (*vêtu*) agasalhado(da) • **bien couvert** bem agasalhado • **couvert de** coberto de • **mettre le couvert** pôr a mesa.

couverture [kuvɛʀtyʀ] *nf* (*de lit*) cobertor *m*; (*de livre*) capa *f*.

couvrir [kuvʀiʀ] *vt* (*mettre un couvercle sur*) tapar; (*livre, cahier*) encapar • **couvrir qqch de** encher algo de ◆ **se couvrir** *vp* (*ciel*) encobrir-se; (*s'habiller*) agasalhar-se • **se couvrir de** cobrir-se de.

covoiturage [kɔvwatyʀaʒ] *nm* modo de transporte que consiste em compartilhar o carro particular para um deslocamento, especialmente do tipo casa-trabalho.

cow-boy [kɔbɔj] (*pl* **cow-boys**) *nm* caubói *m*.

CP *nm* (*abr de* **cours préparatoire**) ≃ educação *f* infantil pré-escolar.

crabe [kʀab] *nm* caranguejo *m*.

cracher [kʀaʃe] • *vi* cuspir • *vt* jogar fora.

craie [kʀɛ] *nf* (*matière*) greda-branca *f*; (*pour écrire au tableau*) giz *m*.

craindre [kʀɛ̃dʀ] *vt* (*redouter*) temer; (*être sensible à*) ser sensível a • **je crains de ne pouvoir venir** receio não poder ir.

craint, e [kʀɛ̃, ɛ̃t] *pp* → **craindre**.

crainte [kʀɛ̃t] *nf* receio *m* • **de crainte que** com receio de que.

craintif, ive [kʀɛ̃tif, iv] *adj* receoso(osa).

cramique [kʀamik] *nm* (*Belg*) brioche com passas.

crampe [kʀɑ̃p] *nf* cãibra *f*.

cramponner [kʀɑ̃pɔne] ◆ **se cramponner (à)** vp + prép agarrar-se (a).

crampons [kʀɑ̃põ] nm (de foot, de rugby) pinos mpl.

cran [kʀɑ̃] nm (de ceinture) furo m; (entaille) corte gr; (fam) (courage) peito m ◆ **(couteau à) cran d'arrêt** navalha f de ponta em mola.

crâne [kʀɑn] nm crânio m.

crapaud [kʀapo] nm sapo m.

craquement [kʀakmɑ̃] nm estalido m.

craquer [kʀake] ◆ vi (faire un bruit) estalar; (casser) rachar; (nerveusement) estourar ◆ vt (allumette) acender.

crasse [kʀas] nf sujeira f.

cravate [kʀavat] nf gravata f.

crawl [kʀol] nm crawl m.

crayon [kʀejõ] nm lápis m ◆ **crayon de couleur** lápis de cor.

création [kʀeasjõ] nf criação f.

crèche [kʀɛʃ] nf (garderie) creche f; RELIG presépio m.

crédit [kʀedi] nm crédito m ◆ **acheter qqch à crédit** comprar algo a prazo.

créditer [kʀedite] vt creditar.

créer [kʀee] vt criar.

crémaillère [kʀemajɛʀ] nf ◆ **pendre la crémaillère** festejar a instalação em casa nova.

crème [kʀɛm] nf creme m ◆ **crème anglaise** creme à base de leite e ovos ◆ **crème caramel** pudim m de leite ◆ **crème fraîche** creme de leite fresco ◆ **crème glacée** sorvete m

◆ **crème pâtissière** creme de confeiteiro.

crémerie [kʀɛmʀi] nf leiteria f.

crémeux, euse [kʀɛmø, øz] adj cremoso(osa).

créneau [kʀɛno] (pl -x) nm ◆ **faire un créneau** estacionar entre dois veículos ◆ **créneaux** nm (de château) ameias fpl.

crêpe [kʀɛp] nm crepe m.

crêperie [kʀɛpʀi] nf creperia f.

crépi [kʀepi] nm reboco m.

crépu, e [kʀepy] adj crespo(pa).

cresson [kʀɛsõ] nm agrião m.

crête [kʀɛt] nf (de montagne) cume m; (de coq) crista f.

cretons [kʀɔtõ] nm (Can) patê de porco.

creuser [kʀøze] vt escavar ◆ **ça creuse!** isto dá fome! ◆ **se creuser** vp ◆ **se creuser la tête** ou **la cervelle** fundir os miolos.

creux, creuse [kʀø, kʀøz] adj oco(oca) ◆ nm cavidade f.

crevaison [kʀəvɛzõ] nf furo m.

crevant, e [kʀəvɑ̃, ɑ̃t] adj (fam) estafante.

crevasse [kʀəvas] nf fenda f.

crevé, e [kʀəve] adj (fam) morto(ta).

crever [kʀəve] ◆ vt (percer) furar; (fam) (fatiguer) esfalfar ◆ vi (exploser) rebentar; (avoir une crevaison) ter um furo; (fam) (mourir) bater as botas.

crevette [kʀəvɛt] nf camarão m ◆ **crevette grise** camarão-cinza m ◆ **crevette rose** camarão-rosa m.

cri [kʀi] *nm* grito *m* • **pousser un cri** dar um grito.
cric [kʀik] *nm* macaco *m (ferramenta)*.
cricket [kʀikɛt] *nm* críquete *m*.
crier [kʀije] *vt & vi* gritar.
crime [kʀim] *nm* crime *m*.
criminel, elle [kʀiminɛl] *nm* criminoso *m*, -osa *f*.
crinière [kʀinjɛʀ] *nf (de lion)* juba *f*.
crise [kʀiz] *nf* crise *f; (de rire)* ataque *m* • **crise cardiaque** ataque cardíaco • **crise de foie** crise de fígado • **crise de nerfs** crise de nervos.
crispé, e [kʀispe] *adj (personne, sourire)* crispado(da); *(poing)* fechado(da).
cristal [kʀistal, o] *(pl* -aux*)* nm cristal *m*.
critère [kʀitɛʀ] *nm* critério *m*.
critique [kʀitik] • *adj & nm* crítico(ca) • *nf* crítica *f*.
critiquer [kʀitike] *vt* criticar.
croc [kʀo] *nm* presa *f (dente)*.
croche-pied [kʀɔʃpje] *(pl* croche-pieds*)* nm • **faire un croche-pied à qqn** passar uma rasteira em alguém.
crochet [kʀɔʃɛ] *nm (pour accrocher)* gancho *m; (tricot)* crochê *m; (fig) (détour)* desvio *m*.
crocodile [kʀɔkɔdil] *nm* crocodilo *m*.
croire [kʀwaʀ] • *vt (personne, histoire)* acreditar em; *(penser)* achar • *vi* • **croire à** acreditar em • **croire en** acreditar em
◆ **se croire** *vp* • **il se croit intelligent** ele se julga inteligente
• **on se croirait au Moyen Âge** até parece que estamos na Idade Média.
croisement [kʀwazmã] *nm* cruzamento *m*.
croiser [kʀwaze] *vt* cruzar; *(personne)* cruzar-se com ◆ **se croiser** *vp* cruzar-se • **j'ai croisé son regard** os nossos olhares cruzaram-se.
croisière [kʀwazjɛʀ] *nf* cruzeiro *m*.
croissance [kʀwasãs] *nf* crescimento *m*.
croissant [kʀwasã] *nm (pâtisserie)* croissant *m; (de lune)* meia-lua *f*.
croix [kʀwa] *nf* cruz *f* • **en croix** em forma de cruz.
Croix-Rouge [kʀwaʀuʒ] *nf* • **la Croix-Rouge** a Cruz Vermelha.
croque-madame [kʀɔkmadam] *nm inv* espécie de misto-quente com ovo estrelado.
croque-monsieur [kʀɔkməsjø] *nm inv* misto-quente.
croquer [kʀɔke] • *vt (manger)* trincar • *vi (craquer)* estalar.
croquette [kʀɔkɛt] *nf* croquete *m*.
cross [kʀɔs] *nm inv (à pied)* corrida *f; (à moto)* motocross *m; (discipline)* cross-country *m*.
crotte [kʀɔt] *nf* excremento *m*.
crottin [kʀɔtɛ̃] *nm (d'animal)* esterco *m; (fromage)* pequeno queijo de cabra que pode ser servido quente.
croustade [kʀustad] *nf* espécie de torta de massa folhada.

croustillant, e [kʀustijɑ̃, ɑ̃t] *adj* crocante.
croûte [kʀut] *nf* crosta *f*; *(de pain)* casca *f* ◆ **croûte au fromage** *(Helv)* fatia de pão com queijo gratinado e vinho branco.
croûton [kʀutɔ̃] *nm (pain frit)* pedacinho *m* de pão frito; *(extrémité du pain)* bico *m* do pão.
croyant, e [kʀwajɑ̃, ɑ̃t] *adj* crente.
CRS *(abr de* Compagnies républicaines de sécurité*)* = tropa *f* de choque.
cru, e [kʀy] ◆ *pp* → **croire** ◆ *adj* cru(crua) ◆ *nm (vin)* colheita *f.*
crudités [kʀydite] *nfpl* legumes *mpl* crus.
crue [kʀy] *nf* cheia *f* ◆ **être en crue** estar inundando.
cruel, elle [kʀyɛl] *adj* cruel.
crustacés [kʀystase] *nm* crustáceos *mpl.*
cube [kyb] *nm* cubo *m* ◆ **mètre cube** metro *m* cúbico.
cueillir [kœjiʀ] *vt* colher.
cuiller [kɥijɛʀ] = **cuillère**.
cuillère [kɥijɛʀ] *nf* colher *f* ◆ **cuillère à café, petite cuillère** colher de café, colherzinha *f* ◆ **cuillère à soupe** colher de sopa.
cuillerée [kɥijeʀe] *nf* colherada *f.*
cuir [kɥiʀ] *nm* couro *m.*
cuire [kɥiʀ] *vt & vi* cozer ◆ **faire cuire** cozer.
cuisine [kɥizin] *nf* cozinha *f* ◆ **faire la cuisine** cozinhar.
cuisiner [kɥizine] *vt & vi* cozinhar.

cuisinier, ère [kɥizinje, ɛʀ] *nm* cozinheiro *m*, -ra *f.*
cuisinière [kɥizinjɛʀ] *nf (fourneau)* fogão *m*, → **cuisinier**.
cuisse [kɥis] *nf* ANAT coxa *f*; *(de volaille)* coxa *f* ◆ **cuisses de grenouille** coxas de rã.
cuisson [kɥisɔ̃] *nf* cozimento *m.*
cuit, e [kɥi, kɥit] *adj* cozido(da) ◆ **bien cuit** bem cozido.
cuivre [kɥivʀ] *nm (métal)* cobre *m.*
cul [ky] *nm (vulg)* cu *m.*
culasse [kylas] *nf* → **joint**.
culotte [kylɔt] *nf* calcinha *f (de senhora).*
culte [kylt] *nm* culto *m.*
cultivateur, trice [kyltivatœʀ, tʀis] *nm* cultivador *m*, -ra *f.*
cultiver [kyltive] *vt* cultivar ◆ **se cultiver** *vp* cultivar-se.
culture [kyltyʀ] *nf* cultura *f.* ◆ **cultures** *nfpl* terras *fpl* de cultivo.
culturel, elle [kyltyʀɛl] *adj* cultural.
cumin [kymɛ̃] *nm* cominho *m.*
curé [kyʀe] *nm* pároco *m.*
cure-dents [kyʀdɑ̃] *nm inv* palito *m.*
curieux, euse [kyʀjø, øz] ◆ *adj* curioso(osa) ◆ *nm (spectateurs)* curiosos *mpl.*
curiosité [kyʀjozite] *nf* curiosidade *f.*
curry [kyʀi] *nm* curry *m.*
cutanée [kytane] *adj f* → **éruption**.
cuvette [kyvɛt] *nf* bacia *f.*

CV nm (abr de **curriculum vitae**) c.v. m, AUTO (abr de **cheval**) cv.

cybercrime [siberkrim] nm INFORM cybercrime.

cyclable [siklabl] adj → **piste**.

cycle [sikl] nm ciclo m.

cyclisme [siklism] nm ciclismo m.

cycliste [siklist] • adj ciclístico(ca) • nmf ciclista mf • nm (short) bermuda f de ciclista.

cyclone [siklon] nm ciclone m.

cygne [siɲ] nm cisne m.

cylindre [silɛ̃dʀ] nm cilindro m.

cynique [sinik] adj cínico(ca).

cyprès [sipʀɛ] nm cipreste m.

D

DAB [dab] nm (abr de **distributeur automatique de billets**) caixa m eletrônico.

dactylo [daktilo] nf (secrétaire) datilógrafa f.

daim [dɛ̃] nm (animal) gamo m; (peau) camurça f.

dalle [dal] nf laje f.

dame [dam] nf (femme) senhora f; (aux cartes) dama f ◆ **dames** nf (jeu) damas fpl.

damier [damje] nm (de dames) tabuleiro m de damas.

Danemark [danmark] nm • le Danemark a Dinamarca.

danger [dɑ̃ʒe] nm perigo m • être en danger estar em perigo.

dangereux, euse [dɑ̃ʒʀø, øz] adj perigoso(osa).

danois, e [danwa, az] • adj dinamarquês(esa) • nm (langue) dinamarquês m ◆ **Danois, e** nm dinamarquês m, -esa f.

dans [dɑ̃] prép 1. (gén) em • **je vis dans le sud de la France** vivo no sul da França • **nous allons en vacances dans les Alpes** vamos de férias para os Alpes • **vous allez dans la mauvaise direction** vocês estão indo na direção errada • **lancer le ballon dans les buts** lançar a bola no gol • **dans ma jeunesse** na minha juventude 2. (indique la provenance) de • **choisissez un dessert dans notre sélection du jour** escolha uma sobremesa da nossa seleção do dia 3. (indique le moment à venir) dentro de • **dans combien de temps arrivons-nous?** chegamos dentro de quanto tempo? • **le spectacle commence dans cinq minutes** o espetáculo começa dentro de cinco minutos 4. (indique une approximation) • **ça doit coûter dans les 50 €** isto deve custar cerca de 50 euros.

danse [dɑ̃s] nf • **la danse** a dança • **une danse** uma dança • **danse classique/moderne** dança clássica/moderna.

danser [dɑ̃se] vt & vi dançar.

danseur, euse [dɑ̃sœʀ, øz] *nm (de salon)* dançarino *m*, -na *f*; *(classique)* bailarino *m*, -na *f*.
darne [daʀn] *nf* posta *f* (de peixe).
date [dat] *nf* data *f* • **date limite** data limite • **date limite de consommation** data limite de consumo, prazo de validade de consumo • **date limite de vente** data limite de venda • **date de naissance** data de nascimento.
dater [date] *vt & vi* datar • **dater de** datar de.
datte [dat] *nf* tâmara *f*.
daube [dob] *nf* • **(bœuf en) daube** carne *m* de vaca estufada.
dauphin [dofɛ̃] *nm (animal)* golfinho *m*.
dauphine [dofin] *nf* → **pomme**.
dauphinois [dofinwa] *adj m* → **gratin**.
daurade [doʀad] *nf* dourada *f*.
davantage [davɑ̃taʒ] *adv* mais • **davantage de** mais.
de [də] ◆ *prép* **1.** *(gén)* de • **la porte du salon** a porta da sala • **le frère de Pierre** o irmão do Pierre • **d'où êtes-vous?** – **de Bordeaux** de onde vocês são? – De Bordeaux • **de Paris à Tokyo** de Paris a Tóquio • **de la mi-août à début septembre** de meados de agosto ao início de setembro • **une statue de pierre** uma estátua de pedra • **des billets de 100 F** notas de 100 francos • **l'avion de 7 h 20**

o avião das 7h20 • **un jeune homme de 25 ans** um rapaz de 25 anos • **parler de qqch** falar de algo • **arrêter de faire qqch** parar de fazer algo • **une bouteille d'eau minérale** uma garrafa de água mineral • **plusieurs de ces œuvres sont des copies** muitas destas obras são cópias • **la moitié du temps/de nos clients** a metade do tempo/dos nossos clientes • **le meilleur de nous tous** o melhor de nós todos • **je meurs de faim!** estou morrendo de fome! **2.** *(indique le moyen, la manière)* com • **saluer qqn d'un mouvement de tête** cumprimentar alguém com um acene de cabeça • **regarder qqn du coin de l'œil** olhar para alguém pelo canto do olho • **d'un air distrait** com um ar distraído • *art* • **je voudrais du vin/du lait** queria vinho/leite • **ils n'ont pas d'enfants** eles não têm filhos.
dé [de] *nm* dado *m* • **dé (à coudre)** dedal *m*.
déballer [debale] *vt (affaires)* desempacotar; *(cadeau)* desembrulhar.
débarbouiller [debaʀbuje] • **se débarbouiller** *vp* lavar (o rosto).
débardeur [debaʀdœʀ] *nm* camiseta *f* sem manga.
débarquer [debaʀke] *vt & vi* desembarcar.

débarras [debaʀa] nm quarto m de despejo ◆ **bon débarras!** bons ventos o levem!

débarrasser [debaʀase] vt (désencombrer) desimpedir; (table) tirar ◆ **débarrasser qqn de qqch** (vêtement, paquets) desembaraçar alguém de algo ◆ **se débarrasser de** (vêtement, paquets) desembaraçar; (travail) ver-se livre de; (personne) desembaraçar-se.

débat [deba] nm debate m.

débattre [debatʀ] vt & vi debater ◆ **se débattre** vp debater-se.

débit [debi] nm débito m.

débiter [debite] vt (compte) debitar; (arbre) cortar; (péj) (banalité) despejar.

déblayer [debleje] vt desobstruir.

débloquer [debloke] vt desbloquear.

déboîter [debwate] ◆ vt desencaixar ◆ vi sair da fila ◆ **se déboîter** vp ◆ **se déboîter l'épaule** deslocar o ombro.

débordé, e [debɔʀde] adj ◆ **être débordé (de travail)** estar sobrecarregado (de trabalho).

déborder [debɔʀde] vi transbordar.

débouché [debuʃe] nm saída f.

déboucher [debuʃe] vt (bouteille) desenrolhar; (nez, tuyau) desentupir ◆ **déboucher sur** vp + prép (rue) ir dar em; (négociations) levar a.

débourser [debuʀse] vt desembolsar.

debout [dəbu] adv (sur ses pieds) em pé; (verticalement, réveillé) de pé ◆ **se mettre debout** pôr-se de pé ◆ **tenir debout** manter-se em pé.

déboutonner [debutɔne] vt desabotoar.

débraillé, e [debʀaje] adj desleixado(da).

débrancher [debʀɑ̃ʃe] vt desligar.

débrayer [debʀeje] vi desengatar.

débris [debʀi] nm cacos mpl.

débrouiller [debʀuje] ◆ **se débrouiller** vp virar-se ◆ **se débrouiller pour faire qqch** virar-se para fazer algo.

début [deby] nm início m ◆ **au début (de)** no início (de).

débutant, e [debytɑ̃, ɑ̃t] nmf principiante mf.

débuter [debyte] vi iniciar; (acteur) estrear(-se).

décaféiné, e [dekafeine] adj descafeinado(da).

décalage [dekalaʒ] nm diferença f ◆ **décalage horaire** diferença horária.

décalcomanie [dekalkɔmani] nf decalcomania f.

décaler [dekale] vt (dans l'espace) deslocar; (avancer) antecipar; (retarder) adiar.

décalquer [dekalke] vt decalcar.

décapant [dekapɑ̃] nm decapante m.

décaper [dekape] vt decapar.

décapiter [dekapite] vt decapitar.

décapotable

décapotable [dekapɔtabl] *nf*
• **(voiture) décapotable** (carro) conversível *m*.

décapsuler [dekapsyle] *vt* abrir.

décapsuleur [dekapsylœr] *nm* abridor *m* de garrafas.

décéder [desede] *vi (sout)* falecer.

décembre [desɑ̃bʀ] *nm* dezembro *m*, → **septembre**.

décent, e [desɑ̃, ɑ̃t] *adj* decente.

déception [desɛpsjɔ̃] *nf* decepção *f*.

décerner [desɛʀne] *vt (prix)* outorgar.

décès [desɛ] *nm* falecimento *m*.

décevant, e [desvɑ̃, ɑ̃t] *adj* decepcionante.

décevoir [desəvwaʀ] *vt* decepcionar.

déchaîner [deʃene] *vt* desencadear ♦ **se déchaîner** *vp (personne)* enfurecer-se; *(colère, tempête)* desencadear-se.

décharge [deʃaʀʒ] *nf (d'ordures)* depósito *m* de lixo; *(électrique)* descarga *f*.

décharger [deʃaʀʒe] *vt* descarregar.

déchausser [deʃose] ♦ **se déchausser** *vp (enlever ses chaussures)* descalçar-se.

déchets [deʃɛ] *nmpl* resíduos *mpl*.

déchiffrer [deʃifʀe] *vt* decifrar.

déchiqueter [deʃikte] *vt* estraçalhar.

déchirer [deʃiʀe] *vt* rasgar
♦ **se déchirer** *vp* rasgar-se.

déchirure [deʃiʀyʀ] *nf* rasgão *m* • **déchirure musculaire** distensão *f* muscular.

déci [desi] *nm (Helv)* copo *m* de vinho de 10 cl.

décidé, e [deside] *adj* decidido(da) • **c'est décidé** está decidido.

décidément [desidemɑ̃] *adv* decididamente.

décider [deside] *vt* decidir
• **décider qqn (à faire qqch)** convencer alguém (a fazer algo)
• **décider de faire qqch** decidir fazer algo ♦ **se décider** *vp* decidir-se • **se décider à faire qqch** decidir-se a fazer algo.

décimal, e, aux [desimal, o] *adj* decimal.

décisif, ive [desizif, iv] *adj* decisivo(va).

décision [desizjɔ̃] *nf* decisão *f*.

déclaration [deklaʀasjɔ̃] *nf* declaração *f* • **déclaration d'impôts** declaração de impostos • **déclaration sur l'honneur** pacto *m* de honra.

déclarer [deklaʀe] *vt* declarar
♦ **se déclarer** *vp (se déclencher)* declarar-se.

déclencher [deklɑ̃ʃe] *vt* acionar.

déclic [deklik] *nm (bruit)* clique *m*; *(fig) (illumination)* tomada *f* de consciência súbita.

déco *(abr de* **décoration**) *(fam) nf* decoração *m*.

décoiffer [dekwafe] *vt* despentear.

décollage [dekɔlaʒ] *nm* decolagem *f*.

décoller [dekɔle] *vt* & *vi* descolar ◆ **se décoller** *vp* descolar-se.

décolleté, e [dekɔlte] ◆ *adj* decotado(da) ◆ *nm* decote *m*.

décolorer [dekɔlɔre] *vt* descolorir.

décombres [dekɔ̃br] *nm* escombros *mpl*.

décommander [dekɔmɑ̃de] *vt* desmarcar ◆ **se décommander** *vp* desistir.

décomposer [dekɔ̃poze] ◆ **se décomposer** *vp (pourrir)* decompor-se.

déconcentrer [dekɔ̃sɑ̃tre] ◆ **se déconcentrer** *vp* desconcentrar-se.

déconcerter [dekɔ̃sɛrte] *vt* desconcertar.

déconseiller [dekɔ̃seje] *vt* ◆ **déconseiller qqch à qqn** desaconselhar algo a alguém ◆ **déconseiller à qqn de faire qqch** desaconselhar alguém a fazer algo.

décontracté, e [dekɔ̃trakte] *adj* descontraído(da).

décor [dekɔr] *nm (paysage)* paisagem *f*; *(de théâtre)* cenário *m*; *(d'une pièce)* decoração *f*.

décorateur, trice [dekɔratœr, tris] *nm* decorador *m*, -ra *f*.

décoration [dekɔrasjɔ̃] *nf (d'une pièce)* decoração *f*; *(médaille)* condecoração *f*.

décorer [dekɔre] *vt (pièce, objet)* decorar; *(soldat)* condecorar.

décortiquer [dekɔrtike] *vt (noix, crabe)* descascar; *(fig) (texte)* esmiuçar.

découdre [dekudr] *vt* descosturar ◆ **se découdre** *vp* descosturar-se.

découler [dekule] ◆ **découler de** *v + prép* resultar de.

découper [dekupe] *vt (gâteau)* cortar; *(viande)* trinchar; *(images, photos)* recortar.

découragé, e [dekuraʒe] *adj* desanimado(da).

décourager [dekuraʒe] *vt* desencorajar, desanimar ◆ **se décourager** *vp* desencorajar-se, desanimar-se.

décousu, e [dekuzy] *adj (vêtement, ourlet)* descosturado(da); *(raisonnement, conversation)* desconexo(xa).

découvert, e [dekuvɛr, ɛrt] ◆ *pp* → **découvrir** ◆ *nm* saldo *m* negativo.

découverte [dekuvɛrt] *nf* descoberta *f*.

découvrir [dekuvrir] *vt* descobrir ◆ **se découvrir** *vp* descobrir-se.

décrire [dekrir] *vt* descrever.

décrocher [dekrɔʃe] *vt* desprender ◆ **décrocher (le téléphone)** tirar o telefone do gancho.

déçu, e [desy] ◆ *pp* → **décevoir** ◆ *adj* decepcionado(da).

dédaigner [dedeɲe] *vt (mépriser)* desdenhar.

dédaigneux, euse [de-dɛɲø, øz] *adj* desdenhoso(osa).

dédain [dedɛ̃] *nm* desdém *m*.

dedans [dədɑ̃] ◆ *adv* dentro ◆ *nm* interior *m* ◆ **en dedans** no interior.

dédicacer

dédicacer [dedikase] *vt* • **dédicacer qqch à qqn** dedicar algo a alguém.
dédier [dedje] *vt* • **dédier qqch à qqn** dedicar algo a alguém.
dédommager [dedɔmaʒe] *vt* indenizar.
déduction [dedyksjɔ̃] *nf* dedução *f*.
déduit, e [dedɥi, it] *pp* → **déduire**.
déesse [dees] *nf* deusa *f*.
défaillant, e [defajɑ̃, ɑ̃t] *adj* enfraquecido(da).
défaire [defɛʀ] *vt* desfazer ◆ **se défaire** *vp* desfazer-se.
défait, e [defɛ, ɛt] *pp* → **défaire**.
défaite [defɛt] *nf* derrota *f*.
défaut [defo] *nm* defeito *m* • **à défaut de** na falta de.
défavorable [defavɔʀabl] *adj* desfavorável.
défavoriser [defavɔʀize] *vt* desfavorecer.
défectueux, euse [defɛktɥø, øz] *adj* defeituoso(osa).
défendre [defɑ̃dʀ] *vt* defender • **défendre qqch à qqn** proibir algo a alguém • **défendre à qqn de faire qqch** proibir alguém de fazer algo ◆ **se défendre** *vp* defender-se.
défense [defɑ̃s] *nf* defesa *f* • **prendre la défense de qqn** tomar a defesa de alguém • **défense de déposer des ordures** proibido jogar lixo • **défense d'entrer** proibida a entrada.

(i) LA DÉFENSE

Bairro de intensa atividade econômica construído no oeste de Paris durante os anos 1960-1970, em que predominam edifícios de escritórios. A sua arquitetura futurista caracteriza-se por enormes torres de vidro. Encontra-se também aí "La Grande Arche" (O Grande Arco), versão ultramoderna e de cor branca do Arco do Triunfo, situado no prolongamento dos Campos Elísios.

défi [defi] *nm* desafio *m* • **lancer un défi à qqn** lançar um desafio a alguém.
déficit [defisit] *nm* deficit *m*.
déficitaire [defisitɛʀ] *adj* deficitário(ria).
défier [defje] *vt* desafiar • **défier qqn de faire qqch** desafiar alguém a fazer algo.
défigurer [defigyʀe] *vt* desfigurar.
défilé [defile] *nm (de mode, du 14 Juillet)* desfile *m*; *(gorges)* desfiladeiro *m*.
défiler [defile] *vi* desfilar.
définir [definiʀ] *vt* definir.
définitif, ive [definitif, iv] *adj* definitivo(va) • **en définitive** em definitivo.

définition [definisjɔ̃] nf definição f.

définitivement [definitivmɑ̃] adv definitivamente.

défoncer [defɔ̃se] vt (porte, voiture) arrombar; (route) deteriorar; (terrain) cavar fundo.

déformé, e [defɔʀme] adj (vêtement) deformado(da); (route) em mau estado.

déformer [defɔʀme] vt deformar.

défouler [defule] ◆ **se défouler** vp descarregar.

défricher [defʀiʃe] vt desbravar.

dégager [degaʒe] vt (déblayer) desobstruir; (odeur) exalar; (fumée) expelir ◆ **dégager qqn/qqch de** tirar alguém/algo de ◆ **se dégager** vp (se libérer) libertar-se; (ciel) desanuviar-se ◆ **se dégager de** (se libérer de) desembaraçar-se de; (odeur) exalar; (fumée) desprender-se.

dégainer [degene] ◆ vt desembainhar ◆ vi sacar a pistola.

dégât [dega] nm estrago m ◆ **dégâts matériels** danos materiais ◆ **faire des dégâts** fazer estragos.

dégel [deʒɛl] nm degelo m.

dégeler [deʒle] vt (atmosphère) descontrair ◆ vi (lac) degelar; (surgelé) descongelar.

dégénérer [deʒeneʀe] vi degenerar.

dégivrage [deʒivʀaʒ] nm descongelamento m.

dégivrer [deʒivʀe] vt (pare-brise) limpar o gelo de; (réfrigérateur) descongelar.

dégonfler [degɔ̃fle] vt esvaziar ◆ **se dégonfler** vp esvaziar-se; (fam) amarelar.

dégouliner [deguline] vi pingar.

dégourdi, e [deguʀdi] adj desembaraçado(da).

dégourdir [deguʀdiʀ] ◆ **se dégourdir** vp ◆ **se dégourdir les jambes** desentorpecer as pernas.

dégoût [degu] nm nojo m.

dégoûtant, e [degutɑ̃, ɑ̃t] adj nojento(ta).

dégoûter [degute] vt dar nojo a ◆ **dégoûter qqn de** fazer com que alguém perca a vontade de ◆ **être dégoûté de** ficar com aversão a.

dégrafer [degʀafe] vt (papiers) tirar os grampos de; (vêtement) desacolchetar.

degré [dəgʀe] nm grau m.

dégressif, ive [degʀesif, iv] adj degressivo(va).

dégringoler [degʀɛ̃gɔle] vi desabar.

dégueulasse [degœlas] adj (fam) nojento(ta).

déguisement [degizmɑ̃] nm disfarce m.

déguiser [degize] vt disfarçar ◆ **se déguiser** vp disfarçar-se ◆ **se déguiser en** disfarçar-se de.

dégustation [degystasjɔ̃] nf degustação f.

déguster

déguster [degyste] *vt (goûter)* degustar.

dehors [dəɔʀ] • *adv* fora • *nm* exterior *m* • **jeter ou mettre qqn dehors** pôr alguém na rua • **en dehors** para fora • **en dehors de** *(à l'extérieur de)* fora de; *(sauf)* fora.

déjà [deʒa] *adv* já.

déjeuner [deʒœne] • *nm (à midi)* almoço *m*; *(petit déjeuner)* café-da-manhã *m* • *vi (à midi)* almoçar; *(le matin)* tomar o café-da-manhã.

délabré, e [delabʀe] *adj* degradado(da).

délacer [delase] *vt* desatar.

délai [dele] *nm* prazo *m*.

délasser [delase] *vt* descansar.

délavé, e [delave] *adj* desbotado(da).

délayer [deleje] *vt* diluir.

Delco® [delko] *nm* distribuidor *m*.

délégué, e [delege] *nm* delegado *m*, -da *f*.

délibérément [deliberemã] *adv* deliberadamente.

délicat, e [delika, at] *adj* delicado(da); *(exigeant)* exigente.

délicatement [delikatmã] *adv* delicadamente.

délicieux, euse [delisjø, øz] *adj* delicioso(osa).

délimiter [delimite] *vt* delimitar.

délinquant, e [delɛ̃kɑ̃, ɑ̃t] *nm* delinquente *mf*.

délirer [deliʀe] *vi* delirar.

délit [deli] *nm* delito *m*.

délivrer [delivʀe] *vt (prisonnier)* soltar; *(autorisation, reçu)* entregar.

déloyal, e, aux [delwajal, o] *adj* desleal.

delta [dɛlta] *nm (de rivière)* delta *m*.

deltaplane [deltaplan] *nm* asa-delta *f*.

déluge [delyʒ] *nm* dilúvio *m*.

demain [dəmɛ̃] *adv* amanhã • **à demain!** até amanhã! • **demain matin/soir** amanhã de manhã/à noite.

demande [dəmɑ̃d] *nf (réclamation)* reivindicação *f*; *(formulaire)* requerimento *m* • **demandes d'emploi** pedidos de emprego.

demander [dəmɑ̃de] *vt (interroger sur)* perguntar; *(exiger)* pedir; *(nécessiter)* precisar • **demander qqch à qqn** *(interroger)* perguntar algo a alguém; *(exiger)* exigir algo de alguém • **demander à qqn de faire qqch** pedir a alguém para fazer algo ◆ **se demander** *vp* perguntar-se.

demandeur, euse [dəmɑ̃dœʀ, øz] • **demandeur d'emploi** desempregado *m*.

démangeaison [demɑ̃ʒɛzɔ̃] *nf* comichão *f* • **avoir des démangeaisons** ter comichão.

démanger [demɑ̃ʒe] *vt* sentir comichão.

démaquillant [demakijɑ̃] *nm (pour les yeux)* desmaquilante *m*; *(pour le visage)* leite *m* de limpeza.

démarche [demarʃ] *nf (allure)* andar *m*; *(administrative)* trâmites *mpl* • **faire des démarches pour...** empregar esforços para...

démarrage [demaraʒ] *nm* arranque *m*.

démarrer [demare] *vi (partir)* arrancar; *(commencer)* começar.

démarreur [demarœr] *nm* motor *m* de arranque.

démasquer [demaske] *vt* desmascarar.

démêler [demele] *vt* desembaraçar.

déménagement [demenaʒmã] *nm* mudança *f* de casa.

déménager [demenaʒe] • *vi* mudar de casa • *vt* mudar de local.

démener [demne] ◆ **se démener** *vp (bouger)* agitar-se; *(faire des efforts)* esforçar-se.

dément, e [demã, ãt] *adj* demente; *(fam)* incrível.

démentir [demãtir] *vt* desmentir.

démesuré, e [demezyre] *adj* desmedido(da).

démettre [demɛtr] *vt MÉD* deslocar; *(destituer)* • **démettre qqn de ses fonctions** demitir alguém das suas funções ◆ **se démettre** *vp* • **se démettre qqch** deslocar algo.

demeure [dəmœr] *nf* mansão *f*.

demeurer [dəmœre] *vi (sout) (habiter)* residir; *(rester)* ficar.

demi, e [dəmi] • *adj* meio (meia) • *nm* tulipa *f* • **cinq heu-**res **et demie** cinco e meia • **un demi-kilo de** meio quilo de • **à demi fermé** entreaberto.

demi-finale [dəmifinal] *(pl* demi-finales) *nf* semifinal *f*.

demi-frère [dəmifrɛr] *(pl* demi-frères) *nm* meio-irmão *m*.

demi-heure [dəmijœr] *(pl* demi-heures) *nf* meia hora *f*.

demi-pension [dəmipɑ̃sjɔ̃] *(pl* demi-pensions) *nf (à l'hôtel)* meiapensão *f*; *(à l'école)* semi-internato *m*.

demi-pensionnaire [dəmipɑ̃sjɔnɛr] *(pl* demi-pensionnaires) *nm* semi-interno *m*, -na *f*.

démis, e [demi, iz] *pp* → **démettre**.

demi-saison [dəmisɛzɔ̃] *(pl* demi-saisons) *nf* • **de demi-saison** de meia-estação.

demi-sœur [dəmisœr] *(pl* demi-sœurs) *nf* meia-irmã *f*.

démission [demisjɔ̃] *nf* demissão *f* • **donner sa démission** apresentar sua demissão.

démissionner [demisjɔne] *vi* demitir-se.

demi-tarif [dəmitarif] *(pl* demi-tarifs) *nm* meia-entrada *f*, meia passagem *f*.

demi-tour [dəmitur] *(pl* demi-tours) *nm* meia-volta *f* • **faire demi-tour** dar meia-volta.

démocratie [demɔkrasi] *nf* democracia *f*.

démocratique [demɔkratik] *adj* democrático(ca).

démodé

démodé, e [demɔde] *adj* fora de moda.
demoiselle [dəmwazɛl] *nf* senhorita *f*.
démolir [demɔliʀ] *vt* demolir.
démon [demɔ̃] *nm RELIG* demônio *m*; *(enfant)* diabinho *m*.
démonstratif, ive [demɔ̃stʀatif, iv] *adj* demonstrativo(va).
démonstration [demɔ̃stʀasjɔ̃] *nf* demonstração *f*.
démonter [demɔ̃te] *vt* desmontar.
démontrer [demɔ̃tʀe] *vt* demonstrar.
démoraliser [demɔʀalize] *vt* desmoralizar.
démouler [demule] *vt* (*gâteau*) desenformar.
démuni, e [demyni] *adj* (*pauvre*) desprovido(a).
dénicher [deniʃe] *vt* (*trouver*) descobrir.
dénivellation [denivɛlasjɔ̃] *nf* desnível *m*.
dénoncer [denɔ̃se] *vt* (*coupable*) denunciar.
dénouement [denumɑ̃] *nm* desenlace *m*.
dénouer [denwe] *vt* desfazer.
dénoyauter [denwajote] *vt* descaroçar.
denrée [dɑ̃ʀe] *nf* gênero *m* (alimentício).
dense [dɑ̃s] *adj* denso(sa).
dent [dɑ̃] *nf* dente *m* • **dent de lait** dente de leite • **dent de sagesse** dente do siso.
dentelle [dɑ̃tɛl] *nf* renda *f*.
dentier [dɑ̃tje] *nm* dentadura *f* postiça.

98

dentifrice [dɑ̃tifʀis] *nm* dentifrício *m*.
dentiste [dɑ̃tist] *nm* dentista *mf*.
Denver [dɑ̃vɛʀ] *nom* → **sabot**.
déodorant [deɔdɔʀɑ̃] *nm* desodorante *m*.
dépannage [depanaʒ] *nm* conserto *m* • **service de dépannage** socorro mecânico.
dépanner [depane] *vt* (*voiture, appareil ménager*) consertar; (*fig*) (*aider*) tirar alguém de apuros.
dépanneur [depanœʀ] *nm* mecânico *m*; (*Can*) (*épicerie*) mercearia aberta além do horário comercial.
dépanneuse [depanøz] *nf* reboque *m*.
dépareillé, e [depaʀeje] *adj* (*service*) incompleto(ta); (*gant, chaussette*) desemparelhado(da).
départ [depaʀ] *nm* partida *f* • **au départ** no início • **départs** embarque.
départager [depaʀtaʒe] *vt* desempatar.
département [depaʀtəmɑ̃] *nm* (*division administrative*) divisão administrativa do território francês; (*service*) repartição *f*, departamento *m*.
départementale [depaʀtəmɑ̃tal] *nf* • **route départementale** = rodovia *f* estadual.
dépassement [depasmɑ̃] *nm* (*sur la route*) ultrapassagem *f*.
dépasser [depase] • *vt* ultrapassar; (*passer devant*) passar diante de • *vi* ultrapassar.

dépaysement [depeizmã] nm mudança f (de ares).

dépêcher [depeʃe] ♦ **se dépêcher** vp apressar-se ♦ **se dépêcher de faire qqch** apressar-se em fazer algo.

dépénaliser [depenalize] vt DROIT isentar de pena.

dépendre [depãdʀ] vi ♦ **dépendre de** depender de ♦ **ça dépend** depende.

dépens [depã] ♦ **aux dépens de** prép às custas de.

dépense [depãs] nf despesa f.

dépenser [depãse] vt gastar ♦ **se dépenser** vp (physiquement) desgastar-se.

dépensier, ère [depãsje, ɛʀ] adj gastador(ra).

dépêtrer [depetʀe] ♦ **se dépêtrer de** vp + prép livrar-se de.

dépit [depi] nm despeito m ♦ **en dépit de** apesar de.

déplacement [deplasmã] nm deslocamento m ♦ **en déplacement** em viagem.

déplacer [deplase] vt (objet) deslocar; (rendez-vous) adiar ♦ **se déplacer** vp deslocar-se.

déplaisant, e [deplɛzã, ãt] adj desagradável.

dépliant [deplijã] nm folheto m.

déplier [deplije] vt (papier) desdobrar; (chaise) abrir ♦ **se déplier** vp abrir-se.

déplorable [deplɔʀabl] adj deplorável.

déployer [deplwaje] vt (ailes, carte) abrir.

dérangement

déporter [depɔʀte] vt (prisonnier) deportar; (dévier) desviar.

déposer [depoze] vt (poser) pôr; (un paquet, en voiture) deixar; (argent) depositar ♦ **se déposer** vp depositar-se.

dépôt [depo] nm depósito m; (de bus) garagem f.

dépotoir [depɔtwaʀ] nm depósito m de lixo.

dépouiller [depuje] vt despojar.

dépourvu, e [depuʀvy] adj ♦ **dépourvu de** desprovido de ♦ **prendre qqn au dépourvu** pegar alguém desprevenido.

dépression [depʀesjɔ̃] nf depressão f ♦ **dépression (nerveuse)** depressão nervosa.

déprimer [depʀime] ♦ vt deprimir ♦ vi andar deprimido(da).

depuis [dəpɥi] ♦ prép desde ♦ adv desde então ♦ **je travaille ici depuis trois ans** trabalho aqui há três anos ♦ **depuis quand est-il marié?** desde quando ele está casado? ♦ **depuis que** desde que.

député [depyte] nm deputado m.

déraciner [deʀasine] vt arrancar pela raiz.

dérailler [deʀaje] vi (train) descarrilar.

dérailleur [deʀajœʀ] nm carrete m.

dérangement [deʀɑ̃ʒmɑ̃] nm (gêne) incômodo m ♦ **en dérangement** avariado(da).

déranger

déranger [deʀɑ̃ʒe] vt (gêner) incomodar; (objets, affaires) desordenar • **ça vous dérange si...?** incomoda-o se...? ♦ **se déranger** vp incomodar-se.

dérapage [deʀapaʒ] nm derrapagem f.

déraper [deʀape] vi (voiture) derrapar; (personne, lame) escorregar.

dérégler [deʀegle] vt desregular ♦ **se dérégler** vp desregular-se.

dérive [deʀiv] nf deriva f • **aller à la dérive** andar à deriva.

dériver [deʀive] vi andar à deriva.

dermatologue [dɛʀmatɔlɔg] nm dermatologista mf.

dernier, ère [dɛʀnje, ɛʀ] adj & nm último(ma) • **la semaine dernière** a semana passada • **en dernier** por último.

dernièrement [dɛʀnjɛʀmɑ̃] adv ultimamente.

dérouler [deʀule] vt desenrolar ♦ **se dérouler** vp desenrolar-se.

dérouter [deʀute] vt (surprendre) desconcertar; (dévier) desviar.

derrière [dɛʀjɛʀ] ♦ prép & adv atrás ♦ nm (partie arrière) traseira f; (fesses) traseiro m • **de derrière** de trás.

des [de] = **de** + **les**; → **de, un**.

dès [dɛ] prép desde • **dès que** logo que.

désaccord [dezakɔʀ] nm desacordo m • **être en désaccord avec** estar em desacordo com.

désaffecté, e [dezafɛkte] adj abandonado(da).

désagréable [dezagʀeabl] adj desagradável.

désaltérer [dezalteʀe] ♦ **se désaltérer** vp beber.

désappointé, e [dezapwɛ̃te] adj desapontado(da).

désapprouver [dezapʀuve] vt desaprovar.

désarçonner [dezaʀsɔne] vt atirar ao chão; (fig) desconcertar.

désarmant, e [dezaʀmɑ̃, ɑ̃t] adj que desarma.

désarmer [dezaʀme] vt (malfaiteur) desarmar.

désastre [dezastʀ] nm desastre m.

désastreux, euse [dezastʀø, øz] adj desastroso(osa).

désavantage [dezavɑ̃taʒ] nm desvantagem f.

désavantager [dezavɑ̃taʒe] vt prejudicar, desfavorecer.

descendant, e [desɑ̃dɑ̃, ɑ̃t] nm descendente m.

descendre [desɑ̃dʀ] ♦ vt (aux avoir) descer ♦ vi (aux être) descer • **descendre de** (voiture, vélo) descer de; (ancêtres) descender de.

descente [desɑ̃t] nf descida f • **descente de lit** tapete m de quarto.

description [dɛskʀipsjɔ̃] nf descrição f.

désemparé, e [dezɑ̃paʀe] *adj* desamparado(da).

déséquilibre [dezekilibʀ] *nm* desequilíbrio *m* ♦ **en déséquilibre** em desequilíbrio.

déséquilibré, e [dezekilibʀe] *nm* desequilibrado *m*, -da *f*.

déséquilibrer [dezekilibʀe] *vt* desequilibrar.

désert, e [dezɛʀ, ɛʀt] ♦ *adj* deserto(ta) ♦ *nm* deserto *m*.

déserter [dezɛʀte] *vi* desertar.

désertique [dezɛʀtik] *adj* desértico(ca).

désespéré, e [dezɛspeʀe] *adj* desesperado(da).

désespoir [dezɛspwaʀ] *nm* desespero *m*.

déshabiller [dezabije] *vt* despir ♦ **se déshabiller** *vp* despir-se.

désherbant [dezɛʀbɑ̃] *nm* herbicida *m*.

désherber [dezɛʀbe] *vt* arrancar as ervas daninhas de.

déshonorer [dezɔnɔʀe] *vt* desonrar.

déshydraté, e [dezidʀate] *adj* (*aliment*) desidratado(da); (*fig*) (*assoiffé*) desidratado(da).

déshydrater [dezidʀate] *vt* desidratar ♦ **se déshydrater** *vp* desidratar-se.

désigner [dezine] *vt* designar.

désillusion [dezilyzjɔ̃] *nf* desilusão *f*.

désinfectant [dezɛ̃fɛktɑ̃] *nm* desinfetante *m*.

désinfecter [dezɛ̃fɛkte] *vt* desinfetar.

désinstaller [dezɛ̃stale] *vt INFORM* desinstalar.

désintéressé, e [dezɛ̃teʀese] *adj* desinteressado(da).

désintéresser [dezɛ̃teʀese] ♦ **se désintéresser de** *vp + prép* desinteressar-se de.

désinvolte [dezɛ̃vɔlt] *adj* desenvolto(olta).

désir [deziʀ] *nm* desejo *m*.

désirer [deziʀe] *vt* desejar ♦ **vous désirez?** o que deseja? ♦ **laisser à désirer** deixar a desejar.

désobéir [dezɔbeiʀ] *vi* desobedecer ♦ **désobéir à** desobedecer a.

désobéissant, e [dezɔbeisɑ̃, ɑ̃t] *adj* desobediente.

désodorisant [dezɔdɔʀizɑ̃] *nm* purificador *m* de ar.

désolant, e [dezɔlɑ̃, ɑ̃t] *adj* desolador(ra).

désolé, e [dezɔle] *adj* (*personne, sourire*) desolado(da); (*paysage*) desolador(ra) ♦ **je suis désolé de ne pas pouvoir venir** lamento não poder vir.

désordonné, e [dezɔʀdɔne] *adj* desordenado(da).

désordre [dezɔʀdʀ] *nm* desordem *f* ♦ **être en désordre** estar em desordem.

désorienté, e [dezɔʀjɑ̃te] *adj* (*déconcerté*) desorientado(da).

désormais [dezɔʀmɛ] *adv* daqui em diante.

desquelles [dekɛl] = **de + lesquelles**; → **lequel**.

desquels [dekɛl] = **de + lesquels**; → **lequel**.

dessécher

dessécher [deseʃe] vt secar
◆ **se dessécher** vp tornar-se seco(ca).

desserrer [desere] vt (vis, ceinture) desapertar; (dents) descerrar; (poing) abrir; (frein) destravar.

dessert [desɛʀ] nm sobremesa f.

desservir [desɛʀviʀ] vt (ville, gare) servir; (table) tirar; (nuire à) prejudicar.

dessin [desɛ̃] nm desenho m
◆ **dessin animé** desenho animado.

dessinateur, trice [desinatœʀ, tʀis] nm desenhista mf.

dessiner [desine] vt desenhar.

dessous [dəsu] ◆ adv por baixo ◆ nm parte f de baixo ◆ **les voisins du dessous** os vizinhos de baixo ◆ **en dessous** embaixo ◆ **en dessous de** abaixo de.

dessous-de-plat [dəsudpla] nm inv descanso m.

dessus [dəsy] ◆ adv em cima ◆ nm parte f de cima ◆ **les voisins du dessus** os vizinhos de cima ◆ **avoir le dessus** ficar por cima.

dessus-de-lit [dəsydli] nm inv colcha f.

destin [dɛstɛ̃] nm destino m
◆ **le destin** o destino.

destinataire [dɛstinatɛʀ] nm destinatário m, -ria f.

destination [dɛstinasjɔ̃] nf destino m ◆ **arriver à destination** chegar ao destino ◆ **à destination de** com destino a.

destiné, e [dɛstine] adj ◆ **être destiné à qqn** estar dirigido a alguém ◆ **être destiné à qqn/qqch** ser destinado a alguém/algo ◆ **être destiné à faire qqch** estar destinado para fazer algo.

destruction [dɛstʀyksjɔ̃] nf destruição f.

détachant [detaʃɑ̃] nm tira-manchas m inv.

détacher [detaʃe] vt soltar; (ceinture) desapertar; (découper) recortar; (nettoyer) tirar as manchas de ◆ **se détacher** vp desprender-se ◆ **se détacher de qqn** separar-se de alguém.

détail [detaj] nm pormenor m
◆ **au détail** no varejo.

détaillant [detajɑ̃] nm varejista mf.

détaillé, e [detaje] adj pormenorizado(da).

détartrant [detaʀtʀɑ̃] nm antitártaro m.

détaxé, e [detakse] adj isento(ta) de imposto.

détecter [detɛkte] vt detectar.

détective [detɛktiv] nm detetive m.

déteindre [detɛ̃dʀ] vi desbotar ◆ **déteindre sur** tingir.

déteint, e [detɛ̃, ɛ̃t] pp → **déteindre**.

détendre [detɑ̃dʀ] vt (corde, élastique) esticar; (personne, atmosphère) descontrair ◆ **se détendre** vp (corde, élastique) esticar-se; (se décontracter) descontrair-se.

détendu, e [detɑ̃dy] *adj (décontracté)* descontraído(da).

détenir [detniʀ] *vt (fortune, secret, record)* possuir; *(pouvoir)* deter.

détenu, e [detny] • *pp* → **détenir** • *nm* detido *m*, -da *f*.

détergent [deteʀʒɑ̃] *nm* detergente *m*.

détériorer [deteʀjɔʀe] *vt* deteriorar ◆ **se détériorer** *vp* deteriorar-se.

déterminé, e [detɛʀmine] *adj* determinado(da).

déterminer [detɛʀmine] *vt* determinar • **déterminer qqn à faire qqch** incitar alguém a fazer algo.

déterrer [deteʀe] *vt* desenterrar.

détester [detɛste] *vt* detestar.

détonation [detɔnasjɔ̃] *nf* detonação *f*.

détour [detuʀ] *nm* • **faire un détour** fazer um desvio.

détourner [detuʀne] *vt* desviar • **détourner qqn de** desviar alguém de ◆ **se détourner** *vp* desviar-se.

détraqué, e [detʀake] *adj* escangalhado(da); *(fam)* doido(da).

détritus [detʀity(s)] *nm* detritos *mpl*.

détroit [detʀwa] *nm* estreito *m*.

détruire [detʀɥiʀ] *vt* destruir.

détruit, e [detʀɥi, it] *pp* → **détruire**.

dette [dɛt] *nf* dívida *f*.

DEUG [dœg] *nm* diploma que se obtém depois de dois anos de estudos universitários.

devenu

deuil [dœj] *nm* luto *m* • **être en deuil** estar de luto.

deux [dø] *num* dois(duas) • **à deux** a dois • **deux points** dois pontos → **six**.

deuxième [døzjɛm] *num* segundo(da), → **sixième**.

deux-pièces [døpjɛs] *nm (maillot de bain)* biquíni *m; (appartement)* quarto-e-sala *m*.

deux-roues [døʀu] *nm* veículo *m* de duas rodas.

dévaliser [devalize] *vt* roubar.

devancer [dəvɑ̃se] *vt* preceder.

devant [dəvɑ̃] • *prép* diante de • *adv* à frente • *nm* frente *f* • **de devant** da frente • *(sens)* **devant derrière** ao contrário.

devanture [dəvɑ̃tyʀ] *nf* vitrine *f*.

dévaster [devaste] *vt* devastar.

développement [devlɔpmɑ̃] *nm (physique, économique)* desenvolvimento *m* • **développement durable** desenvolvimento sustentável; *(de photos)* revelação *f*.

développer [devlɔpe] *vt* desenvolver; *(photo)* revelar • **faire développer des photos** mandar revelar fotografias ◆ **se développer** *vp* desenvolver-se.

développeur [devlɔpœʀ] *nm INFORM* desenvolvedor.

devenir [dəvniʀ] *vi* tornar-se.

devenu, e [dəvny] *pp* → **devenir**.

déviation

déviation [devjasjɔ̃] *nf* desvio *m*.
dévier [devje] *vt* desviar.
deviner [dəvine] *vt (imaginer)* adivinhar; *(apercevoir)* entrever.
devinette [dəvinɛt] *nf* adivinha *f* ◆ **jouer aux devinettes** fazer adivinhas.
devis [dəvi] *nm* orçamento *m*.
dévisager [devizaʒe] *vt* encarar *(olhar)*.
devise [dəviz] *nf* divisa *f*.
deviser [dəvize] *vt (Helv)* orçar.
dévisser [devise] ◆ *vt (vis)* desaparafusar; *(couvercle)* desenroscar.
dévoiler [devwale] *vt (secret, intentions)* desvendar.
devoir [dəvwar] ◆ *vt* 1. *(gén)* dever ◆ **devoir qqch à qqn** dever algo a alguém ◆ **tu devrais essayer le ski nautique** você deveria experimentar o esqui aquático ◆ **j'aurais dû/je n'aurais pas dû l'écouter** eu deveria tê-lo/eu não deveria tê-lo escutado ◆ **ça doit coûter cher** isso deve custar caro ◆ **le temps devrait s'améliorer cette semaine** o tempo deveria melhorar esta semana ◆ **nous devions partir hier, mais...** deveríamos ter partido ontem, mas... 2. *(exprime l'obligation)* ◆ **devoir faire qqch** ter de fazer algo ◆ *nm* dever ◆ **devoir sur table** exame *m* ◆ **devoirs** *nm EDUC* deveres *mpl* ◆ **faire ses devoirs** fazer os deveres ◆ **devoirs de vacances** trabalhos *mpl* de casa para as férias.
dévorer [devɔʀe] *vt* devorar.
dévoué, e [devwe] *adj* dedicado(da).
dévouer [devwe] ◆ **se dévouer** *vp* dedicar-se.
devra → **devoir**.
dézipper [dezipe] *vt INFORM* descompactar.
diabète [djabɛt] *nm* diabetes *m*.
diabétique [djabetik] *adj* diabético(ca).
diable [djabl] *nm* diabo *m*.
diabolo [djabɔlɔ] *nm (boisson)* refrigerante à base de limonada e xarope ◆ **diabolo menthe** refrigerante à base de limonada e xarope de menta.
diagnostic [djagnɔstik] *nm* diagnóstico *m*.
dialecte [djalɛkt] *nm* dialeto *m*.
dialogue [djalɔg] *nm* diálogo *m*.
diamant [djamɑ̃] *nm (pierre)* diamante *m*; *(d'un électrophone)* agulha *f*.
diamètre [djamɛtʀ] *nm* diâmetro *m*.
diapositive [djapozitiv] *nf* diapositivo *m*.
diarrhée [djaʀe] *nf* diarréia *f*.
dictateur [diktatœʀ] *nm* ditador *m*, -ra *f*.
dictature [diktatyʀ] *nf* ditadura *f*.
dictée [dikte] *nf* ditado *m*.
dicter [dikte] *vt* ditar.
dictionnaire [diksjɔnɛʀ] *nm* dicionário *m*.
dicton [diktɔ̃] *nm* ditado *m*.

diesel [djezɛl] • *nm (moteur)* motor *m* a diesel; *(voiture)* carro *m* a diesel • *adj* a diesel.

diététique [djetetik] *adj* dietético(ca).

dieu [djø] *(pl -x) nm* deus *m* ◆ **Dieu** *nm* Deus *m* • **mon Dieu!** meu Deus!

différence [diferɑ̃s] *nf* diferença *f*.

différent, e [diferɑ̃, ɑ̃t] *adj* diferente • **différent de** diferente de • **différents, es** *adj* vários(rias).

différer [difere] *vt & vi* diferir • **différer de** diferir de.

difficile [difisil] *adj* difícil.

difficulté [difikylte] *nf* dificuldade *f* • **avoir des difficultés à faire qqch** ter dificuldades em fazer algo • **en difficulté** em dificuldade.

diffuser [difyze] *vt* difundir.

digérer [diʒere] *vt* digerir.

digeste [diʒɛst] *adj* fácil de digerir.

digestif, ive [diʒɛstif, iv] *adj* digestivo(va) • *nm* digestivo *m*.

digestion [diʒɛstjɔ̃] *nf* digestão *f*.

Digicode® [diʒikɔd] *nm* código numérico que permite ter acesso a um prédio.

digital, e, aux [diʒital, o] *adj* digital.

digne [diɲ] *adj* digno(gna).

digue [dig] *nf* dique *m*.

dilater [dilate] *vt* dilatar ◆ **se dilater** *vp* dilatar-se.

diluer [dilye] *vt* diluir.

dimanche [dimɑ̃ʃ] *nm* domingo *m*, → **samedi**.

dimension [dimɑ̃sjɔ̃] *nf* dimensão *f* • **à ou en trois dimensions** em três dimensões.

diminuer [diminɥe] *vt & vi* diminuir.

diminutif [diminytif] *nm* diminutivo *m*.

dinde [dɛ̃d] *nf* perua *f*.

dîner [dine] • *nm (repas du soir)* jantar *m*; *(repas du midi)* almoço *m* • *vi (le soir)* jantar; *(le midi)* almoçar.

diplomate [diplomat] • *adj & nm* diplomata • *nm pudim de biscoito com licor, frutas cristalizadas e creme inglês*.

diplomatie [diplomasi] *nf* diplomacia *f*.

diplôme [diplom] *nm* diploma *m*.

dire [diʀ] *vt* **1.** *(gén)* dizer • **dire la vérité** dizer a verdade • **dire à qqn que/pourquoi** dizer a alguém que/porque é que • **comment dit-on "de rien" en anglais?** como se diz "de nada" em inglês? • **on ne dit pas..., on dit...** não se diz..., diz-se... • **on dit que...** diz-se que... • **dire à qqn de faire qqch** dizer a alguém que faça algo • **qu'est-ce que vous en dites?** o que é que me diz? • **que dirais-tu de...?** o que me diria de...? • **on dirait un champ de bataille** parece um campo de batalha • **dire que j'étais à 2 mètres du président** quando penso que estava a 2

direct

metros do presidente 2. *(dans des expressions)* • **à vrai dire,......** para dizer a verdade,... • **ça ne me dit rien** não me diz nada • **cela dit,...** mesmo assim,... • **dis donc!** caramba!; *(au fait)* olha lá... • **disons...** digamos... • **se dire** *vp* dizer para si mesmo • **je me suis dit...** disse para mim mesmo....

direct, e [diʀɛkt] • *adj* direto(ta) • *nm* • **en direct (de)** ao vivo(de).

directement [diʀɛktəmɑ̃] *adv* diretamente.

directeur, trice [diʀɛktœʀ, tʀis] *nm* diretor *m*, -ra *f*.

direction [diʀɛksjɔ̃] *nf* direção *f*. • **en direction de** na direção de • **toutes directions** outras direções.

dirigeant, e [diʀiʒɑ̃, ɑ̃t] *nm* dirigente *mf*.

diriger [diʀiʒe] *vt* dirigir • **diriger qqch sur** dirigir algo a • **se diriger vers** *vp + prép* dirigir-se para.

dis [di] → **dire**.

discipline [disiplin] *nf* disciplina *f*.

discipliné, e [disipline] *adj* disciplinado(da).

disc-jockey [diskʒɔkɛ] *(pl* **disc-jockeys)** *nm* disc-jóquei *mf*.

discothèque [diskɔtɛk] *nf* discoteca *f*.

discours [diskuʀ] *nm* discurso *m*.

discret, ète [diskʀɛ, ɛt] *adj* discreto(ta).

discrétion [diskʀesjɔ̃] *nf* discrição *f*.

discrimination [diskʀiminasjɔ̃] *nf* discriminação *f*.

discussion [diskysjɔ̃] *nf* conversa *f*.

discuter [diskyte] *vi (parler)* conversar; *(protester)* discutir • **discuter de qqch (avec qqn)** conversar sobre algo (com alguém).

dise [diz] → **dire**.

disjoncteur [disʒɔ̃ktœʀ] *nm* disjuntor *m*.

disons [dizɔ̃] → **dire**.

disparaître [dispaʀɛtʀ] *vi* desaparecer.

disparition [dispaʀisjɔ̃] *nf* desaparecimento *m*, *(d'une espèce)* extinção *f*.

disparu, e [dispaʀy] • *pp* → **disparaître** • *nm* desaparecido *m*, -da *f*.

dispensaire [dispɑ̃sɛʀ] *nm* dispensário *m*.

dispenser [dispɑ̃se] *vt* • **dispenser qqn de qqch** dispensar alguém de algo.

disperser [dispɛʀse] *vt* dispersar.

disponible [disponibl] *adj* disponível.

disposé, e [dispoze] *adj* • **être disposé à faire qqch** estar disposto a fazer algo.

disposer [dispoze] *vt* dispor • **disposer de** *vp + prép* dispor de • **se disposer à** *vp + prép* dispor-se a.

dispositif [dispozitif] *nm* dispositivo *m*.

disposition [dispozisjɔ̃] nf disposição f • **prendre ses dispositions** tomar providências • **à la disposition de qqn** à disposição de alguém.

disproportionné, e [disproporsjone] adj desproporcionado(da).

dispute [dispyt] nf disputa f.

disputer [dispyte] vt disputar ◆ **se disputer** vp discutir; (enfants) brigar.

disquaire [diskɛr] nm vendedor m, -ra f de discos.

disqualifier [diskalifje] vt desclassificar.

disque [disk] nm disco m • **disque laser** disco a laser • **disque dur** disco rígido.

disquette [diskɛt] nf disquete m.

dissertation [disɛrtasjɔ̃] nf dissertação f.

dissimuler [disimyle] vt dissimular.

dissipé, e [disipe] adj distraído(da).

dissiper [disipe] ◆ **se dissiper** vp (brouillard) dissipar-se; (élève) distrair-se.

dissolvant [disɔlvɑ̃] nm (de peinture) solvente m; (à ongles) removedor m de esmalte.

dissoudre [disudr] vt dissolver.

dissous, oute [disu, ut] pp → dissoudre.

dissuader [disчade] vt • **dissuader qqn de faire qqch** dissuadir alguém de fazer algo.

distance [distɑ̃s] nf distância f • **à une distance de 20 km, à 20 km de distance** a uma distância de 20 km, a 20 km de distância • **à distance** a distância.

distancer [distɑ̃se] vt distanciar.

distinct, e [distɛ̃, ɛ̃kt] adj distinto(ta).

distinction [distɛ̃ksjɔ̃] nf • **faire une distinction entre** fazer uma distinção entre.

distingué, e [distɛ̃ge] adj distinto(ta).

distinguer [distɛ̃ge] vt distinguir ◆ **se distinguer de** vp + prép distinguir-se de.

distraction [distraksjɔ̃] nf distração f.

distraire [distrɛr] vt distrair ◆ **se distraire** vp distrair-se.

distrait, e [distrɛ, ɛt] ◆ pp → **distraire** ◆ adj distraído(da).

distribuer [distribчe] vt distribuir.

distributeur [distribytœr] nm (de boissons) máquina f de bebidas; (de billets de train) máquina f de passagens de trem; (de cigarettes) máquina f de cigarros ◆ **distributeur (automatique) de billets** caixa m automático.

distribution [distribysjɔ̃] nf (de prix) entrega f; (de rôles, du courrier) distribuição f.

dit, e [di, dit] pp → **dire**.
dites [dit] → **dire**.

DIU [dejy] (abr de dispositif intra-utérin) nm MÉD Dispositivo m Intra-uterino.

divan

divan [divã] *nm* divã *m*.
divers, es [divɛʀ, ɛʀs] *adj (variés)* diversos(sas); *(plusieurs)* vários(rias) • **les divers droite/gauche** POL conjunto de candidatos representando vários pequenos partidos com a mesma orientação política (de direita ou de esquerda).
divertir [divɛʀtiʀ] *vt* divertir
♦ **se divertir** *vp* divertir-se.
divertissement [divɛʀtismã] *nm* divertimento *m*.
divin, e [divɛ̃, in] *adj* divino(na).
diviser [divize] *vt* dividir.
division [divizjɔ̃] *nf* divisão *f*.
divorce [divɔʀs] *nm* divórcio *m*.
divorcé, e [divɔʀse] *adj & nm* divorciado(da).
divorcer [divɔʀse] *vi* divorciar-se.
dix [dis] *num* dez, → **six**.
dix-huit [dizɥit] *num* dezoito, → **six**.
dix-huitième [dizɥitjɛm] *num* décimo oitavo(décima oitava), → **sixième**.
dixième [dizjɛm] *num* décimo(décima), → **sixième**.
dix-neuf [diznœf] *num* dezenove, → **six**.
dix-neuvième [diznœvjɛm] *num* décimo nono(décima nona), → **sixième**.
dix-sept [disɛt] *num* dezessete, → **six**.
dix-septième [disɛtjɛm] *num* décimo sétimo(décima sétima), → **sixième**.
dizaine [dizɛn] *nf* • **une dizaine (de)** uma dezena (de).

DJ [didʒi] *nm (abr de* disc-jockey*)* DJ *mf*.
docile [dɔsil] *adj* dócil.
docks [dɔk] *nm* docas *fpl*.
docteur [dɔktœʀ] *nm* doutor *m*, -ra *f*.
document [dɔkymã] *nm* documento *m*.
documentaire [dɔkymɑ̃tɛʀ] *nm* documentário *m*.
documentaliste [dɔkymɑ̃talist] *nm* documentalista *mf*.
documentation [dɔkymɑ̃tasjɔ̃] *nf* documentação *f*.
doigt [dwa] *nm* dedo *m* • **doigt de pied** dedo do pé • **à deux doigts de** a um passo de.
dois [dwa] → **devoir**.
doive [dwav] → **devoir**.
dollar [dɔlaʀ] *nm* dólar *m*.
domaine [dɔmɛn] *nm (propriété)* domínio *m*, *(secteur)* área *f*.
dôme [dom] *nm (toit)* cúpula *f*.
domestique [dɔmɛstik] ♦ *adj* doméstico(ca) ♦ *nm* empregado *m*, -da *f*.
domicile [dɔmisil] *nm* domicílio *m* • **à domicile** em domicílio.
dominer [dɔmine] *vt & vi* dominar.
dominos [dɔmino] *nm* dominó *m*.
dommage [dɔmaʒ] *nm* • **(quel) dommage!** (que) pena! • **c'est dommage de...** é pena... • **c'est dommage que** é pena que ♦ **dommages** *nm* danos *mpl*.
dompter [dɔ̃te] *vt* domar.
dompteur, euse [dɔ̃tœʀ, øz] *nm* domador *m*, -ra *f*.

DOM-TOM [dɔmtɔm] *nm départements et territoires ultramarins français.*

DOM-TOM

Os DOM (departamentos ultramarinos) são formados pelas ilhas da Martinica, Guadalupe, Reunião, São Pedro e Miquelon. Esses territórios e a sua população são administrados do mesmo modo que os departamentos da metrópole. Os TOM (territórios ultramarinos) são constituídos pela Nova Caledónia, Wallis e Futuna, Polinésia, territórios austrais e antárticos, assim como pela ilha de Mayotte. A sua administração é mais autónoma do que a dos DOM.

---

don [dɔ̃] *nm* dom *m.*

donc [dɔ̃k] *conj (par conséquent)* por isso; *(pour reprendre)* pois.

donjon [dɔ̃ʒɔ̃] *nm* torreão *m.*

données [dɔne] *nf* dados *mpl.*

donner [dɔne] *vt* dar ♦ **donner qqch à qqn** dar algo a alguém ♦ **donner à manger à qqn** dar de comer a alguém ♦ **donner chaud** dar calor ♦ **donner soif** dar sede ♦ **donner sur** *vp + prép* dar para.

dont [dɔ̃] *pron* RELIG **1.** *(complément du verbe)* ♦ **la région dont je parle est très montagneuse** a região da qual falo é bastante montanhosa ♦ **c'est le camping dont on nous a parlé** é o camping de que nos falaram ♦ **je n'aime pas la façon dont il nous regarde** não gosto da maneira como ele nos olha ♦ **ce n'est pas l'endroit dont j'avais rêvé** não é o lugar com que eu tinha sonhado **2.** *(complément de l'adjectif)* com que ♦ **le travail dont je suis le plus satisfait...** o trabalho com que estou mais satisfeito... ♦ **l'établissement dont ils sont responsables** o estabelecimento pelo qual eles são responsáveis **3.** *(complément d'un nom de personne)* do qual(da qual) ♦ **un homme dont on m'a parlé** um homem do qual me falaram **4.** *(complément du nom, exprime l'appartenance)* cujo(cuja) ♦ **c'est un pays dont la principale industrie est le tourisme** é um país cuja principal indústria é o turismo **5.** *(parmi lesquels)* dos quais(das quais) ♦ **nous avons passé plusieurs jours au Portugal, dont trois à la plage** passamos vários dias em Portugal, três dos quais na praia ♦ **certaines personnes, dont moi, pensent que...** algumas pessoas, dentre as quais eu, pensam que,...

dopage [dɔpaʒ] *nm* doping *m.*

doré, e [dɔʀe] *adj* dourado(da) ♦ *nm (Can)* lúcio *m.*

dorénavant [dɔʀenavɑ̃] *adv* doravante.

dorin

dorin [dɔʀ-ɛ] *nm (Helv)* nome genérico dos vinhos brancos do cantão de Vaud.

dormir [dɔʀmiʀ] *vi* dormir.

dortoir [dɔʀtwaʀ] *nm* dormitório *m*.

dos [do] *nm* costas *fpl*; *(d'une feuille)* verso *m* • **au dos (de)** no verso (de) • **de dos (de)** de costas (para) • **dos crawlé** *(natation)* nado de costas.

dose [doz] *nf* dose *f*.

dossier [dosje] *nm* **1.** *(d'un siège)* encosto *m* **2.** *(documents)* dossiê *m* • **dossier d'inscription** ficha *f* de inscrição **3.** *INFORM* pasta *f*.

douane [dwan] *nf* alfândega *f*.

douanier [dwanje] *nm* fiscal *m* alfandegário.

doublage [dublaʒ] *nm* dublagem *f*.

double [dubl] ◆ *adj* dobro • *nm (copie)* cópia *f (partie de tennis)* dupla *f* ◆ *adv* em dobro • **le double (de)** o dobro (de) • **avoir qqch en double** ter dois exemplares de algo • **mettre qqch en double** dobrar algo.

double-clic [dublklik] *nm INFORM* clique *m* duplo.

double-cliquer [dublklike] *vt INFORM* dar um clique duplo em.

doubler [duble] ◆ *vt (multiplier)* duplicar; *(vêtement)* forrar; *AUTO* ultrapassar; *(film)* dublar ◆ *vi (augmenter)* duplicar; *AUTO* ultrapassar.

doublure [dublyʀ] *nf (d'un vêtement)* forro *m*.

douce → **doux**.

doucement [dusmã] *adv (bas)* baixinho; *(lentement)* devagar.

douceur [dusœʀ] *nf* suavidade *f*; *(gentillesse)* doçura *f* • **en douceur** devagar.

douche [duʃ] *nf* ducha *f* • **prendre une douche** tomar uma ducha ou um banho • *(fig)* tomar um banho de água fria.

doucher [duʃe] ◆ **se doucher** *vp* tomar um banho ou uma ducha.

douchette [duʃɛt] *nf* leitor de código de barras manual.

doué, e [dwe] *adj* dotado(da) • **être doué pour** ou **en qqch** ter jeito para algo.

douillet, ette [dujɛ, ɛt] *adj (personne)* covarde; *(lit)* fofo(fa).

douleur [dulœʀ] *nf* dor *f*.

douloureux, euse [duluʀø, øz] *adj (opération, souvenir)* doloroso(osa); *(partie du corps)* dolorido(da).

doute [dut] *nm* dúvida *f* • **avoir un doute (sur)** ter uma dúvida (sobre) • **sans doute** provavelmente.

douter [dute] *vt* • duvidar douter que duvidar de ◆ **douter de** *vp + prép* duvidar de ◆ **se douter** *vp* • **se douter de** suspeitar de • **se douter que** supor que.

doux, douce [du, dus] *adj* doce; *(au toucher)* macio(cia); *(temps)* ameno(na).

douzaine [duzɛn] *nf* • **une douzaine (de)** *(douze)* uma dúzia (de); *(environ douze)* umas doze.

douze [duz] *num* doze, → **six**.

douzième [duzjɛm] *num* décimo segundo(décima segunda), → **sixième**.

dragée [draʒe] *nf* amêndoa *f* com cobertura de açúcar.

dragon [dragɔ̃] *nm (animal)* dragão *m*.

draguer [drage] *vt (fam) (personne)* paquerar.

dramatique [dramatik] ♦ *adj* dramático(ca) ♦ *nf* teledrama *m*.

drame [dram] *nm* drama *m*.

drap [dra] *nm* lençol *m* • **drap-housse** *nm* lençol *m* com elástico.

drapeau [drapo] *(pl* -**x***) nm* bandeira *f*.

dresser [drese] *vt (mettre debout)* erguer; *(animal)* adestrar; *(plan, procès-verbal)* elaborar ♦ **se dresser** *vp* erguer-se.

drogue [drɔg] *nf* droga *f*.

drogué, e [drɔge] *nm, f* drogado *m*, -da *f*.

droguer [drɔge] ♦ **se droguer** *vp* drogar-se.

droguerie [drɔgri] *nf* drogaria *f*.

droit, e [drwa, drwat] ♦ *adj* direito(ta); *(sans détour)* reto(ta) ♦ *adv* direito ♦ *nm* direito *m* • **droit sur lui** direito sobre ele • **tout droit** em frente • **droits d'inscription** taxas de inscrição • **le droit** o direito • **avoir le droit de faire qqch** ter o direito de fazer algo • **avoir droit à qqch** ter direito a algo.

droite [drwat] *nf* • **la droite** a direita • **à droite (de)** à direita (de) • **de droite** de direita.

droitier, ère [drwatje, ɛr] *adj* destro(tra).

drôle [drol] *adj (amusant)* engraçado(da); *(bizarre)* esquisito(ta).

drôlement [drolmã] *adv (fam)* extremamente.

drugstore [drœgstɔr] *nm* centro comercial formado por bar, café-restaurante, lojas diversas, uma pequena farmácia e às vezes, uma sala de espetáculos.

du [dy] = **de** + **le**; → **de**.

dû, due [dy] *pp* → **devoir**.

duc, duchesse [dyk, dyʃɛs] *nm* duque *m*, -quesa *f*.

duel [dyɛl] *nm* duelo *m*.

duffle-coat [dœflkot] *(pl* **duffle-coats***) nm* parca *f*.

dune [dyn] *nf* duna *f*.

duo [dyo] *nm* duo *m*.

duplex [dypleks] *nm* dúplex *m inv*.

duplicata [dyplikata] *nm* cópia *f*.

duquel [dykɛl] = **de** + **lequel**; → **lequel**.

dur, e [dyr] ♦ *adj* duro(ra); *(difficile)* difícil • *adv (travailler)* arduamente; *(frapper)* com força.

durant [dyrã] *prép* durante.

durcir [dyrsir] *vi* endurecer ♦ **se durcir** *vp* endurecer-se.

durée [dyre] *nf* duração *f*.

durer [dyre] *vi* durar.

dureté [dyrte] *nf* dureza *f*.

duvet

duvet [dyvɛ] *nm (plumes)* penugem *f*; *(sac de couchage)* saco *m* de dormir.
dynamique [dinamik] *adj* dinâmico(ca).
dynamite [dinamit] *nf* dinamite *f*.
dynamo [dinamo] *nf* dínamo *m*.
dyslexique [disleksik] *adj* disléxico(ca).

E

E *(abr de* **est)** E.
eau [o] *(pl* **eaux)** *nf* água *f* • **eau bénite** água benta • **eau de Cologne** água-de-colônia • **eau gazeuse** água com gás • **eau minérale** água mineral • **eau oxygénée** água oxigenada • **eau potable/non potable** água potável/não potável • **eau plate** água sem gás.
eau-de-vie [odvi] *(pl* **eaux-de-vie)** *nf* aguardente *f*.
ébéniste [ebenist] *nm* marceneiro *m*.
éblouir [ebluiʀ] *vt (aveugler)* ofuscar; *(charmer)* deslumbrar.
éblouissant, e [ebluisɑ̃, ɑ̃t] *adj (aveuglant)* ofuscante; *(admirable)* deslumbrante.
éborgner [ebɔʀɲe] *vt* • **éborgner qqn** deixar alguém zarolho(lha).
éboueur [ebwœʀ] *nm* lixeiro *m*.

ébouillanter [ebujɑ̃te] *vt (brûler)* escaldar.
éboulement [ebulmɑ̃] *nm* desmoronamento *m*.
ébouriffé, e [eburife] *adj* desgrenhado(da).
ébrécher [ebreʃe] *vt* rachar.
ébrouer [ebrue] ♦ **s'ébrouer** *vp (se secouer)* sacudir-se.
ébruiter [ebrɥite] *vt* divulgar.
ébullition [ebylisjɔ̃] *nf* ebulição *f* • **porter qqch à ébullition** levar algo à ebulição.
écaille [ekaj] *nf (de poisson)* escama *f*; *(d'huître)* concha *f*; *(matière)* tartaruga *f* • **peigne d'écaille** pente de tartaruga.
écailler [ekaje] *vt* escamar ♦ **s'écailler** *vp* descascar.
écarlate [ekaʀlat] *adj (tissu)* escarlate; *(visage)* vermelho(lha).
écarquiller [ekaʀkije] *vt* • **écarquiller les yeux** arregalar os olhos.
écart [ekaʀ] *nm (distance)* distância *f*; *(différence)* diferença *f* • **faire un écart** desviar-se • **à l'écart (de)** afastado (de) • **grand écart** posição em que as pernas formam um ângulo de 180°.
écarter [ekaʀte] *vt* afastar; *(ouvrir)* abrir.
échafaudage [eʃafodaʒ] *nm* andaime *m*.
échalote [eʃalɔt] *nf* chalota *f*.
échancré, e [eʃɑ̃kʀe] *adj* decotado(da).
échange [eʃɑ̃ʒ] *nm (troc)* troca *f*; EDUC intercâmbio *m*; *(au ten-*

nis) troca f de bolas • **en échange (de)** em troca (de).
échanger [eʃɑ̃ʒe] *vt* trocar • **échanger qqch contre** trocar algo por.
échangeur [eʃɑ̃ʒœʀ] *nm* trevo m *(em auto-estrada).*
échantillon [eʃɑ̃tijɔ̃] *nm* amostra f.
échappement [eʃapmɑ̃] *nm* → **pot**.
échapper [eʃape] • **échapper à** *vp + prép* escapar a • **ça m'a échappé** escapou-me • **ça m'a échappé des mains** escapou-me das mãos • **s'échapper** *vp* escapar-se • **s'échapper de** escapar-se de.
écharde [eʃaʀd] *nf* farpa f.
écharpe [eʃaʀp] *nf (cache-nez)* écharpe f • **en écharpe** a tiracolo.
échauffement [eʃofmɑ̃] *nm (sportif)* aquecimento m.
échauffer [eʃofe]
• **s'échauffer** *vp (sportif)* fazer o aquecimento.
échec [eʃɛk] *nm* fracasso m • **échec!** xeque! • **échec et mat!** xeque-mate! • **échecs** *nm* xadrez m.
échelle [eʃɛl] *nf (pour grimper)* escada f, *(sur une carte)* escala f • **faire la courte échelle à qqn** ajudar alguém a subir com as mãos • **échelle de Richter** *nf (geographie)* escala Richter.
échelon [eʃlɔ̃] *nm (d'échelle)* degrau m, *(grade)* escalão m.
échevelé, e [eʃəvle] *adj* desgrenhado(da).

échine [eʃin] *nf* **1.** *(colonne tébrale)* coluna f vertebral **2.** *(de porc)* lombo m de porco.
échiquier [eʃikje] *nm* tabuleiro m de xadrez.
écho [eko] *nm* eco m.
échographie [ekɔgʀafi] *nf* ecografia f.
échouer [eʃwe] *vi* falhar
• **s'échouer** *vp* encalhar.
éclabousser [eklabuse] *vt* salpicar.
éclaboussure [eklabusyʀ] *nf* salpico m.
éclair [eklɛʀ] *nm (d'orage)* relâmpago m, *(gâteau)* bomba f.
éclairage [eklɛʀaʒ] *nm* iluminação f.
éclaircie [eklɛʀsi] *nf* nesga do céu entre nuvens.
éclaircir [eklɛʀsiʀ] *vt* clarear
• **s'éclaircir** *vp (ciel)* clarear; *(fig) (mystère)* esclarecer-se.
éclaircissement [eklɛʀsismɑ̃] *nm (explication)* esclarecimento m.
éclairer [eklɛʀe] *vt (pièce)* iluminar; *(à la bougie)* iluminar; *(fig) (personne)* esclarecer
• **s'éclairer** *vp (visage)* iluminar-se; *(fig) (mystère)* esclarecer-se.
éclaireur, euse [eklɛʀœʀ, øz] *nm (scout)* batedor m, -ra f • **partir en éclaireur** *(fig)* abrir o caminho.
éclat [ekla] *nm (de verre)* estilhaço m; *(d'une lumière)* clarão m • **éclats de rire** gargalhadas *fpl* • **éclats de voix** gritaria f.
éclatant, e [eklatɑ̃, ɑ̃t] *adj* deslumbrante.

éclater [eklate] *vi* rebentar • **éclater de rire** desatar a rir • **éclater en sanglots** desatar a chorar.

éclipse [eklips] *nf* eclipse *m*.

éclosion [eklozjɔ̃] *nf* eclosão *f*.

écluse [eklyz] *nf* comporta *f*.

écœurant, e [ekœrɑ̃, ɑ̃t] *adj (aliment)* enjoativo(va); *(spectacle, comportement)* chocante.

écœurer [ekœre] *vt* enjoar.

école [ekɔl] *nf* escola *f* • **aller à l'école** ir à escola • **faire l'école buissonnière** matar aula • **l'école publique** escola pública.

écolier, ère [ekɔlje, ɛr] *nm* aluno *m*, -na *f*.

écologie [ekɔlɔʒi] *nf* ecologia *f*.

écologique [ekɔlɔʒik] *adj* ecológico(ca).

économie [ekɔnɔmi] *nf* economia *f* • **économies** *nfpl* economias *fpl* • **faire des économies** fazer economias.

économique [ekɔnɔmik] *adj* econômico(ca).

économiser [ekɔnɔmize] *vt* economizar.

écorce [ekɔrs] *nf* casca *f*.

écorcher [ekɔrʃe] • **s'écorcher** *vp* esfolar-se • **s'écorcher le genou** esfolar o joelho.

écorchure [ekɔrʃyr] *nf* esfoladela *f*.

écossais, e [ekɔsɛ, ɛz] *adj* escocês(esa) • **Écossais, e** *nm* escocês *m*, -esa *f*.

Écosse [ekɔs] *nf* • **l'Écosse** a Escócia.

écouler [ekule] • **s'écouler** *vp (temps)* passar; *(liquide)* escorrer.

écouter [ekute] *vt* ouvir.

écouteur [ekutœr] *nm* auscultador *m* • **écouteurs** auscultadores *mpl*.

écran [ekrɑ̃] *nm (de cinéma, de télévision)* tela *f*; *(de fumée, d'arbres)* cortina *f* • **(crème) écran total** proteção *f* total • **le grand écran** a telona • **le petit écran** a telinha.

écrasant, e [ekrazɑ̃, ɑ̃t] *adj* esmagador(ra).

écraser [ekraze] *vt (aplatir)* esmagar; *(une personne)* atropelar; *(un insecte)* esborrachar; *(vaincre)* derrotar • **se faire écraser** ser atropelado(da) • **s'écraser** *vp* submeter-se.

écrémé, e [ekreme] *adj* desnatado(da) • **demi-écrémé** semidesnatado(da).

écrevisse [ekrəvis] *nf* lagostim *m*.

écrier [ekrije] • **s'écrier** *vp* exclamar.

écrin [ekrɛ̃] *nm* porta-jóias *m inv*.

écrire [ekrir] *vt & vi* escrever • **écrire à qqn** escrever a alguém • **s'écrire** *vp (correspondre)* corresponder-se; *(s'épeler)* escrever-se.

écrit, e [ekri, it] • *pp* → **écrire** • *nm* • **par écrit** por escrito.

écriteau [ekrito] *(pl* **-x***) nm* letreiro *m*.

écriture [ekrityr] *nf* escrita *f*.

écrivain [ekrivɛ̃] *nm* escritor *m*, -ra *f*.

écrou [ekʀu] nm porca f (peça).

écrouler [ekʀule]
♦ **s'écrouler** vp (mur) desabar; (coureur) sucumbir.

écru, e [ekʀy] adj (couleur) cru.

ecsta [ɛksta] (fam) nm (abr de ecstasy) ecstasy.

écume [ekym] nf espuma f.

écumoire [ekymwaʀ] nf escumadeira f.

écureuil [ekyʀœj] nm esquilo m.

écurie [ekyʀi] nf cavalariça f.

écusson [ekysɔ̃] nm emblema m.

eczéma [ɛgzema] nm eczema m.

édenté, e [edɑ̃te] adj desdentado(da).

édifice [edifis] nm edifício m.

Édimbourg [edɛ̃buʀ] nom Edimburgo.

éditer [edite] vt editar.

édition [edisjɔ̃] nf edição f.

édredon [edʀədɔ̃] nm edredom m.

éducatif, ive [edykatif, iv] adj educativo(va).

éducation [edykasjɔ̃] nf educação f ♦ **éducation physique** educação física.

éduquer [edyke] vt educar.

effacer [efase] vt (tableau, mot) apagar; (bande magnétique, chanson) desgravar ♦ **s'effacer** vp apagar-se.

effaceur [efasœʀ] nm caneta com ponta de feltro que apaga tinta.

effectif [efɛktif] nm efetivo m.

effectivement [efɛktivmɑ̃] adv (réellement) realmente; (en effet) efetivamente.

effectuer [efɛktɥe] vt efetuar.

efféminé, e [efemine] adj efeminado(da).

effervescent, e [efɛʀvesɑ̃, ɑ̃t] adj efervescente.

effet [efɛ] nm efeito m ♦ **faire de l'effet** causar uma forte impressão ♦ **en effet** com efeito ♦ **effet secondaire** efeito colateral ♦ **effets spéciaux** efeitos especiais.

efficace [efikas] adj (médicament, mesure) eficaz; (personne, travail) eficiente.

efficacité [efikasite] nf (d'une mesure) eficácia f; (d'une personne) eficiência f.

effilé, e [efile] adj (frange) desfiado(da); (doigts) afilado(da).

effilocher [efilɔʃe]
♦ **s'effilocher** vp desfiar-se.

effleurer [eflœʀe] vt roçar.

effondrer [efɔ̃dʀe]
♦ **s'effondrer** vp (mur) desmoronar-se; (personne) definhar; (fig) (moralement) abater-se.

efforcer [efɔʀse] ♦ **s'efforcer de** vp + prép esforçar-se por.

effort [efɔʀ] nm esforço m.

effrayant, e [efʀɛjɑ̃, ɑ̃t] adj assustador(ra).

effrayer [efʀeje] vt assustar.

effriter [efʀite] ♦ **s'effriter** vp desmoronar-se.

effroyable [efʀwajabl] adj pavoroso(osa).

égal, e, aux [egal, o] adj (identique) igual; (régulier) uniforme ♦ **ça m'est égal** tanto faz ♦ **égal à** igual a.

également [egalmã] *adv (aussi)* igualmente.
égaliser [egalize] ◆ *vt (cheveux)* aparar; *(sol)* nivelar ◆ *vi ESP* empatar.
égalité [egalite] *nf (des citoyens)* igualdade *f*; *(au tennis)* empate *m* ◆ **être à égalité** estar empatado(da).
égard [egar] *nm* ◆ **à l'égard de** com respeito a.
égarer [egare] *vt* extraviar ◆ **s'égarer** *vp (se perdre)* extraviar-se; *(sortir du sujet)* desviar-se do assunto.
égayer [egeje] *vt* alegrar.
église [egliz] *nf* igreja *f* ◆ **l'Église** a Igreja.
égoïste [egoist] *adj & nm* egoísta.
égorger [egɔrʒe] *vt* degolar.
égout [egu] *nm* esgoto *m*.
égoutter [egute] *vt* escorrer.
égouttoir [egutwar] *nm (à légumes)* escorredor *m* (de legumes); *(à vaisselle)* escorredor *m* (de pratos).
égratigner [egratiɲe] *vt* arranhar ◆ **s'égratigner** *vp* arranhar-se ◆ **s'égratigner le genou** arranhar o joelho.
égratignure [egratiɲyr] *nf* arranhão *m*.
égrener [egrəne] *vt (maïs, raisin)* debulhar.
Égypte [eʒipt] *nf* ◆ **l'Égypte** o Egito.
égyptien, enne [eʒipsjɛ̃, ɛn] *adj* egípcio(cia).
eh [e] *interj* eil ◆ **eh bien** pois bem.

élan [elã] *nm* impulso *m* ◆ **prendre de l'élan** ganhar impulso.
élancer [elɑ̃se] ◆ **s'élancer** *vp* lançar-se.
élargir [elarʒir] *vt* alargar; *(connaissances)* ampliar ◆ **s'élargir** *vp (route, vêtement)* alargar-se; *(connaissances)* ampliar-se.
élastique [elastik] ◆ *adj* elástico(ca) ◆ *nm* elástico *m*.
électeur, trice [elɛktœr, tris] *nm* eleitor *m*, -ra *f*.
élections [elɛksjɔ̃] *nf* eleições *fpl*.
électricien [elɛktrisjɛ̃] *nm* eletricista *m*.
électricité [elɛktrisite] *nf* eletricidade *f* ◆ **électricité statique** eletricidade estática.
électrique [elɛktrik] *adj* elétrico(ca).
électrocuter [elɛktrɔkyte] ◆ **s'électrocuter** *vp* eletrocutar-se.
électroménager [elɛktrɔmenaʒe] *nm* eletrodoméstico *m*.
électronique [elɛktrɔnik] ◆ *adj* eletrônico(ca) ◆ *nf* eletrônica *f*.
électrophone [elɛktrɔfɔn] *nm* toca-discos *m inv*.
électuaire [elɛktɥɛr] *nm (Helv)* eletuário *m*.
élégance [elegɑ̃s] *nf* elegância *f*.
élégant, e [elegɑ̃, ɑ̃t] *adj* elegante.
élément [elemɑ̃] *nm* elemento *m*; *(de cuisine)* móvel *m*.

élémentaire [elemɑ̃tɛʀ] *adj* elementar.
éléphant [elefɑ̃] *nm* elefante *m*.
élevage [ɛlvaʒ] *nm* criação *f*.
élevé, e [ɛlve] *adj* elevado(da) ♦ **bien élevé** bem-educado ♦ **mal élevé** mal-educado.
élève [elɛv] *nmf* aluno *m*, -na *f*.
élever [ɛlve] *vt* criar; *(niveau, voix)* levantar ♦ **s'élever** *vp* elevar-se ♦ **s'élever à** elevar-se a.
éleveur, euse [ɛlvœʀ, øz] *nm* criador *m*, -ra *f*.
éliminatoire [eliminatwaʀ] ♦ *adj* eliminatório(ria) ♦ *nf* eliminatória *f*.
éliminer [elimine] *vt & vi* eliminar.
élire [eliʀ] *vt* eleger.
elle [ɛl] *pron* ela ♦ **elle-même** ela própria ♦ **elles** *pron* elas ♦ **elles-mêmes** elas próprias.
éloigné, e [elwaɲe] *adj* afastado(da) ♦ **éloigné de** *(loin de)* afastado de; *(différent de)* distante de.
éloigner [elwaɲe] *vt* afastar ♦ **s'éloigner (de)** *vp* + *prép* afastar-se (de).
élongation [elɔ̃gasjɔ̃] *nf* distensão *f*.
élu, e [ely] *pp* → **élire** ♦ *nm* eleito *m*, -ta *f*.
Élysée [elize] *nm* ♦ **(le palais de) l'Élysée** (o palácio do) Eliseu, *residência do presidente da República francesa*.
émail [emaj, o] *nm* esmalte *m* ♦ **émaux** *nm* objetos *mpl* de arte esmaltados.

emballage [ɑ̃balaʒ] *nm* embalagem *f*.
emballer [ɑ̃bale] *vt (paquet)* embalar; *(cadeau)* embrulhar; *(fam) (enthousiasmer)* entusiasmar.
embarcadère [ɑ̃baʀkadɛʀ] *nm* embarcadouro *m*.
embarcation [ɑ̃baʀkasjɔ̃] *nf* embarcação *f*.
embarquement [ɑ̃baʀkəmɑ̃] *nm* embarque *m* ♦ **embarquement immédiat** embarque imediato.
embarquer [ɑ̃baʀke] ♦ *vt* embarcar; *(fam)* ficar com ♦ *vi* embarcar ♦ **s'embarquer** *vp* embarcar ♦ **s'embarquer dans** meter-se em.
embarras [ɑ̃baʀa] *nm* embaraço *m*.
embarrassant, e [ɑ̃baʀasɑ̃, ɑ̃t] *adj* embaraçoso(osa).
embarrasser [ɑ̃baʀase] *vt (encombrer)* atravancar; *(gêner)* embaraçar ♦ **s'embarrasser de** *vp* + *prép* atravancar-se de.
emboucher [ɑ̃buʃe] *vt* contratar.
embellir [ɑ̃beliʀ] ♦ *vt* embelezar ♦ *vi* ficar mais bonito(ta).
embêtant, e [ɑ̃bɛtɑ̃, ɑ̃t] *adj* aborrecido(da).
embêter [ɑ̃bɛte] *vt* aborrecer ♦ **s'embêter** *vp* aborrecer-se.
emblème [ɑ̃blɛm] *nm* emblema *m*.
emboîter [ɑ̃bwate] *vt* encaixar ♦ **s'emboîter** *vp* encaixar-se.
embouchure [ɑ̃buʃyʀ] *nf* foz *f*.

embourber

embourber [ɑ̃buʀbe]
◆ **s'embourber** vp atolar-se.

embout [ɑ̃bu] nm ponteira f.

embouteillage [ɑ̃buteja3] nm engarrafamento m.

embranchement [ɑ̃bʀɑ̃ʃmɑ̃] nm (carrefour) entroncamento m; (d'autoroute) ramal m.

embrasser [ɑ̃bʀase] vt beijar
◆ **s'embrasser** vp beijar-se.

embrayage [ɑ̃bʀeja3] nm embreagem f.

embrayer [ɑ̃bʀeje] vi embrear.

embrouiller [ɑ̃bʀuje] vt (fil, cheveux) emaranhar; (histoire, idées, personne) embaralhar
◆ **s'embrouiller** vp embaralhar-se.

embruns [ɑ̃bʀɛ̃] nm salpicos mpl (das ondas).

embuscade [ɑ̃byskad] nf emboscada f.

éméché, e [emeʃe] adj tocado(da).

émeraude [emʀod] ◆ nf esmeralda f ◆ adj inv verde-esmeralda.

émerger [emɛʀ3e] vi emergir.

émerveillé, e [emɛʀveje] adj maravilhado(da).

émetteur [emetœʀ] nm emissor m.

émettre [emɛtʀ] vt emitir.

émeute [emøt] nf motim m.

émietter [emjete] vt esmigalhar.

émigrer [emigʀe] vi emigrar.

émincé [emɛ̃se] nm fatias finas
◆ **émincé de veau à la zurichoise** (Helv) cozido de vitela com creme de leite e vinho branco.

émis, e [emi, iz] pp → **émettre**.

émission [emisjɔ̃] nf (de télévision) programa m.

emmagasiner [ɑ̃magazine] vt armazenar.

emmanchure [ɑ̃mɑ̃ʃyʀ] nf cava f (de manga).

emmêler [ɑ̃mele] vt emaranhar ◆ **s'emmêler** vp (fil, cheveux) emaranhar-se; (souvenirs, dates) misturar-se.

emménager [ɑ̃menaʒe] vi instalar-se (numa nova habitação).

emmener [ɑ̃mne] vt levar.

emmental [em~etal] nm queijo m emmental.

emmitoufler [ɑ̃mitufle]
◆ **s'emmitoufler** vp agasalhar-se.

emoticon [emɔtikɔ̃] nm INFORM emoticon m.

émotif, ive [emɔtif, iv] adj emotivo(va).

émotion [emosjɔ̃] nf emoção f.

émouvant, e [emuvɑ̃, ɑ̃t] adj comovente.

émouvoir [emuvwaʀ] vt comover.

empaillé, e [ɑ̃paje] adj empalhado(da).

empaqueter [ɑ̃pakte] vt empacotar.

emparer [ɑ̃paʀe]
◆ **s'emparer de** vp + prép apoderar-se de.

empêchement [ɑ̃peʃmɑ̃] nm impedimento m ◆ **avoir un empêchement** ter um impedimento.

empêcher [ɑ̃peʃe] vt impedir • **empêcher qqn/qqch de faire qqch** impedir alguém/algo de fazer algo • **(il) n'empêche que** no entanto ♦ **s'empêcher de** vp + prép deixar de.

empereur [ɑ̃pʀœʀ] nm imperador m.

empester [ɑ̃pɛste] ♦ vt empestar ♦ vi feder.

empêtrer [ɑ̃petʀe] ♦ **s'empêtrer dans** vp + prép envolver-se em.

empiffrer [ɑ̃pifʀe] ♦ **s'empiffrer (de)** vp + prép (fam) empanturrar-se (de).

empiler [ɑ̃pile] vt empilhar ♦ **s'empiler** vp amontoar-se.

empire [ɑ̃piʀ] nm império m.

empirer [ɑ̃piʀe] vi piorar.

emplacement [ɑ̃plasmɑ̃] nm (endroit) local m; (de parking) vaga f.

emploi [ɑ̃plwa] nm emprego m • **l'emploi** o emprego • **emploi du temps** horário m.

employé, e [ɑ̃plwaje] nm, -da f • **employé de bureau** empregado de escritório.

employer [ɑ̃plwaje] vt empregar.

employeur, euse [ɑ̃plwajœʀ, øz] nm patrão m, -troa f.

empoigner [ɑ̃pwaɲe] vt empunhar.

empoisonnement [ɑ̃pwazɔnmɑ̃] nm envenenamento m.

empoisonner [ɑ̃pwazɔne] vt envenenar.

emporter [ɑ̃pɔʀte] vt levar • **à emporter** para levar • **l'emporter sur** levar vantagem sobre ♦ **s'emporter** vp descontrolar-se.

empreinte [ɑ̃pʀɛ̃t] nf (de pas) pegada f; (de pneu) marca f • **empreintes digitales** impressões fpl digitais.

empresser [ɑ̃pʀese] ♦ **s'empresser** vp • **s'empresser de faire qqch** apressar-se em fazer algo.

emprisonner [ɑ̃pʀizɔne] vt aprisionar.

emprunt [ɑ̃pʀœ̃] nm empréstimo m.

emprunter [ɑ̃pʀœ̃te] vt (argent, objet) pedir emprestado(da); (itinéraire) ir por • **emprunter qqch à qqn** pedir algo emprestado a alguém.

ému, e [emy] pp → **émouvoir** ♦ adj comovido(da).

en [ɑ̃] ♦ prép 1. (gén) em • **en été/2005** no verão/em 2005 • **être en classe** estar na sala de aula • **habiter en Angleterre** morar na Inglaterra • **en dix minutes** em dez minutos 2. (indique le lieu où l'on va) • **aller en ville/en Dordogne** ir à cidade/a Dordonha • **aller en Irlande/en France** ir à Irlanda/à França 3. (désigne la matière) de • **un pull en laine** um pulôver de lã 4. (indique l'état) • **être en vacances** estar de férias • **s'habiller en noir** vestir-se de preto • **combien ça fait en euros?** quanto custa em

encadrer

euros? • **ça se dit 'custard' en anglais** diz-se 'custard' em inglês • **'en réparation'** em conserto 5. *(indique le moyen de)* • **voyager en avion/voiture** viajar de avião/de carro 6. *(pour désigner la taille)* • **auriez-vous celles-ci en 38/en plus petit?** teria o número 38 destas?/um número menor? • **nous avons ce modèle en taille S** temos este modelo no tamanho S 7. *(devant un participe présent)* • **en arrivant à Paris** ao chegar em Paris • **partir en courant** sair correndo • **on ne parle pas en mangeant!** não se fala quando se come! • *pron* 1. *(object indirect)* • **n'en parlons plus** não falemos mais nisso • **je vous en remercie** agradeço-lhe por isso • **j'en rêve la nuit** sonho com isso 2. *(avec un indéfini)* • **en reprendrez-vous?** quer mais? 3. *(indique la provenance)* • **j'en viens** venho de lá 4. *(complément du nom)* • **je suis parti en vacances et j'en garde un excellent souvenir** estive de férias e tenho uma excelente lembrança delas 5. *(complément de l'adjectif)* • **les escargots? je suis fou les escargots?** ele é doido por eles • **elle est bien ta maison! — ma fille j'en suis assez fier à sua casa é bonita!** — realmente, estou muito contente com ela.

encadrer [ɑ̃kadre] *vt* emoldurar.

encastrer [ɑ̃kastre] *vt* embutir.

enceinte [ɑ̃sɛ̃t] ◆ *adj* grávida ◆ *nf* (haut-parleur) caixa *f* de som; *(d'une ville)* muralha *f*.

encens [ɑ̃sɑ̃] *nm* incenso *m*.

encercler [ɑ̃sɛʀkle] *vt (personne, ville)* cercar; *(mot)* rodear.

enchaîner [ɑ̃ʃene] *vt (attacher)* acorrentar; *(idées, phrases)* encadear ◆ **s'enchaîner** *vp* encadear-se.

enchanté, e [ɑ̃ʃɑ̃te] *adj* encantado(da) • **enchanté (de faire votre connaissance)!** prazer em conhecê-lo!

enchères [ɑ̃ʃɛʀ] *nfpl* leilão *m* • **vendre qqch aux enchères** leiloar algo.

enclencher [ɑ̃klɑ̃ʃe] *vt* desencadear.

enclos [ɑ̃klo] *nm* recinto *m*.

encoche [ɑ̃kɔʃ] *nf* corte *m*.

encolure [ɑ̃kɔlyʀ] *nf (de vêtement)* colarinho *m*.

encombrant, e [ɑ̃kɔ̃bʀɑ̃, ɑ̃t] *adj* que ocupa muito espaço.

encombrement [ɑ̃kɔ̃bʀəmɑ̃] *nm* engarrafamento *m*.

encombrer [ɑ̃kɔ̃bʀe] *vt (gêner)* estorvar.

encore [ɑ̃kɔʀ] *adv* 1. *(gén)* ainda • **il reste encore une centaine de kilomètres** ainda faltam uns cem quilômetros • **pas encore** ainda não • **c'est encore plus cher ici** aqui é ainda mais caro 2. *(de nouveau)* outra vez • **j'ai encore oublié mes clefs!** esqueci-me outra vez das chaves! • **encore une fois** outra vez 3. *(en plus)* mais

• **encore un peu de légumes?** um pouco mais de legumes? • **reste encore un peu** fique mais um pouco.

encourager [ɑ̃kuraʒe] vt encorajar • **encourager qqn à faire qqch** encorajar alguém a fazer algo.

encrasser [ɑ̃krase] vt sujar.

encre [ɑ̃kr] nf tinta f • **encre de Chine** tinta da China.

encyclopédie [ɑ̃siklɔpedi] nf enciclopédia f.

endetter [ɑ̃dete]
◆ **s'endetter** vp endividar-se.

endive [ɑ̃div] nf endívia f.

endommager [ɑ̃dɔmaʒe] vt danificar.

endormi, e [ɑ̃dɔrmi] adj adormecido(da).

endormir [ɑ̃dɔrmir] vt adormecer ◆ **s'endormir** vp adormecer.

endroit [ɑ̃drwa] nm (lieu) local m, lugar m; (côté) direito m • **à l'endroit** do direito.

endurant, e [ɑ̃dyrɑ̃, ɑ̃t] adj resistente.

endurcir [ɑ̃dyrsir] ◆ **s'endurcir** vp endurecer-se.

énergie [enɛrʒi] nf energia f.

énergique [enɛrʒik] adj enérgico(ca).

énerver [enɛrve] vt enervar
◆ **s'énerver** vp enervar-se.

enfance [ɑ̃fɑ̃s] nf infância f.

enfant [ɑ̃fɑ̃] nm (jeune) criança f; (descendant) filho m, -lha f • **enfant de chœur** menino m de coro.

enfantin, e [ɑ̃fɑ̃tɛ̃, in] adj infantil.

enfer [ɑ̃fɛr] nm inferno m.

enfermer [ɑ̃fɛrme] vt encerrar.

enfiler [ɑ̃file] vt enfiar.

enfin [ɑ̃fɛ̃] adv (finalement) enfim; (en dernier) por fim.

enflammer [ɑ̃flame] ◆ **s'enflammer** vp inflamar-se.

enfler [ɑ̃fle] vi inchar.

enfoncer [ɑ̃fɔ̃se] vt (clou) pregar; (porte) arrombar; (aile de voiture) amassar ◆ **s'enfoncer** vp ◆ **s'enfoncer dans** (bateau) afundar-se em; (forêt, ville) adentrar-se em.

enfouir [ɑ̃fwir] vt enterrar.

enfreindre [ɑ̃frɛ̃dr] vt infringir.

enfreint, e [ɑ̃frɛ̃, ɛ̃t] pp → **enfreindre**.

enfuir [ɑ̃fɥir] ◆ **s'enfuir** vp fugir.

enfumé, e [ɑ̃fyme] adj enfumaçado(da).

engagement [ɑ̃gaʒmɑ̃] nm (promesse) compromisso m; ESP arremesso m.

engager [ɑ̃gaʒe] vt (salarié, domestique) contratar; (conversation, négociations) entabular ◆ **s'engager** vp alistar-se ◆ **s'engager à faire qqch** comprometer-se a fazer algo ◆ **s'engager dans** entrar em.

engelure [ɑ̃ʒlyr] nf frieira f.

engin [ɑ̃ʒɛ̃] nm engenho m.

engloutir [ɑ̃glutir] vt (nourriture) tragar; (submerger) submergir.

engouffrer [ɑ̃gufre]
◆ **s'engouffrer dans** vp + prép

engourdi 122

(personne) enfiar-se em; (vent, eau) meter-se por.
engourdi, e [ãguʀdi] adj entorpecido(da).
engrais [ãgʀɛ] nm adubo m.
engraisser [ãgʀese] vt & vi engordar.
engrenage [ãgʀənaʒ] nm engrenagem f.
énigmatique [enigmatik] adj enigmático(ca).
énigme [enigm] nf enigma m.
enjamber [ãʒãbe] vt (flaque, fossé) passar por cima de; (suj: pont) atravessar.
enjoliveur [ãʒɔlivœʀ] nm calota f.
enlaidir [ãledir] vt enfear.
enlèvement [ãlɛvmã] nm rapto m.
enlever [ãlve] vt tirar; (kidnapper) raptar ◆ **s'enlever** vp sair.
enliser [ãlize] ◆ **s'enliser** vp atolar-se.
enneigé, e [ãneʒe] adj coberto(ta) de neve.
ennemi [ɛnmi] nm inimigo m, -ga f.
ennui [ãnɥi] nm (lassitude) tédio m; (problème) aborrecimento m ◆ **avoir des ennuis** ter aborrecimentos.
ennuyé, e [ãnɥije] adj aborrecido(da).
ennuyer [ãnɥije] vt aborrecer ◆ **s'ennuyer** vp aborrecer-se.
ennuyeux, euse [ãnɥijø, øz] adj (lassant) maçante; (contrariant) aborrecido(da).
énorme [enɔʀm] adj enorme.

énormément [enɔʀmemã] adv muito ◆ **énormément d'argent** muito dinheiro ◆ **énormément de monde** muita gente.
enquête [ãkɛt] nf (policière) investigação f; (sondage) pesquisa f.
enquêter [ãkete] vi ◆ **enquêter (sur)** investigar.
enragé, e [ãʀaʒe] adj raivoso(osa) ◆ **il est enragé de football** ele é doido por futebol.
enrayer [ãʀeje] vt deter ◆ **s'enrayer** vp (arme) bloquear-se.
enregistrement [ãʀəʒistʀəmã] nm gravação f ◆ **enregistrement des bagages** check-in m.
enregistrer [ãʀəʒistʀe] vt (disque, cassette, données) gravar; (par écrit) registrar; (bagages) fazer o check-in.
enrhumé, e [ãʀyme] adj resfriado(da).
enrhumer [ãʀyme] ◆ **s'enrhumer** vp resfriar-se.
enrichir [ãʀiʃiʀ] vt enriquecer ◆ **s'enrichir** vp enriquecer.
enrobé, e [ãʀɔbe] adj ◆ **enrobé de** coberto de.
enroué, e [ãʀwe] adj rouco(ca).
enrouler [ãʀule] vt enrolar ◆ **s'enrouler** vp enrolar-se ◆ **s'enrouler autour de** enrolar-se em volta de.
enseignant, e [ãsɛɲã, ãt] nm professor m, -ra f.
enseigne [ãsɛɲ] nf letreiro m ◆ **enseigne lumineuse** letreiro luminoso.

enseignement [ɑ̃sɛɲmɑ̃] nm ensino m • **enseignement privé** ensino privado.

enseigner [ɑ̃seɲe] vt & vi ensinar • **enseigner qqch à qqn** ensinar algo a alguém.

ensemble [ɑ̃sɑ̃bl] ◆ adv • **ils travaillent ensemble** eles trabalham juntos • **elles jouent ensemble** elas brincam juntas ◆ nm conjunto m • **l'ensemble de** o conjunto de • **dans l'ensemble** no conjunto.

ensevelir [ɑ̃səvliʀ] vt sepultar.

ensoleillé, e [ɑ̃sɔleje] adj ensolarado(da).

ensuite [ɑ̃sɥit] adv (plus tard) em seguida; (plus loin) depois.

entaille [ɑ̃taj] nf (fente) entalhe m; (blessure) golpe m.

entamer [ɑ̃tame] vt (pain, bouteille) começar a consumir; (discussion) entabular.

entasser [ɑ̃tase] vt (mettre en tas; (serrer) apertar • **s'entasser** vp apertar.

entendre [ɑ̃tɑ̃dʀ] vt ouvir • **entendre dire que** ouvir dizer que • **entendre parler de** ouvir falar de ◆ **s'entendre** vp entender-se • **s'entendre bien avec qqn** entender-se bem com alguém.

entendu, e [ɑ̃tɑ̃dy] adj combinado(da) • **(c'est entendu!** (está) combinado! • **bien entendu** com certeza.

enterrement [ɑ̃tɛʀmɑ̃] nm enterro m.

enterrer [ɑ̃teʀe] vt enterrar.

en-tête [ɑ̃tɛt] (pl **en-têtes**) nm cabeçalho m • **papier à en-tête** papel timbrado.

entêter [ɑ̃tete] ◆ **s'entêter** vp obstinar-se • **s'entêter à faire qqch** obstinar-se em fazer algo.

enthousiasme [ɑ̃tuzjasm] nm entusiasmo m.

enthousiasmer [ɑ̃tuzjasme] vt entusiasmar ◆ **s'enthousiasmer pour** vp + prép entusiasmar-se por.

enthousiaste [ɑ̃tuzjast] adj entusiasta.

entier, ère [ɑ̃tje, ɛʀ] adj inteiro(ra); (lait) integral • **dans le monde entier** no mundo inteiro • **pendant des journées entières** durante dias a fio • **en entier** por inteiro.

entièrement [ɑ̃tjɛʀmɑ̃] adv inteiramente.

entonnoir [ɑ̃tɔnwaʀ] nm funil m.

entorse [ɑ̃tɔʀs] nf entorse f • **se faire une entorse** sofrer um entorse.

entortiller [ɑ̃tɔʀtije] vt torcer.

entourage [ɑ̃tuʀaʒ] nm meio m.

entourer [ɑ̃tuʀe] vt cercar • **entouré de** cercado por.

entracte [ɑ̃tʀakt] nm entreato m.

entraider [ɑ̃tʀede] ◆ **s'entraider** vp ajudar-se mutuamente.

entrain [ɑ̃tʀɛ̃] nm • **avec entrain** com vigor • **plein d'entrain** cheio de vigor.

entraînant, e [ɑ̃trɛnɑ̃, ɑ̃t] *adj* empolgante.

entraînement [ɑ̃trɛnmɑ̃] *nm* treino *m*.

entraîner [ɑ̃trene] *vt (emporter, emmener)* arrastar; *(provoquer)* provocar; *ESP* treinar ◆ **s'entraîner** *vp* treinar-se ◆ **s'entraîner à faire qqch** treinar-se para fazer algo.

entraîneur, euse [ɑ̃trɛnœr, øz] *nm* treinador *m*, -ra *f*.

entraver [ɑ̃trave] *vt* entravar.

entre [ɑ̃tr] *prép* entre ◆ **entre amis** entre amigos ◆ **l'un d'entre nous** um de nós.

entrebâiller [ɑ̃trəbaje] *vt* entreabrir.

entrechoquer [ɑ̃trəʃɔke]
◆ **s'entrechoquer** *vp* entrechocar-se.

entrecôte [ɑ̃trəkot] *nf* entrecosto *m* ◆ **entrecôte à la bordelaise** entrecosto com molho de vinho tinto.

entrée [ɑ̃tre] *nf* entrada *f* ◆ **entrée gratuite** entrada gratuita ◆ **entrée interdite** entrada proibida ◆ **entrée libre** entrada livre.

entremets [ɑ̃trəmɛ] *nm* sobremesa *f*.

entreposer [ɑ̃trəpoze] *vt* armazenar.

entrepôt [ɑ̃trəpo] *nm* entreposto *m*.

entreprendre [ɑ̃trəprɑ̃dr] *vt* empreender.

entrepreneur [ɑ̃trəprənœr] *nm* empreiteiro *m*, empresário *m*.

entrepris, e [ɑ̃trəpri, iz] *pp* → entreprendre.

entreprise [ɑ̃trəpriz] *nf* empresa *f*.

entrer [ɑ̃tre] ◆ *vi (aux être)* entrar ◆ *vt (aux avoir)* entrar ◆ **entrez! entre! ◆ entrer dans** *(pièce)* entrar em; *(foncer dans)* chocar com.

entre-temps [ɑ̃trətɑ̃] *adv* entretanto.

entretenir [ɑ̃trətnir] *vt (maison)* manter; *(plante)* cuidar de ◆ **s'entretenir** *vp* ◆ **s'entretenir (de qqch) avec qqn** tratar (de algo) com alguém.

entretenu, e [ɑ̃trətny] *pp* → entretenir.

entretien [ɑ̃trətjɛ̃] *nm (d'un vêtement)* conservação *f*; *(d'une machine)* manutenção *f*; *(conversation)* conversa *f*.

entrevue [ɑ̃trəvy] *nf* entrevista *f*.

entrouvert, e [ɑ̃truvɛr, ɛrt] *adj* entreaberto(ta).

énumération [enymerasjɔ̃] *nf (liste)* enumeração *f*.

énumérer [enymere] *vt* enumerar.

envahir [ɑ̃vair] *vt* invadir.

envahissant, e [ɑ̃vaisɑ̃, ɑ̃t] *adj* invasor(ra).

enveloppe [ɑ̃vlɔp] *nf* envelope *m*.

envelopper [ɑ̃vlɔpe] *vt* envolver.

envers [ɑ̃vɛr] ◆ *prép* para com ◆ *nm* verso *m* ◆ **à l'envers** ao contrário.

envie [ɑ̃vi] *nf (désir)* vontade *f*; *(jalousie)* inveja *f* • **avoir envie de qqch** ter vontade de algo • **avoir envie de faire qqch** ter vontade de fazer algo.

envier [ɑ̃vje] *vt* invejar.

environ [ɑ̃virɔ̃] *adv* cerca de • **environs** *nmp* arredores *mpl* • **aux environs de** *(heure, nombre)* por volta de; *(lieu)* nos arredores de • **dans les environs** nos arredores.

environnant, e [ɑ̃vironɑ̃, ɑ̃t] *adj* circunvizinho(nha).

environnement [ɑ̃vironmɑ̃] *nm (gén)INFORM* ambiente *m*.

envisager [ɑ̃vizaʒe] *vt (considérer)* considerar; *(prévoir)* contar • **envisager de faire qqch** contar fazer algo.

envoi [ɑ̃vwa] *nm (colis)* envio *m*.

envoler [ɑ̃vɔle] • **s'envoler** *vp (oiseau, avion)* levantar vôo; *(feuilles)* voar.

envoyé, e [ɑ̃vwaje] *nm* enviado *m*, -da *f* • **envoyé spécial** enviado especial.

envoyer [ɑ̃vwaje] *vt* enviar; *(balle, objet)* atirar.

épagneul [epaɲœl] *nm* spaniel *m*.

épais, aisse [epɛ, ɛs] *adj (large)* grosso(ossa); *(dense)* espesso(a).

épaisseur [epɛsœr] *nf* espessura *f*.

épaissir [epesir] *vi* engrossar • **s'épaissir** *vp (brouillard)* adensar-se.

épanouir [epanwir] • **s'épanouir** *vp (fleur)* desabrochar; *(visage)* alegrar-se.

épargner [eparɲe] *vt* poupar • **épargner qqch à qqn** poupar algo a alguém.

éparpiller [eparpije] *vt* espalhar • **s'éparpiller** *vp* espalhar-se.

épatant, e [epatɑ̃, ɑ̃t] *adj* surpreendente.

épater [epate] *vt* surpreender.

épaule [epol] *nf* ombro *m* • **épaule d'agneau** espádua *f* de cordeiro.

épaulette [epolɛt] *nf (décoration)* dragona *f*; *(rembourrage)* ombreira *f (de vestido)*.

épave [epav] *nf* destroços *mpl*.

épée [epe] *nf* espada *f*.

épeler [eple] *vt* soletrar.

éperon [eprɔ̃] *nm* espora *f*.

épi [epi] *nm (de blé, de maïs)* espiga *f*; *(de cheveux)* redemoinho *m*.

épice [epis] *nf* especiaria *f*.

épicé, e [epise] *adj* picante.

épicerie [episri] *nf (denrées)* produtos *mpl* alimentícios; *(magasin)* mercearia *f* • **épicerie fine** loja de produtos alimentícios de qualidade superior.

épicier, ère [episje, ɛr] *nm* merceeiro *m*, -ra *f*.

épidémie [epidemi] *nf* epidemia *f*.

épier [epje] *vt* espiar.

épilepsie [epilɛpsi] *nf* epilepsia *f*.

épiler [epile] *vt* depilar.

épinard [epinar] *nm* espinafre *m*.

épine [epin] *nf* espinho *m*.
épingle [epɛ̃gl] *nf* alfinete *m* • **épingle à cheveux** grampo *m* de cabelo • **épingle à nourrice** alfinete *m* de segurança.
épingler [epɛ̃gle] *vt* alfinetar.
épisode [epizɔd] *nm* episódio *m*.
éplucher [eplyʃe] *vt* descascar.
épluchures [eplyʃyʀ] *nf* cascas *fpl*.
éponge [epɔ̃ʒ] *nf* esponja *f*.
éponger [epɔ̃ʒe] *vt* enxugar.
époque [epɔk] *nf* época *f*.
épouse → **époux**.
épouser [epuze] *vt* esposar.
épousseter [epuste] *vt* limpar o pó de.
épouvantable [epuvɑ̃tabl] *adj* pavoroso(osa).
épouvantail [epuvɑ̃taj] *nm* espantalho *m*.
épouvante [epuvɑ̃t] *nf* → **film**.
épouvanter [epuvɑ̃te] *vt* apavorar.
époux, épouse [epu, epuz] *nm* esposo *m*, -sa *f*.
épreuve [eprœv] *nf* prova *f*.
éprouvant, e [epruvɑ̃, ɑ̃t] *adj* penoso(osa).
éprouver [epruve] *vt* (*ressentir*) sentir; (*faire souffrir*) afetar.
éprouvette [epruvɛt] *nf* proveta *f*.
EPS *nf* (*abr de* **éducation physique et sportive**) educação *f* física.
épuisant, e [epɥizɑ̃, ɑ̃t] *adj* esgotante.

épuisé, e [epɥize] *adj* (*fatigué*) exausto(ta); (*livre*) esgotado(da).
épuiser [epɥize] *vt* (*fatiguer*) extenuar; (*ressources*) esgotar.
épuisette [epɥizɛt] *nf* (*filet*) rede-fole *f*; (*à crevettes*) camaroeiro *m*.
équateur [ekwatœʀ] *nm* equador *m*.
équation [ekwasjɔ̃] *nf* equação *f*.
équerre [ekɛʀ] *nf* esquadro *m*.
équestre [ekɛstʀ] *adj* eqüestre.
équilibre [ekilibʀ] *nm* equilíbrio *m* • **en équilibre** em equilíbrio • **perdre l'équilibre** perder o equilíbrio.
équilibré, e [ekilibʀe] *adj* equilibrado(da).
équilibriste [ekilibʀist] *nm* equilibrista *mf*.
équipage [ekipaʒ] *nm* tripulação *f*.
équipe [ekip] *nf* (*sportive*) time *m*; (*de travail*) equipe *f*.
équipement [ekipmɑ̃] *nm* equipamento *m*.
équiper [ekipe] *vt* equipar • **s'équiper (de)** *vp* + *prép* equipar-se (com).
équipier, ère [ekipje, ɛʀ] *nm ESP* membro *m* de uma equipe; *NAVIG* tripulante *mf*.
équitable [ekitabl] *adj* eqüitativo(va).
équitation [ekitasjɔ̃] *nf* equitação *f* • **faire de l'équitation** praticar equitação.

équivalent, e [ekivalɑ̃, ɑ̃t] ♦ *adj* equivalente ♦ *nm* equivalente *m*.

équivaloir [ekivalwaʀ] *vi* ♦ ça équivaut à (faire)... isso equivale a (fazer)....

équivalu [ekivaly] *pp* → **équivaloir**.

érable [eʀabl] *nm* bordo *m*.

érafler [eʀafle] *vt* arranhar.

éraflure [eʀaflyʀ] *nf* arranhadela *f*.

érotique [eʀɔtik] *adj* erótico(ca).

erreur [eʀœʀ] *nf* erro *m* ♦ **faire une erreur** cometer um erro.

éruption [eʀypsjɔ̃] *nf* erupção *f* ♦ **éruption cutanée** erupção cutânea.

es [ɛ] → **être**.

ESB (*abr de* Encéphalopathie Spongiforme Bovine) *nf* EEB *f* (Encefalopatia Espongiforme Bovina).

escabeau [ɛskabo] (*pl* **-x**) *nm* escada doméstica, com poucos degraus.

escalade [ɛskalad] *nf* escalada *f*.

escalader [ɛskalade] *vt* (*mur*) trepar; (*montagne*) escalar.

Escalator® [ɛskalatɔʀ] *nm* escada *f* rolante.

escale [ɛskal] *nf* escala *f* ♦ **faire escale (à)** fazer escala (em) ♦ **vol sans escale** vôo sem escala.

escalier [ɛskalje] *nm* escada *f* ♦ **les escaliers** as escadas ♦ **escalier roulant** escada rolante.

escalope [ɛskalɔp] *nf* escalope *m*.

escargot [ɛskaʀgo] *nm* caracol *m*.

escarpé, e [ɛskaʀpe] *adj* escarpado(da).

escarpin [ɛskaʀpɛ̃] *nm* escarpim *m*.

escavèche [ɛskavɛʃ] *nf* (*Belg*) peixe frito com molho escabeche.

esclaffer [ɛsklafe] ♦ **s'esclaffer** *vp* rir às gargalhadas.

esclavage [ɛsklavaʒ] *nm* (*système*) escravatura *f*; (*obligation*) escravidão *f*.

esclave [ɛsklav] *nm* escravo *m*, -va *f*.

escorte [ɛskɔʀt] *nf* escolta *f*.

escrime [ɛskʀim] *nf* esgrima *f*.

escroc [ɛskʀo] *nm* vigarista *mf*.

escroquerie [ɛskʀɔkʀi] *nf* (*vol*) burla *f*; (*fig*) (*abus*) vigarice *f*.

espace [ɛspas] *nm* espaço *m* ♦ **en l'espace de** no espaço de ♦ **espaces verts** espaços verdes ♦ **espace fumeurs/non-fumeurs** área para fumantes/para não-fumantes.

espacer [ɛspase] *vt* espaçar.

espadrille [ɛspadʀij] *nf* alpargata *f*.

Espagne [ɛspaɲ] *nf* ♦ **l'Espagne** a Espanha.

espagnol, e [ɛspaɲɔl] ♦ *adj* espanhol(la) ♦ *nm* (*langue*) espanhol *m* ♦ **Espagnol, e** *nm* espanhol *m*, -la *f*.

espèce [ɛspɛs] *nf* espécie *f* ♦ **une espèce de** uma espécie de ♦ **espèce d'imbécile!** seu imbecil! ♦ **espèce en voie de**

espérer

disparition espécie em vias de extinção ◆ **espèces** *nf* espécies *mpl* ◆ **en espèces** em espécie.

espérer [espere] *vt* esperar ◆ **espérer faire (qqch)** esperar fazer (algo) ◆ **j'espère (bien)!** espero (muito) que sim!

espion, ionne [espjɔ̃, ɔn] *nm* espião *m*, -ã *f*.

espionnage [espjonaʒ] *nm* espionagem *f* ◆ **film/roman d'espionnage** filme/romance de espionagem.

espionner [espjone] *vt* espionar.

esplanade [esplanad] *nf* esplanada *f*.

espoir [espwaʀ] *nm* esperança *f*.

esprit [espri] *nm (pensée, fantôme)* espírito *m*, *(humour)* graça *f*, *(caractère)* gênio *m*.

Esquimau, aude, x [eskimo, od] *nm* esquimó *m* ◆ **Esquimau**® esquimó *m*.

esquisser [eskise] *vt* esboçar.

esquiver [eskive] *vt* esquivar ◆ **s'esquiver** *vp* esquivar-se.

essai [ese] *nm* ensaio *m*, *(tentative)* tentativa *f*.

essaim [esɛ̃] *nm* enxame *m*.

essayage [esejaʒ] *nm* → **cabine**.

essayer [eseje] *vt* experimentar; *(tenter)* tentar ◆ **essayer de faire qqch** tentar fazer algo.

essence [esɑ̃s] *nf* gasolina *f* ◆ **essence sans plomb** gasolina sem chumbo.

essentiel, elle [esɑ̃sjɛl] *adj* essencial.

essieu [esjø] *(pl -x)* *nm* eixo *m*.

essorage [esoraʒ] *nm* secagem *f*.

essorer [esore] *vt* enxugar.

essoufflé, e [esufle] *adj* ofegante.

essuie-glace [esɥiglas] *(pl* **essuie-glaces)** *nm* limpador *m* de pára-brisa.

essuie-mains [esɥimɛ̃] *nm inv* toalha *f* de mão.

essuyer [esɥije] *vt* limpar ◆ **s'essuyer** *vp* limpar-se ◆ **s'essuyer les mains** limpar as mãos.

est¹ [ɛ] → **être**.

est² [est] *adj inv & nm inv* leste ◆ **à l'est (de)** a leste (de) ◆ **l'Est** *(les pays de l'Est)* o Leste *(la l'Est de la France)* o leste da França.

est-ce que [ɛskə] *adv* ◆ **est-ce qu'il est là?** ele está? ◆ **est-ce qu'il sera là?** será que ele estará lá? ◆ **est-ce que tu as mangé?** você já comeu?

esthéticienne [estetisjɛn] *nf* esteticista *f*.

esthétique [estetik] *adj* estético(a).

estimation [estimasjɔ̃] *nf* estimativa *f*.

estimer [estime] *vt* estimar ◆ **estimer que** estimar que.

estivant, e [estivɑ̃, ɑ̃t] *nm* veranista *m*.

estomac [estoma] *nm* estômago *m*.

estrade [estrad] *nf* estrado *m*.

estragon [estragɔ̃] *nm* estragão *m*.

estuaire [estɥɛr] *nm* estuário *m*.

et [e] *conj* e • **et après?** e depois? • **je l'aime bien, et toi?** eu gosto dele, e você? • **vingt et un** vinte e um.

étable [etabl] *nf* estábulo *m*.

établi [etabli] *nm* bancada *f* de trabalho.

établir [etablir] *vt* estabelecer ◆ **s'établir** *vp* estabelecer-se; *(emménager)* instalar-se.

établissement [etablismã] *nm (organisme)* estabelecimento *m* • **établissement scolaire** estabelecimento escolar.

étage [etaʒ] *nm (d'un bâtiment)* andar *m*; *(couche)* camada *f* • **au premier étage** no primeiro andar • **à l'étage** no andar de cima.

étagère [etaʒɛʀ] *nf (planche)* prateleira *f*; *(meuble)* estante *f*.

étain [etɛ̃] *nm* estanho *m*.

étais [etɛ] → **être**.

étal [etal] *nm (sur les marchés)* banca *f*.

étalage [etalaʒ] *nm (vitrine)* vitrine *f*.

étaler [etale] *vt (nappe, carte)* estender; *(beurre, confiture)* passar; *(paiements)* repartir; *(connaissances, richesse)* ostentar ◆ **s'étaler** *vp (se répartir)* estender-se.

étanche [etɑ̃ʃ] *adj* estanque.

étang [etɑ̃] *nm* lago *m*.

étant [etɑ̃] *ppr* → **être**.

étape [etap] *nf (période)* etapa *f*; *(lieu)* parada *f* • **faire étape à** parar em.

état [eta] *nm* estado *m* • **en état (de marche)** em estado (de funcionamento) • **en bon état** em bom estado • **en mauvais état** em mau estado • **état civil** *(d'une personne)* estado civil • **état d'esprit** estado de espírito • **État** Estado *m*.

États-Unis [etazyni] *nmpl* • **les États-Unis** os Estados Unidos.

etc. *(abr de et cetera)* etc.

et cetera [ɛtsetera] *adv* et caetera.

été¹ [ete] *pp* → **être**.

été² [ete] *nm* verão *m* • **en été** no verão.

éteindre [etɛ̃dʀ] *vt* apagar; *(ordinateur)* desligar ◆ **s'éteindre** *vp* apagar-se.

éteint, e [etɛ̃, ɛ̃t] *pp* → **éteindre**.

étendre [etɑ̃dʀ] *vt* estender ◆ **s'étendre** *vp* estender-se.

étendu, e [etɑ̃dy] *adj (grand)* extenso(sa).

étendue [etɑ̃dy] *nf (surface)* extensão *f*; *(fig) (importance)* alcance *m*.

éternel, elle [etɛʀnɛl] *adj* eterno(na).

éternité [etɛʀnite] *nf* eternidade *f* • **cela fait une éternité que...** faz uma eternidade que....

éternuement [etɛʀnymã] *nm* espirro *m*.

éternuer [etɛʀnɥe] *vi* espirrar.

êtes [ɛt] → **être**.

étinceler [etɛ̃sle] *vi* cintilar.

étincelle [etɛ̃sɛl] *nf* faísca *f*.

étiquette [etikɛt] *nf* etiqueta *f*.

étirer [etire] *vt* esticar ◆ **s'étirer** *vp (personne)* espreguiçar-se.

étoffe

étoffe [etɔf] *nf* tecido *m*.

étoile [etwal] *nf* estrela *f* • **hôtel deux/trois étoiles** hotel de duas/três estrelas • **à la belle étoile** dormir ao relento.

étonnant, e [etɔnɑ̃, ɑ̃t] *adj* espantoso(osa).

étonné, e [etɔne] *adj* admirado(da).

étonner [etɔne] *vt* admirar • **ça m'étonnerait (que)** seria de admirar (que) • **tu m'étonnes!** (*fam*) eu não acredito! ◆ **s'étonner** *vp* • **s'étonner que** admirar-se de que.

étouffant, e [etufɑ̃, ɑ̃t] *adj* sufocante.

étouffer [etufe] ◆ *vt* (*personne, animal*) sufocar; (*bruit*) abafar ◆ *vi* sufocar ◆ **s'étouffer** *vp* sufocar.

étourderie [eturdəri] *nf* descuido *m* • **faire une étourderie** descuidar-se.

étourdi, e [eturdi] *adj* (*distrait*) distraído(da).

étourdir [eturdir] *vt* (*assommer*) aturdir; (*donner le vertige à*) estontear.

étourdissement [eturdismɑ̃] *nm* tontura *f*.

étrange [etrɑ̃ʒ] *adj* estranho(nha).

étranger, ère [etrɑ̃ʒe, ɛr] ◆ *adj* (*ville, coutume*) estrangeiro(ra); (*inconnu*) estranho(nha) ◆ *nm* (*d'un autre pays*) estrangeiro *m*, -ra *f*; (*inconnu*) estranho *m*, -nha *f* • *nm* • **à l'étranger** no exterior.

étrangler [etrɑ̃gle] *vt* estrangular ◆ **s'étrangler** *vp* engasgar-se.

être [ɛtr] ◆ *vi* 1. (*pour décrire, indiquer l'origine*) ser • **il est très sympa** ele é muito simpático • **je suis architecte** eu sou arquiteto • **d'où êtes-vous?** de onde são vocês? 2. (*pour désigner une situation, un état*) estar • **nous serons à Naples/à la maison à partir de demain** estaremos em Nápoles/em casa a partir de amanhã • **être content/en forme** estar contente/em forma 3. (*pour donner la date*) • **quel jour sommes-nous?** que dia é hoje? • **c'est jeudi** é quinta-feira • **nous sommes le 26 août 1995** estamos no dia 26 de agosto de 1995 4. (*aller*) • **j'ai été trois fois en Écosse** estive três vezes na Escócia 5. (*pour exprimer l'appartenance*) • **être à qqn** ser de alguém • **cette voiture est à toi?** este carro é seu? • **c'est à Daniel** é do Daniel ◆ *v impers* 1. (*pour désigner le moment*) • **il est 8 h** são oito horas • **il est tard** é tarde 2. (*avec un adjectif ou un participe passé*) • **il est difficile de savoir si...** é difícil saber se... • **il est recommandé de réserver à l'avance** é recomendável reservar com antecedência ◆ *aux* 1. (*pour former le passé composé*) • **nous sommes partis hier** partimos ontem • **je suis née en 1976** nasci em 1976 • **tu t'es coiffé?**

vous se penteou? 2. (pour former le passif) ser • **le train a été retardé** o trem foi atrasado • *nm (créature)* ser m • **être humain** ser humano.

étrenner [etʀene] *vt* estrear.

étrennes [etʀɛn] *nfpl (pour les enfants)* prenda *f*; *(pour la concierge)* presente (comida, dinheiro etc.) oferecido por ocasião do primeiro dia do ano.

étrier [etʀije] *nm* estribo *m*.

étroit, e [etʀwa, at] *adj (rue, siège)* estreito(ta); *(vêtement)* apertado(da) • **être étroit d'esprit** ter visão limitada • **être à l'étroit** estar apertado.

étude [etyd] *nf* estudo *m*; *(salle d'école)* sala *f* de estudo; *(de notaire)* cartório *m* ◆ **études** *nfpl* estudos *mpl*.

étudiant, e [etydjɑ̃, ɑ̃t] *adj & nm* estudante.

étudier [etydje] *vt & vi* estudar.

étui [etɥi] *nm* estojo *m*.

eu, e [y] *pp* → **avoir**.

euh [ø] *interj* hum!

eurochèque [øʀɔʃɛk] *nm* Eurocheque® *m*.

Europe [øʀɔp] *nf* • **l'Europe** a Europa • **l'Europe de l'Est** a Europa do Leste.

européen, enne [øʀɔpeɛ̃, ɛn] *adj* europeu(péia) ◆ **européennes** [øʀɔpeɛn] *nfpl* POL eleições *fpl* européias ◆ **Européen, enne** *nm* europeu *m*, -péia *f*.

euthanasier [øtanazje] *vt* provocar a morte por eutanásia.

eux [ø] *pron* eles • **eux-mêmes** eles próprios.

évacuer [evakɥe] *vt* evacuar.

évaluer [evalɥe] *vt* avaliar.

évanouir [evanwiʀ]
◆ **s'évanouir** *vp (avoir un malaise)* desmaiar; *(disparaître)* esvanecer.

évaporer [evapɔʀe]
◆ **s'évaporer** *vp* evaporar-se.

évasé, e [evaze] *adj* evasê.

évasion [evazjɔ̃] *nf* evasão *f*.

éveillé, e [eveje] *adj (vif)* esperto(ta).

éveiller [eveje] *vt* despertar
◆ **s'éveiller** *vp (sensibilité, curiosité)* despertar.

événement [evɛnmɑ̃] *nm* acontecimento *m*.

éventail [evɑ̃taj] *nm* leque *m*.

éventrer [evɑ̃tʀe] *vt (personne, animal)* desventrar; *(mur)* abrir um buraco em; *(sac)* rasgar.

éventuel, elle [evɑ̃tɥɛl] *adj* eventual.

éventuellement [evɑ̃tɥɛlmɑ̃] *adv* eventualmente.

évêque [evɛk] *nm* bispo *m*.

évidemment [evidamɑ̃] *adv* evidentemente.

évident, e [evidɑ̃, ɑ̃t] *adj* evidente • **c'est pas évident!** *(pas facile)* não é nada fácil!

évier [evje] *nm* pia *f*.

évitement [evitmɑ̃] *nm (Belg)* desvio *m*.

éviter [evite] *vt* evitar • **éviter qqch à qqn** evitar algo a alguém • **éviter de faire qqch** evitar fazer algo.

évolué, e [evɔlɥe] *adj* evoluído(da).

évoluer

évoluer [evɔlɥe] *vi* evoluir.
évolution [evɔlysjɔ̃] *nf* evolução *f.*
évoquer [evɔke] *vt* evocar.
ex- [ɛks] *préf* ex-.
exact, e [ɛgzakt] *adj* exato(ta); *(heure)* certo(ta); *(ponctuel)* pontual • **c'est exact** está certo.
exactement [ɛgzaktəmɑ̃] *adv* exatamente.
exactitude [ɛgzaktityd] *nf (précision)* exatidão *f*; *(ponctualité)* pontualidade *f.*
ex aequo [ɛgzeko] *adj inv* ex aequo.
exagérer [ɛgzaʒeʀe] *vt & vi* exagerar.
examen [ɛgzamɛ̃] *nm* exame *m* • **examen blanc** exame simulado.
examinateur, trice [ɛgzaminatœʀ, tʀis] *nm* examinador *m*, -ra *f.*
examiner [ɛgzamine] *vt* examinar.
exaspérer [ɛgzaspeʀe] *vt* exasperar.
excédent [ɛksedɑ̃] *nm* excedente *m* • **excédent de bagages** excesso *m* de bagagens.
excéder [ɛksede] *vt (dépasser)* exceder; *(énerver)* exasperar.
excellent, e [ɛkselɑ̃, ɑ̃t] *adj* excelente.
excentrique [ɛksɑ̃tʀik] *adj* excêntrico(ca).
excepté [ɛksɛpte] *prép* exceto.
exception [ɛksɛpsjɔ̃] *nf* exceção *f* • **faire une exception** fazer uma exceção • **à l'exception de** com exceção de • **sans exception** sem exceção.

exceptionnel, elle [ɛksɛpsjɔnɛl] *adj* excepcional.
excès [ɛksɛ] • *nm* excesso *m* • *nm* • **faire des excès** cometer excessos • **excès de vitesse** excesso de velocidade.
excessif, ive [ɛksesif, iv] *adj* excessivo(va).
excitant, e [ɛksitɑ̃, ɑ̃t] • *adj (projet, idée)* excitante • *nm* excitante *m.*
excitation [ɛksitasjɔ̃] *nf* excitação *f.*
exciter [ɛksite] *vt* excitar.
exclamation [ɛksklamasjɔ̃] *nf* exclamação *f.*
exclamer [ɛksklame]
◆ **s'exclamer** *vp* exclamar.
exclure [ɛksklyʀ] *vt* excluir.
exclusif, ive [ɛksklyzif, iv] *adj (droit, contrat)* exclusivo(va); *(personne)* exclusivista.
exclusivité [ɛksklyzivite] *nf (d'un film)* exclusividade *f*; *(d'une interview)* exclusivo *m* • **en exclusivité** com exclusividade.
excursion [ɛkskyʀsjɔ̃] *nf* excursão *f.*
excuse [ɛkskyz] *nf (prétexte)* desculpa *f* ◆ **excuses** *nfpl* • **faire des excuses à qqn** pedir desculpas a alguém.
excuser [ɛkskyze] *vt* desculpar • **excusez-moi** desculpe-me ◆ **s'excuser** *vp* desculpar-se • **s'excuser de faire qqch** pedir desculpa por fazer algo • **il s'est excusé de son retard** ele pediu desculpas por chegar atrasado.

exécuter [ɛgzekyte] vt executar.

exécution [ɛgzekysjɔ̃] nf (meurtre) execução f.

exemplaire [ɛgzɑ̃plɛʀ] nm exemplar m.

exemple [ɛgzɑ̃pl] nm exemplo m • **par exemple** por exemplo.

exercer [ɛgzɛʀse] vt exercer; (voix, mémoire) exercitar
• **s'exercer** vp exercitar-se
• **s'exercer à faire qqch** exercitar-se para fazer algo.

exercice [ɛgzɛʀsis] nm exercício m • **faire de l'exercice** fazer exercício.

exhiber [ɛgzibe] vt (péj) exibir
• **s'exhiber** vp (péj) exibir-se.

exigeant, e [ɛgziʒɑ̃, ɑ̃t] adj exigente.

exigence [ɛgziʒɑ̃s] nf exigência f.

exiger [ɛgziʒe] vt exigir.

exiler [ɛgzile] • **s'exiler** vp exilar-se.

existence [ɛgzistɑ̃s] nf existência f.

exister [ɛgziste] vi existir.

exorbitant, e [ɛgzɔʀbitɑ̃, ɑ̃t] adj exorbitante.

exotique [ɛgzɔtik] adj exótico(ca).

expatrier [ɛkspatʀije]
• **s'expatrier** vp expatriar-se.

expédier [ɛkspedje] vt (envoyer) expedir; (péj) (bâcler) despachar.

expéditeur, trice [ɛkspeditœʀ, tʀis] nm remetente mf.

expédition [ɛkspedisjɔ̃] nf expedição f.

expérience [ɛkspeʀjɑ̃s] nf experiência f • **expérience (professionnelle)** experiência (profissional).

expérimenté, e [ɛkspeʀimɑ̃te] adj experiente.

expert [ɛkspɛʀ] nm perito m, -ta f • **expert en** perito(ta) em.

expertiser [ɛkspɛʀtize] vt avaliar.

expirer [ɛkspiʀe] vi expirar.

explication [ɛksplikasjɔ̃] nf explicação f • **explication de texte** explicação de texto.

expliquer [ɛksplike] vt explicar • **expliquer qqch à qqn** explicar algo a alguém • **s'expliquer** vp explicar-se; (se disputer) ter uma altercação.

exploit [ɛksplwa] nm façanha f.

exploitation [ɛksplwatasjɔ̃] nf exploração f • **exploitation (agricole)** fazenda f.

exploiter [ɛksplwate] vt explorar.

exploration [ɛksplɔʀasjɔ̃] nf (découverte) exploração f.

explorer [ɛksplɔʀe] vt explorar.

exploser [ɛksploze] vi explodir.

explosif, ive [ɛksplozif, iv]
• adj (situation) explosivo(va)
• nm explosivo m.

explosion [ɛksplozjɔ̃] nf explosão f.

exportation [ɛkspɔʀtasjɔ̃] nf exportação f.

exporter [ɛkspɔʀte] vt exportar.

exposé, e [ɛkspoze] • *adj* exposto(ta) • *nm* exposição *f* oral • **exposé au sud** orientado para o sul • **bien exposé** bem orientado.

exposer [ɛkspoze] *vt* expor • **exposer qqn/qqch à qqch** expor alguém/algo a algo ◆ **s'exposer à** *vp + prép* expor-se a.

exposition [ɛkspozisjɔ̃] *nf* exposição *f*.

exprès¹ [ɛkspʀɛs] • *adj inv* urgente • *nm* • **par exprès** ≃ por correio expresso.

exprès² [ɛkspʀɛ] *adv* de propósito • **faire exprès de faire qqch** fazer algo de propósito.

express [ɛkspʀɛs] *nm* **1.** (*café*) = expresso **2.** • (*train*) express trem *m* expresso.

expression [ɛkspʀɛsjɔ̃] *nf* expressão *f* • **expression écrite/orale** expressão escrita/oral.

expresso [ɛkspʀeso] *nm* cafezinho *m*.

exprimer [ɛkspʀime] *vt* (*idée, sentiment*) exprimir ◆ **s'exprimer** *vp* (*parler*) exprimir-se.

expulser [ɛkspylse] *vt* expulsar.

exquis, e [ɛkski, iz] *adj* requintado(da).

extensible [ɛkstɑ̃sibl] *adj* extensível.

exténué, e [ɛkstenye] *adj* extenuado(da).

extérieur, e [ɛksteʀjœʀ] • *adj* (*escalier, boulevard*) externo(na); (*commerce, politique*) exterior; (*gentillesse, calme*) exterior • *nm* exterior *m* • **à l'extérieur** (*dehors*) lá fora; *ESP* fora • **à l'extérieur de** fora de.

externaliser [ɛksternalize] *vt* externalizar.

exterminer [ɛkstɛʀmine] *vt* exterminar.

externe [ɛkstɛʀn] *adj* & *nm* externo(na).

extincteur [ɛkstɛ̃ktœʀ] *nm* extintor *m*.

extinction [ɛkstɛ̃ksjɔ̃] *nf* • **avoir une extinction de voix** perder a voz.

extra [ɛkstʀa] • *adj inv* (*qualité*) extra; (*fam*) (*formidable*) extraordinário(ria) • *pref* (*très*) extra.

extraire [ɛkstʀɛʀ] *vt* extrair • **extraire qqch de** extrair algo de • **extraire qqn de** tirar alguém de.

extrait [ɛkstʀɛ] *nm* MÚS excerto *m*; (*de compte*) extrato *m*; (*de livre, de film*) trecho *m*.

extraordinaire [ɛkstʀaɔʀdinɛʀ] *adj* extraordinário(ria).

extravagant, e [ɛkstʀavagɑ̃, ɑ̃t] *adj* extravagante.

extrême [ɛkstʀɛm] • *adj* extremo(ma) • *nm* extremo *m* • **l'Extrême-Orient** o Extremo Oriente.

extrêmement [ɛkstʀɛmmɑ̃] *adv* extremamente.

extrémité [ɛkstʀemite] *nf* extremidade *f*.

F

F (abr de franc, de Fahrenheit) F.
fable [fabl] nf fábula f.
fabricant [fabrikã] nm fabricante m.
fabrication [fabrikasjɔ̃] nf fabricação f.
fabriquer [fabrike] vt fabricar • **mais qu'est-ce que tu fabriques?** (fam) mas o que é que você está fazendo?
fabuleux, euse [fabylø, øz] adj fabuloso(osa).
fac [fak] nf (fam) faculdade f.
façade [fasad] nf fachada f.
face [fas] nf face f; (visage) rosto m • **faire face (à devant)** ficar em frente a; (affronter) fazer frente a • **de face** de frente • **en face (de)** em frente (a) • **face à face** cara a cara.
fâché, e [faʃe] adj zangado(da).
facile [fasil] adj fácil; (personne) dócil.
facilement [fasilmã] adv (aisément) facilmente; (au moins) pelo menos.
facilité [fasilite] nf facilidade f. ◆ **facilités** nf • **facilités de paiement** facilidades fpl de pagamento.
faciliter [fasilite] vt facilitar.
façon [fasɔ̃] nf modo m • **de façon (à ce) que** de modo a ou que • **de toute façon** de qualquer modo • **non merci,**

sans façon muito obrigado, mas não ◆ **façons** nf modos mpl • **faire des façons** fazer cerimônia.
facteur, trice [faktœr, tris] • nm carteiro m • nm fator m.
facture [faktyr] nf fatura f.
facturer [faktyre] vt faturar.
facturette [faktyrɛt] nf recibo m recibo que se guarda quando se efetua um pagamento com cartão de crédito.
facultatif, ive [fakyltatif, iv] adj facultativo(va).
faculté [fakylte] nf faculdade f.
fade [fad] adj (aliment) insosso(ossa); (couleur) apagado(da).
fagot [fago] nm feixe m de lenha.
faible [fɛbl] • adj fraco(ca) • nm • **avoir un faible pour** ter um fraco por.
faiblement [fɛbləmã] adv (crier, appeler) baixinho; (augmenter) ligeiramente.
faiblesse [fɛblɛs] nf fraqueza f.
faiblir [fɛblir] vi enfraquecer.
faïence [fajãs] nf faiança f.
faille [faj] nf falha f.
faillir [fajir] vi • **il a failli tomber** ele quase caiu.
faillite [fajit] nf falência f • **faire faillite** falir, ir à falência.
faim [fɛ̃] nf fome f • **avoir faim** ter fome.
fainéant, e [feneã, ãt] adj & nm preguiçoso(sa).
faire [fɛr] • vt 1. (gén) fazer • **c'est lui qui a fait cette chanson?** foi ele quem compôs es-

faire

ta canção • **faire les comptes** fazer as contas • **faire une promenade** dar um passeio • **faire un rêve** ter um sonho • **faire son lit** arrumar a cama • **faire la vaisselle** lavar a louça • **faire les carreaux** limpar os vidros • **que faites-vous comme métier?** qual é a sua profissão? 2. *(sport, musique, discipline)* **faire des études** estudar • **je fais de l'aérobic tous les soirs** pratico aeróbica todas as noites • **faire du piano** tocar piano 3. *(provoquer)* • **faire mal à qqn** magoar alguém • **faire de la peine à qqn** causar tristeza a alguém • **ma jambe me fait horriblement mal** a minha perna dói terrivelmente • **faire sensation** causar sensação • **ça ne lui fait rien du tout** isso não produz efeito nenhum nele 4. *(imiter)* • **faire l'imbécile** fazer-se de idiota • **faire celui qui ne comprend pas** fingir que não compreende 5. *(parcourir)* percorrer • **nous avons fait 150 km en deux heures** percorremos 150 km em duas horas • **faire du 150 (à l'heure)** andar a 150 km por hora 6. *(avec des mesures)* • **les pièces font 3 m de haut** as divisões medem 3 m de altura • **ça fait plus de 2 kg** pesa mais de dois kg • **je fais 1,68 m** meço 1,68 m • **je fais du 40** calço 40 7. *MATH* • **10 et 3 font 13** 10 mais 3 são 13 8. *(dire)* dizer 9. *(dans des expressions)* • **ça ne fait rien** não tem importância • **faire que** *(faire sans cesse)* não parar de; *(faire seulement)* não fazer mais do que • **qu'est-ce que ça peut te faire?** o que você tem a ver com isso? • **qu'est-ce que j'ai fait de mes clefs?** o que eu fiz das minhas chaves? • v/ 1. *(agir)* fazer • **vas-y, mais fais vite** vá lá, mas apresse-se • **vous feriez mieux de...** seria melhor que você... • **faites comme chez vous** faça como se estivesse em sua casa 2. *(avoir l'air)* • **faire jeune/vieux** parecer jovem/velho • vimpers 1. *(climat, température)* • **il fait chaud/-2°C** está calor/estão 2 graus negativos 2. *(exprime la durée)* • **ça fait trois jours que nous avons quitté Rouen** já saímos de Rouen há três dias • **ça fait longtemps que je n'ai pas eu de ses nouvelles** já não tenho notícias dele há muito tempo • **ça fait dix ans que j'habite ici** já moro aqui há 10 anos • *aux* 1. *(indique que l'on provoque une action)* • **faire reculer les passants** fazer com que os transeuntes recuem • **une histoire à faire dresser les cheveux sur la tête** uma história de pôr os cabelos em pé • **faire tomber qqch** deixar cair algo 2. *(indique que l'on commande une action)* mandar • **faire nettoyer un vêtement** mandar lavar uma roupa • **faire repein-**

dre la maison mandar pintar outra vez a casa ◆ *verbe substitut* fazer ◆ on lui a conseillé de réserver mais il ne l'a pas fait ele foi aconselhado a reservar, mas não o fez ◆ **se faire** *vp* **1.** *(être convenable, à la mode)* ◆ **ça se fait** (c'est convenable) isso se faz; (c'est à la mode) está na moda ◆ **ça ne se fait pas** *(ce n'est pas convenable)* isso não se faz; *(ce n'est pas à la mode)* não se usa **2.** *(avoir, provoquer)* ◆ **se faire des amis** fazer amigos ◆ **se faire mal** magoar-se ◆ **se faire du souci** preocupar-se ◆ **se faire des illusions** iludir-se **3.** *(avec un infinitif)* ser ◆ **je me suis fait arrêter par la police** fui preso pela polícia ◆ **se faire faire un costume sur mesure** mandar fazer um terno sob medida **4.** *(devenir)* ◆ **se faire beau** pôr-se bonito ◆ **se faire vieux** tornar-se velho ◆ **il se fait tard** faz-se tarde **5.** *(dans des expressions)* ◆ **comment se fait-il que...?** como é possível que...? ◆ **ne pas s'en faire** não se preocupar ◆ **se faire à** *vp + prép* (s'habituer à) ◆ **il s'est très bien fait à sa nouvelle vie** ele acostumou-se muito bem à sua nova vida.

faire-part [fɛʀpaʀ] *nm inv (annonce)* participação *f*; *(invitation)* convite *m*.

fais [fɛ] → **faire**.

faisable [fəzabl] *adj* viável.

faisan [fəzɑ̃] *nm* faisão *m*.

faisant [fəzɑ̃] *ppr* → **faire**.

faisons [fəzɔ̃] → **faire**.

fait, e [fɛ, fɛt] ◆ *pp* → **faire** ◆ *adj (réalisé)* feito(ta); *(fromage)* amanteigado(da) ◆ *nm* feito *m* ◆ **(c'est) bien fait!** (é) bem feito! ◆ **faits divers** rubrica de um jornal composta por notícias de acidentes, crimes etc. ◆ **au fait** a propósito ◆ **du fait de** por causa de ◆ **en fait** de fato ◆ **prendre qqn sur le fait** apanhar alguém em flagrante.

faites [fɛt] → **faire**.

fait-tout [fɛtu] *nm inv* caçarola *f*.

falaise [falɛz] *nf* falésia *f*.

falloir [falwaʀ] *vimpers* ◆ **il faut du courage pour faire ça** é preciso coragem pra fazer isso ◆ **il faut y aller** ou **que nous allions** temos que ir embora ◆ **il me faut deux kilos d'oranges** preciso de dois quilos de laranjas ◆ **il me faut y retourner** tenho que voltar lá.

fallu [faly] *pp* → **falloir**.

falsifier [falsifje] *vt* falsificar.

fameux, euse [famø, øz] *adj (célèbre)* famoso(osa); *(très bon)* delicioso(osa).

familial, e, aux [familjal, o] *adj* familiar.

familiarité [familjaʀite] *nf* familiaridade *f*.

familier, ère [familje, ɛʀ] *adj* familiar; *(impertinent)* insolente.

famille [famij] *nf* família *f* ◆ **famille monoparentale** família monoparental ◆ **famille recomposée** família recomposta.

fan [fan] *nm (fam)* fã *mf.*
fanatique [fanatik] *adj & nm* fanático(ca).
fané, e [fane] *adj (fleur)* murcho(cha); *(couleur, tissu)* desbotado(da).
faner [fane] ♦ **se faner** *vp* murchar.
fanfare [fɑ̃faʀ] *nf* fanfarra *f.*
fanfaron, onne [fɑ̃faʀɔ̃, ɔn] *adj* fanfarrão(rrona).
fantaisie [fɑ̃tezi] *nf* fantasia *f* • **bijou fantaisie** jóia de fantasia.
fantastique [fɑ̃tastik] *adj* fantástico(ca).
fantôme [fɑ̃tom] *nm* fantasma *m.*
far [faʀ] *nm* • **far breton** bolo de manteiga com ameixas-pretas.
farce [faʀs] *nf (plaisanterie)* peça *f*; *CULIN* recheio *m* • **faire une farce à qqn** pregar uma peça em alguém.
farceur, euse [faʀsœʀ, øz] *nm* brincalhão *m*, -lhona *f.*
farci, e [faʀsi] *adj* recheado(da).
fard [faʀ] *nm* • **fard à joues** blush *m* • **fard à paupières** sombra *f.*
farfelu, e [faʀfəly] *adj* extravagante.
farine [faʀin] *nf* farinha *f* • **farine animale** *(agriculture)* farinha animal.
farouche [faʀuʃ] *adj (animal, enfant)* arisco(ca); *(haine, lutte)* selvagem.
fascinant, e [fasinɑ̃, ɑ̃t] *adj* fascinante.
fasciner [fasine] *vt* fascinar.

fasse → **faire**.
fatal, e [fatal] *adj* fatal.
fatalement [fatalmɑ̃] *adv* fatalmente.
fataliste [fatalist] *adj* fatalista.
fatigant, e [fatigɑ̃, ɑ̃t] *adj (activité)* cansativo(va); *(personne)* aborrecido(da).
fatigue [fatig] *nf* cansaço *m.*
fatigué, e [fatige] *adj* cansado(da) • **être fatigué de (faire) qqch** estar cansado de (fazer) algo.
fatiguer [fatige] *vt* cansar ♦ **se fatiguer** *vp* cansar-se • **se fatiguer à faire qqch** cansar-se fazendo algo.
faubourg [fobuʀ] *nm* arrabaldes *mpl.*
faucher [foʃe] *vt (blé)* ceifar; *(piéton, cycliste)* atropelar; *(fam) (voler)* afanar.
faudra [fodʀa] → **falloir**.
faufiler [fofile] ♦ **se faufiler** *vp* esgueirar-se.
faune [fon] *nf* fauna *f.*
fausse → **faux**.
fausser [fose] *vt (résultat)* falsear; *(clef, mécanisme)* entortar.
faut [fo] → **falloir**.
faute [fot] *nf (erreur)* falta *f*; *(responsabilité)* culpa *f* • **c'est (de) ma faute** a culpa é minha • **faute de** por falta de.
fauteuil [fotœj] *nm* poltrona *f* • **fauteuil à bascule** cadeira *f* de balanço • **fauteuil roulant** cadeira de rodas.
fauve [fov] *nm* fera *f.*
faux, fausse [fo, fos] ♦ *adj* falso(sa) ♦ *adv* • **chanter faux** desafinar • **fausse note** nota de-

safinada • faux numéro número errado.
faux-filet [fofilɛ] (pl **faux-filets**) nm contrafilé m.
faveur [favœʀ] nf favor m • **en faveur de** a favor de.
favorable [favɔʀabl] adj favorável • **être favorable à** ser favorável a.
favori, ite [favɔʀi, it] adj favorito(ta).
favoriser [favɔʀize] vt favorecer.
fax [faks] nm fax m.
faxer [fakse] vt enviar por fax.
féculent [fekylɑ̃] nm vegetal m feculento.
fédéral, e, aux [federal, o] adj (Helv) federal.
fédération [federasjɔ̃] nf federação f.
fée [fe] nf fada f.
feignant, e [fɛɲɑ̃, ɑ̃t] adj (fam) boa-vida.
feinte [fɛ̃t] nf fingimento m; (au football) finta f.
fêler [fele] ♦ **se fêler** vp rachar-se.
félicitations [felisitasjɔ̃] nfpl parabéns mpl.
féliciter [felisite] vt felicitar.
félin [felɛ̃] nm felino m.
femelle [fəmɛl] nf fêmea f.
féminin, e [feminɛ̃, in] adj feminino(na).
femme [fam] nf mulher f • **femme de chambre** (d'un hôtel) camareira f • **femme de ménage** diarista f • **bonne femme** (fam) mulherzinha f.
fendant [fɑ̃dɑ̃] nm (Helv) vinho branco da região de Valais.
fendre [fɑ̃dʀ] vt rachar.
fenêtre [fənɛtʀ] nf janela f.
fenouil [fənuj] nm (plante) funcho m; (condiment) ervadoce f.
fente [fɑ̃t] nf fenda f.
fer [fɛʀ] nm ferro m • **fer à cheval** ferradura f • **fer forgé** ferro forjado • **fer à repasser** ferro de passar.
fera → **faire**.
féra [feʀa] nm (Helv) peixe fino do Lago Leman.
fer-blanc [fɛʀblɑ̃] nm folhade-flandres f.
férié [feʀje] adj m → **jour**.
ferme [fɛʀm] ♦ adj firme ♦ nf fazenda f • **ferme auberge** hotel m fazenda.
fermé, e [fɛʀme] adj fechado(da).
fermement [fɛʀməmɑ̃] adv com firmeza.
fermenter [fɛʀmɑ̃te] vi fermentar.
fermer [fɛʀme] ♦ vt fechar; (électricité, radio) desligar ♦ vi fechar • **fermer qqch à clef** fechar algo à chave • **ça ne ferme pas** isso não fecha ♦ **se fermer** vp fechar-se.
fermeté [fɛʀməte] nf firmeza f.
fermeture [fɛʀmətyʀ] nf (d'un magasin) fechamento m; (mécanisme) fecho m • **fermeture annuelle** fechamento anual • **fermeture Éclair®** zíper m.
fermier, ère [fɛʀmje, ɛʀ] nm fazendeiro m, -ra f.
fermoir [fɛʀmwaʀ] nm fecho m.
féroce [feʀɔs] adj feroz.

ferraille

ferraille [fɛʀaj] *nf* ferro-velho *m*.

ferrée [fɛʀe] *adj f* → **voie**.

ferroviaire [fɛʀɔvjɛʀ] *adj* ferroviário(ria).

ferry [fɛʀi] (*pl* **ferries**) *nm* ferry *m*.

fertile [fɛʀtil] *adj* fértil.

fesse [fɛs] *nf* nádega *f* ♦ **fesses** *nfpl* nádegas *fpl*.

fessée [fese] *nf* tapa *f*.

festin [fɛstɛ̃] *nm* festim *m*.

festival [fɛstival] *nm* festival *m*.

ⓘ FESTIVAL D'AVIGNON

Criado em 1947 por Jean Vilar, esse festival realiza-se todos os anos na cidade de Avignon (no sudeste da França) e nos seus arredores. Além de grandes espetáculos de teatro e de dança, que mais tarde serão apresentados no resto do país, a cidade também acolhe numerosos espetáculos de rua mais informais.

ⓘ FESTIVAL DE CANNES

Esse festival internacional de cinema realiza-se todos os anos durante o mês de maio. Um júri composto por ilustres representantes do mundo do espetáculo atribui vários prêmios, tais como o de interpretação, o da realização etc. O prêmio de maior prestígio é a Palma de Ouro, atribuída ao melhor filme do festival.

fête [fɛt] *nf* festa *f*; *(jour de saint)* dia de festa do santo cujo nome se possui • **faire la fête** festejar • **bonne fête!** parabéns! • **fête foraine** feira *f* popular • **fête des Mères** Dia *m* das mães • **la fête de la Musique** festa *consagrada à música, que se realiza no dia 21 de junho, na França* • **fête nationale** feriado *m* nacional • **fête des Pères** Dia *m* dos pais ♦ **fêtes** *nf* • **les fêtes (de fin d'année)** as festas (de fim de ano).

ⓘ FÊTE

Segundo a tradição, deseja-se "bonne fête" às pessoas cujo nome coincide com o santo do dia.

ⓘ FÊTE DE LA MUSIQUE

Essa manifestação cultural foi criada no início dos anos 1980 para estimular a difusão da música na França. Na noite de 21 de junho, qualquer orquestra ou músico, inclusive amadores, podem atuar nas ruas. Todos os espetáculos são gratuitos.

fêter [fete] vt festejar.

feu [fø] (pl **-x**) nm (flammes) fogo m; (de circulation) semáforo m, farol m; (de véhicule) farol m • **avez-vous du feu?** tem fogo? • **faire du feu** acender uma fogueira • **mettre le feu à** pôr fogo em • **à feu doux** em fogo brando • **feu d'artifice** fogo m de artifício • **feu de camp** fogueira f • **feu rouge** sinal vermelho • **feux arrière** lanternas traseiras • **feux de croisement** farol baixo • **feux de recul** luz f de marcha à ré • **feux de signalisation** ◇ **tricolores** semáforos mpl • **au feu!** fogo! • **en feu** em fogo.

feuillage [fœjaʒ] nm folhagem f.

feuille [fœj] nf folha f • **feuille morte** folha morta.

feuilleté, e [fœjte] adj → **pâte**. ◇ nm folhado m.

feuilleter [fœjte] vt folhear.

feuilleton [fœjtɔ̃] nm telenovela f.

feutre [føtr] nm (stylo) caneta f de feltro; (chapeau) chapéu m de feltro.

fève [fɛv] nf fava f.

février [fevrije] nm fevereiro m, → **septembre**.

FF (abr de franc français) FF.

fiable [fjabl] adj (machine) fiável; (personne) confiável.

fiançailles [fjɑ̃saj] nf noivado m.

fiancé, e [fjɑ̃se] nm noivo m, -va f.

fiancer [fjɑ̃se] ◆ **se fiancer** vp ficar noivo(va).

fibre [fibʀ] nf fibra f.

ficeler [fisle] vt atar.

ficelle [fisɛl] nf (corde) barbante m; (pain) espécie de baguete muito fina.

fiche [fiʃ] nf (de carton, de papier) ficha f; TECH tomada f • **fiche de paie** contracheque m.

ficher [fiʃe] vt (renseignement, suspect) fichar; (planter) cravar; (fam) (faire) fazer; (fam) (mettre) pregar • **mais qu'est-ce qu'il fiche?** (fam) mas o que é que ele está fazendo? • **fiche-moi la paix!** (fam) deixe-me em paz! • **ficher le camp** (fam) mandar-se ◆ **se ficher de** vp + prép (fam) gozar • **je m'en fiche** (fam) estou me lixando.

fichier [fiʃje] nm arquivo m.

fichu, e [fiʃy] adj (fam) • **c'est fichu** (raté) danou-se; (cassé, abîmé) está estragado • **être bien fichu** ser bem-feito • **être mal fichu** estar adoentado.

fidèle [fidɛl] adj fiel.

fidélité [fidelite] nf fidelidade f.

fier¹, fière [fjɛʀ] adj orgulhoso(osa) • **être fier de** estar orgulhoso de.

fier² [fje] ◆ **se fier à** vp + prép fiar-se em.

fierté [fjɛʀte] nf orgulho m.

fièvre [fjɛvʀ] nf febre f • **avoir de la fièvre** ter febre • **fièvre aphteuse** febre aftosa.

fiévreux, euse [fjevʀø, øz] adj febril.

fig. (abr de figure) fig.

figé, e [fiʒe] adj (sauce) coalhado(da); (personne) petrificado(da).

figer [fiʒe] ◆ **se figer** vp (sauce) espessar; (huile) coalhar; (personne) petrificar-se.

figue [fig] nf figo m.

figure [figyʀ] nf (visage) rosto m; (schéma) figura f.

figurer [figyʀe] vi constar ◆ **se figurer** vp • **se figurer que** imaginar que.

fil [fil] nm (du téléphone) fio m; (à coudre) linha f.

file [fil] nf fila f • **file (d'attente)** fila de espera • **à la file** em fila • **en file (indienne)** em fila (indiana).

filer [file] ◆ vt tecer ◆ vi (aller vite) chispar; (fam) (partir) picar-se • **filer qqch à qqn** (fam) passar algo a alguém.

filet [filɛ] nm (de pêche, au tennis) rede f; (de poisson, de bœuf) filé m; (d'eau) fio m • **filet américain** (Belg) bife m tártaro • **filet à bagages** porta-bagagens m inv • **filet mignon** filé-mignon m.

filière [filjɛʀ] nf área f.

fille [fij] nf (enfant) menina f; (femme) moça f; (descendante) filha f.

fillette [fijɛt] nf menina f.

filleul, e [fijœl] nm afilhado m, -da f.

film [film] nm (de cinéma, de télévision) filme m; (plastique) filme m aderente • **film d'horreur** ou **d'épouvante** filme de terror • **film vidéo** vídeo m.

filmer [filme] vt filmar.

fils [fis] nm filho m.

filtre [filtʀ] nm filtro m • **filtre parental** INFORM filtro de conteúdo.

filtrer [filtʀe] vt filtrar.

fin, e [fɛ̃, fin] ◆ adj fino(na) ◆ nf fim m • **fin juillet** no fim de julho • **à la fin (de)** no fim (de).

final, e, als, aux [final, o] adj final.

finale [final] nf final f.

finalement [finalmɑ̃] adv finalmente; (en définitive) afinal.

finaliste [finalist] nm finalista mf.

finance [finɑ̃s] nf • **la finance** a finança • **les finances** as finanças.

financement [finɑ̃smɑ̃] nm financiamento m.

financer [finɑ̃se] vt financiar.

financier, ère [finɑ̃sje, ɛʀ] ◆ adj financeiro(ra) ◆ nm (gâteau) pequeno bolo de amêndoas e frutas cristalizadas • **sauce financière** molho de vinho da Madeira e essência de trufas.

finesse [finɛs] nf fineza f.

finir [finiʀ] vt & v/aux acabar • **finir bien** acabar bem • **finir de faire qqch** acabar de fazer algo

flore

- **finir par faire qqch** acabar por fazer algo.
finlandais, e [fɛ̃lɑ̃dɛ, ɛz] ◆ *adj* finlandês(esa) ◆ *nm* = **finnois** ◆ **Finlandais, e** *nm* finlandês *m*, -esa *f*.
Finlande [fɛ̃lɑ̃d] *nf* ◆ **la Finlande** a Finlândia.
finnois [finwa] *nm* finlandês *m*.
fioul [fjul] *nm* óleo *m* combustível.
fisc [fisk] *nm* fisco *m*.
fiscal, e, aux [fiskal, o] *adj* fiscal.
fissure [fisyʀ] *nf (dans un mur)* fissura *f*.
fissurer [fisyʀe] ◆ **se fissurer** *vp* rachar-se.
fixation [fiksasjɔ̃] *nf (de ski)* fixador *m* ◆ **faire une fixation sur qqch** ter uma fixação por algo.
fixe [fiks] *adj* fixo(xa).
fixer [fikse] *vt* fixar.
flacon [flakɔ̃] *nm* frasco *m*.
flageolet [flaʒɔlɛ] *nm* feijão-branco *m*.
flagrant, e [flagʀɑ̃, ɑ̃t] *adj* flagrante ◆ **(en) flagrant délit** (em) flagrante delito.
flair [flɛʀ] *nm (d'un chien)* faro *m*.
flairer [flɛʀe] *vt (sentir)* farejar; *(fig) (deviner)* farejar.
flamand, e [flamɑ̃, ɑ̃d] ◆ *adj* flamengo(ga) ◆ *nm (langue)* flamengo *m*.
flambé, e [flɑ̃be] *adj* flambado(da).
flamber [flɑ̃be] *vi (brûler)* arder; *CULIN* flambar.
flamiche [flamiʃ] *nf (Belg)* torta de alho-porro ou queijo.

flamme [flam] *nf* chama *f* ◆ **en flammes** em chamas.
flan [flɑ̃] *nm* pudim *m* flan.
flanc [flɑ̃] *nm* flanco *m*.
flâner [flane] *vi* perambular.
flanquer [flɑ̃ke] *vt (entourer)* flanquear; *(fam) (gifle)* tascar; *(dehors, par terre)* atirar.
flaque [flak] *nf* poça *f*.
flash [flaʃ] *(pl* **flashs** ou **flashes)** *nm* flash *m*.
flatter [flate] *vt* lisonjear.
fléau [fleo] *(pl* **fléaux)** *nm (catastrophe)* flagelo *m*.
flèche [flɛʃ] *nf (signe)* seta *f*; *(d'arc)* flecha *f*.
fléchette [fleʃɛt] *nf* dardo *m*.
fléchir [fleʃiʀ] *vt & vi* dobrar.
flemme [flɛm] *nf (fam)* preguiça *f* ◆ **avoir la flemme (de faire qqch)** ter preguiça (de fazer algo).
flétri, e [fletʀi] *adj* murcho(cha).
fleur [flœʀ] *nf* flor *f* ◆ **fleur d'oranger** *CULIN* flor de laranjeira ◆ **à fleurs** florido(da) ◆ **en fleur(s)** em flor.
fleuri, e [flœʀi] *adj* florido(da).
fleurir [flœʀiʀ] *vi* florir.
fleuriste [flœʀist] *nmf* florista *mf*.
fleuve [flœv] *nm* rio *m*.
flexible [flɛksibl] *adj* flexível.
flic [flik] *nm (fam)* tira *m*.
flipper [flipœʀ] *nm* fliperama *m*.
flirter [flœʀte] *vi* flertar.
flocon [flɔkɔ̃] *nm* ◆ **flocon de neige** floco *m* de neve ◆ **flocons d'avoine** flocos *mpl* de aveia.
flore [flɔʀ] *nf* flora *f*.

flot

flot [flo] nm *(de sang)* fluxo m; *(de paroles)* enxurrada f.
flottante [flɔtɑ̃t] adj f → **île**.
flotte [flɔt] nf *(de navires)* frota f; *(fam) (pluie)* chuva f; *(fam) (eau)* água f.
flotter [flɔte] vi flutuar.
flotteur [flɔtœʀ] nm *(de pêche)* bóia f; *(d'hydravion)* flutuador m.
flou, e [flu] adj *(photo)* desfocado(da); *(idée, souvenir)* impreciso(sa).
fluide [flɥid] • adj fluido(da) • nm fluido m.
fluo [flyo] adj inv fluorescente.
fluor [flyɔʀ] nm flúor m.
fluorescent, e [flyɔʀesɑ̃, ɑ̃t] adj fluorescente.
flûte [flyt] • nf *(pain)* espécie f de baguete fina; *(verre)* taça f de champanhe • interj ora bolas!
FM nf [ɛfɛm] FM f.
foi [fwa] nf fé ♦ **bonne/mauvaise foi** boa/má fé.
foie [fwa] nm fígado m ♦ **foie gras** foie gras m ♦ *patê de fígado de pato ou de ganso* ♦ **foie de veau** fígado de vitela.
foin [fwɛ̃] nm feno m.
foire [fwaʀ] nf feira f.
fois [fwa] nf vez f ♦ **une/deux/trois fois (par jour)** uma/duas/três vezes (por dia) ♦ **3 fois 2** 3 vezes 2 ♦ **à la fois** ao mesmo tempo ♦ **des fois** às vezes ♦ **une fois que** assim que ♦ **une fois pour toutes** de uma vez por todas.
folie [fɔli] nf loucura f ♦ **faire une folie** cometer uma loucura.
folklore [fɔlklɔʀ] nm folclore m.

folklorique [fɔlklɔʀik] adj folclórico(ca).
folle → **fou**.
foncé, e [fɔ̃se] adj escuro(ra).
foncer [fɔ̃se] vi *(s'assombrir)* escurecer; *(fam) (aller vite)* disparar ♦ **foncer dans** chocar com ♦ **foncer sur** atirar-se sobre.
fonction [fɔ̃ksjɔ̃] nf função f ♦ **la fonction publique** a função pública ♦ **en fonction de** em função de ♦ *(locution adjectivale)* **de fonction** de serviço.
fonctionnaire [fɔ̃ksjɔnɛʀ] nmf funcionário m, -ria f.
fonctionnel, elle [fɔ̃ksjɔnɛl] adj *(pratique)* funcional.
fonctionnement [fɔ̃ksjɔnmɑ̃] nm funcionamento m.
fonctionner [fɔ̃ksjɔne] vi funcionar ♦ **faire fonctionner qqch** pôr algo a funcionar.
fond [fɔ̃] nm fundo m; *(d'une photo, d'un tableau)* plano m de fundo ♦ **au fond, dans le fond** no fundo ♦ **au fond de** no fundo de ♦ **à fond** *(respirer)* fundo; *(pousser)* com força; *(rouler)* a todo vapor ♦ **fond d'artichaut** fundo de alcachofra ♦ **fonds de pension** FIN fundos de pensão ♦ **fond de teint** base f ♦ **fond d'écran** nm INFORM plano m de fundo.
fondamental, e, aux [fɔ̃damɑ̃tal, o] adj fundamental.
fondant, e [fɔ̃dɑ̃, ɑ̃t] adj tenro(ra).
fondation [fɔ̃dasjɔ̃] nf fundação f ♦ **fondations** nfpl alicerces mpl.

fonder [fɔ̃de] *vt* fundar ♦ **se fonder sur** *vp* + *prép* basear-se em.

fondre [fɔ̃dʀ] *vi* derreter ♦ **fondre en larmes** desfazer-se em lágrimas.

fonds [fɔ̃] *nm* fundos *mpl*.

fondue [fɔ̃dy] *nf* ♦ **fondue bourguignonne** fondue *f* de carne ♦ **fondue parmesan** queijo fundido contendo parmesão que em seguida é empanado e frito ♦ **fondue savoyarde** fondue *f* de queijo.

font [fɔ̃] → **faire**.

fontaine [fɔ̃tɛn] *nf* fonte *f*.

fonte [fɔ̃t] *nf* (*métal*) ferro *m* fundido; (*des neiges*) degelo *m*.

foot(ball) [fut(bol)] *nm* futebol *m*.

footballeur [futbolœʀ] *nm* jogador *m* de futebol.

footing [futiŋ] *nm* footing *m* ♦ **faire un footing** fazer footing.

forain, e [fɔʀɛ, ɛn] ♦ *adj* → **fête**. ♦ *nm* feirante *mf*.

force [fɔʀs] *nf* força *f* ♦ **forces** forças *fpl* ♦ **de force** à força ♦ **à force de crier, il n'a plus de voix** de tanto gritar, ele perdeu a voz.

forcément [fɔʀsemɑ̃] *adv* forçosamente ♦ **pas forcément** não necessariamente.

forcer [fɔʀse] ♦ *vt* forçar ♦ *vi* (*faire un effort physique*) esforçar-se; (*sur une serrure, en appuyant*) forçar ♦ **forcer qqn à faire qqch** forçar alguém a fazer algo ♦ **se forcer** *vp* ♦ **se**

forcer (à faire qqch) forçar-se (a fazer algo).

forêt [fɔʀɛ] *nf* floresta *f*.

forêt-noire [fɔʀɛnwaʀ] (*pl* **forêts-noires**) *nf* bolo de chocolate com chantili e cerejas floresta *f* negra.

forfait [fɔʀfɛ] *nm* taxa *f* fixa ♦ **déclarer forfait** desistir.

forfaitaire [fɔʀfɛtɛʀ] *adj* prefixado(da).

forgé [fɔʀʒe] *adj m* → **fer**.

forger [fɔʀʒe] *vt* forjar.

format [fɔʀma] *nm* formato *m*.

formater [fɔʀmate] *vt* formatar.

formation [fɔʀmasjɔ̃] *nf* formação *f*.

forme [fɔʀm] *nf* forma *f* ♦ **en forme de** em forma de ♦ **être en (pleine) forme** estar em (plena) forma.

former [fɔʀme] *vt* formar ♦ **se former** *vp* formar-se.

formidable [fɔʀmidabl] *adj* formidável.

formulaire [fɔʀmylɛʀ] *nm* formulário *m*.

formule [fɔʀmyl] *nf* (*équation*) fórmula *f*; (*de restaurant*) cardápio rápido que inclui um prato, uma entrada ou uma sobremesa.

fort, e [fɔʀ, fɔʀt] ♦ *adj* forte; (*doué*) bom(boa) ♦ *adv* (*parler*) alto; (*pousser*) com força ♦ **fort en maths** ser bom em matemática ♦ **sentir fort** ter um cheiro forte.

forteresse [fɔʀtəʀɛs] *nf* fortaleza *f*.

fortifications

fortifications [fɔʀtifikasjɔ̃] nf fortificações fpl.
fortifier [fɔʀtifje] vt (ville, église) fortificar; (suj: médicament) fortalecer.
fortune [fɔʀtyn] nf fortuna f • **faire fortune** fazer fortuna.
fosse [fos] nf fossa f; (tombe) cova f.
fossé [fose] nm fosso m.
fossette [fosɛt] nf covinha f.
fossile [fosil] nm fóssil m.
fou, folle [fu, fɔl] • adj (dément) doido(da); (extraordinaire) louco(ca) • nm doido m, -da f • nm (aux échecs) bispo m • **(avoir le) fou rire** (ter um) ataque de riso.
foudre [fudʀ] nf faísca f.
foudroyant, e [fudʀwajɑ̃, ɑ̃t] adj fulminante.
foudroyer [fudʀwaje] vt fulminar.
fouet [fwɛ] nm (lanière) chicote m; CULIN batedeira f • **de plein fouet** com toda a força.
fouetter [fwete] vt (frapper) chicotear; CULIN bater.
fougère [fuʒɛʀ] nf (plante) feto m.
fouiller [fuje] vt revistar.
fouillis [fuji] nm barafunda f.
foulard [fulaʀ] nm lenço m de pescoço.
foule [ful] nf multidão f.
foulée [fule] nf passada f, rastro m • **dans la foulée** (fig) na sequência.
fouler [fule] • **se fouler** vp • **se fouler la cheville** torcer o tornozelo.
foulure [fulyʀ] nf entorse m.

146

four [fuʀ] nm forno m.
fourche [fuʀʃ] nf (instrument) forquilha f; (carrefour) bifurcação f; (Belg) (temps libre) tempo m livre.
fourchette [fuʀʃɛt] nf (pour manger) garfo m; (de prix) faixa f.
fourchu, e [fuʀʃy] adj (cheveux) espigado(da).
fourgon [fuʀgɔ̃] nm furgão m.
fourgonnette [fuʀgɔnɛt] nf furgoneta f.
fourmi [fuʀmi] nf formiga f • **avoir des fourmis dans les jambes** estar com formigamento nas pernas.
fourmilière [fuʀmiljɛʀ] nf formigueiro m.
fourneau [fuʀno] (pl -x) nm forno m.
fournir [fuʀniʀ] vt (marchandises, preuve, argument) fornecer; (effort) fazer • **fournir qqch à qqn** fornecer algo a alguém • **fournir qqn en qqch** abastecer alguém de algo.
fournisseur, euse [fuʀnisœʀ, øz] nm fornecedor m, -ra f.
fournitures [fuʀnityʀ] nfpl material m.
fourré, e [fuʀe] adj (vêtement) forrado(da); CULIN recheado(da).
fourrer [fuʀe] vt rechear; (fam) enfiar • **se fourrer** vp (fam) enfiar-se.
fourre-tout [fuʀtu] nm inv (sac) sacola f.
fourrière [fuʀjɛʀ] nf (pour voitures) pátio m de veículos

guinchados; *(pour animaux)* canil *m* municipal.

fourrure [furyr] *nf (peau)* pele *f*; *(vêtement)* casaco *m* de peles.

foyer [fwaje] *nm (d'une cheminée)* lareira *f*; *(domicile)* lar *m*; *(pour délinquants)* casa *f* de correção; *(pour travailleurs)* casa *f*; *(pour étudiants)* residência *f* (universitária) ◆ **femme/mère au foyer** dona-de-casa *f*.

fracasser [frakase] ◆ **se fracasser** *vp* despedaçar-se.

fraction [fraksjɔ̃] *nf* fração *f*.

fracture [fraktyr] *nf* fratura *f*.

fracturer [fraktyre] *vt* arrombar ◆ **se fracturer** *vp* ◆ **se fracturer le crâne** fraturar o crânio.

fragile [fraʒil] *adj* frágil.

fragment [fragmã] *nm* fragmento *m*.

fraîche → **frais**.

fraîcheur [frɛʃœr] *nf* frescura *f*.

frais, fraîche [frɛ, frɛʃ] ◆ *adj* fresco(ca) ◆ *nmpl* despesas *fpl*, gastos *mpl* ◆ *nm* ◆ **mettre qqch au frais** pôr algo em local fresco ◆ **prendre le frais** tomar ar fresco ◆ **il fait frais** está fresco ◆ **servir frais** *(boissons)* servir gelado; *(plats)* servir frio.

fraise [frɛz] *nf* morango *m*.

fraisier [frɛzje] *nm (plante)* morangueiro *m*; *(gâteau)* pão-de-ló com kirsh, camadas de creme e morangos.

framboise [frɑ̃bwaz] *nf* framboesa *f*.

franc, franche ◆ *adj* franco(ca) ◆ *nm* franco *m* ◆ **franc belge** franco-belga ◆ **franc suisse** franco-suíço.

français, e [frɑ̃sɛ, ɛs] ◆ *adj* francês(esa) ◆ *nm (langue)* francês *m* ◆ **Français, e** *nm* francês *m*, -esa *f*.

France [frɑ̃s] *nf* ◆ **la France** a França ◆ **France 2** *canal de televisão estatal* ◆ **France 3** *canal de televisão estatal com programas regionais* ◆ **France Télécom** *companhia nacional francesa de telecomunicações*.

franche → **franc**.

franchement [frɑ̃ʃmã] *adv (honnêtement)* francamente; *(très)* realmente.

franchir [frɑ̃ʃir] *vt* transpor.

franchise [frɑ̃ʃiz] *nf (honnêteté)* franqueza *f*; *(d'assurance, de location automobile)* franquia *f*.

francophone [frɑ̃kɔfɔn] *adj* francófono(na).

frange [frɑ̃ʒ] *nf* franja *f* ◆ **à franges** com franjas.

frangipane [frɑ̃ʒipan] *nf (crème)* creme *m* de amêndoa; *(gâteau)* torta de massa folhada recheada com creme de amêndoas.

frappant, e [frapɑ̃, ɑ̃t] *adj (ressemblance)* impressionante.

frappé, e [frape] *adj (frais)* gelado(da).

frapper [frape] ◆ *vt* bater; *(impressionner)* marcar; *(suj: maladie, catastrophe)* abater-se sobre ◆ *vi* bater ◆ **frapper (à la porte)** bater (à porta) ◆ **frapper dans ses mains** bater palmas.

fraude

fraude [fʀod] *nf* fraude *f* • **passer qqch en fraude** contrabandear algo.
frayeur [fʀejœʀ] *nf* pavor *m*.
fredonner [fʀədɔne] *vt* cantarolar.
freezer [fʀizœʀ] *nm* freezer *m*.
frein [fʀɛ̃] *nm* freio *m*.
freiner [fʀene] *vt & vi* frear.
frémir [fʀemiʀ] *vi* tremer.
fréquence [fʀekɑ̃s] *nf* freqüência *f*.
fréquent, e [fʀekɑ̃, ɑ̃t] *adj* freqüente.
fréquenter [fʀekɑ̃te] *vt* freqüentar.
frère [fʀɛʀ] *nm* irmão *m*.
fresque [fʀɛsk] *nf* afresco *m*.
friand [fʀijɑ̃] *nm pastel de massa folhada recheado com carne moída.*
friandise [fʀijɑ̃diz] *nf* guloseima *f*.
fric [fʀik] *nm (fam)* grana *f*.
fricassée [fʀikase] *nf* fricassê *m*.
frictionner [fʀiksjɔne] *vt* friccionar.
Frigidaire® [fʀiʒidɛʀ] *nm* geladeira *f*.
frigo [fʀigo] *nm (fam)* geladeira *f*.
frileux, euse [fʀilø, øz] *adj* friorento(ta).
frimer [fʀime] *vi (fam)* querer aparecer.
fripé, e [fʀipe] *adj* amassado(da).
frire [fʀiʀ] • *vt* fritar • **faire frire** fritar.
frisé, e [fʀize] *adj (cheveux)* frisado(da), crespo(pa); *(pessoa)* de cabelo frisado OU crespo.
frisée [fʀize] *nf* chicória *f* crespa.
friser [fʀize] *vi* frisar • **friser naturellement** ter o cabelo frisado OU crespo.
frisson [fʀisɔ̃] *nm* arrepio *m*. • **avoir des frissons** arrepiar-se.
frissonner [fʀisɔne] *vi* arrepiar-se.
frit, e [fʀi, fʀit] • *pp* → **frire** • *adj* frito(ta).
frites [fʀit] *nf* • **(pommes) frites** batatas *fpl* fritas.
friteuse [fʀitøz] *nf* fritadeira *f*.
friture [fʀityʀ] *nf (huile)* óleo *m* para fritar; *(poissons)* pequenos peixes fritos; *(parasites)* zumbido *m*.
froid, e [fʀwa, fʀwad] • *adj* frio(fria). • *nm* frio *m* • *adv* • **avoir froid** ter frio • **il fait froid** está frio • **prendre froid** pegar um resfriado.
froidement [fʀwadmɑ̃] *adv* friamente.
froisser [fʀwase] *vt (papier, tissu)* amarrotar; *(fig) (vexer)* magoar ♦ **se froisser** *vp (vêtement)* amarrotar-se; *(fig) (se vexer)* ofender-se.
frôler [fʀole] *vt* roçar.
fromage [fʀɔmaʒ] *nm* queijo *m* • **fromage blanc** queijo branco fresco comido à sobremesa • **fromage de tête** patê de cabeça de porco com geléia.

ⓘ FROMAGE

Existem cerca de 350 variedades de queijo na França.

Distinguem-se as massas moles, como o "camembert", o "brie" e os "pont-l'évêque"; as massas prensadas, que incluem o "tomme" e o "comté"; os queijos azuis, como o "roquefort" e o "bleu de Bresse"; os queijos de cabra ou de ovelha e, por último, o queijo fresco. O queijo é geralmente consumido após as refeições entra a salada de alface e a sobremesa, com pão e às vezes com vinho tinto.

fronce [fʀɔ̃s] nf franzido m.
froncer [fʀɔ̃se] vt franzir • **froncer les sourcils** franzir as sobrancelhas.
fronde [fʀɔ̃d] nf estilingue m.
front [fʀɔ̃] nm ANAT testa f; (des combats) frente f • **de front** (de face) de frente; (côte à côte) lado a lado; (en même temps) simultaneamente.
frontière [fʀɔ̃tjɛʀ] nf fronteira f.
frottement [fʀɔtmɑ̃] nm fricção f.
frotter [fʀɔte] • vt (tache, meuble) esfregar; (allumette) riscar • vi esfregar.
fruit [fʀɥi] nm fruto m • **fruit de la passion** maracujá m • **fruits confits** frutas cristalizadas • **fruits de mer** frutos mpl do mar • **fruits secs** frutas fpl secas.

fruitier [fʀɥitje] adj m → **arbre**.
fugue [fyg] nf • **faire une fugue** fugir de casa.
fuir [fɥiʀ] vi (s'échapper) fugir; (robinet, eau) vazar.
fuite [fɥit] nf fuga f, vazamento m • **être en fuite** estar em fuga • **prendre la fuite** pôr-se em fuga.
fumé, e [fyme] adj CULIN defumado(da); (verre) fumê.
fumée [fyme] nf fumaça f.
fumer [fyme] • vt (cigarette) fumar • vi (personne) fumar; (liquide) fumegar.
fumeur, euse [fymœʀ, øz] nf fumante m.
fumier [fymje] nm estrume m.
funambule [fynɑ̃byl] nm funâmbulo m.
funèbre [fynɛbʀ] adj → **pompe**.
funérailles [fyneʀaj] nf (sout) exéquias f.
funiculaire [fynikylɛʀ] nm funicular m.
fur [fyʀ] • **au fur et à mesure** adv à medida • **au fur et à mesure que** à medida que.
fureur [fyʀœʀ] nf furor m • **faire fureur** fazer furor.
furieux, euse [fyʀjø, øz] adj furioso(osa).
furoncle [fyʀɔ̃kl] nm furúnculo m.
fuseau [fyzo...lon] fuseau m... fuso m horário.
fusée [fyze] ... d'artifice) fogue...
fusible [fyzib...

gan
gai, e
gaieté
mente.

fusil 150

fusil [fyzi] nm espingarda f.
fusillade [fyzijad] nf fuzilada f.
fusiller [fyzije] vt fuzilar.
futé, e [fyte] adj esperto(ta).
futile [fytil] adj fútil.
futur, e [fytyʀ] ♦ adj futuro(ra). ♦ nm futuro m.

G

gâcher [gaʃe] vt (détruire) estragar; (gaspiller) desperdiçar.
gâchette [gaʃɛt] nf (détente) gatilho m.
gâchis [gaʃi] nm (gaspillage) desperdício m.
gadget [gadʒɛt] nm (objet) utensílio m; (invention) engenhoca f.
gaffe [gaf] nf ♦ faire une gaffe cometer uma gafe ♦ faire gaffe (à) (fam) ter cuidado (com).
gag [gag] nm (effet) gag f, (plaisanterie) piada f.
gage [gaʒ] nm (dans un jeu) castigo m, (assurance, preuve) prova f.
gagnant, e [gaɲɑ̃, ɑ̃t] ♦ adj premiado(da) ♦ nm vencedor m, -ra f.
gagner [gaɲe] ♦ vt ganhar ♦ vi ganhar ♦ (bien) gagner sa vie ganhar (bem) a vida.
gaie] adj alegre.
t [gɛmɑ̃] adv alegre-

gaieté [gete] nf alegria f.
gain [gɛ̃] nm ganho m ♦ **gains** nm ganhos mpl.
gaine [gɛn] nf (étui) estojo m; (sous-vêtement) cinta f.
gala [gala] nm gala f.
galant [galɑ̃] adj m galante.
galerie [galʀi] nf (passage couvert) galeria f; (à bagages) rack m ♦ **galerie (d'art)** galeria (de arte) ♦ **galerie marchande** galeria f comercial.
galet [galɛ] nm seixo m.
galette [galɛt] nf (gâteau) torta f; (crêpe) crepe salgado feito com farinha de trigo sarraceno ♦ **galette bretonne** biscoito amanteigado.

> **GALETTE DES ROIS**

Tarte de massa folhada, geralmente recheada com creme de amêndoas, que se come durante a Epifania ou Dia de Reis (6 de janeiro), e que contém uma pequena figura de porcelana, a "fève". A pessoa que descobre a "fève" no pedaço de tarte que lhe coube torna-se o rei ou a rainha do dia e deve usar uma coroa de papelão dourado que é vendida juntamente com a tarte.

Galles [gal] nom → **pays**.
gallois, e [galwa, az] adj galês(esa) ♦ **Gallois, e** nm galês m, -esa f.

galon [galɔ̃] nm galão m.

galop [galo] nm • **aller/partir au galop** ir/partir a galope.

galoper [galɔpe] vi (cheval) galopar; (personne) correr.

gambader [gɑ̃bade] vi saltitar.

gambas [gɑ̃bas] nfpl gambas fpl.

gamelle [gamɛl] nf marmita f.

gamin, e [gamɛ̃, in] nm (fam) menino m, -na f.

gamme [gam] nf MÚS escala f; (choix) série f.

ganglion [gɑ̃gljɔ̃] nm gânglio m.

gangster [gɑ̃gstɛr] nm gângster m.

gant [gɑ̃] nm luva f • **gant de toilette** luva de banho.

garage [gaʀaʒ] nm (d'une maison) garagem f; (de réparation) oficina f.

garagiste [gaʀaʒist] nm (propriétaire) dono m de oficina; (mécanicien) mecânico m.

garantie [gaʀɑ̃ti] nf garantia f • **(bon de) garantie** garantia • **être sous garantie** estar na garantia • **appareil sous garantie** aparelho com garantia.

garantir [gaʀɑ̃tiʀ] vt garantir • **garantir qqch à qqn** garantir algo a alguém • **garantir à qqn que** garantir a alguém que.

garçon [gaʀsɔ̃] nm (enfant) menino m; (jeune homme) rapaz m • **garçon (de café)** garçom m (de café).

garde¹ [gaʀd] nm guarda m • **garde du corps** guarda-costas m inv.

garde² [gaʀd] nf 1. (gén) guarda f • **de garde** de serviço • **monter la garde** montar a guarda • **garde alternée des enfants** guarda alternada dos filhos 2. (d'un endroit) vigilância f • 3. (faire attention) • **mettre qqn en garde (contre)** prevenir alguém (contra) • **prendre garde (à)** ter cuidado com • **prendre garde de ne pas faire qqch** ter cuidado para não fazer algo.

garde-barrière [gaʀd(ə)baʀjɛʀ] (pl **gardes-barrière(s)**) nm guarda-barreira m.

garde-boue [gaʀdəbu] nm inv pára-lama m.

garde-chasse [gaʀdəʃas] (pl **gardes-chasse(s)**) nm guarda-florestal m; (de propriété privée) guarda-caça m.

garde-fou [gaʀdəfu] (pl **-s**) nm parapeito m.

garder [gaʀde] vt guardar; (aliment) conservar; (enfant, malade) tomar conta de; (lieu, prisonnier) vigiar ◆ **se garder** vp (produits) conservar-se.

garderie [gaʀdəʀi] nf creche f.

garde-robe [gaʀdəʀɔb] (pl **garde-robes**) nf guarda-roupa m.

gardien, enne [gaʀdjɛ̃, ɛn] nm guarda m; (d'immeuble) porteiro m, -ra f • **gardien de but** goleiro m • **gardien de nuit** guarda-noturno m.

gare [gaʀ] nf estação f • interj • **gare à toi!** ai de você! • **entrer en gare** entrar na es-

garer

tação • **gare maritime** estação f marítima • **gare routière** estação rodoviária.

garer [gaʀe] vt estacionar ◆ **se garer** vp estacionar.

gargouille [gaʀguj] nf gárgula f.

gargouiller [gaʀguje] vi (tuyau) gorgolejar; (estomac) roncar.

garnement [gaʀnəmɑ̃] nm peste f.

garni, e [gaʀni] adj (plat) guarnecido(da).

garnir [gaʀniʀ] vt • **garnir qqch de** (équiper) equipar algo com; (décorer) guarnecer algo com.

garniture [gaʀnityʀ] nf (légumes) acompanhamento m; (décoration) enfeite m.

gars [ga] nm (fam) tipo m.

gas-oil [gazɔjl] nm = **gazole**.

gaspillage [gaspijaʒ] nm desperdício m.

gaspiller [gaspije] vt desperdiçar.

gastronomique [gastʀɔnɔmik] adj gastronômico(ca).

gâté, e [gate] adj (enfant) mimado(da); (fruit, dent) estragado(da).

gâteau [gato] (pl -x) nm bolo m • **gâteau marbré** bolo mármore • **gâteau sec** bolacha f.

gâter [gate] vt mimar ◆ **se gâter** vp (fruit, dent) estragar-se; (temps, situation) deteriorar-se.

gâteux, euse [gatø, øz] adj caquético(ca).

gauche [goʃ] ◆ adj (main, côté) esquerdo(da); (maladroit) desajeitado(da) ◆ nf • **la gauche** a esquerda • **à gauche (de)** à esquerda (de) • **de gauche** (du côté gauche) da esquerda; POL de esquerda.

gaucher, ère [goʃe, ɛʀ] adj canhoto(ota).

gaufre [gofʀ] nf waffle m.

gaufrette [gofʀɛt] nf wafer m.

gaver [gave] vt • **gaver qqn de qqch** empanturrar alguém com algo ◆ **se gaver de** vp + prép empanturrar-se de.

gaz [gaz] nm inv gás m.

gaze [gaz] nf (pour pansements) gaze f.

gazette [gazɛt] nf (Belg) torta de damasco ou maçã.

gazeux, euse [gazø, øz] adj gasoso(sa).

gazinière [gazinjɛʀ] nf fogão m a gás.

gazole [gazɔl] nm diesel m.

gazon [gazɔ̃] nm (herbe) relva f; (terrain) relvado m.

GB (abr de **Grande-Bretagne**) GB.

géant, e [ʒeɑ̃, ɑ̃t] adj & nm gigante.

gel [ʒɛl] nm (glace) gelo m; (baisse des températures) geada f; (pour cheveux, dentifrice) gel m.

gélatine [ʒelatin] nf gelatina f.

gelée [ʒəle] nf (glace) geada f; (de fruits) geleia f • **en gelée** em geleia.

geler [ʒəle] vt & vi gelar • **il gèle** le está geando.

gélule [ʒelyl] nf gélula f.

Gémeaux [ʒemo] nm Gêmeos mpl.

gémir [ʒemiʀ] vi gemer.

gênant, e [ʒenã, ãt] *adj (qui met mal à l'aise)* embaraçoso(osa); *(incommode)* aborrecido(da) ◆ **être gênant** *(encombrant)* ser embaraçoso.

gencive [ʒãsiv] *nf* gengiva *f*.

gendarme [ʒãdarm] *nm* gendarme *m*.

gendarmerie [ʒãdarməri] *nf (gendarmes) tipo especial de corporação cujo encargo é de zelar pela ordem e pela segurança pública na França; (bureau)* quartel de gendarmes.

gendre [ʒãdr] *nm* genro *m*.

gêne [ʒɛn] *nf (physique)* dificuldade *f*; *(embarras)* embaraço *m*.

généalogique [ʒenealɔʒik] *adj* → **arbre**.

gêner [ʒene] *vt (déranger)* incomodar; *(encombrer)* estorvar; *(embarrasser)* embaraçar ◆ **ça vous gêne si...?** incomoda-o se...? ◆ **se gêner** *vp* ◆ **il ne se gêne pas (pour)** ele não se constrange (em).

général, e, aux [ʒeneral, o] ◆ *adj* geral ◆ *nm* general *m* ◆ **en général** em geral.

généralement [ʒeneralmã] *adv* geralmente.

généraliste [ʒeneralist] *nm* ◆ **(médecin) généraliste** clínico *m* geral.

génération [ʒenerasjõ] *nf* geração *f*.

généreux, euse [ʒenerø, øz] *adj* generoso(osa).

générique [ʒenerik] *nm* genérico *m*.

générosité [ʒenerozite] *nf* generosidade *f*.

genêt [ʒənɛ] *nm* giesta *f*.

génétique [ʒenetik] *adj* genético(ca).

Genève [ʒənɛv] *nom* Genebra *f*.

génial, e, aux [ʒenjal, o] *adj (brillant)* genial; *(fam) (excellent)* fantástico(ca).

génie [ʒeni] *nm (don, personne)* gênio *m*.

génoise [ʒenwaz] *nf* ≃ pão-de-ló *m*.

génotype [ʒenɔtip] *nm* genótipo *m*.

genou [ʒənu] *nm (pl -x)* joelho *m* ◆ **être à genoux** estar de joelhos ◆ **se mettre à genoux** ajoelhar-se.

genre [ʒãr] *nm* gênero *m*.

gens [ʒã] *nm* pessoas *fpl*.

gentil, ille [ʒãti, ij] *adj (aimable)* gentil; *(sage)* sossegado(da).

gentillesse [ʒãtijɛs] *nf* gentileza *f*.

gentiment [ʒãtimã] *adv (aimablement)* gentilmente; *(sagement)* sossegadamente; *(Helv) (tranquillement)* tranqüilamente.

géographie [ʒeɔgrafi] *nf* geografia *f*.

géométrie [ʒeɔmetri] *nf* geometria *f*.

géranium [ʒeranjɔm] *nm* pelargônio *m*; *(famille)* gerânio *m*.

gérant, e [ʒerã, ãt] *nm* gerente *mf*.

gerbe [ʒɛrb] *nf (de blé)* feixe *m*; *(d'étincelles)* girândola *f*; *(de fleurs)* ramo *m*.

gercé, e [ʒɛʀse] *adj* gretado(da).

gérer [ʒeʀe] *vt* gerir.

germain, e [ʒɛʀmɛ̃, ɛn] *adj* → **cousin**.

germe [ʒɛʀm] *nm (de pomme de terre, d'oignon)* broto *m*; *(de maladie)* germe *m*.

germer [ʒɛʀme] *vi* germinar.

gésier [ʒezje] *nm* moela *f*.

geste [ʒɛst] *nm* gesto *m*.

gesticuler [ʒɛstikyle] *vi* gesticular.

gestion [ʒɛstjɔ̃] *nf* gestão *f*.

gibelotte [ʒiblɔt] *nf* ensopado de coelho com vinho branco, toucinho, cebolinhas e cogumelos.

gibier [ʒibje] *nm* caça *f*.

giboulée [ʒibule] *nf* aguaceiro *m*.

gicler [ʒikle] *vi* esguichar.

gifle [ʒifl] *nf* bofetada *f*, tapa *m*.

gifler [ʒifle] *vt* esbofetear.

gigantesque [ʒigɑ̃tɛsk] *adj* gigantesco(ca).

gigot [ʒigo] *nm* perna *f (de carneiro)*.

gigoter [ʒigɔte] *vi* espernear • **arrête de gigoter!** fique quieto!

gilet [ʒile] *nm (pull)* casaco *m*; *(sans manches)* colete *m* • **gilet de sauvetage** colete *m* salva-vidas.

gin [dʒin] *nm* gim *m*.

gingembre [ʒɛ̃ʒɑ̃bʀ] *nm* gengibre *m*.

girafe [ʒiʀaf] *nf* girafa *f*.

giratoire [ʒiʀatwaʀ] *adj* → **sens**.

girofle [ʒiʀɔfl] *nm* → **clou**.

girouette [ʒiʀwɛt] *nf* cata-vento *m*.

gisement [ʒizmɑ̃] *nm* jazida *f*.

gitan, e [ʒitɑ̃, an] *nm* cigano *m*, -na *f*.

gîte [ʒit] *nm (de bœuf)* parte inferior da coxa do boi • **gîte d'étape** pousada *f* • **gîte (rural)** casa de campo adaptada para receber hóspedes.

> ### GÎTE RURAL
>
> Vivenda privada situada numa zona rural e destinada a receber turistas. Mobiliada e independente, esse tipo de vivenda pode geralmente abrigar famílias ou grupos inteiros. Há várias categorias de vivendas e os preços variam.

givre [ʒivʀ] *nm* geada *f*.

givré, e [ʒivʀe] *adj* coberto(ta) de geada • **orange givrée** laranja inteira, com casca, congelada e recheada de sorvete feito com sua polpa.

glace [glas] *nf (eau gelée)* gelo *m*; *(crème glacée)* sorvete *m*; *(miroir)* espelho *m*; *(vitre)* vidraça *f*; *(de voiture)* vidro *m*.

glacé, e [glase] *adj* gelado(da).

glacer [glase] *vt* gelar.

glacial, e, s, aux [glasjal, o] *adj* glacial.

glacier [glasje] *nm (de montagne)* geleira *m*; *(marchand)* sorveteiro *m*.

glacière [glasjɛʀ] *nf* geladeira *f* portátil.

glaçon [glasɔ̃] nm cubo m de gelo.

gland [glɑ̃] nm bolota f.

glande [glɑ̃d] nf glândula f.

glissade [glisad] nf escorregadela f.

glissant, e [glisɑ̃, ɑ̃t] adj escorregadio(dia).

glisser [glise] ◆ vt deslizar ◆ vi 1. (en patinant) deslizar; (déraper, être glissant) escorregar 2. INFORM **faire glisser** arrastar ◆ **se glisser** vp penetrar.

global, e, aux [glɔbal, o] adj global.

globalement [glɔbalmɑ̃] adv globalmente.

globe [glɔb] nm globo m ◆ **le globe (terrestre)** o globo (terrestre).

gloire [glwaʀ] nf glória f.

glorieux, euse [glɔʀjø, øz] adj glorioso(osa).

glossaire [glɔsɛʀ] nm glossário m.

gloussement [glusmɑ̃] nm (de poule) cacarejo m; (rire) riso m (dissimulado).

glouton, onne [glutɔ̃, ɔn] adj glutão(tona).

gluant, e [glyɑ̃, ɑ̃t] adj viscoso(osa).

gobelet [gɔblɛ] nm copo m.

gober [gɔbe] vt engolir.

goéland [gɔelɑ̃] nm gaivota f.

goinfre [gwɛ̃fʀ] nmf comilão m, -lona f.

golf [gɔlf] nm (sport) golfe m; (terrain) campo m de golfe ◆ **golf miniature** minigolfe m.

golfe [gɔlf] nm golfo m.

gomme [gɔm] nf (à effacer) borracha f.

gommer [gɔme] vt (effacer) apagar.

gond [gɔ̃] nm dobradiça f.

gondoler [gɔ̃dɔle] ◆ **se gondoler** vp (se déformer) arquear-se.

gonflé, e [gɔ̃fle] adj (enflé) inchado(da); (fam) (audacieux) arrogante.

gonfler [gɔ̃fle] ◆ vt encher ◆ vi (partie du corps) inchar; (pâte) crescer.

gorge [gɔʀʒ] nf ANAT garganta f; (gouffre) desfiladeiro m.

gorgée [gɔʀʒe] nf gole m.

gorille [gɔʀij] nm gorila m.

gosse [gɔs] nm (fam) garoto m, -ta f.

gothique [gɔtik] adj gótico(ca).

gouache [gwaʃ] nf guache m.

goudron [gudʀɔ̃] nm alcatrão m.

goudronner [gudʀɔne] vt asfaltar.

gouffre [gufʀ] nm abismo m.

goulot [gulo] nm gargalo m ◆ **boire au goulot** beber pelo gargalo.

gourde [guʀd] nf cantil m.

gourmand, e [guʀmɑ̃, ɑ̃d] adj guloso(osa).

gourmandise [guʀmɑ̃diz] nf gula f ◆ **des gourmandises** guloseimas fpl.

gourmet [guʀmɛ] nm gastrônomo m.

gourmette [guʀmɛt] nf pulseira f.

gousse [gus] nf • **gousse d'ail** dente m de alho • **gousse de vanille** fava f de baunilha.

goût [gu] nm gosto m • **avoir bon goût** (aliment) ter bom sabor; (personne) ter bom gosto.

goûter [gute] nm lanche m • vt provar • vi lanchar • **goûter à qqch** provar algo.

goutte [gut] nf gota f • **goutte à goutte** gota a gota ◆ **gouttes** nfpl gotas fpl.

gouttelette [gutlɛt] nf gotinha f.

gouttière [gutjɛʀ] nf canaleta f.

gouvernail [guvɛʀnaj] nm leme m.

gouvernement [guvɛʀnəmɑ̃] nm governo m.

gouverner [guvɛʀne] vt governar.

GPS (abr de Global Positioning System) nm GPS m.

grâce [gʀɑs] nf graça f ◆ **grâce à** prép graças a.

gracieux, euse [gʀasjø] adj gracioso(osa).

grade [gʀad] nm grau m.

gradins [gʀadɛ̃] nm arquibancada f.

gradué, e [gʀadɥe] adj (verre, règle) graduado(da); (Belg) (diplômé) diplomado(da).

graduel, elle [gʀadɥɛl] adj gradual.

graffiti(s) [gʀafiti] nm grafite m.

grain [gʀɛ̃] nm grão m; (de poussière) grão m; (de raisin) bago m • **grain de beauté** pinta f.

graine [gʀɛn] nf semente f.

graisse [gʀɛs] nf (matière grasse) gordura f; (bourrelets) banha f; (lubrifiant) lubrificante m.

graisser [gʀese] vt lubrificar.

graisseux, euse [gʀesø, øz] adj engordurado(da).

grammaire [gʀamɛʀ] nf gramática f.

grammatical, e, aux [gʀamatikal, o] adj gramatical.

gramme [gʀam] nm grama m.

grand, e [gʀɑ̃, gʀɑ̃d] ◆ adj grande; (en taille) alto(ta) ◆ adv • **grand ouvert** aberto de par em par • **il est grand temps de** já é tempo de • **grand frère** irmão mais velho • **grand magasin** loja f de departamentos • **grande surface** hipermercado m • **les grandes vacances** as férias de verão.

grand-chose [gʀɑ̃ʃoz] pron • **ce n'est pas grand-chose** não é grande coisa.

Grande-Bretagne [gʀɑ̃dbʀətaɲ] nf • **la Grande-Bretagne** a Grã-Bretanha.

grandeur [gʀɑ̃dœʀ] nf (taille) tamanho m; (importance) grandeza f.

grandir [gʀɑ̃diʀ] vi (en taille) crescer; (en importance) aumentar.

grand-mère [gʀɑ̃mɛʀ] (pl **grands-mères**) nf avó f.

grand-père [gʀɑ̃pɛʀ] (pl **grands-pères**) nm avô m.

grand-rue [gʀɑ̃ʀy] (pl **grand-rues**) nf rua f principal.

grands-parents [gʀɑ̃paʀɑ̃] nm avós mpl.

grange [gʀɑ̃ʒ] *nf* celeiro *m*.

granit(e) [gʀanit] *nm* granito *m*.

granulé [gʀanyle] *nm* granulado *m (medicamento)*.

graphique [gʀafik] *nm* gráfico *m*.

grappe [gʀap] *nf* cacho *m*.

gras, grasse [gʀa, gʀas] ♦ *adj (aliment)* gorduroso(osa); *(taché)* engordurado(da); *(cheveux)* oleoso(osa); *(personne, crème)* gordo(da) ♦ *nm (graisse)* gordura *f*, *(caractères d'imprimerie)* **en gras** em negrito ♦ **faire la grasse matinée** levantar-se tarde.

gras-double [gʀadubl] *(pl* **gras-doubles**) *nm* dobradinha *f*.

gratin [gʀatɛ̃] *nm* ♦ **gratin de pommes de terre** batatas *fpl* gratinadas ♦ **gratin dauphinois** batatas gratinadas com creme de leite ou leite.

gratiner [gʀatine] *vi* ♦ **faire gratiner qqch** gratinar algo.

gratis [gʀatis] *adv* grátis.

gratitude [gʀatityd] *nf* gratidão *f*.

gratte-ciel [gʀatsjɛl] *nm inv* arranha-céu *m*.

gratter [gʀate] *vt (peau)* coçar; *(peinture, tache)* raspar; *(sujet : vêtement)* picar ♦ **se gratter** *vp* coçar-se.

gratuit, e [gʀatɥi, it] *adj* gratuito(ta).

gravats [gʀava] *nmpl* entulho *m*.

grave [gʀav] *adj* grave; *(visage)* sério(ria).

gravement [gʀavmɑ̃] *adv* gravemente.

graver [gʀave] *vt (gén)/INFORM* gravar.

graveur [gʀavœʀ] *nm INFORM* gravador (de cd-r).

gravier [gʀavje] *nm* cascalho *m*.

gravillon [gʀavijɔ̃] *nm* brita *f*.

gravir [gʀaviʀ] *vt* escalar.

gravité [gʀavite] *nf* gravidade *f*.

gravure [gʀavyʀ] *nf* gravura *f*.

gré [gʀe] *nm* ♦ **de mon plein gré** de minha livre vontade ♦ **de gré ou de force** queira, quer não ♦ **bon gré mal gré** por bem ou por mal.

grec, grecque [gʀɛk] ♦ *adj* grego(ga) ♦ *nm (langue)* grego *m* ♦ **Grec, Grecque** *nm* grego *m*, -ga *f*.

Grèce [gʀɛs] *nf* ♦ **la Grèce** a Grécia.

greffe [gʀɛf] *nf* transplante *m*.

greffer [gʀefe] *vt* transplantar.

grêle [gʀɛl] *nf* granizo *m*.

grêler [gʀele] *vimpers* ♦ **il grêle** está chovendo granizo.

grêlon [gʀɛlɔ̃] *nm* pedra *f (de granizo)*.

grelot [gʀəlo] *nm* guizo *m*.

grelotter [gʀələte] *vi* tiritar.

grenade [gʀənad] *nf (fruit)* romã *f*, *(arme)* granada *f*.

grenadine [gʀənadin] *nf* xarope *m* de romã.

grenat [gʀəna] *adj inv* grená.

grenier [gʀənje] *nm* sótão *m*.

grenouille [gʀənuj] *nf* rã *f*.

grésiller [gʀezije] *vi (huile)* crepitar; *(radio)* zumbir.

grève

grève [grɛv] *nf* greve *f* • **être/se mettre en grève** estar/entrar em greve • **grève de la faim** greve de fome.

gréviste [grevist] *nm* grevista *mf*.

gribouillage [gribujaʒ] *nm* garatuja *f*.

gribouiller [gribuje] *vt* garatujar.

grièvement [grijɛvmɑ̃] *adv* gravemente.

griffe [grif] *nf (de chat, de chien)* unha *f; (d'aigle)* garra *f; (Belg) (éraflure)* arranhadela *f*.

griffer [grife] *vt* arranhar.

griffonner [grifɔne] *vt* rabiscar.

grignoter [griɲɔte] *vt* lambiscar.

gril [gril] *nm* grelha *f*.

grillade [grijad] *nf* churrasco *m*.

grillage [grijaʒ] *nm* rede *f*.

grille [grij] *nf* grelha *f; (d'un jardin)* portão *m; (tableau)* tabela *f*.

grillé, e [grije] *adj (ampoule)* fundido(da).

grille-pain [grijpɛ̃] *nm inv* torradeira *f*.

griller [grije] *vt* grelhar; *(pain)* torrar • **griller un feu rouge** *(fam)* ultrapassar o sinal vermelho.

grillon [grijɔ̃] *nm* grilo *m*.

grimace [grimas] *nf* careta *f* • **faire des grimaces** fazer caretas.

grimpant, e [grɛ̃pɑ̃, ɑ̃t] *adj* trepadeira *f*.

grimper [grɛ̃pe] *vt & vi* subir • **grimper aux arbres** trepar nas árvores.

grincement [grɛ̃smɑ̃] *nm* rangido *m*.

grincer [grɛ̃se] *vi* ranger.

grincheux, euse [grɛ̃ʃø, øz] *adj* rabugento(ta).

griotte [grijɔt] *nf* ginja *f*.

grippe [grip] *nf* gripe *f* • **avoir la grippe** estar com gripe.

grippé, e [gripe] *adj* gripado(da).

gris, e [gri, griz] • *adj (couleur)* cinzento(ta), cinza; *(cheveux)* grisalho(lha); *(ciel, temps)* cinzento(ta) • *nm* cinzento *m*, cinza *f*.

grivois, e [grivwa, az] *adj* picante.

grognement [grɔɲmɑ̃] *nm (de personne)* resmungo *m; (du cochon)* grunhido *m*.

grogner [grɔɲe] *vi (cochon)* grunhir; *(chien)* rosnar; *(personne)* resmungar.

grognon, onne [grɔɲɔ̃, ɔn] *adj* resmungão *m*, -gona *f*.

grondement [grɔ̃dmɑ̃] *nm* estrondo *m*.

gronder [grɔ̃de] • *vt* ralhar com • *vi (tonnerre)* ressoar • **je me suis fait gronder par ma mère** a minha mãe ralhou comigo.

groom [grum] *nm* empregado de hotel.

gros, grosse • *adj (en taille)* gordo(da); *(important)* importante; *(épais)* espesso(a) • *adv (écrire)* em letras grandes; *(gagner)* muito • *nm (en environ)* por alto; *COMM* por atacado • **le gros lot** a sorte grande • **gros mot** palavrão *m* • **gros titre** manchete *f*.

groseille [gʀozɛj] nf groselha f • **groseille à maquereau** groselha espinhosa.

grosse → **gros**.

grossesse [gʀosɛs] nf gravidez f.

grosseur [gʀosœʀ] nf (épaisseur) espessura f; MED caroço m.

grossier, ère [gʀosje, ɛʀ] adj (impoli) grosseiro(ra); (approximatif) aproximado(da); (erreur) crasso(a).

grossièreté [gʀosjɛʀte] nf (d'une personne, de paroles) grosseria f; (parole) asneira f.

grossir [gʀosiʀ] ◆ vt aumentar ◆ vi engordar • **faire grossir** engordar.

grosso modo [gʀosomodo] adv grosso modo.

grotesque [gʀɔtɛsk] adj grotesco(ca).

grotte [gʀɔt] nf gruta f.

grouiller [gʀuje] ◆ **grouiller de** vp + prép fervilhar de.

groupe [gʀup] nm grupo m • **en groupe** em grupo • **groupe sanguin** grupo sanguíneo.

grouper [gʀupe] vt agrupar ◆ **se grouper** vp agrupar-se.

gruau [gʀyo] nm (Can) mingau de flocos de aveia.

grue [gʀy] nf (de chantier) grua f.

grumeau [gʀymo] nm (pl -x) grumo m.

gruyère [gʀyjɛʀ] nm queijo m gruyère.

guacamole [gwakamɔl(e)] nm guacamole m.

Guadeloupe [gwadlup] nf • **la Guadeloupe** a Guadalupa.

guadeloupéen, enne [gwadlupeɛ̃, ɛn] adj guadalupense.

guédille [gedij] nm (Can) sanduíche de frango em pão.

guêpe [gɛp] nf vespa f, marimbondo m.

guère [gɛʀ] adv • **elle ne mange guère** ela não come quase nada.

guérir [geʀiʀ] vt & vi curar, sarar.

guérison [geʀizɔ̃] nf cura f.

guerre [gɛʀ] nf guerra f • **être en guerre** estar em guerra • **guerre mondiale** guerra mundial • **guerre bactériologique/biologique/chimique** guerra bacteorológica/biológica/química • **guerre atomique/nucléaire** guerra atômica/nuclear • **guerre de religion** guerra religiosa.

guerrier, ère [gɛʀje] nm guerreiro m.

guetter [gete] vt espreitar.

gueule [gœl] nf (d'animal) boca f; (vulg) (visage) cara f • **avoir la gueule de bois** (fam) estar com ressaca.

gueuler [gœle] vi (vulg) berrar.

gueuze [gøz] nf (Belg) cerveja forte, à base de malte e trigo, com fermentação dupla.

gui [gi] nm visco m.

guichet [giʃɛ] nm guichê m • **guichet automatique (de banque)** caixa m eletrônico.

guichetier, ère [giʃtje, ɛʀ] nm atendente m de guichê.

guide

guide [gid] • *nm* guia *mf* • *nm* guia *m* • **guide touristique** guia turístico.
guider [gide] *vt* guiar.
guidon [gidɔ̃] *nm* guidom *m*.
guignol [giɲɔl] *nm* marionete *f*.
guillemets [gijmε] *nmpl* aspas *fpl* • **entre guillemets** entre aspas.
guimauve [gimov] *nf (pâte)* marshmallow *m*.
guirlande [girlɑ̃d] *nf (de Noël)* guirlanda *f*, *(de fleurs)* grinalda *f*.
guise [giz] *nf* • **en guise de** à guisa de.
guitare [gitaʀ] *nf* violão *m* • **guitare électrique** guitarra *f* (elétrica).
guitariste [gitaʀist] *nm* violonista *mf*, guitarrista *mf*.
Guyane [gɥijan] *nf* • **la Guyane (française)** a Guiana (francesa).
gymnase [ʒimnaz] *nm* ginásio *m*.
gymnastique [ʒimnastik] *nf* ginástica *f* • **faire de la gymnastique** fazer ginástica.
gynécologue [ʒinekɔlɔg] *nm* ginecologista *mf*.

H

habile [abil] *adj* hábil.
habileté [abilte] *nf* habilidade *f*.
habillé, e [abije] *adj (personne)* vestido(da); *(tenue)* elegante.

habillement [abijmɑ̃] *nm (couture)* vestuário *m*.
habiller [abije] *vt (personne)* vestir; *(meuble)* cobrir ◆ **s'habiller** *vp (mettre des vêtements)* vestir-se; *(élégamment)* vestir-se a rigor ◆ **s'habiller bien/mal** vestir-se bem/mal.
habitant, e [abitɑ̃, ɑ̃t] *nm* habitante *mf*; *(Can)* camponês *m*, -esa *f* • **loger chez l'habitant** ficar em casa de uma família.
habitation [abitasjɔ̃] *nf* habitação *f*.
habiter [abite] • *vt* morar em • *vi* morar.
habits [abi] *nmpl* roupa *f*.
habitude [abityd] *nf* hábito *m* • **avoir l'habitude de faire qqch** ter o hábito de fazer algo • **d'habitude** de costume • **comme d'habitude** como de costume.
habituel, elle [abityεl] *adj* habitual.
habituellement [abityεl-mɑ̃] *adv* habitualmente.
habituer [abitye] *vt* • **habituer qqn à (faire) qqch** habituar alguém a (fazer) algo • **être habitué à (faire) qqch** estar habituado a (fazer) algo ◆ **s'habituer à** *vp + prép* • **s'habituer à (faire) qqch** habituar-se a (fazer) algo.
hache ['aʃ] *nf* machado *m*.
hacher ['aʃe] *vt* picar.
hachis ['aʃi] *nm* picado *m* • **hachis Parmentier** picadinho de carne moída refogada, coberto com purê de batata e gratinado ao forno.

hachoir [aʃwaʀ] nm (lame) faca f para legumes; (électrique) moedor m.

hachure [aʃyʀ] nf hachura f.

haddock [adɔk] nm hadoque defumado.

haie [ʹɛ] nf (d'arbustes) sebe f; ESP barreiras fpl.

haine [ʹɛn] nf ódio m.

haïr [aiʀ] vt odiar.

Haïti [aiti] nom Haiti.

hâle [ʹal] nm bronzeado m.

haleine [alɛn] nf hálito m.

haleter [alte] vi arquejar.

hall [ʹol] nm (d'une maison) saguão m, hall m; (d'une gare) saguão m.

halle [ʹal] nf mercado m.

hallucination [alysinasjɔ̃] nf alucinação f.

halogène [alɔʒɛn] nm • (lampe) halogène lâmpada f halógena.

halte [ʹalt] nf parada f • faire halte fazer uma parada.

haltère [altɛʀ] nm haltere m.

hamac [ʹamak] nm rede f (de dormir).

hamburger [ʹɑ̃buʀgœʀ] nm hambúrguer m.

hameçon [amsɔ̃] nm anzol m.

hamster [ʹamstɛʀ] nm hamster m.

hanche [ʹɑ̃ʃ] nf anca f.

handball [ʹɑ̃dbal] nm handebol m.

handicap [ʹɑ̃dikap] nm (infirmité) deficiência f; (désavantage) desvantagem f.

handicapé, e [ʹɑ̃dikape] • adj (infirme) deficiente; (désavantagé) prejudicado(da) • nm deficiente mf.

hangar [ʹɑ̃gaʀ] nm hangar m.

hanté, e [ʹɑ̃te] adj assombrado(da).

happer [ʹape] vt apanhar; (suj:animal) abocanhar.

harcèlement [aʀsɛləmɑ̃] nm assédio m • **harcèlement moral** assédio moral.

harceler [ʹaʀsəle] vt assediar.

hardi, e [ʹaʀdi] adj ousado(da).

hareng [ʹaʀɑ̃] nm arenque m • **hareng saur** arenque defumado.

hargneux, euse [ʹaʀɲø, øz] adj enraivecido(da).

haricot [ʹaʀiko] nm feijão m • **haricot blanc** feijão branco • **haricot vert** feijão-verde m.

harmonica [aʀmɔnika] nm harmônica f.

harmonie [aʀmɔni] nf harmonia f.

harmonieux, euse [aʀmɔnjø, øz] adj harmonioso(osa).

harmoniser [aʀmɔnize] vt harmonizar.

harnais [ʹaʀnɛ] nm (d'alpiniste) equipamento m; (de cheval) arreios mpl.

harpe [ʹaʀp] nf harpa f.

hasard [ʹazaʀ] nm acaso m • **au hasard** ao acaso • **à tout hasard** no caso de, para o caso de • **par hasard** por acaso.

hasarder [ʹazaʀde] vt arriscar
♦ **se hasarder** vp arriscar-se

hasardeux

- **se hasarder à faire qqch** arriscar-se a fazer algo.
hasardeux, euse ['azaʀdø, øz] *adj* arriscado(da).
hâte ['at] *nf* pressa *f* • **à la hâte** às pressas • **en hâte** depressa, rapidamente • **sans hâte** sem pressa • **avoir hâte de faire qqch** ter pressa de fazer algo.
hausse ['os] *nf* alta *f* • **être en hausse** estar em alta.
hausser ['ose] *vt (ton)* elevar; *(prix)* subir • **hausser les épaules** encolher os ombros.
haut, e ['o, 'ot] ◇ *adj* alto(ta) ◇ *nm* parte *f* de cima ◇ *adv* alto • **tout haut** em voz alta • **haut les mains!** mãos ao alto! • **de haut en bas** de alto a baixo • **en haut** em cima • **en haut de** em cima de • **la pièce fait 3 m de haut** o cômodo tem 3 metros de altura • **avoir des hauts et des bas** ter altos e baixos.
hautain, e ['otɛ̃, ɛn] *adj* altivo(va).
haute-fidélité ['otfidelite] *nf* alta-fidelidade *f*.
hauteur ['otœʀ] *nf (taille)* altura *f*; *(altitude)* altitude *f*; *(colline)* elevação *f* • **être à la hauteur** estar à altura.
haut-le-cœur ['olkœʀ] *nm inv* náusea *f*.
haut-parleur ['opaʀlœʀ] *(pl* haut-parleurs*) nm* alto-falante *m*.
hebdomadaire [ɛbdɔmadɛʀ] ◇ *adj* semanal • *nm* semanário *m*.

hébergement [ebɛʀʒəmɑ̃] *nm* alojamento *m*.
héberger [ebɛʀʒe] *vt* alojar.
hectare [ɛktaʀ] *nm* hectare *m*.
hein ['ɛ̃] *interj (fam)* • **tu ne lui diras pas, hein?** você não vai lhe dizer, vai?
hélas ['elas] *interj* infelizmente!
hélice [elis] *nf* hélice *f*.
hélicoptère [elikɔptɛʀ] *nm* helicóptero *m*.
helvétique [ɛlvetik] *adj* helvético(ca).
hématome [ematom] *nm* hematoma *m*.
hémorragie [emɔʀaʒi] *nf* hemorragia *f*.
hennissement ['enismɑ̃] *nm* relincho *m*.
hépatite [epatit] *nf* hepatite *f* • **hépatite C** hepatite C.
herbe [ɛʀb] *nf* erva *f* • **fines herbes** ervas aromáticas • **mauvaises herbes** ervas daninhas.
héréditaire [eʀediteʀ] *adj* hereditário(ria).
hérisser ['eʀise] • **se hérisser** vp eriçar-se.
hérisson ['eʀisɔ̃] *nm* porco-espinho *m*.
héritage [eʀitaʒ] *nm* herança *f*.
hériter [eʀite] *vt* herdar • **hériter de** *vp + prép* • **hériter de qqch** herdar algo • **hériter de qqn** herdar de alguém.
héritier, ère [eʀitje, ɛʀ] *nm* herdeiro *m*, -a *f*.
hermétique [ɛʀmetik] *adj* hermético(ca).
hernie ['ɛʀni] *nf* hérnia *f*.

héroïne [eʀɔin] *nf (drogue)* heroína *f*, → **héros**.

héroïsme [eʀɔism] *nm* heroísmo *m*.

héros, héroïne [ˈeʀo, eʀɔin] *nm* herói *m*, heroína *f*.

herve [ɛʀv] *nm (Belg)* queijo mole, fabricado com leite de vaca, da região de Liège.

hésitation [ezitasjɔ̃] *nf* hesitação *f*.

hésiter [ezite] *vi* hesitar • **hésiter à faire qqch** hesitar em fazer algo.

hêtre [ˈɛtʀ] *nm* faia *f*.

heure [œʀ] *nf* hora *f* • **quelle heure est-il? – il est quatre heures** que horas são? – são quatro horas • **il est trois heures vingt** são três e vinte • **à quelle heure part le train? – à deux heures** a que horas parte o trem? – às duas horas • **c'est l'heure de...** é hora de... • **de bonne heure** cedo • **être à l'heure (personne, train)** chegar na hora, ser pontual; *(montre)* estar certo • **heures de bureau** horário *m* de trabalho • **l'heure d'été/d'hiver** horário de verão/de inverno • **passer l'heure d'été/d'hiver** passar para o horário de verão/de inverno • **heures d'ouverture** horário *m* de funcionamento.

heureusement [œʀøzmɑ̃] *adv* felizmente.

heureux, euse [œʀø, øz] *adj* feliz.

heurter [ˈœʀte] *vt (frapper)* chocar com; *(vexer)* chocar

• **se heurter à** *vp + prép* deparar com.

hexagone [ɛgzagɔn] *nm* hexágono *m* • **l'Hexagone** a França.

hibou [ˈibu] *(pl* **-x***) nm* mocho *m*.

hier [ijɛʀ] *adv* ontem • **hier après-midi** ontem à tarde.

hiérarchie [ˈjeʀaʀʃi] *nf* hierarquia *f*.

hiéroglyphe [ˈjeʀɔglif] *nm* hieróglifo *m*.

hi-fi [ˈifi] *nf inv* equipamento *m* hi-fi.

hilarant, e [ilaʀɑ̃, ɑ̃t] *adj* hilariante.

hindou, e [ɛ̃du] *adj & nm* hinduísta.

hippodrome [ipɔdʀom] *nm* hipódromo *m*.

hippopotame [ipɔpɔtam] *nm* hipopótamo *m*.

hirondelle [iʀɔ̃dɛl] *nf* andorinha *f*.

hisser [ˈise] *vt* içar.

histoire [istwaʀ] *nf (passé, récit)* história *f*; *(mensonge)* mentira *f* • **faire des histoires** criar problemas • **histoire drôle** piada *f*.

historique [istɔʀik] *adj* histórico(ca).

hit-parade [ˈitpaʀad] *(pl* **hit-parades***) nm* parada *f* de sucesso.

hiver [ivɛʀ] *nm* inverno *m* • **en hiver** no inverno.

HLM *(abrv de* **habitation à loyer modéré***) nm inv & nf inv* ≈ habitação *f* popular, *imóveis* alugados a preços módicos para população de baixa renda.

hobby ['ɔbi] (*pl* **hobbys** ou **hobbies**) *nm* hobby *m*.

hochepot ['ɔʃpo] *nm* (*Belg*) cozido preparado com carne de boi, alho-poró, batatas e toucinho.

hocher ['ɔʃe] *vt* • **hocher la tête** (*pour accepter*) anuir (*com a cabeça*); (*pour refuser*) abanar a cabeça.

hochet ['ɔʃe] *nm* guizo *m*.

hockey ['ɔke] *nm* hóquei *m* • **hockey sur glace** hóquei no gelo.

hold-up ['ɔldœp] *nm inv* assalto *m* à mão armada.

hollandais, e ['ɔlɑ̃dɛ, ɛz] • *adj* holandês(esa) • *nm* (*langue*) holandês *m* ◆ **Hollandais, e** *nm* holandês *m*, -esa *f*.

hollande ['ɔlɑ̃d] *nm* queijo *m* holandês.

Hollande ['ɔlɑ̃d] *nf* • **la Hollande** a Holanda.

holocauste [ɔlɔkost] *nm* holocausto *m*.

homard ['ɔmar] *nm* lagosta *f* (européia) • **homard à l'américaine** lagosta com molho de vinho branco, conhaque e tomates.

homéopathie [ɔmeɔpati] *nf* homeopatia *f*.

hommage [ɔmaʒ] *nm* • **en hommage à** em homenagem a • **rendre hommage à** prestar homenagem a.

homme [ɔm] *nm* homem *m* • **homme d'affaires** homem de negócios • **homme politi-**

que político *m* • **l'homme de la rue** cidadão comum.

homogène [ɔmɔʒɛn] *adj* homogêneo(nea).

homophobe [ɔmɔfɔb] *adj* homófobo.

homosexuel, elle [ɔmɔsɛksɥɛl] *adj & nm* homossexual.

Hongrie ['ɔ̃gri] *nf* • **la Hongrie** a Hungria.

honnête [ɔnɛt] *adj* (*personne*) honesto(ta); (*salaire, résultats*) satisfatório(ria).

honnêteté [ɔnɛtte] *nf* honestidade *f*.

honneur [ɔnœr] *nm* honra *f* • **en l'honneur de** em honra de • **faire honneur à** (*repas*) comer bastante e com vontade.

honorable [ɔnɔrabl] *adj* (*acte, résultat*) honroso(osa); (*personne*) honrado(da).

honoraires [ɔnɔrɛr] *nm* honorários *mpl*.

honte ['ɔ̃t] *nf* vergonha *f* • **avoir honte (de)** ter vergonha (de) • **faire honte à qqn** envergonhar alguém.

honteux, euse ['ɔ̃tø, øz] *adj* (*personne, air*) envergonhado(da); (*affaire*) vergonhoso(osa).

hôpital [opital, o] (*pl* -**aux**) *nm* hospital *m*.

hoquet ['ɔke] *nm* • **avoir le hoquet** estar com soluços.

horaire [ɔrɛr] *nm* horário *m* • **horaires d'ouverture** horário de funcionamento.

horizon [ɔrizɔ̃] *nm* horizonte *m* • **à l'horizon** no horizonte.

horizontal, e, aux [ɔʀizɑ̃tal, o] *adj* horizontal.

horloge [ɔʀlɔʒ] *nf* relógio *m* • **l'horloge parlante** o serviço de hora certa.

horloger, ère [ɔʀlɔʒe, ɛʀ] *nm* relojoeiro *m*.

horlogerie [ɔʀlɔʒʀi] *nf* relojoaria *f*.

hormonothérapie [ɔʀmɔnɔteʀapi] *nf MÉD* hormonoterapia.

horoscope [ɔʀɔskɔp] *nm* horóscopo *m*.

horreur [ɔʀœʀ] *nf* horror *m* • **quelle horreur!** que horror! • **avoir horreur de (faire) qqch** detestar (fazer) algo.

horrible [ɔʀibl] *adj* horrível.

horriblement [ɔʀiblǝmɑ̃] *adv* horrivelmente.

horrifié, e [ɔʀifje] *adj* horrorizado(da).

hors [ɔʀ] *prép* • **hors de fora de** • **hors jeu** fora de jogo • **hors saison** fora de época • **hors service** fora de serviço; *(en panne)* avariado • **hors taxes** *(prix)* sem impostos • **hors d'atteinte, hors de portée** fora de alcance • **hors d'haleine** sem fôlego • **hors de prix** excessivamente caro • **hors de question** fora de questão • **être hors de soi** estar fora de si • **être hors sujet** fugir ao tema • **hors d'usage** fora de serviço.

hors-bord [ˈɔʀbɔʀ] *nm inv* lancha *f* com motor fora de borda.

hors-d'œuvre [ˈɔʀdɛvʀ] *nm inv* entrada *f*.

hors-série [ɔʀseʀi] • *adj inv* fora de série • *nm* edição *m* especial, fora *f* de série.

hortensia [ɔʀtɑ̃sja] *nm* hortênsia *f*.

horticulture [ɔʀtikyltyʀ] *nf* horticultura *f*.

hospice [ɔspis] *nm* asilo *m*.

hospitaliser [ɔspitalize] *vt* hospitalizar.

hospitalité [ɔspitalite] *nf* hospitalidade *f*.

hostie [ɔsti] *nf* hóstia *f*.

hostile [ɔstil] *adj* hostil.

hostilité [ɔstilite] *nf* hostilidade *f*.

hot dog [ˈɔtdɔg] *(pl* **hot dogs)** *nm* cachorro-quente *m*.

hôte, hôtesse [ot, otɛs] • *nm* anfitrião *m*, -ã *f* • *nm (qui est reçu)* hóspede *mf*.

hôtel [otɛl] *nm (auberge)* hotel *m*; *(château)* palacete *m* • **hôtel de ville** sede *f* da prefeitura.

hôtellerie [otɛlʀi] *nf (hôtel)* hospedaria *f*; *(activité)* hotelaria *f*.

hôtesse [otɛs] *nf (d'accueil)* recepcionista *f* • **hôtesse de l'air** aeromoça *f*.

hotte [ˈɔt] *nf (panier)* cesto *m* • **hotte (aspirante)** exaustor *m*.

houle [ˈul] *nf* ondulação *f*.

hourra [ˈuʀa] *interj* hurra!

housse [ˈus] *nf* capa *f* • **housse de couette** capa de edredom.

houx [ˈu] *nm* azevinho *m*.

hovercraft [ɔvœʀkʀaft] *nm* aerodeslizador *m*.

HT *adj (abr de* **hors taxes)** sem impostos.

hublot

hublot ['yblo] nm (de bateau) vigia f; (d'avion) janela f.

huer ['ɥe] vt vaiar.

huile [ɥil] nf óleo m • **huile d'arachide** óleo de amendoim • **huile d'olive** azeite m de oliva • **huile solaire** óleo de bronzear.

huiler [ɥile] vt (mécanisme) olear; (moule) untar.

huileux, euse [ɥilø, øz] adj oleoso(osa).

huissier [ɥisje] nm oficial m de Justiça.

huit [ɥit] num oito, → **six**.

huitaine ['ɥiten] nf • **une huitaine (de jours)** cerca de oito (dias).

huitième ['ɥitjɛm] num oitavo(va), → **sixième**.

huître [ɥitʀ] nf ostra f.

humain, e [ymɛ̃, ɛn] adj humano(na) • nm humano m.

humanitaire [ymaniteʀ] adj humanitário(ria) • nm humanitário.

humanité [ymanite] nf humanidade f.

humble [œbl] adj humilde.

humecter [ymɛkte] vt umedecer.

humeur [ymœʀ] nf humor m • **être de bonne/mauvaise humeur** estar de bom humor/ mau humor.

humide [ymid] adj úmido(da).

humidité [ymidite] nf umidade f.

humiliant, e [ymiljɑ̃, ɑ̃t] adj humilhante.

humilier [ymilje] vt humilhar.

humoristique [ymɔʀistik] adj humorístico(ca).

humour [ymuʀ] nm humor m • **avoir de l'humour** ter senso de humor.

hurlement ['yʀləmɑ̃] nm (de chien) uivo m; (de personne) berro m.

hurler ['yʀle] vi (chien) uivar; (personne) berrar; (vent) assobiar.

hutte ['yt] nf cabana f.

hydratant, e [idʀatɑ̃, ɑ̃t] adj hidratante.

hydrophile [idʀɔfil] adj → **coton**.

hygiène [iʒjɛn] nf higiene f.

hygiénique [iʒjenik] adj higiênico(ca).

hymne [imn] nm (religieux) hino m • **hymne national** hino m nacional.

hypermarché [ipɛʀmaʀʃe] nm hipermercado m.

hypertension [ipɛʀtɑ̃sjɔ̃] nf hipertensão f, pressão f alta.

hypnotiser [ipnɔtize] vt hipnotizar.

hypocrisie [ipɔkʀizi] nf hipocrisia f.

hypocrite [ipɔkʀit] adj & nm hipócrita.

hypothèse [ipɔtɛz] nf hipótese f.

hystérique [isteʀik] adj histérico(ca).

I

iceberg [ajsbɛʁg] *nm* iceberg *m*.
ici [isi] *adv* aqui ◆ **d'ici là** daqui até lá ◆ **d'ici peu** daqui a pouco ◆ **par ici** por aqui.
icône [ikon] *nf* ícone *m*.
idéal, e, aux [ideal, o] ◆ *adj* ideal ◆ *nm* ideal *m* ◆ **l'idéal, ce serait...** o ideal seria....
idéaliste [idealist] *adj & nm* idealista.
idée [ide] *nf* idéia *f* ◆ **avoir une idée de** ter uma idéia de.
identifier [idɑ̃tifje] *vt* identificar ◆ **s'identifier à** *vp + prép* identificar-se com.
identique [idɑ̃tik] *adj* ◆ **identique (à)** idêntico(ca)(a).
identité [idɑ̃tite] *nf* identidade *f*.
idiot, e [idjo, ɔt] *adj & nm* idiota.
idiotie [idjɔsi] *nf* idiotice *f*.
idole [idɔl] *nf* ídolo *m*.
igloo [iglu] *nm* iglu *m*.
ignoble [iɲɔbl] *adj* ignóbil.
ignorant, e [iɲɔʁɑ̃, ɑ̃t] *adj & nm* ignorante.
ignorer [iɲɔʁe] *vt* ignorar.
il [il] *pron* ele ◆ **il pleut** está chovendo ◆ **ils** *pron* eles.
île [il] *nf* ilha *f* ◆ **île flottante** ovos *mpl* nevados ◆ **l'île Maurice** as ilhas Maurício.
Île-de-France [ildəfʁɑ̃s] *nf* região metropolitana de Paris.
illégal, e, aux [ilegal, o] *adj* ilegal.

imbuvable

illettré, e [iletʁe] *adj & nm* analfabeto(ta).
illimité, e [ilimite] *adj* ilimitado(da).
illisible [ilizibl] *adj* ilegível.
illuminer [ilymine] *vt* iluminar ◆ **s'illuminer** *vp* iluminar-se.
illusion [ilyzjɔ̃] *nf* ilusão *f* ◆ **se faire des illusions** iludir-se.
illusionniste [ilyzjɔnist] *nmf* ilusionista.
illustration [ilystʁasjɔ̃] *nf* ilustração *f*.
illustré, e [ilystʁe] ◆ *adj* ilustrado(da) ◆ *nm* jornal *m* ilustrado.
illustrer [ilystʁe] *vt* ilustrar.
îlot [ilo] *nm* ilhéu *m*.
ils → **il**.
image [imaʒ] *nf* imagem *f*.
imagerie [imaʒʁi] *nf* imagética *f* ◆ **imagerie médicale** imagens *fpl* médicas.
imaginaire [imaʒinɛʁ] *adj* imaginário(ria).
imagination [imaʒinasjɔ̃] *nf* imaginação *f* ◆ **avoir de l'imagination** ter imaginação.
imaginer [imaʒine] *vt* imaginar ◆ **s'imaginer** *vp (soi-même)* imaginar-se; *(scène, personne)* imaginar ◆ **s'imaginer que** imaginar que.
imbattable [ɛ̃batabl] *adj* imbatível.
imbécile [ɛ̃besil] *nm* imbecil *m*.
imbiber [ɛ̃bibe] *vt* ◆ **imbiber qqch de** embeber algo em.
imbuvable [ɛ̃byvabl] *adj* intragável *(bebida)*.

imitateur

imitateur, trice [imitatœʀ, tʀis] *nm* imitador *m*, -ra *f*.
imitation [imitasjɔ̃] *nf* imitação *f* • **imitation cuir** imitação de couro.
imiter [imite] *vt* imitar.
immangeable [ɛ̃mɑ̃ʒabl] *adj* incomível.
immatriculation [imatʀikylasjɔ̃] *nf* matrícula *f*.
immédiat, e [imedja, at] *adj* imediato(ta).
immédiatement [imedjatmɑ̃] *adv* imediatamente.
immense [imɑ̃s] *adj* imenso(sa).
immergé, e [imɛʀʒe] *adj* imerso(sa).
immeuble [imœbl] *nm* prédio *m*.
immigration [imigʀasjɔ̃] *nf* imigração *f*.
immigration [imigʀasjɔ̃] *nf* imigração *f* • **immigration clandestine** imigração clandestina.
immigré, e [imigʀe] • *adj* imigrado(da) • *nm* imigrante *mf*.
immobile [imɔbil] *adj* imóvel.
immobilier, ère [imɔbilje, ɛʀ] *adj* imobiliário(ria).
immobiliser [imɔbilize] *vt* imobilizar.
immonde [imɔ̃d] *adj* imundo(da).
immoral, e, aux [imɔʀal, o] *adj* imoral.
immortel, elle [imɔʀtɛl] *adj* imortal.
immuniser [imynize] *vt* imunizar.
impact [ɛ̃pakt] *nm* impacto *m*.

impair, e [ɛ̃pɛʀ] *adj* ímpar.
impardonnable [ɛ̃paʀdɔnabl] *adj* imperdoável.
imparfait, e [ɛ̃paʀfɛ, ɛt] • *adj* imperfeito(ta) • *nm* imperfeito *m*.
impartial, e, aux [ɛ̃paʀsjal, o] *adj* imparcial.
impasse [ɛ̃pas] *nf* impasse *m*, beco *m* sem saída.
impassible [ɛ̃pasibl] *adj* impassível.
impatience [ɛ̃pasjɑ̃s] *nf* impaciência *f*.
impatient, e [ɛ̃pasjɑ̃, ɑ̃t] *adj* impaciente • **être impatient de faire qqch** estar impaciente por fazer algo.
impatienter [ɛ̃pasjɑ̃te]
• **s'impatienter** *vp* impacientar-se.
impeccable [ɛ̃pekabl] *adj* impecável.
imper [ɛ̃pɛʀ] *nm* impermeável *m*.
impératif, ive [ɛ̃peʀatif, iv] • *adj* imperativo(va) • *nm GRAM* imperativo *m*.
impératrice [ɛ̃peʀatʀis] *nf* imperatriz *f*.
imperceptible [ɛ̃pɛʀsɛptibl] *adj* imperceptível.
imperfection [ɛ̃pɛʀfɛksjɔ̃] *nf* imperfeição *f*.
impérial, e, aux [ɛ̃peʀjal, o] *adj* imperial.
imperméable [ɛ̃pɛʀmeabl] *adj* & *nm* impermeável.
impersonnel, elle [ɛ̃pɛʀsɔnɛl] *adj (neutre)* impessoal.
impertinent, e [ɛ̃pɛʀtinɑ̃, ɑ̃t] *adj* impertinente.

impitoyable [ɛ̃pitwajabl] *adj* impiedoso(osa).

implanter [ɛ̃plɑ̃te] *vt* implantar ◆ **s'implanter** *vp* implantar-se.

impliquer [ɛ̃plike] *vt (entraîner)* implicar • **impliquer qqn dans** implicar alguém em ◆ **s'impliquer dans** *vp + prép* implicar-se em.

impoli, e [ɛ̃pɔli] *adj* mal-educado(da).

import [ɛ̃pɔʀ] *nm (Belg)* montante *m*.

importance [ɛ̃pɔʀtɑ̃s] *nf* importância *f*.

important, e [ɛ̃pɔʀtɑ̃, ɑ̃t] *adj* importante.

importation [ɛ̃pɔʀtasjɔ̃] *nf* importação *f*.

importer [ɛ̃pɔʀte] *vt & vi* importar • **peu importe** pouco importa • **n'importe comment** (*mal*) de qualquer maneira • **n'importe quel** qualquer • **n'importe qui** qualquer pessoa.

importuner [ɛ̃pɔʀtyne] *vt* importunar.

imposable [ɛ̃pozabl] *adj* tributável, tributário(ria).

imposant, e [ɛ̃pozɑ̃, ɑ̃t] *adj* imponente.

imposer [ɛ̃poze] *vt* tributar, impor • **imposer qqch à qqn** impor algo a alguém ◆ **s'imposer** *vp* impor-se.

impossible [ɛ̃pɔsibl] *adj* impossível • **il est impossible que** é impossível que • **il est impossible de faire qqch** é impossível fazer algo.

impôt [ɛ̃po] *nm* imposto *m*.

impraticable [ɛ̃pʀatikabl] *adj* intransitável, impraticável.

imprégner [ɛ̃pʀeɲe] *vt* impregnar • **imprégner qqch de** impregnar algo de ◆ **s'imprégner de** *vp* impregnar-se de.

impression [ɛ̃pʀesjɔ̃] *nf* impressão *f* • **avoir l'impression que** ter a impressão de que • **avoir l'impression de faire qqch** ter a impressão de fazer algo.

impressionnant, e [ɛ̃pʀesjɔnɑ̃, ɑ̃t] *adj* impressionante.

impressionner [ɛ̃pʀesjɔne] *vt* impressionar.

imprévisible [ɛ̃pʀevizibl] *adj* imprevisível.

imprévu, e [ɛ̃pʀevy] ◆ *adj* imprevisto(ta) ◆ *nm* • **sauf imprévu j'arriverai à 18h** salvo algum imprevisto, chegarei às 18h.

imprimante [ɛ̃pʀimɑ̃t] *nf* impressora *f*.

imprimé, e [ɛ̃pʀime] ◆ *adj (texte)* impresso(ssa); *(tissu)* estampado(da) ◆ *nm* impresso *m*, *(publicitaire)* folheto *m*.

imprimer [ɛ̃pʀime] *vt* imprimir.

imprimerie [ɛ̃pʀimʀi] *nf (métier)* imprensa *f*; *(lieu)* tipografia *f*.

imprononçable [ɛ̃pʀɔnɔ̃sabl] *adj* impronunciável.

improviser [ɛ̃pʀɔvize] *vt & vi* improvisar.

improviste [ɛ̃pʀɔvist] ◆ **à l'improviste** *adv* de improviso.

imprudence

imprudence [ɛ̃pʀydɑ̃s] *nf* imprudência *f.*
imprudent, e [ɛ̃pʀydɑ̃, ɑ̃t] *adj* imprudente.
impuissant, e [ɛ̃pɥisɑ̃, ɑ̃t] *adj (sans recours)* impotente.
impulsif, ive [ɛ̃pylsif, iv] *adj* impulsivo(va).
impureté [ɛ̃pyʀte] *nf* impureza *f.*
inabordable [inabɔʀdabl] *adj (prix)* inacessível.
inacceptable [inakseptabl] *adj* inaceitável.
inaccessible [inaksesibl] *adj* inacessível.
inachevé, e [inaʃve] *adj* inacabado(da).
inactif, ive [inaktif, iv] *adj* inativo(va).
inadapté, e [inadapte] *adj (personne)* inadaptado(da); *(objet)* inadequado(da).
inadmissible [inadmisibl] *adj* inadmissível.
inanimé, e [inanime] *adj* inanimado(da).
inaperçu, e [inapɛʀsy] *adj*
• **passer inaperçu** passar despercebido.
inapte [inapt] *adj* inapto(ta)
• **inapte à faire qqch** inapto para fazer algo. • **inapte à qqch** inapto para algo.
inattendu, e [inatɑ̃dy] *adj* inesperado(da).
inattention [inatɑ̃sjɔ̃] *nf* distração *f* • **faute d'inattention** erro *m* de distração.
inaudible [inodibl] *adj* inaudível.
inauguration [inogyʀasjɔ̃] *nf* inauguração *f.*
inaugurer [inogyʀe] *vt* inaugurar.
incalculable [ɛ̃kalkylabl] *adj* incalculável.
incandescent, e [ɛ̃kɑ̃desɑ̃, ɑ̃t] *adj* incandescente.
incapable [ɛ̃kapabl] • *nm* incapaz *mf* • *adj* • **être incapable de faire qqch** ser incapaz de fazer algo.
incapacité [ɛ̃kapasite] *nf* incapacidade *f* • **être dans l'incapacité de faire qqch** não poder fazer algo.
incarner [ɛ̃kaʀne] *vt* encarnar.
incassable [ɛ̃kasabl] *adj* inquebrável.
incendie [ɛ̃sɑ̃di] *nm* incêndio *m.*
incendier [ɛ̃sɑ̃dje] *vt* incendiar.
incertain, e [ɛ̃sɛʀtɛ̃, ɛn] *adj* incerto(ta).
incertitude [ɛ̃sɛʀtityd] *nf* incerteza *f.*
incessamment [ɛ̃sesamɑ̃] *adv* em breve.
incessant, e [ɛ̃sesɑ̃, ɑ̃t] *adj* incessante.
incident [ɛ̃sidɑ̃] *nm* incidente *m.*
inciter [ɛ̃site] *vt* • **inciter qqn à faire qqch** incitar alguém a fazer algo.
incivilité [ɛ̃sivilite] *nf (manque de courtoisie)* incivilidade *f.*
incliné, e [~ekline] *adj* inclinado(da).
incliner [ɛ̃kline] *vt* inclinar
• **s'incliner** *vp* inclinar-se

indemne

- s'incliner devant inclinar-se perante.

inclure [ɛ̃klyR] vt incluir.

inclus, e [ɛ̃kly, yz] adj ; pp → **inclure** ◆ adj incluído(da).

incohérent, e [ɛ̃kɔeʀɑ̃, ɑ̃t] adj incoerente.

incollable [ɛ̃kɔlabl] adj (riz) que fica solto; (fam) (qui sait tout) imbatível.

incolore [ɛ̃kɔlɔʀ] adj incolor.

incommoder [ɛ̃kɔmɔde] vt incomodar.

incomparable [ɛ̃kɔ̃paʀabl] adj incomparável.

incompatible [ɛ̃kɔ̃patibl] adj incompatível.

incompétent, e [ɛ̃kɔ̃petɑ̃, ɑ̃t] adj incompetente.

incomplet, ète [ɛ̃kɔ̃plɛ, ɛt] adj incompleto(ta).

incompréhensible [ɛ̃kɔ̃pʀeɑ̃sibl] adj incompreensível.

inconditionnel, elle [ɛ̃kɔ̃disjɔnɛl] nm ◆ **un inconditionnel de** um seguidor incondicional de.

incongru, e [ɛ̃kɔ̃gʀy] adj incongruente.

inconnu, e [ɛ̃kɔny] ◆ adj & nm desconhecido(da) ◆ nm ◆ **l'inconnu** o desconhecido.

inconsciemment [ɛ̃kɔ̃sjamɑ̃] adv inconscientemente.

inconscient, e [ɛ̃kɔ̃sjɑ̃, ɑ̃t] ◆ adj inconsciente ◆ nm ◆ **l'inconscient** o inconsciente.

inconsolable [ɛ̃kɔ̃sɔlabl] adj inconsolável.

incontestable [ɛ̃kɔ̃tɛstabl] adj incontestável.

inconvénient [ɛ̃kɔ̃venjɑ̃] nm inconveniente m.

incorporer [ɛ̃kɔʀpɔʀe] vt incorporar ◆ **incorporer qqch à** incorporar algo a.

incorrect, e [ɛ̃kɔʀɛkt] adj incorreto(ta).

incorrigible [ɛ̃kɔʀiʒibl] adj incorrigível.

incrédule [ɛ̃kʀedyl] adj incrédulo(la).

incroyable [ɛ̃kʀwajabl] adj incrível.

incrusté, e [ɛ̃kʀyste] adj ◆ **incrusté de** (décoré de) incrustado(da) de.

incruster [ɛ̃kʀyste]
◆ **s'incruster** vp (tache, saleté) incrustar-se.

inculpé, e [ɛ̃kylpe] nm inculpado m, -da f.

inculper [ɛ̃kylpe] vt culpar ◆ **inculper qqn de qqch** culpar alguém de algo.

inculte [ɛ̃kylt] adj inculto(ta).

incurable [ɛ̃kyʀabl] adj incurável.

Inde [ɛ̃d] nf ◆ **l'Inde** a Índia.

indécent, e [ɛ̃desɑ̃, ɑ̃t] adj indecente.

indécis, e [ɛ̃desi, iz] adj indeciso(sa).

indéfini, e [ɛ̃defini] adj indefinido(da).

indéfiniment [ɛ̃definimɑ̃] adv indefinidamente.

indélébile [ɛ̃delebil] adj indelével.

indemne [ɛ̃dɛmn] adj ileso(sa) ◆ **sortir indemne de** sair ileso de.

indemniser [ɛ̃dɛmnize] *vt* indenizar.

indemnité [ɛ̃dɛmnite] *nf* indenização *f* • **indemnité de chômage** auxílio-desemprego.

indépendamment [ɛ̃depɑ̃damɑ̃] ◆ **indépendamment de** *prép (à part)* independentemente de.

indépendance [ɛ̃depɑ̃dɑ̃s] *nf* independência *f*.

indépendant, e [ɛ̃depɑ̃dɑ̃, ɑ̃t] *adj* independente • **être indépendant de** *(sans relation avec)* ser independente de.

indescriptible [ɛ̃dɛskʁiptibl] *adj* indescritível.

index [ɛ̃dɛks] *nm (doigt)* indicador *m*; *(d'un livre)* índice *m*.

indicateur [ɛ̃dikatœʁ] *adj m* → poteau.

indicatif, ive [ɛ̃dikatif, iv] ◆ *nm* indicativo *m* ◆ *adj m* • **à titre indicatif** a título indicativo.

indication [ɛ̃dikasjɔ̃] *nf* indicação *f* • **indications** *(sur un médicament)* indicações.

indice [ɛ̃dis] *nm (preuve)* indício *m*; *(taux)* índice *m*.

indien, enne [ɛ̃djɛ̃, ɛn] *adj (d'Inde)* indiano(na); *(d'Amérique)* índio(dia) ◆ **Indien, enne** *nm (d'Inde)* indiano *m*, -na *f*; *(d'Amérique)* índio *m*, -dia *f*.

indifféremment [ɛ̃diferamɑ̃] *adv (sans distinction)* indistintamente; *(sans préférence, selon le cas)* indiferentemente.

indifférence [ɛ̃diferɑ̃s] *nf* indiferença *f*.

indifférent, e [ɛ̃diferɑ̃, ɑ̃t] *adj* indiferente • **ça m'est indifférent** é-me indiferente.

indigène [ɛ̃diʒɛn] *nm* indígena *mf*.

indigeste [ɛ̃diʒɛst] *adj* indigesto(ta).

indigestion [ɛ̃diʒɛstjɔ̃] *nf* indigestão *f*.

indignation [ɛ̃diɲasjɔ̃] *nf* indignação *f*.

indigner [ɛ̃diɲe] ◆ **s'indigner** *vp* • **s'indigner de qqch** indignar-se com algo.

indiquer [ɛ̃dike] *vt* indicar • **indiquer qqn/qqch à qqn** indicar alguém/algo a alguém.

indirect, e [ɛ̃diʁɛkt] *adj* indireto(ta).

indirectement [ɛ̃diʁɛktəmɑ̃] *adv* indiretamente.

indiscipliné, e [ɛ̃disipline] *adj* indisciplinado(da).

indiscret, ète [ɛ̃diskʁɛ, ɛt] *adj* indiscreto(ta).

indiscrétion [ɛ̃diskʁesjɔ̃] *nf* indiscrição *f*.

indispensable [ɛ̃dispɑ̃sabl] *adj* indispensável.

indistinct, e [ɛ̃distɛ̃(kt)ɛkt] *adj* indistinto(ta).

individu [ɛ̃dividy] *nm* indivíduo *m*.

individualiste [ɛ̃dividɥalist] *adj* individualista.

individuel, elle [ɛ̃dividɥɛl] *adj* individual.

indolore [ɛ̃dɔlɔʁ] *adj* indolor.

indulgent, e [ɛ̃dylʒɑ̃, ɑ̃t] *adj* indulgente.

industrialisé, e [~edystʁijalize] *adj* industrializado(da).

industrie [ɛ̃dystʀi] nf indústria f.

industriel, elle [ɛ̃dystʀijɛl] adj industrial.

inédit, e [inedi, it] adj inédito(ta).

inefficace [inefikas] adj ineficaz.

inégal, e, aux [inegal, o] adj (longueur, chances) desigual; (terrain) acidentado(da); (travail, résultats) irregular.

inégalité [inegalite] nf desigualdade f.

inépuisable [inepɥizabl] adj inesgotável.

inerte [inɛʀt] adj inerte.

inestimable [inɛstimabl] adj inestimável.

inévitable [inevitabl] adj inevitável.

inexact, e [inegza(kt), akt] adj inexato(ta).

inexcusable [inɛkskyzabl] adj inescusável, indesculpável.

inexistant, e [inegzistɑ̃, ɑ̃t] adj inexistente.

inexplicable [inɛksplikabl] adj inexplicável.

inexpliqué, e [inɛksplike] adj inexplicado(da).

in extremis [inɛkstʀemis] adv in extremis.

infaillible [ɛ̃fajibl] adj infalível.

infarctus [ɛ̃faʀktys] nm infarto m.

infatigable [ɛ̃fatigabl] adj incansável.

infect, e [ɛ̃fɛkt] adj infeto(ta).

infecter [ɛ̃fɛkte] vt infectar ♦ **s'infecter** vp infectar-se.

infection [ɛ̃fɛksjɔ̃] nf MÉD infecção f; (odeur) fedor m.

inférieur, e [ɛ̃feʀjœʀ] adj inferior • **inférieur à** inferior a.

infériorité [ɛ̃feʀjɔʀite] nf inferioridade f.

infernal, e, aux [ɛ̃fɛʀnal, o] adj infernal.

infesté, e [ɛ̃fɛste] adj • **infesté de** infestado(da) de.

infidèle [ɛ̃fidɛl] adj infiel.

infiltrer [ɛ̃filtʀe] ♦ **s'infiltrer** vp infiltrar-se.

infime [ɛ̃fim] adj ínfimo(ma).

infini, e [ɛ̃fini] • adj infinito(ta) • nm infinito m • **à l'infini** até o infinito.

infiniment [ɛ̃finimɑ̃] adv extremamente, infinitamente • **je te remercie infiniment** estou extremamente grato a você.

infinitif [ɛ̃finitif] nm infinitivo m.

infirme [ɛ̃fiʀm] adj & nm inválido(da).

infirmerie [ɛ̃fiʀməʀi] nf enfermaria f.

infirmier, ère [ɛ̃fiʀmje, ɛʀ] nm enfermeiro m, ra f.

inflammable [ɛ̃flamabl] adj inflamável.

inflammation [ɛ̃flamasjɔ̃] nf inflamação f.

inflation [ɛ̃flasjɔ̃] nf inflação f.

inflexible [ɛ̃flɛksibl] adj inflexível.

infliger [ɛ̃fliʒe] vt • **infliger qqch à qqn** infligir algo a alguém.

influence [ɛ̃flyɑ̃s] nf influência f • **avoir de l'influence sur**

influencer

qqn ter influência sobre alguém.

influencer [ɛ̃flyɑ̃se] *vt* influenciar.

informaticien, enne [ɛ̃fɔʀmatisjɛ̃, ɛn] *nm* especialista *mf* em informática.

information [ɛ̃fɔʀmasjɔ̃] *nf* informação *f* ◆ **informations** *nf* notícias *fpl.*

informatique [ɛ̃fɔʀmatik]
• *adj* informático(ca) ◆ *nf* informática *f.*

informatisé, e [ɛ̃fɔʀmatize] *adj* informatizado(da).

informe [ɛ̃fɔʀm] *adj* informe.

informer [ɛ̃fɔʀme] *vt* • **informer qqn de/que** informar alguém de/que ◆ **s'informer (de)** *vp + prép* informar-se (sobre).

infos [ɛ̃fo] *nf (fam)* notícias *fpl.*

infraction [ɛ̃fʀaksjɔ̃] *nf* infração *f.*

infranchissable [ɛ̃fʀɑ̃ʃisabl] *adj* intransponível.

infusion [ɛ̃fyzjɔ̃] *nf* infusão *f.*

ingénieur [ɛ̃ʒenjœʀ] *nm* engenheiro *m,* -ra *f.*

ingénieux, euse [ɛ̃ʒenjø, øz] *adj* engenhoso(osa).

ingrat, e [ɛ̃gʀa, at] *adj (personne)* ingrato(ta); *(visage, physique)* desgracioso(osa).

ingratitude [ɛ̃gʀatityd] *nf* ingratidão *f.*

ingrédient [ɛ̃gʀedjɑ̃] (*pl* **-s**) *nm* ingrediente *m.*

inhabituel, elle [inabitɥɛl] *adj* inabitual.

inhumain, e [inymɛ̃, ɛn] *adj* desumano(na).

inimaginable [inimaʒinabl] *adj* inimaginável.

ininflammable [inɛ̃flamabl] *adj* ininflamável.

ininterrompu, e [inɛ̃tɛʀɔ̃py] *adj* ininterrupto(ta).

initial, e, iaux [inisjal, o] *adj* inicial.

initiale [inisjal] *nf* inicial *f.*

initiation [inisjasjɔ̃] *nf* iniciação *f.*

initiative [inisjativ] *nf* iniciativa *f* • **prendre l'initiative de faire qqch** tomar a iniciativa de fazer algo.

injecter [ɛ̃ʒɛkte] *vt* injetar.

injection [ɛ̃ʒɛksjɔ̃] *nf* injeção *f.*

injure [ɛ̃ʒyʀ] *nf* injúria *f.*

injurier [ɛ̃ʒyʀje] *vt* injuriar.

injuste [ɛ̃ʒyst] *adj* injusto(ta).

injustice [ɛ̃ʒystis] *nf* injustiça *f.*

injustifié, e [ɛ̃ʒystifje] *adj* injustificado(da).

inné, e [ine] *adj* inato(ta).

innocence [inɔsɑ̃s] *nf* inocência *f.*

innocent, e [inɔsɑ̃, ɑ̃t] *adj* & *nm* inocente.

innombrable [inɔ̃bʀabl] *adj* inumerável.

innover [inɔve] *vi* inovar.

inoccupé, e [inɔkype] *adj* desocupado(da).

inodore [inɔdɔʀ] *adj* inodoro(ra).

inoffensif, ive [inɔfɑ̃sif, iv] *adj* inofensivo(va).

inondation [inɔ̃dasjɔ̃] *nf* inundação *f.*

inonder [inɔ̃de] *vt* inundar.

inoubliable [inublijabl] *adj* inesquecível.

Inox® [inɔks] *nm* inox *m*.

inoxydable [inɔksidabl] *adj* inoxidável.

inquiet, iète [ɛ̃kjɛ, ɛt] *adj* inquieto(ta).

inquiétant, e [ɛ̃kjetɑ̃, ɑ̃t] *adj* inquietante.

inquiéter [ɛ̃kjete] *vt* inquietar ◆ **s'inquiéter** *vp* inquietar-se.

inquiétude [ɛ̃kjetyd] *nf* inquietação *f*.

insaturé, e [ɛ̃satyre] *adj* insaturado(da).

inscription [ɛ̃skripsjɔ̃] *nf* inscrição *f*.

inscrire [ɛ̃skRiR] *vt* inscrever ◆ **s'inscrire** *vp* inscrever-se ◆ **s'inscrire à** inscrever-se em.

inscrit, e [ɛ̃skRi, it] *pp* → **inscrire**.

insecte [ɛ̃sɛkt] *nm* inseto *m*.

insecticide [ɛ̃sɛktisid] *nm* inseticida *m*.

insensé, e [ɛ̃sɑ̃se] *adj* insensato(ta).

insensible [ɛ̃sɑ̃sibl] *adj* insensível; *(léger)* imperceptível ◆ **être insensible à qqch** ser insensível a algo.

insensiblement [ɛ̃sɑ̃siblə mɑ̃] *adv* imperceptivelmente.

inséparable [ɛ̃separabl] *adj* inseparável.

insérer [ɛ̃seRe] *vt* inserir.

insigne [ɛ̃siɲ] *nm* insígnia *f*.

insignifiant, e [ɛ̃siɲifjɑ̃, ɑ̃t] *adj* insignificante.

insinuer [ɛ̃sinɥe] *vt* insinuar.

insistance [ɛ̃sistɑ̃s] *nf* insistência *f* ◆ **avec insistance** com insistência.

insister [ɛ̃siste] *vi* insistir ◆ **insister sur** insistir em.

insolation [ɛ̃sɔlasjɔ̃] *nf* insolação *f*.

insolence [ɛ̃sɔlɑ̃s] *nf* insolência *f*.

insolent, e [ɛ̃sɔlɑ̃, ɑ̃t] *adj* insolente.

insolite [ɛ̃sɔlit] *adj* insólito(ta).

insoluble [ɛ̃sɔlybl] *adj (problème)* insolúvel.

insomnie [ɛ̃sɔmni] *nf* insônia *f*.

insonorisé, e [ɛ̃sɔnɔRize] *adj* insonorizado(da).

insouciant, e [ɛ̃susjɑ̃, ɑ̃t] *adj* despreocupado(da).

inspecter [ɛ̃spɛkte] *vt* inspecionar.

inspecteur, trice [ɛ̃spɛk-tœR, tRis] *nm* inspetor *m*, -ra *f*.

inspiration [ɛ̃spiRasjɔ̃] *nf* inspiração *f*.

inspirer [ɛ̃spiRe] *vt & vi* inspirar ◆ **inspirer qqch à qqn** inspirar algo a alguém ◆ **s'inspirer de** *vp + prép* inspirar-se em.

instable [ɛ̃stabl] *adj* instável.

installation [ɛ̃stalasjɔ̃] *nf* instalação *f*.

installer [ɛ̃stale] *vt* instalar ◆ **s'installer** *vp* instalar-se; *(commerçant, docteur)* estabelecer-se.

instant [ɛ̃stɑ̃] *nm* instante *m* ◆ **il sort à l'instant** ele acabou de sair ◆ **pour l'instant** por enquanto.

instantané

instantané, e [ɛ̃stɑ̃tane] adj instantâneo(nea).
instinct [ɛ̃stɛ̃] nm instinto m.
instinctif, ive [ɛ̃stɛ̃ktif, iv] adj instintivo(va).
institut [ɛ̃stity] nm instituto m • **institut de beauté** instituto de beleza.
instituteur, trice [ɛ̃stitytœr, tris] nm professor m, -ra f de escola primária.
institution [ɛ̃stitysjɔ̃] nf instituição f.
instructif, ive [ɛ̃stryktif, iv] adj instrutivo(va).
instruction [ɛ̃stryksjɔ̃] nf instrução f ◆ **instructions** nfpl instruções fpl.
instruire [ɛ̃strɥir]
◆ **s'instruire** vp instruir-se.
instruit, e [ɛ̃strɥi, it] pp → **instruire** ◆ adj instruído(da).
instrument [ɛ̃strymɑ̃] nm instrumento m • **instrument (de musique)** instrumento (de música).
instrumentaliser [ɛ̃strymɑ̃talize] vt instrumentalizar.
insuffisant, e [ɛ̃syfizɑ̃, ɑ̃t] adj insuficiente.
insuline [ɛ̃sylin] nf insulina f.
insulte [ɛ̃sylt] nf insulto m.
insulter [ɛ̃sylte] vt insultar.
insupportable [ɛ̃sypɔrtabl] adj insuportável.
insurmontable [ɛ̃syrmɔ̃tabl] adj (difficulté) insuperável.
intact, e [ɛ̃takt] adj intato(ta).
intégral, e, aux [ɛ̃tegral, o] adj integral.

176

intégrer [ɛ̃tegre] vt integrar
◆ **s'intégrer** vp ◆ **(bien) s'intégrer** integrar-se (bem).
intellectuel, elle [ɛ̃telɛktɥɛl] adj & nm intelectual.
intelligence [ɛ̃teliʒɑ̃s] nf inteligência f.
intelligent, e [ɛ̃teliʒɑ̃, ɑ̃t] adj inteligente.
intempéries [~etɑ̃peri] nfpl intempéries fpl.
intempestif, ive [ɛ̃tɑ̃pestif, iv] adj intempestivo(va).
intense [ɛ̃tɑ̃s] adj intenso(sa).
intensif, ive [ɛ̃tɑ̃sif, iv] adj intensivo(va).
intensité [ɛ̃tɑ̃site] nf intensidade f.
intention [ɛ̃tɑ̃sjɔ̃] nf intenção f • **avoir l'intention de faire qqch** ter intenção de fazer algo • **intention de vote** intenção de voto.
intentionné, e [ɛ̃tɑ̃sjɔne] adj • **bien/mal intentionné** bem/mal-intencionado.
intentionnel, elle [ɛ̃tɑ̃sjɔnɛl] adj intencional.
intercalaire [ɛ̃terkaler] nm separador m.
intercaler [ɛ̃terkale] vt intercalar.
intercepter [ɛ̃tersepte] vt interceptar.
interchangeable [ɛ̃terʃɑ̃ʒabl] adj intercambiável.
interclasse [ɛ̃terklas] nm intervalo m (entre duas aulas).
interdiction [ɛ̃terdiksjɔ̃] nf proibição f • **interdiction de fumer** proibido fumar.

interdire [ɛ̃tɛʀdiʀ] vt proibir • **interdire à qqn de faire qqch** proibir alguém de fazer algo.

interdit, e [ɛ̃tɛʀdi, it] • pp → **interdire** • adj proibido(da) • nm **interdit bancaire** proibição de emitir cheques e utilizar cartões em todos os bancos.

intéressant, e [ɛ̃teʀesɑ̃, ɑ̃t] adj interessante.

intéresser [ɛ̃teʀese] vt interessar • **interdit bancaire qqn** interessar a alguém ◆ **s'intéresser à** vp + prép interessar-se por.

intérêt [ɛ̃teʀɛ] nm interesse m • **avoir intérêt à faire qqch** ter interesse em fazer algo • **tu as intérêt à rentrer tôt sinon...** é melhor você chegar cedo, senão... • **dans l'intérêt de** no interesse de ◆ **intérêts** nmpl juros mpl.

intérieur, e [ɛ̃teʀjœʀ] • adj (interne) interior; (national) interno(na) • nm interior m.

interligne [ɛ̃teʀliɲ] nm entrelinha f.

interlocuteur, trice [ɛ̃teʀlɔkytœʀ, tʀis] nm interlocutor m, -ra f.

intermédiaire [ɛ̃teʀmedjɛʀ] • adj intermediário(ria) • nm intermediário m, -ria f • **par l'intermédiaire de** por intermédio de.

interminable [ɛ̃teʀminabl] adj interminável.

intermittent, e [ɛ̃teʀmitɑ̃, ɑ̃t] nm • **les intermittents du spectacle** como são chamados na França os técnicos e atores temporários.

internat [ɛ̃teʀna] nm (école) colégio m interno.

international, e, aux [ɛ̃teʀnasjɔnal, o] adj internacional.

interne [ɛ̃teʀn] adj & nm interno(na).

interner [ɛ̃teʀne] vt (malade) internar.

interpeller [ɛ̃teʀpəle] vt (appeler) interpelar.

Interphone® [ɛ̃teʀfɔn] nm interfone m.

interprète [ɛ̃teʀpʀɛt] nmf intérprete mf.

interpréter [ɛ̃teʀpʀete] vt interpretar.

interrogation [ɛ̃teʀɔgasjɔ̃] nf interrogação f • **interrogation (écrite)** prova f (escrita).

interrogatoire [ɛ̃teʀɔgatwaʀ] nm interrogatório m.

interroger [ɛ̃teʀɔʒe] vt interrogar • **interroger qqn sur** interrogar alguém sobre.

interrompre [ɛ̃teʀɔ̃pʀ] vt interromper.

interrupteur [ɛ̃teʀyptœʀ] nm interruptor m.

interruption [ɛ̃teʀypsjɔ̃] nf interrupção f.

intersection [ɛ̃teʀsɛksjɔ̃] nf interseção f.

intervalle [ɛ̃teʀval] nm intervalo m • **à deux jours d'intervalle** com dois dias de intervalo.

intervenir [ɛ̃teʀvəniʀ] vi intervir.

intervention

intervention [ɛ̃tɛRvɑ̃sjɔ̃] nf intervenção f.
intervenu, e [ɛ̃tɛRvəny] pp → intervenir.
interview [ɛ̃tɛRvju] nf entrevista f.
interviewer [ɛ̃tɛRvjuve] vt entrevistar.
intestin [ɛ̃tɛstɛ̃] nm intestino m.
intestinal, e, aux [ɛ̃tɛstinal, o] adj intestinal.
intime [ɛ̃tim] adj íntimo(ma).
intimider [ɛ̃timide] vt intimidar.
intimité [ɛ̃timite] nf intimidade f.
intolérable [ɛ̃tɔleRabl] adj intolerável.
intoxication [ɛ̃tɔksikasjɔ̃] nf ◆ **intoxication alimentaire** intoxicação f alimentar.
intraduisible [ɛ̃tRadɥizibl] adj intraduzível.
intransigeant, e [ɛ̃tRɑ̃ziʒɑ̃, ɑ̃t] adj intransigente.
intrépide [ɛ̃tRepid] adj intrépido(da).
intrigue [ɛ̃tRig] nf enredo m.
intriguer [ɛ̃tRige] vt intrigar.
introduction [ɛ̃tRɔdyksjɔ̃] nf introdução f.
introduire [ɛ̃tRɔdɥiR] vt introduzir ◆ **s'introduire** vp introduzir-se.
introduit, e [ɛ̃tRɔdɥi, it] pp → introduire.
introuvable [ɛ̃tRuvabl] adj impossível de encontrar.
intrus, e [ɛ̃tRy, yz] nm intruso m, -sa f.
intuition [ɛ̃tɥisjɔ̃] nf intuição f.

inusable [inyzabl] adj ◆ **c'est inusable** não se gasta.
inutile [inytil] adj inútil.
inutilisable [inytilizabl] adj inutilizável.
invalide [ɛ̃valid] nm inválido m, -da f.
invariable [ɛ̃vaRjabl] adj invariável.
invasion [ɛ̃vazjɔ̃] nf invasão f.
inventaire [ɛ̃vɑ̃tɛR] nm inventário m ◆ **faire l'inventaire de qqch** fazer o inventário de algo.
inventer [ɛ̃vɑ̃te] vt inventar.
inventeur, trice [ɛ̃vɑ̃tœR, tRis] nm inventor m, -ra f.
invention [ɛ̃vɑ̃sjɔ̃] nf invenção f.
inverse [ɛ̃vɛRs] nm inverso m ◆ **à l'inverse** pelo contrário ◆ **à l'inverse de** ao contrário de.
investir [ɛ̃vɛstiR] vt investir ◆ **s'investir dans** vp + prép dedicar-se a.
investissement [ɛ̃vɛstismɑ̃] nm investimento m.
invisible [ɛ̃vizibl] adj invisível.
invitation [ɛ̃vitasjɔ̃] nf convite m.
invité, e [ɛ̃vite] nm convidado m, -da f.
inviter [ɛ̃vite] vt convidar ◆ **inviter qqn à faire qqch** convidar alguém para fazer algo.
involontaire [ɛ̃vɔlɔ̃tɛR] adj involuntário(ria).
invraisemblable [ɛ̃vREsɑ̃blabl] adj inverossímil.
iode [jɔd] nm → **teinture**.
ira → **aller**.

irlandais, e [iʀlɑ̃dɛ, ɛz] *adj* irlandês(esa) ◆ **Irlandais, e** *nm* irlandês *m*, -esa *f*.
Irlande [iʀlɑ̃d] *nf* ● **l'Irlande du Nord** a Irlanda do Norte.
IRM (*abr de* **Imagerie par résonance magnétique**) [iɛʀɛm] *nf MÉD* RM *f* (*Ressonância Magnética*), IRM *f* (*Imagem por RM*).
ironie [iʀɔni] *nf* ironia *f*.
ironique [iʀɔnik] *adj* irônico(ca).
irrationnel, elle [iʀasjɔnɛl] *adj* irracional.
irrécupérable [iʀekypeʀabl] *adj* irrecuperável.
irréel, elle [iʀeɛl] *adj* irreal.
irrégulier, ère [iʀegylje, ɛʀ] *adj* irregular.
irremplaçable [iʀɑ̃plasabl] *adj* insubstituível.
irréparable [iʀepaʀabl] *adj* (*moteur, vêtement*) que não tem conserto; (*erreur*) irreparável.
irrésistible [iʀezistibl] *adj* irresistível.
irrespirable [iʀɛspiʀabl] *adj* (*air*) irrespirável.
irrigation [iʀigasjɔ̃] *nf* irrigação *f*.
irritable [iʀitabl] *adj* irritável.
irritation [iʀitasjɔ̃] *nf* irritação *f*.
irriter [iʀite] *vt* irritar.
islam [islam] *nm* ● **l'islam** o Islã.
isolant, e [izɔlɑ̃, ɑ̃t] ◆ *adj* isolante ◆ *nm* isolante *m*.
isolation [izɔlasjɔ̃] *nf* isolamento *m*.
isolé, e [izɔle] *adj* isolado(da).

isoler [izɔle] *vt* isolar
◆ **s'isoler** *vp* isolar-se.
Israël [isʀaɛl] *nom* Israel.
issu, e [isy] *adj* ● **être issu de** (*famille*) procedente de; (*processus, théorie*) resultante de.
issue [isy] *nf* (*sortie*) saída *f*
● **voie sans issue** rua sem saída ● **issue de secours** saída de emergência.
Italie [itali] *nf* ● **l'Italie** a Itália.
italien, enne [italjɛ̃, ɛn] ◆ *adj* italiano(na) ◆ *nm* (*langue*) italiano *m* ◆ **Italien, enne** *nm* italiano *m*, -na *f*.
italique [italik] *nm* itálico *m*.
itinéraire [itineʀɛʀ] *nm* itinerário *m* ● **itinéraire bis** itinerário secundário *itinerário alternativo para facilitar a circulação*.
ivoire [ivwaʀ] *nm* marfim *m*.
ivre [ivʀ] *adj* embriagado(da).
ivrogne [ivʀɔɲ] *nm* bêbado *m*, -da *f*.

J

j' → **je**.
jacinthe [ʒasɛ̃t] *nf* jacinto *m*.
jaillir [ʒajiʀ] *vi* (*eau*) jorrar; (*source*) brotar.
jalousie [ʒaluzi] *nf* inveja *f*; (*amoureuse*) ciúme *m*.
jaloux, ouse [ʒalu, uz] *adj* (*possessif*) ciumento(ta); (*envieux*) invejoso(osa) ◆ **être ja-**

jamais

loux de estar com inveja de; (en amour) ter ciúme de.
jamais [ʒamɛ] *adv* nunca • **je ne vais jamais au théâtre** nunca vou ao teatro • **je ne reviendrai jamais plus** nunca mais volto • **c'est le plus long voyage que j'aie jamais fait** foi a viagem mais longa que já fiz • **plus que jamais** mais do que nunca • **si jamais...** se por acaso....
jambe [ʒɑ̃b] *nf* perna *f*.
jambon [ʒɑ̃bɔ̃] *nm* presunto *m* • **jambon blanc** presunto cozido • **jambon cru** presunto cru.
jambonneau [ʒɑ̃bɔno] (*pl* -x) *nm* pernil *m*.
jante [ʒɑ̃t] *nf* jante *f*.
janvier [ʒɑ̃vje] *nm* janeiro *m*, → **septembre**.
Japon [ʒapɔ̃] *nm* • **le Japon** o Japão.
japonais, e [ʒapɔnɛ, ɛz] *adj* japonês(esa) • *nm (langue)* japonês *m* ♦ **Japonais, e** *nm* japonês *m*, -esa *f*.
jardin [ʒardɛ̃] *nm* jardim *m* • **jardin d'enfants** jardim-de-infância *m* **jardin public** jardim público.
jardinage [ʒardinaʒ] *nm* jardinagem *f*.
jardinier, ère [ʒardinje, ɛʁ] *nm* jardineiro *m*, -ra *f*.
jardinière [ʒardinjɛʁ] *nf* jardineira *f* • **jardinière de légumes** jardineira de legumes → **jardinier**.
jarret [ʒaʁɛ] *nm* • **jarret de veau** jarrete *m* de vitela.

jauge [ʒoʒ] *nf* indicador *m* • **jauge d'essence** indicador do nível de combustível.
jaune [ʒon] ♦ *adj* amarelo(la) • *nm* amarelo *m*.
jaunir [ʒoniʁ] *vi* amarelar.
jaunisse [ʒonis] *nf* icterícia *f*.
Javel [ʒavɛl] *nf* • **(eau de) Javel** água *f* sanitária.
jazz [dʒaz] *nm* jazz *m*.
je [ʒə] *pron* eu.
jean [dʒin] *nm* jeans *mpl*.
Jeep® [dʒip] *nf* jipe *m*.
jerrican [ʒeʁikan] *nm* tambor *m*.
Jésus-Christ [ʒezykʁist] *nm* Jesus Cristo • **après Jésus-Christ** depois de Cristo • **avant Jésus-Christ** antes de Cristo.
jet[1] [ʒɛ] *nm* jato *m* • **jet d'eau** repuxo *m*.
jet[2] [dʒɛt] *nm* avião *m* a jato.
jet-set [dʒɛtsɛt] *nf* jet-set *m*.
jetable [ʒətabl] *adj* • **un rasoir jetable** aparelho de barbear descartável.
jetée [ʒəte] *nf* quebra-mar *m*.
jeter [ʒəte] *vt (lancer)* atirar; *(mettre à la poubelle)* jogar fora ♦ **se jeter** *vp* • **se jeter dans (rivière)** desaguar em • **se jeter sur** jogar-se sobre.
jeton [ʒətɔ̃] *nm* ficha *f*.
jeu [ʒø] (*pl* -x) *nm* jogo *m*; *(au tennis)* partida *f* • **le jeu (au casino)** o jogo • **jeu de cartes** *(distraction)* jogo de cartas; *(paquet)* baralho *m* • **jeu d'échecs** jogo de xadrez • **jeu de mots** trocadilho *m* • **jeu de société** jogo de tabuleiro • **jeu vidéo** vi-

journaliste

deogame • **les jeux Olympiques** os Jogos Olímpicos.

jeudi [ʒødi] *nm* quinta-feira *f*, → **samedi**.

jeun [ʒœ̃] ◆ **à jeun** *adj* em jejum.

jeune [ʒœn] *adj & nm* jovem • **jeune fille** moça *f* • **jeune homme** rapaz *m* • **les jeunes** os jovens.

jeûner [ʒøne] *vi* jejuar.

jeunesse [ʒœnɛs] *nf* juventude *f*.

job [dʒɔb] *nm* (*fam*) emprego *m*.

jockey [ʒɔkɛ] *nm* jóquei *m*.

jogging [dʒɔgiŋ] *nm* (*vêtement, course*) jogging *m* • **faire du jogging** fazer jogging.

joie [ʒwa] *nf* alegria *f*.

joindre [jwɛ̃dR] *vt* (*relier*) juntar; (*contacter*) contatar • **joindre qqch à** juntar algo a • **joindre un fichier à un message électronique** *INFORM* anexar um arquivo a uma mensagem eletrônica ◆ **se joindre à** *vp + prép* juntar-se a.

joint, e [ʒwɛ̃, ɛ̃t] ◆ *pp* → **joindre** ◆ *nm* TECH junta *f*, (*fam*) (*drogue*) baseado *m*; (*do motor*) **joint de culasse** junta da cabeça.

joker [ʒɔkɛR] *nm* curinga *m*.

joli, e [ʒɔli] *adj* bonito(ta) • **jolie mentalité!** bela mentalidade!

jongleur [ʒɔ̃glœR] *nm* malabarista *m*.

jonquille [ʒɔ̃kij] *nf* junquilho *m*.

joual [ʒwal] *nm* (*Can*) dialeto franco-canadense falado na região do Quebec.

joue [ʒu] *nf* bochecha *f*.

jouer [ʒwe] ◆ *vi* (*enfant*) brincar; (*musicien*) tocar; (*acteur*) representar ◆ *vt* (*carte*) jogar; (*somme*) apostar; (*rôle, pièce*) representar; (*mélodie, sonate*) tocar • **jouer à** (*tennis, foot, cartes*) jogar • **jouer de** (*instrument*) tocar • **jouer un rôle dans qqch** (*fig*) desempenhar um papel em algo • **la porte a joué** a porta empenou.

jouet [ʒwɛ] *nm* brinquedo *m*.

joueur, euse [ʒwœR, øz] *nm* jogador *m*, -ra *f* • **être mauvais joueur** ser mau perdedor • **joueur de cartes** jogador de cartas • **joueur de flûte** flautista *m* • **joueur de foot** jogador de futebol.

jour [ʒuR] *nm* dia *m* • **il fait jour** amanhece • **jour de l'an** dia de ano-novo • **jour férié** feriado *m* • **jour ouvrable** dia útil • **huit jours** oito dias • **quinze jours** quinze dias • **de jour** de dia • **du jour au lendemain** de um dia para o outro • **de nos jours** hoje em dia • **être à jour** estar em dia • **mettre qqch à jour** atualizar.

journal [ʒuRnal] (*pl* **-aux**) *nm* jornal *m* • **journal (intime)** diário *m* • **journal télévisé** telejornal *m*.

journaliste [ʒuRnalist] *nm* jornalista *mf*.

journée

journée [ʒuʀne] *nf* dia *m*
• **dans la journée** durante o dia
• **toute la journée** o dia todo.

joyeux, euse [ʒwajø, øz] *adj* feliz • **joyeux anniversaire!** feliz aniversário!

judo [ʒydo] *nm* judô *m*.

juge [ʒyʒ] *nm (magistrat)* juiz *m*, juíza *f* • **juge d'enfants** juiz de menores; *ESP* árbitro *m*.

juger [ʒyʒe] *vt* julgar.

juif, ive [ʒɥif, ʒɥiv] *adj* judeu(dia) ◆ **Juif, ive** *nm* judeu *m*, -dia *f*.

juillet [ʒɥijɛ] *nm* julho *m* • **le 14-Juillet** o 14 de Julho *feriado nacional francês* → **septembre**.

ⓘ QUATORZE JUILLET

O dia 14 de julho é a data do feriado nacional francês, pois comemora-se o aniversário da tomada da Bastilha que ocorreu em 1789. Durante vários dias, em todo o país, bailes públicos, fogos de artifício e solenidades oficiais marcam essa data. Em Paris, na manhã de 14 de julho, pode-se assistir a um desfile militar com a presença do presidente da República.

juin [ʒɥɛ̃] *nm* junho *m*, → **septembre**.

juke-box [dʒukbɔks] *nm inv* jukebox *m*.

julienne [ʒyljɛn] *nf* juliana *f*.

jumeau, elle, eaux [ʒymo, ɛl, o] ◆ *adj (maisons)* geminado(da) ◆ *nm* gêmeo *m*, -mea *f* • **frère jumeau** irmão gêmeo.

jumelé, e [ʒymle] *adj* geminado(da) • **ville jumelée avec...** cidade geminada com...

jumelle *nf* → **jumeau** ◆ **jumelles** *nfpl* binóculos *mpl*.

jument [ʒymã] *nf* égua *f*.

jungle [ʒœ̃gl] *nf* selva *f*.

jupe [ʒyp] *nf* saia *f* • **jupe droite** saia reta.

jupon [ʒypɔ̃] *nm* saiote *m*.

jurer [ʒyʀe] ◆ *vi* jurar ◆ *vt* • **jurer (à qqn) que** jurar (a alguém) que.

jury [ʒyʀi] *nm* júri *m*.

jus [ʒy] *nm (de fruit)* suco *m*; *(de viande)* molho *m* • **jus d'orange** suco de laranja.

jusque [ʒysk(ə)] ◆ **jusqu'à** *prép* • **allez jusqu'à l'église** vá até a igreja • **jusqu'à ce que** je parte até eu ir embora • **jusqu'à présent** até hoje • **jusqu'ici** *adv* até aqui • **jusque-là** *adv (dans l'espace)* até ali; *(dans le temps)* até lá ◆.

justaucorps [ʒystokɔʀ] *nm* roupa *f* de ginástica.

juste [ʒyst] *adj (équitable)* justo(ta); *(addition, raisonnement)* correto(ta); *(note, voix)* afinado(da); *(vêtement)* justo(ta); *(seulement)* apenas; *(exactement)* precisamente • **au juste** ao certo • **chanter juste** cantar afinadamente • **être juste** mal dar.

justement [ʒystəmã] *adv* precisamente.

justesse [ʒystɛs] ♦ **de justesse** adv por pouco.
justice [ʒystis] nf justiça f.
justifier [ʒystifje] vt justificar ♦ **se justifier** vp justificar-se.
jute [ʒyt] nm ♦ **(toile de) jute** (tecido de) juta f.
juteux, euse [ʒytø, øz] adj sumarento(ta).

K

K7 [kaset] nf (abr de **cassette**) K7 f.
kaki [kaki] adj inv cáqui.
kangourou [kɑ̃guʁu] nm canguru m.
karaoké [kaʁaɔke] nm caraoquê m.
karaté [kaʁate] nm caratê m.
kart [kaʁt] nm kart m.
karting [kaʁtiŋ] nm karting m.
kayak [kajak] nm (bateau) caiaque m; (sport) canoagem f.
képi [kepi] nm quépi m.
kermesse [kɛʁmɛs] nf quermesse f.

(i) KERMESSE

Na França, a "kermesse" é uma festa organizada ao ar livre em benefício de um colégio, paróquia ou obra de caridade. Encontram-se aí, geralmente, tendas com jogos, loterias, doces caseiros etc. Na Flandres, a "kermesse" é uma grande feira organizada pela paróquia no dia do santo padroeiro da cidade.

---

kérosène [keʁozɛn] nm querosene m.
ketchup [kɛtʃœp] nm ketchup m.
kg (abr de **kilogramme**) kg.
kidnapper [kidnape] vt raptar.
kilo(gramme) [kilo(gʁam)] nm quilo(grama) m.
kilométrage [kilometʁaʒ] nm quilometragem f ♦ **kilométrage illimité** quilometragem ilimitada.
kilomètre [kilomɛtʁ] nm quilômetro m • **100 kilomètres à l'heure** 100 quilômetros por hora.
kilt [kilt] nm kilt m.
kiné (fam) [kine] (abr de **kinésithérapeute**) nmf cinesioterapeuta mf.
kinésithérapeute [kineziteʁapøt] nmf cinesioterapeuta mf.
kiosque [kjɔsk] nm quiosque m ♦ **kiosque à journaux** banca f de jornais.
kir [kiʁ] nm aperitivo composto de vinho branco e licor de cassis ♦ **kir royal** aperitivo composto de champanhe e licor de cassis.
kirsch [kiʁʃ] nm aguardente f de cereja.

kit [kit] *nm* kit *m* • **en kit** em kit • **kit mains libres** *(telecommunications)* kit viva voz.

kiwi [kiwi] *nm (fruit)* kiwi *m*.

Klaxon® [klaksɔn] *nm* buzina *f*.

klaxonner [klaksɔne] *vi* buzinar.

Kleenex® [klinɛks] *nm* lenço *m* de papel.

km *(abr de* kilomètre*)* km.

km/h *(abr de* kilomètre par heure*)* km/h.

K-O *adj inv* nocaute *m*.

kosovar, e [kɔsɔvar] *adj* Kosovar.

kouglof [kuglɔf] *nm* brioche com passas e amêndoas originário da Alsácia.

K-way® [kawe] *nm inv* anoraque impermeável.

kyste [kist] *nm* quisto *m*.

L

l *(abr de* litre*)* l.

l' → **le**.

la [la] → **le**.

là [la] *adv* ali • **par là** por ali • **cette fille-là** aquela moça • **ce jour-là** nesse dia.

là-bas [laba] *adv* ali.

laboratoire [labɔratwar] *nm* laboratório *m*.

labourer [labure] *vt* lavrar.

labyrinthe [labirɛ̃t] *nm* labirinto *m*.

lac [lak] *nm* lago *m*.

lacer [lase] *vt* amarrar.

lacet [lasɛ] *nm (de chaussures)* cordão *m*; *(virage)* estrada *f* em ziguezague.

lâche [laʃ] ◆ *adj (peureux)* covarde; *(nœud, corde)* frouxo(xa) ◆ *nm* covarde *mf*.

lâcher [laʃe] ◆ *vt* soltar; *(desserrer)* afrouxar ◆ *vi* soltar-se.

lâcheté [laʃte] *nf* covardia *f*.

là-dedans [laddɑ̃] *adv (lieu)* ali dentro; *(dans cela)* nisto tudo.

là-dessous [ladsu] *adv (lieu)* ali debaixo; *(dans cette affaire)* por detrás disto.

là-dessus [ladsy] *adv (lieu)* ali por cima; *(à ce sujet)* acerca disto.

là-haut [lao] *adv* ali em cima.

laid, e [lɛ, lɛd] *adj* feio(feia).

laideur [lɛdœr] *nf* feiúra *f*.

lainage [lɛnaʒ] *nm* roupa *f* de lã • **les lainages** as lãs.

laine [lɛn] *nf* lã *f* • **en laine** de lã.

laïque [laik] *adj* laico(ca).

laisse [lɛs] *nf* trela *f* • **tenir un chien en laisse** segurar um cão pela trela.

laisser [lese] ◆ *vt* deixar ◆ *aux*
• **laisser qqn faire qqch** deixar alguém fazer algo • **laisser tomber** *(objet)* deixar cair; *(fig) (projet, personne)* abandonar
• **se laisser** *vp* abandonar-se
• **se laisser aller** deixar-se levar • **se laisser faire** *(par lâcheté)* deixar que aconteça; *(se*

laisser tenter) ceder a uma vontade.

lait [lɛ] *nm* leite *m* • **lait démaquillant** leite demaquilante • **lait de toilette** leite de limpeza • *(locution adjectivale)* **au lait** com leite.

laitage [lɛtaʒ] *nm* laticínio *m*.

laitier [lɛtje] *adj m* → **produit**.

laiton [lɛtɔ̃] *nm* latão *m*.

laitue [lɛty] *nf* alface *f*.

lambeau [lɑ̃bo] *nm (pl -x)* farrapo *m*.

lambic [lɑ̃bik] *nm* (Belg) cerveja forte à base de cevada e trigo, aromatizada com frutos, sofrendo fermentação natural.

lambris [lɑ̃bʀi] *nm* lambri *m*.

lame [lam] *nf* lâmina *f*; *(vague)* onda *f* • **lame de rasoir** lâmina de barbear.

lamelle [lamɛl] *nf* lâmina *f*.

lamentable [lamɑ̃tabl] *adj* lamentável.

lamenter [lamɑ̃te] ♦ **se lamenter** *vp* lamentar-se.

lampadaire [lɑ̃padɛʀ] *nm (dans un appartement)* luminária *f* de pé; *(dans la rue)* luminária *f*.

lampe [lɑ̃p] *nf* luminária *f*, abajur *m* • **lampe de chevet** abajur de cabeceira • **lampe de poche** lanterna *f* de bolso.

lance [lɑ̃s] *nf* lança *f* • **lance d'incendie** mangueira *f* de incêndio.

lancée [lɑ̃se] *nf* • **continuer sur sa/ma lancée** continuar uma frase, aproveitando o impulso original.

lancement [lɑ̃smɑ̃] *nm* lançamento *m*.

lance-pierres [lɑ̃spjɛʀ] *nm inv* estilingue *m*.

lancer [lɑ̃se] *vt (jeter)* atirar; *(produit, mode)* lançar ♦ **se lancer** *vp (faire)* atirar-se; *(oser)* lançar-se • **se lancer dans qqch** meter-se em algo.

landau [lɑ̃do] *nm* carrinho *m* de bebê.

lande [lɑ̃d] *nf* charneca *f*.

langage [lɑ̃gaʒ] *nm* linguagem *f*.

langer [lɑ̃ʒe] *vt* trocar a fralda de.

langouste [lɑ̃gust] *nf* lagosta *f*.

langoustine [lɑ̃gustin] *nf* lagostim *m*.

langue [lɑ̃g] *nf* língua *f* • **langue étrangère** língua estrangeira • **langue maternelle** língua materna • **langue officielle** língua oficial • **langue vivante** língua viva.

ⓘ LANGUES RÉGIONALES

As principais línguas regionais faladas na França são o basco, o bretão, o catalão, o corso e o occitano. Podem ser estudadas tanto no ensino público como no privado. O occitano, nas suas diversas variantes, é a mais falada de todas, embora esteja, como todas as

langue-de-chat

línguas regionais, em constante declínio.

langue-de-chat [lɑ̃gdəʃa] (*pl* **langues-de-chat**) *nf* língua-de-gato *f*.
languette [lɑ̃gɛt] *nf (de chaussures)* lingüeta *f*.
lanière [lanjɛʀ] *nf (de cuir)* correia *f*.
lanterne [lɑ̃tɛʀn] *nf (lampe)* lanterna *f*.
lapin [lapɛ̃] *nm* coelho *m*.
laque [lak] *nf (pour coiffer)* laquê *m*; *(peinture)* laca *f*.
laqué, e [lake] *adj m* → **canard**.
laquelle [lakɛl] → **lequel**.
larcin [laʀsɛ̃] *nm (sout)* furto *m*.
lard [laʀ] *nm* toucinho *m*.
lardon [laʀdɔ̃] *nm* tira *f* de toucinho.
large [laʀʒ] ◆ *adj* largo(ga); *(généreux)* generoso(osa); *(tolérant)* aberto(ta). ◆ *nm* alto-mar *m*, largo *m* ◆ *adv* por alto ◆ ça fait 2 mètres de large mede dois metros de largura. ◆ au large de à altura de.
largement [laʀʒəmɑ̃] *adv (amplement)* largamente; *(au minimum)* pelo menos.
largeur [laʀʒœʀ] *nf* largura *f*.
larme [laʀm] *nf* lágrima *f*. ◆ être en larmes estar banhado em lágrimas.
lasagne(s) [lazaɲ] *nf* lasanha *f*.
laser [lazɛʀ] *nm* laser *m*.
lassant, e [lasɑ̃, ɑ̃t] *adj* cansativo(va).
lasser [lase] *vt* cansar ◆ **se lasser de** *vp* + *prép* cansar-se de.

latéral, e, aux [lateʀal, o] *adj* lateral.
latin [latɛ̃] *nm* latim *m*.
latitude [latityd] *nf* latitude *f*.
latte [lat] *nf* ripa *f*.
lauréat, e [lɔʀea, at] *nm* laureado *m*, -da *f*.
laurier [lɔʀje] *nm (arbuste)* loureiro *m*; *(condiment)* louro *m*.
lavable [lavabl] *adj* lavável.
lavabo [lavabo] *nm* lavabo *m* ◆ **lavabos** *nm pl* lavabo *m*.
lavage [lavaʒ] *nm* lavagem *f*.
lavande [lavɑ̃d] *nf* lavanda *f*.
lave-linge [lavlɛ̃ʒ] *nm inv* máquina *f* de lavar roupa, lavadora *f*.
laver [lave] *vt* lavar ◆ **se laver** *vp* lavar-se ◆ **se laver les dents** escovar os dentes ◆ **se laver les mains** lavar as mãos.
laverie [lavʀi] *nf* ◆ **laverie (automatique)** lavandaria *f* (automática).
lavette [lavɛt] *nf* esfregão *m*.
lave-vaisselle [lavvɛsɛl] *nm inv* máquina *f* de lavar louça, lavadora *f* de louça.
lavoir [lavwaʀ] *nm* 1. *(lieu)* lavanderia *f*. 2. *(bac)* tanque *m*.
laxatif [laksatif] *nm* laxante *m*.
layette [lɛjɛt] *nf* enxoval *m* de recém-nascido.
le, la [lə] *(pl les)* ◆ *art* 1. *(gén)* o(a) ◆ **le lac** o lago ◆ **la fenêtre** a janela ◆ **l'homme** o homem ◆ **les livres** os livros ◆ **les roses** as rosas ◆ **j'adore le thé** adoro chá ◆ **se laver les mains** lavar as mãos ◆ **elle a les yeux bleus** ela tem olhos azuis ◆ **brosse-toi les cheveux** penteie o ca-

belo • **j'ai levé les yeux** levantei os olhos 2. *(désigne le moment)* • **le matin/samedi** *(habituellement)* de manhã/aos sábados; *(moment précis)* de manhã/no sábado • **Bruxelles, le 9 juillet 1994** Bruxelas, 9 de julho de 1994 3. *(chaque)* • **les pommes font 2 € le kilo** as maçãs custam 2 euros o quilo • **c'est 40 € la nuit** são 40 euros por noite • **6 € l'un, 10 € les deux** 6 euros cada um, dois por 10 euros ◆ *pron* 1. *(représente une personne, une chose, un animal)* • **regarde-le/la** olhe para ele/ela • **laissez-les-nous** deixem-nos conosco 2. *(reprend un mot, une phrase)* • **si tu ne le fais pas tout de suite, je me fâche!** se você não o fizer imediatamente, vou me zangar! • **je l'avais entendu dire** eu tinha ouvido dizer isso.

lécher [leʃe] *vt* lamber.

lèche-vitrines [lɛʃvitrin] *nm inv* • **faire du lèche-vitrines** ir ver vitrines.

leçon [ləsɔ̃] *nf (cours)* aula *f*; *(devoirs)* lição *f*; *(conclusion)* lição *f* • **faire la leçon à qqn** pregar um sermão em alguém.

lecteur, trice [lɛktœr, tris] • *nm* leitor *m*, -ra *f* ◆ *nm* leitor *m* • **lecteur de cassettes** leitor de cassetes • **lecteur laser** OU **de CD** leitor de CDs.

lecture [lɛktyr] *nf* leitura *f*.

légal, e, aux [legal, o] *adj* legal.

légende [leʒɑ̃d] *nf (conte)* lenda *f*; *(d'une photo, d'un schéma)* legenda *f*.

léger, ère [leʒe, ɛr] *adj* leve; *(café, cigarette)* fraco(ca); *(peu important)* ligeiro(ra) • **à la légère** irrefletidamente.

légèrement [leʒɛrmɑ̃] *adv (un peu)* ligeiramente; *(s'habiller)* com roupas leves.

légèreté [leʒɛrte] *nf (faible poids)* leveza *f*; *(insouciance)* despreocupação *f*.

légionnellose [leʒjɔnɛloz] *nf* MÉD legionelose *f*.

législation [leʒislasjɔ̃] *nf* legislação *f*.

légitime [leʒitim] *adj* legítimo(ma) • **légitime défense** legítima defesa *f*.

léguer [lege] *vt* legar.

légume [legym] *nm* legume *m* • **légumes verts** hortaliças *fpl*.

lendemain [lɑ̃dmɛ̃] *nm* • **le lendemain** no dia seguinte (a) • **le lendemain matin** na manhã seguinte.

lent, e [lɑ̃, lɑ̃t] *adj* lento(ta).

lentement [lɑ̃tmɑ̃] *adv* lentamente.

lenteur [lɑ̃tœr] *nf* lentidão *f*.

lentille [lɑ̃tij] *nf (légume)* lentilha *f*; *(verre de contact)* lente *f* (de contato).

léopard [leɔpar] *nm* leopardo *m*.

lequel, laquelle [ləkɛl, lakɛl] *(mpl* **lesquels**, *fpl* **lesquelles)** *pron* o qual (a qual); *(interrogatif)* qual • **l'homme auquel j'ai parlé/duquel on m'a parlé** o homem a quem falei/de quem me falaram ◆ **lequel veux-tu?** qual você quer?

les → **le**.

léser [leze] *vt* lesar.

lésion [lezjɔ̃] *nf* lesão *f*.

lesquelles [lekɛl] → **lequel**.

lesquels [lekɛl] → **lequel**.

lessive [lesiv] *nf (poudre, liquide)* sabão *m (para a roupa); (linge)* roupa *f* por lavar ◆ **faire la lessive** lavar a roupa.

lessiver [lesive] *vt (nettoyer)* lavar; *(fam) (fatiguer)* deixar exausto(ta).

leste [lɛst] *adj (agile)* ágil.

lettre [lɛtr] *nf (de l'alphabet)* letra *f; (courrier)* carta *f* ◆ **en toutes lettres** por extenso ◆ **lettre de motivation** carta de apresentação.

leucémie [løsemi] *nf* leucemia *f*.

leur [lœR] *adj* dele(dela), seu(sua) ◆ **ils ont vendu leur maison** eles venderam a casa deles ◆ **le leur, la leur** *(pl)* **les leurs** *pron* o dele(dela) ◆ **je préfère la leur** prefiro a deles ◆ **cet argent est le leur** este é o dinheiro deles ◆ **je vais leur montrer le chemin** vou mostrar-lhes o caminho ◆ **tu devrais leur renvoyer** você deveria mandar-lhes isso de volta.

levant [ləvɑ̃] *adj m* → **soleil**.

levé, e [ləve] *adj* levantado(da).

levée [ləve] *nf (du courrier)* coleta *f*.

lever [ləve] ◆ *vt* levantar ◆ *nm* levantar *m* ◆ **le lever du jour** o amanhecer ◆ **le lever du soleil** o nascer do sol ◆ **se lever** *vp (personne)* levantar-se; *(jour)* amanhecer; *(soleil)* nascer; *(temps)* clarear.

levier [ləvje] *nm* alavanca *f* ◆ **levier de vitesse** alavanca de câmbio.

lèvre [lɛvR] *nf* lábio *m*.

levure [ləvyR] *nf* fermento biológico, levedo *m*.

lexique [lɛksik] *nm* léxico *m*.

lézard [lezaR] *nm* lagarto *m*.

lézarder [lezaRde] ◆ **se lézarder** *vp* rachar-se.

liaison [ljezɔ̃] *nf* ligação *f; (amoureuse)* relação *f* ◆ **être en liaison** estar em contato com.

liane [ljan] *nf* cipó *m*.

liasse [ljas] *nf* maço *m*.

Liban [libɑ̃] *nm* ◆ **le Liban** o Líbano.

libéral, e, aux [liberal, o] *adj* liberal.

libération [liberasjɔ̃] *nf* libertação *f*.

libérer [libere] *vt* libertar ◆ **se libérer** *vp* libertar-se.

liberté [libɛRte] *nf* liberdade *f* ◆ **en liberté** *(animaux)* em liberdade.

libraire [libRɛR] *nm* livreiro *m*, -ra *f*.

librairie [libRɛRi] *nf* livraria *f*.

libre [libR] *adj* livre ◆ **être libre de faire qqch** ser livre para fazer algo.

librement [librəmɑ̃] *adv* livremente.

libre-service [librəsɛrvis] (*pl* **libres-services**) *nm* self-service *m*.

licence [lisɑ̃s] *nf* autorização *f*; *(diplôme)* diploma universitário que se obtém após a conclusão do curso, ≃ licenciatura *f*.

licenciement [lisɑ̃simɑ̃] *nm* demissão *f*.

licencier [lisɑ̃sje] *vt* despedir ◆ **se faire licencier** demitir-se, ser despedido.

liège [ljɛʒ] *nm* cortiça *f*.

liégeois, e [ljeʒwa] *adj m* → **café, chocolat**.

lien [ljɛ̃] *nm (ruban, sangle)* laço *m*; *(relation)* vínculo *m*.

lier [lje] *vt* ligar; *(attacher)* atar ◆ **lier conversation avec qqn** puxar conversa com alguém ◆ **se lier** *vp* ◆ **se lier (d'amitié) avec qqn** fazer amizade com alguém.

lierre [ljɛr] *nm* hera *f*.

lieu [ljø] (*pl* **-x**) *nm* lugar *m* ◆ **avoir lieu** ter lugar, realizar-se ◆ **au lieu de** em vez de.

lièvre [ljɛvr] *nm* lebre *f*.

ligne [liɲ] *nf* linha *f* ◆ **garder la ligne** manter a linha ◆ **aller à la ligne** abrir parágrafo ◆ **(en) ligne droite** (em) linha reta ◆ **grandes lignes** principais eixos ferroviários.

ligoter [ligɔte] *vt* atar.

lilas [lila] *nm* lilás *m*.

limace [limas] *nf* lesma *f*.

limande [limɑ̃d] *nf* linguado *m*.

lime [lim] *nf* lima *f* ◆ **lime à ongles** lixa de unhas.

limer [lime] *vt* limar, lixar.

limitation [limitasjɔ̃] *nf* limitação *f* ◆ **limitation de vitesse** limite de velocidade.

limite [limit] ◆ *nf* limite *m* ◆ *adj* limite ◆ **à la limite** em último caso.

limiter [limite] *vt* limitar ◆ **se limiter à** *vp + prép* limitar-se a.

limonade [limɔnad] *nf* refrigerante à base de essência de limão.

limpide [lɛ̃pid] *adj (eau)* límpido(da); *(raisonnement)* claro(ra).

lin [lɛ̃] *nm* linho *m*.

linge [lɛ̃ʒ] *nm* roupa *f* ◆ **linge de maison** roupa de cama, mesa e banho.

lingerie [lɛ̃ʒri] *nf (sous-vêtements)* lingerie *f*; *(local)* lavanderia *f*.

lingette [lɛ̃ʒɛt] *nf* lenço *m* umedecido.

lingot [lɛ̃go] *nm* ◆ **lingot (d'or)** lingote *m* (de ouro).

lino(léum) [lino, linɔleɔm] *nm* linóleo *m*.

lion [ljɔ̃] *nm* leão *m* ◆ **Lion** Leão *m*.

liqueur [likœr] *nf* licor *m*.

liquidation [likidasjɔ̃] *nf* ◆ **liquidation totale** liquidação total.

liquide [likid] ◆ *adj* líquido(da) ◆ *nm* líquido *m* ◆ **(argent) liquide** dinheiro *m* ◆ **payer en (argent) liquide** pagar em dinheiro ◆ **liquide de frein** óleo *m* de freio ◆ **liquide vaisselle** detergente para a louça.

liquider [likide] *vt* liquidar.

lire [lir] *vt* & *vi* ler.

lisible [lizibl] *adj* legível.

lisière [lizjɛʀ] *nf* orla *f*.
lisse [lis] *adj* liso(sa).
liste [list] *nf* lista *f* • **liste d'attente** lista de espera • **être sur liste d'attente** estar na lista de espera • **être sur liste rouge** não permitir que o número de telefone conste da lista.
listériose [listerjoz] *nf MÉD* listeriose.
lit [li] *nm* (*pour dormir*) cama *f*; (*d'une rivière*) leito *m* • **aller au lit** ir para a cama • **lit de camp** cama de armar • **lit double, grand lit** cama de casal • **lit simple, lit à une place, petit lit** cama de solteiro • **lits jumeaux** camas gêmeas • **lits superposés** beliche *m*.
litchi [litʃi] *nm* lichia *f*.
literie [litri] *nf* conjunto de objetos que compõem uma cama (colchões, travesseiros etc.).
litière [litjɛʀ] *nf* areia *f* para gatos.
litige [litiʒ] *nm* litígio *m*.
litre [litʀ] *nm* litro *m*.
littéraire [literɛʀ] *adj* literário(ria).
littérature [literatyʀ] *nf* literatura *f*.
littoral, e [litɔral, o] (*pl* **-aux**) *nm* litoral *m*.
livide [livid] *adj* lívido(da).
living(-room), s [liviŋ(rum)] *nm* sala *f* de estar.
livraison [livrɛzɔ̃] *nf* entrega *f* • **livraison à domicile** entrega em domicílio • **livraison des bagages** retirada de bagagem.

livre¹ [livʀ] *nm* livro *m* • **livre de français** livro de francês.
livre² [livʀ] *nf* (*demi-kilo*) meio quilo *m*; (*monnaie*) libra *f* • **livre sterling** libra esterlina.
livrer [livre] *vt* entregar.
livret [livrɛ] *nm* caderneta *f* • **livret (de caisse) d'épargne** caderneta de poupança • **livret de famille** caderneta entregue aos cônjuges no momento do casamento, no qual constam os dados relativos ao casamento, ao nascimento dos filhos, bem como aqueles relativos ao falecimento dos mesmos e dos esposos • **livret scolaire** caderneta do aluno.
livreur, euse [livʀœʀ, øz] *nm* entregador *m*, -ra *f*; (*de meubles*) carregador *m*.
local, e, aux [lɔkal, o] • *adj* local • *nm* local *m*.
locataire [lɔkatɛʀ] *nm* inquilino *m*, -na *f*.
location [lɔkasjɔ̃] *nf* aluguel *m*; (*d'un billet*) reserva *f* • **location de voitures** aluguel de veículos.
locomotive [lɔkɔmɔtiv] *nf* locomotiva *f*.
loge [lɔʒ] *nf* (*de concierge*) portaria *f*; (*d'acteur*) camarim *m*.
logement [lɔʒmɑ̃] *nm* (*hébergement*) alojamento *m*; (*appartement*) residência *f*.
loger [lɔʒe] • *vt* alojar • *vi* morar • **se loger** *vp* alojar-se.
logiciel [lɔʒisjɛl] *nm* software *m*.

logique [lɔʒik] ♦ *adj* lógico(ca) ♦ *nf* lógica *f*.

logiquement [lɔʒikmɑ̃] *adv* logicamente.

logo [logo] *nm* logotipo *m*.

loi [lwa] *nf* lei *f* ♦ **la loi** a lei.

loin [lwɛ̃] *adv* longe ♦ **au loin** ao longe ♦ **de loin** de longe ♦ **loin de** longe de ♦ **loin de là** longe disso.

lointain, e [lwɛ̃tɛ̃, ɛn] *adj* longínquo(qua); *(hautain)* distante.

Loire [lwar] *nf* ♦ **la Loire** (fleuve) o Loire.

loisirs [lwazir] *nmpl* distrações *fpl*.

Londonien, enne [lɔ̃dɔnjɛ̃, ɛn] *nm* londrino *m*, -na *f*.

Londres [lɔ̃dr] *nom* Londres.

long, longue [lɔ̃, lɔ̃g] *adj (dans l'espace)* comprido(da); *(dans le temps)* longo(ga) ♦ **ça fait 10 mètres de long** mede 10 metros de comprimento ♦ **le long de** ao longo de ♦ **de long en large** de um lado a outro ♦ **à la longue** com o tempo.

longeole [lɔ̃ʒɔl] *nf (Helv)* salsicha defumada típica de Genebra.

longer [lɔ̃ʒe] *vt* ladear.

longitude [lɔ̃ʒityd] *nf* longitude *f*.

longtemps [lɔ̃tɑ̃] *adv* muito tempo.

longue → **long**.

longuement [lɔ̃gmɑ̃] *adv* longamente.

longueur [lɔ̃gœr] *nf (d'une route, d'une table)* comprimento *m*; *(d'un voyage, d'un discours)* duração *f* ♦ **à longueur de journée** todo o dia ♦ *(radio)* **longueur d'onde** comprimento de onda ♦ **saut en longueur** *ESP* salto em distância.

longue-vue [lɔ̃gvy] *(pl* **longues-vues)** *nf* luneta *f*.

loquet [lɔkɛ] *nm* ferrolho *m*.

lorraine [lɔrɛn] *adj f* → **quiche**.

lors [lɔr] ♦ **lors de** *prép* durante.

lorsque [lɔrskə] *conj* quando.

losange [lɔzɑ̃ʒ] *nm* losango *m*.

lot [lo] *nm (de loterie)* prêmio *m*; *COMM* lote *m*.

loterie [lɔtri] *nf* loteria *f*.

lotion [losjɔ̃] *nf* loção *f*.

lotissement [lɔtismɑ̃] *nm* loteamento *m*.

loto [loto] *nm (national)* ≃ mega-sena *f* ♦ **le loto sportif** ≃ a loteria esportiva.

ⓘ LOTO

Nesse jogo de azar administrado pelo Estado podem-se ganhar grandes somas em dinheiro. Os apostadores escolhem certos números em volantes impressos (que se podem comprar nas tabacarias) e o preço da aposta varia em função da quantidade de números escolhidos. A seguir, comparam-se os números em que se apostou com os do sorteio transmitido ao vivo pela televisão. O "loto sportif" (totobola) é a aposta

lotte 192

nos resultados de uma série de jogos de futebol.
lotte [lɔt] nf barboto m.
louche [luʃ] ♦ adj (bizarre) esquisito(ta); (personne) duvidoso(osa) ♦ nf concha f (de sopa).
loucher [luʃe] vi ser vesgo(ga).
louer [lwe] vt alugar • **à louer** aluga-se.
loup [lu] nm lobo m.
loupe [lup] nf lupa f.
louper [lupe] vt (fam) (examen) levar bomba; (train) perder.
lourd, e [luʀ, luʀd] ♦ adj pesado(da); (sans finesse) grosseiro(ra); (dépenses, traitement) importante; (temps) abafado(da) ♦ adv • **peser lourd** pesar muito.
lourdement [luʀdəmɑ̃] adv (tomber) pesadamente; (se tromper) redondamente.
lourdeur [luʀdœʀ] nf • **avoir des lourdeurs d'estomac** ter o estômago pesado.
Louvre [luvʀ] nm • **le Louvre** o museu do Louvre.

(i) LE LOUVRE

Esse é um dos museus mais importantes do mundo. Contém valiosas coleções de antiguidades, escultura e pinturas. Algumas das salas do antigo Ministério da Economia foram incorporadas ao museu e procedeu-se a uma restauração dos arredores daquilo que ho-je se chama o "Grand Louvre". Entre as duas alas do edifício ergue-se uma pirâmide de cristal, que constitui a nova via de acesso ao museu. No subsolo existem, entre outros, um centro comercial e um pátio de estacionamento.

loyal, e, aux [lwajal, o] adj leal.
loyauté [lwajote] nf lealdade f.
loyer [lwaje] nm aluguel m.
lu, e [ly] pp → **lire**.
lubrifiant [lybʀifjɑ̃] nm lubrificante m.
lucarne [lykaʀn] nf clarabóia f.
lucide [lysid] adj lúcido(da).
lueur [lɥœʀ] nf (lumière) clarão m; (de bougie) luz f; (dans le regard) brilho m.
luge [lyʒ] nf trenó m • **faire de la luge** andar de trenó.
lugubre [lygybʀ] adj lúgubre.
lui¹ [lɥi] pron **1.** (gén) ele • **j'en ai eu moins que lui** tive menos que ele • **et lui, qu'est-ce qu'il en pense?** e ele, o que é que ele acha? • **c'est lui qui nous a renseignés** foi ele que nos informou • **c'est lui-même qui l'a dit** foi ele mesmo quem o disse • **il se contredit lui-même** ele contradiz a si mesmo **2.** (complément d'objet indirect) lhe • **dites-le lui tout de suite** diga isso a ele imediatamente • **je lui ai serré la main** dei-lhe um aperto de mão.
lui² [lɥi] pp → **luire**.

luire [lɥiʀ] *vi* luzir.
luisant, e [lɥizɑ̃, ɑ̃t] *adj* reluzente.
lumière [lymjɛʀ] *nf* luz *f*.
luminaire [lyminɛʀ] *nm* luminária *f*.
lumineux, euse [lyminø, øz] *adj (éclairé,)* luminoso(osa); *(teint, sourire)* luminoso(osa); *(explication)* claro(ra).
lunch [lœ̃ʃ] *(pl* -s *ou* -es*) nm* bufê *m*.
lundi [lœ̃di] *nm* segunda-feira *f*, → **samedi**.
lune [lyn] *nf* lua *f* • **lune de miel** lua-de-mel • **pleine lune** lua cheia.
lunette [lynɛt] *nf* luneta *f* • **lunette arrière** vidro *m* traseiro • **lunettes** *nfp* óculos *mpl* • **lunettes de soleil** óculos de sol.
lustre [lystʀ] *nm* lustre *m*.
lutte [lyt] *nf* luta *f*.
lutter [lyte] *vi* lutar • **lutter contre** lutar contra.
luxation [lyksasjɔ̃] *nf* luxação *f*.
luxe [lyks] *nm* luxo *m* • **de (grand) luxe** de luxo.
Luxembourg [lyksɑ̃buʀ] *nm* • **le Luxembourg** o Luxemburgo.
Luxembourgeois, e [lyksɑ̃buʀʒwa, az] *nm* luxemburguês *m*, -esa *f*.
luxueux, euse [lyksɥø, øz] *adj* luxuoso(osa).
lycée [lise] *nm* escola *f* secundária • **lycée professionnel** escola de formação profissional.
lycéen, enne [liseɛ̃, ɛn] *nm* aluno *m*, -na *f* da escola secundária.
Lycra® [likʀa] *nm* Lycra® *f*.
Lyon [ljɔ̃] *nom* Lyon.

M

m *(abr de* mètre*)* m.
m' → **me**.
M. *(abr de* Monsieur*)* Sr.
ma [ma] → **mon**.
macadam [makadam] *nm* macadame *m*.
macaron [makaʀɔ̃] *nm (gâteau)* petit-four feito com massa de amêndoas, açúcar e claras.
macaronis [makaʀɔni] *nmp* macarrão *m*.
macédoine [masedwan] *nf* • **macédoine (de légumes)** macedônia *f* de legumes • **macédoine de fruits** macedônia *f* de frutas.
macérer [maseʀe] *vi* macerar.
mâcher [maʃe] *vt* mastigar.
machin [maʃɛ̃] *nm (fam)* coisa *f*.
machinal, e, aux [maʃinal, o] *adj* maquinal.
machine [maʃin] *nf* máquina *f* • **machine à coudre** máquina de costura • **machine à écrire** máquina de escrever • **machine à laver** máquina de lavar • **machine à sous** caça-níqueis *mpl*.

machiniste [maʃinist] nm (d'autobus) motorista mf • **faire signe au machiniste** fazer sinal ao motorista.

mâchoire [maʃwar] nf maxilar m.

maçon [masɔ̃] nm pedreiro m.

macro [makro] nf INFORM macro m.

madame [madam] (pl **mesdames**) nf • **madame X** a senhora X • **bonjour, madame/mesdames!** bom dia, minha senhora/minhas senhoras! • **Madame**, (dans une lettre) Prezada Senhora, • **Madame!** (pour appeler le professeur) Professora!

madeleine [madlɛn] nf madalena f.

mademoiselle [madmwazɛl] (pl **mesdemoiselles**) nf • **mademoiselle X** senhorita X • **bonjour, mademoiselle/mesdemoiselles!** bom dia, senhorita/senhoritas! • **Mademoiselle**, (dans une lettre) Prezada Senhora, • **Mademoiselle!** (pour appeler le professeur) Professora!

madère [madɛr] nm → sauce.

maf(f)ia [mafja] nf máfia f • **la Maf(f)ia** a Máfia.

magasin [magazɛ̃] nm loja f • **en magasin** em estoque.

magazine [magazin] nm revista f.

Maghreb [magrɛb] nm • **le Maghreb** o Magreb.

Maghrébin, e [magrɛb-ɛ, in] nm magrebino m, -na f.

magicien, enne [maʒisjɛ̃, ɛn] nm mágico m, -ca f.

magie [maʒi] nf magia f.

magique [maʒik] adj mágico(ca).

magistrat [maʒistra] nm magistrado m.

magnésium [maɲezjɔm] nm magnésio m.

magnétique [maɲetik] adj magnético(ca).

magnétophone [maɲetɔfɔn] nm gravador m.

magnétoscope [maɲetɔskɔp] nm vídeo m.

magnifique [maɲifik] adj magnífico(ca).

magret [magrɛ] nm • **magret (de canard)** peito m de pato.

mai [mɛ] nm maio m • **le premier mai** o primeiro de maio → **septembre**.

ⓘ PREMIER MAI

Nesse feriado comemora-se o Dia do Trabalhador e realizam-se os tradicionais desfiles organizados por diversos sindicatos franceses. Também nesse dia é costume oferecer-se um ramo de lírio-do-vale ("muguet") para dar sorte. Nessa época, as flores são vendidas em toda parte por vendedores ambulantes.

maigre [mɛgr] adj magro (gra).

maigrir [megʀiʀ] vi emagrecer.

mail [mel] nm INFORM e-mail m, mail m.

maille [maj] nf malha f.

maillon [majɔ̃] nm elo m.

maillot [majo] nm camiseta f; *(de football)* camisa f • **maillot (de bain)(une pièce)** maiô m • **maillot(de bain) deux pièces** biquíni m • **maillot jaune** *(cyclisme)* camiseta amarela • **maillot de corps** camiseta.

main [mɛ̃] nf mão f • **à main gauche** à esquerda • **se donner la main** dar-se as mãos • **fait (à la) main** feito à mão • **mains libres** *(téléphone, kit)* viva voz • **prendre qqch en main** encarregar-se de algo.

main-d'œuvre [mɛ̃dœvʀ] *(pl* **mains-d'œuvre)** nf mão-de-obra f.

maintenant [mɛ̃tnɑ̃] adv agora.

maintenir [mɛ̃tniʀ] vt manter • **se maintenir** vp manter-se.

maintenu, e [mɛ̃tny] pp → **maintenir**.

maire [mɛʀ] nm prefeito m.

mairie [meʀi] nf *(bâtiment)* prefeitura f.

mais [me] conj mas • **mais non!** claro que não!

maïs [mais] nm milho m.

maison [mezɔ̃] • nf casa f, adj inv caseiro(ra) f • **à la maison** em casa • **maison de campagne** casa de campo • **maison des jeunes et de la culture** centro cultural para jovens.

maître, esse [mɛtʀ, mɛtʀɛs] nm dono m, -na f • **maître (d'école)** professor m • **maître d'hôtel** maître m • **maître nageur** salva-vidas m inv.

maîtresse [mɛtʀɛs] nf *(amie)* amante f → **maître**.

maîtrise [metʀiz] nf *(diplôme)* = mestrado m.

maîtriser [metʀize] vt dominar.

majestueux, euse [maʒɛstɥø, øz] adj majestoso(osa).

majeur, e [maʒœʀ] • adj *(adulte)* maior de idade; *(principal)* principal • nm dedo m médio • **la majeure partie (de)** a maior parte (de).

majoration [maʒɔʀasjɔ̃] nf majoração f.

majorette [maʒɔʀɛt] nf baliza f.

majorité [maʒɔʀite] nf maioridade f; *(plus grand nombre)* maioria f • **en majorité** em maioria • **la majorité de** a maioria de.

majuscule [maʒyskyl] nf maiúscula f.

mal [mal] *(pl* **maux)** • nm *(contraire du bien)* mal m • adv mal • **avoir mal** doer • **avoir mal au cœur** estar enjoado • **j'ai mal aux dents** estou com dor de dente • **j'ai mal au dos** estou com dor nas costas • **j'ai mal à la gorge** estou com dor de garganta • **j'ai mal à la tête** estou com dor de cabeça • **j'ai mal au ventre** estou com dor de barriga • **ça fait mal** isso

malade

magoa • **faire mal à qqn** machucar alguém • **se faire mal** machucar-se • **se donner du mal (pour faire qqch)** esforçar-se (para fazer algo) • **mal de gorge** dor *f* de garganta • **mal de mer** enjôo *m* • **maux de tête** dores *mpl* de cabeça • **il n'est pas mal** (fam) não está nada mal • **pas mal** (fam) bastante • **pas mal de voitures** muitos carros • (*locution adjectivale*) **mal à l'aise** pouco à vontade, intimidado • **être/se sentir mal à l'aise** sentir-se pouco à vontade.

malade [malad] • *adj* doente; (*sur un bateau*) enjoado(da) • *nm* doente *mf* • **malade mental** doente mental.

maladie [maladi] *nf* doença *f* • **maladie contagieuse** doença contagiosa • **maladie héréditaire** doença hereditária • **maladie sexuellement transmissible** doença sexualmente transmissível.

maladresse [maladʀɛs] *nf* falta *f* de jeito.

maladroit, e [maladʀwa, at] *adj* (*personne, geste*) desajeitado(da), (*réponse, expression*) despropositado(da).

malaise [malɛz] *nm* MÉD indisposição *f*, (*angoisse*) mal-estar *m* • **avoir un malaise** desmaiar.

malaudition [malodisjɔ̃] *nf* MÉD surdez, perda da audição.

malaxer [malakse] *vt* amassar.

malbouffe [malbuf] *n* comida hipercalórica e de baixo valor nutricional.

malchance [malʃɑ̃s] *nf* má sorte *f*.

mâle [mal] *adj & nm* macho.

malentendu [malɑ̃tɑ̃dy] *m* mal-entendido *m*.

malfaiteur [malfɛtœʀ] *nm* malfeitor *m*, -ra *f*.

malfamé, e [malfame] *adj* mal-afamado(da).

malformation [malfɔʀmasjɔ̃] *nf* malformação *f* congênita.

malgré [malgʀe] *prép* apesar de • **malgré tout** apesar de tudo.

malheur [malœʀ] *nm* (*malchance*) infelicidade *f*, (*événement*) desgraça *f*.

malheureusement [malœʀøzmɑ̃] *adv* infelizmente.

malheureux, euse [malœʀø, øz] *adj* infeliz.

malhonnête [malɔnɛt] *adj* desonesto(ta).

malicieux, euse [malisjø, øz] *adj* malicioso(osa).

malin, igne [malɛ̃, iɲ] *adj* (*habile, intelligent*) esperto(ta).

malle [mal] *nf* mala *f* (baú).

mallette [malɛt] *nf* pasta *f*.

malmener [malməne] *vt* maltratar.

malnutrition [malnytʀisjɔ̃] *nf* subnutrição *f*.

malpoli, e [malpɔli] *adj* mal-criado(da).

malsain, e [malsɛ̃, ɛn] *adj* doentio(tia).

maltraiter [maltʀete] *vt* maltratar.

malveillant, e [malvɛjɑ̃, ɑ̃t] *adj* malévolo(la).

maman [mamɑ̃] *nf* mamãe *f*.

mamie [mami] *nf (fam)* vovó *f*.

mammifère [mamifɛʀ] *nm* mamífero *m*.

manager [manadʒɛʀ] *nm* empresário *m*.

manche [mɑ̃ʃ] *nf (de vêtement)* manga *f* ♦ *nm (de jeu, de match)* partida *f* ♦ *nm* cabo *m* • **à manches courtes/longues** de manga curta/comprida.

Manche [mɑ̃ʃ] *nf* • **la Manche** o Canal da Mancha.

manchette [mɑ̃ʃɛt] *nf (d'une manche)* punho *m* da camisa.

mandarine [mɑ̃daʀin] *nf* tangerina *f*.

mandat [mɑ̃da] *nm (postal)* vale *m* postal.

manège [manɛʒ] *nm (attraction)* carrossel *m*; *(d'équitation)* picadeiro *m*.

manette [manɛt] *nf* alavanca *f* • **manette de jeux** joystick *m*.

manga [mɑ̃ga] *nm* manga *m*.

mangeoire [mɑ̃ʒwaʀ] *nf* manjedoura *f*.

manger [mɑ̃ʒe] *vt & vi* comer • **donner à manger à qqn** dar de comer a alguém.

mangue [mɑ̃g] *nf* manga *f (fruto)*.

maniable [manjabl] *adj* manejável.

maniaque [manjak] *adj* maníaco(ca).

manie [mani] *nf* mania *f*.

manier [manje] *vt* manejar.

manière [manjɛʀ] *nf* maneira *f* • **de manière à** de maneira a • **de toute manière** de qualquer maneira ♦ **manières** *nf (attitude)* modos *mpl* • **faire des manières** fazer cerimônia.

maniéré, e [manjeʀe] *adj* de modos afetados.

manif [manif] *nf (fam)* manifestação *f*.

manifestant, e [manifɛstɑ̃, ɑ̃t] *nm* manifestante *mf*.

manifestation [manifɛstasjɔ̃] *nf (défilé)* passeata *f*; *(culturelle)* manifestação *f*.

manifester [manifɛste] *vt & vi* manifestar ♦ **se manifester** *vp* manifestar-se.

manigancer [manigɑ̃se] *vt* tramar.

manipulation [manipylasjɔ̃] *nf* manipulação *f*.

manipuler [manipyle] *vt* manipular.

manivelle [manivɛl] *nf* manivela *f*.

mannequin [mankɛ̃] *nm (de défilé)* modelo *mf*; *(de vitrine)* manequim *m*.

manœuvre [manœvʀ] *nf* manobra *f*.

manœuvrer [manœvʀe] *vt & vi* manobrar.

manoir [manwaʀ] *nm* solar *m*.

manquant, e [mɑ̃kɑ̃, ɑ̃t] *adj* que falta.

manque [mɑ̃k] *nm* • **le manque de** a falta de.

manquer [mɑ̃ke] *vt (train, occasion)* perder; *(cible)* falhar *vi (échouer)* falhar; *(être absent)* faltar • **elle nous manque** temos saudade ou sentimos falta

mansardé 198

dela • **il me manque dix euros** faltam-me dez euros • **manquer de qqch** ter falta de algo.
mansardé, e [mɑ̃saʀde] *adj* em forma de mansarda.
manteau [mɑ̃to] (*pl* **-x**) *nm* mantô *m*.
manucure [manykyʀ] *nm* manicure *f*.
manuel, elle [manɥɛl] ♦ *adj* manual • *nm* manual *m*.
manuscrit [manyskʀi] *nm* manuscrito *m*.
mappemonde [mapmɔ̃d] *nf (carte)* mapa-múndi *m*; *(globe)* globo *m*.
maquereau [makʀo] (*pl* **-x**) *nm* cavala *f*.
maquette [makɛt] *nf* maquete *f*.
maquillage [makijaʒ] *nm* maquiagem *f*.
maquiller [makije] ♦ **se maquiller** *vp* maquiar-se.
marais [maʀɛ] *nm* pântano *m*.

ⓘ LE MARAIS

Esse bairro do 4º "arrondissement" de Paris está situado entre a Bastilha e o "Hôtel de Ville" (Câmara Municipal). Constitui o centro histórico da capital e é célebre pelo grande número de palacetes, chamados "hôtels particuliers". Os mais prestigiosos encontram-se à volta da "Place des Vosges". Tradicionalmente, é a região onde vive grande parte da comunidade judaica.

---

marathon [maʀatɔ̃] *nm* maratona *f*.
marbre [maʀbʀ] *nm* mármore *m*.
marbré, e [maʀbʀe] *adj m* → **gâteau**.
marchand, e [maʀʃɑ̃, ɑ̃d] *nm* vendedor *m*, -ra *f* • **marchand ambulant** vendedor ambulante • **marchand de fruits et légumes** OU **de primeurs** vendedor de frutas e legumes • **marchand de journaux** jornaleiro *m*, -ra *f*.
marchander [maʀʃɑ̃de] *vi* regatear.
marchandise [maʀʃɑ̃diz] *nf* mercadoria *f*.
marche [maʀʃ] *nf (à pied)* passeio *m* • **marche silencieuse** marcha silenciosa; *(d'escalier)* degrau *m*; *(fonctionnement)* funcionamento *m* • **marche arrière** *AUTO* marcha a ré • **en marche** *(machine)* em funcionamento; *(train)* em movimento; *(troupes)* em marcha.
marché [maʀʃe] *nm (lieu de vente)* mercado *m*, *(contrat)* trato *m* • **faire son marché** ir ao mercado • **le Marché commun** o Mercado Comum • **marché couvert** mercado coberto • **marchés financiers** mercados financeiros • **marché aux puces** feira *f* de antiguidades e objetos usados • **bon mar-**

ché barato(ta) • **par-dessus le marché** ainda por cima.

ⓘ MARCHÉ

Na França, quase todas as cidades, por menores que sejam, têm um mercado, coberto ou ao ar livre, onde se vendem produtos alimentícios frescos, flores, roupa e quinquilharias. Alguns deles são especializados, como os de flores, queijos ou os de patos, no sudoeste. Os comerciantes alugam um local fixo por um ano. Tais mercados realizam-se uma ou duas vezes por semana.

marchepied [maʀʃəpje] *nm* estribo *m*.

marcher [maʀʃe] *vi (à pied)* andar; *(fonctionner)* funcionar; *(bien fonctionner)* correr • **faire marcher qqch** pôr algo a funcionar • **faire marcher qqn** *(fam)* enganar alguém.

mardi [maʀdi] *nm* terça-feira *f* • **mardi gras** terça-feira de Carnaval → **samedi**.

mare [maʀ] *nf* poça *f*.

marécage [maʀekaʒ] *nm* pântano *m*.

marée [maʀe] *nf* maré *f* • **(à) marée basse** (durante a) maré-baixa • **(à) marée haute** (durante a) maré-alta.

margarine [maʀgaʀin] *nf* margarina *f*.

marge [maʀʒ] *nf* margem *f*.

marginal, e, aux [maʀʒinal, o] *nm* marginal *mf*.

marguerite [maʀgəʀit] *nf* margarida *f*.

mari [maʀi] *nm* marido *m*.

mariage [maʀjaʒ] *nm* casamento *m*.

marié, e [maʀje] • *adj* casado(da) • *nm* noivo *m*, -va *f* • **jeunes mariés** recém-casados *mpl*.

marier [maʀje] ◆ **se marier** *vp* casar-se.

marin, e [maʀɛ̃, in] • *adj (courant, météo)* marítimo(ma); *(carte)* náutico(ca); *(animal)* marinho(nha) • *nm* marinheiro *m*.

marine [maʀin] • *adj inv & nm* azul-marinho • *nf* marinha *f*.

mariner [maʀine] *vi* marinar.

marinière [maʀinjɛʀ] *nf* → **moule**.

marionnette [maʀjɔnɛt] *nf* marionete *f*.

maritime [maʀitim] *adj* marítimo(ma).

marketing [maʀketiŋ] *nm* marketing *m*.

marmelade [maʀməlad] *nf* geléia *f (com pedaços de fruta)*.

marmite [maʀmit] *nf* panela *f*.

marmonner [maʀmɔne] *vt* resmungar.

Maroc [maʀɔk] *nm* • **le Maroc** Marrocos.

marocain, e [maʀɔkɛ̃, ɛn] *adj* marroquino(na) ◆ **Marocain, e** *nm* marroquino *m*, -na *f*.

maroquinerie [maʀɔkinʀi] *nf* marroquinaria *f*.

marque [maʀk] nf marca f; *(nombre de points)* resultado m.

marqué, e [maʀke] adj *(différence, tendance)* acentuado(da); *(traits, visage)* marcado(da).

marquer [maʀke] ♦ vt marcar; *(écrire)* anotar ♦ vi *(stylo)* escrever.

marqueur [maʀkœʀ] nm marcador m.

marquis, e [maʀki, iz] nm marquês m, -esa f.

marraine [maʀɛn] nf madrinha f.

marrant, e [maʀɑ̃, ɑ̃t] adj *(fam)* engraçado(da).

marre [maʀ] adv ♦ **en avoir marre (de)** *(fam)* estar cheio(ia)(de).

marrer [maʀe] ♦ **se marrer** vp *(fam) (rire)* fartar-se de rir; *(s'amuser)* divertir-se.

marron [maʀɔ̃] ♦ adj inv castanho(nha) ♦ nm *(fruit)* castanha f; *(couleur)* castanho m ♦ **marron glacé** marrom-glacê m.

marronnier [maʀɔnje] nm castanheiro m.

mars [maʀs] nm março m, → **septembre**.

Marseille [maʀsɛj] nom Marselha.

marteau [maʀto] *(pl -x)* nm martelo m ♦ **marteau piqueur** OU **pneumatique** *(techn)* martelo pneumático.

martiniquais, e [maʀtinike, ɛz] adj martinicano(na).

Martinique [maʀtinik] nf ♦ **la Martinique** a Martinica.

martyr, e [maʀtiʀ] adj & nm mártir.

martyre [maʀtiʀ] nm *(douleur, peine)* martírio m.

martyriser [maʀtiʀize] vt martirizar.

mascara [maskaʀa] nm rímel® m.

mascotte [maskɔt] nf mascote f.

masculin, e [maskylɛ̃, in] ♦ adj masculino(na) ♦ nm masculino m.

masque [mask] nm máscara f.

masquer [maske] vt tapar.

massacre [masakʀ] nm massacre m.

massacrer [masakʀe] vt massacrar.

massage [masaʒ] nm massagem f.

masse [mas] nf *(bloc)* massa f; *(outil)* maça f ♦ **une masse de** OU **des masses de** um monte OU montes de ♦ **une arrivée en masse** uma chegada em massa.

masser [mase] vt *(dos, personne)* massagear; *(grouper)* agrupar ♦ **se masser** vp agrupar-se.

masseur, euse [masœʀ, øz] nm massagista mf.

massif, ive [masif, iv] ♦ adj maciço(ça) ♦ nm maciço m ♦ **le Massif central** o Maciço Central.

massivement [masivmɑ̃] adv em peso.

massue [masy] nf maça f.

mastic [mastik] nm mástique m.

mastiquer [mastike] vt *(mâcher)* mastigar.

201

mat, e [mat] • *adj* mate • *nm (aux échecs)* mate *m.*
mât [ma] *nm* mastro *m.*
match [matʃ] *(pl* **-s** ou **-es)** *nm* jogo *m* • **faire match nul** empatar em zero.
matelas [matla] *nm* colchão *m.* • **matelas pneumatique** colchão pneumático.
matelassé, e [matlase] *adj* acolchoado(da).
mater [mate] *vt* reprimir.
matérialiser [materjalize] ◆ **se matérialiser** *vp* materializar-se.
matériel, elle [materjɛl] • *adj* material • *nm (outillage)* material *m;* INFORM hardware *m* ◆ **matériel de camping** material de camping.
maternel, elle [matɛrnɛl] *adj (femme, amour)* maternal; *(grands-parents)* materno(na).
maternelle [matɛrnɛl] *nf* ◆ **(école) maternelle** ensino maternal e pré-escolar.
maternité [matɛrnite] *nf* maternidade *f.*
mathématiques [matematik] *nfpl* matemática *f.*
maths [mat] *nf (fam)* matemática *f.*
matière [matjɛr] *nf* matéria *f; (matériau)* material *m,* EDUC matéria *f* ◆ **matière première** matéria-prima *f* ◆ **matières grasses** gordura *f.*
Matignon [matiɲɔ̃] *n* ◆ **(l'hôtel) Matignon** residência do primeiro-ministro francês.

mécanique

matin [matɛ̃] *nm* manhã *f* • **le matin** de manhã.
matinal, e, aux [matinal, o] *adj (réveil)* matinal; *(personne)* madrugador(ra).
matinée [matine] *nf (matin)* manhã *f; (spectacle)* matinê *f.*
matraque [matrak] *nf* cassetete *m.*
maudire [modir] *vt* amaldiçoar.
maudit, e [modi, it] • *pp* → **maudire** • *adj* maldito(ta).
Maurice *nom* → **île**.
maussade [mosad] *adj* aborrecido(da).
mauvais, e [movɛ, ɛz] *adj* mau(má); *(faux)* errado(da) ◆ **il fait mauvais** está fazendo mau tempo ◆ **être mauvais en qqch** ser fraco em algo.
mauve [mov] *adj* malva.
maux [mo] → **mal**.
max. *(abr de* maximum*)* máximo.
maximum [maksimɔm] • *nm* máximo *m* • *adj* máximo(ma) ◆ **au maximum** no máximo.
mayonnaise [majɔnɛz] *nf* maionese *f.*
mazout [mazut] *nm* óleo *m* combustível.
me [mə] *pron* me • **je me lève** eu me levanto.
mec [mɛk] *nm (fam)* rapaz *m.*
mécanicien, enne [mekanisjɛ̃, ɛn] *nm* mecânico *m,* -ca *f.*
mécanique [mekanik] • *adj* mecânico(ca) • *nf (mécanisme)* mecanismo *m; (automobile)* mecânica *f.*

mécanisme [mekanism] *nm* mecanismo *m*.

méchamment [meʃamã] *adv* maldosamente.

méchanceté [meʃɑ̃ste] *nf* maldade *f*.

méchant, e [meʃɑ̃, ɑ̃t] *adj* mau(má).

mèche [mɛʃ] *nf (de cheveux, lampe)* mecha *f*; *(d'explosif)* rastilho *m*.

méchoui [meʃwi] *nm comida típica do Norte de África que consiste em carne de carneiro assada.*

méconnaissable [mekɔnɛsabl] *adj* irreconhecível.

mécontent, e [mekɔ̃tɑ̃, ɑ̃t] *adj* descontente.

médaille [medaj] *nf* medalha *f*.

médaillon [medajɔ̃] *nm* medalhão *m*.

médecin [medsɛ̃] *nm* médico *m*, -ca *f* • **médecin traitant** médico de família.

médecine [medsin] *nf* medicina *f*.

médias [medja] *nm* mídia *f*, meios *mpl* de comunicação social.

médiatique [medjatik] *adj (personnalité)* midiático(ca).

médical, e, aux [medikal, o] *adj* médico(ca).

médicament [medikamɑ̃] *nm* medicamento *m*.

médiéval, e, aux [medjeval, o] *adj* medieval.

médiocre [medjɔkʀ] *adj* medíocre.

médisant, e [medizɑ̃, ɑ̃t] *adj* maledicente.

méditation [meditasjɔ̃] *nf* meditação *f*.

méditer [medite] *vt & vi* meditar.

Méditerranée [mediteʀane] *nf* • **la (mer) Méditerranée** o (mar) Mediterrâneo.

méditerranéen, enne [mediteʀaneɛ̃, ɛn] *adj* mediterrâneo(a).

méduse [medyz] *nf* medusa *f*.

meeting [mitiŋ] *nm* POL comício *m*; ESP encontro *m*.

méfiance [mefjɑ̃s] *nf* desconfiança *f*.

méfiant, e [mefjɑ̃, ɑ̃t] *adj (personne, regard)* desconfiado(da), ressabiado(da).

méfier [mefje] ♦ **se méfier** *vp* desconfiar • **se méfier de** desconfiar de.

mégot [mego] *nm* guimba *f*.

meilleur, e [mɛjœʀ] *adj & nm* melhor.

mél [mɛl] *nm* INFORM correio *m* eletrônico.

mélancolie [melɑ̃kɔli] *nf* melancolia *f*.

mélange [melɑ̃ʒ] *nm* mistura *f*.

mélanger [melɑ̃ʒe] *vt (mêler)* misturar; *(confondre)* confundir.

Melba [mɛlba] *adj inv* → **pêche**.

mêlée [mele] *nf* peleja *f*.

mêler [mele] *vt* misturar • **mêler qqn à qqch** envolver alguém em algo ♦ **se mêler** *vp* • **se mêler à qqch** misturar-se com algo • **se mêler de qqch** meter-se em algo.

mélodie [melɔdi] *nf* melodia *f*.

melon [məlɔ̃] *nm* melão *m*.

membre [mɑ̃bʀ] *nm* membro *m*.

mémé [meme] *nf (fam)* vovó *f*.

même [mɛm] • *adj* **1.** *(identique)* mesmo(mesma) • **nous avons les mêmes places qu'à l'aller** temos os mesmos lugares que na ida • **j'ai le même pull que toi** tenho um pulôver igual ao seu **2.** *(sert à renforcer)* • **c'est cela même** é isso mesmo • **cette fille, c'est la gentillesse même** esta menina é a gentileza em pessoa • *pron* **le/la même (que)** o mesmo/a mesma (que) • **j'ai le même!** tenho um igual! • *adv* **1.** *(sert à renforcer)* • **même les sandwichs sont chers ici** até os sanduíches são caros aqui • **il n'y a même pas de cinéma** nem sequer há cinema • **c'est étonnant, incroyable même** é surpreendente, inacreditável mesmo • **j'irai même si tu restes** irei mesmo se você ficar **2.** *(exactement)* mesmo • **c'est aujourd'hui même** é hoje mesmo **3.** *(dans d'expressions)* • **coucher à même le sol** dormir mesmo no chão • **être à même de faire qqch** ser capaz de fazer algo • **bon appétit!** – **vous de même!** bom apetite! – igualmente • **faire de même** fazer o mesmo • **de même que** do mesmo modo que.

mémoire [memwaʀ] *nf* memória *f* • **de mémoire** de cor • **mémoire morte** memória ROM • **mémoire vive** memória RAM.

menace [mənas] *nf* ameaça *f*.

menacer [mənase] *vt* & *vi* ameaçar • **la pluie menace** está ameaçando chuva • **menacer de faire qqch** ameaçar fazer algo.

ménage [menaʒ] *nm (rangement)* limpeza *f*; *(famille)* lar *m*; *(couple)* casal *m* • **faire le ménage** fazer a limpeza.

ménager¹ [menaʒe] *vt* poupar.

ménager², ère [menaʒe, ɛʀ] *adj* doméstico(ca).

ménagère [menaʒɛʀ] *nf* faqueiro *m*.

ménagerie [menaʒʀi] *nf* conjunto de animais para exposição.

mendiant, e [mɑ̃djɑ̃, ɑ̃t] • *nm* mendigo *m*, -ga *f* • *nm* bolacha com frutos secos.

mendier [mɑ̃dje] *vi* mendigar.

mener [məne] • *vt (conduire)* dar a; *(accompagner)* levar; *(diriger)* dirigir • *vi ESP* estar ganhando.

menottes [mənɔt] *nfpl* algemas *fpl*.

mensonge [mɑ̃sɔ̃ʒ] *nm* mentira *f*.

mensualité [mɑ̃sɥalite] *nf* mensalidade *f*.

mensuel, elle [mɑ̃sɥɛl] • *adj* mensal • *nm* publicação *f* mensal.

mensurations [mɑ̃syʀasjɔ̃] *nfpl* medidas *fpl*.

mental, e, aux [mɑ̃tal, o] *adj* mental.

mentalité

mentalité [mɑ̃talite] *nf* mentalidade *f*.

menteur, euse [mɑ̃tœʀ, øz] *nm* mentiroso *m*, -osa *f*.

menthe [mɑ̃t] *nf* (feuilles, plante) hortelã *f*; (parfum) menta *f* • **menthe à l'eau** refresco de menta.

mention [mɑ̃sjɔ̃] *nf* distinção *f* • **rayer les mentions inutiles** riscar o que não interessa.

mentionner [mɑ̃sjɔne] *vt* mencionar.

mentir [mɑ̃tiʀ] *vi* mentir.

menton [mɑ̃tɔ̃] *nm* queixo *m*.

menu, e [məny] ◇ *adj* pequeno(na) ◇ *adv* fino ◇ *nm* menu *m* • **menu gastronomique** menu gastronômico • **menu touristique** menu turístico.

menuisier [mənɥizje] *nm* carpinteiro *m*.

mépris [mepʀi] *nm* desprezo *m*.

méprisant, e [mepʀizɑ̃, ɑ̃t] *adj* depreciativo(va).

mépriser [mepʀize] *vt* desprezar.

mer [mɛʀ] *nf* mar *m* • **en mer** no mar • **la mer du Nord** o mar do Norte.

mercerie [mɛʀsəʀi] *nf* (boutique) armarinho *m*.

merci [mɛʀsi] *interj* obrigado(da) • **merci beaucoup!** muito obrigado! • **merci de...** obrigado por....

mercredi [mɛʀkʀədi] *nm* quarta-feira *f* → **samedi**.

merde [mɛʀd] ◇ *interj* (vulg) merda! ◇ *nf* (vulg) merda *f*.

mère [mɛʀ] *nf* mãe *f* • **mère biologique** *MÉD* mãe biológica.

merguez [mɛʀɡɛz] *nf* salsicha picante típica do Norte da África.

méridional, e, aux [meʀidjɔnal, o] *adj* meridional.

meringue [məʀɛ̃g] *nf* suspiro *m*.

mérite [meʀit] *nm* mérito *m* • **avoir du mérite** ter mérito.

mériter [meʀite] *vt* merecer.

merlan [mɛʀlɑ̃] *nm* badejo *m*.

merle [mɛʀl] *nm* melro *m*.

merlu [mɛʀly] *nm* merluza *f*.

merveille [mɛʀvɛj] *nf* maravilha *f*; (beignet) bolinho frito, de massa leve, recortada.

merveilleux, euse [mɛʀvɛjø, øz] *adj* maravilhoso(osa).

mes → **mon**.

mésaventure [mezavɑ̃tyʀ] *nf* desventura *f*.

mesdames → **madame**.

mesdemoiselles → **mademoiselle**.

mesquin, e [mɛskɛ̃, in] *adj* mesquinho(nha).

message [mesaʒ] *nm* mensagem *f*; (écrit, sur répondeur) recado *m*.

messager, ère [mesaʒe, ɛʀ] *nm* mensageiro *m*, -ra *f*.

messagerie [mesaʒʀi] *nf* • **messagerie électronique** mensagens *fpl* eletrônicas.

messe [mɛs] *nf* missa *f*.

messieurs → **monsieur**.

mesure [məzyʀ] *nf* medida *f* • **mesure de sécurité** medida(s) de segurança; (rythme) cadência *f* • **sur mesure** sob

mettre

medida • **dans la mesure du possible** na medida do possível • **(ne pas) être en mesure de faire qqch** (não) estar em condições de fazer algo.

mesuré, e [məzyʀe] adj moderado(a).

mesurer [məzyʀe] vt medir • **il mesure 1,80 mètre** ele mede 1,80 metro.

met → mettre.

métal [metal] (pl -aux) nm metal m.

métallique [metalik] adj metálico(ca).

météo [meteo] nf • **la météo** o tempo • **météo marine** meteorologia f marítima • **les prévisions météo** previsões meteorológicas.

météorologique [meteɔʀɔlɔʒik] adj meteorológico(ca).

méthode [metɔd] nf método m.

méthodique [metɔdik] adj metódico(ca).

méticuleux, euse [metikylø, øz] adj meticuloso(osa).

métier [metje] nm profissão f.

métis, isse [metis] nm mestiço m, -ça f.

mètre [mɛtʀ] nm (mesure) metro m; (ruban) fita f métrica.

métro [metʀo] nm metrô m • **métro aérien** metrô de superfície.

ⓘ **MÉTRO**

Essa rede ferroviária subterrânea foi criada em 1900. Conta com 13 linhas e espalha-se por toda a cidade de Paris. O acesso às estações denomina-se "bouche de métro". Esse é o meio de transporte mais rápido para deslocamentos na capital. Funciona ininterruptamente das cinco e meia às uma da manhã. Outras cidades, tais com Lyon, Marselha e Lille, também dispõem de metrô, que neste caso é completamente automático.

métropole [metʀɔpɔl] nf metrópole f.

metteur [metœʀ] nm • **metteur en scène** (de cinéma, de théâtre) diretor m.

mettre [mɛtʀ] vt **1.** (placer, poser) pôr • **mettre qqch debout** pôr algo em pé **2.** (vêtement) vestir • **mettre une écharpe** pôr uma écharpe • **mettre un pull** vestir um pulôver • **qu'est-ce que tu mets pour aller au théâtre?** que roupa você veste para ir ao teatro? **3.** (temps) levar • **nous avons mis deux heures par l'autoroute** levamos duas horas pela auto-estrada **4.** (argent) gastar • **combien voulez-vous y mettre?** quanto pretendem gastar? • **je ne mettrai pas plus de 50 €pour une robe** não gastarei mais de 50 euros num vestido **5.** (déclencher) ligar • **mettre le chauffage** ligar o aquecimento • **mettre le con-**

meuble

tact ligar o contato • **mettre le réveil** ligar o despertador **6.** *(dans un état différent)* • **mettre qqn en colère** enfurecer alguém • **mettre qqch en marche** pôr algo a funcionar **7.** *(écrire)* escrever ◆ **se mettre** *vp* **1.** *(se placer)* pôr-se • **se mettre debout** pôr-se de pé • **se mettre au lit** ir para a cama • **mets-toi sur cette chaise** sente-se nesta cadeira **2.** *(dans un état différent)* • **se mettre en colère** enfurecer-se • **se mettre d'accord** pôr-se de acordo **3.** *(vêtement)* vestir-se **4.** *(maquillage)* • **elle s'est mis du rouge à lèvres** ela passou batom **5.** *(commencer)* • **se mettre à faire qqch** pôr-se a fazer algo • **se mettre au travail** pôr-se a trabalhar • **s'y mettre** pôr mãos à obra.

meuble [mœbl] *nm* móvel *m*.

meublé [mœble] *nm* apartamento *m* mobiliado.

meubler [mœble] *vt* mobiliar.

meugler [møgle] *vi* mugir.

meule [møl] *nf (de foin)* meda *f*.

meunière [mønjɛr] *nf* → **sole**.

meurt [mœr] → **mourir**.

meurtre [mœrtr] *nm* assassinato *m*.

meurtrier, ère [mœrtrije, ɛr] *nm* assassino *m*, -na *f*.

meurtrière [mœrtrijɛr] *nf* seteira *f*, → **meurtrier**.

meurtrir [mœrtrir] *vt* magoar.

meurtrissure [mœrtrisyr] *nf (blessure)* contusão *f*; *(sur un fruit)* mancha *f*.

meute [møt] *nf* matilha *f*.

Mexique [mɛksik] *nm* • **le Mexique** o México.

mezzanine [mɛdzanin] *nf* mezanino *m*.

mi- [mi] *pref* meio (meia) • **à la mi-mars** em meados de março • **à mi-chemin** no meio do caminho • **à mi-hauteur** a meia altura • **à mi-jambes** até ao meio das pernas.

miauler [mjole] *vi* miar.

miche [miʃ] *nf* pão grande, de formato arredondado.

micro [mikro] *nm* micro *m*.

microbe [mikrɔb] *nm* micróbio *m*.

micro-ondes [mikrood] *nm inv* • **(four à) micro-ondes** (forno) microondas *m*.

micro-ordinateur [mikroordinatœr] *(pl micro-ordinateurs)* *nm* microcomputador *m*.

microprocesseur [mikroprosesœr] *nm* microprocessador *m*.

microscope [mikrɔskɔp] *nm* microscópio *m*.

microscopique [mikrɔskɔpik] *adj* microscópico(ca).

midi [midi] *nm* meio-dia *m* • **à midi** ao meio-dia • **le Midi** o Sul da França.

mie [mi] *nf* miolo *m*.

miel [mjɛl] *nm* mel *m*.

mien [mjɛ̃] ◆ **le mien, la mienne** [lemjɛ̃, lamjɛn] *(mpl fpl)* *pron* o meu (a minha).

miette — miniature

miette [mjɛt] *nf* migalha *f*
• **en miettes** em migalhas.
mieux [mjø] *adv & adj* melhor
• **c'est ce qu'il fait le mieux** é o que ele faz melhor • **le mieux situé des deux hôtels** o mais bem situado dos dois hotéis • **aller mieux** estar melhor • **ça vaut mieux** é melhor • **de mieux en mieux** cada vez melhor • **c'est le mieux des deux/de tous** (*le plus beau*) é o melhor dos dois/de todos • **c'est le mieux** (*la meilleure chose à faire*) é o melhor.
mignon, onne [miɲɔ̃, ɔn] *adj* querido(da).
migraine [migrɛn] *nf* enxaqueca *f*.
mijoter [miʒɔte] *vi* cozinhar em fogo brando.
milieu [miljø] (*pl* -**x**) *nm* meio *m* • **au milieu (de)** no meio (de).
militaire [militɛʀ] *adj & nm* militar.
militant, e [militɑ̃, ɑ̃t] *nm* militante *mf*.
milk-shake [milkʃɛk] (*pl* **milk-shakes**) *nm* milk-shake *m*.
mille [mil] *num* mil, → **six**.
mille-feuille [milfœj] (*pl* **mille-feuilles**) *nm* massa *f* folhada.
mille-pattes [milpat] *nm inv* centopeia *f*.
milliard [miljaʀ] *nm* • **un milliard de** um bilhão de.
milliardaire [miljaʀdɛʀ] *nm* multimilionário *m*, -ria *f*.

millier [milje] *nm* milhar *m*
• **des milliers de** milhares de.
millilitre [mililitʀ] *nm* mililitro *m*.
millimètre [milimɛtʀ] *nm* milímetro *m*.
million [miljɔ̃] *nm* milhão *m*.
millionnaire [miljɔnɛʀ] *nm* milionário *m*, -ria *f*.
mime [mim] *nm* (*acteur*) mímico *m*; (*art*) mímica *f*.
mimer [mime] *vt* expressar por meio de mímica.
mimosa [mimoza] *nm* mimosa *f*.
min (*abr de* minute) min.
min. (*abr de* minimum) mínimo *m*.
minable [minabl] *adj* (*fam*) medíocre • **c'est minable** é lamentável.
mince [mɛ̃s] *adj* magro(gra); (*tissu, tranche*) fino(na) • *interj* droga!
mine [min] *nf* mina *f*; (*visage*) cara *f* • **avoir bonne/mauvaise mine** estar com bom/mau aspecto • **faire mine de faire qqch** fingir fazer algo.
miner [mine] *vt* minar; (*fig*) consumir.
minerai [minʀɛ] *nm* minério *m*.
minéral, e, aux [mineʀal, o] *adj* mineral • *nm* mineral *m*.
minéralogique [mineʀalɔʒik] *adj* • **plaque**.
mineur, e [minœʀ] *nm* (*enfant*) menor *mf* • *nm* (*ouvrier*) mineiro *m*.
miniature [minjatyʀ] *adj* em miniatura • *nf* miniatura *f* • **en miniature** em miniatura.

minibar

minibar [minibaʀ] *nm (de train)* minibar *m*; *(d'hôtel)* frigobar *m*.
minidisque [minidisk] *nm* minidisco *m*.
minijupe [miniʒyp] *nf* minissaia *f*.
minimiser [minimize] *vt* minimizar.
minimum [minimɔm] ♦ *adj* mínimo(ma) ♦ *nm* mínimo *m*
• **au minimum** no mínimo.
ministère [ministɛʀ] *nm* ministério *m*.
ministre [ministʀ] *nm* ministro *m*.
Minitel® [minitɛl] *nm rede francesa de consulta de banco de dados*.

(i) MINITEL

Esse termo designa tanto a rede telemática de transmissão de dados como o terminal de conexão. Neles são oferecidos serviços de consulta, tais como informações meteorológicas, lista telefônica etc. E diversos serviços interativos. Estes últimos permitem estabelecer um correio eletrônico entre dois usuários, efetuar determinados trâmites administrativos, comprar bilhetes de trem ou ingressos para um espetáculo. O acesso a esses serviços é possível graças a um código de quatro números marcados diretamente no telefone (3614, 3615 etc). A seguir, utiliza-se o teclado para escrever o nome do serviço solicitado.

---

minorité [minɔʀite] *nf* minoria *f*.
minuit [minɥi] *nm* meia-noite *f*.
minuscule [minyskyl] *adj* minúsculo(la).
minute [minyt] *nf* minuto *m*.
minuterie [minytʀi] *nf* temporizador *m*.
minuteur [minytœʀ] *nm* timer *m*.
minutieux, euse [minysjø, øz] *adj* minucioso(osa).
mirabelle [miʀabɛl] *nf* ameixa *f* mirabela.
miracle [miʀakl] *nm* milagre *m*.
mirage [miʀaʒ] *nm* miragem *f*.
miroir [miʀwaʀ] *nm* espelho *m*.
mis, e [mi, miz] *pp* → **mettre**.
mise [miz] *nf* aposta *f* • **mise en plis** permanente *f* • **mise en scène** encenação *f*.
miser [mize] ♦ **miser sur** *vp + prép (au jeu)* apostar em; *(compter sur)* contar com.
misérable [mizeʀabl] *adj* miserável.
misère [mizɛʀ] *nf (pauvreté)* miséria *f*.
missile [misil] *nm* míssil *m*.
mission [misjɔ̃] *nf* missão *f*.
mistral [mistʀal] *nm* mistral *m*.
mitaine [mitɛn] *nf* mitene *f*.
mite [mit] *nf* traça *f*.
mi-temps [mitɑ̃] *nf inv (moitié d'un match)* tempo *m*; *(pause)* intervalo *m* • **travailler à mi-**

moelleux

temps trabalhar em tempo parcial/meio período.

mitigé, e [mitiʒe] *adj* mitigado(da).

mitoyen, enne [mitwajɛ̃, ɛn] *adj (mur)* parede-meia(meia); *(maisons)* pegado(da) • **la maison mitoyenne de la nôtre** a casa de paredes-meias com a nossa.

mitrailler [mitraje] *vt* metralhar; *(fam)* tirar fotografias em série de uma pessoa famosa.

mitraillette [mitrajɛt] *nf* arma f automática.

mitrailleuse [mitrajøz] *nf* metralhadora f.

mixe(u)r [miksœr] *nm* liquidificador m.

mixer [mikse] *vt* triturar.

mixte [mikst] *adj (école, équipe)* misto(ta).

ml *(abr de millilitre)* ml.

Mlle *(abr de mademoiselle)* Srta.

mm *(abr de millimètre)* mm.

Mme *(abr de madame)* Sra.

mobile [mɔbil] • *adj (cloison, pièce)* móvel; *(regard)* vivaz; *(visage)* expressivo(va) • *nm* móbil m.

mobilier [mɔbilje] *nm* mobiliário m.

mobiliser [mɔbilize] *vt* mobilizar.

Mobylette® [mɔbilɛt] *nf* mobilete f.

mocassin [mɔkasɛ̃] *nm* mocassim m.

moche [mɔʃ] *adj (fam)* feio(feia).

mode [mɔd] • *nf* moda f • *nm* modo m • **à la mode** na moda • **mode d'emploi** modo de usar.

modèle [mɔdɛl] *nm* modelo m • **modèle réduit** modelo reduzido.

modeler [mɔdle] *vt* modelar.

modélisme [mɔdelism] *nm* modelismo m.

modem [mɔdɛm] *nm* modem m.

modération [mɔderasjɔ̃] *nf* moderação f • **à consommer avec modération** consumir com moderação.

modéré, e [mɔdere] *adj* moderado(da).

moderne [mɔdɛʁn] *adj* moderno(na).

moderniser [mɔdɛʁnize] *vt* modernizar.

modeste [mɔdɛst] *adj* modesto(ta).

modestie [mɔdɛsti] *nf* modéstia f.

modification [mɔdifikasjɔ̃] *nf* modificação f.

modifier [mɔdifje] *vt* modificar.

modulation [mɔdylasjɔ̃] *nf* • **modulation de fréquence** freqüência f modulada.

moduler [mɔdyle] *vt* modular.

mœlle [mwal] *nf* medula f • **mœlle épinière** medula espinhal.

mœlleux, euse [mwalø, øz] *adj* fofo(fa).

mœurs [mœʀ(s)] *nf* costumes *mpl*.

mohair [mɔɛʀ] *nm* mohair *m*.

moi [mwa] *pron* (*objet direct, indirect*) -me; (*après prép ou comparaison*) mim; (*pour insister*) eu • **il est à moi** é meu • **moi-même** eu próprio(pria) • **regarde-moi** olhe para mim • **donne-le-moi** dê-mo • **c'est pour moi** é para mim • **il est comme moi** é é como eu • **moi je crois que...** eu acho que....

moindre [mwɛ̃dʀ] *adj* menor • **le moindre...** o menor....

moine [mwan] *nm* monge *m*.

moineau [mwano] (*pl* **-x**) *nm* pardal *m*.

moins [mwɛ̃] ◇ *adv* menos • **moins ancien (que)** menos antigo (do que) • **moins vite (que)** menos rápido (do que) • **c'est la nourriture qui coûte le moins** é a comida mais barata • **la ville la moins intéressante que nous ayons visitée** a cidade menos interessante que visitamos • **fatiguez-vous le moins possible** cansem-se o menos possível • **ils ont accepté de gagner moins** eles aceitaram ganhar menos • **moins de** (*une quantité inférieure de*) menos; (*en deçà de*) menos de • **moins de viande/touristes** menos carne/turistas • **en moins de dix minutes** em menos de dez minutos • **à moins d'un imprévu** a menos que haja um imprevisto • **à moins de rouler** OU **que nous roulions toute la nuit...** a menos que viajemos a noite inteira... • **au moins** pelo menos • **de** OU **en moins** a menos • **j'ai deux ans de moins qu'elle** tenho dois anos a menos que ela • **de moins en moins** cada vez menos • **moins tu y penseras, mieux ça ira** quanto menos você pensar nisso, melhor ◇ *prép* **1.** (*pour indiquer l'heure, soustraire*) menos • **il est trois heures moins le quart** são quinze (minutos) para as três (horas). **2.** (*pour indiquer la température*) • **il fait moins 2°C** a temperatura está em 2 graus negativos.

mois [mwa] *nm* mês *m* • **au mois de...** no mês de....

moisi, e [mwazi] ◇ *adj* bolorento(ta) ◇ *nm* bolor *m* • **sentir le moisi** cheirar a mofo.

moisir [mwaziʀ] *vi* mofar.

moisissure [mwazisyʀ] *nf* (moisi) bolor *m*.

moisson [mwasɔ̃] *nf* ceifa *f*.

moissonner [mwasɔne] *vt* ceifar.

moissonneuse [mwasɔnøz] *nf* ceifadeira *f*.

moite [mwat] *adj* úmido(da).

moitié [mwatje] *nf* metade *f* • **dormir à moitié** estar quase dormindo • **la moitié de** a metade de • **à moitié** em parte; (*faire qqch*) pela metade • **à moitié cassé** meio estragado • **à moitié plein** meio cheio •

à moitié prix pela metade do preço.
moka [mɔka] *nm* (*gâteau*) bolo de massa leve recheado com creme de café ou chocolate.
molaire [mɔlɛʀ] *nf* molar *m*.
molle → **mou**.
mollet [mɔlɛ] *nm* barriga *f* da perna.
molletonné, e [mɔltɔne] *adj* acolchoado(da).
mollusque [mɔlysk] *nm* molusco *m*.
môme [mom] *nm* (*fam*) criança *f*.
moment [mɔmɑ̃] *nm* momento *m* • **c'est le moment de...** é hora de... • **au moment où** no momento em que • **du moment que** desde que • **en ce moment** neste momento • **par moments** às vezes • **pour le moment** por ora.
momentané, e [mɔmɑ̃tane] *adj* momentâneo(nea).
momie [mɔmi] *nf* múmia *f*.
mon, ma [mɔ̃, ma] (*pl* **mes**) *adj* meu(minha).
Monaco [mɔnako] *nom* Mônaco.
monarchie [mɔnaʀʃi] *nf* monarquia *f*.
monastère [mɔnastɛʀ] *nm* mosteiro *m*.
monde [mɔ̃d] *nm* mundo *m* • **il y a du monde** OU **beaucoup de monde** tem muita gente • **tout le monde** todo(a) o(a) mundo.
mondial, e, aux [mɔ̃djal, o] *adj* mundial.
moniteur, trice [mɔnitœʀ, tʀis] *nm* (*de colonie*) monitor *m*, -ra *f*; (*d'auto-école*) instrutor *m*, -ra *f* • *nm* monitor *m*.
monnaie [mɔnɛ] *nf* (*argent, devise*) moeda *f*; (*pièces*) troco *m* • **vous avez la monnaie de 20 €?** pode trocar 20 euros? • **faire de la monnaie** trocar dinheiro • **rendre la monnaie à qqn** dar o troco a alguém.
monologue [mɔnɔlɔg] *nm* monólogo *m*.
monopoliser [mɔnɔpɔlize] *vt* monopolizar.
monotone [mɔnɔtɔn] *adj* monótono(na).
monotonie [mɔnɔtɔni] *nf* monotonia *f*.
monsieur [məsjø] (*pl* **messieurs**) *nm* senhor *m* • **monsieur X** o senhor X • **bonjour, monsieur/messieurs!** bom dia, meu senhor/meus senhores! • **Monsieur**, (*dans une lettre*) Prezado Senhor, • **Monsieur!** (*pour appeler le professeur*) Professor!
monstre [mɔ̃stʀ] • *nm* monstro *m* • *adj* (*fam*) colossal.
monstrueux, euse [mɔ̃stʀyø, øz] *adj* monstruoso(osa).
mont [mɔ̃] *nm* monte *m* • **le mont Blanc** o Monte Blanc • **le Mont-Saint-Michel** o Monte Saint-Michel.

ⓘ MONT-SAINT-MICHEL

Pequena ilha rochosa situada no Canal da Mancha, o "Mont-Saint-Mi-

montage 212

chel", cercado de água quando há maré-alta e ligado ao continente por um dique, constitui um lugar impressionante, classificado pela Unesco como Patrimônio Cultural da Humanidade. Nele se encontra a famosa abadia beneditina de estilo gótico que domina a ilha. O prato "omelette de la mère Poulard", nome da dona de um restaurante instalado no Monte Saint-Michel no século XIX, também contribui para a excelente reputação do local.

montage [mɔ̃taʒ] *nm* montagem *f*.
montagne [mɔ̃tan] *nf* montanha *f* • **à la montagne** na montanha • **montagnes russes** montanha-russa *f*.
montagneux, euse [mɔ̃taɲø, øz] *adj* montanhoso(osa).
montant, e [mɔ̃tɑ̃, ɑ̃t] ◆ *adj (marée)* alto(ta); *(col)* alto(ta) ◆ *nm (somme)* montante *m*; *(d'une fenêtre)* caixilho *m*, *(d'une échelle)* banzo *m*.
montée [mɔ̃te] *nf* subida *f*.
monter [mɔ̃te] ◆ *vi (aux être)* subir ◆ *vt (aux avoir)* subir; *(escalier, côte)* subir; *(porter en haut)* levar para cima; *(son, chauffage, prix)* aumentar; *(coup)* preparar; CULIN bater • **monter les blancs en neige** bater as claras em neve • **monter à bord (d'un avion)** subir a bordo (de um avião) • **monter à cheval** montar a cavalo • **monter en voiture** entrar no carro • **monter sur une échelle** subir em uma escada ◆ **se monter à** *vp + prép* elevar-se a.
montre [mɔ̃tR] *nf* relógio *m* de pulso.
montrer [mɔ̃tRe] *vt* mostrar • **montrer qqch à qqn** mostrar algo a alguém • **montrer qqch/qqn du doigt** apontar com o dedo para algo/alguém ◆ **se montrer** *vp* mostrar-se ◆ **se montrer courageux** mostrar-se corajoso.
monture [mɔ̃tyR] *nf (de lunettes)* armação *f*, *(cheval)* montaria *f*.
monument [mɔnymɑ̃] *nm* monumento *m* • **monument aux morts** monumento aos mortos em combate.
moquer [mɔke] ◆ **se moquer de** *vp + prép (plaisanter)* gozar de, fazer pouco de; *(ignorer)* querer lá saber de • **je m'en moque** quero lá saber disso.
moques [mɔk] *nf (Belg)* rodelas de massa perfumadas com cravo e cobertas com açúcar cristalizado.
moquette [mɔkɛt] *nf* carpete *m*.
moqueur, euse [mɔkœR, øz] *adj* trocista.
moral, e, aux [mɔRal, o] ◆ *adj* moral ◆ *nm* astral *m* • **avoir le moral** estar de bom astral

213   **moufle**

• **avoir le moral à zéro** estar deprimido, estar em baixo astral.
morale [mɔRal] *nf* moral *f* • **faire la morale à qqn** dar uma lição de moral a alguém.
moralement [mɔRalmɑ̃] *adv* moralmente.
morceau [mɔRso] (*pl* **-x**) *nm* (*partie*) pedaço *m*; (*de musique*) trecho *m* • **morceau de sucre** torrão *m* de açúcar • **en mille morceaux** em mil pedaços.
mordiller [mɔRdije] *vt* mordiscar.
mordre [mɔRdR] *vt* morder • **mordre (sur)** ultrapassar.
morille [mɔRij] *nf* cogumelo esponjoso comestível.
mors [mɔR] *nm* freio *m*.
morse [mɔRs] *nm* (*animal*) morsa *f*; (*code*) morse *m*.
morsure [mɔRsyR] *nf* mordida *f*.
mort, e [mɔR, mɔRt] • *pp* → **mourir** • *adj* morto(ta); (*piles, radio*) gasto(ta) • *nm, f* morto *m*, -ta *f* • *nf* morte *f* • **être en danger de mort** correr perigo de morte.
mortel, elle [mɔRtɛl] *adj* (*qui peut mourir*) mortal; (*qui tue*) mortífero(ra).
morue [mɔRy] *nf* bacalhau *m*.
mosaïque [mɔzaik] *nf* mosaico *m*.
Moscou [mɔsku] *nom* Moscou.
mosquée [mɔske] *nf* mesquita *f*.

mot [mo] *nm* (*terme*) palavra *f*; (*message*) mensagem *f* • **mot à mot** ao pé da letra • **mot de passe** senha *f* • **mots croisés** palavras cruzadas • **avoir le dernier mot** ter a última palavra.
motard [mɔtaR] *nm* (*motocycliste*) motoqueiro *m*; (*gendarme, policier*) polícia *m* da brigada motorizada.
motel [mɔtɛl] *nm* motel *m*.
moteur [mɔtœR] *nm* motor *m*.
motif [mɔtif] *nm* motivo *m*.
motivation [mɔtivasjɔ̃] *nf* motivação *f*.
motivé, e [mɔtive] *adj* motivado(da).
moto [mɔto] *nf* moto *f*.
motocross [mɔtokRɔs] *nm* motocross *m*.
motocycliste [mɔtosiklist] *nmf* motociclista *mf*.
motte [mɔt] *nf* (*de terre*) torrão *m*; (*de beurre*) porção *f*; (*de gazon*) tufo *m*.
mou, molle [mu, mɔl] *adj* mole.
mouche [muʃ] *nf* mosca *f*.
moucher [muʃe] ◆ **se moucher** *vp* assoar-se.
moucheron [muʃRɔ̃] *nm* mosquito *m*.
mouchoir [muʃwaR] *nm* lenço *m* • **mouchoir en papier** lenço de papel.
moudre [mudR] *vt* moer.
moue [mu] *nf* beicinho *m* • **faire la moue** fazer beicinho.
mouette [mwɛt] *nf* gaivota *f*.
moufle [mufl] *nf* luva *f* (com um só dedo).

mouillé, e [muje] *adj* molhado(da).

mouiller [muje] *vt* molhar ◆ **se mouiller** *vp* molhar-se; *(fam)* queimar-se.

mouillette [mujɛt] *nf pedaço de pão longo e fino que se mergulha em ovo quente ou em outros líquidos.*

moulant, e [mulã, ãt] *adj* justo(ta).

moule¹ [mul] *nm (industriel)* molde *m*; *(à pâtisserie)* forma *f* ● **moule à gâteau** fôrma para bolos.

moule² [mul] *nf* mexilhão *m* ● **moules marinière** mexilhões cozidos em vinho branco.

mouler [mule] *vt (statue)* moldar; *(suj: vêtement)* ajustar.

moulin [mulɛ̃] *nm* moinho *m* ● **moulin à café** moedor *m* de café ● **moulin à poivre** moedor de pimenta ● **moulin à vent** moinho de vento.

moulinet [mulinɛ] *nm* molinete *m*.

Moulinette® [mulinɛt] *nf* moedor *m* de legumes.

moulu, e [muly] *adj* moído(da).

moulure [mulyʀ] *nf* moldura *f*.

mourant, e [muʀɑ̃, ɑ̃t] *adj* moribundo(da).

mourir [muʀiʀ] *vi (décéder)* morrer; *(disparaître)* extinguir-se ● **mourir de faim** morrer de fome ● **mourir d'envie de faire qqch** estar morto de vontade de fazer algo.

moussaka [musaka] *nf carne moída e rodelas de berinjela gratinadas*, moussaka *f*.

mousse [mus] *nf (bulles)* espuma *f*; *(plante)* musgo *m*; CULIN musse *f* ● **mousse à raser** espuma de barbear ● **mousse au chocolat** musse de chocolate.

mousseline [muslin] ◆ *nf* musselina *f* ◆ *adj inv* ● **purée ou pommes mousseline** puré de batata muito leve ● **sauce mousseline** molho à base de gemas de ovo, de manteiga e creme de leite batido.

mousser [muse] *vi* espumar.

mousseux, euse [musø, øz] ◆ *adj* cremoso(osa) ◆ *nm* ● **du (vin) mousseux** espumante *m*.

moustache [mustaʃ] *nf* bigode *m* ● **des moustaches** bigodes.

moustachu, e [mustaʃy] *adj* com bigode.

moustiquaire [mustikɛʀ] *nf* mosquiteiro *m*.

moustique [mustik] *nm* pernilongo *m*.

moutarde [mutaʀd] *nf* mostarda *f*.

mouton [mutɔ̃] *nm* carneiro *m*.

mouvants *adj mpl* → **sable**.

mouvement [muvmɑ̃] *nm* movimento *m*.

mouvementé, e [muv-mɑ̃te] *adj* movimentado(da).

moyen, enne [mwajɛ̃, ɛn] ◆ *adj* médio(dia); *(passable)* mais ou menos ◆ *nm* meio *m* ● **il n'y a pas moyen de** não há meio de ● **moyen de transport**

meio de transporte • **au moyen de qqch** *(d'une action)* por meio de algo; *(d'un objet)* com a ajuda de algo ◆ **moyens** *nm (ressources)* meios *mpl*; *(capacités)* capacidades *fpl* • **avoir les moyens de faire qqch** ter meios para fazer algo • **perdre ses moyens** perder a calma.

moyenne [mwajɛn] *nf* média *f* • **en moyenne** em média.

muer [mɥe] *vi (animal)* estar na muda; *(voix, personne)* mudar.

muet, muette [mɥɛ, ɛt] *adj* mudo(da).

muguet [mygɛ] *nm* lírio-do-vale *m*.

ⓘ MUGUET

Por ocasião do 1° de Maio, é costume na França oferecer-se um ramo de "muguet" para dar sorte. Nessa época, ambulantes vendem o "muguet" pelas ruas.

mule [myl] *nf (animal)* mula *f*; *(chaussure)* chinelo *m*.
mulet [mylɛ] *nm* burro *m*.
multicolore [myltikɔlɔʀ] *adj* multicolor.
multicoque [myltikɔk] *adj & nm* multicasco.
multiple [myltipl] ◆ *adj* múltiplo(pla) ◆ *nm* múltiplo *m*.
multiplication [myltiplikasjɔ̃] *nf* multiplicação *f*.
multiplier [myltiplije] *vt* multiplicar • **2 multiplié par 9** 2 multiplicado por 9 ◆ **se multiplier** *vp* multiplicar-se.
multipropriété [myltipʀɔpʀijete] *nf* time-sharing *m*, direito *m* real de habitação periódica.
multitude [myltityd] *nf* • **une multitude de** uma multidão de.
municipal, e, aux [mynisipal, o] *adj* municipal.
municipalité [mynisipalite] *nf* municipalidade *f*.
munir [myniʀ] *vt* • **munir qqn/qqch de** munir alguém/algo de ◆ **se munir de** *vp + prép* munir-se de.
munitions [mynisjɔ̃] *nfpl* munições *fpl*.
mur [myʀ] *nm* parede *f*; *(extérieur)* muro *m* • **faire le mur** escapar • **mur du son** barreira *f* do som.
mûr, e [myʀ] *adj (fruit)* maduro(ra).
muraille [myʀaj] *nf* muralha *f*.
mural, e, aux [myʀal, o] *adj* mural.
mûre [myʀ] *nf* amora *f*.
murer [myʀe] *vt* murar.
mûrir [myʀiʀ] *vi* amadurecer.
murmure [myʀmyʀ] *nm* murmúrio *m*.
murmurer [myʀmyʀe] *vi* murmurar.
muscade [myskad] *nf* • **(noix) muscade** noz-moscada *f*.
muscat [myska] *nm (raisin)* uva *f* moscatel; *(vin)* moscatel *m*.
muscle [myskl] *nm* músculo *m*.
musclé, e [myskle] *adj* musculoso(sa).

musculaire [myskylɛʀ] *adj* muscular.

musculation [myskylasjɔ̃] *nf* musculação *f*.

museau [myzo] (*pl* **-x**) *nm* (de chien, de renard) focinho *m*; *CULIN* preparado de cabeça de porco ou boi, servido frio.

musée [myze] *nm* museu *m*.

muselière [myzəljɛʀ] *nf* focinheira *f*.

musical, e, aux [myzikal, o] *adj* musical.

music-hall [myzikol] (*pl* **music-halls**) *nm* (théâtre) teatro *m* de variedades; (spectacle) musical *m*.

musicien, enne [myzisjɛ̃, ɛn] *nm* músico *m*, -ca *f*.

musique [myzik] *nf* música *f* • **musique de chambre** música de câmara • **musique classique** música clássica • **musique de film** trilha *f* sonora.

musulman, e [myzylmã, an] *adj & nm* muçulmano(na).

mutation [mytasjɔ̃] *nf* (d'un employé) transferência *f*.

mutiler [mytile] *vt* mutilar.

mutuel, elle [mytɥɛl] *adj* mútuo(tua).

mutuelle [mytɥɛl] *nf* seguro *m* complementar.

mutuellement [mytɥɛlmã] *adv* mutuamente.

myope [mjɔp] *adj* míope.

myosotis [mjɔzɔtis] *nm* miosótis *m inv*.

myrtille [miʀtij] *nf* mirtilo *m*.

mystère [mistɛʀ] *nm* mistério *m* • **Mystère®** sobremesa gelada, à base de merengue e de sorvete coberto com pedaços de amêndoas.

mystérieusement [mis-teʀjøzmã] *adv* misteriosamente.

mystérieux, euse [misteʀjø, øz] *adj* misterioso(osa).

mythe [mit] *nm* mito *m*.

mythologie [mitɔlɔʒi] *nf* mitologia *f*.

N

n' → **ne**.

N (*abr de* **nord**) N.

nacre [nakʀ] *nf* madrepérola *f*.

nage [naʒ] *nf* • **à la nage** a nado • **être en nage** estar banhado em suor.

nageoire [naʒwaʀ] *nf* nadadeira *f*.

nager [naʒe] *vt & vi* nadar.

nageur, euse [naʒœʀ, øz] *nm* nadador *m*, -ra *f*.

naïf, naïve [naif, iv] *adj* ingênuo(nua).

nain, e [nɛ̃, nɛn] *adj & nm* anão(anã) • **nain de jardin** anão de jardim.

naissance [nesɑ̃s] *nf* nascimento *m*.

naître [nɛtʀ] *vi* nascer.

naïve [naif, iv] → **naïf**.

naïveté [naivte] *nf* ingenuidade *f*.

nana [nana] *nf* (*fam*) mina *f*.

nappe [nap] nf (linge) toalha f (de mesa); (souterraine) lençol m; (en mer) mancha f; (de brouillard) cortina f.

nappé, e [nape] adj • **nappé de** coberto de.

napperon [napʀɔ̃] nm toalhas de pano ou de papel que servem como enfeite ou proteção de uma mesa.

narguer [naʀge] vt desafiar com escárnio.

narine [naʀin] nf narina f.

narrateur, trice [naʀatœʀ, tʀis] nm narrador m, -a f.

naseaux [nazo] nm ventas fpl.

natal, e [natal] adj natal.

natalité [natalite] nf natalidade f.

natation [natasjɔ̃] nf natação f • **faire de la natation** praticar natação.

natif, ive [natif, iv] adj • **natif de** natural de.

nation [nasjɔ̃] nf nação f.

national, e, aux [nasjɔnal, o] adj nacional.

nationale [nasjɔnal] nf • (route) nationale (estrada) nacional f.

nationaliser [nasjɔnalize] vt nacionalizar.

nationalité [nasjɔnalite] nf nacionalidade f.

native → **natif**.

natte [nat] nf (tresse) trança f; (tapis) esteira f.

naturaliser [natyʀalize] vt naturalizar.

nature [natyʀ] nf natureza f • adj inv (yaourt) natural; (omelette, thé) simples • **nature morte** natureza-morta.

naturel, elle [natyʀɛl] adj & nm natural.

naturellement [natyʀɛlmɑ̃] adv naturalmente.

naturiste [natyʀist] nm naturista mf.

naufrage [nofʀaʒ] nm naufrágio m • **faire naufrage** naufragar.

nausée [noze] nf náusea f • **avoir la nausée** estar enjoado.

nautique [notik] adj náutico(ca).

naval, e [naval] adj naval.

navarin [navaʀɛ̃] nm ensopado de carneiro com legumes.

navet [navɛ] nm (légume) nabo m; (fam) (mauvais film) fiasco m.

navette [navɛt] nf (d'aéroport) linha f regular; (spatiale) ônibus m espacial • **faire la navette (entre)** ir e vir (entre).

navigateur, trice [navigatœʀ, tʀis] nm navegador m, -a f.

navigation [navigasjɔ̃] nf 1. navegação f. **navigation de plaisance** navegação de recreio 2. INFORM • **navigation (sur Internet)** navegação f (na Internet).

naviguer [navige] vi navegar.

navire [naviʀ] nm navio m.

navré, e [navʀe] adj • **je suis navré** sinto muito.

NB (abr de nota bene) NB.

ne [nə] adv → **jamais, pas, personne, plus, que, rien**.

né, e [ne] pp → **naître**.

néanmoins [neɑ̃mwɛ̃] adv todavia.

néant [neã] nm nada m • **réduire qqch à néant** reduzir algo a nada • **néant** em um impresso, indica que não há nenhuma particularidade a assinalar.

nécessaire [nesesɛʀ] • adj necessário(ria) • **il est nécessaire de faire qqch** é necessário fazer algo • nm (ce qui est indispensable) necessário m, (ustensiles) necessaire m.

nécessité [nesesite] nf necessidade f.

nécessiter [nesesite] vt necessitar (de).

nécessiteux, euse [nesesitø, øz] nm necessitado m, -da f.

nectarine [nɛktaʀin] nf nectarina f.

néerlandais, e [neɛʀlɑ̃dɛ, ɛz] • adj neerlandês(esa) • nm (langue) neerlandês m • **Néerlandais, e** nm neerlandês m, -esa f.

nef [nɛf] nf nave f.

néfaste [nefast] adj nefasto(ta).

négatif, ive [negatif, iv] • adj negativo(va) • nm negativo m.

négation [negasjɔ̃] nf negação f.

négligeable [negliʒabl] adj (quantité) desprezável.

négligent, e [negliʒɑ̃, ɑ̃t] adj negligente.

négliger [negliʒe] vt negligenciar.

négociations [negɔsjasjɔ̃] nf negociações fpl.

négocier [negɔsje] • vt (discuter de) negociar; (virage) saber entrar em • vi negociar.

neige [nɛʒ] nf neve f.

neiger [nɛʒe] vimpers • **il neige** está nevando.

neigeux, euse [nɛʒø, øz] adj coberto(ta) de neve.

nénuphar [nenyfaʀ] nm nenúfar m.

néon [neɔ̃] nm (tube) néon m.

nerf [nɛʀ] nm nervo m • **du nerf!** coragem! • **être à bout de nerfs** estar à beira de um ataque de nervos.

nerveusement [nɛʀvøzmɑ̃] adv nervosamente.

nerveux, euse [nɛʀvø, øz] adj nervoso(osa).

nervosité [nɛʀvozite] nf nervosismo m.

n'est-ce pas? [nɛspa] adv não é?

net, nette [nɛt] • adj nítido(da); (propre) limpo(pa); (prix, salaire) líquido(da) • adv (se casser) de um só golpe; (s'arrêter) de repente.

netéconomie [netekɔnɔmi] nf economia f digital.

nettement [nɛtmɑ̃] adv (clairement) nitidamente; (beaucoup, très) muito.

netteté [nɛtte] nf nitidez f.

nettoyage [nɛtwajaʒ] nm (ménage) limpeza f • **nettoyage à sec** lavagem f a seco.

nettoyer [nɛtwaje] vt limpar • **faire nettoyer un vêtement** mandar lavar uma peça de roupa.

neuf, neuve [nœf, nœv] • *adj* novo(nova) • *num* nove • **remettre qqch à neuf** renovar algo • **quoi de neuf?** quais são as novidades? → **six**.

neurodégénératif, ive [nørodeʒeneratif, iv] *adj* MÉD neurodegenerativo(va).

neutre [nøtʀ] *adj* neutro(tra).

neuvième [nœvjɛm] *num* nono(na), → **sixième**.

neveu [nəvø] (*pl* **-x**) *nm* sobrinho *m*.

nez [ne] *nm* nariz *m* • **se trouver nez à nez avec qqn** encontrar-se cara a cara com alguém.

NF (*abr de* **norme française**) norma francesa.

ni [ni] *conj* • **ni... ni** nem...nem • **je n'aime ni la guitare ni le piano** não gosto de violão nem de piano • **ni l'un ni l'autre ne sont français** nem um nem outro são franceses • **elle n'est ni mince ni grosse** ela não é nem magra nem gorda.

niais, e [nje, njɛz] *adj* tolo(la).

niche [niʃ] *nf* (à chien) casinha *f*; (*dans un mur*) nicho *m*.

niçoise [niswaz] *adj f* → **salade**.

nicotine [nikɔtin] *nf* nicotina *f*.

nid [ni] *nm* ninho *m*.

nid-de-poule [nidpul] (*pl* **nids-de-poule**) *nm* buraco *m* (na estrada).

nièce [njɛs] *nf* sobrinha *f*.

nier [nje] *vt* negar • **nier avoir fait qqch** negar ter feito algo • **nier que** negar que.

Nil [nil] *nm* • **le Nil** o Nilo.

n'importe [nɛ̃pɔʀt] → **importer**.

niveau [nivo] (*pl* **-x**) *nm* nível *m* • **au niveau de** ao nível de • **niveau d'huile** nível de óleo • **niveau de vie** nível de vida.

n° (*abr de* **numéro**) n°.

noble [nɔbl] *adj & nm* nobre.

noblesse [nɔbles] *nf* (*nobles*) nobreza *f*.

noce [nɔs] *nf* boda *f* • **noces d'or** bodas de ouro.

nocif, ive [nɔsif, iv] *adj* nocivo(va).

nocturne [nɔktyʀn] • *adj* noturno(na) • *nf* (*d'un magasin*) funcionamento *m* noturno.

Noël [nɔɛl] • *nm* Natal *m* • **la Noël** (*jour*) o dia do Natal; (*période*) o Natal.

NOËL

A festa de Natal começa no dia 24 de dezembro à noite, com o "réveillon", a ceia em que tradicionalmente se come peru com castanhas e, a seguir, uma espécie de pão-de-ló com creme, chamado "bûche". Antigamente as crianças colocavam os sapatos diante da chaminé e, no dia 25, pela manhã, descobriam ali os presentes que o Papai Noel lhes tinha deixa-

nœud

do. Hoje em dia, a distribuição dos presentes faz-se cada vez mais na noite do "réveillon", em torno da árvore de Natal. Os católicos praticantes assistem à missa do galo. Em geral, o dia de Natal passa-se com a família.

---

nœud [nø] *nm* nó *m*; *(ruban)* laço *m* ◆ **nœud papillon** gravata-borboleta *f*.

noir, e [nwaʀ] ◆ *adj (couleur)* preto(ta); *(sombre)* escuro(ra) ◆ *nm (couleur)* preto *m*; *(obscurité)* escuro *m* ◆ **il fait noir** está escuro ◆ **dans le noir** no escuro ◆ **Noir, e** *nm* negro *m*, -gra *f*.

noircir [nwaʀsiʀ] *vt & vi* escurecer.

noisetier [nwaztje] *nm* aveleira *f*.

noisette [nwazɛt] ◆ *nf* avelã *f* ◆ *adj inv* cor de avelã ◆ **une noisette de beurre** uma bolinha de manteiga.

noix [nwa] *nf (fruit)* noz *f*; *(morceau)* um pouco ◆ **noix de cajou** castanha *f* de caju ◆ **noix de coco** coco *m*.

nom [nɔ̃] *nm (de personne, de chose)* nome *m*; GRAM substantivo *m* ◆ **nom commun** substantivo comum ◆ **nom de famille** sobrenome *m* ◆ **nom de jeune fille** sobrenome de solteira ◆ **nom propre** nome próprio.

nomade [nɔmad] *nmf* nômade *mf*.

nombre [nɔ̃bʀ] *nm* número *m* ◆ **un grand nombre de** um grande número de.

nombreux, euse [nɔ̃bʀø, øz] *adj* numeroso(osa) ◆ **peu nombreux** pouco numerosos.

nombril [nɔ̃bʀil] *nm* umbigo *m*.

nommer [nɔme] *vt (appeler)* chamar; *(à un poste)* nomear ◆ **se nommer** *vp* chamar-se.

non [nɔ̃] *adv* não ◆ **non?** não? ◆ **non plus** também não ◆ **non seulement..., mais...** não só... mas...

nonante [nɔnɑ̃t] *num (Belg & Helv)* noventa, → **six**.

nonchalant, e [nɔ̃ʃalɑ̃, ɑ̃t] *adj* indolente.

non-fumeur, euse [nɔ̃fymœʀ, øz] *nm* não-fumante *mf*.

nord [nɔʀ] *adj inv & nm* norte ◆ **au nord (de)** a norte (de).

nord-est [nɔʀɛst] *adj inv & nm inv* nordeste ◆ **au nord-est (de)** a nordeste (de).

nordique [nɔʀdik] *adj* nórdico(ca); *(Can)* do norte do Canadá.

nord-ouest [nɔʀwɛst] *adj inv & nm inv* noroeste ◆ **au nord-ouest (de)** a noroeste (de).

normal, e, aux [nɔʀmal, o] *adj* normal ◆ **ce n'est pas normal** *(pas juste)* não é justo.

normale [nɔʀmal] *nf* ◆ **la normale** a média.

normalement [nɔʀmalmɑ̃] *adv* normalmente.

normand, e [nɔʀmɑ̃, ɑ̃d] *adj* normando(da).

Normandie [nɔʀmɑ̃di] nf • la Normandie a Normandia.

norme [nɔʀm] nf norma f.

Norvège [nɔʀvɛʒ] nf • la Norvège a Noruega.

norvégien, enne [nɔʀveʒjɛ̃, ɛn] • adj norueguês(esa) • (langue) norueguês m • **Norvégien, enne** nm norueguês m, -esa f.

nosocomial, e (mpl **-aux**) [nɔzɔkɔmjal, o] adj nosocomial.

nos [no] → **notre**.

nostalgie [nɔstalʒi] nf nostalgia f • **avoir la nostalgie de** ter saudade de.

notable [nɔtabl] adj & nm notável.

notaire [nɔtɛʀ] nm tabelião m.

notamment [nɔtamɑ̃] adv particularmente.

note [nɔt] nf nota f • **prendre des notes** tomar nota • **note de frais** despesas feitas por alguém em nome de uma empresa e que lhe serão reembolsadas.

noter [nɔte] vt notar; (écrire) anotar.

notice [nɔtis] nf (mode d'emploi) instruções fpl de uso.

notion [nɔsjɔ̃] nf noção f • **avoir des notions de** ter noções de.

notoriété [nɔtɔʀjete] nf notoriedade f.

notre [nɔtʀ] (pl **nos**) adj nosso(a).

nôtre [notʀ] • **le nôtre, la nôtre** (pl **les nôtres**) pron o nosso(a nossa).

nouer [nwe] vt (lacet, cravate) fazer o nó de; (cheveux) prender.

nougat [nuga] nm nugá m.

nougatine [nugatin] nf pasta dura feita com caramelo e amêndoas.

nouilles [nuj] nf (type de pâtes) tipo de massa alimentícia em tiras finas e longas.

nourrice [nuʀis] nf ama f.

nourrir [nuʀiʀ] vt (alimenter) alimentar; (entretenir) manter • **se nourrir (de)** vp + prép alimentar-se (de).

nourrissant, e [nuʀisɑ̃, ɑ̃t] adj nutritivo(va).

nourrisson [nuʀisɔ̃] nm criança f de peito.

nourriture [nuʀityʀ] nf (régime alimentaire) alimentação f.

nous [nu] pron -nos; (sujet) nós • **nous-mêmes** nós próprios(prias) • **il nous en a parlé** ele nos falou sobre isso • **ils nous regardent** eles estão olhando para nós • **ils nous ont vus** eles nos viram • **nous nous sommes habillés** nós nos vestimos • **nous nous sommes parlés** nós conversamos • **nous sommes sœurs** nós somos irmãs.

nouveau, elle [nuvo, nuvɛl] (mpl **nouveaux**) (**nouvel** [nuvɛl]devant voyelle ou h muet) • adj novo(nova) • nm (dans une classe) aluno m novo, aluna f nova; (dans un club) membro m novo • **rien de nouveau** nada de novo • **le**

nouveau-né

nouvel an o ano-novo • **à** ou **de nouveau** de novo.

nouveau-né, e [nuvone] (*mpl* **nouveau-nés,** *fpl* **nouveau-nées**) *nm* recém-nascido *m*, -da *f*.

nouveauté [nuvote] *nf* novidade *f*.

nouvel → **nouveau**.

nouvelle [nuvɛl] *nf* (*information*) notícia *f*, (*roman*) novela *f* • **les nouvelles** as notícias • **avoir des nouvelles de qqn** ter notícias de alguém.

Nouvelle-Calédonie [nuvɛlkaledɔni] *nf* • **la Nouvelle-Calédonie** a Nova Caledônia.

novembre [nɔvɑ̃bR] *nm* novembro *m*, → **septembre**.

noyade [nwajad] *nf* afogamento *m*.

noyau [nwajo] (*pl* **-x**) *nm* (*de fruit*) caroço *m*, (*petit groupe*) núcleo *m*.

noyé, e [nwaje] *nm* afogado *m*, -da *f*.

noyer [nwaje] • *nm* nogueira *f* • *vt* afogar • **se noyer** *vp* afogar-se.

NPI (*abr de* **nouveaux pays industriels**) *nmpl* NPI *mpl* (*Novos Países Industrializados*).

nu, e [ny] *adj* (*personne, jambes*) nu(nua); (*pièce*) vazio(zia); (*arbre*) desfolhado(da) • **pieds nus** descalço(ça) • **tout nu** ou **à l'œil nu** a olho nu • **nu-tête** sem chapéu.

nuage [nɥaʒ] *nm* nuvem *f*.

nuageux, euse [nɥaʒø, øz] *adj* nublado(da), enevoado(da).

nuance [nɥɑ̃s] *nf* (*teinte*) nuance *f*.

nucléaire [nykleɛR] *adj* nuclear.

nudiste [nydist] *nm* nudista *mf*.

nui [nɥi] *pp* → **nuire**.

nuire [nɥiR] • **nuire à** *vp + prép* prejudicar.

nuisible [nɥizibl] *adj* nocivo(va) • **nuisible à** nocivo a.

nuit [nɥi] *nf* noite *f* • **la nuit** à noite • **bonne nuit!** boa noite! • **il fait nuit** é de noite • **passer une nuit blanche** (*ne pas se coucher*) ter insônia; (*ne pas trouver le sommeil*) passar uma noite em branco • **de nuit** (*travail, poste*) noturno(na); (*travailler, voyager*) de noite.

nul, nulle [nyl] *adj* nulo(la); (*fam*) zero à esquerda • **être nul en qqch** ser uma nulidade em algo • **nulle part** em lugar nenhum.

numérique [nymerik] *adj* digital.

numéro [nymero] *nm* número *m* • **numéro de compte** número de conta • **numéro d'immatriculation** número de matrícula • **numéro de téléphone** número de telefone • **numéro vert** chamada *f* grátis.

numéroter [nymerote] *vt* numerar • **place numérotée** lugar numerado.

nu-pieds [nypje] *nm inv* sandália que deixa descoberto o peito do pé.

nuque [nyk] nf nuca f.
Nylon® [nilɔ̃] nm nylon m.

O

O (abr de ouest) O.
oasis [ɔazis] nf oásis m.
obéir [ɔbeiʀ] vi obedecer
• obéir à obedecer a.
obéissant, e [ɔbeisɑ̃, ɑ̃t] adj obediente.
obèse [ɔbɛz] adj obeso(sa).
objectif, ive [ɔbʒɛktif, iv]
• adj objetivo(va) • nm (but) objetivo m; (d'appareil photo) objetiva f.
objection [ɔbʒɛksjɔ̃] nf objeção f.
objet [ɔbʒɛ] nm objeto m; (but) finalidade f; (d'une recherche, d'un débat) assunto m
• **bureau des objets trouvés** (seção de) achados e perdidos • **objets de valeur** objetos de valor.
obligation [ɔbligasjɔ̃] nf obrigação f.
obligatoire [ɔbligatwaʀ] adj obrigatório(ria).
obligé, e [ɔbliʒe] adj (fam) inevitável • **être obligé de faire qqch** ser obrigado a fazer algo.
obliger [ɔbliʒe] vt • **obliger qqn à faire qqch** obrigar alguém a fazer algo.

oblique [ɔblik] adj oblíquo(qua).
oblitérer [ɔbliteʀe] vt (ticket) perfurar.
obscène [ɔpsɛn] adj obsceno(na).
obscur, e [ɔpskyʀ] adj obscuro(ra).
obscurcir [ɔpskyʀsiʀ]
• **s'obscurcir** vp obscurecer-se.
obscurité [ɔpskyʀite] nf obscuridade f.
obséder [ɔpsede] vt obcecar.
obsèques [ɔpsɛk] nf (sout) exéquias fpl.
observateur, trice [ɔpsɛʀvatœʀ, tʀis] adj observador(ra).
observation [ɔpsɛʀvasjɔ̃] nf observação f.
observatoire [ɔpsɛʀvatwaʀ] nm observatório m.
observer [ɔpsɛʀve] vt observar.
obsession [ɔpsesjɔ̃] nf obsessão f.
obstacle [ɔpstakl] nm obstáculo m.
obstiné, e [ɔpstine] adj obstinado(da).
obstiner [ɔpstine]
• **s'obstiner** vp obstinar-se
• **s'obstiner à faire qqch** obstinar-se em fazer algo.
obstruer [ɔpstʀye] vt obstruir.
obtenir [ɔptəniʀ] vt obter.
obtenu, e [ɔptəny] pp → **obtenir**.
obturateur [ɔptyʀatœʀ] nm (d'appareil photo) obturador m.
obus [ɔby] nm obus m.

OC

OC (abr de **ondes courtes**) OC.

occasion [ɔkazjɔ̃] nf *(chance)* ocasião f; *(bonne affaire)* pechincha f • **avoir l'occasion de faire qqch** ter oportunidade de fazer algo • **à l'occasion de** por ocasião de • **d'occasion** de segunda mão.

occasionnel, elle [ɔkazjɔnɛl] adj ocasional.

occasionner [ɔkazjɔne] vt *(sout)* ocasionar.

Occident [ɔksidɑ̃] nm • **l'Occident** o Ocidente.

occidental, e, aux [ɔksidɑ̃tal, o] adj ocidental.

occupation [ɔkypasjɔ̃] nf ocupação f.

occupé, e [ɔkype] adj ocupado(da) • **ça sonne occupé** está ocupado.

occuper [ɔkype] vt ocupar • **ça l'occupe** isso o distrai
• **s'occuper** vp entreter-se • **s'occuper de** tratar de.

occurrence [ɔkyrɑ̃s] ◆ **en l'occurrence** adv neste caso.

océan [ɔseɑ̃] nm oceano m.

Océanie [ɔseani] nf • **l'Océanie** a Oceania.

ocre [ɔkr] adj inv ocre.

octane [ɔktan] nm • **indice d'octane** índice m de octano.

octante [ɔktɑ̃t] num *(Belg & Helv)* oitenta m, → **six**.

octet [ɔktɛ] nm byte m, octeto m.

octobre [ɔktɔbr] nm outubro m, → **septembre**.

oculiste [ɔkylist] nmf oculista m.

odeur [ɔdœr] nf odor m, cheiro m.

odieux, euse [ɔdjø, øz] adj odioso(osa).

odorat [ɔdɔra] nm olfato m.

œil [œj] *(pl* **yeux**) nm olho m • **à l'œil** *(fam)* por seus lindos olhos • **avoir qqn à l'œil** estar de olho em alguém • **mon œil!** *(fam)* de jeito nenhum.

œillet [œjɛ] nm *(fleur)* cravo m; *(de chaussure)* buraco m.

œsophage [ezɔfaʒ] nm esôfago m.

œuf [œf] *(pl* **œufs**) nm ovo m • **œuf à la coque** ovo quente • **œuf dur** ovo cozido • **œuf de Pâques** ovo de Páscoa • **œuf poché** ovo poché • **œuf sur le plat** ovo estrelado • **œufs brouillés** ovos mexidos • **œufs à la neige** ovos nevados.

œuvre [œvr] nf obra f • **mettre qqch en œuvre** pôr algo em prática • **œuvre d'art** obra de arte.

offense [ɔfɑ̃s] nf ofensa f.

offenser [ɔfɑ̃se] vt ofender.

offert, e [ɔfɛr, ɛrt] pp → **offrir**.

office [ɔfis] nm *(organisme)* organismo m; *(messe)* ofício m • **faire office de** servir de • **office de tourisme** agência m de turismo • **d'office** de ofício.

officiel, elle [ɔfisjɛl] adj oficial.

officiellement [ɔfisjɛlmɑ̃] adv oficialmente.

officier [ɔfisje] nm *(militaire)* oficial m.

offre [ɔfʀ] *nf* oferta *f* • **offre spéciale** oferta especial • **offres d'emploi** ofertas de emprego.

offrir [ɔfʀiʀ] *vt* • **offrir qqch à qqn** oferecer algo a alguém • **offrir à qqn de faire qqch** propor a alguém que faça algo • **offrir de faire qqch** propor-se a fazer algo • **s'offrir** *vp* oferecer-se.

oie [wa] *nf* ganso *m*.

oignon [ɔɲɔ̃] *nm* (*légume*) cebola *f*; (*de fleur*) bulbo *m* • **petits oignons** cebolinhas *fpl*.

oiseau [wazo] (*pl* **-x**) *nm* pássaro *m*.

OK [ɔke] *interj* o.k.!

ola [ɔla] *nf* ola • **faire la ola** fazer a ola.

olive [ɔliv] *nf* azeitona *f* • **olive noire/verte** azeitona preta/verde.

olivier [ɔlivje] *nm* oliveira *f*.

olympique [ɔlɛ̃pik] *adj* olímpico(ca).

omble (chevalier) [ɔ̃blə ʃavalje] *nm* (*Helv*) peixe de água doce, de carne muito apreciada, que vive nas profundezas de lagos, especialmente do lago Leman.

ombragé, e [ɔ̃bʀaʒe] *adj* sombreado(da).

ombre [ɔ̃bʀ] *nf* sombra *f* • **à l'ombre (de)** à sombra (de) • **ombres chinoises** sombras chinesas • **ombre à paupières** sombra (para os olhos).

ombrelle [ɔ̃bʀɛl] *nf* sombrinha *f*.

omelette [ɔmlɛt] *nf* omelete *f* • **omelette norvégienne** sobremesa feita de pão-de-ló, sorvete e merengue, quente por fora e gelada por dentro.

omettre [ɔmɛtʀ] *vt* (*sout*) omitir • **omettre de faire qqch** esquecer-se de fazer algo.

omis, e [ɔmi, iz] *pp* → **omettre**.

omission [ɔmisjɔ̃] *nf* omissão *f*.

omnibus [ɔmnibys] *nm* • **(train) omnibus** ≃ trem *m* regional.

omoplate [ɔmɔplat] *nf* omoplata *f*.

on [ɔ̃] *pron* • **on a frappé** bateram à porta • **autrefois, on vivait mieux** antigamente, vivia-se melhor • **on s'en va** vamos embora • **on ne sait jamais** nunca se sabe.

oncle [ɔ̃kl] *nm* tio *m*.

onctueux, euse [ɔ̃ktɥø, øz] *adj* untuoso(osa).

onde [ɔ̃d] *nf* onda *f* • **grandes ondes** ondas longas • **ondes courtes/moyennes** ondas curtas/médias.

ondulé, e [ɔ̃dyle] *adj* (*cheveux*) ondulado(da).

onéreux, euse [ɔneʀø, øz] *adj* (*sout*) oneroso(osa).

ongle [ɔ̃gl] *nm* unha *f*.

ont [ɔ̃] → **avoir**.

ONU [ɔny] *nf* (*abr de* Organisation des Nations Unies) ONU *f*.

onze [ɔ̃z] *num* onze, → **six**.

onzième [ɔ̃zjɛm] num décimo primeiro(décima primeira), → **sixième**.
opaque [ɔpak] adj opaco(ca).
opéra [ɔpeʀa] nm ópera f.
opérateur, trice [ɔpeʀatœʀ, tʀis] nm (au téléphone) telefonista mf.
opération [ɔpeʀasjɔ̃] nf operação f.
opérer [ɔpeʀe] vt & vi operar • **se faire opérer (de)** ser operado (a).
opérette [ɔpeʀɛt] nf opereta f.
ophtalmologiste [ɔftalmɔlɔʒist] nm oftalmologista mf.
opinion [ɔpinjɔ̃] nf opinião f • **l'opinion (publique)** a opinião pública.
opportun, e [ɔpɔʀtœ̃, yn] adj oportuno(na).
opportuniste [ɔpɔʀtynist] adj oportunista.
opposé, e [ɔpoze] • adj oposto(osta); (opinion) contrário(ria) • nm • **l'opposé** o oposto • **opposé à** (inverse) oposto a; (hostile à) contra • **à l'opposé de** (du côté opposé à) do lado oposto a; (contrairement à) contrariamente a.
opposer [ɔpoze] vt opor ♦ **s'opposer** vp opor-se • **s'opposer à** opor-se a.
opposition [ɔpozisjɔ̃] nf oposição f.
oppresser [ɔpʀese] vt oprimir.
oppression [ɔpʀesjɔ̃] nf opressão f.
opprimer [ɔpʀime] vt oprimir.
opticien, enne [ɔptisjɛ̃, ɛn] nm opticista mf.
optimisme [ɔptimism] nm otimismo m.
optimiste [ɔptimist] adj & nm otimista.
option [ɔpsjɔ̃] nf opção f.
optionnel, elle [ɔpsjɔnɛl] adj opcional.
optique [ɔptik] • adj óptico(ca) • nf (point de vue) óptica f.
or [ɔʀ] • conj porém • nm ouro m • **en or** de ouro.
orage [ɔʀaʒ] nm tempestade f.
orageux, euse [ɔʀaʒø, øz] adj tempestuoso(sa).
oral, e, aux [ɔʀal, o] • adj oral • nm oral f • **voie orale** via oral.
orange [ɔʀɑ̃ʒ] • adj inv cor de laranja • nm cor de laranja f • nf laranja f.
orangeade [ɔʀɑ̃ʒad] nf laranjada f.
oranger [ɔʀɑ̃ʒe] nm → **fleur**.
Orangina® [ɔʀɑ̃ʒina] nm ≃ Fanta® f.
orbite [ɔʀbit] nf órbita f.
orchestre [ɔʀkɛstʀ] nm orquestra f.
orchidée [ɔʀkide] nf orquídea f.
ordinaire [ɔʀdinɛʀ] • adj (normal, banal) ordinário(ria) • nm gasolina f comum • **sortir de l'ordinaire** sair do comum • **d'ordinaire** de ordinário.
ordinateur [ɔʀdinatœʀ] nm computador m.
ordonnance [ɔʀdɔnɑ̃s] nf (médicale) receita f (médica).

ordonné, e [ɔRdɔne] *adj* arrumado(a).

ordonner [ɔRdɔne] *vt (commander)* ordenar; *(ranger)* arrumar • **ordonner à qqn de faire qqch** ordenar a alguém que faça algo.

ordre [ɔRdR] *nm* ordem f • **donner l'ordre (à qqn) de faire qqch** dar ordem (a alguém) para fazer algo • **jusqu'à nouvel ordre** até nova ordem • **en ordre** em ordem • **mettre de l'ordre dans qqch** pôr ordem em algo • **dans l'ordre** por ordem • **à l'ordre de** à ordem de.

ordures [ɔRdyR] *nfpl* lixo *m*.

oreille [ɔRɛj] *nf* orelha *f*.

oreiller [ɔReje] *nm* travesseiro *m*.

oreillons [ɔRejɔ̃] *nmpl* caxumba *f*.

organe [ɔRgan] *nm* órgão *m*.

organisateur, trice [ɔRganizatœR, tRis] *nm* organizador *m*, -ra *f*.

organisation [ɔRganizasjɔ̃] *nf* organização *f*.

organisé, e [ɔRganize] *adj* organizado(a).

organiser [ɔRganize] *vt* organizar • **s'organiser** *vp* organizar-se.

organisme [ɔRganism] *nm* organismo *m*.

orge [ɔRʒ] *nf* → **sucre**.

orgue [ɔRg] *nm* órgão *m* • **orgue de Barbarie** realejo *m*.

orgueil [ɔRgœj] *nm* orgulho *m*.

orgueilleux, euse [ɔRgœjø, øz] *adj* orgulhoso(osa).

Orient [ɔRjɑ̃] *nm* • **l'Orient** o Oriente.

oriental, e, aux [ɔRjɑ̃tal, o] *adj* oriental.

orientation [ɔRjɑ̃tasjɔ̃] *nf* orientação *f*.

orienter [ɔRjɑ̃te] *vt* orientar • **s'orienter** *vp* orientar-se • **s'orienter vers** *(se tourner vers)* mover-se em direção a; *EDUC* dirigir-se para.

orifice [ɔRifis] *nm* orifício *m*.

originaire [ɔRiʒinɛR] *adj* • **originaire de** oriundo(da) de.

original, e, aux [ɔRiʒinal, o] ♦ *adj original* • *nm* excêntrico *m*, -ca *f* ♦ *nm* original *m*.

originalité [ɔRiʒinalite] *nf* originalidade *f*.

origine [ɔRiʒin] *nf* origem *f* • **être à l'origine de** estar na origem de algo • **à l'origine** no início • **d'origine** *(ancien)* de origem • **pays d'origine** país de origem.

ORL *nm (abr de* oto-rhino-laryngologiste*)* otorrino *mf*.

ornement [ɔRnəmɑ̃] *nm* adorno *m*.

orner [ɔRne] *vt* ornar, adornar • **orner qqch de** adornar algo com.

ornière [ɔRnjɛR] *nf* cova *f*.

orphelin, e [ɔRfəlɛ̃, in] *nm* órfão *m*, -ã *f*.

orphelinat [ɔRfəlina] *nm* orfanato *m*.

Orsay [ɔRsɛ] *nom* • **le musée d'Orsay** *museu parisiense dedicado à arte do século XIX, com*

orteil

destaque para o impressionismo.
orteil [ɔʀtɛj] nm dedo m do pé • **gros orteil** dedão m.
orthographe [ɔʀtɔgʀaf] nf ortografia f.
orthophoniste [ɔʀtɔfɔnist] nmf terapeuta m/f da fala.
ortie [ɔʀti] nf urtiga f.
os [ɔs, o] (pl **os**) nm osso m.
oscariser [ɔskaʀize] vt conceder um Oscar a.
oscillation [ɔsilasjɔ̃] nf oscilação f.
osciller [ɔsile] vi oscilar.
osé, e [oze] adj atrevido(da).
oseille [ozɛj] nf azeda f.
oser [oze] vt atrever-se • **oser faire qqch** atrever-se a fazer algo.
osier [ozje] nm vime m.
ostensible [ɔstɑ̃sibl] adj ostensivo(va).
otage [ɔtaʒ] nm refém mf • **prendre qqn en otage** tomar alguém como refém.
otarie [ɔtaʀi] nf otária f.
ôter [ote] vt tirar • **ôter qqch à qqn** tirar algo de alguém • **ôter qqch de qqch** tirar algo de algo • **3 ôté de 10 égale 7** 10 menos 3 é igual a 7.
otite [ɔtit] nf otite f.
oto-rhino-(laryngologiste) [ɔtɔʀinɔlaʀɛ̃gɔlɔʒist] (pl **-s**) nm otorrinolaringologista mf.
ou [u] conj ou • **c'est l'un ou l'autre** é um ou outro • **ou bien** ou então • **ou... ou...** ou... ou...
où [u] adv onde • **où habitez-vous?** onde vocês moram? • **d'où êtes-vous?** de onde vo- cês são? • **par où faut-il passer?** é preciso ir por onde? • **nous ne savons pas où dormir/où aller** não sabemos onde dormir/aonde ir • pron **1.** (spatial) onde • **le village où j'habite** a cidade onde moro • **le pays d'où je viens** o país de aonde venho • **les endroits où nous sommes allés** os lugares aonde fomos • **la ville par où nous venons de passer** a cidade por onde acabamos de passar **2.** (temporel) em que • **le jour où...** o dia em que... • **juste au moment où...** bem no momento em que....
ouate [wat] nf algodão m em rama.
oubli [ubli] nm esquecimento m.
oublier [ublije] vt esquecer-se de; (omettre) esquecer-se • **oublier de faire qqch** esquecer-se de fazer algo.
oubliettes [ublijɛt] nf masmorra f.
ouest [wɛst] adj inv & nm inv oeste • **à l'ouest (de)** a oeste (de).
ouf [uf] interj ufa!
oui [wi] adv sim.
ouïe [wi] nf ouvido m • **ouïes** nf guelras fpl.
ouragan [uʀagɑ̃] nm furacão m.
ourlet [uʀlɛ] nm bainha f.
ours [uʀs] nm urso m.
oursin [uʀsɛ̃] nm ouriço-do-mar m.
outil [uti] nm ferramenta f; (fig) instrumento m • **boîte** ou

caisse à outils caixa de ferramentas.
outillage [utijaʒ] *nm* ferramentas *fpl.*
outre [utr] *prép* além de • **en outre** além disso • **outre mesure** excessivamente.
outré, e [utre] *adj* indignado(da).
outre-mer [utrəmɛr] *adv* além-mar.
ouvert, e [uvɛr, ɛrt] • *pp* → **ouvrir** [uvrir] *adj* aberto(ta) • **ouvert le lundi** aberto às segundas-feiras.
ouvertement [uvɛrtəmã] *adv* abertamente.
ouverture [uvɛrtyr] *nf* abertura *f* • **ouverture d'esprit** abertura de espírito.
ouvrable [uvrabl] *adj* → **jour**.
ouvrage [uvraʒ] *nm* obra *f.*
ouvre-boîtes [uvrəbwat] *nm inv* abridor de lata.
ouvre-bouteilles [uvrəbutɛj] *nm inv* abridor de garrafa.
ouvreur, euse [uvrœr, øz] *nm* lanterninha *mf.*
ouvrier, ère [uvrije, ɛr] *nm & nm* operário(ria).
ouvrir [uvrir] *vt & vi* abrir ◆ **s'ouvrir** *vp (porte)* abrir-se; *(fleur)* desabrochar.
ovale [ɔval] *adj* oval.
overbooking [ɔvœrbukiŋ] *nm* overbooking *m*, excesso *m* de reservas.
oxyder [ɔkside] ◆ **s'oxyder** *vp* oxidar-se.
oxygène [ɔksiʒɛn] *nm* oxigênio *m.*
oxygénée [ɔksiʒene] *adj f* → **eau**.
ozone [ozon] *nm* ozônio *m.*

P

pacifique [pasifik] *adj* pacífico(ca) • **l'océan Pacifique, le Pacifique** o oceano Pacífico, o Pacífico.
pack [pak] *nm (de bouteilles)* pack *m.*
pacser [pakse] ◆ **se pacser** *(fam) vp* unir-se de fato.
pacte [pakt] *nm* pacto *m.*
paella [paela] *nf* paella *f.*
pagayer [pageje] *vi* remar *(com remo de pá larga e haste curta).*
page [paʒ] *nf* página *f* • **page de garde** folha de guarda • **les pages jaunes** as páginas amarelas; • **page précédente** página anterior, página precedente • **page suivante** página seguinte • **page Web** página Web.
paie [pɛ] *nf* paye.
paiement [pɛmã] *nm* pagamento *m.*
paillasson [pajasõ] *nm* capacho *m.*
paille [paj] *nf (de blé)* palha *f; (pour boire)* canudinho *m.*
paillette [pajɛt] *nf* lantejoula *f.*

pain

pain [pɛ̃] nm pão m • **pain au chocolat** pão de chocolate • **pain complet** pão integral • **pain doré** (Can) = **pain perdu** • **pain d'épice** ≃ pão m de mel • **pain de mie** pão de fôrma • **pain perdu** ≃ rabanadas fpl • **pain aux raisins** pão m com passas.

(i) PAIN

Na França é impossível imaginar-se uma refeição sem pão. O pão é comprado nas padarias e tem diversas formas: "ficelle", "baguette", "bâtard", "pain" de 400 gramas ou "miche". O pão mais comum é preparado com farinha e trigo. Existem também os pães especiais que contêm cereais ou o germe de trigo. Cortado em fatias, o pão constitui o essencial do café-da-manhã.

pair, e [pɛʀ] ♦ adj par • nm • **jeune fille au pair** moça (geralmente estrangeira) que ajuda nos trabalhos domésticos, etc., em troca de casa e comida.
paire [pɛʀ] nf par m.
paisible [pezibl] adj sossegado(da).
paître [pɛtʀ] vi pastar.
paix [pɛ] nf paz f • **avoir la paix** ter paz • **laisser qqn en paix** deixar alguém em paz.

Pakistan [pakistɑ̃] nm • **le Pakistan** o Paquistão.
pakistanais, e [pakistanɛ, ɛz] adj paquistanês(esa).
palace [palas] nm hotel m de luxo.
palais [palɛ] nm (résidence) palácio m; ANAT céu m da boca • **Palais de justice** Palácio da Justiça.
pâle [pɑl] adj pálido(da).
palette [palɛt] nf (de peintre) paleta f; (viande) pá f.
palier [palje] nm patamar m.
pâlir [paliʀ] vi empalidecer.
palissade [palisad] nf paliçada f.
palmarès [palmaʀɛs] nm (de victoires) lista f de ganhadores; (de chansons) parada f de sucesso.
palme [palm] nf pé-de-pato m (de nadador).
palmé, e [palme] adj espalmado(da).
palmier [palmje] nm (arbre) palmeira f; (gâteau) orelha f de macaco, palmier m.
palourde [paluʀd] nf amêijoa f.
palper [palpe] vt apalpar.
palpitant, e [palpitɑ̃, ɑ̃t] adj palpitante, empolgante.
palpiter [palpite] vi palpitar.
pamplemousse [pɑ̃pləmus] nm toranja f.
pan [pɑ̃] nm (de mur) parte f; (de chemise) fralda f.
panaché [panaʃe] nm • **(demi) panaché** cerveja f com limonada.
panaris [panaʀi] nm panarício m.

pan-bagnat [pɑ̃baɲa] (*pl* **pans-bagnats**) *nm sanduíche feito com pão redondo, tomates, anchovas, ovo cozido e atum.*

pancarte [pɑ̃kaʀt] *nf letreiro m.*

pané, e [pane] *adj empanado(da).*

panier [panje] *nm cesto m;* (*point*) *cesta f* • **panier à provisions** *cesto m de compras.*

panier-repas [panjeʀəpa] (*pl* **paniers-repas**) *nm lanche m.*

panique [panik] *nf pânico m.*

paniquer [panike] • *vt assustar* • *vi entrar em pânico, assustar-se.*

panne [pan] *nf avaria f* • **être en panne** (*voiture*) *estar avariado(da);* (*voyageurs*) *ficar sem provisões* • **tomber en panne** *ter uma avaria* • **panne d'électricité** OU **de courant** *corte de eletricidade* • **avoir une panne d'essence** OU **sèche** *ficar sem gasolina* • **en panne** *avariado.*

panneau [pano] (*pl* **-x**) *nm* (*d'indication*) *placa f;* (*de bois, de verre*) *painel m* • **panneau publicitaire** *outdoor m* • **panneau de signalisation** *placa f de sinalização.*

panoplie [panɔpli] *nf* (*déguisement*) *fantasia f infantil.*

panorama [panɔʀama] *nm panorama m.*

pansement [pɑ̃smɑ̃] *nm curativo m.* • **pansement adhésif** *band-aid®* m.

pantacourt [pɑ̃takuʀ] *nm calça f corsário.*

pantalon [pɑ̃talɔ̃] *nm calça f comprida.*

panthère [pɑ̃tɛʀ] *nf pantera f.*

pantin [pɑ̃tɛ̃] *nm marionete f.*

pantoufle [pɑ̃tufl] *nf pantufa f.*

PAO *nf* (*abr de* **Publication assistée par ordinateur**) *publicação f assistida por computador.*

paon [pɑ̃] *nm pavão m.*

papa [papa] *nm papá m.*

pape [pap] *nm papa m.*

papet [pape] *nm* (*Helv*) • **papet vaudois** *cozido com alho-poró, batatas e salsichas de couve e de fígado de porco, típico do cantão de Vaud.*

papeterie [papɛtʀi] *nf* (*magasin*) *papelaria f;* (*usine*) *fábrica f de papel.*

papi [papi] *nm vovô m.*

papier [papje] *nm papel m* • **papier aluminium** *papel de alumínio* • **papier cadeau** *papel de embrulho para presentes* • **papier d'emballage** *papel de embrulho* • **papier à en-tête** *papel timbrado* • **papier hygiénique** OU **toilette** *papel higiênico* • **papier à lettres** *papel de carta* • **papier peint** *papel de parede* • **papier de verre** *lixa f* • **papiers (d'identité)** *documentos mpl (de identidade).*

papillon [papijɔ̃] *nm borboleta f* • **(brasse) papillon** *borboleta (estilo de natação).*

papillote [papijɔt] nf • **en papillote** em papelote.

papoter [papɔte] vi tagarelar.

paquebot [pakbo] nm paquete m (navio).

pâquerette [pakrɛt] nf margarida f.

Pâques [pak] nm Páscoa f.

paquet [pakɛ] nm (colis) embrulho m; (de cigarettes) maço m; (de chewing-gum) pacote m; (de cartes) baralho m • **je vous fais un paquet-cadeau?** quer que embrulhe para presente?

par [paʀ] prép **1.** (gén) por • **passer par** passar por • **regarder par le trou de la serrure/la fenêtre** espiar pelo buraco da fechadura/pela janela • **par correspondance** por correspondência • **faire qqch par intérêt/amitié** fazer algo por interesse/amizade • **deux comprimés par jour** dois comprimidos por dia • **25 € par personne** 25 euros por pessoa • **deux par deux** dois a dois **2.** (indique le moyen de transport) voyager par (le) train viajar de trem **3.** (dans des expressions) • **par endroits** aqui e ali • **par moments** às vezes • **par-ci par-là** aqui e ali.

parabolique [paʀabɔlik] adj → antenne.

paracétamol [paʀasetamɔl] nm paracetamol m.

parachute [paʀaʃyt] nm pára-quedas m inv.

parade [paʀad] nf (défilé) desfile m.

paradis [paʀadi] nm paraíso m.

paradoxal, e, aux [paʀadɔksal, o] adj paradoxal.

paradoxe [paʀadɔks] nm paradoxo m.

parages [paʀaʒ] nm • **dans les parages** por aqui • **il est dans les parages** ele está por aí.

paragraphe [paʀagʀaf] nm parágrafo m.

paraître [paʀɛtʀ] vi (sembler) parecer; (apparaître) aparecer; (livre) ser publicado(da) • **il paraît que** parece que.

parallèle [paʀalɛl] adj paralelo(la) ■ nm paralelo m • **parallèle à** paralelo a.

paralyser [paʀalize] vt paralisar.

paralysie [paʀalizi] nf paralisia f.

parapente [paʀapɑ̃t] nm parapente m.

parapet [paʀapɛ] nm parapeito m.

parapluie [paʀaplɥi] nm guarda-chuva m.

parasite [paʀazit] nm parasita m • **parasites** nmpl interferência f.

parasol [paʀasɔl] nm guarda-sol m.

paratonnerre [paʀatɔnɛʀ] nm pára-raios m inv.

paravent [paʀavɑ̃] nm guarda-vento m.

parc [paʀk] nm parque m • **parc d'attractions** parque de diversões • **parc de stationnement** estacionamento m • **parc zoologique** jardim m zoológico ◆ **parc des Princes** *nm* Parque dos Príncipes.

ⓘ PARCS NATIONAUX

Na França existem seis parques nacionais. Os mais conhecidos são os de Vanoise, nos Alpes, o de Cévennes, no sudoeste do país, e o de Mercantour, ao sul dos Alpes. Nessas zonas, a flora e a fauna são rigorosamente protegidas. Entretanto, existe, na periferia, um "pré-parc", no qual é permitida a instalação de infra-estruturas turísticas.

ⓘ PARCS NATURELS RÉGIONAUX

Nesses parques naturais sob vigilância associa-se à proteção da natureza ao desenvolvimento do turismo e do lazer. Na França existem mais de 20 parques naturais regionais, entre os quais cabe mencionar a Brière, ao sul da Bretanha; a Camargue e o Lubéron, no sudoeste, assim como o Morvan, no centro-oeste.

parce que [paʀsk(ə)] *conj* porque.
parchemin [paʀʃəmɛ̃] *nm* pergaminho *m*.
parcmètre [paʀkmɛtʀ] *nm* parquímetro *m*.
parcourir [paʀkuʀiʀ] *vt* percorrer; *(livre, article)* ler por alto.
parcours [paʀkuʀ] *nm* percurso *m* ◆ **parcours santé** *percurso esportivo sinalizado num parque*.
parcouru, e [paʀkuʀy] *pp* → parcourir.
par-derrière [paʀdɛʀjɛʀ] *adv & prép* por trás.
par-dessous [paʀdəsu] *adv & prép* por baixo.
pardessus [paʀdəsy] *nm* sobretudo *m*.
par-dessus [paʀdəsy] *adv & prép* por cima.
par-devant [paʀdəvɑ̃] *adv & prép* perante.
pardon [paʀdɔ̃] *nm* perdão *m* ◆ **demander pardon à qqn** pedir desculpas a alguém ◆ **pardon!** desculpe!

ⓘ PARDON

"Pardon" é o equivalente bretão de peregrinação. Existem cerca de cinqüenta "pardons". Os mais importantes reúnem peregrinos vindos de toda a Bretanha. Durante essas festas, além das missas e procissões nas quais fiéis usam roupas tradicionais, organizam-se feiras, bailes etc. Os "pardons" realizam-se de março a setembro".

pardonner 234

pardonner [paʀdɔne] *vt* perdoar • **pardonner (qqch) à qqn** perdoar (algo) a alguém • **pardonner à qqn d'avoir fait qqch** perdoar alguém por ter feito algo.

pare-brise [paʀbʀiz] *nm inv* pára-brisa *m*.

pare-chocs [paʀʃɔk] *nm inv* pára-choque *m*.

pareil, eille [paʀɛj] • *adj* igual • *adv* (*fam*) igual • **une somme pareille** uma quantia semelhante.

parent, e [paʀɑ̃, ɑ̃t] *nm* familiar *m* • **les parents** os pais.

parenthèse [paʀɑ̃tɛz] *nf* parêntese *m* • **entre parenthèses** (*mot*) entre parênteses; (*d'ailleurs*) aliás.

parer [paʀe] *vt* (*éviter*) desviar.

paresse [paʀɛs] *nf* preguiça *f*.

paresseux, euse [paʀɛsø, øz] *adj* & *nm* preguiçoso(osa).

parfait, e [paʀfɛ, ɛt] • *adj* perfeito(ta) • *nm* sorvete feito com creme de leite, geralmente com sabor de café ou chocolate.

parfaitement [paʀfɛtmɑ̃] *adv* perfeitamente.

parfois [paʀfwa] *adv* às vezes.

parfum [paʀfœ̃] *nm* perfume *m*; (*goût*) sabor *m*.

parfumé, e [paʀfyme] *adj* perfumado(da).

parfumer [paʀfyme] *vt* (*pièce, mouchoir*) perfumar; (*aliment*) aromatizar • **parfumé au citron** com sabor de limão • **se parfumer** *vp* perfumar-se.

parfumerie [paʀfymʀi] *nf* perfumaria *f*.

pari [paʀi] *nm* aposta *f* • **faire un pari** fazer uma aposta.

parier [paʀje] *vt* & *vi* apostar • **je (te) parie que...** aposto (contigo) que... • **parier sur** apostar em.

Paris [paʀi] *nom* Paris.

paris-brest [paʀibʀɛst] *nm inv* anel de massa de carolina, recheado de creme pralinê e coberto com amêndoas raladas.

parisien, enne [paʀizjɛ̃, ɛn] *adj* parisiense • **Parisien, enne** *nm* parisiense *mf*.

parka [paʀka] *nm* & *nf* parca *f*.

parking [paʀkiŋ] *nm* estacionamento *m*.

parlante *adj f* → **horloge**.

parlement [paʀləmɑ̃] *nm* parlamento *m*.

parler [paʀle] *vt* & *vi* falar • **parler à qqn de** falar com alguém de.

Parmentier [paʀmɑ̃tje] *nom* → **hachis**.

parmesan [paʀməzɑ̃] *nm* parmesão *m*.

parmi [paʀmi] *prép* entre.

parodie [paʀɔdi] *nf* paródia *f*.

paroi [paʀwa] *nf* (*mur*) parede *f*; (*montagne*) parede *f*; (*d'un objet*) lado *m* (*interno*).

paroisse [paʀwas] *nf* paróquia *f*.

parole [paʀɔl] *nf* palavra *f* • **adresser la parole à qqn** dirigir a palavra a alguém • **couper la parole à qqn** cortar a palavra de alguém • **prendre la parole** tomar a palavra

235 **parvenir**

• tenir (sa) parole manter a palavra ♦ **paroles** nf letra f.

parquet [paʀkɛ] nm (plancher) parquê m.

parrain [paʀɛ̃] nm padrinho m.

parrainer [paʀene] vt patrocinar.

parsemer [paʀsəme] vt • parsemer qqch de qqch espalhar algo em algo.

part [paʀ] nf (de gâteau) fatia f; (d'un héritage) parte f • **prendre part à** participar em • **à part** (sauf) salvo • **de la part de** da parte de • **d'une part..., d'autre part...** por um lado..., por outro lado... • **autre part** em outro lugar • **nulle part** em lugar nenhum • **quelque part** em algum lugar.

partage [paʀtaʒ] nm partilha f.

partager [paʀtaʒe] vt partilhar ♦ **se partager** vp • se partager qqch partilhar algo.

partenaire [paʀtənɛʀ] nm (au jeu) parceiro m, -ra f; (en danse) par m; (en affaires) sócio m, -cia f.

parterre [paʀtɛʀ] nm (fam) (sol) chão m; (de fleurs) canteiro m; (au théâtre) plateia f.

parti [paʀti] nm partido m • **prendre parti pour** tomar o partido de • **tirer parti de qqch** tirar partido de algo • **parti pris** ideia f preconcebida.

partial, e, aux [paʀsjal, o] adj parcial.

participant, e [paʀtisipɑ̃, ɑ̃t] nm participante m, concorrente mf.

participation [paʀtisipasjɔ̃] nf participação f.

participer [paʀtisipe]
♦ **participer à** vp + prép participar de.

particularité [paʀtikylaʀite] nf particularidade f.

particulier, ère [paʀtikylje, ɛʀ] adj particular • **en particulier** (surtout) particularmente.

particulièrement [paʀtikyljɛʀmɑ̃] adv particularmente.

partie [paʀti] nf (part, élément) parte f; (au jeu, en sport) partida f • **en partie** em parte • **faire partie de** fazer parte de • **ce n'est que partie remise** é apenas uma questão de tempo.

partiel, elle [paʀsjɛl] adj parcial.

partiellement [paʀsjɛlmɑ̃] adv parcialmente.

partir [paʀtiʀ] vi partir; (moteur) arrancar; (tache) sair • **être bien/mal parti** começar bem/mal • **partir de** partir de • **à partir de** a partir de.

partisan [paʀtizɑ̃] ♦ nm partidário m, -ria f ♦ adj • **être partisan de qqch** ser partidário(ria) de algo.

partition [paʀtisjɔ̃] nf partitura f.

partout [paʀtu] adv em todo lugar.

paru, e [paʀy] pp → **paraître**.

parution [paʀysjɔ̃] nf publicação f.

parvenir [paʀvəniʀ] ♦ **parvenir à** vp + prép chegar a • **parve-**

parvenu 236

nir à faire qqch conseguir fazer algo.
parvenu, e [parvəny] *pp* → parvenir.
parvis [parvi] *nm* átrio *m*.
pas¹ [pa] *adv* não • **je n'aime pas les épinards** não gosto de espinafres • **elle ne dort pas encore** ela ainda está a dormir • **je n'ai pas terminé** não acabei • **il n'y a pas de train pour Oxford aujourd'hui** não há trem para Oxford hoje • **les passagers sont priés de ne pas fumer** pede-se aos passageiros que não fumem • **tu viens ou pas?** você vem ou não? • **elle a aimé l'exposition, moi pas** ou **pas moi** ela gostou da exposição, eu não • **c'est un endroit pas très agréable** não é um lugar lá muito agradável • **non, pas du tout** não, de modo algum • **pas tellement** não muito • **pas possible!** não é possível!
pas² [pa] *nm* passo *m* • **à deux pas de** a dois passos de • **pas à pas** passo a passo • **sur le pas de la porte** na porta.
pashmina [paʃmina] *nm* pashimina *f*.
passable [pasabl] *adj (performance)* razoável; *(résultat)* suficiente.
passage [pasaʒ] *nm* passagem *f* • **être de passage** estar de passagem • **passage clouté** ou **(pour) piétons** faixa de pedestres *f* • **passage à niveau** passagem de nível • **passage protégé** *via preferencial* em um cruzamento • **passage souterrain** passagem subterrânea • **premier passage** *horário do primeiro ônibus*.
passager, ère [pasaʒe, ɛr] *adj & nm* passageiro/ra • **passager clandestin** passageiro clandestino.
passant, e [pasɑ̃, ɑ̃t], *nm* transeunte *m/f* • *nm* passador *m*.
passe [pas] *nf* passe *m*.
passé, e [pase] • *adj (terminé)* passado(da); *(décoloré)* desbotado(da) • *nm* passado *m*.
passe-partout [paspartu] *nm inv (clé)* chave *f* mestra.
passe-passe [paspas] *nm inv* • **tour de passe-passe** passe *m* de mágica.
passeport [paspɔr] *nm* passaporte *m*.
passer [pase] ◊ *vi* **1.** *(aux être) (gén)* passar • **passer par** passar por • **passer voir qqn** passar para ver alguém • **je ne fais que passer** estou de passagem • **laisser passer qqn** deixar passar alguém • **ta douleur est-elle passée?** a dor passou? • **je passe en 3e** vou para a 8ª série **2.** *(à la télé, à la radio, au cinéma)* passar • **qu'est-ce qui passe cette semaine au théâtre?** o que está passando no teatro esta semana? • **cet écrivain est passé à la télévision** este escritor apareceu na televisão **3.** *(couleur)* desbotar **4.** *(vitesse)* • **passer en seconde** colocar a

segunda 5. *(dans des expressions)* • **passons!** passemos adiante! • **en passant** de passagem ♦ *vt* 1. *(aux avoir)* *(gén)* passar • **nous avons passé l'après-midi à chercher un hôtel** passamos a tarde à procura de um hotel • **passer son tour** passar a vez • **passer qqch à qqn** *(objet)* passar algo a alguém; *(maladie)* passar algo a alguém • **je vous le passe** *(au téléphone)* já te passo 2. *(obstacle)* ultrapassar 3. *(rivière)* atravessar 4. *(vitesse)* colocar 5. *(mettre, faire passer)* • **passer le bras par la portière** pôr o braço fora da portiera • **passer l'aspirateur** passar o aspirador 6. *(filtrer)* coar ♦ **passer pour** *vp* + *prép* passar por • **se faire passer pour** fazer-se passar por ♦ **se passer pour** *vp* 1. *(arriver)* passar • **qu'est-ce qui se passe?** o que está acontecendo? 2. *(se dérouler)* • **se passer bien/mal** correr bem/mal 3. *(crème, eau)* passar • **se passer de l'huile solaire sur les jambes** passar óleo de bronzear nas pernas • **se passer de l'eau sur le visage** passar uma água no rosto ♦ **se passer de** *vp* + *prép* privar-se de.

passerelle [pasʀɛl] *nf (pont)* ponte *f*; *(d'embarquement, sur un bateau)* plataforma *f* de embarque.

passe-temps [pastɑ̃] *nm inv* passatempo *m*.

passible [pasibl] *adj* • **passible de** passível de.

passif, ive [pasif, iv] ♦ *adj* passivo(va) ♦ *nm* GRAM passiva *f*.

passion [pasjɔ̃] *nf* paixão *f*.

passionnant, e [pasjɔnɑ̃, ɑ̃t] *adj* apaixonante.

passionné, e [pasjɔne] *adj* apaixonado(da) • **passionné de musique** apaixonado por música.

passionner [pasjɔne] *vt* apaixonar ♦ **se passionner pour** *vp* + *prép* apaixonar-se por.

passoire [paswaʀ] *nf* coador *m*, peneira *f*.

pastel [pastɛl] *adj inv* pastel.

pastèque [pastɛk] *nf* melancia *f*.

pasteurisé, e [pastœʀize] *adj* pasteurizado(da).

pastille [pastij] *nf* pastilha *f*.

pastis [pastis] *nm* bebida alcoólica aromatizada com anis.

patate [patat] *nf (fam)* batata *f* • **patates pilées** *(Can)* puré *m* de batata.

patauger [patoʒe] *vi* chafurdar.

pâte [pat] *nf* massa *f* • **pâte d'amandes** marzipã *m* • **pâte brisée** massa podre • **pâte feuilletée** massa folhada • **pâte de fruits** jujuba *f* • **pâte sablée** massa amanteigada • **pâte à modeler** massa de modelar ♦ **pâtes** *nfpl* massa *f*.

pâté [pate] *nm (charcuterie)* patê *m*; *(de sable)* bolo *m* de areia; *(tache)* borrão *m* • **pâté**

pâtée 238

chinois (Can) *prato gratinado à base de carne moída, batatas e creme de milho* • **pâté de maisons** quarteirão *m*.

pâtée [pate] *nf* comida *f* (*para cães*).

paternel, elle [paternɛl] *adj* paterno(na); (*amour*) paternal.

pâteux, euse [patø, øz] *adj* pastoso(osa).

patiemment [pasjamɑ̃] *adv* pacientemente.

patience [pasjɑ̃s] *nf* paciência *f* • **prendre son mal en patience** ter paciência.

patient, e [pasjɑ̃, ɑ̃t] *adj & nf* paciente.

patienter [pasjɑ̃te] *vi* pacientar.

patin [patɛ̃] *nm* • **patins à glace** patins *mpl* (*para o gelo*) • **patins à roulettes** patins *mpl* (*de rodas*).

patinage [patinaʒ] *nm* patinação *f* • **patinage artistique** patinação artística.

patiner [patine] *vi* patinar.

patineur, euse [patinœr, øz] *nm* patinador *m*, -ra *f*.

patinoire [patinwar] *nf* pista *f* de patinação.

pâtisserie [patisri] *nf* (*magasin*) confeitaria *f*; (*gâteau*) doce *m* • **la pâtisserie** a confeitaria.

pâtissier, ère [patisje, ɛr] *nm, f* confeiteiro *m*, -ra *f*.

patois [patwa] *nm* patoá *m*.

patrie [patri] *nf* pátria *f*.

patrimoine [patrimwan] *nm* patrimônio *m*.

patriote [patrijɔt] *nm* patriota *mf*.

patriotique [patrijɔtik] *adj* patriótico(ca).

patron, onne [patrɔ̃, ɔn] *nm* • patrão *m*, -troa *f* • *nm* molde *m*.

patrouille [patruj] *nf* patrulha *f*.

patrouiller [patruje] *vi* patrulhar.

patte [pat] *nf* (*d'animal*) pata *f*; (*languette*) lingüeta *f*; (*favoris*) costeleta *f*.

pâturage [patyraʒ] *nm* pasto *m*.

paume [pom] *nf* palma *f*.

paupière [popjɛr] *nf* pálpebra *f*.

paupiette [popjɛt] *nf* pequeno rolo de carne recheado.

pause [poz] *nf* pausa *f* • **pause** pausa.

pause-café [pozkafe] (*pl* **pauses-café**) *nf* pausa *f* para o café.

pauvre [povr] *adj* (*sans argent*) pobre; (*malheureux*) coitado(da).

pauvreté [povrəte] *nf* pobreza *f*.

pavé, e [pave] • *adj* pavimentado(da) • *nm* paralelepípedo *m* • **pavé numérique** bloco *m* numérico.

pavillon [pavijɔ̃] *nm* pavilhão *m*.

payant, e [pejɑ̃, ɑ̃t] *adj* pago(ga).

paye [pɛj] *nf* salário *m*.

payer [peje] *vt* pagar • **bien/mal payé** bem/mal pago • **payer qqch à qqn** (*fam*) ofe-

recer algo a alguém • payez ici pague aqui.

pays [pei] *nm* país *m* • **les gens du pays** *(de la région)* as pessoas da região • **de pays** regional • **le pays de Galles** o País de Gales.

paysage [peizaʒ] *nm* paisagem *f*.

paysan, anne [peizã, an] *nm* camponês *m*, -esa *f*.

Pays-Bas [peiba] *nmpl* • **les Pays-Bas** os Países Baixos.

PC *nm (abr de* Parti communiste*)* PC *m*; *(abr de* ordinateur*)* PC *m*.

PCV *nm (abr de* PerCeVoir*)* • **appeler en PCV** fazer uma chamada a cobrar.

P-DG *nm (abr de* président-directeur général*)* presidente *m* geral.

péage [peaʒ] *nm* pedágio *m*.

peau [po] *(pl* **-x***) nf* pele *f*; *(de fruit)* casca *f* • **peau de chamois** camurça *f*.

péché [peʃe] *nm* pecado *m*.

pêche [pɛʃ] *nf (fruit)* pêssego *m*; *(activité)* pesca *f* • **aller à la pêche (à la ligne)** ir pescar (com vara) • **pêche en mer** pesca em alto-mar.

pêcher [peʃe] ◆ *vt & vi* pescar ◆ *nm* pessegueiro *m*.

pêcheur, euse [peʃœr, øz] *nm* pescador *m*, -ra *f*.

pédagogie [pedagoʒi] *nf (qualité)* pedagogia *f*.

pédale [pedal] *nf* pedal *m*.

pédaler [pedale] *vi* pedalar.

pédalier [pedalje] *nm* pedaleiro *m*.

Pédalo® [pedalo] *nm* pedalinho *m*.

pédant, e [pedã, ãt] *adj* pedante.

pédestre [pedɛstr] *adj* → **randonnée**.

pédiatre [pedjatr] *nmf* pediatra *mf*.

pédicure [pedikyr] *nmf* calista *mf*, pedicure *mf*.

pedigree [pedigre] *nm* pedigree *m*.

pédopsychiatre [pedɔpsikjatr] *nm* psiquiatra *mf* de crianças e adolescentes.

peigne [pɛɲ] *nm (pour démêler)* pente *m*; *(pour retenir)* travessa *f*.

peigner [peɲe] *vt* pentear ◆ **se peigner** *vp* pentear-se.

peignoir [pɛɲwar] *nm* roupão *m* • **peignoir de bain** roupão de banho.

peindre [pɛ̃dr] *vt* pintar • **peindre qqch en blanc** pintar algo de branco.

peine [pɛn] *nf (tristesse)* tristeza *f*; *(effort)* dificuldade *f*; *(sanction)* pena *f* • **avoir de la peine** estar triste • **avoir de la peine à faire qqch** custar a alguém fazer algo • **faire de la peine à qqn** entristecer alguém • **ce n'est pas la peine (de)** não vale a pena • **valoir la peine** valer a pena • **sous peine de** sob pena de • **peine de mort** pena de morte • **il l'a à peine regardé** ele mal olhou para ela.

peiner [pene] ♦ *vt* afligir ♦ *vi* penar.
peint, e [pɛ̃, pɛ̃t] *pp* → **peindre**.
peintre [pɛ̃tr] *nm* pintor *m*, -ra *f*.
peinture [pɛ̃tyʀ] *nf (matière)* tinta *f*; *(œuvre d'art)* quadro *m*; *(art)* pintura *f*.
pelage [pəlaʒ] *nm* pelagem *f*.
pêle-mêle [pɛlmɛl] *adv* de qualquer jeito.
peler [pəle] *vt* & *vi* pelar.
pèlerinage [pɛlʀinaʒ] *nm* peregrinação *f*.
pelle [pɛl] *nf* pá *f*.
pellicule [pelikyl] *nf (de film, de photos)* filme *m*; *(couche)* película *f* ♦ **pellicules** *nfpl* caspa *f*.
pelote [pəlɔt] *nf* novelo *m*.
peloton [pləto̊] *nm (de cyclistes)* pelotão *m*.
pelotonner [pələtɔne] ♦ **se pelotonner** *vp* aconchegar-se.
pelouse [pəluz] *nf* grama *f* ♦ **pelouse interdite** é proibido pisar na grama.
peluche [pəlyʃ] *nf (jouet)* peluche *m* ♦ **animal en peluche** animal de pelúcia.
pelure [pəlyʀ] *nf* casca *f*.
pénaliser [penalize] *vt* penalizar.
penalty [penalti] *(pl* **penaltys** OU **penalties)** *nm* pênalti *m*.
penchant [pɑ̃ʃɑ̃] *nm* ♦ **avoir un penchant pour** ter um fraco por.
pencher [pɑ̃ʃe] ♦ *vt* inclinar ♦ *vi* estar inclinado(da) ♦ **pencher pour** inclinar-se para ♦ **se pencher** *vp* debruçar-se.

pendant [pɑ̃dɑ̃] *prép* durante ♦ **pendant que** enquanto.
pendentif [pɑ̃dɑ̃tif] *nm* pingente *m*.
penderie [pɑ̃dʀi] *nf* guarda-roupa *f*.
pendre [pɑ̃dʀ] ♦ *vt (suspendre)* pendurar; *(condamné)* enforcar ♦ *vi* pender ♦ **se pendre** *vp* enforcar-se.
pendule [pɑ̃dyl] *nf* relógio *m* de parede.
pénétrer [penetre] *vi* ♦ **pénétrer dans** penetrar em.
pénible [penibl] *adj* penoso(osa); *(fam) (agaçant)* maçador(na).
péniche [peniʃ] *nf* barcaça *f*.
pénicilline [penisilin] *nf* penicilina *f*.
péninsule [penɛ̃syl] *nf* península *f*.
pénis [penis] *nm* pênis *m inv*.
pense-bête [pɑ̃sbɛt] *(pl* **pense-bêtes)** *nm* lembrete *m*.
pensée [pɑ̃se] *nf* pensamento *m*; *(fleur)* amor-perfeito *m*.
penser [pɑ̃se] *vt* & *vi* pensar ♦ **qu'est-ce que tu en penses?** o que você pensa sobre isso? ♦ **penser faire qqch** pensar em fazer algo ♦ **penser à** pensar em ♦ **penser à faire qqch** lembrar-se de fazer algo.
pensif, ive [pɑ̃sif, iv] *adj* pensativo(va).
pension [pɑ̃sjo̊] *nf (hôtel)* pensão *f*; *(allocation)* abono *m* ♦ **être en pension** estar num colégio interno ♦ **pension complète** pensão completa

- **pension de famille** pensão residencial.
pensionnaire [pɑ̃sjɔnɛʀ] *nm* pensionista *mf.*
pensionnat [pɑ̃sjɔna] *nm* pensionato *m.*
pente [pɑ̃t] *nf* encosta *f* ◆ **en pente** inclinado(da).
Pentecôte [pɑ̃tkot] *nf* Pentecostes *m.*
pénurie [penyʀi] *nf* penúria *f.*
pépé [pepe] *nm (fam)* vovô *m.*
pépin [pepɛ̃] *nm (graine)* semente *f; (fam) (ennui)* contratempo *m.*
perçant, e [pɛʀsɑ̃, ɑ̃t] *adj (cri)* agudo(da); *(vue)* penetrante.
percepteur [pɛʀsɛptœʀ] *nm* cobrador *m*, -ra *f* de impostos.
perceptible [pɛʀsɛptibl] *adj* perceptível.
percer [pɛʀse] ◆ *vt* furar; *(mystère)* elucidar ◆ *vi (dent)* nascer.
perceuse [pɛʀsøz] *nf* furadeira *f.*
percevoir [pɛʀsəvwaʀ] *vt (son, nuance)* distinguir; *(argent)* receber.
perche [pɛʀʃ] *nf (tige)* vara *f.*
percher [pɛʀʃe] ◆ **se percher** *vp* empoleirar-se.
perchoir [pɛʀʃwaʀ] *nm* poleiro *m.*
perçu, e [pɛʀsy] *pp* → **percevoir.**
percussions [pɛʀkysjɔ̃] *nfpl* instrumentos *mpl* de percussão.
percuter [pɛʀkyte] *vt* esbarrar com.
perdant, e [pɛʀdɑ̃, ɑ̃t] *nm* perdedor *m*, -ra *f.*

perdre [pɛʀdʀ] *vt & vi* perder
◆ **perdre qqn de vue** perder alguém de vista ◆ **se perdre** *vp* perder-se.
perdreau [pɛʀdʀo] (*pl* -**x**) *nm* perdigoto *m.*
perdrix [pɛʀdʀi] *nf* perdiz *f.*
perdu, e [pɛʀdy] *adj (village, coin)* perdido(da).
père [pɛʀ] *nm (parent)* pai *m; (religieux)* padre *m* ◆ **le père Noël** o Papai Noel.
perfection [pɛʀfɛksjɔ̃] *nf* perfeição *f.*
perfectionné, e [pɛʀfɛksjɔne] *adj* aperfeiçoado(da).
perfectionnement [pɛʀfɛksjɔnmɑ̃] *nm* aperfeiçoamento *m.*
perfectionner [pɛʀfɛksjɔne] *vt* aperfeiçoar ◆ **se perfectionner** *vp* aperfeiçoar-se.
perforer [pɛʀfɔʀe] *vt* perfurar.
performance [pɛʀfɔʀmɑ̃s] *nf (d'un sportif)* desempenho *m*
◆ **performances** *(d'un ordinateur, d'une voiture)* capacidade *f.*
perfusion [pɛʀfyzjɔ̃] *nf* perfusão *f.*
périph(*fam*) [peʀif] *nm (abr de* **périphérique**) periférico *m.*
péril [peʀil] *nm* perigo *m* ◆ **en péril** em perigo.
périlleux, euse [peʀijø, øz] *adj* perigoso(osa).
périmé, e [peʀime] *adj* ultrapassado(da).
périmètre [peʀimɛtʀ] *nm* perímetro *m.*
période [peʀjɔd] *nf* período *m*
◆ **période blanche/bleue** perío-

périodique

do durante o qual se pode comprar uma passagem de trem com 20%/50% de redução • **période rouge** período durante o qual não há reduções nas passagens de trem.
périodique [perjɔdik] • *adj* periódico(ca) • *nm* periódico *m*.
péripéties [peripesi] *nf* peripécias *fpl*.
périphérique [periferik] • *adj* periférico(ca) • *nm* periférico *m* • **le (boulevard) périphérique** a estrada periférica.
périr [perir] *vi (sout)* perecer.
périssable [perisabl] *adj* perecível.
perle [pɛrl] *nf* pérola *f*.
permanence [pɛrmanɑ̃s] *nf* permanência *f*; *(bureau)* escritório *m*; EDUC sala *f* de estudo • **de permanence** de serviço • **en permanence** permanentemente.
permanent, e [pɛrmanɑ̃, ɑ̃t] *adj* permanente.
permanente [pɛrmanɑ̃t] *nf* permanente *f*.
perméable [pɛrmeabl] *adj* permeável.
permettre [pɛrmɛtr] *vt* permitir • **permettre à qqn de faire qqch** *(autoriser)* permitir a alguém que faça algo; *(rendre possible)* permitir a alguém fazer algo ◆ **se permettre** *vp* • **se permettre de faire qqch** permitir-se fazer algo • **pouvoir se permettre de faire qqch** poder dar-se ao luxo de fazer algo.

permis, e [pɛrmi, iz] • *pp* → **permettre** • *nm* licença *f* • **il est permis de...** é permitido... • **permis de conduire** carteira *f* de motorista • **permis de pêche** licença de pesca.
permission [pɛrmisjɔ̃] *nf (autorisation)* permissão *f*; MIL licença *f* • **demander la permission de faire qqch** pedir autorização para fazer algo.
perpendiculaire [pɛrpɑ̃dikylɛr] *adj* perpendicular.
perpétuel, elle [pɛrpetɥɛl] *adj* perpétuo(tua).
perplexe [pɛrplɛks] *adj* perplexo(xa).
perron [pɛrɔ̃] *nm (escalier)* escadaria *f*; *(plate-forme)* patamar *m*.
perroquet [pɛrɔkɛ] *nm* papagaio *m*.
perruche [pɛryʃ] *nf* periquito *m*.
perruque [pɛryk] *nf* peruca *f*.
persécuter [pɛrsekyte] *vt* perseguir.
persécution [pɛrsekysjɔ̃] *nf* perseguição *f*.
persévérant, e [pɛrseverɑ̃, ɑ̃t] *adj* perseverante.
persévérer [pɛrsevere] *vi* perseverar.
persienne [pɛrsjɛn] *nf* persiana *f*.
persil [pɛrsi] *nm* salsa *f*.
persillé, e [pɛrsije] *adj (au persil)* com salsa; *(fromage)* com manchas esverdeadas.
persistant, e [pɛrsistɑ̃, ɑ̃t] *adj* persistente.

petit-beurre

persister [pɛʁsiste] *vi* persistir
• **persister à faire qqch** persistir em fazer algo.

perso [pɛʁso] *adj (fam) (abr de personnel)* pessoal.

personnage [pɛʁsɔnaʒ] *nm* personagem *m f* • **personnage principal** personagem principal.

personnaliser [pɛʁsɔnalize] *vt* personalizar.

personnalité [pɛʁsɔnalite] *nf* personalidade *f.*

personne [pɛʁsɔn] • *nf* pessoa *f* • *pron* ninguém • **il n'y a personne** não há ninguém aqui • **en personne** em pessoa • **par personne** por pessoa ou cabeça • **personne âgée** pessoa idosa.

personnel, elle [pɛʁsɔnɛl] • *adj* pessoal • *nm* pessoal *m.*

personnellement [pɛʁsɔnɛlmã] *adv* pessoalmente.

personnifier [pɛʁsɔnifje] *vt* personificar.

perspective [pɛʁspɛktiv] *nf* perspectiva *f.*

persuader [pɛʁsɥade] *vt* persuadir • **persuader qqn de faire qqch** persuadir alguém a fazer algo.

persuasif, ive [pɛʁsɥazif, iv] *adj* persuasivo(va).

perte [pɛʁt] *nf* perda *f* • **perte de temps** perda de tempo.

pertinent, e [pɛʁtinã, ãt] *adj* pertinente.

perturbation [pɛʁtyʁbasjɔ̃] *nf* perturbação *f.*

perturber [pɛʁtyʁbe] *vt* perturbar.

pesant, e [pəzã, ãt] *adj* pesado(da).

pesanteur [pəzãtœʁ] *nf* gravidade *f.*

pèse-personne [pɛzpɛʁsɔn] *nm inv* balança *f (de banheiro).*

peser [pəze] *vt & vi* pesar • **peser lourd** pesar muito.

pessimisme [pesimism] *nm* pessimismo *m.*

pessimiste [pesimist] *adj & nm* pessimista.

peste [pɛst] *nf* peste *f.*

pétale [petal] *nm* pétala *f.*

pétanque [petãk] *nf espécie de jogo de bocha.*

pétard [petaʁ] *nm* petardo *m.*

péter [pete] *vi (fam) (se casser)* pifar; *(personne)* peidar • **péter les plombs** ou **un boulon** *(fam)* descontrolar-se, perder a cabeça.

pétillant, e [petijã, ãt] *adj (vin, eau)* com borbulhas; *(yeux)* cintilante.

pétiller [petije] *vi (champagne)* borbulhar; *(yeux)* cintilar.

petit, e [p(ə)ti, it] • *adj* pequeno(na) • *nm* cria *f* • **petit à petit** pouco a pouco • **petit ami** namorado *m* • **petite amie** namorada *f* • **petit déjeuner** café-da-manhã *m* • **petit pain** pãozinho *m* • **petit pois** ervilha *f* • **petit pot** potinho *m* de comida (para bebê).

petit-beurre [p(ə)tibœʁ] *(pl* **petits-beurre***) nm* biscoito

amanteigado, de forma retangular.
petite-fille [p(ə)titfij] (*pl* petites-filles) *nf* neta *f*.
petit-fils [p(ə)tifis] (*pl* petits-fils) *nm* neto *m*.
petit-four [p(ə)tifuʀ] (*pl* petits-fours) *nm* petit-four *m*.
pétition [petisjɔ̃] *nf* petição *f*.
petits-enfants [p(ə)tizɑ̃fɑ̃] *nm* netos *mpl*.
petit-suisse [p(ə)tisɥis] (*pl* petits-suisses) *nm* petit-suisse *m*.
pétrole [petʀɔl] *nm* petróleo *m*.
pétrolier [petʀɔlje] *nm* petroleiro *m*.
peu [pø] ◆ *adv* **1.** (*gén*) pouco • j'ai peu voyagé viajei pouco • ils sont peu nombreux eles são pouco numerosos • peu après pouco depois • il y a peu há pouco • sous ou d'ici peu dentro de ou daqui a pouco **2.** (*avec un nom*) • peu de gens pouca gente • peu de temps pouco tempo • peu de livres poucos livros **3.** (*dans des expressions*) • à peu près quase, aproximadamente • peu à peu pouco a pouco ◆ *nm* • un peu um pouco • un (tout) petit peu um pouquinho • un peu de um pouco de.
peuple [pœpl] *nm* povo *m*.
peupler [pœple] *vt* povoar.
peuplier [pøplije] *nm* álamo *m*.
peur [pœʀ] *nf* medo *m* • avoir peur ter medo • avoir peur de qqch ter medo de algo • faire peur (à) meter medo (a).
peureux, euse [pœʀø, øz] *adj* medroso(osa).
peut [pø] → **pouvoir**.
peut-être [pøtɛtʀ] *adv* talvez • peut-être qu'elle ne viendra pas talvez ela não venha.
peux [pø] → **pouvoir**.
phalange [falɑ̃ʒ] *nf* falange *f*.
pharaon [faʀaɔ̃] *nm* faraó *m*.
phare [faʀ] *nm* farol *m*.
pharmacie [faʀmasi] *nf* (*magasin*) farmácia *f*; (*armoire*) caixa *f* de medicamentos.
pharmacien, enne [faʀmasjɛ̃, ɛn] *nm* farmacêutico *m*, -ca *f*.
phase [faz] *nf* fase *f* • phase terminale *MÉD* fase terminal.
phénoménal, e, aux [fenɔmenal, o] *adj* fenomenal.
phénomène [fenɔmɛn] *nm* fenômeno *m*.
philatélie [filateli] *nf* filatelia *f*.
philosophe [filɔzɔf] *adj* e *nmf* filósofo(fa) • être très philosophe agir com a sabedoria de um filósofo.
philosophie [filɔzɔfi] *nf* filosofia *f*.
phonétique [fɔnetik] *adj* fonético(ca).
phoque [fɔk] *nm* foca *f*.
photo [fɔto] *nf* (*image*) foto *f*; (*art*) fotografia *f* • prendre qqn/qqch en photo tirar fotos de alguém/algo • prendre une photo (de) tirar uma foto (de).
photocopie [fɔtɔkɔpi] *nf* fotocópia *f*, xerox *m*.

photocopier [fɔtɔkɔpje] vt fotocopiar, xerocar.
photocopieuse [fɔtɔkɔpjøz] nf fotocopiadora f.
photographe [fɔtɔgʀaf] nm fotógrafo m, -fa f.
photographie [fɔtɔgʀafi] nf fotografia f.
photographier [fɔtɔgʀafje] vt fotografar.
Photomaton® [fɔtɔmatɔ̃] nf cabine para tirar fotos instantâneas.
phrase [fʀaz] nf frase f.
physionomie [fizjɔnɔmi] nf fisionomia f.
physique [fizik] ♦ adj físico(ca) ♦ nf física f ♦ nm físico m.
pianiste [pjanist] nmf pianista mf.
piano [pjano] nm piano m.
pic [pik] nm (montagne) pico m • **à pic** (descendre, couler) a pique; (fig) (tomber, arriver) no momento certo.
pichet [piʃɛ] nm jarro m.
pickpocket [pikpɔkɛt] nm batedor m de carteira.
picorer [pikɔʀe] vt beliscar.
picotement [pikɔtmɑ̃] nm coceira f.
picoter [pikɔte] vt coçar.
pie [pi] nf pega f (ave).
pièce [pjɛs] nf (argent) moeda f; (salle) cômodo m; (sur un vêtement) remendo m; (morceau) retalho m • **20 €** pièce 20 euros cada • (maillot de bain) **une pièce** maiô m • **pièce d'identité** documento m de identidade • **pièce de mon-**
naie moeda • **pièce montée** bolo em forma de pirâmide, montado com carolinas recheadas com creme e caramelizadas, que se serve em grandes ocasiões • **pièce de rechange** peça f (de substituição) • **pièce (de théâtre)** peça f de teatro.
pied [pje] nm (ANAT) pé m; (d'une montagne) sopé m • **à pied** a pé • **au pied de** junto a; (d'une montagne) no sopé de • **avoir pied** dar pé • **mettre sur pied** montar.
piège [pjɛʒ] nm (pour animaux) armadilha f; (fig) (tromperie) cilada f.
piéger [pjeʒe] vt (animal) caçar com armadilha; (tromper) armar uma cilada; (voiture, valise) pôr um explosivo em.
pierre [pjɛʀ] nf pedra f • **pierre précieuse** pedra preciosa.
piétiner [pjetine] ♦ vt espezinhar ♦ vi (foule) não avançar; (fig) (enquête) estar parado(da).
piéton, onne [pjetɔ̃, ɔn] ♦ nm pedestre mf (pessoa) ♦ adj = **piétonnier**.
piétonnier, ère [pjetɔnje, ɛʀ] adj reservado(da) aos pedestres.
pieu [pjø] (pl -x) nm estaca f.
pieuvre [pjœvʀ] nf polvo m.
pigeon [piʒɔ̃] nm pombo m.
pilaf [pilaf] nm → **riz**.
pile [pil] ♦ nf pilha f ♦ adv em ponto • **jouer qqch à pile ou face** tirar cara ou coroa • **pile ou face?** cara ou coroa?

piler

- s'arrêter pile parar na hora certa • **3 h pile** 3 h em ponto.
piler [pile] *vt* esmagar • *vi (fam)* travar bruscamente.
pilier [pilje] *nm* pilar *m*.
piller [pije] *vt* pilhar.
pilote [pilɔt] *nm* piloto *m*.
piloter [pilɔte] *vt* pilotar.
pilotis [pilɔti] *nm* palafita *f*.
pilule [pilyl] *nf* pílula *f* • **prendre la pilule** tomar a pílula.
piment [pimɑ̃] *nm (condiment)* pimenta *f* • **piment doux** pimentão *m* • **piment rouge** pimenta *f* muito ardida.
pimenté, e [pimɑ̃te] *adj* apimentado(da).
pin [pɛ̃] *nm (arbre)* pinheiro *m*; *(bois)* pinho.
pince [pɛ̃s] *nf (outil)* alicate *m*; *(de crabe)* pinça *f*; *(de vêtement)* prega *f* • **pince à cheveux** grampo *m* (para o cabelo) • **pince à épiler** pinça (para depilar) • **pince à linge** prendedor *m* de roupa.
pinceau [pɛ̃so] *nm (pl -x)* pincel *m*.
pincée [pɛ̃se] *nf* pitada *f*.
pincer [pɛ̃se] *vt (serrer)* beliscar; *(fam) (coincer)* entalar.
pingouin [pɛ̃gwɛ̃] *nm* pingüim *m*.
ping-pong [piŋpɔ̃g] *nm* pingue-pongue *m*.
pin's [pins] *nm inv* pin *m*.
pintade [pɛ̃tad] *nf* galinha-d'angola *f*.
pinte [pɛ̃t] *nf (Helv) (café)* café *m*.
pioche [pjɔʃ] *nf* picareta *f*.

piocher [pjɔʃe] *vi (au jeu)* roubar *(no jogo)*.
pion [pjɔ̃] *nm* peão *m (de jogo)*.
pionnier, ère [pjɔnje, ɛʀ] *nm* pioneiro *m*, -ra *f*.
pipe [pip] *nf* cachimbo *m*.
pipi [pipi] *nm (fam)* • **faire pipi** fazer xixi.
piquant, e [pikɑ̃, ɑ̃t] *adj* picante • *nm* espinho *m*.
pique [pik] • *nf (remarque)* pique *m* • *nm* espadas *fpl*.
pique-nique [piknik] *(pl* **pique-niques)** *nm* piquenique *m*.
pique-niquer [piknike] *vi* fazer um piquenique.
piquer [pike] *vt & vi* picar.
piquet [pikɛ] *nm* estaca *f*.
piqueur [pikœʀ] *adj m* → **marteau**.
piqûre [pikyʀ] *nf (d'insecte)* picada *f*; *MÉD* injeção *f* • **piqûre de rappel** *MÉD* dose de reforço; *(fam) & fig)* advertência, chamada de atenção.
piratage [piʀataʒ] *nm* pirataria *f*.
pirate [piʀat] *adj & nm* pirata • **pirate de l'air** pirata do ar.
pirater [piʀate] *vt* piratear.
pire [piʀ] • *adj* pior • *nm* • **le pire** o pior.
pirouette [piʀwɛt] *nf* pirueta *f*.
pis [pi] *nm* úbere *m*.
piscine [pisin] *nf* piscina *f*.
pissenlit [pisɑ̃li] *nm* dente-de-leão *m*.
pistache [pistaʃ] *nf* pistache *m*.
piste [pist] *nf* pista *f* • **piste (d'atterrissage)** pista (de aterrissagem) • **piste cyclable** ci-

clovia f • **piste de danse** pista de dança • **jeu de piste** jogo de pistas • **piste verte** pista verde *(muito fácil)* • **piste bleue** pista azul *(fácil)* • **piste rouge** pista vermelha *(difícil)* • **piste noire** pista preta *(muito difícil)*.

pistolet [pistɔlɛ] *nm* pistola *f.*

piston [pistɔ̃] *nm* pistão *m*, êmbolo *m*.

pithiviers [pitivje] *nm* bolo de massa folhada, recheado com creme de amêndoas.

pitié [pitje] *nf* piedade *f* • **avoir pitié de qqn** ter piedade de alguém • **faire pitié à qqn** causar piedade a alguém.

pitoyable [pitwajabl] *adj (triste)* lastimoso(osa); *(méprisable)* lastimável.

pitre [pitʀ] *nm* palhaço *m* • **faire le pitre** fazer palhaçadas.

pittoresque [pitɔʀɛsk] *adj* pitoresco(ca).

pivoter [pivɔte] *vi* girar.

pizza [pidza] *nf* pizza *f.*

pizzeria [pidzeʀja] *nf* pizzaria *f.*

placard [plakaʀ] *nm* armário *m.*

placarder [plakaʀde] *vt* afixar.

place [plas] *nf* lugar *m; (d'une ville)* praça *f; (de théâtre)* ingresso *m; (emploi)* emprego *m* • **changer qqch de place** mudar algo de lugar • **à la place de** em vez de • **sur place** no mesmo lugar • **place assise/debout** lugar sentado/de pé • *(locution adverbiale)* **sur place** no próprio local.

placement [plasmɑ̃] *nm* investimento *m.*

placer [plase] *vt (mettre)* pôr; *(argent)* investir ◆ **se placer** *vp (se mettre)* pôr-se; *(se classer)* situar-se.

plafond [plafɔ̃] *nm (d'une salle)* teto *m; (limite)* teto *m.*

plafonnier [plafɔnje] *nm* lâmpada *f* de teto.

plage [plaʒ] *nf (de sable)* praia *f; (de disque)* faixa *f* • **plage arrière** bagageiro *m (cobertura interna do porta-malas).*

plaie [plɛ] *nf* ferida *f.*

plaindre [plɛ̃dʀ] *vt* lastimar ◆ **se plaindre** *vp* queixar-se • **se plaindre de** queixar-se de.

plaine [plɛn] *nf* planície *f.*

plaint, e [plɛ̃, plɛ̃t] *pp* → **plaindre**.

plainte [plɛ̃t] *nf (gémissement)* queixume *m; (en justice)* queixa *f* • **porter plainte** apresentar queixa.

plaintif, ive [plɛ̃tif, iv] *adj* queixoso(osa).

plaire [plɛʀ] *vi* agradar • **plaire à qqn** agradar a alguém • **s'il vous/te plaît** por favor ◆ **se plaire** *vp* sentir-se bem.

plaisance [plɛzɑ̃s] *nf* → **navigation, port**.

plaisanter [plɛzɑ̃te] *vi* brincar.

plaisanterie [plɛzɑ̃tʀi] *nf* brincadeira *f.*

plaisir [plɛziʀ] *nm* prazer *m* • **faire plaisir à qqn** agradar a

plan

alguém • **avec plaisir!** com muito prazer!
plan [plɑ̃] *nm* plano *m*; *(d'une maison, d'un bâtiment)* planta *f* • **au premier/second plan** em primeiro/segundo plano • **plan d'eau** lago *m* • **plan d'épargne** plano poupança • **plan vigipirate** dispositivo de segurança do governo francês contra ações terroristas.
planche [plɑ̃ʃ] *nf* tábua *f* • **faire la planche** boiar • **planche à roulettes** skate *m* • **planche à voile** prancha *f* de windsurfe.
plancher [plɑ̃ʃe] *nm (d'une voiture)* chão *m*; *(d'une maison)* assoalho *m*.
planer [plane] *vi* planar.
planète [planɛt] *nf* planeta *m*.
planeur [planœʀ] *nm* planador *m*.
planifier [planifje] *vt* planejar.
planning [planiŋ] *nm* planejamento *m*.
plantation [plɑ̃tasjɔ̃] *nf* plantação *f*.
plante [plɑ̃t] *nf* planta *f* • **plante des pieds** planta dos pés • **plante grasse** planta carnuda • **plante verte** planta de interior.
planter [plɑ̃te] *vt (graines)* plantar; *(enfoncer)* espetar.
plaque [plak] *nf* placa *f*; *(de verglas)* camada *f*; *(de chocolat)* tablete *f*, *(de beurre)* tablete *m*; *(tache)* mancha *f* • **plaque chauffante** placa elétrica • **plaque d'immatriculation** ou **minéralogique** placa *f* de identificação.
plaqué, e [plake] *adj* • **plaqué or/argent** folheado(da) a ouro/a prata.
plaquer [plake] *vt (aplatir)* achatar; *(au rugby)* tacklear.
plaquette [plakɛt] *nf (de beurre)* pacote *m*; *(de chocolat)* tablete *f* • **plaquette de frein** pastilha *f* de freio.
plastifié, e [plastifje] *adj* plastificado(da).
plastique [plastik] *nm* plástico *m* • **sac en plastique** saco de plástico.
plat, e [pla, at] • *adj (terrain)* plano(na); *(poitrine)* achatado(da); *(chaussure)* de salto baixo; *(eau)* sem gás • *nm* prato *m*; *(récipient)* travessa *f* • **à plat** *(pneu)* vazio(zia); *(batterie)* gasto(ta); *(fam) (fatigué)* arrasado(da) • **à plat ventre** de barriga para baixo • **plat cuisiné** prato pré-cozido • **plat du jour** prato do dia • **plat de résistance** prato principal.
platane [platan] *nm* plátano *m*.
plateau [plato] *(pl -x)* *nm (de cuisine)* bandeja *f*; *(plaine)* planalto *m*; *(de télévision, de cinéma)* estúdio *m* • **plateau à fromages** prato *m* para queijo • **plateau de fromages** prato *m* de queijos.
plate-bande [platbɑ̃d] *(pl plates-bandes)* *nf* platibanda *f*.
plate-forme [platfɔʀm] *(pl plates-formes)* *nf* plataforma *f*.

platine [platin] *nf* • **platine cassette** toca-fitas *m inv* • **platine laser** leitor *m* de CDs.

plâtre [plɑtʀ] *nm* gesso *m*.

plâtrer [plɑtʀe] *vt* engessar.

plausible [plozibl] *adj* plausível.

plébiscite [plebisit] *nm* plebiscito *m*.

plein, e [plɛ̃, plɛn] • *adj (rempli)* cheio(cheia); *(complet)* completo(ta) • *nm* • **faire le plein (d'essence)** encher o tanque • **plein de** *(rempli de)* cheio de; *(fam) (beaucoup de)* muito • **en plein air** ao ar livre • **en plein devant moi** bem à minha frente • **en pleine forme** em plena forma • **en pleine nuit** no meio da noite • **en plein milieu** no meio • **pleins phares** faróis altos • **pleins pouvoirs** plenos poderes • **travailler à plein temps** trabalhar em tempo integral.

pleurer [plœʀe] *vi* chorar.

pleureur [plœʀœʀ] *adj m* → **saule**.

pleurnicher [plœʀniʃe] *vi* choramingar.

pleut [plø] → **pleuvoir**.

pleuvoir [pløvwaʀ] • *vi* chover • *vimpers* • **il pleut** está chovendo • **il pleut à verse** chove a cântaros.

Plexiglas® [plɛksiglas] *nm* plexiglas *m*.

pli [pli] *nm (d'un papier, d'une carte)* dobra *f*; *(d'une jupe)* prega *f*; *(d'un pantalon)* vinco *m*; *(aux cartes)* vaza *f* • **(faux) pli** vinco.

pliant, e [plijɑ̃, ɑ̃t] • *adj* dobrável • *nm* cadeira *f* dobrável.

plier [plije] • *vt* dobrar; *(lit)* fechar • *vi* dobrar-se.

plinthe [plɛ̃t] *nf* rodapé *m*.

plissé, e [plise] *adj* pregueado(da).

plisser [plise] *vt (papier)* dobrar; *(tissu)* preguear; *(yeux)* semicerrar.

plomb [plɔ̃] *nm* chumbo *m*; *(fusible)* fusível *m*.

plombage [plɔ̃baʒ] *nm* chumbo *m*.

plomberie [plɔ̃bʀi] *nf* canalização *f*.

plombier [plɔ̃bje] *nm* encanador *m*.

plombières [plɔ̃bjɛʀ] *nf* sorvete de baunilha guarnecido com pedaços de fruta cristalizada.

plongeant, e [plɔ̃ʒɑ̃, ɑ̃t] *adj (décolleté)* muito profundo(da); *(vue)* de cima.

plongée [plɔ̃ʒe] *nf* • **plongée (sous-marine)** mergulho *m*.

plongeoir [plɔ̃ʒwaʀ] *nm* trampolim *m* (*de piscina*).

plongeon [plɔ̃ʒɔ̃] *nm* mergulho *m*.

plonger [plɔ̃ʒe] *vt & vi* mergulhar • **se plonger dans** *vp + prép* concentrar-se em.

plongeur, euse [plɔ̃ʒœʀ, øz] *nm* mergulhador *m*, -ra *f*.

plu [ply] *pp* → **plaire, pleuvoir**.

pluie [plɥi] *nf* chuva *f*.

plumage [plymaʒ] nm plumagem f.

plume [plym] nf pena f.

plupart [plypaʀ] nf • **la plupart (de)** a maior parte (de), a maioria (de) • **la plupart du temps** na maior parte do tempo.

pluriel [plyʀjɛl] nm plural m.

plus [ply(s)] adv & prép mais • **plus intéressant (que)** mais interessante (do que) • **plus simplement (que)** de forma mais simples (do que) • **c'est ce qui me plaît le plus ici** o que mais me agrada aqui • **l'hôtel le plus confortable où nous ayons logé** o hotel mais confortável em que ficamos • **le plus souvent** normalmente, quase sempre • **fais le plus vite possible** faça o mais rápido possível • **parle-lui le plus patiemment possible** fale com ele da maneira mais paciente possível • **je ne veux pas dépenser plus** não quero gastar mais • **plus d'argent/de vacances** mais dinheiro/férias • **plus de la moitié** mais da metade • **un peu plus de glace** um pouco mais de sorvete • **je ne regarde plus la télé** já não vejo mais televisão • **je n'en veux plus, merci** não quero mais, obrigado • **de plus** (en supplément) a mais; (d'autre part) além do mais • **il a deux ans de plus que moi** ele tem dois anos a mais (do) que eu • **de plus en plus (de)** cada vez mais • **en plus** (en supplément) a mais; (d'autre part) além do mais • **en plus de** além de • **plus ou moins** mais ou menos • **plus tu y penseras, pire ce sera** quanto mais você pensar nisso, pior será.

plusieurs [plyzjœʀ] adj & pron vários(rias).

plus-que-parfait [plyskəpaʀfɛ] nm pretérito m mais-que-perfeito.

plutôt [plyto] adv (de préférence) antes; (assez) bastante • **plutôt que (de)** faire qqch em vez de fazer algo.

pluvieux, euse [plyvjø, øz] adj chuvoso(osa).

PMU nm (abr de Pari mutuel urbain) (système) forma de apostas no turfe; (bar) bar onde se fazem as apostas.

pneu [pnø] nm pneu m.

pneumatique [pnømatik] adj → canot, matelas.

pneumonie [pnømɔni] nf pneumonia f.

PO (abr de petites ondes) OC.

poche [pɔʃ] nf bolso m • **de poche** de bolso.

poché, e [pɔʃe] adj inchado(da).

pocher [pɔʃe] vt CULIN escalfar.

pochette [pɔʃɛt] nf bolsa f; (de disque) capa f; (mouchoir) lenço m de bolso.

podium [pɔdjɔm] nm pódio m.

poêle¹ [pwal] nm aquecedor m de sala • **poêle à mazout** aquecedor de sala a óleo.

poêle² [pwal] *nf* • **poêle (à frire)** frigideira *f*.

poème [pɔɛm] *nm* poema *m*.

poésie [pɔezi] *nf* poesia *f*.

poète [pɔɛt] *nm* poeta *m*.

poétique [pɔetik] *adj* poético(ca).

poids [pwa] *nm* peso *m* • **perdre/prendre du poids** perder/ganhar peso • **poids lourd** veículo *m* pesado.

poignard [pwaɲaʀ] *nm* punhal *m*.

poignarder [pwaɲaʀde] *vt* apunhalar.

poignée [pwaɲe] *nf (de porte)* maçaneta *f*; *(de valise)* alça *f*; *(de sable, de bonbons)* punhado *m* • **une poignée de** um punhado de • **poignée de main** aperto *m* de mão.

poignet [pwaɲɛ] *nm* ANAT pulso *m*; *(de vêtement)* punho *m*.

poil [pwal] *nm* pêlo *m* • **à poil** *(fam)* nu em pêlo • **au poil** *(fam)* exatamente.

poilu, e [pwaly] *adj* peludo(da).

poinçonner [pwɛ̃sɔne] *vt* picar, picotar.

poing [pwɛ̃] *nm* punho *m*.

point [pwɛ̃] *nm* ponto *m* • **point de côté** pontada *f* • **point de départ** ponto de partida • **point d'exclamation** ponto de exclamação • **point faible** ponto fraco • **point final** ponto final • **point (final)!** e ponto final! • **point d'interrogation** ponto de interrogação • **(au) point mort** (em) ponto morto • **point de repère** ponto de referência • **points cardinaux** pontos cardeais • **points de suspension** reticências *fpl* • **points (de suture)** pontos (de sutura) • **à point** no ponto • **au point** perfeito(ta) • **au point ou à tel point que** a ponto de ou a tal ponto que • **mal en point** num estado lastimável • **être sur le point de faire qqch** estar prestes a fazer algo.

point de vue [pwɛ̃dvy] *(pl* **points de vue)** *nm* ponto *m* de vista.

pointe [pwɛ̃t] *nf (extrémité)* ponta *f*; *(clou)* prego *m* • **sur la pointe des pieds** na ponta dos pés • **de pointe** de ponta ◆ **pointes** *nfpl* sapatilhas *fpl* de balé.

pointer [pwɛ̃te] ◆ *vt* apontar ◆ *vi* marcar o ponto.

pointillé [pwɛ̃tije] *nm* picotado *m*.

pointu, e [pwɛ̃ty] *adj (couteau)* pontiagudo(da); *(nez)* bicudo(da).

pointure [pwɛ̃tyʀ] *nf* número *m* • **quelle est votre pointure?** qual é o seu número de calçado?

point-virgule [pwɛ̃viʀgyl] *(pl* **points-virgules)** *nm* ponto-e-vírgula *m*.

poire [pwaʀ] *nf* pêra *f* • **poire Belle-Hélène** pêra em conserva coberta com chocolate quente e servida com sorvete de baunilha.

poireau [pwaʀo] *nm (pl* **-x)** alho-poró *m*.

poirier

poirier [pwaʀje] nm pereira f.
pois [pwa] nm (rond) bola f • à pois de bolas • pois chiche grão-de-bico m.
poison [pwazɔ̃] nm veneno m • poisons du lac (Helv) peixes do Lago Leman (sobretudo percas).
poisseux, euse [pwasø, øz] adj pegajoso(sa).
poisson [pwasɔ̃] nm peixe m • poisson d'avril! primeiro de abril! • faire un poisson d'avril à qqn pregar uma peça em alguém no dia da mentira • poisson rouge peixinho vermelho • **Poissons** nmpl Peixes mpl.
poissonnerie [pwasɔnʀi] nf peixaria f.
poissonnier, ère [pwasɔnje, ɛʀ] nm peixeiro m, -ra f.
poitrine [pwatʀin] nf peito m; (de porc) toucinho m.
poivre [pwavʀ] nm pimenta f.
poivré, e [pwavʀe] adj apimentado(da).
poivrier [pwavʀije] nm pimenteira f.
poivrière [pwavʀijɛʀ] nf = poivrier.
poivron [pwavʀɔ̃] nm pimentão m.
poker [pɔkɛʀ] nm pôquer m.
polaire [pɔlɛʀ] • adj polar • nf (textile) (vêtement) polar.
Polaroid [pɔlaʀɔid] nm (appareil) Polaroid® f; (photo) fotografia f Polaroid.
pôle [pol] nm pólo m • pôle Nord/Sud pólo Norte/Sul.

poli, e [pɔli] adj (bien élevé) educado(da); (verre, bois) polido(da).
police [pɔlis] nf polícia f • police d'assurance apólice f de seguros • police secours polícia que se encarrega de prestar os primeiros socorros.
policier, ère [pɔlisje, ɛʀ] • adj policial • nm policial m.
poliment [pɔlimɑ̃] adv educadamente.
politesse [pɔlitɛs] nf cortesia f.
politicien, enne [pɔlitisjɛ̃, ɛn] nm político m.
politique [pɔlitik] • adj político(ca) • un homme/une femme politique homem político/mulher política • nf política f.
pollen [pɔlɛn] nm pólen m.
pollué, e [pɔlɥe] adj poluído(da).
pollution [pɔlysjɔ̃] nf poluição f.
polo [pɔlo] nm (vêtement) pólo m.
polochon [pɔlɔʃɔ̃] nm travesseiro m.
Pologne [pɔlɔɲ] nf • la Pologne a Polônia.
polycopié [pɔlikɔpje] nm apostila f.
polyester [pɔliɛstɛʀ] nm poliéster m.
Polynésie [pɔlinezi] nf • la Polynésie a Polinésia • la Polynésie française a Polinésia francesa.
polystyrène [pɔlistiʀɛn] nm isopor m.
polyvalent, e [pɔlivalɑ̃, ɑ̃t] adj polivalente.

pommade [pɔmad] *nf* pomada *f*.

pomme [pɔm] *nf (fruit)* maçã *f*; *(de douche)* chuveiro *m*; *(d'arrosoir)* ralo *m* • **tomber dans les pommes** *(fam)* ter um faniquito • **pomme de pin** pinha *f* • **pommes dauphine** bolinhas fritas de purê de batata • **pommes noisettes** bolinhas de batata coradas.

pomme de terre [pɔmdətɛr] *(pl* **pommes de terre)** *nf* batata *f*.

pommette [pɔmɛt] *nf* maçaneta *f*.

pommier [pɔmje] *nm* macieira *f*.

pompe [pɔ̃p] *nf* bomba *f* • **pompe à essence** bomba de gasolina • **pompe à vélo** bomba de bicicleta • **pompes funèbres** agência *f* funerária.

pomper [pɔ̃pe] *vt (air)* aspirar; *(eau)* aspirar com uma bomba.

pompier [pɔ̃pje] *nm* bombeiro *m*.

pompiste [pɔ̃pist] *nm* frentista *mf*.

pompon [pɔ̃pɔ̃] *nm* pompom *m*.

poncer [pɔ̃se] *vt* lixar.

ponctuation [pɔ̃ktɥasjɔ̃] *nf* pontuação *f*.

ponctuel, elle [pɔ̃ktɥɛl] *adj* pontual.

pondre [pɔ̃dr] *vt* botar.

poney [pɔnɛ] *nm* pônei *m*.

pont [pɔ̃] *nm* ponte *f* • **faire le pont** fazer ponte.

pont-levis [pɔ̃ləvi] *(pl* **ponts-levis)** *nm* ponte *f* levadiça.

ponton [pɔ̃tɔ̃] *nm* pontão *m*.

pop [pɔp] *adj inv* & *nf* pop.

pop-corn [pɔpkɔrn] *nm inv* pipoca *f*.

populaire [pɔpylɛr] *adj* popular.

population [pɔpylasjɔ̃] *nf* população *f*.

porc [pɔr] *nm* porco *m*.

porcelaine [pɔrsəlɛn] *nf (matériau)* porcelana *f*.

porche [pɔrʃ] *nm (d'une église)* pórtico *m*; *(d'un immeuble)* alpendre *m*.

pore [pɔr] *nm* poro *m*.

poreux, euse [pɔrø, øz] *adj* poroso(osa).

pornographique [pɔrnɔgrafik] *adj* pornográfico(ca).

port [pɔr] *nm* porto *m* • **port payé** porte pago • **port de pêche** porto de pesca • **port de plaisance** marina *f*.

portable [pɔrtabl] *adj* portátil.

portail [pɔrtaj] *nm* **1.** *(architecture)* portão *m* **2.** *INFORM* portal *m*.

portant, e [pɔrtɑ̃, ɑ̃t] *adj* : **être bien/mal portant** estar bem/mal de saúde • **à bout portant** à queima-roupa.

portatif, ive [pɔrtatif, iv] *adj* portátil.

porte [pɔrt] *nf* porta *f* • **mettre qqn à la porte** pôr alguém na rua • **porte (d'embarquement)** portão *m* (de embarque) • **porte d'entrée** porta de entrada.

porte-avions [pɔrtavjɔ̃] *nm inv* porta-aviões *m inv.*

porte-bagages [pɔrtbagaʒ] *nm inv* bagageiro *m.*

porte-bébé [pɔrtbebe] *(pl* **porte-bébés***) nm* porta-bebé *m.*

porte-bonheur [pɔrtbɔnœr] *nm inv* amuleto *m.*

porte-clefs [pɔrtəkle] = **porte-clés.**

porte-clés [pɔrtəkle] *nm inv* chaveiro *m.*

portée [pɔrte] *nf (d'un son, d'une arme)* alcance *m; (d'une femelle)* ninhada *f;* MUS pauta *f.*
• **à la portée de qqn** *(intellectuelle)* ao alcance de alguém • **à portée de (la) main** ao alcance da mão • **à portée de voix** ao alcance da voz.

porte-fenêtre [pɔrtfənɛtr] *(pl* **portes-fenêtres***) nf* porta *f* envidraçada.

portefeuille [pɔrtəfœj] *nm* carteira *f.*

porte-jarretelles [pɔrtʒartɛl] *nm inv* cinta-liga *f.*

portemanteau [pɔrtmɑ̃to] *(pl* **-x***) nm* cabide *m.*

porte-monnaie [pɔrtmɔne] *nm inv* porta-moedas *m inv.*

porte-parole [pɔrtparɔl] *nm inv* porta-voz *m.*

porter [pɔrte] • *vt (vêtement, lunettes)* usar; *(nom, date, marque)* ter; *(fig) (responsabilité)* arcar com • *vi* surtir efeito
• **porter bonheur/malheur** dar sorte/azar • **porter sur** tratar de • **se porter** *vp* • **se porter bien** estar bem(boa) • **se porter mal** estar mal.

porte-savon [pɔrtsavɔ̃] *(pl* **-s***) nm* saboneteira *f.*

porte-serviette [pɔrtsɛrvjɛt] *(pl* **-s***) nm* toalheiro *m.*

porteur, euse [pɔrtœr, øz] *nm (de bagages)* carregador *m,* -ra *f; (d'une maladie)* portador *m,* -ra *f.*

portier [pɔrtje] *nm* porteiro *m.*

portière [pɔrtjɛr] *nf* porta *f.*

portillon [pɔrtijɔ̃] *nm* portinhola *f* • **portillon automatique** porta *f* automática.

portion [pɔrsjɔ̃] *nf* porção *f.*

portique [pɔrtik] *nm* pórtico *m.*

porto [pɔrto] *nm* vinho *m* do Porto.

portrait [pɔrtrɛ] *nm* retrato *m.*

portuaire [pɔrtɥɛr] *adj* portuário(ria).

portugais, e [pɔrtygɛ, ɛz] • *adj* português(esa) • *nm (langue)* português *m* • **Portugais, e** *nm* português *m,* -esa *f.*

Portugal [pɔrtygal] *nm* • **le Portugal** Portugal *m.*

pose [poz] *nf (d'une moquette, d'une vitre)* colocação *f; (attitude)* pose *f* • **prendre la pose** fazer pose.

posé, e [poze] *adj* ponderado(da).

poser [poze] • *vt (objet)* pousar; *(installer)* instalar; *(question)* fazer; *(problème)* pôr • *vi* fazer pose • **se poser** *vp* pousar.

positif, ive [pozitif, iv] *adj* positivo(va).

position [pozisjɔ̃] *nf* posição *f.*

posologie [pozɔlɔʒi] *nf* posologia *f.*

posséder [pɔsede] vt possuir.

possessif, ive [pɔsesif, iv] adj possessivo(va).

possibilité [pɔsibilite] nf possibilidade f ◆ avoir la possibilité de faire qqch ter a possibilidade de fazer algo ◆ **possibilités** nfpl (financières) posses fpl; (intellectuelles) faculdades fpl.

possible [pɔsibl] adj possível ◆ nm ◆ faire son possible (pour faire qqch) fazer o possível (para fazer algo) ◆ le plus de... possible o maior número possível de...; (d'argent, d'eau) a maior quantidade de... possível ◆ dès que possible, le plus tôt possible logo que possível, o mais cedo possível ◆ si possible se possível.

postal, e, aux [pɔstal, o] adj postal.

poste¹ [pɔst] nm (emploi) posto m; (de ligne téléphonique) extensão f ◆ **poste (de police)** posto (de polícia) ◆ **poste de radio** rádio m ◆ **poste de télévision** televisão f.

poste² [pɔst] nf correios mpl ◆ **poste restante** posta-restante f.

poster¹ [pɔste] vt (lettre) pôr no correio.

poster² [pɔstɛr] nm pôster m.

postérieur, e [pɔsterjœr] adj posterior, a.

postier, ère [pɔstje, ɛr] nm empregado m, -da f dos correios.

postillonner vi falar cuspindo.

post-scriptum [pɔstskriptɔm] nm inv postscriptum m inv.

posture [pɔstyr] nf postura f.

pot [po] nm frasco m ◆ **pot d'échappement** tubo m de escapamento ◆ **pot de fleurs** vaso m ◆ **pot à lait** leiteira f.

potable [pɔtabl] adj → **eau**.

potage [pɔtaʒ] nm sopa f.

potager [pɔtaʒe, ɛr] nm ◆ **(jardin) potager** horta f.

pot-au-feu [pɔtofø] nm inv cozido à base de carne de boi, cenoura, rabanete, alho-poró, cebola e aipo.

pot-de-vin [podvɛ̃] (pl pots-de-vin) nm propina f.

poteau [pɔto] (pl -x) nm poste m ◆ **poteau indicateur** poste de sinalização.

potée [pɔte] nf cozido à base de carne de boi ou porco e legumes variados.

potentiel, elle [pɔtɑ̃sjel] adj potencial ◆ nm potencial m.

poterie [pɔtri] nf (art) olaria f; (objet) peça f de barro.

potiron [pɔtirɔ̃] nm abóbora f.

pot-pourri [popuri] (pl pots-pourris) nm pot-pourri m.

pou [pu] (pl -x) nm piolho m.

poubelle [pubɛl] nf 1. (à ordure) lata f de lixo ◆ **mettre qqch à la poubelle** pôr algo no lixo 2. INFORM lixeira f.

pouce [pus] nm polegar m.

pouding [pudiŋ] nm bolo à base de pão amanhecido e passas ◆ **pouding de cochon** (Can) bolo de carne e de fígado de porco.

poudre [pudʀ] *nf (substance)* pó *m; (maquillage)* pó-de-arroz *m; (explosif)* pólvora *f* • **en poudre** em pó.

poudreux, euse [pudʀø, øz] *adj* empoeirado(da).

pouf [puf] *nm* puf *m*.

pouffer [pufe] *vi* • **pouffer (de rire)** morrer (de rir).

poulailler [pulaje] *nm* galinheiro *m*, capoeira *f*.

poulain [pulɛ̃] *nm* potro *m*.

poule [pul] *nf* galinha *f* • **poule au pot** galinha recheada e cozida com legumes.

poulet [pulɛ] *nm* frango *m* • **poulet basquaise** *frango salteado com tomate, pimentão e alho*.

poulie [puli] *nf* roldana *f*.

pouls [pu] *nm* pulso *m*.

poumon [pumɔ̃] *nm* pulmão *m*.

poupée [pupe] *nf* boneca *f*.

pour [puʀ] *prép* **1.** *(gén)* para • **c'est pour vous** é para vocês • **pour rien** *(inutilement)* para nada; *(gratuitement)* de graça • **pour faire qqch** para fazer algo • **pour que** para que • **le vol pour Londres** o vôo para Londres • **partir pour** partir para **2.** *(en raison de)* por • **pour avoir fait qqch** por ter feito algo • **elle a été hospitalisée pour un cancer** ela foi hospitalizada em virtude de um câncer • **faire qqch pour de l'argent** fazer algo por dinheiro **3.** *(exprime la durée)* por • **pour longtemps** por muito tempo • **pour toujours** para sempre **4.** *(somme)* • **je voudrais pour cinq euros de bonbons** queria cinco euros de bombons • **nous en avons eu pour 120 euros** ficou para nós por 120 euros **5.** *(en ce qui concerne)* • **pour moi** *(à mon avis)* por mim • **et pour le loyer, qu'est-ce que je fais?** e quanto ao aluguel, o que é que eu faço? **6.** *(à la place de)* por • **signe pour moi** assine por mim **7.** *(en faveur de)* • **être pour (qqch)** ser a favor (de algo) **8.** *(envers)* por • **avoir de la sympathie pour qqn** ter simpatia por alguém.

pourboire [puʀbwaʀ] *nm* gorjeta *f*.

pourcentage [puʀsɑ̃taʒ] *nm* porcentagem *f*.

pourquoi [puʀkwa] *adv* • **je ne sais pas pourquoi il n'est pas rentré** não sei por que ele não voltou • **il le sait et il le dira pourquoi** ele sabe e te dirá por quê • **c'est pourquoi...** é por isso que... • **pourquoi pas?** por que não?

pourra → **pouvoir**.

pourrir [puʀiʀ] *vi* apodrecer.

pourriture [puʀityʀ] *nf* podridão *f*.

poursuite [puʀsyit] *nf* perseguição *f* • **se lancer à la poursuite de qqn** lançar-se na perseguição de alguém ◆ **poursuites** *nfpl* ação *f*.

poursuivi, e [puʀsyivi] *pp* → **poursuivre**.

poursuivre [puʀsyivʀ] *vt (voleur)* perseguir; *DROIT* perpetrar uma ação contra; *(continuer)* prosseguir ♦ **se poursuivre** *vp* prosseguir.

pourtant [puʀtɑ̃] *adv* no entanto.

pourvu [puʀvy] ♦ **pourvu que** *conj (condition)* desde que; *(souhait)* tomara.

pousse-pousse [puspus] *nm inv (Helv)* carrinho *m* de bebê.

pousser [puse] ♦ *vt* empurrar; *(déplacer)* afastar; *(cri)* dar ♦ *vi* empurrar; *(plante)* crescer • **pousser qqn à faire qqch** levar alguém a fazer algo • **faire pousser qqch** fazer crescer algo • **poussez** empurre ♦ **se pousser** *vp* empurrar-se.

poussette [puset] *nf* carrinho *m* de bebê.

poussière [pusjɛʀ] *nf (sur un meuble)* pó *m*; *(sur la route)* poeira *f*.

poussiéreux, euse [pusjeʀø, øz] *adj* empoeirado(da).

poussin [pusɛ̃] *nm* pintinho *m*.

poutine [putin] *nf (Can)* batatas fritas recobertas com bolinhas de queijo e molho picante.

poutre [putʀ] *nf (de toit)* viga *f*; *(de gymnastique)* barra *f*.

pouvoir [puvwaʀ] ♦ *nm* poder *m* • **le pouvoir** o poder • **les pouvoirs publics** os poderes públicos ♦ *vt* poder • **pouvoir faire qqch** poder fazer algo • **pourriez-vous...?** vocês poderiam...? • **je fais ce que je peux** faço o que posso • **tu aurais pu faire ça avant!** você

podia ter feito isso antes! • **je n'en peux plus** *(je suis fatigué)* já não estou agüentando mais; *(j'ai trop mangé)* não consigo comer mais • **je n'y peux rien** não posso fazer nada • **attention, tu pourrais te blesser** tenha cuidado, você pode se machucar ♦ **se pouvoir** *vp* • **il se peut que...** é possível que...

prairie [pʀeʀi] *nf* pradaria *f*.

praline [pʀalin] *nf (confiserie)* pralina *f*; *(Belg) (chocolat)* bombom *m* de chocolate.

praliné, e [pʀaline] *adj* torrado com açúcar.

pratiquant, e [pʀatikɑ̃, ɑ̃t] *adj* praticante.

pratique [pʀatik] ♦ *adj* prático(ca) ♦ *nf* prática *f*.

pratiquement [pʀatikmɑ̃] *adv (presque)* praticamente.

pratiquer [pʀatike] *vt* praticar.

pré [pʀe] *nm* prado *m*.

préau [pʀeo] *(pl* **-x**) *nm* pátio *m* coberto.

précaire [pʀekɛʀ] *adj* precário(ria).

précariser [pʀekaʀize] *vt* precarizar.

précaution [pʀekosjɔ̃] *nf* precaução *f* • **prendre des précautions** tomar precauções • **avec précaution** com precaução.

précédent, e [pʀesedɑ̃, ɑ̃t] *adj* precedente.

précéder [pʀesede] *vt* preceder.

précieux 258

précieux, euse [pʀesjø, øz] adj precioso(osa).

précipice [pʀesipis] nm precipício m.

précipitation [pʀesipitasjɔ̃] nf precipitação f ◆ **précipitations** nfpl precipitação f.

précipiter [pʀesipite] vt precipitar ◆ **se précipiter** vp precipitar-se ◆ **se précipiter dans/vers/sur** precipitar-se para dentro de/em direção a/sobre.

précis, e [pʀesi, iz] adj preciso(sa) ◆ **à cinq heures précises** às cinco (horas) em ponto.

préciser [pʀesize] vt precisar ◆ **se préciser** vp concretizar-se.

précision [pʀesizjɔ̃] nf precisão f.

précoce [pʀekɔs] adj precoce.

prédécesseur [pʀedesesœʀ] nm predecessor m.

prédiction [pʀediksjɔ̃] nf previsão f.

prédire [pʀediʀ] vt predizer.

prédit, e [pʀedi, it] pp → **prédire**.

préfabriqué, e [pʀefabʀike] adj pré-fabricado(da).

préface [pʀefas] nf prefácio m.

préfecture [pʀefɛktyʀ] nf (bâtiment) local onde estão instalados os serviços de administração dos departamentos, na França; (ville) capital de departamento.

préféré, e [pʀefeʀe] adj & nm preferido(da).

préférence [pʀefeʀɑ̃s] nf preferência f ◆ **de préférence** de preferência.

préférer [pʀefeʀe] vt preferir ◆ **préférer faire qqch** preferir fazer algo ◆ **je préférerais qu'elle s'en aille** eu preferia que ela fosse embora.

préfet [pʀefɛ] nm dirigente da circunscrição administrativa.

préhistoire [pʀeistwaʀ] nf pré-história f.

préhistorique [pʀeistɔʀik] adj pré-histórico(ca).

préjugé [pʀeʒyʒe] nm (pej) preconceito m.

prélèvement [pʀelɛvmɑ̃] nm (d'argent) levantamento m; (de sang) coleta f.

prélever [pʀelve] vt (somme, part) levantar; (sang) tirar.

prématuré, e [pʀematyʀe] adj prematuro(ra) ◆ nm bebê m prematuro.

prémédité, e [pʀemedite] adj premeditado(da).

premier, ère [pʀəmje, ɛʀ] adj & nm primeiro(ra) ◆ **en premier** em primeiro lugar ◆ **le premier de l'an** o dia primeiro de janeiro ◆ **Premier ministre** primeiro-ministro m.

première [pʀəmjɛʀ] nf EDUC ≃ segundo ano m do ensino médio; (vitesse, en train) primeira f ◆ **voyager en première (classe)** viajar de primeira (classe).

premièrement [pʀəmjɛʀmɑ̃] adv primeiramente, em primeiro lugar.

prenais → prendre.

prendre [pʀɑ̃dʀ] *vt* **1.** *(dans sa main)* pegar; *(un cadeau)* ficar com **2.** *(emporter)* levar **3.** *(aller, chercher)* • **passer prendre qqn** ir buscar alguém • **prendre un auto-stoppeur** dar carona a alguém **4.** *(enlever)* • **prendre qqch à qqn** tirar algo de alguém **5.** *(boisson, notes, mesures)* tomar; • **qu'est-ce que vous prendrez?** *(à boire)* o que é que vocês vão tomar? • **prendre un verre** tomar uma bebida **6.** *(utiliser)* • **quelle route dois-je prendre?** por qual estrada devo ir? • **prendre l'avion/le train** pegar o avião /o trem **7.** *(attraper, surprendre)* apanhar • **se faire prendre** ser apanhado **8.** *(air, ton)* • **elle a pris un air innocent** ela se fez de inocente • **ne prends pas ton air de martyr!** não se faça de mártir! **9.** *(considérer)* • **prendre qqn pour** *(par erreur)* tomar alguém por **10.** *(photo)* tirar **11.** *(poids)* engordar **12.** *(dans des expressions)* • **prendre feu** incendiar-se • **qu'est-ce qui te prend?** o que é que você tem? ◆ *vi* **1.** *(sauce, ciment)* consistir **2.** *(feu)* pegar **3.** *(se diriger)* • **prenez à droite** vire à direita ◆ **se prendre** *vp* **1.** *(se considérer)* • **se prendre pour** tomar-se por **2.** *(dans des expressions)* • **en prendre à qqn** descarregar em alguém • **s'y prendre bien** dar-se bem • **s'y prendre mal** dar-se mal.

prenne → prendre.

prénom [pʀenɔ̃] *nm* nome *m* (de batismo).

préoccupé, e [pʀeɔkype] *adj* preocupado(da).

préoccuper [pʀeɔkype] *vt* preocupar ◆ **se préoccuper de** + *prép* preocupar-se com.

préparatifs [pʀepaʀatif] *nmpl* preparativos *mpl*.

préparation [pʀepaʀasjɔ̃] *nf* (d'un repas, d'un départ) preparação *f*.

préparer [pʀepaʀe] *vt* preparar ◆ **se préparer** *vp* preparar-se • **se préparer à faire qqch** preparar-se para fazer algo.

préposition [pʀepozisjɔ̃] *nf* preposição *f*.

près [pʀɛ] *adv* • **de près** de perto • **tout près** aqui perto • **près de** perto de; *(presque)* cerca de.

prescrire [pʀɛskʀiʀ] *vt* receitar.

prescrit, e [pʀɛskʀi, it] *pp* → prescrire.

présence [pʀezɑ̃s] *nf* presença *f* • **en présence de** na presença de.

présent, e [pʀezɑ̃, ɑ̃t] ◆ *adj* presente ◆ *nm* presente *m* • **à présent (que)** agora (que).

présentateur, trice [pʀezɑ̃tatœʀ, tʀis] *nm* apresentador *m*, -ra *f*.

présentation [pʀezɑ̃tasjɔ̃] *nf* apresentação *f* ◆ **présenta-**

présenter 260

tions *nf* • **faire les présentations** fazer as apresentações.
présenter [pʀezɑ̃te] *vt* apresentar • **présenter qqn à qqn** apresentar alguém a alguém ◆ **se présenter** *vp* apresentar-se; *(occasion, difficulté)* surgir • **se présenter bien/mal** apresentar-se bem/mal.
préservatif [pʀezɛʀvatif] *nm* preservativo *m*.
préserver [pʀezɛʀve] *vt* preservar • **préserver qqn/qqch de** preservar alguém/algo de.
président, e [pʀezidɑ̃, ɑ̃t] *nm, f* presidente *m/f* • **le président de la République** o presidente da República.
présider [pʀezide] *vt* presidir a.
présomption *nf* • **présomption d'innocence** DROIT presunção *f* de inocência.
presque [pʀɛsk] *adv* quase • **il n'y a presque pas de neige** não há quase neve.
presqu'île [pʀɛskil] *nf* península *f*.
pressant, e [pʀesɑ̃, ɑ̃t] *adj* urgente.
presse [pʀɛs] *nf (journaux)* imprensa *f* • **presse à sensation** imprensa sensacionalista.
pressé, e [pʀese] *adj (voyageur)* apressado(da); *(urgent)* urgente; *(citron, orange)* espremido(da) • **être pressé de faire qqch** estar com pressa de fazer algo.
presse-citron [pʀɛssitʀɔ̃] *nm inv* espremedor *m*.

pressentiment [pʀesɑ̃timɑ̃] *nm* pressentimento *m*.
presser [pʀese] • *vt (fruit)* espremer; *(bouton)* apertar; *(faire se dépêcher)* apressar • *vi* • **le temps presse** o tempo urge • **rien ne presse** não há pressa ◆ **se presser** *vp* apressar-se.
pressing [pʀesiŋ] *nm* lavanderia *f*.
pression [pʀesjɔ̃] *nf* pressão *f*; *(bouton)* botão *m* de pressão • *(bière)* pression chope *m*.
prestidigitateur, trice [pʀestidiʒitatœʀ, tʀis] *nm* mágico *m*, -ca *f*.
prestige [pʀestiʒ] *nm* prestígio *m*.
prêt, e [pʀɛ, pʀɛt] • *adj* pronto(ta) • *nm* empréstimo *m* • **prêt bancaire** empréstimo bancário • **être prêt à faire qqch** estar pronto a fazer algo.
prêt-à-porter [pʀɛtapɔʀte] *nm* prêt-à-porter *m inv*.
prétendre [pʀetɑ̃dʀ] *vt* • **prétendre que** afirmar que • **il prétend qu'il est le meilleur** ele se julga o melhor.
prétentieux, euse [pʀetɑ̃sjø, øz] *adj* pretensioso(osa).
prétention [pʀetɑ̃sjɔ̃] *nf* pretensão *f*.
prêter [pʀete] *vt* emprestar • **prêter qqch à qqn** emprestar algo a alguém • **prêter attention** à prestar atenção em.
prétexte [pʀetɛkst] *nm* pretexto *m* • **sous prétexte que** com o pretexto de.

prétimbré, e [pʀetɛ̃bʀe] *adj* pré-selado(da).

prêtre [pʀɛtʀ] *nm* padre *m*, sacerdote *m*.

preuve [pʀœv] *nf* prova *f* • **faire preuve de** dar provas de • **faire ses preuves** *(méthode)* dar provas de eficácia; *(employé)* dar provas de eficiência.

prévaloir [pʀevalwaʀ] *vi (sout)* prevalecer.

prévenir [pʀevniʀ] *vt* prevenir.

préventif, ive [pʀevɑ̃tif, iv] *adj* preventivo(va).

prévention [pʀevɑ̃sjɔ̃] *nf* prevenção *f* • **prévention routière** prevenção rodoviária.

prévenu, e [pʀevny] *pp* → **prévenir**.

prévisible [pʀevizibl] *adj* previsível.

prévision [pʀevizjɔ̃] *nf* previsão *f* • **en prévision de** prevendo que • **prévisions météo(rologiques)** previsões meteorológicas.

prévoir [pʀevwaʀ] *vt* prever • **comme prévu** como previsto.

prévoyant, e [pʀevwajɑ̃, ɑ̃t] *adj* precavido(da).

prévu, e [pʀevy] *pp* → **prévoir**.

prier [pʀije] *vt & vi* rezar • **prier qqn de faire qqch** pedir a alguém para fazer algo • **les passagers sont priés d'attacher leurs ceinture** pede-se aos passageiros que apertem os cintos • **suivez-moi, je vous en prie** siga-me, por favor • **je peux fumer? – je vous en prie!** posso fumar? – por favor! • **merci – je vous en prie** obrigado – de nada.

prière [pʀijɛʀ] *nf* oração *f* • **prière de ne pas fumer** favor não fumar.

primaire [pʀimɛʀ] *adj* primário(ria).

prime [pʀim] *nf (d'assurance)* prêmio *m*; *(de salaire)* gratificação *f* • **en prime** *(avec un achat)* de brinde.

primeurs [pʀimœʀ] *nfpl* frutos ou legumes temporões.

primevère [pʀimvɛʀ] *nf* primavera *f*.

primitif, ive [pʀimitif, iv] *adj* primitivo(va).

prince [pʀɛ̃s] *nm* príncipe *m*.

princesse [pʀɛ̃sɛs] *nf* princesa *f*.

principal, e, aux [pʀɛ̃sipal, o] ◆ *adj* principal ◆ *nm* diretor *m (de um colégio)* • **le principal** *(l'essentiel)* o principal.

principalement [pʀɛ̃sipalmɑ̃] *adv* principalmente.

principe [pʀɛ̃sip] *nm (règle de conduite)* princípio *m* • **en principe** em princípio.

prion [pʀijɔ̃] *nm MÉD (biologie)* príon *m*.

printemps [pʀɛ̃tɑ̃] *nm* primavera *f*.

priori → **a priori**.

prioritaire [pʀijɔʀitɛʀ] *adj* prioritário(ria).

priorité [pʀijɔʀite] *nf* prioridade *f* • **priorité à droite** prioridade à direita • **laisser la**

pris

priorité ceder a prioridade • **vous n'avez pas la priorité** deve ceder a prioridade.

pris, e [pri, iz] pp → **prendre**.

prise [priz] nf (à la pêche) presa f; (point d'appui) apoio m • **prise (de courant)** (dans le mur) tomada f; (fiche) ficha f • **prise multiple** tomada múltipla • **prise de sang** análise f de sangue • **se faire faire une prise de sang** ir tirar sangue.

prison [prizɔ̃] nf prisão f • **en prison** na prisão.

prisonnier, ère [prizɔnje, ɛr] nm prisioneiro m, -ra f.

privé, e [prive] adj privado(da) • **en privé** em particular.

priver [prive] vt • **priver qqn de qqch** privar alguém de algo • **se priver** vp privar-se • **se priver de qqch** privar-se de algo.

privilège [privilɛʒ] nm privilégio m.

privilégié, e [privileʒje] adj privilegiado(da); (matériellement) abastado(da).

prix [pri] nm (d'un produit) preço m; (récompense) prêmio m • **à tout prix** custe o que custar.

probable [prɔbabl] adj provável.

probablement [prɔbabləmɑ̃] adv provavelmente.

problème [prɔblɛm] nm problema m.

procédé [prɔsede] nm (méthode) procedimento m; (de fabrication) processo m.

procès [prɔsɛ] nm processo m.

processus [prɔsesys] nm processo m.

procès-verbal [prɔsɛvɛrbal] (pl -aux) nm (contravention) multa f; (acte officiel) ata f.

prochain, e [prɔʃɛ̃, ɛn] adj próximo(ma) • **la semaine prochaine** na semana que vem.

proche [prɔʃ] adj • **être proche** (dans le temps) estar próximo(ma); (dans l'espace) estar perto • **être proche de** (lieu, but) estar perto de; (personne, ami) ser chegado(da) de • **le Proche-Orient** o Oriente Próximo.

procuration [prɔkyrasjɔ̃] nf procuração f.

procréation [prɔkreasjɔ̃] nf procriação f • **procréation médicalement assistée** reprodução assistida.

procurer [prɔkyre] ◆ **se procurer** vp obter.

prodigieux, euse [prɔdiʒjø, øz] adj prodigioso(osa).

producteur, trice [prɔdyktœr, tris] nm produtor m, -ra f.

production [prɔdyksjɔ̃] nf (de marchandises) produção f.

produire [prɔdɥir] vt produzir ◆ **se produire** vp ocorrer.

produit, e [prɔdɥi, it] pp → **produire** ◆ nm produto m • **produits de beauté** produtos de beleza • **produits laitiers** laticínios mpl.

prof [pʀɔf] nm (fam) prof. mf.
professeur [pʀɔfesœʀ] nm professor m, -ra f • **professeur d'anglais/de piano** professor de inglês/de piano.
profession [pʀɔfesjɔ̃] nf profissão f • **profession libérale** profissão liberal.
professionnel, elle [pʀɔfesjɔnɛl] adj & nm profissional.
profil [pʀɔfil] nm perfil m • **de profil** de perfil • **profil utilisateur** INFORM perfil do usuário.
profit [pʀɔfi] nm (avantage) proveito m, (d'une entreprise) lucro m • **tirer profit de qqch** tirar proveito de algo.
profiter [pʀɔfite] vi (jouir de) • **profiter de qqch** aproveitar algo; (abuser de) • **profiter de qqn** aproveitar-se de alguém; (tirer parti de) • **profiter de qqch pour faire qqch** aproveitar algo para fazer algo.
profiterole [pʀɔfitʀɔl] nf profiterole m, carolina recheada com sorvete de baunilha e recoberta com calda de chocolate quente.
profond, e [pʀɔfɔ̃, ɔ̃d] adj profundo(da).
profondeur [pʀɔfɔ̃dœʀ] nf profundidade f • **à 10 mètres de profondeur** a 10 metros de profundidade.
programmateur [pʀɔgʀamatœʀ] nm programador m.
programme [pʀɔgʀam] nm programa m.
programmer [pʀɔgʀame] vt programar.
programmeur, euse [pʀɔgʀamœʀ, øz] nm programador m, -ra f.
progrès [pʀɔgʀɛ] nm progresso m • **en progrès** em andamento • **faire des progrès** fazer progressos.
progresser [pʀɔgʀese] vi progredir.
progressif, ive [pʀɔgʀesif, iv] adj progressivo(va).
progressivement [pʀɔgʀesivmɑ̃] adv progressivamente.
prohiber [pʀɔibe] vt (sout) proibir.
proie [pʀwa] nf presa f.
projecteur [pʀɔʒɛktœʀ] nm projetor m.
projection [pʀɔʒɛksjɔ̃] nf (de films, de diapositives) projeção f.
projectionniste [pʀɔʒɛksjɔnist] nm projecionista mf.
projet [pʀɔʒɛ] nm projeto m.
projeter [pʀɔʒte] vt projetar • **projeter de faire qqch** planejar fazer algo.
prolongation [pʀɔlɔ̃gasjɔ̃] nf prolongamento m ◆ **prolongations** nf prolongamentos mpl.
prolongement [pʀɔlɔ̃ʒmɑ̃] nm prolongamento m • **dans le prolongement de** no prolongamento de.
prolonger [pʀɔlɔ̃ʒe] vt prolongar • **se prolonger** vp prolongar-se.
promenade [pʀɔmnad] nf passeio m • **faire une promenade** dar um passeio.

promener [pʀɔmne] *vt* passear ♦ **se promener** *vp* passear.

promesse [pʀɔmɛs] *nf* promessa *f*.

promettre [pʀɔmɛtʀ] *vt* • **promettre qqch à qqn** prometer algo a alguém • **il lui a promis d'aller le voir** ele prometeu ir visitá-lo • **c'est promis!** está prometido! • **ça promet!** *(fam)* isto promete!

promis, e [pʀɔmi, iz] *pp* → **promettre**.

promotion [pʀɔmɔsjɔ̃] *nf* promoção *f* • **en promotion** em promoção.

pronom [pʀɔnɔ̃] *nm* pronome *m*.

prononcer [pʀɔnɔ̃se] *vt* pronunciar ♦ **se prononcer** *vp* (*un médecin, un jury, une cour*) pronunciar-se, pronunciar-se.

prononciation [pʀɔnɔ̃sjasjɔ̃] *nf* pronunciação *f*.

pronostic [pʀɔnɔstik] *nm* prognóstico *m*.

propagande [pʀɔpagɑ̃d] *nf* propaganda *f*.

propager [pʀɔpaʒe] *vt* propagar ♦ **se propager** *vp* propagar-se.

prophétie [pʀɔfesi] *nf* profecia *f*.

propice [pʀɔpis] *adj* propício(cia).

proportion [pʀɔpɔʀsjɔ̃] *nf* proporção *f*.

proportionnel, elle [pʀɔpɔʀsjɔnɛl] *adj* • **proportionnel à** proporcional a.

propos [pʀɔpo] ♦ *nm* palavras *fpl* ♦ *nm* • **à propos,...** a propósito,... • **à propos de** com relação a.

proposer [pʀɔpoze] *vt* propor • **proposer à qqn de faire qqch** propor a alguém fazer algo.

proposition [pʀɔpozisjɔ̃] *nf* proposta *f*.

propre [pʀɔpʀ] *adj* próprio(pria); (*linge, pièce*) limpo(pa) • **avec ma propre voiture** com meu próprio carro.

proprement [pʀɔpʀəmɑ̃] *adv* decentemente • **à proprement parler** a bem dizer.

propreté [pʀɔpʀəte] *nf* limpeza *f*.

propriétaire [pʀɔpʀijetɛʀ] *nm* (*d'un chien, d'une voiture*) dono *m*, -na *f*; (*d'une maison*) proprietário *m*, -ria *f*.

propriété [pʀɔpʀijete] *nf* propriedade *f* • **propriété privée** propriedade privada.

prose [pʀoz] *nf* prosa *f*.

prospectus [pʀɔspɛktys] *nm* prospecto *m*.

prospère [pʀɔspɛʀ] *adj* próspero(ra).

prostituée [pʀɔstitɥe] *nf* prostituta *f*.

protection [pʀɔtɛksjɔ̃] *nf* proteção *f*.

protège-cahier [pʀɔtɛʒkaje] (*pl* **protège-cahiers**) *nm* capa *f* (*para cadernos*).

protège-poignets [pʀɔtɛʒpwaɲɛ] *nm inv* protetor *m* de pulso, suporte *m* de pulso.

protéger [pʀɔteʒe] vt protéger ♦ **protéger qqn de** OU **contre qqch** proteger alguém de OU contra algo ♦ **se protéger de** vp + prép proteger-se de.

protestant, e [pʀɔtɛstɑ̃, ɑ̃t] adj & nm protestante.

protester [pʀɔtɛste] vi protestar.

prothèse [pʀɔtɛz] nf prótese f.

prototype [pʀɔtɔtip] nm protótipo m.

prouesse [pʀuɛs] nf proeza f.

prouver [pʀuve] vt provar.

provenance [pʀɔvnɑ̃s] nf proveniência f ♦ **en provenance de** procedente de.

provençal, e, aux [pʀɔvɑ̃sal, o] adj provençal.

Provence [pʀɔvɑ̃s] nf ♦ **la Provence** a Provença ♦ **herbes de Provence** ervas da Provença.

provenir [pʀɔvniʀ] ♦ **provenir de** vp + prép provir de.

proverbe [pʀɔvɛʀb] nm provérbio m.

province [pʀɔvɛ̃s] nf província f ♦ **la province** (hors Paris) a província.

provincial, e, aux [pʀɔvɛ̃sjal, o] ♦ adj provinciano(na) ♦ nm ♦ **le provincial** (Can) o governo de uma província.

proviseur [pʀɔvizœʀ] nm presidente mf do conselho diretivo.

provisions [pʀɔvizjɔ̃] nfpl provisões fpl, (achats) compras fpl.

provisoire [pʀɔvizwaʀ] adj provisório(ria).

provocant, e [pʀɔvɔkɑ̃, ɑ̃t] adj provocante.

provoquer [pʀɔvɔke] vt provocar.

proximité [pʀɔksimite] nf ♦ **à proximité (de)** nas proximidades (de) ♦ (locution adjectivale) **de proximité** das proximidades.

prudemment [pʀydamɑ̃] adv com prudência.

prudence [pʀydɑ̃s] nf prudência f.

prudent, e [pʀydɑ̃, ɑ̃t] adj prudente.

prune [pʀyn] nf ameixa f.

pruneau [pʀyno] (pl **-x**) nm ameixa f seca.

PS nm (abr de post-scriptum, parti socialiste) PS m.

psychanalyste [psikanalist] nmf psicanalista mf.

psychiatre [psikjatʀ] nm psiquiatra mf.

psychologie [psikɔlɔʒi] nf psicologia f.

psychologique [psikɔlɔʒik] adj psicológico(ca).

psychologue [psikɔlɔg] nm psicólogo m, -ga f.

PTT nf antiga designação dos Correios franceses.

pu [py] pp → **pouvoir**.

pub¹ [pœb] nm pub m.

pub² [pyb] nf (fam) publicidade f.

public, ique [pyblik] ♦ adj público(ca) ♦ nm público m, platéia f ♦ **en public** em público.

publication [pyblikasjɔ̃] nf publicação f.

publicitaire [pyblisitɛʀ] adj publicitário(ria).

publicité [pyblisite] *nf* publicidade *f*.
publier [pyblije] *vt* publicar.
puce [pys] *nf (insecte)* pulga *f*; *INFORM* chip *m*.
pudding [pudiŋ] = **pouding**.
pudique [pydik] *adj* pudico(ca).
puer [pɥe] ◆ *vi* feder ◆ *vt* exalar.
puéricultrice [pɥerikyltris] *nf* enfermeira *f* especializada em puericultura.
puéril, e [pɥeril] *adj* pueril.
puis [pɥi] *adv* depois.
puisque [pɥiskə] *conj* já que.
puissance [pɥisɑ̃s] *nf* potência *f*; *(pouvoir)* poder *m*.
puissant, e [pɥisɑ̃, ɑ̃t] *adj (influent)* poderoso(osa); *(fort)* potente.
puisse → **pouvoir**.
puits [pɥi] *nm (à eau)* poço *m*.
pull(-over) [pyl(ɔvɛr)] *(pl* **pull(-over)s**) *nm* pulôver *m*.
pulpe [pylp] *nf* polpa *f*.
pulsation [pylsasjɔ̃] *nf* pulsação *f*.
pulvérisateur [pylverizatœr] *nm* pulverizador *m*.
pulvériser [pylverize] *vt* pulverizar.
punaise [pynɛz] *nf (insecte)* percevejo *m*; *(clou)* percevejo *m*.
punch[1] [pɔ̃ʃ] *nm (boisson)* ponche *m*.
punch[2] [pœnʃ] *nm (fam) (énergie)* velocidade *f*.
punir [pynir] *vt (coupable, crime)* punir; *(élève, enfant)* castigar.
punition [pynisjɔ̃] *nf* castigo *m*.
pupille [pypij] *nf* pupila *f*.

pupitre [pypitr] *nm (bureau)* carteira *f*; *(à musique)* estante *f (de música)*.
pur, e [pyr] *adj* puro(ra).
purée [pyre] *nf* purê *m* ◆ **purée (de pommes de terre)** purê (de batata).
pureté [pyrte] *nf* pureza *f*.
purger [pyrʒe] *vt* purgar; *(radiateur, tuyau)* esvaziar.
purifier [pyrifje] *vt* purificar.
pur-sang [pyrsɑ̃] *nm inv* puro-sangue *m inv*.
pus [py] *nm* pus *m*.
puzzle [pœzl] *nm* quebra-cabeça *m*.
PV *nm (abr de* **procès-verbal**) multa *f*, ata *f*.
PVC *nm* PVC *m*.
pyjama [piʒama] *nm* pijama *m*.
pylône [pilon] *nm* poste *m*.
pyramide [piramid] *nf* pirâmide *f* ◆ **Pyramide du Louvre** *nf* Pirâmide do Louvre.
Pyrénées [pirene] *nfpl* ◆ **les Pyrénées** os Pirineus.
Pyrex® [pirɛks] *nm* pirex® *m*.

Q

QI *nm (abr de* **quotient intellectuel)** Q.I. *m*.
quad [kwad] *nm (moto)* quadriciclo *m*.

quadra(*fam*) [kwadʀa] *nm* (*abr de* quadragénaire) quadragenário *m*, -a *f*.

quadrillé, e [kadʀije] *adj* quadriculado(da).

quadruple [k(w)adʀypl] *nm*
• **le quadruple (de)** o quádruplo (de).

quai [kɛ] *nm* cais *m inv*.

qualification [kalifikasjɔ̃] *nf* qualificação *f*.

qualifié, e [kalifje] *adj* qualificado(da).

qualifier [kalifje] *vt* • **qualifier qqn/qqch de** qualificar alguém/algo de ◆ **se qualifier** *vp* qualificar-se.

qualité [kalite] *nf* qualidade *f*
• **de (bonne) qualité** de (boa) qualidade.

quand [kɑ̃] *conj & adv* quando
• **quand même** mesmo assim
• **quand même!** até que enfim!; (*exprime l'indignation*) realmente! • **je me demande quand il va arriver** gostaria de saber quando ele vai chegar.

quant [kɑ̃] ◆ **quant à** *prép* quanto a.

quantité [kɑ̃tite] *nf* quantidade *f* • **une quantité** OU **des quantités de** uma quantidade de.

quarantaine [kaʀɑ̃tɛn] *nf* quarentena *f* • **une quarantaine (de)** cerca de quarenta
• **avoir la quarantaine** ter cerca de quarenta anos.

quarante [kaʀɑ̃t] *num* quarenta, → **six**.

quarantième [kaʀɑ̃tjɛm] *num* quadragésimo(ma), → **sixième**.

quart [kaʀ] *nm* quarto *m*
• **cinq heures et quart** cinco (horas) e quinze (minutos)
• **cinq heures moins le quart** quinze (minutos) para as cinco (horas) • **un quart d'heure** quinze minutos.

quartier [kaʀtje] *nm* (*portion*) bocado *m*; (*d'une ville*) bairro *m*.

> **ⓘ QUARTIER LATIN**

Esse bairro situado na margem esquerda do Sena é o lugar em que se concentram os estudantes de Paris. Está situado entre o 5º e o 6º "arrondissements" e, no seu centro, encontra-se a Sorbonne. Além das faculdades e liceus importantes, esse bairro é famoso pelas suas livrarias e bibliotecas, assim como pelos seus bares e cinemas.

quartz [kwaʀts] *nm* quartzo *m*
• **montre à quartz** relógio de quartzo.

quasiment [kazimɑ̃] *adv* quase.

quatorze [katɔʀz] *num* catorze, → **six**.

quatorzième [katɔʀzjɛm] *num* décimo quarto(décima quarta), → **sixième**.

quatre [katʀ] *num* quatro
• **monter les escaliers quatre à**

quatre subir as escadas de quatro em quatro • **à quatre pattes** de quatro → **six**.

quatre-quarts [katkaʀ] *nm inv* pão-de-ló *m*.

quatre-quatre [kat(ʀə)katʀ] *nm inv* veículo *m* com tração nas quatro rodas.

quatre-vingt [katʀəvɛ̃] = **quatre-vingts**.

quatre-vingt-dix [katʀəvɛ̃dis] *num* noventa, → **six**.

quatre-vingt-dixième [katʀəvɛ̃dizjɛm] *num* nonagésimo(ma), → **sixième**.

quatre-vingtième [katʀəvɛ̃tjɛm] *num* octogésimo(ma), → **sixième**.

quatre-vingts [katʀəvɛ̃] *num* oitenta, → **six**.

quatrième [katʀijɛm] • *num* quarto(ta), • *nf EDUC* = sétima série *f* do ensino fundamental; *(vitesse)* quarta *f*, → **sixième**.

que [kə] • *conj* **1.** *(gén)* que • **voulez-vous que je ferme la fenêtre?** quer que eu feche a janela? • **je sais que tu es là** eu sei que você está aí • **que nous partions aujourd'hui ou demain...** que nós partamos hoje ou amanhã... **2.** *(dans une comparaison)* → **aussi, autant, même, moins, plus 3.** *(remplace une autre conjonction)* • **comme il pleut et que je n'ai pas de parapluie...** como está chovendo e eu não tenho guarda-chuva... **4.** *(exprime une restriction)* • **ne... que** só • **je n'ai qu'une sœur** só tenho uma irmã • *pron rel* que • **la personne qu'ils voient là-bas** a pessoa que eles vêem lá • **le train que nous prenons part dans 10 minutes** o trem que nós vamos pegar sai dentro de 10 minutos • **les livres qu'il m'a prêtés** os livros que ele me emprestou • *pron interr* que • **qu'a-t-il dit?, qu'est-ce qu'il a dit?** o que disse ele?, o que ele disse? • **qu'est-ce qui ne va pas?** o que é que não está bem? • **je ne sais plus que faire** já não sei o que fazer • *adv (dans une exclamation)* • **c'est beau!, qu'est-ce que c'est beau!** que bonito!, como é bonito!

Québec [kebɛk] *nm* • **le Québec** o Quebec.

québécois, e [kebekwa, az] *adj* quebequense • **Québécois, e** *nm* quebequense *mf*.

quel, quelle [kɛl] • *adj* **1.** *(interrogatif)* qual • **quel est ton vin préféré?** qual é o teu vinho preferido? • **quels amis comptez-vous aller voir?** quais são os amigos que vocês pretendem visitar? • **quelle est la vendeuse qui vous a conseillé?** qual foi a vendedora que o atendeu? • **quelle heure est-il?** que horas são? **2.** *(exclamatif)* que • **quel beau temps!** que tempo ótimo! **3.** *(avec "que")* • **tous les Français quels qu'ils soient** todos os franceses, quem quer que sejam • **quel que soit le temps...** qualquer que seja o tempo... • *pron interr* qual • **quel est le plus intéressant des deux musées?** qual dos dois museus é o mais interessante?

quelconque [kɛlkɔ̃k] *adj* • **si pour une raison quelconque, tu dois t'absenter...** se por uma razão qualquer você tiver de se ausentar... • **une personne quelconque** uma pessoa qualquer.

quelque [kɛlk(ə)] *adj* **1.** *(un peu de)* algum(alguma) • **dans quelque temps** dentro de algum tempo **2.** *(avec "que")* qualquer • **quelque route que je prenne** qualquer estrada que eu pegue ◆ **quelques** *adj* **1.** *(plusieurs)* alguns(algumas) • **j'ai quelques lettres à écrire** tenho de escrever algumas cartas • **j'ai quelques vieux livres à donner** tenho alguns livros velhos para dar **2.** *(dans des expressions)* • **50 euros et quelques** 50 e tantos euros • **il est midi et quelques** é meio-dia e pouco.

quelque chose [kɛlkəʃoz] *pron* alguma coisa • **il y a quelque chose de bizarre** há alguma coisa de esquisito.

quelquefois [kɛlkəfwa] *adv* às vezes.

quelque part [kɛlkəpaʀ] *adv* em algum lugar.

quelques-uns, quelques-unes [kɛlkəzœ̃, kɛlkəzyn] *pron* alguns(algumas).

quelqu'un [kɛlkœ̃] *pron* alguém.

quenelle [kənɛl] *nf* rolo cozido, geralmente de peixe.

quereller [kəʀele] ◆ **se quereller** *vp* (*sout*) discutir.

qu'est-ce que [kɛskə] → que.

qu'est-ce qui [kɛski] → que.

question [kɛstjɔ̃] *nf (interrogation)* pergunta *f*; *(sujet)* questão *f* • **l'affaire en question** o assunto em questão • **il est question de qqch** trata-se de algo • **il est question de faire qqch** trata-se de fazer algo • **(il n'en est) pas question!** nem pensar! • **remettre qqch en question** pôr algo em questão.

questionnaire [kɛstjɔnɛʀ] *nm* questionário *m*.

questionner [kɛstjɔne] *vt* questionar.

quête [kɛt] *nf (d'argent)* coleta *f* • **faire la quête** fazer a coleta.

quêter [kɛte] *vi* arrecadar.

quetsche [kwɛʀ] *nf* ameixa-preta *f*.

queue [kø] *nf (d'un animal, avion)* cauda *f*; *(d'un train, d'un peloton)* parte *f* traseira; *(file d'attente)* fila *f* • **faire la queue** fazer fila • **à la queue leu leu** em fila indiana • **faire une queue de poisson à qqn** atravessar na frente do carro de alguém.

queue-de-cheval [kødʃaval] *(pl* **queues-de-cheval)** *nf* rabo-de-cavalo *m*.

qui [ki] • *pron rel* **1.** *(sujet)* que • **les passagers qui doivent changer d'avion** os passageiros que devem mudar de avião • **la route qui mène à Calais** a estrada que leva a Calais **2.** *(complement d'objet direct, indirect)* quem • **tu vois qui je veux dire** você percebe a quem me refiro • **invite qui tu veux** convide quem você quiser • **la personne à qui j'ai parlé** a pessoa com quem falei **3.** *(quiconque)* • **qui que ce soit** quem quer que seja **4.** *(dans des expressions)* • **qui plus est,...** ainda por cima... • *pron interr* quem • **qui êtes-vous?** quem são vocês? • **je voudrais savoir qui viendra** gostaria de saber quem virá • **qui demandez-vous?, qui est-ce que vous demandez?** com quem deseja falar?, com quem é que deseja falar? • **dites-moi qui vous demandez** diga-me com quem deseja falar • **à qui dois-je m'adresser?** a quem devo me dirigir?

quiche [kiʃ] *nf* quiche *f*.

quiconque [kikɔ̃k] *pron* quem quer que seja que.

quille [kij] *nf (de jeu)* pino *m* de boliche; *(d'un bateau)* quilha *f*.

quincaillerie [kɛ̃kajri] *nf (boutique)* loja *f* de ferragens.

quinquennat [kɛ̃kena, o] *nm* mandato *m* presidencial para cinco anos, mandato *m* qüinqüenal.

quinte [kɛ̃t] *nf* • **quinte de toux** ataque *m* de tosse.

quintuple [kɛ̃typl] *nm* • **le quintuple (de)** o quíntuplo (de).

quinzaine [kɛ̃zɛn] *nf (deux semaines)* quinzena *f* • **une quinzaine (de)** uma quinzena (de).

quinze [kɛ̃z] *num* quinze, → **six**.

quinzième [kɛ̃zjɛm] *num* décimo quinto(décima quinta), → **sixième**.

quiproquo [kiprɔko] *nm* qüiproquó *m*.

quittance [kitɑ̃s] *nf* recibo *m*.

quitte [kit] *adj* • **nous sommes quitte** estamos quites • **quitte à y aller à pied** nem que tenhamos de ir lá a pé.

quitter [kite] *vt* **1.** deixar • **ne quittez pas** *(au téléphone)* não desligue **2.** *INFORM* sair • **se quitter** *vp* despedir-se; *(pour toujours)* separar-se.

quoi [kwa] • *pron interr* **1.** *(employé seul)* • **c'est quoi?** *(fam)* o que é? • **quoi de neuf?** quais são as novidades? • **quoi?** *(fam)* o quê? **2.** *(complement d'objet direct, indirect)* que • **je ne sais pas quoi dire** não sei (o) que dizer **3.** *(après une préposition)* • **de quoi avez-vous besoin?** do que vocês precisam? • **à quoi penses-tu?** você está pensando em quê? • **à quoi bon?** para quê? • **sur quoi est-ce que je peux écrire?** em que posso escrever? **4.** *(fam) (exclamatif)* • **allez, quoi!** vamos lá! **5.** *(dans des expressions)* • **tu viens ou quoi?** *(fam)* você vem ou não? • **si tu as besoin de quoi que ce soit, fais-moi signe** se precisar do que quer que seja, avise-me • **j'irai quoi qu'il dise** eu irei, independentemente do que ele diga • **quoi qu'il en soit,...** seja como for,... • *pron rel (après une préposition)* • **sans quoi** senão • **ce à quoi je pense** é aquilo o que eu penso • **avoir de quoi manger/vivre** ter do que comer/viver • **avez-vous de quoi écrire?** vocês têm sobre que escrever? • **merci – il n'y a pas de quoi** obrigado – não tem de quê.

quoique [kwakə] *conj* embora.

quotidien, enne [kɔtidjɛ̃, ɛn] • *adj* cotidiano(na) • *nm (journal)* diário *m*.

quotient [kɔsjɑ̃] *nm* quociente *m* • **quotient intellectuel** quociente de inteligência.

R

rabâcher [Rabaʃe] *vt (fam)* repisar.

rabais [Rabɛ] *nm* desconto *m*.

rabaisser [Rabese] *vt* rebaixar.

rabat [Raba] *nm (de poche)* pala *f*, *(d'enveloppe)* dobra *f*.

rabat-joie [Rabaʒwa] *nm inv* desmancha-prazeres *mf inv*.

rabattre [RabatR] *vt (replier)* dobrar; *(gibier)* levantar • **se rabattre** *vp (automobiliste)* encostar • **se rabattre sur** conformar-se com.

rabbin [Rabɛ̃] *nm* rabino *m*.

rabot [Rabo] *nm* plaina *f*.

raboter [Rabote] *vt* aplainar.

rabougri, e [RabugRi] *adj* mirrado(da).

raccommoder [Rakɔmɔde] *vt* remendar.

raccompagner [Rakɔ̃paɲe] *vt* acompanhar.

raccord [RakɔR] *nm* ligação *f*.

raccourci [RakuRsi] *nm* atalho *m* • **raccourci clavier** INFORM atalhos de teclado.

raccourcir [RakuRsiR] *vt* encurtar • *vi* diminuir.

raccrocher [RakRɔʃe] *vt* pendurar outra vez • *vi (au téléphone)* desligar.

race [Ras] *nf* raça *f* • **de race** de raça.

racheter [Raʃte] *vt* recomprar • **racheter qqch à qqn** recomprar algo de alguém.

racial, e, aux [Rasjal, o] *adj* racial.

racine [Rasin] *nf* **1.** raiz *f* • **racine carrée** raiz quadrada **2.** INFORM nó *m*, raiz *f*.

racisme [Rasism] *nm* racismo *m*.

raciste [Rasist] *adj* racista.

racket [Rakɛt] *nm* extorsão *f*.

racler [Rakle] *vt* raspar • **se racler** *vp* • **se racler la gorge** limpar a garganta.

raclette [Raklɛt] *nf prato suíço à base de queijo fundido e batatas.

racontars [Rakɔ̃taR] *nm* (*fam*) mexericos *mpl*.

raconter [Rakɔ̃te] *vt* contar • **raconter qqch à qqn** contar algo a alguém • **raconter à qqn que** (*décrire*) contar a alguém que; (*pej*) (*prétendre*) andar dizendo que, por aí que.

radar [RadaR] *nm* radar *m*.

radeau [Rado] (*pl* **-x**) *nm* jangada *f*.

radiateur [RadjatœR] *nm* (*de chauffage*) aquecedor *m*; (*d'automobile*) radiador *m*.

radiations [Radjasjɔ̃] *fpl* radiações *fpl*.

radical, e, aux [Radikal, o] • *adj* radical • *nm* radical *m*.

radieux, euse [Radjø, øz] *adj* (*soleil*) radioso(osa); (*sourire*) radiante.

radin, e [Radɛ̃, in] *adj* (*fam*) unha-de-fome.

radio [Radjo] *nf* rádio *m*; MÉD radiografia *f* • **à la radio** na rádio • **radio locale/privée/libre** rádio local/privada/pirata.

radioactif, ive [Radjoaktif, iv] *adj* radioativo(va).

radiocassette [Radjokasɛt] *nf* radiocassete *m*.

radiographie [Radjografi] *nf* radiografia *f*.

radiologue [Radjolɔg] *nmf* radiologista *mf*.

radio-réveil [Radjorevɛj] (*pl* **radios-réveils**) *nm* rádio *m* despertador, rádio *m* relógio.

radis [Radi] *nm* rabanete *m*.

radoter [Radɔte] *vi* disparatar.

radoucir [RadusiR] ◆ **se radoucir** *vp* suavizar-se.

rafale [Rafal] *nf* rajada *f*.

raffermir [RafɛRmiR] *vt* fortalecer.

raffiné, e [Rafine] *adj* (*personne, manières*) requintado(da); (*sucre, pétrole*) refinado(da).

raffinement [Rafinmɑ̃] *nm* refinamento *m*, requinte *m*.

raffinerie [Rafinri] *nf* refinaria *f*.

raffoler [Rafɔle] ◆ **raffoler de** *vp* + *prép* ser doido(da) por.

rafler [Rafle] *vt* (*fam*) (*emporter*) açambarcar.

rafraîchir [RafRɛʃiR] *vt* (*atmosphère, boisson*) refrescar; (*vêtement, coiffure*) retocar ◆ **se rafraîchir** *vp* (*boire*) refrescar-se; (*temps*) esfriar.

rafraîchissant, e [RafRɛʃisɑ̃, ɑ̃t] *adj* refrescante.

rafraîchissement [RafRɛʃismɑ̃] *nm* refresco *m*.

rage [Raʒ] *nf* raiva *f* • **rage de dents** forte dor *m* de dentes.

ragots [Rago] *nm* (*fam*) fofocas *fpl*.

ragoût [Ragu] *nm* guisado *m*.

raide [Rɛd] ◆ *adj* (*corde, cheveux*) liso(sa); (*personne, démarche*) rígido(da); (*pente*) íngreme ◆ *adv* • **tomber raide mort** cair morto.

raidir [RediR] *vt* endurecer ◆ **se raidir** *vp* ficar rígido(da).

raie [Rɛ] *nf* risca *f*; (*poisson*) raia *f*.

rails [Raj] *nm* trilhos *mpl*.

rainure [RɛnyR] *nf* ranhura *f*.

raisin [Rεzɛ̃] *nm* uva *f* • **raisins secs** passas *fpl.*
raison [Rεzɔ̃] *nf* razão *f* • **à raison de** na proporção de • **avoir raison (de faire qqch)** ter razão (em fazer algo) • **en raison de** por causa de.
raisonnable [Rεzɔnabl] *adj* razoável.
raisonnement [Rεzɔnmɑ̃] *nm* raciocínio *m.*
raisonner [Rεzɔne] • *vi* raciocinar • *vt* chamar à razão.
rajeunir [Raʒœniʀ] • *vi* rejuvenescer • *vt* • **rajeunir qqn** rejuvenescer alguém.
rajouter [Raʒute] *vt* acrescentar.
ralenti [Ralɑ̃ti] *nm (d'un moteur)* marcha *f* lenta; *(au cinéma)* câmara *f* lenta • **au ralenti** *(fonctionner)* a uma velocidade reduzida; *(passer une scène)* em câmara lenta.
ralentir [Ralɑ̃tiʀ] • *vt (mouvement)* abrandar; *(véhicule)* reduzir a marcha • *vi* ir mais devagar.
râler [Rale] *vi (fam)* resmungar.
rallonge [Ralɔ̃ʒ] *nf (de table)* tábua *f*; *(électrique)* extensão *f.*
rallonger [Ralɔ̃ʒe] • *vt (vêtement)* encompridar; *(parcours, voyage)* prolongar • *vi (jours)* alongar-se.
rallumer [Ralyme] *vt* reacender.
rallye [Rali] *nm* rali *m.*
RAM [Ram] *nf inv* RAM *f.*
ramadan [Ramadɑ̃] *nm* ramadã *m.*

ramassage [Ramasaʒ] *nm* • **ramassage scolaire** transporte *m* escolar.
ramasser [Ramase] *vt* apanhar.
rambarde [Rɑ̃baʀd] *nf* parapeito *m.*
rame [Ram] *nf* remo *m* • **une rame (de métro)** uma composição (de metrô).
ramener [Ramne] *vt (raccompagner)* levar; *(souvenir, pain)* trazer; *(amener de nouveau)* trazer de volta • **ramener à** *(baisser)* reduzir a.
ramequin [Ramkɛ̃] *nm (récipient)* pequeno recipiente de barro utilizado para cozinhar no forno; CULIN espécie de suflê de queijo.
ramer [Rame] *vi* remar.
ramollir [Ramɔliʀ] *vt* amolecer • **se ramollir** *vp* amolecer.
ramoner [Ramɔne] *vt* limpar.
rampe [Rɑ̃p] *nf (d'escalier)* corrimão *m*; *(d'accès)* rampa *f.*
ramper [Rɑ̃pe] *vi* rastejar.
rampon [Rɑ̃pɔ̃] *nm (Helv)* erva-benta *f.*
rance [Rɑ̃s] *adj* rançoso(osa).
ranch [Rɑ̃tʃ] *(pl* **ranchs** *ou* **ranches)** *nm* rancho *m (casa de campo).*
rançon [Rɑ̃sɔ̃] *nf* resgate *m.*
rancune [Rɑ̃kyn] *nf* rancor *m.* • **sans rancune!** sem ressentimentos!
rancunier, ère [Rɑ̃kynje, εʀ] *adj* rancoroso(osa).
rando [Rɑ̃do] *(fam) nf (abr de randonnée)* passeio *m.*

randonnée

randonnée [Rɑ̃dɔne] *nf* passeio *m* ♦ **faire de la randonnée (pédestre)** passear (a pé).
rang [Rɑ̃] *nm (rangée)* fila *f*; *(place)* posição *f* ♦ **se mettre en rangs** pôr-se em fila.
rangé, e [Rɑ̃ʒe] *adj* arrumado(da).
rangée [Rɑ̃ʒe] *nf* fila *f*.
rangement [Rɑ̃ʒmɑ̃] *nm (placard)* arrumação *f* ♦ **faire du rangement** fazer uma arrumação.
ranger [Rɑ̃ʒe] *vt* arrumar ♦ **se ranger** *vp (en voiture)* encostar.
ranimer [Ranime] *vt (blessé)* reanimar; *(feu)* atiçar.
rap [Rap] *nm* rap *m*.
rapace [Rapas] *nm* ave *f* de rapina.
rapatrier [Rapatrije] *vt* repatriar.
râpe [Rɑp] *nf* ralador *m*; *(plate)* raspador *m*; *(Helv) (fam)* unha-de-fome *mf*.
râper [Rɑpe] *vt (fromage)* ralar; *(carottes)* raspar.
rapetisser [Raptise] *vi* minguar.
râpeux, euse [Rɑpø, øz] *adj (rugueux)* áspero(ra); *(vin)* carrascão(ã).
raphia [Rafja] *nm* ráfia *f*.
rapide [Rapid] *adj* rápido(da).
rapidement [Rapidmɑ̃] *adv* rapidamente.
rapidité [Rapidite] *nf* rapidez *f*.
rapiécer [Rapjese] *vt* remendar.
rappel [Rapɛl] *nm* aviso *m* ♦ **rappel** atenção.

274

rappeler [Raple] *vt (faire revenir)* chamar de volta; *(au téléphone)* telefonar mais tarde ♦ **rappeler qqch à qqn** *(redire)* relembrar algo a alguém; *(évoquer)* lembrar algo a alguém ♦ **se rappeler** *vp* lembrar-se.
rapport [RapɔR] *nm (compte-rendu)* relatório *m*; *(point commun)* ligação *f* ♦ **par rapport à** a ♦ **rapports** *nm pl* relações *fpl*.
rapporter [RapɔRte] ♦ *vt* trazer; *(rendre)* devolver; *(argent)* render ♦ *vi (être avantageux)* dar lucro; *(répéter)* contar ♦ **se rapporter** *vp + prép* referir-se a.
rapprocher [RapRɔʃe] *vt* aproximar ♦ **se rapprocher** *vp* aproximar-se ♦ **se rapprocher de** aproximar-se de.
raquette [Rakɛt] *nf (de tennis, de ping-pong)* raquete *f*; *(pour la neige)* raquete *f* de neve.
rare [RaR] *adj* raro(ra).
rarement [RaRmɑ̃] *adv* raramente.
ras, e [Ra, Raz] ♦ *adj (très court)* curtinho(nha); *(verre, cuillère)* raso(sa) ♦ *adv* ♦ **(à) ras** rente ♦ **au ras de** rente a ♦ **à ras bord** até a borda ♦ **en avoir ras le bol** *(fam)* estar cheio.
raser [Raze] *vt (barbe, personne)* fazer a barba a; *(cheveux)* raspar; *(frôler)* roçar ♦ **se raser** *vp* barbear-se.
rasoir [RazwaR] *nm* aparelho *m* de barbear ♦ **rasoir électrique** barbeador *m* elétrico.

rassasié, e [ʀasazje] *adj* saciado(da).

rassembler [ʀasɑ̃ble] *vt* juntar ♦ **se rassembler** *vp* juntar-se.

rasseoir [ʀaswaʀ] ♦ **se rasseoir** *vp* tornar a sentar-se.

rassis, e [ʀasi, iz] ♦ *pp* → **rasseoir** ♦ *adj (pain)* amanhecido(da).

rassurant, e [ʀasyʀɑ̃, ɑ̃t] *adj* tranqüilizante.

rassurer [ʀasyʀe] *vt* tranqüilizar.

rat [ʀa] *nm* ratazana *f*.

ratatiné, e [ʀatatine] *adj (pomme)* murcho(cha); *(personne)* abatido(da).

ratatouille [ʀatatuj] *nf* refogado de berinjelas, abobrinhas, tomates e cebolas em azeite de oliva, típico de Provença.

râteau [ʀato] *(pl* **-x***) nm* ancinho *m*.

rater [ʀate] ♦ *vt (cible)* falhar; *(examen)* reprovar em; *(train)* perder ♦ *vi* fracassar.

ration [ʀasjɔ̃] *nf* ração *f*.

rationnel, elle [ʀasjɔnɛl] *adj* racional.

ratisser [ʀatise] *vt* limpar com o ancinho.

RATP *nf companhia de transportes parisiense.*

rattacher [ʀataʃe] *vt* ♦ **rattacher qqch à** *(attacher)* voltar a prender algo a; *(relier)* ligar algo a ♦ **rattacher ses lacets** amarrar o cadarço.

ratte [ʀat] *nf* CULIN *(botanique)* batata nova.

rattrapage [ʀatʀapaʒ] *nm* recuperação *f*.

rattraper [ʀatʀape] *vt* apanhar; *(retard)* recuperar ♦ **se rattraper** *vp (se retenir)* agarrar-se; *(d'une erreur)* corrigir-se; *(sur le temps perdu)* recuperar.

rature [ʀatyʀ] *nf* rasura *f*.

rauque [ʀok] *adj* rouco(ca).

ravages [ʀavaʒ] *nm* ♦ **faire des ravages** fazer estragos.

ravaler [ʀavale] *vt (façade)* restaurar.

ravi, e [ʀavi] *adj* encantado(da).

ravin [ʀavɛ̃] *nm* ravina *f*.

raviolis [ʀavjɔli] *nm* ravioli *m*.

raviser [ʀavize] ♦ **se raviser** *vp* mudar de idéia.

ravissant, e [ʀavisɑ̃, ɑ̃t] *adj* encantador(ra).

ravisseur, euse [ʀavisœʀ, øz] *nm* raptor *m*, -ra *f*.

ravitaillement [ʀavitajmɑ̃] *nm (action)* abastecimento *m*; *(provisions)* provisões *fpl*.

ravitailler [ʀavitaje] *vt* abastecer ♦ **se ravitailler** abastecer-se.

rayé, e [ʀeje] *adj (tissu)* listrado(da); *(disque, verre)* riscado(da).

rayer [ʀeje] *vt* riscar.

rayon [ʀejɔ̃] *nm* raio *m*; *(de grand magasin)* seção *f* ♦ **rayons X** raios X.

rayonnage [ʀejɔnaʒ] *nm* prateleiras *fpl*.

rayonner [ʀejɔne] *vi* irradiar ♦ **rayonner autour de** deslocar-se nos arredores de.

rayure [ʀɛjyʀ] *nf (sur un tissu)* listra *f*; *(sur un disque, du verre)* risco *m* • **à rayures** listrado(la).

raz(-)de(-)marée [ʀadmaʀe] *nm inv* maremoto *m*.

réacheminer [ʀeaʃmine] *vt* reencaminhar.

réacteur [ʀeaktœʀ] *nm* reator *m*.

réaction [ʀeaksjɔ̃] *nf* reação *f*.

réagir [ʀeaʒiʀ] *vi* reagir.

réalisateur, trice [ʀealizatœʀ, tʀis] *nm* realizador *m*, -ra *f*.

réaliser [ʀealize] *vt* realizar; *(comprendre)* dar-se conta de ◆ **se réaliser** *vp* realizar-se.

réaliste [ʀealist] *adj* realista.

réalité [ʀealite] *nf* realidade *f* • **en réalité** na realidade • **réalité virtuelle** realidade virtual.

réanimation [ʀeanimasjɔ̃] *nf* reanimação *f*.

rebeller [ʀəbele] ◆ **se rebeller** *vp* rebelar-se.

rebondir [ʀəbɔ̃diʀ] *vi* ricochetear.

rebondissement [ʀəbɔ̃dismɑ̃] *nm* novo acontecimento *m*.

rebord [ʀəbɔʀ] *nm* parapeito *m*.

reboucher [ʀəbuʃe] *vt* tapar de novo.

rebrousse-poil [ʀəbʀuspwal] ◆ **à rebrousse-poil** *adv (caresser)* em sentido contrário.

rebrousser [ʀəbʀuse] *vt* • **rebrousser chemin** voltar atrás.

rébus [ʀebys] *nm* rébus *m*.

récapituler [ʀekapityle] *vt* recapitular.

récemment [ʀesamɑ̃] *adv* recentemente.

recensement [ʀəsɑ̃smɑ̃] *nm* censo *m*.

récent, e [ʀesɑ̃, ɑ̃t] *adj* recente.

récépissé [ʀesepise] *nm* recibo *m*.

récepteur [ʀesɛptœʀ] *nm* receptor *m*.

réception [ʀesɛpsjɔ̃] *nf* recepção *f*.

réceptionniste [ʀesɛpsjɔnist] *nm* recepcionista *m*.

recette [ʀəsɛt] *nf* receita *f*.

receveur [ʀəsəvœʀ] *nm* cobrador *m* • **receveur des postes** chefe *m* de agência dos correios.

recevoir [ʀəsəvwaʀ] *vt* receber; *(balle, coup)* levar; *(candidat)* aprovar.

rechange [ʀəʃɑ̃ʒ] ◆ **de rechange** *adj (vêtement, solution)* de reserva; *(pneu)* sobresselente.

recharge [ʀəʃaʀʒ] *nf* recarga *f*.

rechargeable [ʀəʃaʀʒabl] *adj* recarregável.

recharger [ʀəʃaʀʒe] *vt* recarregar.

réchaud [ʀeʃo] *nm* fogão *m* • **réchaud à gaz** fogão a gás.

réchauffer [ʀeʃofe] *vt* aquecer ◆ **se réchauffer** *vp* aquecer • **se réchauffer les mains** aquecer as mãos.

recherche [ʀəʃɛʀʃ] *nf* pesquisa *f* • **faire des recherches** pesquisar • **être à la recherche de** andar à procura de.

rechercher [RəʃɛRʃe] vt procurar, pesquisar.
rechute [Rəʃyt] nf recaída f.
rechuter [Rəʃyte] vi ter uma recaída.
récif [Resif] nm recife m, arrecife m.
récipient [Resipjɑ̃] nm recipiente m.
réciproque [ResipRɔk] adj recíproco(ca).
récit [Resi] nm narração f; (genre) narrativa f.
récital [Resital] nm recital m.
récitation [Resitasjɔ̃] nf declamação f.
réciter [Resite] vt recitar.
réclamation [Reklamasjɔ̃] nf reclamação f.
réclame [Reklam] nf anúncio m • **en réclame** em promoção.
réclamer [Reklame] vt reclamar.
recoiffer [Rəkwafe] ♦ **se recoiffer** vp voltar a pentear-se.
recoin [Rəkwɛ̃] nm recanto m.
recoller [Rəkɔle] vt colar.
récolte [Rekɔlt] nf colheita f.
récolter [Rekɔlte] vt (fruits) colher; (céréales) apanhar.
recommandation [Rəkɔmɑ̃dasjɔ̃] nf recomendação f.
recommandé, e [Rəkɔmɑ̃de] ♦ adj registrado(da) ♦ nm • **envoyer qqch en recommandé** mandar algo registrado.
recommander [Rəkɔmɑ̃de] vt recomendar ♦ **se recommander** vp (Helv) insistir.
recommencer [Rəkɔmɑ̃se] ♦ vt recomeçar ♦ vi recomeçar.

récompense [Rekɑ̃pɑ̃s] nf recompensa f.
récompenser [Rekɑ̃pɑ̃se] vt recompensar.
réconcilier [Rekɑ̃silje] vt reconciliar ♦ **se réconcilier** vp reconciliar-se.
reconduire [Rəkɑ̃dɥiR] vt acompanhar.
reconduit, e [Rəkɑ̃dɥi, it] pp → **reconduire**.
réconforter [Rekɔ̃fɔRte] vt reconfortar.
reconnaissance [Rəkɔnɛs-ɑ̃s] nf reconhecimento m.
reconnaissant, e [Rəkɔ-nɛsɑ̃, ɑ̃t] adj grato(ta).
reconnaître [RəkɔnɛtR] vt reconhecer.
reconnu, e [Rəkɔny] pp → **reconnaître**.
reconstituer [Rəkɔ̃stitɥe] vt reconstituir.
reconstruire [Rəkɔ̃stRɥiR] vt reconstruir.
reconstruit, e [Rəkɔ̃stRɥi, it] pp → **reconstruire**.
reconvertir [Rəkɔ̃vɛRtiR] ♦ **se reconvertir** vp mudar de ramo.
recopier [Rəkɔpje] vt recopiar, transcrever.
record [RəkɔR] nm recorde m.
recoucher [Rəkuʃe] ♦ **se recoucher** vp tornar a deitar-se.
recoudre [RəkudR] vt tornar a costurar; (bouton) pregar.
recourbé, e [Rəkurbe] adj encurvado(da).
recours [RəkuR] nm • **avoir recours à** recorrer a.

recouvert, e [ʀəkuvɛʀ, ɛʀt] pp → **recouvrir**.

recouvrir [ʀəkuvʀiʀ] vt cobrir ◆ **recouvrir qqch de** cobrir algo com.

récréation [ʀekʀeasjɔ̃] nf recreio m.

recroqueviller [ʀəkʀɔkvije]
◆ **se recroqueviller** vp (personne) encolher-se; (feuille) encarquilhar-se.

recruter [ʀəkʀyte] vt recrutar.

rectangle [ʀɛktɑ̃gl] nm retângulo m.

rectangulaire [ʀɛktɑ̃gylɛʀ] adj retangular.

rectifier [ʀɛktifje] vt retificar.

rectiligne [ʀɛktilin] adj retilíneo(nea).

recto [ʀɛkto] nm reto m, frente f ◆ **recto verso** frente e verso.

reçu, e [ʀəsy] ◆ pp → **recevoir**
◆ nm recibo m.

recueil [ʀəkœj] nm coletânea f.

recueillir [ʀəkœjiʀ] vt recolher ◆ **se recueillir** vp meditar.

recul [ʀəkyl] nm coice m (de arma) ◆ **prendre du recul** tomar distância.

reculer [ʀəkyle] ◆ vt (dans l'espace) recuar; (date) adiar ◆ vi recuar.

reculons [ʀəkylɔ̃] ◆ **à reculons** adv para trás.

récupérer [ʀekypeʀe] ◆ vt (reprendre) reaver; (pour réutiliser) recuperar; (heures, journées de travail) compensar ◆ vi (sportif) recuperar.

récurer [ʀekyʀe] vt esfregar.

recyclage [ʀəsiklaʒ] nm reciclagem f.

recycler [ʀəsikle] vt (déchets) reciclar.

rédaction [ʀedaksjɔ̃] nf redação f.

redémarrer [ʀədemaʀe] vt INFORM reiniciar.

redescendre [ʀədesɑ̃dʀ] vi tornar a descer.

redevance [ʀədəvɑ̃s] nf taxa f.

rediffusion [ʀədifyzjɔ̃] nf (émission) retransmissão f.

rédiger [ʀediʒe] vt redigir.

redimensionner [ʀədimɑ̃sjɔne] vt INFORM redimensionar.

redire [ʀədiʀ] vt tornar a dizer.

redonner [ʀədɔne] vt ◆ **redonner qqch à qqn** (rendre) devolver algo a alguém; (donner à nouveau) voltar a dar algo a alguém.

redoubler [ʀəduble] ◆ vt reprovar ◆ vi EDUC reprovar; (pluie) intensificar-se.

redoutable [ʀədutabl] adj temível.

redouter [ʀədute] vt temer.

redresser [ʀədʀese] ◆ vt (relever) levantar; (direction droit) endireitar ◆ vi endireitar o carro
◆ **se redresser** vp endireitar-se.

réduction [ʀedyksjɔ̃] nf redução f; (sur un prix) abatimento m.

réduire [ʀedɥiʀ] vt 1. (transformer) reduzir ◆ **réduire qqch en miettes** reduzir algo a migalhas ◆ **réduire qqch en poudre** reduzir algo em pó 2. INFORM (fenêtre) minimizar.

réduit, e [ʀedɥi, it] ◆ pp → **réduire** ◆ adj reduzido(da).

rééducation [ʀeedykasjɔ̃] *nf* reeducação *f.*
réel, elle [ʀeɛl] *adj* real.
réellement [ʀeɛlmɑ̃] *adv* realmente.
réexpédier [ʀeɛkspedje] *vt* reexpedir.
refaire [ʀəfɛʀ] *vt* refazer.
refait, e [ʀəfɛ, ɛt] *pp* → **refaire**.
réfectoire [ʀefɛktwaʀ] *nm* refeitório *m.*
référence [ʀefeʀɑ̃s] *nf* referência *f* • **faire référence à** fazer referência a.
référendum [ʀefeʀɛ̃dɔm] *nm* referendo *m.*
refermer [ʀəfɛʀme] *vt* fechar ◆ **se refermer** *vp* fechar-se.
réfléchi, e [ʀefleʃi] *adj* reflexivo(va).
réfléchir [ʀefleʃiʀ] *vt & vi* refletir ◆ **se réfléchir** *vp* refletir-se.
reflet [ʀəflɛ] *nm* reflexo *m.*
refléter [ʀəflete] *vt* refletir ◆ **se refléter** *vp* refletir-se.
réflexe [ʀeflɛks] *nm* reflexo *m.*
réflexion [ʀeflɛksjɔ̃] *nf* (*pensée*) reflexão *f*; (*remarque*) observação *f*; (*critique*) crítica *f.*
réforme [ʀefɔʀm] *nf* reforma *f* (*modificação*).
réformer [ʀefɔʀme] *vt* (*transformer*) reformar; MIL reformar.
refouler [ʀəfule] *vt* (*foule*) fazer recuar; (*sentiment*) reprimir; (*larmes*) conter.
refrain [ʀəfʀɛ̃] *nm* refrão *m.*
réfrigérateur [ʀefʀiʒeʀatœʀ] *nm* refrigerador *m*, geladeira *f.*

refroidir [ʀəfʀwadiʀ] ◆ *vt* (*aliment*) esfriar; (*décourager*) desanimar ◆ *vi* esfriar ◆ **se refroidir** *vp* esfriar.
refroidissement [ʀəfʀwadismɑ̃] *nm* (*de la température*) esfriamento *m*; (*rhume*) resfriado *m.*
refuge [ʀəfyʒ] *nm* refúgio *m.*
réfugié, e [ʀefyʒje] *nm* refugiado *m*, -da *f.*
réfugier [ʀefyʒje] ◆ **se réfugier** *vp* refugiar-se.
refus [ʀəfy] *nm* recusa *f.*
refuser [ʀəfyze] *vt* recusar • **refuser qqch à qqn** recusar algo a alguém • **refuser de faire qqch** recusar-se a fazer algo.
regagner [ʀəgaɲe] *vt* (*reprendre*) recuperar; (*rejoindre*) voltar para.
régaler [ʀegale] ◆ **se régaler** *vp* regalar-se.
regard [ʀəgaʀ] *nm* olhar *m.*
regarder [ʀəgaʀde] *vt* (*observer*) olhar para; (*concerner*) dizer respeito a • **ça ne te regarde pas** isso não lhe diz respeito.
reggae [ʀege] *nm* reggae *m.*
régime [ʀeʒim] *nm* (*alimentaire*) dieta *f*, regime *m*; (*d'un moteur*) POL regime *m*; (*de bananes*) cacho *m* • **être/se mettre au régime** estar de/começar a fazer dieta/regime.
régiment [ʀeʒimɑ̃] *nm* regimento *m.*
région [ʀeʒjɔ̃] *nf* região *f.*
régional, e, aux [ʀeʒjɔnal, o] *adj* regional.
registre [ʀəʒistʀ] *nm* (*livre*) registro *m.*

réglable [Reglabl] *adj* regulável.

réglage [Reglaʒ] *nm* regulagem *f*.

règle [Rɛgl] *nf (instrument)* régua *f*; *(loi)* regra *f* ♦ **être en règle** estar em ordem ♦ **en règle générale** em regra geral ♦ **règles du jeu** regras do jogo ♦ **règles** *nfpl* menstruação *f*, período *m*.

règlement [Rɛgləmɑ̃] *nm (lois)* regulamento *m*; *(paiement)* pagamento *m*.

réglementer [Rɛgləmɑ̃te] *vt* regulamentar.

régler [Regle] *vt (appareil, moteur)* ajustar; *(payer)* pagar; *(problème)* resolver.

réglisse [Reglis] *nf* alcaçuz *m*.

règne [Rɛɲ] *nm* reinado *m*.

régner [Reɲe] *vi* reinar.

regret [RəgRɛ] *nm* pesar *m* ♦ **avoir des regrets de** arrepender-se de.

regrettable [RəgRɛtabl] *adj* lamentável.

regretter [RəgRete] *vt (erreur, décision)* lamentar; *(personne)* sentir falta de ♦ **regretter de faire qqch** lamentar fazer algo ♦ **regretter que** lamentar que.

regrouper [RəgRupe] *vt* reagrupar ♦ **se regrouper** *vp* reagrupar-se.

régulier, ère [Regylje, ɛR] *adj* regular.

régulièrement [RegyljɛRmɑ̃] *adv* regularmente.

rein [Rɛ̃] *nm* rim *m* ♦ **reins** rins *mpl*.

réincarner [Reɛ̃kaRne] ♦ **se réincarner** *vp* reencarnar-se.

reine [Rɛn] *nf* rainha *f*; *(aux cartes)* dama *f*.

rejeter [Rəʒte] *vt (renvoyer)* rejeitar; *(refuser)* recusar.

rejoindre [Rəʒwɛ̃dR] *vt (personne)* ir encontrar; *(lieu)* chegar a.

rejoint, e [Rəʒwɛ̃, ɛ̃t] *pp* → **rejoindre**.

réjouir [ReʒwiR] ♦ **se réjouir** *vp* alegrar-se ♦ **se réjouir de qqch** alegrar-se com algo ♦ **se réjouir de faire qqch** alegrar-se por fazer algo.

réjouissant, e [Reʒwisɑ̃, ɑ̃t] *adj* alegre.

relâcher [Rəlɑʃe] *vt* soltar ♦ **relâcher** *vp (corde)* soltar-se; *(discipline)* relaxar-se.

relais [Rəlɛ] *nm (auberge)* albergue *m*, ESP revezamento *m* ♦ **prendre le relais de qqn** substituir alguém ♦ **relais routier** restaurante *m* à beira da estrada.

relancer [Rəlɑ̃se] *vt* 1. *(balle)* voltar a lançar; *(solliciter)* voltar a contatar com 2. INFORM reinicializar.

relatif, ive [Rəlatif, iv] *adj* relativo(va) ♦ **relatif à** relativo a.

relation [Rəlasjɔ̃] *nf* relação *f* ♦ **être/entrer en relation(s) avec qqn** estar/entrar em contato com alguém.

relativement [Rəlativmɑ̃] *adv* relativamente.

relaxation [ʀəlaksasjɔ̃] nf relaxamento m.
relaxer [ʀəlakse] ♦ **se relaxer** vp relaxar-se.
relayer [ʀəleje] vt revezar ♦ **se relayer** vp • **se relayer (pour faire qqch)** revezar-se (para fazer algo).
relevé, e [ʀəlve] ♦ adj picante • nm • **relevé de compte** extrato m bancário.
relever [ʀəlve] vt (tête, col) levantar; (remarquer) notar; (épicer) temperar; (remettre debout) levantar ♦ **se relever** vp levantar-se.
relief [ʀəljɛf] nm relevo m.
relier [ʀəlje] vt ligar.
religieuse [ʀəliʒjøz] nf pequeno bolo redondo recheado com creme de café ou de chocolate, → religieux.
religieux, euse [ʀəliʒjø, øz] ♦ adj (fête) religioso(osa); (musique) litúrgico(ca) ♦ nm religioso m, -osa f.
religion [ʀəliʒjɔ̃] nf religião f.
relire [ʀəliʀ] vt reler.
reliure [ʀəljyʀ] nf (couverture) encadernação f.
relu, e [ʀəly] pp → relire.
remanier [ʀəmanje] vt modificar.
remarquable [ʀəmaʀkabl] adj notável.
remarque [ʀəmaʀk] nf observação f.
remarquer [ʀəmaʀke] vt perceber • **remarque,...** observe,...
rembobiner [ʀɑ̃bɔbine] vt rebobinar.

rembourré, e [ʀɑ̃buʀe] adj (fauteuil) estofado(da); (veste) acolchoado(da).
remboursement [ʀɑ̃buʀsəmɑ̃] nm reembolso m.
rembourser [ʀɑ̃buʀse] vt reembolsar ♦ **se faire rembourser** ser reembolsado.
remède [ʀəmɛd] nm remédio m.
remédier [ʀəmedje] ♦ **remédier à** vp + prép remediar.
remerciements [ʀəmɛʀsimɑ̃] nmpl agradecimentos mpl • **avec tous mes remerciements** com os meus agradecimentos.
remercier [ʀəmɛʀsje] vt agradecer • **remercier qqn de** ou **pour qqch** agradecer algo a alguém • **remercier qqn d'avoir fait qqch** agradecer a alguém por ter feito algo.
remettre [ʀəmɛtʀ] vt (reposer) repor; (vêtement) tornar a vestir; (retarder) adiar • **remettre qqch à qqn** entregar algo a alguém • **remettre qqch en état** consertar algo ♦ **se remettre** vp restabelecer-se • **se remettre à faire qqch** pôr-se a fazer algo • **se remettre de qqch** restabelecer-se de algo.
remis, e [ʀəmi, iz] pp → remettre.
remise [ʀəmiz] nf (abri) garagem m; (rabais) desconto m • **faire une remise à qqn** dar um desconto a alguém.
remix [ʀəmiks] nm MÚS remix.

remontant [rəmɑ̃tɑ̃] nm tônico m.

remontée [rəmɑ̃te] nf • **remontées mécaniques** teleféricos mpl.

remonte-pente [rəmɔ̃tpɑ̃t] (pl **remonte-pentes**) nm elevador m de montanha.

remonter [rəmɑ̃te] • vt (aux avoir) (mettre plus haut) pôr mais para cima; (côte, escalier) subir, tornar a subir; (moteur, pièces) tornar a montar; (montre) dar corda a • vi (aux être) tornar a subir • **remonter à** (dater de) remontar a.

remords [rəmɔR] nm remorso m.

remorque [rəmɔRk] nf reboque m.

remorquer [rəmɔRke] vt rebocar.

rémoulade [Remulad] nf → **céleri**.

remous [rəmu] nm redemoinho m.

remparts [Rɑ̃paR] nm muralhas fpl.

remplaçant, e [Rɑ̃plasɑ̃, ɑ̃t] nm (de sportif) suplente mf, (d'enseignant) substituto m, -ta f.

remplacer [Rɑ̃plase] vt substituir • **remplacer qqn/qqch par** substituir alguém/algo por.

remplir [Rɑ̃pliR] vt (verre, salle) encher; (questionnaire) preencher • **se remplir (de)** vp + prép encher-se de.

remporter [Rɑ̃pɔRte] vt (reprendre) tornar a pegar; (gagner) ganhar.

remuant, e [Rəmɥɑ̃, ɑ̃t] adj irrequieto(ta).

remue-ménage [Rəmymenaʒ] nm inv desarrumação f.

remuer [Rəmɥe] vt (bouger) remexer; (mélanger) mexer; (émouvoir) transtornar.

rémunération [RemyneRasjɔ̃] nf remuneração f.

rémunérer [RemyneRe] vt remunerar.

renard [RənaR] nm raposa f.

rencontre [Rɑ̃kɔ̃tR] nf encontro m • **aller à la rencontre de qqn** ir ao encontro de alguém.

rencontrer [Rɑ̃kɔ̃tRe] vt (par hasard) encontrar; (faire la connaissance de) conhecer; (équipe adverse) enfrentar • **se rencontrer** vp (par hasard) encontrar-se; (faire connaissance) conhecer-se.

rendez-vous [Rɑ̃devu] nm encontro m • **rendez-vous chez moi à 14h** encontro marcado às 14h em minha casa • **avoir rendez-vous avec qqn** ter encontro marcado com alguém • **donner rendez-vous à qqn** marcar um encontro com alguém • **prendre rendez-vous** ou **se donner rendez-vous** marcar um encontro; (chez le médecin) marcar uma consulta.

rendormir [Rɑ̃dɔRmiR] • **se rendormir** vp tornar a adormecer.

rendre [Rɑ̃dR] • vt devolver; (santé) restituir; (faire devenir) deixar • *vi (vomir)* botar para fora • **rendre la pareille** pagar na mesma moeda • **rendre visite à qqn** visitar alguém ♦ **se rendre** *vp* render-se • **se rendre à (sout)** dirigir-se a • **se rendre utile** ser útil • **se rendre malade** ficar doente.

rênes [rɛn] *nfpl* rédeas *fpl.*

renfermé, e [rɑ̃fɛrme] • *adj (caractère)* reservado(da) • *nm* • **sentir le renfermé** cheirar a mofo.

renfermer [rɑ̃fɛrme] *vt* conter.

renfoncement [rɑ̃fɔ̃smɑ̃] *nm* recôncavo *m.*

renforcer [rɑ̃fɔrse] *vt* reforçar; *(fig)* aumentar.

renforts [rɑ̃fɔr] *nm* reforços *mpl.*

renfrogné, e [rɑ̃frɔɲe] *adj* carrancudo(da).

renier [rənje] *vt* renegar.

renifler [rənifle] *vi* fungar.

renommé, e [rənɔme] *adj* famoso(osa).

renommée [rənɔme] *nf* fama *f.*

renoncer [rənɔ̃se]
♦ **renoncer à** *vp + prép (abandonner)* desistir de; *(refuser)* renunciar a • **renoncer à faire qqch** desistir de fazer algo; *(refuser)* renunciar a fazer algo.

renouer [rənwe] • *vt* reatar • *vi* • **renouer avec qqn** reatar com alguém.

renouvelable [rənuvlabl] *adj* renovável.

renouveler [rənuvle] *vt* renovar ♦ **se renouveler** *vp* renovar-se.

rénovation [renɔvasjɔ̃] *nf* reforma *f.*

rénover [renɔve] *vt* restaurar.

renseignement [rɑ̃sɛɲmɑ̃] *nm* informação *f* • **les renseignements** as informações.

renseigner [rɑ̃sɛɲe] *vt* • **renseigner qqn (sur)** informar alguém (sobre) ♦ **se renseigner (sur)** *vp + prép* informar-se (sobre).

rentable [rɑ̃tabl] *adj* rentável.

rente [rɑ̃t] *nf* rendimento *m.*

rentrée [rɑ̃tre] *nf* • **rentrée (d'argent)** entrada *f (de dinheiro)* • **rentrée (des classes)** início *m* das aulas.

rentrer [rɑ̃tre] • *vi (aux être) (entrer)* entrar; *(chez soi)* regressar; *(être contenu)* caber • **rentrer dedans** dar uma bronca • *vt (aux avoir)* meter; *(dans la maison)* entrar • **rentrer dans** chocar com • **rentrer le ventre** meter a barriga para dentro.

renverse [rɑ̃vɛrs] ♦ **à la renverse** *adv* de costas.

renverser [rɑ̃vɛrse] *vt (liquide)* entornar; *(piéton)* atropelar • **se faire renverser** ser atropelado (a); *(gouvernement)* derrubar ♦ **se renverser** *vp* entornar-se.

renvoi [rɑ̃vwa] *nm (d'un élève)* expulsão *f;* (*d'un salarié*) demissão *f;* (*rot*) arroto *m.*

renvoyer [Rɑ̃vwaje] vt (balle, lettre) devolver; (image, rayon) refletir; (élève) expulsar; (salarié) despedir.

réorganiser [ReɔRganize] vt reorganizar.

répandre [Repɑ̃dR] vt (renverser) derramar; (nouvelle) espalhar ◆ **se répandre** vp (liquide) derramar-se; (nouvelle, maladie) espalhar-se.

répandu, e [Repɑ̃dy] adj corrente.

réparateur, trice [RepaRatœR, tRis] nm reparador m, -ra f.

réparation [RepaRasjɔ̃] nf reparação f ◆ **en réparation** no conserto.

réparer [RepaRe] vt reparar, consertar ◆ **faire réparer qqch** mandar consertar algo.

repartir [RəpaRtiR] vi (partir) voltar a partir; (rentrer) voltar.

répartir [RepaRtiR] vt repartir.

répartition [RepaRtisjɔ̃] nf partilha f.

repas [Rəpa] nm refeição f.

repassage [Rəpasaʒ] nm ◆ **faire du repassage** passar a ferro.

repasser [Rəpase] ◆ vt (aux avoir) passar a ferro ◆ vi (aux être) voltar.

repêchage [Rəpɛʃaʒ] nm repescagem f.

repêcher [Rəpeʃe] vt repescar.

repeindre [RəpɛdR] vt repintar.

repeint, e [Rəpɛ̃, ɛ̃t] pp → **repeindre**.

répercussions [RepɛRkysjɔ̃] nf repercussões fpl.

repère [RəpɛR] nm referência f.

repérer [RəpeRe] vt marcar, assinalar ◆ **se repérer** vp orientar-se.

répertoire [RepɛRtwaR] nm (carnet) agenda f; (d'un acteur, d'un musicien) repertório m; INFORM diretório m.

répéter [Repete] vt repetir; (rôle, œuvre) ensaiar ◆ **se répéter** vp (se reproduire) repetir-se.

répétition [Repetisjɔ̃] nf (dans un texte) repetição f; (au théâtre) ensaio m ◆ **répétition générale** ensaio geral.

replacer [Rəplase] vt repor.

replier [Rəplije] vt dobrar.

réplique [Replik] nf réplica f.

répliquer [Replike] vt & vi replicar.

répondeur [RepɔdœR] nm ◆ **répondeur** (téléphonique ou automatique) secretária f eletrônica.

répondre [RepɔdR] vi (à une question, à une lettre) responder; (freins) obedecer ◆ vt responder ◆ **répondre à qqn** responder a alguém.

réponse [Repɔ̃s] nf resposta f.

reportage [RəpɔRtaʒ] nm reportagem f.

reporter[1] [RəpɔRtɛR] nm repórter m ◆ **grand reporter** enviado especial.

reporter[2] [RəpɔRte] vt (rapporter) devolver; (date, réunion) adiar.

repos [Rəpo] *nm* repouso *m* • **c'est mon jour de repos** é o meu dia de folga.
reposant, e [Rəpozɑ̃, ɑ̃t] *adj* repousante.
reposer [Rəpoze] *vt* recolocar ◆ **se reposer** *vp* descansar.
repositionnable [rapəzisjɔnabl] *adj* reposicionável • **étiquettes repositionnables** etiquetas autocolantes.
repousser [Rəpuse] *vt* (*faire reculer*) repelir; (*retarder*) adiar ◆ *vi* voltar a crescer.
reprendre [RəpRɑ̃dR] *vt* (*revenir chercher*) vir buscar; (*objet donné*) levar; (*activité*) recomeçar; (*prisonnier*) recapturar; (*resservir*) repetir; (*corriger*) emendar • **reprendre sa place** retomar o seu lugar • **reprendre son souffle** retomar fôlego ◆ **se reprendre** *vp* (*se ressaisir*) recompor-se; (*se corriger*) retratar-se.
représailles [Rəprezaj] *nfpl* represálias *fpl*.
représentant, e [Rəprezɑ̃tɑ̃, ɑ̃t] *nm* representante *mf* • **représentant (de commerce)** representante *mf* comercial.
représentatif, ive [Rəprezɑ̃tatif, iv] *adj* representativo(va).
représentation [Rəprezɑ̃tasjɔ̃] *nf* representação *f*.
représenter [Rəprezɑ̃te] *vt* representar.
répression [Represjɔ̃] *nf* repressão *f*.
réprimer [Reprime] *vt* reprimir.

repris, e [Rəpri, iz] *pp* → **reprendre**.
reprise [Rəpriz] *nf* (*couture*) cerzido *m*; (*économique*) retomada *f*; (*d'un appareil, d'une voiture*) troca *f* • **à plusieurs reprises** por várias vezes.
repriser [Rəprize] *vt* cerzir.
reproche [Rəprɔʃ] *nm* censura *f*.
reproduction [RəprɔdyksjÕ] *nf* reprodução *f*.
reproduire [RəprɔdɥiR] *vt* produzir ◆ **se reproduire** *vp* (*avoir de nouveau lieu*) voltar a acontecer; (*animaux*) reproduzir-se.
reproduit, e [Rəprɔdɥi, it] *pp* → **reproduire**.
reptile [Reptil] *nm* réptil *m*.
repu, e [Rəpy] *adj* saciado(da).
république [Repyblik] *nf* república *f*.
répugnant, e [Repynɑ̃, ɑ̃t] *adj* repugnante.
réputation [Repytasjɔ̃] *nf* reputação *f*.
réputé, e [Repyte] *adj* reputado(da).
requérir [RəkeRiR] *vt* requerer.
requin [Rəkɛ̃] *nm* tubarão *m*.
RER *nm* rede parisiense de trens rápidos.

ⓘ RER

O "Réseau Express Régional" é uma rede ferroviária que atravessa a região Ile-de-France. Pelas suas três principais ilhas (A, B e C) circulam trens com paradas tanto nas estações fora da cidade como nos aeroportos e em algumas das mais importantes estações do metrô parisiense. Graças ao "RER", os habitantes dos arredores de Paris podem ter rápido acesso à capital.

rescapé, e [Rɛskape] *nm* sobrevivente *mf.*
rescousse [Rɛskus] *nf* • appeler qqn à la rescousse pedir socorro a alguém • aller à la rescousse de qqn ir em socorro de alguém.
réseau [Rezo] (*pl* -**x**) *nm* rede *f.*
réservation [RezɛRvasjɔ̃] *nf* reserva *f.*
réserve [RezɛRv] *nf* reserva *f* • en réserve de reserva.
réservé, e [RezɛRve] *adj* reservado(da).
réserver [RezɛRve] *vt* reservar • réserver qqch à qqn reservar algo para alguém ◆ **se réserver** *vp* guardar-se.
réservoir [RezɛRvwaR] *nm* reservatório *m.*
résidence [Rezidɑ̃s] *nf* residência *f* • résidence secondaire residência secundária.
résider [Rezide] *vi* (*sout*) residir.
résigner [Reziɲe] ◆ **se résigner** *vp* resignar-se • se résigner à qqch resignar-se com algo • se résigner à faire qqch resignar-se em fazer algo.
résilier [Rezilje] *vt* rescindir.
résine [Rezin] *nf* resina *f.*
résistance [Rezistɑ̃s] *nf* resistência *f.*
résistant, e [Rezistɑ̃, ɑ̃t] *adj & nm* resistente.
résister [Reziste] ◆ **résister à** *vp + prép* resistir a.
résolu, e [Rezɔly] ◆ *pp* → **résoudre** ◆ *adj* determinado(da).
résolution [Rezɔlysjɔ̃] *nf* (*décision*) resolução *f.*
résonner [Rezɔne] *vi* ressoar.
résoudre [RezudR] *vt* resolver.
respect [Rɛspɛ] *nm* respeito *m.*
respecter [Rɛspɛkte] *vt* respeitar.
respectif, ive [Rɛspɛktif, iv] *adj* respectivo(va).
respiration [RɛspiRasjɔ̃] *nf* respiração *f.*
respirer [RɛspiRe] *vt & vi* respirar.
responsabilité [Rɛspɔ̃sabilite] *nf* responsabilidade *f.*
responsable [Rɛspɔ̃sabl] *adj & nm* responsável • être responsable de qqch ser responsável por algo.
resquiller [Rɛskije] *vi* (*fam*) (*dans le bus*) viajar sem pagar; (*au spectacle*) entrar de penetra.
ressaisir [RəseziR] ◆ **se ressaisir** *vp* dominar-se.
ressemblant, e [Rəsɑ̃blɑ̃, ɑ̃t] *adj* parecido(da).
ressembler [Rəsɑ̃ble]
◆ **ressembler à** *vp + prép* parecer-se com ◆ **se ressembler** *vp* ser parecido(da).
ressemeler [Rəsəmle] *vt* pôr meias-solas.
ressentir [Rəsɑ̃tiR] *vt* sentir.

resserrer [ʀəseʀe] vt apertar
♦ **se resserrer** vp estreitar-se.

resservir [ʀəseʀviʀ] vt & vi voltar a servir.

ressort [ʀəsɔʀ] nm mola f.

ressortir [ʀəsɔʀtiʀ] vi *(sortir à nouveau)* tornar a sair; *(se détacher)* sobressair.

ressortissant, e [ʀəsɔʀtisɑ̃, ɑ̃t] nm residente mf estrangeiro.

ressource [ʀəsuʀs] nf recurso m ♦ **ressources** nfpl recursos mpl ● **être sans ressources** não ter recursos ● **ressources naturelles** recursos naturais.

ressusciter [ʀesysite] vi ressuscitar.

restant, e [ʀɛstɑ̃] adj → **poste** ● nm restante m.

restaurant [ʀɛstɔʀɑ̃] nm restaurante m ● **restaurant universitaire** restaurante universitário.

restauration [ʀɛstɔʀasjɔ̃] nf restauração f.

restaurer [ʀɛstɔʀe] vt restaurar.

reste [ʀɛst] nm resto m ● **un reste** de um resto de ● **les restes** os restos.

rester [ʀɛste] vi *(dans un lieu)* ficar; *(subsister)* restar; *(demeurer être)* permanecer ● **il n'en reste que deux** só restam dois.

restituer [ʀɛstitɥe] vt restituir.

resto [ʀɛsto] nm *(fam)* restaurante m ● **les restos du cœur** restaurantes onde são servidas, durante o inverno, refeições gratuitas aos necessitados.

restreindre [ʀɛstʀɛ̃dʀ] vt restringir.

restreint, e [ʀɛstʀɛ̃, ɛ̃t] pp → **restreindre** ● adj restrito(ta).

résultat [ʀezylta] nm resultado m.

résumé [ʀezyme] nm resumo m ● **en résumé** em resumo.

résumer [ʀezyme] vt resumir.

rétablir [ʀetabliʀ] vt restabelecer ♦ **se rétablir** vp restabelecer-se.

retard [ʀətaʀ] nm atraso m ● **avoir du retard** estar atrasado ● **avoir une heure de retard** estar com uma hora de atraso ● **être en retard (sur)** estar atrasado (em relação a).

retarder [ʀətaʀde] vi ● **ma montre retarde (de cinq minutes)** o meu relógio atrasa (cinco minutos).

retenir [ʀətniʀ] vt *(empêcher de partir)* reter; *(empêcher de tomber)* segurar; *(empêcher d'agir)* deter; *(réserver)* reservar; *(se souvenir de)* fixar ● **retenir son souffle** segurar a respiração ● **je retiens 1** *(dans une opération)* e vai 1 ♦ **se retenir** vp ● **se retenir (à qqch)** agarrar-se (a algo) ● **se retenir (de faire qqch)** conter-se (para não fazer algo).

retenu, e [ʀətny] pp → **retenir**.

retenue [ʀətny] nf EDUC castigo m; *(dans une opération)* número que se junta aos algarismos da outra coluna.

réticent, e [ʀetisɑ̃, ɑ̃t] adj reticente.

retirer [ʀətiʀe] vt *(extraire)* tirar; *(vêtement)* despir; *(argent,*

retomber

billet, colis, bagages) retirar ◆ **retirer qqch à qqn** tirar algo de alguém; *(permis)* apreender algo de alguém.

retomber [ʀətɔ̃be] *vi (tomber à nouveau)* voltar a cair; *(après un saut)* cair; *(pendre)* vir até ◆ **retomber malade** ficar doente outra vez.

retour [ʀətuʀ] *nm* volta *f*; *(d'une personne)* regresso *m*, retorno *m* ◆ **être de retour** estar de regresso/retorno ◆ **au retour** na volta.

retourner [ʀətuʀne] ◆ *vt (aux avoir) (mettre à l'envers)* virar do avesso; *(renvoyer)* devolver ◆ *vi (aux être)* voltar para ◆ **se retourner** *vp (voiture, bateau)* virar-se; *(tourner la tête)* virar a cabeça.

retrait [ʀətʀɛ] *nm* retirada *f* ◆ **faire un retrait** fazer uma retirada.

retraite [ʀətʀɛt] *nf* aposentadoria *f* ◆ **être à la retraite** estar aposentado ◆ **prendre sa retraite** aposentar-se.

retraité, e [ʀətʀɛte] *nm* aposentado *m*, -da *f*.

retransmission [ʀətʀɑ̃smisjɔ̃] *nf (à la radio)* retransmissão *f*.

rétrécir [ʀetʀesiʀ] *vi* encolher ◆ **se rétrécir** *vp* estreitar-se.

rétro [ʀetʀo] ◆ *adj inv* antiquado(da); *(fam)* retrovisor *m*.

rétrograder [ʀetʀɔgʀade] *vi* reduzir a marcha.

rétrospective [ʀetʀɔspɛktiv] *nf* retrospectiva *f*.

retrousser [ʀətʀuse] *vt* arregaçar.

retrouvailles [ʀətʀuvaj] *nfp* reencontro *m*.

retrouver [ʀətʀuve] *vt (objet perdu)* encontrar; *(personne perdue de vue)* reencontrar; *(rejoindre)* encontrar ◆ **se retrouver** *vp* encontrar-se; *(dans une situation, un lieu)* encontrar-se.

rétroviseur [ʀetʀɔvizœʀ] *nm* retrovisor *m*.

réunion [ʀeynjɔ̃] *nf* reunião *f* ◆ **la Réunion** a ilha da Reunião.

réunionnais, e [ʀeynjɔnɛ, ɛz] *adj* habitante *mf* da ilha da Reunião.

réunir [ʀeyniʀ] *vt* reunir ◆ **se réunir** *vp* reunir-se.

réussi, e [ʀeysi] *adj* ◆ **être réussi** correr bem, ter éxito.

réussir [ʀeysiʀ] ◆ *vi (tentative)* correr bem; *(socialement, professionnellement)* sair-se bem ◆ *vt* ◆ **j'ai réussi la photo/le repas** a fotografia/a comida ficou boa ◆ **réussir (à) un examen** passar num exame ◆ **réussir à faire qqch** conseguir fazer algo ◆ **réussir à qqn** fazer bem a alguém.

réussite [ʀeysit] *nf (succès)* éxito *m*; *(jeu)* paciência *f*.

revanche [ʀəvɑ̃ʃ] *nf* desforra *f* ◆ **en revanche** em compensação.

rêve [ʀɛv] *nm* sonho *m*.

réveil [ʀevɛj] *nm* despertador *m* ◆ **à son réveil** ao despertar.

réveiller [Reveje] *vt* acordar
♦ **se réveiller** *vp (sortir du sommeil)* acordar; *(douleur, souvenir)* despertar.

réveillon [Revejɔ̃] *nm (repas du 24 décembre)* ceia f de Natal; *(repas du 31 décembre)* ceia f da passagem de ano; *(fête du 24 décembre)* festa f de Natal; *(fête du 31 décembre)* réveillon m.

ⓘ RÉVEILLON

Esse termo denomina a noite de 24 de dezembro e, principalmente, a de 31 de dezembro. Durante esta última, também denominada São Silvestre, realiza-se um ceia, geralmente entre amigos. Quando soa a meia-noite, os convivas beijam-se, abraçam-se, bebem champanhe e desejam-se mutuamente "bonne année" (bom ano). Pelas ruas, o ano-novo é festejado com o som das buzinas dos automóveis.

réveillonner [Revejɔne] *vi (faire un repas le 24 décembre)* cear na noite de Natal; *(faire un repas le 31 décembre)* cear na passagem de ano; *(participer à la fête du 24 décembre)* festejar o Natal; *(participer à la fête du 31 décembre)* festejar a passagem de ano.

révélation [Revelasjɔ̃] *nf* revelação f.

révéler [Revele] *vt* revelar
♦ **se révéler** *vp (s'avérer)* revelar-se.

revenant [Rəvnɑ̃] *nm* alma f do outro mundo.

revendication [Rəvɑ̃dikasjɔ̃] *nf* reivindicação f.

revendre [Rəvɑ̃dR] *vt* revender.

revenir [RəvniR] *vi (venir à nouveau)* regressar; *(d'où l'on arrive)* voltar para (+ a); • **faire revenir qqch** refogar algo • **revenir cher** ficar caro • **ça nous est revenu à 2000 euros** para nós, isto ficou por 2000 euros • **ça me revient maintenant** agora me lembro • **ça revient au même** vai dar no mesmo • **je n'en reviens pas** me custa crer • **revenir sur sa décision** voltar atrás • **revenir sur ses pas** voltar para trás.

revenu, e [Rəvny] ♦ *pp →* **revenir** ♦ *nm* rendimento *m*, renda f.

rêver [Reve] ♦ *vi (en dormant)* sonhar; *(être distrait)* sonhar acordado(da) ♦ *vt* • **rêver que** sonhar que • **rêver de** sonhar com • **rêver de faire qqch** sonhar fazer algo.

réverbère [ReveRbɛR] *nm* poste *m* (de iluminação pública).

revers [RəvɛR] *nm (d'une pièce)* coroa f; *(de la main)* costas fpl; *(d'une veste, d'un pantalon)* avesso *m*, *ESP* esquerda f.

réversible [ReveRsibl] *adj* reversível.

revêtement [rəvɛtmã] *nm* revestimento *m*.

rêveur, euse [rɛvœr, øz] *adj* sonhador(ra).

réviser [revize] *vt (leçons)* rever, revisar • **faire réviser sa voiture** mandar o carro para a revisão.

révision [revizjõ] *nf (d'une voiture)* revisão *f* • **révisions** *nfpl* revisões *fpl*.

revoir [rəvwar] *vt (retrouver)* voltar a ver; *(leçons)* rever • **au revoir!** até logo!

révoltant, e [revɔltã, ãt] *adj* revoltante.

révolte [revɔlt] *nf (émeute)* revolta *f*.

révolter [revɔlte] *vt* revoltar • **se révolter** *vp* revoltar-se.

révolution [revɔlysjõ] *nf* revolução *f* • **la Révolution (française)** a Revolução Francesa.

révolutionnaire [revɔlysjɔnɛr] *adj & nm* revolucionário(ria).

revolver [revɔlvɛr] *nm* revólver *m*.

revue [rəvy] *nf* revista *f*.

rez-de-chaussée [redʃose] *nm inv* térreo *m*.

Rhin [rɛ̃] *nm* • **le Rhin** o Reno.

rhinocéros [rinɔseros] *nm* rinoceronte *m*.

Rhône [ron] *nm* • **le Rhône** o Ródano.

rhubarbe [rybarb] *nf* ruibarbo *m*.

rhum [rɔm] *nm* rum *m*.

rhumatisme [rymatism] *nm* reumatismo *m* • **avoir des rhumatismes** ter reumatismo.

rhume [rym] *nm* resfriado *m* • **avoir un rhume** estar com resfriado • **rhume des foins** rinite *f* alérgica.

ri [ri] *pp* → **rire**.

ricaner [rikane] *vi* fazer chacota.

riche [riʃ] • *adj* rico(ca) • *nm* • **les riches** os ricos • **riche en** rico em.

richesse [riʃɛs] *nf* riqueza *f* • **richesses** *nfpl* riquezas *fpl*.

ricocher [rikɔʃe] *vi* ricochetear.

ricochet [rikɔʃɛ] *nm* • **faire des ricochets** fazer ricochete.

ride [rid] *nf* ruga *f*.

ridé, e [ride] *adj (personne)* enrugado(da); *(fruit)* murcho(cha).

rideau [rido] *(pl -x) nm* cortina *f*; *(au théâtre)* pano *m*.

ridicule [ridikyl] *adj* ridículo(la).

rien [rjɛ̃] *pron* nada • **ne... rien** não... nada • **je ne fais rien le dimanche** não faço nada aos domingos • **ça ne fait rien** não faz mal • **de rien** de nada • **pour rien** *(gratuitement)* a troco de nada; *(inutilement)* para nada • **rien d'intéressant** nada de interessante • **rien du tout** nada de nada • **rien que** só.

rigide [riʒid] *adj* rígido(da).

rigole [rigɔl] *nf (caniveau)* rego *m*; *(eau)* riacho *m*.

rigoler [rigɔle] *vi (fam) (rire)* rir; *(s'amuser)* divertir-se; *(plaisanter)* estar brincando.

rigolo, ote [Rigolo, ɔt] *adj (fam) (amusant)* engraçado(da); *(bizarre)* esquisito(ta).
rigoureux, euse [Riguʀø, øz] *adj* rigoroso(osa).
rillettes [Rijɛt] *nf* patê de carne de porco frita em banha.
rime [Rim] *nf* rima *f.*
rinçage [Rɛ̃saʒ] *nm* enxágüe *m.*
rincer [Rɛ̃se] *vt* enxaguar.
ring [Riŋ] *nm (de boxe)* ringue *m; (Belg) (route)* anel *m* rodoviário.
riposter [Riposte] *vi (en paroles)* replicar; *(militairement)* contra-atacar.
rire [RiR] ◆ *nm* riso *m.* ◆ *vi (de joie)* rir; *(s'amuser)* rir-se ◆ **rire aux éclats** rir às gargalhadas ◆ **tu veux rire?** você está brincando? ◆ **pour rire** para brincar.
ris [Ri] *nm* ◆ **ris de veau** moleja *f* de vitela.
risotto [Rizoto] *nm* risoto *m.*
risque [Risk] *nm* risco *m.*
risqué, e [Riske] *adj* arriscado(da).
risquer [Riske] *vt* arriscar ◆ **risquer de** *vp + prép* correr o risco de ◆ **il risque de ne pas venir** pode ser que ele não venha.
rissolé, e [Risɔle] *adj* dourado(da).
rivage [Rivaʒ] *nm* costa *f.*
rival, e, aux [Rival, o] *adj & nm* rival.
rivalité [Rivalite] *nf* rivalidade *f.*
rive [Riv] *nf* margem *f* ◆ **la rive gauche/droite** (à Paris) bairros parisienses situados respectivamente na margem esquerda e na margem direita do rio Sena.
riverain, e [RivRɛ̃, ɛn] *nm (d'une rue)* morador *m,* -ra *f* ◆ **sauf riverains** exceto moradores.
rivière [RivjɛR] *nf* rio *m.*
riz [Ri] *nm* arroz *m* ◆ **riz cantonais** arroz chau-chau ◆ **riz au lait** arroz-doce *m* ◆ **riz pilaf** pilaf *m* ◆ **riz sauvage** *(Can)* arroz selvagem.
RMI *nm (abr de* revenu minimum d'insertion sociale) subsídio de inserção social concedido às pessoas sem recursos.
RN *nf (abr de* route nationale) BR *f.*
robe [Rɔb] *nf (vêtement de femme)* vestido *m; (d'un cheval)* pêlo *m* ◆ **robe de chambre** robe *m* ◆ **robe du soir** vestido de noite.
robinet [Rɔbinɛ] *nm* torneira *f.*
robot [Rɔbo] *nm (industriel)* robô *m; (ménager)* processador *m* de alimentos.
robuste [Rɔbyst] *adj* robusto(ta).
roc [Rɔk] *nm* rochedo *m.*
rocade [Rɔkad] *nf* anel *m* rodoviário.
roche [Rɔʃ] *nf* rocha *f.*
rocher [Rɔʃe] *nm (bloc, matière)* rochedo *m; (au chocolat)* bombom de chocolate redondo coberto com pedaços de avelã.
rock [Rɔk] *nm* rock *m.*
rodage [Rɔdaʒ] *nm* rodagem *f.*
rôder [Rode] *vi (par ennui)* vaguear; *(pour attaquer)* rondar.
rœsti [Røʃti] *nm (Helv)* tortilhas de batatas raladas.

rognons

rognons [ʀɔɲɔ̃] nm rins mpl (de animal).
roi [ʀwa] nm rei m • **les Rois, la fête des Rois** o dia de Reis.
Roland-Garros [ʀɔlɑ̃gaʀos] nom • **(le tournoi de) Roland-Garros** (o torneio de) Roland Garros.
rôle [ʀol] nm papel m • **jeu de rôle** representação de papéis.
ROM [ʀɔm] nf (abr de read only memory) ROM f.
roman, e [ʀɔmɑ̃, an] adj românico(ca) • nm romance m • **roman policier** romance policial.
romain, e [ʀɔmɛ̃, ɛn] adj romano(na).
romancier, ère [ʀɔmɑ̃sje, ɛʀ] nm romancista m.
romantique [ʀɔmɑ̃tik] adj romântico(ca).
romarin [ʀɔmaʀɛ̃] nm rosmaninho m.
rompre [ʀɔ̃pʀ] ♦ vt romper ♦ vi • **ils ont rompu** (une relation amoureuse) eles romperam.
romsteck [ʀɔmstɛk] nm bife m de alcatra.
ronce [ʀɔ̃s] nf silveira f.
rond, e [ʀɔ̃, ʀɔ̃d] ♦ adj redondo(da); (gros) forte ♦ nm círculo m • **en rond** em círculo.
ronde [ʀɔ̃d] nf (de policiers) ronda f.
rondelle [ʀɔ̃dɛl] nf (tranche) rodela f; TECH anilha f.
rond-point [ʀɔ̃pwɛ̃] (pl **ronds-points**) nm rotunda f.
ronfler [ʀɔ̃fle] vi roncar.
ronger [ʀɔ̃ʒe] vt (os) roer; (suj: rouille) corroer ♦ **se ronger** vp

• **se ronger les ongles** roer as unhas.
ronronner [ʀɔ̃ʀɔne] vi ronronar.
roquefort [ʀɔkfɔʀ] nm queijo m roquefort.
ROR [ɛʀɔɛʀ] nm (abr de rougeole oreillons rubéole) VASCR m (vacina contra o sarampo, caxumba e rubéola), SCR m.
rosace [ʀozas] nf (vitrail) rosácea f.
rosbif [ʀɔzbif] nm rosbife m.
rose [ʀoz] ♦ adj & nm cor-de-rosa ♦ nf (fleur) rosa f.
rosé, e [ʀoze] ♦ adj rosado(da) ♦ nm rosado m.
roseau [ʀozo] (pl **-x**) nm junco m.
rosée [ʀoze] ♦ adj → **rosé** ♦ nf orvalho m.
rosier [ʀozje] nm roseira f.
rossignol [ʀɔsiɲɔl] nm rouxinol m.
Rossini [ʀɔsini] nom → **tournedos**.
rot [ʀo] nm arroto m.
roter [ʀɔte] vi arrotar.
rôti [ʀoti] nm assado m.
rôtie [ʀoti] nf (Can) torrada f.
rotin [ʀɔtɛ̃] nm ratã m.
rôtir [ʀotiʀ] ♦ vt assar ♦ vi assar.
rôtissoire [ʀotiswaʀ] nf (électrique) assadeira f elétrica.
rotule [ʀɔtyl] nf patela f.
roucouler [ʀukule] vi arrulhar.
roue [ʀu] nf roda f • **roue de secours** pneu m sobressalente, estepe m • **(la) grande roue** roda-gigante f.

rouge [ruʒ] • *adj* vermelho(lha); *(fer)* em brasa • *nm (couleur)* vermelho *m*; *(vin)* tinto *m* • **le feu est passé au rouge** o semáforo ficou vermelho • **rouge à lèvres** batom *m*.

rouge-gorge [ruʒgɔrʒ] *(pl* **rouges-gorges)** *nm* pintarroxo *m*.

rougeole [ruʒɔl] *nf* sarampo *m*.

rougir [ruʒiʀ] *vi* corar.

rouille [ruj] *nf (du fer)* ferrugem *f*; *(sauce)* molho de alho e pimenta-vermelha para acompanhar pratos de peixe.

rouillé, e [ruje] *adj* enferrujado(da).

rouiller [ruje] *vi* enferrujar.

roulant, e [rulã] *adj m* → **fauteuil, tapis.**

rouleau [rulo] *(pl* **-x)** *nm* rolo *m*; *(vague)* vaga *f* • **rouleau à pâtisserie** rolo para massa • **rouleau de printemps** rolinho *m* primavera.

roulement [rulmã] *nm* turno *m* • **roulement à billes** rolamento *m* • **roulement de tambour** rufo *m*.

rouler [rule] • *vt* enrolar *ou* circular; *(balle, caillou)* rolar • **rouler les r** enrolar os erres • **roulez au pas** circule devagar ◆ **se rouler** *vp* rebolar-se.

roulette [rulɛt] *nf* rodinha *f* • **la roulette** a roleta.

roulotte [rulɔt] *nf* trailer *m*.

Roumanie [rumani] *nf* • **la Roumanie** a Romênia.

rousse → **roux.**

rousseur [rusœʀ] *nf* → **tache.**

roussi [rusi] *nm* • **ça sent le roussi** isto não vai dar certo.

route [rut] *nf* estrada *f* • **mettre qqch en route** pôr algo em andamento • **se mettre en route** pôr-se a caminho • **route barrée** estrada interditada • **route départementale** estrada estadual.

routier, ère [rutje, ɛʀ] • *adj (carte)* rodoviário(ria); *(transports)* rodoviário(ria) • *nm (camionneur)* caminhoneiro *m*; *(restaurant)* restaurante *m* de beira de estrada.

routine [rutin] *nf* rotina *f*.

roux, rousse [ru, rus] • *adj* ruivo(va); *(arbre, chat)* amarelado(da) • *nm* ruivo *m*, **-va** *f*.

royal, e, aux [ʀwajal, o] *adj (famille, pouvoir)* real; *(cadeau)* suntuoso(osa); *(pourboire)* fabuloso(osa).

royaume [ʀwajom] *nm* reino *m*.

Royaume-Uni [ʀwajomyni] *nm* • **le Royaume-Uni** o Reino Unido.

RPR *nm partido político francês de direita.*

RTT [ɛʀtete] *(abr de* **réduction du temps de travail)** *nf redução da jornada semanal de trabalho com manutenção do salário.*

ruade [ʀyad] *nf* coice *m*.

ruban [ʀybã] *nm* fita *f* • **ruban adhésif** fita adesiva.

rubéole [ʀybeɔl] *nf* rubéola *f*.

rubis [ʀybi] *nm* rubi *m*.

rubrique

rubrique [ʀybʀik] nf *(catégorie)* categoria f; *(de journal)* rubrica f.

ruche [ʀyʃ] nf colmeia f.

rude [ʀyd] adj *(climat)* rigoroso(osa); *(travail)* penoso(osa); *(voix)* áspero(ra).

rudimentaire [ʀydimɑ̃tɛʀ] adj rudimentar.

rue [ʀy] nf rua f • **rue piétonne** OU **piétonnière** rua de pedestres.

ruelle [ʀɥɛl] nf ruela f.

ruer [ʀɥe] vi escoicear ◆ **se ruer** vp • **se ruer dans/sur** atirar-se a.

rugby [ʀygbi] nm rúgbi m.

rugir [ʀyʒiʀ] vi rugir.

rugueux, euse [ʀygø, øz] adj rugoso(osa).

ruine [ʀɥin] nf ruína f • **en ruine** em ruínas • **tomber en ruine** ficar em ruínas ◆ **ruines** nfpl ruínas fpl.

ruiné, e [ʀɥine] adj arruinado(da).

ruisseau [ʀɥiso] (pl -x) nm riacho m.

ruisseler [ʀɥisle] vi *(liquide)* correr • **ruisseler de** estar banhado de.

rumeur [ʀymœʀ] nf rumor m.

ruminer [ʀymine] vi ruminar.

rupture [ʀyptyʀ] nf *(de relations diplomatiques)* ruptura f; *(d'une relation amoureuse)* rompimento m.

rural, e, aux [ʀyʀal, o] adj rural.

ruse [ʀyz] nf *(habileté)* astúcia f; *(procédé)* artimanha f.

rusé, e [ʀyze] adj astuto(ta).

russe [ʀys] ◆ adj russo(a) ◆ nm *(langue)* russo m ◆ **Russe** nmf russo m, -a f.

Russie [ʀysi] nf • **la Russie** a Rússia.

Rustine® [ʀystin] nf remendo m (em câmara-de-ar).

rustique [ʀystik] adj rústico(ca).

rythme [ʀitm] nm ritmo m.

S

s' → **se**.

S *(abr de sud)* S.

sa [sa] → **son (adj)**.

SA nf *(abr de société anonyme)* SA f.

sable [sabl] nm areia f • **sables mouvants** areia movediça.

sablé, e [sable] ◆ adj • **pâte sablée** massa à base de farinha, ovos e açúcar, muito quebradiça ◆ nm amanteigado m.

sablier [sablije] nm ampulheta f.

sablonneux, euse [sablɔnø, øz] adj arenoso(osa).

sabot [sabo] nm *(de cheval, de vache)* casco m; *(chaussure)* tamanco m • **sabot de Denver** dispositivo utilizado pela polícia para bloquear as rodas de um veículo mal estacionado.

sabre [sabʀ] nm sabre m.

sac [sak] *nm* saco *m* • **sac de couchage** saco de dormir *m* • **sac à dos** mochila *f* • **sac à main** bolsa *f* • **sac (en) plastique** saco de plástico • **sac poubelle** saco de lixo.

saccadé, e [sakade] *adj (gestes)* brusco(ca); *(respiration)* entrecortado(da).

saccager [sakaʒe] *vt* saquear.

sachant [saʃɑ̃] *ppr* → **savoir**.

sache → **savoir**.

sachet [saʃɛ] *nm* saco *m* • **sachet de thé** saquinho *m* de chá • **soupe en sachet** sopa instantânea.

sacoche [sakɔʃ] *nf* sacola *f*.

sac-poubelle [sakpubɛl] *(pl* **sacs-poubelle)** *nm* saco *m* de lixo.

sacré, e [sakre] *adj (temple, texte)* sagrado(da); *(musique, art)* sacro(cra).

sacrifice [sakrifis] *nm (effort)* sacrifício *m*.

sacrifier [sakrifje] *vt (renoncer à)* sacrificar • **se sacrifier** *vp* sacrificar-se.

sadique [sadik] *adj* sádico(ca).

safari [safari] *nm* safári *m*.

safran [safrɑ̃] *nm* açafrão *m*.

sage [saʒ] *adj (avisé)* sensato(ta); *(obéissant)* bem-comportado(da).

sage-femme [saʒfam] *(pl* **sages-femmes)** *nf* parteira *f*.

sagesse [saʒɛs] *nf (raison)* sabedoria *f*; *(prudence)* sensatez *f*.

Sagittaire [saʒitɛr] *nm* Sagitário *m*.

saignant, e [sɛɲɑ̃, ɑ̃t] *adj (viande)* malpassado(da).

saigner [seɲe] *vi* sangrar • **saigner du nez** perder sangue pelo nariz.

saillant, e [sajɑ̃, ɑ̃t] *adj* saliente.

sain, e [sɛ̃, sɛn] *adj (physiquement)* sadio(dia); *(mentalement)* são(sã); *(nourriture, climat)* saudável • **sain et sauf** são e salvo.

saint, e [sɛ̃, sɛ̃t] *adj & nm* santo(ta).

saint-honoré [sɛ̃tɔnɔre] *nm inv* bolo guarnecido de carolinas com creme.

Saint-Jacques [sɛʒak] *nom* → **coquille**.

Saint-Michel [sɛmiʃɛl] *nom* → **mont**.

Saint-Sylvestre [sɛsilvɛstr] *nf* • **la Saint-Sylvestre** a noite de São Silvestre.

sais → **savoir**.

saisir [sezir] *vt (prendre)* apanhar; *(occasion)* agarrar; *(comprendre)* alcançar; DROIT *(biens)* penhorar; INFORM introduzir em.

saison [sɛzɔ̃] *nf* estação *f*; *(période)* época *f* • **basse saison** baixa estação • **haute saison** alta estação.

salade [salad] *nf (verte)* salada *f* verde; *(plat en vinaigrette)* salada *f* • **salade composée** salada mista • **champignons en salade** salada de cogumelos • **salade de fruits** salada de fruta • **salade mêlée** *(Helv)* salada mista • **salade mixte** salada mista • **salade niçoise** *salada com tomates, batatas, anchovas e ovo.*

saladier

saladier [saladje] nm saladeira f.
salaire [salɛʀ] nm salário m.
salami [salami] nm salame m.
salarié, e [salaʀje] nm,f assalariado m, -da f.
sale [sal] adj (linge, mains etc.) sujo(ja); (fam) (temps, histoire) horrível; (fam) (mentalité) deturpado(da).
salé, e [sale] • adj salgado(da) • nm • **petit salé aux lentilles** carne de porco salgada servida com lentilhas.
saler [sale] vt (plat) salgar; (chaussée) lançar sal em.
saleté [salte] nf sujeira f; (chose sale) porcaria f.
salière [saljɛʀ] nf saleiro m.
salir [saliʀ] vt sujar ◆ **se salir** vp sujar-se.
salissant, e [salisɑ̃, ɑ̃t] adj que se suja facilmente.
salive [saliv] nf saliva f.
salle [sal] nf sala f • **salle d'attente** sala de espera • **salle de bains** banheiro m • **salle de classe** sala de aula • **salle d'embarquement** sala de embarque • **salle à manger** sala de jantar • **salle d'opération** sala de operações.
salon [salɔ̃] nm salão m • **salon de coiffure** salão de cabeleireiro • **salon de thé** confeitaria f.
salopette [salɔpɛt] nf (d'ouvrier) macacão m; (en jean etc.) jardineira f.
salsifis [salsifi] nm salsifi m.
saluer [salɥe] vt cumprimentar; (dire au revoir à) despedir-se de; MIL fazer continência f.

296

salut [saly] • nm (pour dire bonjour) cumprimento m; (de la tête) aceno m de cabeça; (pour dire au revoir) despedida f; MIL continência f • interj (fam) (bonjour) olá!, oi!; (au revoir) até logo!
samaritain [samaʀitɛ̃] nm (Helv) socorrista f.
samedi [samdi] nm sábado m • **nous sommes ou c'est samedi** hoje é sábado • **samedi 13 septembre** sábado, 13 de setembro • **nous sommes partis samedi** nós fomos embora no sábado • **samedi dernier** no sábado passado • **samedi prochain** no sábado que vem • **samedi matin** no sábado de manhã • **le samedi** aos sábados • **à samedi!** até sábado!
SAMU [samy] nm serviço médico de urgências • **le SAMU social** ajuda para pessoas em dificuldades, sem abrigo, oferecendo alojamento nas noites de inverno e prestando os primeiros socorros.
sanction [sɑ̃ksjɔ̃] nf sanção f.
sanctionner [sɑ̃ksjɔne] vt sancionar.
sandale [sɑ̃dal] nf sandália f.
sandwich [sɑ̃dwitʃ] nm sanduíche m.
sandwicherie [sɑ̃dwitʃ(a)ʀi] nf lanchonete f.
sang [sɑ̃] nm sangue m • **en sang** ensanguentado(da) • **se faire du mauvais sang** apoquentar-se.
sang-froid [sɑ̃fʀwa] nm inv sangue-frio m.

sanglant, e [sãglã, ãt] *adj (couvert de sang)* ensanguentado(da); *(meurtrier)* sangrento(ta).

sangle [sãgl] *nf* correia *f.*

sanglier [sãglije] *nm* javali *m.*

sanglot [sãglo] *nm* soluço *m.*

sangloter [sãglɔte] *vi* soluçar.

sangria [sãgrija] *nf* sangria *f.*

sanguin [sãgɛ̃] *adj m* → **groupe**.

sanguine [sãgin] *nf (orange)* laranja *f* sanguínea.

Sanisette® [sanizɛt] *nf banheiro público automático.*

sanitaire [saniteʀ] *adj* sanitário(ria) ◆ **sanitaires** *nm* sanitários *mpl.*

sans [sã] *prép* sem • sans faire qqch sem fazer algo • sans que personne ne s'en rende compte sem que ninguém se dê conta.

sans-abri [sãzabʀi] *nm inv* sem-teto *mf inv.*

sans-gêne [sãʒɛn] ◆ *adj inv* descarado(da); ◆ *nm inv* à vontade *m.*

santé [sãte] *nf* saúde *f* • en bonne/mauvaise santé com boa/má saúde • (à ta) santé! saúde!

saoul, e [su, sul] = **soûl**.

saouler [sule] = **soûler**.

saphir [safiʀ] *nm (pierre)* safira *f; (d'un électrophone)* agulha *f.*

sapin [sapɛ̃] *nm* abeto *m* • sapin de Noël árvore *f* de Natal.

sardine [saʀdin] *nf* sardinha *f.*

SARL *nf (abr de* société à responsabilité limitée*)* S/C *f.*

sarrasin [saʀazɛ̃] *nm* trigo-sarraceno *m.*

satellite [satelit] *nm* satélite *m* • **satellite artificiel** satélite artificial • **satellite météorologique** satélite metereológico • **satellite de télécommunications** satélite de telecomunicações, satélite de radiodifusão direta.

satin [satɛ̃] *nm* cetim *m.*

satiné, e [satine] *adj* acetinado(da).

satirique [satiʀik] *adj* satírico(ca).

satisfaction [satisfaksjɔ̃] *nf* satisfação *f.*

satisfaire [satisfɛʀ] *vt* satisfazer ◆ **se satisfaire de** *vp + prép* contentar-se com.

satisfaisant, e [satisfəzã, ãt] *adj* satisfatório(ria).

satisfait, e [satisfɛ, ɛt] ◆ *pp* → **satisfaire** ◆ *adj* satisfeito(ta) • **être satisfait de** estar satisfeito com.

saturé, e [satyʀe] *adj* saturado(da).

sauce [sos] *nf* molho *m* • en sauce com molho • **sauce blanche** molho branco • **sauce chasseur** *molho de cogumelos, vinho branco e tomate* • **sauce madère** molho madeira • **sauce tartare** molho tártaro • **sauce tomate** molho de tomate.

saucer [sose] *vt* molhar o pão em.

saucisse [sosis] *nf* salsicha *f* • **saucisse sèche** chouriço *m.*

saucisson [sosisɔ̃] *nm* paio *m.*

sauf, sauve [sof, sov] • *adj* • **sain** • *prép* salvo, exceto • **sauf erreur** salvo erro.

sauge [soʒ] *nf* salva f.

saule [sol] *nm* salgueiro m • **saule pleureur** salgueiro-chorão m.

saumon [somõ] • *nm* salmão m • *adj inv* • **(rose)** saumon salmão • **saumon fumé** salmão defumado.

sauna [sona] *nm* sauna f.

saupoudrer [sopudʀe] *vt* • **saupoudrer qqch de** polvilhar algo com.

saur [sɔʀ] *adj m* → **hareng**.

saura → **savoir**.

saut [so] *nm* salto m • **faire un saut chez qqn** dar um pulo na casa de alguém • **saut en hauteur** salto em altura • **saut en longueur** salto em distância • **saut périlleux** salto mortal.

saute [sot] *nf* • **saute d'humeur** mudança f de humor.

sauté, e [sote] • *adj* salteado(da) • *nm* • **sauté de veau** carne de vitela salteada.

saute-mouton [sotmutõ] *nm inv* • **jouer à saute-mouton** brincar de pula-sela.

sauter [sote] • *vi* explodir; *(bondir)* saltar • *vt* saltar; *(classe)* passar • **sauter son tour** passar a sua vez • **faire sauter qqch** *(faire explosion)* fazer explodir algo; *CULIN* saltear algo.

sauterelle [sotʀɛl] *nf* gafanhoto m.

sautiller [sotije] *vi* saltitar.

sauvage [sovaʒ] • *adj* selvagem; *(enfant, caractère)* insociável • *nm (barbare)* selvagem mf; *(personne farouche)* pessoa f insociável.

sauvegarde [sovgaʀd] *nf* salvaguarda f • **sauvegarde automatique** backup m.

sauvegarder [sovgaʀde] *vt* salvaguardar.

sauver [sove] *vt* salvar • **sauver qqn/qqch de qqch** salvar alguém/algo de algo ◆ **se sauver** *vp* escapar.

sauvetage [sovtaʒ] *nm* salvamento m.

sauveteur [sovtœʀ] *nm* salvador m, -ra f.

SAV *nm (abr de service après-vente)* serviço m pós-venda.

savant, e [savɑ̃, ɑ̃t] • *adj* sábio(bia) • *nm* cientista mf.

savarin [savaʀɛ̃] *nm* bolo em forma de coroa, embebido em rum com creme de leite ao centro.

saveur [savœʀ] *nf* sabor m.

savoir [savwaʀ] *vt* saber • **savoir faire qqch** saber fazer algo • **je n'en sais rien** não faço idéia • **on ne sait jamais** nunca se sabe.

savoir-faire [savwaʀfɛʀ] *nm inv* know-how m.

savoir-vivre [savwaʀvivʀ] *nm inv* saber viver m.

savon [savõ] *nm* sabão m • **savon de Marseille** sabão de Marselha.

savonner [savɔne] *vt* ensaboar.

savonnette [savɔnɛt] *nf* sabonete m.

savourer [savuʀe] *vt* saborear.

savoureux, euse [savuʀø, øz] *adj (aliment)* saboroso(osa).

savoyarde [savwajaʀd] *adj f* → **fondue**.

saxophone [saksɔfɔn] *nm* saxofone *m*.

sbrinz [ʃbʀints] *nm (Helv)* queijo duro de leite de vaca, geralmente ralado.

scandale [skɑ̃dal] *nm* escândalo *m* • **faire du** OU **un scandale** fazer (um) escândalo • **faire scandale** causar um escândalo.

scandaleux, euse [skɑ̃dalø, øz] *adj* escandaloso(osa).

scandinave [skɑ̃dinav] *adj* escandinavo(va).

scanner [skanɛʀ] *nm* scanner *m*.

scaphandre [skafɑ̃dʀ] *nm* escafandro *m*.

scarole [skaʀɔl] *nf* escarola *f*.

sceller [sele] *vt (cimenter)* selar.

scénario [senaʀjo] *nm* roteiro *m*.

scène [sɛn] *nf* cena *f; (estrade)* palco *m* • **faire une scène (à qqn)** fazer uma cena (a alguém) • **mettre qqch en scène** encenar algo.

sceptique [sɛptik] *adj* cético(ca).

schéma [ʃema] *nm* esquema *m*.

schématique [ʃematik] *adj* esquemático(ca).

schublig [ʃublig] *nm (Helv)* tipo de salsicha.

sciatique [sjatik] *nf* ciática *f*.

scie [si] *nf* serra *f*.

science [sjɑ̃s] *nf* ciência *f*.

science-fiction [sjɑ̃sfiksjɔ̃] *nf* ficção *f* científica.

scientifique [sjɑ̃tifik] • *adj* científico(ca) • *nm* cientista *mf*.

scier [sje] *vt* serrar.

scintiller [sɛ̃tije] *vi* cintilar.

sciure [sjyʀ] *nf* serragem *f*.

scolaire [skɔlɛʀ] *adj* escolar.

scoop [skup] *nm (journalistique)* furo *m* jornalístico; *(nouvelle incroyable)* bomba *f*.

scooter [skutɛʀ] *nm* lambreta *f* • **scooter des mers** jet-ski *m*.

score [skɔʀ] *nm* pontuação *f*.

scorpion [skɔʀpjɔ̃] *nm* escorpião *m* • **Scorpion** *nm* Escorpião *m*.

scotch [skɔtʃ] *nm* uísque *m* escocês.

Scotch® [skɔtʃ] *nm* fita *f* adesiva.

scotché, e [skɔtʃe] *adj (fam & fig)* agarrado, colado • **être scotché devant la télévision** estar grudado na televisão.

scout, e [skut] *nm* escoteiro *m*, -ra *f*.

scrupule [skʀypyl] *nm* escrúpulo *m*.

scrutin [skʀytɛ̃] *nm* escrutínio *m*.

sculpter [skylte] *vt* esculpir.

sculpteur [skyltœʀ] *nm* escultor *m*, -ra *f*.

sculpture [skyltyʀ] *nf* escultura *f*.

SDF *nm (abr de* **sans domicile fixe)** pessoa *f* sem domicílio fixo.

se [sə] *pron* **1.** *(gén)* -se • **elle se regarde dans le miroir** ela se

séance

olha no espelho • **se faire mal** magoar-se • **se regarder** olhar-se • **ils s'écrivent toutes les semaines** eles se escrevem todas as semanas • **se décider** decidir-se • **se mettre à faire qqch** pôr-se a fazer algo • **ce produit se vend bien/partout** este produto vende bem/em todo lugar **2.** *(à valeur de possession)* • **se laver les mains** lavar as mãos • **se couper le doigt** cortar o dedo.

séance [seɑ̃s] *nf* sessão *f* • **séance tenante** imediatamente.

seau [so] *(pl* **-x)** *nm* balde *m* • **seau à champagne** balde de gelo.

sec, sèche [sɛk, sɛʃ] *adj* seco(ca); *(whisky)* puro(ra) • **à sec** a seco • **au sec** em lugar seco • **d'un coup sec** com um golpe seco.

sécateur [sekatœʀ] *nm* tesoura *f* de podar.

séchage [seʃaʒ] *nm* secagem *f*.

sèche → **sec.**

sèche-cheveux [sɛʃʃəvø] *nm inv* secador *m* de cabelo.

sèche-linge [sɛʃlɛ̃ʒ] *nm inv* secadora *f* de roupas.

sèchement [sɛʃmɑ̃] *adv* secamente.

sécher [seʃe] • *vt (linge, peau, cheveux)* secar; *(fam) (cours)* cabular • *vi (linge, peinture, cheveux)* secar; *(dans un examen)* não saber o que responder.

sécheresse [seʃʀɛs] *nf* seca *f*.

séchoir [seʃwaʀ] *nm* • **séchoir (à cheveux)** secador *m (de cabelo)* • **séchoir (à linge)** varal *m*; *(électrique)* máquina *f* de secar.

second, e [səgɔ̃, ɑ̃d] *adj* segundo(da).

secondaire [səgɔ̃dɛʀ] *adj* secundário(ria).

seconde [səgɔ̃d] *nf (unité de temps)* segundo *m*; *EDUC* ≃ primeiro ano *m* do ensino médio; *(vitesse)* segunda *f* • **voyager en seconde (classe)** viajar em segunda classe.

secouer [səkwe] *vt (agiter)* sacudir; *(bouleverser)* abalar; *(inciter à agir)* sacudir.

secourir [səkuʀiʀ] *vt* socorrer.

secouriste [səkuʀist] *nm* socorrista *mf*.

secours [səkuʀ] *nm* socorro *m* • **appeler au secours** pedir socorro • **au secours!** socorro! • **secours d'urgence** socorro de emergência • **premiers secours** primeiros socorros.

secouru, e [səkuʀy] *pp* → **secourir.**

secousse [səkus] *nf (en voiture, train)* sacudida *f*; *(sismique)* tremor *m*.

secret, ète [səkʀɛ, ɛt] • *adj* secreto(ta) • *nm* segredo *m* • **en secret** em segredo.

secrétaire [səkʀetɛʀ] • *nm* secretário *m*, -ria *f* • *nm (meuble)* escrivaninha *f*.

secrétariat [səkʀetaʀja] *nm (bureau)* secretaria *f*; *(métier)* secretariado *m*.

secte [sɛkt] *nf* seita *f*.

secteur [sɛktœʀ] nm setor m • **fonctionner sur secteur** funcionar a eletricidade.

section [sɛksjɔ̃] nf (portion) seção f; (de ligne d'autobus) zona f.

sectionner [sɛksjɔne] vt seccionar.

Sécu [seky] nf (fam) • **la Sécu** a Seguridade Social.

sécurité [sekyʀite] nf segurança f • **en sécurité** em segurança • **la sécurité routière** a segurança nas estradas • **la Sécurité sociale** a Seguridade Social.

séduire [sedɥiʀ] vt seduzir.

séduisant, e [sedɥizɑ̃, ɑ̃t] adj sedutor(ra).

séduit, e [sedɥi, it] pp → **séduire**.

segment [sɛgmɑ̃] nm segmento m.

ségrégation [segʀegasjɔ̃] nf segregação f.

seigle [sɛgl] nm centeio m.

seigneur [sɛɲœʀ] nm senhor m • **le Seigneur** o Senhor.

sein [sɛ̃] nm seio m • **au sein de** no seio de.

Seine [sɛn] nf • **la Seine** (fleuve) o Sena.

séisme [seism] nm sismo m.

seize [sɛz] num dezesseis, → **six**.

seizième [sɛzjɛm] num décimo sexto(décima sexta), → **sixième**.

séjour [seʒuʀ] nm estadia f • **(salle de) séjour** sala f de estar.

séjourner [seʒuʀne] vi permanecer.

sel [sɛl] nm sal m • **sels de bain** sais de banho.

sélection [selɛksjɔ̃] nf seleção f.

sélectionner [selɛksjɔne] vt selecionar.

self-service [sɛlfsɛʀvis] (pl **self-services**) nm (restaurant) self-service m; (station-service) posto m de gasolina self-service.

selle [sɛl] nf (de cheval) sela f; (de vélo) selim m.

seller [sele] vt selar.

selon [səlɔ̃] prép segundo • **nous sortirons ou nous resterons selon qu'il fera beau** vai depender de o tempo ficar bom ou ruim para sairmos ou não.

semaine [səmɛn] nf semana f • **en semaine** durante a semana.

semblable [sɑ̃blabl] adj semelhante • **semblable à** semelhante a.

semblant [sɑ̃blɑ̃] nm • **faire semblant** fingir • **il fait semblant de travailler** ele finge estar trabalhando.

sembler [sɑ̃ble] vi parecer • **il semble que...** parece que... • **il me semble que...** parece-me que...

semelle [səmɛl] nf (de chaussure) sola f, (intérieure) palmilha f.

semer [səme] vt (graines) semear; (se débarrasser de) despistar.

semestre [səmɛstʀ] nm semestre m.

semi-remorque [səmirə
mɔrk] (*pl* **semi-remorques**)
nm semi-reboque *m*.

semoule [səmul] *nf* sêmola *f*.

sénat [sena] *nm* senado *m*.

sénateur, trice [senatœr, tris]
nom senador *m*, -a *f*.

Sénégal [senegal] *nm* • **le Sénégal** o Senegal.

senior [senjɔr] *adj (touriste, clientèle)* da terceira idade; *(menu)* para a terceira idade.

sens [sɑ̃s] *nm* sentido *m* • **dans le sens des aiguilles d'une montre** no sentido horário • **dans le sens inverse des aiguilles d'une montre** no sentido anti-horário • **en sens inverse** em sentido contrário • **avoir du bon sens** ter bom senso • **sens giratoire** sentido giratório • **sens interdit** sentido proibido • **(rue à) sens unique** mão única • **sens dessus dessous** de pernas para o ar.

sensation [sɑ̃sasjɔ̃] *nf* sensação *f* • **faire sensation** causar sensação.

sensationnel, elle [sɑ̃sasjɔnɛl] *adj (formidable)* sensacional.

sensible [sɑ̃sibl] *adj* sensível; *(perceptible)* perceptível • **sensible à** sensível a.

sensiblement [sɑ̃sibləmɑ̃] *adv* sensivelmente.

sensuel, elle [sɑ̃syɛl] *adj* sensual.

sentence [sɑ̃tɑ̃s] *nf* sentença *f*.

sentier [sɑ̃tje] *nm* senda *f*.

sentiment [sɑ̃timɑ̃] *nm (impression)* impressão *f*; *(émotion)* sentimento *m* • **sentiments dévoués** OU **respectueux** com os melhores cumprimentos.

sentimental, e, aux [sɑ̃timɑ̃tal, o] *adj* sentimental.

sentir [sɑ̃tir] *vt* sentir; *(odeur)* cheirar; *(avoir une odeur de)* cheirar a • **sentir bon** cheirar bem • **sentir mauvais** cheirar mal • **ne pas pouvoir sentir qqn** *(fam)* não poder com alguém • **se sentir** *vp* • **se sentir mal** sentir-se mal • **se sentir bizarre** sentir-se esquisito.

séparation [separasjɔ̃] *nf* separação *f*.

séparément [separemɑ̃] *adv* separadamente.

séparer [separe] *vt* separar • **séparer qqn/qqch de** separar alguém/algo de ◆ **se séparer** *vp* separar-se • **se séparer de qqn** *(conjoint)* separar-se de alguém; *(employé)* despedir alguém.

sept [sɛt] *num* sete, → **six**.

septante [sɛptɑ̃t] *num (Belg & Helv)* setenta, → **six**.

septembre [sɛptɑ̃br] *nm* setembro *m* • **en septembre, au mois de septembre** em setembro, no mês de setembro • **début septembre** começo de setembro • **fin septembre** fim de setembro • **le 2 septembre** no dia dois de setembro.

septième [sɛtjɛm] *num* sétimo(ma).

séquelles [sekɛl] *nf* seqüelas *fpl*.

séquence [sekɑ̃s] *nf (de film)* seqüência *f.*

sera → **être**.

séré [seʀe] *nm (Helv) tipo de queijo fresco.*

serein, e [səʀɛ̃, ɛn] *adj* sereno(na).

sérénité [seʀenite] *nf* serenidade *f.*

sergent [sɛʀʒɑ̃] *nm* sargento *m.*

série [seʀi] *nf* série *f* • **série (télévisée)** série (televisiva).

sérieusement [seʀjøzmɑ̃] *adv* seriamente; *(sans plaisanter)* a sério.

sérieux, euse [seʀjø, øz] • *adj* sério(ria). • *nm* • **avec sérieux** *(travailler)* a sério • **garder son sérieux** ficar sério.

seringue [səʀɛ̃g] *nf* seringa *f.*

sermon [sɛʀmɔ̃] *nm* sermão *m.*

séropositif, ive [seʀopozitif, iv] *adj* soropositivo(va).

serpent [sɛʀpɑ̃] *nm* cobra *f.*

serpenter [sɛʀpɑ̃te] *vi* serpentear.

serpentin [sɛʀpɑ̃tɛ̃] *nm (de fête)* serpentina *f.*

serpillière [sɛʀpijɛʀ] *nf* serapilheira *f.*

serre [sɛʀ] *nf* estufa *f (para plantas).*

serré, e [seʀe] *adj* apertado(da).

serrer [seʀe] *vt* apertar; *(dans ses bras)* abraçar; *(poings, dents)* cerrar • **serrer la main à qqn** dar um aperto de mão em alguém • **serrez à droite** desvie para a direita ◆ **se serrer** *vp* apertar-se • **se serrer contre qqn** aconchegar-se contra alguém.

serre-tête [sɛʀtɛt] *nm inv* tiara *f.*

serrure [seʀyʀ] *nf* fechadura *f.*

serrurier [seʀyʀje] *nm* serralheiro *m.*

sers → **servir**.

serveur, euse [sɛʀvœʀ, øz] *nm* garçom *m*, garçonete *f.*

serviable [sɛʀvjabl] *adj* prestativo(va).

service [sɛʀvis] *nm* serviço *m*; *(faveur)* favor *m* • **faire le service** servir *(à mesa)* • **rendre service à qqn** fazer um favor a alguém • **être de service** estar de serviço • **service compris/non compris** serviço incluído/não incluído • **premier/deuxième service** primeiro/segundo serviço • **service après-vente** serviço pós-venda • **service militaire** serviço militar.

serviette [sɛʀvjɛt] *nf (cartable)* pasta *f* • **serviette hygiénique** absorvente *m* higiênico • **serviette (de table)** guardanapo *m* • **serviette (de toilette)** toalha *f.*

servir [sɛʀviʀ] • *vt* servir; *(client)* atender • **servir qqch à qqn** servir algo a alguém • **qu'est-ce que je vous sers?** o que é que lhe sirvo? • **servir frais** servir frio • *vi* servir • **servir à (faire) qqch** servir para (fazer) algo • **ça ne sert à rien d'insister** não adianta insistir • **ce livre de grammaire a beaucoup servi** este livro de gramática foi muito usado

• **servir (à qqn) de qqch** servir (alguém) de algo • **à toi de servir** *(aux cartes)* é a sua vez de dar • **se servir** *vp* servir-se • **se servir de** *vp + prép* servir-se de.

ses → **son** (adj).

sésame [sezam] *nm (graines)* sésamo *m*.

set [sɛt] *nm* set *m* • **set (de table)** jogo *m* (de mesa).

seuil [sœj] *nm* entrada *f*.

seul, e [sœl] • *adj* só; *(unique)* único(ca) • *nm* • **le seul** o único • **un seul** um só • **(tout) seul** sozinho.

seulement [sœlmɑ̃] *adv (uniquement)* somente; *(mais)* só que • **non seulement... mais encore** ou **en plus** não somente... mas também ou como também • **si seulement...** se ao menos ...

sève [sɛv] *nf* seiva *f*.

sévère [sevɛʀ] *adj (professeur, regard, sentence)* severo(ra); *(vêtements, aspect)* sério(ria); *(échec, pertes)* grave.

sévérité [seveʀite] *nf* severidade *f*.

sévir [seviʀ] *vi (punir)* castigar; *(épidémie, crise)* fazer estragos.

sexe [sɛks] *nm* sexo *m*.

sexiste [sɛksist] *adj* sexista.

sexuel, elle [sɛksyɛl] *adj* sexual.

seyant, e [sɛjɑ̃, ɑ̃t] *adj* que veste bem.

Seychelles [sɛʃɛl] *nf* • **les Seychelles** as Seicheles.

shampo(o)ing [ʃɑ̃pwɛ̃] *nm* xampu *m*.

short [ʃɔʀt] *nm* short *m*.

show [ʃo] *nm* espetáculo *m*, show *m*.

si [si] • *conj* se • **si tu veux, on y va** se você quiser, nós vamos • **ce serait bien si vous pouviez** seria ótimo se vocês pudessem • **si j'avais su...** se eu soubesse... • **(et) si on allait à la piscine?** (e) se fôssemos à piscina? • **si seulement tu m'en avais parlé avant!** se você ao menos tivesse me falado isso antes! • **dites-moi si vous venez** diga-me se vocês vêm • **si..., c'est que...** se..., é porque... • *adv* **1. (tellement)** tão • **si... que** tão... que • **ce n'est pas si facile que ça** não é assim tão fácil • **si bien que** de tal modo que **2. (oui)** sim.

SICAV [sikav] *nf inv (titre)* fundo *m* de investimento.

SIDA [sida] *nm* aids *f*.

siècle [sjɛkl] *nm* século *m* • **au vingtième siècle** no século vinte.

siège [sjɛʒ] *nm (chaise, fauteuil)* assento *m*; *(aux élections)* lugar *m*; *(d'une banque, d'une association)* sede *f*.

sien [sjɛ̃] • **le sien, la sienne** [lesjɛ̃, lasjɛn] *(mpl* fpl) *pron* o seu/a sua.

sieste [sjɛst] *nf* sesta *f* • **faire la sieste** fazer a sesta.

sifflement [sifləmɑ̃] *nm* assobio *m*.

siffler [sifle] • *vi* assobiar • *vt* assobiar; *(chien)* assobiar a; *(femme)* assobiar para.
sifflet [siflɛ] *nm (instrument)* apito *m*; *(au spectacle)* vaia *f*.
sigle [sigl] *nm* sigla *f*.
signal [siɲal, o] *(pl* **-aux)** *nm* sinal *m* • **signal d'alarme** sinal de alarme.
signalement [siɲalmã] *nm* descrição *f* física.
signaler [siɲale] *vt* assinalar.
signalisation [siɲalizasjɔ̃] *nf* sinalização *f*.
signature [siɲatyR] *nf* assinatura *f*.
signe [siɲ] *nm* sinal *m* • **faire signe à qqn (de faire qqch)** fazer sinal para alguém (para fazer algo) • **c'est bon/mauvais signe** é bom/mau sinal • **faire le signe de croix** fazer o sinal-da-cruz • **signe du zodiaque** signo do zodíaco.
signer [siɲe] *vt & vi* assinar ◆ **se signer** *vp* benzer-se.
significatif, ive [siɲifikatif, iv] *adj* significativo(va).
signification [siɲifikasjɔ̃] *nf* significado *m*.
signifier [siɲifje] *vt* significar.
silence [silãs] *nm* silêncio *m* • **en silence** em silêncio.
silencieux, euse [silãsjø, øz] *adj* silencioso(osa).
silhouette [silwɛt] *nf* silhueta *f*.
sillonner [sijɔne] *vt* sulcar.
similaire [similɛR] *adj* similar.
simple [sɛ̃pl] *adj* simples.
simplement [sɛ̃pləmã] *adv* simplesmente.

simplicité [sɛ̃plisite] *nf* simplicidade *f*.
simplifier [sɛ̃plifje] *vt* simplificar.
simuler [simyle] *vt* simular.
simultané, e [simyltane] *adj* simultâneo(nea).
simultanément [simyltanemã] *adv* simultaneamente.
sincère [sɛ̃sɛR] *adj* sincero(ra).
sincérité [sɛ̃serite] *nf* sinceridade *f*.
singe [sɛ̃ʒ] *nm* macaco *m*.
singulier [sɛ̃gylje] *nm* singular *m*.
sinistre [sinistR] • *adj* sinistro(tra) • *nm (catastrophe)* sinistro *m*.
sinistré, e [sinistRe] *adj & nm* sinistrado(da).
sinon [sinɔ̃] *conj* senão.
sinueux, euse [sinɥø, øz] *adj* sinuoso(osa).
sinusite [sinyzit] *nf* sinusite *f*.
sirène [siRɛn] *nf (d'alarme, de police)* sirene *f*.
sirop [siRo] *nm* xarope *m* • **sirop d'érable** xarope de bordo • **sirop de fruits** xarope de fruta.
siroter [siRɔte] *vt* bebericar.
site [sit] *nm* local *m* • **site touristique** local turístico.
situation [situasjɔ̃] *nf* situação *f*.
situé, e [sitye] *adj* situado(da) • **bien/mal situé** bem/mal situado.
situer [sitye] ◆ **se situer** *vp* situar-se.
six [sis] • *adj num* seis • *nm* seis *m* • **il a six ans** ele tem seis

anos • **il est six heures** são seis horas • **le six janvier** no dia seis de janeiro • **page six** página seis • **ils étaient six** eram seis • **le six de pique** o seis de espadas • **(au) six rue Lepic** (na) rua Lepic, número seis.

sixième [sizjɛm] • *adj num & pron* sexto(ta) • *nf EDUC* ≃ quinta série f do ensino fundamental • *nm (fraction)* sexto m; *(étage)* sexto andar m.

Skaï® [skaj] nm napa f.

skateboard [skɛtbɔrd] nm skate m.

sketch [skɛʀ] nm esquete m.

ski [ski] nm esqui m • **faire du ski** fazer esqui • **ski alpin** esqui alpino • **ski de fond** esqui de fundo • **ski nautique** esqui aquático.

skier [skje] vi esquiar.

skieur, euse [skjœʀ, øz] nm esquiador m, -ra f.

slalom [slalɔm] nm slalom m.

slip [slip] nm cueca f • **slip de bain** maiô m de banho, sunga f.

slogan [slɔgɑ̃] nm slogan m.

SMIC [smik] nm salário m mínimo.

smoking [smɔkiŋ] nm smoking m.

snack(-bar) [snak(bar)] (pl snack(-bar)s) nm snack-bar m.

SNCF nf companhia francesa de vias férreas.

snob [snɔb] adj & nm esnobe.

sobre [sɔbʀ] adj sóbrio(bria).

sociable [sɔsjabl] adj sociável.

social, e, aux [sɔsjal, o] adj social.

socialisme [sɔsjalism] nm socialismo m.

socialiste [sɔsjalist] adj & nmf socialista.

société [sɔsjete] nf sociedade f.

socle [sɔkl] nm pedestal m.

socquette [sɔkɛt] nf soquete m.

soda [sɔda] nm gasosa f.

sœur [sœʀ] nf irmã f.

sofa [sɔfa] nm sofá m.

soi [swa] pron si • **en soi** em si • **cela va de soi** é evidente.

soi-disant [swadizɑ̃] • adj inv suposto(ta) • adv supostamente.

soie [swa] nf seda f.

soif [swaf] nf sede f • **avoir soif** ter sede • **ça (me) donne soif** isso (me) dá sede.

soigner [swaɲe] vt cuidar de; *(malade, maladie)* curar.

soigneusement [swaɲøzmɑ̃] adv cuidadosamente.

soigneux, euse [swaɲø, øz] adj cuidadoso(osa).

soin [swɛ̃] nm cuidado m • **prendre soin de qqch** ter cuidado com algo • **prendre soin de faire qqch** ter o cuidado de fazer algo • **soins** nm cuidados mpl • **premiers soins** primeiros socorros.

soir [swar] nm noite f • **le soir** à noite.

soirée [swaʀe] nf *(soir)* noite f; *(réception)* recepção f.

sois, soit [swa] → **être**.

soit [swa(t)] conj • **soit... soit** quer... quer.

soixante [swasɑ̃t] num sessenta, → **six**.

soixante-dix [swasɑ̃tdis] *num* setenta, → **six**.
soixante-dixième [swasɑ̃tdizjɛm] *num* septuagésimo(ma), → **sixième**.
soixantième [swasɑ̃tjɛm] *num* sexagésimo(ma), → **sixième**.
soja [sɔʒa] *nm* soja *f*.
sol [sɔl] *nm (d'une maison)* chão *m*; *(dehors, terrain)* solo *m*.
solaire [sɔlɛʀ] *adj* solar.
soldat [sɔlda] *nm* soldado *m*.
solde [sɔld] *nm* saldo *m* ♦ **en solde** em liquidação ♦ **soldes** *nm* saldos *mpl*.
soldé, e [sɔlde] *adj* saldado(da).
sole [sɔl] *nf* linguado *m* ♦ **sole meunière** linguado passado na farinha, frito na frigideira com manteiga e limão e servido com esse molho.
soleil [sɔlɛj] *nm* sol *m* ♦ **il fait (du) soleil** está fazendo sol ♦ **au soleil** ao sol ♦ **au soleil levant/couchant** ao nascer/pôr-do-sol, ao sol nascente/poente.
solennel, elle [sɔlanɛl] *adj* solene.
solfège [sɔlfɛʒ] *nm* solfejo *m*.
solidaire [sɔlidɛʀ] *adj* solidário(ria) ♦ **être solidaire de qqn** ser solidário com alguém.
solidarité [sɔlidaʀite] *nf* solidariedade *f*.
solide [sɔlid] *adj (matériau, construction)* sólido(da); *(personne)* robusto(ta).
solidité [sɔlidite] *nf* solidez *f*.
soliste [sɔlist] *nmf* solista *mf*.
solitaire [sɔlitɛʀ] *adj & nm* solitário(ria).

solitude [sɔlityd] *nf* solidão *f*.
solliciter [sɔlisite] *vt (suj: mendiant)* mendigar; *(entrevue, faveur)* solicitar.
soluble [sɔlybl] *adj* solúvel.
solution [sɔlysjɔ̃] *nf* solução *f*.
sombre [sɔ̃bʀ] *adj (ciel, pièce)* sombrio(bria); *(couleur)* escuro(ra); *(visage, humeur, avenir)* triste.
sommaire [sɔmɛʀ] ♦ *adj* sumário(ria) ♦ *nm* sumário *m*.
somme [sɔm] ♦ *nf* MATH soma *f*; *(d'argent)* quantia *f* ♦ *nm* ♦ **faire un somme** tirar um cochilo ♦ **faire la somme de** fazer a soma de ♦ **en somme** em suma ♦ **somme toute** no final das contas.
sommeil [sɔmɛj] *nm* sono *m* ♦ **avoir sommeil** ter sono.
sommelier, ère [sɔmǝlje, ɛʀ] *nm* sommelier *m*.
sommes [sɔm] → **être**.
sommet [sɔmɛ] *nm* cume *m*.
sommier [sɔmje] *nm* estrado *m*.
somnambule [sɔmnɑ̃byl] *adj & nm* sonâmbulo(la).
somnifère [sɔmnifɛʀ] *nm* sonífero *m*.
somnoler [sɔmnɔle] *vi* cochilar.
somptueux, euse [sɑ̃ptɥø, øz] *adj* suntuoso(osa).
son¹, sa [sɔ̃, sa] *(pl* **ses**) *adj* seu(sua).
son² [sɔ̃] *nm (bruit)* som *m*; *(de blé)* farelo *m*.
sondage [sɔ̃daʒ] *nm* sondagem *f*.
sonde [sɔ̃d] *nf* MÉD sonda *f*.

songer

songer [sɔ̃ʒe] ◆ **songer à** vp + prép (envisager de) pensar em.
songeur, euse [sɔ̃ʒœR, øz] adj pensativo(va).
sonner [sɔne] ◆ vi tocar ◆ vt (cloche) tocar; (suj: horloge) dar.
sonnerie [sɔnRi] nf campainha f; (son de cloches) repique m.
sonnette [sɔnɛt] nf campainha f ◆ **sonnette d'alarme** (dans un train) campainha de alarme.
sono [sɔno] nf (fam) sonorização f.
sonore [sɔnɔR] adj sonoro(ra).
sonorité [sɔnɔRite] nf sonoridade f.
sont [sɔ̃] → être.
Sopalin® [sɔpalɛ̃] nm papel toalha.
sophistiqué, e [sɔfistike] adj sofisticado(da).
sorbet [sɔRbɛ] nm sorbet m.
sorcier, ère [sɔRsje, ɛR] nm bruxo m, -xa f.
sordide [sɔRdid] adj (crime, affaire) sórdido(da).
sort [sɔR] nm sorte f; (malédiction) praga f ◆ **tirer au sort** tirar à sorte.
sorte [sɔRt] nf espécie f ◆ **une sorte de** uma espécie de ◆ **de (telle) sorte que** (afin que) de maneira que ◆ **en quelque sorte** de certa forma.
sortie [sɔRti] nf saída f; (excursion) passeio m ◆ **sortie de secours** saída de emergência ◆ **sortie de véhicules** saída de veículos.
sortir [sɔRtiR] ◆ vi (aux être) sair; (aller au cinéma, au restaurant) sair (à noite) ◆ vt (aux avoir) (chien) passear; (livre, film) sair ◆ **sortir de** sair de; (école, université) vir de ◆ **s'en sortir** vp safar-se.
SOS nm SOS m ◆ **SOS Médecins** organismo de urgências médicas ◆ **SOS-Racisme** SOS Racismo.
sosie [sɔzi] nm sósia mf.
sou [su] nm ◆ **ne pas avoir un sou** já não ter um tostão ◆ **sous** nmpl dinheiro m.
souche [suʃ] nf (d'arbre) toco m; (de carnet) canhoto m.
souci [susi] nm preocupação f ◆ **se faire du souci (pour)** preocupar-se (com).
soucier [susje] ◆ **se soucier de** vp + prép preocupar-se com.
soucieux, euse [susjø, øz] adj preocupado(da).
soucoupe [sukup] nf pires m inv ◆ **soucoupe volante** disco m voador.
soudain, e [sudɛ̃, ɛn] ◆ adj repentino(na) ◆ adv de repente.
souder [sude] vt soldar.
soudure [sudyR] nf soldagem f.
souffert [sufɛR] pp → **souffrir**.
souffle [sufl] nm sopro m ◆ **un souffle d'air** ou **de vent** um sopro de ar ◆ **être à bout de souffle** estar ofegante.
soufflé [sufle] nm suflê m.
souffler [sufle] ◆ vt soprar ◆ vi (expirer) expirar; (haleter) ofegar; (vent) soprar ◆ **souffler qqch à qqn** (à un examen) soprar algo a alguém.
soufflet [suflɛ] nm fole m.

souffrance [sufʀɑ̃s] nf sofrimento m.

souffrant, e [sufʀɑ̃, ɑ̃t] adj (sout) indisposto(osta).

souffrir [sufʀiʀ] vi sofrer • **souffrir de** *(maladie)* sofrer de; *(chaleur, froid)* sofrer com.

soufre [sufʀ] nm enxofre m.

souhait [swɛ] nm desejo m • **à tes souhaits!** saúde!

souhaitable [swɛtabl] adj desejável.

souhaiter [swete] vt • **souhaiter que** desejar que • **souhaiter faire qqch** desejar fazer algo • **souhaiter bonne chance à qqn** desejar boa sorte a alguém • **souhaiter bon anniversaire à qqn** dar os parabéns a alguém.

soûl, e [su, sul] adj embriagado(da).

soulagement [sulaʒmɑ̃] nm alívio m.

soulager [sulaʒe] vt aliviar.

soûler [sule] ♦ **se soûler** vp embriagar-se.

soulever [sulve] vt levantar; *(enthousiasme, protestations)* originar ♦ **se soulever** vp *(se redresser)* levantar-se; *(se rebeller)* revoltar-se.

soulier [sulje] nm sapato m.

souligner [suliɲe] vt sublinhar.

soumettre [sumɛtʀ] vt • **soumettre qqn à qqch** submeter alguém a algo • **soumettre qqch à qqn** submeter algo a alguém ♦ **se soumettre à** vp + prép submeter-se a.

soumis, e [sumi, iz] ♦ pp → **soumettre** ♦ adj submisso(a).

soupape [supap] nf válvula f.

soupçon [supsɔ̃] nm suspeita f.

soupçonner [supsɔne] vt suspeitar.

soupçonneux, euse [supsɔnø, øz] adj desconfiado(da).

soupe [sup] nf sopa f • **soupe à l'oignon** sopa de cebola • **soupe de légumes** sopa de legumes.

souper [supe] ♦ nm *(dernier repas)* ceia f; *(dîner)* jantar m ♦ vi *(très tard)* cear; *(dîner)* jantar.

soupeser [supəze] vt pesar.

soupière [supjɛʀ] nf sopeira f.

soupir [supiʀ] nm suspiro m • **pousser un soupir** dar um suspiro.

soupirer [supiʀe] vi suspirar.

souple [supl] adj flexível.

souplesse [suplɛs] nf flexibilidade f.

source [suʀs] nf *(d'eau)* nascente f; *(de chaleur, de lumière)* fonte f.

sourcil [suʀsi] nm sobrancelha f.

sourd, e [suʀ, suʀd] adj surdo(da).

sourd-muet, sourde-muette [suʀmɥɛ, suʀdmɥɛt] *(mpl* **sourds-muets**, *fpl* **sourdes-muettes)** nm surdo-mudo m, surda-muda f.

souriant, e [suʀjɑ̃, ɑ̃t] adj sorridente.

sourire [suʀiʀ] ♦ nm sorriso m ♦ vi sorrir.

souris [suʀi] nf rato m.

sournois, e [suʀnwa, az] *adj* dissimulado(a).
sous [su] *prép* sob, debaixo de • **sous enveloppe** num envelope • **sous peu** dentro em breve.
sous-bois [subwa] *nm* vegetação *f* rasteira.
sous-développé, e, s [sudevlɔpe] *adj* subdesenvolvido(a).
sous-entendre [suzɑ̃tɑ̃dʀ] *vt* subentender.
sous-entendu [suzɑ̃tɑ̃dy] (*pl* **sous-entendus**) *nm* subentendido *m*.
sous-estimer [suzɛstime] *vt* subestimar.
sous-louer [sulwe] *vt* subarrendar, sublocar.
sous-marin, e, s [sumaʀɛ̃] • *adj* submarino(na) • *nm* submarino *m*; (*Can*) *CULIN* sanduíche longo de pastrami, servido com batatas fritas e salada.
sous-préfecture [supʀefɛktyʀ] (*pl* **sous-préfectures**) *nf* subdivisão administrativa francesa.
sous-pull [supyl] (*pl* **sous-pulls**) *nm* suéter de gola alta, de textura fina, usado por baixo de outro.
sous-répertoire [supɛʀtwaʀ] (*pl* **sous-répertoires**) *nm INFORM* subdiretório *m*.
sous-sol [susɔl] (*pl* **sous-sols**) *nm* (*d'une maison*) subsolo *m*.
sous-titre [sutitʀ] (*pl* **sous-titres**) *nm* (*d'un film*) legenda *f*; (*d'un livre*) subtítulo *m*.

sous-titré, e, s [sutitʀe] *adj* legendado(da).
soustraction [sustʀaksjɔ̃] *nf* subtração *f*.
soustraire [sustʀɛʀ] *vt* subtrair.
sous-verre [suvɛʀ] *nm inv* caixilho *m*.
sous-vêtements [suvɛtmɑ̃] *nmpl* roupa *f* íntima.
soute [sut] *nf* paiol *m* • **soute à bagages** porta-bagagem *m*.
soutenir [sutniʀ] *vt* (*porter*) sustentar; (*défendre*) apoiar • **soutenir que** sustentar que.
souterrain, e [sutɛʀɛ̃, ɛn] • *adj* subterrâneo(nea) • *nm* subterrâneo *m*.
soutien [sutjɛ̃] *nm* apoio *m*.
soutien-gorge [sutjɛ̃gɔʀʒ] (*pl* **soutiens-gorge**) *nm* sutiã *m*.
souvenir [suvniʀ] *nm* lembrança *f* • **se souvenir de** *vp* + *prép* lembrar-se de.
souvent [suvɑ̃] *adv* (*fréquemment*) amiúde; (*généralement*) geralmente.
souvenu, e [suvny] *pp* → **souvenir**.
souverain, e [suvʀɛ̃, ɛn] *nm* soberano *m*, -na *f*.
soviétique [sɔvjetik] *adj* soviético(ca).
soyeux, euse [swajø, øz] *adj* sedoso(osa).
soyons [swajɔ̃] → **être**.
SPA *nf* SPA *f*.
spacieux, euse [spasjø, øz] *adj* espaçoso(osa).
spaghetti(s) [spageti] *nm* espaguete *m*.

sparadrap [sparadra] nm esparadrapo m.
spatial, e, aux [spasjal, o] adj espacial.
spatule [spatyl] nf espátula f.
spätzli [ʃpetsli] nm (Helv) pedaços de massa fervida, geralmente servidos como acompanhamento de carne.
spécial, e, aux [spesjal, o] adj (particulier) especial; (bizarre) esquisito(ta).
spécialisé, e [spesjalize] adj especializado(da).
spécialiste [spesjalist] nmf especialista mf.
spécialité [spesjalite] nf especialidade f.
spécifique [spesifik] adj específico(ca).
spécimen [spesimɛn] nm espécime m.
spectacle [spɛktakl] nm espetáculo m.
spectaculaire [spɛktakylɛʀ] adj espetacular.
spectateur, trice [spɛktatœʀ, tʀis] nm, nf espectador m, -ra f.
speculo(o)s [spekylos] nm (Belg) bolacha seca em forma de boneco, feita com açúcar amarelo e canela.
speed [spid] adj (fam) agitado(da).
spéléologie [speleɔlɔʒi] nf espeleologia f.
sphère [sfɛʀ] nf esfera f.
spirale [spiʀal] nf espiral f
• **en spirale** em espiral.
spirituel, elle [spiʀitɥɛl] adj (de l'âme) espiritual; (personne, remarque) espirituoso(sa).

spiritueux [spiʀitɥø] nm bebida f de alto teor alcoólico.
splendide [splɑ̃did] adj esplêndido(da).
sponsor [spɔ̃sɔʀ] nm patrocinador m.
sponsoriser [spɔ̃sɔʀize] vt patrocinar.
spontané, e [spɔ̃tane] adj espontâneo(nea).
spontanéité [spɔ̃taneite] nf espontaneidade f.
sport [spɔʀ] nm esporte m
• **sports d'hiver** esportes de inverno.
sportif, ive [spɔʀtif, iv] adj esportivo(va) ♦ nm, nf esportista mf.
spot [spɔt] nm holofote m
• **spot publicitaire** anúncio m publicitário.
sprint [spʀint] nm sprint m.
square [skwaʀ] nm parque m.
squelette [skəlɛt] nm esqueleto m.
St (abr de saint) S.
stable [stabl] adj estável.
stade [stad] nm (de sport) estádio m; (période) estádio m, fase f.
stage [staʒ] nm estágio m
• **faire un stage** fazer um estágio.
stagiaire [staʒjɛʀ] nmf estagiário m, -ria f.
stagner [stagne] vi estagnar.
stalactite [stalaktit] nf estalactite f.
stalagmite [stalagmit] nf estalagmite f.
stand [stɑ̃d] nm estande m.
standard [stɑ̃daʀ] • adj inv standard • nm (téléphonique) PBX m.

standardiste [stɑ̃daʀdist] *nm* telefonista *mf*.

star [staʀ] *nf* estrela *f*.

starter [staʀtɛʀ] *nm* afogador *m*.

start-up [staʀtœp] *nf* start(-)up *f*.

station [stasjɔ̃] *nf* estação *f*. • **station balnéaire** balneário *m* • **station de sports d'hiver** OU **station de ski** estação de esportes de inverno OU de esqui • **station de taxis** ponto *m* de táxi • **station thermale** estância *f* termal.

stationnement [stasjɔnmɑ̃] *nm* estacionamento *m* • **stationnement payant** estacionamento pago.

stationner [stasjɔne] *vi* estacionar.

station-service [stasjɔ̃sɛʀvis] (*pl* **stations-service**) *nf* posto *m* de gasolina.

statique [statik] *adj* → **électricité**.

statistique [statistik] *nf* estatística *f*.

statue [staty] *nf* estátua *f*.

statuette [statyɛt] *nf* estatueta *f*.

statut [staty] *nm* estatuto *m*.

Ste (*abr de* **sainte**) Sta.

Sté (*abr de* **société**) sociedade *f*.

steak [stɛk] *nm* bife *m* • **steak frites** bife com batatas fritas • **steak haché** hambúrguer *m* • **steak tartare** bife tártaro.

sténo [steno] *nf* estenografia *f*.

sténodactylo [stenodaktilo] *nmf* estenodatilógrafa *f*.

stéréo [steʀeo] • *adj inv* estéreo • *nf* • **en stéréo** em estéreo.

stérile [steʀil] *adj (femme, homme)* estéril; *(milieu, compresse)* esterilizado(da).

stériliser [steʀilize] *vt* esterilizar.

sterling [stɛʀliŋ] *adj* → **livre**.

steward [stiwaʀt] *nm* comissário *m* de bordo.

stimuler [stimyle] *vt* estimular.

stock [stɔk] *nm* estoque *m* • **en stock** em estoque.

stocker [stɔke] *vt* armazenar.

stop [stɔp] • *nm (panneau)* sinal *m* de parada; *(phare)* luz *f* de freio • *interj* pare! • **faire du stop** pedir carona.

stopper [stɔpe] *vt & vi* parar.

store [stɔʀ] *nm (extérieur)* toldo *m*; *(intérieur)* estore *m*.

STP (*abr écrite de* **s'il te plaît**) abrev por favor.

strapontin [stʀapɔ̃tɛ̃] *nm* assento *m* dobrável.

stratégie [stʀateʒi] *nf* estratégia *f*.

stress [stʀɛs] *nm* estresse *m*.

stressé, e [stʀese] *adj* estressado(da).

strict, e [stʀikt] *adj* severo(ra), estrito(ta).

strictement [stʀiktəmɑ̃] *adv (absolument)* estritamente.

strident, e [stʀidɑ̃, ɑ̃t] *adj* estridente.

strié, e [stʀije] *adj* estriado(da).

strophe [stʀɔf] *nf* estrofe *f*.

structure [stʀyktyʀ] *nf* estrutura *f*.

studieux, euse [stydjø, øz] *adj* estudioso(osa).

studio [stydjo] *nm (logement)* conjugado *m*; *(de cinéma, de photo)* estúdio *m*.

stupéfait, e [stypefɛ, ɛt] *adj* estupefato(ta).

stupéfiant, e [stypefjɑ̃, ɑ̃t] ◆ *adj* espantoso(osa) ◆ *nm* entorpecente *m*.

stupide [stypid] *adj* estúpido(da).

stupidité [stypidite] *nf (caractère)* estupidez *f*; *(parole)* besteira *f*.

style [stil] *nm* estilo *m* ◆ **meuble de style** móvel de estilo.

stylo [stilo] *nm* caneta *f* ◆ **stylo (à) bille** esferográfica *f* ◆ **stylo (à) plume** caneta-tinteiro.

stylo-feutre [stiloføtʀ] *(pl* **stylos-feutres)** *nm* marca-texto *m*.

su, e [sy] *pp* → **savoir**.

subir [sybiʀ] *vt* sofrer; *(opération)* fazer.

subit, e [sybi, it] *adj* súbito(ta).

subjectif, ive [sybʒɛktif, iv] *adj* subjetivo(va).

subjonctif [sybʒɔ̃ktif] *nm* subjuntivo *m*.

sublime [syblim] *adj* sublime.

submerger [sybmɛʀʒe] *vt (suj: eau)* submergir; *(suj: travail, responsabilités)* encher ◆ **être submergé de travail** estar cheio de trabalho.

subsister [sybziste] *vi* subsistir.

substance [sypstɑ̃s] *nf* substância *f*.

substantiel, elle [syps-tɑ̃sjɛl] *adj* substancial.

substituer [sypstitɥe] *vt* ◆ **substituer qqch à qqch** substituir algo por algo ◆ **se substituer à** *vp + prép* substituir.

subtil, e [syptil] *adj* sutil.

subtilité [syptilite] *nf* sutileza *f*.

subvention [sybvɑ̃sjɔ̃] *nf* subvenção *f*.

succéder [syksede]

◆ **succéder à** *vp + prép* suceder a ◆ **se succéder** *vp* suceder-se.

succès [syksɛ] *nm* sucesso *m* ◆ **avoir du succès** ter sucesso.

successeur [syksesœʀ] *nm* sucessor *m*.

successif, ive [syksesif, iv] *adj* sucessivo(va).

succession [syksesjɔ̃] *nf* sucessão *f*.

succulent, e [sykylɑ̃, ɑ̃t] *adj* suculento(ta).

succursale [sykyʀsal] *nf* sucursal *f*, filial *f*.

sucer [syse] *vt (un bonbon)* chupar; *(son pouce)* chupar.

sucette [sysɛt] *nf (bonbon)* chupa-chupa *m*; *(de bébé)* chupeta *f*.

sucre [sykʀ] *nm (produit)* açúcar *m*; *(morceau)* torrão *m* de açúcar ◆ **sucre en morceaux** açúcar em cubos ◆ **sucre d'orge** açúcar mascavo ◆ **sucre en poudre** açúcar ◆ **sucre roux** OU **brun** açúcar amarelo.

sucré, e [sykʀe] *adj (fruit)* doce; *(yaourt, café)* açucarado(da).

sucrer [sykʀe] *vt* adoçar.

sucreries [sykʀəʀi] *nfpl* doces *mpl*.

sucrier [sykʀije] *nm* açucareiro *m*.

sud [syd] *adj inv & nm inv* sul *m* ◆ **au sud (de)** ao sul (de).

sud-africain, e, s [sydafʀikɛ̃, ɛn] *adj* sul-africano(na).

sud-est [sydɛst] *adj inv & nm inv* sudeste • **au sud-est (de)** a sudeste de.

sud-ouest [sydwɛst] *adj inv & nm inv* sudoeste • **au sud-ouest (de)** a sudoeste de.

Suède [sɥɛd] *nf* • **la Suède** a Suécia.

suédois, e [sɥedwa, az] • *adj* sueco(ca) • *(langue)* sueco *m* ◆ **Suédois, e** *nm* sueco *m*, -ca *f*.

suer [sɥe] *vi* suar.

sueur [sɥœʀ] *nf* suor *m* • **être en sueur** estar (todo) suado • **avoir des sueurs froides** ter suores frios.

suffire [syfiʀ] *vi (être assez)* bastar • **ça suffit!** basta! • **suffire à qqn** bastar a alguém • **il suffit de qqch pour** basta algo para • **il (te) suffit de faire qqch** basta fazer algo.

suffisamment [syfizamɑ̃] *adv* bastante • **suffisamment de** bastante • **suffisamment de livres** muitos livros • **il n'y a pas suffisamment de gens** não há pessoas suficientes.

suffisant, e [syfizɑ̃, ɑ̃t] *adj* suficiente.

suffocant, e [syfokɑ̃, ɑ̃t] *adj* sufocante.

suffoquer [syfoke] *vi* sufocar.

suggérer [sygʒeʀe] *vt* sugerir • **suggérer à qqn de faire qqch** sugerir a alguém que faça algo.

suggestion [sygʒɛstjɔ̃] *nf* sugestão *f*.

suicide [sɥisid] *nm* suicídio *m*.

suicider [sɥiside] ◆ **se suicider** *vp* suicidar-se.

suie [sɥi] *nf* fuligem *f*.

suinter [sɥɛ̃te] *vi* gotejar.

suis [sɥi] → **être, suivre**.

suisse [sɥis] *adj* suíço(ça) ◆ **Suisse** • *nm* suíço *m*, -ça *f* • *nf* • **la Suisse** a Suíça.

suite [sɥit] *nf (série, succession)* série *f*, *(d'une histoire, d'un film)* continuação *f* • **à la suite** sucessivamente • **à la suite de** *(à cause de)* por causa de • **de suite** imediatamente • **par suite de** em conseqüência de ◆ **suites** *nfpl* repercussões *fpl*.

suivant, e [sɥivɑ̃, ɑ̃t] • *adj & nm* seguinte • *prép* segundo • **au suivant!** o seguinte!

suivi, e [sɥivi] *pp* → **suivre**.

suivre [sɥivʀ] *vt* seguir; *(succéder à)* seguir-se a; *(cours)* assistir a • **suivi de** seguido de • **faire suivre** encaminhar para • **à suivre** continua.

sujet [syʒɛ] *nm (thème)* assunto *m*, GRAM sujeito *m*, *(d'un roi)* súdito *m* • **au sujet de** a propósito de.

Sup de Co *(abr de* École Supérieure de Commerce*) nf* Escola Superior de Comércio.

super [sypɛʀ] • *adj inv (fam) (formidable)* bárbaro(ra) • *nm (carburant)* gasolina *f* de alta octanagem.

super- [sypɛʀ] *pref (fam)* super-.

superbe [sypɛʀb] *adj* espetacular.

súperette [sypɛʀɛt] nf minimercado m.
superficie [sypɛʀfisi] nf superfície f.
superficiel, elle [sypɛʀfisjɛl] adj superficial.
superflu, e [sypɛʀfly] adj supérfluo(flua).
supérieur, e [sypɛʀjœʀ] • adj superior • nm superior m, -ra f • supérieur à superior a.
supériorité [sypɛʀjɔʀite] nf superioridade f.
supermarché [sypɛʀmaʀʃe] nm supermercado m.
superposer [sypɛʀpoze] vt sobrepor.
superstitieux, euse [sypɛʀstisjø, øz] adj supersticioso(osa).
superviser [sypɛʀvize] vt supervisionar.
supplément [syplemã] nm suplemento m • **en supplément** extra.
supplémentaire [syplemɑ̃tɛʀ] adj suplementar.
supplice [syplis] nm suplício m.
supplier [syplije] vt • **supplier qqn (de faire qqch)** suplicar a alguém (que faça algo).
support [sypɔʀ] nm suporte m.
supportable [sypɔʀtabl] adj suportável.
supporter[1] [sypɔʀte] vt suportar; (soutenir) sustentar.
supporter[2] [sypɔʀtɛʀ] nm torcedor m, -ra f.
supposer [sypoze] vt supor • **à supposer que...** supondo que....

supposition [sypozisjɔ̃] nf suposição f.
suppositoire [sypozitwaʀ] nm supositório m.
suppression [sypʀɛsjɔ̃] nf supressão f.
supprimer [sypʀime] vt (faire disparaître) suprimir; (tuer) eliminar; *INFORM* excluir.
suprême [sypʀɛm] nm • **suprême de volaille** peito de frango com molho.
sur [syʀ] prép **1.** (dessus) em, em cima de • **sur la table** em cima da mesa **2.** (au-dessus de) sobre **3.** (indique la direction) a • **tournez sur la droite** vire à direita • **on remonte sur Paris** voltamos para Paris **4.** (indique la distance) ao longo de • **travaux sur 10 kilomètres** obras no próximos 10 quilômetros **5.** (au sujet de) sobre • **un dépliant sur l'Auvergne** um folheto sobre Auvergne **6.** (dans une mesure) por • **un mètre de large sur deux mètres de long** um metro de largura por dois metros de comprimento **7.** (dans une proportion) em • **9 personnes sur 10** 9 em cada 10 pessoas • **un jour sur deux** um em cada dois dias.
sûr, e [syʀ] adj (sans danger) seguro(ra); (digne de confiance) de confiança • **je suis sûre de réussir/qu'il viendra** tenho certeza de que vou conseguir/que ele vem • **je suis sûre de lui** tenho confiança nele.

surbooking [syʀbukiŋ] nm overbooking m.

surcharger [syʀʃaʀʒe] vt sobrecarregar.

surchauffé, e [syʀʃofe] adj superaquecido(da).

surchemise [syʀʃəmiz] nf camisão m.

surélever [syʀɛlve] vt aumentar a altura de • **surélever une maison** acrescentar um andar a uma casa.

sûrement [syʀmɑ̃] adv certamente.

surestimer [syʀɛstime] vt superestimar.

sûreté [syʀte] nf • **mettre qqch en sûreté** pôr algo a salvo.

surexcité, e [syʀɛksite] adj irrequieto(ta).

surf [sœʀf] nm surfe m.

surface [syʀfas] nf superfície f.

surgelé, e [syʀʒəle] • adj congelado(da) • nm congelado m.

surgir [syʀʒiʀ] vi surgir.

surimi [syʀimi] nm surimi m.

sur-le-champ [syʀləʃɑ̃] adv imediatamente.

surlendemain [syʀlɑ̃dmɛ̃] nm • **le surlendemain** dois dias depois.

surligneur [syʀliɲœʀ] nm marca-texto m.

surmené, e [syʀməne] adj estafado(da).

surmonter [syʀmɔ̃te] vt superar.

surnaturel, elle [syʀnatyʀɛl] adj sobrenatural.

surnom [syʀnɔ̃] nm apelido m.

surnommer [syʀnɔme] vt apelidar.

surpasser [syʀpase] vt superar.
◆ **se surpasser** vp superar-se.

surplace [syʀplas] nm • **faire du surplace** (fig) marcar passo.

surplomber [syʀplɔ̃be] vt dominar.

surplus [syʀply] nm excedente m.

surprenant, e [syʀpʀənɑ̃, ɑ̃t] adj surpreendente.

surprendre [syʀpʀɑ̃dʀ] vt surpreender.

surpris, e [syʀpʀi, iz] • pp → **surprendre** • adj surpreendido(da), surpreso(sa) • **je suis surpris de le voir ici** estou surpreso de vê-lo aqui.

surprise [syʀpʀiz] nf surpresa f • **faire une surprise à qqn** fazer uma surpresa para alguém • **par surprise** de surpresa.

surréservation [syʀʀezɛʀvasjɔ̃] nf = surbooking.

sursaut [syʀso] nm • **se réveiller en sursaut** acordar de sobressalto.

sursauter [syʀsote] vi sobressaltar-se.

surtaxe [syʀtaks] nf sobretaxa f.

surtout [syʀtu] adv sobretudo • **surtout, fais bien attention!** sobretudo, tenha muito cuidado! • **surtout que** sobretudo porque.

survécu, e [syʀveky] pp → **survivre**.

surveillance [syʀvejɑ̃s] nf vigilância f • **être sous surveillance** estar sob vigilância.

surveillant, e [syRvɛjɑ̃, ɑ̃t] nm inspetor m, -ra f.

surveiller [syRveje] vt (observer) vigiar; (prendre soin de) cuidar de ◆ **se surveiller** vp (faire du régime) cuidar-se.

survêtement [syRvɛtmɑ̃] nm training m, moletom m.

survivant, e [syRvivɑ̃, ɑ̃t] nm sobrevivente mf.

survivre [syRvivR] vi sobreviver ◆ **survivre à** sobreviver a.

survoler [syRvɔle] vt sobrevoar.

sus [sy(s)] ◆ **en sus** adv além disso.

susceptible [sysɛptibl] adj suscetível ◆ **être susceptible de faire qqch** ser capaz de fazer algo.

susciter [sysite] vt suscitar.

suspect, e [syspɛ, ɛkt] adj & nm suspeito(ta).

suspecter [syspɛkte] vt suspeitar de.

suspendre [syspɑ̃dR] vt suspender.

suspense [syspɛns] nm suspense m.

suspension [syspɑ̃sjɔ̃] nf (d'une voiture) suspensão f; (lampe) luminária f de teto.

suture [sytyR] nf → **point**.

SVP (abr de **s'il vous plaît**) por favor.

sweat-shirt [switʃœRt] (pl -s) nm blusão de moletom.

syllabe [silab] nf sílaba f.

symbole [sɛ̃bɔl] nm símbolo m.

symbolique [sɛ̃bɔlik] adj simbólico(ca).

symboliser [sɛ̃bɔlize] vt simbolizar.

symétrie [simetRi] nf simetria f.

symétrique [simetRik] adj simétrico(ca).

sympa [sɛ̃pa] adj (fam) legal.

sympathie [sɛ̃pati] nf ◆ **éprouver** OU **avoir de la sympathie pour qqn** sentir OU ter simpatia por alguém.

sympathique [sɛ̃patik] adj simpático(ca).

sympathiser [sɛ̃patize] vi simpatizar ◆ **ils ont sympathisé** eles simpatizaram um com o outro.

symphonie [sɛ̃fɔni] nf sinfonia f.

symptôme [sɛ̃ptom] nm sintoma m.

synagogue [sinagɔg] nf sinagoga f.

synchronisé, e [sɛ̃kRɔnize] adj sincronizado(da).

syncope [sɛ̃kɔp] nf MÉD síncope f.

syndical, e, aux [sɛ̃dikal, o] adj (mouvement, revendications) sindical.

syndicaliste [sɛ̃dikalist] nm sindicalista mf.

syndicat [sɛ̃dika] nm sindicato m ◆ **syndicat d'initiative** escritório m de turismo.

syndiqué, e [sɛ̃dike] adj sindicalizado(da).

synonyme [sinɔnim] nm sinônimo m.

synthèse [sɛ̃tɛz] nf síntese f.

synthétique [sɛ̃tetik] • *adj* sintético(ca) • *nm* tecido *m* sintético.

synthétiseur [sɛ̃tetizœʀ] *nm* sintetizador *m*.

systématique [sistematik] *adj* sistemático(ca).

système [sistɛm] *nm* sistema *m* • **système d'exploitation** sistema operacional • **système monétaire européen** Sistema Monetário Europeu.

T

t' → **te**.

ta [ta] → **ton** (adj).

tabac [taba] *nm (plante, produit)* tabaco *m*, *(magasin)* tabacaria *f*.

(i) TABAC

Nos "débits de tabac" (postos de vendas autorizados) ou "bureaux de tabac" (tabacarias) vendem-se cigarros, charutos e tabaco, mas também se encontram selos de correio, selos fiscais, volantes de "loto" etc. Na província, também é possível adquirir jornais e revistas nesses estabelecimentos.

tabagie [tabaʒi] *nf (Can)* tabacaria *f*.

table [tabl] *nf (meuble)* mesa *f*; *(tableau)* quadro *m* • **mettre la table** pôr a mesa • **être/se mettre à table** estar à/ir para a mesa • **à table!** para a mesa! • **table de chevet** OU **de nuit** mesa-de-cabeceira *f* • **table à langer** mesa de trocar • **table des matières** índice *m* • **table d'opération** mesa de operações • **table d'orientation** plano *m* de orientação • **table à repasser** tábua *f* de passar roupa.

tableau [tablo] *(pl -x) nm (peinture, grille)* quadro *m*; *(panneau)* painel *m* • **tableau de bord** painel de instrumentos • **tableau (noir)** quadro (negro).

tablette [tablɛt] *nf* prateleira *f* • **tablette de chocolat** tablete *f* de chocolate.

tablier [tablije] *nm* avental *m*.

taboulé [tabule] *nm* tabule *m*.

tabouret [tabuʀɛ] *nm* tamborete *m*, banco *m*.

tache [taʃ] *nf* mancha *f* • **taches de rousseur** sardas *fpl*.

tâche [taʃ] *nf* tarefa *f*.

tacher [taʃe] *vt* manchar *f*.

tâcher [taʃe] *v* + **je vais tâcher de finir ce soir** vou ver se acabo esta noite.

tacheté, e [taʃte] *adj* manchado(da).

tact [takt] *nm* tato *m*.

tactique [taktik] *nf* tática *f*.

tag [tag] *nm* pichação *f*.

tagine [taʒin] *nm* prato à base de carne, sobretudo de carneiro, típico do Norte da África.
taie [tɛ] *nf* • **taie d'oreiller** fronha *f* (de travesseiro).
taille [taj] *nf* (dimension) tamanho *m*; (mensuration) medida *f*; (partie du corps) cintura *f*.
taille-crayon [tajkʀɛjɔ̃] *s* (*pl* **taille-crayons**) *nm* apontador *m*.
tailler [taje] *vt* (arbre) podar; (tissu) cortar; (crayon) apontar.
tailleur [tajœʀ] *nm* (couturier) alfaiate *m*; (vêtement) tailleur *m* • **s'asseoir en tailleur** sentar-se com as pernas dobradas, cruzadas, e com os joelhos afastados.
taire [tɛʀ] • **se taire** *vp* calar-se • **tais-toi!** cale-se!
talc [talk] *nm* talco *m*.
talent [talɑ̃] *nm* talento *m*.
talkie-walkie [tɔkiwɔki] (*pl* **talkies-walkies**) *nm* walkie-talkie *m*.
talon [talɔ̃] *nm* (du pied) calcanhar *m*; (d'une chaussure) salto *m*; (d'un chèque) talão *m* • **talons hauts** saltos altos • **talons plats** saltos baixos.
talus [taly] *nm* talude *m*.
tambour [tɑ̃buʀ] *nm* (instrument) tambor *m*.
tambourin [tɑ̃buʀɛ̃] *nm* pandeiro *m*.
tamis [tami] *nm* peneira *f*.
Tamise [tamiz] *nf* • **la Tamise** o Tâmisa.
tamisé, e [tamize] *adj* tênue.
tamiser [tamize] *vt* peneirar.
tampon [tɑ̃pɔ̃] *nm* (cachet) carimbo *m*; (de tissu, de coton) pa-no *m* • **tampon (hygiénique)** tampão *m*.
tamponneuse [tɑ̃pɔnøz] *adj f* → **auto**.
tandem [tɑ̃dɛm] *nm* (vélo) tandem *m*.
tandis [tɑ̃di] • **tandis que** *conj* (pendant que) enquanto; (alors que) ao passo que.
tango [tɑ̃go] *nm* tango *m*.
tanguer [tɑ̃ge] *v* balançar.
tank [tɑ̃k] *nm* tanque *m*.
tant [tɑ̃] *adv* **1.** (tellement) tanto • **il l'aime tant (que)** ele a ama tanto (que) • **tant de...** (quantité) tanto... (que) • **tant de gens (que)** tanta gente (que) **2.** (autant) • **tant que** tanto quanto • **tant qu'il peut** tanto quanto pode **3.** (temporel) • **tant que nous resterons ici** enquanto ficarmos aqui **4.** (dans des expressions) • **en tant que** como • **on est arrivés à finir tant bien que mal** conseguimos acabar como pudemos • **tant mieux** melhor assim • **tant pis** pouco importa • **tant pis pour lui** pior para ele.
tante [tɑ̃t] *nf* tia *f*.
tantôt [tɑ̃to] *adv* • **tantôt... tantôt...** ora... ora.
taon [tɑ̃] *nm* mutuca *f*.
tapage [tapaʒ] *nm* algazarra *f*.
tape [tap] *nf* palmada *f*.
tapenade [tapənad] *nf* condimento à base de azeitonas, anchovas e alcaparras trituradas com azeite e ervas aromáticas.
taper [tape] *vt* (frapper) bater; (code) digitar • **taper (qqch) à la**

tapioca

machine bater (algo) à máquina ◆ **taper des pieds** bater com os pés no chão ◆ **taper sur** bater em.

tapioca [tapjɔka] nm tapioca f.

tapis [tapi] nm tapete f; *(d'escalier)* passadeira f ◆ **tapis roulant** esteira f rolante ◆ **tapis de sol** lona que cobre o chão de uma barraca de campismo.

tapisser [tapise] vt forrar.

tapisserie [tapisri] nf (à l'aiguille, arts décoratifs) tapeçaria f; (papier peint) papel m de parede.

tapoter [tapɔte] vt dar pancadinhas em.

taquiner [takine] vt arreliar.

tarama [tarama] nm ovas de peixe misturadas com miolo de pão, azeite e suco de limão.

tard [tar] adv tarde ◆ **plus tard** (après, dans l'avenir) mais tarde ◆ **à plus tard!** até logo! ◆ **au plus tard** o mais tardar.

tarder [tarde] vi ◆ **elle ne va pas tarder (à arriver)** ela não vai tardar (a chegar) ◆ **tarder à faire qqch** demorar a fazer algo ◆ **il me tarde de partir** estou ansioso por partir.

tarif [tarif] nm *(liste des prix)* tabela f de preços; *(prix)* tarifa f ◆ **tarif plein** preço m normal ◆ **tarif réduit** preço m reduzido ◆ **à tarif réduit** a preço reduzido.

tarir [tarir] vi secar.

tarot [taro] nm *(jeu)* tarô m.

tartare [tartar] adj → **sauce**, **steak**.

tarte [tart] nf torta f ◆ **tarte aux fraises** torta f de morango ◆ **tarte au maton** *(Belg)* torta de leite coalhado com amêndoas ◆ **tarte au sucre** *(Belg)* torta de açúcar ◆ **tarte Tatin** torta de maçã caramelizada.

tartelette [tartǝlɛt] nf tortinha f.

tartiflette [tartiflɛt] nf batatas gratinadas ao queijo de massa mole e toucinho.

tartine [tartin] nf fatia f de pão (com manteiga ou geléia).

tartiner [tartine] vt espalhar ◆ **fromage/pâte à tartiner** queijo/creme de espalhar.

tartre [tartr] nm *(sur les dents)* tártaro m; *(calcaire)* calcário m.

tas [tɑ] nm monte m ◆ **mettre qqch en tas** amontoar algo ◆ **un ou des tas de** *(fam)* um monte ou montes de.

tasse [tɑs] nf xícara f ◆ **boire la tasse** engolir água ◆ **tasse à café** xícara para café ◆ **tasse à thé** xícara para chá.

tasser [tase] vt apertar ◆ **se tasser** vp (s'affaisser) abater; (dans une voiture) apertar-se.

tâter [tate] vt apalpar ◆ **se tâter** vp hesitar.

tâtonner [tatone] vi tatear.

tâtons [tatɔ̃] ◆ **à tâtons** adv às apalpadelas.

tatouage [tatwaʒ] nm tatuagem f.

taupe [top] nf toupeira f.

taureau [tɔro] *(pl -x)* nm touro m ◆ **Taureau** [tɔro] Touro m.

taux [to] *nm* taxa *f* • **taux de change** taxa de câmbio.
taverne [tavɛʀn] *nf (Can)* café *m*.
taxe [taks] *nf* imposto *m* • **taxe d'habitation** IPTU *m* • **toutes taxes comprises** com IVA.
taxer [takse] *vt* taxar.
taxi [taksi] *nm* táxi *m*.
Tchécoslovaquie [tʃekɔslɔvaki] *nf* • **la Tchécoslovaquie** a Checoslováquia.
te [tə] *pron* -te.
technicien, enne [tɛknisjɛ̃, ɛn] *nm* técnico *m*, -ca *f*.
technique [tɛknik] • *adj* técnico(ca) • *nf* técnica *f*.
technologie [tɛknɔlɔʒi] *nf* tecnologia *f*.
tee-shirt [tiʃœrt] *(pl* **tee-shirts)** *nm* camiseta *f*.
teindre [tɛ̃dʀ] *vt* tingir • **se faire teindre (les cheveux)** pintar o cabelo.
teint, e [tɛ̃, tɛ̃t] • *pp* → **teindre** • *nm* tez *f*.
teinte [tɛ̃t] *nf* cor *f*.
teinter [tɛ̃te] *vt* pintar.
teinture [tɛ̃tyʀ] *nf* tinta *f* • **teinture d'iode** tintura *f* de iodo.
teinturerie [tɛ̃tyʀʀi] *nf* tinturaria *f*.
teinturier, ère [tɛ̃tyʀje, ɛʀ] *nm* tintureiro *m*, -ra *f*.
tel, telle *adj (semblable)* tal; *(si grand)* tanto(tanta) • **tel que** tal como • **tel quel** tal e qual • **tel ou tel** tal ou tal.
tél. *(abr de* **téléphone)** tel.

télé [tele] *nf (fam)* televisão *f* • **à la télé** na televisão.
télécharger [teleʃaʀʒe] *vt INFORM* baixar.
télécabine [telekabin] *nf* teleférico *m*.
Télécarte® [telekaʀt] *nf* cartão *m* telefónico.
télécommande [telekɔmɑ̃d] *nf* controle *m* remoto.
télécommunications [telekɔmynikasjɔ̃] *nf* telecomunicações *fpl*.
télécopie [telekɔpi] *nf* fax *m (documento)*.
télécopieur [telekɔpjœʀ] *nm* fax *m (aparelho)*.
téléfilm [telefilm] *nm* telefilme *m*.
télégramme [telegʀam] *nm* telegrama *m* • **télégramme téléphoné** telegrama fonado.
téléguidé, e [telegide] *adj* teleguiado(da).
téléobjectif [teleɔbʒɛktif] *nm* teleobjetiva *f*.
téléphérique [telefeʀik] *nm* teleférico *m*.
téléphone [telefɔn] *nm* telefone *m*, fone *m* • **au téléphone** ao telefone • **téléphone à carte** telefone público que funciona com o uso de cartões • **téléphone mobile** telefone *m* celular • **téléphone portable** telefone celular • **téléphone sans fil** telefone sem fio.
téléphoner [telefɔne] *vi* telefonar • **téléphoner à qqn** telefonar para alguém.

téléphonique [telefɔnik] *adj*
→ **cabine, carte**.
télescope [telɛskɔp] *nm* telescópio *m*.
télescoper [telɛskɔpe] ♦ **se télescoper** *vp* chocar-se violentamente.
télescopique [telɛskɔpik] *adj* telescópico(ca).
télésiège [telesjɛʒ] *nm* teleférico *m*.
téléski [teleski] *nm* teleférico *para transportar esquiadores*.
téléspectateur, trice [telespɛktatœr, tris] *nm* telespectador *m*, -ra *f*.
télévente [televãt] *nf* televenda *f*.
télévisé, e [televize] *adj* televisivo(va), televisionado(da).
téléviseur [televizœr] *nm* televisor *m*.
télévision [televizjɔ̃] *nf* televisão *f* • **à la télévision** na televisão • **télévision par satellite** televisão por satélite
télévision-réalité [televizjɔ̃realite] *nf TV* • **une émission de télévision-réalité** um programa de reality show.
télex [telɛks] *nm inv* telex *m*.
telle → **tel**.
tellement [tɛlmã] *adv (tant)* tanto; *(si)* tão • **tellement de** tanto(tanta) • **pas tellement** nem tanto.
témoignage [temwaɲaʒ] *nm* testemunho *m*.
témoigner [temwaɲe] *vi* testemunhar.

témoin [temwɛ̃] *nm (spectateur)* testemunha *f*, *ESP* bastão *m*
• **être témoin de** ser testemunha de.
tempe [tãp] *nf* têmpora *f*.
tempérament [tãperamã] *nm* temperamento *m*.
température [tãperatyr] *nf (niveau de chaleur)* temperatura *f*; *(fièvre)* temperatura *f*.
tempête [tãpɛt] *nf* tempestade *f*.
temple [tãpl] *nm* templo *m*.
temporaire [tãpɔrɛr] *adj* temporário(ria).
temporairement [tãpɔrɛrmã] *adv* temporariamente.
temps [tã] *nm* tempo *m* • **avoir le temps de faire qqch** ter tempo para fazer algo • **il est temps de/que** está na hora de • **à temps** a tempo • **de temps en temps** de tempos em tempos • **en même temps** ao mesmo tempo • **à temps complet** período integral • **à temps partiel** período parcial • **un temps partiel** meio período.
tenaille [tənaj] *nf* tenaz *f*.
tendance [tãdãs] *nf* tendência *f* • **avoir tendance à faire qqch** ter tendência a fazer algo.
tendeur [tãdœr] *nm* esticador *m*.
tendinite [tãdinit] *nf* tendinite *f*.
tendon [tãdɔ̃] *nm* tendão *m*.
tendre [tãdr] ♦ *adj* terno(na)
♦ *vt* esticar • **tendre qqch à qqn** estender algo a alguém
• **tendre la main à qqn** esten-

der a mão a alguém • **tendre l'oreille** prestar atenção • **tendre un piège à qqn** armar uma armadilha para alguém
◆ **se tendre** *vp* esticar-se.

tendresse [tɑ̃dʀɛs] *nf* ternura *f*.

tendu, e [tɑ̃dy] *adj* tenso(sa).

tenir [təniʀ] ◆ *vt* 1. *(à la main, dans ses bras)* segurar; *(garder)* manter • **tenir un plat au chaud** manter um prato quente 2. *(promesse, engagement)* cumprir 3. *(magasin, bar)* ter 4. *(dans des expressions)* • **tiens!, tenez!** tome!, tomem! • **tiens!** *(exprime la surprise)* olha! ◆ *vi* 1. *(résister)* resistir • **la neige n'a pas tenu** a neve derreteu 2. *(rester)* ficar • **tenir debout** ficar de pé • **tu ne tiens plus debout** *(de fatigue)* você já não se agüenta em pé 3. *(être contenu)* caber ◆ **tenir à** *vp + prép (être attaché à)* • **tenir à qqch** dar valor a algo • **tenir à qqn** ser apegado a alguém • **tenir à faire qqch** fazer questão de fazer algo ◆ **tenir de** *vp + prép (ressembler à)* sair a ◆ **se tenir** *vp* 1. *(avoir lieu)* realizar-se 2. *(s'accrocher)* segurar-se • **se tenir à** segurar-se a 3. *(être, rester)* ficar • **se tenir droit** ficar direito • **se tenir tranquille** ficar quieto 4. *(se comporter)* • **bien/mal se tenir** comportar-se bem /mal.

tennis [tenis] ◆ *nm* tênis *m inv* ◆ *nm* tênis *mpl* • **tennis de table** tênis de mesa.

tension [tɑ̃sjɔ̃] *nf* tensão *f* • **avoir de la tension** ter a pressão alta.

tentacule [tɑ̃takyl] *nm* tentáculo *m*.

tentant, e [tɑ̃tɑ̃, ɑ̃t] *adj* tentador(ra).

tentation [tɑ̃tasjɔ̃] *nf* tentação *f*.

tentative [tɑ̃tativ] *nf* tentativa *f*.

tente [tɑ̃t] *nf* tenda *f*.

tenter [tɑ̃te] *vt* tentar • **tenter de faire qqch** tentar fazer algo.

tenu, e [təny] *pp* → **tenir**.

tenue [təny] *nf* roupa *f* • **tenue de soirée** traje *m* de noite.

ter [tɛʀ] *adv* indica que há 3 números iguais numa rua • **11 ter** 11 c.

TER *(abr de Train Express Régional)* [teɛʀ] *nm* Trem *m* Regional e Inter-Regional.

Tergal® [tɛʀgal] *nm* tergal *m*.

terme [tɛʀm] *nm* termo *m* • **à court terme** a curto prazo • **à long terme** a longo prazo.

terminaison [tɛʀminɛzɔ̃] *nf* terminação *f*.

terminal, e [tɛʀminal] *(pl* -**aux**) *nm* terminal *m*.

terminale [tɛʀminal] *nf* = terceiro ano *m* do ensino médio.

terminer [tɛʀmine] *vt* terminar ◆ **se terminer** *vp* terminar.

terminus [tɛʀminys] *nm* término *m*.

terne [tɛʀn] *adj* desbotado(da).

terrain [tɛʀɛ̃] *nm* terreno *m* • **terrain de camping** camping

terrasse 324

m • **terrain de foot** campo *m* de futebol • **terrain de jeux** campo *m* de jogos • **terrain vague** terreno baldio.
terrasse [tɛras] *nf (d'une maison, d'un appartement, de café)* terraço *m*.
terre [tɛʀ] *nf* terra *f*; *(argile)* barro *m* • **la Terre** a Terra • **par terre** no chão.
terre-plein [tɛʀplɛ̃] *(pl* **terre-pleins**) *nm* terrapleno *m* • **terre-plein central** ilha *f*.
terrestre [tɛʀɛstʀ] *adj* terrestre.
terreur [tɛʀœʀ] *nf* terror *m*.
terrible [tɛʀibl] *adj (catastrophe, accident)* terrível; *(fam) (excellent)* extraordinário(ria) • **pas terrible** *(fam)* não é nada de especial.
terrier [tɛʀje] *nm (de lapin)* toca *f*.
terrifier [tɛʀifje] *vt* aterrorizar.
terrine [tɛʀin] *nf (récipient)* recipiente para patê; CULIN patê *m* caseiro.
territoire [tɛʀitwaʀ] *nm* território *m*.
terroriser [tɛʀɔʀize] *vt* aterrorizar.
terroriste [tɛʀɔʀist] *nmf* terrorista *mf*.
tes → **ton**.
test [tɛst] *nm* teste *m* • **test de dépistage** teste de rastreamento.
testament [tɛstamɑ̃] *nm* testamento *m*.
tester [tɛste] *vt* testar.
tétanos [tetanos] *nm* tétano *m*.

tête [tɛt] *nf* ANAT cabeça *f*; *(visage)* cara *f*; *(partie avant)* frente *f* • **de tête** *(wagon)* da frente • **être en tête** estar à frente • **faire la tête** emburrar • **en tête à tête** a sós • **tête de liste** cabeça de lista • **tête de série** cabeça de série.
tête-à-queue [tɛtakø] *nm inv* reviravolta *f*.
téter [tete] *vi* mamar.
tétine [tetin] *nf (de biberon)* bico *m (de mamadeira)*; *(sucette)* chupeta *f*.
têtu, e [tety] *adj* teimoso(osa).
texte [tɛkst] *nm* texto *m*.
textile [tɛkstil] *nm* têxtil *m*.
texto [tɛksto] *nm (télécommunications)* mensagem de texto.
TF¹ *n* canal privado da televisão francesa.
TGV *nm* trem francês de alta velocidade.

ⓘ TGV

O "Train à Grande Vitesse" (Trem de alta Velocidade), possuidor do recorde mundial de velocidade sobre trilhos, foi inaugurado na França na linha Paris- Lyon. Hoje há estações em várias cidades tais como Nice, Marselha, Rennes, Nantes, Bordéus ou Lille. O número de paradas e de lugares é limitado, o que faz com que a reserva seja obrigatória.

théâtral, e, aux [teatʀal, o] *adj* teatral.

théâtre [teatʀ] *nm* teatro *m*.

théière [tejɛʀ] *nf* bule *m* de chá.

thème [tɛm] *nm (d'une exposition, d'un film)* tema *m*; *(traduction)* versão *f*.

théorie [teɔʀi] *nf* teoria *f*. • **en théorie** em teoria.

théoriquement [teɔʀikmɑ̃] *adv (normalement)* teoricamente.

thermal, e, aux [tɛʀmal, o] *adj* termal.

Thermidor [tɛʀmidɔʀ] *nm* → homard.

thermomètre [tɛʀmɔmɛtʀ] *nm* termômetro *m*.

Thermos® [tɛʀmos] *nf* • **(bouteille) Thermos** garrafa *f* térmica.

thermostat [tɛʀmɔsta] *nm* termostato *m*.

thèse [tɛz] *nf* tese *f*.

thon [tɔ̃] *nm* atum *m*.

thym [tɛ̃] *nm* tomilho *m*.

tibia [tibja] *nm* tíbia *f*.

tic [tik] *nm (mouvement)* tique *m*; *(habitude)* mania *f*.

ticket [tikɛ] *nm* bilhete *m* • **ticket de caisse** cupom *m* fiscal • **ticket de métro** bilhete de metrô.

tiède [tjɛd] *adj* morno(morna).

tien [tjɛ̃] • **le tien, la tienne** [lətjɛ̃, latjɛn] *(mpl* **tiens,** *fpl* **tiennes)** *pron* o teu(a tua) • **à la tienne!** à tua!

tiendra → **tenir**.

tienne → **tenir**.

tiens → **tenir**.

tiercé [tjɛʀse] *nm* sistema de aposta que envolve os três primeiros cavalos de uma corrida.

tiers [tjɛʀ] *nm* terço *m*.

tige [tiʒ] *nf (de plante)* caule *m*; *(de métal, de bois)* vara *f*.

tigre [tigʀ] *nm* tigre *m*.

tilleul [tijœl] *nm (arbre)* tília *f*; *(tisane)* chá *m* de tília.

tilsit [tilsit] *nm (Helv)* queijo mole de vaca.

timbale [tɛ̃bal] *nf (gobelet)* copo *m* de metal; *CULIN* timbale *m*.

timbre(-poste) [tɛ̃bʀ(pɔst)] *(pl* **timbres(-poste))** *nm* selo *m* (do correio).

timbrer [tɛ̃bʀe] *vt* selar.

timide [timid] *adj* tímido(da).

timidité [timidite] *nf* timidez *f*.

tir [tiʀ] *nm* tiro *m* • **tir à l'arc** tiro com arco • **tir de roquette** tiro de míssil.

tirage [tiʀaʒ] *nm* sorteio *m* • **tirage au sort** sorteio *m*.

tire-bouchon [tiʀbuʃɔ̃] *(pl* **tire-bouchons)** *nm* saca-rolhas *m inv*.

tirelire [tiʀliʀ] *nf* cofre *m*.

tirer [tiʀe] • *vt* **1.** *(gén)* puxar **2.** *(tiroir, rideau)* abrir **3.** *(trait)* traçar **4.** *(avec une arme)* disparar; *(sortir)* tirer qqn/qqch de tirar alguém /algo de • **tirer une conclusion de qqch** tirar uma conclusão de algo • **tirer la langue à qqn** mostrar a língua para alguém • **les números du loto sont tirés tous les samedis à 20h** os números da loteria são sorteados todos os sábados às 20h • *vi* **1.** *(gén)* atirar •

tiret

tirer sur atirar em 2. *(vers soi, vers le bas etc.)* puxar algo ♦ **se tirer** *vp (fam)* (s'en aller) mandar-se ♦ **s'en tirer** *vp (se débrouiller)* virar-se; *(survivre)* escapar.
tiret [tiʀɛ] *nm* travessão *m*.
tirette [tiʀɛt] *nf (Belg)* fecho *m*.
tiroir [tiʀwaʀ] *nm* gaveta *f*.
tisane [tizan] *nf* tisana *f*.
tisonnier [tizɔnje] *nm* atiçador *m*.
tisser [tise] *vt* tecer.
tissu [tisy] *nm* tecido *m*.
titre [titʀ] *nm* título *m* ♦ **titre de transport** passagem *f*.
toast [tost] *nm* torrada *f* ♦ **porter un toast à qqn** brindar à saúde de alguém.
toboggan [tɔbɔgɑ̃] *nm* tobogã *m*.
toc [tɔk] *nm* fantasia *f* ♦ **en toc** de fantasia.
TOC [tɔk] *nm pl MÉD (abr de* troubles obsessionnels compulsifs*)* transtorno *m* obsessivo-compulsivo.
toi [twa] *pron (objet direct)* te; *(après prép)* ti; *(après comparaison, pour insister)* tu ♦ **lève-toi** levanta-te ♦ **toi-même** *(sujet)* tu; *(objet)* ti próprio.
toile [twal] *nf (tissu)* lona *f*, *(tableau)* tela *f* ♦ **toile d'araignée** teia *f* de aranha.
toilette [twalɛt] *nf* traje *m* ♦ **faire sa toilette** lavar-se ♦ **toilettes** *nf pl* banheiro *m*, toalete *m*.
toit [twa] *nm* teto *m*.
tôle [tol] *nf* chapa *f*.

tolérant, e [tɔleʀɑ̃, ɑ̃t] *adj* tolerante.
tolérer [tɔleʀe] *vt* tolerar.
tomate [tɔmat] *nf* tomate *m*.
tombe [tɔ̃b] *nf* tumba *f*.
tombée [tɔ̃be] *nf* ♦ **à la tombée de la nuit** ao cair da noite.
tomber [tɔ̃be] *vi* cair; *(date, fête)* cair ♦ **ça tombe bien!** isso caí bem! ♦ **laisser tomber** *(études, projet)* desistir de; *(ami)* abandonar ♦ **tomber amoureux** apaixonar-se ♦ **tomber malade** adoecer ♦ **tomber en panne** avariar-se.
tombola [tɔ̃bɔla] *nf* tômbola *f*.
tome [tɔm] *nm* tomo *m*.
tomme [tɔm] *nf (de savoie)* queijo de leite de vaca; *(Helv)* ♦ **tomme vaudoise** queijo de vaca com cominho.
ton¹, ta [tɔ̃, ta] *(pl* tes*) adj* teu(tua).
ton² [tɔ̃] *nm* tom *m*.
tonalité [tɔnalite] *nf* tonalidade *f*.
tondeuse [tɔ̃døz] *nf* ♦ **tondeuse (à gazon)** cortador *m* de grama.
tondre [tɔ̃dʀ] *vt (gazon)* cortar; *(cheveux)* rapar.
tongs [tɔ̃g] *nm* chinelo *m (de dedo)*.
tonne [tɔn] *nf* tonelada *f*.
tonneau [tɔno] *(pl* -x*) nm (de vin)* pipa *f*; *(grand)* tonel *m* ♦ **faire des tonneaux** capotar.
tonnerre [tɔnɛʀ] *nm* trovão *m* ♦ **coup de tonnerre** estampido *m* de trovão.
tonus [tɔnys] *nm* tônus *m*.
top model *nm* top model *mf*.
top modèle *nm* top model *f*.

torche [tɔʀʃ] nf tocha f • **torche électrique** lanterna f.

torchon [tɔʀʃɔ̃] nm pano m (de prato).

tordre [tɔʀdʀ] vt torcer ◆ **se tordre** vp • **se tordre la cheville** torcer o tornozelo • **se tordre de douleur** contorcer-se de dor • **se tordre de rire** morrer de rir.

tornade [tɔʀnad] nf tornado m.

torrent [tɔʀɑ̃] nm torrente f • **il pleut à torrents** está chovendo a cântaros.

torsade [tɔʀsad] nf • **pull à torsades** suéter m com tranças.

torse [tɔʀs] nm tronco m • **torse nu** tronco nu.

tort [tɔʀ] nm • **avoir tort** não ter razão • **avoir tort (de faire qqch)** fazer mal (em fazer algo) • **causer** ou **faire du tort à qqn** causar prejuízo a alguém, prejudicar alguém • **donner tort à qqn** não dar razão a alguém • **être dans son tort**, **être en tort** ter culpa • **être sans raison** • **parler à tort et à travers** falar a torto e a direito.

torticolis [tɔʀtikɔli] nm torcicolo m.

tortiller [tɔʀtije] vt contorcer ◆ **se tortiller** vp contorcer-se.

tortue [tɔʀty] nf tartaruga f.

torture [tɔʀtyʀ] nf tortura f.

torturer [tɔʀtyʀe] vt torturar.

tôt [to] adv (de bonne heure) cedo; (vite) rápido • **tôt ou tard** mais cedo ou mais tarde • **au plus tôt** o quanto antes.

total, e, aux [tɔtal, o] ◆ adj total ◆ nm total m.

totalement [tɔtalmɑ̃] adv totalmente.

totalité [tɔtalite] nf • **la totalité de** a totalidade de • **en totalité** (rembourser) na totalidade.

touchant, e [tuʃɑ̃, ɑ̃t] adj tocante.

touche [tuʃ] nf (de piano, d'ordinateur, de téléphone) tecla f; ESP (ligne) linha f.

toucher [tuʃe] vt (entrer en contact avec) tocar; (argent, chèque) receber; (cible) atingir; (émouvoir) comover • **toucher à** (objet) tocar em; (nourriture) provar ◆ **se toucher** vp tocar-se.

touffe [tuf] nf tufo m.

toujours [tuʒuʀ] adv (tout le temps) sempre; (encore) ainda • **pour toujours** para sempre.

toupie [tupi] nf pião m.

tour [tuʀ] nm volta f • **faire un tour** dar uma volta • **faire le tour de qqch** dar volta a algo • **jouer un tour à qqn** pregar uma peça em alguém • **c'est ton tour (de faire qqch)** é a sua vez (de fazer algo) • **à tour de rôle** sucessivamente • **le Tour (de France)** prova ciclística anual realizada na França • **tour de magie** truque m de mágica.

ⓘ TOUR DE FRANCE

Essa prova de ciclismo mundialmente famosa foi instituída em 1903. Trata-se de uma competição, dividida em etapas, de vários milhares de quilômetros, cujo trajeto varia todos os anos e que termina por volta de 14 de julho, na avenida dos Campos Elíseos. Um público numeroso assiste a essa prova ao longo de todo o seu trajeto. Também existe, desde 1984, um "Tour de France" feminino.

tour [tuʀ] *nf* torre *f* • **tour de contrôle** torre de controle • **la tour Eiffel** a Torre Eiffel.

ⓘ TOUR EIFFEL

Construída por Gustave Eiffel para a exposição universal de 1889, a Torre Eiffel é, desde então, o símbolo de Paris. Trata-se de um dos monumentos mais visitados do mundo. Do topo dessa estrutura metálica de 320 m, à qual se sobe por elevadores, vê-se a cidade inteira e uma parte dos arredores.

tourbillon [tuʀbijɔ̃] *nm* turbilhão *m*.

tourisme [tuʀism] *nm* turismo *m* • **faire du tourisme** fazer turismo.

touriste [tuʀist] *nm* turista *mf*.

touristique [tuʀistik] *adj* turístico(ca).

tourmenter [tuʀmɑ̃te] *vt* atormentar • **se tourmenter** *vp* atormentar-se.

tournage [tuʀnaʒ] *nm* filmagem *f*.

tournant [tuʀnɑ̃] *nm* curva *f*.

tourne-disque [tuʀnədisk] (*pl* tourne-disques) *nm* toca-discos *m inv*.

tournedos [tuʀnədo] *nm* turnedô *m* • **tournedos Rossini** filé de lombo de vaca com patê de fígado de pato ou ganso e trufas.

tournée [tuʀne] *nf* (d'un chanteur) turnê *f*; (du facteur) percurso *m*; (au bar) rodada *f*.

tourner [tuʀne] • *vt* (clé, manivelle) virar; (sauce, soupe, salade) mexer; (tête, regard, page) virar; (film) filmar • *vi* (manège, roue) girar; (route) virar; (moteur, machine) funcionar; (lait) azedar; (acteur) filmar • **tournez à gauche/droite** vire à esquerda/direita • **tourner autour de** andar em volta de • **avoir la tête qui tourne** estar com a cabeça rodando • **mal tourner** (affaire) acabar mal • **se tourner** *vp* virar-se • **se tourner vers** (dans l'espace) virar-se para; (fig) (activité) dedicar-se a.

tournesol [tuʀnəsɔl] *nm* girassol *m*.

tournevis [tuʀnəvis] *nm* chave *f* de fenda.

tourniquet [tuʀnikɛ] *nm* (du métro) catraca *f*.

tournoi [tuʀnwa] *nm* torneio *m*.

tournure [tuʀnyʀ] *nf* (expression) expressão *f*.

tourte [turt] *nf* torta *f* folhada.
tourtière [turtjɛr] *nf* (*Can*) torta de carne moída e cebola.
tous → **tout**.
Toussaint [tusɛ̃] *nf* • **la Toussaint** o Dia de Todos os Santos.

ⓘ TOUSSAINT

Por ocasião dessa festa, que se realiza no dia primeiro de novembro, decoram-se com flores os túmulos dos entes queridos. O crisântemo é a flor típica do Dia de Todos os Santos. Por outro lado, como esse período coincide com as férias escolares, o trânsito é particularmente intenso, o que faz dele um dos mais mortais do ano.

---

tousser [tuse] *vi* tossir.
tout, e [tu, tut] (*mpl* **tous**, *fpl* **toutes**) ◇ *adj* **1.** (*avec un substantif singulier*) todo(toda) • **tout le vin** todo o vinho • **tout un gâteau** o bolo inteiro • **toute la journée** o dia todo • **toute la famille** toda a família • **tout le monde** todo (o) mundo • **tout le temps** o tempo todo **2.** (*avec un pronom démonstratif*) tudo • **tout ça** ou **cela** tudo isto, isto tudo **3.** (*avec un substantif pluriel*) todos(todas) • **tous les gâteaux** todos os bolos • **toutes les maisons** todas as casas • **tous les trois ou três** • **toutes les deux** as duas • **tous les deux ans** de dois em dois anos **4.** (*n'importe quel*) • **tout homme a le droit de...** todos os homens têm direito a... • **déjeuner servi à toute heure** almoço servido a qualquer hora • **à toute heure du jour ou de la nuit** a qualquer hora do dia ou de noite • *pron* **1.** (*la totalité*) tudo • **je t'ai tout dit** disse tudo a você • **c'est tout** é tudo • **ce sera tout?** (*dans un magasin*) mais alguma coisa? • **en tout** ao todo **2.** (*au pluriel: tout le monde*) **ils voulaient tous la voir** todos eles queriam vê-la ◇ *adv* **1.** (*très, complètement*) muito • **tout jeune** muito jovem • **tout près** muito perto • **ils étaient tout seuls** eles estavam sozinhos • **tout en haut** bem lá em cima **2.** (*avec un gérondif*) • **tout en marchant** ao mesmo tempo que andava **3.** (*dans des expressions*) • **tout à coup** de repente • **tout à fait** completamente • **tout à l'heure** (*avant*) agora mesmo; (*après*) daqui a pouco • **à tout à l'heure!** até logo! • **tout de même** (*malgré tout*) mesmo assim; (*exprime l'indignation*) realmente; (*l'impatience*) até que enfim • **tout de suite** imediatamente • **le tout** ao todo • **le tout est de...** o importante é... • **pas du tout** de modo nenhum • **il n'est pas du tout sympathique**

toutefois

ele não é nem um pouco simpático.
toutefois [utfwa] *adv* todavia.
tout(-)terrain [tutɛRɛ̃] (*pl* **-s**) *adj* todo-terreno.
toux [tu] *nf* tosse *f.*
toxique [tɔksik] *adj* tóxico(ca).
TP *nm abr de* **travaux pratiques**.
trac [tRak] *nm* • **avoir le trac** estar nervoso(osa).
tracasser [tRakase] *vt* inquietar ◆ **se tracasser** *vp* inquietar-se.
trace [tRas] *nf (de pas)* pegada *f; (de sang)* vestígio *m.*
tracer [tRase] *vt* traçar.
tract [tRakt] *nm* panfleto *m.*
tracteur [tRaktœR] *nm (agricole)* trator *m.*
tradition [tRadisjɔ̃] *nf* tradição *f.*
traditionnel, elle [tRadisjɔnɛl] *adj* tradicional.
traducteur, trice [tRadyktœR, tRis] *nm* tradutor *m,* -ra *f.*
traduction [tRadyksjɔ̃] *nf* tradução *f.*
traduire [tRadɥiR] *vt* traduzir.
trafic [tRafik] *nm (circulation)* tráfego *m; (commerce)* tráfico *m.*
tragédie [tRaʒedi] *nf (épisode dramatique)* tragédia *f.*
tragique [tRaʒik] *adj* trágico(ca).
trahir [tRaiR] *vt* trair ◆ **se trahir** *vp* trair-se.
train [tRɛ̃] *nm* trem *m* ◆ **être en train de faire qqch** estar fazendo algo • **train d'atterrissage** trem *m* de aterrissagem

• **train de banlieue** trem de subúrbio • **train-couchettes** trem leito • **train rapide** trem rápido.
traîne [tRɛn] *nf* cauda *f* ◆ **être à la traîne** estar atrás.
traîneau [tRɛno] (*pl* **-x**) *nm* trenó *m.*
traînée [tRɛne] *nf (trace)* rastro *m.*
traîner [tRɛne] *vt* arrastar ◆ *vi (par terre)* arrastar-se; *(prendre du temps, s'attarder)* demorar; *(pej) (affaires, dans la rue, dans les bars)* andar por aí ◆ **se traîner** *vp* arrastar-se.
train-train [tRɛ̃tRɛ̃] *nm inv* rotina *f.*
traire [tRɛR] *vt* ordenhar.
trait [tRɛ] *nm* traço *m* ◆ **d'un trait** *(boire)* de um trago • **trait d'union** hífen *m* ◆ **traits** *nm* traços *mpl.*
traite [tRɛt] *nf* ◆ **d'une (seule) traite** de uma (só) vez.
traitement [tRɛtmɑ̃] *nm* tratamento *m* ◆ **traitement de texte** processamento *m* de texto.
traiter [tRɛte] *vt* tratar; *(affaire)* tratar de ◆ **traiter qqn de qqch** chamar alguém de algo ◆ **traiter de** *vp* + *prép* tratar de.
traiteur [tRɛtœR] *nm* profissional que fornece pratos já preparados.
traître [tRɛtR] *nm* traidor *m.*
trajectoire [tRaʒɛktwaR] *nf* trajetória *f.*
trajet [tRaʒɛ] *nm* trajeto *m.*
trampoline [tRɑ̃pɔlin] *nm* trampolim *m.*

tramway [tramwɛ] *nm* bonde *m*.
tranchant, e [trɑ̃ʃɑ̃, ɑ̃t] • *adj* cortante • *nm* gume *m*.
tranche [trɑ̃ʃ] *nf (morceau)* fatia *f*; *(d'un livre)* lombada *f*.
tranchée [trɑ̃ʃe] *nf* trincheira *f*.
trancher [trɑ̃ʃe] • *vt (couper)* cortar • *vi (décider)* decidir; *(ressortir)* sobressair.
tranquille [trɑ̃kil] *adj (endroit)* tranqüilo(la); *(enfant)* sossegado(da) • **laisser qqn/qqch tranquille** deixar algo/alguém em paz • **rester tranquille** ficar sossegado • **soyez tranquille** *(ne vous inquiétez pas)* fique tranqüilo.
tranquillisant [trɑ̃kilizɑ̃] *nm* tranqüilizante *m*.
tranquillité [trɑ̃kilite] *nf* tranqüilidade *f* • **en toute tranquillité** na maior tranqüilidade.
transaction [trɑ̃zaksjɔ̃] *nf (bancaire)* transação *f*.
transférer [trɑ̃sfere] *vt* transferir.
transformateur [trɑ̃sfɔrmatœr] *nm* transformador *m*.
transformation [trɑ̃sfɔrmasjɔ̃] *nf* transformação *f*.
transformer [trɑ̃sfɔrme] *vt* transformar • **transformer qqch en qqch** transformar algo em algo ◆ **se transformer** *vp* transformar-se • **se transformer en qqch** transformar-se em algo.

transfusion [trɑ̃sfyzjɔ̃] *nf* • **transfusion (sanguine)** transfusão *f* (de sangue).
transistor [trɑ̃zistɔr] *nm (radio)* transistor *m*.
transmettre [trɑ̃smɛtr] *vt* • **transmettre qqch à qqn** transmitir algo a alguém ◆ **se transmettre** *vp* transmitir-se.
transmis, e [trɑ̃smi, iz] *pp* → **transmettre**.
transmission [trɑ̃smisjɔ̃] *nf* transmissão *f*.
transparent, e [trɑ̃sparɑ̃, ɑ̃t] *adj* transparente.
transpercer [trɑ̃spɛrse] *vt* transpassar.
transpiration [trɑ̃spirasjɔ̃] *nf* transpiração *f*.
transpirer [trɑ̃spire] *vi* transpirar.
transplanter [trɑ̃splɑ̃te] *vt (plante)* transplantar.
transport [trɑ̃spɔr] *nm* transporte *m* • **les transports (en commun)** os transportes (públicos).
transporter [trɑ̃spɔrte] *vt* transportar.
transversal, e, aux [trɑ̃svɛrsal, o] *adj* transversal.
trapèze [trapɛz] *nm (de cirque)* trapézio *m*.
trapéziste [trapezist] *nmf* trapezista *mf*.
trappe [trap] *nf* alçapão *m*.
travail [travaj] *(pl -aux)* *nm* trabalho *m* • **travaux** *nm (agricoles)* trabalhos *mpl*; *(ménagers)* tarefas *fpl* • *(de construction)* obras *fpl* • **travaux** obras na

travailler

estrada • **travaux pratiques** aulas fpl práticas.
travailler [tʀavaje] • vi trabalhar • vt (matière scolaire, passage musical) estudar; (bois, pierre) trabalhar.
traveller's check [tʀavlœʀʃɛk] (pl **traveller's-checks**) nm cheque m de viagem.
traveller's cheque [tʀavlœʀʃɛk] (pl **traveller's-cheques**) = traveller's check.
travers [tʀavɛʀ] nm • **à travers** através de • **de travers** de lado • **aller de travers** (fig) ir do lado contrário • **avaler de travers** engasgar-se • **être en travers (de)** estar atravessado em • **travers de porc** costeletas fpl de porco.
traversée [tʀavɛʀse] nf (en bateau) travessia f.
traverser [tʀavɛʀse] vt & vi atravessar.
traversin [tʀavɛʀsɛ̃] nm almofada f cilíndrica.
travesti, e [tʀavɛsti] adj • **bal travesti** baile de máscaras • **travesti** nm travesti.
trébucher [tʀebyʃe] vi tropeçar.
trèfle [tʀɛfl] nm (plante) trevo m; (aux cartes) paus mpl.
treize [tʀɛz] num treze, → six.
treizième [tʀɛzjɛm] num décimo terceiro(décima terceira), → sixième.
tremblement [tʀɑ̃bləmɑ̃] nm • **tremblement de terre** tremor m de terra • **tremblements** (frissons) arrepios mpl.

332

trembler [tʀɑ̃ble] vi tremer • **trembler de peur/froid** tremer de medo/frio.
trémousser [tʀemuse] ◆ **se trémousser** vp mexer-se.
trempé, e [tʀɑ̃pe] adj (mouillé) encharcado(da).
tremper [tʀɑ̃pe] vt & vi molhar • **faire tremper qqch** pôr algo de molho.
tremplin [tʀɑ̃plɛ̃] nm trampolim m.
trente [tʀɑ̃t] num trinta, → six.
trente-trois-tours [tʀɑ̃ttʀwatuʀ] nm inv trinta e três rotações m.
trentième [tʀɑ̃tjɛm] num trigésimo(ma), → sixième.
très [tʀɛ] adv muito • **avoir très peur/faim** ter muito medo/muita fome • **très malade** muito doente • **très bien** muito bem.
trésor [tʀezɔʀ] nm tesouro m.
tresse [tʀɛs] nf trança f; (Helv) CULIN pão m trançado.
tresser [tʀese] vt trançar.
tréteau [tʀeto] (pl **-x**) nm cavalete m.
treuil [tʀœj] nm guindaste m.
trêve [tʀɛv] nf trégua f • **trêve de...** basta de....
tri [tʀi] nm • **faire un tri parmi** fazer uma seleção entre • **tri sélectif** (des ordures ménagères) coleta seletiva.
triangle [tʀijɑ̃gl] nm triângulo m.
triangulaire [tʀijɑ̃gylɛʀ] adj triangular.
tribord [tʀibɔʀ] nm estibordo m • **à tribord** a estibordo.

tribu [tʀiby] *nf* tribo *f.*
tribunal [tʀibynal] (*pl* **-aux**) *nm* tribunal *m.*
tricher [tʀiʃe] *vi (au jeu)* trapacear; *(à un examen)* colar.
tricheur, euse [tʀiʃœʀ, øz] *nm* trapaceiro *m*, -ra *f.*
tricot [tʀiko] *nm (ouvrage)* tricô *m*; *(pull)* suéter *m* • **tricot de corps** camiseta *f.*
tricoter [tʀikɔte] *vt & vi* tricotar.
tricycle [tʀisikl] *nm* triciclo *m.*
trier [tʀije] *vt (sélectionner)* selecionar; *(classer)* classificar.
trimestre [tʀimɛstʀ] *nm* trimestre *m.*
trimestriel, elle [tʀimɛstʀijɛl] *adj* trimestral.
trinquer [tʀɛ̃ke] *vi* brindar.
triomphe [tʀijɔ̃f] *nm* triunfo *m.*
triompher [tʀijɔ̃fe] *vi* triunfar • **triompher de** *(adversaire)* vencer.
tripes [tʀip] *nfpl* CULIN tripas *fpl.*
triple [tʀipl] • *adj (exemplaire)* triplicado; *(dose)* triplo(pla) *m* • **le triple (de)** o triplo (de).
tripler [tʀiple] *vt & vi* triplicar.
tripoter [tʀipɔte] *vt (objet)* mexer em.
triste [tʀist] *adj* triste.
tristesse [tʀistɛs] *nf* tristeza *f.*
troc [tʀɔk] *nm (échange)* troca *f.*
trognon [tʀɔɲɔ̃] *nm (de pomme, de poire)* caroço *m.*
trois [tʀwa] *num* três, → **six**.
troisième [tʀwazjɛm] • *num* terceiro(ra) • *nf EDUC* ≈ oitava série *f* do ensino fundamental; *(vitesse)* terceira *f*, → **sixième**.
trois-quarts [tʀwakaʀ] *nm* casaco *m* 3/4.

trombe [tʀɔ̃b] *nf* • **des trombes d'eau** trombas *fpl* de água • **en trombe** bruscamente.
trombone [tʀɔ̃bɔn] *nm (agrafe)* clipe *m*; MUS trombone *m.*
trompe [tʀɔ̃p] *nf (d'éléphant)* tromba *f.*
tromper [tʀɔ̃pe] *vt* enganar ◆ **se tromper** *vp* enganar-se ◆ **se tromper de** enganar-se de.
trompette [tʀɔ̃pɛt] *nf* trompete *m.*
trompeur, euse [tʀɔ̃pœʀ, øz] *adj* enganador(ra).
tronc [tʀɔ̃] *nm* • **tronc (d'arbre)** tronco *m* (de árvore).
tronçonneuse [tʀɔ̃sɔnøz] *nf* serra *f* elétrica.
trône [tʀon] *nm* trono *m.*
trop [tʀo] *adv* demais • **trop de travail** trabalho demais.
tropical, e, aux [tʀɔpikal, o] *adj* tropical.
trot [tʀo] *nm* trote *m* • **au trot** a trote.
trotter [tʀɔte] *vi* trotar.
trotteuse [tʀɔtøz] *nf* ponteiro *m* dos segundos.
trottinette [tʀɔtinɛt] *nf* patinete *f.*
trottoir [tʀɔtwaʀ] *nm* calçada *f* (de uma rua).
trou [tʀu] *nm* buraco *m* • **avoir un trou de mémoire** ter uma falha de memória.
trouble [tʀubl] • *adj* turvo(va) • *adv* **voir trouble** ter a vista turva.
trouer [tʀue] *vt* esburacar.
trouille [tʀuj] *nf (fam)* • **avoir la trouille** borrar-se de medo.

troupe [tʀup] nf (de théâtre) companhia f de teatro.

troupeau [tʀupo] (pl **-x**) nm rebanho m.

trousse [tʀus] nf estojo f • **trousse de secours** estojo de primeiros socorros • **trousse de toilette** estojo de toalete.

trousseau [tʀuso] (pl **-x**) nm (de clefs) molho m de chaves.

trouver [tʀuve] vt achar • **je trouve que** acho que • **se trouver** vp encontrar-se • **se trouver mal** sentir-se mal.

truc [tʀyk] nm (fam) (objet) coisa f; (astuce) truque m.

trucage [tʀykaʒ] nm trucagem f.

truffe [tʀyf] nf (d'un animal) focinho m; (champignon) trufa f • **truffe (en chocolat)** trufa (de chocolate).

truite [tʀɥit] nf truta f.

truquage [tʀykaʒ] = **trucage**.

T-shirt [tiʃœʀt] = **tee-shirt**.

TSVP (abr de **tournez s'il vous plaît**) vide verso.

TTC adj (abr de **toutes taxes comprises**) c/IVA.

tu[1] [ty] pron tu.

tu[2], **e** [ty] pp → **taire**.

tuba [tyba] nm tubo m (de mergulho).

tube [tyb] nm tubo m; (fam) (musique) êxito m.

tuberculose [tybɛʀkyloz] nf tuberculose f.

tuer [tɥe] vt matar • **se tuer** vp matar-se.

tue-tête [tytɛt] • **à tue-tête** adv aos berros.

tuile [tɥil] nf telha f • **tuile aux amandes** biscoito m de amêndoa.

tulipe [tylip] nf tulipa f.

tumeur [tymœʀ] nf tumor m.

tuner [tynɛʀ] nm sintonizador m.

tunique [tynik] nf túnica f.

Tunisie [tynizi] nf • **la Tunisie** a Tunísia.

tunisien, enne [tynizjɛ̃, ɛn] adj tunisiano(na) ♦ **Tunisien, enne** nm tunisiano m, -na f.

tunnel [tynɛl] nm túnel m • **le tunnel sous la Manche** o túnel do Canal da Mancha.

ⓘ TUNNEL SOUS LA MANCHE

Esse túnel, cavado na rocha sob o fundo do mar, liga Coquelles, na França, a Cheriton, na Inglaterra. Os veículos e os passageiros são transportados a bordo de um trem chamado "Shuttle". Além disso, existe uma linha regular de passageiros do trem "Eurostar", que vai de Paris ou Lille até Londres.

turbo [tyʀbo] ♦ adj inv turbo ♦ nf turbo m.

turbot [tyʀbo] nm linguado m.

turbulences [tyʀbylɑ̃s] nfpl turbulência f.

turbulent, e [tyʀbylɑ̃, ɑ̃t] adj turbulento(ta).

turc, turque [tyʀk] *adj* turco(ca).
Turquie [tyʀki] *nf* • **la Turquie** a Turquia.
turquoise [tyʀkwaz] • *adj inv* azul-turquesa • *nf* turquesa *f.*
tutoyer [tytwaje] *vt* tratar por 'tu' ◆ **se tutoyer** *vp* tratar-se por 'tu'.
tutu [tyty] *nm* tutu *m.*
tuyau [tɥijo] (*pl* **-x**) *nm* tubo *m* • **tuyau d'arrosage** mangueira *f* • **tuyau d'échappement** tubo de escapamento.
TV (*abr de* **télévision**) TV *f.*
TVA *nf* (*abr de* **taxe sur la valeur ajoutée**) IVA *m.*
tweed [twid] *nm* tweed *m.*
tympan [tɛ̃pɑ̃] *nm* tímpano *m.*
type [tip] *nm* tipo *m.*
typique [tipik] *adj* típico(ca).

U

UDF *nf* POL (*abr de* **Union pour la démocratie française**) *partido político francês de direita.*
ulcère [ylsɛʀ] *nm* úlcera *f.*
ULM *nm* ultraleve *m.*
ultérieur, e [ylteʀjœʀ] *adj* ulterior.
ultra- [yltʀa] *préf* ultra-.
UMP *nf* POL (*abr de* **Union pour un mouvement populaire**) *partido político francês de direita.*

un, une [œ̃, yn] (*pl* **des**) • *art* um(uma) • **un homme** um homem • **une femme** uma mulher • **une pomme** uma maçã • **des voitures** (uns) carros • **des valises** (umas) malas • *pron* um(uma) • **(l')un de mes amis/des plus intéressants** um dos meus amigos / dos mais interessantes • **l'un l'autre** um ao outro • **l'un..., l'autre...** um..., o outro... • **l'un et l'autre** tanto um como o outro • **l'un ou l'autre** um ou outro • **ni l'un ni l'autre** nem um nem outro • *num* um, → **six**.
unanime [ynanim] *adj* unânime.
unanimité [ynanimite] *nf* unanimidade *f* • **à l'unanimité** por unanimidade.
Unetelle → **Untel**.
uni, e [yni] *adj (tissu, couleur)* liso(sa); *(famille, couple)* unido(da).
uniforme [yinfɔʀm] • *adj* uniforme • *nm (civil)* uniforme *m*; *(militaire)* farda *f.*
union [ynjɔ̃] *nf* união *f* • **l'Union européenne** a União Européia • **l'Union soviétique** a União Soviética.
unique [ynik] *adj* único(ca).
uniquement [ynikmɑ̃] *adv* unicamente.
unir [yniʀ] *vt* unir ◆ **s'unir** *vp* unir-se.
unisson [ynisɔ̃] *nm* • **à l'unisson** em uníssono.
unitaire [yniteʀ] *adj* unitário(ria).

unité

unité [ynite] *nf* unidade *f*; *COMM* artigo *m* • **à l'unité** por unidade • **unité centrale** unidade central.
univers [yniveʀ] *nm* universo *m*.
universel, elle [yniveʀsɛl] *adj* universal.
universitaire [yniveʀsitɛʀ] *adj* universitário(ria).
université [yniveʀsite] *nf* universidade *f*.
Untel, Unetelle [œ̃tɛl, yntɛl] *nm* fulano *m*, -na *f*.
urbain, e [yʀbɛ̃, ɛn] *adj* urbano(na).
urbanisme [yʀbanism] *nm* urbanismo *m*.
urgence [yʀʒɑ̃s] *nf* (*d'une action*) urgência *f*; *MÉD* emergência *f* • **d'urgence** de urgência • **(service des) urgences** (serviço de) urgência.
urgent, e [yʀʒɑ̃, ɑ̃t] *adj* urgente.
urgentiste [yʀʒɑ̃tist] *nm MÉD* médico especializado em intervenções de emergência.
urine [yʀin] *nf* urina *f*.
uriner [yʀine] *vi* urinar.
urinoir [yʀinwaʀ] *nm* urinol *m*.
URSS *nf* • **l'URSS** a URSS.
urticaire [yʀtikɛʀ] *nf* urticária *f*.
USA *nm* • **les USA** os EUA.
usage [yzaʒ] *nm* uso *m* • **usage externe** uso externo • **usage interne** uso interno.
usagé, e [yzaʒe] *adj* (*ticket*) usado(da).
usager [yzaʒe] *nm* usuário *mf*.
usé, e [yze] *adj* gasto(ta).

user [yze] *vt* gastar ◆ **s'user** *vp* gastar-se.
usine [yzin] *nf* fábrica *f*.
USP [yɛspe] *nf MÉD* (*abr de* unité de soins palliatifs) Unidade de Cuidados Paliativos.
ustensile [ystɑ̃sil] *nm* utensílio *m*.
utero • (*locution adjectivale et locution adverbiale*) **in utero** in utero.
utile [ytil] *adj* útil.
utilisateur, trice [ytilizatœʀ, tʀis] *nm* utilizador *m*, -ra *f*.
utilisation [ytilizasjɔ̃] *nf* utilização *f*.
utiliser [ytilize] *vt* utilizar.
utilité [ytilite] *nf* • **être d'une grande utilité** ser de grande utilidade.
UV *nm* (*abr de* **ultraviolets**) UV *mpl*.

V

va [va] → **aller**.
vacances [vakɑ̃s] *nfpl* férias *fpl* • **être/partir en vacances** estar/sair de férias • **prendre des vacances** tirar férias • **vacances scolaires** férias escolares.
vacancier, ère [vakɑ̃sje, ɛʀ] *nm* pessoa *f* que está de férias; (*d'été*) veranista *mf*.
vacarme [vakaʀm] *nm* barulheira *f*.

vaccin [vaksɛ̃] nm vacina f.
vacciner [vaksine] vt • **vacciner qqn contre qqch** vacinar alguém contra algo.
vache [vaʃ] • nf vaca f • adj (fam) (méchant) ordinário(ria).
vachement [vaʃmã] adv (fam) à beça • **c'est vachement bien** está legal demais.
vacherin [vaʃRɛ̃] nm (gâteau) bolo gelado com camadas de merengue e chantilly; (Helv) (fromage) queijo cremoso de leite de vaca.
va-et-vient [vaevjɛ̃] nm inv • **faire le va-et-vient entre** fazer o trajeto de ida e volta entre.
vague [vag] • adj vago(ga) • nf onda f • **vague de chaleur** onda de calor.
vaguement [vagmã] adv vagamente.
vaille → **valoir**.
vaincre [vɛ̃kʀ] vt vencer.
vaincu, e [vɛ̃ky] nm (équipe, sportif) perdedor m, -ra f.
vainqueur [vɛ̃kœʀ] nm vencedor m, -ra f.
vais [vɛ] → **aller**.
vaisseau [veso] (pl -x) nm (veine) vaso m • **vaisseau spatial** nave f espacial.
vaisselle [vesɛl] nf louça f • **faire la vaisselle** lavar a louça.
valable [valabl] adj válido(da).
valait → **valoir**.
valent [val] → **valoir**.
valet [valɛ] nm (aux cartes) valete m.
valeur [valœʀ] nf valor m.

valider [valide] vt (ticket) validar.
validité [validite] nf validade f • **date limite de validité** prazo de validade.
valise [valiz] nf mala f • **faire ses valises** fazer as malas.
vallée [vale] nf vale m.
vallonné, e [valɔne] adj sulcado(da) por vales.
valoir [valwaʀ] • vi (coûter) custar; (avoir comme qualité) valer • vimpers • **il vaut mieux faire qqch** é melhor fazer algo • **il vaut mieux que tu restes** é melhor você ficar • **ça vaut combien?** quanto custa? • **ça vaut la peine (de faire qqch)** vale a pena (fazer algo).
valse [vals] nf valsa f.
valu [valy] pp → **valoir**.
vandale [vɑ̃dal] nm vândalo m.
vandalisme [vɑ̃dalism] nm vandalismo m.
vanille [vanij] nf baunilha f.
vaniteux, euse [vanitø, øz] adj vaidoso(osa).
vanter [vɑ̃te] • **se vanter** vp gabar-se.
vapeur [vapœʀ] nf barco m a vapor • **à vapeur** a vapor • **(à la) vapeur** a vapor.
vaporisateur [vapɔʀizatœʀ] nm vaporizador m.
varappe [vaʀap] nf escalada f.
variable [vaʀjabl] adj variável.
varicelle [vaʀisɛl] nf varicela f.
varices [vaʀis] nfpl varizes fpl.
varié, e [vaʀje] adj variado(da) • **hors-d'œuvre variés** entradas variadas.

variété

variété [varjete] nf variedade f • **variétés** variedades fpl.
variole [varjɔl] nf varíola f.
vas [va] → **aller**.
vase [vaz] ♦ nf lodo m ♦ nm vaso m.
vaste [vast] adj vasto(ta).
vaudra → **valoir**.
vaut [vo] → **valoir**.
vautour [votuʀ] nm abutre m.
veau [vo] (pl **-x**) nm (animal) bezerro m; CULIN vitela f.
vécu, e [veky] ♦ pp → **vivre** ♦ adj vivido(da).
vedette [vədɛt] nf (acteur, sportif) vedete f; (bateau) lancha f.
végétal, e, aux [veʒetal, o] ♦ adj vegetal ♦ nm vegetal m.
végétarien, enne [veʒetaʀjɛ̃, ɛn] adj & nm vegetariano(na).
végétation [veʒetasjɔ̃] nf vegetação f • **végétations** nfpl MÉD adenóides fpl.
véhicule [veikyl] nm veículo m.
veille [vɛj] nf véspera f.
veillée [veje] nf serão m.
veiller [veje] vi velar • **veiller à faire qqch** procurar fazer algo • **veiller à ce que** fazer com que • **veiller sur qqn** cuidar de alguém.
veilleur [vejœʀ] nm • **veilleur de nuit** guarda-noturno m.
veilleuse [vejøz] nf (lampe) lamparina f; AUTO lanterna f; (flamme) piloto m.
veine [vɛn] nf veia f • **avoir de la veine** (fam) ter sorte.
Velcro® [vɛlkʀo] nm velcro® m.
vélo [velo] nm bicicleta f • **faire du vélo** andar de bicicleta • **vélo de course** bicicleta de corrida • **vélo tout terrain** bicicleta todo-terreno.
vélomoteur [velomotœʀ] nm bicicleta f motorizada.
velours [vəluʀ] nm veludo m • **velours côtelé** veludo cotelê.
velouté [vəlute] nm • **velouté d'asperge** sopa cremosa de aspargos.
vendanges [vɑ̃dɑ̃ʒ] nf vindimas fpl.
vendeur, euse [vɑ̃dœʀ, øz] nm vendedor m, -ra f.
vendre [vɑ̃dʀ] vt vender • **vendre qqch à qqn** vender algo a alguém • **à vendre** vende-se.
vendredi [vɑ̃dʀədi] nm sexta-feira f • **vendredi saint** sexta-feira santa → **samedi**.
vénéneux, euse [venenø, øz] adj venenoso(osa).
vengeance [vɑ̃ʒɑ̃s] nf vingança f.
venger [vɑ̃ʒe] ♦ **se venger** vp vingar-se.
venimeux, euse [vənimø, øz] adj venenoso(osa).
venin [vənɛ̃] nm veneno m.
venir [vəniʀ] vi vir • **venir de** vir de • **venir de faire qqch** acabar de fazer algo • **faire venir qqn** mandar vir alguém.
vent [vɑ̃] nm vento m • **vent d'ouest** vento do oeste.
vente [vɑ̃t] nf venda f • **être/mettre qqch en vente** estar/pôr algo à venda • **vente par correspondance** venda pelo correio • **vente aux enchères**

leilão m • **vente par téléphone** venda por telefone • **vente en ligne** venda on-line.
ventilateur [vɑ̃tilatœʀ] nm ventilador m.
ventouse [vɑ̃tuz] nf ventosa f.
ventre [vɑ̃tʀ] nm barriga f.
venu, e [vəny] pp → **venir**.
ver [vɛʀ] nm verme m; (de fruit) bicho m • **ver luisant** vaga-lume m • **ver (de terre)** minhoca f.
véranda [veʀɑ̃da] nf marquise f.
verbe [vɛʀb] nm verbo m.
verdict [vɛʀdikt] nm veredicto m.
verdure [vɛʀdyʀ] nf verdura f.
véreux, euse [veʀø, øz] adj bichado(da).
verger [vɛʀʒe] nm pomar m.
verglacé, e [vɛʀglase] adj coberto(ta) de gelo.
verglas [vɛʀgla] nm gelo m (na estrada).
vérification [veʀifikasjɔ̃] nf verificação f.
vérifier [veʀifje] vt verificar.
véritable [veʀitabl] adj verdadeiro(ra).
vérité [veʀite] nf verdade f • **dire la vérité** dizer a verdade.
vermicelle [vɛʀmisɛl] nm cabelo-de-anjo m.
verni, e [vɛʀni] adj envernizado(da).
vernis [vɛʀni] nm verniz m • **vernis à ongles** esmalte m de unhas.
verra → **voir**.
verre [vɛʀ] nm copo m; (matière) vidro m • **boire** OU **prendre un verre** tomar uma bebida • **verre à pied** cálice m, taça f • **verre à vin** taça para vinho • **verres de contact** lentes fpl de contato.
verrière [vɛʀjɛʀ] nf vidraça f.
verrou [vɛʀu] nm ferrolho m.
verrouiller [vɛʀuje] vt trancar, prender.
verrue [vɛʀy] nf verruga f.
vers [vɛʀ] • nm verso m • prép (direction) em direção a; (époque) por volta de.
Versailles [vɛʀsaj] nom • **le château de Versailles** o palácio de Versalhes.

ⓘ VERSAILLES

No início, no reinado de Luís XIII, Versalhes era um simples pavilhão de caça. Luís XIV (a partir de 1661) transformou-o num imponente palácio de arquitetura clássica. A "Galerie des Glaces", composta por 75 m de espelhos, e os jardins à francesa, decorados com lagos e jatos de água, são duas das suas partes mais conhecidas.

versant [vɛʀsɑ̃] nm encosta f.
verse [vɛʀs] ◆ **à la verse** adv a cântaros.
Verseau [vɛʀso] nm Aquário m.
versement [vɛʀsəmɑ̃] nm (d'argent) pagamento m; (crédit) prestação f; (à la banque) depósito m.

verser [vɛʀse] *vt (liquide)* despejar; *(argent)* dar; *(à la banque)* depositar.
verseur [vɛʀsœʀ] *adj m* → **bec**.
version [vɛʀsjɔ̃] *nf* versão *f* • **(en) version française** (em) versão francesa • **(en) version originale** (em) versão original.
verso [vɛʀso] *nm* verso *m (página)*.
vert, e [vɛʀ, vɛʀt] • *adj* verde • *nm* verde *m*.
vertébrale [vɛʀtebʀal] *adj f* → **colonne**.
vertèbre [vɛʀtebʀ] *nf* vértebra *f*.
vertical, e, aux [vɛʀtikal, o] *adj* vertical.
vessie [vesi] *nf* bexiga *f*.
veste [vɛst] *nf* casaco *m*.
vestiaire [vɛstjɛʀ] *nm* vestiário *m*.
vestibule [vɛstibyl] *nm* vestíbulo *m*.
vestiges [vɛstiʒ] *nm* vestígios *mpl*.
veston [vɛstɔ̃] *nm* paletó *m*.
vététiste [vetesist] *nm* esportista que pratica ciclismo todo-terreno.
vêtement [vɛtmã] *nm* roupa *f*, vestuário *f*.
vétérinaire [veteʀinɛʀ] *nm* veterinário *m*, -ria *f*.
veuf, veuve [vœf, vœv] *adj & nm* viúvo(va).
veuille [vœj] → **vouloir**.
veuve → **veuf**.
veux [vø] → **vouloir**.
vexant, e [vɛksã, ãt] *adj* vexante, humilhante.

vexer [vɛkse] *vt* vexar ◆ **se vexer** *vp* ofender-se.
VF *nf abr de* **version française**.
viaduc [vjadyk] *nm* viaduto *m*.
viande [vjɑ̃d] *nf* carne *f* • **viande séchée des Grisons** *(Helv)* carne de vaca seca e salgada.
vibration [vibʀasjɔ̃] *nf* vibração *f*.
vibrer [vibʀe] *vi* vibrar.
vibreur [vibʀœʀ] *nm* vibrador *m*.
vice [vis] *nm* vício *m*.
vice versa [vis(e)vɛʀsa] *adv* vice-versa.
vicieux, euse [visjø, øz] *adj (pervers)* depravado(da); *(cercle)* vicioso(osa).
victime [viktim] *nf* vítima *f* • **être victime de** ser vítima de.
victoire [viktwaʀ] *nf* vitória *f*.
vidange [vidɑ̃ʒ] *nf (d'une auto)* troca *f* de óleo.
vide [vid] • *adj* vazio(zia) • *nm (espace)* vazio *m*; *(absence d'air)* vácuo *m* • **sous vide** *(aliment)* a vácuo • **vide juridique** *DROIT* vazio jurídico.
vidéo [video] • *adj inv* de vídeo • *nf (appareils)* vídeo *m*; *(film)* fita *f* de vídeo.
vide-ordures [vidɔʀdyʀ] *nm inv* conduto vertical usado para evacuar o lixo domiciliar de certos imóveis.
vidéoprojecteur [videopʀɔʒɛktœʀ] *nm* projetor *m* de vídeo.
vide-poches [vidpɔʃ] *nm inv* compartimento para objetos nas portas do carro.

vider [vide] *vt* esvaziar; *(poulet, poisson)* limpar ♦ **se vider** *vp* esvaziar-se.

videur [vidœʀ] *nm* segurança *m*.

vie [vi] *nf* vida *f* • **en vie** em vida.

vieil → **vieux**.

vieillard [vjɛjaʀ] *nm* velho *m*.

vieille → **vieux**.

vieillesse [vjɛjɛs] *nf* velhice *f*.

vieillir [vjejiʀ] ♦ *vi* envelhecer ♦ *vt* ça le vieillit isso o envelhece.

viendra → **venir**.

viens → **venir**.

vierge [vjɛʀʒ] *adj (cassette)* virgem ♦ **Vierge** *nf* Virgem *f*.

Vietnam [vjɛtnam] *nm* • **le Vietnam** o Vietnã.

vieux, vieille [vjø, vjɛj] *(mpl* **vieux** *(vieil* [vjɛj] *devant voyelle ou h muet) adj* velho(lha) • **il est vieux jeu** ele é antiquado • **salut, mon vieux/ma vieille!** *(fam)* oi, cara!

vif, vive [vif, viv] *adj* vivo(va); *(geste)* ágil.

vigile [viʒil] *nm* vigia *m*.

vigne [viɲ] *nf* vinha *f*.

vignette [viɲɛt] *nf (automobile)* adesivo colado no pára-brisa atestando o pagamento do imposto sobre veículos; *(de médicament)* etiqueta *f*.

vignoble [viɲɔbl] *nm* vinhedo *m*.

vigoureux, euse [viguʀø, øz] *adj* vigoroso(osa).

vigueur [vigœʀ] *nf* • **les prix en vigueur** os preços em vigor • **entrer en vigueur** entrar em vigor.

VIH, V.I.H. *(abr de* Virus d'Immunodéficience Humaine*) nm* HIV *m*.

vilain, e [vilɛ̃, ɛn] *adj (méchant)* mau(má); *(laid)* feio(feia).

villa [vila] *nf* vivenda *f*.

village [vilaʒ] *nm* aldeia *f*.

ville [vil] *nf* cidade *f* • **aller en ville** ir à cidade.

Villette [vilɛt] *nf* • **(le parc de) la Villette** centro cultural ao norte de Paris que inclui um museu de ciências e tecnologia.

vin [vɛ̃] *nm* vinho *m* • **vin blanc** vinho branco • **vin doux** vinho doce • **vin rosé** vinho rosé • **vin rouge** vinho tinto • **vin sec** vinho seco • **vin de table** vinho de mesa.

ⓘ VIN

A França é um grande produtor de vinho, bebida que tradicionalmente acompanha as refeições. As principais regiões vinícolas são Borgonha, a zona de Bordéus, a região do rio Loire e a região de Beaujolais, onde se produzem vinhos tintos e brancos. Na Alsácia predomina o vinho branco, enquanto na Provença se produz principalmente vinho rosé. Os vinhos classificam-se em quatro categorias especificadas nas etiquetas: os "AOC", vinhos com denominação de origem, conhecidos pela sua

vinaigre

alta qualidade e cuja proveniência é garantida; os "VDQS", vinhos de boa qualidade produzidos por uma determinada região; os "vins de pays", vinhos de mesa nos quais a proveniência é indicada, e os "vins de table", vinhos de mesa que podem ser misturados e nos quais a proveniência não está indicada.

vinaigre [vinɛgʀ] *nm* vinagre *m*.
vinaigrette [vinɛgʀɛt] *nf* vinagrete *m*.
vingt [vɛ̃] *num* vinte, → **six**.
vingtième [vɛ̃tjɛm] *num* vigésimo(ma), → **sixième**.
viol [vjɔl] *nm* estupro *m*.
violemment [vjɔlamɑ̃] *adv* violentamente.
violence [vjɔlɑ̃s] *nf* violência *f* • **violence routière** violência nas estradas.
violent, e [vjɔlɑ̃, ɑ̃t] *adj* violento(ta).
violer [vjɔle] *vt* violar.
violet, ette [vjɔlɛ, ɛt] • *adj* violeta • *nm* violeta *f*.
violette [vjɔlɛt] *nf* violeta *f*.
violon [vjɔlɔ̃] *nm* violino *m*.
violoncelle [vjɔlɔ̃sɛl] *nm* violoncelo *m*.
violoniste [vjɔlɔnist] *nmf* violinista *mf*.
vipère [vipɛʀ] *nf* víbora *f*.
virage [viʀaʒ] *nm* curva *f*.
virement [viʀmɑ̃] *nm* transferência *f* • **virement automatique** transferência automática.

virer [viʀe] *vt* transferir.
virgule [viʀgyl] *nf* vírgula *f*.
viril, e [viʀil] *adj* viril.
virtuelle [viʀtɥɛl] *adj f* → **réalité**.
virtuose [viʀtɥoz] *nmf* virtuose *mf*.
virus [viʀys] *nm* vírus *m*.
vis [vis] *nf* parafuso *m*.
visa [viza] *nm* visto *m*.
visage [vizaʒ] *nm* rosto *m*.
vis-à-vis [vizavi] • **vis-à-vis de** *prép* (*envers*) com respeito a.
viser [vize] *vt* (*cible*) mirar em; (*concerner*) dizer respeito a.
viseur [vizœʀ] *nm* (*de carabine*) mira *f*; (*d'appareil photo*) visor *m*.
visibilité [vizibilite] *nf* visibilidade *f*.
visible [vizibl] *adj* visível.
visière [vizjɛʀ] *nf* viseira *f*.
vision [vizjɔ̃] *nf* visão *f*.
visionneuse [vizjɔnøz] *nf* leitor *m*.
visite [vizit] *nf* visita *f* • **rendre visite à qqn** fazer uma visita a alguém • **visite guidée** visita guiada • **visite médicale** visita médica.
visiter [vizite] *vt* visitar.
visiteur, euse [vizitœʀ, øz] *nm* (*touriste*) visitante *mf*; (*invité*) visita *f*.
visqueux, euse [viskø, øz] *adj* viscoso(osa).
visser [vise] *vt* aparafusar.
visuel, elle [vizɥɛl] *adj* visual.
vital, e, aux [vital, o] *adj* vital.
vitalité [vitalite] *nf* vitalidade *f*.
vitamine [vitamin] *nf* vitamina *f*.
vite [vit] *adv* depressa.

vitesse [vites] *nf (rapidité)* velocidade *f*; TECH *(d'une voiture, d'un vélo)* marcha *f* • **à toute vitesse** a toda a velocidade.

vitrail [vitraj] *(pl* -aux*) nm* vitral *m*.

vitre [vitr] *nf* vidro *m*.

vitré, e [vitre] *adj* envidraçado(da).

vitrine [vitrin] *nf* vitrine *f* • **en vitrine** na vitrine • **faire les vitrines** ver as vitrines.

vivacité [vivasite] *nf* vivacidade *f*.

vivant, e [vivã, ãt] *adj en vie* vivo(va); *(animé)* animado(da).

vive [viv] • *adj* → **vif** • *interj* viva!

vivement [vivmã] • *adv* energicamente • *interj* • **vivement demain!** tomara que amanhã chegue depressa!

vivre [vivr] *vt & vi* viver.

VO *nf (abr de* version originale*)* • **en VO** VO, versão original.

vocabulaire [vɔkabylɛr] *nm* vocabulário *m*.

vocales [vɔkal] *adj fpl* → **corde**.

vodka [vɔdka] *nf* vodca *f*.

vœu [vø] *(pl* -x*) nm* votos *mpl* • **meilleurs vœux!** votos de boas festas!

voici [vwasi] *prép* • **voici votre clef** aqui está a sua chave • **voici ma fille** aqui está a minha filha • **le voici** ei-lo.

voie [vwa] *nf* via *f* • **en voie de** em vias de • **par voie orale** por via oral • **voie ferrée** via férrea *f* • **voie sans issue** beco *f* sem saída.

voilà [vwala] *prép* • **voilà ce qui s'est passé** eis o que aconteceu • **voilà Pierre** aqui está o Pierre.

voile [vwal] *nf* vela *f* • **faire de la voile** velejar.

voilé, e [vwale] *adj (roue)* torto(torta).

voilier [vwalje] *nm* veleiro *m*.

voir [vwar] *vt* ver • **ça n'a rien à voir (avec)** não tem nada a ver (com) • **voyons!** olha lá! • **faire voir qqch à qqn** mostrar algo a alguém • **se voir** *vp* ver-se.

voisin, e [vwazɛ̃, in] *adj & nm* vizinho(nha).

voiture [vwatyr] *nf (automobile)* carro *m*; *(wagon)* vagão *m* • **voiture de sport** carro esporte.

voix [vwa] *nf (organe)* voz *f*; *(vote)* voto *m* • **à voix basse/haute** em voz baixa/alta.

vol [vɔl] *nm (délit)* roubo *m*; *(trajet en avion)* vôo *m*; *(groupe d'oiseaux)* revoada *f* • **attraper qqch au vol** apanhar algo no ar • **à vol d'oiseau** em linha reta • **en vol** durante o vôo • **vol charter** vôo charter • **vol régulier** vôo regular.

volaille [vɔlaj] *nf* ave *f*; *(collectif)* aves *fpl*.

volant [vɔlã] *nm (de voiture)* volante *m*; *(de nappe)* franja *f*; *(de badminton)* peteca *f* • **à volants** *(jupe)* com babados.

volante [vɔlãt] *adj f* → **soucoupe**.

vol-au-vent [vɔlovã] *nm inv* vol-au-vent *m*.

volcan [vɔlkã] *nm* vulcão *m*.

voler

voler [vɔle] ♦ vt roubar ♦ vi (oiseau, avion) voar; (commettre un vol) roubar.
volet [vɔlɛ] nm (de fenêtre) persiana f, veneziana f; (d'imprimé) folha f.
voleur, euse [vɔlœʀ, øz] nm ladrão m, ladra f.
volière [vɔljɛʀ] nf aviário m.
volley(-ball) [vɔlɛ(bol)] nm voleibol m, vôlei m.
volontaire [vɔlɔ̃tɛʀ] adj & nm voluntário(ria).
volontairement [vɔlɔ̃tɛʀmɑ̃] adv voluntariamente.
volonté [vɔlɔ̃te] nf vontade f ♦ **bonne/mauvaise volonté** boa/má vontade.
volontiers [vɔlɔ̃tje] adv com muito prazer.
volt [vɔlt] nm volt m.
volume [vɔlym] nm volume m.
volumineux, euse [vɔlyminø, øz] adj volumoso(sa).
vomir [vɔmiʀ] vt & vi vomitar.
vont [vɔ̃] → aller.
vos → votre.
vote [vɔt] nm voto m.
voter [vɔte] vi votar.
votre [vɔtʀ] (pl **vos**) adj seu (sua).
vôtre [votʀ] ♦ **le vôtre, la vôtre** (pl **les vôtres**) pron (collectif) o vosso(a vossa); (de vouvoiement) o seu(a sua) ♦ **à la vôtre!** à vossa!
voudra → vouloir.
vouloir [vulwaʀ] vt querer ♦ **voulez-vous boire quelque chose?** querem beber alguma coisa? ♦ **vouloir que** querer que ♦ **si tu veux** se você quiser ♦ **sans le vouloir** sem querer ♦ **je voudrais...** eu gostaria... ♦ **que me voulez-vous?** que quer de mim? ♦ **je veux bien** sim, quero ♦ **veuillez vous asseoir** queira sentar-se ♦ **ne pas vouloir de qqn/qqch** não querer alguém /algo ♦ **en vouloir à qqn** estar ressentido(da) com alguém ♦ **vouloir dire** querer dizer ♦ **si on veut** é possível
♦ **s'en vouloir** vp ♦ **s'en vouloir (de faire qqch)** arrepender-se (de ter feito algo).
voulu, e [vuly] pp → vouloir.
vous [vu] pron (sujet, pour tutoyer plusieurs personnes) vocês; (sujet, pour vouvoyer une personne) o senhor (a senhora); (sujet, pour vouvoyer plusieurs personnes) os senhores(as senhoras); (objet direct, pour tutoyer plusieurs personnes) -los; (objet direct, pour vouvoyer une personne) -o(-a); (objet direct, pour vouvoyer plusieurs personnes) -los; (objet indirect, pour tutoyer plusieurs personnes) -lhes; (objet indirect, pour vouvoyer une personne) -lhe; (objet indirect, pour vouvoyer plusieurs personnes) -lhes; (réfléchi) -se; (réciproque) -se.
♦ **vous-même** você próprio
♦ **vous-mêmes** vocês próprios.
voûte [vut] nf abóbada f.
voûté, e [vute] adj curvado(da).
vouvoyer [vuvwaje] vt tratar por você ♦ **se vouvoyer** vp tratar-se por 'você'.
voyage [vwajaʒ] nm viagem f ♦ **bon voyage!** boa viagem!

• **partir en voyage** fazer uma viagem • **voyage de noces** viagem de núpcias • **voyage organisé** viagem organizada.
voyager [vwajaʒe] *vi* viajar.
voyageur, euse [vwajaʒœʀ, øz] *nm* viajante *mf*.
voyant, e [vwajɑ̃, ɑ̃t] *adj* vistoso(osa) ♦ *nm* • **voyant lumineux** indicador *m* luminoso.
voyelle [vwajɛl] *nf* vogal *f*.
voyons [vwajɔ̃] → **voir**.
voyou [vwaju] *nm* arruaceiro *m*, -ra *f*.
vrac [vʀak] *nm* • **en vrac** *(en désordre)* em desordem; *(sans emballage)* a granel.
vrai, e [vʀɛ] *adj (exact)* verdade; *(véritable)* verdadeiro(ra).
vraiment [vʀɛmɑ̃] *adv* realmente.
vraisemblable [vʀɛsɑ̃blabl] *adj* verossímil.
VTT *nm (abr de* **vélo tout terrain)** mountain-bike *f*.
vu, e [vy] *pp* → **voir** ♦ *prép* visto • *adj* • **être bien/mal vu (de qqn)** ser bem/mal visto (aos olhos de alguém) • **vu que** visto que.
vue [vy] *nf* vista *f* • **avec vue sur...** com vista para...
• **connaître qqn de vue** conhecer alguém de vista • **en vue de faire qqch** com a intenção de fazer algo • **à vue d'œil** a olhos vistos.
vulgaire [vylgɛʀ] *adj (grossier)* ordinário(ria); *(quelconque)* vulgar.

W

wagon [vagɔ̃] *nm* vagão *m*.
wagon-lit [vagɔli] *(pl* **wagons-lits)** *nm* vagão-leito *m*.
wagon-restaurant [vagɔ̃ʀɛstɔʀɑ̃] *(pl* **wagons-restaurants)** *nm* vagão-restaurante *m*.
Walkman® [wɔkman] *nm* walkman® *m*.
wallon, onne [walɔ̃, ɔn] *adj* valão(lona) ♦ **Wallon, onne** *nm* valão *m*, -lona *f*.
Washington [waʃiŋtɔn] *nom* Washington.
waters [watɛʀ] *nmpl* sanitários *mpl*.
waterzoi [watɛʀzɔj] *nm (Belg)* ensopado de peixe ou de frango com carne.
watt [wat] *nm* watt *m*.
W-C [vese] *nmpl* WC *mpl*.
web, Web [wɛb] *nm* • **le web** a web.
webcam [wɛbkam] *nf* webcam *f*.
webmestre [wɛbmɛstʀ] *nm INFORM* administrador *m* da Web, webmaster *m*.
week-end [wikɛnd] *(pl* **week-ends)** *nm* fim de semana *m* • **bon week-end!** bom fim de semana!
western [wɛstɛʀn] *nm* bangue-bangue *m*.
whisky [wiski] *nm* uísque *m*.

X

xérès [gzeʀɛs] nm xerez m.
xylophone [ksilɔfɔn] nm xilofone m.

Y

y [i] ◆ adv 1. (gén) lá • **j'y vais demain** vou lá amanhã • **mets-y du sel** ponha sal • **va voir sur la table si les clefs y sont** veja se as chaves estão em cima da mesa 2. (indique le lieu où l'on est) aqui • **nous y resterons une semaine** ficaremos aqui uma semana ◆ pron isso • **pensez-y** (réfléchissez-y) pense nisso; (souvenez-vous-en) lembre-se disso • **que veux-tu que j'y fasse?** o que você quer que eu faça? • **n'y comptez pas** não conte com isso → **aller, avoir**.
yacht [jɔt] nm iate m.
yaourt [jauʀt] nm iogurte m.
yeux → **œil**.
yoga [jɔga] nm ioga m.
yoghourt [jɔgurt] = **yaourt**.
Yougoslavie [jugɔslavi] nf • **la Yougoslavie** a Iugoslávia.
Yo-Yo® [jojo] nm inv iôiô m.

Z

zapper [zape] vi mudar constantemente de canal.
zèbre [zɛbʀ] nm zebra f.
zéro [zeʀo] nm zero m.
zeste [zɛst] nm casca f.
zigzag [zigzag] nm ziguezague m • **en zigzag** (route) em ziguezague; (marcher) em ziguezague.
zigzaguer [zigzage] vi (route) ziguezaguear; (voiture) andar em ziguezague.
zipper [zipe] vt INFORM zipar.
zodiaque [zɔdjak] nm → **signe**.
zone [zon] nf zona f • **zone industrielle** zona industrial • **zone piétonne** OU **piétonnière** zona pedestre • **zone verte** zona verde.
zoo [zo(o)] nm jardim m zoológico.
zoologique [zɔɔlɔʒik] adj → **parc**.
zut [zyt] interj caramba!

PORTUGUÊS – FRANCÊS

PORTUGAIS – FRANÇAIS

A

a [a] *prep* **1.** *(ger)* à • **dar algo a alguém** donner qqch à qqn • **diga ao João que venha** dis à João de venir • **mostrar algo a alguém** montrer qqch à qqn • **nós vamos ao cinema** nous allons au cinéma • **fomos à praia** nous sommes allés à la plage • **vou ao Egito/ao Japão/ aos Estados Unidos** je vais en Égypte/au Japon/aux États-Unis • **é à esquerda/direita** c'est à gauche/droite • **fica a dez quilômetros** c'est à dix kilomètres • **aos centos/às dezenas** par centaines/dizaines • **a quanto...?** à combien...? • **a quanto está vendendo as peras?** à combien vendez-vous les poires? • **ganhamos por dois a um** nous avons gagné deux à un • **entraram um a um** ils sont entrés un par un • **feito à mão** fait (à la) main • **escrever à máquina** taper à la machine • **sal a gosto** sel à volonté • **ele ia a cem por hora** il allait à cent à l'heure • **conduzir a 60 km/h** conduire à 60 km/h • **abertura às oito horas** ouverture à huit heures • **é a dez minutos daqui** c'est à dix minutes d'ici **de... a...** de... à... • **a loja tem de tudo, de pregos a máquinas de lavar** cette boutique vend de tout, des clous aux machines à laver **2.** *(indica freqüência)* • **três vezes ao dia** trois fois par jour • **estou lá às terças e quintas-feiras** j'y suis tous les mardis et jeudis **3.** *(seguido de infinitivo)* • **engasgou-se ao comer** il s'est étouffé en mangeant **4.** *(em locuções)* • **a não ser que** à moins que.

à [a] = a + a → a.

aba ['aba] *f (de chapéu)* aile *f*; *(corte de carne)* côte *f*.

abacate [aba'katʃi] *m* avocat *m (fruit)*.

abacaxi [abaka'ʃi] *m* ananas *m*.

abadia [aba'dʒia] *f* abbaye *f*.

abafado, da [aba'fadu, da] *adj (ar, tempo)* lourd(e).

abafar

abafar [aba'fa(x)] *vt & vi* étouffer.

abaixar [abaj'ʃa(x)] *vt (cabeça, braço)* baisser ▫ **abaixar-se** *vp* se baisser.

abaixo [a'bajʃu] ♦ *adv* au-dessous ♦ *interj* • abaixo o governo! à bas le gouvernement! • mais abaixo plus bas • deitar abaixo *(árvore)* abattre; *(argumento)* démolir • abaixo de *(em espaço)* après; *(em hierarquia)* au-dessous de.

abaixo-assinado [a,bajʃuasi'nadu] *(pl* abaixo-assinados*) m* pétition *f.*

abajur [aba'ʒu(x)] *(pl* -es*) m* abat-jour *m.*

abalar [aba'la(x)] ♦ *vt* secouer ♦ *vi* s'en aller.

abalo [a'balu] *m* abalo **(sísmico** *OU* **de terra)** secousse *f* (sismique).

abanar [aba'na(x)] *vt (cabeça)* secouer; *(rabo)* remuer.

abandonado, da [abãndo'nadu, da] *adj* abandonné(e).

abandonar [abãndo'na(x)] *vt* abandonner.

abandono [abãn'donu] *m* abandon *m* • ao abandono à l'abandon.

abarcar [abax'ka(x)] *vt (abranger)* comprendre; *(temas)* recouvrir.

abarrotado, da [abaxo'tadu, da] *adj* plein(e) à craquer.

abarrotar [abaxo'ta(x)] *vi* bourrer.

2

abastecer [abaʃte'se(x)] *vt (fornecer)* approvisionner ▫ **abastecer-se** *vp* s'approvisionner.

abastecimento [abaʃtesi'mẽntu] *m* approvisionnement *m.*

abater [aba'te(x)] *vt (preço)* baisser; *(derrubar, matar)* abattre.

abatimento [abatʃi'mẽntu] *m (desconto)* réduction *f.*

abdicar [abdʒi'ka(x)] *vi* abdiquer • abdicar de algo *(de direito, cargo)* renoncer à qqch.

abdome [ab'domi] *m* abdomen *m.*

abdominal [abdomi'naw] *(pl* -ais*) adj* abdominal(e) ▫ **abdominais** *mpl* • fazer abdominais faire des abdominaux.

abecedário [abese'darju] *m* alphabet *m.*

abeirar-se [abej'ra(x)] ▫ **abeirar-se** *vp + prep* s'approcher de.

abelha [a'beʎa] *f* abeille *f.*

abelhudo, da [abe'ʎudu, da] *adj* fouineur(euse).

aberração [abexa'sãw] *(pl* -ões*) f* aberration *f.*

aberto, ta [a'bɛxtu, ta] ♦ *pp* → **abrir** ♦ *adj* ouvert(e) • aberto ouvert.

abertura [abex'tura] *f* ouverture *f.*

abeto [abɛxtu] *m* sapin *m.*

ABI *f (abrev de* Associação Brasileira de Imprensa*) association de presse brésilienne.*

abismo [a'biʒmu] *m* abîme *m.*

abóbada [a'bobada] *f* voûte *f.*

abóbora [a'bɔbora] f citrouille f.

abóbora-menina [a'bɔborame'nina] (pl **abóboras-meninas**) f potiron m.

abobrinha [abo'briɲa] f courgette f.

abolir [abo'li(x)] vt abolir.

abominar [abomi'na(x)] vt exécrer.

abordagem [abox'daʒẽ] (pl **-ns**) f approche f.

abordar [abox'da(x)] vt aborder.

aborígene [abori'ʒeni] adj & nmf aborigène.

aborrecer [aboxe'se(x)] vt ennuyer ⧠ **aborrecer-se** vp s'ennuyer.

aborrecido, da [aboxe'sidu, da] adj (chato) ennuyeux (euse); (zangado) ennuyé(e).

aborrecimento [aboxesi'mẽntu] m ennui m.

abortar [abox'ta(x)] vi (espontaneamente) faire une fausse couche; (intencionalmente) avorter.

aborto [a'boxtu] m (espontâneo) fausse couche f.; (intencional) avortement m.

abotoar [abo'twa(x)] vt boutonner.

abraçar [abra'sa(x)] vt serrer dans ses bras ⧠ **abraçar-se** vp s'étreindre.

abraço [a'brasu] m embrassade f • **um abraço** (em carta, postal) affectueusement.

abrandar [abrãn'da(x)] ◆ vt (passo) ralentir ◆ vi (vento, chuva) se calmer.

abranger [abrã'ʒe(x)] vt (abarcar) comprendre; (temas) recouvrir.

abreviação [abrevja'sãw] (pl **-ões**) f abréviation f (action).

abreviatura [abrevja'tura] f abréviation f (résultat).

abridor [abri'do(x)] (pl **-es**) m • **abridor de garrafa** ouvre-bouteilles m inv • **abridor de lata** ouvre-boîtes m inv.

abrigar [abri'ga(x)] vt abriter ⧠ **abrigar-se** vp s'abriter.

abrigo [a'brigu] m abri m • **ao abrigo de** à l'abri de.

abril [a'briw] m avril m, → **setembro**.

abrir [a'bri(x)] ◆ vt ouvrir ◆ vi (começar) ouvrir; (desabrochar) s'ouvrir • **abrir o apetite** ouvrir l'appétit • **abrir a boca** bâiller • **abrir mão de algo** renoncer à qqch • **abrir os olhos** (fig) ouvrir les yeux ⧠ **abrir-se** vp • **abrir-se com alguém** se confier à qqn.

Abrolhos [a'broʎuʃ] mpl Abrolhos

ABROLHOS

Le mot *Abrolhos* vient du portugais *Abram os olhos* (Ouvrez vos yeux), cri d'alerte donné aux navigateurs qui s'approchaient des cinq îlots d'origine volcanique à 80 kilomètres au sud de l'État de Bahia. Leurs récifs de coraux, pouvant atteindre jusqu'à 20 mètres de haut, sont les plus grands de l'Atlantique-Sud, et ont provoqué de nombreux naufrages. Les Abrolhos ont été classé Parc national marin de leur richesse biologique.

---

abscesso [ab'sɛsu] m abcès m.
absinto [ab'sĩntu] m absinthe f.
absolutamente [abso,luta'mẽntʃi] adv complètement.
absoluto, ta [abso'lutu, ta] adj absolu(e).
absolver [absow've(x)] vt absoudre; jur acquitter.
absorção [absox'sãw] f absorption f.
absorvente [absox'vẽntʃi] adj absorbant(e) ◆ **absorvente diário** protège-slip m ◆ **absorvente higiênico** serviette f hygiénique.
absorver [absor've(x)] vt absorber.
abstêmio, mia [abʃ'temju, mja] adj ◆ **ele é abstêmio** il ne boit pas d'alcool.
abstenção [abʃtẽ'sãw] f abstention f.
abstrato, ta [abʃ'tratu, ta] adj abstrait(e).
absurdo, da [ab'suxdu, da] ◆ adj absurde ◆ m absurdité f.
abundância [abũn'dãsja] f abondance f.
abundante [abũn'dãntʃi] adj abondant(e).
abusado, da [abu'zadu, da] adj effronté(e).

abusar [abu'za(x)] vi abuser ◆ **abusar de algo** (álcool, droga) abuser de qqch ◆ **abusar de alguém** abuser de qqn.
abuso [a'buzu] m abus m.
a.C. (abrev de antes de Cristo) av.J-C.
a/c (abrev de ao cuidado de) att.
acabamento [akaba'mẽntu] m finition f.
acabar [aka'ba(x)] vt & vi finir ◆ **acabou a água** il n'y a plus d'eau ◆ **acabar com algo** en finir avec qqch ◆ **acabe com o barulho!** arrête de faire du bruit! ◆ **acabar com alguém** achever qqn ◆ **acabar de fazer algo** venir de faire qqch ◆ **acabar bem** finir bien ◆ **acabar por fazer algo** finir par faire qqch ◆ **acabar-se** ◆ **acabou-se o pão** il n'y a plus de pain ◆ **acabou-se!** ça suffit!
acácia [a'kasja] f acacia m.
academia [akade'mia] f (escola) école f; (sociedade) académie f ◆ **academia de belas-artes** école des beaux-arts ◆ **academia (de ginástica)** club m de gymnastique.
açafrão [asa'frãw] m safran m.
acalmar [akaw'ma(x)] ◆ vt calmer ◆ vi se calmer ❑ **acalmar-se** vp se calmer.
acampamento [akãmpa'mẽntu] m campement m.
acampar [akãm'pa(x)] vi camper.
acanhado, da [aka'ɲadu, da] adj timide.

acanhar-se [aka'ɲaxsi] *vp* être intimidé(e).

ação [a'sãw] (*pl* **-ões**) *f* action *f* • **entrar em ação** entrer en action.

acarajé [akara'ʒɛ] *m* beignet à la pâte de haricot, farci aux crevettes.

acariciar [akari'sja(x)] *vt* caresser.

acaso [a'kazu] *m* hasard *m* • **ao acaso** au hasard • **por acaso** par hasard.

acastanhado, da [akaʃta'ɲadu, da] *adj* qui tire sur le marron; (*cabelo*) châtain.

acatar [aka'ta(x)] *vt* respecter.

aceder [ase'de(x)] *vi* consentir.

aceitar [asej'ta(x)] *vt* accepter.

aceite [a'sejti] *pp* → **aceitar**.

acelerador [aselera'do(x)] (*pl* **-es**) *m* accélérateur *m*.

acelerar [asele'ra(x)] *vt & vi* accélérer.

acenar [ase'na(x)] *vi* faire signe.

acendedor [asẽnde'do(x)] *m* (*de fogão a gás*) allume-gaz *m inv*.

acender [asẽn'de(x)] *vt* allumer.

aceno [a'senu] *m* signe *m* (*de la main, tête*).

acento [a'sẽntu] *m* accent *m* • **acento agudo/grave** accent aigu/grave • **acento circunflexo** accent circonflexe.

acepção [asep'sãw] (*pl* **-ões**) *f* acception *f*.

acepipes [ase'pipeʃ] *mpl* (*aperitivos*) amuse-gueules *mpl*; (*entrada*) hors-d'œuvre *m inv*.

acerca [a'sexka] □ **acerca de** *prep* au sujet de • **falar acerca de** parler de.

acerola [ase'rɔla] *f* acerola *f* (*cerise*).

acertar [asex'ta(x)] ◆ *vt* (*relógio*) mettre à l'heure ◆ *vi* (*em alvo*) viser juste; (*em resposta*) trouver.

acervo [a'sexvu] *m* fonds *m* (*de musée*).

aceso, sa [a'sezu, za] ◆ *pp* → **acender** ◆ *adj* (*luz, lume*) allumé(e); (*discussão*) enflammé(e).

acessível [ase'sivew] (*pl* **-eis**) *adj* accessible; (*preço*) abordable.

acesso [a'sesu] *m* (*a local, de raiva*) accès *m*; (*de histeria*) crise *f* • **de fácil acesso** facile d'accès.

acessório [ase'sɔrju] *m* accessoire *m* (*de mode, de voiture*).

acetona [ase'tona] *f* dissolvant *m*.

achado [a'ʃadu] *m* (*descoberta*) trouvaille *f*; (*pechincha*) (bonne) affaire *f*.

achar [a'ʃa(x)] *vt* (*coisa, pessoa perdida*) retrouver; (*descobrir*) trouver • **achar que** penser que • **acho que não** je ne crois pas • **acho que sim** oui, je crois.

acidentado, da [asidẽn'tadu, da] *adj* (*terreno*) accidenté(e); (*viagem, férias*) mouvementé(e).

acidental [asidẽn'taw] (*pl* **-ais**) *adj* accidentel(elle); (*encontro, descoberta*) fortuit(e).

acidentalmente [asi'dẽntamẽntʃi] *adv* par accident.

acidente

acidente [asiˈdẽntʃi] *m* accident *m*.

acidez [asiˈdeʒ] *f* acidité *f*.

ácido, da [ˈasidu, da] ◆ *adj* acide ◆ *m* acide *m* ◆ **ácido cítrico** acide citrique ◆ **ácido sulfúrico** acide sulfurique.

acima [aˈsima] *adv* au-dessus ◆ **mais acima** plus haut ◆ **acima de** *(em espaço)* au-dessus de; *(em hierarquia)* au-dessus de ◆ **acima de tudo** par-dessus tout.

acionar [asjoˈna(x)] *vt* actionner.

acionista [asjoˈniʃta] *nmf* actionnaire *mf*.

acne [ˈakni] *f* acné *f*.

aço [ˈasu] *m* acier *m* ◆ **aço inoxidável** acier inoxydable.

acocorar-se [akokoˈraxsi] *vp* s'accroupir.

ações [aˈsõjʃ] → ação.

acolhimento [akoʎiˈmẽntu] *m* accueil *m* (*hospitalité*).

acompanhamento [akõmpaɲaˈmẽntu] *m* (*de evolução, situação*) suivi *m*; (*de prato*) garniture *f*; *MÚS* accompagnement *m*.

acompanhante [akõmpaˈɲãntʃi] *nmf* (*parceiro*) compagnon *m*, compagne *f*; *(de grupo)* accompagnateur *m*, -trice *f*.

acompanhar [akõmpaˈɲa(x)] *vt* accompagner; *(programa, situação)* suivre.

aconchegante [akõʃeˈgãntʃi] *adj* réconfortant(e).

aconselhar [akõseˈʎa(x)] *vt* conseiller ▫ **aconselhar-se** *vp* demander conseil.

aconselhável [akõseˈʎavew] *(pl* **-eis***) adj* conseillé(e) ◆ **é pouco aconselhável** il est déconseillé de.

acontecer [akõnteˈse(x)] *vi* arriver; *(acidente)* se produire ◆ **o que é que te aconteceu?** que t'est-il arrivé? ◆ **acontece que** il se trouve que ◆ **aconteça o que aconteça** quoi qu'il arrive.

acontecimento [akõntesiˈmẽntu] *m* événement *m*.

acordar [akoxˈda(x)] ◆ *vt* réveiller ◆ *vi* se réveiller.

acorde [aˈkɔxdʒi] *m MÚS* accord *m*.

acordeão [akoxˈdʒjãw] *(pl* **-ões***) m* accordéon *m*.

acordo [aˈkoxdu] *m* accord *m* ◆ **de acordo!** d'accord! ◆ **de acordo com** d'après ◆ **estar de acordo com** être d'accord avec.

Açores [aˈsoriʃ] *mpl* ◆ **os Açores** les Açores *fpl*.

açoriano, na [asoriˈanu, na] ◆ *adj* des Açores ◆ *mf* Açorien *m*, -enne *f*.

acorrentar [akoxẽnˈta(x)] *vt* enchaîner.

acostamento [akoʃtaˈmẽntu] *m* bas-côté *m*.

acostumado, da [akoʃtuˈmadu, da] *adj* ◆ **estar acostumado a algo** être habitué à qqch.

acostumar-se [akoʃtuˈmaxsi] *vp* s'habituer ◆ **acostumar-se com algo** s'habituer à qqch ◆ **acostumar-se a fazer algo** s'habituer à faire qqch.

açougue [aˈsogi] *m* boucherie *f*.

açougueiro, ra [aso'gejru, ra] *mf* boucher *m*, -ère *f*.

acre ['akri] *adj* âcre.

acreditar [akredʒi'ta(x)] *vi* croire • **acreditar em Deus** croire en Dieu • **acreditar em Papai Noel** croire au Père Noël.

acrescentar [akresẽn'ta(x)] *vt* ajouter.

acréscimo [a'kresimu] *m (aumento)* ajout *m*; *(no preço)* augmentation *f*.

acrílica [a'krilika] *adj f* → **fibra**.

acrobata [akro'bata] *mf* acrobate *mf*.

açúcar [a'suka(x)] *m* sucre *m* • **açúcar amarelo** sucre roux • **açúcar branco** sucre blanc • **açúcar em cubos** sucre en morceaux • **açúcar mascavo** cassonade *f* • **açúcar em pó** sucre glace.

açucareiro [asuka'rejru] *m* sucrier *m*.

acumulação [akumula'sãw] *(pl* -ões) *f* accumulation *f*.

acumular [akumu'la(x)] *vt* accumuler.

acupuntura [akupũn'tura] *f* acuponcture *f*.

acusação [akuza'sãw] *(pl* -ões) *f* accusation *f*.

acusar [aku'za(x)] *vt* accuser.

A.D. *(abrev de Anno Domini)* AD.

adaptação [adapta'sãw] *(pl* -ões) *f* adaptation *f*.

adaptado, da [adap'tadu, da] *adj* adapté(e).

adaptador [adapta'do(x)] *(pl* -es) *m* adaptateur *m* • **adaptador de rede** *INFORM* adaptateur de réseau.

adaptar [adap'ta(x)] *vt* adapter ❏ **adaptar-se** *vp* • **adaptar-se a** s'adapter à.

adega [a'dega] *f* cave *f*.

adepto, ta [a'dɛptu, ta] *mf* supporter *m*.

adequado, da [ade'kwadu, da] *adj* adéquat(e).

adereço [ade'resu] *m* accessoire *m (de théâtre)*.

aderente [ade'rẽntʃi] ♦ *adj* adhésif(ive) ♦ *nmf* adhérent *m*, -e *f*.

aderir [ade'ri(x)] *vi* adhérer • **aderir a algo** adhérer à qqch.

adesão [ade'zãw] *(pl* -ões) *f* *(fig)* adhésion *f*.

adesivo, va [ade'zivu, va] ♦ *adj* adhésif(ive) ♦ *m* adhésif *m*.

adesões → **adesão**.

adeus [a'dewʃ] ♦ *m* adieu *m* ♦ *interj* au revoir!; *(para sempre)* adieu! • **dizer adeus** dire au revoir; *(para sempre)* dire adieu.

adiamento [adʒja'mẽntu] *m* report *m (de réunion)*.

adiantado, da [adʒjãn'tadu, da] ♦ *adj* avancé(e) ♦ *adv* • **chegar adiantado** être en avance • **estar adiantado** avancer • **pagar adiantado** payer d'avance.

adiantar [adʒjãn'ta(x)] ♦ *vt & vi impess* avancer • **de que adianta...?** à quoi bon...? • **não adi-**

adiante

anta nada! ça n'avance à rien!
□ **adiantar-se** vp s'avancer.
adiante [a'dʒjãntʃi] ♦ adv devant ♦ interj en avant! ♦ **mais adiante** plus loin ♦ **passar adiante** passer à autre chose ♦ **e por aí adiante** et ainsi de suite.
adiar [adʒi'a(x)] vt reporter (une réunion).
adição [adʒi'sãw] (pl -ões) f addition f (somme).
adicionar [adʒisjo'na(x)] vt (acrescentar) ajouter; (somar) additionner.
adições → adição.
adivinha [adʒi'viɲa] f devinette f.
adivinhar [adʒivi'ɲa(x)] vt (decifrar) deviner; (futuro) prédire.
adjetivo [adʒe'tʃivu] m adjectif m.
adjunto, ta [ad'ʒũntu, ta] adj & mf adjoint(e).
administração [adʒiminiʃtra'sãw] f administration f.
administrador, ra [adʒiminiʃtra'do(x), ra] (mpl -es, fpl -s) mf administrateur m, -trice f.
administrar [adʒiminiʃ'tra(x)] vt (empresa, negócio) gérer; (injeção, curativo) administrer.
admiração [adʒimira'sãw] f (espanto) étonnement m; (respeito, estima) admiration f.
admirador, ra [adʒimira'do(x), ra] (mpl -es, fpl -s) mf admirateur m, -trice f.
admirar [adʒimi'ra(x)] vt (contemplar) admirer; (espantar) étonner □ **admirar-se** vp s'étonner.

admirável [adʒimi'ravɛw] (pl -eis) adj admirable.
admissão [adʒimi'sãw] (pl -ões) f admission f.
admitir [adʒimi'tʃi(x)] vt admettre.
adoçante [ado'sãntʃi] m édulcorant m.
adoção [ado'sãw] (pl -ões) f adoption f.
adoçar [ado'sa(x)] vt sucrer.
adoecer [adoe'se(x)] vi tomber malade.
adolescência [adole'sẽsja] f adolescence f.
adolescente [adole'sẽntʃi] nmf adolescent m, -e f.
adorar [ado'ra(x)] vt adorer.
adorável [ado'ravɛw] (pl -eis) adj adorable.
adormecer [adoxme'se(x)] ♦ vt endormir ♦ vi s'endormir.
adornar [adox'na(x)] vt orner.
adotado, da [ado'tadu, da] adj adopté(e).
adotar [ado'ta(x)] vt adopter.
adquirir [adʒiki'ri(x)] vt acquérir.
adrenalina [adrena'lina] f adrénaline f.
adulterar [aduw'tera(x)] vt altérer.
adultério [aduw'tɛrju] m adultère m.
adulto, ta [a'duwtu, ta] adj & mf adulte.
advérbio [ad'vɛxbju] m adverbe m.
adversário, ria [adʒivɛx'sarju, rja] ♦ adj adverse ♦ mf adversaire mf.

advertência [adʒivex'tēsja] f avertissement m.

advogado, da [adʒivo'gadu, da] mf avocat m, -e f.

a-e-i-o-u [aɛiɔu] m ◆ **aprender o a-e-i-o-u** (as vogais) apprendre les voyelles; (o essencial de algo) apprendre le B.A.-Ba.

aéreo, rea [a'ɛrju, rja] adj aérien(enne); (fig) (distraído) tête en l'air.

aerobarco [aɛro'baxku] m hovercraft m.

aerodinâmico, ca [aɛrodʒi'nãmiku, ka] adj aérodynamique.

aeródromo [aɛ'rɔdromu] m aérodrome m.

aerograma [aɛro'grama] m aérogramme m.

aeromoça [aero'mosa] f hôtesse f de l'air.

aeromodelismo [aero'mode'liʒmu] m aéromodélisme m.

aeronáutica [aero'nawtʃika] f aéronautique f; (força aérea) armée f de l'air.

aeroporto [aero'poxtu] m aéroport m.

aerossol [aero'sɔw] (pl **-óis**) m aérosol m.

afagar [afa'ga(x)] vt caresser.

afastado, da [afaʃ'tadu, da] adj (parente, lugar) éloigné(e); (suspeita) écarté(e); (aldeia) reculé(e).

afastar [afaʃ'ta(x)] vt (desviar) écarter; (apartar) éloigner ❑ **afastar-se** vp (desviar-se) s'écarter; (distanciar-se) s'éloigner ◆ **afastar-se de** s'éloigner de.

afável [a'favɛw] (pl **-eis**) adj (pessoa) charmant(e); (animal) doux(douce).

afeição [afej'sãw] f affection f; (inclinação) goût m ◆ **ter afeição por algo** aimer bien qqch.

afetar [afe'ta(x)] vt affecter.

afetivo, va [afe'tʃivu, va] adj (pessoa) affectueux(euse); (problemas, vida) affectif(ive).

afeto [a'fɛtu] m affection f.

afetuoso, osa [afe'tuozu, ɔza] adj affectueux(euse).

afiado, da [a'fjadu, da] adj aiguisé(e).

afiambrado [afjam'bradu, da] m sorte de mortadelle.

afiar [afi'a(x)] vt (faca) aiguiser; (lápis) tailler.

afilhado, da [afi'ʎadu, da] mf filleul m, -e f.

afim [a'fĩ] (pl **-ns**) ♦ adj (gostos) commun(e); (idéias) voisin(e); (produtos) similaire ♦ m parent m par alliance.

afinado, da [afi'nadu, da] adj (instrumento musical) accordé(e).

afinal [afi'naw] adv finalement ◆ **afinal de contas** en fin de compte.

afinar [afi'na(x)] vt (instrumento musical) accorder.

afinidade [afini'dadʒi] f affinité f; jur parenté f par alliance.

afins [a'fĩʃ] → **afim**.

afirmação [afixma'sãw] (pl **-ões**) f affirmation f.

afirmar [afix'ma(x)] vt affirmer.

afirmativo

afirmativo, va [afixma'tʃivu, va] *adj* affirmatif(ive).

afixar [afik'sa(x)] *vt (cartaz, aviso)* afficher.

aflição [afli'sãw] *(pl -ões) f* peine *f*.

afligir [afli'ʒi(x)] *vt (suj: doença, dor)* affliger; *(suj: perigo)* affoler ▫ **afligir-se** *vp* s'affoler • **afligir-se com** être affligé par.

aflito, ta [a'flitu, ta] *pp* → **afligir**.

aflorar [aflo'ra(x)] ◆ *vt (assunto, tema)* effleurer ◆ *vi* affleurer.

afluência [aflu'ẽsja] *f* affluence *f*.

afluente [aflu'ẽtʃi] *m* affluent *m*.

afobado, da [afo'badu, da] *adj (apressado)* pressé(e); *(atrapalhado)* affolé(e); *(cansado)* fatigué(e).

afogado, da [afo'gadu, da] *adj* & *mf* noyé(e).

afogador [afoga'do(x)] *(pl -es) m* starter *m*.

afogamento [afoga'mẽtu] *m* noyade *f*.

afogar [afo'ga(x)] *vt* noyer ▫ **afogar-se** *vp* se noyer.

afônico, ca [a'foniku, ka] *adj* aphone.

afortunado, da [afoxtu'nadu, da] *adj* • **ele é uma pessoa afortunada** il a de la chance.

Afoxé [afo'kse] *des groupes carnavalesques qui imposent les rythmes africains au carnaval de Bahia.*

(i) AFOXÉ

Groupes qui, depuis la fin du XIXe siècle, défilent à travers les rues de Salvador (État de Bahia) et d'autres villes brésiliennes. Les défilés les plus célèbres ont lieu durant le Carnaval de Bahia. Les participants chantent en *nagô* (la langue du candomblé), accompagnés d'instruments musicaux traditionnels, principalement des percussions. Le groupe de Bahia, Filhos de Gandhi, est l'un des plus connus.

afresco [a'frefku] *m* fresque *f*.

África ['afrika] *f* • **a África** l'Afrique *f* • **a África do Sul** l'Afrique du Sud.

africano, na [afri'kanu, na] ◆ *adj* africain(e) ◆ *mf* Africain *m*, -e *f*.

afro-brasileiro, ra [,afrobrazi'lejru, ra] ◆ *adj* afro-brésilien(enne) ◆ *mf* Afro-Brésilien *m*, -enne *f*.

afronta [a'frõnta] *f* affront *m*.

afrouxar [afro'ʃa(x)] *vt (cinto, parafuso)* desserrer.

afta ['afta] *f* aphte *m*.

afugentar [afugẽn'ta(x)] *vt* faire fuir.

afundar [afũn'da(x)] vt couler ▫ **afundar-se** vp couler.

agachar-se [aga'ʃaxsi] vp se baisser.

agarrar [aga'xa(x)] vt attraper; *(segurar)* tenir ▪ **agarrar-se a** *(segurar-se a)* s'accrocher à, se tenir à; *(pegar-se a)* attacher à; *(dedicar-se a)* se consacrer à.

agasalhar-se [agaza'ʎaxsi] vp se couvrir.

agasalho [aga'zaʎu] m *(peça de roupa)* vêtement m chaud.

ágeis ['aʒejʃ] → **ágil**.

agência [a'ʒẽsja] f agence f ▪ **agência bancária** agence bancaire ▪ **agência de câmbio** bureau m de change ▪ **agência de correios** bureau m de poste ▪ **agência funerária** pompes fpl funèbres ▪ **agência imobiliária** agence immobilière ▪ **agência de viagens** agence de voyages.

agenda [a'ʒẽnda] f *(livro)* agenda m; *(plano de reunião)* ordre m du jour.

agente [a'ʒẽntʃi] nmf *(de polícia)* agent m; *(de vendas)* commercial m, -e f ▪ **agente funerário** croque-mort m ▪ **agente secreto** *(espião)* agent secret.

ágil ['aʒiw] *(pl* **ágeis)** adj agile.

agilidade [aʒili'dadʒi] f agilité f.

ágio ['aʒju] m agio m.

agir [a'ʒi(x)] vi agir.

agitação [aʒita'sãw] f agitation f.

agitado, da [aʒi'tadu, da] adj agité(e).

agitar [aʒi'ta(x)] vt *(líquido)* agiter ▪ **agitar antes de abrir** agiter avant d'ouvrir ▫ **agitar-se** vp s'agiter.

aglomeração [aglomera'sãw] *(pl* **-ões)** f *(de pessoas)* attroupement m; *(de detritos)* amas m.

aglomerar [aglome'ra(x)] vt rassembler.

agonia [ago'nia] f *(angústia)* angoisse f; *(náusea)* nausée f; *(antes da morte)* agonie f.

agora [a'gɔra] adv maintenant ▪ **venha aqui agora mesmo!** viens ici tout de suite! ▪ **ele saiu agora mesmo** il est sorti à l'instant ▪ **agora que** maintenant que ▪ **essa agora!** ça alors! ▪ **por agora** pour le moment ▪ **só agora reparei que...** je viens de m'apercevoir que... ▪ **só agora!** ce n'est pas trop tôt! ▪ **é agora ou nunca** c'est maintenant ou jamais.

agosto [a'goʃtu] m août m, → **setembro**.

agradar [agra'da(x)] vi ▪ **agradar a alguém** plaire à qqn.

agradável [agra'davew] *(pl* **-eis)** adj agréable.

agradecer [agrade'se(x)] vt & vi remercier ▪ **agradecer algo a alguém, agradecer a alguém por algo** remercier qqn de qqch.

agradecido, da [agrade'sidu, da] adj reconnaissant(e) ▪ **mal-agradecido** ingrat ▪ **muito agradecido!** merci beaucoup!

agradecimento [agradesi'mẽntu] m remerciement m.

agravante

agravante [agra'vãntʃi] ♦ *adj* aggravant(e) ♦ *m & f* circonstance *f* aggravante.

agravar [agra'va(x)] *vt* aggraver.

agredir [agre'dʒi(x)] *vt* agresser.

agressão [agre'sãw] (*pl* -ões) *f* agression *f*.

agressivo, va [agre'sivu, va] *adj* agressif(ive).

agressões → agressão.

agreste [a'grɛʃtʃi] *adj (paisagem)* champêtre; *(tempo)* rigoureux(euse).

agrião [agri'ãw] (*pl* -ões) *m* cresson *m*.

agrícola [a'grikola] *adj* agricole.

agricultor, ra [agrikuw'to(x), ra] (*mpl* -es, *fpl* -s) *m,f* agriculteur *m*, -trice *f*.

agricultura [agrikuw'tura] *f* agriculture *f*.

agridoce [agri'dosi] *adj* aigredoux.

agriões → agrião.

agronomia [agrono'mia] *f* agronomie *f*.

agrupar [agru'pa(x)] *vt* grouper.

água ['agwa] *f* eau *f*. ♦ **água benta** eau bénite ♦ **água corrente** eau courante ♦ **água destilada** eau distillée ♦ **água mineral** eau minérale ♦ **água mineral com gás** *OU* **gaseificada** eau gazeuse ♦ **água mineral sem gás** eau plate ♦ **água oxigenada** eau oxygénée ♦ **água potável** eau potable ♦ **água sanitária** eau de Javel ♦ **água tônica** Schweppes® *m* ♦ **de dar água na boca** qui met l'eau à la bouche.

aguaceiro [agwa'sejru] *m* averse *f*.

água-de-colônia [ˌagwadʒiko'lonja] *f* eau *f* de Cologne.

aguado, da [a'gwadu, da] *adj* coupé(e) *(avec de l'eau).*

aguardar [agwar'da(x)] *vt* attendre.

aguardente [agwax'dẽntʃi] *f* eau-de-vie *f* ♦ **aguardente de cana** eau-de-vie de canne à sucre ♦ **aguardente de pêra** eau-de-vie de poire ♦ **aguardente velha** vieille eau-de-vie.

aguarrás [agwa'xaʃ] *f* whitespirit *m*.

água-viva [ˌagwa'viva] (*pl* **águas-vivas**) *f* marée *f* de vive eau.

açuçado, da [agu'sadu, da] *adj* aiguisé(e).

açuçar [agu'sa(x)] *vt* aiguiser.

agudo, da [a'gudu, da] *adj* aigu(ë).

agüentar [agwẽn'ta(x)] *vt (dor, sofrimento)* supporter; *(desgaste)* résister à; *(fig) (suportar)* endurer ♦ **já não agüento mais!** je n'en peux plus!

águia ['agja] *f* aigle *m*.

agulha [a'guʎa] *f* aiguille *f*; *(de tricô)* aiguille *f* à tricoter.

agulheta [agu'ʎeta] *f* lance *f* *(de tuyau d'arrosage).*

aí [aj] *interj* aïe!

aí [a'i] *adv* là; *(então)* à ce moment-là ♦ **por aí** par là ♦ **anda**

por aí alguém que... il y a quelqu'un qui...
aids [ajdʒs] f SIDA m.
ainda [a'ĩnda] adv encore • **ainda agora** à peine • **ainda assim não compreendo** je ne comprends toujours pas • **ainda bem** tant mieux • **ainda bem que** heureusement que • **ainda não** pas encore • **ainda por cima** en plus • **ainda que** bien que.
aipim [aj'pĩ] (pl **-ns**) m manioc m.
aipo ['ajpu] m céleri m.
ajeitar [aʒej'ta(x)] vt arranger ▫ **ajeitar-se** vp (acomodar-se) s'installer • **ajeitar-se com algo** (saber lidar com) se faire à qqch.
ajoelhar-se [aʒwe'ʎaxsi] vp s'agenouiller.
ajuda [a'ʒuda] f aide f • **pedir ajuda** demander de l'aide • **ajuda recíproca** entraide f.
ajudante [aʒu'dãntʃi] nmf assistant m, -e f.
ajudar [aʒu'da(x)] vt (auxiliar) aider; (socorrer) porter secours à.
ajuste [a'ʒustʃi] m • **ajuste de contas** règlement m de compte(s).
Al. (abrev de alameda)
ala ['ala] f (fileira) rangée f; (de edifício) aile f.
alambique [alãn'biki] m alambic m.
alameda [ala'meda] f allée f.
alargar [alax'ga(x)] vt (em espaço) élargir; (em tempo) prolonger; (fig) (expandir) agrandir.

alarido [ala'ridu] m vacarme m.
alarmante [alax'mãntʃi] adj alarmant(e).
alarme [a'laxmi] m alarme f; (susto) frayeur f • **falso alarme**, **alarme falso** fausse alerte f.
alastrar [alaʃ'tra(x)] vt répandre ▫ **alastrar-se** vp s'étendre.
alavanca [ala'vãŋka] f levier m.
albergue [aw'bɛxgi] m auberge f • **albergue da juventude** auberge de jeunesse.
álbum ['awbũ] (pl **-ns**) m album m.
alça ['awsa] f (de vestido, combinação) bretelle f; (de bolsa, arma) bandoulière f.
alcachofra [awka'ʃɔfra] f artichaut m.
alcançar [awkã'sa(x)] vt atteindre; (apanhar) attraper; (obter) obtenir; (compreender) saisir.
alcance [aw'kãsi] m portée f • **ao alcance de** à la portée de • **fora do alcance de** hors de la portée de.
alçapão [awsa'pãw] (pl **-ões**) m trappe f.
alcaparras [awka'paxaʃ] fpl câpres fpl.
alçapões → alçapão.
alcatéia [awka'tɛja] f bande f.
alcatra [aw'katra] f culotte f.
alcatrão [awka'trãw] m goudron m.
álcool ['awk(w)ɔw] m alcool m • **álcool etílico** alcool à 90°.
alcoólatra [aw'kɔlatra] nmf alcoolique mf.
alcoólico, ca [aw'kwɔliku, ka] adj & mf alcoolique.
Alcorão [awko'rãw] m Coran m.

alcunha

alcunha [aw'kuɲa] *f* surnom *m.*
aldeia [aw'deja] *f* village *m.*
alecrim [ale'krī] *m* romarin *m.*
alegação [alega'sãw] (*pl* **-ões**) *f* allégation *f*; *(prova)* affirmation *f.*
alegar [ale'ga(x)] *vt* alléguer; *jur* citer.
alegoria [alego'ria] *f* allégorie *f.*
alegórico [ale'gɔriku] *adj m* → **carro.**
alegrar [ale'gra(x)] *vt (pessoa)* réjouir; *(ambiente, casa, festa)* égayer ▫ **alegrar-se** *vp* se réjouir.
alegre [a'lɛgri] *adj* joyeux (euse); *(roupa, cor)* gai(e); *(fig) (bêbado)* éméché(e).
alegria [ale'gria] *f* joie *f.*
aleijado, da [alej'ʒadu, da] *adj* blessé(e).
aleijar [alej'ʒa(x)] *vt* blesser ▫ **aleijar-se** *vp* se blesser.
além [a'lẽj] ◆ *adv* là-bas ◆ *m*
• **o além** l'au-delà *m* • **além disso** en plus • **mais além** plus loin.
alemã → **alemão.**
alemães → **alemão.**
Alemanha [ale'maɲa] *f* • a **Alemanha** l'Allemagne *f.*
alemão, ã [ale'mãw, mã] (*mpl* **-ães**, *fpl* **-s**) ◆ *adj* allemand(e)
◆ *mf* Allemand *m*, -e *f* ◆ *m (língua)* allemand *m.*
além-mar [alẽj'mar] *adv & m* outre-mer.
alergia [alex'ʒia] *f* allergie *f.*
alérgico, ca [a'lɛxʒiku, ka] *adj* allergique.

alerta [a'lɛxta] ◆ *adv* sur ses gardes ◆ *m* alerte *f.*
aletria [ale'tria] *f* vermicelle *m.*
alfabético, ca [awfa'bɛtʃiku, ka] *adj* alphabétique.
alfabeto [awfa'bɛtu] *m* alphabet *m.*
alface [aw'fasi] *f* laitue *f.*
alfaiate [awfa'jatʃi] *m* tailleur *m.*
alfândega [aw'fãndega] *f* douane *f.*
alfazema [awfa'zema] *f* lavande *f.*
alfinete [awfi'netʃi] *m (de costura)* épingle *f*; *(jóia)* broche *f*
• **alfinete de gravata** épingle à cravate.
alga [ˈawga] *f* algue *f.*
algarismo [awga'riʒmu] *m* chiffre *m.*
algazarra [awga'zaxa] *f* hurlements *mpl.*
álgebra [ˈawʒebra] *f* algèbre *f.*
algemas [aw'ʒemaʃ] *fpl* menottes *fpl.*
algibeira [awʒi'bejra] *f* poche *f.*
algo [ˈawgu] *pron* quelque chose.
algodão [awgo'dãw] *m* coton *m.*
algodão-doce [awgodãw'dosi] *m* barbe *f* à papa.
alguém [aw'gẽj] *pron* quelqu'un • **ser alguém** être quelqu'un.
algum, ma [aw'gũ, ma] (*mpl* **-ns**, *fpl* **-s**) ◆ *adj (ger)* un(une), quelque; *(em negativas)* aucun(aucune) ◆ *pron (indicando pessoa)* quelqu'un; *(indicando coisa)* quelque; *(em interrogativas) (indicando pessoa)* quelqu'un; *(indicando coisa)* • **você**

quer algum/alguns? tu en veux un/quelques-uns? • **algum dia** un jour • **algumas vezes** quelquefois • **em alguns casos** dans certains cas • **você tem algum problema?** tu as un problème? • **alguns não vieram** certains ne sont pas venus • **alguma coisa** quelque chose • **alguma vez você há de se enganar** tu finiras par te tromper • **não há melhora alguma** il n'y a aucune amélioration ▫ **alguma** f(evento, feito) quelque chose.

algures [awˈguɾeʃ] adv quelque part.

alheio, a [aˈʎeju, a] adj (de outrem) d'autrui; (desconhecido) étranger(ère); (distraído) distrait(e).

alheira [awˈʎejra] f saucisse à l'ail.

alho [ˈaʎu] m ail m.

alho-poró [aʎupoˈrɔ] (pl **alhos-porós**) m poireau m.

ali [aˈli] adv là, là-bas • **ele nasceu ali** c'est là qu'il est né • **ali ao fundo** là-bas au fond • **aqui e ali** çà et là • **até ali** jusque là • **logo ali** à cet endroit là • **por ali** par là.

aliado, da [aˈljadu, da] adj & mf allié(e).

aliança [aˈljãsa] f alliance f.

aliar [aˈlja(x)] vt allier ▫ **aliar-se** vp s'allier.

aliás [aˈljajʃ] adv d'ailleurs.

álibi [ˈalibi] m alibi m.

alicate [aliˈkatʃi] m pince f (outil) • **alicate de unhas** coupe-ongles m inv.

alicerce [aliˈsɛxsi] m fondations fpl.

aliche [aliˈʃe] f anchois m.

aliciante [aliˈsjãtʃe] adj alléchant(e).

aliciar [aliˈsja(x)] vt allécher.

alienado, da [aljeˈnadu, da] adj aliéné(e).

alimentação [alimẽntaˈsãw] f alimentation f.

alimentar [alimẽnˈta(x)] (pl **-es**) ◆ adj alimentaire ◆ vt (pessoa, animal) nourrir; (máquina) alimenter ▫ **alimentar-se** vp se nourrir; s'alimenter.

alimentício, cia [alimẽnˈtʃisju, sja] adj nourrissant(e); (massas, gêneros) alimentaire.

alimento [aliˈmẽntu] m (comida) aliment m; (nutrição) nourriture f.

alinhado, da [aliˈɲadu, da] adj (em linha) aligné(e); (sério) rangé(e).

alinhamento [aliɲaˈmẽntu] m INFORM alignement m.

alinhar [aliˈɲa(x)] vt aligner.

alinhavar [aliɲaˈva(x)] vt faufiler.

alisar [aliˈza(x)] vt lisser.

alistar [aliʃˈta(x)] vt enrôler ▫ **alistar-se** vp (em exército) s'engager; (em partido) entrer.

aliviar [aliviˈa(x)] vt (peso) alléger; (dor) soulager.

alívio [aˈlivju] m allègement m; (de dor, preocupação) soulagement m.

alma

alma ['awma] *f* âme *f.*
almoçar [awmo'sa(x)] ♦ *vi* déjeuner ♦ *vt* prendre au déjeuner.
almoço [aw'mosu] *m* déjeuner *m.*
almofada [awmo'fada] *f (de cama)* oreiller *m*; *(de sofá)* coussin *m*; *(de carimbo)* tampon *m* encreur.
almôndega [aw'mõndega] *f* boulette *f (de viande).*
alô [a'lo] *interj (ao telefone)* allô!; *(saudação)* salut!
alojamento [aloʒa'mẽntu] *m* logement *m.*
alojar [alo'ʒa(x)] *vt* loger *f.*
alojar-se *vp* se loger.
alpargata [aw'paxgata] *f* espadrille *f.*
alpendre [aw'pẽndri] *m (telheiro)* auvent *m*; *(pórtico)* porche *m.*
alpercata/espadrille *f.*
Alpes ['awpiʃ] *mpl* • **os Alpes** les Alpes *fpl.*
alpinismo [awpi'niʒmu] *m* alpinisme *m* • **fazer alpinismo** faire de l'alpinisme.
alpinista [awpi'niʃta] *nmf* alpiniste *mf.*
alta ['awta] *f (de preço, valor)* hausse *f*; *(de doença)* fin de l'arrêt maladie; *(de cidade)* ville *f* haute • **ter alta** *(de hospital)* avoir l'autorisation de sortir.
alta-costura [awtakoʃtura] *f* haute couture *f.*
altar [aw'ta(x)] *(pl* -es) *m* autel *m.*
alteração [awtera'sãw] *(pl* -ões) *f* changement *m* • **sem alteração** inchangé.
alterar [awte'ra(x)] *vt* modifier, changer.
alternar [awtex'na(x)] *vt* alterner.
alternativa [awtexna'tʃiva] *f* alternative *f.*
altitude [awtʃi'tudʒi] *f* altitude *f.*
altivez [awtʃi'veʒ] *f* suffisance *f.*
altivo, va [aw'tʃivu, va] *adj* hautain(e).
alto, ta ['awtu, ta] ♦ *adj (pessoa)* grand(e); *(objeto, qualidade)* haut(e); *(preço)* élevé(e); *(som, voz)* fort(e) ♦ *m* haut *m* ♦ *adv* fort; *(relativo a posição)* haut ♦ *interj* halte! • **do alto de** du haut de • **por alto** en diagonale.
alto-falante ['awtofa'lãtʃi] *m* haut-parleur *m.*
alto-mar [awto'ma(x)] *m* haute mer *f.*
altura [aw'tura] *f* hauteur *f*; *(de pessoa)* taille *f*; *(de som)* puissance *f*; *(ocasião, momento)* moment *m*; *(época)* époque *f* • **ter um metro de altura** mesurer un mètre de haut • **a certa** *ou* **dada altura** à un moment donné • **nessa altura** à l'époque • **estar à altura de** être à la hauteur de.
alucinação [alusina'sãw] *(pl* -ões) *f* hallucination *f.*
alucinante [alusi'nãntʃi] *adj* hallucinant(e).
aludir [alu'dʒi(x)] ☐ **aludir a** *vp* faire allusion à, évoquer.
alugar [alu'ga(x)] *vt* louer ☐ **alugar-se** *vp* ♦ **aluga-se** à

louer ♦ **alugam-se quartos** chambres à louer.
aluguel [alu'gɛw] (*pl* **-éis**) *m* loyer *m*.
aluir [a'lwi(x)] *vi* s'écrouler.
alumiar [alu'mja(x)] *vt* éclairer.
alumínio [alu'minju] *m* aluminium *m*.
aluno, na [a'lunu, na] *mf* élève *mf*.
alusão [alu'zãw] (*pl* **-ões**) *f* allusion *f* ♦ **fazer alusão à** faire allusion à.
alvejar [awve'ʒa(x)] *vt* viser; *(atirar)* tirer.
alvo ['awvu] *m* cible *f*.
alvorada [awvo'rada] *f* aube *f*.
alvoroço [awvo'rosu] *m* (*gritaria*) vacarme *m*; (*excitação*) agitation *f*.
amabilidade [amabili'dadʒi] *f* amabilité *f*.
amaciante [ama'sjãntʃi] *m* assouplissant *m*, assouplisseur *m*.
amador, ra [ama'do(x), ra] (*mpl* **-es**, *fpl* **-s**) *adj* & *mf* amateur.
amadurecer [amadure'se(x)] *vi* mûrir.
âmago ['ãmagu] *m* cœur *m* (*du problème*).
amainar [amaj'na(x)] ♦ *vt* amener (*voile*) ♦ *vi* se calmer (*tempête*).
amaldiçoar [amawdʒi'swa(x)] *vt* maudire.
amálgama [a'mawgama] *f* (*fig*) mélange *m*.
amalgamar [amawga'ma(x)] *vt* mélanger.

amamentar [amamẽn'ta(x)] *vt* allaiter.
amanhã [ama'ɲã] ♦ *adv* demain ♦ *m* ♦ **o amanhã** l'avenir *m*.
amanhecer [amaɲe'se(x)] ♦ *m* lever *m* du jour ♦ *v impess* ♦ **amanhece** le jour se lève.
amansar [amã'sa(x)] *vt* dompter.
amante [a'mãntʃi] ♦ *nmf* amant *m*, maîtresse *f* ♦ *adj* ♦ **amante de** amateur de.
amanteigado, da [amẽntej'gadu, da] *adj* (*queijo*) fait(e); (*molho*) au beurre.
amar [a'ma(x)] *vt* aimer.
amarelado, da [amare'ladu, da] *adj* jaunâtre.
amarelinha [amare'liɲa] *f* marelle *f*.
amarelo, la [ama'rɛlu, la] ♦ *adj* jaune ♦ *m* jaune *m*.
amargar [amax'ga(x)] *vi* avoir un goût amer.
amargo, ga [a'maxgu, ga] *adj* amer(ère).
amarrar [ama'xa(x)] *vt* (*barco*) amarrer; (*pessoa, animal*) s'attacher.
amarrotado, da [amaxo'tadu, da] *adj* froissé(e).
amarrotar [amaxo'ta(x)] *vt* froisser.
amassar [ama'sa(x)] *vt* (*farinha, pão*) pétrir; (*cimento*) malaxer; (*carro*) cabosser.
amável [a'mavew] (*pl* **-eis**) *adj* aimable.
Amazonas [ama'zonaʃ] *m* ♦ **o Amazonas** l'Amazone *m*.

Amazônia

Amazônia [ama'zonja] f • a Amazônia l'Amazonie f.

ⓘ AMAZÔNIA

La région de l'Amazonie contient la plus grande forêt équatoriale du monde et s'étend sur une surface de près de cinq millions de kilomètres carrés. La forêt occupe un tiers du territoire brésilien, allant jusqu'au Pérou, la Colombie et au Venezuela. Malgré son indiscutable importance écologique et la richesse de sa faune et de sa flore, l'Amazonie est malheureusement menacée par des multinationales du bois et des minéraux.

âmbar ['ãba(x)] m ambre m.
ambição [ãbi'sãw] (pl -ões) f ambition f.
ambiental [ãbjẽn'taw] (pl -ais) adj environnemental(e).
ambientalista [ãbjẽnta'lifta] nmf écologiste mf.
ambiente [ãm'bjẽntʃi] ♦ adj ambiant(e) ♦ m (ar) atmosphère f; (meio social) milieu m; (atmosfera) ambiance f.
ambigüidade [ãmbigwi'dadʒi] f ambiguité f.
ambíguo, gua [ãm'bigwu, gwa] adj ambigu(uë).
âmbito ['ãmbitu] m cadre m (limites).

ambos, bas ['ãmbuʃ, baʃ] ♦ adj pl les deux ♦ pron pl tous les deux (toutes les deux).
ambrosia [ãnbro'zia] f dessert à base d'œufs melangés dans du lait sucré parfumé à la cannelle et aux clous de girofle.
ambulância [ãmbu'lãsja] f ambulance f.
ambulante [ãmbu'lãntʃi] adj ambulant(e).
ambulatório [ãmbula'tɔrju] m (de hospital) service m de consultations externes; (de escola, fábrica) infirmerie f.
ameaça [ame'asa] f menace f.
• **sob ameaça** sous la menace.
ameaçar [amea'sa(x)] vt menacer.
amedrontar [amedrõn'ta(x)] vt effrayer.
amêijoa [a'mejʒwa] f palourde f.
ameixa [a'mejʃa] f prune f.
amêndoa [a'mẽndwa] f amande f • amêndoa amarga amande amère.
amendoeira [amẽn'dwejra] f amandier m.
amendoim [amẽn'dwĩ] (pl -ns) m cacahuète f • amendoim torrado cacahuète grillée.
ameno, na [a'menu, na] adj agréable.
América [a'mɛrika] f • a América Central l'Amérique centrale • a América do Norte l'Amérique du Nord • a América do Sul l'Amérique du Sud • a América Latina l'Amérique latine.

americano, na [ameri'kanu, na] ♦ *adj* américain(e) ♦ *mf* Américain *m*, -e *f*.

ametista [ame'tʃiʃta] *f* améthyste *f*.

amianto [a'mjãntu] *m* amiante *m*.

amido [a'midu] *m* amidon *m* • **amido de milho** amidon de maïs.

amigável [ami'gavɛw] (*pl* -**eis**) *adj* amiable.

amígdalas [a'migdalaʃ] *fpl* • **as amígdalas** les amygdales *fpl*.

amigdalite [amigda'litʃi] *f* amygdalite *f*.

amigo, ga [a'migu, ga] ♦ *adj* ami(e); (*gesto, palavra*) amical(e) ♦ *mf* ami *m*, -e *f*.

amistoso, osa [amiʃ'tozu, ɔza] *adj* amical(e).

amizade [ami'zadʒi] *f* amitié *f*.

amnésia [am'nɛzja] *f* amnésie *f*.

amolação [amola'sãw] (*pl* -**ões**) *f* (*maçada*) ennui *m* (*problème*).

amolar [amo'la(x)] *vt* (*afiar*) aiguiser; (*aborrecer*) ennuyer.

amolecer [amole'se(x)] *vt* amollir.

amoníaco [amo'niaku] *m* ammoniac *m*.

amontoar [amõn'twa(x)] *vt* (*papéis*) entasser; (*riquezas*) amasser; (*trabalho*) accumuler ❑ **amontoar-se** *vp* (*folhas*) s'amonceler; (*papéis*) s'entasser; (*trabalho*) s'accumuler.

amor [a'mo(x)] (*pl* -**es**) *m* amour *m* • **fazer amor** faire l'amour.

amora [a'mɔra] *f* mûre *f*.

amordaçar [amoxda'sa(x)] *vt* bâillonner.

amoroso, osa [amo'rozu, ɔza] *adj* (*carinhoso*) attachant(e); (*ligação, conquista*) amoureux(euse).

amor-perfeito [a,moxpex'fejtu] (*pl* **amores-perfeitos**) *m* (*flor*) pensée *f*.

amor-próprio [a,mox'prɔpriu] *m* amour-propre *m*.

amortecedor [amoxtese'do(x)] (*pl* -**es**) *m* amortisseur *m*.

amortização [amoxtiza'sãw] (*pl* -**ões**) *f* amortissement *m* (*en économie*).

amortizar [amoxti'za(x)] *vt* amortir (*en économie*).

amostra [a'mɔʃtra] *f* (*de produto*) échantillon *m*; (*prova*) preuve *f* • **amostra grátis** échantillon gratuit.

amparar [ãmpa'ra(x)] *vt* (*ao cair*) retenir; (*numa desgraça*) soutenir; (*os pobres*) aider.

amparo [ãm'paru] *m* soutien *m*.

ampliação [ãmplia'sãw] (*pl* -**ões**) *f* (*de fotografia*) agrandissement *m*.

ampliar [ãmpli'a(x)] *vt* (*fotografia*) agrandir.

amplificador [ãmplifika'do(x)] (*pl* -**es**) *m* (*de som*) amplificateur *m*.

amplificar [ãmplifi'ka(x)] *vt* (*som*) amplifier.

amplitude [ãnpli'tudʒi] *f* ampleur *f*.

amplo

amplo, pla ['ãmplu, pla] *adj (quarto, quintal)* grand(e); *(estrada, maioria)* large.
ampola [ãm'pola] *f* ampoule *f (médicament).*
amputar [ãmpu'ta(x)] *vt* amputer.
amuado, da [a'mwadu, da] *adj* boudeur(euse).
amuar [a'mwa(x)] *vi* bouder.
anã [a'nã] → anão.
anacronismo [anakro'niʒmu] *m* anachronisme *m.*
analfabetismo [anawfabe'tʃiʒmu] *m* analphabétisme *m.*
analfabeto, ta [anawfa'bɛtu, ta] *adj & mf* analphabète.
analgésico [anaw'ʒɛziku] *m* analgésique *m.*
analisar [anali'za(x)] *vt (examinar)* analyser.
análise [a'nalizi] *f* analyse *f* • **fazer análises** faire des analyses • **em última análise** en dernière analyse.
analista [ana'liʃta] *nmf* analyste *mf.*
analogia [analo'ʒia] *f* analogie *f.*
ananás [ana'naʃ] *(pl* -ases) *m* ananas *m.*
anão, ã [a'nãw, a'nã] *(mpl* -ões, *fpl* -s) *mf* nain *m,* -e *f.*
anarquia [anax'kia] *f* anarchie *f.*
Anatel [ana'tɛw] *(Agência Nacional de Telecomunicações)* Agence Nationale de Télécommunications brésilienne.
anatomia [anato'mia] *f* anatomie *f.*
anca ['ãŋka] *f* hanche *f.*

anchova [ãn'ʃova] *f* anchois *m inv.*
ancinho [ã'siɲu] *m* râteau *m.*
âncora ['ãŋkora] *f* ancre *f.*
andaime [ãn'dajmi] *m* échafaudage *m.*
andamento [ãnda'mẽntu] *m (rumo)* cours *m; (de conversa)* tour *m; (de acontecimento)* tournure *f; (velocidade)* allure *f; MÚS* andante *m* • **em andamento** *(em progresso)* en cours; *(trem)* en marche.
andar [ãn'da(x)] *(pl* -es) ♦ *m (de edifício)* étage *m; (maneira de caminhar)* démarche *f* ♦ *vi (caminhar)* marcher; *(estar)* être ♦ *vt (caminhar)* parcourir • **ele hoje anda triste** il est triste aujourd'hui • **ele anda por aí** il est quelque part par là • **andar de avião** voyager en avion • **andar de bicicleta** faire du vélo • **andar a cavalo** faire du cheval • **andar a pé** marcher • **o andar de baixo** l'étage du dessous • **o andar de cima** l'étage du dessus.
Andes ['ãndiʃ] *mpl* • **os Andes** les Andes *fpl.*
andorinha [ãndo'riɲa] *f (ave)* hirondelle *f.*
Andorra [ãn'doxa] *s* Andorre *f.*
anedota [ane'dɔta] *f (pequena história)* anecdote *f.*
anel [a'nɛw] *(pl* -éis) *m (com pedra)* bague *f; (sem pedra)* anneau *m; (de cabelo)* boucle *f; (de corrente)* maillon *m* • **anel de noivado** bague de fiançailles.
anemia [ane'mia] *f* anémie *f.*

anestesia [aneʃte'zia] f anesthésie f • **anestesia geral** anesthésie générale • **anestesia local** anesthésie locale.

anestesiar [aneʃtezi'a(x)] vt anesthésier.

anexar [anek'sa(x)] vt mettre en annexe • **anexar a** joindre à • **anexar um arquivo** INFORM joindre un dossier.

anexo, xa [a'nɛksu, ksa] ♦ adj annexe ♦ m annexe f; INFORM pièce jointe f.

anfiteatro [ãfiˈtʃjatru] m amphithéâtre m.

angariar [ãŋgariˈa(x)] vt (dinheiro) collecter.

angina [ã'ʒina] f • **angina do peito** angine f de poitrine ▫ **anginas** fpl angine f.

anglicano, na [ãŋgliˈkanu, na] adj anglican(e).

Angola [ãŋˈgɔla] s Angola m.

angolano, na [ãŋgoˈlanu, na] ♦ adj angolais(e) ♦ mf Angolais m, -e f.

angra [ˈãŋgra] f anse f (baie).

angu [ãŋ'gu] m ≃ polenta f.

ângulo [ˈãŋgulu] m angle m.

angústia [ãŋˈguʃtʃja] f angoisse f.

animação [animaˈsãw] f animation f.

animado, da [aniˈmadu, da] adj animé(e).

animador, ra [animaˈdo(x), ra] (mpl **-es**, fpl **-s**) adj encourageant(e).

animal [aniˈmaw] (pl **-ais**) m animal m • **animal doméstico** animal domestique • **animal selvagem** animal sauvage.

animar [aniˈma(x)] vt (alegrar, organizar) animer; (dar ânimo a) encourager ▫ **animar-se** vp (alegrar-se) s'animer.

ânimo [ˈãnimu] m courage m.

aniquilar [anikiˈla(x)] vt anéantir.

anis [aˈniʃ] (pl **-es**) m (licor) anisette f; (planta) anis m.

anistia [aniʃˈtʃia] f amnistie f.

aniversário [anivɛxˈsarju] m anniversaire m • **feliz aniversário!** bon anniversaire!

anjo [ˈãʒu] m ange m.

ano [ˈãnu] m année f • **quantos anos você tem?** quel âge estu? • **faço anos amanhã** demain, c'est mon anniversaire • **ano bissexto** année bissextile • **ano letivo** année scolaire • **ano após ano** d'année en année.

anoitecer [anojteˈse(x)] ♦ m • **ao anoitecer** à la tombée de la nuit ♦ v impess • **anoitece** la nuit tombe.

anomalia [anomaˈlia] f anomalie f.

ano-novo [ãnuˈnovu] m nouvel an m.

anoraque [anoˈraki] m anorak m.

anorexia [anorɛkˈsia] f anorexie f.

anormal [anoxˈmaw] (pl **-ais**) adj & nmf anormal(e).

anormalidade [anoxmaliˈdaʒi] f anormalité f.

anotação [anotaˈsãw] (pl **-ões**) f note f (remarque).

anotar

anotar [ano'ta(x)] *vt* noter.

ânsia ['ãsja] *f* anxiété *f*.

ansiar [ã'sja(x)] □ **ansiar por** *vp* aspirer à.

ansiedade [ãsje'dadʒi] *f* anxiété *f*.

ansioso, osa [ã'sjozu, ɔza] *adj* anxieux(euse) • **estar ansioso por fazer algo** avoir envie de faire qqch.

antebraço [ãntʃi'brasu] *m* avant-bras *m*.

antecedência [ãntese'dẽsja] *f* antériorité *f* • **com antecedência** à l'avance.

antecedente [ãntese'dẽntʃi] *adj* précédent(e) □ **antecedentes** *mpl* antécédents *mpl*.

antecipação [ãntesipa'sãw] (*pl* **-ões**) *f* anticipation *f*.

antecipadamente [ãntesi,pada'mẽntʃi] *adv* à l'avance.

antecipar [ãntesi'pa(x)] *vt* avancer □ **antecipar-se** *vp* prendre les devants.

antemão [ãnte'mãw] □ **de antemão** *adv* auparavant.

antena [ãn'tena] *f* antenne *f* • **antena parabólica** antenne parabolique.

anteontem [ãntʃi'õntẽ] *adv* avant-hier.

antepassado [ãntʃipa'sadu] *m* ancêtre *m*.

anterior [ãnteri'o(x)] (*pl* **-es**) *adj* précédent(e), d'avant • **anterior a** antérieur à.

antes [ˈãntʃiʃ] *adv* avant; *(de preferência)* plutôt • **antes assim** c'est mieux ainsi • **antes de** avant de • **antes de mais (nada)** d'abord • **o quanto antes** dès que possible.

antever [ãnte've(x)] *vt* prévoir.

antiaderente [ãntʃiade'rẽntʃi] *adj* antiadhésif(ive).

antibiótico [ãntʃi'bjɔtʃiku] *m* antibiotique *m*.

anticaspa [ãntʃi'kaʃpa] *adj inv* antipelliculaire.

anticoncepcional [ãntʃikõsepsju'naw] (*pl* **-ais**) *adj* contraceptif(ive).

anticonceptivo [ãntʃikõsep'tʃivu] *m* contraceptif *m*.

anticongelante [ãntʃikõʒe'lãntʃi] ◆ *adj* antigivrant(e) ◆ *m* antigel *m*.

anticorpo [ãntʃi'koxpu] *m* anticorps *m*.

antidepressivo [ãntʃidepre'sivu] *m* antidépresseur *m*.

antídoto [ãn'tʃidotu] *m* antidote *m*.

antigamente [ãntʃiga'mẽntʃi] *adv* autrefois.

antigo, ga [ãn'tʃigu, ga] *adj* ancien(enne).

antiguidade [ãntʃigwi'dadʒi] *f* ancienneté *f* • **a Antiguidade** l'Antiquité *f* □ **antiguidades**, *fpl* antiquités *fpl*.

antipatia [ãntʃipa'tʃa] *f* antipathie *f*.

antipático, ca [ãntʃi'patʃiku, ka] *adj* antipathique.

antipatizar [ãntʃipatiˈza(x)] *vi* • **eu antipatizo com ele** il m'est antipathique.

antiquado, da [ãntʃi'kwadu, da] *adj (pessoa)* vieux jeu; *(objeto)* démodé(e); *(idéia)* dépassé(e).

antiquário [ãntʃi'kwarju] *m* antiquaire *m*.

antisséptico, ca [ˌãntʃi'sɛptʃiku] *adj* antiseptique.

antologia [ãntolo'ʒia] *f* anthologie *f*.

anual [a'nwaw] *(pl* **-ais**) *adj* annuel(elle).

anuir [a'nwi(x)] *vi* acquiescer.

anulação [anula'sãw] *(pl* **-ões**) *f* annulation *f*.

anular [anu'la(x)] ◆ *vt* annuler ◆ *m* annulaire *m*.

anunciar [anũ'sja(x)] *vt* annoncer; *(produto)* faire de la publicité pour.

anúncio [a'nũsju] *m (aviso)* annonce *f*; *(de produto)* publicité *f*.

ânus ['ãnuʃ] *m* anus *m*; *(fam)* cul *m*.

anzol [ã'zɔw] *(pl* **-óis**) *m* hameçon *m*.

ao [aw] = a + o → a.

aonde [a'õndʒi] *adv* où ● **aonde quer que...** où que....

aos [awʃ] = a + os → a.

apagado, da [apa'gadu, da] *adj (escrita, pessoa)* éteint(e); *(escrita, desenho)* effacé(e).

apagar [apa'ga(x)] *vt* éteindre; *(escrita, desenho)* effacer.

apaixonado, da [apajʃo'nadu, da] *adj (enamorado)* amoureux(euse); *(exaltado)* passionné(e) ● **estar apaixonado por** être amoureux de.

apaixonante [apajʃo'nãntʃi] *adj* passionnant(e).

apaixonar [apajʃo'na(x)] *vt* passionner ❏ **apaixonar-se** *vp* tomber amoureux(euse)
• **apaixonar-se por** tomber amoureux de.

apalermado, da [apalex'madu, da] *adj* abruti(e).

apalpar [apaw'pa(x)] *vt* tâter
• **apalpar o terreno** tâter le terrain.

apanhar [apa'ɲa(x)] *vt (levantar do chão)* ramasser; *(agarrar, contrair)* attraper; *(surpreender, pescar)* prendre ● **apanhar chuva** prendre la pluie ● **apanhar sol** prendre le soleil.

aparador [apara'do(x)] *(pl* **-es**) *m* buffet *m*.

aparar [apa'ra(x)] *vt* retenir; *(barba)* tailler; *(sebe, lápis)* tailler.

aparecer [apare'se(x)] *vi (apresentar-se)* venir; *(surgir)* apparaître; *(algo perdido)* réapparaître.

aparelhagem [apare'ʎaʒẽ] *(pl* **-ns**) *f* ● **aparelhagem (de som)** chaîne *f* (hi-fi).

aparelho [apa'reʎu] *m* appareil *m* ● **aparelho digestivo** appareil digestif ● **aparelho para os dentes** appareil dentaire.

aparência [apa'rẽsja] *f* apparence *f*.

aparentar [aparẽ'ta(x)] *vt* avoir l'air ● **ele não aparenta a idade que tem** il ne fait pas son âge.

aparente [apa'rẽntʃi] *adj* apparent(e).

apartamento [apaxta'mẽntu] *m* appartement *m*.

apatia

apatia [a'patʃia] f apathie f.
apavorado, da [apavo'radu, da] adj épouvanté(e).
apear-se [a'pjaxsi] vp • apear-se de (veículo) descendre de.
apelar [ape'la(x)] vi • apelar para jur faire appel en; (compreensão, bondade) faire appel à.
apelido [ape'lidu] m sobriquet m.
apelo [a'pelu] m appel m • fazer um apelo a faire un appel à.
apenas [a'penaʃ] ♦ adv (somente) juste ♦ conj (logo que) dès que.
apêndice [a'pẽndʒisi] m appendice m (organe).
apendicite [apẽndʒi'sitʃi] f appendicite f.
aperceber-se [apexse'bexsi] vp • aperceber-se de algo se rendre compte de qqch • aperceber-se de que se rendre compte que.
aperfeiçoamento [apexfejswa'mẽntu] m perfectionnement m.
aperfeiçoar [apexfejswa(x)] vt perfectionner.
aperitivo [aperi'tʃivu] m apéritif m.
apertado, da [apex'tadu, da] adj serré(e).
apertar [apex'ta(x)] vt (interruptor) appuyer sur; (casaco, vestido) fermer; (cordões) attacher; (comprimir) serrer.
aperto [a'pextu] m (de parafuso) serrage m; (aglomeração) foule f; (fig) (dificuldade) situation f

difficile • **aperto de mão** poignée f de main.
apesar [ape'za(x)] □ **apesar de** prep bien que.
apetecer [apete'se(x)] vt avoir envie de • apetece-me um bolo j'ai envie d'un gâteau.
apetite [ape'tʃitʃi] m appétit m • **bom apetite!** bon appétit!
apetitoso, osa [apetʃi'tozu, ɔza] adj (gostoso) délicieux(euse); (tentador) appétissant(e).
apetrecho [ape'treʃu] m attirail m • **apetrechos de pesca** attirail de pêche.
apimentado, da [apimẽn'tadu, da] adj (com pimenta) poivré(e); (picante) relevé(e).
apinhado, da [api'ɲadu, da] adj • apinhado de bourré de.
apitar [api'ta(x)] vi (trem, árbitro) siffler.
apito [a'pitu] m sifflet m.
aplaudir [aplaw'di(x)] vt & vi applaudir.
aplauso [a'plawzu] m applaudissements mpl.
aplicação [aplika'sãw] (pl -ões) f application f.
aplicado, da [apli'kadu, da] adj appliqué(e).
aplicar [apli'ka(x)] vt appliquer; (curativo) administrer; (injeção) faire.
aplicativo [aplika'tʃivu] m application f.
aplique [apli'ki] m moumoute f.
apoderar-se [apode'raxsi] □ **apoderar-se de** vp + prep s'emparer de.

apodrecer [apodre'se(x)] *vt & vi* pourrir.

apoiar [apo'ja(x)] *vt* soutenir; *(idéia)* défendre • **apoiar algo em algo** appuyer qqch sur qqch ▫ **apoiar-se** *vp* s'appuyer • **apoiar-se em** s'appuyer sur.

apoio [a'poju] *m (físico)* support *m*; *(verbal, econômico)* soutien *m*; *(de cadeira)* accoudoir *m*; *(para a cabeça)* appui-tête *m*; *(de escadas)* rampe *f*.

apólice [a'polisi] *f* • **apólice (de seguro)** police *f* d'assurance.

apontador [apõnta'do(x)] *(pl -es) m (de lápis)* taille-crayon *m*.

apontamento [apõnta'mẽntu] *m* note *f* • **fazer apontamentos** prendre des notes.

apontar [apõn'ta(x)] *vt (arma)* pointer; *(com dedo, ponteiro)* montrer; *(tomar nota de)* noter; *(razões, argumentos)* avancer.

aporrinhação [apoxiɲa'sãw] *(pl -ões) f (fam) (aborrecimento)* • **é uma aporrinhação** c'est embêtant.

após [a'pɔjʃ] ♦ *prep (depois de)* après ♦ *adv (depois)* après.

aposentado, da [apozẽn'tadu, da] *adj & mf* retraité(e).

aposentadoria [apozẽnta'doria] *f* retraite *f*.

aposentar-se [apozẽn'taxsi] *vp* prendre sa retraite.

aposento [apo'zẽntu] *m (de casa)* chambre *f*; *(do Rei)* appartements *mpl*.

aposta [a'pɔʃta] *f* pari *m*.

apostar [apoʃ'ta(x)] *vt* parier.

apostila [apoʃ'tʃila] *f (em universidade)* polycopié *m*.

apóstrofo [a'pɔʃtrofu] *m* apostrophe *f*.

aprazível [apra'zivew] *(pl -eis) adj* plaisant(e).

apreciação [apresja'sãw] *(pl -ões) f* appréciation *f*.

apreciar [apresi'a(x)] *vt (avaliar)* estimer; *(observar)* observer; *(gostar)* apprécier.

apreender [apriẽn'de(x)] *vt* saisir.

apreensão [apriẽ'sãw] *(pl -ões) f (de bens, produtos)* saisie *f*; *(de novos conhecimentos)* acquisition *f*; *(preocupação)* appréhension *f*.

apreensivo, va [apriẽ'sivu, va] *adj* inquiet(ète).

aprender [aprẽn'de(x)] *vt & vi* apprendre • **aprender a fazer algo** apprendre à faire qqch.

aprendiz [aprẽn'dʒiʒ] *(pl -es) m* apprenti *m*.

aprendizagem [aprẽndʒi'zazẽ] *f* apprentissage *m*.

apresentação [aprezẽnta'sãw] *(pl -ões) f* présentation *f*.

apresentador, ra [aprezẽnta'do(x), ra] *(mpl -es, fpl -s) mf* présentateur *m*, -trice *f*.

apresentar [aprezẽn'ta(x)] *vt* présenter ▫ **apresentar-se** *vp* se présenter • **apresentar-se a alguém** se présenter à qqn.

apressado, da [apre'sadu, da] *adj (pessoa)* pressé(e); *(decisão)* hâtif(ive); *(conclusão)* hâtif(ive).

apressar-se [apre'saxsi] *vp* se presser.

aprofundar [aprofũn'da(x)] *vt* approfondir.

aprovação [aprova'sãw] (*pl* -**ões**) *f (consentimento)* approbation *f; (em exame)* réussite *f.*

aprovado, da [apro'vadu, da] *adj* ◆ **ser aprovado** EDUC être reçu.

aprovar [apro'va(x)] *vt (autorizar)* approuver; *(em exame)* recevoir.

aproveitador, ra [aprovejta'do(x), ra] *m* (*mpl* -**es**, *fpl* -**s**) ◆ *adj (pej) (abusador)* profiteur(euse) ◆ *mf* profiteur *m*, -euse *f.*

aproveitamento [aprovejta'mẽntu] *m* CULIN utilisation des restes; EDUC ter bom/mau aproveitamento bien/mal travailler (à l'école).

aproveitar [aprovej'ta(x)] *vt (ocasião, férias)* profiter de; *(utilizar)* se servir de □ **aproveitar-se de** *vp + prep (pej)* profiter de.

aproximadamente [aprosi,mada'mẽntʃi] *adv* à peu près.

aproximado, da [aprosi'madu, da] *adj* approximatif(ive).

aproximar [aprosi'ma(x)] *vt* rapprocher □ **aproximar-se** *vp* s'approcher ◆ **aproximar-se de** s'approcher de.

aptidão [aptʃi'dãw] (*pl* -**ões**) *f* aptitude *f.*

apto, ta ['aptu, ta] *adj* apte.

apto. (*abrev de* apartamento) appt.

apunhalar [apuɲa'la(x)] *vt* poignarder.

apuração [apura'sãw] (*pl* -**ões**) *f (em prova)* sélection *f; (de votos)* décompte *m.*

apurado, da [apu'radu, da] *adj* sélectionné(e).

apurar [apu'ra(x)] *vt (selecionar)* sélectionner; *(contas, fatos)* éplucher.

apuro [a'puru] *m (fig) (dificuldade)* problème *m* ◆ **estar em apuros** être dans le pétrin ◆ **meter-se em apuros** se mettre dans le pétrin.

aquarela [akwa'rɛla] *f* aquarelle *f.*

aquário [a'kwarju] *m* aquarium *m* □ **Aquário** *m* Verseau *m.*

aquático, ca [a'kwatʃiku, ka] *adj* aquatique.

aquecedor [akese'do(x)] (*pl* -**es**) *m* radiateur *m.*

aquecer [ake'se(x)] *vt & vi* réchauffer □ **aquecer-se** *vp* se réchauffer.

aquecimento [akesi'mẽntu] *m* chauffage *m* ◆ **aquecimento central** chauffage central.

aqueduto [ake'dutu] *m* aqueduc *m.*

àquela ['akɛla] = a + aquela → **aquele**.

aquele, aquela [a'keli, a'kɛla] ◆ *adj* ce(celle) ◆ *pron* celui(celle) ◆ **aquele que** celui qui ◆ **peça àquele homem/àquela mulher** demande à cet homme-là/cette femme-là.

àquele ['akeli] = a + aquele → **aquele**.

aqui [a'ki] *adv* ici • **até aqui** jusqu'ici • **logo aqui** juste ici • **por aqui par ici**.

aquilo [a'kilu] *pron* cela • **aquilo que** ce que.

àquilo ['akilu] = **a + aquilo** → aquilo.

aquisição [akizi'sãw] (*pl* -ões) *f* acquisition *f.*

ar [a(x)] (*pl* -es) *m* air *m* • **ter ar de** avoir l'air • **ele tem ar de doente** il a l'air malade • **ar condicionado** air conditionné • **ao ar** en plein air • **ao ar livre** en plein air • **por ar** par la voie des airs □ **ares** *mpl* • **mudar de ares** changer d'air.

árabe ['arabi] ◆ *adj* arabe ◆ *nmf* Arabe *mf.*

aragem [a'raʒẽ] (*pl* -ns) *f* brise *f.*

arame [a'rami] *m* fil *m* de fer • **arame farpado** fil de fer barbelé.

aranha [a'raɲa] *f* araignée *f.*

arara [a'rara] *f* ara *m.*

arbitragem [axbi'traʒẽ] (*pl* -ns) *f* arbitrage *m.*

arbitrar [axbi'tra(x)] *vt* arbitrer.

árbitro ['axbitru] *m* arbitre *m.*

arborizado, da [axbori'zadu, da] *adj* (área) boisé(e); (rua, alameda) bordé(e) d'arbres; (jardim) planté(e) d'arbres.

arbusto [ax'buʃtu] *m* arbuste *m.*

arca ['axka] *f* coffre *m.*

arcaico, ca [ar'ʃɔti] *m* flambeau *m.*

arco ['axku] *m* arc *m;* (brinquedo) cerceau *m.*

arco-íris [ax'kwiriʃ] (*pl* **arco-íris**) *m* arc-en-ciel *m.*

ardência [ax'dẽsja] *f* (paixão) ardeur *m;* (no estômago) brûlure *f.*

ardente [ax'dẽtʃi] *adj* ardent(e).

arder [ax'de(x)] *vi* brûler.

ardor [ax'do(x)] (*pl* -es) *m* (de pele) brûlure *f;* (de estômago) brûlure *f* d'estomac; (fig) (paixão) ardeur *f.*

ardósia [ax'dɔzja] *f* ardoise *f.*

árduo, dua ['axdwu, dwa] *adj* ardu(e).

área ['arja] *f* zone *f;* (fig) (campo de ação) domaine *m* • **área de campismo** camping *m* • **área para piquenique** aire *f* de repos aménagée pour pique-niquer • **área de serviço** aire *f* de repos.

areal [a'rejw] (*pl* -ais) *m* grève *f* (rivage).

areia [a'reja] *f* sable *m.*

arejar [are'ʒa(x)] ◆ *vt* aérer ◆ *vi* prendre l'air.

arena [a'rena] *f* (de circo) piste *f;* (de praça de touros) arène *f.*

arenoso, osa [are'nozu, ɔza] *adj* sablonneux(euse).

arenque [a'rẽŋki] *m* hareng *m.*

ares [ari ʃ] → **ar**.

Argentina [axʒẽn'tʃina] *f* • **a Argentina** l'Argentine *f.*

argila [ax'ʒila] *f* argile *f.*

argola [ax'gɔla] *f* (anel) anneau *m;* (de porta) heurtoir *m* □ **argolas** *fpl* anneaux *mpl.*

argumentação [axgumẽta-'sãw] (*pl* -ões) *f* argumentation *f.*

argumentar

argumentar [axgumẽn'ta(x)]
◆ vt soutenir ◆ vi discuter.

argumento [axgu'mẽntu] m argument m; *(de filme)* scénario m.

ária ['arja] f aria f.

árido, da ['aridu, da] adj aride.

Áries ['ariʃ] m Bélier m.

arma ['axma] f arme f • **arma branca** arme blanche • **arma de fogo** arme à feu.

armação [axma'sãw] *(pl* -ões*)* f armature f; *(de animal)* bois mpl; *(de óculos)* monture f.

armadilha [axma'diʎa] f piège m.

armado, da [az'madu, da] adj armé(e).

armadura [axma'dura] f *(de cavaleiro)* armure f; *(de edifício)* ossature f; *(em cimento)* armature f.

armamento [axma'mẽntu] m armement m.

armar [ax'ma(x)] vt *(munir de armas)* armer; *(tenda)* monter.

armário [ax'marju] m armoire f.

armazém [axma'zẽj] *(pl* -ns*)* m *(de mercadorias)* magasin m; *(de venda no varejo)* halle f.

aro ['aru] m *(de janela)* montant m; *(de roda)* jante f.

aroma [a'roma] m arôme m • **com aroma de** aromatisé à.

arpão [ax'pãw] *(pl* -ões*)* m harpon m.

arqueologia [axkjolo'ʒia] f archéologie f.

arquibancada [axkibãŋ'kada] f *(de estádio)* gradins mpl.

arquipélago [axki'pelagu] m archipel m.

ⓘ ARQUIPÉLAGO DE FERNANDO DE NORONHA

L'archipel de Fernando de Noronha est composé de 21 îles. La plus grande d'entre elles, du même nom, est la seule habitée par une population estimée à 2 500 habitants qui se concentre autour de la Vila dos Remédios. L'archipel a été transformé en parc national marin grâce à la grande diversité de sa faune et de sa flore. Dans ses eaux cristallines, vivent des dauphins, des requins et 15 espèces de coraux. L'entrée aux touristes est contrôlée et restreinte à certaines aires. Seuls les pêcheurs enregistrés à l'Institut brésilien de l'environnement (ibama) ont accès aux autres lieux.

---

arquiteto, ta [axki'tɛtu, ta] mf architecte mf.

arquitetura [axkite'tura] f architecture f.

arquivo [ax'kivu] m *(local)* archives fpl; *(móvel)* classeur m à tiroirs; *INFORM* fichier m.

arraial [axa'jaw] *(pl* -ais*)* m fête f foraine.

arrancar [axãŋ'ka(x)] ♦ *vt* arracher ♦ *vi* démarrer • **arrancar algo das mãos de alguém** arracher qqch des mains à qqn.

arranha-céu [a,xaɲa'sɛw] *m* gratte-ciel *m inv.*

arranhão [axa'ɲãw] (*pl* **-ões**) *m* (*em pele*) égratignure *f*; (*em carro*) éraflure *f*.

arranhar [axa'ɲa(x)] *vt* (*pele*) égratigner; (*parede, carro*) érafler; (*fig*) (*instrumento*) gratter; (*fig*) (*língua*) baragouiner ◻ **arranhar-se** *vp* s'égratigner.

arranhões → **arranhão**.

arranjar [axã'ʒa(x)] *vt* (*quarto*) ranger; (*dinheiro*) se procurer de.

arranque [a'xãŋki] *m* → **motor**.

arrasar [axa'za(x)] *vt* (*destruir*) ravager; (*fig*) (*emocionalmente*) anéantir.

arrastar [axaʃ'ta(x)] *vt* traîner.

arrecadar [axeka'da(x)] *vt* (*objeto*) ranger; (*dinheiro*) ramasser.

arredondado, da [axedõn'dadu, da] *adj* (*forma*) arrondi(e); (*fig*) (*valor*) rond(e).

arredondar [axedõn'da(x)] *vt* arrondir.

arredores [axe'dɔriʃ] *mpl* environs *mpl*.

arrefecer [axefe'se(x)] *vi* (*tempo, ar*) se rafraîchir; (*fig*) (*entusiasmo*) retomber.

arregaçar [axega'sa(x)] *vt* retrousser.

arreios [a'xejuʃ] *mpl* harnais *m*.

arremedar [axeme'da(x)] *vt* singer.

arremessar [axeme'sa(x)] *vt* lancer.

arrendamento [axẽnda'mẽntu] *m* location *f*.

arrendar [axẽn'da(x)] *vt* louer.

arrendatário, ria [axẽnda'tarju, rja] *mf* locataire *mf*.

arrepender-se [axepẽn'dexsi] *vp* • **arrepender-se de (ter feito) algo** regretter (d'avoir fait) qqch.

arrepiar [axe'pja(x)] *vt* (*pêlo*) hérisser ◻ **arrepiar-se** *vp* frissonner.

arrepio [axe'piu] *m* frisson *m*.

arriscado, da [axiʃ'kadu, da] *adj* (*perigoso*) risqué(e); (*corajoso*) audacieux(euse).

arriscar [axiʃ'ka(x)] *vt* (*pôr em risco*) risquer ◻ **arriscar-se** *vp* • **arriscar-se a** prendre le risque de, risquer de.

arroba [a'xoba] *f INFORM* arobase *f*.

arrogância [axo'gãsja] *f* arrogance *f*.

arrogante [axo'gãntʃi] *adj* arrogant(e).

arrombar [axõm'ba(x)] *vt* forcer (*une porte*).

arrotar [axo'ta(x)] *vi* roter; (*bebê*) faire un rot.

arroto [a'xotu] *m* rot *m*.

arroz [a'xoʒ] *m* riz *m*.

arroz-doce [axoʒ'dɔsi] *m* riz *m* au lait.

arruaça [a'xwasa] *f* chahut *m*.

arruaceiro, ra [axwa'sejru, ra] *mf* chahuteur *m*, -euse *f*.

arrumado, da [axu'madu, da] *adj* (*pessoa*) ordonné(e); (*em dor-*

arrumar 30

dem) rangé(e); *(fig) (resolvido)* classé(e).
arrumar [axu'ma(x)] *vt* ranger.
arte ['axtʃi] *f* art *m* • **artes marciais** arts martiaux • **a sétima arte** le septième art.
artéria [ax'tɛrja] *f* artère *f*.
arterial [axte'rjaw] *(pl* -**ais**) *adj* → **pressão**, **tensão**.
artesanato [axteza'natu] *m* artisanat *m*.
articulação [axtʃikula'sãw] *(pl* -**ões**) *f* articulation *f*.
artificial [axtʃifi'sjaw] *(pl* -**ais**) *adj* artificiel(elle).
artigo [ax'tʃigu] *m* article *m* ◆ **artigos a declarar** marchandises à déclarer • **artigos de primeira necessidade** articles de première nécessité • **artigo de fundo** article de fond.
artista [ax'tʃiʃta] *nmf* artiste *mf*.
artístico, ca [ax'tʃiʃtʃiku, ka] *adj* artistique.
artrite [ax'tritʃi] *f* arthrite *f*.
árvore ['axvori] *f* arbre *m*.
as [aʃ] → **a**.
ás [ajʃ] *(pl* **ases**) *m* as *m* • **ser um ás** être un as.
às [ajʃ] = **a** + **as** → **a**.
asa ['aza] *f (de ave, avião)* aile *f*; *(de utensílio)* anse *f*.
asa-delta [,aza'dɛwta] *(pl* **asas-delta**) *f* delta-plane *m*.
asco ['aʃku] *m* dégoût *m*.
ases → **ás**.
asfalto [aʃ'fawtu] *m* asphalte *m*.
asfixia [aʃfik'sia] *f* asphyxie *f*.
Ásia ['azja] *f* • **a Ásia** l'Asie *f*.
asiático, ca [a'zjatʃiku, ka] ◆ *adj* asiatique ◆ *mf* Asiatique *mf*.

asilo [a'zilu] *m* asile *m* • **asilo político** asile politique.
asma ['aʒma] *f* asthme *m*.
asmático, ca [aʒ'matʃiku, ka] *adj* & *mf* asthmatique.
asneira [aʒ'nejra] *f (tolice)* ânerie *f*; *(obscenidade)* grossièreté *f*.
asno ['aʒnu] *m (burro)* âne *m* ◆ *adj (fig) (estúpido)* bête.
aspargo [aʃ'paxgu] *m* asperge *f*.
aspecto [aʃ'pɛktu] *m* aspect *m*.
áspero, ra ['aʃperu, ra] *adj (pele, superfície)* rugueux(euse); *(tecido)* rêche.
aspirador [aʃpira'do(x)] *(pl* -**es**) *m* aspirateur *m*.
aspirar [aʃpi'ra(x)] *vt* aspirer □ **aspirar a** *vp (desejar)* aspirer à.
aspirina® [aʃpi'rina] *f* aspirine *f* • **aspirina efervescente** aspirine effervescente.
asqueroso, osa [aʃke'rozu, ɔza] *adj* répugnant(e).
assado, da [a'sadu, da] ◆ *adj CULIN* rôti(e); *(pele de bebê)* irrité(e) ◆ *m (de carne)* rôti *m*; *(de peixe)* poisson *m* au four.
assadura [asa'dura] *f* grillade *f*.
assalariado, da [asala'rjadu, da] *mf* salarié *m*, -e *f*.
assaltante [asaw'tãntʃi] *nmf* cambrioleur *m*.
assaltar [asaw'ta(x)] *vt (pessoa, banco)* attaquer; *(casa)* cambrioler.
assalto [a'sawtu] *m (a pessoa, banco)* attaque *f*; *(a casa)* cambriolage *m*; *(em boxe)* round *m* • **assalto à mão armada** attaque *f* à main armée.

assar [a'sa(x)] vt rôtir.
assassinar [asasi'na(x)] vt assassiner.
assassínio [asa'sinju] m assassinat m.
assassino, na [asa'sinu, na] mf assassin m.
assediar [ase'dʒa(x)] vt harceler.
assédio [a'sɛdʒju] m harcèlement m • **assédio sexual** harcèlement sexuel.
assegurar [asegu'ra(x)] vt assurer ❏ **assegurar-se** vp • assegurar-se de que s'assurer que.
asseio [a'seju] m (limpeza) propreté f.
assembléia [asẽm'blɛja] f assemblée f • **assembléia geral** assemblée générale.
assemelhar-se [aseme'ʎaxsi] ❏ **assemelhar-se a** vp + prep ressembler à.
assento [a'sẽntu] m siège m.
assim [a'sĩ] adv & conj ainsi • assim, sim! là, oui! • como assim? comment çà? • assim mesmo comme ça • assim assim comme ci, comme ça • assim que dès que.
assimilar [asimi'la(x)] vt assimiler.
assinar [asi'na(x)] ◆ vt s'abonner à ◆ vi signer • assinar o nome signer.
assinatura [asina'tura] f (nome escrito) signature f; (de revista) abonnement m.

assistência [asiʃ'tẽsja] f assistance f • **assistência médica** soins mpl.
assistir [asiʃ'tʃi(x)] vt assister ❏ **assistir a** vp assister à.
assoalho [aso'aʎu] m parquet m.
assoar [asw'a(x)] vt moucher ❏ **assoar-se** vp se moucher.
assobiar [asobi'a(x)] vi siffler.
assobio [aso'biu] m (som) sifflement m; (apito) sifflet m.
associação [asosja'sãw] (pl -ões) f association f • **associação de idéias** association d'idées.
assombrado, da [asõm'bradu, da] adj hanté(e).
assombro [a'sõmbru] m étonnement m.
assunto [a'sũntu] m sujet m • **assunto encerrado!** c'est une affaire classée!
assustador, ra [asuʃta'do(x), ra] (mpl -es, fpl -s) adj effrayant(e).
assustar [asuʃ'ta(x)] vt faire peur ❏ **assustar-se** vp avoir peur.
asterisco [aʃte'riʃku] m astérisque m.
astral [aʃ'traw] (pl -ais) m (fam) moral m.
astro [aʃtru] m astre m.
astrologia [aʃtrolo'ʒia] f astrologie f.
astronauta [aʃtro'nawta] nmf astronaute mf.
astronomia [aʃtrono'mia] f astronomie f.
astúcia [aʃ'tusja] f astuce f.

atacadista

atacadista [ataka'diʃta] *nmf* grossiste *mf*.
atacado [ata'kadu] *m* • **por atacado** en gros.
atacante [ata'kãntʃi] *adj & nmf* attaquant(e).
atacar [ata'ka(x)] *vt* attaquer.
atadura [ata'dura] *f* bandage *m*.
atalho [a'taʎu] *m* raccourci *m*; *INFORM* raccourci *m*.
ataque [a'taki] *m* attaque *f*; *(de doença)* crise *f* • **ataque cardíaco** crise cardiaque.
atar [a'ta(x)] *vt* attacher; *(sapatos)* lacer.
atarracado, da [ataxa'kadu, da] *adj* trapu(e).
até [a'te] ◆ *prep* jusque ◆ *adv* même • **vá até à igreja** va jusqu'à l'église • **até ao meio-dia** jusqu'à midi • **até agora** jusqu'à présent • **até amanhã!** à demain! • **até logo!** à tout à l'heure! • **até mais!** à plus tard! • **até que enfim!** enfin! • **até porque** pour la bonne raison que.
atear [ate'a(x)] *vt* attiser • **atear o fogo a** mettre le feu à.
ateiê [ate'lje] → **ateu**.
ateliê [ate'lje] *m* atelier *m*.
atemorizar [atemori'za(x)] *vt* effrayer.
atenção [atẽ'sãw] *(pl -ões)* ◆ *f* attention *f*; *(cortesia)* attentions *fpl* ◆ *interj* attention! • **chamar a atenção de alguém para algo** attirer l'attention de qqn sur qqch • **prestar atenção** être attentif.

atender [atẽ'de(x)] ◆ *vt (telefone)* répondre à; *(em loja)* servir; *(em hospital)* s'occuper de ◆ *vi* répondre.
atendimento [atẽdʒi'mẽntu] *m* accueil *m*; *(em hospital)* prise *f* en charge.
atentado [atẽn'tadu] *m* attentat *m*.
atenuante [ate'nwãntʃi] *f* circonstance *f* atténuante.
atenuar [ate'nwa(x)] *vt* atténuer.
aterrar [ate'xa(x)] ◆ *vi* atterrir ◆ *vt* épouvanter.
aterrissagem [atexi'saʒẽj] *(pl -ns) f* atterrissage *m*.
aterrissar [atexi'sa(x)] *vi* atterrir.
aterro [a'texu] *m* remblai *m*.
aterrorizar [atexori'za(x)] *vt* terroriser.
atestado [ateʃ'tadu] *m (declaração escrita)* attestation *f* • **atestado médico** certificat *m* médical • **atestado de óbito** certificat *m* de décès.
ateu, atéia [a'tew, a'teja] *mf* athée *mf*.
atiçar [atʃi'sa(x)] *vt* attiser.
atingir [atʃĩ'ʒi(x)] *vt* atteindre; *(afetar)* toucher; *(compreender)* saisir; *(abranger)* concerner.
atirar [atʃi'ra(x)] ◆ *vt* lancer ◆ *vi* tirer.
atitude [atʃi'tudʒi] *f* attitude *f*.
atividade [atʃivi'dadʒi] *f* activité *f*; *(cultural)* animation *f*.
ativo, va [a'tivu, va] *adj* actif(ive).
Atlântico [at'lãntʃiku] *m* • **o Atlântico** l'Atlantique *m*.

atlas ['atlaʃ] *m inv* atlas *m*.
atleta [at'lɛta] *nmf* athlète *mf*.
atletismo [atle'tʃiʒmu] *m* athlétisme *m*.
atmosfera [atmoʃ'fɛra] *f* atmosphère *f*.
ato ['atu] *m* acte *m*.
atômico, ca [a'tomiku, ka] *adj* atomique.
ator, triz [a'to(x), a'triʒ] (*mpl* -es, *fpl* -es) *mf* acteur *m*, -trice *f*.
atordoado, da [atox'dwadu, da] *adj* étourdi(e).
atores → ator.
atormentado, da [atoxmēn'tadu, da] *adj* tourmenté(e).
atração [atra'sãw] (*pl* -ões) *f* (*de ímã*) attraction *f*; (*de local, espetáculo*) attrait *m*; (*fig*) (*simpatia*) attirance *f*.
atrações → atração.
atraente [atra'ẽntʃi] *adj* (*bonito*) attirant(e); (*agradável*) attrayant(e).
atraiçoar [atraj'swa(x)] *vt* trahir ▫ **atraiçoar-se** *vp* se trahir.
atrair [atra'i(x)] *vt* attirer.
atrapalhar [atrapa'ʎa(x)] *vt* (*confundir*) perturber; (*dificultar*) gêner ▫ **atrapalhar-se** *vp* (*em discurso*) se troubler; (*face ao perigo*) s'affoler.
atrás [a'trajʃ] *adv* derrière • **dias atrás** il y a quelques jours • **atrás de** (*no espaço*) derrière; (*no tempo*) après • **ficar de pé atrás** (*fig*) se tenir sur ses gardes.
atrasado, da [atra'zadu, da] *adj* arriéré(e); (*trem, ônibus*) en retard • **chegar atrasado** arriver en retard • **estar atrasado** être en retard.
atrasar [atra'za(x)] ◆ *vi* avoir du retard ◆ *vt* (*trabalho*) prendre du retard dans; (*fig*) (*prejudicar*) retarder ▫ **atrasar-se** *vp* être en retard.
atraso [a'trazu] *m* retard *m*.
atrativo, va [atra'tʃivu, va] ◆ *adj* (*pessoa*) séduisant(e); (*local*) attrayant(e) ◆ *m* (*encanto*) attrait *m*.
através [atra'vejʃ] ▫ **através de** *prep* (*pelo meio de*) à travers; (*por meio de*).
atravessar [atrave'sa(x)] *vt* traverser; (*pôr ao través*) mettre en travers.
atrelado, da [atre'ladu, da] *adj* attelé(e) ◆ *m* attelage *m*.
atrever-se [atre'vexsi] ▫ **atrever-se a** *vp* + *prep* oser.
atrevido, da [atre'vidu, da] *adj* (*audaz*) hardi(e); (*malcriado*) effronté(e).
atrevimento [atrevi'mẽntu] *m* effronterie *f*.
atribuir [atri'bwi(x)] *vt* attribuer.
atributo [atri'butu] *m* attribut *m*.
átrio ['atriu] *m* entrée *f*; (*de estação de metrô*) salle *f* des guichets.
atrito [a'tritu] *m* frottement *m* ▫ **atritos** *mpl* frictions *fpl*.
atriz [a'triʃ] → ator.
atropelamento [atropela'mẽntu] *m* • **houve um atropelamento na rua** quelqu'un a été renversé par une voiture.

atropelar

atropelar [atrope'la(x)] *vt* renverser.
attachment [a'taʃment] *m INFORM* fichier *m* joint.
atuação [atwa'sāw] (*pl* **-ões**) *f (procedimento)* action *f*; *(em espetáculo)* jeu *m*.
atual [a'twaw] (*pl* **-ais**) *adj* actuel(elle).
atualizar [atwali'za(x)] *vt* actualiser; *INFORM* mettre à jour.
atualmente [atwaw'mēntʃi] *adv* actuellement.
atuar [atw'a(x)] *vi (agir)* agir; *(representar)* jouer.
atum [a'tũ] *m* thon *m*.
aturdido, da [atur'dʒidu, da] *adj* étourdi(e).
audácia [aw'dasja] *f* audace *f*.
audição [awdʒi'sãw] (*pl* **-ões**) *f* audition *f*.
audiência [aw'dʒjēsja] *sfjur* audience *f*.
audiovisual [,awdʒjovi'zwaw] (*pl* **-ais**) *adj* audiovisuel(elle).
auditório [awdʒi'tɔrju] *m (público ouvinte)* auditoire *m*; *(casa de espetáculos)* auditorium *m*.
auge ['awʒi] *m (de carreira)* sommet *m* • **no auge da festa** quand la fête battait son plein.
aula ['awla] *f* cours *m* (leçon).
aumentar [awmēn'ta(x)] *vt & vi* augmenter.
aumento [aw'mēntu] *m (de preço)* hausse *f*; *(de ordenado)* augmentation *f*; *(de trabalho)* surcroît *m*.
auréola [aw'rewla] *f* auréole *f*.
aurora [aw'rɔra] *f* aurore *f*
• **aurora boreal** aurore boréale.

ausência [aw'zēsja] *f* absence *f*.
ausentar-se [awzēn'taxsi] *vp* s'absenter.
ausente [aw'zēntʃi] *adj* absent(e).
Austrália [awʃ'tralja] *f* • **a Austrália** l'Australie *f*.
australiano, na [awʃtra'ljānu, na] ♦ *adj* australien(enne) ♦ *mf* Australien *m*, -enne *f*.
Áustria [awʃtria] *f* • **a Áustria** l'Autriche *f*.
austríaco, ca [awʃ'triaku, ka] ♦ *adj* autrichien(enne) ♦ *mf* Autrichien *m*, -enne *f*.
autenticação [,awtēntʃika'sāw] *f* authentification *f*.
autenticar [awtēntʃi'ka(x)] *vt jur (documento, assinatura)* certifier.
autêntico, ca [aw'tēntʃiku, ka] *adj (verdadeiro)* authentique; *jur* certifié(e).
autocolante [,awtoko'lāntʃi] ♦ *adj* autocollant(e) ♦ *m* autocollant *m*.
autocontrole [,awtokōn'trɔli] *m* maîtrise *f* de soi.
autódromo [aw'tɔdromu] *m* circuit *m* automobile.
auto-escola [,awtoiʃ'kɔla] *f* auto-école *f*.
auto-estima [,awtoeʃ'tʃima] *f* amour-propre *m*.
auto-estrada [,awtoʃ'trada] *f* autoroute *f*.
autografar [awtogra'fa(x)] *vt* signer un autographe sur.
autógrafo [aw'tɔgrafu] *m* autographe *m*.

autolocadora [ˌawtoloka'dora] *f* agence *f* de location de véhicules.
automático, ca [awto'matʃiku, ka] *adj* automatique.
automatização [awtomatʃiza'sãw] (*pl* **-ões**) *f* automatisation *f.*
automobilismo [awtomobi'liʒmu] *m* sport *m* automobile.
automobilista [awtomobi'liʃta] *nmf* automobiliste *mf.*
automotriz [awtomo'triʃ] *f* autorail *m.*
automóvel [awto'mɔvɛw] (*pl* **-eis**) *m* automobile *f.*
autópsia [aw'tɔpsja] *f* MED autopsie *f.*
autor, ra [aw'to(x), ra] (*mpl* **-es**, *fpl* **-s**) *mf* auteur *m.*
auto-retrato [ˌawtoxe'tratu] *m* auto-portrait *m.*
autoridade [awtori'dadʒi] *f* autorité *f.*
autorização [awtoriza'sãw] (*pl* **-ões**) *f* autorisation *f.*
autorizar [awtori'za(x)] *vt* autoriser.
auto-serviço [ˌawtusex'visu] *m* self-service *m.*
auxiliar [awsili'a(x)] (*pl* **-es**) ◆ *adj* auxiliaire ◆ *nmf* auxiliaire *mf*; *(em hospital)* aide-soignant *m, -e f* ◆ *vt* aider.
auxílio [aw'silju] *m* aide *f.*
auxílio-desemprego [awˌsiljudʒizẽn'pregu] (*pl* **auxílios-desemprego**) *m* allocation *f* chômage.
auxílio-doença [awˌsilju'dwẽnsa] (*pl* **auxílios-doença**) *m* assurance *f* maladie.
auxílio-enfermidade [awˌsiljuẽnfexmi'dadʒi] (*pl* **auxílios-enfermidade**) *m* assurance *f* maladie.
Av. (*abrev de* **avenida**) av.
avalanche [ava'lãʃi] *f* avalanche *f.*
avaliação [avalja'sãw] (*pl* **-ões**) *f* évaluation *f.*
avaliar [ava'lja(x)] *vt* évaluer
• **a avaliar por** *(a julgar por)* à en juger par.
avançado, da [avã'sadu, da] *adj (país)* en avance; *(método, sistema)* avancé(e); *(pessoa)* évolué(e).
avançar [avã'sa(x)] *vi (ir para a frente)* avancer; *(aproximar-se)* s'avancer.
avarento, ta [ava'rẽntu, ta] *adj* avare.
avaria [ava'ria] *f* panne *f.*
avariado, da [ava'rjadu, da] *adj* en panne.
ave ['avi] *f* oiseau *m.*
aveia [a'veja] *f* avoine *f.*
avelã [ave'lã] *f* noisette *f.*
avenca [a'vẽŋka] *f* cheveu-de-Vénus *m (fougère).*
avenida [ave'nida] *f* avenue *f.*
avental [avẽn'taw] (*pl* **-ais**) *m* tablier *m.*
aventura [avẽn'tura] *f* aventure *f* ◆ **partir para a aventura** partir à l'aventure.
aventureiro, ra [avẽntu'rejru, ra] *mf* aventurier *m*, -ère *f.*
averiguação [averigwa'sãw] (*pl* **-ões**) *f (investigação)* recherche *f; (inquérito policial)* enquête *f.*

averiguar

averiguar [averi'gwa(x)] *vt (investigar)* enquêter sur; *(verdade)* vérifier.
avesso [a'vesu] ◆ *m* envers *m* ◆ *adj* • **avesso a** hostile à • **pelo avesso** à l'envers.
avestruz [aveʃ'truʃ] *(pl -es) f* autruche *f*.
avião [a'vjãw] *(pl -ões) m* avion *m* • **por avião** par avion.
ávido, da ['avidu, da] *adj* • **ávido de** avide de.
aviões → avião.
avisar [avi'za(x)] *vt* avertir.
aviso [a'vizu] *m (sinal, letreiro)* écriteau *m; (advertência)* avertissement *m; (notificação)* avis *m* • **aviso de recepção** accusé *m* de réception • **aviso prévio** préavis *m*.
avistar [aviʃ'ta(x)] *vt* apercevoir.
avô, avó [a'vo, a'vɔ] *mf* grand-père *m*, grand-mère *f*.
avós [a'vɔʃ] *mpl (avô e avó)* grands-parents *mpl*.
avulso, sa [a'vuwsu, sa] ◆ *adj* détaché(e) ◆ *adv* en vrac.
axila [ak'sila] *f* aisselle *f*.
azálea → azaléia.
azaléia [aza'lɛja] *f* azalée *f*.
azar [a'za(x)] *(pl -es) m (falta de sorte)* malchance *f; (acaso)* hasard *m* • **estar com azar** ne pas avoir de chance • **por azar** par malchance.
azarado, da [aza'radu, da] *adj* malchanceux(euse).
azares → azar.
azedar [aze'da(x)] *vi* tourner *(lait)*.

36

azedo, da [a'zedu, da] *adj (sopa)* aigre; *(laranja)* acide.
azeite [a'zejtʃi] *m* huile *f* d'olive.
azeitona [azej'tona] *f* olive *f* • **azeitonas pretas** olives noires • **azeitonas recheadas** olives farcies.
azevinho [aze'viɲu] *m* houx *m*.
azul [a'zuw] *(pl azuis)* ◆ *adj* bleu(e) ◆ *m* bleu *m*.
azul-claro, azul-clara [a'zuwklaru, ra] *(mpl* **azul-claros** *fpl* **azul-claras)** *adj* bleu clair *inv*.
azulejo [azu'leʒu] *m* carreau *m* de faïence.
azul-escuro, azul-escura [a'zuwiʃkuru, ra] *(mpl* **azul-escuros** *fpl* **azul-escuras)** *adj* bleu foncé *inv*.
azul-marinho [a,zuwma'riɲu] *adj inv* bleu marine.
azul-turquesa [a,zuwtux'keza] *adj inv* turquoise.

B

baba ['baba] *f* bave *f*.
babá [ba'ba] *f* nourrice *f*.
babar-se [ba'baxsi] *vp* baver.
baby-sitter [,bejbi'site(x)] *f* baby-sitter *f*.
bacalhau [baka'ʎaw] *m* morue *f* • **bacalhau assado (na brasa)** morue grillée • **bacalhau à Brás** hachis de morue et

37   **bairro**

de frites • **bacalhau à Gomes de Sá** hachis de morue, de pommes de terre à l'eau et d'œufs durs en rondelles • **bacalhau com creme** morue à la crème.

bacia [ba'sia] f bassin m; (recipiente) bassine f.

backup [ba'kapi] (pl **-s**) m INFORM sauvegarde f.

baço, ça ['basu, sa] adj (metal) terni(e); (sem brilho) mat(e) • **o vidro está baço** on ne voit pas à travers la vitre.

bacon [bejkõ] m bacon m.

bactéria [bak'tɛrja] f bactérie f.

badejo [ba'deʒu] m merlan m.

badminton [bad'mĩnten] m badminton m.

bafo ['bafu] m haleine f.

bafômetro [ba'fometru] m alcootest m.

baforada [bafo'rada] f bouffée f.

bagaço [ba'gasu] m marc m (de raisin).

bagageiro [baga'ʒejru] m (estrutura) porte-bagages m inv

bagagem [ba'gaʒẽ] (pl **-ns**) f bagage m • **depositar a bagagem** déposer les bagages • **despachar a bagagem** enregistrer les bagages.

bagatela [baga'tɛla] f bagatelle f.

bago ['bagu] m grain m.

bagunça [ba'gũsa] f pagaille f.

bagunçado, da [bagũn'sadu, da] adj bordélique.

bagunçar [bagũn'sa(x)] vt mettre en désordre.

Bahia [ba'ia] f Bahia.

ⓘ BAHIA

Bahia est le plus grand État de la région Nord-Est du Brésil et abrite une grande diversité d'attractions naturelles. Son littoral, le plus étendu du pays, est célèbre pour ses plages, comme celles de Porto Seguro, Trancoso et Praia do Forte. Dans le Parc national marin des Abrolhos, au sud de l'État, se concentre la plus grande variété de coraux du pays. Dans la région centrale, se détache la *Chapada de Diamantina*, avec ses innombrables cascades, grottes et cavernes. Salvador, la capitale, fortement influencée par la culture africaine transmise par les esclaves, est célèbre pour son architecture coloniale. On dit que cette ville abrite 365 églises, une pour chaque jour de l'année.

---

baía [ba'ia] f baie f.

bailado [baj'ladu] m ballet m.

bailarino, na [bajla'rinu, na] mf danseur m, -euse f.

baile ['bajli] m bal m.

bainha [ba'iɲa] f (de calças, saia) ourlet m; (de espada) fourreau m.

bairro ['bajxu] m quartier m.

baixa

baixa ['bajʃa] f *(de cidade)* ville f basse; *(médica)* congé m *(de) maladie; (de preço)* baisse f; *(durante os saldos)* réduction f.

baixar [baj'ʃa(x)] ♦ vt baisser • **baixar um arquivo** *INFORM* télécharger un fichier ♦ vi baisser.

baixo, xa ['bajʃu, ʃa] ♦ adj bas(basse); *(pessoa)* petit(e) ♦ adv *(falar, rir)* tout bas; *(relativo a posição)* bas ♦ m *(instrumento)* basse f • **mais baixo** plus bas; *(pessoa, objeto)* plus petit; *(falar)* moins fort • **o mais baixo/a mais baixa** le plus petit/la plus petite; *(preço, valor)* le plus bas/la plus basse • **para baixo** en bas; *(mais abaixo)* plus bas • **por baixo de** sous.

bajulador, ra [baʒula'do(x), ra] *(mpl* -es, *fpl* -s) adj flatteur(euse).

bajular [baʒu'la(x)] vt flatter.

bala ['bala] f *(de arma)* balle f; *(doce)* bonbon m • **à prova de bala** pare-balles.

balança [ba'lãsa] f balance f □ **Balança** /Balance f.

balançar [balã'sa(x)] ♦ vt balancer ♦ vi *(balanço)* se balancer; *(barco)* tanguer.

balanço [ba'lãsu] m *(de criança)* balançoire f; *(ação)* bilan m.

balão [ba'lãw] *(pl* **-ões**) m *(de borracha)* ballon m; *(de transporte)* ballon m dirigeable • **soprar no balão** *(fam)* souffler dans le ballon.

balbuciar [bawbu'sja(x)] vt & vi balbutier.

balbúrdia [baw'buxdʒja] f *(desordem)* bazar m; *(barulho)* vacarme m.

balcão [baw'kãw] *(pl* **-ões**) m *(de bar, loja)* comptoir m; *(de teatro, casa)* balcon m • **balcão nobre** *(de teatro)* loge f • **balcão simples** *(de teatro)* balcon m.

balde ['bawdʒi] m seau m.

baldeação [bawdʒja'sãw] *(pl* **-ões**) f correspondance f • **fazer baldeação** prendre une correspondance.

balé [ba'lɛ] m ballet m.

baleia [ba'leja] f baleine f.

baliza [ba'liza] f *(desp)* buts mpl.

balneário [baw'njarju] m station f balnéaire.

balões [ba'lõjʃ] → **balão**.

balofo, fa [ba'lofu, fa] ♦ adj bouffi(e) ♦ mf gross m, -e f.

bálsamo ['bawsamu] m baume m.

bambu [bãn'bu] m bambou m.

banal [ba'naw] *(pl* **-ais**) adj banal(e).

banana [ba'nana] f banane f.

bananada [bana'nada] f pâte de fruit à la banane.

bananeira [bana'nejra] f bananier m.

banca ['bãŋka] f *(de cozinha)* plan m de travail; *(de trabalho)* établi m; *(de mercado)* étal m; *FIN* banque f • **banca de jornais** kiosque m à journaux.

bancada [bãŋ'kada] f paillasse f.

bancário, ria [bãŋ'karju, rja] ♦ adj bancaire ♦ mf employé m, -e f de banque.

banco ['bãŋku] m (de cozinha) tabouret m; (de carro) siège m; FIN banque f; • **banco de areia** banc m de sable • **banco de dados** banque de données • **banco de jardim** banc m.

banda ['bãda] f (lado) côté m; (margem) rive f; (filarmônica) fanfare f; (de rock) groupe m • **pôr de banda** (fig) mettre de côté • **à banda** de travers • **banda larga** INFORM large bande.

bandarilha [bãda'riʎa] f banderille f.

bandeira [bãn'dejra] f drapeau m; (em transporte público) panonceau actionné par le chauffeur du bus pour indiquer la direction • **rir a bandeiras despregadas** rire à gorge déployée.

bandeirinha [bãn'dejriɲa] m juge m de touche.

bandeja [bãn'deʒa] f plateau m.

bandejão [bãnde'ʒãw] (pl -ões) f plateau-repas m.

bandido, da [bãn'dʒidu, da] mf bandit m.

bando ['bãndu] m (de aves) volée f; (de criminosos) bande f.

bandolim [bãndo'lĩ] (pl -ns) m mandoline f.

bangalô [bãŋga'lo] m bungalow m.

banha ['baɲa] f • **banha (de porco)** saindoux m.

banheira [ba'ɲejra] f baignoire f.

banheiro [ba'ɲejru] m salle f de bains.

banhista [ba'ɲiʃta] nmf baigneur m, -euse f.

banho ['baɲu] m bain m • **tomar banho** prendre un bain • **tomar banho de sol** prendre un bain de soleil.

banho-maria [ˌbaɲuma'ria] m bain-marie m • **cozinhar em banho-maria** cuire au bain-marie.

banir [ba'ni(x)] vt bannir m.

banjo ['bãŋʒu] m banjo m.

banner ['banex] (pl **banners**) m INFORM bannière f.

banquete [bãŋ'ketʃi] m banquet m.

bar ['ba(x)] (pl -es) m bar m.

baralhar [baraˈʎa(x)] vt (cartas de jogar) battre; (confundir) brouiller • **baralhar-se** vp s'embrouiller.

baralho [ba'raʎu] m • **baralho (de cartas)** jeu m de cartes.

barão [ba'rãw] (pl -ões) m baron m.

barata [ba'rata] f cafard m.

barato, ta [ba'ratu, ta] ♦ adj pas cher (pas chère) ♦ adv (comprar) bon marché; (vender) à bas prix ♦ m (fam) **foi o maior barato** ça a été super • **o mais barato** le moins cher.

barba ['baxba] f barbe f • **fazer a barba** se raser.

barbante [bax'bãntʃi] m ficelle f.

barbatana [baxba'tana] f (de peixe) nageoire f.

barbeador [baxbja'do(x)] (pl -es) m • **barbeador (elétrico)** rasoir m (électrique).

barbear-se

barbear-se [bax'bjaxsi] *vp* se raser.
barbeiro [bax'bejru] *m* coiffeur *m* pour hommes.
barca ['baxka] *f* barque *f*; *(de travessia)* bac *m*.
barco ['baxku] *m* bateau *m* • **barco a motor** bateau à moteur • **barco a remo** bateau à rames • **barco à vela** bateau à voile.
bares → bar.
barman ['baxmɛ] (*pl* -**s**) *m* barman *m*.
barões [ba'rõjʃ] → barão.
baronesa [baro'neza] *f* baronne *f*.
barra ['baxa] *f* barre *f*; *(de rio)* embouchure *f*; *(fam) (situação)* galère *f*.
barraca [ba'xaka] *f* (de feira) baraque *f*; *(de campismo)* bungalow *m*.
barraco [ba'xaku] *m* taudis *m*.
barragem [ba'xaʒẽ] (*pl* -**ns**) *f* barrage *m*.
barranco [ba'xãŋku] *m* ravin *m*.
barreira [ba'xejra] *f* (de rio, estrada) bord *m*; *ESP* haie *f*; *(fig) (obstáculo)* embûche *f*.
barrento, ta [ba'xẽntu, ta] *adj* boueux(euse).
barrete [ba'xetʃi] *m* bonnet *m*.
barriga [ba'xiga] *f* ventre *m* • **barriga da perna** mollet *m* • **de barriga para cima** sur le dos • **de barriga para baixo** sur le ventre.
barril [ba'xiw] (*pl* -**is**) *m* (de cerveja) baril *m*; *(de vinho)* tonneau *m*.
barro ['baxu] *m* terre *f* glaise.

40

barroco, ca [ba'xoku, ka] ◆ *adj* baroque ◆ *m* baroque *m*.
barulhento, ta [baru'ʎẽntu, ta] *adj* bruyant(e).
barulho [ba'ruʎu] *m* (ruído) bruit *m*; *(confusão)* raffut *m*.
base ['bazi] *f* (suporte) base *f*; *(centro de operações)* base *f* (militaire); *(de maquiagem)* fond *m* de teint • **base em creme** fond *m* de teint • **base de dados** base *f* de données.
básico, ca ['baziku, ka] *adj* (ensino) obligatoire; *(produto)* de base; *(fundamental)* essentiel(elle).
basílica [ba'zilika] *f* basilique *f*.
basquete [baʃ'ketʃi] *m* basket-ball *m*.
basta ['baʃta] *interj* ça suffit!
bastante [baʃ'tãntʃi] *adj & adv* (muito) beaucoup; *(suficiente)* assez • **tenho bastante frio** j'ai très froid • **bastantes vezes** souvent.
bastar [baʃ'ta(x)] *vi* suffire.
bastidores [baʃtʃi'doreʃ] *mpl* coulisses *fpl*.
bata ['bata] *f* blouse *f*.
batalha [ba'taʎa] *f* bataille *f* • **batalha naval** bataille navale.
batata [ba'tata] *f* pomme *f* de terre • **batatas assadas** pommes de terre rissolées • **batatas cozidas** pommes de terre bouillies • **batatas fritas** frites *fpl* • **batata palha** pommes *fpl* allumettes.
batata-doce [ba,tata'dosi] (*pl* **batatas-doces**) *f* patate douce *f*.

batedeira [bate'dejra] *f* • **batedeira (elétrica)** batteur *m* (électrique).

batelada [bate'lada] *f* batelée *f*, tripotée *f* (*fam*).

batente [ba'tẽntʃi] *m* (*meia-porta*) battant *m*; (*aldraba*) heurtoir *m*.

bate-papo [,batʃi'papu] (*pl* **bate-papos**) *m* causette *f*.

bater [ba'te(x)] *vt & vi* battre • **bater a** (*porta, janela*) frapper à • **bater com algo contra/em algo** frapper qqch contre/sur qqch • **bati com a cabeça na parede** je me suis cogné la tête contre le mur • **bater os dentes** claquer des dents • **bater em** (*agredir*) frapper; (*ir de encontro a*) rentrer dans • **bater à máquina** taper à la machine • **bater papo** discuter • **bater o pé** taper du pied • **bater com o pé** donner un coup de pied • **bater com a porta** claquer la porte • **bater as botas** (*fam*) casser sa pipe.

bateria [bate'ria] *f* batterie *f* • **bateria de cozinha** batterie *f* de cuisine.

baterista [bate'riʃta] *nmf* batteur *m*, -euse *f*.

batida [ba'tʃida] *f* (*de veículo*) accident *m*; (*de polícia*) descente *f*; (*bebida*) batida *f* cocktail à base d'eau-de-vie et de sucre de canne, des fruits.

batismo [ba'tʃiʒmu] *m* baptême *m* (*cérémonie*).

batizado [batʃi'zadu] *m* baptême *m* (*réception*).

batom [ba'tõ] (*pl* **-ns**) *m* rouge *m* à lèvres.

batucada [batu'kada] *f* genre de musique percussive traditionnelle du Brésil.

batucar [batu'ka(x)] *vi* produire des battements, en frappant de manière rythmée et répétée les tambours.

batuque [ba'tuki] *m* accompagnement de percussions dans la samba ou lors des cérémonies religieuses du candomblé.

baú [ba'u] *m* coffre *m*.

baunilha [baw'niʎa] *f* vanille *f*.

bazar [ba'za(x)] (*pl* **-es**) *m* bazar *m*.

BCG *m* BCG *m*.

bê-á-bá [bea'ba] *m* B.A.-Ba *m*.

beata [be'ata] *f* (*fam*) mégot *m*.

bêbado, da ['bebadu, da] ◆ *adj* ivre ◆ *mf* ivrogne *mf*.

bebê [be'be] *m* bébé *m* • **bebê a bordo** bébé à bord.

bebedeira [bebe'dejra] *f* ivresse *f* • **apanhar uma bebedeira** se soûler.

beber [be'be(x)] *vt & vi* boire.

bebida [be'bida] *f* boisson *f* • **bebida alcoólica** boisson alcoolisée.

beça ['bɛsa] □ **à beça** *adv* (*fam*) vachement.

beco ['beku] *m* ruelle *f* • **beco sem saída** impasse *f*.

bege ['bɛʒi] *adj inv* beige.

begônia [be'gonja] *f* bégonia *m*.

beija-flor [,bejʒa'flo(x)] (*pl* **beija-flores**) *m* colibri *m*.

beijar

beijar [bej'ʒa(x)] vt embrasser ❏ **beijar-se** vp s'embrasser.

beijo ['bejʒu] m baiser m.

beira ['bejra] f bord m • **à beira de** au bord de.

beira-mar [,bejra'ma(x)] f bord m de mer • **à beira-mar** au bord de la mer.

beira-rio [,bejra'xiu] f • **à beira-rio** (pequeno) au bord de la rivière; (grande) au bord du fleuve.

beisebol [bejze'bɔw] m baseball m.

belas-artes [,bɛla'zaxtʃiʃ] fpl beaux-arts mpl.

beldade [bew'dadʒi] f beauté f.

beleza [be'leza] f beauté f; (festa) merveille f; (comida) régal m • **que beleza!** que c'est beau!

belga ['bɛwga] ◆ adj belge ◆ nmf Belge mf.

Bélgica ['bɛwʒika] f • **a Bélgica** la Belgique.

beliche [be'liʃi] m (cama) lits mpl superposés; (em trem) couchette f.

beliscão [beliʃ'kãw] (pl -ões) m pincement m.

beliscar [beliʃ'ka(x)] vt pincer.

beliscões → beliscão.

belo, la ['bɛlu, la] adj beau(belle).

bem ['bẽj] ◆ m bien m • **praticar o bem** faire le bien ◆ adv 1. (ger) bien • **dormiu bem?** tu as bien dormi? • **fez bem!** tu as bien fait! • **sente-se bem?** tu te sens bien? • **estar bem** être bien; (de saúde) aller bien • **queria uma bebida bem gelada** je voudrais une boisson bien glacée • **quero um quarto bem quente** je veux une chambre bien chaude • **é um quarto bem grande** c'est une chambre bien grande • **é um lugar bem bonito** c'est un endroit bien beau • **foi bem ali** c'était bien là • **não é bem assim** ce n'est pas tout à fait ça • **não é bem aqui**, é mais para baixo ce n'est pas tout à fait ici, c'est un peu plus bas 2. (suficiente) • **estar bem** suffire 3. (com cheirar, saber) bon 4. (com passar) bon(bonne) • **passem bem, meus senhores!** bonne continuation, messieurs! • **passou bem, senhor Costa?** comment allez-vous, monsieur Costa? 5. (em locuções) • **por bem ou por mal** bon gré, mal gré • **eu bem que te avisei** je t'avais bien prévenu • **bem como** ainsi que • **bem feito!** bien fait! • **está bem!** ça suffit! • **muito bem!** très bien! • **ou bem... ou bem...** ou bien... ou bien... • **se bem que** bien que ◆ adj inv (pej) • **gente bem** des gens bien • **menino bem** fils à papa ❏ **bens** mpl biens mpl • **bens imóveis** ou **de raiz** biens immobiliers • **bens de consumo** biens de consommation.

bem-disposto, osta [bejdʒiʃ'poʃtu, ɔʃta] adj • **estar bem-disposto** être de bonne humeur.

bem-estar [bẽjʃ'ta(x)] *m* bien-être *m.*
bem-vindo, da [bẽj'vĩndu, da] *adj* bienvenu(e).
bendizer [bẽndʒi'ze(x)] *vt* faire les louanges de.
beneficência [benefi'sẽsja] *f* bienfaisance *f.*
beneficiar [benefi'sja(x)] *vt* avantager.
benefício [bene'fisju] *m* avantage *m.*
benéfico, ca [be'nɛfiku, ka] *adj (vantajoso)* avantageux(euse); *(saudável)* bénéfique.
benevolência [benevu'lẽsja] *f* bienveillance *f.*
benévolo, la [bene'volu, la] *adj* bénévole.
bengala [bẽŋ'gala] *f* canne *f.*
benigno, gna [be'nignu, na] *adj* bénin(igne).
benzer [bẽ'ze(x)] *vt* bénir □ **benzer-se** *vp* se signer.
berbigão [bexbi'gãw] *(pl* -ões) *m* coque *f.*
berço ['bexsu] *m* berceau *m.*
beringela = **berinjela.**
berinjela [berĩ'ʒela] *f* aubergine *f.*
berloque [bəx'lɔki] *m* breloque *f.*
bermuda [bex'muda] *f* = **bermudas.**
bermudas [bex'mudaʃ] *fpl* bermuda *m.*
berrante [bex'ãntʃi] *adj* criard(e).
besouro [be'zoru] *m* hanneton *m.*

besta ['beʃta] *f* bête *f* (de somme) • **que besta!** quel idiot!
besteira [beʃ'tejra] *f (fam) (asneira)* bêtise *f; (insignificância)* broutille *f.*
bestial [beʃ'tjaw] *(pl* -ais) *adj* bestial(e).
besuntar [bezũn'ta(x)] *vt (untar)* enduire; *(sujar com gordura)* tacher de graisse • **besuntar algo com algo** enduire qqch de qqch.
beterraba [bete'xaba] *f* betterave *f.*
betoneira [beto'nejra] *f* bétonnière *f.*
bexiga [be'ʃiga] *f* vessie *f.*
bezerro, a [be'zexu] *mf* veau *m,* génisse *f.*
Bíblia ['biblia] *f* Bible *f.*
biblioteca [bibljo'tɛka] *f* bibliothèque *f* • **biblioteca itinerante** ≃ bibliobus *m.*
bibliotecário, ria [bibljote'karju, rja] *nmf* bibliothécaire *m.*
bica ['bika] *f (de água)* fontaine *f.*
bicar [bi'ka(x)] *vt & vi* picorer.
bicha ['biʃa] *f (fam)* pédé *m.*
bicho ['biʃu] *m* bestiole *f.*
bicho-da-seda [,biʃuda'seda] *m* ver *m* à soie
bicicleta [bisi'klɛta] *f* bicyclette *f* • **andar de bicicleta** faire du vélo.
bico ['biku] *m* pointe *f; (de ave)* bec *m; (de sapato)* bout *m; (de fogão)* feu *m; (de mamadeira)* tétine *f.*
bidê [bi'de] *m* bidet *m.*
bife ['bifi] *m (de vaca)* bifteck *m.*

bifurcação 44

bifurcação [bifuxka'sãw] (*pl -ões*) *f* bifurcation *f.*
bigode [bi'gɔdʒi] *m* moustache *f.*
bijuteria [biʒute'ria] *f* bijou *f.*
bilhão [bi'ʎãw] (*pl -ões*) *num (mil milhões)* milliard *m.*
bilhar [bi'ʎa(x)] (*pl -es*) *m* billard *m* ◆ **jogar bilhar** jouer au billard.
bilhete [bi'ʎetʃi] *m* billet *m.*
bilheteria [biʎete'ria] *f* guichet *m.*
bilhões [bi'ʎõjʃ] → **bilhão**.
bilião [bi'ʎãw] (*pl -ões*) *num (mil milhões)* milliard *m.*
bilíngüe [bi'lĩŋgwi] *adj* bilingue.
biliões → **bilião**.
bílis [ˈbiliʃ] *f* bile *f.*
bingo [ˈbĩŋgu] *m* bingo *m.*
binóculo [bi'nɔkulu] *m* jumelles *fpl.*
biografia [bjogra'fia] *f* biographie *f.*
biologia [bjolo'ʒia] *f* biologie *f.*
biólogo, ga [bi'ɔlogu, ga] *mf* biologiste *mf.*
biombo [ˈbjõmbu] *m* paravent *m.*
biópsia [bjɔp'sia] *f* biopsie *f.*
biqueira [bi'kejra] *f* pointe *f.*
biquíni [bi'kini] *m* bikini *m.*
birra [ˈbixa] *f* moue *f* ◆ **fazer birra** bouder.
bis [biʃ] *interj* bis!
bisavô, vó [biza'vo, vɔ] *mf* arrière-grand-père *m*, arrière-grand-mère *f.*
bisavós [biza'vɔʃ] *mpl(bisavô e bisavó)* arrière-grands-parents *mpl.*
biscoito [biʃ'kojtu] *m* biscuit *m.*
bisnaga [biʒ'naga] *f* tube *m.*

bisneto, ta [biʒ'nɛtu, ta] *mf* arrière-petit-fils *m*, arrière-petite-fille *f.*
bispo [ˈbiʃpu] *m* évêque *m.*
bissexto, ta [bi'sejʃtu, ta] *adj m* → **ano**.
bisteca [biʃ'tɛka] *f* bifteck *m.*
bisturi [biʃtu'ri] *m* bistouri *m.*
bit [ˈbitʃi] *m* bit *m.*
bizarro, a [bi'zaxu, a] *adj* bizarre.
blasfemar [blaʃfe'ma(x)] *vi* blasphémer.
blasfêmia [blaʃ'femja] *f* blasphème *m.*
blazer [ˈblejzɛ(x)] (*pl -rs*) *m* blazer *m.*
bloco [ˈblɔku] *m* bloc *m*; *(de apontamentos, notas)* bloc-notes *m*; *(de apartamentos)* immeuble *m.*
bloquear [blo'kja(x)] *vt* bloquer.
blusa [ˈbluza] *f* chemisier *m.*
blusão [blu'zãw] (*pl -ões*) *m* blouson *m.*
boa¹ [ˈboa] → **bom**.
boa² [ˈboa] *f* boa *m.*
boa-noite [ˌboa'nojtʃi] ◆ *interj* bonne nuit ! ◆ *f* ◆ **dar boa-noite** souhaiter bonne nuit.
boas-entradas [ˌboaʃˌẽn'tradaʃ] *interj* bonne année!
boas-festas [ˌboaʒ'fɛʃtaʃ] *fpl* ◆ **desejar boas-festas** adresser ses vœux.
boas-noites [ˌboaʒ'nojtʃiʃ] *fpl* ◆ **dar as boas-noites** dire bonsoir.
boas-vindas [ˌboaʒ'vĩndaʃ] *fpl* ◆ **dar as boas-vindas a alguém** souhaiter la bienvenue à qqn.
boa-tarde [ˌboa'taxdʒi] *interj* bonne après-midi!

boate ['bwatʃi] f boîte f (de nuit).
boato ['bwatu] m bruit m (rumeur).
bobagem [bo'baʒẽ] (pl -ns) f (tolice) bêtise f.
bobina [bo'bina] f bobine f.
bobo, ba ['bobu, ba] adj idiot(e).
boca ['boka] f (de pessoa) bouche f; (de animal) gueule f; (de túnel) entrée f; (de rua, caminho) début m; (de rio) embouchure f; (de forno, fogão) feu m.
bocado [bo'kadu] m bout m.
bocal [bo'kaw] (pl -ais) m embouchure f (d'instrument).
bocejar [bose'ʒa(x)] vi bâiller.
bochecha [bu'ʃeʃa] f joue f.
bochechar [boʃe'ʃa(x)] vi se gargariser.
boda ['boda] f (de casamento) mariage m (réception); • **bodas de ouro** fpl d'or, • **bodas de prata** noces fpl d'argent.
bode ['bɔdʒi] m bouc m; • **bode expiatório** bouc émissaire.
bofetada [bofe'tada] f gifle f.
boi ['boj] m bœuf m.
bóia ['bɔja] f (de natação, barco) bouée f; (de pesca, carburador) flotteur m.
boiada [bo'jada] f troupeau m de bœufs.
boiar [bo'ja(x)] vi faire la planche.
boina ['bojna] f casquette f; (basca) béret m.
bola[1] ['bɔla] f • **bola de carne** pain à la viande.
bola[2] ['bɔla] f (de tênis) balle f; (de futebol, rúgbi) ballon m; (de bilhar) boule f; (de sabão) bulle f • **não estar bom da bola** (fam) ne pas tourner rond.
bolacha [bo'laʃa] f biscuit m • **bolacha de água e sal** biscuit salé.
boléia [bo'lɛja] f (do motorista) cabine f; (parte traseira) plateforme f.
boletim [bole'tʃĩ] (pl -ns) m (de notícias) bulletin m (d'informations); (revista) bulletin m • **boletim meteorológico** bulletin météorologique.
bolha ['boʎa] f (em pele) ampoule f; (em líquido) bulle f.
bolinho [bo'liɲu] m petit gâteau m • **bolinho de arroz** croquette à base de riz, fromage, œufs • **bolinho de bacalhau** croquette m de morue • **bolinho de carne** boulette f de viande.
Bolívia [bo'livja] f • **a Bolívia** la Bolivie.
bolo ['bolu] m gâteau m • **bolo inglês** cake m • **bolo rei** galette f des Rois.
bolo-podre [,bolu'podri] (pl **bolos-podres**) m gâteau au tapioca fait à base de farine de manioc ou de blé.
bolor [bo'lo(x)] m moisissure f.
bolota [bo'lɔta] f gland m.
bolsa ['bowsa] f (para dinheiro) bourse f; (mala) sac m (à main) • **bolsa de água quente** bouillotte f • **bolsa de estudos** bourse d'études • **bolsa de valores** bourse de valeurs.
bolso ['bowsu] m poche f.

bom, boa [bõ, 'boa] (*mpl* **bons** *fpl* **boas**) *adj* bon(bonne); *(gesto, tempo)* beau(belle) • **o doente já está bom** le malade est guéri • **é bom para a saúde** c'est bon pour la santé • **sapatos bons para dançar** des chaussures bien pour danser • **seria bom se você pudesse ficar** ce serait bien si tu pouvais rester • **tudo bom?** ça va?

bomba ['bõba] *f (de ar)* pompe *f; (de água)* pompe *f* (à eau); *(explosivo)* bombe *f* • **bomba atômica** bombe atomique • **bomba de gasolina** pompe à essence.

bombardear [bõbaxˈdʒja(x)] *vt* bombarder.

bombeiro [bõˈbejru] *m* pompier *m* • **os bombeiros** les pompiers.

bombo ['bõbu] *m* grosse caisse *f.*

bombom [bõˈbõ] (*pl* **-ns**) *m* bonbon *m.*

bondade [bõˈdadʒi] *f* bonté *f.*

bonde ['bõdʒi] *m* tramway *m* • **andar de bonde** prendre le tramway.

bondoso, osa [bõˈdozu, ɔza] *adj* bon(bonne).

boné [boˈnɛ] *m* casquette *f.*

boneca [boˈneka] *f* poupée *f* • **boneca de trapos** poupée de chiffon.

boneco [boˈneku] *m (brinquedo)* jouet *m; (desenho)* dessin *m* • **boneco de neve** bonhomme *m* de neige.

bonito, ta [boˈnitu, ta] ♦ *adj* beau(belle); *(objeto, mulher)* joli(e); *(momento)* bon(bonne) ♦ *m* thon *m.*

bons [bõjʃ] → **bom.**

bônus [ˈbonuʃ] *m inv (de empresa)* prime *f; (de loja)* cadeau *m.*

bookmark [ˈbukmark] *m* signet *m.*

boot [buti] (*pl* **boots**) *m* INFORM *(inicialização)* réinitialisation *f* • **dar boot** réinitialiser.

borboleta [boxboˈleta] *f* papillon *m.*

borbulhar [boxbuˈʎa(x)] *vi (líquido)* pétiller.

borda ['bɔxda] *f* bord *m* • **o copo está cheio até a borda** le verre est rempli jusqu'au bord.

bordado, da [boxˈdadu, da] ♦ *adj* brodé(e) ♦ *m* broderie *f.*

bordar [boxˈda(x)] *vt* & *vi* broder.

bordel [boxˈdɛw] (*pl* **-éis**) *m* maison *f* close.

bordo ['boxdu] *m* bord *m* • **a bordo** à bord.

borra ['boxa] *f (de café)* marc *m; (de vinho)* lie *f.*

borracha [boˈxaʃa] *f (caucho)* caoutchouc *m; (de apagar)* gomme *f.*

borracheiro [boxaˈʃejru] *m garagiste spécialisé dans la réparation de pneus.*

borrão [boˈxãw] (*pl* **-ões**) *m* tache *f.*

borrasca [boˈxaʃka] *f* bourrasque *f.*

borrego, ga [boˈxegu, ga] *mf* agneau *m.*

borrifar [boxi'fa(x)] *vt* • **borrifar algo com algo** asperger qqch de qqch.

borrões [bo'xõjʃ] → **borrão**.

bosque [ˈbɔʃki] *m* bois *m*.

bossa [ˈbɔsa] *f* bosse *f* • **bossa nova** bossa nova *f*.

(i) BOSSA NOVA

La *Bossa Nova*, courant musical né à la fin des années 1950, est le résultat de la fusion du jazz et de la samba. Son rythme syncopé est devenu célèbre grâce aux compositeurs João Gilberto et Tom Jobim. Le succès de la chanson "Garota de Ipanema" fut si grand que Frank Sinatra lui-même enregistra sa propre version, favorisant sa diffusion à travers le monde entier.

---

bota [ˈbɔta] *f (calçado)* bottine *f*; *(de cano alto)* botte *f*.

botânica [boˈtãnika] *f (ciência)* botanique *f*, → **botânico**.

botânico, ca [boˈtãniku, ka] ♦ *mf* botaniste *mf* ♦ *adj* → **jardim**.

botão [boˈtãw] *(pl* **-ões***) m* bouton *m* • **botão de punho** bouton de manchette.

botar [boˈta(x)] *vt* • **botar banca** *(fam)* miser le gros lot.

bote [ˈbɔtʃi] *m* canot *m* • **bote salva-vidas** canot de sauvetage.

boteco [boˈtɛku] *m* bistrot *m*.

botequim [botʃiˈkĩ] *(pl* **-ns***) m* bistrot *m*.

botijão [botʃiˈʒãw] *(pl* **-ões***) m* • **botijão de gás** bonbonne *f* de gaz.

botões [boˈtõjʃ] → **botão**.

boxe [ˈbɔksi] *m* boxe *f*.

bps [bepeˈesi] *(abrev de* bit por segundo*) INFORM* bit par seconde *m*.

braçadeira [brasaˈdejra] *f (de cano, mangueira)* collier *m* de serrage; *(de cortina)* embrasse *f*.

bracelete [braseˈletʃi] *m* & *f* bracelet *m*.

braço [ˈbrasu] *m (de pessoa, rio, mar)* bras *m*; *(de árvore)* branche *f*; *(de viola, violino, violoncelo)* manche *m* • **ver-se** *OU* **estar a braços com** se trouver *OU* être aux prises avec • **de braço dado** bras dessus, bras dessous.

bradar [braˈda(x)] ♦ *vt* crier ♦ *vi* hurler.

braguilha [braˈgiʎa] *f* braguette *f*.

branco, ca [ˈbrãŋku, ka] ♦ *adj* blanc(blanche) ♦ *mf* Blanc *m*, Blanche *f* ♦ *m* blanc *m* • **em branco** en blanc.

brandir [brãnˈdi(x)] *vt* brandir.

brando, da [ˈbrãndu, da] *adj* conciliant(e) • **cozinhar em fogo brando** cuire à feu doux.

brasa [ˈbraza] *f* braise *f*.

brasão [braˈzãw] *(pl* **-ões***) m* blason *m*.

Brasil [braˈziw] *m* • **o Brasil** le Brésil.

brasileiro

brasileiro, ra [brazi'lejru, ra]
♦ *adj* brésilien(enne) ♦ *mf* Brésilien *m*, -enne *f*.

Brasília [bra'zilja] *s* Brasilia.

(i) BRASÍLIA

En plus d'être la capitale du Brésil, Brasília constitue un véritable chef-d'œuvre d'architecture moderne. Inaugurée en 1960, la ville est située juste au centre géographique du pays. Ses principaux bâtiments, tels que la cathédrale, le Congrès national ou le Palais présidentiel sont l'œuvre de l'architecte Oscar Niemeyer. Le siège du gouvernement se situe au *Palácio do Planalto*, près des tours jumelles du Congrès national. La ville s'organise autour de deux grands axes perpendiculaires et ses rues, ses avenues ont été entièrement planifiées.

brasões [bra'zõjʃ] → **brasão**.

bravio, via [bra'viu, via] *adj (terreno)* en friche; *(terra)* en jachère; *(animal)* farouche.

bravo, va ['bravu, va] ♦ *adj (pessoa)* vaillant(e); *(animal)* sauvage; *(mar)* démonté(e); *(fig) (furioso)* furieux(euse) ♦ *interj* bravo!

brejo ['breʒu] *m* marais *m*.

breve ['brɛvi] *adj* bref(ève)
• **em breve** bientôt • **até breve!** à bientôt!

brevemente [,brɛvi'mẽntʃi] *adv* bientôt.

briga ['briga] *f* bagarre *f*.

brigada [bri'gada] *f (militar)* brigade *f*; *(de trabalhadores)* équipe *f*.

brilhante [bri'ʎãntʃi] ♦ *adj* brillant(e) ♦ *m* brillant *m*.

brilhar [bri'ʎa(x)] *vi* briller.

brilho ['briʎu] *m* éclat *m*.

brincadeira [brĩŋka'dejra] *f (jogo)* jeu *m*; *(gracejo)* blague *f*.

brincalhão, lhona [brĩŋka-'ʎãw, ɔna] *(mpl* -**ões**, *fpl* -**s**) *adj* & *mf* blagueur(euse).

brincar [brĩŋ'ka(x)] *vi (criança)* jouer; *(gracejar)* plaisanter.

brinco ['brĩŋku] *m* boucle *f* d'oreille.

brincos-de-princesa [,brĩŋkuʒdepriŋ'seza] *mpl* fuchsia *m*.

brindar [brĩn'da(x)] ♦ *vt* offrir ♦ *vi* porter un toast • **brindar à saúde de alguém** boire à la santé de qqn.

brinde ['brĩndʒi] *m* cadeau *m*
• **fazer um brinde** porter un toast.

brinquedo [brĩŋ'kedu] *m* jouet *m*.

brisa ['briza] *f* brise *f*.

britânico, ca [bri'taniku, ka] ♦ *adj* britannique ♦ *mf* Britannique *m*.

broa ['broa] *f* pain *m* de maïs.

broca ['brɔka] *f* fraise *f (outil)*.

brocha ['brɔʃa] *f* brosse *f* de peintre

broche ['brɔʃi] *m* broche *f*.

brochura [bro'ʃura] f brochure f.

brócolis ['brɔkoliʃ] mpl brocoli m.

bronca ['brõŋka] f (fam) (confusão) histoire f; (repreensão) leçon f.

bronquite [brõŋ'kitʃi] f bronchite f.

bronze ['brõzi] m bronze m.

bronzeado, da [brõ'zeadu, da] ◆ adj bronzé(e) ◆ m bronzage m.

bronzeador [brõzea'do(x)] (pl -es) m crème f solaire.

bronzear-se [brõ'zjaxsi] vp bronzer.

brotar [bro'ta(x)] vi (água) jaillir; (flor, planta) pousser.

broto ['brotu] m (fam & fig) (jovem) adolescent m.

browser ['brãwzex] m INFORM navigateur m.

bruços ['brusuʃ] mpl • de bruços sur le ventre.

bruma ['bruma] f brume f.

brusco, ca ['bruʃku, ka] adj brusque.

brushing ['braʃĩŋ] m brushing m.

brutal [bru'taw] (pl -ais) adj brutal(e).

bruto, ta ['brutu, ta] adj brut(e); (estúpido) abruti(e) • em bruto brut(e).

bruxa ['bruʃa] f sorcière f.

bucho ['buʃu] m panse de porc farcie.

búfalo ['bufalu] m buffle m.

bufê [bu'fe] m buffet m; (de teatro) buvette f.

buffer ['bufex] (pl buffers) m INFORM mémoire f tampon.

bug ['bugi] (pl bugs) m INFORM bogue f.

bugigangas [buʒi'gaŋgaʃ] fpl bricoles fpl.

bujão [bu'ʒãw] m (de gás) bonbonne f.

bula ['bula] f (de medicamento) notice f; (papal) bulle f.

bulbo ['buwbu] m bulbe m.

buldôzer [buw'doze(x)] (pl -es) m bulldozer m.

bule ['buli] m (para chá) théière f; (para café) cafetière f.

Bulgária [buw'garja] f • a Bulgária la Bulgarie.

búlgaro, ra ['buwgaru, ra]
◆ adj bulgare ◆ mf Bulgare mf
◆ m (língua) bulgare m.

Bumba-meu-boi ['bẽmba-mew'boj] m Bumba-meu-boi m.

ⓘ BUMBA-MEU-BOI

Sorte de représentation dramatique dansée où l'on célèbre la mort et la résurrection d'un bœuf, cette fête populaire est considérée dans certaines régions du Brésil comme l'une des expressions culturelles les plus importantes du pays. Peuplée de personnages humains, d'animaux et d'êtres fantastiques, elle se déroule entre Noël et la fête des Rois et dans les États du Nord du Brésil, pendant la Saint-Jean.

bunda ['bũnda] f (fam) fesses fpl.

buraco 50

buraco [bu'raku] *m* trou *m*.
burla ['burla] *f* escroquerie *f*.
burocracia [burokra'sia] *f* bureaucratie *f*.
burro, a ['buxu, a] ♦ *mf* âne *m*, ânesse *f* ♦ *adj* âne.
busca [buʃka] *f* recherche *f* • **em busca de** à la recherche de.
buscador [buʃka'do(x)] *m INFORM* moteur *m* de recherche.
buscar [buʃ'ka(x)] *vt* chercher • **ir buscar** aller chercher.
bússola [busola] *f* boussole *f*.
bustiê [buʃ'tʃje] *m* bustier *m*.
busto [buʃtu] *m* buste *m*.
butique [bu'tʃiki] *f* boutique *f*.
buzina [bu'zina] *f* klaxon *m*.
buzinar [buzi'na(x)] *vi* klaxonner.
búzio ['buzju] *m* bulot *m*.

C

cá ['ka] *adv* ici • **andar de cá para lá** faire les cent pas.
cabana [ka'bana] *f* cabane *f*.
cabeça [ka'besa] *f* tête *f*; *(fig) (dirigente)* chef *m* • **por cabeça** par personne • **à cabeça de** à la tête de • **de cabeça para baixo** sens dessus dessous • **não ter pés nem cabeça** n'avoir ni queue ni tête • **perder a cabeça** perdre la tête.

cabeçada [kabe'sada] *f (pancada)* coup *m* de tête; *(em futebol)* tête *f*.
cabeçalho [kabe'saʎu] *m* chapeau *m (dans un journal)*.
cabeceira [kabe'sejra] *f (de cama)* chevet *m*; *(de mesa)* bout *m*.
cabeçudo, da [kabe'sudu, da] *adj* têtu(e).
cabeleira [kabe'lejra] *f (verdadeira)* chevelure *f*; *(postiça)* perruque *f*.
cabeleireiro, ra [kabelej'rejru, ra] ♦ *mf* coiffeur, -euse *f* ♦ *m* salon *m* de coiffure • **ir ao cabeleireiro** aller chez le coiffeur.
cabelo [ka'belu] *m* cheveu *m* • **os cabelos** les cheveux • **ir cortar o cabelo** aller se faire couper les cheveux.
caber [ka'be(x)] *vi* tenir • **a mala não cabe no armário** la valise ne rentre pas dans l'armoire • **não cabe mais ninguém** il n'y a plus de place ▫ **caber a** *vp* • **cabe a mim fazer esse trabalho** c'est à moi de faire ce travail.
cabide [ka'bidʒi] *m* portemanteau *m*.
cabidela [kabi'dɛla] *f* poulet cuit dans son sang.
cabine [ka'bini] *f* cabine *f*; *(de avião)* cabine *f* de pilotage.
cabisbaixo, xa [kabiʒ'bajʃu, ʃa] *adj (fig)* abattu(e).
cabo ['kabu] *m (de utensílio)* manche *m*; *(de terra)* cap *m*; *(de eletricidade)* câble *m*; *(corda grossa)* corde *f*; *(de exército)* ca-

cada

poral *m* • **até ao cabo** jusqu'au bout • **ao cabo de** au bout de • **dar cabo de algo** (*fam*) mettre qqch en l'air.
Cabo Verde [ˌkabuˈvexdʒis] *s* Cap-Vert *m*.
cabo-verdiano, na [ˌkabuvexˈdʒianu, na] ♦ *adj* cap-verdien(enne) ♦ *mf* Cap-verdien *m*, -enne *f*.
cabra [ˈkabra] *f* chèvre *f*.
cabrito [kaˈbritu] *m* chevreau *m* • **cabrito assado** chevreau rôti.
caça [ˈkasa] *f (ação)* chasse *f*; *(animal caçado)* gibier *m* ♦ *m* avion *m* de chasse • **caça submarina** pêche *f* sous-marine.
caçador, ra [kasaˈdo(x), ra] *(mpl -es, fpl -s) mf* chasseur *m*, -euse *f*.
cação [kaˈsāw] *m* roussette *f*.
caçar [kaˈsa(x)] *vt* chasser.
caçarola [kasaˈrɔla] *f (de barro)* marmite *f*; *(tacho)* casserole *f*.
cacau [kaˈkaw] *m* cacao *m*.
cacetada [kaseˈtada] *f* coup *m* de bâton.
cacete [kaˈsetʃi] *m (pau)* trique *f*.
cachaça [kaˈʃasa] *f* eau-de-vie de canne à sucre.

> ### ⓘ CACHAÇA
>
> La *cachaça*, probablement la plus célèbre boisson brésilienne, est une eau-de-vie de canne à sucre, limpide et à haute teneur en alcool. On l'utilise dans la composition de plusieurs cocktails, tels que la *caipirinha*

(préparée avec du sucre et de la glace pilée) et la *batida* (mélange à base de cachaça, de sucre ou de lait concentré et de jus de fruit). Selon la tradition populaire, lorsque l'on boit la *cachaça* pure, il est de bon augure d'en verser quelques gouttes sur le sol pour attirer la chance. Certaines *cachaças* possèdent des noms pittoresques, tels que : *Levanta-Defunto* (Réveil-défunt), *Mata-Sogra* (Tue-Belle-mère) et *Xixi-do-Diabo* (Pipi-du-Diable).

cachê [kaˈʃe] *m* cachet *m*.
cachecol [kaʃeˈkɔw] *(pl* **-óis***) m* écharpe *f*.
cachimbo [kaˈʃĩmbu] *m* pipe *f*.
cacho [ˈkaʃu] *m (de uvas)* grappe *f*; *(de flores)* gerbe *f*; *(de cabelo)* mèche *f*; *(de banana)* régime *m*.
cachorro [kaˈʃoxu] *m* chien *m*.
cachorro-quente [kaˌʃoxuˈkẽntʃi] *m* hot-dog *m*.
cacto [ˈka(k)tu] *m* cactus *m*.
cada [ˈkada] *adj* chaque; *(com regularidade)* tous les(toutes les) • **cada dois dias** tous les deux jours • **uma pessoa em cada dez** une personne sur dix • **cada qual** chacun(e) • **cada um/uma** chacun/chacune • **um/uma de cada vez** un/une à la fois • **cada vez mais** de plus en plus • **cada vez que**

cadarço

chaque fois que • **cada um por si** chacun pour soi.
cadarço [ka'daxsu] *m* lacet *m*.
cadastro [ka'daʃtru] *m* cadastre *m*.
cadáver [ka'davɛ(x)] (*pl* **-es**) *m* cadavre *m*.
cadê [ka'de] *adv* (*fam*) • **cadê...?** où est passé...?
cadeado [ka'dʒjadu] *m* cadenas *m*.
cadeia [ka'deja] *f* (*prisão*) prison *f*; (*fila*) chaîne *f*.
cadeira [ka'dejra] *f* (*assento*) chaise *f*; (*disciplina*) chaire *f* • **cadeira de rodas** fauteuil *m* roulant.
cadela [ka'dɛla] *f* chienne *f*.
cadência [ka'dẽsja] *f* cadence *f*.
caderneta [kadex'neta] *f* carnet *m* • **caderneta de poupança** caisse *f* d'épargne.
caderno [ka'dɛrnu] *m* cahier *m*.
caducar [kadu'ka(x)] *vi* (*passaporte, visto*) être périmé(e); (*prazo*) expirer.
caduco, ca [ka'duku, ka] *adj* gâteux(euse).
cães [kãjʃ] → **cão**.
café [ka'fɛ] *m* café *m* • **café forte** café serré • **café fraco** café allongé • **café com leite** café au lait • **café moído** café moulu • **café solúvel** café soluble.
café-da-manhã [kafɛ'dama'ɲã] *m* petit déjeuner *m*.
cafeína [kafe'ina] *f* caféine *f*.
cafeteira [kafe'tejra] *f* cafetière *f*.
cafezinho [kafe'ziɲu] *m* express *m*.

cágado ['kagadu] *m* tortue *f*.
cagar [ka'ga(x)] *vi* (*vulg*) chier • *vt* (*fam*) dégueulasser.
caiar [ka'ja(x)] *vt* blanchir à la chaux.
caibo ['kajbu] → **caber**.
cãibra ['kãjmbra] *f* crampe *f*.
caipira [kaj'pira] ◆ *adj* plouc ◆ *nmf* péquenaud *m*, -e *f*.
caipirinha [kajpi'riɲa] *f* boisson à base d'alcool de canne à sucre et de citron.
cair [ka'i(x)] *vi* (*objeto, pessoa*) tomber; (*roupa*) tomber; (*água, luz*) tomber • **cair bem** plaire • **cair mal** ne pas plaire; (*comida*) ne pas digérer • **cair na realidade** se rendre à l'évidence • **cair em si** reprendre ses esprits • **nessa eu não caio!** on ne m'y prendra pas!
cais ['kajʃ] *m inv* quai *m* • **cais de embarque** quai d'embarquement.
caixa ['kajʃa] ◆ *f* caisse *f*; (*de papel*) boîte *f*; (*de arma*) chargeur *m* ◆ *nmf* caissier *m*, -ère *f* • **caixa de câmbio** boîte de vitesses • **caixa craniana** boîte crânienne • **caixa de coleta** boîte *f* aux lettres • **caixa do correio** boîte aux lettres • **caixa de diálogo** boîte de dialogue • **caixa eletrônico** caisse automatique • **caixa de fósforos** boîte d'allumettes • **caixa de pagamento** caisse • **caixa postal** boîte postale • **caixa registradora** caisse (enregistreuse) • **caixa torácica** cage *f* thoracique.

caixa-alta [´kajʃa´awta] f majuscule f.
caixa-baixa [´kajʃa´bajʃa] f bas-de-casse m.
caixão [kaj´ʃãw] (pl -ões) m cercueil m.
caixeiro [kaj´ʃejru] m • **caixeiro-viajante** représentant m (de commerce).
caixilho [kaj´ʃiʎu] m cadre m.
caixões [kaj´ʃõjʃ] → **caixão**.
caixote [kaj´ʃɔtʃi] m caisse f.
caju [ka´ʒu] m noix f de cajou.
cal [´kaw] f chaux f.
calado, da [ka´ladu, da] adj silencieux(euse) • **fique calado!** tais-toi!
calafrio [kala´friw] m frisson m.
calamidade [kalami´dadʒi] f calamité f.
calão [ka´lãw] m argot m.
calar-se [ka´laxsi] vp se taire • **cale-se!** tais-toi!
Calç. (abrev de Calçada) rue f.
calça [´kawsa] f pantalon m.
calçada [kaw´sada] f (rua calcetada) rue f pavée.
calçadeira [kawsa´dejra] f chausse-pied m.
calçado, da [kaw´sadu, da] ◆ adj (pessoa) chaussé(e); (rua) pavé(e) ◆ m chaussure f.
calcanhar [kawka´ɲa(x)] (pl -es) m talon m.
calção [kaw´sãw] (pl -ões) m short m • **calção de banho** maillot de bain m.
calcar [kaw´ka(x)] vt (pisar) piétiner, tasser.
calçar [kaw´sa(x)] vt (sapatos) mettre; (meias, luvas) enfiler; (rua, passeio) paver • **que nú-**

calhar

mero você calça? quelle est ta pointure? • **calço 37** je chausse du 37.
calcário [kaw´karju] m calcaire m.
calcinha [kaw´siɲa] f culotte f.
cálcio [´kawsju] m calcium m.
calço [´kawsu] m (cunha) cale f • **calço de freio** plaquette f (de frein).
calções [kal´sõjʃ] → **calção**.
calculadora [kawkula´dora] f machine f à calculer • **calculadora de bolso** calculette f.
calcular [kawku´la(x)] vt (número, valor) calculer; (conjecturar) supposer.
cálculo [´kawkulu] m calcul m • **pelos meus cálculos** d'après mes calculs.
calda [´kawda] f sirop m.
caldeira [kaw´dejra] f chaudière f.
caldeirada [kawdej´rada] f ≃ bouillabaisse f.
caldo [´kawdu] m bouillon m; (suco de fruto, planta) jus m • **caldo de cana** sirop m de canne à sucre • **caldo verde** soupe f au chou.
calendário [kalẽn´darju] m calendrier m.
calhamaço [kaʎa´masu] m (fam) pavé m (livre).
calhar [ka´ʎa(x)] vi • **calhou viajarmos juntos** il se trouve que nous avons voyagé ensemble • **calhar bem/mal** tomber bien/mal • **se calhar** si ça se trouve • **vir a calhar** tomber à pic.

calhau [ka'ʎaw] m grosse pierre f.

calibragem [kali'braʒẽ] (pl -ns) f équilibrage m des roues.

calibre [ka'libri] m calibre m; (fig) envergure f.

cálice ['kalisi] m (sagrado) calice m; (copo) verre m à pied.

calista [ka'liʃta] nmf pédicure mf.

calma ['kawma] ◆ f calme m ◆ interj du calme! • **ter calma** être calme.

calmante [kaw'mãntʃi] ◆ m calmant m ◆ adj calmant(e).

calmo, ma ['kawmu, ma] adj calme.

calo ['kalu] m (de pé) cor m; (de mão) durillon m.

calor [ka'lo(x)] m chaleur f • **estar com calor** avoir chaud.

caloria [kalo'ria] f calorie f.

calorífero, ra [kalu'riferu, ra] ◆ adj calorifère ◆ m calorifère m.

calouro, ra [ka'loru, ra] m/f bizut m.

calúnia [ka'lunja] f calomnie f.

calvo, va ['kawvu, va] adj chauve.

cama ['kama] f lit m • **cama de bebê** berceau m • **cama de casal** lit double.

camada [ka'mada] f couche f; • **a camada de ozônio** la couche d'ozone.

camaleão [kama'ljãw] (pl -ões) m caméléon m.

câmara ['kãmara] f **câmara escura** chambre f noire • **câmara fotográfica** appareil m photo • **câmara municipal** municipalité f; (edifício) mairie f • **câmara de vídeo** Camescope® m.

camarada [kama'rada] nmf camarade mf.

câmara-de-ar [,kãmara'dʒia(x)] (pl **câmaras-de-ar**) f chambre f à air.

camarão [kama'rãw] (pl -ões) m crevette f.

camarim [kama'rĩ] (pl -ns) m loge f.

camarões → camarão.

camarote [kama'rɔtʃi] m (de navio) cabine f; (de teatro) loge f.

cambalear [kãmba'lja(x)] vi tituber.

cambalhota [kãmba'ʎɔta] f (intencional) galipette f; (reviravolta) bouleversement m • **dar uma cambalhota** faire des galipettes.

câmbio ['kãmbju] m change m; (de veículo) vitesse f.

cambraia [kãm'braja] f batiste f.

camelo [ka'melu] m (animal) chameau m.

camelô [kame'lo] m camelot m.

caminhada [kami'ɲada] f (caminho percorrido) • **fazer uma caminhada** marcher.

caminhão [kami'ɲãw] (pl -ões) m (viatura) camion m.

caminhar [kami'ɲa(x)] vi (andar) marcher.

caminho [ka'miɲu] m chemin m • **a caminho** en route • **a caminho de** en route pour • **de caminho** (seguidamente) dans la foulée; (ao mesmo tempo) au passage • **pelo caminho** en chemin.

caminhoneiro, ra [kamiɲo'nejru, ra] *mf* camionneur *m*, -euse *f*.

caminhonete [kamjɲo'netʃi] *f* camionnette *f*; *(para passageiros)* car *m*.

camisa [ka'miza] *f* chemise *f*.

camisa-de-força [ka,mizadʒi'fɔxsa] *(pl* **camisas-de-força***) f* camisole *f* de force.

camisa-de-vênus [ka,mizadʒi'venuʃ] *(pl* **camisas-de-vênus***) f* préservatif *m*.

camiseta [kami'zeta] *f* chemisette *f*.

camisinha [kami'ziɲa] *f (fam)* capote *f* (anglaise).

camisola [kami'zɔla] *f* chemise *f* de nuit.

camomila [kamo'mila] *f* camomille *f*.

campainha [kãmpa'iɲa] *f (de porta, alarme)* sonnette *f*; *(sino pequeno)* clochette *f*.

campanário [kãmpa'narju] *m* clocher *m*.

campanha [kãm'paɲa] *f* campagne *f* • **campanha eleitoral** campagne électorale.

campeão, ã [kãm'pjãw, pjã] *(mpl* **-ões**, *fpl* **-s***) mf* champion *m*, -onne *f*.

campeonato [kãmpjo'natu] *m* championnat *m*.

campestre [kãm'pɛʃtri] *adj (cenário)* champêtre; *(flor)* des champs; *(vida)* à la campagne.

camping [kãm'pĩŋ] *m* camping *m*.

campista [kãm'piʃta] *mf* campeur *m*, -euse *f*.

campo ['kãmpu] *m (zona rural)* campagne *f*; *(de esporte)* terrain *m*; *(terreno)* champ *m* • **campo de futebol** terrain de football • **campo de golfe** terrain de golf • **campo de tiro** champ de tir.

camponês, esa ['kãmpo'neʃ, eza] *(mpl* **-eses**, *fpl* **-s***) mf* paysan *m*, -anne *f*.

camuflagem [kamu'flaʒẽ] *(pl* **-ns***) f* camouflage *m*.

camuflar [kamu'fla(x)] *vt* camoufler.

camurça [ka'muxsa] *f* daim *m*.

cana ['kana] *f* canne *f*.

Canadá [kana'da] *m* • **o Canadá** le Canada.

cana-de-açúcar [,kanadʒi'sukka(x)] *(pl* **canas-de-açúcar***) f* canne *f* à sucre.

canadense [kana'dẽnsi] ♦ *adj* canadien(enne) ♦ *mf* Canadien *m*, -enne *f*.

canal [ka'naw] *(pl* **-ais***) m* canal *m*; *(de televisão)* chaîne *f* • **o Canal da Mancha** la Manche.

canalha [ka'naʎa] *nmf* canaille *f*.

canalização [kanaliza'sãw] *(pl* **-ões***) f* canalisation *f*.

canalizar [kanali'za(x)] *vt* canaliser.

canapé [kana'pɛ] *m (sofá)* canapé *m* (siège); *(aperitivo)* canapé *m (apéritif)*.

canário [ka'narju] *m* canari *m*.

canastra [ka'naʃtra] *f* corbeille *f*.

canção [kã'sãw] *(pl* **-ões***) f* chanson *f*.

cancela [kã'sɛla] f (de casa, jardim) grille f; (de passagem de nível) barrière f.

cancelamento [kãsela'mẽntu] m annulation f.

cancelar [kãse'la(x)] vt annuler.

câncer ['kãse(x)] (pl **-es**) m cancer m ▫ **Câncer** m (signo do Zodíaco) Cancer m.

cancerígeno, na [kãse'riʒenu, na] adj cancérigène.

canções [kẽn'sõjʃ] → canção.

candeeiro [kẽn'djejru] m lustre m; (de mesa) lampe f • **candeeiro a petróleo** lampe à pétrole.

candelabro [kãnde'labru] m candélabre m.

candidato, ta [kãndʒi'datu, ta] mf candidat m, -e f • **ser candidato a algo** être candidat à qqch.

candomblé [kãndõm'blɛ] m candomblé m, culte d'origine africaine, surtout pratiqué dans la région de Bahia au Brésil.

ⓘ CANDOMBLÉ

Le candomblé est une religion hybride, dérivée d'une fusion entre le catholicisme portugais et les rites africains parvenus au Brésil par l'intermédiaire des esclaves. Les divinités du candomblé sont appelées *orixás* et chacune d'entre elles a son équivalent parmi les saints catholiques. Ainsi, *Ogum* correspond à saint Georges, *Oxalá* à Jésus et *Iemanjá*, la déesse de la mer, à la Vierge Marie. Les rituels sont pratiqués dans les *terreiros*. Lors des cérémonies du candomblé, les *orixás* se manifestent par la possession d'un corps en transe (généralement celui d'une femme), au son des *atabaques*, joués par les hommes.

---

caneca [ka'nɛka] f chope f.

canela [ka'nɛla] f (condimento) cannelle f; (da perna) tibia m.

caneta [ka'nɛta] f stylo m • **caneta hidrográfica** stylo feutre.

caneta-tinteiro [ka,nɛtatʃĩn'tejru] (pl **canetas-tinteiros**) f stylo-plume m.

canga [ˈkãŋga] f (de praia) couverture de plage f.

canguru [kãŋgu'ru] m kangourou m.

canhão [ka'ɲãw] (pl **-ões**) m canon m (arme).

canhoto, ota [ka'ɲotu, ɔta] ◆ adj & mf gaucher(ère) ◆ m (de formulário) partie f détachable.

canibal [kani'baw] (pl **-ais**) nmf cannibale mf.

caniço [ka'nisu] m jonc m.

canil [ka'niw] (pl **-is**) m chenil m.

caninha [ka'niɲa] f tafia m eau-de-vie de canne à sucre.

canis → canil.

canivete [kani'vɛtʃi] m canif m.

canja ['kāʒa] *f* • **canja (de galinha)** bouillon *m* de poule • **é canja!** c'est du gâteau!

cano ['kanu] *m* (de água, gás) conduite *f*; (de arma) canon *m*; (de bota) tige *f* • **cano de escapamento** pot *m* d'échappement • **cano de esgoto** conduite d'égout.

canoa [ka'noa] *f* canot *m*.

canoagem [ka'nwaʒē] *f* canoë *m* • **fazer canoagem** faire du canoë.

cansaço [kā'sasu] *m* fatigue *f*.

cansado, da [kā'sadu, da] *adj* • **estar cansado** être fatigué.

cansar [kā'sa(x)] *vt* fatiguer ▢ **cansar-se** *vp* se fatiguer.

cansativo, va [kāsa'tʃivu, va] *adj* fatigant(e).

cantar [kān'ta(x)] *vt & vi* chanter.

cantarolar [kāntaro'la(x)] *vt & vi* chantonner.

cantiga [kān'tʃiga] *f* chanson *f*.

cantil [kān'tʃiw] (*pl* **-is**) *m* gourde *f*.

cantina [kān'tʃina] *f* cantine *f*.

cantis → **cantil**.

canto ['kāntu] *m* (esquina) coin *m*; (forma de cantar) chant *m*.

cantor, ra [kān'to(x), ra] (*mpl* **-es**, *fpl* **-s**) *mf* chanteur *m*, -euse *f*.

canudinho [kanu'dʒiɲu] *m* paille *f*.

canudo [ka'nudu] *m* (tubo) tuyau *m*; (para beber) paille *f*; (fam) (diploma de curso) parchemin *m*.

cão ['kāw] (*pl* **cães**) *m* chien *m* • **cão de guarda** chien de garde.

caos ['kawʃ] *m* chaos *m*.

caótico, ca [ka'ɔtiku, ka] *adj* chaotique.

capa ['kapa] *f* (peça de vestuário) cape *f*; (de livro, caderno) couverture *f*; (dossiê escolar) classeur *m*; (de plástico) pochette *f* • **capa impermeável** cape imperméable.

capacete [kapa'setʃi] *m* (de proteção) casque *m*.

capacidade [kapasi'dadʒi] *f* capacité *f*.

capar [ka'pa(x)] *vt* châtrer.

capaz [ka'paʃ] (*pl* **-es**) *adj* capable • **ser capaz de fazer algo** être capable de faire qqch • **é capaz de chover** il se peut qu'il pleuve • **sou capaz de não sair hoje** aujourd'hui, il se peut que je ne sorte pas.

capela [ka'pɛla] *f* chapelle *f*.

capitã → **capitão**.

capitães → **capitão**.

capital [kapi'taw] (*pl* **-ais**) ♦ *f* capitale *f* ♦ *m* capital *m*.

capitalismo [kapita'liʒmu] *m* capitalisme *m*.

capitalista [kapita'liʃta] *adj & nmf* capitaliste.

capitão, ã [kapi'tāw, tā] (*mpl* **-ães**, *fpl* **-s**) *mf* capitaine *m*.

capítulo [ka'pitulu] *m* chapitre *m*.

capô [ka'po] *m* capot *m*.

capoeira [ka'pwejra] *f* (prática desportiva) combat-danse de

Bahia; *(para galinhas)* poulailler *m*.

CAPOEIRA

La *capoeira*, est un mélange de lutte corporelle, de danse, de sport, et fut créée au Brésil par les esclaves africains qui, interdits de pratiquer leurs luttes traditionnelles convertirent cette activité en danse, pour maintenir vivante leur culture. La *capoeira* se pratique à deux : les capœiristes simulent un combat au centre d'un cercle (la *roda*) formé par les autres participants qui jouent du *berimbau*, instrument à une seule corde. Salvador de Bahia est la capitale de la *capoeira*.

capota [ka'pɔta] *f (de carro)* capote *f.*
capotar [kapo'ta(x)] *vi* se renverser *(une voiture)*.
capote [ka'pɔti] *m* houppelande *f.*
cappuccino [kapu'tʃinu] *m* cappuccino *m*.
capricho [ka'priʃu] *m* caprice *m*.
Capricórnio [kapri'kɔrnju] *m* Capricorne *m*.
cápsula ['kapsula] *f* capsule *f.*
captar [kap'ta(x)] *vt* capter *f.*
capuz [ka'puʃ] *(pl -es) m* capuche *f.*

caqui [ka'ki] *m* kaki *m (fruit)*.
cáqui ['kaki] *m* kaki *m (couleur)*.
cara ['kara] ♦ *f (de pessoa)* visage *m; (aspecto)* air *m* ♦ *m (fam)* type *m* • **cara ou coroa?** pile ou face? • **dar a cara a face à face** • **dar de cara com** *(fig)* tomber sur • **não vou com a cara dele** il ne me revient pas • **ter cara de poucos amigos** avoir une sale tête.
carabina [kara'bina] *f* carabine *f.*
caracol [kara'kɔw] *(pl* **-óis)** *m (animal)* escargot *m; (de cabelo)* boucle *f.*
característica [karak(k)te'riʃtʃika] *f* caractéristique *f.*
característico, ca [karak(k)te'riʃtʃiku, ka] *adj* caractéristique.
carambola [karãm'bɔla] *f* carambole *f (fruit)*.
caramelo [kara'mɛlu] *m* caramel *m*.
caranguejo [karãŋ'geʒu] *m* crabe *m*.
caranguejo-aranha [karãŋ'geʒu'arãɲa] *m* araignée *f* de mer.
carapau [kara'paw] *m* chinchard *m* • **carapaus assados** chinchards grillés • **carapaus à escabeche** chinchards à l'escabèche.
caratê [kara'te] *m* = **karatê**.
caráter [ka'rate(x)] *(pl* **carateres)** *m* caractère *m*.
caravana [kara'vana] *f (de pessoas)* caravane *f.*

carbonizado, da [kaxboni'zadu, da] *adj* carbonisé(e).

carbono [kax'bonu] *m* carbone *m*.

carburador [kaxbura'do(x)] (*pl* **-es**) *m* carburateur *m*.

cardápio [kax'dapju] *m* menu *m* • **cardápio turístico** menu touristique.

cardíaco, ca [kax'dʒiaku, ka] *adj* cardiaque.

cardo ['kaxdu] *m* chardon *m*.

cardume [kax'dumi] *m* banc de poissons.

careca [ka'rɛka] ♦ *adj (pessoa)* chauve; *(pneu)* lisse ♦ *f* calvitie *f*.

carecer [kare'se(x)] ▫ **carecer de** *vp* manquer de; *(precisar de)* avoir besoin de.

carência [ka'rẽsja] *f (falta)* carence *f*; *(necessidade)* manque *m*.

careta [ka'reta] *f* grimace *f* • **fazer caretas** faire des grimaces.

carga ['kaxga] *f* charge *f*; *(de veículo)* cargaison *f* • **carga máxima** charge maximum.

cargo ['kaxgu] *m (função)* poste *m*; *(responsabilidade)* charge *f* • **estar/deixar a cargo de** être/laisser à la charge de • **ter a cargo** avoir à charge.

cariado, da [ka'rjadu, da] *adj* carié(e).

caricatura [karika'tura] *f* caricature *f*.

carícia [ka'risja] *f* caresse *f*.

caridade [kari'dadʒi] *f* charité *f*.

cárie ['kari] *f* carie *f*.

carimbar [karĩm'ba(x)] *vt* tamponner *(un passeport)*.

carimbo [ka'rĩmbu] *m* tampon *m*.

carinho [ka'riɲu] *m* tendresse *f*.

carioca [ka'rjɔka] *nmf* Carioca *mf*.

carisma [ka'riʒma] *m* charisme *m*.

carnal [kax'naw] (*pl* **-ais**) *adj* charnel(elle).

Carnaval [kaxna'vaw] *m* carnaval *m*.

ⓘ CARNAVAL

Le carnaval est célébré au Brésil pendant les quatre jours qui précèdent le mercredi des Cendres. Les riches et les pauvres se réunissent dans les rues pour célébrer le carnaval. Bien qu'il soit fêté à travers tout le Brésil, les défilés de Rio et de Salvador sont les plus connus. Le carnaval de Rio est célèbre pour sa compétition entre les différentes écoles de samba, tandis qu'à Salvador la fête est animée par les nombreux *blocos* qui, suivis du peuple, parcourent les quartiers de la ville, derrière les *Trios Elétricos*.

---

carne ['kaxni] *f (tecido muscular)* chair *f*; *(de comer)* viande *f*
• **carne de cordeiro** agneau *m*
• **carne fria** viande froide
• **em carne e osso** en chair et

carnê

carnê en os • **carne moída** viande hachée • **carne de porco** viande de porc • **carne de vaca** viande de bœuf.

carnê [kax'ne] *m* carnet *m*.

carneiro [kax'nejru] *m* (*animal*) bélier *m*; (*carne*) mouton *m* ▫ **Carneiro** *m* Bélier *m*.

carnudo, da [kax'nudu, da] *adj* charnu(e).

caro, ra ['karu, ra] *adj* cher(ère).

carochinha [karo'ʃiɲa] *f* → **história**.

caroço [ka'rosu] *m* (*de fruto*) noyau *m*; (*em corpo*) kyste *m*.

carona [ka'rona] *f* auto-stop *m* • **pegar uma carona** être pris en stop • **dar uma carona** prendre en stop; (*suj: um conhecido*) raccompagner • **pedir carona** faire du stop.

carpete [kax'pɛtʃi] *f* moquette *f*.

carpinteiro [kaxpĩn'tejru] *m* charpentier *m*.

carrapato [kaxa'patu] *m* tique *f*.

carregado, da [kaxe'gadu, da] *adj* chargé(e); (*cor*) foncé(e); (*tempo*) lourd(e).

carregador [kaxega'do(x)] (*pl* **-es**) *m* porteur *m*.

carregar [kaxe'ga(x)] ♦ *vt* charger; (*transportar*) porter ♦ *vi* (*pesar*) peser; (*fazer pressão em*) appuyer • **carregar em algo** appuyer sur qqch.

carreira [ka'xejra] *f* (*profissão*) carrière *f*; (*fileira*) rangée *f*; (*pequena corrida*) course *f*.

carrinho [ka'xiɲu] *m* • **carrinho bate-bate** autos *fpl* tamponneuses • **carrinho de bebê** landau *m* • **carrinho de supermercado** chariot *m*.

carro ['kaxu] *m* voiture *f* • **carro alegórico** char *m* (*de Carnaval*) • **carro de aluguel** voiture de location • **carro de corrida** voiture de course • **carro de praça** taxi *m*.

carroça [ka'xɔsa] *f* charrette *f*.

carroceria [kaxose'ria] *f* carrosserie *f*.

carrossel [kaxɔ'sɛw] (*pl* **-éis**) *m* manège *m*.

carruagem [ka'xwaʒẽ] (*pl* **-ns**) *f* carrosse *f*.

carta ['kaxta] *f* (*epístola*) lettre *f*; (*mapa*) carte *f*; (*de baralho*) carte *f* (à jouer); (*em restaurante*) menu *m* • **carta de apresentação** lettre de motivation • **carta (de motorista)** permis *m* de conduire • **carta registrada** lettre recommandée.

cartão [kax'tãw] (*pl* **-ões**) *m* carte *f*; (*papelão*) carton *m* • **cartão bancário** carte bancaire • **cartão de crédito** carte de crédit • **cartão de embarque/desembarque** carte d'embarquement/de débarquement • **cartão de visita** carte de visite • **cartão jovem** carte jeune • **cartão telefônico** carte téléphonique.

cartão-postal [kax,tãwpoʃ'taw] (*pl* **cartões-postais**) *m* carte-postale *f*.

cartaz [kax'taʃ] (*pl* **-es**) *m (de publicidade)* affiche *f.*

carteira [kax'tejra] *f (de dinheiro)* portefeuille *m; (bolsa de senhora)* sac *m* à main; *(de sala de aula)* pupitre *m; (de identificação, profissional)* carte *f*
• **carteira de identidade** carte d'identité • **carteira de motorista** permis *m* de conduire.

carteiro [kax'tejru] *m* facteur *m.*

cárter ['kaxter] (*pl* **-es**) *m* carter *m.*

cartões → **cartão**.

cartolina [kaxto'lina] *f* bristol *m.*

cartório [kax'tɔrju] *m* étude *f (de notaire)* • **Cartório Notarial** Étude *f.*

cartucho [kax'tuʃu] *m (para mercadoria)* cornet *m; (munição)* cartouche *f; (embrulho)* paquet *m.*

caruru [kaxu'ru] *m* CULIN gombos et crevettes sautées à la sauce piquante.

carvalho [kax'vaʎu] *m* chêne *m.*

carvão [kax'vãw] *m* charbon *m*
• **carvão vegetal** charbon de bois.

casa ['kaza] *f* maison *f; (de botão)* boutonnière *f* • **casa de câmbio** bureau *m* de change • **casa de fado** *petit restaurant où l'on écoute du fado* • **casa de frios** charcuterie *f* • **casa de saúde** maison *f* de santé • **casa lotérica** = la Française des Jeux • **faça como se estivesse em sua casa!** faites comme chez vous!

casaco [ka'zaku] *m* veste *f*
• **casaco comprido** manteau *m*
• **casaco de malha** gilet *m.*

casado, da [ka'zadu, da] *adj* marié(e).

casal [ka'zaw] (*pl* **-ais**) *m (macho e fêmea)* couple *m.*

casamento [kaza'mẽntu] *m* mariage *m.*

casar [ka'za(x)] ♦ *vt* marier ♦ *vi* se marier ❑ **casar-se** *vp* se marier.

casca ['kaʃka] *f (de fruto)* peau *f; (de árvore, laranja)* écorce *f; (de ovo)* coquille *f; (de cebola)* pelure *f; (de ervilha, feijão-verde)* cosse *f.*

cascalho [kaʃ'kaʎu] *m* gravier *m.*

cascata [kaʃ'kata] *f* cascade *f.*

cascavel [kaʃka'vew] (*pl* **-éis**) *f* serpent *m* à sonnette.

casco ['kaʃku] *m (de vinho)* fût *m; (de navio)* coque *f; (de animal)* sabot *m.*

caseiro, ra [ka'zejru, ra] ♦ *adj (doce, comida, pão)* (fait) maison; *(pessoa)* casanier(ère) ♦ *mf* métayer *m*, -ère *f.*

caso ['kazu] ♦ *m (circunstância)* cas *m; (acontecimento)* affaire *f* ♦ *conj* • **no caso de** au cas où ♦ **em caso de emergência...** en cas d'urgence... • **em caso de incêndio...** en cas d'incendie... • **em todo o caso** en tout cas • **em último caso** en dernier ressort • **não fazer caso de algo/alguém** ne pas faire cas de qqch/qqn.

caspa ['kaʃpa] *f* pellicule *f.*

casquinha [kaʃˈkiɲa] f (de prata, ouro) plaqué m; (de sorvete) cornet m.

cassete [kaˈsɛtʃi] f (áudio) cassette f • **cassete (de vídeo)** cassette vidéo.

cassetete [kaseˈtetʃi] m matraque f.

cassino [kaˈsinu] m casino m.

castanha [kaʃˈtaɲa] f (fruto do castanheiro) châtaigne f; (fruto do cajueiro) noix f de cajou • **castanhas assadas** marrons mpl chauds.

castanha-do-pará [-paˈra] (pl **castanhas-do-pará**) f noix f du Para.

castanheira [kaʃtaˈɲejra] f châtaignier m.

castanheiro [kaʃtaˈɲejru] m châtaignier m.

castanho, nha [kaʃˈtaɲu, ɲa] ◆ adj (olhos, roupa) marron; (cabelo) châtain ◆ m (madeira) châtaignier m; (cor) marron m.

castelo [kaʃˈtɛlu] m château m.

castiçal [kaʃtʃiˈsaw] (pl **-ais**) m chandelier m.

castidade [kaʃtʃiˈdadʒi] f chasteté f.

castigar [kaʃtʃiˈga(x)] vt punir.

castigo [kaʃˈtʃigu] m (punição) punition f; (divino) châtiment m.

casto, ta [ˈkaʃtu, ta] adj chaste.

castor [kaʃˈto(x)] (pl **-es**) m castor m.

castrar [kaʃˈtra(x)] vt castrer.

casual [kaˈzwaw] (pl **-ais**) adj fortuit(e).

casualidade [kazwaliˈdadʒi] f hasard m • **por casualidade** par hasard.

casulo [kaˈzulu] m cocon m.

catacumbas [kataˈkũmbaʃ] fpl catacombes fpl.

catálogo [kaˈtalogu] m (de vendas, produtos) catalogue m; (de livros) catalogue m (de bibliothèque) • **catálogo (de telefones)** annuaire m (téléphonique).

catamarã [katamaˈra] m catamaran m.

catarata [kataˈrata] f cataracte f • **as cataratas do Iguaçu** les chutes fpl d'Iguaçu.

ⓘ AS CATARATAS DO IGUAÇU

Les cataractes d'Iguaçu, classées Patrimoine mondial naturel par l'Unesco depuis 1986, se situent à la frontière du Brésil, de l'Argentine et du Paraguay, et constituent un ensemble de 275 cascades d'une hauteur moyenne de 65 mètres. Pour apprécier de près ces chutes d'eau, les visiteurs doivent traverser un étroit pont en bois.

---

catarro [kaˈtaxu] m catarrhe m.

catástrofe [kaˈtaʃtrofi] f catastrophe f.

catatua [kataˈtua] f cacatoès m.

cata-vento [kataˈvẽtu] (pl **cata-ventos**) m girouette f.

catedral [kateˈdraw] (pl **-ais**) f cathédrale f.

categoria [kate'gɔria] f (grupo, posição) catégorie f; (qualidade) classe f • **de categoria** de qualité.

cativar [katʃi'va(x)] vt captiver.

cativeiro [katʃi'vejru] m • **em cativeiro** en captivité.

catolicismo [katoli'sizmu] m catholicisme m.

católico, ca [ka'tɔliku, ka] adj & mf catholique.

catorze [ka'tɔxzi] num quatorze, → **seis**.

caução [kaw'sãw] (pl -ões) f caution f • **pagar caução** payer une caution.

cauda ['kawda] f (de animal) queue f; (de manto, vestido) traîne f.

caudal [kaw'daw] (pl -ais) m débit m.

caule ['kawli] m tige f.

causa ['kawza] f cause f; jur (ação judicial) affaire f • **por causa de** à cause de.

causar [kaw'za(x)] vt causer • **causar danos** causer des dommages.

cautela [kaw'tɛla] f (cuidado) précaution f; • **ter cautela com** faire attention à • **com cautela** avec prudence • **por cautela** par prudence.

cauteloso, osa [kawte'lozu, ɔza] adj prudent(e).

cavala [ka'vala] f maquereau m.

cavalaria [kavala'ria] f cavalerie f.

cavaleiro [kava'lejru] m (que monta a cavalo) cavalier m; (em tourada) torero m à cheval; (medieval) chevalier m.

cavalete [kava'letʃi] m chevalet m.

cavalgar [kavaw'ga(x)] ◆ vi chevaucher ◆ vt (égua, ginete) chevaucher; (obstáculo, barreira) sauter.

cavalheiro [kava'ʎejru] m gentleman m.

cavalo [ka'valu] m cheval m • **cavalo de Tróia** cheval de Troie.

cavalo-de-pau [kavaludʒi-'paw] (pl **cavalos-de-pau**) m cheval m à bascule.

cavanhaque [kava'ɲaki] m bouc m (barbe).

cavaquinho [kava'kiɲu] m petite guitare f.

cavar [ka'va(x)] ◆ vt bêcher ◆ vi (fam) filer.

caveira [ka'vejra] f tête f de mort.

caverna [ka'vɛxna] f caverne f.

caviar [ka'vja(x)] m caviar m.

cavidade [kavi'dadʒi] f cavité f.

caxemira [kaʃe'mira] f cachemire m.

caxumba [ka'ʃũmba] f oreillons mpl.

c/c (abrev de **conta-corrente**) c.c.

CD [se'de] m (abrev de **compact disc**) CD m.

CD-i m (abrev de **compact disc-interativo**) CD-I m.

CD-ROM m CD-ROM m.

CE f (abrev de **Comunidade Européia**) CE f.

cear ['sea(x)] ◆ vi souper ◆ vt prendre au souper.

cebola [se'bola] f oignon m.

cebolinha [sebo'liɲa] f petit oignon m; ciboulette f.

ceder [se'de(x)] ♦ vt céder ♦ vi céder; (chuva) se calmer; (vento) tomber • **ceder a passagem** céder le passage.

cedilha [se'diʎa] f cédille f.

cedo ['sedu] adv tôt; (depressa) vite • **muito cedo** très tôt • **desde cedo** depuis longtemps • **mais cedo ou mais tarde** tôt ou tard.

cedro ['sɛdru] m (árvore) cèdre m; (madeira) bois m de cèdre.

cegar [se'ga(x)] ♦ vt (suj: luz, raiva) aveugler; (suj: doença) rendre aveugle ♦ vi devenir aveugle.

cego, ga ['sɛgu, ga] ♦ adj (pessoa) aveugle; (faca) émoussé(e) ♦ mf aveugle mf • **às cegas** à l'aveuglette.

cegonha [se'goɲa] f cigogne f.

ceia ['seja] f souper m.

cela ['sɛla] f cellule f.

celebração [selebra'sãw] (pl -ões) f célébration f.

celebrar [sele'bra(x)] vt célébrer; (contrato) passer.

célebre ['sɛlebri] adj célèbre.

celebridade [selebri'dadʒi] f célébrité f.

celeiro [se'lejru] m grenier m (à grain).

celibatário, ria [seliba'tarju, rja] adj célibataire.

celibato [seli'batu] m célibat m.

celofane [selo'fãni] m Cellophane® f.

célula ['sɛlula] f ANAT cellule f.

celular [selu'la(x)] (pl -es) m téléphone m mobile.

cem [sẽ] num cent, → **seis**.

cemitério [semi'tɛrju] m cimetière m.

cena ['sena] f scène f • **estar em cena** être à l'affiche • **entrar em cena** entrer en scène.

cenário [se'narju] m (de peça teatral, programa televisivo) décor m; (panorama) cadre m.

cenoura [se'nora] f carotte f.

censo ['sẽsu] m recensement m.

censura [sẽ'sura] f censure f.

centavo [sẽ'tavu] m = centime m.

centeio [sẽ'teju] m seigle m.

centelha [sẽ'teʎa] f étincelle f.

centena [sẽ'tena] f centaine f.

centenário [sẽte'narju] m centenaire m.

centésimo, ma [sẽ'tɛzimu, ma] num centième, → **sexto**.

centígrado [sẽ'tʃigradu] adj m → **grau**.

centímetro [sẽ'tʃimetru] m centimètre m.

cento ['sẽtu] m cent m inv • **por cento** pour cent.

centopéia [sẽto'pɛja] f millepattes m.

central [sẽ'traw] (pl -ais) ♦ adj central(e); (problema) principal(e) ♦ f (de eletricidade, energia atômica) centrale f • **central elétrica** centrale électrique • **central nuclear** centrale nucléaire • **central telefônica** central m téléphonique.

centrar [sẽn'tra(x)] *vt (atenção)* fixer; *(esforço)* concentrer; *(texto, página)* centrer.

centro ['sẽntru] *m* centre *m*
• **centro da cidade** centre-ville *m* • **centro comercial** centre commercial • **centro de saúde** dispensaire *m*.

centroavante [ˌsẽntroa'vãntʃi] *m* avant-centre *m*.

CEP *m (abrev de código de endereçamento postal)* code *m* postal.

cera ['sera] *f (de vela, chão)* cire *f*; *(de ouvido)* cérumen *m* • **cera depilatória** cire dépilatoire.

cerâmica [se'rãmika] *f* céramique *f*.

ceramista [sera'miʃta] *nmf* céramiste *mf*.

cerca ['sexka] ♦ *f* clôture *f* ♦ *adv* • **cerca de** environ • **há cerca de uma semana** il y a environ une semaine.

cercar [sex'ka(x)] *vt* entourer.

cereal [se'real] *(pl* **-ais***) m* céréale *f*.

cérebro ['sɛrebru] *m* cerveau *m*.

cereja [se'reʒa] *f* cerise *f*.

cerimônia [seri'monja] *f* cérémonie *f*.

cerrado, da [se'xadu, da] *adj (nevoeiro)* épais(aisse).

certeza [sex'teza] *f* certitude *f* • **dar a certeza** confirmer • **ter a certeza de que** être certain(e) que • **com certeza** certainement • **com certeza!** certainement!

certidão [sextʃi'dãw] *(pl* **-ões***) f* acte *m (document)*.

certificado [sextʃifi'kadu] *m* certificat *m*.

certificar-se [sextʃifi'kaxsi] *vp* s'assurer.

certo, ta ['sɛxtu, ta] ♦ *adj (conta, resposta)* bon(bonne); *(horas)* juste; *(resultado, vitória)* sûr(e); *(determinado)* certain(e) ♦ *adv* correctement • **o certo é que...** ce qui est sûr, c'est que... • **ao certo** *(exatamente)* au juste; *(provavelmente)* certainement • **dar certo** marcher • **não bater certo** *(conta)* ne pas tomber juste; *(história)* ne pas tenir debout.

cerveja [sex'veʒa] *f* bière *f* • **cerveja preta** bière brune.

cervejaria [sexveʒa'ria] *f* brasserie *f*.

cervical [sexvi'kaw] *(pl* **-ais***) adj* cervical(e).

cessar [se'sa(x)] ♦ *vi* s'achever ♦ *vt* cesser.

cesta ['seʃta] *f* panier *m*.

cesto ['seʃtu] *m* corbeille *f* • **cesto de lixo** poubelle *f* • **cesto de papéis** corbeille à papier • **cesto de vime** panier *m* en osier.

cético, ca ['sɛtʃiku, ka] *adj & mf* sceptique.

cetim [se'tʃĩ] *m* satin *m*.

céu ['sɛw] *m* ciel *m* • **céu da boca** palais *m* • **a céu aberto** *(fig)* à ciel ouvert.

cevada [se'vada] *f (planta)* orge *f*.

chá [ʃa] *m* thé *m* • **chá dançante** thé dansant • **chá com limão** thé citron • **chá de limão** thé au citron.

chacal [ʃa'kaw] (*pl* **-ais**) chacal *m*.

chacota [ʃa'kɔta] *f* moquerie *f*.

chafariz [ʃafa'riʃ] (*pl* **-es**) *m* fontaine *f* publique.

chafurdar [ʃafux'da(x)] *vi* patauger.

chaga ['ʃaga] *f* plaie *f*.

chalé [ʃa'lɛ] *m* chalet *m*.

chaleira [ʃa'lejra] *f* bouilloire *f*.

chama ['ʃama] *f* flamme *f*.

chamada [ʃa'mada] *f* (*de telefone*) appel *m*; (*de exame*) session *f* • **fazer a chamada** faire l'appel • **chamada a cobrar** appel en PCV • **chamada interurbana** communication *f* interurbaine • **chamada local** communication *f* locale.

chamar [ʃa'ma(x)] ♦ *vt* appeler ♦ *vi* sonner ◘ **chamar-se** *vp* s'appeler • **como você se chama?** comment t'appelles-tu? • **chamo-me...** je m'appelle....

chaminé [ʃami'nɛ] *f* (*de casa, lareira*) cheminée *f*; (*de fogão*) conduit *m*; (*de candeeiro*) verre *m* de lampe.

champanhe [ʃãm'paɲi] *m* champagne *m*.

chamuscar [ʃamuʃ'ka(x)] *vt* flamber.

chance ['ʃãnsi] *f* occasion *f*.

chantagear [ʃãnta'ʒja(x)] *vt* faire du chantage à.

chantagem [ʃãn'taʒẽ] (*pl* **-ns**) *f* chantage *m*.

chantili [ʃãnti'li] *m* chantilly *m*.

chão ['ʃãw] *m* sol *m* (*terre*).

chapa ['ʃapa] *f* (*metal*) tôle *f*; (*placa, matrícula*) plaque *f* d'immatriculation.

chapéu [ʃa'pɛw] *m* (*de homem, senhora*) chapeau *m* • **é de se tirar o chapéu** chapeau!

chapéu-coco [ʃa,pɛw'koku] (*pl* **chapéus-cocos**) *m* chapeau melon *m*.

charco ['ʃaxku] *m* (*poça de água*) flaque *f*; (*lamaçal*) bourbier *m*.

charcutaria [ʃaxkuta'ria] *f* charcuterie *f* (*produits*).

charme ['ʃaxmi] *m* charme *m*.

charneca [ʃax'nɛka] *f* lande *f*.

charrete [ʃa'xɛtʃi] *f* charrette *f*.

charter ['ʃaxte(x)] (*pl* **-s**) *m* • (**vôo**) **charter** (vol) charter *m*.

charuto [ʃa'rutu] *m* cigare *m*.

chassi [ʃa'si] *m* châssis *m*.

chat ['ʃat] *m* chat *m*.

chatear [ʃa'tʃja(x)] *vt* embêter.

chatice [ʃa'tʃisi] *f* (*fam*) barbe *f* • **que chatice!** quelle barbe!

chato, ta ['ʃatu, ta] *adj* (*prato, pé*) plat (e); (*fam*) (*aborrecido*) casse-pieds (*inv*).

chauvinista [ʃovi'niʃta] *nmf* chauvin *m*, -e *f*.

chave ['ʃavi] *f* clé *f* • **chave de fenda** tournevis *m* • **chave de ignição** clé de contact • **chave inglesa** clé anglaise.

chaveiro [ʃa'vejru] *m* porte-clés *m inv*.

chávena ['ʃavena] *f* tasse *f*.

check-in [tʃe'kin] (*pl* **check-ins**) *m* enregistrement *m* des bagages • **fazer o check-in** enregistrer.

check-up [tʃe'kapi] (*pl* **check-ups**) *m* check-up *m inv*.

chefe, fa ['ʃefi] *mf* chef *m*
• **chefe de estação** chef de gare.
chegada [ʃe'gada] *f* arrivée *f.*
chegado, da [ʃe'gadu, da] *adj (amigo, parente)* proche.
chegar [ʃe'ga(x)] *vi (a lugar)* arriver; *(momento, altura, hora)* venir; *(ser suficiente)* suffire
• **chegar bem** être bien arrivé(e) • **chegar ao fim** toucher à sa fin ☐ **chegar-se** *vp (aproximar-se)* s'approcher; *(afastar-se)* se pousser • **chegar-se a** *(aproximar-se de)* s'approcher de.
cheia ['ʃeja] *f* crue *f.*
cheio, cheia ['ʃeju, 'ʃeja] *adj* plein(e) • **cheio de** plein de
• **estou cheio** *(saciado)* je n'en peux plus; *(fig) (de situação, problema)* j'en ai assez.
cheirar [ʃej'ra(x)] *vt & vi* sentir
• **cheirar bem** sentir bon
• **cheirar mal** sentir mauvais.
cheiro ['ʃejru] *m* odeur *f.*
cheiroso, osa [ʃej'rozu, ɔza] *adj* odorant(e) • **ser** OU **estar cheiroso** être parfumé.
cheiro-verde [,ʃeju'vexdʒi] *m* fines herbes *fpl.*
cheque ['ʃɛki] *m (de banco)* chèque *m*; *(em xadrez)* échec *m*
• **cheque em branco** chèque en blanc • **cheque sem fundos** OU **sem provisão** chèque sans provision • **cheque pré-datado** chèque antidaté • **cheque de viagem** chèque de voyage
• **cheque visado** chèque certifié.
cheque-mate [,ʃɛki'matʃi] *(pl* **cheques-mates**) *m* échec *m* et mat.

chiar [si'a(x)] *vi (porta, portão)* grincer; *(pneu)* crisser; *(rato, porco)* couiner.
chiclete [ʃi'klɛtʃi] *m* chewing-gum *m.*
chicória [ʃi'kɔrja] *f* chicorée *f.*
chicote [ʃi'kɔtʃi] *m* fouet *m.*
chifre ['ʃifri] *m* corne *f.*
Chile ['ʃili] *m* • **o Chile** le Chili.
chimarrão [ʃima'xãw] *m* maté corsé sans sucre.
chimpanzé [ʃĩmpã'zɛ] *m* chimpanzé *m.*
China ['ʃina] *f* • **a China** la Chine.
chinelo [ʃi'nɛlu] *m* mule *f.*
• **chinelos (de quarto)** chaussons *mpl.*
chinês, esa [ʃi'neʃ, eza] *(mpl* **-es**, *fpl* **-s**) ♦ *adj* chinois(e) ♦ *mf* Chinois *m*, -e *f* ♦ *m (língua)* chinois *m* • **isso para mim é chinês** ça, pour moi, c'est du chinois.
chique ['ʃiki] *adj* chic.
chiqueiro [ʃi'kejru] *m* porcherie *f.*
chita ['ʃita] *f* percale *f.*
chocalhar [ʃoka'ʎa(x)] ♦ *vt* agiter ♦ *vi* tinter.
chocalho [ʃo'kaʎu] *m* sonnaille *f*; *(de bebê)* hochet *m.*
chocante [ʃo'kãntʃi] *adj* choquant(e).
chocar [ʃo'ka(x)] ♦ *vi* se heurter; *(veículos)* se rentrer dedans; *(galinha)* couver ♦ *vt* choquer; *(fam) (doença)* couver
• **chocar com** heurter; *(veículo)* rentrer dans.
chocho, cha ['ʃoʃu, ʃa] *adj* desséché(e).

chocolate

chocolate [ʃoko'latʃi] m chocolat m • **chocolate branco** chocolat blanc • **chocolate ao leite** chocolat au lait • **chocolate preto** OU **negro** chocolat noir • **chocolate em pó** chocolat en poudre.

chofer [ʃo'fe(x)] (pl -es) m chauffeur m.

chope ['ʃopi] m demi m (bière).

choque [ʃɔki] m choc m.

choramingar [ʃoramĩ'ga(x)] vi pleurnicher.

chorão [ʃo'rãw] (pl -ões) m (árvore) saule m pleureur.

chorar [ʃo'ra(x)] vt & vi pleurer • **chorar de rir** pleurer de rire.

chorinho [ʃo'riɲu] m musique instrumentale née à Rio.

choro ['ʃoru] m pleurs mpl.

CHORO

Le *choro* est un genre de musique populaire brésilienne, surgit vers 1870 à Rio de Janeiro, et constitué d'un mélange de valse, de polka et de rythmes africains, tels que le *batuque* et le *lundu*. Sa principale caractéristique est l'improvisation musicale, à base de guitares à six et sept cordes et de *cavaquinho*, une petite guitare à quatre cordes.

chorões → chorão.

choupana [ʃo'pana] f cabane f.

choupo ['ʃopu] m peuplier m.

chouriço [ʃo'risu] m chorizo m.

chover [ʃo've(x)] v impess pleuvoir • **chover a cântaros** pleuvoir des cordes.

chuchu [ʃu'ʃu] m cristophine f (légume tropical) • **pra chuchu** (fam) vachement.

chulé [ʃu'lɛ] m (fam) frometon m.

chulo, la [ʃulu, la] adj vulgaire.

chumaço [ʃu'masu] m épaulette f.

chumbar [ʃũm'ba(x)] vt plomber.

chumbo ['ʃũmbu] m (material) plomb m.

chupar [ʃu'pa(x)] vt sucer.

chupeta [ʃu'peta] f tétine f.

churrascaria [ʃuraʃka'ria] f grill m (restaurant).

churrasco [ʃu'raʃku] m grillade f.

churrasquinho [ʃuraʃ'kiɲu] m brochette f.

churro ['ʃuxu] m long beignet cylindrique.

chutar [ʃu'ta(x)] • vt shooter dans • vi shooter.

chuteira [ʃu'tejra] f chaussure f de football.

chuva ['ʃuva] f pluie f.

chuveiro [ʃu'vejru] m douche f.

chuviscar [ʃuviʃ'ka(x)] vi pleuviner.

chuvoso, osa [ʃu'vozu, ɔza] adj pluvieux(euse).

Cia. (abrev de **companhia**) Cie.

cibercafé [sibex'kafe] m cybercafé m.

ciberespaço [ˌsibereʃ'pasu] m cyberespace m.

cibernética [sibex'netʃika] f cybernétique f.
cibernético, ca [sibex'netʃiku, ka] adj cybernétique.
cicatriz [sika'triʃ] (pl -es) f cicatrice f.
cicatrizar [sikatri'za(x)] vi (ferida) cicatriser.
cicatrizes → cicatriz.
cicerone [sise'roni] m guide m.
ciclismo [si'kliʒmu] m cyclisme m • **fazer ciclismo** faire du cyclisme.
ciclista [si'kliʃta] mf cycliste mf.
ciclo ['siklu] m cycle m.
ciclomotor [ˌsiklomu'tox] (pl -es) m cyclomoteur m.
ciclone [si'kloni] m cyclone m.
cidadã [sida'dã] → cidadão.
cidadania [sidada'nia] f citoyenneté f.
cidadão, ã [sida'dãw, dã] (mpl -ãos fpl -s) mf citoyen m, -enne f.
cidade [si'dadʒi] f ville f • **cidade universitária** cité f universitaire.
cieiro ['sjejru] m gerçure f.
ciência [si'sjêsja] f science f • **ciências físico-químicas** physique-chimie f • **ciências naturais** sciences naturelles • **ciências da Terra e da vida** sciences de la vie et de la Terre.
ciente [si'jêntʃi] adj averti(e) • **estar ciente de** être au courant de.
científico, ca [sjên'tʃifiku, ka] adj scientifique.
cientista [sjên'tʃiʃta] nmf scientifique mf.

cifra ['sifra] f (número) chiffre m; (cômputo total) nombre m.
cigano, na [si'ganu, na] mf Gitan m, -e f.
cigarra [si'gaxa] f cigale f.
cigarreira [siga'xejra] f porte-cigarettes m inv.
cigarrilha [siga'xiʎa] f cigarillo m.
cigarro [si'gaxu] m cigarette f • **cigarros com filtro/sem filtro** cigarettes filtre/sans filtre • **cigarros fortes/suaves** cigarettes fortes /légères • **cigarros longos** cigarettes longues • **cigarros mentolados** cigarettes mentholées.
cilada [si'lada] f traquenard m • **cair na cilada** tomber dans un traquenard.
cilindro [si'lĩndru] m (forma geométrica) cylindre m; (rolo) rouleau m.
cílio ['silju] m cil m.
cima ['sima] f • **de cima** d'en haut; (vizinho) du dessus • **de cima a baixo** de haut en bas • **de cima de** de • **saia de cima da mesa** descends de la table • **em cima** en haut • **em cima de sur** • **mais para cima** plus haut • **para cima de** (no espaço) sur; (quantidade) plus de • **por cima de** par-dessus.
cimeira [si'mejra] f sommet m.
cimentar [simên'ta(x)] vt cimenter.
cimento [si'mêntu] m ciment m.
cimo ['simu] m haut m.
cinco ['sĩŋku] num cinq, → **seis**.

cineasta [si'njaʃta] *nmf* cineasta *mf.*

cinema [si'nema] *m* cinéma *m.*

cinemateca [sinema'tɛka] *f* cinémathèque *f.*

cinematográfico, ca [sinemato'grafiku, ka] *adj* cinématographique.

cine-teatro [ˌsineˈtjatru] *m* (*pl* **cine-teatros**) *m* salle qui peut servir à la fois de théâtre et de cinéma.

cínico, ca ['siniku, ka] *adj* cynique.

cinismo [si'niʒmu] *m* cynisme *m.*

cinqüenta [sīŋˈkwẽnta] *num* cinquante, → **seis**.

cinta ['sīnta] *f* (*de pessoa, vestido*) taille *f*; (*peça de vestuário*) gaine *f.*

cintilar [sīntʃi'la(x)] *vi* scintiller.

cinto ['sīntu] *m* ceinture *f* • **cinto de segurança** ceinture de sécurité.

cintura [sīn'tura] *f* taille *f.*

cinturão [sīntu'rãw] *m* ceinturon *m* • **cinturão industrial** zone *f* industrielle • **cinturão verde** ceinture *f* verte.

cinza ['sīza] *f* cendre *f* ◆ *adj* gris(e) ◆ *m* gris *m* ▫ **cinzas** *fpl* cendres *fpl.*

cinzeiro [sī'zejru] *m* cendrier *m.*

cinzel [sī'zɛw] (*pl* **-éis**) *m* ciseau *m.*

cinzento, ta [sī'zẽntu, ta] ◆ *adj* gris(e) ◆ *m* gris *m.*

cio ['siu] *m* rut *m.*

cipreste [si'prɛʃtʃi] *m* cyprès *m.*

circo ['sixku] *m* cirque *m.*

circuito [six'kwitu] *m* circuit *m* • **circuito elétrico** circuit électrique • **circuito turístico** circuit touristique.

circulação [sixkula'sãw] *f* circulation *f.*

circular [sixku'la(x)] (*pl* **-es**) ◆ *adj* (*redondo*) circulaire ◆ *f* (*carta, documento*) circulaire *f* ◆ *vi* circuler ◆ **circule pela direita** serrez à droite.

círculo ['sixkulu] *m* cercle *m* • **círculo polar** cercle polaire.

circunferência [sixkũfeˈrẽsja] *f* circonférence *f.*

circunflexo [sixkũnˈflɛksu] *adj m* → **acento**.

circunstância [sixkũʃˈtãsja] *f* circonstance *f* • **nessas circunstâncias** dans ces circonstances.

círio ['sirju] *m* cierge *m.*

cirurgia [sirux'ʒia] *f* chirurgie *f* • **cirurgia plástica** chirurgie plastique.

cirurgião, ã [sirux'ʒjãw, ʒjã] (*mpl* **-ões**, *fpl* **-s**) *mf* chirurgien *m*, -enne *f.*

cirúrgico, ca [si'ruxʒiku, ka] *adj* chirurgical(e).

cirurgiões → **cirurgião**.

cisco ['siʃku] *m* poussière *f* (*dans l'œil*).

cisma ['siʒma] *f* fixation *f.*

cisne ['siʒni] *m* cygne *m.*

cisterna [siʃˈtɛxna] *f* citerne *f.*

cistite [siʃˈtʃitʃi] *f* cystite *f.*

citação [sita'sãw] (*pl* **-ões**) *f* citation *f.*

citar [si'ta(x)] *vt* citer.

cítrico ['sitriku, ka] *adj* → **ácido**.

cítricos ['sitrikuʃ] *mpl* agrumes *mpl.*

ciúme ['sjumi] *m* jalousie *f*
• **ter ciúme de alguém** être jaloux de qqn.

ciumento, ta [sju'mẽntu, ta] *adj* jaloux(ouse).

cívico, ca ['siviku, ka] *adj* civique.

civil [si'viw] (*pl* **-is**) *adj* civil(e).

civilização [siviliza'sãw] (*pl* **-ões**) *f* civilisation *f.*

civilizar [sivili'za(x)] *vt* civiliser.

civis → **civil.**

cl (*abrev de* **centilitro**) cl.

clamar [kla'ma(x)] *vi* (*protestar*) réclamer; (*bradar*) crier.

clamor [kla'mo(x)] (*pl* **-es**) *m* clameur *f.*

clandestino, na [klãndeʃ'tʃinu, na] *adj & mf* clandestin(e).

claque ['klaki] *f* supporters *mpl.*

clara ['klara] *f* blanc *m* d'œuf.

clarabóia [klara'bɔja] *f* œil *m* de bœuf.

clarão [kla'rãw] (*pl* **-ões**) *m* lueur *f.*

clarear [kla'rja(x)] *v is'*éclaircir.

clarete [kla'reti] *m* clairette *f*

clareza [kla'reza] *f* • **falar com clareza** parler clairement.

claridade [klari'dadʒi] *f* clarté *f.*

clarinete [klari'netʃi] *m* clarinette *f.*

claro, ra ['klaru, ra] ♦ *adj* clair(e) ♦ *adv* clairement
• **claro que sim!** bien sûr que oui! • **é claro!** c'est sûr!
• **passar a noite em claro** passer une nuit blanche.

clarões [kla'rõjʃ] → **clarão.**

classe ['klasi] *f* EDUC (*turma*) classe *f;* (*categoria*) catégorie *f*
• **ter classe** (*pessoa, carro*) avoir de la classe • **de primeira/segunda classe** première / deuxième classe • **classe social** classe sociale • **classe turística** classe loisirs.

clássico, ca ['klasiku, ka] *adj* classique.

classificação [klasifika'sãw] (*pl* **-ões**) *f* classement *m.*

classificado, da [klasifi'kadu, da] ♦ *adj* (*em exame, competição*) reçu(e) ♦ *m* (*em jornal*) classé(e) (*annonce classée*).

classificados [klasifi'kaduʃ] *mpl* petites *fpl* annonces.

classificar [klasifi'ka(x)] *vt* classer □ **classificar-se** *vp* se qualifier.

claustro ['klawʃtru] *m* cloître *m.*

cláusula ['klawzula] *f* clause *f.*

clave ['klavi] *f* clé *f* • **clave de sol** clé de sol.

clavícula [kla'vikula] *f* clavicule *f.*

clemência [kle'mẽnsja] *f* clémence *f.*

clero ['klɛru] *m* clergé *m.*

clichê [kli'ʃe] *m* cliché *m.*

cliente [kli'ẽntʃi] *nmf* client *m,* -e *f.*

clientela [kliẽn'tɛla] *f* clientèle *f.*

clima ['klima] *m* climat *m.*

clímax ['klimaks] *m inv* apogée *f* • **atingir o clímax** (*carreira*) atteindre son apogée; *(festa)* battre son plein.

clínica ['klinika] *f* clinique *f* • **clínica dentária** cabinet *m* dentaire • **clínica geral** médecine *f* générale.

clínico ['kliniku] *m* • **clínico (geral)** médecin *m* généraliste.

clipe ['klipi] *m* trombone *m*.

cloro ['kloru] *m* chlore *m*.

clube ['klubi] *m* club *m* • **clube de futebol** club de football.

cm *(abrev de* centímetro*)* cm.

coador [kwa'do(x)] *(pl* -es*)* *m (utensílio)* passoire *f*.

coagir [kwa'ʒi(x)] *vt (obrigar)* contraindre.

coagular [kwagu'la(x)] *vt & vi* coaguler.

coágulo ['kwagulu] *m* caillot *m*.

coalhada [kwa'ʎada] *f* lait *m* caillé.

coalhar [kwa'ʎa(x)] *vt & vi* cailler.

coar ['kwa(x)] *vt (líquido)* filtrer; *(leite)* passer.

cobaia [ko'baja] *f* cobaye *m*.

coberta [ko'bɛxta] *f (de cama)* couvre-lit *m*; *(de navio)* pont *m*.

coberto, ta [ko'bɛxtu, ta] • *adj* couvert(e) • *m* auvent *m* • **pôr a coberto** mettre à l'abri.

cobertor [kobex'to(x)] *(pl* -es*)* *m* couverture *f*.

cobertura [kobex'tura] *f* couverture *f*; *(apartamento)* appartement avec terrasse au dernier étage d'un immeuble.

cobiça [ko'bisa] *f* convoitise *f*.

cobiçar [kobi'sa(x)] *vt* convoiter.

cobra ['kɔbra] *f* serpent *m*.

cobrador, ra [kobra'do(x)] *(mpl* -es, *fpl* -s*)* *m,f* receveur *m*, -euse *f*.

cobrança [ko'brãsa] *f* recouvrement *m* • **enviar algo para cobrança** envoyer qqch contre remboursement.

cobrar [ko'bra(x)] *vt (dinheiro)* encaisser; *(impostos)* prélever; *(dívida)* recouvrer.

cobre ['kɔbri] *m* cuivre *m*.

cobrir [ko'bri(x)] *vt* couvrir.

cocada [ko'kada] *f* gâteau à la noix de coco, ≃ congolais *m*.

coçado, da [ko'sadu, da] *adj* râpé(e).

cocaína [koka'ina] *f* cocaïne *f*.

coçar [ko'sa(x)] *vt* gratter
□ **coçar-se** *vp* se gratter.

cóccix ['kɔksis] *m inv* coccyx *m*.

cócegas ['kɔsigaʃ] *fpl* chatouilles *fpl* • **fazer cócegas** faire des chatouilles • **ter cócegas** être chatouilleux(euse).

coceira [ko'sejra] *f* démangeaison *f*.

coche ['koʃi] *m* carrosse *m*.

cochichar [koʃi'ʃa(x)] *vt & vi* chuchoter.

cochilo [ko'ʃilu] *m* • **tirar um cochilo** faire un somme.

coco ['koku] *m* noix *f* de coco.

cocô [ko'ko] *m (fam)* caca *m*.

cócoras ['kɔkoraʃ] *fpl* • **de cócoras** accroupi(e) • **pôr-se de cócoras** s'accroupir.

côdea ['kodja] *f* croûte *f (de pain)*.

código ['kɔdʒigu] *m* code *m* • **código de barras** code-barres *m* • **código civil** code civil

• **código postal** code postal
• **código rodoviário** code de la route.

código-fonte ['kɔdʒigu'fõntʃi] (*pl* **códigos-fonte**) *m INFORM* code source *m*.

codorna [ko'dɔxna] *f* caille *f*.

coelho ['kweʎu] *m* lapin *m*
• **coelho à caçadora** lapin sauté au vin blanc et à la tomate.

coentro [ko'ẽntru] *m* coriandre *f*.

coerência [koe'rẽsja] *f* cohérence *f*.

coerente [koe'rẽntʃi] *adj* cohérent(e).

cofre ['kɔfri] *m* coffre *m*.

cofre-forte [,kɔfri'fɔxtʃi] (*pl* **cofres-fortes**) *m* coffre-fort *m*.

cogitar [koʒi'ta(x)] ◆ *vt* réfléchir à ◆ *vi* réfléchir.

cogumelo [kogu'mɛlu] *m* champignon *m* • **cogumelos salteados** champignons sautés à la poêle.

coice ['kojsi] *m (de cavalo, burro)* ruade *f*; *(de arma)* recul *m*.

coincidência [koĩsi'dẽsja] *f* coïncidence *f* • **por coincidência** par coïncidence.

coincidir [kwĩsi'di(x)] *vi* coïncider ❑ **coincidir com** *vp* coïncider avec.

coisa ['kojza] *f* chose *f* • **(deseja) mais alguma coisa?** vous désirez autre chose? • **não ser grande coisa** ne pas valoir grand-chose • **alguma coisa** quelque chose • **coisa nenhuma** rien du tout • **coisa de** l'affaire de.

coitado, da [koj'tadu, da] ◆ *adj* pauvre ◆ *interj* le pauvre!

cola ['kɔla] *f* colle *f*.

colaborar [kolabo'ra(x)] *vi* collaborer.

colapso [ko'lapsu] *m* collapsus *m*.

colar [ko'la(x)] (*pl* **-es**) ◆ *m* collier ◆ *vt* & *vi* coller ❑ **colar de** *vp* copier sur.

colarinho [kola'riɲu] *m* col *m*.

colcha ['kowʃa] *f* dessus-de-lit *m inv*.

colchão [kow'ʃãw] (*pl* **-ões**) *m* matelas *m* • **colchão de molas** matelas à ressorts • **colchão de palha** paillasse *f*.

colcheia [kow'ʃeja] *f* croche *f*.

colchete [kow'ʃetʃi] *m (de vestuário)* crochet *m*; *(de pressão)* pression *f*; *(sinal de pontuação)* accolade *f*.

colchões [kow'ʃõjʃ] → **colchão**.

coleção [kole'sãw] (*pl* **-ões**) *f* collection *f* • **coleção de selos** collection de timbres • **fazer coleção de** faire la collection de.

colecionador, ra [kolesjona'do(x), ra] (*mpl* **-es**, *fpl* **-s**) *mf* collectionneur *m*, -euse *f*.

colecionar [kolesjo'na(x)] *vt* collectionner.

coleções → **coleção**.

colega [ko'lɛga] *nmf* collègue *mf* • **colega de carteira** voisin *m*, -e *f* de table • **colega de trabalho** collègue de travail • **colega de turma** camarade *mf* de classe.

colégio [ko'lɛʒju] *m* collège *m*
• **colégio interno** internat *m*.

coleira [ko'lejra] *f* collier *m*.

cólera ['kɔlera] *f (raiva)* colère *f*; MED choléra *m*.

colérico, ca [ko'lɛriku, ka] *adj* colérique.

colesterol [koleʃte'rɔw] *m* cholestérol *m*.

coleta [ko'leta] *f (de lixo, passageiros)* ramassage *m*.

colete [ko'letʃi] *m* gilet *m*
• **colete salva-vidas** gilet de sauvetage.

coletivo, va [kole'tʃivu, va] *adj (decisão)* collectif(ive); *(transporte)* en commun.

colheita [ko'ʎejta] *f (de vinho)* cru *m*; *(de cereal)* récolte *f*.

colher¹ [ko'ʎe(x)] *vt* cueillir.

colher² [ko'ʎe(x)] *(pl -es) f (utensílio doméstico)* cuiller *f; (quantidade)* cuillerée *f* • **colher de café** cuiller à café • **colher de chá** *(utensílio)* petite cuiller; *(quantidade)* cuiller à café • **colher de pau** cuiller en bois • **colher de sopa** cuiller à soupe.

colibri [koli'bri] *m* colibri *m*.

cólica ['kɔlika] *f* colique *f*.

colidir [koli'dʒi(x)] *vi* se heurter • **colidir com** heurter.

coligação [koliga'sãw] *(pl -ões) f* coalition *f*.

colina [ko'lina] *f* colline *f*.

colírio [ko'lirju] *m* collyre *m*.

colisão [koli'zãw] *(pl -ões) f* collision *f*.

collant [ko'lã] *(pl -s) m* collant *m*.

colmeia [kow'meja] *f* ruche *f*.

colo ['kɔlu] *m* giron *m* • **no colo** dans les bras.

colocação [koloka'sãw] *(pl -ões) f (emprego)* affectation *f*.

colocar [kolo'ka(x)] *vt* poser; *(pôr num lugar)* mettre; *(empregar pessoa)* placer.

Colômbia [ko'lõmbja] *f* • **a Colômbia** la Colombie.

cólon ['kɔlõ] *m* côlon *m*.

colônia [ko'lonja] *f* colonie *f*; *(perfume)* eau *f* de Cologne
• **colônia de férias** colonie de vacances.

coloquial [kolo'kjaw] *(pl -ais) adj* familier(ère).

colóquio [ko'lɔkju] *m* colloque *m*.

colorante [kolo'rãntʃi] *m* colorant *m*.

colorau [kolo'raw] *m* paprika *m*.

colorido, da [kolo'ridu, da] *adj* coloré(e).

colorir [kolo'ri(x)] *vt (dar cor a)* colorer; *(desenho, livro)* colorier.

coluna [ko'luna] *f* colonne *f*;
• **coluna vertebral** colonne vertébrale.

com [kõ] *prep* avec • **estar com dor de cabeça** avoir mal à la tête • **estar com fome** avoir faim • **estar com pressa** être pressé(e).

coma ['koma] *m & f* coma *m*.

comadre [ko'madri] *f (urinol)* bassin *m (urinoir); (madrinha)* commère *f*.

comandante [komãn'dãntʃi] *m* commandant *m*.

comandar [komãn'da(x)] vt commander.

comando [ko'mãndu] (pl -**s**) commande f; (de exército, navio) commandement m • **estar no comando de algo** être aux commandes de qqch • **comando automático** ouverture des portes automatique • **comando manual das portas** ouverture manuelle des portes.

combate [kõm'batʃi] m combat m.

combater [kõmba'te(x)] vi combattre.

combinação [kõmbina'sãw] (pl -**ões**) f combinaison f; (acordo) arrangement m; (plano) plan m.

combinar [kõmbi'na(x)] ♦ vt (unir, misturar) combiner; (planejar) prévoir ♦ vi (cores, roupas) être assorti(e) • **está combinado!** c'est entendu! • **combinar com** être assorti à • **combinar algo com alguém** s'arranger avec qqn sur qqch.

comboio [kõn'boju] m convoi m.

combustível [kõnbuʃ'tʃivew] (pl -**eis**) m combustible m.

começar [kome'sa(x)] vt & vi commencer • **começar a fazer algo** commencer à faire qqch • **começar de** commencer (en partant) de • **começar por** commencer par • **começar por fazer algo** commencer par faire qqch • **para começar** pour commencer.

começo [ko'mesu] m début m.

comédia [ko'mɛdʒja] f comédie f.

comediante [kome'dʒjãntʃi] nmf comédien m, -enne f.

comemorar [komemo'ra(x)] vt commémorer.

comentar [komẽn'ta(x)] vt dire; (analisar) commenter.

comentário [komẽn'tarju] m commentaire m.

comentarista [komẽta'riʃta] nmf commentateur m, -trice f • **comentarista esportivo** commentateur sportif.

comer [ko'me(x)] (pl -**es**) ♦ vt (alimento) nourriture f; (refeição) repas m ♦ vt (alimento) manger; (em xadrez, damas) souffler ♦ vi (alimentar-se) manger.

comercial [komex'sjaw] (pl -**ais**) adj commercial(e).

comercialização [komexsjaliza'sãw] f commercialisation f.

comercializar [komexsjali'za(x)] vt commercialiser.

comerciante [komex'sjãntʃi] nmf commerçant m, -e f.

comércio [ko'mexsju] m commerce m.

comeres → **comer**.

comestível [komeʃ'tʃivew] (pl -**eis**) adj comestible.

cometer [kome'te(x)] vt commettre.

comichão [komi'ʃãw] (pl -**ões**) f démangeaison f.

comício [ko'misju] m meeting m.

cômico, ca ['komiku, ka] adj comique.

comida [ko'mida] f (alimento) nourriture f; (refeição) repas m

comigo

- **comida para bebê** aliments *mpl* pour bébés • **comida congelada** produits *mpl* surgelés.
- **comigo** [ko'migu] *pron* avec moi.
- **comilão, lona** [komi'lãw, lona] (*mpl* **-ões**, *fpl* **-s**) *mf* (*fam*) goinfre *mf*.
- **cominho** [ko'miɲu] *mpl* cumin *m*.
- **comissão** [komi'sãw] (*pl* **-ões**) *f* commission *f*.
- **comissário** [komi'sarju] *m* (*de polícia*) commissaire *m*; (*de navio*) commissaire *m* de la Marine • **comissário de bordo** steward *m*.
- **comissões** → **comissão**.
- **comitê** [komi'te] *m* comité *m*.
- **como** ['komu] ◆ *adv* **1.** (*ger*) comme • **como quem não quer nada** mine de rien • **como se nada fosse** comme si de rien n'était • **como ele é inteligente!** comme il est intelligent! • **como é difícil arranjar lugar para estacionar!** comme il est difficile de trouver une place pour stationner! • **como você se engana!** comme tu te trompes! • **como o tempo passa depressa!** comme le temps passe vite! **2.** (*de que maneira*) comment • **como?** comment? • **como vai?** comment vas-tu? • **como se nada estivesse acontecendo** comme si de rien n'était • **fiz como você** j'ai fait comme toi ◆ *conj* comme • **é bonita como a mãe** elle est jolie comme sa mère • **é tão alto como o irmão** il est aussi grand que son frère • **como queira!** comme tu veux! • **seja como for** n'importe comment • **as cidades grandes como Paris...** les grandes villes comme Paris... • **como entrada quero uma sopa** je veux une soupe en entrée • **que tem como sobremesa?** qu'avez-vous en dessert? • **como pai tenho uma opinião diferente** en tant que père, j'ai un avis différent • **como estávamos atrasados fomos de táxi** comme nous étions en retard, nous avons pris un taxi • **como não atendiam pensamos que não estavam** comme ils ne répondaient pas, nous avons pensé qu'ils n'étaient pas là • **como deve ser** comme il se doit.
- **comoção** [komo'sãw] (*pl* **-ões**) *f* émoi *m*.
- **cômoda** ['komoda] *f* commode *f*.
- **comodidade** [komodʒi'dadʒi] *f* commodité *f*.
- **comodismo** [komo'dʒiʒmu] *m* • **ele age por comodismo** il ne fait que ce qui l'arrange.
- **comodista** [komo'dʒiʃta] *nmf* • **é um comodista** il ne fait que ce qui l'arrange.
- **cômodo, da** ['komodu, da] *adj* confortable.
- **comovedor, ra** [komove'do(x), ra] (*mpl* **-es**, *fpl* **-s**) *adj* émouvant(e).

comovente [komo'vẽntʃi] *adj* émouvant(e).

comover [komo've(x)] *vt* émouvoir □ **comover-se** *vp* s'émouvoir.

comovido, da [komo'vidu, da] *adj* ému(e).

compactador [kõmpakta'do(x)] *m INFORM* compresseur *m*.

compactar [kõmpkta'ta(x)] *vt INFORM* • **compactar arquivos** compresser des fichiers.

compacto, ta [kõm'paktu, ta] ♦ *adj* compact(e); *(denso)* épais(aisse) ♦ *m (CD)* CompactDisc® *m*; *(disco de vinil)* microsillon *m*.

compaixão [kõpaj'ʃãw] *f* compassion *f*.

companheiro, ra [kõmpa'neʃru, ra] *mf* compagnon *m*, compagne *f*; *(de turma, carteira)* camarade *mf*.

companhia [kõmpa'ɲia] *f* compagnie *f*; *(de teatro, circo)* troupe *f* • **fazer companhia a alguém** tenir compagnie à qqn • **companhia de aviação** compagnie aérienne • **companhia de navegação** compagnie maritime • **companhia de seguros** compagnie d'assurance • **em companhia de alguém** en compagnie de qqn.

comparação [kõmpara'sãw] (*pl* **-ões**) *f* comparaison *f* • **não ter comparação com** être sans comparaison avec • **em comparação com** par rapport à.

comparar [kõmpa'ra(x)] *vt* comparer • **comparar algo a** *OU* **com algo** comparer qqch à *OU* avec qqch.

comparecer [kõmpare'se(x)] *vi* venir; *(perante o juiz)* comparaître • **comparecer a algo** assister à qqch.

compartilhar [kõmpaxtʃi-'ʎa(x)] *vt* • **compartilhar algo com alguém** partager qqch avec qqn.

compartimento [kõmpaxtʃi'mẽntu] *m (de vagão)* compartiment *m*; *(de casa)* pièce *f*.

compartir [kõmpax'tʃi(x)] *vt* répartir.

compasso [kõm'pasu] *m (objeto)* compas *m*; *MÚS* mesure *f*.

compatível [kõmpa'tʃivew] (*pl* **-eis**) *adj* • **compatível (com)** compatible (avec).

compatriota [kõmpatrj'ɔta] *nmf* compatriote *mf*.

compensação [kõmpẽsa'sãw] (*pl* **-ões**) *f (vantagem)* compensation *f*; *(indenização)* dédommagement *m*.

compensar [kõmpẽ'sa(x)] *vt (indenizar)* dédommager; *(recompensar)* récompenser • **não compensa o esforço** le jeu n'en vaut pas la chandelle.

competência [kõmpe'tẽsja] *f (aptidão)* compétence *f*; *(responsabilidade)* compétences *fpl*.

competente [kõmpe'tẽntʃi] *adj* compétent(e).

competição [kõmpetʃi'sãw] (*pl* **-ões**) *f* concurrence *f*; *(esportiva)* compétition *f*.

competir [kõmpe'tʃi(x)] *vi (em competição esportiva)* être en

competitivo

compétition; *(economicamente)* se faire concurrence ◆ **competir com** *(pessoas)* rivaliser avec; *(empresas)* être en concurrence avec.

competitivo, va [kõmpetʃi-'tʃivu, va] *adj (preço)* compétitif(ive).

compilar [kõmpi'la(x)] *vt* compiler.

complacente [kõnpla'sẽntʃi] *adj* complaisant(e).

complementar [kõmplemẽn-'ta(x)] *(pl -es) adj* complémentaire.

complemento [kõmple'mẽntu] *m* complément *m*.

completamente [kõm,pleta'mẽntʃi] *adv* complètement.

completar [kõmple'ta(x)] *vt (preencher)* compléter; *(terminar)* finir.

completo, ta [kõm'pletu, ta] *adj* complet(ète); *(terminado)* fini(e) ◆ **completo** complet.

complexo, xa [kõm'plɛksu, ksa] ◆ *adj* complexe ◆ *m (turístico, industrial, etc.)* complexe *m*.

complicação [kõmplika'sãw] *(pl -ões) f* complication *f*.

complicado, da [kõmpli'kadu, da] *adj* compliqué(e).

complicar [kõmpli'ka(x)] *vt* compliquer ▫ **complicar-se** *vp* se compliquer.

componente [kõnpo'nẽntʃi] ◆ *m* composant *m* ◆ *f* composante *f*.

compor [kõm'po(x)] *vt* composer; *(consertar)* réparer; *(arrumar)* ranger ▫ **compor-se** *vp* s'arranger ▫ **compor-se de** *vp* + *prep* se composer de.

comporta [kõn'pɔxta] *f* vanne *f*.

comportamento [kõmpoxta'mẽntu] *m* comportement *m*.

comportar [kõmpox'ta(x)] *vt (conter em si)* comporter; *(admitir)* permettre ▫ **comportar-se** *vp* bien se conduire.

composição [kõmpozi'sãw] *(pl -ões) f* composition *f*.

compositor, ra [kõmpozi'to(x), ra] *(mpl -es, fpl -s) mf* compositeur *m*, -trice *f*.

composto, osta [kõm'poʃtu, ɔʃta] ◆ *adj* composé(e) ◆ *m* composé *m* ◆ **ser composto de** être composé de.

compostura [kõmpoʃ'tura] *f* tenue *f (éducation)*.

compota [kõn'pɔta] *f* compote *f*.

compra ['kõmpra] *f* achat *m* ◆ **fazer compras** faire des courses ◆ **ir às compras** aller faire les courses.

comprar [kõm'pra(x)] *vt* acheter.

compreender [kõmprjẽn-'de(x)] *vt* comprendre.

compreensão [kõmprjẽ'sãw] *f* compréhension *f*.

compreensivo, va [kõmprjẽ'sivu, va] *adj* compréhensif(ive).

compressa [kõm'prɛsa] *f* compresse *f* ◆ **compressa esterilizada** compresse stérile.

comprido, da [kõm'pridu, da] *adj* long(longue) • **ao comprido** en long.

comprimento [kõmpri'mẽntu] *m* longueur *f*.

comprimido, da [kõmpri'midu, da] ♦ *adj (reduzido)* comprimé(e); *(apertado)* serré(e) ♦ *m* comprimé *m* • **comprimido para dormir** somnifère *m* • **comprimido para as dores** antalgique *m* • **comprimido para o enjôo** anti-nauséeux *m*.

comprimir [kõmpri'mi(x)] *vt (apertar)* compresser; *(reduzir de volume)* comprimer.

comprometer [kõmprome'te(x)] *vt* compromettre ▫ **comprometer-se** *vp* se compromettre • **comprometer-se a fazer algo** s'engager à faire qqch.

compromisso [kõmpro'misu] *m (obrigação)* engagement *m*; *(acordo)* compromis *m* • **tenho um compromisso** je ne suis pas libre.

comprovação [kõmprova'sãw] *(pl* **-ões)** *f (prova)* preuve *f*; *(confirmação)* confirmation *f*.

comprovante [kõnpro'vãntʃi] *adj* & *m* probant(e).

comprovar [kõmpro'va(x)] *vt (provar)* prouver; *(confirmar)* confirmer.

computador [kõmputa'do(x)] *(pl* **-es)** *m* ordinateur *m* • **computador pessoal** PC *m*.

comum [ko'mũ] *(pl* **-ns)** *adj (freqüente)* courant(e); *(vulgar)* ordinaire; *(partilhado)* commun(e).

comunhão [komu'nãw] *(pl* **-ões)** *f* RELIG communion *f*; *(em casamento)* • **comunhão (de bens)** communauté *f* (de biens) • **comunhão parcial de bens** communauté légale OU réduite aux acquêts.

comunicação [komunika'sãw] *(pl* **-ões)** *f* communication *f*; *(comunicado)* communiqué *m*.

comunicado [komuni'kadu] *m* communiqué *m*.

comunicar [komuni'ka(x)] *vt* & *vi* communiquer • **comunicar algo a alguém** communiquer qqch à qqn • **comunicar com** communiquer avec.

comunidade [komuni'dadʒi] *f (grupo de pessoas)* communauté *f*; *(local)* foyer *m* • **a Comunidade Européia** la Communauté européenne.

comunismo [komu'niʒmu] *m* communisme *m*.

comunista [komu'niʃta] *adj* & *nmf* communiste.

comuns → **comum**.

comutar [komu'ta(x)] *vt (pena)* commuer.

conceber [kõse'be(x)] *vt* concevoir.

conceder [kõse'de(x)] *vt* accorder; *(prêmio)* décerner.

conceito [kõ'sejtu] *m* concept *m*.

conceituado, da [kõsej'twadu, da] *adj* reconnu(e).

concentração [kõsẽntra'sãw] (*pl* -ões) *f* concentration *f*; *(de pessoas)* tas *m*.

concentrado, da [kõsẽn'tradu, da] ◆ *adj* concentré(e) ◆ *m* • **concentrado de tomate** concentré *m* de tomate.

concentrar [kõsẽn'tra(x)] *vt* concentrer; *(atenção)* fixer ❏ **concentrar-se** *vp* se concentrer; *(agrupar-se)* se rassembler • **concentrar-se em algo** *(estudo, trabalho)* se concentrer sur qqch; *(lugar)* se regrouper sur.

concepção [kõsep'sãw] (*pl* -ões) *f* conception *f*.

concerto [kõ'sextu] *m* concert *m*.

concessão [kõnse'sãw] (*pl* -ões) *f* *(de prêmio, bolsa)* attribution *f*; *(de desconto)* accord *m*; *(permissão)* autorisation *f*.

concessionária [kõsesjo'narja] *f* concessionnaire *m* • **concessionária de automóvel** concessionnaire automobile.

concessões → **concessão**.

concha ['kõʃa] *f* *(molusco)* coquillage *m*; *(de sopa)* louche *f*.

conciliação [kõsilja'sãw] (*pl* -ões) *f* conciliation *f*.

conciliar [kõsi'lja(x)] *vt* concilier • **conciliar o sono** trouver le sommeil.

concluir [kõklu'i(x)] *vt* conclure.

conclusão [kõŋklu'zãw] (*pl* -ões) *f* conclusion *f* • **em conclusão** pour conclure.

concordância [kõŋkox'dãsja] *f* concordance *f* • **em concordância com** en accord avec.

concordar [kõŋkox'da(x)] *vi* être d'accord • **concordar em fazer algo** être d'accord pour faire qqch • **concordar com** être d'accord avec.

concorrência [kõŋko'xẽsja] *f* concurrence *f*.

concorrente [kõŋko'xẽntʃi] *adj* concurrent(e) ◆ *nmf* *(em concurso, competição)* concurrent *m*, -e *f*; *(em disputa)* adversaire *mf*.

concorrer [kõŋko'xe(x)] *vi* concourir • **concorrer a algo** *(a emprego)* postuler à.

concretizar [kõŋkretʃi'za(x)] *vt* concrétiser.

concreto, ta [kõŋ'krɛtu, ta] ◆ *adj* concret(ète) ◆ *m* béton *m*.

concurso [kõŋ'kuxsu] *m* concours *m*; *(de televisão, rádio)* jeu *m*.

conde ['kõndʒi, dʒɛsa] *m* comte *m*.

condenação [kõndena'sãw] (*pl* -ões) *f* condamnation *f*.

condenar [kõnde'na(x)] *vt* condamner.

condensação [kõndẽsa'sãw] *f* condensation *f*.

condensado [kõndẽ'sadu] *adj m* • **leite**.

condensar [kõndẽ'sa(x)] *vt* condenser.

condescendência [kõndesẽn'dẽnsja] *f* condescendance *f*.

condescendente [kõndesẽn'dẽntʃi] *adj* condescendant(e).

condescender [kõdesẽn'de(x)] *vi* • **condescender em fazer algo** condescendre à faire qqch.

condessa [kõ'desa] *f* comtesse *f.*

condição [kõdʒi'sãw] (*pl* -**ões**) *f* condition *f.* • **estar em boas/más condições** être en bon/mauvais état.

condicionado, da [kõdʒisjo'nadu, da] *adj* conditionné(e).

condicionador [kõdʒisjo'nado(x)] (*pl* -**es**) *m* (*de cabelo*) après-shampooing *m*; (*para roupa*) assouplissant *m.*

condicional [kõdʒisjo'naw] *m* conditionnel *m.*

condicionar [kõdʒisjo'na(x)] *vt* conditionner.

condições → **condição**.

condimentar [kõdʒimẽn'ta(x)] *vt* assaisonner.

condimento [kõdʒi'mẽntu] *m* condiment *m.*

condizer [kõdʒi'ze(x)] *vi* être assorti(e) • **condizer com** être assorti à.

condolências [kõdo'lẽsjaʃ] *fpl* condoléances *fpl* • **as minhas condolências** toutes mes condoléances.

condomínio [kõndo'minju] *m* (*em prédio*) syndicat *m* des copropriétaires; (*taxas*) charges *fpl.*

condômino [kõn'dominu, na] *m* copropriétaire *m.*

condor [kõn'do(x)] (*pl* -**es**) *m* condor *m.*

condução [kõndu'sãw] *f* conduite *f.*

conduta [kõn'duta] *f* (*comportamento*) conduite *f.*

conduto [kõn'dutu] *m* (*tubo, cano*) conduit *m* • **conduto de gás** conduite de gaz • **conduto de lixo** vide-ordures *m inv.*

condutor, ra [kõndu'to(x), ra] (*mpl* -**es**, *fpl* -**s**) *adj* & *mf* conducteur(trice).

conduzir [kõndu'zi(x)] *vt* & *vi* conduire • **conduzir a** conduire à.

cone ['kɔni] *m* (*forma geométrica*) côneme *m.*

conectar [konek'ta(x)] *vt* connecter ▢ **conectar-se** *vp* se connecter • **conectar-se à Internet** se connecter à Internet.

conexão [konek'sãw] (*pl* -**ões**) *f* connexion *f*; (*de ônibus, trem, avião*) correspondance *f.*

confecção [kõfɛk'sãw] (*pl* -**ões**) *f* (*de peça de vestuário*) confection *f*; (*de prato culinário*) préparation *f.*

confeccionar [kõfɛksjo'na(x)] *vt* (*peça de vestuário*) confectionner; (*prato culinário*) préparer.

confecções → **confecção**.

confeitaria [kõfejta'ria] *f* confiserie *f*; salon *m* de thé.

conferência [kõfe'rẽsja] *f* conférence *f.*

conferir [kõfe'ri(x)] ◆ *vt* vérifier ◆ *vi* coïncider.

confessar [kõfe'sa(x)] *vt* avouer ▢ **confessar-se** *vp* se confesser.

confessionário

confessionário [kõfesjoˈnaṛju] m confessionnal m.

confiança [kõˈfjãsa] f confiance f; *(familiaridade)* familiarité f • **ter confiança em** avoir confiance en • **ele é de confiança** c'est quelqu'un de confiance.

confiar [kõfiˈa(x)] vt • **confiar algo/alguém a alguém** confier qqch/qqn à qqn ❏ **confiar em** vp *(pessoa)* avoir confiance en, faire confiance à; *(futuro)* avoir confiance en; *(resultados)* avoir confiance dans.

confidência [kõfiˈdẽsja] f confidence f.

confidencial [kõfidẽˈsjaw] (pl -ais) adj confidentiel(elle).

confirmação [kõfixmaˈsãw] (pl -ões) f confirmation f.

confirmar [kõfixˈma(x)] vt confirmer ❏ **confirmar-se** vp se confirmer.

confiscar [kõfiʃˈka(x)] vt confisquer.

confissão [kõfiˈsãw] (pl -ões) f confession f.

conflito [kõˈflitu] m conflit m; *(desavença)* démêlé m.

conformar-se [kõfoxˈmaxsi] vp se résigner • **conformar-se com** se résigner à.

conforme [kõˈfɔxmi] ♦ conj comme ♦ prep *(dependendo de como)* selon, d'après; *(de acordo com)* conformément à.

conformidade [kõfoxmiˈdaʒi] f conformité f • **em conformidade com** en conformité avec.

confortar [kõfoxˈta(x)] vt réconforter.

confortável [kõfoxˈtavew] (pl -eis) adj confortable.

conforto [kõˈfoxtu] m *(bem-estar)* confort m; *(consolo)* réconfort m.

confraternizar [kõfratexniˈza(x)] vi fraterniser • **confraternizar com** fraterniser avec.

confrontação [kõfrõtaˈsãw] (pl -ões) f confrontation f.

confrontar [kõfrõˈta(x)] vt *(enfrentar)* être confronté(e) à; *(comparar)* confronter ❏ **confrontar-se** vp se confronter • **confrontar-se com** se confronter à.

confronto [kõˈfrõtu] m *(encontro conflituoso)* affrontement m; *(comparação)* confrontation f.

confundir [kõfũˈdi(x)] vt confondre ❏ **confundir-se** vp se tromper • **confundir-se com** se confondre avec.

confusão [kõfuˈzãw] (pl -ões) f confusion f • **armar confusão** causer des problèmes • **fazer confusão** confondre.

confuso, sa [kõˈfuzu, za] adj confus(e).

confusões → confusão.

congelado, da [kõʒeˈladu, da] adj congelé(e).

congelador [kõʒelaˈdo(x)] (pl -es) m congélateur m.

congelar [kõʒeˈla(x)] vt & vi congeler.

congestão [kõʒeʃˈtãw] (pl -ões) f congestion f.

congestionado, da [kõʒeʃtjo'nadu, da] *adj* congestionné(e).

congestionamento [kõʒeʃtʃjona'mẽntu] *m (de trânsito)* encombrement *m*.

congestionar [kõʒeʃtʃjo'na(x)] *vt (trânsito)* congestionner.

congestões → congestão.

congratular [kõŋgratu'la(x)] *vt* féliciter.

congresso [kõŋ'grɛsu] *m* congrès *m*.

conhaque [ko'naki] *m* cognac *m*.

conhecedor, ra [koɲese'do(x), ra] *(mpl* -es, *fpl* -s) *mf* connaisseur *m*, -euse *f*.

conhecer [koɲe'se(x)] *vt* connaître; *(reconhecer)* reconnaître.

conhecido, da [koɲe'sidu, da] ◆ *adj* connu(e) ◆ *mf* connaissance *f*.

conhecimento [koɲesi'mẽntu] *m* connaissance *f* • **dar conhecimento de algo a alguém** faire part de qqch à qqn • **tomar conhecimento de algo** prendre connaissance de qqch • **é do conhecimento de todo mundo que...** il est connu que... □ **conhecimentos** *mpl (contatos)* relations *fpl*; *(cultura)* connaissances *fpl*.

conjugado, da [kõʒu'gadu, da] *m* studio *m*.

cônjuge ['kõʒuʒi] *nmf* conjoint *m*.

conjunção [kõʒũ'sãw] *(pl* -ões) *f* conjonction *f*.

conjuntiva [kõʒũn'tʃiva] *f* conjonctive *f*.

conjuntivite [kõʒũntʃi'vitʃi] *f* conjonctivite *f*.

conjunto [kõ'ʒũntu] *m* ensemble *m*; *(de rock)* groupe *m*; *(de copos, pratos)* service *m*.

conosco [ko'noʃku] *pron* avec nous.

conquanto [kõŋ'kwãntu] *conj* quoique.

conquista [kõŋ'kiʃta] *f* conquête *f*.

conquistar [kõŋkiʃ'ta(x)] *vt* conquérir; *(posição, trabalho)* obtenir.

consciência [kõʃ'sjẽsja] *f* conscience *f* • **ter consciência de algo** avoir conscience de qqch • **tomar consciência de algo** prendre conscience de qqch • **ter a consciência pesada** avoir mauvaise conscience.

consciente [kõʃ'sjẽntʃi] ◆ *adj* conscient(e) ◆ *m* • **o consciente** le conscient • **estar consciente de algo** être conscient de qqch.

consecutivo, va [kõseku'tʃivu, va] *adj* consécutif(ive).

conseguinte [kõse'gĩntʃi] □ **por conseguinte** *conj* par conséquent.

conseguir [kõse'gi(x)] *vt* obtenir • **conseguir fazer algo** réussir à faire qqch.

conselho [kõ'seʎu] *m* conseil *m* • **dar conselhos** donner des conseils.

consenso [kõ'sẽsu] *m* consensus *m*.

consentimento [kõsẽntʃi'mẽntu] *m* consentement *m*.

consentir [kõsẽn'ti(x)] *vt* consentir.

conseqüência [kõse'kwẽsja] *f* conséquence *f* • **em** *OU* **como conseqüência** par conséquent.

consertar [kõsex'ta(x)] *vt* réparer.

conserto [kõ'sextu] *m* réparation *f*.

conserva [kõ'sɛrva] *f* • **em conserva** en conserve.

conservação [kõsexva'sãw] *f* conservation *f*; *(da natureza, animais)* protection *f*.

conservante [kõsex'vãtʃi] *m* conservateur *m*.

conservar [kõsex'va(x)] *vt (natureza, animais)* protéger; *(objeto, monumento, alimento)* conserver.

conservatório [kõsexva'tɔrju] *m* conservatoire *m*.

consideração [kõsidera'sãw] *(pl* **-ões***) f* considération *f* • **levar algo em consideração** prendre qqch en considération.

considerar [kõside'ra(x)] *vt* considérer • **considerar que** considérer que ▫ **considerar-se** *vp* se considérer comme.

considerável [kõside'ravɛw] *(pl* **-eis***) adj* considérable.

consigo [kõ'sigu] *pron (com ele, ela)* avec lui(avec elle); *(com você)* avec toi; *(com eles, elas)* avec eux(avec elles) • **consigo mesmo** *OU* **próprio** *(com ele)* avec lui • **ter dinheiro consigo** avoir de l'argent sur soi • **ele traz uma arma consigo** il a une arme sur lui.

consistência [kõsiʃ'tẽsja] *f* consistance *f*.

consistente [kõsiʃ'tẽntʃi] *adj* consistant(e).

consistir [kõsiʃ'ti(x)] ▫ **consistir em** *vp (ser composto de)* consister en; *(basear-se em)* consister à.

consoante [kõ'swãntʃi] ♦ *f* consonne *f* ♦ *prep* selon.

consolar [kõso'la(x)] *vt* consoler ▫ **consolar-se** *vp* se régaler.

console [kõn'sɔli] *f* console *f*.

consomê [kõnso'me] *m* consommé *m*.

conspícuo, cua [kõnʃ'pikwu, kwa] *adj* manifeste.

conspiração [kõnʃpira'sãw] *(pl* **-ões***) f* conspiration *f*.

constante [kõʃ'tãntʃi] *adj* constant(e).

constar [kõʃ'ta(x)] *v impess* • **constar que** dire que ▫ **constar de** *vp (consistir em)* consister en; *(figurar em)* figurer dans.

constatar [kõʃta'ta(x)] *vt* • **constatar que** constater que.

consternado, da [kõʃter'nadu, da] *adj* consterné(e).

constipação [kõʃtʃipa'sãw] *(pl* **-ões***) f (prisão de ventre)* constipation *f*

constipado, da [kõʃtʃi'padu, da] *adj* • **estar constipado** être constipé(e).

constipar-se [kõʃtʃi'paxsi] *vp* se constiper.

constituição [kõʃtʃitwi'sãw] (*pl* **-ões**) *f* constitution *f*.

constituir [kõʃtʃi'twi(x)] *vt* constituer.

constranger [kõʃtrã'ʒe(x)] *vt* (*obrigar*) contraindre; (*embaraçar*) gêner ☐ **constranger-se** *vp* se sentir gêné(e).

constrangimento [kõʃtrãʒi'mẽntu] *m* (*obrigação*) contrainte *f*; (*embaraço*) gêne *f*.

construção [kõʃtru'sãw] (*pl* **-ões**) *f* construction *f*.

construir [kõʃtru'i(x)] *vt* construire.

construtivo, va [kõʃtru'tivu, va] *adj* constructif(ive).

construtor [kõʃtru'to(x), ra] (*pl* **-es**) *m* constructeur *m*.

cônsul ['kõsuw] (*pl* **-es**) *nmf* consul *m*.

consulado [kõsu'ladu] *m* consulat *m*.

cônsules ['kõsuliʃ] → **cônsul**.

consulta [kõ'suwta] *f* consultation *f*.

consultar [kõsuw'ta(x)] *vt* consulter.

consultoria [kõsuwto'ria] *f* cabinet *m* de conseil.

consultório [kõsuw'tɔrju] *m* cabinet *m* (*de consultation*).

consumidor, ra [kõsumi'do(x), ra] (*mpl* **-es**, *fpl* **-s**) *mf* consommateur *m*, -trice *f*.

consumir [kõsu'mi(x)] ◆ *vt* consommer ◆ *vi* (*gastar dinheiro*) dépenser (de l'argent) ☐ **consumir-se** *vp* se tourmenter.

consumir [kõsu'mi(x)] ◆ *vt* (*gastar*) consommer; (*destruir*) consumer ◆ *vi* consommer.

consumo [kõ'sumu] *m* consommation *f*.

conta ['kõnta] *f* (*de restaurante, café*) addition *f*; (*de banco*) compte *m*; (*de colar*) perle *f* • **a conta, por favor** l'addition, s'il vous plaît • **abrir uma conta** ouvrir un compte • **dar-se conta de** se rendre compte que • **fazer de conta que** faire comme si • **ter em conta** tenir compte de • **tomar conta de** surveiller • **conta bancária** compte bancaire • **por conta de** aux frais de • **vezes sem conta** à plusieurs reprises.

conta-corrente [kõnta·ko'xẽntʃi] *f* compte *m* courant.

contabilidade [kõntabili'dadʒi] *f* comptabilité *f*.

contabilista [kõntabi'liʃta] *nmf* comptable *mf*.

contador [kõnta'do(x), ra] (*pl* **-es**) *m* (*aparelho*) compteur *m*; (*profissional*) comptable *mf*.

contagem [kõnta'ʒẽ] (*pl* **-ns**) *f* (*de gasto de água, de luz*) relevé *m*; (*de votos*) dépouillement *m*.

contagiar [kõnta'ʒja(x)] *vt* contaminer.

contágio [kõn'taʒju] *m* contagion *f*.

contagioso, osa [kõnta'ʒjozu, ɔza] *adj* contagieux(euse).

conta-gotas [ˌkõnta'gotaʃ] *m inv* compte-gouttes *m inv*.

contaminação

contaminação [kõntamina'sãw] (pl -ões) f contamination f.

contaminar [kõntami'na(x)] vt contaminer.

contar [kõn'ta(x)] ♦ vt compter; *(narrar, explicar)* raconter ♦ vi compter • **contar algo a alguém** raconter qqch à qqn • **contar fazer algo** compter faire qqch • **contar com** compter sur.

contatar [kõnta'ta(x)] vt contacter.

contato [kõn'tatu] m contact m • **entrar em contato com** prendre contact avec.

contêiner [kõn'tejne(x)] (pl -es) m container m.

contemplar [kõntẽm'pla(x)] vt *(paisagem, pintura)* contempler; *(idéia, possibilidade)* envisager • **contemplar alguém com algo** récompenser qqn de qqch.

contemporâneo, nea [kõntẽmpo'ranju, nja] adj & mf contemporain(e).

contentamento [kõntẽnta'mẽntu] m joie f.

contentar [kõntẽn'ta(x)] vt faire plaisir ☐ **contentar a** vp faire plaisir à ☐ **contentar-se com** vp + prep se contenter de.

contente [kõn'tẽntʃi] adj content(e).

conter [kõn'te(x)] vt contenir ☐ **conter-se** vp se retenir.

conterrâneo, nea [kõnte'xãnju, nja] mf concitoyen m, -enne f.

86

contestação [kõntʃeʃta'sãw] (pl -ões) f *(resposta)* réponse f; *(polêmica)* contestation f.

contestar [kõnteʃ'ta(x)] vt *(replicar)* répondre; jur contester.

conteúdo [kõn'tjudu] m *(de recipiente)* contenu m; *(de carta, texto)* teneur f.

contexto [kõn'teʃtu] m contexte m.

contigo [kõn'tigu] pron avec toi.

continente [kõntʃi'nẽntʃi] m continent m.

continuação [kõntʃinwa'sãw] (pl -ões) f suite f.

continuamente [kõn,tʃinwa'mẽntʃi] adv continuellement.

continuar [kõntʃi'nwa(x)] vt & vi continuer • **continuar a fazer algo** continuer à faire qqch • **continuar com algo** continuer qqch.

contínuo, nua [kõn'tʃinwu, nwa] ♦ adj *(sem interrupção)* continu(e); *(repetido)* continuel(elle) ♦ mf = appariteur m.

conto ['kõntu] m conte m.

conto-do-vigário ['kõntuduvi'garju] m • **passar o conto-do-vigário** duper • **cair no conto-do-vigário** tomber dans le panneau.

contornar [kõntox'na(x)] vt contourner.

contra ['kõntra] ♦ prep contre ♦ m • **pesar** OU **ver os prós e os contras** peser le pour et le contre.

contra-ataque [ˌkõntra'taki] (*pl* **contra-ataques**) *m* contre-attaque *f.*

contrabaixo [ˌkõntra'bajʃu] *m* contrebasse *f.*

contrabando [kõntra'bãndu] *m* (*de mercadorias*) contrebande *f.; (mercadoria*) produit *m* de contrebande.

contracepção [ˌkõntrasep'sãw] *f* contraception *f.*

contraceptivo, va [ˌkõntrasep't∫ivu, va] ♦ *adj* contraceptif(ive) ♦ *m* contraceptif *m.*

contradição [ˌkõntradʒi'sãw] (*pl* **-ões**) *f* contradiction *f.*

contradizer [ˌkõntradʒi'ze(x)] *vt* contredire.

contrafilé [kõntrafi'lɛ] *m* faux-filet *m.*

contra-indicação [ˌkõntraĩndʒika'sãw] (*pl* **contra-indicações**) *f* (*de medicamento*) contre-indication *f.*

contrair [kõntra'i(x)] *vt* contracter; (*vício, hábito*) prendre • **contrair matrimônio** se marier.

contramão [kõntra'mãw] *f* sens *m* inverse • **ir na contramão** rouler en sens inverse.

contrapartida [ˌkõntrapar'tʃida] *f* contrepartie *f* • **em contrapartida** en contrepartie.

contrariar [kõntrari'a(x)] *vt* (*contradizer*) contredire; (*aborrecer*) contrarier.

contrariedade [kõntrarje'dadʒi] *f* contrariété *f.*

contrário, ria [kõn'trarju, rja] ♦ *adj* (*oposto*) contraire ♦ (*adversário*) adverse ♦ *m* • **o contrário** le contraire • **ser contrário a algo** être opposé à qqch • **do contrário** sinon • **muito pelo contrário** bien au contraire • **em sentido contrário** en sens inverse.

contra-senso [ˌkõntra'sẽsu] (*pl* **contra-sensos**) *m* (*absurdo*) non-sens *m; (em tradução*) contresens *m.*

contrastar [kõntraʃ'ta(x)] ♦ *vt* mettre en contraste ♦ *vi* contraster • **contrastar com** contraster avec.

contraste [kõn'traʃtʃi] *m* contraste *m* • **em contraste com** en contraste avec.

contratar [kõntra'ta(x)] *vt* (*pessoa*) engager; (*serviço*) passer un contrat pour.

contratempo [ˌkõntra'tẽmpu] *m* contretemps *m.*

contrato [kõn'tratu] *m* contrat *m.*

contribuinte [kõntri'bwĩntʃi] *nmf* contribuable *mf.*

contribuir [kõntri'bwi(x)] *vi* apporter (une contribution) • **contribuir para algo** contribuer à qqch • **contribuir com dinheiro (para)** participer financièrement (à).

controlar [kõntro'la(x)] *vt* contrôler ▫ **controlar-se** *vp* se contrôler.

controle [kõn'troli] *m* contrôle *m; (comando*) commande *f* • **controle remoto** télécommande *f.*

controvérsia [kõntro'vɛrsja] f controverse f.

controverso, sa [kõntro'vɛrsu, sa] adj controversé(e).

contudo [kõ'tudu] conj cependant.

contusão [kõntu'zãw] (pl -ões) f contusion f.

convalescença [kõvaleʃ'sẽsa] f convalescence f.

convenção [kõvẽ'sãw] (pl -ões) f convention f.

convencer [kõvẽ'se(x)] vt convaincre • **convencer alguém a fazer algo** convaincre qqn de faire qqch • **convencer alguém de algo** convaincre qqn de qqch ▫ **convencer-se** vp être convaincu(e) • **convencer-se de que** être convaincu que.

convencido, da [kõvẽ'sidu, da] adj prétentieux(euse).

convencional [kõvẽsjo'naw] (pl -ais) adj (pessoa) conventionnel(le); (regra, atitude, sinal) conventionnel(elle).

convenções → convenção.

conveniente [kõve'njẽtʃi] adj (hora, momento) opportun(e) • **é conveniente ir à reunião** il vaut mieux aller à la réunion.

convento [kõ'vẽntu] m couvent m.

conversa [kõ'vɛxsa] f conversation f • **conversa fiada** parlote f • **não ir na conversa** ne pas marcher (dans la combine).

conversar [kõvex'sa(x)] vi discuter • **conversar com** discuter avec.

conversível [kõvex'sivew] (pl -eis) m décapotable f.

converter [kõvex'te(x)] vt • **converter algo em** convertir qqch en • **converter alguém em algo** faire de qqn qqch ▫ **converter-se** vp se convertir • **converter-se a** se convertir à • **converter-se em** devenir.

convés [kõ'vɛʃ] (pl -eses) m pont m supérieur.

convidado, da [kõvi'dadu, da] adj & mf invité(e).

convidar [kõvi'da(x)] vt inviter.

convir [kõ'vi(x)] vi convenir; (admitir) reconnaître • **convém analisar a situação** il serait bon d'analyser la situation.

convite [kõ'vitʃi] m invitation f.

convivência [kõvi'vẽsja] f (vida em comum) cohabitation f; (familiaridade) convivialité f.

conviver [kõvi've(x)] ▫ **conviver com** vp (ter convivência com) vivre avec; (amigos, colegas) fréquenter.

convívio [kõ'vivju] m (convivência) convivialité f.

convocar [kõvo'ka(x)] vt convoquer • **convocar alguém para algo** convoquer qqn à qqch.

convosco [kõn'voʃku] pron avec vous.

convulsão [kõnvuw'sãw] (pl -ões) f (física) convulsion f; (social) agitation f.

cookie ['koki] (pl **cookies**) m INFORM cookie m.

cooperação [kwopera'sãw] (*pl -ões*) *f* coopération *f*.

cooperar [kwope'ra(x)] *vi* coopérer.

cooperativa [kwopera'tiva] *f* coopérative *f*.

coordenar [kworde'na(x)] *vt* coordonner.

copa ['kɔpa] *f* (*divisão de casa*) office *m*; (*de árvore*) cime *f*; (*de chapéu*) calotte *f*; (*torneio esportivo*) coupe *f* □ **copas** *fpl* (*naipe de cartas*) cœur *m*.

cópia ['kɔpja] *f* copie *f*.

copiar [ko'pja(x)] *vt & vi* copier.

copo ['kɔpu] *m* verre *m* • **tomar** *OU* **beber um copo** prendre *OU* boire un verre.

copo-d'água [ˌkɔpu'dagwa] (*pl* **copos-d'água**) *m* vin *m* d'honneur.

coqueiro [ko'kejru] *m* cocotier *m*.

coquetel [koke'tɛw] (*pl* **-éis**) *m* cocktail *m*.

cor¹ ['kɔ(x)] □ **de cor** *adv* • **aprender/saber algo de cor** apprendre/savoir qqch par cœur • **saber algo de cor e salteado** savoir qqch sur le bout des doigts.

cor² ['ko(x)] (*pl* **-es**) *f* couleur *f* • **mudar de cor** changer de couleur • **perder a cor** déteindre • **de cor** de couleur (*pessoa*).

coração [kora'sãw] (*pl* **-ões**) *m* cœur *m* • **ter bom coração** avoir bon cœur.

corado, da [ko'radu, da] *adj* doré(e) • **ficar corado** (*pessoa*) rougir.

coragem [ko'raʒẽ] ◆ *f* courage *m* ◆ *interj* bon courage!

corais → **coral**.

corajoso, osa [kora'ʒozu, ɔza] *adj* courageux(euse).

coral [ko'raw] (*pl* **-ais**) *m* (*organismo*) chorale *f*; (*substância*) corail *m*.

corante [ko'rãntʃi] *m* colorant *m* • **sem corantes nem conservantes** sans colorant ni conservateur.

corar [ko'ra(x)] ◆ *vi* (*ruborizar-se*) rougir ◆ *vt* (*frango, assado etc.*) faire dorer.

Corcovado [koxko'vadu] *m* • **o Corcovado** le Corcovado.

ℹ CORCOVADO

Du sommet du mont du Corcovado, s'élève le monument au Christ Rédempteur qui, les bras ouverts, embrasse la ville de Rio de Janeiro. Construite en béton armé et revêtu de stéatite, la statue, de trente mètres de haut, fut offerte par les Français aux *Cariocas* en commémoration de l'indépendance du Brésil. De cet endroit pittoresque, se dessine le magnifique paysage de la "Ville Merveilleuse".

corda ['kɔrda] f corde f; (de relógio, brinquedo) ressort m • **corda de pular** corde à sauter • **cordas vocais** cordes vocales • **dar corda a** remonter.

cordão [kor'dãw] (pl -ões) m (de sapatos) lacet m; (jóia) chaîne f • **cordão umbilical** cordon m ombilical.

cordeiro [kor'dejru] m agneau m.

cordel [kor'dɛw] (pl -éis) m ficelle f.

cor-de-rosa [,kordʒi'ɔza] adj inv rose.

cordial [kor'dʒjaw] (pl -ais) adj cordial(e).

cordilheira [kordʒi'ʎejra] f cordillère f.

cordões → cordão.

cores → cor.

coreto [ko'retu] m kiosque m.

corinto [ko'rĩntu] m raisin m de Corinthe.

córnea ['kɔrnja] f cornée f.

corneta [kox'neta] f cornet m (à pistons).

cornflakes® [kɔrn'flejks] mpl corn flakes mpl.

coro ['koru] m chœur m • **em coro** en chœur.

coroa [ko'roa] f couronne f.

corpo ['koxpu] m corps m.

corporal [koxpo'raw] (pl -ais) adj → odor.

correção [koxe'sãw] (pl -ões) f correction f.

correções → correção.

corredor, ra [koxe'do(x), ra] (mpl -es, fpl -s) ◆ m/f coureur m, -euse f ◆ m couloir m.

correia [ko'xeja] f courroie f • **correia da ventoinha** courroie du ventilateur.

correio [ko'xeju] m poste f; (pessoa) facteur m; (correspondência) courrier m • **correio eletrônico** courrier électronique • **correio expresso** courrier express • **pelo correio** par courrier, par la poste.

corrente [ko'xẽntʃi] ◆ adj courant(e) ◆ f courant m; (de água) courant m d'air; (correia de metal, de bicicleta) chaîne f • **estar ao corrente de algo** être au courant de qqch • **pôr alguém ao corrente de algo** mettre qqn au courant de qqch • **corrente alternada** courant alternatif.

correr [ko'xe(x)] ◆ vi courir; (água, lágrimas, rio) couler; (tempo) s'écouler ◆ vt courir • **correr as cortinas** tirer les rideaux • **correr com alguém** mettre qqn à la porte • **fazer algo correndo** faire qqch en vitesse.

correspondência [koxeʃpõn'dẽsja] f correspondance f.

correspondente [koxeʃpõn'dẽntʃi] adj & nmf correspondant(e).

corresponder [koxeʃpõn'de(x)] vi (equivaler) correspondre; (retribuir) remercier • **corresponder a** correspondre à ❏ **corresponder-se** vp correspondre • **corresponder-se com alguém** correspondre avec qqn.

corretamente [koˈχɛtaˈmẽntʃi] *adv* correctement.

correto, ta [koˈχɛtu, ta] *adj* correct(e).

corretor, ra [koχeˈto(x), ra] (*mpl* -es, *fpl* -s) *m* courtier *m*, -ère *f*.

corrida [koˈχida] *f* (*de velocidade, táxi*) course *f*; (*tourada*) corrida *f* • **corrida de automóveis** course automobile • **corrida de cavalos** course de chevaux • **de corrida** (*à pressa*) à toute vitesse; (*por alto*) à la va-vite.

corrigir [koχiˈʒi(x)] *vt* corriger □ **corrigir-se** *vp* se corriger.

corrimão [koχiˈmãw] (*pl* -s OU -ões) *m* (*de escada*) rampe *f*; (*de varanda*) balustrade *f*.

corrimento [koχiˈmẽntu] *m* (*de vagina*) pertes *fpl*.

corrimões → corrimão.

corroborar [koχoboˈra(x)] *vt* corroborer.

corromper [koχõmˈpe(x)] *vt* corrompre.

corrupção [koχupˈsãw] (*pl* -ões) *f* corruption *f* • **corrupção de menores** détournement *m* de mineur.

corrupto, ta [koˈχuptu, ta] *adj* corrompu(e).

cortar [kox'ta(x)] ♦ *vt* couper; (*rua, estrada*) barrer ♦ *vi* couper • **cortar relações** (**com alguém**) couper les ponts (avec qqn) □ **cortar-se** *vp* se couper.

corte [ˈkɔxtʃi] *m* coupure *f*; (*redução*) réduction *f* • **corte de cabelo** coupe *f* de cheveux.

cortejar [koxteˈʒa(x)] *vt* courtiser.

cortejo [koxˈteʒu] *m* cortège *m* • **cortejo fúnebre** cortège funèbre.

cortesia [koxteˈzia] *f* courtoisie *f*.

cortiça [koxˈtʃisa] *f* liège *m*.

cortiço [koxˈtʃisu] *m* ruche *f*.

cortina [koxˈtʃina] *f* rideau *m*.

cortinado [koxtʃiˈnadu] *m* rideau *m*.

coruja [koˈruʒa] *f* chouette *f*.

corvina [koxˈvina] *f* sciène *f* (*poisson*).

corvo [ˈkoxvu] *m* corbeau *m*.

cós [kɔʃ] *m inv* ceinture *f*.

coser [koˈze(x)] *vt* & *vi* coudre.

cosmético [koʒˈmɛtʃiku, ka] *m* cosmétique *m*.

cosmopolita [koʒmopoˈlita] *adj* cosmopolite.

costa [ˈkɔʃta] *f* (*junto ao mar*) côte *f*; (*de montanha*) pente *f* • **dar à costa** accoster □ **costas** *fpl* (*de pessoa, mão*) dos *m*; (*de cadeira*) dossier *m*.

costela [koʃˈtɛla] *f* côte *f*.

costeleta [koʃteˈleta] *f* côtelette *f*.

costumar [koʃtuˈma(x)] *vt* • **costumar fazer algo** avoir l'habitude de faire qqch • **costuma chover no inverno** en général, il pleut en hiver.

costume [koʃˈtumi] *m* (*hábito*) habitude *f*; (*uso social*) coutume *f* • **como de costume** comme d'habitude • **por costume** par habitude.

costura [koʃˈtura] *f* couture *f*; (*de operação cirúrgica*) cicatrice *f*.

costurar

costurar [koʃtu'ra(x)] vt coudre.
cotação [kota'sãw] (pl **-ões**) f (de mercadoria, moeda, título) cours m; (atividade na Bolsa) cotation f.
cotidiano [kotʃi'dʒjanu] ♦ adj quotidien(enne) ♦ m quotidien m.
cotonete [koto'nɛʃi] m Coton-Tige® m.
cotovelada [kotove'lada] f coup m de coude.
cotovelo [koto'velu] m coude m.
cotovia [koto'via] f alouette f.
coube ['kobi] → **caber**.
couchette [ko'ʃɛtʃi] f couchette f.
couraça [ko'rasa] f (de tartaruga, cágado) carapace f.
couro ['koru] m cuir m • **couro cabeludo** cuir chevelu.
couve ['kovi] f chou m • **couve à mineira** chou en lanière frit à l'ail • **couve roxa** chou rouge.
couve-de-bruxelas [ˌkovedebru'ʃɛlaʃ] (pl **couves-de-bruxelas**) f chou m de Bruxelles.
couve-flor [ˌkove'flo(x)] (pl **couves-flores**) f chou-fleur m.
couve-galega [ˌkovega'lega] (pl **couves-galegas**) f chou m cavalier.
couvert [ku'vɛ(x)] m hors-d'œuvre m inv.
cova ['kova] f trou m; (sepultura) fosse f.
covarde [ko'vaxdʒi] ♦ adj lâche ♦ nmf lâche mf.
covardia [kovax'dʒia] f lâcheté f.

coveiro [ko'vejru] m fossoyeur m.
coxa ['koʃa] f cuisse f • **coxa de galinha** cuisse de poulet.
coxia [ko'ʃia] f (em casa de espetáculos) allée f; (cavalariça) box m.
coxo, xa ['koʃu, ʃa] adj boiteux(euse).
cozer [ko'ze(x)] vt cuire.
cozido, da [ko'zidu, da] ♦ adj cuit(e) ♦ m • **cozido** (à portuguesa) sorte de pot-au-feu.
cozinha [ko'ziɲa] f cuisine f.
cozinhar [kozi'ɲa(x)] ♦ vt cuisiner ♦ vi cuisiner, faire la cuisine.
cozinheiro, ra [kozi'ɲejru, ra] mf cuisinier m, -ère f.
crachá [kra'ʃa] m badge m.
crack ['kraki] m crack m.
cracker ['krakɛx] (pl **crackers**) m INFORM mordu d'informatique m, pirate informatique m.
crânio ['kranju] m crâne m.
craque ['kraki] nm (fam) bête f.
cratera [kra'tɛra] f cratère m.
cravar [kra'va(x)] vt (unhas, dentes) planter; • **cravar os olhos em** fixer son regard sur.
cravo ['kravu] m (flor) œillet m; (em pele) comédon m.
cravo-da-índia [ˌkravuda'ĩdʒia] m clou m de girofle.
creche ['krɛʃi] f crèche f.
credencial [kredẽnsjaw] (pl **-ais**) f accréditation f.
crediário [kre'dʒjarju] m paiement m à crédit.
crédito ['krɛdʒitu] m crédit m • **compra/venda a crédito** achat/vente à crédit.

credor, ra [kre'do(x), ra] (*mpl* **-es**, *fpl* **-s**) *mf* créancier *m*, -ère *f*.

crédulo, la ['kredulu, la] *adj* crédule.

cremar [kre'ma(x)] *vt* incinérer.

crematório [krema'tɔrju] *m* crématorium *m*.

creme ['krɛmi] *m* crème *f*. • **creme de barbear** crème à raser • **creme hidratante** crème hydratante • **creme de leite** crème • **creme de leite fresco** crème fraîche • **creme de limpeza** lait *m* démaquillant • **creme de noite** crème de nuit • **creme rinse** après-shampooing *m inv*.

cremoso, osa [kre'mozu, ɔza] *adj* crémeux(euse).

crença ['krẽsa] *f* croyance *f*.

crendice [krẽ'dʒisi] *f* croyance *f* absurde.

crente ['krẽtʃi] *nmf* croyant *m*, -e *f*.

crepe ['krɛpi] *m* CULIN crêpe *f*; *(tecido)* crêpe *m*.

crepúsculo [kre'puʃkulu] *m* crépuscule *m*.

crer [kre(x)] *vt* • **crer que** croire que, croire • **é de crer que** il se peut que • **ver para crer** voir pour croire.

crescente [kre'sẽtʃi] *m (fase da Lua)* croissant *m*.

crescer [kre'se(x)] *vi (plantas)* pousser; *(pessoas)* grandir; *(subir)* augmenter; *(aumentar)* monter.

crespo, pa ['kreʃpu, pa] *adj (cabelo)* crépu(e); *(rugoso)* rêche.

cretino, na [kre'tinu, na] *mf* crétin *m*, -e *f*.

cria ['kria] *f* petit *m (d'un animal)*.

criado, da [kri'adu, da] *m* valet *m*, bonne *f* • **os criados** les domestiques • **criado de quarto** valet de chambre.

criador, ra [kria'do(x), ra] (*mpl* **-es**, *fpl* **-s**) *mf (inventor)* créateur *m*, -trice *f*; *(de animais)* éleveur *m*, -euse *f*.

criança [kri'ãsa] *f* enfant *mf* • **criança de colo** enfant en bas âge • **em criança, eu...** *(na infância)* quand j'étais enfant, je... • **ser uma criança** se conduire comme un enfant.

criar [kri'a(x)] ♦ *vt* élever; *(inventar)* créer ♦ *vi* s'infecter ❏ **criar-se** *vp (produzir-se)* se former; *(fundar-se)* se créer; *(crescer)* grandir.

criatividade [kriatʃivi'dadʒi] *f* créativité *f*.

criativo, va [kria'tʃivu, va] *adj* créatif(ive).

criatura [kria'tura] *f* créature *f*.

crime ['krimi] *m* crime *m*.

criminalidade [kriminali'dadʒi] *f* criminalité *f*.

criminoso, osa [krimi'nozu, ɔza] *mf* criminel *m*, -elle *f*.

crina ['krina] *f* crinière *f*.

criptografar [kriptogra'fa(x)] *vt* INFORM crypter.

criptografia [kriptogra'fia] *f* INFORM cryptage *m*.

crisântemo [kri'zãntemu] *m* chrysanthème *m*.

crise ['krizi] *f* crise *f*.

crista ['kriʃta] f crête f • **estar na crista da onda** être dans le vent.

cristã → **cristão**.

cristal [kriʃ'taw] (pl **-ais**) m cristal m.

cristaleira [kriʃta'lejra] f vitrine f (meuble).

cristão, ã [kriʃ'tãw, ã] adj & mf chrétien(enne).

critério [kri'tɛrju] m critère m.

crítica ['kritika] f critique f.

criticar [kriti'ka(x)] vt critiquer.

crivo ['krivu] m (de farinha, areia etc.) crible m; (de regador) pomme f d'arrosoir.

crocante [kro'kãntʃi] adj croustillant(e).

crochê [kro'ʃe] m crochet m (tricot).

crocodilo [kroko'dilu] m crocodile m.

cromo ['kromu] m (estampa) image f; (elemento) chrome m.

crônica ['kronika] f chronique f.

crônico, ca ['kroniku, ka] adj (doença) chronique.

cronológico, ca [krono'lɔʒiku, ka] adj chronologique.

cronometrar [kronome'tra(x)] vt chronométrer.

cronômetro [kro'nometru] m chronomètre m.

croquete [kro'kɛtʃi] m croquette f.

crosta ['kroʃta] f (de ferida) croûte f; (da Terra) écorce f.

cru, crua ['kru, 'krua] adj cru(e).

crucial [kru'sjaw] (pl **-ais**) adj crucial(e).

crucifixo [krusi'fiksu] m crucifix m.

cruel [kru'ɛw] (pl **-éis**) adj cruel(elle).

cruz [kruʃ] (pl **-es**) f croix f • **a Cruz Vermelha** la Croix-Rouge.

cruzamento [kruza'mẽntu] m croisement m; (na cidade) carrefour m.

cruzar [kru'za(x)] vt traverser; (pernas, braços) croiser • **cruzar com alguém** croiser qqn ▫ **cruzar-se** vp se croiser.

cruzeiro [kru'zejru] m (de navio) croisière f; (antiga unidade monetária) cruzeiro m.

cu ['ku] m (vulg) cul m.

cuba-libre [ˌkuba'libri] f rhum-Coca m.

cúbico, ca ['kubiku, ka] adj (metro) cube; (raiz, forma) cubique.

cubículo [ku'bikulu] m réduit m.

cubo ['kubu] m cube m • **cubo de gelo** glaçon m.

cuco ['kuku] m coucou m.

cueca ['kwɛka] f slip m.

cuidado, da [kui'dadu, da] ♦ adj soigné(e) ♦ m attention f ♦ interj attention! • **ter cuidado** faire attention • **aos cuidados de alguém** à l'attention de qqn; (responsabilidade) confié à qqn • **com cuidado** en faisant attention; (conduzir) prudemment; (trabalhar) soigneusement.

cuidar [kui'da(x)] □ **cuidar de** *vp* prendre soin de □ **cuidar-se** *vp* prendre soin de soi.

cujo, ja ['kuʒu, ʒa] *pron* dont • o livro cuja capa... le livre dont la couverture...

culinária [kuli'narja] *f* art *m* culinaire.

culminar [kuwmi'na(x)] □ **culminar em** *vp* être couronné(e) par.

culpa ['kuwpa] *f* faute *f* • **ter culpa de algo** être coupable de qqch • **tenho a culpa** c'est de ma faute • **por culpa de** à cause de.

culpado, da [kuw'padu, da] *adj* coupable.

cultivar [kuwti'va(x)] *vt* cultiver □ **cultivar-se** *vp* se cultiver.

culto, ta ['kuwtu, ta] ♦ *adj* cultivé(e) ♦ *m* culte *m*.

cultura [kuw'tura] *f* culture *f*.

cultural [kuwtu'raw] (*pl* **-ais**) *adj* culturel(elle).

culturismo [kuwtu'riʒmu] *m* body-building *m*.

cume ['kumi] *m* sommet *m*.

cúmplice ['kũplisi] *nmf* complice *mf*.

cumplicidade [kũplisi'dadʒi] *f* complicité *f*.

cumprimentar [kũprimẽn'ta(x)] *vt* saluer.

cumprimento [kũpri'mẽntu] *m* salut *m* □ **cumprimentos** *mpl* salutations *fpl* • **com os melhores cumprimentos** (em carta) sincères salutations • **apresentar cumprimentos a alguém** présenter ses respects à qqn.

cumprir [kũ'pri(x)] ♦ *vt* (tarefa, missão) accomplir; (ordem) exécuter; (promessa) tenir; (pena) purger; (lei) respecter ♦ *v impess/v impers* • **cumpre-lhe fazer as contas** c'est à lui de faire les comptes.

cúmulo ['kumulu] *m* comble *m* • **é o cúmulo!** c'est le comble! • **para cúmulo** qui plus est.

cunha ['kuɲa] *f* coin *m*.

cunhado, da [ku'ɲadu, da] *mf* beau-frère *m*, belle-sœur *f*.

cunhar [ku'ɲa(x)] *vt* frapper (la monnaie).

cupom [ku'põ] (*pl* **-ns**) *m* (de compra) bon *m* d'achat; (de ação, obrigação) coupon *m*.

cúpula ['kupula] *f* (abóbada) coupole *f*; (telhado) dôme *m*.

cura ['kura] *f* (de doença) guérison *f*; (de queijo) affinage *m*; (pelo fumo) fumage *m*; (no sal) salage *m*; (pelo calor) séchage *m*.

curar [ku'ra(x)] *vt* (de doença, ferida) guérir; (queijo) affiner; (secar) faire sécher; (fumar) fumer; (salgar) saler ♦ *vi* guérir □ **curar-se** *vp* guérir.

curativo [kura'tʃivu] *m* pansement *m* • **curativo adesivo** pansement adhésif.

curinga [ku'rĩŋga] *m* (de jogo de cartas) joker *m*; (em futebol) polyvalent *m* • (caractere) **curinga** *INFORM* caractère *m* générique.

curiosidade [kurjozi'dadʒi] *f* curiosité *f*.

curioso, osa [ku'rjozu, ɔza] *adj & mf* curieux(euse).

curral [ku'xaw] (*pl* **-ais**) *m* étable *f*.

currículo [ku'xikulu] *m* CV *m*.

curriculum vitae [ku,xikulũn'vitaj] *m* curriculum *m*.

curso ['kursu] *m* (*de especialização, universidade etc.*) cours *m*; (*alunos de um curso*) promotion *f*; (*de rio*) cours *m* • **ter um curso de algo** avoir un diplôme de qqch • **curso intensivo** stage *m* intensif • **curso superior** études *fpl* supérieures • **em curso** en cours.

cursor [kux'so(x)] (*pl* **-es**) *m* curseur *m*.

curta-metragem [,kuxtame'traʒẽ] (*pl* **curtas-metragens**) *m* court-métrage *m*.

curtido, da [kux'tʃidu, da] *adj* (*fam*) tanné(ée).

curtir [kux'ti(x)] ◆ *vt* (*peles, couros*) tanner; (*fam*) (*gostar*) s'éclater ◆ *vi* (*fam*) s'éclater.

curto, ta ['kuxtu, ta] *adj* court(e) • **a curto prazo** à court terme.

curto-circuito [,kuxtusix'kujtu] (*pl* **curtos-circuitos**) *m* court-circuit *m*.

curva ['kuxva] *f* (*de estrada, caminho*) virage *m*; (*de corpo*) forme *f*, rondeur *f*.

curvar [kux'va(x)] *vt* courber; (*flexionar*) plier □ **curvar-se** *vp* se courber; (*fig*) s'incliner.

cuscuz [kuʃ'kuʃ] *m* (*tipo de massa alimentícia*) semoule *f*; (*prato árabe*) couscous *m*; (*prato brasileiro*) gâteau salé à la farine de maïs cuit à la vapeur.

cuspe ['kuʃpi] *m* salive *f*.

cuspir [kuʃ'pi(x)] *vt* & *vi* cracher.

custa ['kuʃta] □ **à custa de** *prep* (*de sacrifícios*) au prix de; (*do Estado*) aux frais de □ **custas** *fpl* frais *mpl*.

custar [kuʃ'ta(x)] *vt* coûter • **custa muito a fazer** c'est pénible à faire • **quanto custa?** combien ça coûte? • **custe o que custar** coûte que coûte.

custo ['kuʃtu] *m* coût *m*; (*fig*) peine *f* • **custo de vida** coût de la vie • **a custo** avec peine.

cutia [ku'tʃia] *f* agouti *m*.

cutícula [ku'tʃikula] *f* cuticule *f*.

c.v. *m* (*abrev de* **curriculum vitae**) CV *m*.

D

da [da] = **de + a** → **de**.

dá [da] *v* → **dar**.

dádiva ['dadiva] *f* don *m*.

dado, da ['dadu, da] ◆ *adj* (*sociável*) ouvert(e); (*determinado*) donné(e) ◆ *m* donnée *f*; (*de jogar*) dé *m* • **dado que** étant donné que □ **dados** *mpl* (*jogo*) dés *mpl*; *INFORM* données *fpl* • **jogar dados** jouer aux dés.

daí [da'i] *adv* 1. = **de + aí** 2. • **daí em** *ou* **por diante** depuis • **saia daí!** sors de là! • **daí a**

dali [da'li] *adv* **1.** *(de + ali)* de lá-bas. **2.** • dali a uma semana une semaine plus tard • dali em *ou* por diante depuis.

daltônico, ca [daw'toniku, ka] *adj & m/f* daltonien(enne).

dama [dama] *f* dame • dama de honra demoiselle *f* d'honneur ▫ **damas** *fpl* dames *fpl* • jogar damas jouer aux dames.

damasco [da'maʃku] *m* abricot *m*.

dança ['dãsa] *f* danse *f* • danças folclóricas danses folkloriques.

dançar [dã'sa(x)] *vt & vi* danser.

danceteria [dãsete'ria] *f* dancing *m*.

danificar [danifi'ka(x)] *vt* endommager.

dano ['danu] *m* dommage *m*.

dantes ['dãntʃ] *adv* autrefois.

dão ['dãw] → **dar**.

daquela [da'kɛla] = de + aquela → **de**.

daquele [da'keli] = de + aquele → **de**.

daqui [da'ki] *adv* **1.** *(de + aqui)* d'ici • daqui a um ano/mês d'ici un an/mois • daqui a pouco d'ici peu • daqui em *ou* por diante à partir de maintenant, dorénavant.

daquilo [da'kilu] = de + aquilo → **aquilo**.

dar [da(x)] ◆ *vt* **1.** *(ger)* donner • dar algo a alguém donner qqch à qqn • ela dá aulas numa escola elle donne des cours dans une école • dar prazer/pena/medo faire plaisir/de la peine/peur • isto vai dar muito que fazer ça va donner beaucoup de travail • o passeio me deu fome la promenade m'a donné faim • ele dá muitos problemas il pose beaucoup de problèmes • ainda não deu sinal de vida il n'a pas encore donné signe de vie • ele começa a dar sinais de cansaço il commence à donner des signes de fatigue • dar um berro pousser un cri • dar um pontapé em alguém donner un coup de pied à qqn • dar um passeio faire une promenade • dar uma festa faire une fête • dar um empurrão em alguém bousculer qqn. **2.** *(lucros, ganhos)* rapporter **3.** *(dizer)* dire • ele me deu boa noite il m'a dit bonsoir ◆ *vi* **1.** *(horas)* sonner • já deram as cinco cinq heures ont déjà sonné **2.** *(condizer)* • dar com aller avec • as cores não dão umas com as outras les couleurs ne vont pas ensemble **3.** *(proporcionar)* • dar de beber a donner à boire à • dar de comer a donner à manger à **4.** *(em locuções)* • dá igual *ou* no mesmo c'est du pareil au même • dá no mesmo se ele viu ou não qu'il l'ait vu ou pas, ça n'a aucune importance **4.** • dar-se ares de im-

dardo

portante faire l'important • **dar com a língua nos dentes** *(desvendar segredo)* ne pas savoir tenir sa langue; *(falar)* bavarder • **dar de si** *(roupa)* se détendre; *(sapatos)* s'élargir; *(terreno)* céder • **dar nas vistas** se faire remarquer ▫ **dar com** vp *(encontrar, descobrir)* trouver • **nunca darei com o lugar** je ne trouverai jamais l'endroit ▫ **dar em** vp *(resultar)* se terminer; *(tornar-se)* devenir ▫ **dar para** vp *(servir para, ser útil para)* servir à; *(suj: varanda, janela)* donner sur; *(ser suficiente para)* (y) avoir assez de; *(ser possível)* pouvoir • **o pão não dá para todos** il n'y a pas assez de pain pour tout le monde • **não vai dar para eu chegar na hora** je ne pourrai pas être à l'heure ▫ **dar por** vp *(aperceber-se de)* s'apercevoir • **dei por mim a gritar** je me suis surpris à crier • **não dei por nada** je ne m'en suis pas rendu compte ▫ **dar-se** vp • **dar-se bem/mal com algo** aimer/ne pas aimer qqch • **dar-se bem/mal com alguém** s'entendre bien/mal avec qqn • **dar-se por vencido** se considérer comme vaincu.

dardo ['daxdu] m javelot m ▫ **dardos** mpl fléchettes fpl • **jogar dardos** jouer aux fléchettes.

das [daʃ] = **de** + **as** → **de**.

DAT *(abrev de* **digital audio tape)** f lecteur audio digital m.

data ['data] f date f • **data de nascimento** date de naissance.

datilografar [datʃilɔgra-'fa(x)] vt dactylographier.

datilógrafo, fa [datʃi'lɔgrafu, fa] mf dactylo mf.

d.C. *(abrev de* **depois de Cristo)** apr.J-C.

de [dʒi] prep **1.** *(ger)* de • **o carro daquele rapaz** la voiture de ce garçon • **a recepção do hotel** la réception de l'hôtel • **a casa é dela** la maison est à elle • **um copo de água** un verre d'eau • **fale-me de você** parle-moi de toi • **um livro de inglês** un livre d'anglais • **os passageiros do avião** les passagers de l'avion • **um produto do Brasil** un produit du Brésil • **sou do Porto** je suis de Porto • **chegamos de madrugada** nous sommes arrivés de bonne heure • **partimos às três da tarde** nous sommes partis à trois heures de l'après-midi • **trabalho das nove às cinco** je travaille de neuf heures à cinq heures • **chorar de alegria** pleurer de joie • **morrer de frio** mourir de froid • **cheio de gente** plein de monde • **digno de atenção** digne d'attention • **lindo de morrer** beau à en mourir • **difícil de esquecer** difficile à oublier • **o melhor de todos** le meilleur de tous • **um destes dias volto** un de ces jours, je reviendrai • **um desses hotéis serve** l'un de ces

decidir

hôtels fera l'affaire • **uma daquelas cadeiras é para mim** l'une de ces chaises est pour moi • **um filme de Walter Salles** un film de Walter Salles • **o último livro de Saramago** le dernier livre de Saramago 2. *(indica matéria)* en • **um relógio de ouro** une montre en or • **um bolinho de bacalhau** une croquette de morue • **um bolo de chocolate** un gâteau au chocolat 3. *(usado em descrições, determinações)* en • **o senhor de preto** le monsieur en noir • **um pulôver de manga curta** un pull à manches courtes • **uma nota de dez euros** un billet de dix euros 4. *(indica uso)* à • **uma máquina de calcular** une machine à calculer • **a sala de espera** la salle d'attente • **a porta de entrada** la porte d'entrée 5. *(indica modo)* en • **viajou de jipe** il a voyagé en Jeep • **deitou-se de lado** il s'est couché sur le côté • **está tudo de pernas para o ar** tout est sens dessus dessous • **morreu de repente** il est mort subitement 6. *(introduz complemento direto)* • **desconfiar de alguém** se méfier de qqn • **gostar de algo/alguém** aimer qqch/qqn • **tenho de ir às compras** je dois aller faire des courses 7. *(em superlativos)* • **é mais rápido do que este** il est plus rapide que celui-ci 8. *(indica série)* tout(toute) • **de dois em dois dias** tous les deux jours • **de quinze em quinze minutos** toutes les quinze minutes • **de três em três metros** tous les trois mètres.

debaixo [de'bajʃu] *adv* dessous • **debaixo de** sous.

debate [de'batʃi] *m* débat *m*.

debater [deba'te(x)] *vt* débattre ▫ **debater-se** *vp* se débattre.

débil ['dɛbiw] (*pl* **-beis**) ◆ *adj* faible ◆ *nmf* • **débil mental** débile *mf* mental, -e *f*.

debitar [debi'ta(x)] *vt* débiter.

débito ['dɛbitu] *m* débit *m*.

debruçar-se [debru'saxsi] *vp* se pencher • **debruçar-se sobre algo** se pencher sur qqch.

década ['dɛkada] *f* décennie *f* • **na década de oitenta/noventa** dans les années quatre-vingts/quatre-vingt-dix.

decadência [deka'dẽsja] *f* décadence *f*.

decadente [deka'dẽtʃi] *adj* décadent(e).

decapitar [dekapi'ta(x)] *vt* décapiter.

decência [de'sẽsja] *f* décence *f*.

decente [de'sẽtʃi] *adj* décent(e).

decepar [dese'pa(x)] *vt* tronquer.

decepção [dese'sãw] (*pl* **-ões**) *f* déception *f*.

decidido, da [desi'dʒidu, da] *adj* décidé(e).

decidir [desi'dʒi(x)] *vt* décider • **decidir fazer algo** décider de faire qqch ▫ **decidir-se** *vp* se décider • **decidir-se a fazer algo** se décider à faire qqch.

decifrar [desi'fra(x)] vt déchiffrer.

decimal [desi'maw] (pl -ais) adj décimal(e).

décimo, ma ['dɛsimu, ma] ♦ num dixième ♦ m dixième billet d'une série de 10 grâce auquel on peut gagner le dixième du gros lot, → **sexto**.

decisão [desi'zãw] (pl -ões) f décision f.

declamar [dekla'ma(x)] ♦ vt réciter ♦ vi déclamer.

declaração [deklara'sãw] (pl -ões) f déclaration f.

declarar [dekla'ra(x)] vt déclarer ◻ **nada a declarar** rien à déclarer ◻ **declarar-se** vp se déclarer.

declínio [de'klinju] m déclin m.

declive [de'klivi] f pente f.

decolagem [deko'laʒẽ] (pl -ns) f décollage m.

decolar [deko'la(x)] vt & vi décoller.

decomposição [dekõpozi'sãw] (pl -ões) f décomposition f.

decoração [dekora'sãw] (pl -ões) f décoration f.

decorar [deko'ra(x)] vt (ornamentar) décorer; (memorizar) apprendre par cœur.

decorativo, va [dekora'tʃivu, va] adj décoratif(ive).

decorrente [deko'xẽntʃi] adj • **decorrente de** qui résulte de.

decotado, da [deko'tadu, da] adj décolleté(ée).

decote [de'kɔtʃi] m décolleté m • **decote em bico** ou **em V** col m en V • **decote redondo** col m rond.

decrescer [dekre'se(x)] vi décroître.

decretar [dekre'ta(x)] vt décréter.

decreto [de'kretu] m décret m.

decreto-lei [de,kretu'lej] (pl decretos-lei) m ordonnance f.

decurso [de'kursu] m • **no decurso de** au cours de.

dedal [de'daw] (pl -ais) m dé m à coudre.

dedão [de'dãw] (pl -ões) m gros orteil m.

dedicação [dedʒika'sãw] (pl -ões) f dévouement m.

dedicar [dedʒi'ka(x)] vt (livro, música, obra) dédier; (tempo, atenção, energias) consacrer ◻ **dedicar-se a** vp + prep se consacrer à.

dedo ['dedu] m doigt m; (do pé) doigt m de pied • **levantar o dedo** no ar lever le doigt.

dedões [de'dõjʃ] → **dedão**.

dedução [dedu'sãw] (pl -ões) f déduction f.

deduzir [dedu'zi(x)] vt déduire.

default [de'fawtʃ] (pl -s) m INFORM par défaut m.

defeito [de'fejtu] m défaut m.

defeituoso, osa [defej'twozu, ɔza] adj (produto) défectueux(euse).

defender [defẽn'de(x)] vt défendre ◻ **defender-se** vp se défendre • **defender-se de** se défendre de.

defensor, ra [defẽ'so(x), ra] (mpl -es, fpl -s) mf défenseur m.

deferimento [deferi'mẽntu] m autorisation f • **pede deferimento** formule utilisée à la fin d'une demande administrative.

defesa [de'feza] f défense f; *(de tese)* soutenance f.

deficiência [defi'sjɛsja] f *(de máquina)* défaillance f; *(de vitaminas, renal)* déficience f; *(física)* handicap m.

deficiente [defi'sjẽntʃi] ♦ *adj (máquina)* défaillant(e); *(pessoa)* handicapé(e) ♦ *nmf* handicapé m, -e f • **deficiente físico** handicapé physique • **deficiente mental** handicapé mental • **deficiente motor** handicapé moteur.

déficit ['defisitʃ] m déficit m.

definição [defini'sãw] *(pl* -ões) f définition f.

definir [defi'ni(x)] vt définir ▫ **definir-se** vp se définir.

definitivamente [definitʃiva'mẽntʃi] *adv (para sempre)* définitivement; *(sem dúvida)* décidément.

definitivo, va [defini'tʃivu, va] adj définitif(ive).

deformação [defoxma'sãw] *(pl* -ões) f déformation f • **deformação profissional** déformation professionnelle.

deformar [defox'ma(x)] vt déformer.

defrontar [defrõn'ta(x)] vt affronter ▫ **defrontar-se** vp *(deparar-se)* se mettre en face de, être vis à vis.

defronte [de'frõntʃi] adv en face • **defronte de** en face de.

defumado, da [defu'madu, da] adj fumé(e).

defumar [defu'ma(x)] vt fumer.

degelo [de'ʒelu] m dégel m.

degolar [dego'la(x)] vt égorger.

degradante [degra'dãntʃi] adj dégradant(e).

degradar [degra'da(x)] vt avilir ▫ **degradar-se** vp *(danificar-se)* se dégrader; *(aviltar-se)* s'avilir.

degrau [de'graw] m marche f.

degustação [deguʃta'sãw] f dégustation f.

degustar [deguʃ'ta(x)] vt déguster.

dei ['dej] → **dar**.

deitar [dej'ta(x)] ♦ vt *(estender)* étendre; *(pessoa)* allonger; *(para dormir)* coucher; *(verter)* fuir; *(lançar)* lancer; *(líquido)* verser; *(sal)* mettre ♦ vi *(na cama)* se coucher ▫ **deitar-se** vp *(na cama)* se coucher; *(no chão)* s'allonger.

deixa ['dejʃa] f réplique f.

deixar [dejʃ'a(x)] ♦ vt laisser; *(casa, mulher)* quitter; *(estudos)* arrêter; *(esperar)* attendre • **deixar algo por fazer** ne pas faire qqch • **deixar algo para** *(adiar)* remettre qqch à; *(guardar)* garder qqch pour • **deixar algo de lado** laisser qqch de côté • **deixar alguém/algo em paz** laisser qqn/qqch tranquille • **deixar alguém para trás** devancer qqn • **deixar algo para trás** laisser qqch de côté ♦ *vi* • **deixar de fazer algo** arrêter de faire qqch • **não deixar de fazer algo** ne pas oublier de faire qqch • **deixar alguém fazer algo** laisser qqn faire qqch • **deixar cair** laisser tomber ❑ **deixar-se** *vp* • **deixar-se fazer algo** se laisser • **deixar-se levar por** *(emoção)* se laisser aller à; *(enganar)* se faire avoir par.

dela ['dɛla] = **de** + **ela** → **de**.

dele ['deli] = **de** + **ele** → **de**.

delegacia [delega'sia] *f* = commissariat *m* (de police).

delegado, da [dele'gadu, da] *mf (de polícia)* commissaire *m*; *(de turma)* délégué *m*, -e *f*; *(de país, governo, instituição)* représentant *m*, -e *f*.

deleitar [delej'ta(x)] *vt* apprécier ❑ **deleitar-se com** *vp + prep (com comida)* se délecter de; *(com música)* prendre du plaisir à.

deles ['delif] = **de** + **eles** → **de**.

delgado, da [dew'gadu, da] *adj* mince.

deliberação [delibera'sãw] *(pl* -ões*) f* délibération *f*.

deliberar [delibe'ra(x)] ♦ *vt* délibérer sur ♦ *vi* délibérer.

delicadeza [delika'deza] *f* délicatesse *f*.

delícia [de'lisja] *f* délice *m*.

delicioso, osa [deli'sjozu, ɔza] *adj* délicieux(euse).

delinear [deli'nja(x)] *vt* ébaucher.

delinqüência [delĩŋ'kwẽsja] *f* délinquance *f* • **delinqüência juvenil** délinquance juvénile.

delinqüente [delĩŋ'kwẽntʃi] *nmf* délinquant *m*, -e *f*.

delirante [deli'rãntʃi] *adj (fig)* délirant(e).

delirar [deli'ra(x)] *vi* délirer.

delírio [de'lirju] *m* délire *m*.

delito [de'litu] *m* délit *m*.

demais [de'majʃ] ♦ *adv* trop ♦ *pron* • **os/as demais** les autres • **isto já é demais!** trop, c'est trop! • **ser demais** être super.

demasia [dema'zia] ❑ **em demasia** *adv* trop.

demasiado, da [dema'zjadu, da] ♦ *adj* trop de ♦ *adv* trop • **demasiados livros** trop de livres • **demasiada comida** trop à manger.

demência [de'mẽsja] *f* démence *f*.

demente [de'mẽntʃi] *adj* & *nmf* dément(e).

demissão [demi'sãw] *(pl* -ões*) f* démission *f* • **pedir demissão** donner sa démission.

demitir [demi'tʃi(x)] *vt* démettre ❑ **demitir-se** *vp* démissionner.

democracia [demokra'sia] *f* démocratie *f*.

democrata [demo'krata] *adj* & *nmf* démocrate.

democrático, ca [demo'kratʃiku, ka] *adj* démocratique.

demolição [demoli'sãw] *(pl* -ões*) f* démolition *f*.

demolir [demo'li(x)] *vt* démolir.

demônio [deˈmonju] *m* démon *m*.

demonstração [demõʃtraˈsãw] (*pl* **-ões**) *f* (*exposição*) démonstration *f*; (*prova*) preuve *f*; (*manifestação*) manifestation *f*.

demonstrar [demõʃˈtra(x)] *vt* (*explicar*) montrer; (*provar*) démontrer; (*revelar*) faire preuve de.

demora [deˈmɔra] *f* retard *m*
• **sem demora** tout de suite.

demorado, da [demoˈradu, da] *adj* (*longo*) long(longue); (*lento*) lent(e).

demorar [demoˈra(x)] ♦ *vi* (*levar tempo*) durer; (*tardar*) tarder; (*ocupar*) prendre du temps ♦ *vt* (*atrasar*) retenir ▫ **demorar-se** *vp* (*atrasar-se*) s'attarder; (*levar tempo*) mettre longtemps; (*ficar*) rester
• **você vai demorar muito?** tu en as pour longtemps? • **não vou demorar** je ne serai pas long.

dendê [dẽnˈde] *m* huile *f* de palme.

denegrir [deneˈgri(x)] *vt* (*fig*) dénigrer.

dengo [ˈdẽgu] *m* coquetterie *f*.

dengue [ˈdẽgi] *f* dengue *f*
• **dengue hemorrágica** dengue hémorragique.

denominação [denominaˈsãw] (*pl* **-ões**) *f* (*designação*) dénomination *f*; (*para vinho*) appellation *f*.

denotar [denoˈta(x)] *vt* témoigner de.

densidade [dẽsiˈdadʒi] *f* densité *f*.

denso, sa [ˈdẽsu, sa] *adj* dense.

dentada [dẽnˈtada] *f* • **dar uma dentada** croquer; (*em pessoa*) mordre *f*.

dentadura [dẽntaˈdura] *f* (*natural*) dentition *f*; (*postiça*) dentier *m*.

dente [ˈdẽntʃi] *m* dent *f*; (*de elefante, elefante-marinho*) défense *f* • **dente de alho** gousse *f* d'ail • **dentes postiços** dentier *m* • **dente do siso** dent de sagesse.

dentifrício [dẽtʃiˈfrisju] *m* dentifrice *m*.

dentista [dẽnˈtʃiʃta] *nmf* dentiste *mf*.

dentre [ˈdẽntri] = **de** + **entre**
→ **entre**.

dentro [ˈdẽntru] *adv* dedans, à l'intérieur • **dentro de algo** dans qqch. • **aí dentro** là-dedans • **dentro em pouco** ou **em breve** d'ici peu • **por dentro** à l'intérieur • **lavar o carro por dentro** laver l'intérieur de la voiture • **por dentro de casa** par la maison • **estar por dentro de algo** s'y connaître en qqch.

denúncia [deˈnũsja] *f* dénonciation *f*; (*de roubo*) déclaration *f*.

denunciar [denũˈsja(x)] *vt* dénoncer; (*roubo*) déclarer.

deparar [depaˈra(x)] ▫ **deparar com** *vp* rencontrer ▫ **deparar-se com** *vp + prep* se trouver face à.

departamento [departa-'mẽntu] *m* département *m.*

dependência [depẽn'dẽsja] *f* dépendance *f.*

dependente [depẽn'dẽntʃi] *adj* dépendant(e).

depender [depẽn'de(x)] *vi* • depende... ça dépend... □ **depender de** *vp* être dépendant(e)de; *(de circunstâncias, tempo)* dépendre de.

depilar [depi'la(x)] *vt* épiler.

depilatório, ria [depila'tɔrju, rja] ♦ *adj* dépilatoire ♦ *m* dépilatoire *m.*

depoimento [depoj'mẽntu] *m* déposition *f.*

depois [de'pojʃ] *adv* après • depois de après • depois se vê! on verra plus tard! • e depois? et alors? • deixar algo para depois remettre qqch à plus tard • ficar para depois laisser pour plus tard • dias depois quelques jours après • semanas/anos depois des semaines/des années après • depois de amanhã après-demain • logo depois tout de suite après • depois que depuis que.

depor [de'po(x)] ♦ *vi* faire une déposition ♦ *vt* démettre.

depositar [depozi'ta(x)] *vt* déposer • depositar confiança em alguém placer sa confiance en qqn □ **depositar-se** *vp* se déposer.

depósito [de'pozitu] *m* dépôt *m*; *(reservatório)* réservoir *m* • depósito de bagagens consigne *f* automatique • depósito a prazo dépôt à terme.

depravação [deprava'sãw] *(pl* **-ões)** *f* dépravation *f.*

depreciação [depresja'sãw] *(pl* **-ões)** *f* dépréciation *f.*

depressa [de'prɛsa] ♦ *adv* vite ♦ *interj* vite! • é preciso andar depressa com isso il faut faire vite.

depressão [depre'sãw] *(pl* **-ões)** *f* dépression *f* • **depressão econômica** crise *f* économique.

deprimente [depri'mẽntʃi] *adj* déprimant(e).

deprimir [depri'mi(x)] *vt* déprimer.

deputado, da [depu'tadu, da] *mf* député *m,* -e *f.*

deriva [de'riva] *f* • andar à deriva aller à la dérive.

derivar [deri'va(x)] *vi* dériver □ **derivar de** *vp* dériver de.

dermatologista [dermatolo'ʒiʃta] *nmf* dermatologue *mf.*

derramamento [dexama-'mẽntu] *m (de líquido)* déversement *m*; *(de lágrimas, sangue)* effusion *f.*

derramar [dexa'ma(x)] *vt (líquido)* renverser; *(lágrimas, sangue)* verser; *(farinha, feijão, batatas)* répandre.

derrame [de'xami] *m* hémorragie *f* cérébrale.

derrapagem [dexa'paʒẽ] *(pl* **-ns)** *f* dérapage *m.*

derrapar [dexa'pa(x)] *vi* déraper.

derreter [dexe'te(x)] *vt* faire fondre ▫ **derreter-se** *vp* fondre.

derrota [de'xɔta] *f* défaite *f.*

derrotar [dexo'ta(x)] *vt* (*vencer*) battre; MIL vaincre.

derrubar [dexu'ba(x)] *vt* renverser.

desabafar [dʒizaba'fa(x)] *vi* se confier.

desabamento [dʒizaba'mẽntu] *m* (*de terra*) glissement *m*; (*de pedras*) éboulis *m*; (*de edifício*) effondrement *m.*

desabar [dʒiza'ba(x)] *vi* s'effondrer.

desabitado, da [dʒizabi'tadu, da] *adj* (*edifício*) inhabité(e); (*região*) dépeuplé(e).

desabotoar [dʒizabo'twa(x)] *vt* déboutonner.

desabrigado, da [dʒizabri'gadu, da] *adj* (*sem casa, lar*) sans abri; (*local*) inabrité(e), exposé(e).

desabrochar [dʒizabro'ʃa(x)] *vi* éclore.

desacompanhado, da [dʒizakõmpa'nadu, da] *adj* seul(e).

desaconselhar [dʒizakõse-'ʎa(x)] *vt* • **desaconselhar algo (a alguém)** déconseiller qqch (à qqn).

desaconselhável [dʒizakõse'ʎavew] (*pl* **-eis**) *adj* déconseillé(e).

desacordado, da [dʒizakor'dadu, da] *adj* inconscient(e).

desacostumado, da [dʒizakoʃtu'madu, da] *adj* • **estar desacostumado de fazer algo** perdre l'habitude de faire qqch.

desacreditar [dʒizakredi'ta(x)] *vt* discréditer ▫ **desacreditar-se** *vp* se discréditer.

desafinado, da [dʒizafi'nadu, da] *adj* (*instrumento musical*) désaccordé(e); (*voz*) faux (fausse).

desafinar [dʒizafi'na(x)] *vi* (*pessoa*) chanter faux; (*instrumento*) sonner faux.

desafio [dʒiza'fiu] *m* défi *m.*

desafortunado, da [dʒizafoxtu'nadu, da] *adj* malheureux(euse).

desagradar [dʒizagra'da(x)] ▫ **desagradar a** *vp* déplaire à.

desaguar [dʒiza'gwa(x)] *vt* • **desaguar em** se jeter dans.

desajeitado, da [dʒiza'ʒejtadu, da] *adj* maladroit(e).

desalinhado, da [dʒizali'nadu, da] *adj* (*pessoa*) négligé(e); (*em desordem*) désordonné(e).

desalinho [dʒiza'liɲu] *m* (*em forma de vestir*) négligence *f*; (*desordem*) désordre *m* • **em desalinho** en désordre.

desalojar [dʒizalo'ʒa(x)] *vt* déloger.

desamarrar [dʒizama'xa(x)] *vt* détacher.

desamparado, da [dezãmpa'radu, da] *adj* délaissé(e).

desamparar [dʒizãmpa'ra(x)] *vt* délaisser.

desanimado, da [dʒizani'madu, da] *adj* découragé(e).

desanimar [dʒizani'ma(x)] ♦ *vt* décourager ♦ *vi* se décou-

desânimo

rager □ **desanimar-se** vp se décourager.

desânimo [dʒi'zanimu] m découragement m.

desanuviar [dʒizanu'vja(x)] vi (céu) se dégager; (fig) (espairecer) se changer les idées • desanuviar o espírito (fig) s'aérer l'esprit.

desaparafusar [dʒizaparafu'za(x)] vt dévisser.

desaparecer [dʒizapare'se(x)] vi disparaître.

desaparecido, da [dʒizapare'sidu, da] adj & mf disparu(e).

desaparecimento [dʒizaparesi'mẽntu] m disparition f.

desapertar [dʒizaper'ta(x)] vt (cinto, sapatos) desserrer; (casaco) déboutonner; (nó) dénouer.

desapontado, da [dʒizapõn'tadu, da] adj déçu(e).

desapontamento [dʒizapõnta'mẽntu] m déception f.

desapontar [dʒizapõn'ta(x)] vt décevoir.

desarmamento [dʒizaxma'mẽntu] m désarmement m.

desarmar [dʒizax'ma(x)] vt désarmer; (barraca, cama, estante) démonter.

desarranjado, da [dʒizaxã'ʒadu, da] adj (desordenado) désordonné(e); (transtornado) dérangé(e).

desarranjar [dʒizaxã'ʒa(x)] vt déranger.

desarrumado, da [dʒizaxu'madu, da] adj (pessoa) désor-

donné(e); (em desordem) dérangé(e).

desarrumar [dʒizaxu'ma(x)] vt déranger.

desarticulado, da [dʒizaxtʃiku'ladu, da] adj démis(e).

desassossego [dʒizaso'segu] m (inquietação) tourment m; (perturbação) trouble m.

desastrado, da [dʒizaʃ'tradu, da] adj gauche.

desastre [dʒi'zaʃtri] m (de automóvel) accident m; (desgraça) malheur m.

desatar [dʒiza'ta(x)] ◆ vt défaire ◆ vi • desatar a fazer algo se mettre à faire qqch.

desatento, ta [dʒiza'tẽntu, ta] adj inattentif(ive).

desatino [dʒiza'tʃinu] m (fam) poisse f.

desatualizado, da [dʒizatwali'zadu, da] adj dépassé(e).

desavença [dʒiza'vẽsa] f dispute f.

desavergonhado, da [dʒizavexgo'ɲadu, da] adj & mf effronté(e).

desbaratar [dʒiʒbara'ta(x)] vt gaspiller.

desbastar [dʒiʒbaʃ'ta(x)] vt (cabelo) désépaissir.

desbotado, da [dʒiʒbo'tadu, da] adj défraîchi(e).

desbotar [dʒiʒbo'ta(x)] ◆ vt faire déteindre ◆ vi déteindre.

desbravar [dʒiʒbra'va(x)] vt défricher.

descabido, da [dʒiʃka'bidu, da] adj déplacé(e).

descafeinado, da [dʒiʃkafe'nadu, da] adj décaféiné(e).

descalçar [dʒiʃkaw'sa(x)] vt déchausser.

descalço, ça [dʒiʃ'kawsu, sa] ♦ pp → **descalçar** ♦ adj nu-pieds, pieds nus.

descampado, da [dʒiʃkãm'padu, da] ♦ adj découvert(e) ♦ m terrain m vague.

descansado, da [dʒiʃkã'sadu, da] adj tranquille • **fique descansado!** sois tranquille! • **dormir descansado** dormir sur ses deux oreilles.

descansar [dʒiʃkã'sa(x)] vi se reposer.

descanso [dʒiʃ'kãsu] m repos m; dessous-de-plat m inv.

descarado, da [dʒiʃka'radu, da] adj effronté(e).

descaramento [dʒiʃkara'mẽntu] m effronterie f.

descarga [dʒiʃ'kaxga] f (de vaso sanitário) chasse f d'eau; (descarregamento) déchargement m; (de arma) décharge f • **dar a descarga** tirer la chasse • **descarga elétrica** décharge électrique.

descarregar [dʒiʃkaxe'ga(x)] vt décharger ❒ **descarregar-se** vp se décharger.

descarrilamento [dʒiʃkaxila'mẽntu] m déraillement m.

descarrilar [dʒiʃkaxi'la(x)] vi dérailler.

descartar-se [dʒiʃkax'tasi] ❒ **descartar-se** vp + prep se débarrasser de.

descartável [dʒiʃkax'tavɛw] (pl **-eis**) adj jetable.

descascar [dʒiʃkaʃ'ka(x)] vt éplucher.

descendência [desẽn'dẽsja] f descendance f.

descendente [desẽn'dẽntʃi] nmf descendant m, -e f.

descender [desẽn'de(x)] ❒ **descender de** vp descendre de.

descentralizar [dʒiʃsẽntrali'za(x)] vt décentraliser.

descer [de'se(x)] ♦ vt (escadas, rua, montanha) descendre; (persianas, cortinas) baisser ♦ vi (temperatura) baisser; (de cavalo, carro, ônibus) descendre • **descer de** descendre de.

descida [de'sida] f descente f; (de preço, valor) baisse f ♦ **descida perigosa** descente dangereuse.

descoberta [dʒiʃko'bɛxta] f découverte f.

descobrimento [dʒiʃkobri'mẽntu] m découverte f • **os Descobrimentos** les grandes découvertes.

> **OS GRANDES DESCOBRIMENTOS**
>
> La période dorée de l'histoire portugaise commença en 1415 avec la conquête de Ceuta, au nord de l'Afrique. En 1487, Bartholomé Dias fut à la tête de l'expédition européenne qui doubla, avec succès, le cap de Bonne Espérance et, quelques années plus tard, les caravelles portu-

descobrir 108

gaises furent les premières européennes à atteindre les Indes (Vasco da Gama, en 1497) et le Brésil (Pedro Álvares Cabral, en 1500). Grâce aux connaissances maritimes et à l'audace des Portugais, en cartographia, pour la première fois, les océans et on établit des relations commerciales avec le Nouveau monde.

descobrir [dʒiʃko'bri(x)] vt découvrir; *(achar)* trouver.

descolar [deʃku'la(x)] vt & vi décoller.

descoloração [dʒiʃkolora'sãw] *(pl -ões)* f décoloration f.

descompor [dʒiʃkõm'po(x)] vt réprimander.

descompostura [dʒiʃkõmpoʃ'tura] f réprimande f • **passar uma descompostura em alguém** tirer les oreilles à qqn.

descomunal [dʒiʃkomu'naw] *(pl -ais)* adj immense.

desconcentrar [dʒiʃkõsẽn'tra(x)] vt déconcentrer.

desconectar [dʒiʃko'ekta(x)] vt débrancher.

desconfiar [dʒiʃkõfi'a(x)] • **desconfiar que** *(suspeitar que)* douter que ☐ **desconfiar de** vp *(não ter confiança em)* se méfier de; *(suspeitar de)* douter de.

desconfortável [dʒiʃkõfor'tavew] *(pl -eis)* adj inconfortable.

desconforto [dʒiʃkõ'fortu] m inconfort m.

descongelar [dʒiʃkõʒe'la(x)] vt décongeler.

desconhecer [dʒiʃkoɲe'se(x)] vt ignorer.

desconhecido, da [dʒiʃkoɲe'sidu, da] adj & mf inconnu(e).

desconsolado, da [dʒiʃkõso'ladu, da] adj morose; *(fam)* fade.

descontar [dʒiʃkõn'ta(x)] vt *(deduzir)* décompter; *(cheque, letra)* escompter.

descontentamento [dʒiʃkõntẽnta'mẽntu] m mécontentement m.

desconto [dʒiʃ'kõntu] m *(dedução)* décompte m; *(para aposentadoria)* cotisation f.

descontraído, da [dʒiʃkõntra'idu, da] adj détendu(e).

descontrair [dʒiʃkõntra'i(x)] vt détendre ☐ **descontrair-se** vp se détendre.

descontrolado, da [dʒiʃ'kõntroladu, da] adj *(agitado)* déchaîné(e); *(furioso)* hors-de-soi; *(máquina)* déréglé(e).

descontrolar-se [dʒiʃkõntru'laxsi] vp s'emporter.

desconversar [dʒiʃkõ-vex'sa(x)] vi détourner la conversation.

descortinar [dʒiʃkoxti'na(x)] vt distinguer.

descoser [dʒiʃko'ze(x)] vt découdre ☐ **descoser-se** vp se découdre.

descrever [dʒiʃkre've(x)] vt décrire.

descrição [dʒiʃkri'sãw] (pl -ões) f description f.

descuidado, da [dʒiʃkuj'dadu, da] adj négligé(e).

descuidar [dʒiʃkuj'da(x)] vt négliger ▫ **descuidar-se** vp (distrair-se) ne pas faire attention; (esquecer-se de) oublier.

descuido [dʒiʃ'kuidu] m moment m d'inattention.

desculpa [dʒiʃ'kuwpa] f excuse f • pedir desculpa a alguém de OU por algo s'excuser auprès de qqn de qqch.

desculpar [dʒiʃkuw'pa(x)] vt excuser • desculpe, pode dizer-me as horas? excusez-moi, pouvez-vous me donner l'heure? ▫ **desculpar-se** vp s'excuser • **desculpar-se com** prétexter.

desde ['deʒdʒi] prep de; (relativamente a tempo) depuis • **desde que** (a partir do momento em que) depuis que; (se) à condition que.

desdém [deʒ'dē] m dédain m.

desdenhar [deʒde'ɲa(x)] ◆ vt dédaigner ◆ vi • **desdenhar de algo** critiquer qqch.

desdentado, da [dʒiʒdēn'tadu, da] adj édenté(e).

desdizer [dʒiʒdi'ze(x)] vt contredire ▫ **desdizer-se** vp se dédire.

desdobrar [dʒiʒdo'bra(x)] vt (jornal, roupa, tecido) déplier; (subdividir) redoubler.

desejar [deze'ʒa(x)] vt désirer; (ansiar) souhaiter • **o que é que você deseja?** que désires-tu? • **você deseja mais alguma coisa?** tu désires autre chose? • **desejo-lhe boa sorte!** je te souhaite bonne chance!

desejo [de'zeʒu] m (vontade) envie f; (anseio) souhait m; (apetite sexual) désir m.

deselegante [dʒizele'gãntʃi] adj (comportamento) inélégant(e); (pessoa) grossier(ère).

desembaciar [dʒizēmba'sja(x)] vt (vidro) désembuer; (óculos) nettoyer.

desembaraçado, da [dʒizēmbara'sadu, da] adj (expedito) efficace.

desembaraçar [dʒizēmbara'sa(x)] vt (cabelo) démêler ▫ **desembaraçar-se** vp se dépêcher • **desembaraçar-se de algo** se débarasser de qqch.

desembaraço [dʒizēmba'rasu] m aisance f.

desembarcar [dʒizēmbax'ka(x)] vt & vi débarquer.

desembarque [dʒizēm'baxki] m (de carga, passageiros) débarquement m; (de estação, aeroporto) arrivées fpl • **desembarque** arrivées.

desembocar [dʒizēmbo'ka(x)] vi • **desembocar em** (rua, caminho) déboucher sur; (rio) se jeter dans.

desembolsar [dʒizēmbow'sa(x)] vt (fam) débourser.

desembrulhar [dʒizēmbru'ʎa(x)] vt déballer.

desempatar [dezēmpa'ta(x)] vt départager.

desempenhar [dʒizẽmpe'ɲa(x)] *vt (trabalho, tarefa)* accomplir; *(função)* remplir; *(papel em peça, filme)* jouer.

desempenho [dʒizẽm'peɲu] *m (de função, obrigação, trabalho)* accomplissement *m*; *(de pessoa em filme, peça)* jeu *m*; *(de máquina)* fonctionnement *m*.

desemperrar [dʒizẽmpe'xa(x)] *vt* débloquer.

desempregado, da [dʒizẽmpre'gadu, da] *m/f* chômeur *m*, -euse *f* ▫ **estar desempregado** être au chômage.

desemprego [dʒizẽm'pregu] *m* chômage *m*.

desencadear [dʒizẽnka'dʒja(x)] *vt* déclencher ▫ **desencadear-se** *vp* se déchaîner.

desencaixar [dʒizẽnkaj'ʃa(x)] *vt* retirer ▫ **desencaixar-se** *vp* se déboîter.

desencaixotar [dʒizẽnkajʃo'ta(x)] *vt* dépaqueter.

desencantar [dʒizẽnkãn'ta(x)] *vt (fig) (achar)* dénicher; *(desiludir)* décevoir.

desencontrar-se [dʒizẽnkõn'traxsi] *vp* se manquer.

desencorajar [dʒizẽnkora'ʒa(x)] *vt* décourager.

desencostar [dʒizẽnkoʃ'ta(x)] *vt* écarter ▫ **desencostar-se** *vp* ▪ **desencostar-se de** s'écarter de.

desenferrujar [dʒizẽfexu'ʒa(x)] *vt (tirar a ferrugem de)* dérouiller; *(fig) (desentorpecer)* dégourdir; *(fig) (língua)* délier.

desenfreado, da [dʒizẽnfre'adu, da] *adj* effréné(e).

desenganado, da [dʒizẽnga'nadu, da] *adj (doente)* détrompé(e).

desenganar [dʒizẽnga'na(x)] *vt (doente)* enlever tout espoir de guérison à; *(tirar ilusões a)* détromper, ouvrir les yeux à.

desengano [dʒizẽ'ganu] *m (sair do engano)* désabusement *m*; *(falta de esperança)* désillusion *f*.

desengonçado, da [dʒizẽngõ'sadu, da] *adj (pessoa)* dégingandé(e); *(desarticulado)* disloqué(e).

desenhar [deze'ɲa(x)] *vt* dessiner ▫ **desenhar-se** *vp* se dessiner.

desenho [de'zeɲu] *m* dessin *m* ▪ **desenhos animados** dessins animés.

desenlace [dʒizẽ'lasi] *m* dénouement *m*.

desenrolar [dʒizẽxo'la(x)] *vt* dérouler ▫ **desenrolar-se** *vp* se dérouler.

desentendido, da [dʒizẽntẽn'dʒidu, da] *adj* ▪ **fazer-se de desentendido** faire celui qui ne comprend pas.

desenterrar [dʒizẽnte'xa(x)] *vt* déterrer.

desentupir [dʒizẽntu'pi(x)] *vt* déboucher.

desenvolver [dʒizẽvow've(x)] *vt (país, economia)* développer; *(esforço, capacidades)* déployer ▫ **desenvolver-se** *vp* se développer.

desenvolvido, da [dʒizẽvow'vidu, da] *adj* développé(e).

desenvolvimento [dʒizẽvowvi'mẽntu] *m* développement *m*.

desequilibrar-se [dʒizekili'braxsi] *vp* perdre l'équilibre.

deserto, ta [de'zɛxtu, ta] ◆ *adj (despovoado)* désert(e) ◆ *m* désert *m*.

desesperado, da [dʒizeʃpe'radu, da] *adj* désespéré(e).

desesperar [dʒizeʃpe'ra(x)] *vt (encolerizar)* exaspérer; *(levar ao desespero)* désespérer.

desfalecer [dʒiʃfale'se(x)] *vi* défaillir.

desfavorável [dʒiffavo'ravew] *(pl* -**eis***) adj* défavorable.

desfazer [dʒiʃfa'ze(x)] *vt* défaire; *(dúvida, engano)* dissiper; *(contrato, noivado)* rompre; *(reduzir a polpa)* écraser ❑ **desfazer-se** *vp* se défaire ● **desfazer-se em** *(em pedaços)* se casser en; *(em desculpas)* se confondre en ❑ **desfazer-se de** *vp + prep* se débarrasser de.

desfecho [dʒiʃ'feʃu] *m* issue *f.*

desfeita [dʒiʃ'fejta] *f* offense *f.*

desfeito, ta [dʒiʃ'fejtu, ta] *adj* défait(e); *(em polpa)* écrasé(e); *(fig) (pessoa)* décomposé(e); *(fig) (amassado)* cabossé(e).

desfiar [dʒiʃ'fja(x)] *vt (bacalhau)* effeuiller ❑ **desfiar-se** *vp* s'effilocher.

desfigurar [dʒiʃfigu'ra(x)] *vt (feições de pessoa)* défigurer; *(fig) (verdade)* déformer.

desfiladeiro [dʒiʃfila'dejru] *m* défilé *m.*

desfilar [dʒiʃfi'la(x)] *vi* défiler.

desfile [dʒiʃ'fili] *m* défilé *m* ● **desfile de modas** défilé de mode.

desforra [dʒiʃ'fɔxa] *f* revanche *f.*

desfrutar [dʒiʃfru'ta(x)] ❑ **desfrutar de** *vp (possuir)* disposer de; *(tirar proveito de)* jouir de.

desgastante [dʒizgaʃ'tãntʃi] *adj* épuisant(e).

desgastar [dʒizgaʃ'ta(x)] *vt (fig) (cansar)* épuiser; *(gastar)* user ❑ **desgastar-se** *vp* s'user.

desgostar [dʒizgoʃ'ta(x)] *vt* décevoir ● **desgostar a** déplaire à ● **não desgostar de** aimer bien ❑ **desgostar-se com** *vp + prep* ne pas plaire à ● **desgostei-me com o que ele fez** ce qu'il a fait ne m'a pas plu.

desgosto [dʒiz'goʃtu] *m (infelicidade)* chagrin *m*; *(mágoa)* peine *f.*

desgraça [dʒiz'grasa] *f* malheur *m.*

desgrenhado, da [dʒizgre'ɲadu, da] *adj* ébouriffé(e).

desidratação [deizidrata'sãw] *(pl* -**ões***) f* déshydratation *f.*

desidratado, da [dʒizidra'tadu, da] *adj* déshydraté(e).

desidratar [dʒizidra'ta(x)] *vt* déshydrater ❑ **desidratar-se** *vp* se déshydrater.

design [dʒi'zajni] *m* design *m.*

designação [dʒizigna'sãw] *(pl* -**ões***) f* désignation *f.*

designar [dezig'na(x)] *vt* désigner.

designer [dʒi'zajnex(x)] *nmf* designer *m*.

desiludir [dʒizilu'dʒi(x)] *vt* décevoir ◻ **desiludir-se com** *vp + prep* être déçu(e) de.

desilusão [dʒizilu'zãw] (*pl* -ões) *f* désillusion *f*.

desimpedido, da [dʒizĩmpe'dʒidu, da] *adj* libre.

desimpedir [dʒizĩmpe'dʒi(x)] *vt* dégager.

desinchar [dʒizĩ'ʃa(x)] *vi* dégonfler.

desinfetante [dʒizĩfe'tãntʃi] ◆ *adj* désinfectant(e) ◆ *m* désinfectant *m*.

desinfetar [dʒizĩfe'ta(x)] *vt* désinfecter.

desinibido, da [dʒizini'bidu, da] *adj* sans complexes.

desintegrar-se [dʒizĩnte'graxsi] *vp* se désintégrer.

desinteressado, da [dʒizĩntere'sadu, da] *adj* désintéressé(e).

desinteressar-se [dʒizĩntere'saxsi] ◻ **desinteressar-se de** *vp + prep* se désintéresser de.

desinteresse [dʒizĩnte'resi] *m (falta de interesse)* indifférence *f*; *(abnegação)* désintérêt *m*; *(pelo dinheiro)* désintéressement *m*.

desistência [deziʃ'tẽsja] *f (de reserva, de vôo)* annulation *f*; *(de corrida)* désistement *m*.

desistir [deziʃ'tʃi(x)] *vt* renoncer ◆ **desistir de algo** annuler qqch ◆ **desistir de fazer algo** arrêter de faire qqch ◆ **desistir de estudar** abandonner les études.

desleal [dʒiʒ'ljaw] (*pl* -ais) *adj* déloyal(e).

desleixado, da [dʒiʒlej'ʃadu, da] *adj* négligé(e).

desleixo [dʒiʒ'lejʃu] *m* négligence *f*.

desligado, da [dʒiʒli'gadu, da] *adj (da corrente)* débranché(e); *(apagado)* éteint(e); *(pessoa)* détaché(e).

desligar [dʒiʒli'ga(x)] *vt (telefone)* raccrocher; *(da corrente)* débrancher; *(apagar)* éteindre.

deslizar [dʒiʒli'za(x)] *vi* glisser.

deslize [dʒiʒ'lizi] *m (fig)* maladresse *f*.

deslocado, da [dʒiʒlo'kadu, da] *adj (perna, pulso, osso)* démis(e); *(desambientado)* décalé(e).

deslocar [dʒiʒlo'ka(x)] *vt (membro)* se démettre ◻ **deslocar-se** *vp (suj: membro)* se démettre ◆ **deslocar-se a** se rendre à ◆ **deslocar-se com** se déplacer avec ◆ **deslocar-se de** se déplacer en.

deslumbrante [dʒiʒlũm'brãntʃi] *adj* éblouissant(e).

deslumbrar [dʒiʒlũm'bra(x)] *vt* éblouir.

desmaiado, da [dʒiʒma'jadu, da] *adj (desfalecido)* évanoui(e); *(desbotado)* passé(e).

desmaiar [dʒiʒma'ja(x)] *vi* s'évanouir.

desmaio [dʒiʒ'maju] *m* évanouissement *m.*

desmamar [dʒiʒma'ma(x)] *vt* sevrer.

desmancha-prazeres [dʒiʒ,mãʃapra'zeriʃ] *nmf inv* rabat-joie *m inv.*

desmanchar [dʒiʒmã'ʃa(x)] *vt (desmontar)* défaire; *(máquina)* démonter; *(suéter)* détricoter; *(bainha)* découdre; *(penteado)* décoiffer; *(casamento, noivado)* rompre ▫ **desmanchar-se** *vp (multidão)* se disperser; *(mecanismo)* se démonter.

desmarcar [dʒiʒmax'ka(x)] *vt (consulta, reserva)* annuler; *(encontro)* décommander.

desmedido, da [dʒiʒme'dʒidu, da] *adj* démesuré(e).

desmentido [dʒiʒmẽn'tʃidu] *m* démenti *m.*

desmentir [dʒiʒmẽn'tʃi(x)] *vt (negar)* démentir; *(contradizer)* infirmer.

desmesurado, da [dʒiʒmezu'radu, da] *adj* démesuré(e).

desmontar [dʒiʒmõn'ta(x)] *vt* démonter; *(fig)* dénouer ▫ **desmontar de** *vp* descendre de.

desmoralizar [dʒiʒmorali'za(x)] *vt* démoraliser.

desmoronamento [dʒiʒmorona'mẽntu] *m (de terra)* éboulement *m;* *(de casa)* écroulement *m.*

desmoronar [dʒiʒmoro'na(x)] *vt* démolir ▫ **desmoronar-se** *vp* s'écrouler.

desnatado [dʒiʒna'tadu, da] *adj m* → **leite**.

desnecessário, ria [dʒiʒnese'sarju, rja] *adj (dispensável)* superflu(e); *(inútil)* inutile.

desnível [dʒiʒ'nivew] *(pl -eis)* *m (de terreno)* dénivellation *f;* *(de valor)* écart *m;* *(cultural, social)* différence *f.*

desobedecer [dʒizobede'se(x)] ▫ **desobedecer a** *vp (pai, mãe, superior)* désobéir à; *(leis, regras, ordens)* enfreindre.

desobediência [dʒizobe-dʒjẽsja] *f (a pai, mãe, superior)* désobéissance *f;* *(a leis, regras, ordens)* infraction *f.*

desobediente [dʒizobe-dʒjẽntʃi] *adj* désobéissant(e).

desobstruir [dʒizobʃtru'i(x)] *vt (desimpedir)* dégager; *(cano)* déboucher.

desocupado, da [dʒizoku'padu, da] *adj* inoccupé(e).

desocupar [dʒizoku'pa(x)] *vt* libérer.

desodorante [dʒizodo'rãntʃi] *m* déodorant *m.*

desodorizador [dʒizodori'zado(x)] *(pl -es)* *m* parfum *m* d'ambiance; *(vaporizador)* désodorisant *m.*

desodorizante [dʒizodori'zãntʃi] *adj* déodorant(e).

desonesto, ta [dʒizo'neʃtu, ta] *adj* malhonnête.

desordem [dʒi'zoxdẽ] *f* désordre *m* • **em desordem** en désordre.

desorganizado, da [dʒizoxgani'zadu, da] *adj (pessoa)* désordonné(e); *(papéis, quarto)* en désordre; *(serviço)* désorganisé(e).

desorientação [dʒizorjẽnta'sãw] f désorientation f.

desorientado, da [dʒizorjẽn'tadu, da] adj (sem saber a direção) perdu(e); (desnorteado) désorienté(e).

despachar [dʒiʃpa'ʃa(x)] vt expédier ☐ **despachar-se** vp se dépêcher.

despedida [dʒiʃpe'dʒida] f adieux mpl • **é a hora da despedida** c'est le moment de se dire au revoir.

despedir [dʒiʃpe'dʒi(x)] vt renvoyer ☐ **despedir-se** vp (dizer adeus) dire au revoir; (demitir-se) démissionner.

despejar [dʒiʃpe'ʒa(x)] vt (de casa, apartamento) expulser; (líquido, lixo) vider.

despejo [dʒiʃ'peʒu] m (de apartamento, casa) expulsion f.

despensa [dʒiʃ'pẽnsa] f office m; (pequena) cagibi m.

despenteado, da [dʒiʃpẽn'tʒjadu, da] adj décoiffé(e).

despentear [dʒiʃpẽn'tja(x)] vt décoiffer ☐ **despentear-se** vp se décoiffer.

despercebido, da [dʒiʃpexse'bidu, da] adj inaperçu(e) • **passar despercebido** passer inaperçu.

desperdiçar [dʒiʃpexdʒi'sa(x)] vt gaspiller; (oportunidade) rater; (talento) gâcher; (tempo) perdre; (saúde) user.

desperdício [dʒiʃpex'dʒisju] m gaspillage m; (de oportunidade, talento) gâchis m; (de tempo) perte f ☐ **desperdícios** mpl déchets mpl.

despertador [dʒiʃpexta'do(x)] (pl -es) m réveil m.

despertar [dʒiʃpex'ta(x)] ◆ vt (acordar) réveiller; (fig) (estimular) éveiller; (fig) (dar origem a) déclencher ◆ vi se réveiller.

despesa [dʒiʃ'peza] f dépense f ☐ **despesas** fpl (de empresa, organismo) dépenses fpl; (de deslocamento) frais mpl.

despido, da [dʒiʃ'pidu, da] adj (nu) nu(e).

despir [dʒiʃ'pi(x)] vt déshabiller ☐ **despir-se** vp se déshabiller.

desportista [dʒiʃpur'tiʃta] nmf sportif m, -ive f.

despregar [dʒiʃpre'ga(x)] vt arracher ☐ **despregar-se** vp tomber.

desprender [dʒiʃprẽn'de(x)] vt détacher ☐ **desprender-se** vp se détacher.

despreocupado, da [dʒiʃpreoku'padu, da] adj détendu(e).

desprevenido, da [dʒiʃpreve'nidu, da] adj pris(e) au dépourvu.

desprezar [dʒiʃpre'za(x)] vt mépriser.

desproporcionado, da [dʒiʃpropoxsjo'nadu, da] adj disproportionné(e).

desqualificar [dʒiʃkwalifi'ka(x)] vt disqualifier.

desquitado, da [dʒiʃki'tadu, da] adj séparé(e).

dessa ['dɛsa] = de + essa → de.

desse ['desi] = de + esse → de.

desta ['dɛʃta] = de + esta → de.

destacar [dʒiʃta'ka(x)] vt (separar) détacher; (enfatizar) souligner ◻ **destacar-se** vp (distinguir-se) ressortir; (pessoa) se distinguer.

destacável [dʒiʃta'kavew] (pl -eis) adj détachable.

destapar [dʒiʃta'pa(x)] vt (frasco) ouvrir; (pescoço, panela) découvrir.

destaque [dʒiʃ'taki] m (ênfase) importance f • **de destaque** marquant(e).

deste ['deʃtʃi] = de + este → de.

destemido, da [dʒiʃte'midu, da] adj intrépide.

destilada [dʒiʃti'lada] adj f → água.

destilar [dʒiʃti'la(x)] vt distiller.

destinar [deʃtʃi'na(x)] vt
• **destinar dinheiro para** mettre de l'argent de côté pour
• **destinar algo para** garder qqch pour ◻ **destinar-se a** vp + prep (ter por fim) être destiné(e) à; (ser endereçado a) s'adresser à.

destinatário, ria [deʃtʃina'tarju, rja] mf destinataire mf.

destino [deʃ'tʃinu] m (de viagem) destination f; (fim) but m
• **o destino** le destin • **com destino a** à destination de.

destituir [deʃtʃitw'i(x)] vt destituer.

destrancar [dʒiʃtrãŋ'ka(x)] vt ouvrir.

destreza [deʃ'treza] f adresse f.

destro, tra ['dɛʃtru, tra] adj adroit(e); (que usa a mão direita) droitier(ère).

destroço [dʒiʃ'trɔsu] m (de naufrágio) débris mpl; (de edifício) gravats mpl.

destruição [dʒiʃtrui'sãw] f destruction f.

destruir [dʒiʃtru'i(x)] vt détruire.

desuso [dʒi'zuzu] m • **em desuso** vieilli(e).

desvalorização [dʒiʒvaloriza'sãw] (pl -ões) f dévalorisation f.

desvalorizar [dʒiʒvalori'za(x)] vt dévaluer ◻ **desvalorizar-se** vp se dévaluer.

desvantagem [dʒiʒvãn'taʒẽ] (pl -ns) f désavantage m.

desviar [dʒiʒ'vja(x)] vt dévier; (dinheiro) détourner ◻ **desviar-se** vp (afastar-se do caminho) faire un détour • **desviar-se de** (perigo) éviter; (assunto) s'écarter de.

desvio [dʒiʒ'viu] m (estrada secundária) déviation f; (de caminho) détour m; (de dinheiro) détournement m.

detalhe [de'taʎi] m détail m.

detectar [dete'ta(x)] vt détecter.

detector [dete'to(x)] (pl -es) m détecteur m • **detector de incêndio** détecteur d'incendie.

detenção

detenção [detẽ'sãw] (*pl* **-ões**) *f* détention *f*.

deter [de'te(x)] *vt (parar, prender)* arrêter; *(conter)* retenir ▫ **deter-se** *vp (parar)* s'arrêter; *(conter-se)* se retenir.

detergente [detex'ʒẽtʃi] *m (para louça)* liquide *m* vaisselle; *(para roupa)* lessive *f*.

deterioração [deterjora'sãw] *f* détérioration *f*.

deteriorar [deterjo'ra(x)] *vt* détériorer ▫ **deteriorar-se** *vp* se détériorer.

determinação [determina'sãw] (*pl* **-ões**) *f* détermination *f*; *(resolução)* résolution *f*; *(ordem)* ordre *m*.

determinar [determi'na(x)] *vt (calcular)* déterminer; *(decidir)* décider; *(ordenar)* ordonner.

detestar [deteʃ'ta(x)] *vt* détester.

detrás [de'trajʃ] *adv* derrière ♦ **detrás de** derrière ♦ **por detrás de** derrière.

detrito [de'tritu] *m (lixo, restos, resíduos)* détritus *mpl*; *(de comida)* restes *mpl*, reliefs *mpl* ▫ **detritos** *fpl (de edifício)* gravats *mpl*; *(lixo)* déchets *mpl*.

deturpar [detux'pa(x)] *vt* déformer.

deu ['dew] → **dar**.

deus, sa ['dewʃ, za] (*mpl* **-es**, *fpl* **-s**) *mf* dieu *m*, déesse *f* ▫ **Deus** *m* Dieu *m*.

devagar [dʒiva'ga(x)] *adv* lentement.

dever [de've(x)] (*pl* **-es**) ♦ *m* devoir *m* ♦ *vt* ♦ **dever algo a alguém** devoir qqch à qqn ♦ **dever fazer algo** devoir faire qqch ♦ **você deve escovar os dentes** tu dois te brosser les dents ♦ **ele deve estar atrasado** il doit être en retard ♦ **dever de casa** *(na escola)* devoirs *mpl* ♦ **dever cívico** devoir civique.

devidamente [de,vida'mẽtʃi] *adv* dûment.

devido, da [de'vidu, da] *adj* dû(due) ♦ **devido a** à cause de.

devolução [devulu'sãw] (*pl* **-ões**) *f (de dinheiro)* remboursement *m*; *(de cheque)* refus *m*; *(de compra)* reprise *f*; *(de produto, objeto perdido, emprestado)* retour *m*.

devolver [devow've(x)] *vt (dinheiro)* rembourser; *(cheque)* refuser; *(produto)* retourner; *(compra)* reprendre; *(objeto perdido, emprestado)* rendre.

devorar [devo'ra(x)] *vt* dévorer.

dez ['dɛʒ] *num* dix, → **seis**.

dezembro [de'zẽbru] *m* décembre *m*, → **setembro**.

dezena [de'zena] *f* dizaine *f*.

dezenove [deze'nɔvi] *num* dix-neuf, → **seis**.

dezesseis [deze'sejʃ] *num* seize, → **seis**.

dezessete [deze'sɛtʃi] *num* dix-sept, → **seis**.

dezoito [de'zɔjtu] *num* dix-huit, → **seis**.

DF (*abrev de* **Distrito Federal**) DF.

dia ['dʒia] m jour m • **bom dia!** bonjour! • **do dia** du jour • **durante o dia** pendant la journée • **estar em dia** être à jour • **já é de dia** il fait jour • **qualquer dia** un de ces jours • **no dia seguinte** le lendemain • **no dia vinte** le vingt • **nos nossos dias** de nos jours • **por dia** par jour • **pôr algo em dia** (atualizar) mettre qqch à jour; (em conversa) faire le point sur qqch • **pôr-se em dia** se mettre à jour • **todos os dias** tous les jours • **um dia destes** un de ces jours • **dia de anos** anniversaire • **o dia a dia** le quotidien • **dia de folga** jour de congé • **dia da mentira** 1er avril • **dia santo** jour saint • **dia de semana** jour de la semaine • **dia de Todos os Santos** Toussaint f • **dia útil** jour ouvrable

dia-a-dia ['dʒiaa'dʒia] m • **o dia-a-dia** le quotidien m.

diabetes [dʒia'bɛtʃiʃ] f inv diabète m.

diabético, ca [dʒia'bɛtʃiku, ka] adj & m/f diabétique.

diabo ['dʒiabu] m diable m • **por que diabos?** (fam) pourquoi donc?

diafragma [dʒia'fragma] m diaphragme m; (contraceptivo) stérilet m.

diagnóstico [dʒiag'nɔʃtʃiku] m diagnostic m.

dialeto [dʒia'lɛtu] m dialecte m.

dialogar [dʒialo'ga(x)] vi dialoguer.

diálogo ['dʒialogu] m dialogue m.

diamante [dʒia'mãntʃi] m diamant m.

diâmetro ['dʒiametru] m diamètre m.

diante ['dʒiãntʃi] □ **diante de** prep (à frente de em tempo) avant; (à frente de em espaço) devant; (perante) face à.

dianteira [dʒiãn'tejra] f avant m • **tomar a dianteira** prendre de l'avance; (antecipar-se) prendre les devants.

diapositivo [dʒiapozi'tʃivu] m diapositive f.

diária ['dʒiarja] f (de hotel) prix d'une nuit d'hôtel.

diariamente [,dʒiarja'mẽntʃi] adv tous les jours.

diário, ria ['dʒiarju, rja] ◆ adj quotidien(enne) ◆ m journal m (intime).

diarréia [dʒia'xeja] f diarrhée f.

dica ['dʒika] f (fam) piste f.

dicionário [dʒisjo'narju] m dictionnaire m • **dicionário de bolso** dictionnaire de poche.

didático, ca [dʒi'datʃiku, ka] adj didactique.

diesel ['dʒizɛw] adj inv (motor) diesel • **óleo diesel** gazole f.

dieta ['dʒjɛta] f régime m.

dietético, ca [dʒjɛ'tɛtʃiku, ka] adj diététique.

difamar [dʒifa'ma(x)] vt diffamer.

diferença [dʒife'rẽsa] f différence f.

diferenciar [dʒiferẽ'sja(x)] vt différencier.

diferente

diferente [dʒife'rẽntʃi] *adj* différent(e).

difícil [di'fisiw] (*pl* **-ceis**) *adj* difficile.

dificuldade [dʒifikuw'dadʒi] *f* difficulté *f*.

dificultar [dʒifikuw'ta(x)] *vt* rendre difficile.

difundir [dʒifũn'di(x)] *vt* diffuser.

difusão [dʒifu'zãw] *f* diffusion *f*.

digerir [dʒiʒe'ri(x)] *vt* digérer.

digestão [dʒiʒeʃ'tãw] *f* digestion *f*.

digestivo, va [dʒiʒeʃ'tʃivu, va] ♦ *adj* digestif(ive) ♦ *m* digestif *m*.

digital [dʒiʒi'taw] (*pl* **-ais**) *adj* digital(e), numérique.

digitar [dʒiʒi'ta(x)] *vt* (*palavra*) taper; (*número*) composer.

dígito ['dʒiʒitu] *m* chiffre *m*.

dignidade [dʒigni'dadʒi] *f* dignité *f*.

dilatar [dʒila'ta(x)] *vt* (*metal*) dilater; (*prazo*) prolonger ❏ **dilatar-se** *vp* se dilater.

dilema [dʒi'lema] *m* dilemme *m*.

diluir [dʒi'lwi(x)] *vt* diluer.

dimensão [dʒimẽ'sãw] (*pl* **-ões**) *f* dimension *f*.

diminuir [dʒimi'nwi(x)] ♦ *vi* diminuer ♦ *vt* (*preço, som*) baisser; (*velocidade, despesas*) réduire.

diminutivo [dʒiminu'tʃivu] *m* diminutif *m*.

Dinamarca [dʒina'maxka] *f* ♦ **a Dinamarca** le Danemark.

dinamarquês, esa [dʒinamax'keʃ, eza] (*mpl* **-eses**, *fpl* **-s**) ♦ *adj* danois(e) ♦ *mf* Danois *m*, -e *f* ♦ *m* (*língua*) danois *m*.

dinâmico, ca [dʒi'namiku, ka] *adj* dynamique.

dinamismo [dʒina'miʒmu] *m* (*fig*) dynamisme *m*.

dinamite [dʒina'mitʃi] *f* dynamite *f*.

dínamo ['dʒinamu] *m* dynamo *f*.

dinastia [dʒinaʃ'tʃia] *f* dynastie *f*.

dinheiro [dʒi'ɲejru] *m* argent *m* • **ter dinheiro** avoir de l'argent • **dinheiro miúdo** monnaie *f* • **dinheiro trocado** monnaie *f*.

dinossauro [dʒino'sawru] *m* dinosaure *m*.

diploma [dʒi'ploma] *m* diplôme *m*.

dique ['dʒiki] *m* digue *f*.

direção [dʒire'sãw] (*pl* **-ões**) *f* direction *f*.

direções → **direção**.

direita [dʒi'rejta] *f* ♦ **a direita** la droite • **à direita** à droite • **virar à direita** tourner à droite • **pela direita** à droite • **ser de direita** être de droite.

direito, ta [dʒi'rejtu, ta] ♦ *adj* droit(e) ♦ *m* droit *m* ♦ *adv* correctement • **pôr-se direito** se tenir droit • **os direitos humanos** les droits de l'homme.

direto, ta [dʒi'retu, ta] ♦ *adj* direct(e) ♦ *adv* • **ir direto a** aller droit à.

diretor, ra [dʒire'to(x), ra] (*mpl* **-es**, *fpl* **-s**) *mf* directeur *m*, -trice *f*.

diretório [dʒireˈtɔriw] *m* **1.** *(conselho)* directoire *m* • **diretório acadêmico** conseil académique *m* **2.** INFORM répertoire *m* • **diretório raiz** répertoire racine.

dirigente [dʒiriˈʒẽtʃi] *nmf* dirigeant *m, -e f*.

dirigir [dʒiriˈʒi(x)] ◆ *vt* diriger; *(veículo)* conduire ◆ *vi* conduire • **dirigir algo a alguém** adresser qqch à qqn • **dirigir algo para** diriger qqch vers ❏ **dirigir-se a** *vp + prep* (falar diretamente com) s'adresser à; *(local)* se diriger vers • **dirigir-se para** se diriger vers • **dirige-se a todos os usuários** avis à tous les usagers.

dirigível [diriˈʒivew] *(pl* **-eis**) *m* dirigeable *m*.

discar [dʒiʃˈka(x)] ◆ *vt* composer *(un numéro)* ◆ *vi* faire le numéro.

disciplina [dʒisiˈplina] *f* EDUC matière *f*; *(ordem e respeito)* discipline *f*.

disc-jóquei [dʒiskˈʒɔkej] *(pl* **disc-jóqueis**) *nmf* disc-jockey *mf*.

disco [ˈdʒiʃku] *m* disque *m*; *(de telefone)* cadran *m* • **discos de algodão** disques démaquillants • **disco compacto** CompactDisc® *m* • **disco rígido** disque dur • **disco voador** soucoupe *f* volante.

discordar [dʒiʃkoxˈda(x)] *vi* ne pas être d'accord • **discordar de alguém em algo** ne pas être d'accord avec qqn sur qqch.

discórdia [dʒiʃˈkɔrdʒja] *f (desarmonia)* discorde *f*.

discoteca [dʒiʃkoˈtɛka] *f* discothèque *f*.

discreto, ta [dʒiʃˈkretu, ta] *adj* discret(ète).

discriminação [dʒiʃkriminaˈsãw] *f* discrimination *f*.

discriminar [dʒiʃkrimiˈna(x)] *vt (distinguir)* différencier; **faire une discrimination entre**; *(detalhar)* détailler.

discurso [dʒiʃˈkuxsu] *m* discours *m* • **discurso direto/indireto** discours direct/indirect.

discussão [dʒiʃkuˈsãw] *(pl* **-ões**) *f (debate)* discussion *f*; *(briga)* dispute *f*.

discutir [dʒiʃkuˈti(x)] ◆ *vt* discuter de ◆ *vi* se disputer.

disenteria [dʒizẽteˈria] *f* dysenterie *f*.

disfarçar [dʒiʃfaxˈsa(x)] ◆ *vt (encobrir)* masquer; *(medo)* cacher ◆ *vi* faire comme si de rien n'était • **isso, disfarce!** c'est ça, fait l'innocent! ❏ **disfarçar-se** *vp* se déguiser • **disfarçar-se de** se déguiser en.

disfarce [dʒiʃˈfaxsi] *m* déguisement *m*.

dislexia [dʒizlɛkˈsia] *f* dyslexie *f*.

disléxico, ca [dʒizˈlɛksiku, ka] *adj* & *mf* dyslexique.

disparador [dʒiʃparaˈdor] *(pl* **-es**) *m (de máquina fotográfica)* déclencheur *m*; *(de arma)* gâchette *f*.

disparar

disparar [dʒiʃpa'ra(x)] ♦ vt tirer ♦ vi (arma) tirer; (máquina fotográfica) déclencher.

disparatado, da [dʒiʃpara'tadu, da] adj insensé(e).

disparate [dʒiʃpa'ratʃi] m bêtise f.

dispensar [dʒiʃpẽ'sa(x)] vt se passer de • **dispensar alguém de algo** dispenser qqn de qqch • **dispensar algo a alguém** donner qqch à qqn; (emprestar) prêter qqch à qqn.

dispersar [dʒiʃpex'sa(x)] ♦ vt disperser ♦ vi se disperser □ **dispersar-se** vp se disperser.

disperso, sa [dʒiʃ'pɛrsu, sa] pp → dispersar.

disponível [dʒiʃpo'nivɛw] (pl -eis) adj disponible.

dispor [dʒiʃ'po(x)] vt disposer □ **dispor de** vp disposer de; (de posição, influência) jouir de □ **dispor-se a** vp + prep se proposer de.

dispositivo [dʒiʃpozi'tʃivu] m dispositif m.

disposto, osta [dʒiʃ'poʃtu, ɔʃta] adj prêt(e) • **estar disposto a fazer algo** être prêt à faire qqch • **bem disposto** de bonne humeur • **mal disposto** (de mau humor) de mauvaise humeur; (mal do estômago) indisposé(e).

disputa [dʒiʃ'puta] f (competição) lutte f; (discussão) dispute f.

disputar [dʒiʃpu'ta(x)] vt disputer.

disquete [dʒiʃ'kɛtʃi] f disquette f.

dissimular [dʒisimu'la(x)] vt dissimuler.

dissipar [dʒisi'pa(x)] vt dissiper □ **dissipar-se** vp se dissiper.

disso ['dʒisu] = de + isso → isso.

dissolver [dʒisow've(x)] vt dissoudre □ **dissolver-se** vp se dissoudre.

dissuadir [dʒiswa'di(x)] vt dissuader.

distância [dʒiʃ'tãsja] f distance f • **a que distância fica?** est-ce que c'est loin?; (cidade) c'est à combien de kilomètres? • **fica a um quilômetro de distância** c'est à un km.

distanciar [dʒiʃtãsi'a(x)] vt (separar) éloigner; (por intervalos) espacer □ **distanciar-se** vp s'éloigner • **distanciar-se de** (afastar-se de) s'éloigner de; (de pelotão) se détacher de; (diferenciar-se de) être éloigné de.

distante [dʒiʃ'tãntʃi] adj (local) éloigné(e); (tempo) reculé(e); (pessoa) distant(e).

distinção [dʒiʃtʃĩ'sãw] (pl -ões) f distinction f; (em exame, estudos) mention f.

distinguir [dʒiʃtʃĩŋ'gi(x)] vt distinguer □ **distinguir-se** vp se distinguer.

distinto, ta [dʒiʃ'tʃĩntu, ta] adj distinct(e); (pessoa) distingué(e).

disto ['dʒiʃtu] = de + isto → isto.

distorção [dʒiʃtox'sãw] (pl -ões) f (de imagem, som) distorsion f; *(de verdade)* déformation f.

distração [dʒiʃtra'sãw] *(pl -ões)* f distraction f.

distrações → distração.

distraído, da [dʒiʃtra'idu, da] *adj* distrait(e).

distrair [dʒiʃtra'i(x)] *vt* distraire ◻ **distrair-se** *vp (divertir-se)* se distraire; *(descuidar-se)* se laisser distrairer.

distribuição [dʒiʃtribwi'sãw] *(pl -ões)* f distribution f.

distribuidor, ra [dʒiʃtribwi'do(x), ra] *(mpl -es, fpl -s)* ♦ *mf* distributeur *m*, -trice f ♦ *m* distributeur *m*.

distrito [dʒiʃ'tritu] *m* district *m* ♦ **Distrito Federal** nom donné à Brasília, capitale administrative du Brésil.

distúrbio [dʒiʃ'tuxbju] *m* trouble *m*.

ditado [dʒi'tadu] *m (de texto, frase)* dictée f; *(provérbio)* dicton *m*.

ditador, ra [dʒita'do(x), ra] *(mpl -es, fpl -s)* mf dictateur *m*.

ditadura [dʒita'dura] f dictature f.

ditafone® [dʒita'fɔni] *m* dictaphone *m*.

ditar [dʒi'ta(x)] *vt* dicter.

dito, ta ['dʒitu, ta] *pp* → **dizer**.

ditongo [dʒi'tõŋgu] *m* diphtongue f.

diurno, na ['dʒjuxnu, na] *adj* pendant la journée.

divã [dʒi'vã] *m* divan *m*.

divagar [dʒiva'ga(x)] *vi (afastar-se do assunto)* faire des digressions; *(devanear)* divaguer; *(caminhar ao acaso)* errer.

diversão [dʒivex'sãw] *(pl -ões)* f *(distração)* distraction f; *(em parque)* attraction f.

diverso, sa [dʒi'vɛxsu, sa] *adj* différent(e) ◻ **diversos, sas** *adj pl (vários)* divers(e); *(muitos)* plusieurs.

diversões → diversão.

divertido, da [dʒivex'tʃidu, da] *adj* drôle.

divertimento [dʒivextʃi'mẽntu] *m* divertissement *m*.

divertir [dʒivex'tʃi(x)] *vt* amuser ◻ **divertir-se** *vp* s'amuser.

dívida ['dʒivida] f dette f.

dividendo [dʒivi'dẽndu] *m* dividendes *m* ◻ **dividendos** [dʒivi'dẽnduʃ] *mpl* dividendes *mpl*.

dividir [dʒivi'di(x)] ♦ *vt* diviser; *(repartir)* partager ♦ *vi* diviser ◻ **dividir-se** *vp (separar-se)* se séparer; *(ramificar-se)* se diviser.

divino, na [dʒi'vinu, na] *adj* divin(e); *(sublime)* exquis(e).

divisão [dʒivi'zãw] *(pl -ões)* f division f; *(de casa)* pièce f; *(de comida, bens, trabalho)* partage *m*.

divisas [dʒi'vizaʃ] *fpl* devises fpl.

divisões → divisão.

divorciado, da [dʒivox'sjadu, da] *adj* divorcé(e).

divorciar-se [dʒivox'sjaxsi] *vp* divorcer ♦ **divorciar-se de alguém** divorcer de qqn.

divórcio [dʒi'vɔxsju] *m* divorce *m*.

divulgar

divulgar [dʒivuw'ga(x)] *vt (informação, idéia)* divulguer; *(produto, serviço)* promouvoir.

dizer [dʒi'ze(x)] *vt* dire • **dizer algo a alguém** dire qqch à qqn • **dizer a alguém que** dire à qqn de *ou* que • **eu lhe disse que se calasse** je lui ai dit de se taire • **como se diz...?** comment dit-on...?

DJ [di'ʒej] *m (abrev de discjóquei)* DJ.

do [du] = de + o → o.

doação [dwa'sãw] *(pl -ões) f* donation *f.*

doar [dwa(x)] *vt* faire don de.

dobra ['dɔbra] *f* pli *m.*

dobrada [do'brada] *f* tripes *fpl.*

dobradiça [dobra'disa] *f* charnière *f.*

dobrado, da [do'bradu, da] *adj (papel, peça de roupa)* plié(e).

dobrar [do'bra(x)] ♦ *vt* plier; *(costas)* courber ♦ *vi* doubler • **dobrar a esquina** tourner au coin de la rue ❑ **dobrar-se** *vp* se courber.

dobro ['dobru] *m* • **o dobro** le double.

doca ['dɔka] *f* dock *m.*

doce ['dosi] ♦ *adj (bebida, comida)* sucré(e); *(pessoa)* doux(douce) ♦ *m* sucrerie *f* • **doce de ovos** crème riche en jaune d'œuf.

dóceis ['dɔsejʃ] → **dócil.**

docente [do'sẽntʃi] *adj & nmf* enseignant(e).

doceria [do'serja] *f* pâtisserie *f.*

dócil ['dɔsiw] *(pl -ceis) adj (animal)* docile; *(pessoa)* facile.

122

documentação [dokumẽnta'sãw] *f (documentos)* documentation *f*; *(de pessoa)* papiers *mpl.*

documentário [dokumẽn'tarju] *m* documentaire *m.*

documento [doku'mẽntu] *m (de identificação)* papier *m*; *(testemunho escrito)* document *m.*

doçura [do'sura] *f (fig)* douceur *f.*

doença ['dwẽsa] *f* maladie *f* • **doença venérea** maladie vénérienne.

doente ['dwẽntʃi] *adj & nmf* malade • **doente mental** malade mental.

doentio, tia [dwẽn'tʃiu, tʃia] *adj (lugar, atmosfera)* malsain(e); *(pessoa)* maladif(ive).

doer ['dwe(x)] *vi* faire mal.

doido, da ['dojdu, da] *adj & mf* fou(folle) • **ser doido por** être fou de • **doido varrido** fou à lier.

dois, duas ['dojʃ, 'duaʃ] *num* deux • **dois a dois** deux par deux → **seis.**

dólar ['dɔla(x)] *(pl -es) m* dollar *m.*

doleiro [do'lejru] *m* revendeur de dollars au marché noir.

dolorido, da [dolo'ridu, da] *adj* courbattu(e).

doloroso, osa [dolo'rozu, ɔza] *adj* douloureux(euse).

dom [dõ] *(pl -ns) m* don *m (qualité).*

domador, ra [doma'do(x), ra] *(mpl -es, fpl -s) mf* dompteur *m*, -euse *f.*

doméstica [do'mɛʃtʃika] *f* employée *f* de maison.
domesticado, da [domeʃtʃi'kadu, da] *adj* apprivoisé(e).
domesticar [domeʃtʃi'ka(x)] *vt* apprivoiser.
doméstico, ca [doˈmɛʃtʃiku, ka] *adj* domestique; *(tarefa)* ménager(ère).
domicílio [domi'silju] *m* domicile *m*.
dominar [domi'na(x)] *vt* maîtriser; *(país)* dominer ❏ **dominar-se** *vp* se maîtriser.
domingo [doˈmĩŋgu] *m* dimanche *m*, → **sexta-feira**.
domínio [doˈminju] *m* **1.** *(dominação)* • **domínio (sobre)** domination *f* **2.** *(posse)* pouvoir *m* **3.** *(território)* domaine *m* **4.** *(controle)* commandement *m* **5.** *(conhecimento)* maîtrise *f* **6.** *INFORM* domaine *m*.
dominó [domi'nɔ] *m* domino *m* • **jogar dominó** jouer aux dominos.
dona ['dona] *f* • **dona Isabel** X Madame X → **dono**.
dona-de-casa [ˌdonadʒ'kaza] *f* maîtresse *f* de maison.
donde ['dõnde] *adv* = **de** + **onde**; *(de que lugar)* d'où.
dono, na ['donu, na] *mf* propriétaire *mf*; *(de cão)* maître *m*, -esse *f*.
dons → **dom**.
dopar [do'pa(x)] *vt* doper.
dor [do(x)] *(pl* **-es**) *f* douleur *f*. • **dor de barriga** mal *m* de ventre • **dor de cabeça** mal *m* de tête • **estou com dor de cabeça** j'ai mal à la tête • **dor nas costas** mal *m* au dos • **dor de dentes** mal *m* aux dents • **dor de estômago** douleur *f* d'estomac • **dor de garganta** mal *m* de gorge • **ter dor de ouvidos** avoir mal aux oreilles.
dor-de-cotovelo [do(x)dʒkoto've-lu] *f (fig)* jalousie *f*.
dormente [dor'mẽntʃi] *adj* engourdi(e).
dormir [dor'mi(x)] *vi* dormir.
dormitório [dormi'tɔrju] *m* dortoir *m*.
dosagem [du'zaʒẽj] *(pl* **-ns**) *f* dose *f*; *(operação)* dosage *m*.
dose ['dɔzi] *f* dose *f*.
dossiê [do'sje] *m* dossier *m* • **dossier** *(escolar)* classeur *m*.
dotado, da [do'tadu, da] *adj* doué(e).
dou [do] → **dar**.
dourado, da [do'radu, da] *adj* doré(e).
doutor, ra [do'to(x), ra] *(mpl* **-es**, *fpl* **-s**) *mf (pessoa doutorada)* docteur *m*; *(médico)* docteur *m*.
Doutor, ra [do'to(x), ra] *f (forma de tratamento)* Docteur *m*.
doutrina [do'trina] *f* doctrine *f*.
download [dawn'lowdʒi] *(pl* **downloads**) *m INFORM* téléchargement *m* • **fazer (um) download** télécharger.
doze ['dɔzi] *num* douze, → **seis**.
Dr. *(abrev de* **Doutor**) titre donné à tous les licenciés • **Dr. João X** Monsieur X.

Dra. (*abrev de* **Doutora**) titre donné à toutes les licenciées • **Dra. Isabel** X Madame X.

dragão [dra'gãw] (*pl* **-ões**) *m* dragon *m*.

dragar [dra'ga(x)] *vt* draguer (*une rivière*).

drágea ['draʒja] *f* dragée *f*.

dragões → **dragão**.

drama ['drama] *m* drame *m*.

dramatizar [dramatʃi'za(x)] *vt* faire un drame de.

dramaturgo, ga [drama'turgu, ga] *mf* dramaturge *mf*.

drástico, ca ['draʃtʃiku, ka] *adj* (*solução*) radical(e); (*medida*) draconien(enne).

drenar [dre'na(x)] *vt* drainer.

dreno ['drenu] *m* drain *m*.

driblar [dri'bla(x)] *vt* & *vi* dribbler.

drinque ['drĩŋki] *m* drink *m*.

drive ['drajvi] (*pl* **-s**) *m* INFORM unité de disque *f*.

driver ['drajve(x)] (*pl* **-s**) *m* INFORM pilote *m*, gestionnaire de périphérique *m* • **driver de video** pilote du magnétoscope *m* • **driver de impressora** pilote de l'imprimante *m*.

droga ['drɔga] ♦ *f* drogue *f*; (*coisa de má qualidade*) cochonnerie *f* ♦ *interj* • **que droga!** mince!

drogado, da [dro'gadu, da] *mf* drogué *m*, -e *f*.

drogar [dro'ga(x)] *vt* droguer □ **drogar-se** *vp* se droguer.

drogaria [droga'ria] *f* droguerie *f*.

dto. (*abrev de* **direito**) dte.

duas ['duaʃ] → **dois**.

dublado, da [du'bladu, da] *adj* (*filme, programa de TV*) doublé(e).

dublar [du'blax] *vt* (*filme, programa de TV*) doubler.

ducha ['duʃa] *m* douche *f* • **tomar uma ducha** prendre une douche.

duende ['dwẽndʒi] *m* lutin *m*.

dum= de + um → **um**.

duma= de + uma → **um**.

dumas= de + umas → **um**.

duna ['duna] *f* dune *f*.

duns= de + uns → **um**.

dupla ['dupla] *f* (*par*) couple *m*; (*em esporte*) double *m*.

dúplex ['dupleks] *adj inv* duplex *m*.

duplicado [dupli'kadu] *m* double *m*.

duplicar [dupli'ka(x)] *vt* & *vi* doubler.

duplo, pla ['duplu, pla] ♦ *adj* double ♦ *m* • **o duplo** le double.

duração [dura'sãw] *f* durée *f*.

duradouro, ra [dura'doru, ra] *adj* durable.

durante [du'rãntʃi] *prep* pendant.

durar [du'ra(x)] *vi* durer.

durex [du'rɛks] *adj* → **fita**.

dureza [du'reza] *f* dureté *f*.

durmo ['durmu] → **dormir**.

duro, ra ['duru, ra] *adj* dur(e).

dúvida ['duvida] *f* doute *m* • **estar em dúvida** se demander • **pôr em dúvida** mettre en doute • **sem dúvida!** bien sûr! • **tirar dúvidas** expliquer.

duvidoso, osa [duvi'dozu, ɔza] *adj* louche; (*oferta*) douteux(euse).

duzentos, tas [du'zẽntuʃ, taʃ] *num* deux cents, → **seis**.

dúzia ['duzja] *f* douzaine *f* • **uma dúzia de ovos** une douzaine d'œufs • **vender à dúzia** vendre à la douzaine • **meia dúzia** une demi-douzaine.

E

e [i] *conj* et.

E (*abrev de* **Este**) E.

é [ɛ] → **ser**.

ébano ['ebanu] *m (árvore)* ébénier *m*; *(madeira)* ébène *f*.

ébrio, a ['ebriu, a] *adj* ivre.

ebulição [ibuli'sãw] *f* ébullition *f*.

echarpe [e'ʃaxpi] *f* écharpe *f*.

eclipse [e'klipsi] *m* éclipse *f*.

eco ['εku] *m* écho *m*.

ecoar [e'kwa(x)] *vi* résonner.

ecografia [ekogra'fia] *f* échographie *f*.

ecologia [ekolo'ʒia] *f* écologie *f*.

ecológico, ca [eko'lɔʒiku, ka] *adj* écologique.

economia [ekono'mia] *f* économie *f* □ **economias** *fpl* économies *fpl*.

econômico, ca [eko'nomiku, ka] *adj* économique; *(pessoa)* économe.

economista [ekono'miʃta] *nmf* économiste *mf*.

economizar [ekonomi'za(x)] *vt & vi* économiser.

ecoturismo [ekotu'riʒmu] *m* écotourisme *m*.

ECT *f (abrev de* **Empresa Brasileira de Correios e Telégrafos**) ≃ La Poste.

eczema [ek'zema] *m* eczéma *m*.

edição [edʒi'sãw] (*pl* **-ões**) *f* édition *f*.

edifício [edʒi'fisju] *m* immeuble *m*.

edifício-garagem [edʒifisiʒuga'raʒẽ] (*pl* **edifícios-garagens**) *m* parking *m*.

editar [edʒi'ta(x)] *vt* éditer.

editor, ra [edʒi'to(x), ra] (*mpl* **-es**, *fpl* **-s**) *mf* éditeur *m*, -trice *f*.

editora [edʒi'tora] *f* maison *f* d'édition, → **editor**.

editores → **editor**.

edredom [edre'dõ] (*pl* **-ns**) *m* édredon *m*; *(espesso)* couette *f*.

educação [eduka'sãw] *f* éducation *f*.

educado, da [edu'kadu, da] *adj* bien élevé(e).

educar [edu'ka(x)] *vt* éduquer.

efeito [e'fejtu] *m* effet *m* • **com efeito** en effet • **sem efeito** sans effet; *(contrato)* non avenu.

efervescente [efexve'sẽntʃi] *adj* → **aspirina**.

efetivamente [efe,tʃiva'mẽntʃi] *adv* effectivement.

efetivo, va [efe'tʃivu, va] ♦ *adj (real)* effectif(ive); *(funcionário, empregado)* titulaire ♦ *m (categoria de professor)* professeur *m* titulaire.

efetuar [efe'twa(x)] *vt* effectuer.

eficácia [efi'kasja] *f* efficacité *f*.

eficaz [efi'kaʃ] (*pl* **-es**) *adj* efficace.

eficiência [efi'sjẽsja] *f* efficacité *f*.

eficiente [efi'sjẽntʃi] *adj* efficace.

efusivo, va [efu'zivu, va] *adj* expansif(ive).

egoísmo [e'gwiʒmu] *m* égoïsme *m*.

egoísta [e'gwiʃta] *adj & nmf* égoïste.

égua ['ɛgwa] *f* jument *f*.

eis ['ejʃ] *adv* voilà • **eis senão quando** et voilà que.

eixo ['ejʃu] *m* (*de roda*) essieu *m*; (*de máquina*) axe *m*.

ejaculação [eʒakula'sãw] (*pl* -**ões**) *f* éjaculation *f*.

ejacular [eʒaku'la(x)] *vt & vi* éjaculer.

ela ['ɛla] → **ele**.

elaboração [elabora'sãw] *f* élaboration *f*.

elaborar [elabo'ra(x)] *vt* élaborer; (*lista*) établir.

elasticidade [elaʃtisi'dadʒi] *f* élasticité *f*.

elástico, ca [e'laʃtʃiku, ka] ♦ *adj* élastique ♦ *m* élastique *m*.

ele, ela ['eli] *pron* il(elle); (*com preposição*) lui(elle) • **é ele/ela** c'est lui/elle • **ele e lui/elle?** • **ele mesmo** *ou* **próprio/ela mesma** *ou* **própria** lui-même/elle-même • **para eles/elas** pour eux/elles.

elefante [ele'fãntʃi] *m* éléphant *m*.

elegância [ele'gãsja] *f* élégance *f*.

elegante [ele'gãntʃi] *adj* (*esbelto*) mince; (*distinto*) élégant(e).

eleger [ele'ʒe(x)] *vt* (*deputado, diretor*) élire; (*sistema, método, manual*) choisir.

eleição [elej'sãw] (*pl* -**ões**) *f* (*de deputado, diretor*) élection *f*; (*sistema, método, manual*) choix *m* □ **eleições** *fpl* élections *fpl*.

eleito, ta [e'lejtu, ta] ♦ *pp* → **eleger** ♦ *adj* élu(e).

eleitor, ra [elej'to(x), ra] (*mpl* -**es**, *fpl* -**s**) *m,f* électeur *m*, -trice *f*.

elementar [elemẽn'ta(x)] (*pl* -**es**) *adj* élémentaire.

elemento [ele'mẽntu] *m* élément *m*; (*de equipe, grupo*) membre *m* □ **elementos** *mpl* éléments *mpl*.

eletricidade [eletrisi'dadʒi] *f* électricité *f*.

eletricista [eletri'siʃta] *m* électricien *m*, -enne *f*.

elétrico, ca [e'lɛtriku, ka] *adj* électrique.

eletrizar [eletri'za(x)] *vt* (*fig*) (*público*) chauffer.

eletrodoméstico [e,letrodo'mɛʃtʃiku] *m* électroménager *m*.

eletrônica [ele'tronika] *f* électronique *f*.

eletrônico, ca [ele'troniku, ka] *adj* électronique.

elevação [eleva'sãw] (*pl* -**ões**) *f* hauteur *f* (*en géographie*).

elevado, da [ele'vadu, da] *adj* élevé(e).

elevador [eleva'do(x)] (*pl* -**es**) *m* ascenseur *m*.

elevar [ele'va(x)] *vt* élever; *(preço, imposto)* augmenter ☐ **elevar-se** *vp* s'élever • **elevar-se nos ares** s'envoler.

eliminar [elemi'na(x)] *vt* éliminer; *(possibilidade, hipótese)* écarter.

elite [e'litʃi] *f* élite *f*.

elo [ɛlu] *m* chaînon *m* • **elo de ligação** *(fig)* lien *m*.

elogiar [elo'ʒja(x)] *vt* faire l'éloge de.

elogio [elo'ʒiu] *m* éloge *m*.

eloquência [elo'kwẽsja] *f* éloquence *f*.

eloquente [elo'kwẽtʃi] *adj* éloquent(e).

em [ẽ] *prep* **1.** *(no interior de)* dans • **vivo no norte** je vis dans le nord • **os papéis estão naquela gaveta** les papiers sont dans ce tiroir • **a chave está na fechadura** la clé est dans la serrure • **fica no nordeste** c'est au nord-est • **estou na cama** je suis au lit **2.** *(em certo ponto de)* dans la rue • **em casa** à la maison • **no trabalho** au travail • **em minha casa** chez moi • **fica na saída do teatro** c'est à la sortie du théâtre **3.** *(sobre)* sur • **coloque uma jarra nesta mesa** mets un vase sur cette table • **a chave está na porta** la clé est sur la porte • **ponha isso no chão** mets cela par terre **4.** *(relativo a cidade, país)* à • **em Londres/Paris** à Londres/Paris • **no Brasil** au Brésil • **nos Estados Unidos** aux États-Unis • **em Portugal/França** au Portugal/en France **5.** *(indica tempo)* en; *(época)* à • **ele nasceu em 1970/num sábado** il est né en 1970/un samedi • **no dia 25** le 25 • **saio de férias no verão/Natal** je pars en vacances en été/à Noël • **estou de volta numa semana** je suis de retour dans une semaine • **leio muito nas férias** je lis beaucoup pendant les vacances • **nos nossos dias** de nos jours **6.** *(indica modo)* en • **paguei em euros** j'ai payé en euros • **respondi-lhe em português** je lui ai répondu en portugais • **ele respondeu-me num tom muito seco** il m'a répondu d'un ton très sec • **em voz baixa** à voix basse • **sardinha grelhada na brasa** sardine grillée sur la braise **7.** *(indica assunto)* en • **é um perito em economia** c'est un expert en économie • **nisso de computadores, é o melhor** en matière d'ordinateurs, c'est le meilleur • **sou licenciado em Letras/Direito** je suis licencié ès lettres/en droit • **doutorado em Medicina** docteur en médecine **8.** *(indica estado)* en • **não descer com o trem em movimento** ne pas descendre du train en marche **9.** *(introduz complemento)* • **cair em desuso** tomber en désuétude • **não pense nele** ne pense pas à lui.

emagrecer [emagre'se(x)] *vi* maigrir.

e-mail ['imejw] *m* e-mail *m*, courriel *m*.

emancipado, da [emãsi'padu, da] *adj* émancipé(e).

emaranhado, da [ema-ra'ɲadu, da] *adj (cabelo, fios)* emmêlé(e); *(vegetação)* enchevêtré(e).

embaçar [ẽba'sa(x)] *vt (lentes)* embuer; *(ofuscar)* offusquer.

embaciado, da [ẽba'sjadu, da] *adj* embué(e).

embaciar [ẽba'sja(x)] *vt* embuer.

embaixada [ẽbaj'ʃada] *f* ambassade *f*.

embaixador, ra [ẽbajʃa'do(x), ra] *m* (*mpl* **-es**, *fpl* **-s**) *mf* ambassadeur *m*, -drice *f*.

embaixatriz [ẽbajʃa'triʃ] (*pl* **-es**) *f* ambassadrice *f*.

embaixo [ẽ'bajʃu] *adv (em espaço)* en bas; *(em lista)* en dernier • embaixo de sous.

embalagem [ẽba'laʒẽ] (*pl* **-ns**) *f* emballage *m*.

embalar [ẽba'la(x)] *vt (produto)* emballer; *(bebê)* bercer.

embaraçar [ẽbara'sa(x)] *vt* gêner ▫ **embaraçar-se** *vp* être gêné(e).

embaraço [ẽba'rasu] *m* gêne *f*.

embarcação [ẽbaxka'sãw] (*pl* **-ões**) *f* embarcation *f*.

embarcar [ẽbax'ka(x)] *vi* embarquer • **embarcar em** *(navio, avião)* embarquer à bord de; *(trem)* monter dans; *(aventura, negócio)* s'embarquer dans.

embarque [ẽ'baxki] *m* embarquement *m* • **zona/local de embarque** zone/salle d'embarquement.

embebedar-se [ẽbebe'daxsi] *vp* se saouler.

embeber [ẽbe'be(x)] *vt* imbiber • **embeber algo em algo** imbiber qqch de qqch.

embelezar [ẽbele'za(x)] *vt* embellir.

emblema [ẽ'blema] *m* emblème *m*.

embora [ẽ'bɔra] ◆ *conj* bien que ◆ *adv* • **ir embora** s'en aller • **ir-se embora** s'en aller • **ele foi-se embora** il est parti.

emboscada [ẽboʃ'kada] *f* embuscade *f*.

Embratur [ẽbra'tu(x)] *f (abrev de* **Empresa Brasileira de Turismo***)* Office du tourisme brésilien.

embreagem [ẽbre'aʒẽ] (*pl* **-ns**) *f* embrayage *m*.

embriagar-se [ẽbria'gaxsi] *vp* se saouler.

embrulhar [ẽbru'ʎa(x)] *vt (presente, produto)* emballer; *(agasalhar)* couvrir; *(misturar)* emmêler.

embrulho [ẽ'bruʎu] *m* paquet *m*.

embutido, da [ẽbu'tʃidu, da] *adj* encastré(e) ▫ **embutidos** *fpl* charcuterie *f*.

emendar [emẽ'da(x)] *vt* corriger ▫ **emendar-se** *vp* se corriger.

emergência [emex'ʒẽsja] f urgence f ▫ **Emergências** fpl urgences fpl.

emigração [emigra'sãw] f émigration f.

emigrante [emi'grãntʃi] nmf émigrant m, -e f.

emigrar [emi'gra(x)] vi émigrer • **emigrar para** émigrer en.

emissão [emi'sãw] (pl -**ões**) f émission f.

emissor, ra [emi'so(x), ra] (mpl -**es**, fpl -**s**) ♦ adj émetteur(trice) ♦ m émetteur m.

emissora [emi'sora] f station f (de radio et de télévision).

emissores → emissor.

emitir [emi'tʃi(x)] vt émettre.

emoção [emo'sãw] (pl -**ões**) f émotion f.

emoldurar [emowdu'ra(x)] vt encadrer.

emoticon [emotʃi'cõn] f émoticône f.

emotivo, va [emo'tʃivu, va] adj émotif(ive).

empacotar [ẽmpako'ta(x)] vt emballer.

empada [ẽm'pada] f pâté en croûte farci aux cœurs de palmier, crevettes, poulet etc. • **empada de galinha** pâté en croûte au poulet.

empadão [ẽnpa'dãw] (pl -**ões**) m gros pâté en croûte farci aux cœurs de palmier, crevettes etc..

empadinha [ẽmpa'dʒina] f 1. = **empada** 2. • **empadinha de camarão** petit pâté en croûte farci aux crevettes • **empadinha de palmito** petit pâté en croûte farci aux cœurs de palmier • **empadinha de queijo** petit pâté en croûte farci au fromage.

empadões → empadão.

empalhar [ẽmpa'ʎa(x)] vt empailler.

empantyrrar [ẽmpãntu'xa(x)] vt • **empanturrar alguém com algo** gaver qqn de qqch ▫ **empanturrar-se** vp se gaver.

empatar [ẽmpa'ta(x)] ♦ vi être à égalité ♦ vt (estorvar) gêner; (dinheiro) immobiliser.

empate [ẽm'patʃi] m match m nul • **empate de dois** deux partout.

empenado, da [ẽmpe'nadu, da] adj (porta) qui a joué; (roda) voilé(e).

empenhar [ẽmpe'ɲa(x)] vt mettre en gage ▫ **empenhar-se** vp (esforçar-se) se mettre en quatre; (endividar-se) s'endetter • **empenhar-se em algo** s'investir dans qqch.

empestar [ẽmpeʃ'ta(x)] vt empester.

empilhar [ẽmpi'ʎa(x)] vt empiler.

empinar-se [ẽmpi'naxsi] vp se cabrer.

emplastro [ẽn'plaʃtru] m emplâtre m.

empobrecer [ẽmpobre'se(x)] ♦ vt appauvrir ♦ vi s'appauvrir.

empolgante [ẽmpow'gãntʃi] adj prenant(e).

empreender [ẽmpriẽn'de(x)] vt entreprendre.

empreendimento

empreendimento [ẽmpriẽndʒi'mẽntu] m entreprise f.

empregado, da [ẽmpre'gadu, da] mf (em casa) employé m, -e f de maison; (em restaurante) serveur m, -euse f; (em empresa) employé m, -e f • **empregado de balcão** vendeur m (au comptoir) • **empregado de bar** serveur m • **empregado doméstico** domestique m.

empregar [ẽmpre'ga(x)] vt employer ▫ **empregar-se** vp (arranjar emprego) trouver un emploi; (utilizar-se) s'employer.

emprego [ẽm'pregu] m emploi m • **o emprego** l'emploi.

empregue [ẽm'pregi] pp → **empregar**.

empresa [ẽm'preza] f entreprise f.

emprestado, da [ẽmpreʃ'tadu, da] adj prêté(e) • **pedir algo emprestado** emprunter qqch.

emprestar [ẽmpreʃ'ta(x)] vt • **emprestar algo a alguém** prêter qqch à qqn.

empréstimo [ẽm'preʃtʃimu] m prêt m • **fazer um empréstimo** (cliente) faire un emprunt; (banco) faire un prêt.

empunhar [ẽmpu'ɲa(x)] vt empoigner.

empurrão [ẽmpu'xãw] (pl -ões) m coup m • **dar um empurrão** pousser.

empurrar [ẽmpu'xa(x)] vt pousser ◆ **empurre!** poussez!

empurrões → **empurrão**.

encabeçar [ẽŋkabe'sa(x)] vt être à la tête de.

encadernação [ẽŋkadexna'sãw] (pl -ões) f reliure f.

encaixar [ẽŋkaj'ʃa(x)] vt (meter em encaixe) s'emboîter; (fig) (meter na cabeça) se mettre dans la tête ▫ **encaixar-se** vp (em encaixe) s'emboîter; (enquadrar-se) s'intégrer.

encaixe [ẽŋ'kajʃi] m jointure f.

encaixotar [ẽŋkajʃo'ta(x)] vt emballer.

encalhar [ẽŋka'ʎa(x)] ◆ vt faire échouer ◆ vi s'échouer.

encaminhar [ẽŋkami'ɲa(x)] vt (fig) guider ▫ **encaminhar algo/alguém para** orienter qqch/qqn vers • **encaminhar um pedido para alguém** faire parvenir une demande à qqn ▫ **encaminhar-se para** vp + prep se diriger vers.

encanador, ra [ẽŋkana'do(x), ra] (mpl -es, fpl -s) mf plombier m.

encanamento [ẽŋkana'mẽntu] m tuyauterie f.

encantador, ra [ẽŋkãnta'do(x), ra] (mpl -es, fpl -s) adj charmant(e).

encantar [ẽŋkãn'ta(x)] vt enchanter.

encaracolado, da [ẽŋkarako'ladu, da] adj bouclé(e).

encarar [ẽŋka'ra(x)] vt (pessoa) dévisager; (problema, situação, possibilidade) affronter ▫ **encarar com** vp tomber sur.

encardido, da [ẽŋkax'dʒidu, da] adj jauni(e).

encarnado, da [ẽŋkax'nadu, da] *adj* rouge.

encarregado, da [ẽŋkaxe'gadu, da] *mf* responsable *mf*.

encarregar [ẽŋkaxe'ga(x)] *vt* • encarregar alguém de fazer algo charger qqn de faire qqch.

encarte [ẽŋ'kaxtʃi] *m (de revista, jornal)* supplément *m*.

encenação [ẽsena'sãw] *(pl* -ões) *f* mise *f* en scène.

encenar [ẽse'na(x)] *vt* mettre en scène.

encerar [ẽse'xa(x)] *vt* cirer.

encerrado, da [ẽse'xadu, da] *adj* clos(e).

encerramento [ẽsexa'mẽntu] *m (de concerto, espetáculo)* clôture *f*.

encerrar [ẽse'xa(x)] *vt* clore.

encharcar [ẽʃax'ka(x)] *vt* inonder ▫ **encharcar-se** *vp (espaço)* s'inonder; *(pessoa)* se tremper.

enchente [ẽ'ʃẽntʃi] *f* inondation *f*; *(de rio)* crue *f*; *(de gente, coisas)* flot *m*.

enchova [ẽn'ʃova] *f* tassergal *m (poisson)*.

encoberto, ta [ẽŋko'bɛxtu, ta] *adj (céu, tempo)* couvert(e); *(oculto)* caché(e).

encolher [ẽŋko'ʎe(x)] ◆ *vt (ombros)* hausser; *(pernas)* plier; *(barriga)* rentrer ◆ *vi (roupa)* rétrécir ▫ **encolher-se** *vp (retrair-se)* être intimidé(e); *(para fazer algo)* ne pas oser
• encolher-se no seu canto rester dans son coin.

encomenda [ẽŋko'mẽnda] *f* commande *f* • **encomenda postal** colis *m* postal.

encomendar [ẽŋkomẽn'da(x)] *vt* commander • encomendar algo a alguém commander qqch à qqn.

encontrar [ẽŋkõn'tra(x)] *vt (objeto procurado)* trouver; *(pessoa por acaso)* rencontrer ▫ **encontrar-se** *vp* se retrouver
• encontrar-se com alguém rencontrer qqn.

encontro [ẽŋ'kõntru] *m (esportivo)* rencontre *f*; *(compromisso)* rendez-vous *m*.

encorajar [ẽŋkora'ʒa(x)] *vt* encourager.

encorpado, da [ẽŋkor'padu, da] *adj (pessoa)* corpulent(e); *(vinho)* corsé(e).

encosta [ẽŋ'kɔʃta] *f* versant *m*.

encostar [ẽŋkoʃ'ta(x)] *vt (cabeça)* appuyer; *(carro)* ranger; *(porta)* pousser • encostar algo em algo adosser qqch contre qqch ▫ **encostar-se** *vp* • encostar-se a s'adosser à.

encosto [ẽŋ'koʃtu] *m* dossier *m*.

encruzilhada [ẽŋkruzi'ʎada] *f* carrefour *m*.

endereço [ẽnde'resu] *m* adresse *f* • **endereço eletrônico** adresse électronique.

endireitar [ẽndirej'ta(x)] *vt* redresser; *(pernas)* déplier; *(objeto caído)* relever ▫ **endireitar-se** *vp* se redresser.

endívia [ẽn'divja] *f* endive *f*.

endoidecer 132

endoidecer [ẽdoidje'se(x)] ♦ vt rendre fou(folle) ♦ vi devenir fou(folle).

endossar [ẽdo'sa(x)] vt endosser.

endurecer [ẽdure'se(x)] vt & vi durcir.

energia [enex'ʒia] f énergie f • **energia eólica** énergie éolienne • **energia nuclear** énergie nucléaire • **energia solar** énergie solaire.

enevoado, da [ene'vwadu, da] adj nuageux(euse).

enfarte [ẽ'faxtʃi] m infarctus m.

ênfase ['ẽfazi] f emphase f.

enfatizar [ẽfatʃi'za(x)] vt souligner.

enfeitar [ẽfej'ta(x)] vt agrémenter, parer, embellir ◻ **enfeitar-se** vp se parer.

enfeitiçar [ẽfejtʃi'sa(x)] vt ensorceler.

enfermagem [ẽfex'maʒẽ] f • ela fez um curso de enfermagem elle a fait des études d'infirmières.

enfermaria [ẽfexma'ria] f infirmerie f.

enfermeiro, ra [ẽfex'mejru, ra] mf infirmier m, -ère f.

enferrujar [ẽfexu'ʒa(x)] vt & vi rouiller.

enfiar [ẽ'fja(x)] vt (peça de vestuário) passer • **enfiar algo em algo** enfiler ◻ **enfiar-se** vp s'engager.

enfim [ẽ'fĩ] adv (finalmente) enfin; (em conclusão) finalement.

enforcar [ẽfox'ka(x)] vt pendre ◻ **enforcar-se** vp se pendre.

enfraquecer [ẽfrake'se(x)] ♦ vt affaiblir ♦ vi s'affaiblir.

enfrentar [ẽfrẽ'ta(x)] vt affronter.

enfurecer [ẽfure'se(x)] vt mettre en colère ◻ **enfurecer-se** vp se mettre en colère.

enganado, da [ẽga'nadu, da] adj • **estar enganado** se tromper • **ser enganado** être trompé.

enganar [ẽga'na(x)] vt tromper ◻ **enganar-se** vp se tromper • **enganar-se em algo** se tromper de qqch.

engano [ẽ'ganu] m erreur f.

engarrafado, da [ẽgaxa'fadu, da] adj (líquido) en bouteille; (trânsito) embouteillé(e).

engarrafamento [ẽgaxafa'mẽntu] m (de líquido) mise f en bouteille; (de trânsito) embouteillage m.

engasgar-se [ẽgaʒ'gaxsi] vp (ao comer, beber) s'étrangler; (ao falar) bafouiller.

engenharia [ẽʒeɲa'ria] f ingénierie f.

engenheiro, ra [ẽʒe'ɲejru, ra] mf ingénieur m.

engenhoso, osa [ẽʒe'nozu, ɔza] adj ingénieux(euse).

engessar [ẽʒe'sa(x)] vt plâtrer.

englobar [ẽŋglo'ba(x)] vt englober.

engodo [ẽŋ'godu] m appât m.

engolir [ẽŋgo'li(x)] vt avaler.

engomar [ẽgo'ma(x)] vt repasser.

engordar [ẽgor'da(x)] ♦ vt (pessoa) grossir; (alimento) faire grossir ♦ vt engraisser.

engordurado, da [ẽgordu'radu, da] adj gras(grasse).

engraçado, da [ẽgra'sadu, da] adj drôle.

engravidar [ẽgravi'da(x)] ♦ vi tomber enceinte ♦ vt mettre enceinte.

engraxar [ẽgra'ʃa(x)] vt (calçado) cirer.

engraxate [ẽgra'ʃatʃi] m cireur m de chaussures.

engrenagem [ẽgre'naʒẽ] (pl -ns) f engrenage m.

engrossar [ẽgro'sa(x)] ♦ vt (sopa) épaissir; (molho) lier ♦ vi épaissir.

enguia [ẽ'gia] f anguille f.

enguiçar [ẽgi'sa(x)] vi tomber en panne.

enigma [e'nigma] m énigme f.

enjoado, da [ẽ'ʒwadu, da] adj qui a mal au cœur.

enjoar [ẽ'ʒwa(x)] ♦ vi (em avião, ônibus) avoir mal au cœur; (em barco) avoir le mal de mer ♦ vt (comida) écœurer.

enjôo [ẽ'ʒou] m nausée f; (em barco) mal m de mer.

enlatado, da [ẽla'tadu, da] adj (comida) en boîte; (cultura, filme) se dit des séries télévisées et de la culture d'importation de bas étage ▫ **enlatados** mpl conserves fpl.

enlouquecer [ẽloke'se(x)] ♦ vt rendre fou(folle) ♦ vi devenir fou(folle).

enorme [e'nɔrmi] adj énorme.

enquanto [ẽ'kwantu] conj pendant que (enquanto que) tandis que • **por enquanto** pour l'instant.

enraivecer [ẽxajve'se(x)] vt enrager.

enraivecido, da [ẽxajve'sidu, da] adj enragé(e).

enredo [ẽ'xedu] m intrigue f.

enriquecer [ẽxike'se(x)] ♦ vt (tornar rico) enrichir; (melhorar) améliorer ♦ vi s'enrichir.

enrolar [ẽxo'la(x)] vt rouler; (cabelo) mettre en plis.

enroscar [ẽxoʃ'ka(x)] vt visser ▫ **enroscar-se** vp (cobra, gato, cão) se mettre en boule; (enrodilhar-se) se recroqueviller.

enrugar [ẽxu'ga(x)] ♦ vt (roupa, papel) chiffonner; (pele) rider ♦ vi se rider.

ensaiar [ẽsa'ja(x)] vt (peça, dança) répéter; (sistema) essayer.

ensaio [ẽ'saju] m essai m; (de peça, dança) répétition f.

enseada [ẽ'sjada] f anse f (baie).

ensinamento [ẽsina'mẽntu] m enseignement m.

ensinar [ẽsi'na(x)] vt (em escola, universidade) enseigner; (caminho, direção) indiquer • **ensinar alguém a fazer algo** apprendre à qqn à faire qqch • **ensinar algo a alguém** apprendre qqch à qqn.

ensino [ē'sinu] *m* enseignement *m*.

ensolarado, da [ēsola'radu, da] *adj* ensoleillé(e).

ensopado [ēso'padu] *m* ragoût *m*.

ensopar [ēso'pa(x)] *vt* tremper □ **ensopar-se** *vp* se tremper.

ensurdecedor, ra [ēsuxdese'do(x), ra] (*mpl* **-es**, *fpl* **-s**) *adj* assourdissant(e).

ensurdecer [ēsuxde'se(x)] ♦ *vt* assourdir ♦ *vi* devenir sourd(e).

entalar [ēnta'la(x)] *vt (dedo, pé)* se pincer.

entanto [ēn'tāntu] □ **no entanto** *conj* cependant.

então [ēn'tāw] ♦ *adv (naquele tempo)* à l'époque; *(nesse caso)* alors ♦ *interj* alors! • **desde então** depuis.

entardecer [ētaxdʒi'se(x)] ♦ *vi* se faire tard ♦ *m* • **ao entardecer** à la tombée du jour.

enteado, da [ēn'tʒjadu, da] *mf* beau-fils *m*, belle-fille *f*.

entender [ēntēn'de(x)] ♦ *vt (perceber)* comprendre; *(ser da opinião que)* penser; *(ouvir)* entendre ♦ *vi* comprendre • **dar a entender que** faire comprendre que □ **entender de** *vp (ter experiência em)* s'y connaître en □ **entender-se** *vp (chegar a acordo)* s'entendre • **entender-se com alguém** s'entendre avec qqn • **entender-se com algo** se débrouiller avec qqch.

enternecedor, ra [ēnterne-se'do(x), ra] (*mpl* **-es**, *fpl* **-s**) *adj* attendrissant(e).

enternecer [ēnterne'se(x)] *vt* attendrir.

enterrar [ēnte'xa(x)] *vt* enterrer □ **enterrar-se** *vp* s'enfoncer.

enterro [ēn'texu] *m* enterrement *m*.

entoação [ēntwa'sãw] (*pl* **-ões**) *f* intonation *f*.

entonação [ēntona'sãw] (*pl* **-ões**) *f* intonation *f*.

entornar [ēntor'na(x)] *vt* renverser.

entorse [ēn'toxsi] *f* entorse *f*.

entortar [ēntor'ta(x)] *vt* tordre.

entrada [ēn'trada] *f* entrée *f*; *(ingresso para espetáculo)* place *f*; *(pagamento inicial)* acompte *m*, arrhes *fpl* • **boas entradas!** bonne année! • **entrada livre** entrée libre • **entrada proibida** entrée interdite • **como entrada, o que deseja?** que désirez-vous en entrée?

entranha [ēn'traɲa] *f* entrailles *fpl* • **não ter entranhas** être insensible.

entrar [ēn'tra(x)] *vi* rentrer • **entrar em algo** entrer dans qqch; *(no carro)* monter dans qqch; *(participar de)* participer à qqch; *(ingressar em)* rentrer dans qqch • **entrar com algo** donner qqch • **entro em férias amanhã** je suis en vacances à partir de demain.

entre ['ēntri] *prep* entre; *(no meio de muitos)* parmi; *(reciproci-*

dade) à nous tous • **aqui entre nós** entre nous • **entre si** entre eux • **entre os franceses** chez les Français.

entreaberto, ta [ˌēntria'bɛxtu, ta] *adj* entrouvert(e).

entrecosto [ēntri'koʃtu] *m* entrecôte *f*.

entrega [ēn'trega] *f (de encomenda, mercadoria, carta)* livraison *f; (rendição)* reddition *f; (de prêmio, teste)* remise *f* • **entrega em domicílio** livraison à domicile.

entregar [ēntre'ga(x)] *vt* • **entregar algo a alguém** remettre qqch à qqn; *(encomenda)* livrer qqch à qqn □ **entregar-se** *vp* se rendre • **entregar-se a** *(abandonar-se)* se livrer à; *(dedicar-se a)* se consacrer à.

entrelinha [ēntre'liɲa] *f* interligne *m*.

entretanto [ēntri'tãntu] ◆ *adv* entre-temps ◆ *conj* cependant.

entreter [ēntre'te(x)] *vt* distraire □ **entreter-se** *vp (divertir-se)* se distraire; *(ocupar-se)* s'occuper.

entrevado, da [ēn'trevadu, da] *adj* paralysé(e).

entrevista [ēntre'viʃta] *f (conversa)* entretien *m; (na imprensa)* interview *f*.

entrevistador, ra [ēntreviʃtado(x), ra] *(mpl* -es, *fpl* -s) *mf* interviewer *m*.

entristecer [ēntriʃte'se(x)] ◆ *vt* attrister ◆ *vi* s'attrister.

entroncamento [ēntrōŋka'mēntu] *m (de vias férreas)* poste *m* d'aiguillage; *(de estrada)* embranchement *m*.

Entrudo [ēn'trudu] *m* • **o Entrudo** Mardi *m* gras.

entupido, da [ēntu'pidu, da] *adj* bouché(e).

entupir [ēntu'pi(x)] *vt* boucher □ **entupir-se** *vp* se boucher.

entusiasmar [ēntuzjaʒ'ma(x)] *vt* enthousiasmer □ **entusiasmar-se** *vp* s'enthousiasmer.

entusiasmo [ēntu'zjaʒmu] *m* enthousiasme *m*.

entusiasta [ēntu'zjaʃta] *adj* enthousiaste • **ser entusiasta de algo** être un passionné de qqch.

enumeração [inumera'sãw] *(pl* -ões) *f* énumération *f*.

enumerar [inume'ra(x)] *vt* énumérer.

enunciado [enũ'sjadu, da] *m* énoncé *m*.

enunciar [enũ'sja(x)] *vt* énoncer.

envelhecer [ēveʎe'se(x)] *vt* & *vi* vieillir.

envelope [ēve'lɔpi] *m* enveloppe *f*.

envenenamento [ēvenena'mēntu] *m* empoisonnement *m*.

envenenar [ēvene'na(x)] *vt* empoisonner □ **envenenar-se** *vp* s'empoisonner.

enveredar [ēvere'da(x)] *vi* • **enveredar por** *vp (caminho)* prendre; *(fig) (estudos)* opter pour.

envergonhado

envergonhado, da [ẽvergo'ɲadu, da] *adj* timide • **ficar envergonhado** avoir honte.
envergonhar [ẽvergo'ɲa(x)] *vt* faire honte à ▫ **envergonhar-se** *vp* (*ter vergonha*) avoir honte; (*intimidar-se*) être intimidé(e).
envernizar [ẽverni'za(x)] *vt* vernir.
enviar [ẽ'vja(x)] *vt* envoyer.
envidraçado, da [ẽvidra'sadu, da] *adj* vitré(e).
envio [ẽ'viu] *m* envoi *m*.
enviuvar [ẽvju'va(x)] *vi* devenir veuf(veuve).
envolver [ẽvow've(x)] *vt* (*incluir*) englober; (*embrulhar*) envelopper; (*misturar*) mélanger; (*rodear*) entourer ▫ **envolver-se em** *vp + prep* être mêlé(e) à.
enxada [ẽ'ʃada] *f* pioche *f*.
enxaguar [ẽʃa'gwa(x)] *vt* rincer.
enxame [ẽ'ʃami] *m* essaim *m*.
enxaqueca [ẽʃa'keka] *f* migraine *f*.
enxergar [ẽʃex'ga(x)] *vt* (*descortinar*) entrevoir; (*perceber*) apercevoir ▫ **enxergar-se** *vp* (*julgar-se*) se croire.
enxerto [ẽ'ʃextu] *m* greffe *f*.
enxofre [ẽ'ʃofri] *m* soufre *m*.
enxotar [ẽʃo'ta(x)] *vt* chasser (faire fuir).
enxugar [ẽʃu'ga(x)] ♦ *vt* (*roupa*) faire sécher; (*mãos*) se sécher ♦ *vi* sécher.
enxurrada [ẽʃu'xada] *f* torrent *m*.
enxuto, ta [ẽ'ʃutu, ta] *adj* sec(sèche).

enzima [ẽ'zima] *f* enzyme *m*.
eólica [e'ɔlika] *adj f* → **energia**.
epicentro [epi'sẽntru] *m* épicentre *m*.
epidemia [epide'mia] *f* épidémie *f*.
epilepsia [epilep'sia] *f* épilepsie *f*.
epílogo [e'pilugu] *m* épilogue *m*.
episódio [epi'zɔdju] *m* épisode *m*.
epitáfio [epi'tafju] *m* épitaphe *f*.
época ['ɛpoka] *f* époque *f*.
equação [ekwa'sãw] *f* (*pl* -ões) équation *f*.
Equador [ekwa'do(x)] *m* • **o Equador** l'Équateur *m*.
equilibrar [ekili'bra(x)] *vt* équilibrer ▫ **equilibrar-se** *vp* s'équilibrer.
equilíbrio [eki'libriu] *m* équilibre *m*.
equipamento [ekipa'mẽntu] *m* équipement *m*.
equipar [eki'pa(x)] *vt* équiper ▫ **equipar-se** *vp ESP* s'équiper.
equiparar [ekipa'ra(x)] *vt* comparer ▫ **equiparar-se a** se comparer à.
equipe [e'kipi] *f* (*em esporte*) équipe *f*.
equitação [ekita'sãw] *f* équitation *f*.
equivalente [ekiva'lẽntʃi] ♦ *adj* équivalent(e) ♦ *m* • **o equivalente** l'équivalent.
equivocar-se [ekivo'kaxsi] *vp* se tromper.
equívoco [e'kivoku] *m* erreur *f*.
era[1] ['ɛra] *f* ère *f*.

era² ['ɛra] → **ser**.

ereto, ta [e'rɛtu, ta] *adj (em pé)* dressé(e); *(direito)* raide.

erguer [ex'ge(x)] *vt* lever □ **erguer-se** *vp (pessoa)* se lever; *(edifício)* se dresser.

eriçado, da [eri'sadu, da] *adj (pêlo)* hérissé(e); *(cabelo)* emmêlé(e).

erigir [eri'ʒi(x)] *vt* ériger.

ermida [ex'mida] *f* petite église *f*.

erosão [ero'zãw] *f* érosion *f*.

erótico, ca [i'rɔtiku, ka] *adj* érotique.

erotismo [ero'tiʒmu] *m* érotisme *m*.

erradicar [exadʒi'ka(x)] *vt* éradiquer.

errado, da [e'xadu, da] *adj (conta)* faux(fausse); *(decisão, estrada)* mauvais(e); *(raciocínio)* erroné(e).

errar [e'xa(x)] ♦ *vt (em contas)* se tromper dans; *(no caminho)* se tromper de ♦ *vi (enganar-se)* faire une erreur; *(vaguear)* errer.

erro ['exu] *m (engano)* erreur *f*; *(ortográfico)* faute *f*.

errôneo, nea [e'xonju, nja] *adj* erroné(e).

erudição [erudʒi'sãw] *f* érudition *f*.

erudito, ta [eru'dʒitu, ta] *adj* érudit(e).

erupção [erup'sãw] *(pl* -ões*) f* éruption *f*.

erva ['ɛxva] *f* herbe *f*.

erva-cidreira [ˌɛxva'sidrejra] *f* mélisse *f*.

erva-doce [ˌɛxva'dosi] *f (para peixe)* fenouil *m*; *(para bolos)* anis *m*.

erva-mate [ˌɛxva'matʃi] *f* maté *m*.

ervanário [exva'narju] *m* herboriste *m*.

ervilha [ex'viʎa] *f* petit pois *m*.

ervilha-de-cheiro [exˌviʎadeˈʃeju] *f* pois *m* de senteur.

és → **ser**.

esbaforido, da [iʒbafu'ridu, da] *adj* essoufflé(e).

esbanjar [iʒbã'ʒa(x)] *vt (dinheiro)* gaspiller.

esbarrar [iʒba'xa(x)] *vi* • **esbarrar com** *(chocar com)* se heurter à; *(deparar-se com)* se trouver face à • **esbarrar em algo** *(chocar com algo)* heurter qqch; *(deparar-se com)* affronter.

esbelto, ta [iʒ'bɛwtu, ta] *adj* svelte.

esboço [iʒ'bosu] *m* esquisse *f*.

esbofetear [iʒbufe'tja(x)] *vt* gifler.

esburacar [iʒbura'ka(x)] *vt* trouer; *(parede, rua)* faire des trous dans □ **esburacar-se** *vp* se remplir de trous.

escabeche [iʃka'bɛʃi] *m* escabèche *f*.

escada [iʃ'kada] *f (de casa, edifício etc.)* escalier *m*; *(portátil)* échelle *f* • **escada em caracol** escalier en colimaçon • **escada rolante** escalator *m*.

escala [iʃ'kala] *f* échelle *f*; *(de avião, navio)* escale *f*; *MÚS* gamme *f* • **fazer escala** faire escale

escalada

- **em grande escala** à grande échelle.

escalada [iʃkaˈlada] f escalade f.

escalão [iʃkaˈlãw] (pl -ões) m échelon m.

escalar [iʃkaˈla(x)] vt escalader.

escaldar [iʃkawˈda(x)] vt blanchir ◆ vi brûler ❏ **escaldar-se** vp se brûler.

escalões → escalão.

escalope [iʃkaˈlɔpi] m escalope f.

escama [iʃˈkama] f écaille f.

escamar [iʃkaˈma(x)] vt écailler.

escandalizar [iʃkãndaliˈza(x)] ◆ vt scandaliser ◆ vi choquer ❏ **escandalizar-se** vp être scandalisé(e).

escândalo [iʃˈkãndalu] m scandale m.

escanear [iʃkaˈnea(x)] vt INFORM scanner.

escangalhar [iʃkãngaˈʎa(x)] vt (desmanchar) démonter ❏ **escangalhar-se** vp s'écrouler.

escaninho [iʃkaˈniɲu] m casier m.

escanteio [iʃkãnˈteju] m corner m.

escapamento [iʃkapaˈmẽntu] m pot m d'échappement.

escapar [iʃkaˈpa(x)] vi (prisioneiro) s'échapper; (gás, água) fuir • **escapar a** échapper à ❏ **escapar-se** vp (escoar-se) fuir; (fugir) s'échapper.

escapulir vi fuir ❏ **escapulir-se** vp (fugir) s'échapper; (de um aborrecimento) se défiler.

escaravelho [iʃkaraˈveʎu] m scarabée m.

escarlate [eʃkaxˈlatʃi] adj écarlate.

escarlatina [iʃkaxlaˈtʃina] f scarlatine f.

escárnio [iʃˈkaxnju] m raillerie f.

escarpado, da [iʃkaxˈpadu, da] adj escarpé(e).

escarrar [iʃkaˈxa(x)] vi cracher.

escassez [iʃkaˈseʒ] f pénurie f.

escasso, a [iʃˈkasu, a] adj (pouco) rare; (produção, recursos) limité(e).

escavação [iʃkavaˈsãw] (pl -ões) f fouilles fpl.

escavar [iʃkaˈva(x)] vt creuser.

esclarecer [iʃklareˈse(x)] vt (pessoa) comprendre, éclairer; (mistério) éclaircir; (ponto) clarifier.

esclarecimento [iʃklaresiˈmẽntu] m (informação) renseignement m; (explicação) éclaircissement m.

escoar [iʃkwˈa(x)] vt (líquido) faire couler; (produtos) écouler ❏ **escoar-se** vp s'écouler.

escocês, esa [iʃkoˈseʒ, eza] (mpl -eses, fpl -s) ◆ adj écossais(e) ◆ mf écossais m, -e f.

Escócia [iʃˈkɔsja] f • **a Escócia** l'Écosse f.

escola [iʃˈkɔla] f école f • **escola politécnica** école supérieure d'enseignement technique

- **escola primária** école primaire • **escola pública** école publique • **escola de samba** école de samba • **escola secundária** lycée m.
- **escolar** [iʃkoˈla(x)] (pl **-es**) adj scolaire.
- **escolha** [iʃˈkoʎa] f choix m • **à escolha** au choix.
- **escolher** [iʃkoˈʎe(x)] vt & vi choisir.
- **escombros** [iʃˈkõmbruʃ] mpl décombres mpl.
- **esconder** [iʃkõnˈde(x)] vt cacher ▫ **esconder-se** vp se cacher.
- **esconderijo** [iʃkõndeˈriʒu] m cachette f.
- **escondidas** [iʃkõnˈdʒidaʃ] ▫ **às escondidas** adv en cachette.
- **escondido, da** [iʃkõnˈdʒidu, da] adj caché(e).
- **escorar** [iʃkoˈra(x)] vt étayer.
- **escorpião** [iʃkoxˈpjãw] (pl **-ões**) m scorpion m ▫ **Escorpião** m Scorpion m.
- **escorregadio, dia** [iʃkoxega'dʒiu, dʒia] adj glissant(e).
- **escorregador** [iʃkoxegaˈdo(x)] m toboggan m.
- **escorregar** [iʃkoxeˈga(x)] vi glisser.
- **escorrer** [iʃkoˈxe(x)] ♦ vt égoutter ♦ vi goutter.
- **escoteiro, ra** [iʃkõˈtejru, ra] mf scout m, -e f.
- **escotilha** [iʃkoˈtiʎa] f écoutille f.
- **escova** [iʃˈkova] f brosse f • **escova de dentes** brosse à dents • **escova de unhas** brosse à ongles.
- **escovar** [iʃkoˈva(x)] vt brosser • **escovar os dentes** brosser les dents.
- **escravatura** [iʃkravaˈtura] f esclavage m.
- **escravidão** [iʃkraviˈdãw] f esclavage m.
- **escravo, va** [iʃˈkravu, va] mf esclave m.
- **escrever** [iʃkreˈve(x)] vt & vi écrire • **escrever à máquina** taper à la machine ▫ **escrever-se** vp s'écrire.
- **escrevinhar** [iʃkreviˈɲa(x)] vt griffonner.
- **escrita** [iʃˈkrita] f (caligrafia) écriture f.
- **escrito, ta** [iʃˈkritu, ta] ♦ pp → **escrever** ♦ adj écrit(e) • **por escrito** par écrit.
- **escritor, ra** [iʃkriˈto(x), ra] (mpl **-es**, fpl **-s**) mf écrivain m.
- **escritório** [iʃkriˈtɔrju] m bureau m; (de advogado) cabinet m.
- **escritura** [iʃkriˈtura] f acte m (notarié).
- **escrivaninha** [iʃkrivaˈniɲa] f secrétaire m.
- **escrúpulo** [iʃˈkrupulu] m scrupule m • **não ter escrúpulos** ne pas avoir de scrupules.
- **escudo** [iʃˈkudu] m (unidade monetária) escudo m; (arma) bouclier m.
- **esculpir** [iʃkuwˈpi(x)] vt sculpter.
- **escultor, ra** [iʃkuwˈto(x), ra] (mpl **-es**, fpl **-s**) mf sculpteur m, -trice f.

escultura [iʃkuw'tura] *f* sculpture *f*.

escuras [iʃ'kuraʃ] □ **às escuras** *adv* dans le noir.

escurecer [iʃkure'se(x)] ♦ *vi (céu)* s'assombrir; *(noite)* tomber ♦ *vt (cor)* foncer; *(quarto)* faire le noir dans ♦ **começa a escurecer** il commence à faire nuit.

escuridão [iʃkuri'dãw] *f* obscurité *f*.

escuro, ra [iʃ'kuru, ra] ♦ *adj* sombre; *(cor)* foncé(e); *(sem luz)* obscur(e) ♦ *m* obscurité *f* ♦ **ficar no escuro** *(fig)* ne rien comprendre.

escutar [iʃku'ta(x)] *vt* écouter.

esfaquear [iʃfa'kja(x)] *vt* donner un coup de couteau à.

esfarelar [iʃfare'la(x)] *vt* émietter □ **esfarelar-se** *vp* s'émietter.

esfarrapado, da [iʃfaxa'padu, da] *adj* déchiré(e) ♦ **desculpa esfarrapada** excuse bidon.

esfera [iʃ'fɛra] *f* sphère *f*.

esférico, ca [iʃ'fɛriku, ka] *adj* sphérique.

esferográfica [iʃfero'grafika] *f* stylo *m* à bille, stylo-bille *m*.

esfoladela [iʃfola'dɛla] *f* écorchure *f*.

esfolar [iʃfo'la(x)] *vt* écorcher.

esfomeado, da [iʃfo'mjadu, da] *adj* affamé(e).

esforçado, da [iʃfox'sadu, da] *adj* travailleur(euse).

esforçar-se [iʃfox'saxsi] *vp* faire des efforts.

esfregão [iʃfre'gãw] *(pl* -ões) *m (de louça)* tampon *m* à récurer.

esfregar [iʃfre'ga(x)] *vt* frotter; *(louça)* récurer.

esfregões → esfregão.

esfriar [iʃfri'a(x)] *vi* refroidir; *(tempo)* se refroidir.

esfuziante [iʃfu'zjãntʃi] *adj* débordant(e).

esganar [iʒga'na(x)] *vt* étrangler.

esganiçado, da [iʒgani'sadu, da] *adj (voz)* perçant(e); *(som)* strident(e).

esgotado, da [iʒgo'tadu, da] *adj* épuisé(e).

esgotamento [iʒgota'mẽntu] *m* épuisement *m*.

esgotar [iʒgo'ta(x)] *vt* épuiser □ **esgotar-se** *vp (produto)* être épuisé(e); *(extenuar-se)* s'épuiser.

esgoto [iʒ'gotu] *m* égout *m*.

esgrima [iʒ'grima] *f* escrime *f*.

esgueirar-se [iʒgej'raxsi] *vp (partir)* s'éclipser; *(de um aborrecimento)* se défiler.

esguichar [iʒgi'ʃa(x)] ♦ *vt* asperger de ♦ *vi* gicler.

esguicho [iʒ'giʃu] *m (jato de água)* jet *m* d'eau; *(repuxo)* fontaine *f*; *(de mangueira)* jet *m*.

esguio, guia [iʒ'giu, gia] *adj* élancé(e).

eslavo, va [iʒ'lavu, va] ♦ *adj* slave ♦ *m, f* Slave *mf*.

esmagador, ra [iʒmaga'do(x), ra] *(mpl* -es, *fpl* -s) *adj* écrasant(e).

esmagar [iʒma'ga(x)] *vt* écraser.

esmalte [iʒ'mawtʃi] *m* émail *m*.

esmeralda [iʒmeˈrawda] f émeraude f.

esmerar-se [iʒmeˈraxsi] vp s'appliquer.

esmigalhar [iʒmigaˈʎa(x)] vt (pão, broa, bolo) émietter; (vidro, porcelana) briser ▫ **esmigalhar-se** vp (pão, broa, bolo) s'émietter; (vidro, porcelana) se briser.

esmola [iʒˈmɔla] f aumône f.

esmurrar [iʒmuˈxa(x)] vt donner des coups de poing à; (fam) esquinter.

espaçar [iʃpaˈsa(x)] vt espacer.

espacial [iʃpaˈsjaw] (pl -ais) adj spatial(e).

espaço [iʃˈpasu] m espace m • o espaço l'espace • há espaço para muitas pessoas il y a beaucoup de place.

espaçoso, osa [iʃpaˈsozu, ɔza] adj spacieux(euse).

espada [iʃˈpada] f épée f ▫ **espadas** fpl pique m.

espadarte [iʃpaˈdaxti] m espadon m.

espaguete [iʃpaˈgɛtʃi] m spaghetti m.

espairecer [iʃpajreˈse(x)] vi se changer les idées.

espalhar [iʃpaˈʎa(x)] vt (dispersar) éparpiller; (notícia) répandre; (boato) faire courir; (massa, manteiga) étaler ▫ **espalhar-se** vp (dispersar-se) s'éparpiller; (fam) (estatelar-se) s'étaler; (notícia) se répandre; (boato) courir.

espanador [iʃpanaˈdo(x)] (pl -es) m plumeau m (à poussière).

espancar [iʃpãŋˈka(x)] vt rouer de coups.

Espanha [iʃˈpaɲa] f • a Espanha l'Espagne f.

espanhol, la [iʃpãˈɲɔw] (mpl -óis fpl -s) ◆ adj espagnol(e) ◆ m/f Espagnol m, -e f ◆ m (língua) espagnol m.

espantalho [iʃpãnˈtaʎu] m épouvantail m.

espantar [iʃpãnˈta(x)] vt (causar espanto) étonner; (afugentar) faire fuir; (fig) (perturbar o sono) faire perdre; (combater o sono) lutter contre ▫ **espantar-se** vp (admirar-se) s'étonner; (fugir) fuir.

espanto [iʃˈpãntu] m (admiração) étonnement m; (susto) frayeur f.

esparadrapo [iʃparaˈdrapu] m sparadrap m.

espartilho [iʃpaxˈtʃiʎu] m corset m.

espasmo [iʃˈpaʒmu] m spasme m.

espátula [iʃˈpatula] f spatule f.

especial [iʃpeˈsjaw] (pl -ais) adj (interesse, sabor, cor) particulier(ère); (edição, enviado, efeito) spécial(e); (pessoa, obra de arte) extraordinaire • em especial en particulier, particulièrement.

especialidade [iʃpesjaliˈdadʒi] f spécialité f.

especialista [iʃpesjaˈliʃta] adj & nmf spécialiste.

especiarias [iʃpesjaˈriaʃ] fpl épices fpl.

espécie [iʃˈpɛsji] f espèce f • a espécie humana l'espèce hu-

especificar 142

maine • **uma espécie de** une espèce de.
especificar [iʃpesifi'ka(x)] *vt (explicar)* spécifier; *(ponto)* préciser.
espécime [iʃ'pɛsimi] *m* spécimen *m.*
espectador, ra [iʃpekta'do(x), ra] *(mpl -es, fpl -s) mf* spectateur *m,* -trice *f.*
espectro [iʃ'pɛktru] *m* spectre *m.*
especulação [iʃpɛkula'sau] *(pl -ões) f* spéculation *f.*
especular [iʃpeku'la(x)] *vi* spéculer • **especular sobre** spéculer sur.
espelho [iʃ'peʎu] *m* glace *f,* miroir *m* • **espelho retrovisor** rétroviseur *m.*
espera [iʃ'pɛra] *f* attente *f* • **estar à espera de algo** s'attendre à qqch • **estar à espera de alguém** attendre qqn.
esperança [iʃpe'rãsa] *f (confiança)* espoir *m;* *(expectativa)* espérance *f.*
esperar [iʃpe'ra(x)] ♦ *vt (aguardar)* attendre; *(ter esperança em)* espérer ♦ *vi* attendre • **como era de esperar** comme il fallait s'y attendre • **esperar que** espérer que • **esperar por alguém** faire attendre qqn • **ir esperar alguém** aller attendre qqn.
esperma [iʃ'pɛxma] *m* sperme *m.*
espertalhão, lhona [iʃpexta'ʎãw, ʎona] *(mpl -ões, fpl -s) mf* malin *m,* -igne *f.*

esperteza [iʃpex'teza] *f* ruse *f.*
esperto, ta [iʃ'pextu, ta] *adj (astuto)* rusé(e); *(ativo)* éveillé(e).
espesso, a [iʃ'pesu, a] *adj* épais(aisse).
espessura [iʃpe'sura] *f* épaisseur *f.*
espetacular [iʃpetaku'la(x)] *(pl -es) adj* spectaculaire.
espetáculo [iʃpe'takulu] *m* spectacle *m* • **espetáculo de luzes e som** spectacle son et lumière • **espetáculo de variedades** spectacle de variétés.
espetar [iʃpe'ta(x)] *vt* enfoncer ❏ **espetar-se** *vp* se piquer.
espeto [iʃ'petu] *m (de ferro)* broche *f;* *(de pau)* pieu *m;* *(comida)* brochette *f.*
espevitado, da [iʃpevi'tadu, da] *adj* vif(vive).
espezinhar [iʃpezi'ɲa(x)] *vt* piétiner.
espia [iʃ'pia] *f* hauban *m.*
espião [iʃ'pjãw, pia] *(mpl -ões, fpl -s) mf* espion *m,* -onne *f.*
espiar [iʃ'pja(x)] *vt* épier.
espiga [iʃ'piga] *f* épi *m.*
espinafre [iʃpi'nafri] *m* épinard *m.*
espingarda [iʃpĩ'ŋgarda] *f* fusil *m.*
espinha [iʃ'piɲa] *f (de pele)* bouton *m;* *(de pessoa)* dos *m;* *(de peixe)* arête *f* • **espinha dorsal** colonne *f* vertébrale.
espinho [iʃ'piɲu] *m (de rosa, silva)* épine *f;* *(de porco-espinho)* piquant *m.*
espiões → **espião**.

espiral [iʃpi'raw] (*pl* **-ais**) *f* spirale *f* • **em espiral** en spirale.

espírito [iʃ'piritu] *m* esprit *m*.

espiritual [iʃpiri'twaw] (*pl* **-ais**) *adj* spirituel(elle).

espirrar [iʃpi'xa(x)] *vi* (*dar espirros*) éternuer; (*esguichar*) gicler.

esplanada [iʃpla'nada] *f* esplanade *f*.

esplêndido, da [iʃ'plẽndidu, da] *adj* splendide.

esplendor [iʃplẽn'do(x)] *m* splendeur *f*.

espoleta [iʃpo'leta] *f* amorce *f* (*d'explosif*).

esponja [iʃ'põʒa] *f* éponge *f* • **passar uma esponja sobre algo** (*fig*) passer l'éponge sur qqch.

espontaneidade [iʃpõntanei'dadʒi] *f* spontanéité *f*.

espontâneo, nea [iʃpõn'tanju, nja] *adj* spontané(e).

espora [iʃ'pɔra] *f* éperon *m*.

esporádico, ca [iʃpo'radʒiku, ka] *adj* sporadique.

esporte [iʃ'pɔxtʃi] *m* sport *m*.

esportista [iʃpox'tʃiʃta] *nmf* sportif *m*, -ive *f*.

esportivo, va [iʃpox'tʃivu, va] *adj & mf* sportif(ive).

esposo, sa [iʃ'pozu, za] *mf* époux *m*, épouse *f*.

espreguiçar-se [iʃpregi'saxsi] *vp* s'étirer.

espreita [iʃ'prejta] □ **à espreita** *adv* aux aguets.

espreitar [iʃprej'ta(x)] *vt* (*espiar*) épier; (*presa*) guetter.

espremedor [iʃpreme'do(x)] (*pl* **-es**) *m* (*de limão, laranja*) presse-citron *m*.

espremer [iʃpre'me(x)] *vt* presser.

espuma [iʃ'puma] *f* (*de mar*) écume *f*; (*de sabão, banho*) mousse *f*.

espumante [iʃpu'mãntʃi] ♦ *adj* (*vinho*) mousseux(euse) ♦ *m* mousseux *m*.

espumoso, osa [iʃpu'mozu, za] *adj & m* = **espumante**.

esq. (*abrev de* **esquerdo**) gauche.

esquadra [eʃ'kwadra] *f* flotte *f*.

esquadro [iʃ'kwadru] *m* équerre *f*.

esquecer [iʃke'se(x)] *vt* oublier □ **esquecer-se** *vp* oublier • **esquecer-se de algo/fazer algo** oublier qqch/de faire qqch.

esquecido, da [iʃke'sidu, da] *adj & mf* étourdi(e).

esquecimento [iʃkesi'mẽntu] *m* oubli *m*.

esqueleto [iʃke'letu] *m* (*de pessoa, animal*) squelette *m*; (*armação*) ossature *f*.

esquema [iʃ'kema] *m* (*diagrama*) schéma *m*; (*sistema*) moyen *m*.

esquentar [iʃkẽn'ta(x)] *vt* chauffer.

esquerda [iʃ'kexda] *f* • **a esquerda** la gauche • **à esquerda** à gauche • **virar à esquerda** tourner à gauche • **pela esquerda** à gauche • **ser de esquerda** être de gauche.

esquerdo 144

esquerdo, da [iʃ'kexdu, da] *adj* gauche.
esqui [iʃ'ki] *m* ski *m* ♦ **esqui aquático** ski nautique.
esquiar [iʃki'a(x)] *vi* skier.
esquilo [iʃ'kilu] *m* écureuil *m*.
esquina [iʃ'kina] *f* coin *m* ♦ **fazer esquina (com)** faire l'angle (avec).
esquisito, ta [iʃki'zitu, ta] *adj (estranho)* bizarre.
esquivar-se [iʃki'vaxsi] *vp* s'esquiver ♦ **esquivar-se de fazer algo** s'arranger pour ne pas faire qqch.
esquivo, va [iʃ'kivu, va] *adj* farouche.
essa → **esse**.
esse, essa ['esi, 'ɛsa] ♦ *adj* ce(cette) ♦ *pron* celui-là(celle-là) ♦ **essa é boa!** elle est bonne celle-là! ♦ **só faltava mais essa!** il ne manquait plus que ça!
essência [e'sẽsja] *f* essence *f*.
essencial [esẽ'sjaw] *(pl* **-ais)** *adj* essentiel(elle) ♦ **o essencial** l'essentiel *m*.
esses → **esse**.
esta ['ɛʃta] → **este¹**.
está [iʃ'ta] → **estar**.
estabelecer [iʃtabele'se(x)] *vt* fixer ▫ **estabelecer-se** *vp* s'installer.
estabelecimento [iʃtabelesi'mẽtu] *m* établissement *m* ♦ **estabelecimento de ensino** établissement *m (scolaire)*.
estabilidade [iʃtabili'dadʒi] *f* stabilité *f*.
estabilizador [iʃtabiliza'do(x)] *(pl* **-es)** *m* ♦ **estabilizador (de corrente)** stabilisateur *m* de courant.
estábulo [iʃ'tabulu] *m* étable *f*.
estaca [iʃ'taka] *f* piquet *m*.
estação [iʃta'sãw] *(pl* **-ões)** *f (de trem, ônibus)* gare *f; (do ano, turismo, vendas)* saison *f* ♦ **estação de águas** cure *f* thermale; *(cidade)* station *f* thermale.
estacionamento [iʃtasjona'mẽtu] *m (ato)* stationnement *m; (lugar)* place *f* ♦ **estacionamento privado** parking privé ♦ **estacionamento proibido** défense de stationner.
estacionar [iʃtasjo'na(x)] ♦ *vt* garer ♦ *vi* se garer; *(inflação)* stagner.
estações → **estação**.
estada [iʃ'tada] *f* séjour *m (tempo passé)*.
estadia [iʃta'dʒia] *f* séjour *m (tempo passé)*.
estádio [iʃ'tadʒju] *m (de futebol, atletismo)* stade *m; (fase)* période *f*.
estadista [iʃta'dʒiʃta] *mf* homme *m* d'État.
estado [iʃ'tadu] *m* état *m* ♦ **em bom/mau estado** en bon/mauvais état ♦ **estado civil** situation *f* de famille ♦ **estado físico** état *m* de santé ♦ **Estado** *m* ♦ **o Estado** l'État *m* ♦ **os Estados Unidos** les États-Unis *mpl*.
estalagem [iʃta'laʒẽ] *(pl* **-ns)** *f* hôtel-restaurant *m*.
estalar [iʃta'la(x)] ♦ *vi (porcelana, vidro, barro)* se fendre; *(osso, lenha)* craquer; *(fogo)* crépiter ♦ *vt* ♦ **estalar a língua** faire cla-

quer sa langue • **estalar os dedos** claquer des doigts.

estalido [iʃtaˈlidu] *m (estalo agudo)* claquement *m; (crepitação)* crépitement *m.*

estalo [iʃˈtalu] *m* craquement *m; (fam)* baffe *f.*

estampado, da [iʃtɐ̃mˈpadu, da] *adj* imprimé(e).

estancar [iʃtɐ̃ˈka(x)] ◆ *vt (líquido)* étancher ◆ *vi (sangue)* arrêter de couler.

estância [iʃˈtɐ̃sja] *f (fazenda)* grande exploitation agricole • **estância hidromineral** station *f* thermale • **estância termal** station *f* thermale.

estande [iʃˈtɐ̃dʒi] *m (em exposições)* stand *m.*

estanho [iʃˈtɐɲu] *m* étain *m.*

estante [iʃˈtɐ̃tʃi] *f* étagère *f.*

estão [iʃˈtɐ̃w] → **estar**.

estapafúrdio, dia [iʃtapaˈfuɾdʒju, dʒja] *adj (excêntrico)* extravagant(e); *(esquisito)* biscornu(e).

estar [iʃˈta(x)] *vi* **1.** *(ger)* être; *(em casa)* être là • **ele estará na hora certa** il sera là à l'heure • **estarei no emprego às dez** je serai au bureau à dix heures • **o João não está** João n'est pas là • **não estou para ninguém** je n'y suis pour personne • **está avariado** il est en panne • **está bem/mal de saúde** être en bonne/mauvaise santé • **está muito calor/frio** il fait très chaud/froid • **como está?** comment vas-tu? • **estou com fome/medo/febre** j'ai faim/peur/de la fièvre • **ele estará de férias por duas semanas** il sera en vacances pendant deux semaines • **estive em casa toda a tarde** je suis resté chez moi tout l'après-midi • **estive à espera uma hora** j'ai attendu pendant une heure **2.** *(em locuções)* • **está certo!** c'est ça! • **está bem!** d'accord! • **a gasolina está a 1 €** o litro l'essence est à 1 euro le litre • **estou trabalhando** je travaille ◻ **estar de** *vp* • **estar de licença/férias** être en congé de maladie/en vacances • **estar de barriga** être enceinte • **estar de calças** être en pantalon • **estar de vigia** monter la garde ◻ **estar para** *vp* être sur le point de • **ele está para chegar** il est sur le point d'arriver • **estou para sair** je suis sur le point de sortir • **não estou para brincadeiras** je ne suis pas d'humeur à plaisanter • **estava para telefonar para você, mas esqueci-me** je comptais te téléphoner mais j'ai oublié ◻ **estar perante** *vp* être face à ◻ **estar por** *vp (apoiar)* être pour; *(por realizar)* • **a cama está por fazer** le lit n'est pas fait ◻ **estar sem** *vp* ne pas avoir.

estardalhaço [iʃtaxdaˈʎasu] *m* tapage *m.*

estarrecer [iʃtaxeˈse(x)] *vt* terrifier.

estatal [iʃta'taw] (*pl* **-ais**) *adj* d'État.

estático, ca [iʃ'tatʃiku, ka] *adj (imóvel)* statique.

estátua [iʃ'tatwa] *f* statue *f*.

estatura [iʃta'tura] *f (tamanho de pessoa)* stature *f*; *(valor)* envergure *f*.

estatuto [iʃta'tutu] *m* statut *m*.

este¹, esta ['eʃtʃi, 'eʃta] ♦ *adj* ce(cette) ♦ *pron* celui-ci(celle-ci) • **este mês/ano** ce mois-ci/cette année.

este² ['eʃtʃi] *m* Est *m* • **a este** à l'est • **a este de** à l'est de • **no este** à l'est.

esteira [iʃ'tejra] *f* natte *f* • **esteira rolante** tapis roulant.

estenografia [iʃtenogra'fia] *f* sténo *f*.

estender [iʃtẽn'de(x)] *vt (braços, pernas)* tendre; *(jornal)* ouvrir; *(peça de roupa)* étendre; *(prazo, estadia)* prolonger □ **estender-se** *vp* s'étendre.

estepe [iʃ'tɛpi] *f (em geografia)* steppe *f*; *(pneu)* pneu *m* de rechange.

estéreis → **estéril**.

estereofônico, ca [iʃterjo'foniku, ka] *adj* stéréophonique.

estéril [iʃ'tɛriw] (*pl* **-reis**) *adj* stérile.

esterilizar [iʃterili'za(x)] *vt (desinfetar)* stériliser.

estes → **este**.

estética [iʃ'tɛtika] *f* esthétique *f*.

estetoscópio [iʃtetoʃ'kɔpju] *m* stéthoscope *m*.

esteve [iʃ'tevi] → **estar**.

estiar [iʃ'tʃja(x)] *vi (parar de chover)* arrêter de pleuvoir; *(tempo)* se lever.

estibordo [iʃtʃi'bɔxdu] *m* tribord *m*.

esticar [iʃtʃi'ka(x)] *vt (braço, perna)* étendre; *(elástico, corda, fio)* tendre • **ir esticar as pernas** se dégourdir les jambes □ **esticar-se** *vp* s'étirer.

estigma [iʃ'tʃigma] *m* stigmate *m*.

estilhaçar [iʃtʃiʎa'sa(x)] *vt* briser □ **estilhaçar-se** *vp* se briser.

estilhaço [iʃtʃi'ʎasu] *m* éclat *m*.

estilo [iʃ'tʃilu] *m* style *m*.

estima [iʃ'tʃima] *f* estime *f*.

estimar [iʃtʃi'ma(x)] *vt* estimer.

estimativa [iʃtʃima'tʃiva] *f* estimation *f*.

estimulante [iʃtʃimu'lãntʃi] ♦ *adj (incentivador)* encourageant □ **estilhaçar-se** *vp* se briser. *(excitante)* stimulant(e) ♦ *m* stimulant *m*.

estimular [iʃtʃimu'la(x)] *vt* stimuler.

estipular [eʃtipu'la(x)] *vt (determinar)* fixer; *(suj: lei)* stipuler.

estivador, ra [iʃtʃiva'do(x), ra] (*mpl* **-es**, *fpl* **-s**) *m/f* arrimeur *m*.

estive [iʃ'tʃivi] → **estar**.

estofo [iʃ'tofu] *m* rembourrage *m*.

estojo [iʃ'toʒu] *m* étui *m* • **estojo (de lápis)** trousse *f* • **estojo de primeiros-socorros** trousse de secours.

estômago [iʃ'tomagu] *m* estomac *m*.

estontear [iʃtõn'tʃja(x)] *vt* tourner la tête.

estoque [iʃ'tɔki] *m* stock *m*.

estore [iʃ'tɔri] *m* store *m*.

estorninho [iʃtox'niɲu] *m* étourneau *m*.

estou [iʃ'to] → estar.

estourado, da [iʃto'radu, da] *adj (fam)* crevé(e).

estourar [iʃto'ra(x)] ◆ *vt (balão, bola)* crever; *(gás) (gastar)* claquer ◆ *vi (balão, bola, pneu)* crever; *(bomba, explosivo)* éclater.

estouro [iʃ'toru] *m (de bola, balão, pneu)* éclatement *m*; *(detonação)* détonation *f*.

estrábico, ca [iʃ'trabiku, ka] *adj* • ser estrábico loucher.

estrabismo [iʃtra'biʒmu] *m* strabisme *m*.

estrada [iʃ'trada] *f* route *f* • estrada de ferro chemin *m* de fer • estrada secundária route secondaire.

estrado [iʃ'tradu] *m* estrade *f*.

estragado, da [iʃtra'gadu, da] *adj (leite)* tourné(e); *(carne)* avarié(e); *(iogurte)* périmé(e); *(fruta)* gâté(e); *(aparelho, máquina)* abîmé(e).

estragão [iʃtra'gãw] *m* estragon *m*.

estragar [iʃtra'ga(x)] *vt (aparelho, máquina)* abîmer; *(desperdiçar)* gâcher ❏ **estragar-se** *vp (comida)* se gâter; *(pneu)* tourner.

estrangeiro, ra [iʃtrã'ʒejru, ra] ◆ *adj & mf* étranger(ère) ◆ *m* • o estrangeiro l'étranger • no estrangeiro à l'étranger.

estrangular [iʃtrãŋgu'la(x)] *vt* étrangler.

estranhar [iʃtra'ɲa(x)] *vt* sentir la différence de.

estranho, nha [iʃ'traɲu, ɲa] ◆ *adj* étrange ◆ *mf* étranger *m*, -ère *f (um inconnu)*.

estratégia [iʃtra'tɛʒja] *f* stratégie *f*.

estrear [iʃtre'a(x)] *vt* étrenner ◆ *vi* • a peça estréia no sábado la première de la pièce aura lieu samedi.

estréia [iʃ'treja] *f (de ator)* premier rôle *m*; *(de peça teatral, filme)* première *f*.

estreitar [iʃtrej'ta(x)] ◆ *vt (roupa)* faire rétrécir ◆ *vi* rétrécir.

estreito, ta [iʃ'trejtu, ta] ◆ *adj* étroit(e); *(roupa)* serré(e) ◆ *m* détroit *m*.

estrela [iʃ'trela] *f* étoile *f*; *(de cinema, teatro)* star *f* • estrela cadente étoile filante • ver estrelas voir trente-six chandelles.

estremecer [iʃtreme'se(x)] ◆ *vt* faire trembler ◆ *vi (tremer)* trembler; *(assustar-se)* frémir.

estresse [iʃ'trɛʃi] *m* stress *m*.

estria [iʃ'tria] *f (em quadris)* vergeture *f*; *(em superfície)* strie *f*.

estribo [iʃ'tribu] *m* étrier *m*.

estridente [iʃtri'dẽntʃi] *adj* strident(e).

estrofe [iʃ'trɔfi] *f* strophe *f*.

estrondo [iʃ'trõndu] *m* fracas *m*.

estropiar [iʃtro'pja(x)] *vt* estropier.

estrume [iʃ'trumi] *m* fumier *m*.

estrutura [iʃtru'tura] *f* structure *f*.

estuário [iʃ'twarju] *m* estuaire *m*.

estudante [iʃtu'dãntʃi] *nmf* étudiant *m*, -e *f*.

estudar [iʃtu'da(x)] *vt & vi* étudier.

estúdio [iʃ'tudʒju] *m* studio *m*; *(de pintor, escultor, arquiteto)* atelier *m*.

estudioso, osa [iʃtu'dʒjozu, ɔza] *adj* studieux(euse).

estudo [iʃ'tudu] *m* • **os estudos** les études *fpl*; *(análise)* étude *f* • **em estudo** à l'étude.

estufa [iʃ'tufa] *f (de jardim)* serre *f*; *(de fogão)* chauffe-assiettes *m inv*; *(tipo de fogão)* poêle *m*.

estupefação [iʃtupefa'sãw] *f* stupéfaction *f*.

estupefaciente [iʃtupefa-'sjẽnti] *m* stupéfiant *m*.

estupefato, ta [iʃtupe'fatu, ta] *adj* stupéfait(e).

estupendo, da [iʃtu'pẽndu, da] *adj (extraordinário)* formidable; *(ótimo)* parfait(e).

estupidez [iʃtupi'deʃ] *f* stupidité *f*.

estúpido, da [iʃ'tupidu, da] *mf* idiot *m*, -e *f*.

estupro [iʃ'tupru] *m* stupre *m*.

estuque [iʃ'tuki] *m* stuc *m*.

esvaziar [iʒva'zja(x)] *vt* vider.

esvoaçar [iʒvwa'sa(x)] *vi (ave)* voltiger.

etapa [i'tapa] *f* étape *f*; *(de doença, estudo)* stade *m* • **fazer algo por etapas** faire qqch par étapes.

éter [ˈɛtɛ(x)] *m* éther *m*.

eternidade [etexni'dadʒi] *f* éternité *f* • **demorar uma eternidade** durer une éternité • **esperar uma eternidade** attendre une éternité.

eterno, na [e'tɛxnu, na] *adj* éternel(elle).

Ethernet [etex'neti] *f INFORM* Ethernet®.

ética ['ɛtʃika] *f* éthique *f*.

ético, ca ['ɛtʃiku, ka] *adj* éthique.

etílico [i'tiliku] *adj m* → **álcool**.

etiqueta [etʃi'keta] *f (social)* bienséance *f*; *(rótulo)* étiquette *f*.

étnico, ca ['ɛtniku, ka] *adj* ethnique.

eu ['ew] *pron (sujeito)* je; *(complemento)* moi • **sou eu** c'est moi • **e eu?** et moi? • **eu mesmo** OU **próprio** moi-même.

E.U.A. *(abrev de Estados Unidos da América) mpl* USA *mpl*.

eucalipto [ewka'liptu] *m* eucalyptus *m*.

eufemismo [ewfe'miʒmu] *m* euphémisme *m*.

euforia [ewfo'ria] *f* euphorie *f*.

Eurocheque® [ewrɔ'ʃɛki] *m* eurochèque *m*.

Europa [ew'rɔpa] *f* • **a Europa** l'Europe *f*.

europeu, péia [ewru'pew, peja] ♦ *adj* européen(enne) ♦ *mf* Européen *m*, -enne *f*.

evacuação [evakwa'sãw] *(pl -ões)* *f* évacuation *f*.

evacuar [eva'kwa(x)] *vt* évacuer.

evadir-se [eva'dixsi] *vp* s'évader.

Evangelho [evã'ʒeʎu] *m* • **o Evangelho** l'Évangile *m*.

evaporar [evapo'ra(x)] *vt* évaporer ▫ **evaporar-se** *vp* (*líquido*) s'évaporer; (*fig*) (*desaparecer*) disparaître.

evasão [eva'zãw] (*pl* -**ões**) *f* évasion *f*; (*evasiva*) détour *m*.

evasiva [eva'ziva] *f* échappatoire *f*.

evasivo, va [eva'zivu, va] *adj* évasif(ive).

evasões → evasão.

evento [e'vẽtu] *m* événement *m*.

eventual [evẽ'twaw] (*pl* -**ais**) *adj* éventuel(elle).

evidência [evi'dẽsja] *f* évidence *f*.

evidenciar [evidẽ'sja(x)] *vt* mettre en évidence ▫ **evidenciar-se** *vp* (*tornar-se claro*) être évident(e); (*destacar-se*) se distinguer.

evidente [evi'dẽtʃi] *adj* évident(e) ◆ **como é evidente** évidemment.

evitar [evi'ta(x)] *vt* éviter ◆ **evitar que algo aconteça** éviter que qqch n'arrive.

evocar [evo'ka(x)] *vt* évoquer.

evolução [evolu'sãw] *f* évolution *f*.

evoluir [evo'lwi(x)] *vi* évoluer.

exagerar [ezaʒe'ra(x)] *vt* exagérer.

exagero [eza'ʒeru] *m* exagération *f* ◆ **sem exagero** sans exagérer ◆ **é um exagero!** c'est exagéré!

exalar [eza'la(x)] *vt* exhaler.

exaltado, da [ezaw'tadu, da] *adj* en colère.

exaltar [ezaw'ta(x)] *vt* (*elogiar*) faire l'éloge de; (*irritar*) énerver ▫ **exaltar-se** *vp* s'emporter.

exame [e'zami] *m* examen *m*.

examinar [ezami'na(x)] *vt* examiner.

exatamente [e,zata'mẽtʃi] ◆ *adv* exactement ◆ *interj* tout à fait!

exatidão [ezatʃi'dãw] *f* exactitude *f* ◆ **com exatidão** avec précision.

exato, ta [e'zatu, ta] *adj* précis(e); (*correto*) exact(e).

exaustão [ezawʃ'tãw] *f* épuisement *m*.

exausto, ta [e'zawʃtu, ta] *adj* épuisé(e).

exaustor [ezawʃ'to(x)] (*pl* -**es**) *m* hotte *f* (*de cuisine*).

exceção [eʃse'sãw] (*pl* -**ões**) *f* exception *f* ◆ **à** OU **com a exceção de** à l'exception de ◆ **sem exceção** sans exception.

exceções → exceção.

excedente [ese'dẽtʃi] *m* excédent *m*.

exceder [ese'de(x)] *vt* dépasser ▫ **exceder-se** *vp* (*exagerar*) exagérer; (*enfurecer-se*) s'emporter ◆ **exceder-se no sal** mettre trop de sel ◆ **exceder-se na bebida** boire trop.

excelente [ese'lẽtʃi] *adj* excellent(e).

excelentíssimo, ma [eselẽ'tʃisimu, ma] *adj* titre d'honneur donné aux professeurs universitaires, députés, gouverneurs etc.

excêntrico

excêntrico, ca [e'sẽntriku, ka] *adj* excentrique.

excepcional [esepsju'naw] (*pl* -**ais**) *adj* exceptionnel(elle).

excerto [e'sextu] *m* extrait *m*.

excessivo, va [ese'sivu, va] *adj* excessif(ive).

excesso [e'sesu] *m* excès *m* • **em excesso** trop • **excesso de peso** *(relativo a bagagem)* surcharge *f*; *(relativo a pessoa)* excès de poids • **excesso de velocidade** excès de vitesse.

exceto [e'sɛtu] *prep* excepté • **todos os dias exceto aos domingos** tous les jours sauf le dimanches.

excitação [esita'sãw] *f* excitation *f*.

excitado, da [esi'tadu, da] *adj* excité(e).

excitante [esi'tãntʃi] *adj* excitant(e).

exclamação [iʃklama'sãw] (*pl* -**ões**) *f* exclamation *f*.

exclamar [iʃkla'ma(x)] *vi* s'exclamer, s'écrier.

excluir [iʃklu'i(x)] *vt* exclure.

exclusividade [iʃkluzivi'dadʒi] *f* exclusivité *f* • **ter a exclusividade de** avoir l'exclusivité de.

exclusivo, va [iʃklu'zivu, va] *adj* exclusif(ive).

excursão [iʃkux'sãw] (*pl* -**ões**) *f* excursion *f*.

execução [ezeku'sãw] *f* (*de objeto*) fabrication *f*; (*de trabalho, plano, projeto*) exécution *f*; (*de prato culinário*) confection *f* • **pôr algo em execução** mettre qqch à exécution.

executar [ezeku'ta(x)] *vt* exécuter; (*música, cena teatral*) interpréter.

executivo, va [ezeku'tivu, va] *mf* cadre *m*.

exemplar [ezẽm'pla(x)] (*pl* -**es**) ◆ *adj* exemplaire ◆ *m* (*de espécie, raça*) spécimen *m*; (*de planta*) variété *f*; (*de livro, revista*) exemplaire *m*; (*de coleção*) pièce *f*.

exemplo [e'zẽmplu] *m* exemple *m* • **por exemplo** par exemple • **a título de exemplo** à titre d'exemple.

exercer [ezex'se(x)] *vt* exercer.

exercício [ezex'sisju] *m* exercice *m*.

exercitar [ezexsi'ta(x)] *vt* (*cão*) dresser; (*pernas, braços*) faire bouger ◻ **exercitar-se** *vp* (*fazer exercício físico*) faire de l'exercice; (*músculos*) faire travailler; (*esportista*) s'entraîner; (*pianista*) s'exercer.

exército [e'zexsitu] *m* armée *f*.

exibição [ezebi'sãw] (*pl* -**ões**) *f* représentation *f*; (*de quadros, esculturas*) exposition *f*; (*ostentação*) spectacle *m*.

exibir [ezi'bi(x)] *vt* (*filme*) projeter; (*peça teatral*) représenter; (*quadro, escultura*) exposer; (*dotes, capacidades*) montrer ◻ **exibir-se** *vp* s'exhiber.

exigência [ezi'ʒẽsja] *f* exigence *f*.

exigir [ezi'ʒi(x)] *vt* exiger.

existência [eziʃ'tẽsja] f existence f.

existir [eziʃ'ti(x)] vi exister.

êxito ['ezitu] m succès m • **ter êxito** avoir du succès.

Exma. (abrev de excelentíssima) • **Exma. Senhora Diretora** Madame la Directrice.

Exmo. (abrev de excelentíssimo) • **Exmo. Senhor Diretor** Monsieur le Directeur.

exorcismo [ezox'siʒmu] m exorcisme m.

exorcista [ezox'siʃta] nmf exorciste m.

exortação [ezoxta'sãw] (pl -ões) f exhortation f.

exótico, ca [e'zɔtʃiku, ka] adj exotique.

expansão [iʃpã'sãw] (pl -ões) f (progresso) expansion f; (alegria) débordement m; (alargamento) extension f.

expansivo, va [iʃpã'sivu, va] adj expansif(ive).

expansões → expansão.

expectativa [iʃpekta'tʃiva] f expectative f • **estar/ficar na expectativa** être dans l'expectative.

expediente [iʃpe'dʒjẽntʃi] m (de repartição, estabelecimento comercial) service m; (correspondência) correspondance f.

expedir [iʃpe'dʒi(x)] vt expédier.

expelir [iʃpe'li(x)] vt (alguém) expulser, chasser; (algo) jeter, lancer.

experiência [iʃpe'rjẽsja] f expérience f • **com experiência** expérimenté(e).

experiente [iʃpe'rjẽntʃi] adj expérimenté(e).

experimentar [iʃperimẽn'ta(x)] vt essayer; (comida, bebida) goûter; (emoção) connaître; (sensação) avoir.

expirar [iʃpi'ra(x)] vt & vi expirer.

explicação [iʃplika'sãw] (pl -ões) f explication f.

explicar [iʃpli'ka(x)] vt expliquer ▫ **explicar-se** vp s'expliquer.

explícito, ta [iʃ'plisitu, ta] adj explicite.

explodir [iʃplo'dʒi(x)] vi exploser.

exploração [iʃplora'sãw] f exploitation f; (investigação) exploration f.

explorar [iʃplo'ra(x)] vt (investigar) explorer; (abusar de) exploiter.

explosão [iʃplo'zãw] (pl -ões) f explosion f.

expor [iʃ'po(x)] vt exposer ▫ **expor-se a** vp + prep s'exposer à.

exportação [iʃpoxta'sãw] (pl -ões) f exportation f.

exportar [iʃpox'ta(x)] vt exporter.

exposição [iʃpozi'sãw] (pl -ões) f exposition f • **em exposição** en exposition.

exposto, ta [iʃ'poʃtu, ta] adj exposé(e).

expressão [iʃpre'sãw] (pl -ões) f expression f • **expressão escrita/oral** expression écrite/orale.

expressar

expressar [iʃpre'sa(x)] *vt* exprimer ▫ **expressar-se** *vp* s'exprimer.
expressivo, va [iʃpre'sivu, va] *adj* expressif(ive).
expresso, a [iʃ'prɛsu, a] ◆ *adj (correio)* express; *(ordem)* formel(elle); *(vontade, desejo, idéia)* exprimé(e) ◆ *m (trem)* express *m*; *(ônibus)* autobus *m* direct.
expressões → expressão.
exprimir [iʃpri'mi(x)] *vt* exprimer ▫ **exprimir-se** *vp* s'exprimer.
expropriar [iʃprupri'a(x)] *vt* exproprier.
expulsar [iʃpuw'sa(x)] *vt* expulser.
expulso, sa [iʃ'puwsu, sa] ◆ *pp* → expulsar ◆ *adj* expulsé(e).
extensão [iʃtẽ'sãw] *f (dimensão espacial)* étendue *f*; *(dimensão temporal)* durée *f*; *(aumento espacial)* agrandissement *m*; *(aumento temporal)* prolongation *f*; *(elétrica)* rallonge *f*.
extenso, sa [iʃ'tẽsu, sa] *adj* long(longue); *(vasto)* étendu(e)
• **escrever algo por extenso** écrire qqch en toutes lettres.
extensões → extensão.
extenuado, da [iʃte'nwadu, da] *adj* exténué(e).
extenuante [iʃte'nwãntʃi] *adj* exténuant(e).
exterior [iʃte'rjo(x)] *(pl* -es*)* ◆ *adj* extérieur(e) ◆ *m (parte exterior)* extérieur *m*; *(aparência)* dehors *mpl* • **o exterior** l'étranger *m*.

externo, na [iʃ'tɛxnu, na] *adj* extérieur(e).
extinção [iʃtĩn'sãw] *f* disparition *f* • **em via de extinção** en voie de disparition.
extinguir [iʃtĩn'gi(x)] *vt (fogo)* éteindre; *(lei, norma)* abolir ▫ **extinguir-se** *vp (apagar-se)* s'éteindre; *(desaparecer)* disparaître.
extinto, ta [iʃ'tʃĩntu, ta] ◆ *pp* → **extinguir** ◆ *adj (fogo)* éteint(e); *(norma, lei)* aboli(e); *(espécie animal, vegetal)* disparu(e).
extintor [iʃtĩn'to(x)] *(pl* -es*) m* extincteur *m*.
extra ['ɛjʃtra] ◆ *adj* supplémentaire ◆ *pref* extra ◆ *m (em despesa)* extra *m*; *(em emprego)* prime *f*.
extração [iʃtra'sãw] *(pl* -ões*) f* extraction *f*; *(de loteria)* tirage *m* au sort.
extrações → extração.
extraditar [iʃtradʒi'ta(x)] *vt* extrader.
extrair [iʃtra'i(x)] *vt* extraire; *(dente)* arracher; *(órgão)* retirer; *(número de loteria)* tirer au sort • **extrair algo de algo** tirer qqch de qqch.
extraordinário, ria [iʃtraordʒi'narju, rja] *adj* extraordinaire.
extrato [iʃ'tratu] *m* extrait *m*; *(de conta bancária)* relevé *m*.
extravagância [iʃtrava'gãnsja] *f (capricho)* lubie *f*.
extraviado, da [iʃtra'vjadu, da] *adj* égaré(e).
extraviar [iʃtravi'a(x)] *vt* égarer ▫ **extraviar-se** *vp* s'égarer.

extremidade [iʃtremi'dadʒi] f extrémité f.
extremo, ma [iʃ'tremu, ma] *adj* extrême ◆ *m* extrême *m* • **de um extremo ao outro** d'un bout à l'autre • **chegar aos extremos de** en arriver à.
extrovertido, da [iʃtrovex'tʃidu, da] *adj* extraverti(e).
exuberante [ezube'rãntʃi] *adj* exubérant(e); *(roupa)* excentrique.
exumar [ezu'ma(x)] *vt* exhumer.
ex-voto [ɛks'vɔtu] *m* ex-voto *m inv*.

F

fábrica ['fabrika] f usine f.
fabricante [fabri'kãntʃi] *m* fabricant *m*.
fabricar [fabri'ka(x)] *vt* fabriquer.
fabrico [fa'briku] *m* fabrication f.
fabuloso, osa [fabu'lozu, ɔza] *adj* fabuleux(euse).
faca ['faka] f couteau *m*.
face ['fasi] f *(rosto)* visage *m*; *(de poliedro)* face f; *(superfície)* surface f • **fazer face a** faire face à • **em face** en face • **em face de** face à • **face a face** face à face • **à face da Terra** à la surface de la terre.

fáceis ['fasejʃ] → fácil.
fachada [fa'ʃada] f façade f.
fácil ['fasiw] *(pl* -ceis*) adj* facile.
facilidade [fasili'dadʒi] f facilité f • **com facilidade** facilement.
facilitar [fasili'ta(x)] *vt (tornar fácil)* faciliter; *(tornar possível)* rendre possible.
faço ['fasu] → fazer.
factual [fak'twaw] *(pl* -ais*) adj* factuel(elle).
faculdade [fakuw'dadʒi] f faculté f.
facultativo, va [fakuwta'tʃivu, va] *adj* facultatif(ive).
fada ['fada] f fée f.
fadiga [fa'dʒiga] f fatigue f.
fadista [fa'dʒiʃta] *nmf* chanteur *m*, -euse f de fado.
fado ['fadu] *m (música)* fado *m*; *(destino)* destin *m*.
fagulha [fa'guʎa] f étincelle f.
faia ['faja] f hêtre *m*.
faiança [fa'jãsa] f faïence f.
faisão [faj'zãw] *(pl* -ões*) m* faisan *m*.
faísca [fa'iʃka] f *(de metal, fogo)* étincelle f; *(raio)* foudre f.
faisões → faisão.
faixa ['fajʃa] f *(em estrada)* voie f; *(para cintura)* ceinture f *(en tissu)*; *(ligadura)* bandage *m*; *(de idades)* tranche f • **faixa (de pedestres)** passage *m* clouté • **faixa de rolamento** chaussée f.
fala ['fala] f *(dom de falar)* parole f; *(em teatro)* réplique f • **ser de poucas falas** ne pas être très bavard.

falador, ra [fala'do(x), dejra] (*mpl* -es, *fpl* -s) *adj & mf* bavard(e).

falar [fa'la(x)] ♦ *vi* parler ♦ *vt* (*língua*) parler; (*dizer*) dire • **falar com alguém** parler à qqn • **falar de** parler de • **para falar a verdade** à vrai dire • **sem falar em** sans parler de • **falar claro** parler clairement • **falar a sério** parler sérieusement • **falar pelos cotovelos** avoir la langue bien pendue.

falcão [faw'kãw] (*pl* -ões) *m* faucon *m*.

falecer [fale'se(x)] *vi* décéder.

falecido, da [fale'sidu, da] *mf* défunt *m*, -e *f*.

falecimento [falesi'mẽntu] *m* décès *m*.

falência [fa'lẽsja] *f* faillite *f* • **ir à falência** faire faillite.

falha ['faʎa] *f* (*lacuna*) manque *m*; (*de luz*) coupure *f*; (*de terreno*) faille *f*; (*em sistema, programa*) défaillance *f*.

falhar [fa'ʎa(x)] ♦ *vt* (*tentativa, tiro*) rater; (*encontro*) manquer ♦ *vi* (*não acertar*) rater son coup; (*errar*) se tromper; (*máquina*) ne plus marcher; (*freios*) lâcher; (*motor*) avoir des ratés.

falido, da [fa'lidu, da] *adj* • **ele está falido** il a fait faillite.

falir [fa'li(x)] *vi* faire faillite.

falsário, ria [faw'sarju, rja] *mf* faussaire *mf*.

falsidade [fawsi'dadʒi] *f* fausseté *f*.

falsificar [fawsifi'ka(x)] *vt* falsifier.

falso, sa ['fawsu, sa] ♦ *adj* faux(fausse) ♦ *adv* (*jurar*) faire un faux serment.

falta ['fawta] *f* faute *f*; (*carência*) manque *m*; (*de assistência, pontualidade*) absence *f*; (*infração*) infraction *f* • **falta de apetite** manque d'appétit • **falta de ar** manque d'air • **falta de atenção** inattention *f* • **fazer falta** manquer • **ter falta de algo** avoir besoin de qqch • **ele me faz falta** il me manque • **sinto falta da minha família** ma famille me manque • **à falta de melhor** faute de mieux • **fazer algo sem falta** faire qqch sans faute • **por falta de** faute de.

faltar [faw'ta(x)] *vi* (*não haver*) manquer; (*estar ausente*) être absent(e) • **falta muito para as férias** les vacances sont encore loin • **falta pouco para o trem chegar** le train va bientôt arriver • **faltam 5 km para chegar lá** il reste 5 km à faire • **era só o que faltava!** il ne manquait plus que ça! • **faltar às aulas** manquer la classe • **faltar ao emprego** ne pas aller travailler.

fama ['fama] *f* (*reputação*) réputation *f*; (*notoriedade*) célébrité *f* • **ter fama de** avoir la réputation de.

família [fa'milja] *f* famille *f* • **em família** en famille.

familiar [famili'a(x)] (*pl* -es) ♦ *adj* familial(e); (*conhecido*) familier(ère) ♦ m membre m de la famille.

faminto, ta [fa'mĩntu, ta] *adj* affamé(e).

famoso, osa [fa'mozu, ɔza] *adj* célèbre.

fanático, ca [fa'natʃiku, ka] *adj* & *mf* fanatique.

fantasia [fãnta'zia] *f* fantaisie *f*; *(disfarce)* déguisement *m*.

fantasiar [fãntazi'a(x)] *vi* rêver ❑ **fantasiar-se** *vp* se déguiser • **fantasiar-se de** se déguiser en.

fantasma [fãn'taʒma] *m* fantôme *m*.

fantástico, ca [fãn'taʃtʃiku, ka] ♦ *adj* fantastique ♦ *interj* fantastique!

fantoche [fãn'tɔʃi] *m* marionnette *f*.

farda ['faxda] *f* uniforme *m*.

farei [fa'rej] → **fazer**.

farelo [fa'rɛlu] *m* son *m (céréale)*.

faringe [fa'rĩʒi] *f* pharynx *m*.

faringite [farĩ'ʒiti] *f* pharyngite *f*.

farinha [fa'riɲa] *f* farine *f* • **farinha de centeio** farine de seigle • **farinha integral** farine complète • **farinha de milho** farine de maïs • **farinha de rosca** chapelure *f* • **farinha de trigo** farine de blé.

farmacêutico, ca [farma'sewtiku, ka] ♦ *adj* pharmaceutique ♦ *m* pharmacien *m*, -enne *f*.

farmácia [fax'masja] *f* pharmacie *f*.

faro ['faru] *m* flair *m*.

farofa [fa'rɔfa] *f* farine de manioc grillée ou cuite dans du beurre, souvent mélangée avec des œufs, des olives et de la viande.

farol [fa'rɔw] *(pl* -óis*) m* phare *m* • **farol alto** feux *mpl* de route • **farol baixo** feux *mpl* de croisement.

farpa ['faxpa] *f (de agulha)* pointe *f*; *(em tourada)* banderille *f*; *(em pele)* écharde *f*.

farpado, da [fax'padu, da] *adj* → **arame**.

farra ['faxa] *f (fam) (divertimento)* foire *f*.

farrapo [fa'xapu] *m* chiffon *m*.

farsa ['faxsa] *f* farce *f*.

fartar-se [fax'taxsi] *vp (cansar-se)* se lasser • **fartar-se de** *(comida)* se gaver de; *(trabalho)* en avoir assez de.

farto, ta ['faxtu, ta] *adj* rassasié(e) • **estar farto de** en avoir assez de.

fartura [fax'tura] *f* abondance *f*.

fascículo [fa'sikulu] *m* fascicule *m*.

fascinante [fasi'nãntʃi] *adj* fascinant(e).

fascinar [fasi'na(x)] *vt* fasciner.

fascismo [fa'siʒmu] *m* fascisme *m*.

fascista [fa'siʃta] *adj* & *nmf* fasciste.

fase ['fazi] *f* phase *f*.

fastidioso, osa [faʃtʃi'dʒjozu, ɔza] *adj* fastidieux(euse).

fatal [fa'taw] *(pl* -ais*) adj* fatal(e).

fatalidade [fatali'dadʒi] *f* fatalité *f*.

fatia [fa'tʃia] *f* tranche *f.*
fatigante [fati'gãntʃi] *adj* fatigant(e).
fatigar [fati'ga(x)] *vt* fatiguer, lasser, se donner du mal.
fato ['fatu] *m* fait *m* • **ser fato consumado** être un fait accompli • **de fato** effectivement • **pelo fato de** du fait que.
fator [fa'to(x)] (*pl* **-es**) *m* facteur *m.*
fatura [fa'tura] *f* facture *f.*
fauna ['fawna] *f* faune *f.*
fava ['fava] *f* fève *f.*
favela [fa'vɛla] *f* bidonville *m.*

(i) FAVELAS

Les *favelas* sont des quartiers populaires construits anarchiquement, et exposés de manière très bucolique sur les cartes postales de photos souvenirs. Construites en divers matériaux de récupération, les maisons s'étendent sur des kilomètres et des kilomètres, représentant un portrait vivant de la pauvreté qui domine la vie de tant de Brésiliens. Dans certaines de ces *favelas*, vivent des milliers de personnes, privées pour la plupart de systèmes du tout-à-l'égout, d'eau potable et de sécurité sociale.

favor [fa'vo(x)] (*pl* **-es**) *m* service *m*; *(do público)* faveur *f* ♦ **favor fechar a porta** prière de fermer la porte • **faça o favor de entrar** entrez, je vous en prie • **fazer um favor a alguém** rendre service à qqn • **estar a** ou **em favor de** être en faveur de; *(partidário de)* être pour • **por favor** s'il vous plaît.
favorável [favo'ravew] (*pl* **-eis**) *adj (resposta)* favorable; *(tempo)* propice.
favores → favor.
favorito, ta [favo'ritu, ta] *adj* favori(ite).
fax ['faksi] (*pl* **-es**) *m* fax *m* • **enviar** ou **mandar um fax** envoyer un fax.
fax-modem [,faksi'mɔdẽ] (*pl* **-dens**) *m* fax-modem *m.*
faz [faʃ] → fazer.
fazenda [fa'zẽnda] *f (quinta)* exploitation *f* agricole; *(tecido)* tissu *m.*
fazendeiro, ra [fazẽn'dejru, ra] *mf* exploitant *m,* -e *f* agricole.
fazer [fa'ze(x)] ♦ *vt* **1.** *(ger)* faire • **fazer barulho** faire du bruit • **fazer uma pergunta** poser une question • **fazer planos/um vestido** faire des projets/une robe • **vamos fazer uma festa** nous allons faire une fête • **fazer o papel de** jouer le rôle de • **você devia fazer mais exercício** tu devrais faire plus d'exercice • **fazer alguém rir/chorar** faire rire/pleurer qqn **2.** *(transformar)* mettre, rendre • **fazer algo em pedaços** mettre qqch en pièces • **fazer alguém feliz** rendre

qqn heureux 3. *(anos)* ● **faço anos amanhã** demain, c'est mon anniversaire ● **fazemos cinco anos de casados** ça fait cinq ans que nous sommes mariés ◆ *vi* 1. *(aparentar)* ● **fazer como se** faire comme si 2. *(causar)* ● **fazer bem/mal a algo/alguém** faire du bien/du mal à qqch/qqn 3. *(obrigar)* ● **fazer (com) que** faire (en sorte) que ◆ *v impess/v impers* 1. ● **faz frio/calor** il fait froid/chaud 2. *(exprime tempo)* faire ● **faz um ano que não o vejo** ça fait un an que je ne le vois pas ● **faz tempo que estou à espera** ça fait longtemps que j'attends ● **ele partiu faz três meses** ça fait trois mois qu'il est parti 3. *(importar)* ● **não faz mal se está quebrado** ça ne fait rien si c'est cassé ● **não se preocupe, não faz mal!** ne t'inquiète pas, ça ne fait rien! ● **tanto faz** peu importe ◆ **fazer-se** *vp* se faire ● **fazer-se com se** faire avec ▫ **fazer-se de** *vp + prep* faire ● **fazer-se de tolo/esperto** faire l'idiot/le malin ● **fazer-se de desentendido** faire semblant de ne pas comprendre.

fé [fɛ] *f* foi *f* ● **de boa/má fé** de bonne/mauvaise foi.

febre [ˈfɛbri] *f* fièvre *f* ● **febre do feno** rhume *m* des foins.

fechado, da [feˈʃadu, da] *adj* fermé(e); *(negócio)* conclu(e) ◆ **fechado para balanço** fermé pour cause d'inventaire ◆ **fechado para férias** fermeture annuelle ◆ **fechado para obras** fermé pour travaux.

fechadura [feʃaˈdura] *f* serrure *f*.

fechar [feˈʃa(x)] *vt* fermer; *(negócio)* conclure ◆ *vi (ferida)* se cicatriser; *(estabelecimento)* fermer ● **fechar algo à chave** fermer qqch à clef ▫ **fechar-se** *vp (encerrar-se)* s'enfermer; *(calar-se)* se fermer.

fecho [ˈfeʃu] *m (de porta)* loquet *m*; *(de mala)* fermeture *f*; *(de janela)* poignée *f*; *(de colar)* fermoir *m*; *(de peça de vestuário)* ● **fecho (ecler)** fermeture *f* Éclair®; *(de espetáculo, acontecimento)* fin *f*.

fécula [ˈfɛkula] *f* fécule *f* ● **fécula de batata** fécule de pomme de terre.

fecundar [fekũnˈda(x)] *vt* féconder.

feder [feˈde(x)] *vi* empester.

federação [federaˈsãw] *(pl* -ões*) f* fédération *f*.

fedor [feˈdo(x)] *m* puanteur *f*.

feijão [fejˈʒãw] *(pl* -ões*) m* haricot *m*.

feijão-fradinho [fejʒãwfraˈdʒiɲu] *(pl* feijões-fradinhos*) m* dolic *m* sorte de haricot blanc.

feijão-mulatinho [fej,ʒãwmulaˈtiɲu] *(pl* feijões-mulatinhos*) m* sorte de haricot rouge.

feijão-preto [fejʒãwˈpretu] *(pl* feijões-pretos*) m* haricot *m* noir.

feijão-tropeiro [fejʒãwtroˈpejru] *(pl* feijões-tropeiros*)*

feijão-verde

m plat de haricots noirs accompagné de farine de manioc et morceaux de lards frits.

feijão-verde [fejʒãw'vexdʒi] *(pl* **feijões-verdes)** *m* haricot *m* vert.

feijoada [fej'ʒwada] *f* plat de haricots noirs servi avec du chou en lamelles, du porc et de la farine de manioc.

(i) FEIJOADA

En plus d'être un plat traditionnel, la *feijoada* brésilienne, du moins sa consommation, représente un véritable événement social. Préparée avec des haricots noirs, de la viande séchée et salée de porc et de bœuf, elle est servie avec divers accompagnements, tels que : un plat de riz blanc, un plat de chou vert cuit et finement coupé, des oranges pelées et coupées en tranches et de la *farofa* (farine de manioc torréfiée). On mange la *feijoada* surtout les samedis. Le repas, qui dure presque toute la journée, est copieusement arrosé de bière et de *caipirinha*, de préférence au son de la *samba*. Le Portugal possède sa propre *feijoada*, préparée avec des haricots blancs, de la viande de porc, du chorizo, du chou, des carottes, et servie avec un accompagnement de riz.

feijões → feijão.

feio, feia ['feju, 'feja] *adj (rosto, forma, objeto)* laid(e); *(atitude, comportamento)* vilain(e); *(situação, caso, problema)* sale.

feira ['fejra] *f (de gado)* foire *f; (de automóvel, livro)* salon *m* • **feira popular** fête *f* foraine.

feitiçaria [fejtisa'ria] *f* sorcellerie *f.*

feiticeiro, ra [fejtʃi'sejru] *mf* sorcier *m,* -ère *f.*

feitiço [fej'tʃisu] *m* sort *m* • **lançar um feitiço** jeter un sort.

feitio [fej'tʃiu] *m (caráter)* caractère *m; (de peça de vestuário)* modèle *m.*

feito, ta ['fejtu, ta] ◆ *pp* → fazer ◆ *adj* fait(e) ◆ *m* exploit *m* • **está um homem feito** c'est devenu un homme • **feito à mão** fait à la main • **feito sob medida** fait sur mesure • **feito de** fait à base de • **dito e feito** aussitôt dit, aussitôt fait.

feixe ['fejʃi] *m (de palha)* botte *f; (de lenha)* fagot *m; (de luz)* faisceau *m.*

fel [fɛw] *m (bile)* bile *f; (sabor amargo)* goût *m* amer.

felicidade [felisi'dadʒi] *f (contentamento)* bonheur *m; (boa sorte)* chance *f* • **felicidades!** bonne chance!; *(para os noivos)* tous nos vœux de bonheur!

felicitar [felisi'ta(x)] *vt* féliciter • **felicitar alguém por algo** féliciter qqn pour qqch.
felino, na [fe'linu, na] *adj* félin(e) ◇ **felinos** *mpl* félins *mpl*.
feliz [fe'liʒ] (*pl* **-es**) *adj* heureux(euse); *(bem executado)* réussi(e) • **feliz ano-novo!** bonne année! • **feliz Natal!** joyeux Noël! • **feliz Páscoa!** joyeuses Pâques!
felizmente [feliʒ'mẽntʃi] *adv* heureusement.
felpudo, da [few'pudu, da] *adj (toalha)* moelleux(euse); *(tapete, cão)* à poils longs.
feltro ['fewtru] *m* feutre *m*.
fêmea ['femja] *f* femelle *f*; *(objeto)* prise femelle.
feminino, na [femi'ninu, na] ◆ *adj* féminin(e) ◆ *m* féminin *m*.
feminismo [feme'niʒmu] *m* féminisme *m*.
feminista [femi'ni∫ta] *nmf* féministe *mf*.
fenda ['fẽnda] *f (em terra, chão)* crevasse *f*; *(em parede)* fente *f*.
fender [fẽn'de(x)] *vt* fendre ▫ **fender-se** *vp* se fendre.
feno ['fenu] *m* foin *m*.
fenomenal [fenome'naw] (*pl* **-ais**) *adj* phénoménal(e).
fenômeno [fe'nomenu] *m* phénomène *m*.
fera ['fɛra] *f* fauve *m*.
feriado [fe'rjadu] *m* jour *m* férié • **feriado nacional** fête *f* nationale.
férias ['fɛrjaʃ] *fpl* vacances *fpl* • **ir/estar de** *ou* **em férias** partir/être en vacances.

ferida [fe'rida] *f* blessure *f*, → **ferido**.
ferido, da [fe'ridu, da] *adj & mf* blessé(e).
ferimento [feri'mẽntu] *m* blessure *f*.
ferir [fe'ri(x)] *vt* blesser ▫ **ferir-se** *vp* se blesser.
fermentar [fexmẽn'ta(x)] *vi* fermenter.
fermento [fex'mẽntu] *m* levain *m* • **fermento em pó** levure *f*.
feroz [fe'rɔʃ] (*pl* **-es**) *adj* féroce.
ferradura [fexa'dura] *f (de cavalo)* fer *m* à cheval.
ferragens [fe'xaʒẽʃ] *fpl* → **loja**.
ferramenta [fexa'mẽnta] *f* outil *m*; *(conjunto de instrumentos)* outils *mpl*.
ferrão [fe'xãw] (*pl* **-ões**) *m* dard *m*.
ferreiro [fe'xejru] *m* forgeron *m*.
ferro [fɛxu] *m (de passar roupa)* fer *m* à repasser; *(metal)* fer *m*.
ferrões [fe'xõjʃ] → **ferrão**.
ferrolho [fe'xoʎu] *m* verrou *m*.
ferro-velho [ˌfexu'vɛʎu] (*pl* **ferros-velhos**) *m* ferrailleur *m*.
ferrovia [fexo'via] *f* chemin *m* de fer.
ferrugem [fe'xuʒẽ] *f* rouille *f*.
ferryboat [ˌfexi'bout] (*pl* **ferryboats**) *m* ferry-boat *m*.
fértil [fɛxtiw] (*pl* **-teis**) *adj* fertile.
fertilidade [fextʃili'dadʒi] *f* fertilité *f*.
fertilizante [fextʃili'zãntʃi] *m* engrais *m*.

ferver [fex've(x)] ◆ *vt* faire bouillir ◆ *vi* bouillir.

fervor [fex'vo(x)] *m* ferveur *f*.

fervura [fex'vura] *f* ébullition *f* • **até levantar fervura** jusqu'à ébullition.

festa [ˈfɛʃta] *f* fête *f* • **Boas festas!** joyeuses fêtes! • **festas juninas** fêtes religieuses célébrées au mois de juin (Saint-Antoine, Saint-Jean, Saint-Pierre) ❑ **festas** *fpl* caresses *fpl* • **fazer festas a** caresser.

(i) FESTAS JUNINAS

Les fêtes de Juin furent introduites au Brésil par les Portugais, notamment la célébration de la Saint-Antoine, le 13 juin, qui est l'une des plus anciennes et des plus populaires. Traditionnellement, les fêtes commencent le 12 juin, à la veille de la Saint-Antoine et se prolongent jusqu'à la fin du mois, avec la célébration de la Saint-Pierre, le 29 juin. Lors de ces fêtes, on allume d'immenses feux de bois, on organise des bals traditionnels, on participe aux feux d'artifice et on sert des plats régionaux, accompagnés de boissons typiques.

festejar [feʃte'ʒa(x)] *vt* fêter.

festim [feʃ'tʃĩ] (*pl* -**ns**) *m* festin *m*.

festival [feʃtʃi'vaw] (*pl* -**ais**) *m* festival *m*.

fétido, da [ˈfɛtʃidu, da] *adj* fétide.

feto [ˈfɛtu] *m* (*planta*) fougère *f*; (*embrião*) fœtus *m*.

fevereiro [feve'reiru] *m* février *m*, → **setembro**.

fez [fɛʒ] → **fazer**.

fezes [ˈfɛzif] *fpl* selles *fpl*.

fiação [fja'sãw] (*pl* -**ões**) *f* filature *f*.

fiado [ˈfjadu] *adv* • **vender fiado** vendre à crédit • **comprar fiado** acheter à crédit.

fiambre [ˈfjãbri] *m* jambon *m* blanc.

fiar [fi'a(x)] ◆ *vt* filer ◆ *vi* faire crédit ❑ **fiar-se em** *vp + prep* se fier à.

fiasco [ˈfjaʃku] *m* fiasco *m*.

fibra [ˈfibra] *f* fibre *f*; (*fig*) (*coragem*) cran *m* • **fibra (acrílica)** fibre acrylique • **fibra óptica** fibre optique.

ficar [fi'ka(x)] *vi* rester; (*estar situado*) être; (*tornar-se*) devenir • **ficou corado** il est devenu tout rouge • **ficou triste com a notícia** la nouvelle l'a rendu triste • **ficou surpreendido** il a été surpris • **ficar bem/mal** (*maneiras*) être bien/mal; (*roupa*) aller bien/mal • **ficar lendo** lire • **ficar trabalhando** travailler • **ficar com algo** (*adquirir*) prendre qqch; (*guardar*) garder qqch • **ficar de fazer algo** devoir faire qqch • **ficar por** (*limitar-se a*) se contenter de • **eu fico por**

Finados

aqui j'en reste là • **ficar em primeiro lugar** arriver en premier • **ficar sem algo** perdre qqch.

ficção [fik'sãw] f fiction f.

ficha ['fiʃa] f fiche f.

fichário [fi'ʃarju] m fichier m.

fictício, cia [fik'tʃisju, sja] adj fictif(ive).

fidelidade [fideli'dadʒi] f fidélité f • **fidelidade (conjugal)** fidélité.

fiel ['fjew] (pl **-éis**) adj & m fidèle.

figa ['figaʃ] f amulette f (en forme de main) • **fazer figas** croiser les doigts.

fígado ['figadu] m foie m.

figo ['figu] m figue f • **figos secos** figues sèches.

figueira [fi'gejra] f figuier m.

figura [fi'gura] f (forma exterior) silhouette f; (desenho, imagem) figure f • **fazer boa/má figura** bien/mal s'en sortir.

figurante [figu'rãntʃi] mf figurant m, -e f.

figurar [figu'ra(x)] ◻ **figurar em** vp (em filme, peça teatral) être figurant(e) dans; (em livro, dicionário) figurer dans; (em lista) figurer sur.

figurino [figu'rinu] m magazine m de mode.

fila ['fila] f file f; (de pessoas) queue f • **em fila (indiana)** en file indienne.

filarmônica [filax'monika] f orchestre m philharmonique.

filatelia [filate'lia] f philatélie f.

filé [fi'lɛ] m (de peixe) filet m; (de carne) steack m.

fileira [fi'lejra] f rangée f.

filho, lha ['fiʎu, ʎa] mf fils m, fille f • **os filhos** les enfants.

filho-da-puta [fiʎuda'puta] m (vulg) fils m de pute.

filhote [fi'ʎɔtʃi] m petit m (d'un animal).

filial [fi'ljaw] (pl **-ais**) f filiale f.

filigrana [fili'grana] f filigrane f.

filmadora [fiwma'dora] f • **filmadora (de vídeo)** Caméscope® m.

filmar [fiw'ma(x)] vt filmer.

filme ['fiwmi] m (de cinema) film m; (de máquina fotográfica) pellicule f • **filme aderente** film adhésif.

filosofia [filozo'fia] f philosophie f.

filósofo, fa [fi'lɔzofu, fa] mf philosophe mf.

filtrar [fiw'tra(x)] vt filtrer.

filtro ['fiwtru] m filtre m.

fim [fĩ] (pl **-ns**) m (de filme, ação) fin f; (de estrada) bout m; (objetivo) but m • **ter por fim** avoir pour but • **ter em fim em vista** avoir un objectif en vue • **fim de semana** weekend m • **o fim do mundo** le bout du monde; RELIG la fin du monde • **a fim de** afin de • **no fim** finalement • **ao fim e ao cabo** tout compte fait • **está a fim de ir ao cinema?** ça te dit d'aller au cinéma?

Finados [fi'naduʃ] mpl • **os Finados** le Jour des Morts.

final 162

final [fi'naw] (pl **-ais**) ♦ adj final(e); (esforço) ultime ♦ m fin f ♦ f finale f.
finalidade [finali'dadʒi] f (objetivo) but m; (de máquina) fonction f.
finalista [fina'liʃta] nmf finaliste mf.
finanças [fi'nãsaʃ] fpl finances fpl.
fingir [fĩ'ʒi(x)] vt faire semblant de.
finlandês, esa [fĩnlãn'dejʃ, eza] (mpl **-eses**, fpl **-s**) ♦ adj finlandais(e) ♦ m Finlandais m, -e f ♦ m (língua) finnois m.
Finlândia [fĩ'lãndʒja] f ● a Finlândia la Finlande.
fino, na ['finu, na] adj fin(e); (roupa de verão) léger(ère); (roupa, hotel, restaurante) raffiné(e); (educado) distingué(e).
fins [fĩʃ] → fim.
fio ['fiu] m fil m; (de líquido) filet m ● **fio dental** fil dentaire ● **perder o fio da meada** perdre le fil.
fios-de-ovos ['fiuʃdʒi'ɔvuʃ] mpl jaune d'œuf servant à décorer les pâtisseries.
firewall ['fajex'uɔw] (pl **firewalls**) m INFORM pare-feu m.
firma ['fixma] f société f.
firme ['fixmi] adj (estável) stable; (sólido) solide; (fixo) ferme.
firmeza [fix'meza] f fermeté f; (estabilidade) stabilité f; (solidez) solidité f.
fiscal [fiʃ'kaw] (pl **-ais**) ♦ adj fiscal(e) ♦ nmf contrôleur m, -euse f; (da Receita) inspecteur m, -trice f des impôts ● **fiscal aduaneiro** douanier m.
fisco ['fiʃku] m fisc m.
fisgada [fiʒ'gada] f douleur f aiguë
física ['fizika] f physique f, → **físico**.
físico, ca ['fiziku, ka] ♦ adj physique ♦ m physique m ♦ mf physicien m, -enne f.
fisionomia [fizjono'mia] f physionomie f.
fisioterapia [,fizjotera'pia] f physiothérapie f.
fita ['fita] f (tira de tecido) ruban m; (fingimento) feinte f; (filme) film m ● **fita adesiva** ruban adhésif ● **fita (de cabelo)** ruban m ● **fita durex®** Scotch® m ● **fita isolante** ruban isolant ● **fita (para máquina de escrever)** ruban ● **fita métrica** mètre m (de couturière) ● **fita de video** cassette f vidéo ● **fazer fita** faire semblant.
fitar [fi'ta(x)] vt regarder fixement.
fivela [fi'vɛla] f boucle f.
fixador [fiksa'do(x)] (pl **-es**) m fixateur m.
fixar [fik'sa(x)] vt (tornar fixo) fixer; (aprender de cor) retenir □ **fixar-se** vp se fixer.
fixo, xa ['fiksu, ksa] adj fixe.
fixo ['fiksu, ksa] → **fixar**.
fiz [fiʒ] → **fazer**.
flagrante [fla'grãntʃi] adj flagrant(e) ● **pegar em flagrante** prendre en flagrant délit.
flamingo [fla'mĩŋgu] m flamant m.

flanco ['flãŋku] m flanc m.

flanela [fla'nɛla] f flanelle f.

flash [flaʃi] m flash m.

flauta ['flawta] f flûte f • **flauta de bisel** flûte à bec • **flauta de Pã** flûte de Pan.

flecha ['flɛʃa] f flèche f.

fleuma ['flewma] f flegme m.

flexível [flɛk'sivew] (pl **-eis**) adj (maleável) flexible; (plástico, pessoa) souple.

flíper ['flipe(x)] m flipper m.

fliperama [flipe'rama] m flipper m.

floco ['flɔku] m touffe f • **floco de neve** flocon de neige • **flocos de aveia** flocons d'avoine • **flocos de milho** flocons de maïs.

flor [flo(x)] (pl **-es**) f fleur f • **em flor** en fleur • **à flor da pele** à fleur de peau • **na flor da idade** dans la fleur de l'âge.

floresta [flo'rɛʃta] f forêt f.

florido, da [flo'ridu, da] adj (árvores, campos, jardins) fleuri(e); (tecido, papel) à fleurs.

florista [flo'riʃta] nmf fleuriste mf.

fluência [flu'ẽsja] f aisance f.

fluentemente [flu,ẽntʃi'-mẽntʃi] adv couramment.

fluido, da ['fluidu, da] ♦ adj fluide ♦ m fluide m.

fluminense [flumi'nẽsi] adj de l'État de Rio de Janeiro.

flúor ['fluɔ(x)] m fluor m.

fluorescente [flureʃ'sẽntʃi] adj fluorescent(e).

flutuante [flu'twãntʃi] adj (objeto) flottant(e); (preço, inflação) fluctuant(e).

flutuar [flu'twa(x)] vi flotter.

fluvial [flu'vjaw] (pl **-ais**) adj fluvial(e).

fluxo ['fluksu] m flux m; (de imigração, emigração) vague f.

fobia [fo'bia] f phobie f.

focinho [fo'siɲu] m (de animal) museau m; (de porco) groin m.

foco [fɔku] m foyer m; (de atenção) centre m; (lâmpada) spot m.

foder [fo'de(x)] vt (vulg) baiser ◻ **foder-se** vp **foda-se!** (vulg) putain! • **vá se foder!** (vulg) vas te faire foutre!

fofo, fa ['fofu, fa] adj (tecido, material) doux(douce); (colchão) douillet(ette); (bolo) moelleux(euse); (bibelô) mignon(onne).

fofoca [fo'fɔka] f fragots mpl.

fogão [fo'gãw] (pl **-ões**) m cuisinière f.

foge [fɔʒi] → fugir.

fogem [fɔʒẽ] → fugir.

fogo [fogu] m feu m • **fogo de artifício** feu d'artifice • **fogo posto** incendie m d'origine criminelle.

fogões [fo'gõjʃ] → fogão.

fogueira [fo'gejra] f feu m.

foguete [fo'getʃi] m (espacial) fusée f.

foi [foj] → ser, ir.

foice ['fojsi] f faucille f.

folclore [fow'klɔri] m folklore m.

folclórico, ca [fow'klɔriku, ka] adj folklorique.

fôlego ['folegu] *m* souffle *m* • **tomar fôlego** prendre son souffle.

folga ['fowga] *f (de trabalho)* coupure *f; (espaço livre)* jeu *m* • **estar de folga** être en congé.

folha ['foʎa] *f (de planta, árvore)* feuille *f; (de jornal, livro, revista)* page *f; (de serra, serrote)* lame *f* • **folha de alumínio** feuille d'aluminium • **folha de cálculo** feuille de calcul • **folha pautada** feuille de papier rayé • **folha lisa** feuille blanche • **folha quadriculada** feuille quadrillée • **folha (de papel)** feuille (de papier).

folha-de-flandres [,foʎade'flẽdreʃ] *(pl* **folhas-de-flandres***) f* fer-blanc *m*.

folhado, da [fu'ʎadu, da] ♦ *adj* feuilleté(e) ♦ *m* feuilleté *m*.

folhagem [fo'ʎaʒẽ] *f* feuillage *f*.

folhear [fo'ʎja(x)] *vt* feuilleter.

folheto [fo'ʎetu] *m* prospectus *m; (livro)* brochure *f*.

folia [fo'lia] *f* fête *f*.

folião, ona [fo'ljãw, ɔna] *(mpl* **-ões***, fpl* **-s***) m f* fêtard *m*, -e *f*.

fome [fɔmi] *f* faim *f* • **passar fome** connaître la faim.

fone [fɔni] *m* écouteur *m* • **fone de ouvido** casque *m*.

fonética [fo'nɛtʃika] *f* phonétique *f*.

fonte [fõntʃi] *f (chafariz)* fontaine *f; (de cabeça)* tempe *f; (fig) (de texto, trabalho, informação)* source *f*.

fora [fɔra] ♦ *adv (no exterior)* dehors; *(no estrangeiro)* à l'étranger ♦ *prep (exceto)* excepté; *(além de)* en dehors de ♦ *interj* dehors! • **amanhã vou estar fora** demain, je ne serai pas là • **estar/ficar fora de si** être hors de soi • **ficar de fora de** ne pas prendre part à • **fora de série** hors du commun • **lá fora** *(no exterior)* dehors; *(no estrangeiro)* à l'étranger • **dar com fora em alguém** *(fam)* envoyer promener qqn.

foram [fo'rãw] → **ser, ir**.

força ['foxsa] *f* force *f* • **forças armadas** forces armées • **força de gravidade** force de pesanteur • **força de vontade** volonté *f* • **à força** par la force • **de força maior** de force majeure • **por força** à tout prix.

forçar [fox'sa(x)] *vt* forcer.

forjar [fox'ʒa(x)] *vt* contrefaire.

forma¹ ['fɔxma] *f* forme *f; (maneira)* façon *f* • **de forma que** si bien que • **de qualquer forma** de toute façon • **em forma de** en forme de • **estar em forma** être en forme.

fôrma² [fɔxma] *f (de bolos)* moule *m; (de sapatos)* forme *f*.

formação [foxma'sãw] *(pl* **-ões***) f* formation *f*.

formal [fox'maw] *(pl* **-ais***) (cerimonioso)* solennel(elle); *(categórico)* formel(elle); *(sério)* sérieux(euse); *(linguagem)* soutenu(e).

formalidade [foxmali'dadʒi] *f* formalité *f*.

formar [fox'ma(x)] vt former ▫ **formar-se** vp terminer ses études (à l'université) • **formar-se em** être diplômé en.

formatar [foxma'ta(x)] vt formater.

formidável [foxmi'davew] (pl -eis) adj formidable.

formiga [fox'miga] f fourmi f.

formoso, osa [fox'mozu, ɔza] adj beau(belle).

fórmula ['ɔxmula] f formule f ▫ **Fórmula 1** f ESP Formule 1.

formular [foxmu'la(x)] vt formuler.

formulário [foxmu'larju] m formulaire m.

fornecedor, ra [foxnese'do(x), ra] (mpl -es, fpl -s) mf fournisseur m, -se f.

fornecer [foxne'se(x)] vt fournir • **fornecer algo a alguém** fournir qqch à qqn ▫ **fornecer-se** vp s'approvisionner.

fornecimento [foxnesi'mẽntu] m approvisionnement m.

forno ['foxnu] m four m.

forquilha [fox'kiʎa] f fourche f.

forrar [fo'xa(x)] vt (peça de vestuário) doubler; (livro) couvrir; (gaveta) recouvrir.

forró [fo'xɔ] m bal m populaire.

fortalecer [foxtale'se(x)] vt fortifier.

fortaleza [foxta'leza] f forteresse f.

forte ['fɔxtʃi] ♦ adj fort(e); (corda) solide; (comida) lourd(e) ♦ m fort m • **essa é forte!** elle est bien bonne!

fortuna [fox'tuna] f (riqueza) fortune f.

fósforo ['fɔsforu] m allumette f.

fossa ['fɔsa] f fosse f • **estar na fossa** (fig) avoir le moral à zéro.

fóssil ['fɔsiw] (pl -eis) m fossile m.

fosso ['fosu] m fossé m.

foste ['fɔʃtʃi] → **ser, ir**.

foto ['fɔtu] f photo f.

fotocópia [foto'kɔpja] f photocopie f.

fotografar [fotogra'fa(x)] vt photographier.

fotografia [fotogra'fia] f photographie f • **fotografia 3 X 4** photo f d'identité.

fotógrafo, fa [fo'tɔgrafu, fa] m,f photographe mf.

fotômetro [fo'tɔmetru] m posemètre m.

foz [fɔʃ] f embouchure f.

fração [fra'sãw] (pl -ões) f fraction f.

fracasso [fra'kasu] m échec m.

fraco, ca ['fraku, ka] adj faible; (pessoa) chétif(ive); (corda) fin(e); (chuva) fin(e); (bebida) léger(ère); (qualidade) mauvais(e) • **ter um fraco por** (fig) (paixão) avoir un faible pour.

frações → **fração**.

frade ['fradʒi] m frère m.

frágil ['fraʒiw] (pl -geis) adj fragile.

fragmento [frag'mẽntu] m (pedaço) fragment m; (de obra literária, manuscrito) extrait m.

fragrância [fra'grãsja] f senteur f.

fralda ['frawda] f couche f • **fraldas descartáveis** couches-culottes fpl.

framboesa [frãm'bweza] f framboise f.

França ['frãsa] f • **a França** la France.

francamente [,frãŋka'mẽntʃi] adv franchement ♦ interj franchement!

francês, esa [frã'seʃ, eza] (mpl -eses, fpl -s) adj français(e) ♦ mf Français m, -e f ♦ m (língua) français m.

franco, ca ['frãŋku, ka] adj (sincero) franc(franche) • **para ser franco** pour être franc.

frango ['frãŋgu] m (ave) poulet m; (fam) (em futebol) but m facile • **frango assado** poulet rôti.

franja ['frãʒa] f frange f.

franqueza [frãŋ'keza] f franchise f • **com franqueza** franchement.

franquia [frãŋ'kia] f affranchissement m.

franzino, na [frã'zinu, na] adj chétif(ive).

fraqueza [fra'keza] f faiblesse f; (fome) faim f; (cansaço) coup m de barre.

frasco ['fraʃku] m flacon m.

frase ['frazi] f phrase f.

fratura [fra'tura] f fracture f.

fraude ['frawdʒi] f fraude f.

frear [fre'a(x)] vi freiner.

freeware [fri'wari] (pl **freewares**) m INFORM logiciel gratuit m.

freezer ['frizex] (pl -s) m (de geladeira) freezer m; (congelador) congélateur m.

freguês, esa [fre'geʃ, eza] (mpl -eses, fpl -s) mf client m, -e f.

freio ['fraju] m (de veículo) frein m; (de cavalo) mors m • **freio de mão** frein à main.

freixo ['frejʃu] m frêne m.

frenético, ca [fre'nɛtʃiku, ka] adj frénétique.

frente ['frẽntʃi] f (parte dianteira) devant m; (de veículo) avant m; (em meteorologia) front m • **dar de frente com** tomber sur • **fazer frente** (a um problema) faire face; (a uma pessoa) tenir tête • **ir para a frente com** faire avancer • **frente fria/quente** front froid/chaud • **à frente** en tête • **à frente de** (no espaço) devant; (no tempo) avant • **de frente** (olhar) en face; (foto) de face; (encontro) nez à nez • **em frente** en face • **em frente de** en face de • **frente a frente** face à face.

freqüência [fre'kwẽsja] f fréquence f • **com freqüência** fréquemment.

freqüentar [frekwẽn'ta(x)] vt fréquenter; (curso) assister à.

freqüentemente [fre,kwẽntʃi'mẽntʃi] adv fréquemment.

frescão [freʃ'kãw] (pl -ões) m autocar m climatisé.

fresco, ca ['freʃku, ka] ♦ adj frais(fraîche) ♦ m fresque f.

frescobol [freʃkoˈbɔw] m tennis m de plage.

frescões [freʃˈkõjʃ] → **frescão**.

frescura [freʃˈkura] f fraîcheur f.

fressura [freˈʃura] f abats mpl.

frete [ˈfretʃi] m fret m; *(fam)* corvée f.

frevo [ˈfrevu] m musique et danse du Carnaval de Pernambouc.

friagem [ˈfrjaʒẽ] f inv froidure f.

fricção [frikˈsãw] (pl **-ões**) f *(esfregação)* friction f; *(atrito)* frottement m.

frieira [friˈejra] f engelure f.

frieza [friˈeza] f froideur f.

frigideira [friʒiˈdejra] f poêle f *(à frire)*.

frigorífico [frigoˈrifiku] m réfrigérateur m.

frio, fria [ˈfriu, ˈfria] ◆ adj froid(e) ◆ m froid m • **estar frio** faire froid • **ter frio** avoir froid • **um frio de rachar** *(fam)* un froid de canard ▫ **frios** mpl *(carnes frias)* charcuterie f.

frisar [friˈza(x)] vt *(cabelo)* friser; *(fig)* (enfatizar) souligner.

fritar [friˈta(x)] vt frire.

frito, ta [ˈfritu, ta] adj frit(e) • **estar frito** *(fam)* être dans de beaux draps.

fritura [friˈtura] f friture f.

fronha [ˈfroɲa] f taie f d'oreiller.

fronte [ˈfrõtʃi] f *(testa)* front m.

fronteira [frõˈtejra] f frontière f • **além-fronteiras** au-delà des frontières.

frota [ˈfrɔta] f *(de navios, aviões)* flotte f; *(de veículos)* parc m.

frustrado, da [fruʃˈtradu, da] adj *(pessoa)* frustré(e); *(tentativa)* avorté(e).

frustrante [fruʃˈtrãtʃi] adj frustrant(e).

fruta [ˈfruta] f fruit m • **fruta em calda** fruits au sirop • **fruta da época** fruits de saison.

fruta-do-conde [,frutaduˈkõdʒi] (pl **frutas-do-conde**) f anone f.

frutaria [frutaˈrja] f • **ir à frutaria** aller chez le marchand de fruits.

fruto [ˈfrutu] m fruit m • **frutos secos** fruits secs.

FTP *(abrev de File Transmission Protocol)* m FTP m *(protocole de transfert de fichiers)* m.

fubá [fuˈba] m farine de maïs ou de riz.

fuga [ˈfuga] f fuite f • **pôr-se em fuga** prendre la fuite • **em fuga** en fuite.

fugir [fuˈʒi(x)] vi fuir • **fugir de fazer algo** éviter de faire qqch • **fugir de alguém** échapper à qqn • **fugir a algo** *(pergunta)* éluder qqch • **fugir de** s'enfuir de.

fugitivo, va [fuʒiˈtʃivu, va] adj & mf fugitif(ive).

fui [ˈfuj] → **ser, ir**.

fulano, na [fuˈlanu, na] mf Untel m, Unetelle f.

fuligem [fuˈliʒẽ] f suie f.

fulo, la [ˈfulu, la] adj *(fam)* furax • **ficar fulo da vida** être en pétard.

fumaça 168

fumaça [fu'masa] f fumée f épaisse.

fumante [fu'mãntʃi] nmf fumeur m, -euse f.

fumar [fu'ma(x)] vt & vi fumer.

fumo ['fumu] m fumée f.

função [fũ'sãw] (pl -ões) f fonction f • exercer a função de exercer la fonction de • função pública fonction publique.

funcho [ũʃu] m fenouil m.

funcionamento [fũsjona'mẽntu] m (de máquina) fonctionnement m; (de estabelecimento) ouverture f • em funcionamento en marche.

funcionar [fũsjo'na(x)] vi (máquina) fonctionner; (estabelecimento) ouvrir • funcionar a pilhas marcher à piles.

funcionário, ria [fũsjo'narju, rja] mf employé m, -e f • funcionário público fonctionnaire m.

funções [fũ'sõjʃ] → função.

fundação [fũda'sãw] (pl -ões) f (instituição) fondation f; (alicerce) fondations fpl.

fundamental [fũdamẽn'taw] (pl -ais) adj fondamental(e).

fundamento [fũda'mẽntu] m (motivo) motif m; (justificação) fondement m • sem fundamento sans fondement.

fundar [fũn'da(x)] vt fonder • fundar algo em algo fonder qqch sur qqch.

fundido, da [fũn'dʒidu, da] adj fondu(e).

fundir [fũn'dʒi(x)] vt (metal) fondre; (empresas) fusionner ❏ **fundir-se** vp fondre; (lâmpada) griller.

fundo, da [ũndu, da] ♦ adj profundo(e) ♦ m (de rio, piscina, poço) fond m; (em economia) fonds m • ir ao fundo da questão aller au fond du problème • sem fundo sans fond.

fúnebre ['funebri] adj funèbre.

funeral [fune'raw] (pl -ais) m funérailles fpl.

fungo [ũngu] m (em pele, mucosa) champignon m; (organismo vegetal) moisissure f.

funil [fu'niw] (pl -is) m entonnoir m.

funileiro [fu'nilejru] m carrossier m.

furação [fura'kãw] (pl -ões) m ouragan m.

furadeira [fura'dejra] f perceuse f.

furado, da [fu'radu, da] adj (pneu) crevé(e); (saco, orelha) percé(e).

furador [fura'do(x)] (pl -es) m perforeuse f.

furar [fu'ra(x)] vt (folha) perforer; (pneu) crever; (saco, orelhas) percer • furar a fila resquiller.

furgão [fux'gãw] (pl -ões) m fourgon m.

fúria ['furja] f fureur f.

furo ['furu] m (em pneu) crevaison f; (em saco, orelha) trou m.

furtar [fux'ta(x)] vt voler ❏ **furtar-se a** vp + prep se dérober à.

furúnculo [fu'rũŋkulu] m furoncle m.

fusão [fu'zãw] (pl **-ões**) f fusion f.

fusíveis mpl plombs mpl.

fusível [fu'zivɛw] (pl **-eis**) m fusible m.

fuso ['fuzu] m • **fuso horário** fuseau m horaire.

fusões [fu'zõjʃ] → **fusão**.

futebol [futʃi'bɔw] m football m.

fútil ['futʃiw] (pl **-teis**) adj futile; (vão) vain(e).

futilidade [futʃili'dadʒi] f futilité f; (inutilidade) inutilité f.

futuro, ra [fu'turu, ra] ◆ adj futur(e) ◆ m futur m; (perspectivas) avenir m • **de futuro** dorénavant • **no futuro** à l'avenir • **para o futuro** pour plus tard • **ter futuro** avoir de l'avenir.

fuzil [fu'ziw] (pl **-is**) m fusil m.

fuzileiro [fuzi'lejru] m fusilier m.

fuzis → **fuzil**.

G

g (abrev de **grama**) g.

gabar [ga'ba(x)] vt vanter • **gabar-se** vp • **gabar-se de algo** se vanter de qqch.

gabardina [gabax'dina] f gabardine f.

gabinete [gabi'netʃi] m (compartimento) bureau m; (escritório) cabinet m.

gado ['gadu] m bétail m.

gaélico [ga'ɛliku] m gaélique m.

gafanhoto [gafa'ɲotu] m sauterelle f.

gafe ['gafi] f gaffe f.

gagueira [ga'gejra] f bégaiement m.

gaguejar [gage'ʒa(x)] vi bégayer.

gaguez [ga'geʃ] f bégaiement m.

gaiato, ta [ga'jatu, ta] mf gamin m, -e f.

gaiola [ga'jɔla] f cage f (à oiseaux).

gaita ['gajta] f pipeau m.

gaita-de-foles [,gajtadʒi-'fɔliʃ] (pl **gaitas-de-foles**) f cornemuse f.

gaivota [gaj'vɔta] f (ave) mouette f.

gala [gala] f gala m.

galáxia [ga'laksja] f galaxie f.

galera [ga'lera] f (fam) compagnie f.

galeria [gale'ria] f galerie f; (local para compras) galerie f marchande • **galeria de arte** galerie d'art.

galês, esa [ga'leʃ, eza] (mpl **-eses**, fpl **-s**) ◆ adj gallois(e) ◆ mf Gallois m, -e f ◆ m (língua) gallois m.

galeto [ga'letu] m coquelet m.

galgo ['gawgu] m lévrier m.

galheteiro [gaʎe'tejru] m huilier m.

galho ['gaʎu] m (de árvore) branche f; (de veado) corne f.

galinha

galinha [ga'liɲa] f poule f.
galinheiro [gali'ɲejru] m poulailler m.
galo ['galu] m coq m; (fam) bosse f.
galocha [ga'lɔʃa] f botte m en caoutchouc.
galopar [galo'pa(x)] vi galoper.
gama ['gama] f gamme f.
gambá [gãn'ba] m opossum m (animal).
gamela [ga'mɛla] f (de porcos) auge f.
gamo ['gamu] m daim m.
gana ['gana] f (fome) fringale f; (ódio) rage f; (desejo) envie f. • **ter ganas de** avoir envie de.
ganância [ga'nãnsja] f cupidité f.
ganancioso, osa [ganã'sjozu, ɔza] adj cupide.
gancho ['gãʃu] m (peça curva) crochet m.
gangorra [gãn'goxa] f balançoire f.
gangrena [gãn'grena] f gangrène f.
gangue ['gãgi] f (fam) bande f (de copains).
ganhar [ga'ɲa(x)] ♦ vt gagner; (peso, velocidade) prendre; (prêmio) remporter; (bolsa) recevoir ♦ vi gagner • **ganhar de alguém** battre qqn • **ganhar com algo y gagner** • **isso vai fazer com que ele ganhe juízo** cela va lui mettre du plomb dans la cervelle • **ganhar respeito** respecter • **ganhar a vida** ou **o pão** gagner sa vie.

ganho ['gaɲu] m gain m.
ganir [ga'ni(x)] vi glapir.
ganso ['gãsu] m (fêmea) oie f; (macho) jars m.
garagem [ga'raʒẽ] (pl -ns) f garage m.
garanhão [gara'ɲãw] (pl -ões) m étalon m.
garantia [garãn'tʃia] f garantie f.
garantir [garãn'tʃi(x)] vt garantir • **garantir que** assurer que.
garça ['gaxsa] f héron m.
garçom [gax'sõ] (pl -ns) m serveur m.
garçonete [garso'nɛtʃi] f serveuse f.
garçons → **garçom**.
garfo ['gaxfu] m (utensílio) fourchette f; (de bicicleta) fourche f • **ser um bom garfo** avoir un bon coup de fourchette.
gargalhada [gaxga'ʎada] f éclat m de rire • **dar uma gargalhada** éclater de rire.
gargalo [gax'galu] m goulot m.
garganta [gax'gãnta] f gorge f.
gargarejar [gaxgare'ʒa(x)] vi se gargariser.
gari [ga'ri] sm f balayeur m, -se f.
garoto, ta [ga'rotu, ta] m f (criança) gamin m, -e f; (namorado) petit ami m, petite amie f.
garoupa [ga'ropa] f mérou m.
garra ['gaxa] f (de animal) griffe f; (fig) (talento, tenacidade) trempe f • **ter garra** en vouloir.
garrafa [ga'xafa] f bouteille f. • **garrafa térmica** Thermos® m.
garrafão [gaxa'fãw, õjʃ] (pl -ões) m bonbonne f.

garrote [ga'xɔtʃi] m garrot m.

garupa [ga'rupa] f croupe f.

gás [gajʃ] (pl **gases**) m gaz m • **gás butano** butane m • **gás lacrimogêneo** gaz lacrymogène ▫ **gases** fpl gaz mpl.

gaseificada [gazejfi'kada] adj f → **água**.

gases → **gás**.

gasolina [gazo'lina] f essence f • **gasolina sem chumbo** essence sans plomb • **gasolina super** super m.

gasosa [ga'zɔza] f limonade f.

gastar [gaʃ'ta(x)] vt consommer; (dinheiro) dépenser; (tempo) mettre; (produto) utiliser; (sola de sapato) user ▫ **gastar-se** vp s'user.

gasto, ta ['gaʃtu, ta] ♦ pp → **gastar** ♦ adj (dinheiro) dépensé(e); (calças, sapatos) usé(e); (água, eletricidade) consommé(e) ♦ m dépense f.

gástrico, ca ['gaʃtriku, ka] adj gastrique.

gastrite [gaʃ'tritʃi] f gastrite f.

gastrônomo, ma [gaʃ'tronomu, ma] mf gastronome mf.

gateway [gejtʃi'wej] (pl **gateways**) m INFORM passerelle f.

gatilho [ga'tʃiʎu] m gâchette f.

gatinhar vi marcher à quatre pattes.

gato, ta ['gatu, ta] mf chat m, chatte f; (fam) beau mec m, belle nana f.

gatuno, na [ga'tunu, na] mf voleur m, -euse f.

gaveta [ga'veta] f tiroir m.

gaze ['gazi] f gaze f.

gazela [ga'zɛla] f gazelle f.

gazeta [ga'zeta] f gazette f.

geada ['ʒjada] f (camada) givre m; (baixa de temperatura) gel m.

geladeira [ʒela'dejra] f réfrigérateur m.

gelado, da [ʒe'ladu, da] adj (mãos, pés) gelé(e); (sobremesa) glacé(e) • **gelada ou natural?** tu désires de l'eau glacée ou pas?

gelar [ʒe'la(x)] vt & vi geler.

gelatina [ʒela'tʃina] f gélatine f.

geléia [ʒe'lɛja] f gelée f.

gelo ['ʒelu] m glace f; (de bebida) glaçon m; (de água) gel m; (na estrada) verglas m • **bloco de gelo** pain de glace • **quebrar o gelo** (fig) briser la glace.

gema ['ʒema] f jaune m d'œuf • **de gema** de souche.

gêmeo, mea ['ʒemju, mja] ♦ adj jumeau(elle) ♦ mf • **os gêmeos** les jumeaux • **o meu irmão gêmeo** mon frère jumeau ▫ **Gêmeos** m inv Gémeaux mpl.

gemer [ʒe'me(x)] vi gémir.

gemido [ʒe'midu] m gémissement m.

gene ['ʒeni] m gène m.

genebra [ʒe'nebra] f liqueur f de genièvre.

general [gene'raw] (pl **-ais**) m général m.

generalizar [generali'za(x)] vt & vi généraliser ▫ **generalizar-se** vp se généraliser.

gênero ['ʒeneru] m genre m • **o gênero humano** le genre

generosidade humain ▫ **gêneros** mpl denrées fpl • **gêneros alimentícios** denrées alimentaires.

generosidade [ʒenerozi'daʒi] f générosité f.

generoso, osa [ʒene'rozu, ɔza] adj généreux(euse).

genética [ʒe'nɛtʃika] f génétique f.

gengibre [ʒẽ'ʒibri] m gingembre m.

gengiva [ʒẽ'ʒiva] f gencive f.

genial [ʒe'njaw] (pl -ais) adj génial(e).

gênio ['ʒenju] m (pessoa) génie m; (irascibilidade) caractère m • **ter mau gênio** avoir mauvais caractère.

genital [ʒeni'taw] (pl -ais) adj génital(e).

genro ['ʒẽxu] m gendre m.

gente ['ʒẽntʃi] f gens mpl; (fam) (família) famille f • **a gente vai comer** on va manger • **toda a gente** tout le monde ▫ **gentes** fpl • **as gentes** les habitants mpl.

gentil [ʒẽ'tʃiw] (pl -is) adj gentil(ille).

genuíno, na [ʒe'nwinu, na] adj véritable.

geografia [ʒjogra'fia] f géographie f.

geologia [ʒjolo'ʒia] f géologie f.

geometria [ʒjome'tria] f géométrie f • **geometria descritiva** géométrie descriptive.

geração [ʒera'sãw] (pl -ões) f génération f.

gerador [ʒera'do(x)] (pl -es) m générateur m.

geral [ʒe'raw] (pl -ais) ◆ adj général(e) ◆ f places les moins chères; = poulailler m • **de um modo geral** en général • **em geral** en général • **no geral** en général.

geralmente [ʒeraw'mẽntʃi] adv généralement.

gerânio [ʒe'rãnju] m géranium m.

gerar [ʒe'ra(x)] vt engendrer.

gerência [ʒe'rẽsja] f gérance f.

gerente [ʒe'rẽntʃi] nmf gérant m, -e f.

gerir [ʒe'ri(x)] vt gérer.

germe ['ʒɛxmi] m germe m.

gesso ['ʒesu] m plâtre m.

gesticular [ʒeʃtʃiku'la(x)] vi gesticuler.

gesto ['ʒɛʃtu] m geste m.

gibi [ʒi'bi] m BD f.

gigabyte [giga'bajtʃi] (pl -s) m INFORM gigaoctet m.

gigante [ʒi'gãntʃi] ◆ adj géant(e) ◆ m géant m.

gigolô [ʒigo'lo] m (fam) maquereau m.

gilete [ʒi'lɛti] f rasoir m (jetable).

gim [ʒĩ] (pl -ns) m gin m.

gim-tônica [ʒĩ'tonika] m gin tonic m.

ginásio [ʒi'nazju] m gymnase m.

ginasta [ʒi'naʃta] nmf gymnaste mf.

ginástica [ʒi'naʃtʃika] f gymnastique f • **fazer ginástica** faire de la gymnastique.

gincana [ʒĩŋ'kana] f gymkhana m.
ginecologia [ˌʒinɛkolo'ʒia] f gynécologie f.
ginecologista [ˌʒinɛkulu'ʒiʃta] nmf gynécologue mf.
ginja ['ʒiʒa] f griotte f.
ginjinha [ʒi'ʒiɲa] f kirsch m.
gins → gim.
girafa [ʒi'rafa] f girafe f.
girar [ʒi'ra(x)] vt & vi tourner.
girassol [ˌʒira'sɔw] (pl **-óis**) m tournesol m.
gíria ['ʒirja] f (calão) argot m; (médica, académica) jargon m.
giro, ra ['ʒiru] m (passeio) tour m.
giz [ʒiʃ] m craie f.
glacial [gla'sjaw] (pl **-ais**) adj glacial(e).
gladíolo [gla'dʒjulu] m glaïeul m.
glândula ['glãndula] f glande f.
glaucoma [glaw'koma] m glaucome m.
glicerina [glisɛ'rina] f glycérine f.
global [glo'baw] (pl **-ais**) adj global(e).
globo ['globu] m globe m.
glóbulo ['glɔbulu] m globule m.
glória ['glɔrja] f gloire f.
glossário [glo'sarju] m glossaire m.
glutão, tona [glu'tãw, tona] (mpl **-ões**, fpl **-s**) mf glouton m, -onne f.
goela ['gwɛla] f gosier m.
goiaba [go'jaba] f goyave f.
goiabada [goja'bada] f pâte de fruit à la goyave.
gol ['gow] (pl **-s**) m but m.
gola ['gɔla] f col m.
gole ['gɔli] m gorgée f.
goleiro [go'lejru] m gardien m de but.
golfe ['gowfi] m golf m.
golfinho [gow'fiɲu] m dauphin m.
golfo ['gowfu] m golfe m.
golpe ['gowpi] m coup m; (incisão) coupure f; (ferimento) blessure f • **golpe de Estado** coup d'État • **golpe de mestre** coup de maître.
gols → gol.
goma ['goma] f (de certos vegetais) gomme f; (para roupa) amidon m.
gomo ['gomu] m quartier m.
gôndola ['gõndula] f gondole f.
gongo ['gõŋgu] m gong m.
gordo, da ['gordu, da] adj (pessoa, animal) gros(grosse); (substância, alimento) gras(grasse).
gordura [gox'dura] f graisse f.
gorduroso, osa [goxdu'rozu, ɔza] adj gras(grasse).
gorila [go'rila] m gorille m.
gorjeta [gox'ʒeta] f pourboire m.
gorro ['goxu] m bonnet m.
gostar [guʃ'ta(x)] □ **gostar de** vp aimer • **gostar de fazer algo** aimer faire qqch.
gosto ['goʃtu] m (sabor) goût m; (apreciação) plaisir m • **com todo o gosto!** avec plaisir! • **gosto não se discute** des goûts et des couleurs, on ne discute pas • **muito gosto em conhecê-lo** enchanté de faire votre connaissance • **dar gosto ver** faire plaisir • **fazer gosto em** être heureux de • **ter**

gosto de avoir un goût de • **tomar gosto por algo** prendre goût à qqch • **bom/mau gosto** bon/mauvais goût.

gota ['gɔta] f goutte f • **gotas para os olhos** gouttes pour les yeux • **gotas para o nariz** gouttes pour le nez • **gota a gota** goutte à goutte.

goteira [go'tejra] f (cano) gouttière f; (fenda) fuite f.

gotejar [gote'ʒa(x)] vi goutter.

governo [go'vexnu] m gouvernement m.

gozar [go'za(x)] ♦ vt profiter de ♦ vi • **está gozando?** (fam) tu veux rire? • **gozar com** (fam) se moquer de • **gozar de** jouir de, bénéficier de.

Grã-Bretanha [ˌgrãmbre'taɲa] f • **a Grã-Bretanha** la Grande-Bretagne.

graça ['grasa] f (gracejo) plaisanterie f; (humor) humour m; (elegância, atratividade) grâce f • **achar graça** trouver drôle • **deixar sem graça** décontenancer • **ter graça** être drôle • **graças a** grâce à • **de graça** gratuitement.

gracejar [grase'ʒa(x)] vi plaisanter.

gracejo [gra'seʒu] m plaisanterie f.

gracioso, osa [grasi'ozu, ɔza] adj gracieux(euse).

grade ['gradʒi] f (vedação) grille f; (de televisão, rádio) grille f de programmes • **estar atrás das grades** être derrière les barreaux.

graduação [gradwa'sãw] (pl -ões) f graduation f; (em universidade) diplôme de fin d'études universitaires, ≃ licence f; (de bebida) degré m.

graduado, da [gra'dwadu, da] ♦ adj gradué(e); ♦ mf diplômé m, -e f; MIL gradé m.

gradual [gra'dwaw] (pl -ais) adj graduel(elle).

graduar-se [gra'dwaxsi] vp obtenir un diplôme universitaire.

grafia [gra'fia] f (maneira de escrever) écriture f; (ortografia) graphie f.

gráfico ['grafiku, ka] m graphique m.

gralha ['graʎa] f (ave) corneille f; (erro tipográfico) coquille f.

grama¹ ['grama] m gramme m.

grama² ['grama] f gazon m.

gramado [gra'madu] m pelouse f.

gramar [gra'ma(x)] vt (fam) (agüentar) encaisser.

gramática [gra'matʃika] f grammaire f.

gramofone [gramo'fɔni] m phonographe m.

grampeador [grãmpja'do(x)] (pl -es) m agrafeuse f.

grampear [grãm'pja(x)] vt (folhas, papéis) agrafer; (telefone) mettre sur écoute.

grampo ['grãmpu] m (de cabelo) épingle f à cheveux; (para grampeador) agrafe f.

granada [gra'nada] f grenade f (arme).

grande ['grãndʒi] adj grand(e).

granito [gra'nitu] *m* granite *m*.
granizo [gra'nizu] *m* grêle *f*.
granulado, da [granu'ladu, da] *adj* granulé(e).
grão ['grãw] *m* (de arroz, trigo, cevada, café) grain *m*.
grão-de-bico [ˌgrãwdʒi'biku] *m* pois *m* chiche.
grapefruit [ˌgreip'frutʃi] *f* pamplemousse *m*.
grasnar [graʒ'na(x)] *vi* (corvo) croasser; (ganso) cacarder; (pato) cancaner.
gratidão [gratʃi'dãw] *f* gratitude *f*.
gratificação [gratʃifika'sãw] (*pl* -ões) *f* (gorjeta) gratification *f*; (remuneração) prime *f*.
gratificante [gratʃifi'kãntʃi] *adj* gratifiant(e).
gratificar [gratʃifi'ka(x)] *vt* gratifier.
gratinado, da [gratʃi'nadu, da] *adj* gratiné(e).
gratinar [gratʃi'na(x)] *vi* gratiner.
grátis ['gratʃiʃ] ◆ *adv* gratuitement ◆ *adj inv* gratuit(e).
grato, ta ['gratu, ta] *adj* reconnaissant(e).
grau ['graw] *m* (medida) degré *m*; (título acadêmico) titre *m* • primeiro/segundo grau premier/deuxième cycle • graus centígrados degrés centigrades.
gravação [grava'sãw] (*pl* -ões) *f* enregistrement *m*.
gravador [grava'do(x)] (*pl* -es) *m* magnétophone *m*.
gravar [gra'va(x)] *vt* (música, conversa) enregistrer; (em metal, jóia) graver.

gravata [gra'vata] *f* cravate *f*.
gravata-borboleta [graˌvataboxbo'leta] (*pl* **gravatas-borboletas**) *f* nœud-papillon *m*.
grave ['gravi] *adj* grave.
grávida ['gravida] *adj f* enceinte.
gravidade [gravi'dadʒi] *f* gravité *f*.
gravidez [gravi'deʒ] *f* grossesse *f*.
gravura [gra'vura] *f* gravure *f*.
graxa ['graʃa] *f* cirage *m*.
Grécia ['grɛsja] *f* • a Grécia la Grèce.
grego, ga ['gregu, 'ga] ◆ *adj* grec(grecque) ◆ *m* f Grec *m*, Grecque *f* ◆ *m* (língua) grec *m*.
grelha ['greʎa] *f* (de fogão, assar) grille *f*.
grelhado, da [gre'ʎadu, da] *adj* grillé(e) ◆ *m* grillade *f*.
grelhar [gre'ʎa(x)] *vt* griller.
grená [gre'na] *adj* grenat (*inv*).
greta ['greta] *f* fissure *f* ❏ **gretas** *fpl* gerçures *fpl*.
gretado, da [gre'tadu, da] *adj* gercé(e).
greve ['grɛvi] *f* grève *f* • fazer greve faire la grève • em greve en grève • greve de fome grève de la faim.
grid ['grid] *m* grille *m* • grid de largada grille de départ.
grilo ['grilu] *m* grillon *m*.
grinalda [gri'nawda] *f* guirlande *f*.
gripe ['gripi] *f* grippe *f*.
grisalho, lha [gri'zaʎu, ʎa] *adj* grisonnant(e).

gritar [gri'ta(x)] *vt & vi* crier • **gritar com alguém** crier sur qqn.

grito ['gritu] *m* cri *m*.

groselha [gro'zeʎa] *f* groseille *f.*

grosseiro, ra [gro'sejru, ra] *adj* grossier(ère).

grosso, ossa ['grosu, ɔsa] *adj* épais(aisse); *(livro, voz)* gros(grosse); *(mal-educado)* grossier(ère).

grotesco, ca [gro'teʃku, ka] *adj* grotesque.

grua ['grua] *f* grue *f.*

grunhido [gru'ɲidu] *m* grognement *m.*

grunhir [gru'ɲi(x)] *vi* grogner.

grupo ['grupu] *m* groupe *m* • **em grupo** en groupe • **grupo de discussão** groupe de discussion • **grupo sanguíneo** groupe sanguin • **grupos de risco** population *f* à risque.

gruta ['gruta] *f* grotte *f.*

guache ['gwaʃi] *m* gouache *f.*

guaraná [gwara'na] *m* guarana *m* • **guaraná natural** guarana naturel • **guaraná em pó** guarana en poudre.

guarda ['gwaxda] ♦ *nmf* agent *m* de police • **guarda fluvial** garde-pêche *m* • **guarda** *f* garde *f.*

guarda-chuva [ˌgwaxda'ʃuva] (*pl* **guarda-chuvas**) *m* parapluie *m.*

guarda-costas [ˌgwaxda'kɔʃtaʃ] *nmf inv* garde *m* du corps.

guarda-florestal [ˌgwaxdaflo'reʃ'taw] (*pl* **guardas-florestais**) *nmf* garde *m* forestier.

guarda-louça [ˌgwaxda'losa] (*pl* **guarda-louças**) *m* buffet *m.*

guardanapo [gwaxda'napu] *m* serviette *f* (de table) • **guardanapos de papel** serviettes en papier.

guarda-noturno [ˌgwaxdano'tuxnu] (*pl* **guardas-noturnos**) *m* gardien *m* de nuit.

guardar [gwax'da(x)] *vt* garder; *(em algum lugar, reservar)* conserver; *(roupa)* rentrer; *(vigiar)* surveiller □ **guardar-se** *vp* s'abstenir, se garder de.

guarda-roupa [ˌgwaxda'xopa] (*pl* **guarda-roupas**) *m (móvel)* penderie *f*; *(de peça teatral, filme)* costumes *mpl.*

guarda-sol [ˌgwaxda'sɔw] (*pl* **guarda-sóis**) *m* parasol *m.*

guarnecido, da [gwaxne'sidu, da] *adj* garni(e).

guarnição [gwaxni'sãw] (*pl* -ões) *f* garniture *f.*

Guatemala [gwate'mala] *f* • **a Guatemala** le Guatemala.

gude ['gudʒi] *m* jeu d'enfant qui se joue avec des billes.

guelra ['gewxa] *f* • **as guelras** les branchies *fpl.*

guerra ['gexa] *f* guerre *f* • **fazer guerra a** faire la guerre à • **em pé de guerra** sur le pied de guerre.

guia ['gia] ♦ *nmf* guide *mf* • **guia intérprete** guide *mf* interprète • **guia turístico** guide *m.*

guiar ['gja(x)] ♦ *vt* guider; *(automóvel, ônibus)* conduire ♦ *vi* conduire.

guichê [gi'ʃe] m guichet m.
guidom [gi'dõ] (pl **-ns**) m (de bicicleta) guidon m.
guilhotina [giʎo'tʃina] f guillotine f.
guincho ['gĩʃu] m (som) couinement m; (máquina) treuil m.
guindaste [gĩn'daʃtʃi] m grue f.
Guiné-Bissau [gi,nɛbi'saw] f • a Guiné-Bissau la Guinée-Bissau.
guineense [gi'njẽsi] ♦ adj guinéen(enne) ♦ nmf Guinéen m, -enne f.
guisado, da [gi'zadu, da] ♦ adj mijoté(e) ♦ m ragoût m.
guisar [gi'za(x)] vt faire mijoter.
guitarra [gi'taxa] f guitare f • guitarra portuguesa guitare de fado.
guitarrista [gita'xiʃta] nmf guitariste mf.
gula ['gula] f gourmandise f.
guloseima [gulo'zejma] f friandise f.
guloso, osa [gu'lozu, ɔza] adj & mf gourmand(e).
gume ['gumi] m tranchant m.
guri, ria [gu'ri, ria] mf enfant mf.

H

h (abrev de hora) h.
há [a] → haver.
hábil ['abiw] (pl **-beis**) adj habile.
habilidade [abili'dadʒi] f habileté f □ **habilidades** fpl tours mpl.
habilitação [abilita'sãw] f aptitude f □ **habilitações** fpl diplômes mpl.
habitação [abita'sãw] (pl -ões) f habitation f.
habitante [abi'tãntʃi] nmf habitant m, -e f.
habitar [abi'ta(x)] vt & vi habiter • habitar em habiter à • habito na rua Brasil j'habite rue Brasil.
hábito ['abitu] m habitude f; (de religioso) habit m • como de hábito comme d'habitude • ter o hábito de fazer algo avoir l'habitude de faire qqch • por hábito par habitude.
habitual [abi'twaw] (pl **-ais**) adj habituel(elle).
habitualmente [abitwaw'mẽntʃi] adv d'habitude.
habituar [abi'twa(x)] vt • habituar alguém a fazer algo habituer qqn à qqch/à faire qqch □ **habituar-se** vp s'habituer • habituar-se a s'habituer à.
hacker [xake(x), ʃ] (pl **-s**) m INFORM pirate informatique m.
hálito ['alitu] m haleine f • mau hálito mauvaise haleine.
hall ['ɔw] m (de casa) entrée f; (de teatro, hotel) hall m • hall (de entrada) hall (d'entrée).
haltere [aw'tɛra] m haltère f.
halterofilia [awtɛrɔfi'lja] f haltérophilie f.

hambúrguer 178

hambúrguer [ãn'buxge(x)] (*pl* **-es**) *m* steack *m* haché; *(sanduíche)* hamburger *m*.

hangar [ãŋ'ga(x)] (*pl* **-es**) *m* hangar *m*.

hardware [ax'dweri] *m* matériel *m*.

harmonia [axmo'nia] *f* harmonie *f*.

harmônica [ax'monika] *f* harmonica *m*.

harpa ['axpa] *f* harpe *f*.

haste ['aʃtʃi] *f (de bandeira)* hampe *f*.

haver [a've(x)] ♦ *v aux* **1.** *(antes de verbos transitivos)* avoir • **como ele não havia comido estava com fome** comme il n'avait pas mangé, il avait faim • **havíamos reservado antes** nous avions réservé avant **2.** *(antes de verbos de movimento, estado ou permanência)* être • **ele havia chegado há pouco** il était arrivé depuis peu ♦ *v impess/v impers* **1.** *(ger)* a avoir • **há um café muito bom ao fim da rua** il y a un très bon café au bout de la rue • **não há ninguém na rua** il n'y a personne dans la rue • **não há correio amanhã** il n'y a pas de courrier demain **2.** *(exprime tempo)* faire • **estou à espera há dez minutos** ça fait dix minutes que j'attends • **há séculos que não vou lá** ça fait des siècles que je n'y vais pas • **havia três dias que não o via** ça faisait trois jours que je ne le voyais pas **3.** *(exprime obrigação)* • **há que fazer algo** il faut faire qqch **4.** *(em locuções)* • **haja o que houver** quoiqu'il arrive • **não há de quê!** il n'y a pas de quoi! ▫ **haver-se** *vp + prep* ▫ **haver-se com alguém** avoir affaire à qqn ▫ **haver de** *vp* • **ele havia de ter chegado mais cedo** il aurait dû arriver plus tôt • **um dia, hei de ir ao Brasil** un jour, j'irai au Brésil ▫ **haveres** *mpl (pertences)* affaires *fpl*; *(bens)* biens *mpl*.

haxixe [a'ʃiʃi] *m* haschich *m*.

HD *(abrev de Hard Disk) m* disque dur *m*.

hectare [ek'tari] *m* hectare *m*.

hélice ['elisi] *f* hélice *f*.

helicóptero [eli'kɔpteru] *m* hélicoptère *m*.

hélio ['elju] *m* hélium *m*.

hematoma [ema'toma] *m* hématome *m*.

hemofílico, ca [emo'filiku, ka] *m/f* hémophile *m/f*.

hemorragia [emoxa'ʒia] *f* hémorragie *f* • **hemorragia cerebral** hémorragie cérébrale • **hemorragia nasal** saignement *m* de nez.

hemorróidas [emo'xɔidaʃ] *fpl* hémorroïdes *fpl*.

hepatite [epa'tʃitʃi] *f* hépatite *f*.

hera ['ɛra] *f* lierre *m*.

herança [e'rãsa] *f* héritage *m*.

herbicida [exbi'sida] *m* désherbant *m*.

herdar [ex'da(x)] *vt* hériter de.

herdeiro, ra [ex'dejru, ra] *m/f* héritier *m*, -ère *f*.

hermético, ca [ex'mɛtʃiku, ka] *adj* hermétique.

hérnia ['ɛxnja] *f* hernie *f.*

herói [e'rɔj] *m* héros *m.*

heroína [e'rwina] *f* héroïne *f.*

hesitação [ezita'sãw] (*pl* -ões) *f* hésitation *f.*

hesitar [ezi'ta(x)] *vi* hésiter.

heterossexual [eterosɛk-'swaw] (*pl* -ais) *adj & nmf* hétérosexuel(elle).

hibernar [ibex'na(x)] *vi* hiberner.

híbrido, da ['ibridu, da] *adj* hybride.

hidrante [i'drãntʃi] *m* bouche *f* d'incendie.

hidratante [idra'tãntʃi] *adj* hydratant(e).

hidroavião [,idroa'vjãw] (*pl* -ões) *m* hydravion *m.*

hidrófilo [i'drɔfilu] *adj m* hydrophile.

hidrogênio [idro'ʒenju] *m* hydrogène *m.*

hierarquia [jerar'kia] *f* hiérarchie *f.*

hífen ['ifɛn] (*pl* -es) *m* tiret *m.*

hifenização [ifeniza'sãw] *f* césure *f.*

hi-fi [aj'faj] *m* (*abrev de* high-fidelity) hi-fi *f.*

higiene [i'ʒjeni] *f* hygiène *f.*

hilariante [ila'rjãntʃi] *adj* hilarant(e).

hino ['inu] *m* hymne *m.*

hiperdocumento [,ipexdoku'mẽntu] *m* hypertexte *m.*

hiperlynk [ipex'linki] *m INFORM* hyperlien *m.*

hipermercado [,ipexmex'kadu] *m* hypermarché *m.*

hipermídia [,ipex'midʒja] *f* hypermédia *m.*

hipertensão [,ipextẽ'sãw] *f* hypertension *f.*

hipertexto [ipex'tejʃtu] *m INFORM* hypertexte *m.*

hípico, ca ['ipiku, ka] *adj* hippique.

hipismo [i'piʒmu] *m* hippisme *m.*

hipnotismo [ipnɔ'tʃiʒmu] *m* hypnotisme *m.*

hipocondríaco, ca [,ipokõn'driaku, ka] *mf* hypocondriaque *mf.*

hipocrisia [ipokri'zia] *f* hypocrisie *f.*

hipócrita [i'pɔkrita] *nmf* hypocrite *mf.*

hipódromo [i'pɔdrumu] *m* hippodrome *m.*

hipopótamo [ipo'pɔtamu] *m* hippopotame *m.*

hipoteca [ipo'tɛka] *f* hypothèque *f.*

hipótese [i'pɔtezi] *f* (*suposição*) hypothèse *f*; (*possibilidade*) chance *f* • **em hipótese alguma** en aucun cas • **na melhor das hipóteses** dans le meilleur des cas • **por hipótese** par exemple.

histeria [iʃte'ria] *f* hystérie *f.*

histérico, ca [iʃ'tɛriku, ka] *adj* hystérique.

história [iʃ'tɔrja] *f* histoire *f* • **história da arte** histoire de l'Art • **história da carochinha**

hit

histoire à dormir debout • **história em quadrinhos** bande f dessinée.

hit ['iti] m INFORM occurrence f.

hobby ['ɔbi] (pl **hobbies**) m hobby m.

hodômetro [o'dʒometru] m inv compteur m, odomètre m.

hoje ['oʒi] adv aujourd'hui • **hoje em dia** à l'heure actuelle • **até hoje** jusqu'à présent • **de hoje** d'aujourd'hui • **de hoje a oito/quinze dias** d'ici huit/quinze jours • **de hoje em diante** dorénavant • **por hoje** aujourd'hui.

Holanda [o'lãda] f • **a Holanda** la Hollande.

holandês, esa [olã'deʃ, eza] (mpl **-eses**, fpl **-s**) ♦ adj hollandais(e) ♦ m Hollandais m, -e f.

holofote [olo'fɔtʃi] m projecteur m.

home banking ['xomibãnkĩn] m INFORM banque à domicile f.

homem ['ɔmẽ] (pl **-ns**) m homme m □ **Homem** m • **o Homem** l'Homme • **homens** messieurs.

homenagear [omena'ʒja(x)] vt rendre hommage à.

homenagem [ome'naʒẽ] (pl **-ns**) f hommage m.

homens → **homem**.

homicida [omi'sida] nmf meurtrier m, -ère f.

homicídio [omi'sidʒju] m homicide m • **homicídio involuntário** homicide involontaire.

180

homossexual [omosek'swaw] (pl **-ais**) adj & nmf homosexuel(elle).

honestidade [oneʃtʃi'dadʒi] f honnêteté f.

honesto, ta [o'nɛʃtu, ta] adj honnête.

honorário [ono'rarju] adj honoraire □ **honorários** mpl honoraires mpl.

honra ['õxa] f honneur m • **ter a honra de fazer algo** avoir l'honneur de faire qqch • **em honra de** en l'honneur de.

honrado, da [õ'xadu, da] adj honnête.

honrar [õ'xa(x)] vt (dívida) honorer □ **honrar-se** vp + prep avoir l'honneur de.

honroso, osa [õ'xozu, ɔza] adj honorable.

hóquei ['ɔkej] m hockey m • **hóquei em patins** hockey sur patins • **hóquei sobre o gelo** hockey sur glace.

hora ['ɔra] f heure f • **meia hora** demi-heure • **que horas são?** quelle heure est-il? • **a que horas é...?** à quelle heure est...? • **são horas de...** il est l'heure de... • **está na hora de...** il est temps de... • **na hora H** à l'heure H • **horas extras** heures supplémentaires • **hora de pico** heure de pointe • **horas vagas** temps m libre • **hora a hora** à toute heure • **de hora em hora** toutes les heures • **horas e horas de** des heures et des heures • **em cima da hora** juste; (na hora certa) pile • **na última hora** au dernier moment.

horário [o'rarju] m horaire m • **horário de atendimento** heures fpl d'ouverture • **horário de funcionamento** heures fpl d'ouverture • **horário nobre** heures fpl de grande écoute.

horizontal [orizõn'taw] (pl **-ais**) adj horizontal(e).

horizonte [ori'zõntʃi] m horizon m.

horóscopo [o'rɔʃkopu] m horoscope m.

horrendo, da [o'xẽndu, da] adj affreux(euse).

horripilante [oxipi'lãntʃi] adj terrifiant(e).

horrível [o'xivew] (pl **-eis**) adj horrible.

horror [o'xo(x)] (pl **-es**) m horreur f • **que horror!** quelle horreur! • **ter horror a algo** avoir horreur de qqch • **um horror de** un tas de • **dizer horrores de alguém** raconter des horreurs sur qqn.

horta ['ɔxta] f potager m.

hortaliça [oxta'lisa] f légumes mpl (verts).

hortelã [oxte'lã] f menthe f.

hortelã-pimenta [oxte,lãpi'mẽnta] f menthe f poivrée.

hortênsia [ox'tẽnsja] f hortensia m.

horticultor, ra [oxtʃikuw'to(x), ra] (mpl **-es**, fpl **-s**) mf horticulteur m, -trice f.

hortigranjeiros [oxtʃigrãn'ʒeiruʃ] mpl produits horticoles et de l'élevage.

hospedagem [oʃpe'daʒẽ] f hébergement m.

hospedar [oʃpe'da(x)] vt héberger, accueillir ❑ **hospedar-se em** vp + prep descendre (chez qqn ou à l'hôtel).

hóspede ['ɔʃpedʒi] mf hôte m.

hospício [oʃ'pisju] m hospice m.

hospital [oʃpi'taw] (pl **-ais**) m hôpital m.

hospitaleiro, ra [oʃpita'lejru, ra] adj hospitalier(ère).

hospitalidade [oʃpitali'dadʒi] f hospitalité f.

host ['xɔʃtʃi] m INFORM hébergeur m.

hostil [oʃ'tiw] (pl **-is**) adj hostile.

hotel [o'tew] (pl **-éis**) m hôtel m.

houve ['ovi] → haver.

hovercraft [,ovex'kraftʃi] m hovercraft m.

HTML (abrev de Hypertext Markup Language) m HTML m (langage de description de pages Internet).

HTTP (abrev de Hypertext Transfer Protocol) m HTTP m.

humanidade [umani'dadʒi] f humanité f • **a humanidade** l'humanité.

humanitário, ria [umani'tarju, rja] adj humanitaire.

humano, na [u'manu, na] ♦ adj humain(e) ♦ m humain m.

humildade [umiw'dadʒi] f humilité f.

humilde [u'miwdʒi] adj humble.

humilhação [umiʎa'sãw] (*pl -ões*) *f* humiliation *f.*

humilhante [umi'ʎãntʃi] *adj* humiliant(e).

humilhar [umi'ʎa(x)] *vt* humilier ▫ **humilhar-se** *vp* s'humilier.

humor [u'mo(x)] *m* humour *m* • **estar de bom/mau humor** être de bonne/mauvaise humeur.

humorista [umo'riʃta] *nmf* humoriste *mf.*

húngaro, ra ['ũŋgaru, ra] ◆ *adj* hongrois(e) ◆ *mf* Hongrois *m, -e f* ◆ *m (língua)* hongrois *m.*

Hungria [ũŋ'gria] *f* • **a Hungria** la Hongrie.

hurra ['uxa] *interj* hourra!

I

ia ['ia] → **ir**.

iate ['jatʃi] *m* yacht *m.*

Ibama [i'bama] *m (abrev de Instituto Brasileiro do Meio Ambiente e dos Recursos Naturais Renováveis) organisme brésilien pour la défense de l'environnement,* ≈ SNPN.

ibérico, ca [i'bɛriku, ka] *adj* ibérique.

ibero-americano, na [i,bɛxwamexi'kanu, na] ◆ *adj* latino-américain(e) ◆ *mf* Latino-Américain *m, -e f.*

ICM/S *m (abrev de Imposto sobre a Circulação de Mercadorias e Serviços)* ≈ TVA *f.*

ícone ['ikɔni] *m* icône *f.*

icterícia [ikte'risja] *f* jaunisse *f.*

ida ['ida] *f (partida)* allée *f; (jornada)* voyage *m.*

idade [i'dadʒi] *f* âge *m* • **de idade** âgé(e).

ideal [i'dʒjaw] (*pl -ais*) ◆ *adj* idéal(e) ◆ *m* idéal *m.*

idealista [idʒja'liʃta] *adj & nmf* idéaliste.

idéia [i'dʒeja] *f* idée *f* • **que idéia!** quelle idée! • **mudar de idéia** changer d'avis • **não fazer idéia** n'en avoir aucune idée.

idêntico, ca [i'dʒẽntʃiku, ka] *adj* identique.

identidade [idʒẽntʃi'dadʒi] *f* identité *f.*

identificação [idʒẽntʃifika'sãw] *f* identification *f.*

identificar [idʒẽntʃifi'ka(x)] *vt* identifier ▫ **identificar-se** *vp* s'identifier.

ideologia [idʒolo'ʒia] *f* idéologie *f.*

idílico, ca [i'dʒiliku, ka] *adj* idyllique.

idioma [i'dʒjoma] *m* langue *f.*

idiota [i'dʒjɔta] *adj & nmf* idiot(e).

ídolo ['idulu] *m* idole *f.*

idôneo, nea [i'dɔnju, nja] *adj* de confiance.

idoso, osa [i'dozu, ɔza] ♦ *adj* âgé(e) ♦ *mf* personne f âgée • **os idosos** les personnes âgées.

Iemanjá [jemãn'ʒa] f déesse de la mer du candomblé.

igarapé [igara'pɛ] m bras m de rivière.

ignição [igni'sãw] f contact m (allumage).

ignorado, da [igno'radu, da] *adj* ignoré(e).

ignorância [igno'rãsja] f ignorance f.

ignorante [igno'rãntʃi] *nmf* ignorant m, -e f.

ignorar [igno'ra(x)] *vt* • **ignorar algo** ignorer qqch • **ignorar alguém** ignorer qqn.

igreja [i'greʒa] f église f.

igual [i'gwaw] (*pl* **-ais**) ♦ *adj* (quantidade, preço, proporção) égal(e); (idêntico) pareil(eille); (parecido) pareil(eille) ♦ *m* égal m • **igual a** pareil à • **sem igual** sans pareil.

igualar [igwa'la(x)] *vt* (a alguém) égaler; (um terreno) égaliser ▫ **igualar-se** *vp* se valoir • **os candidatos igualam-se** les candidats se valent • **igualar-se a** égaler.

igualdade [igwaw'dadʒi] f égalité f.

igualmente [igwaw'mẽntʃi] *adv* également ♦ *interj* vous de même!

ilegal [ile'gaw] (*pl* **-ais**) *adj* illégal(e).

ilegalidade [ilegali'dadʒi] f illégalité f.

ilegítimo, ma [ile'ʒitʃimu, ma] *adj* illégitime.

ilegível [ile'ʒivew] (*pl* **-eis**) *adj* illisible.

ileso, sa [i'lezu, za] *adj* indemne • **sair ileso de um acidente** sortir indemne d'un accident.

ilha ['iʎa] f île f.

ilícito, ta [i'lisitu, ta] *adj* illicite.

ilimitado, da [ilemi'tadu, da] *adj* illimité(e).

Ilma. = **Ilustríssima**.

Ilmo. = **Ilustríssimo**.

ilógico, ca [i'lɔʒiku, ka] *adj* illogique.

iludir [ilu'di(x)] *vt* tromper ▫ **iludir-se** *vp* se faire des illusions.

iluminação [ilumina'sãw] f éclairage m.

iluminado, da [ilumi'nadu, da] *adj* (rua) éclairé(e); (árvore de Natal) illuminé(e).

iluminar [ilumi'na(x)] *vt* (sala, rua) éclairer; (monumento) illuminer.

ilusão [ilu'zãw] (*pl* **-ões**) f illusion f • **não ter ilusões** ne pas se faire d'illusions • **perder as ilusões** perdre ses illusions.

ilustração [iluʃtra'sãw] (*pl* **-ões**) f illustration f.

ilustrado, da [iluʃ'tradu, da] *adj* illustré(e).

ilustrar [iluʃ'tra(x)] *vt* (exemplificar) illustrer.

ilustre [i'luʃtri] *adj* illustre.

ilustríssimo, ma [iluʃ'trisimu, ma] *adj* (para senhores)

imã

Monsieur; *(para senhoras)* Madame.
imã ['imã] *m* imam *m*.
ímã ['imã] *m* aimant *m*.
imaculado, da [imaku'ladu, da] *adj* immaculé(e).
imagem [i'maʒē] *(pl* **-ns**) *f* image *f*.
imaginação [imaʒina'sāw] *f* imagination *f*.
imaginar [imaʒi'na(x)] *vt* imaginer ☐ **imaginar-se** *vp* s'imaginer.
imaginativo, va [imaʒina'tʃivu, va] *adj* imaginatif(ive).
imame [i'mami] *m* imam *m*.
imaturo, ra [ima'turu, ra] *adj* immature.
imbatível [ĩmba'tʃivew] *(pl* **-eis**) *adj* imbattable.
imbecil [ĩnbe'siw] *(pl* **-is**) *adj & nmf* imbécile.
imediações [imedʒja'sõiʃ] *fpl* alentours *mpl* • **nas imediações de** aux alentours de.
imediatamente [ime,dʒjata'mēntʃi] *adv* immédiatement.
imediato, ta [ime'dʒjatu, ta] *adj* immédiat(e) • **de imediato** *(imediatamente)* immédiatement; *(neste momento)* dans l'immédiat.
imenso, sa [i'mēsu, sa] ♦ *adj* immense ♦ *adv* énormément.
imergir [imex'ʒi(x)] *vt* immerger.
imigração [imigra'sãw] *f* immigration *f*.
imigrante [imi'grãntʃi] *nmf* immigrant *m*, -e *f*.
imigrar [imi'gra(x)] *vi* immigrer.

184

iminente [imi'nēntʃi] *adj* imminent(e).
imitação [imita'sãw] *(pl* **-ões**) *f* imitation *f*.
imitar [imi'ta(x)] *vt* imiter.
imobiliária [imobi'ljarja] *f (vendedor)* agence *f* immobilière; *(construtor)* promoteur *m*.
imobilizar [imobili'za(x)] *vt* immobiliser ☐ **imobilizar-se** *vp* s'immobiliser.
imoral [imo'raw] *(pl* **-ais**) *adj* immoral(e).
imóvel [i'mɔvew] *(pl* **-eis**)
♦ *adj (parado)* immobile; *(bem)* immobilier(ère) ♦ *m (prédio)* immeuble *m;* (valor) bien *m* immobilier.
impaciência [ĩmpa'sjēsja] *f* impatience *f*.
impaciente [ĩmpa'sjēntʃi] *adj* impatient(e).
impacto [ĩm'paktu] *m* impact *m*.
ímpar ['ĩmpa(x)] *(pl* **-es**) *adj (número)* impair(e); *(objeto, ação)* unique.
imparcial [ĩmpax'sjaw] *(pl* **-ais**) *adj* imparcial(e).
impasse [ĩm'pasi] *m* impasse *f*.
impecável [ĩmpe'kavew] *(pl* **-eis**) *adj* impeccable.
impedido, da [ĩmpe'dʒidu, da] *adj (caminho, estrada)* coupé(e).
impedimento [ĩmpedʒi'mēntu] *m* empêchement *m*.
impedir [ĩmpe'dʒi(x)] *vt* couper • **impedir alguém de fazer algo** empêcher qqn de faire qqch.

impelir [ĩmpe'li(x)] *vt* pousser.
impenetrável [ĩpene'travew] (*pl* -**eis**) *adj* impénétrable.
impensável [ĩpē'savew] (*pl* -**eis**) *adj* impensable.
imperador [ĩpera'do(x)] (*pl* -**es**) *m* empereur *m*.
imperativo, va [ĩpera'tʃivu, va] ♦ *adj* impératif(ive) ♦ *m* impératif *m*.
imperatriz [ĩpera'triʃ] (*pl* -**es**) *f* impératrice *f*.
imperdoável [ĩmpex'dwavew] (*pl* -**eis**) *adj* impardonnable.
imperfeição [ĩpexfej'sãw] (*pl* -**ões**) *f* (*defeito*) imperfection *f*.
imperfeito, ta [ĩpex'fejtu, ta] ♦ *adj* imparfait(e) ♦ *m* imparfait *m*.
imperial [ĩpe'rjaw] (*pl* -**ais**) *adj* impérial(e).
impermeável [ĩmpex'mjavew] (*pl* -**eis**) *adj & m* imperméable.
impertinente [ĩmpextʃi'nẽntʃi] *adj* impertinent(e).
imperturbável [ĩmpextux'bavew] (*pl* -**eis**) *adj* imperturbable.
impessoal [ĩmpe'swaw] (*pl* -**ais**) *adj* impersonnel(elle).
impetuoso, osa [ĩmpe'twozu, ɔza] *adj* impétueux(euse).
impiedade [ĩnpje'dadʒi] *f* impiété *f*.
implacável [ĩmpla'kavew] (*pl* -**eis**) *adj* implacable.
implantação [ĩmplãnta'sãw] *f* implantation *f*.
implementar [ĩmplemẽn'ta(x)] *vt* (*lei*) mettre en application; (*regime, sistema*) mettre en place.
implicar [ĩmpli'ka(x)] *vt* impliquer ▫ **implicar com** *vp* titiller.
implícito, ta [ĩm'plisitu, ta] *adj* implicite.
implorar [ĩmplo'ra(x)] *vt* implorer.
imponente [ĩmpo'nẽntʃi] *adj* imposant(e).
impopular [ĩmpopu'la(x)] (*pl* -**es**) *adj* impopulaire.
impor [ĩm'po(x)] *vt* imposer ▫ **impor-se** *vp* s'imposer ♦ **impor algo a alguém** imposer qqch à qqn.
importação [ĩmpoxta'sãw] (*pl* -**ões**) *f* importation *f*.
importado, da [ĩmpox'tadu, da] *adj* importé(e).
importância [ĩmpox'tãsja] *f* importance *f*.
importante [ĩmpox'tãntʃi] *adj* important(e) ♦ *m* • **o importante é...** l'important c'est....
importar [ĩmpox'ta(x)] ♦ *vt* (*mercadoria, produto*) importer; (*idéia*) prendre ♦ *vi* avoir de l'importance ▫ **importar-se** *vp* • **importa-se de...** ça ne vous dérange pas de... • **não importa** ça n'a pas d'importance • **não me importa** ça m'est égal • **pouco importa** peu importe.
imposição [ĩmpozi'sãw] (*pl* -**ões**) *f* imposition *f*.

impossibilitar

impossibilitar [ĩmposibili'ta(x)] vt rendre impossible.
impossível [ĩmpo'sivew] (pl -eis) ◆ adj impossible ◆ m • **o impossível** l'impossible m • **querer o impossível** vouloir l'impossible.
imposto [ĩm'poʃtu] m impôt m • **imposto de renda** impôt sur le revenu • **imposto sobre o valor agregado** taxe f sur la valeur ajoutée.
impostor, ra [ĩmpoʃ'to(x), ra] (mpl -es, fpl -s) m,f imposteur m.
impotente [ĩmpo'tẽntʃi] adj impuissant(e).
impraticável [ĩmpratʃi'kavɛw] (pl -eis) adj (estrada, caminho) impraticable.
impreciso, sa [ĩmpre'sizu, za] adj imprécis(e).
impregnar [ĩmpreg'na(x)] vt imprégner ❑ **impregnar-se de** vp + prep s'imprégner de.
imprensa [ĩm'prẽsa] f presse f.
imprescindível [ĩnpresĩn'dʒivew] (pl -eis) adj indispensable.
impressão [ĩmpre'sãw] (pl -ões) f impression f • **ter a impressão de que** avoir l'impression que • **impressão digital** empreinte f digitale • **causar boa impressão** faire bonne impression.
impressionante [ĩmpresju'nãntʃi] adj impressionnant(e).
impressionar [ĩmpresju'na(x)] vt impressionner.
impresso, a [ĩm'presu, a] ◆ adj imprimé(e) ◆ m formulaire m.

186

impressões → impressão.
impressora [ĩmpre'sora] f imprimante f.
imprestável [ĩmpreʃ'tavɛw] (pl -eis) adj (não prestativo) désobligeant(e); (inútil) inutilisable.
imprevisível [ĩmprevi'zivew] (pl -eis) adj imprévisible.
imprevisto, ta [ĩmpre'viʃtu, ta] ◆ adj imprévu(e) ◆ m imprévu m.
imprimir [ĩmpri'mi(x)] vt imprimer.
impróprio, pria [ĩm'prɔpriu, pria] adj • **impróprio para beber** non potable • **impróprio para comer** impropre à la consommation • **impróprio para morar** insalubre.
improvável [ĩmpro'vavɛw] (pl -eis) adj improbable.
improvisar [ĩmprovi'za(x)] vt & vi improviser.
improviso [ĩmpro'vizu] m improvisation f • **de improviso** à l'improviste.
imprudente [ĩmpru'dẽntʃi] adj imprudent(e).
impulsionar [ĩmpuwsju'na(x)] vt stimuler.
impulsivo, va [ĩmpuw'sivu, va] adj impulsif(ive).
impulso [ĩm'puwsu] m (incitamento) impulsion f.
impune [ĩn'puni] adj impuni(e).
impureza [ĩmpu'reza] f impureté f.
impuro, ra [ĩm'puru, ra] adj impur(e).

imundície [īmũn'dʒisji] f *(sujidade)* crasse f; *(lixo)* immondices fpl.

imune [i'muni] adj• **imune a** (à doença) immunisé(e) contre; (a ataques) insensible à.

inábil [i'nabiw] (pl **-beis**) adj malhabile.

inabitado, da [inabi'tadu, da] adj inhabité(e).

inacabado, da [inaka'badu, da] adj inachevé(e).

inaceitável [inasej'tavew] (pl **-eis**) adj inacceptable.

inacessível [inase'sivew] (pl **-eis**) adj inaccessible.

inacreditável [inakredʒi'tavew] (pl **-eis**) adj incroyable.

inadequado, da [inade'kwadu, da] adj inadéquat(e).

inadiável [ina'dʒavew] (pl **-eis**) adj *(problema)* urgent(e); *(encontro, reunião)* qui ne peut être reporté(e).

inadvertido, da [inadver'tʃidu, da] adj involontaire.

inalador [inala'do(x)] (pl **-es**) m inhalateur m.

inalar [ina'la(x)] vt inhaler.

inalcançável [inawka'savew] (pl **-eis**) adj inaccessible.

inanimado, da [inani'madu, da] adj inanimé(e).

inaptidão [inaptʃi'dãw] f inaptitude f.

inapto, ta [i'naptu, ta] adj inapte.

inarticulado, da [inaxtʃiku'ladu, da] adj inarticulé(e).

inatingível [inatʃĩ'ʒivew] (pl **-eis**) adj inaccessible.

inatividade [inatʃivi'dadʒi] f inactivité f.

inativo, va [ina'tʃivu, va] adj *(máquina)* à l'arrêt; *(vulcão)* éteint(e); *(pessoa)* inactif(ive).

inato, ta [i'natu, ta] adj inné(e).

inauguração [inawgura'sãw] (pl **-ões**) f inauguration f.

inaugurar [inawgu'ra(x)] vt inaugurer.

incansável [ĩŋkã'savew] (pl **-eis**) adj infatigable.

incapacidade [ĩŋkapasi'dadʒi] f incapacité f.

incapaz [ĩŋka'paʃ] (pl **-es**) adj incapable.

incendiar [ĩsẽn'dʒja(x)] vt mettre le feu à ▫ **incendiar-se** vp prendre feu.

incêndio [ĩ'sẽndʒju] m incendie m.

incenso [ĩn'sẽnsu] m encens m.

incentivar [ĩsẽntʃi'va(x)] vt encourager.

incentivo [ĩsẽn'tʃivu] m encouragement m; *(dinheiro)* prime f.

incerteza [ĩsex'teza] f incertitude f • **ficar na incerteza** être perplexe.

incerto, ta [ĩ'sextu, ta] adj incertain(e).

incesto [ĩn'seʃtu] m inceste m.

inchação [ĩnʃa'sãw] f = **inchaço**.

inchaço [ĩ'ʃasu] m boursouflure f.

inchado, da [ĩ'ʃadu, da] adj *(tumefato)* enflé(e); *(fig) (envaidecido)* infatué(e).

inchar [ĩ'ʃa(x)] vi enfler.

incidência

incidência [ĩsi'dẽsjɐ] f incidence f.
incidente [ĩsi'dẽtʃi] m incident m.
incineração [ĩsinera'sãw] (pl -ões) f incinération f.
incisivo, va [ĩsi'zivu, va] ◆ adj incisif(ive) ◆ m incisive f.
incitar [ĩsi'ta(x)] vt inciter.
inclemente [ĩŋkle'mẽtʃi] adj sévère.
inclinação [ĩŋklina'sãw] (pl -ões) f (de objeto, linha, edifício) inclinaison f; (fig) (propensão) inclination f, penchant m.
inclinado, da [ĩŋkli'nadu, da] adj incliné(e).
inclinar [ĩŋkli'na(x)] vt incliner □ **inclinar-se** vp s'incliner.
incluir [ĩŋklu'i(x)] vt inclure; (conter) comprendre.
inclusive [ĩŋklu'zive] adv y compris.
incoerente [ĩŋkwe'rẽtʃi] adj incohérent(e).
incógnita [ĩŋ'kɔgnita] f inconnue f.
incógnito, ta [ĩŋ'kɔgnitu, ta] adj inconnu(e).
incolor [ĩŋko'lo(x)] (pl -es) adj incolore.
incomodar [ĩŋkomo'da(x)] vt (importunar) déranger; (afligir) affecter ◆ **não incomodar** ne pas déranger □ **incomodar-se** vp s'inquiéter • **incomoda-se eu fumar?** cela vous dérange si je fume?
incômodo, da [ĩŋ'komodu, da] ◆ adj pas confortable ◆ m dérangement m.

188

incomparável [ĩŋkõpa'ravew] (pl -eis) adj incomparable.
incompatível [ĩŋkõpa'tʃivew] (pl -eis) adj incompatible.
incompetente [ĩŋkõpe-'tẽtʃi] adj & nmf incompétent(e).
incompleto, ta [ĩŋkõm'pletu, ta] adj incomplet(ète).
incomum [ĩŋko'mũ] (pl -ns) adj hors du commun.
incomunicável [ĩŋkomuni'kavew] (pl -eis) adj (isolado) injoignable; (bens) intransmissible.
incomuns → **incomum**.
inconcebível [ĩŋkõse'bivew] (pl -eis) adj inconcevable.
incondicional [ĩŋkõdzisjo'naw] (pl -ais) adj (proposta, contrato) sans condition; (apoio, rendição, partidário) inconditionnel(elle).
inconfidência [ĩŋkõfi'dẽsja] f indiscrétion f, infidélité f.
inconfidente [ĩŋkõfi'dẽtʃi] adj indiscret(te), infidèle.
inconformado, da [ĩŋkõfox'madu, da] adj ◆ **estar inconformado** ne pas se faire à l'idée de.
inconfundível [ĩŋkõfũ'dʒivew] (pl -eis) adj (voz, cheiro) caractéristique; (casa, rua) facilement repérable.
inconsciência [ĩŋkõʃ'sjẽsja] f inconscience f.
inconsciente [ĩŋkõʃ'sjẽtʃi] adj inconscient(e) ◆ m inconscient m.
incontestável [ĩŋkõteʃ'tavew] (pl -eis) adj incontestable.
inconveniência [ĩŋkõve'njẽsja] f (problema, desvanta-

gem) inconvénient *m*; (*grosseria*) grossièreté *f*.
inconveniente [ĩŋkõve'njẽntʃi] ♦ *adj* (*pessoa*) grossier(ère); (*assunto*) déplacé(e) ♦ *m* inconvénient *m* • **não ver inconveniente em que** ne pas voir d'inconvénient à ce que.
incorporar [ĩŋkoxpo'ra(x)] *vt* (*unir*) ajouter; (*juntar*) incorporer.
incorreto, ta [ĩŋko'xɛtu, ta] *adj* incorrect(e).
incorrigível [ĩŋkoxi'ʒivɛw] (*pl* -**eis**) *adj* incorrigible.
incrédulo, la [ĩŋ'krɛdulu, la] *adj* incrédule.
incrível [ĩŋ'krivɛw] (*pl* -**eis**) *adj* incroyable; (*pessoa*) étonnant(e); (*lugar, espetáculo, paisagem*) fantastique.
incubadora [ĩŋkuba'dora] *f* couveuse *f*.
inculto, ta [ĩŋ'kuwtu, ta] *adj* inculte.
incumbir [ĩŋkũm'bi(x)] *vt* charger, confier • **incumbir alguém de fazer algo** charger qqn de faire qqch □ **incumbir a** *vp* • **incumbir a alguém fazer algo** être à qqn de faire qqch □ **incumbir-se de** *vp* + *prep* • incumbir-se de fazer algo se charger de faire qqch.
incurável [ĩŋku'ravew] (*pl* -**eis**) *adj* incurable.
indagar [ĩnda'ga(x)] *vi* rechercher.
indecente [ĩnde'sẽntʃi] *adj* indécent(e).
indecisão [ĩndesi'zãw] (*pl* -**ões**) *f* indécision *f*.

indeciso, sa [ĩnde'sizu, za] *adj* indécis(e) • **estar indeciso** hésiter.
indecisões → indecisão.
indecoroso, osa [ĩndeku'rozo, ɔza] *adj* indécent(e).
indefeso, sa [ĩnde'fezu, za] *adj* sans défense.
indefinido, da [ĩndefi'nidu, da] *adj* (*prazo*) indéterminé(e); *GRAM* indéfini(e).
indelicado, da [ĩndeli'kadu, da] *adj* impoli(e).
indenização [ĩndeniza'sãw] (*pl* -**ões**) *f* indemnisation *f*; (*pagamento*) indemnité *f* • **indenização por perdas e danos** dommages et intérêts.
indenizar [ĩndeni'zar] *vt* indemniser.
independência [ĩndepẽn'dẽsja] *f* indépendance *f*.
independente [ĩndepẽn'dẽntʃi] *adj* indépendant(e).
independentemente [ĩndepẽn,dẽntʃi'mẽntʃi] : **independentemente de** *prep* indépendamment de.
indescritível [ĩndeʃkri'tʃivew] (*pl* -**eis**) *adj* indescriptible.
indesejável [ĩndeze'ʒavew] (*pl* -**eis**) *adj* (*pessoa*) indésirable; (*situação*) gênant(e).
indestrutível [ĩndeʃtru'tʃivew] (*pl* -**eis**) *adj* (*construção*) indestructible; (*fig*) (*argumento*) irréfutable.
indeterminado, da [ĩndetexmi'nadu, da] *adj* indéterminé(e).

indevido

indevido, da [ĩnde'vidu, da] *adj (comportamento)* déplacé(e); *(hora)* indu(e).

Índia ['ĩndʒja] *f* • **a Índia** l'Inde *f.*

indiano, na [ĩn'dʒjanu, na] ♦ *adj* indien(enne) ♦ *mf* Indien *m*, -enne *f (d'Inde).*

indicação [ĩndʒika'sãw] *(pl* -ões) *f* indication *f.*

indicador [ĩndʒika'do(x)] *(pl* -es) *m (dedo)* index *m*; *(de temperatura, hodômetro)* indicateur *m.*

indicar [ĩndʒi'ka(x)] *vt* indiquer.

indicativo, va [ĩndʒika'tʃi-vu, va] ♦ *adj* indicatif(ive) ♦ *m* indicatif *m.*

índice ['ĩndʒisi] *m (em livro)* table *f* des matières; *(por ordem alfabética, dedo)* index *m*; *(nível)* indice *m* • **índice de inflação** taux *m* d'inflation.

indício [in'dʒisju] *m* indice *m*, indication *f.*

indiferença [ĩndʒife'resa] *f* indifférence *f.*

indiferente [ĩndʒife'rẽntʃi] *adj* indifférent(e) • **é-me indiferente** ça m'est égal.

indígena [ĩn'dʒiʒena] *adj & nmf* indigène.

indigestão [ĩndʒiʒeʃ'tãw] *f* indigestion *f.*

indigesto, ta [ĩndʒi'ʒeʃtu, ta] *adj* indigeste.

indignação [ĩndʒigna'sãw] *(pl* -ões) *f* indignation *f.*

indigno, gna [ĩn'dʒignu, gna] *adj* indigne.

índio, dia ['ĩndʒju, dʒja] ♦ *adj* indien(enne) ♦ *mf* Indien *m*, -enne *f (d'Amérique).*

indireta [ĩndʒi'rɛta] *f (fig)* sous-entendu *m* • **soltar uma indireta** *(criticar)* lancer une pique; *(insinuar)* faire une allusion.

indireto, ta [ĩndʒi'rɛtu, ta] *adj* indirect(e).

indisciplinado, da [ĩndʒiʃsipli'nadu, da] *adj* indiscipliné(e).

indiscreto, ta [ĩndʒiʃ'krɛtu, ta] *adj* indiscret(ète).

indiscutível [ĩndʒiʃku'tʃivew] *(pl* -eis) *adj* indiscutable.

indispensável [ĩndʒiʃpẽ'savew] *(pl* -eis) ♦ *adj* indispensable ♦ *m* • **o indispensável** l'indispensable *m.*

indisposição [ĩndʒiʃpozi'sãw] *(pl* -ões) *f* malaise *m.*

indisposto, osta [ĩndʒiʃ'poʃtu, ɔʃta] *adj* indisposé(e).

indistinto, ta [ĩndʒiʃ'tʃĩntu, ta] *adj* indistinct(e).

individual [ĩndʒivi'dwaw] *(pl* -ais) *adj* individuel(elle).

indivíduo [ĩnde'vidwu] *m (pessoa)* individu *m*; *(fam) (homem)* type *m.*

índole ['ĩndoli] *f* nature *f (caractère).*

indolência [ĩndo'lẽnsja] *f* indolence *f.*

indolente [ĩndo'lẽntʃi] *adj* indolent(e).

indolor [ĩndo'lo(x)] *(pl* -es) *adj* indolore.

Indonésia [ĩndo'nɛzja] *f* • **a Indonésia** l'Indonésie *f.*

indulgência [ĩnduw'ʒẽsja] *f* indulgence *f.*

indulgente [ĩnduw'ʒẽntʃi] *adj* indulgent(e).

indumentária [ĩndumẽn'tarja] *f (pej)* accoutrement *m*.

indústria [ĩn'dustria] *f* industrie *f*.

induzir [ĩndu'zi(x)] *vt* • **induzir alguém a fazer algo** pousser qqn à faire qqch • **induzir alguém em erro** induire qqn en erreur.

inédito, ta [i'nɛdʒitu, ta] *adj (filme, peça de teatro, livro)* inédit(e); *(acontecimento)* inouï(e).

ineficaz [inefi'kaʃ] *(pl -es) adj* inefficace.

inegável [ine'gavew] *(pl -eis) adj* indéniable.

inércia [i'nɛxsja] *f* inertie *f*.

inerte [i'nɛxtʃi] *adj* inerte.

inesgotável [ineʒgo'tavew] *(pl -eis) adj* inépuisable.

inesperado, da [ineʃpe'radu, da] *adj* inattendu(e).

inesquecível [ineʃke'sivew] *(pl -eis) adj* inoubliable.

inestimável [ineʃtʃi'mavew] *(pl -eis) adj* inestimable.

inevitável [inevi'tavew] *(pl -eis) adj* inévitable.

inexeqüível [ineze'kwivew] *(pl -eis) adj* irréalisable.

inexistência [inezi ʃ'tẽnsja] *f* inexistence *f*.

inexperiência [ineʃpe'rjɛsja] *f* inexpérience *f*, manque *m* d'expérience.

inexperiente [ineʃpe'rjẽntʃi] *adj (sem experiência)* inexpérimenté(e); *(fig) (inocente)* novice.

infalível [ĩfa'livew] *(pl -eis) adj (método, sistema, plano)* infaillible; *(inevitável)* garanti(e).

infâmia [ĩ'famja] *f* calomnie *f*.

infância [ĩ'fãsja] *f* enfance *f*.

infantil [ĩfãn'tʃiw] *(pl -is) adj (literatura, programa)* pour enfants; *(pej) (imaturo)* infantile; *(jogo, linguagem)* enfantin(e).

infecção [ĩfe'sãw] *(pl -ões) f* infection *f*.

infeccioso, osa [ĩfe'sjozu, ɔza] *adj* infectieux(euse).

infecções → **infecção**.

infectado, da [ĩfe'tadu, da] *adj* infecté(e).

infectar [ĩfe'ta(x)] *vt* infecter.

infelicidade [ĩfelisi'dadʒi] *f* malheur *m* • **mas que infelicidade!** quel malheur! • **tive a infelicidade de** j'ai eu le malheur de.

infeliz [ĩfe'liʒ] *(pl -es) adj & nmf* malheureux(euse) • **ser infeliz** être malheureux.

infelizmente [ĩfeliʒ'mẽntʃi] *adv* malheureusement.

inferior [ĩfe'rjo(x)] *(pl -es) adj* inférieur(e) • **um número inferior de** moins de • **piso** OU **andar inferior** étage du dessous.

inferno [ĩ'fɛxnu] *m* • **o inferno** l'enfer *m* • **isto é um inferno!** c'est l'enfer! • **vá para o inferno!** *(fam)* allez au diable!

infertilidade [ĩfextʃili'dadʒi] *f* infertilité *f*.

infestar [ĩfeʃ'ta(x)] *vt* infester.

infiel [ĩ'fjew] *(pl -éis) adj* infidèle.

infiltrar-se [ĩfiw'traxsi] *vp* s'infiltrer.

ínfimo, ma ['ĩfimu, ma] *adj (muito pequeno)* infime; *(fig) (reles, sem importância)* misérable.

infindável [ĩfĩn'davɛw] *(pl -eis) adj* interminable.

infinidade [ĩfini'dadʒi] *f* infinité *f.*

infinitivo [ĩfini'tʃivu] *m* infinitif *m.*

infinito, ta [ĩfi'nitu, ta] ◆ *adj* infini(e) ◆ *m* infini *m.*

inflação [ĩfla'sãw] *f* inflation *f.*

inflamação [ĩflama'sãw] *(pl -ões) f* inflammation *f.*

inflamado, da [ĩfla'madu, da] *adj* enflammé(e).

inflamar [ĩfla'ma(x)] *vt* enflammer.

inflamável [ĩfla'mavɛw] *(pl -eis) adj* inflammable ◆ **inflamável** inflammable.

inflável [ĩ'flavɛw] *(pl -eis) adj* gonflable.

inflexível [ĩflɛk'sivɛw] *(pl -eis) adj* inflexible.

influência [ĩflu'ẽsja] *f* influence *f* ◆ **ter influência** avoir de l'influence.

influente [ĩflu'ẽntʃi] *adj* influent(e).

influir [ĩflu'i(x)] ▫ **influir em** *vp* influer sur.

informação [ĩfoxma'sãw] *(pl -ões) f* information *f* ▫ **informações** *fpl* renseignements *mpl* ◆ **informações** informations.

informal [ĩfox'maw] *(pl -ais) adj (linguagem)* courant(e); *(roupa)* décontracté(e).

informar [ĩfox'ma(x)] *vt* informer ◆ **informar alguém de** *ou* **sobre algo** informer qqn de *ou* au sujet de qqch ▫ **informar-se** *vp* s'informer ◆ **informar-se sobre** se renseigner sur.

informática [ĩfox'matʃika] *f* informatique *f.*

informativo, va [ĩfoxma'tʃivu, va] *adj* d'information.

informatizar [ĩfurmatʃi'za(x)] *vt* informatiser.

infortúnio [ĩnfox'tunju] *m* malheur *m.*

infração [ĩfra'sãw] *(pl -ões) f* infraction *f.*

infrações → **infração**.

infrator, ra [ĩnfra'to(x), ra] *(mpl -es, fpl -s) mf* contrevenant *m,* -e *f.*

infravermelho, lha [ĩfravex'meʎu, ʎa] *adj* infrarouge.

infringir [ĩfri'ʒir] *vt* enfreindre.

infrutífero, ra [ĩnfru'tʃiferu, ra] *adj* infructueux(euse).

infundado, da [ĩfũn'dadu, da] *adj* infondé(e).

ingenuidade [ĩʒenwi'dadʒi] *f* naïveté *f.*

ingênuo, nua [ĩ'ʒenwu, nwa] *adj & mf* naïf(naïve).

ingerir [ĩʒe'ri(x)] *vt* absorber.

Inglaterra [ĩŋgla'tɛxa] *f* ◆ **a Inglaterra** l'Angleterre *f.*

inglês, esa [ĩŋ'gleʃ, eza] *(mpl -eses, fpl -s)* ◆ *adj* anglais(e) ◆ *mf* Anglais *m,* -e *f* ◆ *m (língua)*

anglais m • **para inglês ver** en mettre plein la vue.
ingratidão [ĩŋgratʃi'dãw] f ingratitude f.
ingrato, ta [ĩŋ'gratu, ta] adj ingrat(e).
ingrediente [ĩŋgre'dʒẽntʃi] m ingrédient m.
íngreme [ĩŋgremi] adj (rua, encosta) escarpé(e); (escadas) raide.
ingresso [ĩŋ'grɛsu] m entrée f; (admissão) admission f.
inhame [i'ɲami] m igname f.
inibição [inibi'sãw] (pl -ões) f timidité f.
inibido, da [ini'bidu, da] adj timide.
inicial [ini'sjaw] (pl -ais) ♦ adj initial(e) ♦ f initiale f.
iniciar [ini'sja(x)] vt commencer • **iniciar alguém em algo** initier qqn à qqch ▫ **iniciar-se** vp commencer • **iniciar-se em** débuter dans.
iniciativa [inisja'tʃiva] f initiative f • **ter iniciativa** avoir de l'initiative.
início [i'nisju] m début m • **no início** au début • **desde o início** depuis le début.
inimigo, ga [ini'migu, ga] adj & m f ennemi(e).
ininterruptamente [inĩnte,xupta'mẽntʃi] adv sans arrêt.
injeção [ĩʒe'sãw] (pl -ões) f MED piqûre f • **dar uma injeção** faire une piqûre.
injeções → **injeção**.
injetar [ĩʒe'ta(x)] vt injecter ▫ **injetar-se** vp (fam) se piquer.
injúria [ĩ'ʒurja] f injure f.
injuriar [ĩʒu'rja(x)] vt injurier.

injustiça [ĩʒuʃ'tʃisa] f injustice f.
injusto, ta [ĩ'ʒuʃtu, ta] adj injuste.
inocência [ino'sẽsja] f innocence f.
inocentar [inosẽn'ta(x)] vt • **inocentar alguém (de algo)** innocenter qqn (de qqch).
inocente [ino'sẽntʃi] adj innocent(e) • **ser** ou **estar inocente** être innocent.
inoculação [inɔkula'sãw] (pl -ões) f inoculation f.
inócuo, cua [i'nɔkwu, kwa] adj inoffensif(ive).
inofensivo, va [inofẽ'sivu, va] adj inoffensif(ive).
inoportuno, na [inopox'tunu, na] adj inopportun(e).
inovação [inova'sãw] (pl -ões) f innovation f.
inox [i'nɔksi] m Inox® m.
inoxidável [inɔksi'davɛw] (pl -eis) adj inoxydable.
inquérito [ĩŋ'kɛritu] m enquête f.
inquietação [ĩŋkjeta'sãw] f (agitação) agitation f; (preocupação) inquiétude f.
inquietante [ĩŋkje'tãntʃi] adj inquiétant(e).
inquilino, na [ĩŋki'linu, na] m f locataire m f.
insaciável [ĩnsa'sjavɛw] (pl -eis) adj insatiable.
insalubre [ĩnsa'lubri] adj insalubre.
insanidade [ĩnsani'dadʒi] f insanité f (mentale).
insatisfação [ĩnsatʃiʃfa'sãw] (pl -ões) f insatisfaction f.

insatisfatório

insatisfatório, ria [ĩsatʃiʃfa'tɔrju, rja] *adj* insatisfaisant(e).
insatisfeito, ta [ĩsatʃiʃ'fejtu, ta] *adj* insatisfait(e).
inscrever [ĩʃkre've(x)] *vt* inscrire • **inscrever alguém em algo** inscrire qqn à qqch ▫ **inscrever-se** *vp* • **inscrever-se em** s'inscrire à.
inscrição [ĩʃkri'sãw] (*pl* **-ões**) *f* inscription *f*.
insegurança [ĩsegu'rãsa] *f* insécurité *f*.
inseguro, ra [ĩse'guru, ra] *adj* dangereux(euse) • **ele é inseguro** il n'est pas sûr de lui.
inseminação [ĩnsemina'sãw] (*pl* **-ões**) *f* • **inseminação (artificial)** insémination *f* (artificielle).
insensato, ta [ĩsẽ'satu, ta] *adj* (*pessoa*) pas raisonnable; (*decisão, comportamento*) insensé(e).
insensibilidade [ĩsẽsibili'dadʒi] *f* insensibilité *f*.
insensível [ĩsẽ'sivew] (*pl* **-eis**) *adj* (*pessoa*) insensible; (*dedos*) engourdi(e).
inseparável [ĩsepa'ravew] (*pl* **-eis**) *adj* inséparable.
inserir [ĩse'ri(x)] *vt* (*colocar*) introduire; *INFORM* (*disquete*) insérer ▫ **inserir-se em** *vp* + *prep* s'intégrer à.
inseticida [ĩsetʃi'sida] *m* insecticide *f*.
inseto [ĩ'setu] *m* insecte *m*.
insidioso, osa [ĩsi'dʒjozu, ɔza] *adj* (*pessoa*) sournois(e); (*comportamento, resposta*) insidieux(euse).

insígnia [ĩ'signja] *f* insigne *f*.
insignificante [ĩsignifi'kãntʃi] *adj* insignifiant(e).
insincero, ra [ĩsĩ'sɛru, ra] *adj* hypocrite.
insinuar [ĩsi'nwa(x)] *vt* insinuer ▫ **insinuar-se** *vp* s'insinuer.
insípido, da [ĩ'sipidu, da] *adj* insipide.
insistência [ĩsiʃ'tẽsja] *f* insistance *f*.
insistente [ĩsiʃ'tẽntʃi] *adj* insistant(e).
insistir [ĩsiʃ'ti(x)] *vi* insister • **insistir com alguém** insister auprès de qqn • **insistir em fazer algo** insister pour faire qqch.
insociável [ĩnso'sjavew] (*pl* **-eis**) *adj* peu sociable.
insolação [ĩsola'sãw] (*pl* **-ões**) *f* insolation *f*.
insolente [ĩso'lẽntʃi] *adj & nmf* insolent(e).
insólito, ta [ĩ'sɔlitu, ta] *adj* (*acontecimento*) insolite; (*pessoa*) original(e).
insônia [ĩ'sonja] *f* insomnie *f*.
insosso, a [ĩ'sosu, a] *adj* fade.
inspeção [ĩʃpe'sãw] (*pl* **-ões**) *f* (*vistoria*) inspection *f*; (*de carro*) contrôle *m* technique.
inspecionar [ĩʃpesjo'na(x)] *vt* (*revistar*) inspecter.
inspeções ▷ **inspeção**.
inspetor, ra [ĩʃpe'to(x), ra] (*mpl* **-es**, *fpl* **-s**) *mf* inspecteur *m*, -trice *f*.
inspiração [ĩʃpira'sãw] (*pl* **-ões**) *f* inspiration *f*.

inspirador, ra [ĩʃpira'do(x), ra] (*mpl* -es, *fpl* -s) *adj* inspirateur(trice).

inspirar [ĩʃpi'ra(x)] *vt* inspirer.

instabilidade [ĩʃtabili'dadʒi] *f* instabilité *f*.

instalação [ĩʃtala'sãw] (*pl* -ões) *f* installation *f* • **instalação elétrica** installation électrique ▫ **instalações** *fpl* locaux *mpl*.

instalar [ĩʃta'la(x)] *vt* installer ▫ **instalar-se** *vp* s'installer.

instantâneo, nea [ĩʃtãn'tanju, nja] ◆ *adj* instantané(e) ◆ *m* cliché *m*.

instante [ĩʃ'tãntʃi] *m* instant *m* • **um instante!** un instant! • **dentro de instantes** dans un instant • **de um instante para o outro** d'un seul coup • **neste instante** aussitôt • **num instante** en un instant • **por instantes** par moments • **a todo instante** à tout instant.

instintivo, va [ĩʃtʃĩn'tʃivu, va] *adj* instinctif(ive).

instinto [ĩʃ'tʃĩntu] *m* instinct *m*.

instituição [ĩʃtʃitwi'sãw] (*pl* -ões) *f* institution *f*.

instituto [ĩʃtʃi'tutu] *m* institut *m* • **instituto de beleza** institut de beauté • **instituto de línguas** école *f* de langues.

instrução [ĩʃtru'sãw] (*pl* -ões) *f* instruction *f* (caractère) instinctif(ive). **instruções** *fpl* • **instruções de uso** mode d'emploi.

instruir [ĩʃtru'i(x)] *vt* instruire.

instrumental [ĩʃtrumẽn'taw] (*pl* -ais) *adj* instrumental(e).

instrumento [ĩʃtru'mẽntu] *m* instrument *m*.

instrutivo, va [ĩʃtru'tʃivu, va] *adj* instructif(ive).

instrutor, ra [ĩʃtru'to(x), ra] (*mpl* -es, *fpl* -s) *m*(*f*) (de tropa) instructeur *m*; (de condução) moniteur *m*, -trice *f* d'auto-école.

insubordinação [ĩsuboxdʒina'sãw] (*pl* -ões) *f* (mau comportamento) indiscipline *f*; (rebelião) insubordination *f*.

insubstituível [ĩsubʃtʃi'twivew] (*pl* -eis) *adj* irremplaçable.

insucesso [ĩsu'sesu] *m* échec *m* • **insucesso escolar** échec scolaire.

insuficiência [ĩsufi'sjẽsja] *f* insuffisance *f* • **insuficiência cardíaca** insuffisance cardiaque.

insuficiente [ĩsufi'sjẽntʃi] ◆ *adj* insuffisant(e) ◆ *m* EDUC mention *f* insuffisant.

insuflável [ĩsu'flavew] (*pl* -eis) *adj* gonflable.

insulina [ĩsu'lina] *f* insuline *f*.

insultar [ĩsuw'ta(x)] *vt* insulter.

insuperável [ĩsupe'ravew] (*pl* -eis) *adj* insurmontable.

insuportável [ĩsupox'tavew] (*pl* -eis) *adj* insupportable.

intato, ta [ĩn'tatu, ta] *adj* intact(e).

íntegra ['ĩntegra] *f* • **na íntegra** intégralement.

integral [ĩnte'graw] (*pl* -ais) *adj* (total) intégral(e); (pão, arroz) complet(ète).

integrar [ĩnte'gra(x)] *vt* intégrer ▫ **integrar-se** *vp* s'intégrer.

integridade

integridade [ĩtegri'dadʒi] f intégrité f.

íntegro, gra ['ĩtegru, gra] adj intègre.

inteiramente [ĩn‚tejra'mẽntʃi] adv entièrement.

inteirar-se [ĩtej'raxsi] ◻ **inteirar-se de** vp + prep (informar-se de) se renseigner sur; (descobrir) apprendre.

inteiro, ra [ĩ'tejru, ra] adj entier(ère) • **o bolo inteiro** tout le gâteau • **a cidade inteira** toute la ville.

intelectual [ĩtelek'twaw] (pl **-ais**) adj & nmf intellectuel(elle).

inteligência [ĩteli'ʒẽsja] f intelligence f.

inteligente [ĩteli'ʒẽntʃi] adj intelligent(e).

intenção [ĩtẽ'sãw] (pl **-ões**) f intention f • **ter intenção de fazer algo** avoir l'intention de faire qqch • **ter segundas intenções** avoir des arrière-pensées • **sem intenção** sans le faire exprès • **com a ou melhor das intenções** avec les meilleures intentions.

intensidade [ĩtẽsi'dadʒi] f intensité f.

intensivo, va [ĩtẽ'sivu, va] adj intensif(ive).

intenso, sa [ĩ'tẽsu, sa] adj intense.

interativo, va [ĩtera'tʃivu, va] adj intéractif(ive).

intercâmbio [‚ĩter'kãmbju] m échange m.

interceder [ĩtexse'de(x)] vi • **interceder por alguém** intercéder en faveur de qqn.

interceptar [ĩtexsep'ta(x)] vt intercepter.

interdição [ĩtexdʒi'sãw] (pl **-ões**) f interdiction f.

interditar [ĩtexdʒi'ta(x)] vt interdire.

interessado, da [ĩtere'sadu, da] adj intéressé(e).

interessante [ĩtere'sãntʃi] adj intéressant(e).

interessar [ĩtere'sa(x)] vi être intéressant(e) • **interessar a alguém** intéresser qqn ◻ **interessar-se por** vp + prep s'intéresser à.

interesse [ĩte'resi] m intérêt m • **no interesse de** dans l'intérêt de • **por interesse** par intérêt • **sem interesse** sans intérêt.

interface [‚ĩtex'fasi] f interface f.

interferência [ĩtexfe'rẽsja] f interférence f ◻ **interferências** fpl interférences fpl.

interferir [ĩtexfe'ri(x)] ◻ **interferir em** vp intervenir dans.

interfone [‚ĩtex'fɔni] m Interphone® m.

interior [ĩte'rjo(x)] (pl **-es**) ♦ adj (porta) intérieur(e); (quarto) aveugle ♦ m intérieur m.

interjeição [ĩtexʒej'sãw] (pl **-ões**) f interjection f.

interlocutor, ra [ĩtexloku'to(x), ra] (mpl **-es**, fpl **-s**) m/f interlocuteur m, -trice f.

interlúdio [ĩtexˈludʒju] m interlude m; (pausa) intermède m.

intermediário, ria [ĩtexmeˈdʒjarju, rja] mf intermédiaire mf.

intermédio [ĩterˈmedju] m • **por intermédio de** par l'intermédiaire de.

interminável [ĩtexmiˈnavew] (pl -eis) adj interminable.

intermitente [ĩtexmiˈtẽtʃi] adj intermittent(e).

internacional [ĩtexnasjuˈnaw] (pl -ais) adj international(e).

internar [ĩtexˈna(x)] vt MED hospitaliser; (doentes mentais) interner.

internato [ĩtexˈnatu] m internat m.

Internet [ĩtexˈnetʃi] f • **na Internet** sur Internet.

interno, na [ĩˈtexnu, na] adj interne.

interpretação [ĩtexpretaˈsãw] (pl -ões) f interprétation f.

interpretar [ĩtexpreˈta(x)] vt interpréter.

intérprete [ĩˈtexpretʃi] nmf interprète mf.

interrogação [ĩtexogaˈsãw] (pl -ões) f interrogation f; (pergunta) question f; (interrogatório) interrogatoire m.

interrogar [ĩtexoˈga(x)] vt interroger.

interrupção [ĩtexupˈsãw] (pl -ões) f interruption f • **sem interrupção** sans interruption.

interruptor [ĩtexupˈto(x)] (pl -es) m interrupteur m.

interurbano, na [ˌĩtexuxˈbanu, na] adj interurbain(e).

intervalo [ĩtexˈvalu] m (de espetáculo) entracte m; (de programa) pause f; (de aula) récréation f; (em universidade) interclasse m.

intervenção [ĩtexvẽˈsãw] (pl -ões) f intervention f • **intervenção cirúrgica** intervention chirurgicale.

intervir [ĩtexˈvi(x)] vi (participar) participer; (interferir) intervenir • **intervir em** (interferir em) intervenir dans; (participar em) participer à.

intestino [ĩtesˈtʃinu] m intestin m • **intestino delgado** intestin grêle • **intestino grosso** gros intestin.

intimar [ĩtʒiˈma(x)] vt • **intimar a comparecer** appeler à comparaître • **intimar alguém a fazer algo** intimer à qqn de faire qqch.

intimação [ĩtʃimaˈsãw] (pl -ões) f intimidation f.

intimidade [ĩtʃimiˈdadʒi] f intimité f.

intimidar [ĩtʃimiˈda(x)] vt intimider ▫ **intimidar-se** vp être intimidé(e).

íntimo, ma [ˈĩtʃimu, ma] ◆ adj intime ◆ m for m intérieur • **ser íntimo de alguém** être un intime de qqn • **no íntimo** au fond.

intolerância [ĩtoleˈrãsja] f intolérance f.

intolerante

intolerante [ĩntole'rãntʃi] adj (pessoa) intolérant(e); (lei, atitude) intransigeant(e).

intoxicação [ĩtoksika'sãw] (pl -ões) f intoxication f • intoxicação alimentar intoxication alimentaire.

Intranet [ĩtra'netʃi] m Intranet m.

intransigente [ĩtrãzi'ʒẽntʃi] adj intransigeant(e).

intransitável [ĩtrãzi'tavew] (pl -eis) adj impraticable.

intransitivo [ĩtrãzi'tʃivu, va] adj m intransitif.

intransponível [ĩtrãspo'nivew] (pl -eis) adj (rio, obstáculo) infranchissable; (problema) insurmontable.

intratável [ĩtra'tavew] (pl -eis) adj impossible.

intravenoso, osa [ĩtrave'nozu, ɔza] adj intraveineux(euse).

intrépido, da [ĩn'trɛpidu, da] adj intrépide.

intriga [ĩn'triga] f intrigue f.

intrigante [ĩtri'gãntʃi] adj intrigant(e).

introdução [ĩntrodu'sãw] (pl -ões) f introduction f; (de dados) saisie f; (de tema) présentation f.

introduzir [ĩntrodu'zi(x)] vt (inserir) introduire; (dados) saisir.

intrometer-se [ĩntrome'texsi] ▫ intrometer-se em vp + prep se mêler de.

intrometido, da [ĩntrome'tʃidu, da] adj indiscret(ète).

198

intromissão [ĩtromi'sãw] (pl -ões) f intrusion f.

introvertido, da [ĩtrovex'tʃidu, da] adj renfermé(e).

intruso, sa [ĩn'truzu, za] mf intrus m, -e f.

intuição [ĩntwi'sãw] (pl -ões) f intuition f • por intuição par intuition.

intuito [ĩn'twitu] m objectif m • com o intuito de fazer algo dans le but de.

inumano, na [inu'manu, na] adj inhumain(e).

inúmero, ra [i'numeru, ra] adj • inúmeras vezes nombreuses fois.

inundação [inũda'sãw] (pl -ões) f inondation f.

inundar [inũ'da(x)] vt inonder.

inútil [i'nutʃiw] (pl -teis) adj inutile.

inutilmente [i,nutʃiwmẽntʃi] adv inutilement.

invadir [ĩva'di(x)] vt envahir.

invalidez [ĩvali'deʒ] f invalidité f.

inválido, da [ĩ'validu, da] adj & mf invalide.

invariável [ĩvarj'avew] (pl -eis) adj invariable.

invasão [ĩva'zãw] (pl -ões) f invasion f; (de privacidade) atteinte f.

inveja [ĩ'veʒa] f envie f • ter inveja de alguém envier qqn.

invejar [ĩve'ʒa(x)] vt envier.

invejoso, osa [ĩve'ʒozu, ɔza] adj envieux(euse).

invenção [ĩvẽ'sãw] (pl -ões) f invention f.

inventar [ĩvẽn'ta(x)] *vt* inventer.

inventário [ĩvẽn'tarju] *m* inventaire *m*.

inventor, ra [ĩvẽn'to(x), ra] (*mpl* -es, *fpl* -s) *mf* inventeur *m*, -trice *f*.

inverno [ĩ'vɛxnu] *m* hiver *m* • **no inverno** en hiver.

inverossímil [ĩvero'simiw] (*pl* -meis) *adj* invraisemblable.

inversão [ĩvex'sãw] (*pl* -ões) *f* (*troca*) inversion *f*; (*mudança*) changement *m*.

inverso, sa [ĩ'vɛxsu, sa] ◆ *adj* inverse ◆ *m* • **o inverso** l'inverse *m*.

inversões → **inversão**.

inverter [ĩvex'te(x)] *vt* (*ordem, posição*) inverser; (*sentido, marcha*) changer de.

invés [ĩ'vɛʃ] *m* • **ao invés de** au lieu de.

investida [ĩveʃ'tʃida] *f* (*de tropa, touro*) charge *f*; (*tentativa*) essai *m*.

investigação [ĩveʃtʃiga'sãw] (*pl* -ões) *f* (*policial*) enquête *f*; (*científica*) recherche *f*.

investigar [ĩveʃtʃi'ga(x)] *vt* (*acontecimento, crime*) enquêter sur; (*cientificamente*) faire des recherches sur.

investimento [ĩveʃtʃi'mẽntu] *m* investissement *m* • **um mau investimento** un mauvais placement.

investir [ĩveʃ'tʃi(x)] *vt & vi* investir • **investir em algo** investir dans qqch.

inviável [ĩn'vjavew] (*pl* -eis) *adj* infaisable.

invisível [ivi'zivew] (*pl* -eis) *adj* invisible.

invocar [ĩvo'ka(x)] *vt* invoquer.

invólucro [ĩ'vɔlukru] *m* enveloppe *f*.

involuntário, ria [ĩvolũn'tarju, rja] *adj* involontaire.

iodo [jodu] *m* iode *m*.

ioga [joga] *f* & *m* yoga *m*.

iogurte [ju'guxtʃi] *m* yaourt *m*.

ioiô [jo'jo] (*pl* **ioiôs**) *m* yo-yo *m inv*.

ipê [i'pe] *m* arbre tropical à fleurs jaunes, roses, lilas ou blanches.

ir [i(x)] *vi* **1.** (*ger*) aller • **fomos de ônibus** nous sommes allés en autocar • **iremos a pé** nous irons à pied • **vamos** on y va • **ele nunca vai às reuniões** il ne va jamais aux réunions • **você não vai à aula?** tu ne vas pas en cours? • **como vai?** comment vas-tu? • **isto não vai nada bem** ça ne va pas du tout • **vou falar com ele** je vais lui parler • **não vou fazer nada** je ne vais rien faire • **você vai gostar** tu vas aimer **2.** (*funcionar*) marcher **3.** (*exprime duração gradual*) • **vou andando** j'y vais • **vou tentando, algum dia consigo** j'essaie et un jour je réussirai **4.** (*em locuções*) • **ir ao chão** tomber • **ele ia morrendo** il a failli mourir • **quem vai ao ar perde o lugar** qui va à la chasse perd sa place ❑ **ir a** *vp* aller à • **vou ao cinema** je vais au cinéma ☐ **ir de** vp **1.** (ir disfarçado) être en • **ir de branco/calças** être en blanc/en pantalon **2.** (partir de) partir en • **vou de férias/viagem** je pars en vacances/en voyage ☐ **ir por** vp prendre • **vá pela esquerda/pelas escadas** prends à gauche/les escaliers ☐ **ir-se** vp s'en aller • **ir-se abaixo** se laisser aller • **ir-se embora** s'en aller • **vamo-nos embora** allons-nous en.

ira ['ira] f colère f.

irascível [iraʃ'sivew] (pl **-eis**) adj irascible.

íris ['iriʃ] f inv iris m.

Irlanda [ix'lɐ̃da] f • **a Irlanda** l'Irlande f • **a Irlanda do Norte** l'Irlande du Nord.

irlandês, esa [ixlɐ̃'deʃ, eza] (mpl **-eses**, fpl **-s**) ♦ adj irlandais(e) ♦ m/f Irlandais m, -e f ♦ m (língua) irlandais m.

irmã [ix'mɐ̃] f (freira) sœur f, → **irmão**.

irmão, ã [ix'mɐ̃w, mɐ̃] m/f frère m, sœur f.

ironia [iro'nia] f ironie f.

irra ['ixa] interj nom d'un chien!

irracional [ixasjo'naw] (pl **-ais**) adj irrationnel(elle).

irradiação [ixadʒja'sɐ̃w] (pl **-ões**) f irradiation f.

irradiar [ixa'dʒja(x)] vt émettre • **irradiar luz** rayonner.

irreal [i'xjew] (pl **-ais**) adj irréel(elle).

irreconciliável [ixekɔ̃sɪ'ljavew] (pl **-eis**) adj irréconciliable.

irreconhecível [ixekoɲe'sivew] (pl **-eis**) adj méconnaissable.

irrecuperável [ixekupe'ravew] (pl **-eis**) adj irrécupérable; (doente, viciado) incurable.

irregular [ixegu'la(x)] (pl **-es**) adj irrégulier(ère); (horário) variable.

irrelevante [ixele'vɐ̃tʃi] adj non pertinent(e).

irremediável [ixeme'dʒjavew] (pl **-eis**) adj irrémédiable.

irreprimível [ixepri'mivew] (pl **-eis**) adj (desejo) irrépressible; (alegria) débordant(e).

irrequieto, ta [ixe'kjɛtu, ta] adj (criança) turbulent(e).

irresistível [ixeziʃ'tʃivew] (pl **-eis**) adj irrésistible.

irresponsável [ixeʃpõ'savew] (pl **-eis**) adj irresponsable.

irrigação [ixiga'sɐ̃w] (pl **-ões**) f (de terreno) irrigation f.

irrisório, ria [ixi'zɔrju, rja] adj dérisoire.

irritação [ixita'sɐ̃w] (pl **-ões**) f irritation f • **irritação de pele** ou **cutânea** irritation cutanée.

irritante [ixi'tɐ̃tʃi] adj agaçant(e).

irritar [ixi'ta(x)] vt (chatear) agacer; (pele, garganta, nariz etc.) irriter ☐ **irritar-se** vp s'énerver.

isca ['iʃka] f appât m ☐ **iscas** fpl émincé m • **isca (de fígado)** émincé de foie frit à la poêle.

isenção [izẽ'sāw] (pl -ões) f exonération f.

isento, ta [i'zẽntu, ta] adj exonéré(e) ◆ **isento de** (de imposto) exonéré de; (de taxas) dispensé de.

isolado, da [izo'ladu, da] adj isolé(e); (pessoa) seul(e).

isolamento [izola'mẽntu] m isolement m.

isolar [izo'la(x)] vt isoler.

isopor® [izo'pox] m polystyrène m.

isqueiro [iʃ'kejru] m (de cigarro) briquet m.

isso ['isu] ◆ pron ça, cela ◆ interj voilà! • **como vai isso?** comment ça va? • **isso não!** ça non! • **isso de** de cette histoire de • **nem por isso** pas tellement • **não gosto disso** je n'aime pas ça • **não mexa nisso** laisse ça tranquille • **para isso** pour cela • **por isso** c'est pourquoi • **é por isso mesmo que...** c'est pour ça que....

istmo [iʃt(ʃ)mu] m isthme m.

isto [iʃtu] pron ceci • **disto não quero** je ne veux pas de ça • **isto é** c'est-à-dire • **isto de** cette histoire de • **isto é que é!** ça c'est bien! • **escreva nisto** ecris là-dessus.

Itália [i'talja] f • **a Itália** l'Italie f.

italiano, na [ita'ljanu, na] ◆ adj italien(enne) ◆ m/f Italien m, -enne f ◆ m (língua) italien m.

itálico [i'taliku] m italique m • **em itálico** en italique.

itinerário [itʃine'rarju] m itinéraire m • **itinerário turístico** circuit m touristique.

iúca ['juka] f yucca m.

lugoslávia [iwgo'zlavja] f • **a lugoslávia** la Yougoslavie.

J

já ['ʒa] adv tout de suite • **até já!** à tout de suite! • **é para já!** oui, tout de suite! • **desde já** par avance • **já avance** j'ai fini • **já agora** tant qu'à faire • **já era** c'est du passé! • **já esteve em Lisboa?** tu es déjà allé à Lisbonne? • **já foi a Lisboa?** tu es déjà allé à Lisbonne • **já não sei o que fazer** je ne sais plus quoi faire • **já não há quartos** il n'y a plus de chambres • **já que** puisque • **já mentir, isso ele não faz** mentir, ça, il ne le fait pas.

jabuti [ʒabu'tʃi] m tortue f géante.

jabuticaba [ʒabutʃi'kaba] f baie f (du myrte).

jacarandá [ʒakarã'da] m jacaranda m.

jacaré [ʒaka'rε] m caïman m.

jacinto [ʒa'sĩntu] m jacinthe f.

Jacuzzi® [ʒaku'zi] m Jacuzzi® m.

jade ['ʒadʒi] m jade m.

jaguar

jaguar [ʒa'gwa(x)] (pl **-es**) m jaguar m.
jamais [ʒa'majʃ] adv jamais.
janeiro [ʒa'nejru] m janvier m, → **setembro**.
janela [ʒa'nɛla] f fenêtre f.
jangada [ʒãŋ'gada] f radeau m.
jantar [ʒãn'ta(x)] m dîner ♦ vi dîner ♦ vt manger (au dîner).
jante ['ʒɛ̃ntʃi] f jante f.
Japão [ʒa'pãw] m • **o Japão** le Japon.
japonês, esa [ʒapo'neʃ, eza] (mpl **-eses**, fpl **-s**) ♦ adj japonais(e) ♦ mf Japonais m, -e f ♦ m (língua) japonais m.
jaqueta [ʒa'keta] f veste f.
jararaca [ʒara'raka] f serpent venimeux.
jardim [ʒax'dʒĩ] (pl **-ns**) m jardin m • **jardim botânico** jardin botanique • **jardim zoológico** zoo m.
jardim-de-infância [ʒaxdʒĩndʒĩ'fãnsja] (pl **jardins-de-infância**) m école f maternelle.
jardineira [ʒaxdʒi'nejra] f (prato) jardinière f de légumes; (roupa) salopette f, → **jardineiro**.
jardineiro, ra [ʒaxdʒi'nejru, ra] mf jardinier m, -ère f.
jardins → **jardim**.
jarra ['ʒaxa] f (para flores) vase m; (para vinho) pichet m.
jarrão [ʒa'xãw] (pl **-ões**) m vase m.
jarro ['ʒaxu] m (para bebida) pichet m; (flor) arum m.
jarrões → **jarrão**.

jasmim [ʒaʒ'mĩ] (pl **-ns**) m jasmin m.
jato ['ʒatu] m jet m.
jaula ['ʒawla] f cage f.
Java ['ʒava] s INFORM Java m, Java®.
javali [ʒava'li] m sanglier m.
jazer [ʒa'ze(x)] vi gésir • **aqui jaz** ci-gît.
jazigo [ʒa'zigu] m caveau m.
jazz ['ʒajʃ] m jazz m.
jeans ['dʒinjʃ] ♦ mpl jean m ♦ m inv jean m.
jeito ['ʒejtu] m (modo) façon f; (comportamento) comportement m • **com jeito** délicatement; (agir) avec tact • **dar um jeito no pé** se tordre la cheville • **dar um jeito em algo** arranger qqch • **sem jeito** déconcerté • **ter jeito para algo** avoir un don pour qqch • **ter falta de jeito para algo** ne pas être doué pour qqch • **de jeito nenhum!** sûrement pas! • **tomar jeito** s'assagir.
jejum [ʒe'ʒũ] (pl **-ns**) m jeûne m • **em jejum** à jeun.
jesuíta [ʒe'zwita] m jésuite m.
jet ski [dʒɛt'ski] m scooter m des mers.
jibóia [ʒi'bɔja] f boa m.
jipe ['ʒipi] m Jeep® m.
joalheria [ʒwaʎe'ria] f bijouterie f.
joanete [ʒwa'netʃi] m oignon m (sur le pied).
joaninha [ʒwa'niɲa] f coccinelle f.
joelheira [ʒwe'ʎejra] f genouillère f.

joelho ['ʒweʎu] *m* genou *m* • **de joelhos** à genoux.

jogada [ʒo'gada] *f* coup *m*; *(em futebol, basquetebol)* action *f*.

jogar [ʒo'ga(x)] ♦ *vi* jouer ♦ *vt (futebol, tênis, jogo de azar)* jouer à; *(arriscar no jogo)* miser; *(atirar)* lancer • **jogar cartas** jouer aux cartes • **jogar bola** jouer au ballon • **jogar fora** jeter ❏ **jogar-se** *vp* + *prep* se jeter sur • **jogou-se no chão** il s'est jeté par terre.

jogo ['ʒogu] (*pl* **jogos**) *m (de xadrez)* partie *f; (de futebol, rúgbi, tênis)* match *m; (de cama, mesa)* parure *f; (jogos de azar)* jeu *m* • **os Jogos Olímpicos** les jeux Olympiques • **jogo do bicho** loterie clandestine dont les derniers chiffres correspondent à des animaux.

jogo-da-velha [ˌʒoguda'vɛʎa] (*pl* **jogos-da-velha**) *m* morpion *m*.

jóia ['ʒɔja] *f (brincos, anel)* bijou *m; (pagamento)* droit *m* d'entrée.

jóquei ['ʒɔkej] *m* jockey *m*.

jornada [ʒox'nada] *f (caminhada)* excursion *f; (ciclo de conferências)* journée *f*.

jornal [ʒox'naw] (*pl* **-ais**) *m* journal *m*.

jornaleiro, ra [ʒoxna'lejru, ra] ♦ *mf (vendedor)* vendeur *m*, -euse *f* de journaux ♦ *m (local de venda)* kiosque *m* à journaux.

jornalista [ʒoxna'lista] *nmf* journaliste *mf*.

jorrar [ʒo'xa(x)] *vi* jaillir.

jovem ['ʒɔvẽ] (*pl* **-ns**) *adj* & *nmf* jeune.

jovial [ʒo'vjaw] (*pl* **-ais**) *adj* jovial(e).

joystick [ʒɔj'ʃtʃik] (*pl* **joysticks**) *m* INFORM joystick *m*, manette de jeu *f*.

juba ['ʒuba] *f* crinière *f*.

judaico, ca [ʒu'dajku, ka] *adj* juif(ive).

judeu, dia [ʒu'dew, dʒia] *m, f* Juif *m*, -ive *f*.

judicial [ʒudʒi'sjaw] (*pl* **-ais**) *adj* judiciaire.

judiciário, ria [ʒudʒi'sjarju, rja] *adj* judiciaire • **o poder judiciário** le pouvoir judiciaire.

judô [ʒu'do] *m* judo *m*.

juiz, juíza [ʒwiʃ, 'ʒwiza] (*mpl* **-es**, *fpl* **-s**) *mf* juge *m*.

juizado [ʒuj'zadu, da] *m* charge de juge • **Juizado de Menores** Tribunal des mineurs.

juízo ['ʒwizu] ♦ *m* jugement *m* ♦ *interj* fais attention! • **perder o juízo** perdre la tête • **ter juízo** être raisonnable.

jujuba [ʒu'ʒuba] *f* pâte *f* de fruit.

julgamento [ʒuwga'mẽntu] *m (ato)* jugement *m; (audiência em tribunal)* procès *m*.

julgar [ʒuw'ga(x)] *vt* juger; *(achar, opinar)* croire ❏ **julgar-se** *vp* • **ele julga-se o maior** il se croît le meilleur.

julho ['ʒuʎu] *m* juillet *m*, → **setembro**.

juliana [ʒu'ljana] *f* julienne *f*.

jumento [ʒu'mẽntu] *m* âne *m*.

junco [ʒũŋku] *m* jonc *m*.

junho

junho ['ʒuɲu] m juin m, → setembro.

júnior ['ʒunjɔ(x)] (pl **juniores**) ◆ adj cadet(ette) ◆ nmf junior mf.

junta ['ʒũnta] f joint m.

juntamente [ˌʒũnta'mẽntʃi] □ **juntamente com** prep avec.

juntar [ʒũn'ta(x)] vt (reunir) rassembler; (dinheiro) mettre de côté; (adicionar) ajouter □ **juntar-se** vp (reunir-se) se rassembler; (amigar-se) vivre ensemble.

junto, ta ['ʒũntu, ta] ◆ pp → **juntar** ◆ adj & adv ensemble • **com as mãos juntas** les mains jointes • **junto com** avec.

jura ['ʒura] f • **fazer uma jura** jurer.

juramento [ʒura'mẽntu] m serment m.

jurar [ʒu'ra(x)] vt & vi jurer.

júri ['ʒuri] m jury m.

jurídico, ca [ʒu'ridʒiku, ka] adj juridique.

juros ['ʒuruʃ] mpl intérêts mpl.

justeza [ʒuʃ'teza] f (precisão) justesse f; (imparcialidade) justice f.

justiça [ʒuʃ'tʃisa] f justice f.

justificação [ʒuʃtʃifika'sãw] (pl -ões) f (razão) justification f; (declaração escrita) attestation f.

justificar [ʒuʃtʃifi'ka(x)] vt justifier □ **justificar-se** vp se justifier.

204

justificativa [ʒuʃtʃifika'tʃiva] f excuse f.

justo, ta ['ʒuʃtu, ta] adj juste; (cingido) serré(e).

juvenil [ʒuve'niw] (pl -is) adj (moda, centro, literatura) pour les jeunes; (delinqüente, comportamento) juvénile.

juventude [ʒuvẽn'tudʒi] f (época) jeunesse f; (jovens) jeunes mpl.

K

karaokê [karao'ke] m karaoké m.

karatê [kaxa'tɛ] m karaté m.

kart ['kaxtʃi] m kart m.

karting ['kaxtʃĩŋ] m karting m.

ketchup [kɛ'tʃupi] m ketchup m.

kg (abrev de **quilograma**) kg.

kit ['kitʃi] m kit m.

kitchenette [kitʃe'netʃi] f kitchenette f.

kiwi ['kiwi] m kiwi m.

km (abrev de **quilômetro**) km.

km/h (abrev de **quilômetro por hora**) km/h.

KO (abrev de **knock-out**) K.-O.

L

-la [la] *pron* (ela) la; (você) te.
lá [la] *adv* là-bas • **lá está ele chorando outra vez** le voilà qui pleure à nouveau • **para lá de au-delà de** • **quero lá saber** ça m'est bien égal • **sei lá!** je n'en sais rien! • **vá lá!** allez!
lã [lã] *f (de ovelha)* laine *f.*
labareda [laba'reda] *f* flamme *f.*
lábio ['labju] *m* lèvre *f.*
labirinto [labi'rĩntu] *m* labyrinthe *m.*
laboratório [labora'tɔrju] *m* laboratoire *m.*
laca ['laka] *f* laque *f.*
laço ['lasu] *m* nœud *m.*; *(de parentesco, amizade)* lien *m.*
lacônico, ca [la'koniku, ka] *adj* laconique.
lacrar [la'kra(x)] *vt* cacheter.
lacrimogêneo [lakrimo'ʒenju, nja] *adj m* → **gás**.
lácteo, tea ['laktju, tja] *adj (produto)* laitier(ère).
lacuna [la'kuna] *f* lacune *f.*
ladeira [la'dejra] *f* côte *f.*
lado ['ladu] *m* côté *m* • **andar de um lado para o outro** faire les cent pas • **ao lado de** à côté de • **deixar** OU **pôr de lado** laisser OU mettre de côté • **lado a lado** côte à côte • **de lado** *(foto)* de profil; *(deitar-se)* sur le côté • **de lado a lado** de long en large • **de um lado para o outro** de droite à gauche • **em qualquer lado** partout • **por todo(s) o(s) lado(s)** partout • **por um lado... por outro lado...** d'une part... d'autre part... • **o lado fraco** le point faible • **o vizinho do lado** le voisin d'à côté.
ladrão, ladra [la'drãw, 'ladra] (*mpl* **-ões**, *fpl* **-s**) *mf* voleur *m,* -euse *f.*
ladrilho [la'driʎu] *m* carreau *m.*
ladrões [la'drõjʃ] → **ladrão**.
lagarta [la'gaxta] *f* chenille *f.*
lagartixa [lagax'tʃiʃa] *f* lézard *m.*
lagarto [la'gaxtu] *m* lézard *m.*
lago ['lagu] *m (natural)* lac *m;* *(de jardim)* bassin *m.*
lagoa [la'goa] *f* lagon *m.*
lagosta [la'goʃta] *f* langouste *f.*
lagostim [laguʃ'tʃĩ] (*pl* **-ns**) *m* langoustine *f; (de rio)* écrevisse *f.*
lágrima ['lagrima] *f* larme *f.*
laje ['laʒi] *f (de pavimento)* dalle *f; (de construção)* revêtement *m.*
lama ['lama] *f* boue *f.*
lamacento, ta [lama'sẽntu, ta] *adj* boueux(euse).
lambada [lãn'bada] *f (dança)* lambada *f; (bofetada)* claque *f.*
lamber [lãm'be(x)] *vt* lécher • **lamber tudo** tout avaler □ **lamber-se** *vp* se lécher.
lamentar [lamẽn'ta(x)] *vt* regretter □ **lamentar-se** *vp* se lamenter.
lamentável [lamẽn'tavɛw] (*pl* **-eis**) *adj* regrettable.
lâmina ['lamina] *f* lame *f* • **lâmina de barbear** lame de rasoir.

lâmpada ['lãmpada] *f* ampoule *f.*

lampião [lãm'pjäw] (*pl* **-ões**) *m* lanterne *f;* (*de rua*) réverbère *m.*

lampreia [lãn'preja] *f* lamproie *f.*

LAN (*abrev de* Local Area Network) *f* réseau local *m.*

lança ['lãsa] *f* lance *f.*

lançar [lã'sa(x)] *vt* lancer ❏ **lançar-se** *vp* • **lançar-se a** (*à água*) se jeter à; (*à comida*) se jeter sur • **lançar-se sobre** se jeter sur.

lance ['lãsi] *m* lancer *m;* (*em licitação*) offre *f* • **lance de escadas** volée *f.*

lancha ['lãʃa] *f* (*a remo*) barque *f;* (*a motor*) hors-bord *m inv.*

lanchar [lã'ʃa(x)] *vi* goûter.

lanche [lã'ʃi] *m* goûter *m.*

lanchonete [lãʃo'netʃi] *f* fast-food *m.*

lancinante [lãnsi'nãntʃi] *adj* lancinant(e).

lânguido, da ['lãŋgidu, da] *adj* (*voluptuoso*) langoureux(euse).

lantejoula [lãnte'ʒola] *f* paillette *f.*

lanterna [lãn'tɛxna] *f* (*de mão*) lanterne *f* • **lanterna de bolso** lampe *f* de poche; (*de veículo*) feu *m* arrière.

lapela [la'pɛla] *f* revers *m* (*de veste*).

lápide ['lapidʒi] *f* (*em monumento, estátua*) plaque *f;* (*em túmulo*) pierre *f* tombale.

lápis ['lapiʃ] *m inv* crayon *m* • **lápis de cor** crayon de couleur • **lápis de cera** pastel *m* • **lápis para os olhos** crayon pour les yeux.

lapiseira [lapi'zejra] *f* porte-mine *m.*

lapso ['lapsu] *m* (*de tempo*) laps *m;* (*esquecimento*) trou *m* de mémoire • **por lapso** par mégarde.

laptop ['laptɔpi] (*pl* **laptops**) *m* (*comput*) ordinateur portable *m.*

laque [la'ke] *m* laque *f.*

lar ['la(x)] (*pl* **-es**) *m* foyer *m* • **lar (de idosos)** maison *f* de retraite.

laranja [la'rãʒa] *f* orange *f.*

laranjada [larãn'ʒada] *f* orangeade *f.*

laranjeira [larãn'ʒejra] *f* oranger *m.*

lareira [la'rejra] *f* cheminée *f.*

lares → **lar.**

largada [lax'gada] *f* départ *m.*

largar [lax'ga(x)] *vt* lâcher; (*tinta*) déteindre; (*pêlo*) perdre; (*velas*) larguer; (*abandonar*) laisser.

largo, ga ['laxgu, ga] ◆ *adj* (*roupa, estrada*) large; (*quarto, cama*) grand(e) ◆ *m* (*praça*) place *f* • **por largos dias/meses/anos** pour plusieurs jours/mois/années.

largura [lax'gura] *f* largeur *f* • **ter 3 metros de largura** faire 3 mètres de large.

laringe [la'rĩʒi] *f* larynx *m.*

larva ['laxva] *f* larve *f.*

-las [laʃ] *pron pl* (*elas*) les; (*vocês*) vous.

lasanha [la'zaɲa] *f* lasagnes *fpl.*

lasca ['laʃka] *f* éclat *m.*

laser ['lejzɛ(x)] (pl **-es**) m laser m.

lástima ['laʃtʃima] f (pena) dommage m; (miséria) misère f.

lastimável [laʃtʃi'mavew] (pl **-eis**) adj (acontecimento, situação) regrettable; (erro) fâcheux(euse); (estado) piteux(euse).

lata ['lata] f (material) métal m; (objeto) boîte f • **lata de conserva** boîte f de conserve • **lata de lixo** poubelle f.

latão [la'tãw] (pl **-ões**) m (metal) laiton m; (vasilha) bidon m.

latejar [late'ʒa(x)] vi palpiter.

latente [la'tẽntʃi] adj latent(e).

lateral [late'raw] (pl **-ais**) adj latéral(e).

laticínios [latʃi'sinjuʃ] mpl produits mpl laitiers.

latido [la'tʃidu] m aboiement m.

latifúndio [latʃi'fũndʒju] m latifundium m grand domaine agricole.

latim [la'tʃĩ] m latin m.

latino, na [la'tʃinu, na] adj latin(e).

latino-americano, na [la,tʃinwameri'kanu, na] (pl **latino-americano(e)** ◆ mf Latino-Américain m, -e f.

latir [la'tʃi(x)] vi aboyer.

latitude [latʃi'tudʒi] f latitude f.

latões → **latão**.

lava ['lava] f lave f.

lavabo [la'vabu] m (lavatório) lavabo m; (banheiro) toilettes fpl.

lavagante [lava'gãntʃi] m homard m.

lavagem [la'vaʒẽ] (pl **-ns**) f lavage m • **lavagem automática** lavage automatique • **lavagem a seco** nettoyage m à sec • **lavagem cerebral** lavage de cerveau.

lava-louça [,lava'losa] (pl **lava-louças**) m lave-vaisselle m inv.

lavanda [la'vãnda] f lavande f.

lavanderia [lavãnde'ria] f pressing m • **lavanderia automática** laverie f automatique • **lavanderia a seco** pressing.

lavar [la'va(x)] vt laver • **lavar a louça** faire la vaisselle • **lavar a roupa** laver le linge □ **lavar-se** vp se laver.

lavatório [lava'tɔrju] m lavabo m.

lavável [la'vavew] (pl **-eis**) adj lavable.

lavrador, ra [lavra'do(x), ra] (mpl **-es**, fpl **-s**) mf paysan m, -anne f.

laxante [la'ʃãntʃi] ◆ adj laxatif(ive) ◆ m laxatif m.

lazer [la'ze(x)] m loisirs mpl.

lê ['le] → **ler**.

leal [le'aw] (pl **-ais**) adj (pessoa) loyal(e); (animal) fidèle.

leão [le'ãw] (pl **-ões**) m lion m. □ **Leão** m Lion m.

lebre ['lɛbri] f lièvre m • **comer gato por lebre** se faire avoir.

lecionar [lesjo'na(x)] vt & vi enseigner.

lêem [leẽ] → **ler**.

legal [le'gaw] (pl **-ais**) adj (segundo a lei) légal(e); (fam) sympa.

legalidade [legali'dadʒi] f légalité f.

legalizar [legali'za(x)] vt (atividade) légaliser; (documento, assinatura) certifier conforme.

legenda [le'ʒẽnda] f légende f □ **legendas** fpl sous-titres mpl.

legislação [leʒiʒla'sãw] f législation f.

legitimar [leʒiti'ma(x)] vt légitimer; (atividade) légaliser.

legítimo, ma [le'ʒitʃimu, ma] adj légitime; (autêntico) authentique.

legível [le'ʒivɛw] (pl -eis) adj lisible.

légua ['lɛgwa] f lieue f • **ficar a léguas de distância de** être très loin de.

legume [le'gume] m légume m.

lei ['lej] f loi f • **a lei do menor esforço** la loi du moindre effort • **segundo a lei** d'après la loi.

leilão [lej'lãw] (pl -ões) m vente f aux enchères.

leio ['leju] → **ler**.

leitão [lej'tãw] (pl -ões) m cochon m de lait.

leite ['lejtʃi] m lait m • **leite achocolatado** lait chocolaté • **leite condensado** lait concentré • **leite em pó** lait en poudre • **leite gordo/meio gordo/magro** lait entier/demi-écrémé/écrémé • **leite pasteurizado** lait pasteurisé • **leite ultrapasteurizado** lait UHT • **leite de coco** lait de coco • **leite integral/desnatado/semidesnatado** lait entier/écrémé/demi-écrémé.

leite-de-onça [ˌlejtʃi'dʒõsa] m cocktail d'eau-de-vie de canne à sucre et de lait concentré.

leiteira [lej'tejra] f pot m à lait.

leiteiro, ra [lej'tejru, ra] mf laitier m, -ère f.

leiteria [lejte'ria] f crémerie f.

leito ['lejtu] m lit m.

leitões → **leitão**.

leitor, ra [lej'to(x), ra] (mpl -es, fpl -s) ♦ mf lecteur m, -trice f ♦ m (aparelho) lecteur m.

leitura [lej'tura] f lecture f.

lema ['lema] m devise f.

lembrança [lẽm'brãsa] f souvenir m • **dê lembranças minhas ao seu pai** dis bonjour à ton père de ma part.

lembrar [lẽm'bra(x)] vt (recordar) se souvenir de; (assemelhar-se a) rappeler • **lembrar algo a alguém** rappeler qqch à qqn • **lembrar alguém de fazer algo** rappeler à qqn de faire qqch □ **lembrar-se** vp se souvenir • **lembrar-se de** se souvenir de • **lembrar-se de fazer algo** penser à faire qqch.

leme ['lɛmi] m gouvernail m.

lenço ['lẽsu] m mouchoir m • **lenço de cabeça** foulard m • **lenço de papel** mouchoir en papier • **lenço (de pescoço)** écharpe f.

lençol [lẽ'sɔw] (pl -óis) m (de cama) drap m; (de água, petróleo) nappe f.

lenha ['leɲa] f bois m.

lente ['lẽntʃi] f (de câmara filmar) objectif m; (de óculos) ver-

re m • **lentes de contato** lentilles fpl de contact • **lentes de contato rígidas/gelatinosas** lentilles dures/souples.
lentidão [lẽntʃi'dãw] f lenteur f.
lentilha [lẽn'tʃiʎa] f lentille f (légumes).
lento, ta ['lẽntu, ta] adj lent(e).
leoa [le'oa] f lionne f.
leões [le'õjʃ] → **leão**.
leopardo [leo'paxdu] m léopard m.
lepra ['lɛpra] f lèpre f.
leque ['lɛki] m éventail m.
ler ['lɛ(x)] vt & vi lire.
lesão [le'zãw] (pl **-ões**) f (ferida, contusão) lésion f; (prejuízo) dommage m; (de direito) atteinte f.
lesar [le'za(x)] vt (ferir) blesser; (prejudicar) porter préjudice à.
lésbica ['lɛʒbika] f lesbienne f.
lesma ['leʒma] f (animal) limace f; (fig) (pessoa lenta) traînard m, -e f.
lesões → **lesão**.
leste ['lɛʃtʃi] m est m • **a leste (de)** à l'est (de) • **no leste** à l'est • **os países do leste** les pays de l'Est.
letal [le'taw] (pl **-ais**) adj mortel(elle).
letivo, va [le'tʃivu, va] adj (ano) scolaire; (horas) de cours.
letra ['letra] f (do alfabeto) lettre f; (maneira de escrever) écriture f; (título de crédito) traite f; (de canção) paroles fpl • **letra maiúscula** majuscule f • **letra de imprensa** caractères mpl d'imprimerie • **letra de forma** caractères mpl d'imprimerie ▫
letras fpl EDUC lettres fpl.
letreiro [le'trejru] m (aviso) écriteau m; (de loja) enseigne f.
leu ['lew] → **ler**.
léu ['lɛu] m **ao léu** nu(e).
leucemia [lewse'mia] f leucémie f.
levantamento [levãnta'mẽntu] m (de preços) relevé m; (de peso) lever m; (de dinheiro) retrait m; (de cheque) encaissement m.
levantar [levãn'ta(x)] vt (erguer) lever; (peso) soulever • **levantar dinheiro** retirer de l'argent • **levantar um cheque** encaisser un chèque • **levantar vôo** décoller ▫ **levantar-se** vp se lever.
levar [le'va(x)] vt (peso, roupa) porter; (transportar) transporter; (acompanhar) emmener; (dar) apporter; (utilizar, cobrar) prendre; (poder conter) contenir; (fam) (porrada, bofetada) prendre • **levar alguém a fazer algo** conduire qqn à faire qqch • **levar a cabo algo** mener à bien qqch • **levar a mal algo** mal prendre qqch • **levar tempo** prendre du temps • **ele levou muito tempo para se decidir** il a mis longtemps à se décider • **deixar-se levar** se faire avoir.
leve ['lɛvi] adj léger(ère).
leviandade [levjãn'dadʒi] f imprudence f.

leviano, na [le'vjanu, na] *adj (pessoa)* léger(ère); *(ato)* inconsidéré(e).

léxico ['lɛksiku] *m* lexique *m*.

Lgo. *(abrev de* largo*)* pl.

lha [ʎa] = lhe + a → lhe.

lhas = lhe + as → lhe.

lhe [ʎi] *pron (ele, ela)* lui; *(você)* te • **a folha?** já **lha** dei la feuille? je la lui ai déjà donnée • **a roupa?** ela deu-**lha** les vêtements? elle les lui a donnés • **o livro?** já **lho** dei le livre? je le lui ai déjà donné • **o presente?** ela deu-**lho** le cadeau? elle te l'a donné • **os bilhetes?** já **lhos** dei les billets? je les lui ai déjà donnés • **os jornais?** dei-**lhos** há pouco les journaux? je les lui ai donnés il n'y a pas longtemps • **as maçãs?** já **lhas** dei les pommes? je les lui ai déjà données.

lhes [ʎeʃ] *pron pl (eles, elas)* leur; *(vocês)* vous.

lho [ʎu] = lhe + o ou lhes + o → lhe.

lho(s) = lhe(s) + o → lhe.

lhos = lhe + os ou lhes + os → lhe.

li ['li] → ler.

libélula [li'bɛlula] *f* libellule *f*.

liberação [libera'sãw] *f* libération *f*.

liberal [libe'raw] *(pl* -ais*) adj & nmf* libéral(e).

liberalização [libexaliza'sãw] *f* libéralisation *f*.

liberar [libe'ra(x)] *vt* libérer; *(consumo)* légaliser.

liberdade [libex'dadʒi] *f* liberté *f* • **pôr em liberdade** mettre en liberté • **tomar a liberdade de fazer algo** prendre la liberté de faire qqch.

libertar [libex'ta(x)] *vt* libérer.

liberto, ta [li'bɛxtu, ta] *pp* → libertar.

libra ['libra] *f* livre *f* ▫ **Libra** *f* Balance *f*.

lição [li'sãw] *(pl* -ões*) f* leçon *f* • **dar uma lição em alguém** donner une leçon à qqn • **servir de lição** servir de leçon.

licença [li'sẽsa] *f* autorisation *f* • **com licença** pardon.

licença-maternidade [li'sẽsa-matexni'dadʒi] *f* congé *m* de maternité.

licenciado, da [lisẽ'sjadu, da] *mf* licencié *m*, -e *f* • **licenciado pela Universidade de São Paulo** diplômé *m* de l'Université de São Paulo.

licenciatura [lisẽsja'tura] *f* ≃ licence *f*.

liceu [li'sew] *m* lycée *m*.

lições [li'sõiʃ] → lição.

licor [li'ko(x)] *(pl* -es*) m* liqueur *f*.

lidar [li'da(x)] ▫ **lidar com** *vp (tratar com)* avoir affaire à; *(conviver com)* côtoyer; *(produtos, máquina)* manipuler • **não sei lidar com ele** je ne sais pas m'y prendre avec lui.

líder ['lide(x)] *(pl* -es*) nmf* leader *m*.

lido, da ['lidu, da] *pp* → ler.

liga ['liga] *f (associação)* ligue *f*; *(de meias)* jarretière *f*.

ligação [liga'sãw] (pl -ões) f (de amor, amizade) liaison f; (telefônica) ligne f; (de ônibus, trem, avião) correspondance f.

ligado, da [li'gadu, da] adj (luz, televisão) allumé(e); (na tomada) branché(e).

ligadura [liga'dura] f bandage m.

ligamento [liga'mẽntu] m ligament m.

ligar [li'ga(x)] ◆ vt (ferida) panser; (luz, televisão) allumer; (em tomada) brancher ◆ vi (telefonar) • ligar para appeler • não ligue que ele é doido! ne fais pas attention, il est fou!

ligeiro, ra [li'ʒejru, ra] adj léger(ère).

lilás [li'laʃ] (pl -ases) ◆ adj lilas m ◆ adj parme.

lima ['lima] f lime f.

limão [li'mãw] (pl -ões) m citron m vert.

limão-galego [li,mãwga'legu] (pl limões-galegos) m citron m.

limiar [limi'a(x)] m seuil m • no limiar de algo à l'aube de qqch.

limitação [limita'sãw] (pl -ões) f (de desemprego, natalidade) limitation f; (de direitos, movimentos) entrave f; (de terreno) délimitation f • **limitações** limites fpl • **ter algumas limitações** être un peu limité.

limitar [limi'ta(x)] vt (despesas) limiter; (terreno) délimiter; (movimento) entraver ❑ **limitar-se a** vp + prep se borner à.

limite [li'mitʃi] m limite f • limite de velocidade limitation f de vitesse • **sem limites** sans limite • **passar dos limites** (fig) dépasser les bornes.

limo ['limu] m limon m.

limoeiro [li'mwejru] m citronnier m.

limões [li'mõiʃ] → limão.

limonada [limo'nada] f citronnade f.

limpador [lĩmpa'do(x)] (pl -es) m • limpador de pára-brisa essuie-glace m.

limpar [lĩm'pa(x)] vt nettoyer; (pratos) essuyer; (boca, mãos) s'essuyer; (fam) (roubar) dévaliser • **limpar o pó** enlever la poussière.

limpa-vidros [,lĩmpa'vidruʃ] m inv (instrumento) raclette f; (detergente) produit m pour les vitres; (para carro) lave-glace m.

limpeza [lĩm'peza] f (ação) nettoyage m; (qualidade) propreté f • **fazer a limpeza** faire le ménage.

limpo, pa ['lĩmpu, pa] ◆ pp → **limpar** ◆ adj (sem sujidade) propre; (céu) dégagé(e) • **estar ou ficar limpo** (fam) être fauché • **tirar algo a limpo** tirer qqch au clair.

limusine [limu'zini] f limousine f.

lince ['lĩsi] m lynx m.

lindo, da ['lĩndu, da] adj (pessoa, local) beau(belle).

lingerie [lãʒe'xi] f lingerie f.

lingote [lĩŋ'gɔtʃi] m lingot m.

língua

língua ['lĩŋgwa] *f* langue *f*
• **bater com a língua nos dentes** *(fam)* vendre la mèche
• **dar à língua** *(fam)* ne pas tenir sa langue; *(falar)* papoter
• **dobrar a língua** faire attention à ce que l'on dit • **ter algo na ponta da língua** avoir qqch sur le bout de la langue.

língua-de-gato [,lĩŋgwadʒi'-gatu] *fpl* langue-de-chat *f.*

linguado [lĩŋ'gwadu] *m* sole *f.*

linguagem [lĩŋ'gwaʒẽ] *(pl* -ns) *f* langage *m.*

linguarudo, da [lĩŋgwa'rudu, da] *adj* • **ser linguarudo** ne pas savoir tenir sa langue.

lingüeta [lĩŋ'gweta] *f* pêne *m.*

lingüiça [lĩŋ'gwisa] *f* saucisse piquante.

linha ['liɲa] *f* **1.** ligne *f*; *(fio) (ger)* fil *m* • **linha jovem** ligne jeune • **manter a linha** garder la ligne • **em linha** aligné(e) **2.** *INFORM* **linha de comando** listage • **linha dedicada** ligne dédiée.

linho ['liɲu] *m* lin *m.*

link ['liɲnki] *(pl* **links**) *m INFORM* lien *m.*

linóleo [li'nɔlju] *m* linoléum *m.*

liquidação [likida'sãw] *(pl* -ões) *f* règlement *m* • **liquidação total** liquidation *f* totale.

liquidar [liki'da(x)] *vt (dívida)* régler; *(mercadoria)* liquider; *(matar)* éliminer.

liquidificador [likwidʒifika'do(x)] *(pl* -es) *m* centrifugeuse *f.*

líquido, da ['likidu, da] ◆ *adj* liquide; *COM* net(nette) ◆ *m* liquide *m.*

lírio ['lirju] *m* lys *m.*

Lisboa [liʒ'boa] *s* Lisbonne.

lisboeta [liʒ'bweta] ◆ *adj* lisbonnais(e) ◆ *nmf* Lisbonnais *m,* -e *f.*

liso, sa ['lizu, za] *adj (superfície)* lisse; *(cabelo)* raide; *(folha)* blanc(blanche) • **estar/ficar liso** *(fam)* être fauché.

lista ['liʃta] *f (de compras, tarefas)* liste *f* • **lista de preços** tarifs *mpl* • **lista de discussão** liste de discussion • **lista telefônica** annuaire *m.*

listra ['liʃtra] *f* rayure *f.*

literal [lite'raw] *(pl* -**ais**) *adj* littéral(e).

literário, ria [lite'rarju, rja] *adj* littéraire.

literatura [litera'tura] *f* littérature *f* • **literatura de cordel** *littérature de colportage au nord-est du Brésil.*

litígio [li'tʃiʒju] *m* litige *m.*

litogravura [,litogra'vura] *f* lithographie *f.*

litoral [lito'raw] *(pl* -**ais**) ◆ *adj* littoral(e) ◆ *m* • **o litoral** le littoral.

litro ['litru] *m* litre *m.*

lívido, da ['lividu, da] *adj* livide.

livrar [li'vra(x)] ❏ **livrar-se de** *vp + prep* se débarrasser de.

livraria [livra'ria] *f* librairie *f.*

livre ['livri] *adj* libre • **livre** libre.

livro ['livru] *m* livre *m* • **livro de bolso** livre de poche.

lixa ['liʃa] *f* papier *m* de verre • **lixa de unhas** lime *f* à ongles.

lixeira [li'ʃejra] f décharge f (à ordures).
lixo ['liʃu] m ordures fpl.
-lo [lu] pron (ele) le; (você) te.
lobo ['lobu] m loup m.
lóbulo ['lɔbulu] m lobe m.
local [lo'kaw] (pl -ais) ♦ m endroit m ♦ adj local(e).
localidade [lokali'dadʒi] f localité f.
localização [lokaliza'sãw] (pl -ões) f localisation f; (de empresa) emplacement m.
loção [lo'sãw] (pl -ões) f lotion f • **loção capilar** lotion capillaire • **loção pós-barba** lotion f après-rasage
locatário, ria [loka'tarju, rja] mf locataire mf.
loções → loção.
locomotiva [lokomo'tʃiva] f locomotive f.
locução [loku'sãw] (pl -ões) f (de filme, programa) commentaire m; GRAM locution f.
locutor, ra [loku'to(x), ra] (mpl -es, fpl -s) mf (de televisão) présentateur m, -trice f; (de rádio) animateur m, -trice f.
lodo ['lodu] m vase f.
lógica ['lɔʒika] f logique f.
logo ['logu] adv tout de suite; (em breve, mais tarde) tout à l'heure • **logo em seguida** juste après • **logo que** dès que • **logo agora que** juste au moment où.
logotipo [logo'tʃipu] m logo m.
loja ['lɔʒa] f magasin m • **loja de artigos esportivos** magasin de sport • **loja de artigos fotográficos** magasin de photographie • **loja de brinquedos** magasin de jouets • **loja de ferragens** quincaillerie f • **loja de lembranças** boutique f de souvenirs • **loja de produtos dietéticos** magasin de produits diététiques.
lombada [lõm'bada] f tranche f (de livro); (de rua) dos m d'âne.
lombinho [lõm'biɲu] m filet m mignon.
lombo ['lõmbu] m longe f • **lombo assado** longe de porc grillée.
lombriga [lõm'briga] f ver m.
lona ['lona] f toile f.
Londres ['lõndriʃ] s Londres.
londrino, na [lõn'drinu, na] ♦ adj londonien(enne) ♦ mf Londonien m, -enne f.
longa-metragem [,lõŋga-me'traʒẽ] (pl longas-metragens) f long-métrage m.
longe [lõʒi] adv loin • **longe disso!** bien au contraire! • **ao longe** au loin • **de longe** de loin • **de longe em longe** de temps en temps • **ir longe demais** aller trop loin.
longitude [lõʒi'tudʒi] f longitude f.
longo, ga ['lõŋgu, ga] adj long(longue) • **ao longo dos tempos** au fil des temps • **ao longo de** le long de.
lontra ['lõntra] f loutre f.
loop ['lupi] (pl loops) m INFORM boucle f.
-los [luʃ] pron pl (eles) les; (vocês) vous.

losango [lo'zãŋgu] m losange m.
lotação [lota'sãw] (pl **-ões**) f (de cinema, teatro) capacité f; (de ônibus) nombre m de places ◆ **lotação esgotada** complet.
lote ['lɔtʃi] m (de terreno) lot m; (de prédios) bâtiment m.
loteria [lote'ria] f 1. loterie f 2. ◆ **loteria esportiva** loto m sportif.
loto ['lɔtu] m loto m.
louça ['losa] f (pratos, xícaras, pires) vaisselle f; (porcelana) porcelaine f.
louco, ca ['loku, ka] adj & m f fou(folle) ◆ **estar/ficar louco de alegria** être fou de joie ◆ **ser louco por** être fou de; (comida) être mordu de.
loucura [lo'kura] f folie f.
louro, ra ['loru, ra] ◆ adj blond(e) ◆ m laurier m.
louva-a-deus [,lova'dewʃ] m inv mante f religieuse.
louvar [lo'va(x)] vt chanter les louanges de.
louvável [lo'vavɛw] (pl **-eis**) adj louable.
LP m (abrev de long-play) 33 tours m.
Lt. (abrev de **Lote**) bat.
Ltda. (abrev de **limitada**) SARL f.
lua ['lua] f lune f ◆ **estar de lua** être de mauvaise humeur ◆ **viver no mundo da lua** être dans la lune.
lua-de-mel [,luadʒi'mɛw] (pl **luas-de-mel**) f lune f de miel.
luar ['lwa(x)] m clair m de lune.
lubrificante [lubrifi'kãntʃi] adj lubrifiant m.

lubrificar [lubrifi'ka(x)] vt lubrifier.
lucidez [lusi'deʃ] f lucidité f.
lúcido, da ['lusidu, da] adj lucide.
lúcio ['lusju] m brochet m.
lucrar [lu'kra(x)] □ **lucrar com** vp gagner ◆ **o que é que você lucra com isso?** qu'est-ce que tu y gagnes?
lucrativo, va [lukra'tʃivu, va] adj (negócio, investimento) qui rapporte; (fim) lucratif(ive).
lucro ['lukru] m bénéfice m ◆ **lucros e perdas** profits et pertes.
lúdico, ca ['ludʒiku, ka] adj ludique.
lugar [lu'ga(x)] (pl **-es**) m (espaço, assento) place f; (sítio) endroit m ◆ **em primeiro lugar** (em esporte) à la première place; (antes) d'abord ◆ **ter lugar** avoir lieu ◆ **em lugar de** au lieu de ◆ **dar o lugar a alguém** céder sa place à qqn ◆ **tomar o lugar de alguém** prendre la place de qqn.
lugar-comum [lu,gaxku'mũ] (pl **lugares-comuns**) m lieu m commun.
lugares → **lugar**.
lúgubre ['lugubri] adj lugubre.
lula ['lula] f calamar m ◆ **lulas grelhadas** calamars grillés.
lume ['lumi] m (chama) feu m; (fogueira) feu m de cheminée.
luminária [lumi'narja] f lampe f ◆ **luminária de mesa** lampe f ◆ **luminária de pé** lampadaire m.

luminosidade [luminozi'dadʒi] f lumière f.
luminoso, osa [lumi'nozu, ɔza] adj lumineux(euse).
lunar [lu'na(x)] (pl **-es**) adj lunaire.
lunático, ca [lu'natʃiku, ka] mf désaxé m, -e f.
luneta [lu'neta] f lunette f.
lupa ['lupa] f loupe f.
lustre ['luʃtri] m lustre m • **dar lustre a algo** faire briller qqch.
luta ['luta] f lutte f.
lutar [lu'ta(x)] vi lutter • **lutar contra** se battre avec • **lutar por** se battre pour.
luto ['lutu] m deuil m • **estar de luto** être en deuil.
luva ['luva] f (roupa) gant m.
Luxemburgo [luʃẽn'buxgu] m • **o Luxemburgo** le Luxembourg.
luxo ['luʃu] m luxe m • **de luxo** de luxe.
luxuoso, osa [lu'ʃwozu, ɔza] adj luxueux(euse).
luxúria [lu'ʃurja] f luxure f.
luxuriante [luʃu'rjãntʃi] adj luxuriant(e).
luz [luʃ] (pl **-es**) f (de sol, lâmpada, fogo) lumière f; (de carro) phare m; (de casa) électricité f; (de rua) éclairage m • **luz do sol** lumière du soleil • **dar à luz** accoucher • **luzes de alerta** feux mpl de détresse • **luzes de presença** veilleuses fpl.
luzir [lu'zi(x)] vi luire.
lycra® ['likra] f Lycra® m.

M

ma [ma] = **me + a** → **me**.
má [ma] → **mau**.
maca ['maka] f brancard m.
maçã [ma'sã] f pomme f; (do rosto) pommette f • **maçã assada** pomme au four.
macabro, bra [ma'kabru, bra] adj macabre.
macacão [maka'kãw] (pl **-ões**) m (roupa) bleu m de travail; (calças) salopette f.
macaco, ca [ma'kaku, ka] ♦ mf singe m ♦ m cric m.
macacões → **macacão**.
maçaneta [masa'neta] f poignée f (de porte).
maçante [ma'sãntʃi] adj pénible, ennuyeux.
maçapão [masa'pãw] m massepain m.
maçarico [masa'riku] m chalumeau m.
maçaroca [masa'rɔka] f épi m de maïs.
macarrão [maka'xãw] m (tipo de massa) macaronis mpl; (massa) nouilles fpl.
Macau [ma'kaw] s Macao.
macedônia [mase'dɔnja] f macédoine f de légumes • **macedônia (de frutas)** salade f de fruits.
macete [ma'setʃi] m maillet m.
machado [ma'ʃadu] m hache f.
machismo [ma'ʃiʒmu] m machisme m.

machista [ma'ʃiʃta] *adj & m* machiste.

macho [maʃu] *adj & m* mâle • **um homem macho** un homme, un vrai.

machucado, da [maʃu'kadu, da] *adj* blessé(e).

machucar [maʃu'kax] *vt* blesser ❏ **machucar-se** *vp* se blesser.

maciço, ça [ma'sisu, sa] *adj* massif(ive).

macieira [ma'sjejra] *f* pommier *m*.

macio, cia [ma'siu, sia] *adj* doux(douce).

maço ['masu] *m* maillet *m* • **maço (de cigarros)** paquet *m* de cigarettes • **maço de folhas** tas *m* de feuilles.

macro ['makru] */ INFORM* macro *f.*

macumba [ma'kũmba] *f* macumba *f* culte proche du vaudou pratiqué au Brésil.

madeira [ma'dejra] ♦ *f* bois *m* ♦ *m (vinho)* madère *m* ❏ **Madeira** *f* • **a Madeira** Madère *f.*

madeirense [madej'rẽsi] ♦ *adj* de Madère ♦ *nmf* Madérien *m*, -enne *f.*

madeixa [ma'dejʃa] *f* mèche *f.*

madrasta [ma'draʃta] *f* belle-mère *f.*

madrepérola [,madre'pɛrola] *f* nacre *f.*

madressilva [,madre'siwva] *f* chèvrefeuille *m.*

madrinha [ma'driɲa] *f (de batismo)* marraine *f.*

madrugada [madru'gada] *f (alvorada)* aube *f; (manhã)* matin *m* • **uma da madrugada** une heure du matin • **de madrugada** *(fig)* très tôt.

madrugar [madru'ga(x)] *vi* se lever de bonne heure.

maduro, ra [ma'duru, ra] *adj* mûr(e); *(vinho)* fait avec du raisin arrivé à maturité par opposition au vin vert.

mãe ['mãj] *f* mère *f.*

maestro [ma'ɛʃtru] *m* chef *m* d'orchestre.

magia [ma'ʒia] *f* magie *f.*

mágico, ca [ma'ʒiku, ka] ♦ *adj* magique ♦ *mf* magicien *m*, -enne *f.*

magistrado, da [maʒiʃ'tradu, da] *mf* magistrat *m.*

magnético, ca [mag'nɛtʃiku, ka] *adj* magnétique.

magnífico, ca [mag'nifiku, ka] *adj* magnifique.

magnitude [magni'tudʒi] *f* grandeur *f.*

magnólia [mag'nɔlja] *f* magnolia *m.*

mago, ga ['magu, ga] *mf* magicien *m*, -enne *f.*

mágoa ['magwa] *f* peine *f.*

magoado, da [ma'gwadu, da] *adj* blessé(e) • **ficou magoado** ça lui a fait de la peine.

magoar [ma'gwa(x)] *vt* • **magoar alguém** *(fisicamente)* blesser qqn; *(moralmente)* faire de la peine à qqn ❏ **magoar-se** *vp* se blesser.

magro, gra ['magru, gra] *adj (pessoa, animal)* maigre; *(leite)* écrémé(e).

mail [mejo] (*pl* **mails**) *m INFORM* mail *m*, courrier électronique *m*.

mainframe [mej'frejmi] *m INFORM* ordinateur *m* centrale.

maio ['maju] *m* mai *m*, → **setembro**.

maiô [ma'jo] *m* (*de ginástica*) justaucorps *m* ; (*de banho*) maillot *m* de bain.

maionese [majɔ'nɛzi] *f* mayonnaise *f*.

maior [ma'jɔ(x)] (*pl* **-es**) ◆ *adj* plus grand(e) ◆ *nmf* ◆ **o/a maior** le plus grand/la plus grande • **em maior número** plus nombreux(euses) • **ser maior de idade** être majeur(e) • **a maior parte** la plupart.

maioria [majo'ria] *f* majorité *f* • **a maioria de** la plupart de.

maioridade [majori'dadʒi] *f* majorité *f* (âge).

mais ['majʃ] ◆ *adv* **1.** (*em comparações*) plus • **a Ana é mais alta/bonita** Ana est plus grande/jolie • **mais… do que…** plus… que… • **ela tem um ano a mais do que eu** elle a un an de plus que moi • **mais de** ou **a mais** en trop **2.** (*como superlativo*) • **o/a mais** le/la plus • **o mais inteligente/engraçado** le plus intelligent/drôle **3.** (*indica adição*) encore • **quero mais pão** je veux encore du pain • **não quero mais nada** je ne veux plus rien **4.** (*indica intensidade*) • **que dia mais bonito!** quelle belle journée! • **que lugar mais feio!** quel endroit horrible! **5.** (*indica preferência*) • **mais vale não ir** il vaut mieux ne pas y aller • **mais vale que você fique em casa** il vaut mieux que tu restes à la maison **6.** (*em locuções*) • **de mais a mais** en plus • **mais ou menos** plus ou moins; (*de saúde*) comme ci, comme ça • **por mais que** avoir beau • **por mais esperto que seja, não consegue fazê-lo** il a beau être adroit, il n'arrive pas à le faire • **sem mais nem menos** comme ça, sans raison • **uma vez mais, mais uma vez** une fois de plus • **cada vez mais** de plus en plus • **e que mais, minha senhora?** et avec ça, madame? ◆ *adj inv* **1.** (*em comparações*) plus • **eles têm mais dinheiro** ils ont plus d'argent • **está mais calor hoje** il fait plus chaud aujourd'hui **2.** (*como superlativo*) • **o que mais** la pessoa que mais discos vendeu la personne qui a vendu le plus de disques • **os que mais dinheiro têm** ceux qui ont le plus d'argent • **quanto mais cedo melhor** le plus tôt sera le mieux • **o mais tardar** au plus tard **3.** (*indica adição*) encore • **mais água, por favor** encore de l'eau, s'il vous plaît • **mais alguma coisa?** vous désirez autre chose? • **tenho mais três dias de férias** il a encore trois jours de vacances ◆ *conj* • **vamos eu mais o seu pai** nous y allons, ton père et moi ◆ *prep* (*indica soma*) plus

maître 218

• **dois mais dois, quatro** deux plus deux, quatre.

maître [mɛtre] *m* maître d'hôtel.

major [ma'ʒɔ(x)] (*pl* **-es**) ♦ *m* commandant *m*.

mal ['maw] (*pl* **-es**) ♦ *m* mal *m* ♦ *adv* mal ♦ *conj* (assim que) dès que • **mal cheguei, telefonei logo** dès que je suis arrivé, j'ai téléphoné • **fazer mal (a pessoa)** faire du mal • **não faz mal** ça n'est pas grave • **cheirar mal** sentir mauvais • **ouvir/ver mal** entendre/voir mal • **o mal** le mal.

mala ['mala] *f* (de mão) sac *m*; (de roupa) valise *f* • **mala do carro** coffre *m* • **mala de viagem** valise *f* • **fazer as malas** faire ses bagages.

malabarismo [malaba'riʒmu] *m* • **fazer malabarismos** jongler.

malabarista [malaba'riʃta] *nmf* jongleur *m*, -euse *f*.

mal-acabado, da [ˌmawaka'badu, da] *adj* bâclé(e); (pessoa) mal fait(e).

malagueta [mala'geta] *f* piment *m*.

malandro, dra [ma'lãndru, dra] ♦ *adj* (preguiçoso) paresseux(euse); (matreiro) fripon(onne) ♦ *mf* canaille *f*.

malária [ma'larja] *f* malaria *f*.

malcriado, da [mawkri'adu, da] *adj* mal élevé(e).

maldade [maw'dadʒi] *f* méchanceté *f*.

maldição [mawdi'sãw] (*pl* **-ões**) *f* malédiction *f*.

maldito, ta [maw'dʒitu, ta] *adj* maudit(e).

maldizer [mawdʒi'ze(x)] *vt* (amaldiçoar) maudire; (dizer mal de) dire du mal de.

maldoso, osa [maw'dozu, ɔza] *adj* méchant(e).

mal-educado, da [ˌmaledu'kadu, da] *adj* mal élevé(e).

malefício [male'fisju] *m* maléfice *m*.

mal-entendido [ˌmalĩntẽn'dʒidu] (*pl* **mal-entendidos**) *m* malentendu *m*.

males ['malif] → **mal**.

mal-estar [male'ʃta(x)] (*pl* **mal-estares**) *m* malaise *m*.

maleta [ma'leta] *f* mallette *f*.

malfeitor, ra [mawfej'to(x), ra] (*mpl* **-es**, *fpl* **-s**) *mf* malfaiteur *m*.

malha ['maʎa] *f* (tecido) jersey *m*; (em meia, camisola, rede) maille *f*; (mancha em animal) tache *f*.

malhado, da [ma'ʎadu, da] *adj* tacheté(e).

malhar [ma'ʎa(x)] ♦ *vt* battre ♦ *vi* (fam) se casser la figure.

mal-humorado, da [malumo'radu, da] *adj* de mauvaise humeur.

malícia [ma'lisja] *f* malice *f*.

maligno, gna [ma'lignu, gna] *adj* malin(igne).

malmequer [mawmi'kɛ(x)] (*pl* **-es**) *m* marguerite *f*.

malpassado, da [mawpa'sadu, da] *adj* (bife, carne) saignant(e).

malta ['mawta] *f(fam)* bande *f (de copains)*.
maltratar [mawtra'ta(x)] *vt (bater em)* maltraiter; *(descuidar, estragar)* abîmer.
maluco, ca [ma'luku, ka] *adj & mf* fou(folle).
malva ['mawva] *f* mauve *f.*
malvadez [mawva'deʃ] *f* cruauté *f.*
malvado, da [maw'vadu, da] *adj* méchant(e).
mama ['mama] *f* sein *m.*
mamadeira [mama'dejra] *f* biberon *m.*
mamãe [mã'mãj] *(pl* -ães*) f (fam)* m'man.
mamão [ma'mãw] *(pl* -ões*) m* papaye *f.*
mamar [ma'ma(x)] ♦ *vi* téter ♦ *vt* • **dar de mamar** *(amamentar)* donner à téter; *(com mamadeira)* donner le biberon.
mamífero [ma'miferu] *m* mammifère *m.*
mamilo [ma'milu] *m* mamelon *m.*
maminha [ma'mina] *f* ≃ filet *m.*
mamões → mamão.
manada [ma'nada] *f* troupeau *m.*
mancar [mãŋ'ka(x)] *vi* boiter.
mancha ['mãʃa] *f* tache *f.*
Mancha ['mãʃa] *f* • **o canal da Mancha** la Manche.
manchar [mã'ʃa(x)] *vt* tacher.
manchete [mã'ʃɛtʃi] *f* manchette *f (d'un journal).*
manco, cua ['mãŋku, ka] *adj* boiteux(euse).
mandar [mã'da(x)] ♦ *vi* commander ♦ *vt* envoyer • **mandar alguém fazer algo** envoyer qqn faire qqch • **mandar fazer algo** faire faire qqch • **mandar alguém passear** *(fam)* envoyer qqn promener • **mandar vir** *(encomendar)* commander • **mandar à merda** *(vulg)* envoyer chier • **mandar em** *(empresa)* diriger; *(casa)* commander, faire la loi.
mandioca [mãn'dʒjɔka] *f* manioc *m* • **(farinha de) mandioca** tapioca *m.*
maneira [ma'nejra] *f* manière *f* • **de uma maneira geral** d'une manière générale • **à maneira de** comme • **de maneira alguma** ou **nenhuma** pas du tout • **de maneira que** si bien que • **de qualquer maneira** de toute façon • **desta maneira** comme ça • **de todas as maneiras** sous toutes ses formes • **de tal maneira... que** tellement... que • **de uma maneira ou de outra** d'une manière ou d'une autre ▫ **maneiras** *fpl* • **ter maneiras** savoir se tenir.
manejar [mane'ʒa(x)] *vt* manier.
manejável [mane'ʒavew] *(pl* -eis*) adj* maniable.
manequim [mane'kĩ] *(pl* -ns*)* ♦ *m (em vitrine)* mannequin *m* ♦ *nmf (pessoa)* mannequin *m.*
maneta [ma'neta] *adj* manchot(e).
manga ['mãŋga] *f (de peça de vestuário)* manche *f; (fruto)* mangue *f* • **em mangas de camisa** en manches de chemise.

mangueira

mangueira [mãŋ'gejrɐ] f *(para regar, lavar)* tuyau m d'arrosage; *(árvore)* manguier m.
manha ['maɲɐ] f ruse f.
manhã [ma'ɲã] f matin m; *(período)* matinée f • **de manhã** de bonne heure • **toda a manhã** toute la matinée.
mania [ma'niɐ] f manie f.
manicômio [mani'komju] m asile m.
manicure [mani'kuri] f manicure f.
manifestação [manifeʃta'sãw] *(pl -ões)* f manifestation f.
manifestar [manifeʃ'ta(x)] vt manifester ▫ **manifestar-se** vp *(protestar)* manifester; *(pronunciar-se)* s'exprimer.
manipular [manipu'la(x)] vt manipuler.
manivela [mani'vɛlɐ] f manivelle f.
manjericão [mãʒeri'kãw] m basilic m.
manobra [ma'nɔbrɐ] f manœuvre f.
mansão [mã'sãw] *(pl -ões)* f villa f.
mansidão [mãsi'dãw] f douceur f.
manso, sa ['mãsu, sa] adj *(animal)* docile; *(mar)* calme.
mansões → mansão.
manta ['mãtɐ] f couverture f *(de lit)*.
manteiga [mãn'tejgɐ] f beurre m • **manteiga de cacau** beurre de cacao.
manteigueira [mãntej'gejrɐ] f beurrier m.

manter [mãn'te(x)] vt entretenir; *(conservar)* conserver; *(palavra, conversa)* tenir ▫ **manter-se em** vp + prep *(em local)* rester à; *(em forma)* rester en.
manual [ma'nwaw] *(pl -ais)* ♦ adj manuel(elle) ♦ m manuel m • **manual (escolar)** manuel scolaire.
manuscrito, ta [manuʃ'kritu, tɐ] ♦ adj manuscrit(e) ♦ m manuscrit m.
manusear [manu'zea(x)] vt manier.
manutenção [manutẽ'sãw] f entretien m *(de la maison)*.
mão ['mãw] f ANAT main f; *(de estrada)* sens m • **apertar a mão a alguém** serrer la main à qqn; *(fig)* aider qqn • **de mãos dadas** main dans la main • **à mão** à la main • **dar uma mão a alguém** donner un coup de main à qqn • **estar à mão** être tout près • **ter algo à mão** avoir qqch sous la main.
mão-de-obra [mãw'dʒiɔbrɐ] f main-d'œuvre f.
mapa ['mapɐ] m carte f • **mapa das estradas** carte routière.
mapa-múndi [ˌmapɐ'mũndʒi] *(pl* **mapas-múndi***)* m mappemonde f.
maquete [ma'kɛtʃi] f maquette f.
maquiagem [maki'aʒaj] *(pl -ns)* f maquillage m.
maquiar [ma'kja(x)] vt maquiller ▫ **maquiar-se** vp se maquiller.

marina

maquilagem [maki'laʒē] (*pl* -ns) *f* maquillage *m*.

máquina ['makina] *f* machine *f* • **máquina de barbear** rasoir *m* électrique • **máquina de busca** moteur de recherche • **máquina de costura** machine à coudre • **máquina de escrever** machine à écrire • **máquina de filmar** caméra *f* • **máquina fotográfica** appareil *m* photo • **máquina de lavar** (*roupa*) lave-linge *m inv*; (*louça*) lave-vaisselle *m inv*.

maquinaria [makina'ria] *f* machinerie *f*.

mar ['ma(x)] (*pl* -es) *m* mer *f* • **por mar** par bateau.

maracujá [maraku'ʒa] *m* fruit *m* de la passion.

maravilha [mara'viʎa] *f* merveille *f* • **que maravilha!** quelle merveille! • **fazer maravilhas** faire des merveilles • **dizer maravilhas de** dire des merveilles de • **correr às mil maravilhas** se dérouler à merveille.

maravilhoso, osa [maravi'ʎozu, ɔza] *adj* merveilleux(euse).

marca ['maxka] *f* marque *f*; (*vestígio*) trace *f* • **marca registrada** nom *m* déposé • **de marca** de marque.

marcação [maxka'sāw] (*pl* -ões) *f* (*de consulta*) rendez-vous *m*; (*de lugar*) réservation *f*.

marcar [max'ka(x)] *vt* (*consulta*) prendre; (*lugar*) réserver; (*hora*) fixer; ESP marquer • **marcar encontro** fixer un rendez-vous • **marcar uma hora** prendre rendez-vous.

marcha ['maxʃa] *f* (*desfile*) marche *f*; • **marcha a ré** marche arrière.

marchar [max'ʃa(x)] *vi* (*pessoa*) marcher; (*tropa*) marcher au pas.

marcial [maxsi'aw] (*pl* -ais) *adj* martial(e).

marco ['maxku] *m* (*em estrada, caminho*) borne *f*; (*moeda*) mark *m*.

março ['marsu] *m* mars *m*, → **setembro**.

maré [ma'rɛ] *f* marée *f* • **estar em maré de sorte** avoir la chance avec soi • **maré alta** marée haute • **maré baixa** marée basse.

maremoto [mare'motu] *m* raz-de-marée *m*.

mares → **mar**.

marfim [max'fĩ] *m* ivoire *m*.

margarida [maxga'rida] *f* marguerite *f*.

margarina [maxga'rina] *f* margarine *f*.

margem ['maxʒē] (*pl* -ns) *f* (*de rio*) rive *f*; (*em texto, livro, documento*) marge *f* • **à margem** en marge • **pôr à margem** (*fig*) mettre à l'écart • **pôr-se à margem** se tenir à l'écart.

marginal [maxʒi'naw] (*pl* -ais) *nmf* marginal *m*, -e *f*.

marido [ma'ridu] *m* mari *m*.

marimbondo [marĩm'bõndu] *m* guêpe *f*.

marina [ma'rina] *f* marina *f*.

marinada

marinada [mari'nada] *f* marinade *f.*

marinado, da [mari'nadu, da] *adj* mariné(ée).

marinar [mari'na(x)] *vt* mariner.

marinha [ma'riɲa] *f* marine *f.*

marinheiro, ra [mari'ɲejru, ra] *mf* marin *m.*

marionete [marjo'netʃi] *f* marionnette *f.*

mariposa [mari'poza] *f* papillon *m (nage).*

marisco [ma'riʃku] *m* fruits *mpl* de mer.

marítimo, ma [ma'ritʃimu, ma] *adj* maritime.

marketing ['maxketʃĩŋ] *m* marketing *m.*

marmelada [maxme'lada] *f* pâte *f* de coing.

marmeleiro [maxme'lejru] *m* cognassier *m.*

marmelo [max'mɛlu] *m* coing *m.*

mármore ['maxmori] *m* marbre *m.*

marquise [max'kizi] *f* véranda *f.*

marreco, ca [ma'xɛku] *adj* bossu(e).

Marrocos [ma'xɔkuʃ] *s* Maroc *m.*

marrom [ma'xõ] *(pl* **-ns***) adj* marron.

marroquinaria [maxokina'rja] *f* maroquinerie *f.*

martelar [maxte'la(x)] *vt* marteler.

martelo [max'tɛlu] *m* marteau *m.*

222

mártir ['maxtʃi(x)] *(pl* **-es***) nmf* martyr *m,* -e *f.*

marzipã [maxzi'pã] *m* massepain *m.*

mas¹ [maʃ] = **me** + **as** → **me**.

mas² [ma(j)ʃ] ♦ *conj* mais ♦ *m* • **nem mas nem meio mas!** il n'y a pas de mais qui tienne!

mascar [maʃ'ka(x)] *vt* mâcher.

máscara ['maʃkara] *f* masque *m.*

mascarar-se [maʃka'raxsi] *vp* se déguiser.

mascavo [maʃ'kavu] *adj m* → **açúcar**.

mascote [maʃ'kɔtʃi] *f* mascotte *f.*

masculino, na [maʃku'linu, na] *adj* masculin(e).

masoquista [mazu'kiʃta] *adj & nmf* masochiste.

massa ['masa] *f (espaguete, lasanha)* pâtes *fpl; (de bolo, pão)* pâte *f;* • **massa folhada** pâte feuilletée • **massa para modelar** pâte *f* à modeler • **em massa** *(fig)* en masse.

massacre [ma'sakri] *m* massacre *m.*

massagear [masa'ʒea(x)] *vt* masser.

massagem [ma'saʒẽ] *(pl* **-ns***) f* massage *m.*

massagista [masa'ʒiʃta] *nmf* masseur *m,* -euse *f.*

mastigar [maʃtʃi'ga(x)] *vt* mâcher.

mastro ['maʃtru] *m* mât *m.*

masturbar-se [maʃtux'baxsi] *vp* se masturber.

mata ['mata] *f* bois *m.*

mata-borrão [,matabo'xãw] (*pl* **mata-borrões**) *m* buvard *m*.

matadouro [mata'doru] *m* abattoir *m*.

matar [ma'ta(x)] *vt (pessoa, animal)* tuer; *(sede)* désaltérer; *(fome)* rassasier ❑ **matar-se** *vp* se tuer • **matar-se de fazer algo** se démener pour faire qqch • **matar-se de trabalhar** se tuer au travail.

mata-ratos [,mata'xatuʃ] *m inv* mort-aux-rats *f inv*.

mate ['matʃi] ♦ *m* maté *m (sorte de thé)* ♦ *adj* mat(e).

matemática [mate'matʃika] *f* mathématiques *fpl*.

matéria [ma'terja] *f* matière *f* • **em matéria de** en matière de.

material [materi'aw] (*pl* **-ais**) ♦ *adj (bens)* matériel(elle) ♦ *m* matériel *m* • **material escolar** fournitures *fpl* scolaires.

matéria-prima [ma,terja'prima] (*pl* **matérias-primas**) *f* matière *f* première.

maternidade [matexni'dadʒi] *f (hospital)* maternité *f*.

matinê [matʃi'ne] *f* matinée *f (de spectacle)*.

matizado, da [matʃi'zadu, da] *adj* nuancé(e).

mato ['matu] *m (tipo de vegetação)* lande *f*; *(bosque)* bois *m*.

matrícula [ma'trikula] *f (de carro)* immatriculation *f*; *(em escola, universidade)* inscription *f*.

matrimônio [matri'monju] *m* mariage *m*.

matriz [ma'triʃ] (*pl* **-es**) *f (igreja)* église *f* paroissiale; *(de foto, tipografia)* film *m*.

maturidade [maturi'dadʒi] *f* maturité *f*.

matuto, ta [ma'tutu, ta] *adj* provincial(e).

mau, má ['maw, 'ma] *adj* mauvais(e); *(malvado)* méchant(e) • **nada mau!** pas mal!

mausoléu [mawzo'lɛu] *m* mausolée *m*.

maus-tratos [mawʃ'tratuʃ] *mpl* mauvais traitements *mpl*.

maxilar [maksi'la(x)] (*pl* **-es**) *m* maxillaire *m*.

máximo, ma ['masimu, ma] *adj (velocidade, pena, pontuação)* maximum; *(temperatura)* maximal(e) ♦ *m* • **o máximo** le maximum • **no máximo** tout au plus • **ao máximo** à fond.

maxi-single [,maksi'sīŋgew] (*pl* **maxi-singles**) *m* maxi-single *m*.

me [mi] *pron (complemento direto)* me; *(complemento indireto)* moi, me • **dê-me o livro** donne-moi le livre • **não me fale** ne me parle pas; *(reflexivo)* me • **você me enganou!** tu m'as trompé! • **vou-me embora** je m'en vais.

meados ['mjaduʃ] *mpl* • **em meados de dezembro** à la mi-décembre.

mecânica [me'kanika] *f* mécanique *f*, → **mecânico**.

mecânico, ca [me'kaniku, ka] ♦ *adj* mécanique ♦ *mf* mécanicien *m*, -enne *f*.

mecanismo

mecanismo [meka'niʒmu] *m* mécanisme *m*.

mecha [mɛʃa] *f* mèche *f (de bougie)*.

meço [mɛsu] → **medir**.

medalha [me'daʎa] *f* médaille *f*.

média [mɛdʒja] *f* **1.** moyenne *f* • **andar à média de 150 km/h** faire du 150 km/h en moyenne • **em média** en moyenne • **ter média de** avoir une moyenne de **2.** *(café)* café au lait servi dans une tasse.

mediano, na [me'dʒjanu, na] *adj* moyen(enne).

mediante [me'dʒjãntʃi] *prep (a troco de)* moyennant; *(consoante)* selon.

medicação [medʒika'sãw] *(pl -ões) f* traitement *m*.

medicamento [medʒika'mẽntu] *m* médicament *m*.

medicina [medʒi'sina] *f* médecine *f*.

médico, ca [mɛdʒiku, ka] *mf* médecin *m* • **médico de clínica geral** médecin généraliste.

medida [me'dʒida] *f* mesure *f* • **sob medida** sur mesure • **em certa medida** en quelque sorte • **na medida do possível** dans la mesure du possible • **à medida que** au fur et à mesure que • **não ser de meias-medidas** ne pas y aller par quatre chemins • **tomar medidas** prendre des mesures.

medieval [medʒje'vaw] *(pl -ais) adj* médiéval(e).

médio, dia [mɛdʒju, dja] ♦ *adj* moyen(enne) ♦ *m (dedo)* majeur *m*.

medíocre [me'dʒjɔkri] *adj* médiocre.

medir [me'dʒi(x)] *vt* mesurer; *(temperatura)* prendre • **quanto você mede?** combien est-ce que tu mesures?

meditar [medʒita(x)] *vi* méditer • **meditar sobre algo** méditer sur qqch.

Mediterrâneo [medʒite'xãnju] *m* • **o (mar) Mediterrâneo** la (mer) Méditerranée.

medo ['medu] *m* peur *f* • **ter medo** avoir peur • **ter medo de** avoir peur de • **com medo** avec crainte • **sem medo** sans crainte.

medonho, nha [me'doɲu, ɲa] *adj* épouvantable.

medroso, osa [me'drozu, ɔza] *adj* peureux(euse).

medula [me'dula] *f* moelle *f*.

medusa [me'duza] *f* méduse *f*.

megabyte [mɛga'bajtʃi] *m* mégaoctet *m*.

meia ['meja] *f (seis)* six.

meia-calça [,meja'kawsa] *(pl meias-calças) f* collants *mpl*.

meia-idade [,mejej'dadʒi] *f* • **de meia-idade** d'âge mûr.

meia-luz [,meja'luʃ] *(pl meias-luzes) f* demi-jour *m*.

meia-noite [,meja'nojtʃi] *f* minuit *m*.

meias ['mejaʃ] *fpl* chaussettes *fpl*; *(de mulher)* collants *mpl*; *(com ligas)* bas *mpl* • **meias de**

lycra collants en Lycra • **meias soquetes** chaussettes *fpl*.

meigo, ga ['mejgu, ga] *adj (pessoa)* doux(douce); *(animal)* affectueux(euse).

meio, meia ['meju, 'meja] ♦ *adj* demi-, mi- ♦ *m (modo, recurso)* moyen *m*; *(social, profissional)* milieu *m* • **meio ambiente** environnement *m* • **meio cheio** à moitié plein • **a meias** moitié-moitié • **fiz o trabalho a meias com ele** j'ai partagé le travail avec lui • **meia-entrada** billet *m* demi-tarif • **meia pensão** demi-pension *f* • **a meia-voz** à mi-voix • **no meio de** *(de duas coisas)* entre; *(de várias coisas)* parmi; *(de rua, mesa, multidão)* au milieu de.

meio-dia [,meju'dʒia] *m* midi *m*.

meios [,mejuʃ] *mpl* ressources *fpl*.

meio-seco [,meju'seku] *adj m (vinho)* demi-sec.

mel [mɛw] *m* miel *m*.

melaço [me'lasu] *m* mélasse *f*.

melado, da [me'ladu, da] *adj* poisseux(euse).

melancia [melã'sia] *f* pastèque *f*.

melancolia [melãŋko'lia] *f* mélancolie *f*.

melancólico, ca [melãŋ'kɔliku, ka] *adj* mélancolique.

melão [me'lãw] *(pl -ões) m* melon *m*.

melhor [mɛ'ʎɔ(x)] *(pl -es)* ♦ *adj* meilleur(e) ♦ *adv* mieux ♦ *nmf* • **o melhor** le mieux • **o/a melhor** le meilleur/la meilleure • **ou melhor** ou plutôt • **tanto melhor!** tant mieux! • **estar melhor** être mieux • **ser do melhor que há** être ce qu'il y a de mieux • **cada vez melhor** de mieux en mieux • **correr pelo melhor** se passer pour le mieux • **ir desta para melhor** *(fam)* passer l'arme à gauche • **quem é que escreve melhor?** qui écrit le mieux?

melhorar [meʎo'ra(x)] ♦ *vt (comportamento)* améliorer; *(conhecimentos)* perfectionner ♦ *vi (doente)* aller mieux; *(tempo, clima)* s'améliorer.

melhores → **melhor**.

melindrar [melĩn'dra(x)] *vt* offenser.

melindroso, osa [melĩn'drozu, ɔza] *adj (pessoa)* susceptible; *(assunto, questão, problema)* délicat(e); *(saúde)* fragile.

melodia [melo'dʒia] *f* mélodie *f*.

melodrama [melo'drama] *m* mélodrame *m*.

melodramático, ca [melodra'matʃiku, ka] *adj* mélodramatique.

melões → **melão**.

melro ['mɛwxu] *m* merle *m*.

membro [mẽmbru] *m* membre *m*.

memorando [memo'rãndu] *m* note *f*.

memória [me'mɔrja] *f* mémoire *f* • **de memória** par cœur.

memorizar [memori'za(x)] *vt* mémoriser.

mencionar [mēsjo'na(x)] vt mentionner.

mendigar [mēndʒi'ga(x)] vi mendier.

mendigo, ga [mēn'dʒigu, ga] mf mendiant m, -e f.

meningite [menīn'ʒitʃi] /méningite f.

menino, na [me'ninu, na] mf petit garçon m, -e fille f.

menopausa [meno'pawza] f ménopause f.

menor [me'nɔ(x)] (pl -es) ◆ adj (em tamanho) plus petit(e); (em número) inférieur(e); (mínimo, em importância) moindre ◆ nmf mineur m, -e f • **ser menor de idade** être mineur • **não faço OU tenho a menor ideia** je n'en ai pas la moindre idée • **o/a menor** le plus petit/la plus petite; (em quantidade) le/la moins; (em importância) le/la moindre.

menos ['menuʃ] ◆ adv 1. (ger) moins • **você está menos gordo do que...** tu es moins gros • **menos... do que...** moins... que... • **a menos de** moins • **deram-me dinheiro a menos** ils m'ont donné de l'argent en moins 2. (como superlativo) • **o/a menos** le/la moins • **o menos interessante/caro** le moins intéressant/cher 3. (em locuções) • **a menos que** à moins que • **ao menos, pelo menos** au moins • **isso é o menos** c'est le moins grave • **pouco menos de** un peu moins de ◆ adj inv 1. (em comparações) moins de • **eles têm menos posses** ils ont moins de moyens • **está menos frio do que ontem** il fait moins froid qu'hier 2. (como superlativo) • **os que comeram menos bolos** celles qui ont mangé le moins de gâteaux • **os que têm menos dinheiro** ceux qui ont le moins d'argent ◆ prep 1. (exceto) sauf • **todos gostaram menos ele** ils ont tous aimé, sauf lui • **tudo menos isso** tout sauf ça 2. (indica subtração) moins • **três menos dois é igual a um** trois moins deux égale un.

menosprezar [menuʃpre'za(x)] vt mépriser.

mensageiro, ra [mēsa'ʒejru, ra] mf messager m, -ère f.

mensagem [mēsa'ʒē] (pl -ns) f message m.

mensal [mē'saw] (pl -ais) adj mensuel(elle).

mensalidade [mēsali'dadʒi] f mensualité f • **mensalidade escolar** frais scolaires mensuels.

mensalmente [mēsaw'mētʃi] adv par mois.

menstruação [mēʃtrua'sāw] f menstruation f.

mentalidade [mētali'dadʒi] f mentalité f.

mente [mētʃi] f esprit m • **ter em mente fazer algo** avoir l'intention de qqchn.

mentir [mē'tʃi(x)] vi mentir.

mentira [mē'tʃira] ◆ f mensonge m ◆ interj c'est faux!

- **parece mentira!** c'est incroyable!
mentiroso, osa [mẽntʃi'rozu, ɔza] *mf* menteur *m*, -euse *f*.
mentol [mẽn'tɔw] *m* menthol *m*.
menu [me'nu] *m* menu *m*.
mercado [mex'kadu] *m* marché *m* • **mercado municipal** marché municipal • **mercado negro** marché noir □ **Mercado** *m* • **o Mercado Único** le Marché unique.
mercadoria [mexkado'ria] *f* marchandise *f*.
mercearia [mexsja'ria] *f* épicerie *f*.
Mercosul [mexko'suw] *m* (*abrev de* Mercado Comum do Sul) Mercosur *m*, marché commum d'Amérique du sud.
mercúrio [mex'kurju] *m* mercure *m*.
mercurocromo [mexkurɔ'kromu] *m* Mercurochrome® *m*.
merda ['mɛxda] ♦ *f* (*vulg*) merde *f* ♦ *interj* (*vulg*) merde!
merecer [mere'se(x)] *vt* mériter.
merecido, da [mere'sidu, da] *adj* mérité(e).
merenda [me'rẽnda] *f* goûter *m*.
merengue [me'rẽŋgi] *m* meringue *f*.
mergulhador, ra [mexguʎa'do(x), ra] (*mpl* -**es**, *fpl* -**s**) *mf* plongeur *m*, -euse *f*.
mergulhar [mexgu'ʎa(x)] ♦ *vi*

mergulho [mex'guʎu] *m* plongeon *m* • **dar um mergulho** plonger.
meridiano [meri'dʒjanu] *m* méridien *m*.
meridional [meridʒjo'naw] (*pl* -**ais**) *adj* méridional(e).
mérito ['mɛritu] *m* mérite *m* • **por mérito próprio** par monton/son mérite.
mês ['meʃ] (*pl* **meses**) *m* mois *m* • **todos os meses** tous les mois • **(de) mês a mês** tous les mois • **por mês** par mois.
mesa ['meza] *f* table *f* • **estar à mesa** être à table.
mesada [me'zada] *f* argent *m* de poche (*du mois*).
mesa-de-cabeceira [,mezadʒikabi'sejra] (*pl* **mesas-de-cabeceira**) *f* table *f* de nuit.
mescla ['mɛʃkla] *f* mélange *m*.
mesclar [meʃ'kla(x)] *vt* mélanger.
meses → **mês**.
meseta [me'zeta] *f* plateau *m* (*en géographie*).
mesmo, ma ['meʒmu, ma] ♦ *adj* même ♦ *adv* (*até, exatamente*) même • (*para enfatizar*) tout à fait ♦ *pron* • **o mesmo/a mesma** le/la même • **foi ele mesmo que o disse** il l'a dit lui-même • **esta mesma pessoa** cette personne là • **isso mesmo!** tout à fait! • **valer o mesmo** valoir autant que • **mesmo assim** quand même • **mesmo que** même si • **mesmo se** même si • **nem**

mesquinho

mesmo même pas • **nem mesmo ele conseguiu** même lui, il n'a pas réussi • **ser o mesmo que** revenir à • **só mesmo** il n'y a que.
mesquinho, nha [meʃ'kiɲu, ɲa] adj mesquin(e).
mesquita [meʃ'kita] f mosquée f.
mestiço, ça [meʃ'tsisu, sa] adj & m,f métis(isse).
mestre [mɛʃtri] m (perito) maître m ; EDUC (com mestrado) diplômé universitaire qui a soutenu un mémoire.
mestre-de-cerimônias [,mɛʃtridʒiseri'monjaʃ] (pl **mestres-de-cerimônias**) (em espetáculos) animateur m ; (em festa) maître m de cérémonie ; (em recepções oficiais) chef m du protocole.
mestre-sala [,mɛʃtri'sala] (pl **mestres-sala**) m partenaire de la "porta-bandeira" (porte-drapeau) lors de défilés des écoles de samba.
meta [mɛta] f (em corrida) ligne f d'arrivée ; (objetivo) but m.
metabolismo [metabo'lizmu] m métabolisme m.
metade [me'tadʒi] f moitié f • **metade do preço** moitié prix • **fazer algo na metade do tempo** mettre moitié moins de temps pour faire qqch • **fazer as coisas pela metade** faire les choses à moitié.
metáfora [me'tafora] f métaphore f.

228

metal [me'taw] (pl **-ais**) m métal m.
metálico, ca [me'taliku, ka] adj métallique.
metalurgia [metaluɾ'ʒia] f métallurgie f.
meteorito [metju'ritu] m météorite m.
meteoro [me'tjoru] m météore m.
meteorologia [meteorolo'ʒia] f (ciência) météorologie f ; (em televisão) météo f.
meter [me'te(x)] vt mettre • **meter algo/alguém em algo** mettre qqch/qqn dans qqch • **meter medo** faire peur • **meter pena** faire de la peine • **meter raiva** énerver ❑ **meter-se** vp se mêler de • **meter-se na vida dos outros** se mêler des affaires des autres • **meter-se onde não se é chamado** se mêler de ce qui ne nous regarde pas • **meter-se com alguém** embêter qqn • **meter-se em algo** (envolver-se em) se lancer dans qqch ; (intrometer-se em) se mêler de qqch.
meticuloso, osa [metʃiku'lozu, ɔza] adj méticuleux(euse).
metódico, ca [me'tɔdʒiku, ka] adj (pessoa) méthodique ; (descrição) rigoureux(euse).
método [mɛtodu] m méthode f • **com/sem método** avec/sans méthode.
metralhadora [metraʎa'dora] f mitrailleuse f.
métrico, ca [mɛtriku, ka] adj métrique.

metro [mɛtru] *m* mètre *m*.

metrô [me'tro] *m* métro *m*.

metropolitano [metropoli'tânu, na] *m* métro *m*.

meu, minha ['mew, 'miɲa]
◆ *adj* mon(ma) ◆ *pron* **o meu/a minha** le mien /la mienne • **isto é meu** c'est à moi • **um amigo meu** un de mes amis • **os meus** *(a minha família)* les miens.

mexer [me'ʃe(x)] ◆ *vt (corpo)* bouger; *CULIN* remuer ◆ *vi* bouger • **mexer em algo** fouiller dans qqch ❑ **mexer-se** *vp (despachar-se)* s'activer; *(mover-se)* bouger • **mexa-se!** dépêche-toi!

mexerica [meʃe'rika] *f* clémentine *f*.

mexerico [meʃe'riku] *m* commérages *mpl*.

México [mɛʃiku] *m* • **o México** le Mexique.

mexido, da [me'ʃidu, da] *adj (música)* entraînant(e); *(ovo)* brouillé(e).

mexilhão [meʃi'ʎãw] *(pl -ões)* *m* moule *f*.

mg *(abrev de* miligrama*)* mg.

miar ['mja(x)] *vi* miauler.

micro ['mikru] *m* ordinateur *m*.

micróbio [mi'krɔbju] *m* microbe *m*.

microcomputador [mikrokõmputa'do(x)] *m* micro-ordinateur *m*.

microfone [mikro'fɔni] *m* micro *m*.

microondas [mikro'õndaʃ] *m inv* micro-ondes *m inv*.

microscópio [mikroʃ'kɔpju] *m* microscope *m*.

migalha [mi'gaʎa] *f* miette *f*.

migração [migra'sãw] *(pl -ões)* *f* migration *f*.

mijar [mi'ʒa(x)] *vi (fam)* pisser.

mil ['miw] *num* mille • **três mil** trois mille • **mil novecentos e noventa e sete** mille neuf cent quatre-vingt-dix-sept → **seis**.

milagre [mi'lagri] *m* miracle *m*.

milênio [mi'lenju] *m* millénaire *m*.

mil-folhas [miw'foʎaʃ] *m inv* mille-feuille *m*.

milha [miʎa] *f (terrestre)* mile *m*; *(marítima)* mille *m*.

milhão [mi'ʎãw] *(pl -ões)* *num* million *m* • **um milhão de pessoas** un million de personnes → **seis**.

milhar [mi'ʎa(x)] *(pl -es)* *num* millier *m* • **um milhar de pessoas** un millier de personnes → **seis**.

milho ['miʎu] *m* maïs *m*.

milhões → **milhão**.

miligrama [mili'grãma] *m* milligramme *m*.

mililitro [mili'litru] *m* millilitre *m*.

milímetro [mi'limetru] *m* millimètre *m*.

milionário, ria [miljo'narju, rja] *m*f millionnaire *m*f.

militante [mili'tãntʃi] *nm*f militant *m*, -e *f*.

milk-shake [mili'tãntʃi] *m* milk-shake *m*.

mim [mĩ] *pron (complemento direto)* moi, me • **a mim, você não mente** moi, tu ne me mens

mimado

pas; *(reflexivo)* moi • **para mim d'après moi** • **por mim** quant à moi.

mimado, da [mi'madu, da] *adj* gâté(e).

mimar [mi'ma(x)] *vt (criança)* gâter.

mímica ['mimika] *f (arte)* mime *m*; *(expressão)* mimique *f*.

mimo ['mimu] *m* câlin *m* • **fazer mimos em alguém** gâter qqn • **ser um mimo** être adorable.

mina ['mina] *f* mine *f*.

mindinho [mĩn'dʒiɲu] *m* auriculaire *m*.

mineiro, ra [mi'nejru, ra] *mf* mineur *m*.

mineral [mine'raw] *(pl* -**ais**) *m* minéral *m*.

minério [mi'nɛrju] *m* minerai *m*.

minha ['miɲa] → **meu**.

minhoca [mi'ɲɔka] *f* ver *m* de terre.

miniatura [minja'tura] *f* miniature *f* • **em miniatura** en miniature.

mínimo, ma ['minimu, ma] ◆ *adj (velocidade, pena)* minimal(e); *(temperatura)* minimal(e) ◆ *m* • **o mínimo** le minimum • **não fazer a mínima idéia** ne pas avoir la moindre idée • **no mínimo** au minimum • **pôr no mínimo** mettre au minimum.

minissaia [ˌmini'saja] *f* minijupe *f*.

ministério [miniʃ'tɛrju] *m* ministère *m*.

ministro, tra [mi'niʃtru, tra] *mf* ministre *m*.

minoria [mino'ria] *f* minorité *f* • **estar em minoria** être en minorité.

minúscula [mi'nuʃkula] *f* minuscule *f* • **em minúsculas** en minuscules.

minúsculo, la [mi'nuʃkulu, la] *adj* minuscule.

minuto [mi'nutu] *m* minute *f* • **só um minuto!** une (petite) minute! • **contar os minutos** chronométrer; *(fig)* trouver le temps long • **dentro de poucos minutos** dans quelques minutes • **em poucos minutos** en quelques minutes.

miolo [mi'olu] *m* mie *f* ◻ **miolos** *mpl* cervelle *f* • **derreter os miolos de alguém** *(fam)* faire tourner qqn en bourrique • **ter miolos** *(fam)* en avoir dans le crâne.

míope ['mjupi] *adj* myope.

miopia [mju'pia] *f* myopie *f*.

miosótis [mjɔ'zɔtiʃ] *m inv* myosotis *m*.

miragem [mi'raʒẽ] *(pl* -**ns**) *f* mirage *m*.

mirante [mi'rãntʃi] *m* belvédère *m*.

mirar [mi'ra(x)] *vt (observar)* regarder ◻ **mirar-se em** *vp + prep (em espelho, água)* se regarder.

miscelânea [miʃse'lanja] *f* mélange *m*; *(fig)* désordre *m*.

mise-en-plis ['mizẽnpli] *nmf* mise *f* en plis • **fazer uma mise-en-plis** se faire faire une mise en plis.

miserável [mizeˈravɛw] (*pl -eis*) *adj* misérable.

miséria [miˈzɛrja] *f* (*pobreza*) misère *f*; (*desgraça*) malheur *m*.

misericórdia [mizeriˈkɔrdja] *f* pitié *f* • **pedir misericórdia** demander miséricorde.

missa [ˈmisa] *f* messe *f*.

missão [miˈsãw] (*pl -ões*) *f* mission *f*.

míssil [ˈmisiw] (*pl -eis*) *m* missile *m*.

missionário, ria [misjoˈnarju, rja] *mf* missionnaire *mf*.

missões → missão.

mistério [miʃˈtɛrju] *m* mystère *m*.

misterioso, osa [miʃteˈrjozu, ɔza] *adj* mystérieux(euse).

misto, ta [ˈmiʃtu, ta] *adj* mixte.

mistura [miʃˈtura] *f* mélange *m*.

misturar [miʃtuˈra(x)] *vt* mélanger; (*fig*) confondre.

mito [ˈmitu] *m* mythe *m*.

miúdo, da [ˈmiudu, da] *adj* petit(e) ▫ **miúdos** *mpl* • **miúdos de galinha** abats *mpl* de poulet • **trocar em miúdos** expliquer en détail.

ml (*abrev de* mililitro) ml.

mm (*abrev de* milímetro) mm.

mo [mu] = me + o → me.

mobília [moˈbilja] *f* meubles *mpl*.

mobiliário [mobiˈljarju] *m* mobilier *m*.

moça [ˈmosa] *f* fille *f*.

moçambicano, na [mosãmbiˈkanu, na] ♦ *adj* mozambicain(e) ♦ *mf* Mozambicain *m*, -e *f*.

Moçambique [mosãmˈbiki] *s* Mozambique *m*.

mocassim [mokaˈsĩ] (*pl -ns*) *m* mocassin *m*.

mocassins [mokaˈsĩʃ] *mpl* mocassins *mpl*.

mochila [moˈʃila] *f* sac *m* à dos.

mocho [ˈmoʃu] *m* hibou *m*.

mocidade [mosiˈdadʒi] *f* jeunesse *f*.

moço, ça [ˈmosu, sa] *adj & mf* jeune • **moço de recados** coursier *m*.

mocotó [mokoˈtɔ] *m* pied de veau.

moda [ˈmɔda] *f* mode *f* • **à moda de** à la (mode de) • **estar fora de moda** être démodé(e) • **estar na moda** être à la mode • **passar de moda** ne plus être à la mode.

modalidade [modaliˈdadʒi] *f* (*de esporte*) discipline *f*; (*de pagamento*) modalité *f*.

modelo [moˈdelu] *m* (*fotográfico*) mannequin *m*; (*para pintor, de carro*) modèle *m*; (*de roupa*) patron *m* • **servir de modelo** servir de modèle • **tomar por modelo** prendre pour modèle.

modem [mɔdɛm] *m* modem *m*.

moderado, da [modeˈradu, da] *adj* modéré(e).

moderar [modeˈra(x)] *vt* modérer.

modernizar [modexniˈza(x)] *vt* moderniser.

moderno, na [moˈdɛxnu, na] *adj* moderne; (*roupa*) à la mode.

modéstia [moˈdɛʃtja] f modestie f • **modéstia à parte** sans vouloir me vanter.

modesto, ta [moˈdɛʃtu, ta] adj modeste.

modificar [modʒifiˈka(x)] vt modifier ▫ **modificar-se** vp changer.

modo [ˈmɔdu] m manière f; (de verbo) mode m • **com bons/maus modos** avec de bonnes/de mauvaises manières • **ter modos** savoir se tenir • **de certo modo** d'une certaine manière • **de modo nenhum!** sûrement pas! • **de modo que** si bien que • **de qualquer modo** de toute façon • **de tal modo que** tellement…que • **modo de usar** mode d'emploi.

módulo [ˈmɔdulu] m module m.

moeda [ˈmwedɐ] f (de metal) pièce f; (em geral) monnaie f • **moeda estrangeira** monnaie étrangère.

ⓘ MOEDA

Depuis 1994 le réal est la monnaie brésilienne. Les monnaies antérieures, le cruzado novo, le cruzeiro, le cruzeiro réal ont été dévorées par une monstrueuse hyperinflation. Vers la fin des années 1980, la monnaie brésilienne subissait des dévaluations de pratiquement 90% par mois. L'introduction du réal fait partie d'un ensemble de mesures mises en œuvre par le gouvernement pour assurer la stabilité économique du Brésil.

moela [ˈmwɛlɐ] f gésier m.

moer [ˈmwe(x)] vt moudre.

mofo [ˈmofu] m moisi m (odeur).

mogno [ˈmɔgnu] m acajou m.

moído, da [mwˈidu, da] adj moulu(e) • **estar moído** (fam) être crevé • **ter o corpo moído** être plein de courbatures.

moinho [mwˈiɲu] m moulin m • **moinho de café** moulin à café • **moinho de vento** moulin à vent.

mola [ˈmɔla] f (em colchão, sofá) ressort m.

molar [moˈla(x)] (pl -es) m molaire f.

moldar [mowˈda(x)] vt mouler.

moldura [mowˈdura] f cadre m.

mole [ˈmɔli] adj mou(molle).

molécula [muˈlɛkula] f molécule f.

molestar [moleʃˈta(x)] vt malmener.

molhar [moˈʎa(x)] vt mouiller ▫ **molhar-se** vp se mouiller.

molheira [moˈʎejra] f saucière f.

molho¹ [ˈmoʎu] m sauce f • **molho de tomate** sauce tomate • **pôr de molho** (bacalhau) dessaler; (roupa) faire tremper.

molho² [ˈmɔʎu] m (de palha) botte f; (de lenha) fagot m

moradia

- **molho de chaves** trousseau m de clés.

molinete [moli'netʃi] m (de vara de pesca) moulinet m.

momentaneamente [momẽn,tanja'mẽntʃi] adv pendant un moment.

momento [mo'mẽntu] m moment ◆ **um momento!** un moment! ◆ **a qualquer momento** à n'importe quel moment, à tout moment ◆ **até o momento** jusqu'à présent ◆ **de momento** pour le moment ◆ **dentro de momentos** dans quelques instants ◆ **de um momento para o outro** d'un moment à l'autre ◆ **em dado momento** à un moment donné ◆ **há momentos** il y a quelques instants ◆ **neste momento** en ce moment ◆ **por momentos** par moments; (momentaneamente) un moment.

monarca [mo'naxka] nmf monarque m.

monarquia [monax'kia] f monarchie f.

monge [ˈmõʒi] m moine m.

monitor, ra [moni'to(x), ra] (mpl **-es**, fpl **-s**) ◆ mf moniteur m, -trice f ◆ m (de computador) moniteur m.

monopólio [mono'pɔlju] m (de venda, negócio) monopole m; (jogo) Monopoly® m.

monossílabo [mono'silabu] m monosyllabe m.

monotonia [monoto'nia] f monotonie f.

monótono, na [mo'nɔtonu, na] adj (pessoa) ennuyeux(euse); (vida, trabalho) monotone.

monstro [ˈmõʃtru] m monstre m.

montagem [mõn'taʒẽ] (pl **-ns**) f montage m.

montanha [mõn'taɲa] f montagne f.

montanha-russa [mõn,taɲa'rusa] f montagnes fpl russes.

montanhismo [mõnta'ɲiʒmu] m alpinisme m.

montanhoso, osa [mõnta'ɲozu, ɔza] adj montagneux(euse).

montante [mõn'tãntʃi] ◆ mf montant m ◆ f amont m.

montar [mõn'ta(x)] ◆ vt monter ◆ vi faire du cheval ◆ **montar a cavalo** monter à cheval.

monte [ˈmõntʃi] m mont m ◆ **montes de** (fam) des tas de ◆ **aos montes** (fam) en pagaille ◆ **um monte de coisas** (fam) un tas de choses.

monumental [monumẽn'taw] (pl **-ais**) adj monumental(e).

monumento [monu'mẽntu] m monument m ◆ **monumento comemorativo** monument commémoratif.

moqueca [mo'kɛka] f mijoté de poisson ou de fruits de mer au lait de coco.

morada [mo'xada] f demeure f.

moradia [mora'dia] f maison f.

morador, ra [mora'do(x), ra] (*mpl* **-es**, *fpl* **-s**) *mf* habitant *m*, -e *f*.

moral [mo'raw] (*pl* **-ais**) ◆ *adj* moral(e) ◆ *m* moral *m* ◆ *f* morale *f*.

morango [mo'rãngu] *m* fraise *f*.

morar [mo'ra(x)] *vi* habiter.

mórbido, da ['mɔxbidu, da] *adj* (*pessoa*) maladif(ive); (*história, atmosfera*) morbide.

morcego [mox'segu] *m* chauve-souris *f inv*.

morcela [mox'sɛla] *f* boudin *m* noir.

mordaça [mox'dasa] *f* (*em pessoa*) bâillon *m*; (*em animal*) muselière *f*.

morder [mox'de(x)] *vt* mordre • **morder a língua** se mordre la langue.

mordida [mox'dida] *f* (*de inseto*) piqûre *f*; (*de cão, gato*) morsure *f*.

mordomo [mox'domu] *m* majordome *m*.

moreno, na [mo'renu, na] *adj* (*tez*) mat(e); (*pele*) bronzé(e); (*pessoa*) brun(e).

morfina [mox'fina] *f* morphine *f*.

moribundo, da [mori'būndu, da] *adj* moribond(e).

morno, na ['moxnu, na] *adj* tiède.

morrer [mo'xe(x)] *vi* (*pessoa, animal, planta*) mourir; (*fogo, luz*) s'éteindre; (*motor*) être mort(e) • **estou morrendo de fome** je meurs de faim • **ser** **de morrer de rir** (*fam*) être à mourir de rire.

morro ['moxu] *m* (*monte*) butte *f*; (*favela*) bidonville *m*.

mortadela [moxta'dɛla] *f* mortadelle *f*.

mortal [mox'taw] (*pl* **-ais**) *adj* & *nmf* mortel(elle).

mortalha [mox'taʎa] *f* (*de cadáver*) linceul *m*; (*papel para cigarro*) papier *m* à cigarette.

mortalidade [moxtali'dadʒi] *f* mortalité *f* • **mortalidade infantil** mortalité infantile.

morte [mɔxtʃi] *f* mort *f* • **pensar na morte da bezerra** bayer aux corneilles • **ser de morte** (*fam*) avoir un caractère difficile.

mortífero, ra [mox'tʃiferu, ra] *adj* mortel(elle).

morto, ta ['moxtu, ta] ◆ *pp* → **matar** ◆ *adj* & *mf* mort(e) • **estar morto** être mort • **estar morto de vontade de fazer algo** mourir d'envie de faire qqch • **ser morto** être tué • **estar morto de cansaço/de fome/de sono** être mort de fatigue/de faim/de sommeil.

mos [moʃ] = **me** + **os** → **me**.

mosaico [mo'zajku] *m* mosaïque *f*.

mosca ['moʃka] *f* mouche *f* • **acertar na mosca** mettre dans le mille.

moscatel [moʃka'tɛw] (*pl* **-éis**) *m* muscat *m*.

mosquiteiro [muʃki'tejru] *m* moustiquaire *f*.

mosquito [moʃ'kitu] m moustique m.

mostarda [moʃ'taxda] f moutarde f.

mosteiro [moʃ'tejru] m monastère m.

mostrador [moʃtra'do(x)] (pl -es) m cadran m.

mostrar [moʃ'tra(x)] vt montrer; (indicar) indiquer; (provar, demonstrar) faire preuve de; (exibir) exposer • **mostrar algo a alguém** montrer qqch à qqn • **mostrar interesse em fazer algo** être intéressé par qqch • **mostrar interesse por algo** montrer de l'intérêt pour qqch ▫ **mostrar-se** vp se montrer.

mostruário [moʃ'trwarju] m (de vendedor) présentoir m; (de cores) nuancier m.

mote [mɔtʃi] m devise f.

motel [mo'tɛw] (pl -éis) m motel m.

motim [mo'tʃĩ] (pl -ns) m (rebelião) émeute f; MIL mutinerie f.

motivar [motʃi'va(x)] vt (interesse) susciter; (confusão, mudança) provoquer; (aluno) motiver.

motivo [mo'tʃivu] m motif m • **por motivo de** en raison de • **por motivo de doença** pour raison de santé • **sem motivo** sans raison.

moto [mɔtu] f moto f.

motocicleta [ˌmotosi'klɛta] f motocyclette f.

motocross [ˌmoto'krɔʃi] m motocross m.

motor [mo'to(x)] (pl -es) m moteur m • **motor de arranque** démarreur m • **motor de busca** moteur de recherche m.

motorista [moto'riʃta] nmf (privado) chauffeur m; (de ônibus) conducteur m, -trice f.

motosserra [moto'sɛxa] f tronçonneuse f.

mourisco, ca [mo'riʃku, ka] adj mauresque.

Mouros ['moruʃ] mpl • **os Mouros** les Maures mpl.

movediço, ça [move'dʒisu, sa] adj mouvant(e).

móvel [mɔvew] (pl -eis) ◆ adj mobile ◆ m (mesa, armário, cama) meuble m • **móveis** mpl meubles mpl.

mover [mo've(x)] vt bouger; (campanha) lancer ▫ **mover-se** vp bouger.

movimentado, da [movimẽn'tadu, da] adj (local, estrada) fréquenté(e); (rua) animé(e).

movimento [movi'mẽntu] m (gesto) mouvement m; (em rua) animation f; (em estabelecimento) fréquentation f • **o movimento da loja hoje foi excelente** il y a eu beaucoup de monde aujourd'hui au magasin • **em movimento** en mouvement.

MPB (abrev de Música Popular Brasileira) f genre musical regroupant toutes les musiques populaires du Brésil.

muco ['muku] m mucus m.

mudança [mu'dãsa] f (modificação) changement m; (de casa)

mudar

déménagement *m*; *(de marcha)* changement *m* de vitesse
mudar [mu'da(x)] *vt & vi* changer ▫ **mudar de** *vp* changer de ▫ **mudar-se** *vp* déménager • mudar de casa déménager • mudar de roupa se changer • mudar-se para aller habiter à.
mudez [mu'deʒ] *f* mutité *f*.
mudo, da ['mudu, da] *adj* muet(ette) • ficar mudo *(fig)* rester muet.
muito, ta ['mũĩnta, ta] ◆ *adj* beaucoup de ◆ *pron & adv* beaucoup • tenho muito sono! j'ai très sommeil! • muito bem! très bien! • muito antes bien avant • por muito que avoir beau • por muito que lhe repita, ele não compreende j'ai beau le lui répéter, il ne comprend pas • quando muito tout au plus • querer muito a alguém aimer beaucoup qqn.
mula ['mula] *f* mule *f*.
mulato, ta [mu'latu, ta] *adj & mf* mulâtre.
muleta [mu'leta] *f* béquille *f*.
mulher [muʎe(x)] *(pl* **-es)** *f* femme *f*.
multa ['muwta] *f* amende *f*; *(a um motorista)* contravention *f* • levar *ou* receber uma multa avoir une amende; *(um motorista)* avoir une contravention.
multar [muw'ta(x)] *vt* condamner à une amende.
multidão [muwti'dãw] *(pl* **-ões)** *f (de pessoas)* foule *f*; *(de coisas)* multitude *f*.

236

multinacional [,muwtʃinasju'naw] *(pl* **-ais)** *f* multinationale *f*.
multiplicar [muwtʃipli'ka(x)] *vt & vi* multiplier • multiplicar por multiplier par ▫ **multiplicar-se** *vp* se multiplier.
múltiplo, pla ['muwtʃiplu, pla] ◆ *adj* multiple ◆ *m* multiple *m*.
multiprocessamento [muwtʃiprosesa'mẽntu] *m INFORM* multitraitement *m*.
multitarefa [muwtʃitax'efa, rja] *f INFORM* multitâche *f*.
multiusuário [muwtʃiuz'arju] *adj INFORM* multiutilisateur.
múmia ['mumja] *f* momie *f*.
mundial [mũn'dʒjaw] *(pl* **-ais)** ◆ *adj* mondial(e) ◆ *m* coupe *f* du monde.
mundo [mũndu] *m* monde *m* • não é nada do outro mundo ça n'a rien d'extraordinaire • o outro mundo l'autre monde • por nada deste mundo pour rien au monde • é o fim do mundo c'est la fin des haricots • todo o mundo tout le monde • viver no mundo da lua être dans la lune.
munição [muni'sãw] *(pl* **-ões)** *f* munition *f*.
municipal [munisi'paw] *(pl* **-ais)** *adj* municipal(e).
município [muni'sipju] *m* municipalité *f*.
munições → munição.
munir [mu'ni(x)] *vt* • munir alguém de algo munir qqn de qqch ▫ **munir-se** *de vp + prep*

• **munir-se de algo** se munir de qqch.
mural [mu'raw] (*pl* **-ais**) *m* peinture *f* murale.
muralha [mu'raʎa] *f* muraille *f*.
murchar [mux'ʃa(x)] *vi* se faner.
murcho, cha ['muxʃu, ʃa] *adj* fané(e); *(fig)* mort(e).
murmurar [muxmu'ra(x)] *vt* murmurer.
murmúrio [mux'murju] *m* murmure *m*.
muro ['muru] *m* mur *m (extérieur)*.
murro ['muxu] *m* coup *m* de poing • **dar um murro em alguém** donner un coup de poing à qqn • **ele deu um murro na mesa** il a tapé du poing sur la table.
murta ['muxta] *f* myrte *m*.
musa ['muza] *f* muse *f*.
musculação [muʃkula'sãw] *f* musculation *f*.
músculo ['muʃkulu] *m* muscle *m*.
musculoso, osa [muʃku'lozu, ɔza] *adj* musclé(e).
museu [mu'zew] *m* musée *m*.
musgo ['muʒgu] *m* mousse *f (plante)*.
música ['muzika] *f* musique *f* • **música de câmara** musique de chambre • **música clássica** musique classique • **música folclórica** musique folklorique • **música ligeira** musique légère • **música pop** musique pop • **música sinfônica** musique symphonique.

musical [muzi'kaw] (*pl* **-ais**) *adj* musical(e).
músico ['muziku, ka] *m* musicien *m*, -enne *f*.
musse ['musi] *f* mousse *f* • **musse de chocolate** mousse au chocolat.
mútuo, tua ['mutwu, twa] *adj (sentimentos)* mutuel(elle); *(gostos)* commun(e) • **de mútuo acordo** d'un commun accord.

N

N (*abrev de* **Norte**) N.
nº [nu] (*abrev de* **número**) n°.
na [na] = **em** + **a** → **em**.
-na [na] *pron (ela)* la; *(você)* to.
nabo ['nabu] *m* navet *m*; *(fig)* balourd *m*.
nação [na'sãw] (*pl* **-ões**) *f* nation *f*.
nacional [nasjo'naw] (*pl* **-ais**) *adj* national(e).
nacionalidade [nasjonali'dadʒi] *f* nationalité *f*.
nacionalismo [nasjona'liʒmu] *m* nationalisme *m*.
nações [na'sõjʃ] → **nação**.
nada ['nada] ♦ *pron* rien ♦ *adv* du tout • **não gosto nada disto** ça ne me plaît pas du tout • **de nada!** de rien! • **nada de novo** rien de neuf • **nada disso!** pas question! • **não dar**

nadador

por nada ne pas se rendre compte • ou tudo ou nada tout ou rien • antes de mais nada tout d'abord • é uma coisa de nada ce n'est rien • não prestar OU servir para nada ne servir à rien • não servir de nada fazer algo ne servir à rien de faire qqch.

nadador, ra [nada'do(x), ra] (*mpl* **-es**, *fpl* **-s**) *mf* nageur *m*, -euse *f*.

nadar [na'da(x)] *vi* nager • **nadar em** (*fig*) nager dans.

nádega ['nadega] *f* (*fam*) fesse *f*, fessier *m*.

nado ['nadu] *m* (*estilo*) nage *f* • **nado borboleta** la nage papillon • **a nado** à la nage • **nado de costas** la nage dos • **nado livre** nage libre.

naipe ['najpi] *m* couleur *f* (*des cartes à jouer*).

namorado, da [namo'radu, da] *mf* (*petit*) copain *m*, petite copine *f*.

não [nãw] *adv* non • **não é? n'est-ce pas?** • **pois não? n'est-ce pas?** • **não só... como também...** non seulement... mais aussi... • **pelo sim, pelo não** au cas où.

não-fumante [ˌnãwfu'mãntʃi] *mf* non-fumeur *m*, -euse *f*.

napa ['napa] *f* skaï *m*.

naquela [na'kɛla] = **em + aquela** → **em**.

naquele [na'keli] = **em + aquele** → **em**.

naquilo [na'kilu] = **em + aquilo** → **em**.

238

narciso [nax'sizu] *m* narcisse *m*.

narcótico [nax'kɔtʃiku] *m* narcotique *m*.

narina [na'rina] *f* narine *f*.

nariz [na'riʃ] (*pl* **-es**) *m* nez *m* • **meter o nariz em tudo** fourrer son nez partout • **torcer o nariz (a algo)** (*fig*) faire la fine bouche (devant qqch.).

narração [naxa'sãw] (*pl* **-ões**) *f* (*ato*) narration *f*; (*conto, história*) récit *m*.

narrar [na'xa(x)] *vt* raconter.

narrativa [naxa'tʃiva] *f* récit *m*.

nas [naʃ] = **em + as** → **em**.

-nas [naʃ] *pron pl* (*elas*) les; (*vocês*) vous.

nascença [naʃ'sẽsa] *f* naissance *f* • **de nascença** de naissance.

nascente [naʃ'sẽntʃi] *f* source *f*.

nascer [naʃ'se(x)] ♦ *vi* (*pessoa, animal*) naître; (*planta*) pousser; (*sol*) se lever • **nascer para ser algo** être fait pour qqch.

nascimento [naʃsi'mẽntu] *m* naissance *f*.

nata ['nata] *f* crème *f*.

natação [nata'sãw] *f* natation *f*.

natal [na'taw] (*pl* **-ais**) *adj* natal(e) ◇ **Natal** *m* Noël *m* • **Feliz Natal!** joyeux Noël!

nativo, va [na'tʃivu, va] *adj & mf* natif(ive) • **nativo de** originaire de.

natural [natu'raw] (*pl* **-ais**) *adj* naturel(elle) • **ao natural** au naturel • **como é natural** naturellement • **é natural que** c'est normal que • **nada mais natu-**

ral que rien d'étonnant à ce que • **ser natural de** être né à.
naturalidade [naturali'dadʒi] f (simplicidade) naturel m; (origem) origine f.
naturalmente [naturaw'mẽntʃi] ♦ adv naturellement ♦ interj évidemment!
natureza [natu'reza] f nature f • **da mesma natureza** de même nature • **por natureza** par nature ▫ **Natureza** f • **a Natureza** la nature.
natureza-morta [natu,reza'mɔxta] f nature f morte.
nau ['naw] f vaisseau m.
naufragar [nawfra'ga(x)] vi faire naufrage.
naufrágio [naw'fraʒju] m naufrage m.
náusea ['nawzea] f nausée f • **dar náuseas** donner la nausée.
náutico, ca ['nawtʃiku, ka] adj nautique.
navalha [na'vaʎa] f couteau m.
nave ['navi] f nef f • **nave espacial** vaisseau m spatial.
navegação [navega'sãw] f navigation f.
navegador, ra [navega'do(x)] m navigateur m, -trice f.
navegar [nave'ga(x)] ♦ vt piloter ♦ vi naviguer • **navegar na Internet** naviguer ou surfer sur Internet.
navio [na'viu] m navire m.
NB (abrev de Note Bem) NB.
NE (abrev de Nordeste) N-E.
neblina [ne'blina] f brume f.
necessário, ria [nese'sarju, rja] ♦ adj nécessaire ♦ m • **o necessário** le nécessaire • **é ne-**cessário... il faut... • **quando necessário** s'il le faut • **se necessário** si nécessaire.
necessidade [nesesi'dadʒi] f besoin m • **de primeira necessidade** de première nécessité • **sem necessidade** pour rien • **ter necessidade de fazer algo** avoir besoin de faire qqch • **fazer uma necessidade** (fam) faire ses besoins.
necessitar [nesesi'ta(x)] vt avoir besoin de ▫ **necessitar de** vp avoir besoin de.
necrotério [nekro'tɛrju] m morgue f.
néctar ['nɛkta(x)] (pl -es) m nectar m.
nefasto, ta [ne'fastu, ta] adj néfaste.
negar [ne'ga(x)] vt nier; (acesso) refuser ▫ **negar-se** vp • **negar-se algo** se refuser qqch • **negar-se a fazer algo** se refuser à faire qqch.
negativa [nega'tiva] f • **responder com uma negativa** répondre par la négative.
negativo, va [nega'tʃivu, va] ♦ adj négatif(ive); (temperatura) en dessous de zéro ♦ m négatif m.
negligência [negli'ʒẽnsja] f négligence f.
negligente [negli'ʒẽntʃi] adj négligent(e).
negociação [negosja'sãw] (pl -ões) f négociation f.
negociar [negosi'a(x)] ♦ vt négocier ♦ vi négocier; COM faire des affaires.

negócio

negócio [ne'gɔsju] *m* affaire *f*
- **fazer negócios com alguém** faire des affaires avec qqn
- **negócio da China** affaire en or.

negro, gra ['negru, gra] ♦ *adj* noir(e); *(nublado, difícil)* sombre ♦ *mf* Noir *m*, -e *f*.

nela ['nɛla] = em + ela → em.

nele ['neli] = em + ele; → em.

nem [nẽ] ♦ *conj* non plus ♦ *adv* même pas • **nem ele sabe** il ne le sait pas non plus • **ele estava tão doente que nem veio** il était tellement malade qu'il n'est même pas venu • **nem por isso** pas tellement • **nem que** même si • **nem sempre** pas toujours • **nem tudo está incluído** tout n'est pas compris • **nem mais!** tout à fait! • **nem... nem...** ni... ni... • **nem um nem outro** ni l'un ni l'autre • **nem pense!** *(fam)* tu peux toujours courir!

nenhum, ma [ne'ɲũ, ma] *(mpl* -ns, *fpl* -s) *adj & pron* aucun(aucune) • **não tive nenhum problema** je n'ai eu aucun problème • **não quero nenhuma bebida** je ne veux rien boire • **nenhum de** aucun de • **nenhum dos dois** aucun des deux.

neozelandês, esa [neuzelãdeʃ, eza] *(mpl* -eses, *fpl* -s) ♦ *adj* néo-zélandais(e) ♦ *mf* Néo-Zélandais *m*, -e *f*.

nervo ['nɛrvu] *m* nerf *m* □ **nervos** *mpl (fam)* nerfs *mpl*.

nervosismo [nɛrvo'ziʒmu] *m* nervosité *f*.

nêspera ['neʃpera] *f* nèfle *f*.

nessa ['nɛsa] = em + essa; → em.

nesse ['nesi] = em + esse; → em.

nesta ['nɛʃta] = em + esta; → em.

neste ['neʃtʃi] = em + este; → em.

net ['nɛtʃi] *f INFORM* le Net *m*.

netiqueta [netʃi'keta] *f* netiquette *f*.

neto, ta ['nɛtu, ta] *mf* petit-fils *m*, petite-fille *f*.

neurose [new'rɔzi] *f* névrose *f*.

neutralidade [newtrali'dadʒi] *f* neutralité *f*.

neutralizar ['newtrali'za(x)] *vt* neutraliser.

neutro, tra ['newtru, tra] *adj* neutre.

nevar [ne'va(x)] *v impess* neiger • **está nevando** il neige.

neve ['nɛvi] *f* neige *f*.

névoa ['nɛvwa] *f* brume *f*.

nevoeiro [ne'vwejru] *m* brouillard *m*.

newsgroups [nuʃ'grupʃ] *mpl* forum de discussion *m*.

Nicarágua [nika'ragwa] *f* • **a Nicarágua** le Nicaragua.

nick ['niki] *(abrev de* **nickname**) *m INFORM* pseudonyme *m*.

nicotina [niko'tʃina] *f* nicotine *f*.

ninguém [nĩŋ'gãj] *pron* personne • **ninguém sabe** personne ne le sait • **não há ninguém (em casa)** il n'y a personne (à la maison) • **não vi ninguém** je n'ai vu personne.

ninho ['niɲu] *m* nid *m*.

níquel ['nikɛw] (*pl* **-eis**) *m* nickel *m*.

nissei [ni'sej] *nmf* Brésilien *m*, -enne *f* de parents japonais.

nisso ['nisu] = **em** + **isso**; → **em**.

nisto ['niʃtu] = **em** + **isto**; → **em**.

nitidez [nitʃi'deʃ] *f* (*de imagem, visão*) netteté *f*; (*de idéias, raciocínio*) clarté *f*.

nítido, da ['nitʃidu, da] *adj* (*imagem, visão*) net(nette); (*idéia*) clair(e).

nitrato [ni'tratu] *m* nitrate *m* • **nitrato de prata** nitrate d'argent.

nível ['nivɛw] (*pl* **-eis**) *m* niveau *m*; (*qualidade*) gamme *f* • **ao nível de** au niveau de • **de alto/baixo nível** haut/bas de gamme • **nível de vida** niveau de vie.

no [nu] = **em** + **o**; → **em**.

-no [nu] *pron* (*ele*) le; (*você*) te.

NO (*abrev de* **Noroeste**) N-O.

nó ['nɔ] *m* nœud *m*; (*em dedo*) articulation *f* • **dar um nó** faire un nœud.

nobre ['nɔbri] *adj* noble.

noção [no'sãw] (*pl* **-ões**) *f* notion *f*.

nocivo, va [no'sivu, va] *adj* nocif(ive).

noções → **noção**.

nódoa ['nɔdwa] *f* tache *f*.

nogueira [no'gejra] *f* noyer *m*.

noite ['nojtʃi] *f* nuit *f*; (*início da noite*) le soir • **a noite** le soir • **boa noite!** bonsoir!; (*antes de ir dormir*) bonne nuit! • **esta noite** cette nuit; (*no início da noite*) ce soir • **dia e noite** jour et nuit • **por noite** la nuit • **uma noite por outra** de temps en temps • **da noite para o dia** du jour au lendemain.

noivado [noj'vadu] *m* fiançailles *fpl*.

noivo, va ['nojvu, va] *mf* fiancé *m*, -e *f* • **estar noivo de alguém** être fiancé à qqn ▫ **noivos** *mpl* mariés *mpl* • **eles estão noivos** ils sont fiancés.

nojento, ta [no'ʒẽntu, ta] *adj* dégoûtant(e).

nojo [noʒu] *m* dégoût *m* • **dar nojo** dégoûter • **ter** *ou* **sentir nojo de** être dégoûté par.

nome ['nomi] *m* nom *m* • **nome de batismo** prénom *m* • **nome completo** nom et prénoms • **nome próprio** nom propre • **em nome de** au nom de.

nomeação [nomja'sãw] (*pl* **-ões**) *f* nomination *f*.

nomeadamente [nu,mjada'mẽntʃi] *adv* notamment.

nomear [nomi'a(x)] *vt* nommer; (*para prêmio*) sélectionner.

nonagésimo, ma [nona'ʒɛzimu, ma] *num* quatre-vingt-dixième, → **sexto**.

nono, na ['nonu, na] *num* neuvième, → **sexto**.

nora ['nɔra] *f* (*familiar*) belle-fille *f*; (*para água*) noria *f*.

nordeste [nox'dɛʃtʃi] *m* nord-est *m* • **no nordeste** au nord-est.

nordestino, na [nɔʀdeʃˈtʃinu, na] ♦ *adj* du Nord-est ♦ *mf* habitant *m* du Nord-est

norma [ˈnɔʀma] *f* norme *f* • **por norma** en règle générale.

normal [nɔxˈmaw] (*pl* **-ais**) *adj* normal(e).

normalmente [nɔxmawˈmẽntʃi] *adv* normalement.

noroeste [nɔˈʀwɛʃtʃi] *m* nord-ouest *m* • **no noroeste** au nord-ouest.

norte [ˈnɔxtʃi] ♦ *adj* du nord ♦ *m* nord *m* • **a norte** au nord • **a norte de** au nord de • **no norte** au nord.

norte-americano, na [ˌnɔxtʃiameriˈkanu, na] ♦ *adj* américain(e) ♦ *mf* Américain *m*, -e *f*.

Noruega [nɔˈʀwega] *f* • **a Noruega** la Norvège.

norueguês, esa [norweˈgeʃ, eza] (*mpl* **-eses**, *fpl* **-s**) ♦ *adj* norvégien(enne) ♦ *mf* Norvégien *m*, -enne *f* ♦ *m* (*língua*) norvégien *m*.

nos¹ [nɔʃ] = em + os; → em.

nos² [nɔʃ] *pron pl* nous • **ele nos pagou** il nous a payés • **ela nos falou** elle nous a parlé • **deu-nos muito que fazer** il nous a donné beaucoup de travail • **ele nos chateou muito** il nous a beaucoup embêtés • **vamo-nos embora** allons-y • **odiamo-nos** nous nous détestons • **nos beijamos** nous sommes embrassés • **assim não nos roubam o carro** ainsi on ne nous volera pas la voiture.

-nos [nɔʃ] *pron pl* (*eles*) les; (*vocês*) vous.

nós [ˈnɔʃ] *pron* nous • **somos nós** c'est nous • **e nós?** et nous? • **nós mesmos** *ou* **próprios** nous-mêmes • **para nós** d'après nous • **por nós** quant à nous.

nosso, a [ˈnɔsu, a] ♦ *adj* notre ♦ *pron* • **o nosso/a nossa** le/la nôtre • **isto é nosso** c'est à nous • **um amigo nosso** un de nos amis • **os nossos** (*a nossa família*) les nôtres.

nostalgia [nɔʃtawˈʒia] *f* nostalgie *f*.

nostálgico, ca [nɔʃˈtawʒiku, ka] *adj* nostalgique.

nota [ˈnɔta] *f* note *f*; (*moeda*) billet *m* • **tomar nota de algo** prendre note de qqch.

notário, ria [noˈtarju, rja] *mf* notaire *m*.

notável [noˈtavew] (*pl* **-eis**) *adj* notable.

notebook [ˈnɔtʃibuki] *m INFORM* notebook *m*.

notícia [noˈtʃisja] *f* nouvelle *f*
▫ **notícias** *fpl* informations *fpl*.

noticiário [notʃiˈsjarju] *m* journal *m*.

notificar [notʃifiˈka(x)] *vt* notifier.

notório, ria [noˈtɔrju, rja] *adj* notoire.

noturno, na [noˈtuxnu, na] *adj* (*atividade*) de nuit; (*animal*) nocturne.

nova [ˈnɔva] *f* nouvelle *f*.

Nova Iorque s New-York.
novamente [,nɔva'mẽntʃi] adv de nouveau.
novato, ta [no'vatu, ta] mf novice mf.
Nova Zelândia [,nɔvaze'lãndʒja] f • **a Nova Zelândia** la Nouvelle-Zélande.
nove ['nɔvi] num neuf, → **seis**.
novecentos, tas [nɔve'sẽntuʃ, taʃ] num neuf cents, → **seis**.
novela [no'vɛla] f (em televisão) feuilleton m; (livro) nouvelle f.
novelo [no'velu] m pelote f.
novembro [no'vẽmbru] m novembre m, → **setembro**.
noventa [no'vẽnta] num quatre-vingt-dix, → **seis**.
novidade [novi'dadʒi] f nouveauté f; (notícia) nouvelle f.
novilho [no'viʎu, ʎa] m veau m.
novo, nova ['novu, 'nɔva] adj (jovem) jeune; (recente) nouveau(elle); (não estreado) neuf(ve) • **novo em folha** tout neuf.
noz [nɔʃ] (pl **-es**) f noix f.
noz-moscada [,nɔʒmoʃ'kada] f noix f muscade.
nu, nua ['nu, 'nua] adj nu(e) • **nu em pêlo** tout nu.
nublado, da [nu'bladu, da] adj nuageux(euse).
nuca ['nuka] f nuque f.
nuclear [nukle'a(x)] (pl **-es**) adj nucléaire.
núcleo ['nukliu] m noyau m.
nudez [nu'deʒ] f nudité f.
nudista [nu'dʒiʃta] nmf nudiste mf.

nulo, la ['nulu, la] adj nul(nulle).
num [nũ] = **em + um** ; → **em**.
numa ['numa] = **em + uma**, → **em**.
numeral [nume'raw] (pl **-ais**) m numéral m.
numerar [nume'ra(x)] vt numéroter.
numerário [nume'rarju] m numéraire m.
número ['numeru] m numéro m; (de sapatos) pointure f; (peça de vestuário) taille f; (quantidade) nombre m • **número de código** numéro de code • **número de contribuinte** numéro d'identification fiscale • **número de passaporte** numéro de passeport • **número de telefone** numéro de téléphone.
numeroso, osa [nume'rozu, ɔza] adj nombreux(euse).
numismática [numiʒ'matika] f numismatique f.
nunca ['nũŋka] adv jamais • **mais do que nunca** plus que jamais • **nunca mais** plus jamais • **nunca se sabe** on ne sait jamais • **nunca na vida** jamais de la vie.
nuns [nũʃ] = **em + uns**, → **em**.
núpcias ['nupsjaʃ] fpl noces fpl.
nutrição [nutri'sãw] f nutrition f.
nutrir [nu'tri(x)] vt (fig) nourrir.
nutritivo, va [nutri'tʃivu, va] adj nutritif(ive).
nuvem [nu'vẽ] (pl **-ns**) f nuage m.

NW (abrev de **Noroeste**) N-O.

O

o, a [u, a] (*mpl* **os** *fpl* **as**) ♦ *art* **1.** *(ger)* le(la) • **o hotel** l'hôtel • **os alunos** les élèves • **a aluna** l'élève • **a casa** la maison • **o amor** l'amour • **os nervos** les nerfs • **a vida** la vie • **o belo** le beau • **o melhor/pior** le meilleur/pire • **o possível** le possible • **o Brasil** le Brésil • **a Inglaterra** l'Angleterre • **os Pireneus** les Pyrénnées • **quebrou o nariz** il s'est cassé le nez • **tenho os pés frios** j'ai les pieds gelés • **os ovos estão a 3€ a dúzia** les œufs sont à 3 euros la douzaine • **o 21 de abril** le 21 avril **2.** *(com nome de pessoa)* • **o Paulo** Paulo • **a Helena** Helena • **o Sr. Costa** M. Costa ♦ *pron* **1.** *(ger)* le(la) • **deixei-a ali** je l'ai laissée là • **ela a amava muito** elle l'aimait beaucoup • **não as vi** je ne les ai pas vues • **o quarto, reservei-o com antecedência** la chambre, je l'ai réservée d'avance • **os papéis, não consigo achá-los** les papiers, je n'arrive pas à les trouver • **as minhas botas, você vai estragá-las** mes bottes, tu vas les abîmer **2.** *(você, vocês)* te, vous • **eu o chamei, mas você não ouviu** je t'ai appelé, mais tu n'as pas entendu • **prazer em vê-los, meninos** je suis ravi de vous voir, les enfants **3.** *(em locuções)* • **o/a de** celui/celle de • **é o carro do Paulo** c'est la voiture de Paulo • **o dele** le sien • **a dela** la sienne • **são os dele** ce sont les siens • **quero o azul** je veux celui en bleu • **o/a que vejo** celui/celle que je vois • **os/as que comeram** ceux/celles qui ont mangé • **o que é que você está fazendo?** qu'est-ce que tu fais? • **o que é que se passa?** qu'est-ce qui se passe • **o quê?** quoi? • **era o que eu pensava** c'est bien ce que je pensais.

O *(abrev de* **Oeste**) O.

oásis [ɔˈazis] *m inv* oasis *f.*

oba [ˈɔba] *interj* oh là là!

obedecer [obedeˈse(x)] *vi* obedecer a obéir à.

obediente [obeˈdʒjẽntʃi] *adj* obéissant(e).

obesidade [obeziˈdadʒi] *f* obésité *f.*

obeso, sa [oˈbezu, za] *adj* obèse.

obg. *(abrev de* **obrigado**) merci.

óbito [ˈɔbitu] *m* décès *m.*

obituário [obitwˈarju] *m* notice *f* nécrologique.

objeção [obʒeˈsãw] (*pl* -ões) *f* objection *f.*

objetiva [obʒeˈtʃiva] *f* objectif *m.*

objetivo, va [obʒeˈtʃivu, va] ♦ *adj* objectif(ive) ♦ *m* objectif *m.*

objeto [obˈʒɛtu] *m* objet *m.*

oboé [oˈbwɛ] *m* hautbois *m.*

obra [ˈɔbra] *f* œuvre *f* • **obra de arte** œuvre d'art ▫ **obras** *fpl* travaux *mpl* ♦ **em obras** en travaux.

obra-prima [ˌɔbra'prima] (*pl* **obras-primas**) *f* chef m d'œuvre.

obrar [o'bra(x)] *vi (defecar)* aller à la selle.

obrigação [obriga'sãw] (*pl* **-ões**) *f* obligation *f*.

obrigado [obri'gadu, da] *interj* merci! ♦ **muito obrigado!** merci beaucoup!

obrigar [obri'ga(x)] *vt* ♦ **obrigar alguém a fazer algo** obliger qqn à faire qqch.

obrigatório, ria [obriga'tɔrju, rja] *adj* obligatoire.

obs. (*abrev de* **observações**) obs.

obsceno, na [obʃ'senu, na] *adj* obscène.

observação [obsexva'sãw] (*pl* **-ões**) *f (de pessoa, animal, evento)* observation *f; (reparo)* remarque *f; (de lei, regra)* respect *m* ◻ **observações** *fpl* remarques *fpl*.

observador, ra [obsexva'do(x), ra] (*mpl* **-es**, *fpl* **-s**) *mf* observateur *m*, -trice *f*.

observar [obsex'va(x)] *vt* observer; *(dizer)* faire remarquer.

observatório [obsexva'tɔrju] *m* observatoire *m*.

obsessão [obse'sãw] (*pl* **-ões**) *f* obsession *f*.

obsoleto, ta [obso'letu, ta] *adj* obsolète.

obstáculo [obʃ'takulu] *m* obstacle *m*.

obstetra [obʃ'tɛtra] *nmf* obstétricien *m*, -enne *f*.

obstinado, da [obʃtʃi'nadu, da] *adj* obstiné(e).

obstrução [obʃtru'sãw] (*pl* **-ões**) *f* obstruction *f*.

obter [ob'te(x)] *vt* obtenir.

obturação [obtura'sãw] (*pl* **-ões**) *f* obturation *f*.

obturador [obtura'do(x)] (*pl* **-es**) *m* obturateur *m*.

óbvio, via [ˈɔbvju, vja] *adj* évident(e) ♦ **como é óbvio** évidemment.

ocasião [oka'zjãw] (*pl* **-ões**) *f (momento determinado)* fois *f; (oportunidade)* occasion *f* ♦ **nessa ocasião** à cette occasion ♦ **por ocasião de** au moment de.

Oceania [osjã'nia] *f* ♦ **a Oceania** l'Océanie *f*.

oceano [ose'ãno] *m* océan *m*.

ocidental [osidẽn'taw] (*pl* **-ais**) *adj* occidental(e) ◻ **ocidentais** *mpl* ♦ **os ocidentais** les Occidentaux *mpl*.

ocidente [osi'dẽntʃi] *m* occident *m* ◻ **Ocidente** *m* ♦ **o Ocidente** l'Occident.

ócio [ˈɔsju] *m* loisir *m*.

oco, oca [ˈoku, ˈoka] *adj* creux(creuse).

ocorrência [oko'xẽsja] *f (acontecimento)* événement *m; (incidente)* incident *m* ♦ **constatar a ocorrência de fatos estranhos** constater que des choses bizarres se produisent.

ocorrer [oko'xe(x)] *vi* **1.** *(gerar)* arriver **2.** *(acontecimento)* survenir 3. *(ajudar)* subvenir, pourvoir (aux besoins).

octogésimo, ma [okto'ʒezimu, ma] *num* quatre-vingtième, → **sexto**.

oculista [oku'liʃta] *nmf (médico)* occuliste *mf; (fabricante)* opticien *m*, -enne *f*.

óculos ['ɔkuluʃ] *mpl* lunettes *fpl* • **óculos de sol** lunettes de soleil.

ocultar [okuw'ta(x)] *vt* cacher ▫ **ocultar-se** *vp* se cacher.

oculto, ta [o'kuwtu, ta] *pp* → **ocultar**.

ocupação [okupa'sãw] *(pl* -ões*)* f occupation *f*.

ocupado, da [oku'padu, da] *adj* occupé(e) ♦ **ocupado** occupé.

ocupar [oku'pa(x)] *vt* occuper; *(tempo, espaço)* prendre ▫ **ocupar-se** *vp* s'occuper • **ocupar-se fazendo algo** s'occuper en faisant qqch • **ocupar-se de algo** s'occuper de.

odiar [o'dʒja(x)] *vt* haïr.

ódio ['ɔdʒju] *m* haine *f*.

odor [o'do(x)] *(pl* -es*)* m odeur *f* • **odor corporal** odeur corporelle.

oeste ['wɛʃtʃi] *m* ouest *m* • **a oeste** à l'ouest • **a oeste de** à l'ouest de • **no oeste** à l'ouest.

ofegante [ofe'gãntʃi] *adj* haletant(e).

ofegar [ofe'ga(x)] *vi* haleter.

ofender [ofẽn'de(x)] *vt* blesser, offenser ▫ **ofender-se** *vp* se vexer • **ofender-se com algo** se vexer de qqch.

oferecer [ofere'se(x)] *vt* • **oferecer algo a alguém** offrir qqch à qqn ▫ **oferecer-se** *vp* + *prep* • **oferecer-se para fazer algo** se proposer de faire qqch.

oferta [o'fɛxta] *f* offre *f; (presente)* cadeau *m*.

off-line ['ɔflajn] *adv INFORM* mode autonome/manuel *m*, déconnecté, indisponible.

oficial [ofisi'aw] *(pl* -ais*)* ♦ *adj* officiel(elle) ♦ *nmf* officier *m*.

oficina [ofi'sina] *f* garage *m*.

ofício [o'fisju] *m (profissão)* métier *m; (carta oficial)* dépêche *f*.

oftalmologista [oftawmolo'ʒiʃta] *nmf* ophtalmologiste *mf*.

ofuscar [ofuʃ'ka(x)] *vt* éblouir.

oi ['oj] *interj* salut!

oitavo, va [oj'tavu, va] *num* huitième, → **sexto**.

oitenta [oj'tẽnta] *num* quatre-vingt, → **seis**.

oito ['ojtu] *num* huit • **nem oito nem oitenta!** il ne faut pas exagérer! → **seis**.

oitocentos, tas [ojto'sẽntuʃ, taʃ] *num* huit cents, → **seis**.

OK [ɔ'kaj] *interj* OK!

olá [o'la] *interj* salut!

olaria [ola'ria] *f* poterie *f*.

oleado [o'ljadu] *m* linoléum *m*.

olear [o'lja(x)] *vt* huiler.

óleo ['ɔlju] *m* huile *f* • **óleo de bronzear** huile solaire • **óleo de girassol** huile de tournesol • **óleo de soja** huile de soja • **óleo vegetal** huile végétale.

oleoduto [oljo'dutu] *m* oléoduc *m*.

oleoso, osa [oli'ozu, ɔza] *adj* gras(grasse).

olfato [ow'fatu] *m* odorat *m*.

olhadela [oʎa'dɛla] *f* coup d'œil *m* • **dar uma olhadela em algo** jeter un coup d'œil à qqch.

olhar [o'ʎa(x)] ◆ *vt & vi* regarder ◆ *m* regard *m* • **olhar para** regarder vers • **olhar por** s'occuper de.

olheiras [o'ʎejraʃ] *fpl* cernes *mpl*.

olho [oʎu] (*pl* **olhos**) *m* œil *m* • **olho mágico** œilleton *m* • **a olho nu** à l'œil nu • **a olhos vistos** à vue d'œil • **aos olhos de** aux yeux de • **cravar os olhos em** fixer les yeux sur • **custar os olhos da cara** coûter les yeux de la tête • **não pregar olho** ne pas fermer l'œil *(de la nuit)* • **ver com bons/maus olhos** voir d'un bon/mauvais œil.

olho-de-sogra [ˌoʎudʒi'sɔgra] (*pl* **olhos-de-sogra**) *m* pruneau fourré à la crème fraîche et à la noix de coco.

olímpico, ca [o'līmpiku, ka] *adj* olympique.

oliveira [oli'vejra] *f* olivier *m*.

olmo ['owmu] *m* orme *m*.

ombro ['õmbru] *m* épaule *f* • **levantar os ombros** hausser les épaules.

omelete [ome'lɛtʃi] *f* omelette *f*.

omissão [omi'sãw] (*pl* **-ões**) *f* omission *f*.

omitir [omi'ti(x)] *vt* omettre.

omoplata [omo'plata] *f* omoplate *f*.

onça ['õsa] *f (animal)* jaguar *m*; *(medida)* once *f*.

onda ['õnda] *f* vague *f*; *(de rádio)* onde *f*; *(de cabelo)* ondulation *f* • **onda média** ondes moyennes • **onda longa/curta** grandes/petites ondes • **fazer onda** *(fam)* faire des histoires • **ir na onda** se faire avoir.

onde ['õndʒi] *adv* où • **por onde** par où.

ondulado, da [õndu'ladu, da] *adj* ondulé(e).

oneroso, osa [one'rozu, ɔza] *adj* onéreux(euse).

ONG *f (abrev de* Organização Não Governamental*)* ONG *f*.

ônibus ['onibuʃ] *m inv* autobus *m* • **pegar o ônibus** prendre le bus/le car.

onipotente [ˌonipo'tẽntʃi] *adj* omnipotent(e).

ônix ['oniks] *m* onyx *m*.

on-line ['õnlajni] *adv* INFORM en ligne, connecté.

ontem ['õntẽ] *adv* hier • **antes de ontem** avant-hier.

ONU ['onu] *f (abrev de* Organização das Nações Unidas*)* ONU *f*.

onze ['õzi] *num* onze • **seis**.

opaco, ca [o'paku, ka] *adj* opaque.

opala [o'pala] *f* opale *f*.

opção [op'sãw] (*pl* **-ões**) *f* option *f*.

ópera ['ɔpera] *f* opéra *m*.

operação [opera'sãw] (*pl* **-ões**) *f* opération *f*.

operador, ra [opera'do(x), ra] (*mpl* **-es**, *fpl* **-s**) *mf* • **operador**

operar

de computadores *personne qui maîtrise des logiciels informatiques.*
operar [ope'ra(x)] *vt & vi* opérer ◻ **operar-se** *vp* se produire.
operário, ria [ope'rarju, rja] *mf* ouvrier *m*, -ère *f.*
opereta [ope'reta] *f* opérette *f.*
opinar [opi'na(x)] ◆ *vt* estimer ◆ *vi* donner son avis.
opinião [opi'njãw] (*pl* **-ões**) *f* opinion *f.* • **na minha opinião** à mon avis • **na opinião de** selon • **ser da opinião que** être d'avis que • **a opinião pública** l'opinion publique.
ópio ['ɔpju] *m* opium *m.*
oponente [opo'nẽntʃi] *mf* opposant *m*, -e *f.*
opor-se [o'poxsi] *vp* s'opposer • **opor-se a** s'opposer à.
oportunidade [opoxtuni'dadʒi] *f* occasion *f.*
oportuno, na [opox'tunu, na] *adj* opportun(e).
oposição [opozi'sãw] *f* opposition *f* • **a oposição** l'opposition *f.*
oposto, osta [o'poʃtu, ɔʃta] ◆ *adj* opposé(e) ◆ *m* • **o oposto** l'opposé • **oposto a** opposé à.
opressão [opre'sãw] (*pl* **-ões**) *f* oppression *f.*
opressivo, va [opre'sivu, va] *adj* (*atmosfera*) oppressant(e); (*sistema, regime*) oppressif(ive).
opressões → opressão.
oprimir [opri'mi(x)] *vt* opprimer.
optar [op'ta(x)] *vi* opter • **optar por algo** opter pour

248

qqch • **optar por fazer algo** choisir de faire qqch.
ora ['ɔra] ◆ *interj* voyons! ◆ *conj* bon ◆ *adv* • **por ora** pour l'instant • **ora essa!** ça alors! • **ora sim..., ora não...** un coup oui..., un coup non....
oração [ora'sãw] (*pl* **-ões**) *f* (*prece*) prière *f*; (*frase*) proposition *f.*
orador, ra [ora'do(x), ra] (*mpl* **-es**, *fpl* **-s**) *mf* orateur *m*, -trice *f.*
oral [o'raw] (*pl* **-ais**) ◆ *adj* oral(e) ◆ *f* oral *m.*
orangotango [orãŋgu'tãŋgu] *m* orang-outan *m.*
orar [o'ra(x)] *vi* (*discursar*) faire un discours; (*rezar*) prier.
órbita ['ɔxbita] *f* orbite *f.*
orçamento [oxsa'mẽntu] *m* budget *m.*
ordem ['ɔxdẽ] (*pl* **-ns**) *f* ordre *m* • **sempre às ordens!** à votre service! • **até nova ordem** jusqu'à nouvel ordre • **de tal ordem que** si important que • **pôr algo em ordem** mettre qqch en ordre • **por ordem** par ordre • **por ordem de alguém** sur ordre de qqn.
ordenado [oxde'nadu] *m* salaire *m.*
ordenhar [oxde'ɲa(x)] *vt* traire.
ordens → ordem.
ordinário, ria [oxdʒi'narju, rja] *adj* (*grosseiro*) vulgaire.
orégano [o'reganu] *m* origan *m.*
orelha [o'reʎa] *f* ANAT oreille *f.*
orelheira [ore'ʎejra] *f* oreilles *fpl* de porc.

orfanato [oxfa'natu] *m* orphelinat *m.*

órfão, ã ['ɔxfãw, fã] *mf* orphelin *m*, -e *f.* **orfeão** [ox'fjãw] (*pl* **-ões**) *m* chorale *f.*

orgânico, ca [ox'ganiku, ka] *adj* organique.

organismo [oxga'niʒmu] *m* organisme *m.*

organização [oxganiza'sãw] (*pl* **-ões**) *f* organisation *f.*

órgão ['ɔxgãw] *m* organe *m*; *(instrumento musical)* orgue *m* • **órgãos genitais** OU **sexuais** organes génitaux OU sexuels.

orgasmo [ox'gaʒmu] *m* orgasme *m.*

orgia [ox'ʒia] *f* orgie *f.*

orgulhar-se [oxguʎ'axsi] ❑ **orgulhar-se de** *vp + prep* être fier(ère)de.

orgulho [ox'guʎu] *m* (*soberba*) orgueil *m*; (*satisfação*) fierté *f.*

orientação [orjẽnta'sãw] (*pl* **-ões**) *f* orientation *f* • **orientação escolar** orientation • **orientação profissional** orientation professionnelle.

oriental [orjẽn'taw] (*pl* **-ais**) *adj* oriental(e) ❑ **orientais** *mpl* • **os orientais** les Orientaux *mpl.*

orientar [orjẽn'ta(x)] *vt* orienter ❑ **orientar-se por** *vp + prep* suivre.

oriente [o'rjẽntʃi] *m* orient *m* ❑ **Oriente** *m* • **o Oriente** l'Orient *m.*

orifício [ori'fisju] *m* orifice *m.*

origem [o'riʒẽ] (*pl* **-ns**) *f* origine *f.*

original [oriʒi'naw] (*pl* **-ais**) ♦ *adj* original(e); (*inicial*) originel(elle) ♦ *m* original *m.*

originar [oriʒi'na(x)] *vt* être à l'origine de ❑ **originar-se** *vp* survenir.

oriundo, da [ori'ũndu, da] *adj* • **oriundo de** originaire de.

orixá [ori'ʃa] *nmf divinité f du culte afro-brésilien du candomblé.*

ornamentar [oxnamẽn'ta(x)] *vt* orner.

ornamento [oxna'mẽntu] *m* ornement *m.*

ornitologia [ɔxnitolo'ʒia] *f* ornithologie *f.*

orquestra [ox'kɛʃtra] *f* orchestre *m.*

orquídea [ox'kidʒja] *f* orchidée *f.*

ortografia [oxtogra'fia] *f* orthographe *f.*

ortopedia [oxtope'dʒja] *f* orthopédie *f.*

ortopédico, ca [oxto'pedʒiku, ka] *adj* orthopédique.

ortopedista [oxtope'dʒiʃta] *nmf* orthopédiste *mf.*

orvalho [ox'vaʎu] *m* rosée *f.*

os [uʃ] → **o**.

oscilação [oʃsila'sãw] (*pl* **-ões**) *f* oscillation *f.*

oscilar [oʃsi'la(x)] *vi* osciller • **oscilar entre** osciller entre.

osso ['osu] *m* os *m.*

ostensivamente [oʃtẽ,siva'mẽntʃi] *adv* ostensiblement.

ostensivo, va [oʃtẽn'sivu, va] *adj* ostentatoire.

ostentar [oʃtẽn'ta(x)] *vt* arborer.

ostra ['oʃtra] *f* huitre *f.*

Otan [o'tã] f (abrev de Organização do Tratado do Atlântico Norte) OTAN f.

otimismo [otʃi'miʒmu] m optimisme m.

ótimo, ma ['ɔtʃimu, ma] ♦ adj très bon(bonne) ♦ interj super!

otorrinolaringologista [,oto,xinola,rĩŋgolo'ʒifta] nmf oto-rhino-laryngologiste mf, ORL mf.

ou [o] conj ou • **ou... ou...** ou... ou....

ouço ['osu] → **ouvir**.

ouriço [o'risu] m (castanha) bogue f.

ouriço-cacheiro [o,risuka'ʃejru] (pl ouriços-cacheiros) m hérisson m.

ouriço-do-mar [o,risudu'ma(x)] (pl ouriços-do-mar) m oursin m.

ourives [o'rivif] nmf inv bijoutier m, -ère f.

ourivesaria [orivɛza'ria] f orfèvrerie f.

ouro ['oru] m or m • **de ouro** en or • **ouro de lei** or dont le titre est garanti par la loi □ **ouros** (naipe) carreau m.

Ouro Preto [,oxu'pretu] s Ouro Preto ville du Minas Gerais au Brésil.

ⓘ OURO PRETO

L'apogée de la ville d'Ouro Preto remonte au XVIIIe siècle, époque où elle était la ville la plus prospère du Brésil, grâce aux mines d'or de la région de Minas Gerais. Classée Patrimoine culturel de l'humanité par l'UNESCO, ses rues, ses églises et ses chaussées en stéatite ont été conservées telles qu'elles étaient à l'époque de la fièvre de l'or. Ouro Preto est aussi le berceau d'un style architectural connu sous le nom de *Barroco Mineiro* (Baroque de Minas Gerais), dont le plus illustre représentant est le sculpteur Aleijadinho.

---

ousadia [oza'dʒia] f audace f.

ousar [o'za(x)] vt oser.

outdoor [awt'dɔr] m (propaganda) panneau m publicitaire; (cartaz) affiche f.

outono [o'tonu] m automne m.

outro, tra ['otru, tra] adj & pron un autre(une autre) • **dê-me outro** donne-m'en un autre • **o outro/a outra** l'autre • **outro dia** (mais tarde) un autre jour • **no outro dia** (no dia passado) le lendemain; (relativo a dia passado) l'autre jour • **um ou outro** l'un ou l'autre • **um após o outro** l'un après l'autre.

outubro [o'tubru] m octobre m, → **setembro**.

ouve ['ovi] → **ouvir**.

ouvido [o'vidu] m oreille f • **dar ouvidos a alguém** écouter qqn • **ser duro de ouvido** être dur d'oreille • **ser todo**

ouvidos être tout ouïe • **ter bom ouvido** avoir l'ouïe fine • **tocar de ouvido** jouer d'oreille.

ouvinte [o'vĩntʃi] *nmf* auditeur *m*, -trice *f*.

ouvir [o'vi(x)] *vt & vi* entendre • **estar ouvindo** écouter.

ovação [ova'sãw] (*pl* -**ões**) *f* ovation *f*.

oval [o'vaw] (*pl* -**ais**) *adj* oval(e).

ovário [o'varju] *m* ovaire *m*.

ovelha [o'veʎa] *f* brebis *f* • **ovelha negra** brebis galeuse.

óvni [ˈɔvni] (*abrev de* Objeto Voador Não Identificado) *m* OVNI *m*.

ovo [ˈovu] (*pl* **ovos**) *m* œuf *m* • **ovo cozido** œuf dur • **ovo estrelado** œuf sur le plat • **ovos mexidos** œufs brouillés • **ovos de Páscoa** œufs de Pâques • **ovo poché** œuf poché.

óvulo [ˈɔvulu] *m* ovule *m*.

oxigênio [oksiˈʒenju] *m* oxygène *m*.

ozônio [oˈzonju] *m* ozone *m*.

P

p. (*abrev de* página) p.

pá [ˈpa] *f* pelle *f*.

pacato, ta [paˈkatu, ta] *adj* (*pessoa*) calme; (*lugar*) paisible.

paciência [pasiˈẽsjal] *f* patience *f* • **perder a paciência** perdre patience • **ter paciência** être patient.

paciente [pasiˈẽntʃi] *adj & nmf* patient(e).

pacífico, ca [paˈsifiku, ka] *adj* pacifique □ **Pacífico** *m* • **o Pacífico** le Pacifique.

pacifista [pasiˈfiʃta] *nmf* pacifiste *f*.

paço [ˈpasu] *m* palais *m*.

paçoca [paˈsɔka] *f* (*prato*) mélange de viande et de farine de manioc en friture; (*doce*) gâteau à base de cacahouète pilée.

pacote [paˈkɔtʃi] *m* paquet *m*; (*em turismo*) forfait *m* • **pacote de açúcar** paquet de sucre.

padaria [padaˈria] *f* boulangerie *f*.

padecer [padeˈse(x)] □ **padecer de** *vp* souffrir de.

padeiro, ra [paˈdejru, ra] *mf* boulanger *m*, -ère *f*.

padrão [paˈdrãw] (*pl* -**ões**) *m* (*de produto*) norme *f*; (*de tecido*) patron *m*.

padrasto [paˈdraʃtu] *m* beau-père *m*.

padre [ˈpadri] *m* prêtre *m*.

padrinho [paˈdriɲu] *m* parrain *m*.

padrões [paˈdrõjʃ] → **padrão**.

pães [ˈpãjʃ] → **pão**.

pág. (*abrev de* página) p.

pagamento [pagaˈmẽntu] *m* paiement *m* • **pagamento em dinheiro/numerário** paiement en espèces/numéraire • **pagamento em prestações** OU **a crédito** paiement à crédit • **paga-**

pagar

mento à vista paiement comptant.
pagar [pa'ga(x)] *vt* payer □ **pagar a** *vp* • **pagar algo a alguém** payer qqch à qqn • **pagar por** payer pour.
página ['paʒina] *f* page *f* • **páginas amarelas** pages jaunes • **página web** page web • **a páginas tantas** à un moment donné.
pago, ga ['pagu, ga] *pp* → **pagar**.
pagode [pa'gɔdʒi] *m* une variante de la samba, née à Rio, qui utilise une petite guitare à quatre cordes (cavaquinho) et le banjo, et dont les paroles des chansons sont pour la plupart en argot et au ton très populaire.
págs. (abrev de **páginas**) pp.
pai ['paj] *m* père *m* □ **pais** *mpl* parents *mpl*.
pai-de-santo [,pajdʒi'sãntu] (*pl* **pais-de-santo**) *m* prêtre du culte afro-brésilien du candomblé.
painel [paj'nɛw] (*pl* **-éis**) *m* tableau *m*; (de veículo) tableau *m* de bord • **painel solar** panneau *m* solaire.
paio ['paju] *m* saucisson *m*.
pais ['pajʃ] → **pai**.
país [pa'iʃ] (*pl* **-es**) *m* pays *m*.
paisagem [pi'zaʒẽj] (*pl* **-ns**) *f* paysage *m*.
País de Gales [pa,iʒdʒi'galiʃ] *m* • **o País de Gales** le pays de Galles.
países → **país**.
paixão [pajˈʃãw] (*pl* **-ões**) *f* passion *f*.

252

pajé [pa'ʒɛ] *m* chef spirituel indien à la fois prêtre, guérisseur, prophète et sorcier.
palacete [pala'setʃi] *m* petit palais *m*.
palácio [pa'lasju] *m* palais *m* • **Palácio da Justiça** palais de justice.
paladar [pala'da(x)] (*pl* **-es**) *m* (sabor) goût *m*; (função sensorial) palais *m*.
palafita [pala'fita] *f* maison *f* sur pilotis.
palavra [pa'lavra] *f* (vocábulo) mot *m*; (promessa) parole *f* ◆ *interj* je te le jure! • **dar a palavra a alguém** donner la parole à qqn • **não ser de meias palavras** ne pas mâcher ses mots • **palavras cruzadas** mots *mpl* croisés.
palavrão [pala'vrãw] (*pl* **-ões**) *m* gros mot *m*.
palavrões → **palavrão**.
palco ['pawku] *m* scène *f*.
palerma [pa'lɛxma] *nmf* abruti *m*, -e *f*.
palestra [pa'lɛʃtra] *f* discours *m*.
paleta [pa'leta] *f* palette *f*.
paletó [pale'tɔ] *m* veste *f*.
palha ['paʎa] *f* paille *f*.
palhaço [pa'ʎasu] *m* clown *m*.
palhinha [pa'ʎiɲa] *f* (palha) brin *m* de paille.
pálido, da ['palidu, da] *adj* pâle.
paliteiro [pali'tejru] *m* porte-cure-dents *m*.
palito [pa'litu] *m* cure-dents *m inv*.
palma ['pawma] *f* paume *f* □ **palmas** *fpl* applaudissements *mpl* • **bater palmas** applaudir

- **uma salva de palmas** une salve d'applaudissements.
palmeira [paw'mejra] f palmier m.
palmito [paw'mitu] m cœur m de palmier.
palmo ['pawmu] m empan m
- **palmo a palmo** peu à peu.
palmtop ['pawmitopi] (pl **palmtops**) m INFORM ordinateur de poche m, palm m.
Palops ['palopʃ] mpl (abrev de Países Africanos de Língua Oficial Portuguesa) pays africains dont la langue officielle est le portugais.
palpável [paw'pavew] (pl -eis) adj palpable.
pálpebra ['pawpebra] f paupière f.
palpitação [pawpita'sãw] (pl -ões) f palpitation f.
palpitar [pawpi'ta(x)] ♦ vi palpiter.
palpite [paw'pitʃi] m intuition f.
paludismo [palu'dʒiʒmu] m paludisme m.
pamonha [pa'moɲa] f gâteau de maïs au lait de coco cuit dans des feuilles de maïs.
panado, da [pa'nadu, da] adj pané(e).
Panamá [pana'ma] m • **o Panamá** le Panama.
pancada [pãŋ'kada] f coup m.
- **pancada de chuva** averse f.
pâncreas ['pãŋkrjaʃ] m inv pancréas m.
panda ['pãnda] m panda m.
pandeiro [pãn'dejru] m tambourin m.

pandemônio [pãnde'monju] m cohue f.
pane ['pani] f panne f.
panela [pa'nɛla] f casserole f.
- **panela de pressão** Cocote-Minute® f.
panfleto [pã'fletu] m tract m.
pânico ['pãniku] m panique f.
- **entrar em pânico** paniquer.
pano ['pãnu] m (de cozinha) torchon m; (para o pódi) chiffon m; (em teatro) rideau m • **pano de fundo** toile f de fond.
panorama [pano'rama] m panorama m.
panqueca [pãŋ'kɛka] f crêpe m.
pantanal [pãnta'naw] (pl -ais) m marécages mpl □ **Pantanal** m
- **o Pantanal** zone marécageuse du Mato Grosso au Brésil.
pântano ['pãntanu] m marécage m.
pantera [pãn'tɛra] f panthère f.
pantomima [pãnto'mima] f pantomime f.
pantufas [pãn'tufaʃ] fpl pantoufles fpl.
pão ['pãw] (pl **pães**) m pain m.
- **pão de centeio** pain de seigle
- **pão de forma** pain de mie
- **pão integral** pain complet
- **pão de leite** pain au lait • **o Pão de Açúcar** le Pain de sucre.

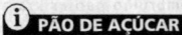

ⓘ PÃO DE AÇÚCAR

Situé à l'embouchure de la baie de Guanabara, o *Pão de Açúcar* (le pain de sucre) est l'une des innombrables beautés naturelles

pão-de-ló

de la ville de Rio de Janeiro. Les touristes peuvent atteindre son sommet en prenant le téléphérique, qui gravit les 395 mètres de hauteur, et d'où ils peuvent contempler la vue indescriptible de la ville de Rio de Janeiro, comprenant entre autres la baie de Botafogo, la plage du Leme et l'océan. Le nom du mont est dû à son aspect semblable aux moules en forme de cône, utilisés lors du raffinage de la canne à sucre et l'extraction du jus de canne.

pão-de-ló [,pãwdʒi'lɔ] (*pl* **pães-de-ló**) *m* quatre-quarts *m inv*.

papa ['papa] ♦ *f* bouillie *f* ♦ *m* pape *m*.

papagaio [papa'gaju] *m (ave)* perroquet *m*; *(brinquedo)* cerf-volant *m*.

papel [pa'pɛw] (*pl* **-éis**) *m* papier *m* • papel A4 papier (format) A4 • papel (de) alumínio papier aluminium • papel de carta papier à lettres • papel canson papier canson • papel de embrulho papier kraft • papel higiénico papier hygiénique • papel de máquina papier machine • papel de parede papier peint • papel reciclado papier recyclé • papel vegetal papier-calque.

papelão [pape'lãw] *m* carton *m*.

papelaria [papela'ria] *f* papeterie *f*.

papel-carbono [pa,pɛwkax'bonu] *m* papier *m* carbone.

papo ['papu] *m (de ave)* jabot *m*; *(conversa)* conversation *f* • levar *ou* bater um papo discuter.

papo-de-anjo [,papude'ãʒu] *m* petit gâteau recouvert de sucre.

papo-furado [,papufu'xadu] *m (fam)* bobards *mpl*.

papoula [pa'pola] *f* coquelicot *m*, pavot *m*.

paquerar [pake'ra(x)] *vt & vi* draguer.

paquete [pa'ketʃi] *m* paquebot *m*.

par [pa(x)] (*pl* **-es**) ♦ *adj* pair(e) ♦ *m (de sapatos, calças, luvas, meias)* paire *f*; *(casal)* couple *m* • aberto de par em par grand ouvert • em pares par deux • estar a par de algo être au courant de qqch • a par ensemble • a par e passo de très près.

para ['para] *prep* **1.** *(ger)* pour • esta água não é boa para beber cette eau n'est pas potable • isto é para comer esta noite ceci est à manger ce soir • para que serve isto? à quoi ça sert? • um telefonema para o senhor on vous demande au téléphone • cheguei mais cedo para arranjar lugar je suis arrivé plus tôt pour trouver une place • era só para agradar você c'était seulement pour te faire plaisir • **é caro demais para as minhas posses** c'est trop cher pour moi • **para o que come, está magro pour ce qu'il mange, il est maigre** • **para ele, você está errado** pour lui, tu as tort • **para mim, está muito bom** pour moi, c'est très bon 2. *(indica direção)* • **ele apontou para cima** il a pointé son doigt vers le haut • **ele seguiu para o aeroporto** il a continué vers l'aéroport • **vá para casa** va à la maison • **olhei para ele** je l'ai regardé • **chegue-se para o lado** mets-toi sur le côté 3. *(relativo a tempo)* • **para amanhã** pour demain • **de uma hora para a outra** d'une heure à l'autre • **estará pronto para a semana/o ano** ce sera prêt pour la semaine/l'année prochaine • **são quinze para as três** il est trois heures moins le quart 4. *(exprime a iminência)* • **estar para fazer algo** être sur le point de faire qqch • **o trem está para sair** le train est sur le point de partir • **a comida está para ser servida** le repas est prêt • **ele está para chegar** il est sur le point d'arriver 5. *(em locuções)* • **para com** envers • **para mais de** plus de • **para que** pour que • **é para já!** tout de suite!

parabéns [para'bẽʃ] ♦ *mpl* félicitations *fpl* ♦ *interj* félicitations! • **dar os parabéns a alguém** féliciter qqn • **estar de parabéns** mériter les félicitations.

parabólica [para'bɔlika] *f* antenne *f* parabolique.

pára-brisa [ˌpara'briza] *(pl* **pára-brisas)** *m* pare-brise *m.*

pára-choque [ˌpara'ʃɔki] *m* pare-chocs *m inv.*

parada [pa'rada] *f (de jogo)* mise *f*; *(militar)* parade *f*; *(de ônibus)* arrêt *m* de bus.

paradeiro [para'dejru] *m* • **não sei do paradeiro dele** j'ignore où il se trouve.

parado, da [pa'radu, da] *adj (imóvel)* arrêté(e); *(sem vida)* mort(e).

paradoxo [para'dɔksu] *m* paradoxe *m.*

parafina [para'fina] *f* paraffine *f.*

parafrasear [parafra'zja(x)] *vt* paraphraser.

parafuso [para'fuzu] *m* vis *f.*

parágrafo [pa'ragrafu] *m* paragraphe *m.*

Paraguai [para'gwaj] *m* • **o Paraguai** le Paraguay.

paraíso [para'izu] *m* paradis *m.*

pára-lama [ˌpara'lãma] *m* garde-boue *m inv.*

paralelo, la [para'lɛlu, la] ♦ *adj* parallèle • *m* parallèle *m* • **sem paralelo** sans pareil.

paralisar [parali'za(x)] *vt* paralyser.

paralisia [parali'zia] *f* paralysie *f.*

paralítico, ca [para'litiku, ka] *mf* paralysé *m*, -e *f*, paralytique *mf*.

paranóico, ca [para'nɔiku, ka] *mf* paranoïaque *mf*.
parapeito [para'pejtu] *m* rebord *m* de fenêtre.
parapente [para'pẽntʃi] *m* parapente *m*.
pára-quedas [,para'kεdaʃ] *m inv* parachute *m*.
pára-quedista [,parake'dʒiʃta] *nmf* parachutiste *mf*.
parar [pa'ra(x)] ◆ *vt* arrêter ◆ *vi* s'arrêter ◆ **pare, olhe, escute** un train peut en cacher un autre • **parar de fazer algo** arrêter de faire qqch • **ir parar em** aller atterrir à • **sem parar** sans arrêt.
pára-raios [,para'xajuʃ] *m inv* paratonnerre *m*.
parasita [para'zita] *m* parasite *m*.
Paraty [para'tʃi] *m* Paraty *m*.

ⓘ PARATY

Ville historique située sur la côte Sud de Rio de Janeiro, Paraty est l'une des rares villes qui conservent encore son architecture d'origine. Durant la période coloniale elle devint le second port le plus important du pays, servant de plate-forme pour l'or en provenance de Minas Gerais et à destination du Portugal puis pour le café provenant des *fazendas* paulistes. Avec l'ouverture de la route Rio-Santos, vers la fin des années 1970, Paraty connaît un nouvel essor, grâce au tourisme. Possédant une merveilleuse richesse architecturale, de magnifiques paysages et plus de 300 plages aux alentours, Paraty occupe une place privilégiée dans le tourisme brésilien.

parceiro, ra [pax'sejru, ra] *mf* partenaire *mf*; *(em negócio)* associé *m*, -e *f*.
parcela [pax'sεla] *f (de soma)* nombre *m*; *(fragmento)* parcelle *f*.
parceria [paxse'ria] *f* partenariat *m*.
parcial [par'sjaw] *(pl* -ais*) adj (não completo)* partiel(elle); *(facioso)* partial(e).
pardal [pax'daw] *(pl* -ais*) m* moineau *m*.
pardo, da ['paxdu, da] *adj* gris(e).
parecer [pare'se(x)] ◆ *m* avis *m* ◆ *vi* ressembler à ◆ *v impess* • **parece que** on dirait que • **ao que parece** à ce qu'il paraît • **parece-me que** il me semble que • **o que te parece?** qu'en penses-tu? • **parecer-se com** ressembler à • **parecer-se com alguém** ressembler à qqn.
parecido, da [pare'sidu, da] *adj* ressemblant(e).
paredão [pare'dãw] *(pl* -ões*) m* grand mur *m*.
parede [pa'redʒi] *f* mur *m*.
paredões → **paredão**.

parente, ta [pa'rẽntʃi, ta] *mf* parent *m*, -e *f* • **parente próximo** proche parent.

parêntese [pa'rẽtezi] *m* parenthèse *f*.

pares → **par**.

pargo ['pargu] *m* pagre *m*.

parir [pa'ri(x)] *vt* & *vi* mettre bas.

parlamentar [paxlamẽ'ta(x)] (*pl* **-es**) ◆ *adj* parlementaire ◆ *nmf* parlementaire *mf*.

parlamento [paxla'mẽntu] *m* parlement *m*.

paróquia [pa'rɔkja] *f* paroisse *f*.

parque ['paxki] *m* parc *m* • **parque de diversões** parc d'attractions • **parque industrial** parc industriel • **parque nacional** parc national • **parque natural** parc naturel.

parquímetro [pax'kimetru] *m* parcmètre *m*.

parte ['paxtʃi] *f* partie *f*; (*fração, quinhão*) part *f* • **dar parte de** informer de • **fazer parte de** faire partie de • **pôr a parte** délaisser • **tomar parte de** prendre part à • **noutra parte** ailleurs • **por toda parte** partout • **da parte de** de la part de • **de parte a parte** des deux côtés • **em parte** en partie.

parteira [pax'tejra] *f* sage-femme *f*.

participação [paxtʃisipa'sãw] (*pl* **-ões**) *f* participation *f*; (*comunicado, aviso*) faire-part *m*.

participante [paxtʃisi'pãntʃi] *nmf* participant *m*, -e *f*.

participar [paxtʃisi'pa(x)] *vt* • **participar algo a alguém** (*informar*) faire part de qqch à qqn; (*comunicar*) informer qqn de qqch • **participar de algo** participer à qqch.

particípio [paxtʃi'sipju] *m* participe *m* • **particípio passado/presente** participe passé/présent.

particular [paxtʃiku'la(x)] (*pl* **-es**) *adj* (*individual*) particulier(ère); (*privado*) privé(e).

partida [pax'tʃida] *f* (*saída*) départ *m*; (*em esporte*) partie *f*; (*brincadeira*) tour *m* • **estou de partida** je vais partir.

partidário, ria [partʃi'darju, rja] *mf* partisan *m*.

partido, da [pax'tʃidu, da] ◆ *adj* cassé(e) ◆ *m* parti *m* • **partido (político)** parti (politique).

partilhar [paxtʃi'ʎa(x)] *vt* partager.

partir [pax'tʃi(x)] ◆ *vt* (*quebrar*) casser ◆ *vi* partir • **partir de** partir de • **partir para** partir pour • **a partir de** à partir de ❏ **partir-se** *vp* se casser.

parto ['paxtu] *m* accouchement *m*.

parvo, va ['parvu, va] *mf* imbécile *mf*.

Páscoa ['paʃkwa] *f* Pâques *f* • **feliz Páscoa!** joyeuses Pâques!

pasmado, da [paʒ'madu, da] *adj* ébahi(e).

passa ['pasa] *f* raisin *m* sec.

passadeira

passadeira [pasa'dejra] f (tapete) tapis m.

passado, da [pa'sadu, da] ◆ adj (tempo, época etc.) passé(e); (ano, mês) dernier(ère) ◆ m passé m • mal/bem passado saignant/bien cuit.

passageiro, ra [pasa'ʒejru, ra] adj & mf passager(ère).

passagem [pa'saʒẽ] (pl -ns) f passage m; (de avião, trem) billet m • **passagem de ano** nouvel an m • **passagem de ida** m • **passagem de ida e volta** aller-retour m • **passagem de nível** passage à niveau • **passagem subterrânea** passage souterrain.

passaporte [pasa'pɔrtʃi] m passeport m.

passar [pa'sa(x)] ◆ vt 1. (ger) passer • **passar algo pela água** passer qqch sous l'eau • **ele passou a mão pelo pêlo do cão** il a passé la main sur le poil du chien • **ela passou o creme bronzeador nos braços** elle a passé de la crème solaire sur ses bras • **passe tudo pelo coador** tu passes tout à la passoire • **você me passa o sal?** tu me passes le sel? • **passei um ano no Portugal** j'ai passé un an au Portugal • **deixar passar** laisser passer 2. (a ferro) • **passar algo (a ferro), passar (a ferro) algo** repasser qqch • **já passou a roupa?** as-tu déjà repassé le linge? 3. (mudar) • **passar algo para o outro lado** mettre qqch de l'autre côté 4. (ultrapassar) dépasser 5. (em escola, universidade) réussir ◆ vi 1. (ger) passer • **o (ônibus) 7 não passa por aqui** le 7 ne passe pas par ici • **já passam dez minutos da hora** il a déjà dix minutes de retard • **o tempo passa muito depressa** le temps passe très vite • **o verão já passou** l'été est déjà fini • **a dor já passou** la douleur est passée • **ele passou para a segunda série** il est passé en CE1 • **passe para a primeira** passe en première • **passar a** passer à • **passemos a outra coisa** passons à autre chose 2. (em locuções) • **passar bem/mal** aller bien/mal • **passar bem/mal a noite** passer une bonne/mauvaise nuit • **como tem passado?** comment allez-vous? • **passar (bem) sem** se passer de • **passe bem!** bonne continuation! • **não passar de** n'être que • **não passar sem** ne pas se passer de • **o que passou, passou** ce qui est fait est fait ❏ **passar-se** vp (acontecer) se passer • **o que é que se passa?** qu'est-ce qui se passe? ❏ **passar por** vp (considerado como) passer pour; (fig) (atravessar) passer par • **fazer-se passar por** se faire passer pour.

passarela [pasa'rɛla] f (de rua, estrada) passerelle f; (para desfile de moda) podium m.

pássaro ['pasaru] m oiseau m.

passatempo [,pasa'tẽmpu] m passe-temps m inv.

passe ['pasi] m ≃ carte f orange.
passear [pa'sja(x)] ♦ vt promener ♦ vi se promener.
passeata [pa'sjata] f (passeio) balade f; (marcha de protesto) manifestation f.
passeio [pa'seju] m (em rua) trottoir m; (caminhada) promenade f.
passe-vite [,pasi'vitʃi] (pl **passe-vites**) m moulin m à légumes.
passional [pasjo'naw] (pl -ais) adj passionnel(elle).
passista [pa'sista] nmf danseur d'une école de samba.
passível [pa'sivew] (pl -eis) adj • **passível de** passible de.
passivo, va [pa'sivu, va] ♦ adj passif(ive). ♦ m passif m.
passo ['pasu] m pas m; (de obra literária) passage m • **ceder o passo a alguém** laisser passer qqn • **dar o primeiro passo** faire le premier pas • **a dois passos (de)** à deux pas (de) • **a passo ou pas** • **ao passo que** tandis que • **passo a passo** pas à pas.
password ['pafwodʒi] m mot de passe m.
pasta ['pafta] f (bolsa) serviette f; (de executivo) mallette f; (escolar) cartable m; (capa para papéis) chemise f; (de ministro) portefeuille m; (massa) pâte f • **pasta de dentes** dentifrice m.
pastar [paf'ta(x)] vi paître.
pastel [paf'tεw] (pl -éis) m pâtisserie salée ou sucrée, faite de pâte à base de farine, œufs,

eau-de-vie, pliée en deux et fourrée de viande hachée, fromage, pomme etc., frite ou cuite au four.
pastelaria [paftela'ria] f magasin où l'on fabrique et où l'on vend des pastéis.
pasteurizado, da [pafteuri'zadu, da] adj pasteurisé(e).
pastilha [paf'tiʎa] f pastille f • **pastilha para a garganta** pastille pour la gorge • **pastilha para a tosse** pastille pour la toux.
pasto ['paftu] m pâturage m.
pastor, ra [paf'to(x), ra] (mpl -es, fpl -s) ♦ mf berger m, -ère f ♦ m pasteur m.
pata ['pata] f patte f.
patamar [pata'ma(x)] (pl -es) m palier m.
patê [pa'te] m pâté m.
patente [pa'tẽntʃi] ♦ adj (visível) patent(e) ♦ f (de máquina, invento) brevet m; (de militar) grade m.
paternal [patex'naw] (pl -ais) adj paternel(elle).
pateta [pa'tɛta] nmf niais m, -e f.
patético, ca [pa'tɛtiku, ka] adj pathétique.
patife [pa'tʃifi] m fripouille f.
patim [pa'tʃĩ] (pl -ns) m patin m.
patinação [patʃina'sãw] f patinage m • **patinação artística** patinage artistique • **patinação no gelo** patin m à glace.
patinar [patʃi'na(x)] vi patiner.
patinete [patʃi'netʃi] f (de criança) trottinette f.
patins → **patim**.
pátio ['patʃju] m cour f.
pato ['patu] m canard m.

patologia

patologia [patolo'ʒja] f pathologie f.

patológico, ca [pato'lɔʒiku, ka] adj pathologique.

patrão, troa [pa'trãw, troa] (mpl **-ões**, fpl **-s**) mf patron m, -onne f.

pátria ['patria] f patrie f.

patrimônio [patri'monju] m patrimoine m.

patriota [patri'ɔta] nmf patriote m.

patroa [pa'troa] → **patrão**.

patrocinador, ra [patrosina'do(x), ra] (mpl **-es**, fpl **-s**) mf sponsor m.

patrocinar [patrosi'na(x)] vt sponsoriser.

patrões [pa'trõjʃ] → **patrão**.

patrulha [pa'truʎa] f patrouille f.

pau ['paw] m bâton m ▫ **paus** mpl (naipe de cartas) trèfle m; (fam) (reais) réaux mpl, ≃ balles fpl.

paulista [paw'liʃta] nmf Pauliste m.

pausa ['pawza] f pause f.

pauta ['pawta] f (de música) portée f.

pavão [pa'vãw] (pl **-ões**) m paon m.

pavê [pa've] m ≃ charlotte f au chocolat.

pavilhão [pavi'ʎãw] (pl **-ões**) m pavillon m.

pavimentar [pavimẽn'ta(x)] vt paver.

pavimento [pavi'mẽntu] m (de estrada, rua) revêtement m; (andar de edifício) étage m.

pavões [pa'võjʃ] → **pavão**.

pavor [pa'vo(x)] m épouvante f
• **ter pavor de** être terrifié par.

paz ['paʃ] (pl **-es**) f paix f
• **deixar alguém/algo em paz** laisser qqn/qqch tranquille
• **fazer as pazes** faire la paix
• **que descanse em paz** qu'il repose en paix.

PC m (abrev de **Personal Computer**) PC m.

Pça. (abrev de **praça**) pl.

pé ['pɛ] m pied m; (em vinho) dépôt m • **andar na ponta dos pés** marcher sur la pointe des pieds • **pôr-se em pé** se lever • **ter/não ter pé** avoir/ne pas avoir pied • **pé de porco** pied de porc • **a pé** à pied • **ao pé de** près de • **em** ou **de pé** debout • **em pé de igualdade** à égalité.

peão ['pjãw] (pl **-ões**) m (em xadrez) pion m.

peça ['pɛsa] f pièce f.

pecado [pe'kadu] m péché m.

pechincha [pe'ʃĩʃa] f (bonne) affaire f.

peço ['pesu] → **pedir**.

peculiar [pekuli'a(x)] (pl **-es**) adj spécial(e).

pedaço [pe'dasu] m morceau m; (de tempo) bout m.

pedágio [pe'daʒju] m péage m.

pedal [pe'daw] (pl **-ais**) m pédale f.

pede ['pɛdʒi] → **pedir**.

pé-de-cabra [,pɛdʒi'kabra] (pl **pés-de-cabra**) m pied-de-biche m.

pé-de-moleque [,pɛdʒimu'lɛki] (pl **pés-de-moleque**) m

pedestal [pedeʃ'taw] (*pl* **-ais**) *m* piédestal *m*.

pedestre [pe'dɛʃtri] ◆ *m* piéton *m* ◆ *adj* piéton(onne).

pediatra [pe'dʒjatra] *nmf* pédiatre *mf*.

pediatria [pedʒja'trja] *f* pédiatrie *f*.

pedicure [pedʒi'kuri] *nmf* pédicure *m*.

pedido [pe'dʒidu] *m* (*solicitação*) demande *f*; (*em restaurante*) commande *f* • **a pedido de alguém** à la demande de qqn.

pedinte [pe'dʒĩntʃi] *nmf* mendiant *m*, -e *f*.

pedir [pe'dʒi(x)] ◆ *vt* (*em restaurante, bar*) commander; (*preço*) demander ◆ *vi* mendier • **pedir algo a alguém** demander qqch à qqn • **pedir a alguém que faça algo** demander à qqn de faire qqch • **pedir algo emprestado (a alguém)** emprunter qqch (à qqn).

pedra ['pedra] *f* (*calhau*) pierre *f*; (*de dominó*) domino *m*; (*em rim, bexiga, fígado*) calcul *m*; (*lápide*) pierre *f* tombale; (*granizo*) grêlon *m*; (*de isqueiro*) pierre *f* • **pedra (preciosa)** pierre (précieuse).

pedra-pomes [,pedra'pɔmeʃ] (*pl* **pedras-pomes**) *f* pierre *f* ponce.

pedra-sabão [,pedrasa'bãw] (*pl* **pedras-sabão**) *f* pierre-savon *f*.

pedreiro [pe'drejru] *m* maçon *m*.

pegada [pe'gada] *f* trace *f* de pas.

pegado, da [pe'gadu, da] *adj* (*colado*) collé(e); (*contíguo*) attenant(e).

pegajoso, osa [pega'ʒozu, ɔza] *adj* collant(e).

pegar [pe'ga(x)] ◆ *vt* (*hábito, mania, doença*) prendre (une habitude), attraper (une maladie); (*apanhar, objeto*) ramasser; (*transporte público*) prendre ◆ *vi* (*motor*) démarrer; (*idéia*) saisir; (*moda*) suivre; (*planta*) croître • **o carro não quer pegar** la voiture ne marche pas • **pegar algo** attraper qqch • **pegar fogo em algo** mettre le feu à qqch • **pegar no sono** s'endormir ▫ **pegar-se** *vp* se coller, s'attacher.

peito ['pejtu] *m* (*seio*) sein *m*; (*zona do tronco*) poitrine *f*; (*de camisa, blusa*) devant *m*.

peitoril [pejto'riw] (*pl* **-is**) *m* rebord *m* (*de fenêtre*).

peixada [pej'ʃada] *f* ragout *m* de poisson.

peixaria [pejʃa'ria] *f* poissonnerie *f*.

peixe [ˈpejʃi] *m* poisson *m* • **peixe congelado** poisson surgelé ▫ **Peixes** *m inv* Poissons *mpl*.

peixe-agulha [,pejʃe'guʎa] *m* aiguille *f* de mer.

peixe-espada [,pejʃeʃ'pada] *m* coutelas *m* (*poisson*); (*prateado*) sabre *m* d'argent (*poisson*).

pejorativo

pejorativo, va [peʒoraˈtʃivu, va] *adj* péjoratif(ive).
pela [ˈpela] = por + a ; → por.
pelado, da [peˈladu, da] *adj (fam) (nu)* tout nu(toute nue).
pele [ˈpɛli] *f* peau *f*; *(couro)* cuir *m*.
pelica [peˈlika] *f* chevreau *m (cuir)*.
pelicano [peliˈkanu] *m* pélican *m*.
película [peˈlikula] *f* pellicule *f (film)*.
pelo [ˈpelu] = por + o ; → por.
pêlo [ˈpelu] *m* poil *m*.
Pelourinho [peloˈriɲu] *m* • o Pelourinho (de Salvador) le Pilori de Salvador.

ⓘ PELOURINHO

Anciennement, place centrale de la vieille ville où se tenait le commerce des esclaves africains, où ils étaient humiliés et suppliciés, le Pelourinho de Salvador, la capitale de l'État de Bahia, est aujourd'hui le centre culturel, politique et religieux de la ville. Classé Patrimoine culturel de l'humanité par l'Unesco, son architecture représente un véritable témoignage de la période coloniale, avec ses églises, ses forts et ses quelque 500 maisons anciennes. Le Pelo, comme il est familièrement appelé, est la scène d'événe-

ments les plus divers, depuis les manifestations politiques jusqu'aux rencontres des *sociedades carnavalescas* (sociétés carnavalesques) afro-brésiliennes comme *l'Olodum* et *l'Ilê Aiyê*.

pelúcia [peˈlusja] *m* peluche *f*.
peludo, da [peˈludu, da] *adj* poilu(e).
pélvis [ˈpewviʃ] *m inv & f inv* bassin *m*.
pena [ˈpena] *f (de ave, escrever)* plume *f*; *(dó, castigo)* peine *f* • **que pena!** quel dommage! • **cumprir pena** purger une peine • **dar pena** faire de la peine • **ter pena de alguém** avoir pitié de qqn • **ter pena de fazer algo** regretter de faire qqch • **valer a pena** valoir la peine • **pena capital** peine capitale • **pena de morte** peine de mort.
penalidade [penaliˈdadʒi] *f* pénalité *f*.
pênalti [peˈnawtʃi] *m* penalty *m*.
pendente [pẽnˈdẽntʃi] • *adj* pendant(e) • *m* pendentif *m*.
pendurar [pẽnduˈra(x)] *vt* accrocher • **pendurar algo em algo** accrocher qqch à qqch ▫ **pendurar-se em** *vp + prep* se pendre à.
penduricalho [pẽnduriˈkaʎu] *m* breloque *f*, pendeloque *f*.
penedo [peˈnedu] *m* rocher *m*.
peneira [peˈnejra] *f* tamis *m*.

penetrante [pene'trãntʃi] *adj* (fig) pénétrant(e).
penetrar [pene'tra(x)] ▫ **penetrar em** *vp* pénétrer dans.
penhasco [pe'ɲaʃku] *m* rocher *m*.
penicilina [penisi'lina] *f* pénicilline *f*.
penico [pe'niku] *m* pot *m* de chambre.
península [pe'nĩsula] *f* péninsule *f*.
pênis ['peniʃ] *m inv* pénis *m*.
penitência [peni'tẽsja] *f* pénitence *f*.
penitenciária [penitẽ'sjarja] *f* prison *f*.
penoso, osa [pe'nozu, ɔza] *adj* pénible.
pensamento [pẽsa'mẽntu] *m* pensée *f*.
pensão [pẽ'sãw] (*pl* **-ões**) *f* pension *f* • **pensão alimentícia** pension alimentaire • **pensão completa** pension complète • **pensão residencial** pension de famille.
pensar [pẽ'sa(x)] *vt & vi* penser • **pensar em** penser à • **pensar que** penser que • **nem pensar!** pas question!
pensionista [pẽsjo'niʃta] *nmf* retraité *m*, -e *f*.
pensões [pẽ'sõjʃ] → **pensão**.
pente ['pẽntʃi] *m* peigne *m*.
penteado [pẽtʃi'adu] *m* coiffure *f*.
Pentecostes [pẽnte'kɔʃtʃiʃ] *m* Pentecôte *f*.
penugem [pe'nuʒẽ] *f* duvet *m*.
penúltimo, ma [pe'nuwtʃimu, ma] *adj* avant-dernier(ère).

penumbra [pe'nũmbra] *f* pénombre *f*.
penúria [pe'nurja] *f* misère *f*.
peões ['pjõjʃ] → **peão**.
pepino [pe'pinu] *m* concombre *m*.
pequeno, na [pe'kenu, na] *adj* petit(e).
pêra ['pera] *f* poire *f*; (*barba*) bouc *m*.
perante [pe'rãntʃi] *prep* devant.
perceber [pexse'be(x)] *vt* comprendre.
percentagem [pexsẽn'taʒẽ] (*pl* **-ns**) *f* pourcentage *m*.
percevejo [pexse'veʒu] *m* punaise *f* (*animal*).
perco [pexku] → **perder**.
percorrer [pexko'xe(x)] *vt* parcourir • **percorrer algo com os olhos** parcourir qqch des yeux.
percurso [pex'kuxsu] *m* parcours *m*.
percussão [pexku'sãw] *f* percussion *f*.
perda ['pexda] *f* perte *f*.
perdão [pex'dãw] ◆ *m* pardon *m* ◆ *interj* pardon! • **pedir perdão** demander pardon.
perde [pexdʒi] → **perder**.
perder [pex'de(x)] ◆ *vt* perdre; (*trem, ônibus*) rater ◆ *vi* (*em competição*) perdre • **perder a cabeça** perdre la tête • **perder os sentidos** perdre connaissance • **perder alguém de vista** perdre qqn de vue ▫ **perder-se** *vp* se perdre.
perdição [pexdʒi'sãw] *f* (*ruína*) perte *f*; (*desonra*) perdition *f*.

perdido, da [pex'dʒidu, da] *adj* perdu(e) ♦ **achados e perdidos** objets trouvés ♦ **ser perdido por** *(fam)* être fou de.

perdiz [pex'dʒiʃ] *(pl -es)* f perdrix f.

perdoar [pex'dwa(x)] *vt* pardonner.

perdurar [pexdu'ra(x)] *vi* perdurer.

perecível [pere'sivew] *(pl -eis) adj* périssable.

peregrinação [peregrina'sãw] *(pl -ões)* f pèlerinage m.

peregrino, na [pere'grinu, na] *mf* pèlerin m.

pereira [pe'rejra] f poirier m.

peremptório, ria [perẽp'tɔrju, rja] *adj* péremptoire.

perene [pe'rɛni] *adj (perpétuo)* perpétuel(elle); *(folhagem)* persistant(e).

perfeição [pexfej'sãw] f perfection f.

perfeitamente [pex,fejta'mẽtʃi] ♦ *adv* parfaitement ♦ *interj* parfaitement!

perfeito, ta [pex'fejtu, ta] *adj* parfait(e).

pérfido, da ['pɛxfidu, da] *adj* perfide.

perfil [pex'fiw] *(pl -is)* m profil m ♦ **de perfil** de profil.

perfumaria [pexfuma'ria] f parfumerie f.

perfume [pex'fumi] m parfum m.

perfurar [pexfu'ra(x)] *vt* perforer.

pergaminho [pexga'miɲu] m parchemin m.

pergunta [pex'gũnta] f question f.

perguntar [pexgũn'ta(x)] ♦ *vt* demander ♦ *vi* ♦ **perguntar por alguém** demander qqn; *(informar-se)* demander des nouvelles de qqn ♦ **perguntar sobre algo** s'informer de qqch ♦ **perguntar algo a alguém** demander qqch à qqn.

perícia [pe'risja] f *(exame)* maîtrise f; *(destreza)* adresse f, habileté f.

periferia [perife'ria] f périphérie f.

perigo [pe'rigu] m danger m ♦ **perigo de incêndio** risque d'incendie ♦ **perigo de morte** danger de mort ♦ **perigo de queda de materiais** risque de chute de matériaux.

perigoso, osa [peri'gozu, ɔza] *adj* dangereux(euse).

perímetro [pe'rimetru] m périmètre m.

periódico, ca [pe'rjɔdiku, ka] *adj* périodique.

período [pe'riudu] m *(espaço de tempo)* période f; *(de ano escolar)* semestre m; *(fam) (menstruação)* règles *fpl* ♦ **período de funcionamento** heures d'ouverture.

periquito [peri'kitu] m perruche f.

perito, ta [pe'ritu, ta] ♦ *mf* expert m ♦ *adj* expert(e) ♦ **ser perito em algo** être expert en qqch.

permanecer [pexmane'se(x)] *vi* rester ◻ **permanecer em** *vp*

rester à □ **permanecer por** vp rester à.

permanência [pexma'nẽsja] f (estada) séjour m; (de problema, situação) permanence f.

permanente [pexma'nẽntʃi] adj permanent(e) ♦ f permanente f.

permissão [pexmi'sãw] f permission f • **pedir permissão para fazer algo** demander la permission de faire qqch.

permitir [pexmi'ti(x)] vt permettre.

perna ['pɛxna] f (de pessoa) jambe f; (de animal, ave) patte f; CULIN (de cordeiro) gigot m; (de cadeira, mesa) pied m; (de letra) jambage m.

pernil [pex'niw] (pl -is) m jambonneau m.

pernilongo [pexni'lõŋgu] m (mosquito) moustique m.

pernis → **pernil**.

pernoite [per'noitʃi] m ♦ **pernoite com café-da-manhã** nuit avec petit-déjeuner compris.

pêro ['peru] m (variedade de maçã) pomme f.

pérola ['pɛrola] f perle f.

perpendicular [pexpẽndʒiku'la(x)] (pl -es) adj perpendiculaire.

perpetrar [pexpe'tra(x)] vt perpétrer.

perpetuar [pexpetw'a(x)] vt perpétuer □ **perpetuar-se** vp se perpétuer.

perplexidade [pexpleksi'dadʒi] f perplexité f.

perplexo, xa [pex'plɛksu, -ksa] adj perplexe.

perseguição [pexsegi'sãw] (pl -ões) f persécution f; (de polícia) poursuite f.

perseguir [pexse'gi(x)] vt poursuivre.

perseverante [pexseve'rãntʃi] adj persévérant(e).

perseverar [pexseve'ra(x)] vi persévérer.

persiana [pex'sjana] f volet m roulant.

persistente [pexsiʃ'tẽntʃi] adj (perseverante) persévérant(e); (duradouro) persistant(e).

personagem [pexso'naʒẽ] (pl -ns) m & f personnage m.

personalidade [pexsonali'dadʒi] f personnalité f.

perspectiva [pexʃpe'tʃiva] f perspective f.

perspicácia [pexʃpi'kasja] f perspicacité f.

perspicaz [pexʃpi'kaʃ] (pl -es) adj perspicace.

persuadir [pexswa'di(x)] vt ♦ **persuadir alguém de algo** persuader qqn de qqch ♦ **persuadir alguém a fazer algo** persuader qqn de faire qqch □ **persuadir-se** vp se persuader.

persuasão [pexswa'zãw] f persuasion f.

persuasivo, va [pexswa'zivu, va] adj persuasif(ive).

pertencente [pextẽ'sẽntʃi] adj ♦ **pertencente a** (que pertence a) appartenant à; (relativo a) relevant de.

pertencer

pertencer [pextẽ'se(x)] ◻
pertencer a *vp (ser propriedade de)* appartenir à; *(clube, partido)* faire partie de.
perto [pextu] *adj & adv* près • **perto de** *(relativo a tempo)* vers; *(relativo a espaço)* près de; *(relativo a quantidade)* environ • **ao** *OU* **de perto** de près.
perturbar [pextux'ba(x)] *vt* perturber.
peru [pe'ru] *m* dindon *m*; CULIN dinde *f.*
Peru [pe'ru] *m* • **o Peru** le Pérou.
peruca [pe'ruka] *f* perruque *f.*
perverso, sa [pex'vɛrsu, sa] *adj* pervers(e) *(cruel).*
perverter [pexver'te(x)] *vt* pervertir.
pervertido, da [pexvex'tʃidu, da] *adj* pervers(e) *(malade).*
pesadelo [peza'delu] *m* cauchemar *m.*
pesado, da [pe'zadu, da] *adj* lourd(e); *(trabalho)* dur(e).
pêsames [pezamiʃ] *mpl* condoléances *fpl* • **os meus pêsames** toutes mes condoléances.
pesar [pe'za(x)] *vt & vi* peser.
pesca ['pɛʃka] *f* pêche *f* • **pesca com linha** pêche à la ligne.
pescada [peʃ'kada] *f* colin *m.*
pescadinha [peʃka'dʒiɲa] *f* merlu *m.*
pescador, ra [peʃka'do(x), ra] *(mpl -es, fpl -s) mf* pêcheur *m,* -euse *f.*
pescar [peʃ'ka(x)] *vt & vi* pêcher.
pescoço [peʃ'kosu] *m* cou *m.*

peso ['pezu] *m* poids *m* • **peso bruto** poids brut • **peso líquido** poids net.
pesquisa [peʃ'kiza] *f* recherche *f.*
pêssego ['pesegu] *m* pêche *f.*
pessegueiro [pese'gejru] *m* pêcher *m.*
pessimista [pɛsi'miʃta] *nmf* pessimiste *mf.*
péssimo, ma ['pɛsimu, ma] *adj* très mauvais(e).
pessoa [pe'soa] *f* personne *f* • **em pessoa** en personne.
pessoal [pe'swaw] *(pl -ais)*
♦ *adj* personnel(elle) ♦ *m* personnel *m.*
pestana [peʃ'tana] *f* cil *m.*
pestanejar [peʃtane'ʒa(x)] *vi* cligner des yeux.
peste [pɛʃtʃi] *f* peste *f.*
pesticida [peʃtʃi'sida] *m* pesticide *m.*
pétala ['pɛtala] *f* pétale *m.*
peteca [pe'tɛka] *f* volant *m (de badminton).*
petição [petʃi'sãw] *(pl -ões) f* pétition *f.*
petinga [pe'tĩŋga] *f* sardine *f.*
petiscar [petʃiʃ'ka(x)] ♦ *vt* goûter ♦ *vi* grignoter • **quem não arrisca não petisca** qui ne tente rien n'a rien.
petisco [pe'tʃiʃku] *m (iguaria)* délice *m; (acepipe)* amuse-gueule *m.*
petit-pois [petʃi'pwa] *mpl* petits pois *mpl.*
petrificar [petrifi'ka(x)] *vt* pétrifier.
petroleiro [petro'lejru] *m* pétrolier *m.*

petróleo [pe'trɔlju] *m* pétrole *m*.

petulância [petu'lãnsja] *f (insolência)* effronterie *f; (vaidade)* arrogance *f*.

petulante [petu'lãntʃi] *adj (insolente)* effronté(e); *(vaidoso)* arrogant(e).

pia ['pia] *f* évier *m* • **pia batismal** fonts *mpl* baptismaux.

piada ['pjada] *f* plaisanterie *f*.

pianista [pja'niʃta] *nmf* pianiste *mf*.

piano [pi'ãnu] *m* piano *m*.

pião [pi'ãw] *(pl* **-ões)** *m* toupie *f*.

piar [pja(x)] *vi* piailler.

picada [pi'kada] *f (de ave)* coup *m* de bec; *(de inseto)* piqûre *f*.

picadinho [pika'dʒiɲu] *m* plat de viande hachée.

picado, da [pi'kadu, da] ♦ *adj (carne, cebola, salsa)* haché(e); *(furado)* percé(e) ♦ *m (guisado)* hachis de viande ou de poisson.

picanha [pi'kaɲa] *f* rumsteck *m*.

picante [pi'kãntʃi] *adj (apimentado)* piquant(e); *(fig) (malicioso)* grivois(e).

pica-pau [,pika'paw] *(pl* **pica-paus)** *m* pivert *m*.

picar [pi'ka(x)] ♦ *vt (com alfinete, agulha)* piquer; *(carne, cebola)* hacher; *(provocar)* lancer des piques à ♦ *vi (peixe)* mordre ❑ **picar-se** *vp* se piquer; *(fam)* se piquer *(se droguer)*.

picareta [pika'reta] *f* pioche *f*.

picles ['pikleʃ] *m inv* pickles *mpl*.

pico ['piku] *m (montanha)* pic *m*; *(espinho)* piquant *m*.

picolé [piko'lɛ] *m* bâtonnet *m* de glace.

picotado, da [piko'tadu, da] ♦ *adj* prédécoupé(e) ♦ *m* pointillé *m*.

picotar [piko'ta(x)] *vt* picoter, poinçonner *(un ticket)*.

piedade [pje'dadʒi] *f* pitié *f* • **ter piedade de alguém** avoir pitié de qqn.

pifar [pi'fa(x)] *vi (fam) (estragar-se)* péter.

pigmento [pig'mẽntu] *m* pigment *m*.

pijama [pi'ʒama] *m* pyjama *m*.

pilantra [pi'lãntra] *nmf* crapule *f*.

pilar [pi'la(x)] *(pl* **-es)** *m* pilier *m*.

pilha ['piʎa] *f* pile *f* • **uma pilha de nervos** une boule de nerfs • **pilhas de** *(fam)* des tas de.

pilhar [pi'ʎa(x)] *vt* piller.

pilotar [pilo'ta(x)] *vt* piloter.

piloto [pi'lotu] *m* pilote *m*.

pílula [pilula] *f* pilule *f*.

pimenta [pi'mẽnta] *f* piment *m*.

pimenta-do-reino [pi,mẽntadu'xejnu] *f* poivre *m*.

pimentão [pimẽn'tãw] *m* poivron *m*.

pimentão-doce [pimẽntãw'dosi] *m* piment *m* doux.

pinça ['pĩsa] *f* pince *f*.

píncaro ['pĩŋkaru] *m (de montanha)* sommet *m*.

pincel [pĩ'sɛw] *(pl* **-éis)** *m* pinceau *m*.

pinga ['pĩŋga] *f (gota)* goutte *f*; *(fam) (aguardente)* gnôle *f*.

pingado, da [pĩŋ'gadu, da] *adj (café)* au lait; *(arroz)* aux haricots.

pingar [pĩŋ'ga(x)] *vi* goutter.

pingente [pĩ'ʒẽntʃi] *m* pendentif *m*.

pingo ['pĩŋgu] *m (gota)* goutte *f*.

pingue-pongue [,pĩŋgi'põŋgi] *m* ping-pong *m*.

pingüim [pĩŋ'gwĩ] *(pl -ns) m* pingouin *m*.

pinha ['piɲa] *f* pomme *f* de pin.

pinhal [pi'ɲaw] *(pl -ais) m* pinède *f*.

pinhão [pi'ɲãw] *(pl -ões) m* pignon *m*.

pinheiro [pi'ɲejru] *m* pin *m*.

pinho ['piɲu] *m* pin *m (bois)*.

pinhões → pinhão.

pinta ['pĩnta] *f (mancha)* tache *f*; *(na pele)* grain *m* de beauté; *(fam) (aparência)* air *m* ◆ **ter pinta de** *(fam)* avoir l'air de.

pintado, da [pĩ'tadu, da] *adj* peint(e) ◆ **pintado de fresco** peinture fraîche ◆ **pintado à mão** peint à la main.

pintar [pĩ'ta(x)] ◆ *vt (quadro, parede)* peindre; *(olhos, rosto)* se maquiller; *(desenho, boneco)* colorier ◆ *vi (artista, pintor)* peindre; *(criança)* colorier; *(fam) (problema, oportunidade)* se présenter; *(fam) (pessoa)* se pointer ❑ **pintar-se** *vp* se maquiller.

pintarroxo [pĩnta'xoʃu] *m* rouge-gorge *m*.

pintassilgo [pĩnta'siwgu] *m* chardonneret *m*.

pinto ['pĩntu] *m* poussin *m*.

pintor, ra [pĩ'to(x), ra] *(mpl -es, fpl -s) mf* peintre *m*.

pintura [pĩ'tura] *f (arte)* peinture *f*; *(quadro)* tableau *m*.

piões ['pjõjʃ] → pião.

piolho ['pjoʎu] *m* pou *m*.

pior ['pjɔ(x)] *(pl -es)* ◆ *adj* pire ◆ *adv* plus mal ◆ *m* ◆ **o pior** le pire ◆ **o/a pior** le/la pire ◆ **ser o que há de pior** être ce qu'il y a de pire ◆ **cada vez pior** de pire en pire.

piorar [pjo'ra(x)] ◆ *vi (doente, situação)* empirer; *(clima, tempo)* se détériorer ◆ *vt* aggraver.

piores → pior.

pipa ['pipa] *f (de vinho)* tonneau *m*; *(papagaio de papel)* cerf-volant *m*.

pipoca [pi'pɔka] *f* pop corn *m*.

pipoqueiro, ra [pipo'keiru, ra] *mf* vendeur *m*, -euse *f* de pop-corn.

piquenique [,pike'niki] *m* pique-nique *m*.

pirâmide [pi'ramidʒi] *f* pyramide *f*.

piranha [pi'raɲa] *f* piranha *f*.

pirão [pi'rãw] *m* bouillie *f* de manioc.

pirata [pi'rata] *m* pirate *m*.

piratear [pira'tea(x)] *vt* pirater ◆ **piratear um programa** pirater un programme.

Pireneus [pire'newʃ] *mpl* ◆ **os Pireneus** les Pyrénées *fpl*.

pires ['piriʃ] *m inv* soucoupe *f*.

pirex® ['pirɛkʃ] *m* Pyrex® *m*.

pirilampo [piri'lãmpu] *m* ver *m* luisant.

pirueta [pi'rweta] *f* pirouette *f*.

pirulito [piru'litu] *m* sucette *f*.

pisar [pi'za(x)] *vt (com pé)* marcher sur; *(contundir)* meurtrir;

pisca-pisca [‚piʃka'piʃka] (*pl* pisca-piscas) *m* clignotant *m*.

piscar [piʃ'ka(x)] ♦ *vt* cligner • *vi* clignoter.

piscina [piʃ'sina] *f* piscine *f* • **piscina ao ar livre** piscine découverte • **piscina coberta** piscine couverte.

piso ['pizu] *m* chaussée *f* • **piso escorregadio** chaussée glissante • **piso irregular** chaussée déformée.

pista [pi'ʃta] *f* piste *f* • **pista de rodagem = faixa de rodagem** ; → **faixa**.

pistache [piʃ'taʃi] *m* pistache *f*.

pistola [piʃ'tɔla] *f* pistolet *m*.

pistom [piʃ'tõ] (*pl* -**ões**) *m* piston *m*.

pitada [pi'tada] *f* pincée *f*.

pitanga [pi'tãŋga] *f* cerise *f* de Cayenne.

pitoresco, ca [pito'reʃku, ka] *adj* pittoresque.

pivete [pi'vɛtʃi] *m* (criança atrevida) vaurien *m*.

pixel [pik'sew] *m* pixel *m*.

pixote [pi'ʃɔtʃi] *m* gosse *m*.

pizza ['piza] *f* pizza *f* • **pizza de aliche** pizza aux anchois.

pizzaria [piza'ria] *f* pizzeria *f*.

placa ['plaka] *f* **1.** (*ger*) plaque *f* **2.** (*lâmina*) lame *f* **3.** (*aviso*) panneau *m* • **placa de sinalização** panneau de signalisation *m* **4.** (*de automóvel*) plaque *f* • **placa fria** fausse plaque *f* **5.** *INFORM* carte *f* • **placa de vídeo** carte vidéo *f* **6.** (*na pele*) plaques (dermatologie) *fpl*.

plágio ['plaʒju] *m* plagiat *m*.

planador [plana'do(x)] (*pl* -**es**) *m* planeur *m*.

planalto [pla'nawtu] *m* plateau *m*.

planejamento [planeʒa'mẽntu] *m* planning *m* • **planejamento familiar** planning familial.

planejar [planeʒa(x)] *vt* planifier • **planejar fazer algo** projeter de faire qqch.

planeta [pla'neta] *m* planète *f*.

planetário [plane'tarju] *m* planétarium *m*.

planície [pla'nisji] *f* plaine *f*.

plano, na ['planu, na] ♦ *adj* plat(e) ♦ *m* plan *m*.

planta ['plãnta] *f* plante *f*; (de cidade, casa) plan *m*.

plantão [plãn'tãw] *m* garde *f* • **estar de plantão** être de garde.

plantar [plãn'ta(x)] *vt* planter.

plástica ['plaʃtʃika] *f* chirurgie *f* esthétique.

plástico ['plaʃtʃiku] *m* plastique *m*.

plastilina [plaʃtʃi'lina] *f* pâte à modeler.

plataforma [plata'fɔxma] *f* (estrada) plate-forme *f*; (de estação de trem, metrô) quai *m*.

plátano ['platanu] *m* platane *m*.

platéia [pla'tɛja] *f* parterre *m*.

platina [pla'tʃina] *f* platine *f*.

platinados [platʃi'naduʃ] *mpl* vis *fpl* platinées.

plausível [plaw'zivɛw] (*pl* -**eis**) *adj* (*possível*) probable; (*crível*) plausible.

plebiscito [plebiʃ'situ] *m* référendum *m*.

plenamente [ˌplenaˈmẽntʃi] *adv* totalement.

pleno, na [ˈplenu, na] *adj* total(e) • **pleno de** plein de • **em pleno dia** en plein jour • **em pleno inverno** en plein hiver.

plug-in [ˈplugĩn] *m INFORM* branché.

plural [pluˈraw] (*pl* **-ais**) *m* pluriel *m*.

plutônio [pluˈtonju] *m* plutonium *m*.

pneu [ˈpnew] *m* pneu *m* • **pneu sobressalente** roue *f* de secours.

pneumonia [pnewmoˈnia] *f* pneumonie *f*.

pó [ˈpɔ] *m* (*poeira*) poussière *f*; (*substância pulverizada*) poudre *f*.

pobre [ˈpɔbri] *adj & mf* pauvre.

pobreza [poˈbreza] *f* pauvreté *f*.

poça [ˈpɔsa] *f* flaque *f*.

poção [poˈsãw] (*pl* **-ões**) *f* potion *f*.

pocilga [poˈsiwga] *f* porcherie *f*.

poço [ˈposu] *m* puits *m*.

poções → poção.

podar [poˈda(x)] *vt* tailler.

pode [ˈpɔdʒi] → poder.

pôde [ˈpodʒi] → poder.

pó-de-arroz [ˌpɔdʒjaˈxoʃ] *m* poudre *f* de riz.

poder [poˈde(x)] (*pl* **-es**) ♦ *m* pouvoir • **o poder** le pouvoir • **estar no poder** être au pouvoir • **poder de compra** pouvoir d'achat • **está em meu poder** il est en mon pouvoir • **ter em seu poder algo** avoir qqch en sa possession ♦ *v aux* • **poder fazer algo** pouvoir faire qqch • **você podia tê-lo feito antes** tu aurais pu le faire avant • **posso ajudar?** je peux vous aider? • **posso fazê-lo** je peux le faire • **não posso mais!** je n'en peux plus! • **não posso fazer nada!** je ne peux rien faire! • **posso fumar?** je peux fumer? • **não pode estacionar aqui** vous ne pouvez pas stationner ici • **não pude sair ontem** je n'ai pas pu sortir hier • **não podemos abandoná-lo** nous ne pouvons pas l'abandonner • **você pode fazer várias coisas** tu peux faire plusieurs choses • **você podia ter vindo de trem** tu aurais pu venir en train • **não pode ser!** ce n'est pas possible! • **você podia ter-nos avisado!** tu aurais pu nous prévenir! • **pudera!** évidemment! ♦ *v impess* (*ser possível*) • **pode ser que chova** il se peut qu'il pleuve • **pode não ser verdade** il se peut que ce ne soit pas vrai • **pode acontecer a qualquer um** ça peut arriver à n'importe qui ◻ **poder com** *vp* (*suportar*) supporter; (*rival, adversário*) venir à bout de • **você não pode com tanto peso** tu ne peux pas porter ça.

poderoso, osa [podeˈrozu, ɔza] *adj* puissant(e).

podre [ˈpodri] *adj* pourri(e).

põe [ˈpõj] → pôr.

poeira [ˈpwejra] *f* poussière *f*.

poema [ˈpwema] *m* poème *m*.

poesia [pwe'zia] f poésie f.
poeta ['pweta] m poète m.
poetisa [pwetiza] f poétesse f.
pois ['pojʃ] ♦ conj (porque) car; (então) alors ♦ interj • **pois sim!** non! • **pois não?** oui? • **pois bem** bon.
polegar [pole'ga(x)] (pl **-es**) m pouce m.
polêmica [po'lemika] f polémique f.
pólen ['pɔlen] m pollen m.
polícia [po'lisja] ♦ f police f ♦ nmf policier m.
policial [polisi'aw] (pl **-ais**) nmf policier m.
policiamento [polisja'mẽntu] m surveillance f, vigilance f.
polido, da [po'lidu, da] adj poli(e).
poliestireno [poljeʃtʃi'renu] m polystyrène m.
polir [po'li(x)] vt polir.
politécnico, ca [poli'tɛkniku, ka] adj d'enseignement technique supérieur.
política [po'litʃika] f politique f • **política externa** politique extérieure.
político, ca [po'litʃiku, ka] ♦ mf homme m politique ♦ adj politique.
pólo ['pɔlu] m pôle m; (esporte) polo m • **pólo aquático** waterpolo m.
Polônia [po'lonja] f Pologne f.
polpa ['powpa] f pulpe f.
poltrona [pow'trona] f fauteuil m.
poluição [polwi'sãw] f pollution f.

poluído, da [pu'lwidu, da] adj pollué(e).
poluir [polw'i(x)] vt polluer.
polvo ['powvu] m poulpe m.
pólvora ['pɔwvura] f poudre f.
pomada [po'mada] f pommade f • **pomada antisséptica** pommade antiseptique.
pomar [po'ma(x)] (pl **-es**) m verger m.
pombo, ba ['põmbu, ba] mf pigeon m, colombe f • **pomba da paz** colombe de la paix.
pomo-de-adão [,pomudʒa'dãw] (pl **pomos-de-adão**) m pomme f d'Adam.
pomposo, osa [põm'pozu, ɔza] adj pompeux(euse).
ponderação [põndera'sãw] f pondération f.
ponderado, da [põnde'radu, da] adj pondéré(e).
ponderar [põnde'ra(x)] vt pondérer.
pônei ['ponei] m poney m.
ponho ['poɲu] → **pôr**.
ponta ['põnta] f bout m; (de vara, lápis) pointe f; (de superfície) extrémité f • **ter algo na ponta da língua** avoir qqch sur le bout de la langue.
pontada [põn'tada] f point m de côté.
pontapé [põnta'pɛ] m coup m de pied • **pontapé livre** coup m franc • **pontapé de saída** coup d'envoi.
pontaria [põnta'ria] f • **fazer pontaria** viser • **ter pontaria** bien viser.
ponte ['põntʃi] f pont m.

ponteiro [põn'tejru] m (de relógio) aiguille f.

pontiagudo, da [põntʃja'gudu, da] adj pointu(e).

ponto ['põntu] m point m; (parada de transporte coletivo) arrêt m; (de açúcar) caramélisation f • **às 9 em ponto** à neuf heures pile • **estar a ponto de fazer algo** être sur le point de faire qqch • **até certo ponto** dans une certaine mesure • **ponto por ponto** point par point • **dois pontos** deux points • **ponto cardeal** point cardinal • **ponto de encontro** point de rencontre • **ponto de exclamação** point d'exclamation • **ponto final** point final • **ponto de interrogação** point d'interrogation • **ponto morto** point mort • **ponto negro** point noir • **ponto de ônibus** arrêt d'autobus • **ponto de partida** point de départ • **ponto de táxi** station f de taxi • **ponto de vista** point de vue.

ponto-e-vírgula [,põntwi'virgula] m point-virgule m.

pontuação [põntwa'sãw] (pl -ões) f (em gramática) ponctuation f; (em competição) nombre m de points; (em teste, exame) barème m.

pontual [põn'twaw] (pl -ais) adj (pessoa) ponctuel(elle); (trem, ônibus) à l'heure.

pontuar [põn'twa(x)] ◆ vt (texto) ponctuer; (exame, teste) noter ◆ vi noter.

POP (abrev de Post Office Protocol) m POP.

popa ['popa] f poupe f.

popeline [pope'linu] f popeline f.

população [popula'sãw] f population f.

popular [popu'la(x)] (pl -es) adj populaire.

pôquer ['pokε(x)] m poker m.

por [po(x)] prep 1. (indica causa) à cause de • **foi por sua causa** c'était à cause de toi • **por falta de meios** faute de moyens • **por hábito/rotina** par habitude/routine • **ele partiu por não ser forte** il est parti parce qu'il n'était pas assez fort 2. (indica meio, modo, agente) par • **foi feito por mim** ça a été fait par moi • **por correio/avião/fax** par courrier/avion/fax • **por escrito** par écrit 3. (relativo a lugar) par • **entramos no Brasil por Salvador** nous sommes entrés au Brésil par Salvador • **ele está por lá** il est par là • **por onde você vai?** par où passes-tu? • **vamos por aqui** passons par ici 4. (indica objetivo) pour • **lutar por algo** lutter pour qqch 5. (relativo a tempo) pour • **ele partiu por duas semanas** il est parti pour deux semaines • **partiu pela manhã** il est parti le matin 6. (relativo a troca) contre • **troquei o carro velho por um novo** j'ai échangé la vieille voiture contre une neuve; (relativo a preço) pour • **paguei por**

este casaco apenas 30 euros je n'ai payé que 30 euros pour cette veste **7.** *(indicação distribuição)* • **são 150€ por dia/mês** ça fait 150 euros par jour/mois • **por pessoa** par personne • **por cento** pour cent • **por hora** à l'heure • **ganhamos por dois a um** nous avons gagné deux à un **8.** *(em locuções)* • **por que (é que)...?** pourquoi (est-ce que)...? • **por mim, tudo bem!** pour ma part, c'est d'accord!

pôr ['po(x)] ♦ *vt* mettre; *(defeitos)* trouver; *(suj: ave)* pondre • **pôr algo em funcionamento** mettre qqch en marche • **pôr algo mais baixo/alto** baisser/monter le son de qqch • **pôr algo em algo** mettre qqch dans qqch • **pôr a mesa** mettre la table ♦ *vi* pondre ▫ **pôr-se** *vp (ficar)* se mettre; *(sol)* se coucher • **pôr-se a fazer algo** se mettre à faire qqch • **pôr-se de pé** se mettre debout.

pôr-do-sol ['poxdu'sɔw] *m* coucher *m* du soleil

porca ['pɔxka] *f (peça)* écrou *m*; *(animal)* truie *f*.

porção [pox'sãw] *(pl* -ões) *f* portion *f*.

porcaria [poxka'ria] *f (sujidade)* saleté *f*; *(algo malfeito)* cochonnerie *f*; *(algo sem valor)* camelote *f* ♦ *interj* **que porcaria!** mince!

porcelana [poxse'lana] *f* porcelaine *f*.

porco ['poxku] *m (animal)* cochon *m*; *(carne)* porc *m*.

porções [pox'sõjʃ] → **porção**

porco-espinho [,poxkwiʃ'piɲu] *(pl* **porcos-espinhos)** *m* porc-épic *m*.

porém [po'rẽj] *conj* cependant.

pormenor [poxme'nɔ(x)] *(pl* -es) *m* détail *m* • **em pormenor** en détail.

pornografia [poxnogra'fia] *f* pornographie *f*.

poro ['pɔru] *m* pore *m*.

porque ['poxki] *conj* parce que, car.

porquinho-da-índia [pox,kiɲuda'ĩdʒja] *(pl* **porquinhos-da-índia)** *m* cochon *m* d'Inde.

porra ['pɔxa] *interj* mince alors!

porta ['pɔxta] *f (de casa, armário etc.)* porte *f*; *(de carro)* portière *f* • **porta automática** porte automatique • **porta com controle remoto** porte à ouverture automatique • **porta corrediça** porte coulissante • **porta giratória** porte à tambour • **porta paralela** *INFORM* port *m* parallèle • **porta serial** *INFORM* port série.

porta-aviões [,pɔxta'vjõjʃ] *m inv* porte-avions *m inv*.

porta-bagagem [,pɔxtaba'gaʒẽ] *(pl* **porta-bagagens)** *m* porte-bagages *m inv*.

porta-bandeira [,pɔxtabã'dejra] *(pl* **porta-bandeiras)** *nmf* personne qui porte le drapeau de l'école de samba à la-

porta-chaves

quelle elle appartient lors du défilé du Carnaval m.

porta-chaves [‚pɔxta'ʃaveʃ] m inv porte-clés m inv.

portador, ra [pɔxta'do(x), ra] (mpl **-es**, fpl **-s**) mf porteur m • **ao portador** au porteur.

porta-jóias [‚pɔxta'ʒɔjaʃ] m inv coffret m à bijoux.

portal [pɔx'taw] (pl **-ais**) m **1.** (pórtico) portique m **2.** INFORM portail m.

porta-lápis [‚pɔxta'lapiʃ] m inv trousse f à crayons.

porta-luvas [‚pɔxta'luvaʃ] m inv boîte f à gants.

porta-malas [‚pɔxta'malaʃ] m inv porte-bagages f.

porta-moedas [‚pɔxta'mwedaʃ] m inv porte-monnaie m inv.

portanto [pɔx'tāntu] conj donc.

portão [pɔx'tãw] (pl **-ões**) m portail m.

portaria [pɔxta'ria] f (de edifício) accueil m; (diploma legal) arrêté m.

portátil [pɔx'tatʃiw] (pl **-eis**) adj portable.

porta-voz [‚pɔxta'vɔʃ] (pl **porta-vozes**) nmf porte-parole m inv.

porte ['pɔxtʃi] m port m • **porte pago** port payé.

porteiro, ra [pɔx'tejru, ra] mf (de edifício) gardien m, -enne f; (de hotel) portier m.

pórtico ['pɔxtʃiku] m (em edifício) porche m.

porto ['pɔxtu] m port m ▫ **Porto** m • **o Porto** Porto.

portões [pɔx'tõjʃ] → **portão**.

portuense [pɔx'twēʃfi] ◆ adj de Porto ◆ nmf habitant m, -e f de Porto.

Portugal [pɔxtu'gal] s Portugal m.

português, esa [pɔxtu'geʃ, eza] (mpl **-eses**, fpl **-s**) ◆ adj portugais(e) ◆ mf Portugais m, -e f ◆ m (língua) portugais m • **à portuguesa** à la portugaise.

porventura [pɔxvēn'tura] adv par hasard • **se porventura** si par hasard.

pôs ['pojʃ] → **pôr**.

posar [po'za(x)] vi poser.

posição [pozi'sãw] (pl **-ões**) f position f; (em emprego) poste m.

positivo, va [pozi'tʃivu, va] ◆ adj positif(ive) ◆ m positif m.

posologia [pozolo'ʒia] f posologie f.

posse ['pɔsi] f possession f • **estar em posse de** être en possession de ▫ **posses** fpl • **ter posses** avoir de la fortune.

possessão [pose'sãw] (pl **-ões**) f possession f.

possessivo, va [pose'sivu, va] adj possessif(ive).

possessões → **possessão**.

possibilidade [posibili'dadʒi] f possibilité f.

possibilitar [posibili'ta(x)] vt rendre possible.

possível [po'sivew] (pl **-eis**) ◆ adj possible ◆ m • **fazer o possível (por fazer algo)** faire son possible (pour faire qqch) • **não é possível!** c'est pas vrai! • **logo que possível** dès que possible • **o mais cedo possível**

le plus tôt possible • **o máximo possível** le plus possible • **se possível** si possible.
posso ['posu] → **poder**.
possuir [posw'i(x)] vt posséder.
posta ['pɔʃta] f tranche f.
postal [poʃ'taw] (pl -**ais**) m carte f postale.
posta-restante [ˌpoʃtaxeʃ'tãntʃi] (pl **postas-restantes**) f poste f restante.
poste ['pɔʃtʃi] m poteau m.
pôster [po'ʃte(x)] (pl -**es**) m poster m.
posteridade [poʃteri'dadʒi] f postérité f.
posterior [poʃte'rjo(x)] (pl -**es**) adj postérieur(e).
posteriormente [puʃterjor'mẽntʃi] adv (mais tarde) postérieurement.
postiço, ça [poʃ'tʃisu, sa] adj faux(fausse).
postigo [poʃ'tʃigu] m judas m (de porte).
posto ['poʃtu] m poste m; (de saúde) centre m • **posto de gasolina** station-service f • **posto médico** infirmerie f.
póstumo, ma ['pɔʃtumu, ma] adj posthume.
postura [poʃ'tura] f position f.
potável [po'tavew] adj → **água**.
pote ['pɔtʃi] m pot m.
potência [pu'tẽsja] f puissance f.
potencial [potẽn'sjaw] (pl -**ais**) ◆ adj potentiel(elle) ◆ m potentiel m.

potente [po'tẽntʃi] adj puissant(e).
potro [potru] m poulain m.
pouco, ca ['poku, ka] ◆ adj peu de ◆ adv & pron peu ◆ m • **um pouco** un peu • **um pouco de** un peu de • **um pouco mais de** un peu plus de • **custar pouco** ne pas coûter cher • **custar pouco a fazer** être facile à faire • **ficar a poucos passos de** être à quelques pas de • **pouco amável/inteligente** peu aimable/intelligent • **daí a pouco** peu après • **daqui a pouco** sous peu • **falta pouco para** c'est bientôt • **há pouco** il y a peu de temps • **pouco a pouco** peu à peu • **por pouco** de peu • **fazer pouco de** se moquer de.
poupança [po'pãsa] f épargne f.
poupar [po'pa(x)] ◆ vt économiser; (dinheiro) épargner; (esforço) ménager ◆ vi économiser.
pouquinho [po'kiɲu] m petit peu m • **só um pouquinho** juste un petit peu • **um pouquinho de** un petit peu de.
pousada [po'pada] f auberge f.
pousar [po'za(x)] ◆ vt poser ◆ vi (avião) atterrir; (ave) se poser.
povo ['povu] m peuple m.
povoação [povwa'sãw] (pl -**ões**) f hameau m.
povoar [po'vwa(x)] vt peupler.
pp. (abrev de **páginas**) pp.
praça ['prasa] f place f; (mercado) marché m • **praça de touros** arènes fpl.
prado ['pradu] m pré m.

praga ['praga] f *(doença)* épidémie f; *(de insetos)* invasion f; *(palavrão)* juron m; *(maldição)* sort m.

pragmático, ca [prag'matʃiku, a] adj pragmatique.

praia ['praja] f plage f • **praia de nudistas** plage de nudistes.

prancha ['prãʃa] f planche f • **prancha de saltos** plongeoir m • **prancha de surf** surf m.

pranto ['prãtu] m chagrin m.

prata ['prata] f argent m • **de ou em prata** en argent.

prateado, da [pra'tʃjadu, da] adj argenté(e).

prateleira [prate'lejra] f étagère f.

prática ['pratʃika] f pratique f • **na prática** en ou dans la pratique • **pôr algo em prática** mettre qqch en pratique • **ter prática** avoir de l'expérience.

praticante [pratʃi'kãntʃi] ◆ adj pratiquant(e) ◆ nmf • **é um praticante de judô** il pratique le judo.

praticar [pratʃi'ka(x)] ◆ vt pratiquer ◆ vi s'exercer.

praticável [pratʃi'kavew] *(pl -eis)* adj *(ação)* réalisable; *(estrada)* praticable.

prático, ca ['pratʃiku, ka] adj pratique.

prato ['pratu] m *(louça)* assiette f; *(refeição)* plat m • **prato de sopa** *(utensílio)* assiette à soupe; *(comida)* soupe f • **prato fundo** assiette creuse • **prato raso** assiette plate • **prato da casa** spécialité de la maison

• **prato do dia** plat du jour
• **pôr tudo em pratos limpos** tirer les choses au clair ◻ **pratos** mpl MÚS cymbales fpl.

praxe ['praʃi] f *(costume)* coutume f; *(acadêmica)* traditions fpl • **ser de praxe** être d'usage.

prazer [pra'ze(x)] *(pl -es)* m plaisir m • **muito prazer!** enchanté! • **prazer em conhecê-lo!** enchanté de faire votre connaissance! • **o prazer é (todo) meu!** moi de même! • **com prazer** avec plaisir • **por prazer** pour le plaisir.

prazo ['prazu] m délai m • **prazo de validade** date limite de validité • **a curto/longo/médio prazo** à court/long/moyen terme.

precário, ria [pre'karju, rja] adj précaire.

precaução [prekaw'sãw] *(pl -ões)* f précaution f • **por precaução** par précaution.

precaver-se [preka'vexsi] vp se prémunir • **precaver-se contra** se prémunir contre.

precavido, da [preka'vidu, da] adj prévoyant(e).

prece ['prɛsi] f prière f.

precedência [prese'dẽsja] f avance f • **ter precedência sobre** précéder.

preceder [prese'de(x)] vt précéder.

precioso, osa [pre'sjozu, ɔza] adj précieux(euse).

precipício [presi'pisju] m précipice m.

precipitação [presipita'sãw] (*pl* -ões) *f* (*pressa*) précipitation *f*; (*chuva*) précipitations *fpl*.

precipitar-se [presepi'taxsi] *vp* se précipiter.

precisamente [pre,siza'mẽntʃi] *adv* précisément.

precisão [presi'zãw] *f* précision *f* • **com precisão** avec précision.

precisar [presi'za(x)] *vt* préciser • **precisar fazer algo** avoir besoin de faire qqch ▫ **precisar de** *vp* avoir besoin de.

preciso, sa [pre'sizu, za] *adj* précis(e) • **ser preciso** être précis • **é preciso fazer algo** il faut faire qqch.

preço ['presu] *m* prix *m* • **preço de ocasião** prix promotionnel • **preço reduzido** prix réduit • **a preço de saldo** soldé.

precoce [pre'kɔsi] *adj* (*criança*) précoce; (*decisão*) prématuré(e).

preconcebido, da [prekõnse'bidu, da] *adj* préconçu(e).

preconceito [prekõ'sejtu] *m* préjugé *m*.

precursor, ra [prekux'so(x), ra] (*mpl* -**es**, *fpl* -**s**) ♦ *mf* précurseur *m* ♦ *adj* précurseur.

predador, ra [preda'do(x), ra] (*mpl* -**es**, *fpl* -**s**) *adj* prédateur(trice).

predecessor, ra [predese'so(x), ra] (*mpl* -**es**, *fpl* -**s**) *mf* prédécesseur *m*.

predileção [predʒile'sãw] (*pl* -ões) *f* prédilection *f* • **ter pre-** **dileção por** avoir une prédilection pour.

predileções → **predileção**.

predileto, ta [predʒi'lεtu, ta] *adj* préféré(e).

prédio ['predʒju] *m* bâtiment *m* • **prédio de apartamentos** immeuble *m*.

predominante [predomi'nãntʃi] *adj* prédominant(e).

predominar [predomi'na(x)] *vi* prédominer.

preencher [priẽ'ʃe(x)] *vt* remplir.

pré-fabricado, da [,prεfabri'kadu, da] *adj* préfabriqué(e).

prefácio [pre'fasju] *m* préface *f*.

prefeito, ta [pre'fejtu, ta] *mf* maire *m*.

prefeitura [prefej'tura] *f* mairie *f*.

preferência [prefe'rẽsja] *f* préférence *f* • **dar preferência a** donner la préférence à • **ter preferência por** préférer • **de preferência** de préférence.

preferido, da [prefe'ridu, da] *adj* préféré(e).

preferir [prefe'ri(x)] *vt* préférer • **preferir fazer algo** préférer faire qqch • **preferir que** préférer que.

prefixo [pre'fiksu] *m* préfixe *m*.

prega ['prega] *f* pli *m*.

pregador [prega'do(x)] *m* (*de roupa*) pince *f* à linge.

pregar¹ [pre'ga(x)] *vt* (*prego*) clouer; (*botões*) coudre.

pregar² [pre'ga(x)] *vt* prêcher.

prego ['pregu] *m* clou *m*.

preguiça [pre'gisa] *f* paresse *f*.

pré-histórico

pré-histórico, ca [prɛiʃ'tɔriku, ka] *adj* préhistorique.

prejudicar [prezudzi'ka(x)] *vt (pessoa)* porter préjudice à; *(carreira, relação, saúde)* nuire à.

prejudicial [prezudzi'sjaw] *(pl -ais) adj* • **prejudicial para** préjudiciable à.

prejuízo [pre'zwizu] *m (dano)* dégât *m; (em negócio)* préjudice *m* • **em prejuízo de** au détriment de • **sem prejuízo de** sans préjudice de.

prematuro, ra [prema'turu, ra] *adj* prématuré(e).

premiado, da [premi'adu, da] *adj* primé(e).

premiar [premi'a(x)] *vt* primer.

prêmio ['premju] *m* prix *m; (em seguros)* prime *f* • **grande prêmio** *(em Fórmula 1)* grand prix.

premonição [premuni'sãw] *(pl -ões) f* prémonition *f.*

pré-natal [ˌprena'taw] *(pl -ais) adj* prénatal.

prenda ['prẽda] *f* cadeau *m.*

prendado, da [prẽn'dadu, da] *adj* qui a toutes les qualités.

prender [prẽn'de(x)] *vt (pessoa)* arrêter; *(meter na prisão)* emprisonner; *(atar)* attacher ❏ **prender-se** *vp* se prendre.

prenome [pre'nɔmi] *m* prénom *m.*

pronunciar [prenũsi'a(x)] *vt* (laisser) présager.

preocupação [preokupa'sãw] *(pl -ões) f* souci *m.*

preocupado, da [prioku'padu, da] *adj* préoccupé(e).

preocupar [preoku'pa(x)] *vt* préoccuper ❏ **preocupar-se** *vp* se faire du souci • **preocupar-se com** se préoccuper de.

preparação [prepara'sãw] *(pl -ões) f* préparation *f.*

preparado, da [prepa'radu, da] ◆ *adj* prêt(e) ◆ *m* préparation *f.*

preparar [prepa'ra(x)] *vt* préparer ❏ **preparar-se** *vp* se préparer • **preparar-se para algo** se préparer à qqch.

preposição [prepozi'sãw] *(pl -ões) f* préposition *f.*

prepotente [prepo'tẽntʃi] *adj* autoritaire.

presença [pre'zẽsja(x)] *f* présence *f* • **na presença de** en présence de • **presença de espírito** présence d'esprit.

presenciar [prezẽ'sja(x)] *vt (acontecimento)* assister à; *(crime)* être témoin de.

presente [pre'zẽntʃi] ◆ *adj* présent(e) ◆ *m (prenda)* cadeau *m;* GRAM présent *m.*

preservação [prezexva'sãw] *(pl -ões) f* préservation *f.*

preservar [prezex'va(x)] *vt* préserver.

preservativo [prezexva'tʃivu] *m* préservatif *m.*

presidência [prezi'dẽsja] *f* présidence *f.*

presidente [prezi'dẽntʃi] *nmf (de associação)* président *m; (de empresa)* P-DG *m* • **Presidente**

da República président de la République.

presidir [prezi'dʒi(x)] *vi* • presidir a algo présider à qqch.

presilha [pre'ziʎa] *f* passant *m (de ceinture)*.

preso, sa ['prezu, za] ♦ *pp* → **prender** ♦ *adj (atacado)* attaché(e); *(capturado)* prisonnier(ère); *(que não se move)* coincé(e) ♦ *mf* prisonnier *m*, -ère *f*.

pressa ['prɛsa] *f* hâte *f* • **estar com pressa** être pressé • **estar sem pressa** ne pas être pressé • **ter pressa** être pressé • **às pressas** en vitesse.

presságio [pre'saʒiu] *m* présage *m*.

pressão [prɛ'sãw] *(pl* -**ões**) *f* pression *f* • **pressão arterial alta/baixa** hypertension *f*/hypotension *f* • **pressão atmosférica** pression atmosphérique • **pressão dos pneus** pression des pneus • **estar sob pressão** être sous pression.

pressentimento [presẽntʃi'mẽntu] *m* pressentiment *m*.

pressentir [presẽn'tʃi(x)] *vt* pressentir.

pressionar [presjo'na(x)] *vt (botão)* presser; *(pessoa)* faire pression sur.

pressões [prɛ'sõjʃ] → **pressão**.

pressupor [presu'po(x)] *vt* présupposer.

prestação [preʃta'sãw] *(pl* -**ões**) *f (de serviço)* prestation *f*; *(de pagamento)* versement *m* • **pagar em prestações** payer à crédit.

prestar [preʃ'ta(x)] ♦ *vt (ajuda)* donner; *(serviço, contas)* rendre; *(atenção)* prêter ♦ *vi* servir • **não prestar para nada** ne servir à rien • **não prestar** *(comida)* ne pas être bon ❏ **prestar-se** *vp + prep* se prêter à.

prestativo, va [preʃta'tʃivu, va] *adj* serviable.

prestes ['prɛʃtʃiʃ] *adj* • **estar prestes a fazer algo** être sur le point de faire qqch.

prestidigitador, ra [prɛʃtʃidʒiʒita'do(x), ra] *(mpl* -**es**, *fpl* -**s**) *mf* prestidigitateur *m*, -trice *f*.

prestígio [prɛʃ'tʃiʒju] *m* prestige *m*.

presumir [prezu'mi(x)] *vt* présumer.

presunçoso, osa [prezũ'sozu, ɔza] *adj* présomptueux(euse).

presunto [pre'zũntu] *m* jambon *m*.

prêt-à-porter [prɛtapox'te] *m inv (vestuário)* prêt-à-porter *m*.

pretender [pretẽn'de(x)] *vt* avoir l'intention de • **pretender fazer algo** avoir l'intention de faire qqch.

pretensão [pretẽn'sãw] *(pl* -**ões**) *f* souhait *m* ❏ **pretensões** *fpl* prétention *f*.

pretérito [pre'tɛritu] *m* passé *m* • **pretérito perfeito** *(simples)* passé simple • **pretérito imperfeito** *(simples)* imparfait *m*.

pretexto

pretexto [pre'teʃtu] *m* prétexte *m* • **sob pretexto algum** sous aucun prétexte • **a** *ou* **com o pretexto de** sous prétexte de

preto, ta ['pretu, ta] ♦ *adj (cor)* noir(e); *(pej) (de raça negra)* nègre ♦ *m* noir *m* ♦ *mf (pej)* nègre *m*, négresse *f* • **pôr o preto no branco** mettre noir sur blanc.

prevalecer [prevale'se(x)] *vi* prévaloir.

prevenção [prevẽ'sãw] *(pl -ões) f (de doença, acidente)* prévention *f*; *(aviso)* avertissement *m* • **por prevenção** à titre préventif.

prevenido, da [preve'nidu, da] *adj* prévoyant(e) • **estar prevenido** être prévoyant.

prevenir [preve'ni(x)] *vt* prévenir • **prevenir alguém de algo** prévenir qqn de qqch.

preventivo, va [prevẽ'tʃivu, va] *adj* préventif(ive).

prever [pre've(x)] *vt* prévoir.

previamente [ˌprevja'mẽtʃi] *adv* préalablement.

previdência [previ'dẽsja] *f* • **a Previdência Social** la sécurité sociale.

prévio, via ['prevju, vja] *adj* préalable.

previsão [previ'zãw] *(pl -ões) f (de futuro)* prédiction *f*; *(conjectura)* prévision *f* • **previsão do tempo** prévision du temps.

previsível [previ'zivew] *(pl -eis) adj* prévisible.

previsões → previsão.

280

previsto, ta [pre'viʃtu, ta] *adj* prévu(e) • **como previsto** comme prévu.

prezado, da [pre'zadu, da] *adj* cher(chère) • **prezado...** *(em carta)* cher...

prima → primo.

primário, ria [pri'marju, rja] *adj* primaire.

primavera [prima'vera] *f (estação)* printemps *m*; *(flor)* primevère *f*.

primeira [pri'mejra] *f* première *f*, → **primeiro**.

primeiro, ra [pri'mejru, ra] ♦ *adj & num* premier(ère); *(chegar)* en premier ♦ *adv* d'abord ♦ *mf* • **o primeiro/a primeira da turma** le premier/la première de la classe • **de primeira** du premier coup • **à primeira vista** à première vue • **de primeira de primeir ordre** • **em primeiro lugar** d'abord • **primeiros socorros** premiers secours • **primeiro que tudo** avant tout → **sexto**.

primeiro-ministro, primeira-ministra [priˌmejruminiʃtru, priˌmejrminiʃtra] *(mpl* **primeiros-ministros** *fpl* **primeiras-ministras)** *mf* Premier Ministre *m*.

primitivo, va [primi'tʃivu, va] *adj* primitif(ive).

primo, ma ['primu, ma] *mf* cousin *m*, -e *f*.

primogênito, ta [primo'ʒenitu, ta] *mf* aîné *m*, -e *f*.

princesa [prĩ'seza] *f* princesse *f*.

principal [prisi'paw] (*pl* **-ais**) *adj* principal(e).

principalmente [prisipaw'mẽntʃi] *adv* principalement.

príncipe ['prĩsipi] *m* prince *m*.

principiante [prĩsipi'ãntʃi] *nmf* débutant *m*, -e *f*.

principiar [prĩsipi'a(x)] ◆ *vt* commencer ◆ *vi* débuter.

princípio [pri'sipju] *m* début *m*; *(moral)* principe *m* • **partir do princípio** partir du principe • **a princípio** au début • **desde o princípio** depuis le début • **em princípio** en principe • **por princípio** par principe.

prioridade [priori'dadʒi] *f* priorité *f* • **prioridade de passagem** priorité.

prisão [pri'zãw] (*pl* **-ões**) *f (ato)* emprisonnement *m*; *(local)* prison *f* • **prisão de ventre** constipation *f*.

privação [priva'sãw] (*pl* **-ões**) *f* privation *f* □ **privações** *fpl* privations *fpl*.

privacidade [privasi'dadʒi] *f* vie *f* privée.

privações → privação.

privada [pri'vada] *f* toilettes *mpl*.

privado, da [pri'vadu, da] *adj* privé(e).

privar [pri'va(x)] *vt* • **privar alguém de algo** priver qqn de qqch □ **privar-se de** *vp + prep* • **privar-se de algo** se priver de qqch.

privativo, va [priva'tʃivu, va] *adj* privatif(ive).

privilegiado, da [privile'ʒjadu, da] *adj* privilégié(e).

privilegiar [privileʒi'a(x)] *vt* privilégier.

privilégio [privi'leʒju] *m* privilège *m*.

proa ['proa] *f* proue *f*.

probabilidade [probabili'dadʒi] *f* probabilité *f*.

problema [pro'blema] *m* problème *m* • **ter problemas com** avoir des problèmes avec.

procedente [prose'dẽntʃi] *adj* • **procedente de** en provenance de.

proceder [prose'de(x)] *vi* procéder • **proceder com** procéder avec.

processador [prosesa'do(x)] (*pl* **-es**) *m* • **processador de texto** traitement *m* de texte.

processamento [prosesa'mẽntu] *m* traitement *m*.

processar [prose'sa(x)] *vt jur* faire un procès à; *INFORM* traiter.

processo [pro'sɛsu] *m (sistema)* processus *m*; *(método)* procédé *m*; *jur* procès *m*.

procissão [prosi'sãw] (*pl* **-ões**) *f* procession *f*.

proclamar [prokla'ma(x)] *vt* proclamer.

procura [pro'kura] *f (busca)* recherche *f*; *COM* demande *f* • **andar à procura de** chercher.

procurador, ra [prokura'do(x), ra] (*mpl* **-es**, *fpl* **-s**) *mf* fondé *m* de pouvoir • **procurador da República** procureur *m* de la République.

procurar [proku'ra(x)] *vt* chercher • **procurar fazer algo** s'efforcer de faire qqch.

prodígio

prodígio [pro'dʒiʒju] *m* prodige *m*.

produção [prudu'sãw] (*pl -ões*) *f* production *f*.

produtividade [produtʃivi'dadʒi] *f* productivité *f*.

produtivo, va [produ'tʃivu, va] *adj* productif(ive).

produto [pro'dutu] *m* produit *m* • **produto alimentar** produit alimentaire • **produto de limpeza** produit ménager • **produto natural** produit naturel.

produtor, ra [produ'to(x), ra] (*mpl -es, fpl -s*) *mf* producteur *m*, -trice *f*.

produzir [produ'zi(x)] *vt* produire.

proeminente [proimi'nẽntʃi] *adj (saliente)* proéminent(e); *(figura)* éminent(e); *(aspecto)* important(e); *(papel)* de premier plan.

proeza [pro'eza] *f* prouesse *f*.

profanar [profa'na(x)] *vt* profaner.

profecia [profe'sia] *f* prophétie *f*.

proferir [profe'ri(x)] *vt* proférer; *(sentença)* rendre.

professor, ra [profe'so(x), ra] (*mpl -es, fpl -s*) *mf* professeur *m*.

profeta [pro'fɛta] *m* prophète *m*.

profetisa [profe'tʃiza] *f* prophétesse *f*.

profilático, ca [profi'latiku, ka] *adj* prophylactique.

profissão [profi'sãw] (*pl -ões*) *f* profession *f*.

profissional [profisjo'naw] (*pl -ais*) *adj & nmf* professionnel(elle).

profissões → **profissão**.

profundidade [profũndʒi'dadʒi] *f* profondeur *f* • **ter três metros de profundidade** avoir trois mètres de profondeur.

profundo, da [pro'fũndo, da] *adj* profond(e).

prognóstico [prog'nɔstʃiku] *m* pronostic *m*.

programa [pro'grama] *m* programme *m*; *(de televisão, rádio)* émission *f*.

programação [programa'sãw] (*pl -ões*) *f* (*em televisão, rádio*) programme *m*; *INFORM* programmation *f*.

progredir [progre'di(x)] *vi* progresser • **progredir em** progresser en.

progresso [pro'grɛsu] *m* progrès *m* • **fazer progressos** faire des progrès.

proibição [proibi'sãw] (*pl -ões*) *f* interdiction *f*.

proibido, da [proi'bidu, da] *adj* interdit(e) ◆ **proibida a entrada** entrée interdite ◆ **é proibido afixar anúncios** défense d'afficher ◆ **proibido estacionar** stationnement interdit ◆ **proibido fumar** interdit de fumer ◆ **proibido para menores de 18** interdit aux moins de 18 ans.

proibir [proi'bi(x)] *vt* interdire • **proibir alguém de fazer al-**

propriedade

go interdire *ou* défendre à qqn de faire qqch.

projeção [proʒe'sãw] (*pl* -ões) *f* projection *f*.

projeções → projeção.

projétil [pro'ʒɛtʃiw] (*pl* -teis) *m* projectile *m*.

projeto [pro'ʒɛtu] *m* projet *m*.

projetor [proʒe'to(x)] (*pl* -es) *m* projecteur *m*.

proliferar [prolife'ra(x)] *vi* proliférer.

prólogo ['prɔlogu] *m* prologue *m*.

prolongado, da [prolõŋ'gadu, da] *adj* prolongé(e).

prolongar [prolõŋ'ga(x)] *vt* prolonger ▫ **prolongar-se** *vp* se prolonger.

promessa [pro'mɛsa] *f* promesse *f*.

prometer [prome'te(x)] *vt* promettre • **prometer algo a alguém** promettre qqch à qqn • **prometer fazer algo** promettre de faire qqch • **prometer que** promettre que.

promíscuo, cua [pro'miʃkwu, kwa] *adj* aux mœurs légères.

promissor, ra [promi'so(x), ra] (*mpl* -es, *fpl* -s) *adj* (*pessoa*) qui promet; (*futuro*) prometteur(euse).

promoção [promo'sãw] (*pl* -ões) *f* promotion *f* • **em promoção** en promotion.

promontório [promõn'tɔrju] *m* promontoire *m*.

promover [promo've(x)] *vt* promouvoir.

pronome [pro'nomi] *m* pronom *m*.

prontidão [prõntʃi'dãw] *f* • **estar de prontidão** être sur ses gardes.

pronto, ta ['prõntu, ta] ♦ *adj* prêt(e) ♦ *interj* ça y est! • **estar pronto** être prêt • **estar pronto para fazer algo** être prêt à faire qqch • **pronto, pronto!** bon!, bon!

pronto-socorro [ˌprõntuso'koxu] *m* ≈ SAMU *m*.

pronúncia [pro'nũsja] *f* prononciation *f*.

pronunciar [pronũsi'a(x)] *vt* prononcer ▫ **pronunciar-se** *vp* se prononcer.

propaganda [propa'gãnda] *f* (*de produto*) publicité *f*; POL propagande *f*.

propensão [propẽn'sãw] (*pl* -ões) *f* propension *f*.

propina [pro'pina] *f* gratification *f*.

propor [pro'po(x)] *vt* proposer.

proporção [propor'sãw] (*pl* -ões) *f* proportion *f* • **em proporção** en proportion ▫ **proporções** *fpl* proportions *fpl*.

proporcional [propoxsjo'naw] (*pl* -ais) *adj* proportionnel(elle) • **proporcional a** proportionnel à.

propósito [pro'pɔzitu] *m* propos *m* • **com o propósito de** dans le but de • **a propósito** à propos • **de propósito** exprès.

propriedade [proprie'dadʒi] *f* propriété *f* • **propriedade privada** propriété privée.

proprietário, ria [proprie'tarju, rja] *mf* propriétaire *mf.*

próprio, pria ['propriu, pria] ◆ *adj (carro, casa)* personnel(elle); *(hora, momento)* bon(bonne); *(característico)* propre ◆ *mf* • **em presença do próprio** en présence de l'intéressé • **próprio para** adapté à • **eu próprio** moi-même • **o próprio presidente** le président lui-même • **é o próprio** c'est lui-même.

prosa ['prɔza] *f* prose *f.*

prospecto [proʃ'pɛ(k)tu] *m* prospectus *m.*

prosperar [proʃpe'ra(x)] *vi* prospérer.

prosperidade [proʃperi'dadʒi] *f* prospérité *f.*

prosseguir [prose'gi(x)] ◆ *vt* poursuivre ◆ *vi* continuer • **prosseguir com algo** poursuivre qqch.

prostituta [proʃtʃi'tuta] *f* prostituée *f.*

protagonista [protago'niʃta] *nmf (em filme, livro)* héros *m,* héroïne *f; (em acontecimento)* protagoniste *m.*

proteção [prote'sãw] *(pl* -ões*) f* protection *f.*

proteções → **proteção**.

proteger [prote'ʒe(x)] *vt* protéger.

proteína [prote'ina] *f* protéine *f.*

prótese ['prɔtezi] *f* prothèse *f* • **prótese dentária** prothèse dentaire.

protestante [proteʃ'tãntʃi] *adj & nmf* protestant(e).

protestar [proteʃ'ta(x)] *vi* protester • **protestar contra** protester contre.

protesto [pro'tɛʃtu] *m* protestation *f.*

protetor, ra [prote'to(x), ra] *(mpl* -es*, fpl* -s*)* ◆ *mf* protecteur *m,* -trice *f* • *m (de sapato)* fer *m* • **protetor (solar)** crème *f* solaire.

protocolo [proto'kɔlu] *m* **1.** *(ger)* protocole *m* • **quebrar o protocolo** rompre le protocole **2.** *(registro)* inscription *f* **3.** *(recibo)* enregistrement *m* **4.** *(setor)* consignation *f* **5.** *INFORM* protocole *m.*

protuberância [protube'rãnsja] *f* protubérance *f.*

prova ['prɔva] *f* preuve *f* • **prova final** examen *m* de fin d'année • **à prova de** à l'épreuve de • **dar provas de** faire preuve de • **pôr à prova** mettre à l'épreuve • **prestar provas** passer des examens.

provar [pro'va(x)] *vt (fato)* prouver; *(comida)* goûter; *(roupa)* essayer.

provável [pro'vavew] *(pl* -eis*) adj* probable • **pouco provável** peu probable.

provedor, ra [prove'do(x), ra] *m* fournisseur *m* • **provedor de acesso** *INFORM* fournisseur d'accès to Internet *m,* FAI.

proveito [pro'vejtu] *m* profit *m* • **bom proveito!** bon appétit! • **em proveito de** au profit de • **tirar proveito de algo** tirer profit de qqch.

público

proveniente [provenj'ẽntʃi] *adj* ◆ **proveniente de** provenant de.

provérbio [pro'vɛrbju] *m* proverbe *m*.

prover-se [pro'vexsi] ❑ **prover-se de** *vp + prep (abastecer-se de)* s'approvisionner en; *(munir-se de)* se munir de.

proveta [pro'veta] *f* éprouvette *f*.

providência [provi'dẽsja] *f* disposition *f* ◆ **tomar providências** prendre des dispositions.

providenciar [providẽsj'a(x)] ◆ *vt* pourvoir ◆ *vi* ◆ **providenciar para que** prendre des dispositions pour que.

província [pro'vĩsja] *f* province *f*.

provisório, ria [provi'zɔrju, rja] *adj* provisoire.

provocador, ra [provoka'do(x), ra] *(mpl -es, fpl -s) adj* provocateur(trice).

provocante [provo'kãntʃi] *adj* provocant(e).

provocar [provo'ka(x)] *vt* provoquer.

provolone [provo'loni] *m* provolone *m fromage italien au lait de vache*.

proximidade [prosimi'dadʒi] *f* proximité *f* ❑ **proximidades** *fpl* ◆ **nas proximidades de** aux alentours de.

próximo, ma ['prɔsimu, ma] ◆ *adj (em espaço, tempo, intimidade)* proche; *(seguinte)* prochain(e) ◆ *pron* ◆ **o próximo/a próxima** le prochain/la prochaine ◆ **até à próxima!** à la prochaine! ◆ **nos próximos dias/meses** les jours/les mois prochains ◆ **próximo de** proche de.

proxy ['prɔsi] *(pl* **proxies***) m INFORM* serveur proxy *m*.

prudência [pru'dẽsja] *f* prudence *f*.

prudente [pru'dẽntʃi] *adj* prudent(e).

prurido [pru'ridu] *m* démangeaison *f*.

P.S. *(abrev de* Post Scriptum*)* PS *m*.

pseudônimo [psew'donimu] *m* pseudonyme *m*.

psicanálise [psika'nalizi] *f* psychanalyse *f*.

psicanalista [psikana'liʃta] *nmf* psychanalyste *m*.

psicologia [psikolo'ʒia] *f* psychologie *f*.

psicológico, ca [psiko'lɔʒiku, ka] *adj* psychologique.

psicólogo, ga [psi'kɔlogu, ga] *mf* psychologue *m*.

psiquiatra [psi'kjatra] *nmf* psychiatre *m*.

psiu [psiw] *interj* chut!

puberdade [puber'dadʒi] *f* puberté *f*.

publicação [publika'sãw] *(pl* **-ões***) f* publication *f*.

publicar [publi'ka(x)] *vt* publier.

publicidade [publisi'dadʒi] *f* publicité *f*.

público, ca ['publiku, ka] ◆ *adj* public(ique) ◆ *m* public *m* ◆

pude

público em geral le grand public • **tornar público** algo rendre qqch public • **em público** en public.

pude ['pudʒi] → **poder**.

pudim [pu'dʒĩ] (*pl* **-ns**) *m* flan *m* • **pudim de leite** pouding au lait concentré.

puf ['pufi] *interj* pff!

pugilismo [puʒi'liʒmu] *m* boxe *f*.

puído, da ['pwidu, da] *adj* usé(e).

pular [pu'la(x)] *vt & vi* sauter.

pulga ['puwga] *f* puce *f*.

pulmão [puw'mãw] (*pl* **-ões**) *m* poumon *m*.

pulo ['pulu] *m* saut *m* • **dar pulos** sauter • **dar um pulo a** *ou* **até** faire un saut à.

pulôver [pu'love(x)] (*pl* **-es**) *m* pull-over *m*.

pulsação [puwsa'sãw] (*pl* **-ões**) *f* pulsation *f*.

pulseira [puw'sejra] *f* bracelet *m*.

pulso ['puwsu] *m* pouls *m*; *(punho)* poignet *m* • **medir** *ou* **tomar o pulso de alguém** prendre le pouls à qqn; *(de chamada telefônica)* unité *f*.

pulverizar [puwveri'za(x)] *vt* pulvériser.

punha ['puɲa] → **pôr**.

punhado [pu'ɲadu] *m* • **um punhado de** une poignée de.

punhal [pu'ɲaw] (*pl* **-ais**) *m* poignard *m*.

punho ['puɲu] *m* poignet *m*; *(mão fechada)* poing *m*; *(de arma, faca)* manche *m*.

286

punição [puni'sãw] (*pl* **-ões**) *f* punition *f*.

punir [pu'ni(x)] *vt* punir.

pupila [pu'pila] *f* pupille *f*.

purê [pu're] *m* purée *f* • **purê (de batata)** purée (de pommes de terre).

pureza [pu'reza] *f* pureté *f*.

purgante [pux'gãntʃi] *m* purgatif *m*.

purificador, ra [purifika'do(x), ra] (*mpl* **-es**, *fpl* **-s**) ◆ *adj* purificateur(trice) ◆ *m* • **purificador de ar** désodorisant *m*.

purificar [purifi'ka(x)] *vt* purifier.

puritano, na [puri'tanu, na] *adj* puritain(e).

puro, ra ['puru, ra] *adj* pur(e) • **pura lã** pure laine • **a pura verdade** la pure vérité • **pura e simplesmente** purement et simplement.

puro-sangue [,puru'sãngi] *m inv* pur-sang *m inv*.

púrpura ['puxpura] *f (tecido)* pourpre *f*; *(cor)* pourpre *m*.

pus¹ ['puʃ, 'puʃ] *m* pus *m*.

pus² ['puʃ] → **pôr**.

puta ['puta] *f (vulg)* putain *f*.

puxador [puʃa'do(x)] (*pl* **-es**) *m* poignée *f* • **puxador de samba-enredo** chanteur qui rappelle aux danseurs de son école de samba, les paroles de la samba-thème chantée tout au long du Carnaval.

puxão [pu'ʃãw] (*pl* **-ões**) *m* • **dar um puxão a algo** tirer qqch.

puxar [pu'ʃa(x)] ◆ *vt (cabelo, cordel)* tirer; *(banco, cadeira)* prendre ◆ *vi* • **puxar de algo sortir** qqch • **puxe** tirez • **puxar o saco de alguém** (*fam*) lécher les bottes à qqn.

puxões [puˈʃõjʃ] → **puxão**.

Q

Q.I. *m* (*abrev de* quociente de inteligência) QI *m*.

quadra [ˈkwadra] *f* (*em poesia*) quatrain *m* • **quadra de jogos** aire *f* de jeux • **quadra de tênis/squash** terrain *m* de tennis/squash.

quadrado, da [kwaˈdradu, da] ◆ *adj* carré(e) ◆ *m* carré *m*.

quadragésimo, ma [kwadraˈʒɛzimu, ma] *num* quarantième, → **sexto**.

quadril [kwaˈdriw] (*pl* -**is**) *m* hanche *f*.

quadro [ˈkwadru] *m* tableau *m*.

quadro-negro [ˌkwadruˈnegru] (*pl* **quadros-negros**) *m* tableau *m* (à l'école).

quaisquer → **qualquer**.

qual [kwaw] (*pl* -**ais**) ◆ *adj* quel(quelle) ◆ *conj* (*fnl*) (*como*) comme ◆ *interj* comment? ◆ *pron* (*em interrogativa*) lequel(laquelle) • **o/a qual** (*sujeito*) **comprou um carro, o qual é muito rápido** il a acheté une voiture qui va très vite • **é o livro do qual lhe falei** (*complemento*) c'est le livre dont je t'ai parlé • **o amigo com o qual falava** l'ami auquel je parlais • **cada qual** chacun(chacune) • **cada qual por si** chacun pour soi • **qual deles?** lequel? • **qual nada!** mais non!

qualidade [kwaliˈdadʒi] *f* qualité *f*; (*espécie*) type *m* • **na qualidade de** en qualité de, en tant que.

qualificação [kwalifikaˈsãw] (*pl* -**ões**) *f* qualification *f*.

qualificado, da [kwalifiˈkadu, da] *adj* qualifié(e).

qualquer [kwawˈkɛ(x)] (*pl* **quaisquer**) ◆ *adj* n'importe quel(n'importe quelle) ◆ *pron* n'importe lequel(n'importe laquelle) • **está em qualquer lugar** c'est quelque part • **qualquer um deles** n'importe lequel d'entre eux • **qualquer um** *ou* **pessoa** n'importe qui • **a qualquer momento** n'importe quand.

quando [ˈkwãndu] ◆ *adv* ◆ *conj* (*no momento, época em que*) quand; (*apesar de que*) alors que; (*ao passo que*) tandis que • **de quando em quando** de temps en temps • **desde quando** depuis quand • **quando quer que** quand • **quando mais não seja** au moins • **quando muito** tout au plus.

quanta → **quanto**.

quantia [kwãnˈtʃia] *f* montant *m*.

quantidade [kwãnt∫i'dadʒi] f quantité f • **em quantidade** en quantité.

quanto, ta ['kwãntu, ta] ♦ adj **1.** (em interrogativas) combien de • **quanto tempo temos?** combien de temps avons-nous? • **quanto tempo temos de esperar?** combien de temps devons-nous attendre? • **quantas vezes você veio aqui?** combien de fois es-tu venu ici? **2.** (em exclamações) que de • **quanto dinheiro!** que d'argent! • **quantos erros!** que d'erreurs! **3.** (compara quantidades) • **tanto... quanto...** autant... que... **4.** (em locuções) • **uns quantos/umas quantas** quelques ♦ pron **1.** (em interrogativas) combien • **quanto custam?** combien coûtent-ils? • **quanto quer?** combien veux-tu? • **quantos quer?** combien en veux-tu? **2.** (relativo a pessoas) • **agradeceu a todos quantos o ajudaram** il a remercié tous ceux qui l'ont aidé **3.** (tudo o que) tout ce que • **coma quanto/quantos você quiser** mange tout ce/tous ceux que tu veux • **tudo quanto ele disse é verdade** tout ce qu'il a dit est vrai **4.** (compara quantidades) • **quanto mais se tem, mais se quer** plus on en a, plus on en veut **5.** (em locuções) • **quanto a** quant à • **o quanto antes** dès que possível • **quantos mais melhor** plus on est, mieux c'est • **quanto mais não seja** au moins • **uns quantos** quelques-uns.

quarenta [kwa'rẽnta] num quarante, o **seis**.

quarentena [kwarẽn'tena] f quarantaine f.

Quaresma [kwa'reʒma] f carême m.

quarta ['kwarta] ♦ f quatrième f ♦ num → **quarto**.

quarta-feira [,kwaxta'fejra] (pl **quartas-feiras**) f mercredi m, → **sexta-feira**.

quarteirão [kwaxtej'rãw] (pl -ões) m (quantidade) quart m d'un cent; (área) pâté m de maisons.

quartel [kwax'tɛw] (pl -éis) m caserne f.

quarteto [kwax'tetu] m (em música) quatuor m; (de jazz) quartette m.

quarto, ta ['kwaxtu, ta] ♦ num quatrième ♦ m (divisão de casa) chambre f; (parte) quart m • **quarto para alugar** chambre à louer • **quarto de casal** chambre double • **quarto com duas camas** chambre à deux lits • **quarto de hora** quart d'heure • **quarto de quilo** demie-livre f → **sexto**.

quartzo ['kwaxtsu] m quartz m.

quase ['kwazi] adv presque • **quase nada** presque rien • **quase nunca** presque jamais • **quase quase** presque • **ele quase caiu** il a failli tomber • **quase sempre** presque toujours.

quatro ['kwatru] *num* quatre, → **seis**.

quatrocentos, tas [,kwatro'sẽntuʃ, taʃ] *num* quatre cents, → **seis**.

que [ki] ♦ *adj inv* quel(quelle) • **que dia é hoje?** quel jour sommes-nous? • **que horas são?** quelle heure est-il? • **mas que belo dia!** mais quelle belle journée! • **que fome!** quelle faim! • **que maravilha!** quelle merveille! • **que bonito!** que c'est beau! ♦ *pron* **1.** *(ger)* • **que é isso?** qu'est-ce que c'est que ça? • **que você quer?** que veux-tu? • **que vai comer?** que vas-tu manger? • **que diz a isto?** qu'est-ce que tu en dis? • **o bolo que comi era ótimo** le gâteau que j'ai mangé était très bon • **o homem que conheci** l'homme que j'ai connu **2.** *(uso relativo: sujeito)* qui • **o homem que corre** l'homme qui court ♦ *conj* **1.** *(ger)* que • **confessou que me tinha enganado** il a avoué qu'il m'avait trompé • **pediu-me tanto que acabei por lho dar** il me l'a tellement demandé que j'ai fini par le lui donner • **há horas que estou à espera** ça fait des heures que j'attends • **há muito que não vou lá** ça fait longtemps que je n'y vais pas • **espero que você se divirta** j'espère que tu t'amuses • **quero que você o faça** je veux que tu le fasses • **que seja feliz!** tous mes vœux de bonheur! **2.** *(em comparações)* • *(do) que* que • **é mais caro (do) que o outro** c'est plus cher que l'autre **3.** *(exprime causa)* • **leve o guarda-chuva que está chovendo** prends ton parapluie, il pleut • **vá depressa que está atrasado** vas vite, tu es en retard **4.** *(em locuções)* • **que nem** comme.

quê ['ke] ♦ *interj* quoi! ♦ *m (algo) (interrogativo)* quoi • **um quê** quelque chose • **um quê de** un soupçon de • **um não-sei-quê** quelque chose • **sem quê nem para quê** sans raison • **não tem de quê!** il n'y a pas de quoi!

quebra-cabeça [,kɛbraka'besɐ] *m* casse-tête *m inv*.

quebrado, da [ke'bradu, da] *adj* cassé(e).

quebra-mar [,kɛbra'ma(x)] *(pl* **quebra-mares**) *m* brise-lames *m inv*.

quebra-nozes [,kɛbra'nɔziʃ] *m inv* casse-noix *m inv*.

quebrar [ke'bra(x)] *vt* casser • **quebrar em caso de emergência** briser en cas d'urgence • **quebrar a cara** *(fig)* casser la figure ❒ **quebrar-se** *vp* casser.

queda ['kɛda] *f* chute *f* • **ter queda para** *(fig)* avoir un penchant pour.

queijo ['kejʒu] *m* fromage *m* • **queijo curado** fromage affiné • **queijo de cabra** fromage de chèvre • **queijo estepe** fromage au lait de vache légèrement pi-

queijo-de-minas

quant • **queijo fresco** fromage frais • **queijo meia cura** fromage semi-affiné • **queijo de ovelha** fromage de brebis • **queijo prato** fromage à pâte cuite • **queijo ralado** fromage râpé.

queijo-de-minas [ˌkejʒudʒiˈminaʃ] m fromage maigre typique du Brésil.

queimado, da [kejˈmadu, da] adj brûlé(e); (pelo sol) bronzé(e).

queimadura [kejmaˈdura] f brûlure f • **queimadura solar** coup m de soleil.

queimar [kejˈma(x)] vt brûler; (pele) bronzer ▫ **queimar-se** vp se brûler; (com sol) bronzer.

queima-roupa [ˌkejmaˈxopa] f • **à queima-roupa** à bout portant.

queixa [ˈkejʃa] f plainte f • **apresentar queixa** déposer une plainte • **fazer queixa de alguém a alguém** se plaindre de qqn à qqn.

queixar-se [kejˈʃaxsi] vp se plaindre • **queixar-se a alguém** se plaindre à qqn • **queixar-se de** se plaindre de.

queixo [ˈkejʃu] m menton m • **bater o queixo** claquer des dents.

queixoso, osa [kejˈʃozu, ɔza] mf plaignant m, -e f.

quem [ˈkẽj] pron qui • **quem diria!** qui l'aurait dit! • **quem é?** qui est-ce? • **quem fala?** qui est à l'appareil? • **quem me dera...** si seulement... • **quem quer que** quiconque • **seja quem for** qui que ce soit.

quentão [kẽnˈtãw] m eau-de-vie de canne à sucre, servie chaude avec de la cannelle et du gingembre, notamment pendant les fêtes de juin.

quente [ˈkẽntʃi] adj chaud(e).

quentinha [kẽnˈtʃiɲa] f snack m (emballage alimentaire conservant la chaleur).

quentões → **quentão**.

queque [ˈkɛki] m cake m.

quer [kɛ(x)] conj • **quer... quer...** que... que... • **quem quer que seja** qui que ce soit • **onde quer que seja** où que ce soit • **o que quer que seja** quoi que ce soit.

querer [keˈre(x)] vt vouloir • **como quiser!** comme tu voudras! • **por favor, queria...** s'il vous plaît, je voudrais... • **sem querer** sans le faire exprès • **querer muito a alguém** aimer beaucoup qqn • **querer bem a alguém** aimer bien qqn • **querer mal a alguém** en vouloir à qqn • **querer dizer** vouloir dire ▫ **querer-se** vp s'aimer • **querer-se muito** s'adorer.

querido, da [keˈridu, da] adj chéri(e); (em carta) cher(chère).

quermesse [kexˈmɛsi] f kermesse f.

querosene [kɛroˈzɛni] m kérozène m.

questão [keʃˈtãw] (pl -ões) f question f; (conflito) histoire f • **há questão de 2 minutos** il y a tout juste 2 minutes • **fazer questão de (fazer algo)** tenir (à

faire qqch) • **pôr algo em questão** mettre qqch en question • **ser uma questão de** être question de • **em questão** en question.

quiabo [kj'abu] *m* gombo *m (plante potagère tropicale).*

quibe ['kibi] *m* boulette de blé concassé, viande hachée crue, épices, noix de pin, oignons.

quiçá [ki'sa] *adv* peut-être.

quieto, ta [kj'etu, ta] *adj* tranquille • **ficar quieto** ne pas bouger.

quietude [kje'tudʒi] *f* quiétude *f.*

quilate [ki'latʃi] *m* carat *m.*

quilo ['kilu] *m* kilo *m* • **por quilo** au kilo.

quilometragem [kilome'traʒẽ] *(pl -ns) f* kilométrage *m.*

quilômetro [ki'lometru] *m* kilomètre *m.*

química ['kimika] *f* chimie *f,* → **químico.**

químico, ca ['kimiku, ka] *mf* chimiste *mf.*

quindim [kĩn'dʒĩ] *(pl -ns) m* gâteau à le jaune d'œuf et la noix de coco.

quinhão [ki'ɲãw] *(pl -ões) m* part *f.*

quinhentos, tas [ki'ɲẽntuʃ, taʃ] *num* cinq cents, → **seis.**

quinhões [ki'ɲõjʃ] → **quinhão.**

qüinquagésimo, ma [kwĩŋkwa'ʒɛzimu, ma] *num* cinquantième, → **sexto.**

quinquilharias [kĩŋkiʎa'riaʃ] *fpl* quincaillerie *f.*

quinta ['kĩnta] ♦ *f* ferme *f* ♦ *num* → **quinto.**

quinta-feira [,kĩnta'fejra] *(pl* **quintas-feiras)** *f* jeudi *m,* → **sexta-feira.**

quintal [kĩn'taw] *(pl -ais) m (terreno)* jardin *m* potager.

quinteto [kĩn'tetu] *m* quintette *m; (de jazz)* quintet *m.*

quinto, ta ['kĩntu, ta] *num* cinquième, → **sexto.**

quinze ['kĩzi] *num* quinze • **quinze dias** quinze jours.

quinzena [kĩ'zena] *f* quinzaine *f.*

quiosque ['kjɔʃki] *m* kiosque *m.*

quis [kiʃ] → **querer.**

quisto ['kiʃtu] *m* kyste *m.*

quitanda [ki'tãnda] *f* épicerie *f.*

quite ['kitʃi] *adj* • **estar quite (com alguém)** être quitte (avec qqn).

quitinete ['kitʃinetʃi] *f* kitchenette *f.*

quociente [kwo'sjẽntʃi] *m* quotient *m.*

quota ['kwɔta] *f (parte)* quota *m; (de clube)* cotisation *f.*

R

R. *(abrev de rua)* R.

rã ['xã] *f* grenouille *f.*

rabada [xa'bada] *f* queue *f* de poisson *f,* culotte *f* de bœuf, selle *f* de mouton *f (boucherie).*

rabanada

rabanada [xaba'nada] f pain perdu m (dessert), coup de queue m (bousculade) • **rabanada de vento** rafale de vent.
rabanete [xaba'netʃi] m radis m.
rabeca [xa'bɛka] f rebec m.
rabino, na [xa'binu] ♦ adj espiègle ♦ m rabbin m.
rabiscar [xabiʃ'ka(x)] vt & vi griffonner.
rabisco [xa'biʃku] m griffonnage m.
rabo [ˈxabu] m queue f; (fam) derrière m.
rabo-de-cavalo [ˌxabudʒika'valu] m catogan m.
rabugento, ta [xabu'ʒẽntu, ta] adj bougon(onne).
raça [ˈxasa] f race f ♦ **de raça** de race.
ração [xa'sãw] (pl -ões) f ration f.
rachadura [xaʃa'dura] f fente f; (em parede, muro) fissure f.
rachar [xa'ʃa(x)] vt fendre.
raciocínio [xasjo'sinju] m raisonnement m.
racional [xasjo'naw] (pl -ais) adj rationnel(elle).
racismo [xa'siʒmu] m racisme m.
rações → ração.
radar [xa'da(x)] (pl -es) m radar m.
radiação [xadʒja'sãw] (pl -ões) f radiation f.
radiador [xadʒja'do(x)] (pl -es) m radiateur m.
radiante [xadʒi'ãntʃi] adj radieux(euse).
radical [xadʒi'kaw] (pl -ais) adj radical(e).

rádio [ˈxadʒju] ♦ m (telefonia) radio f ♦ f (emissora) radio f.
radioativo, va [ˌxadʒjoa'tʃivu, va] adj radioactif(ive).
radiodespertador [ˌxadʒjodʒiʃpexta'do(x)] (pl -es) m radio-réveil m.
radiodifusão [xadʒodʒifu'zãw] f radiodiffusion f.
radiografia [ˌxadʒjogra'fia] f radiographie f.
radiorrelógio [ˌxadʒjoxe'lɔʒju] m radio-réveil m.
radiotáxi [ˌxadʒjo'taksi] m radio-taxi m.
ráfia [ˈxafja] f raphia m.
rafting [ˈxaftiŋ] m rafting m.
raia [ˈxaja] f raie f (poisson).
rainha [xa'iɲa] f reine f.
raio [ˈxaju] m rayon m; (relâmpago) foudre f ♦ **raios X** rayons X.
raiva [ˈxajva] f rage f ♦ **ter raiva de alguém** haïr qqn.
raivoso, osa [xaj'vozu, ɔza] adj enragé(e).
raiz [xa'iʃ] (pl -es) f 1. (ger) racine f ♦ **cortar o mal pela raiz** (fig) couper le mal à la racine ♦ **criar raízes** (fig) prendre racine, s'enraciner ♦ **raiz quadrada** racine carrée f 2. (origem) **raízes** racines fpl, origines fpl.
rajada [xa'ʒada] f rafale f.
ralador [xala'do(x)] (pl -es) m râpe f.
ralar [xa'la(x)] vt râper ❏ **ralar-se** vp (fig) s'en faire ♦ **não me ralo com isso** je ne m'en fais pas.
ralé [xa'lɛ] f engeance f.

ralhar [xa'ʎa(x)] *vi* râler • **ralhar com alguém** gronder qqn.

rali [xa'li] *m* rallye *m*.

ralo, la ['xalu, la] ♦ *adj (café)* léger(ère); *(sopa)* liquide ♦ *m (de banheira, lavatório)* bonde *f* • **ter o cabelo ralo** ne pas avoir beaucoup de cheveux.

RAM *(abrev de* Random Access Memory) *f* RAM *f*.

rama ['xɐ̃ma] *f* branche *f*.

ramalhete [xama'ʎetʃi] *m* bouquet *m*.

ramificar [xamifi'ka(x)] *vt* développer ▫ **ramificar-se** *vp* se développer.

ramo ['xamu] *m* branche *f* • **mudar de ramo** se reconvertir.

rampa ['xɐ̃mpa] *f* rampe *f*.

rancho ['xɛ̃ʃu] *m (de pessoas)* tas *m* • **rancho folclórico** groupe *m* folklorique.

ranço ['xɐ̃su] *m* rance *m*.

rancor [xɐ̃'ko(x)] *(pl* **-es**) *m* rancœur *f*.

rancoroso, osa [xɐ̃ŋko'rozu, ɔza] *adj* rancunier(ère).

ranços, osa [xɐ̃'sozu, ɔza] *adj* rance.

ranhura [xa'ɲura] *f (em madeira, parede)* rainure *f*; *(em telefone público)* fente *f (pour insérer la monnaie)*.

rapar [xa'pa(x)] *vt* raser; *(raspar)* racler.

rapaz [xa'paʒ] *(pl* **-es**) *m* garçon *m*.

rapé [xa'pɛ] *m* tabac *m* à priser.

rapidez [xapi'deʃ] *f* rapidité *f*.

rápido, da ['xapidu, da] ♦ *adj* rapide ♦ *m* rapide *m* ♦ *adv* vite.

raposa [xa'poza] *f* renard *m*.

rapsódia [xap'sɔdʒja] *f* rapsodie *f*.

raptar [xap'ta(x)] *vt* enlever.

rapto ['xaptu] *m* enlèvement *m*.

raquete [xa'ketʃi] *f* raquette *f*.

raquítico, ca [xa'kitʃiku, ka] *adj* & *mf* rachitique.

raramente [,xara'mẽntʃi] *adv* rarement.

rarefeito, ta [xare'fejtu, ta] *adj* raréfié(e).

raridade [xari'dadʒi] *f* rareté *f*.

raro, ra ['xaru, ra] *adj* rare; *(pouco espesso)* liquide • **raras vezes** rarement.

rascunhar [xaʃku'ɲa(x)] *vt* griffonner.

rascunho [xaʃ'kuɲu] *m* brouillon *m*.

rasgado, da [xaʒ'gadu, da] *adj (tecido, folha)* déchiré(e); *(sorriso)* grand(e).

rasgão [xaʒ'gãw] *(pl* **-ões**) *m (em tecido, folha)* déchirure *f*; *(em pele)* entaille *f*.

rasgar [xaʒ'ga(x)] *vt* déchirer ▫ **rasgar-se** *vp* se déchirer.

rasgões [xaʒ'gõjʃ] → **rasgão**.

raso, sa ['xazu, za] *adj* plat(e); *(cheio até à borda)* ras(e); *(superfície)* plan(e).

raspa ['xaʃpa] *f* zeste *m*.

raspar [xaʃ'pa(x)] *vt* râper.

rasteira [xaʃ'tejra] *f* croche-pied *m* • **passar uma rasteira em alguém** faire un croche-pied à qqn.

rasteiro, ra [xaʃ'tejru, ra] *adj* rampant(e).

rastejante [xaʃte'ʒãntʃi] *adj* rampant(e).

rastejar [xaʃte'ʒa(x)] *vi* ramper.

rastro ['xaʃtru] *m* trace *f*.

ratazana [xata'zana] *f* rat *m*.

raticida [xatʃi'sida] *m inv* mort-aux-rats *f inv*.

rato ['xatu] *m* souris *f*.

ravina [xa'vina] *f* ravin *m*.

razão [xa'zãw] (*pl* **-ões**) *f* raison *f* • **dar razão a alguém** donner raison à qqn • **não ter razão de ser** n'avoir aucune raison d'être • **ter razão** avoir raison • **com razão** à raison • **sem razão** sans raison.

razoável [xa'zwavew] (*pl* **-eis**) *adj* raisonnable.

ré ['xɛ] *f* poupe *f*, → **réu**.

reabastecer [xjabaʃte'se(x)] *vt* réapprovisionner • **reabastecer de gasolina** faire le plein ▫ **reabastecer-se** *vp* se réapprovisionner.

reação [xea'sãw] (*pl* **-ões**) *f* réaction *f*.

reacionário, ria [xeasjo'narju, rja] *adj* réactionnaire.

reações → **reação**.

reagir [xea'ʒi(x)] *vi* réagir • **reagir a algo** réagir à qqch.

real ['xeaw] (*pl* **-ais**) *adj* (*verdadeiro*) réel(elle); (*relativo a rei, realeza*) royal(e) ♦ *m* réal *m*.

realçar [xeaw'sa(x)] *vt* (*cor, traço*) rehausser; (*fato, idéia*) souligner.

realejo [xea'leʒu] *m* orgue *m* de Barbarie.

realeza [xea'leza] *f* royauté *f*.

realidade [xeali'dadʒi] *f* réalité *f* • **na realidade** en réalité • **realidade virtual** réalité virtuelle.

realista [xea'liʃta] *nmf* réaliste *mf*.

realização [xealiza'sãw] (*pl* **-ões**) *f* réalisation *f*.

realizador, ra [xealiza'do(x), ra] (*mpl* **-es**, *fpl* **-s**) *mf* réalisateur *m*, -trice *f*.

realizar [xeali'za(x)] *vt* réaliser ▫ **realizar-se** *vp* (*espetáculo*) avoir lieu; (*sonho, desejo*) se réaliser.

realmente [xeaw'mẽntʃi] *adv* réellement • **ele é realmente estúpido!** il est vraiment bête!

reanimar [xeani'ma(x)] *vt* MED réanimer; (*depois de desmaio*) ranimer.

reatar [xea'ta(x)] *vt* (*conversa*) reprendre; (*amizade*) renouer.

reaver [xea've(x)] *vt* récupérer.

reavivar [xeavi'va(x)] *vt* (*memória*) rafraîchir; (*fogo*) raviver.

rebaixar [xebaj'ʃa(x)] *vt* rabaisser ▫ **rebaixar-se** *vp* se rabaisser.

rebanho [xe'baɲu] *m* troupeau *m*.

rebelde [xe'bɛwdʒi] *nmf* rebelle *mf*.

rebelião [xebeli'ãw] *f* rébellion *f*.

rebentar [xebẽn'ta(x)] ♦ *vi* (*bomba*) sauter; (*balão*) éclater ♦ *vt* faire sauter • **rebentar com algo** détruire qqch.

rebocador [xeboka'do(x)] (*pl* **-es**) *m* remorqueur *m*.

rebocar [xebo'ka(x)] *vt* remorquer.
rebolar [xebo'la(x)] *vi* rouler.
rebuliço [xebu'lisu] *m* pagaille *f.*
recado [xe'kadu] *m* message *m* • **dar um recado a alguém** transmettre un message à qqn • **deixar recado** laisser un message.
recaída [xeka'ida] *f* rechute *f* • **ter uma recaída** faire une rechute.
recair [xeka'i(x)] *vi* • **recair em algo** retomber dans qqch • **recair sobre** retomber sur.
recanto [xe'kãntu] *m* recoin *m.*
recapitular [xekapitu'la(x)] *vt* récapituler; *(aula)* réviser.
recatado, da [xeka'tadu, da] *adj* discret(ète).
recauchutar [xekawʃu'ta(x)] *vt* rechaper.
recear [xese'a(x)] *vt* craindre.
receber [xese'be(x)] *vt* & *vi* recevoir.
receio [xe'seju] *m* crainte *f.*
receita [xe'sejta] *f* recette *f*; *(de médico)* ordonnance *f.*
receitar [xesej'ta(x)] *vt* prescrire.
recém-casado, da [xe,sẽka-'zadu, da] *mf* jeune marié *m*, -e *f.*
recém-chegado, da [xe,-sẽʃe'gadu, da] *adj* qui vient d'arriver.
recém-nascido, da [xe,sẽ-naʃ'sidu, da] *adj* & *mf* nouveau-né(e).
recente [xe'sẽntʃi] *adj* récent(e).
receoso, osa [xese'ozu, ɔza] *adj* craintif(ive).

recepção [xesep'sãw] *(pl* -**ões**) *f* réception *f.*
recepcionista [xesepsjo'niʃta] *nmf* réceptionniste *mf.*
recepções → **recepção**.
receptivo, va [xesep'tʃivu, va] *adj* réceptif(ive) • **mostrar-se receptivo a** se montrer réceptif à.
receptor [xesep'to(x)] *(pl* -**es**) *m* récepteur *m.*
recessão [xese'sãw] *(pl* -**ões**) *f* récession *f.*
recheado, da [xe'ʃjadu, da] *adj (bolo, bombom)* fourré(e); *(peru)* farci(e).
rechear [xe'ʃja(x)] *vt (bolo)* fourrer; *(peru)* farcir.
recheio [xe'ʃeju] *m (de bolo, pastel)* garniture *f*; *(de peru, vegetal etc.)* farce *f.*
rechonchudo, da [xeʃõn'ʃudu, da] *adj* potelé(e).
recibo [xe'sibu] *m* reçu *m.*
reciclagem [xesi'klaʒẽntʃi] *f* recyclage *m.*
reciclar [xesi'kla(x)] *vt* recycler.
reciclável [xesi'klavɛw] *(pl* -**eis**) *adj* recyclable.
recife [xe'sifi] *m* récif *m.*
recinto [xe'sĩntu] *m* enceinte *f.*
recipiente [xesipj'ẽntʃi] *m* récipient *m.*
recíproco, ca [xe'siproku, ka] *adj* réciproque.
recital [xesi'taw] *(pl* -**ais**) *m* récital *m.*
recitar [xesi'ta(x)] ♦ *vt* réciter ♦ *vi* réciter un poème.
reclamação [xeklama'sãw] *(pl* -**ões**) *f* réclamation *f.*

reclamar

reclamar [xekla'ma(x)] *vi* faire une réclamation.
reclame [xeklãmi] *m* publicité *f.*
recobrar [xeko'bra(x)] *vt* (forças) reprendre; (razão) recouvrer.
recolha [xə'koʎa] *f* récolte *f.*
recolher [xeko'ʎe(x)] *vt* ramasser; (informações, dados, dinheiro) recueillir; (abrigar) rentrer.
recolhimento [xekoʎi'mẽntu] *m* recueillement *m.*
recomeçar [xekome'sa(x)] *vt* recommencer.
recomendação [xekomẽnda'sãw] (*pl* **-ões**) *f* recommandation *f* □ **recomendações** *fpl* • **recomendações à sua mãe!** mes respects à votre mère!
recomendar [xekomẽn'da(x)] *vt* recommander (*conseiller*).
recomendável [xekomẽn'davew] (*pl* **-eis**) *adj* conseillé(e) • **pouco recomendável** déconseillé.
recompensa [xekõm'pẽsa] *f* récompense *f.*
recompor [xekõm'po(x)] *vt* arranger □ **recompor-se** *vp* se remettre.
reconciliação [xekõsilja'sãw] (*pl* **-ões**) *f* réconciliation *f.*
reconhecer [xekoɲe'se(x)] *vt* reconnaître; (*documento, assinatura*) certifier.
reconhecimento [xekoɲesi'mẽntu] *m* reconnaissance *f.*; (*de documento, assinatura*) certification *f.*

reconstituir [xekõʃti'twi(x)] *vt* reconstituer.
recordação [xekorda'sãw] (*pl* **-ões**) *f* souvenir *m.*
recordar [xekor'da(x)] *vt* rappeler □ **recordar-se** *vp* se rappeler, se souvenir • **recordar-se de algo** se rappeler qqch, se souvenir de qqch.
recorrer [xeko'xe(x)] *vi* faire appel • **recorrer a** avoir recours à.
recortar [xekor'ta(x)] *vt* découper.
recreio [xe'kreju] *m* (*tempo*) récréation *f*; (*local*) cour *f* de récréation.
recriar [xekri'a(x)] *vt* reconstituer.
recriminar [xekrimi'na(x)] *vt* reprocher.
recruta [xe'kruta] *m* • appelé *m* • *f* classes *fpl*.
recuar [xe'kwa(x)] *vt* & *vi* reculer.
recuperação [xekupera'sãw] *f* récupération *f.*
recuperar [xekupe'ra(x)] *vt* récupérer □ **recuperar-se** *vp* (*de choque*) se remettre; (*de doença*) récupérer.
recurso [xe'kuxsu] *sm jur* appel *m*; (*meio*) moyen *m* • **em último recurso** en dernier recours *v* □ **recursos** *mpl* ressources *fpl*.
recusa [xe'kuza] *f* refus *m.*
redator, ra [xeda'to(x), ra] (*mpl* **-es**, *fpl* **-s**) *mf* rédacteur *m*, -trice *f.*

rede ['xedʒi] f réseau m; (de pesca, cabelo) filet m; (de vedação) grillage m; (para dormir) hamac m • **rede de estradas** réseau routier.

rédea ['xedʒja] f rêne f.

redigir [xediˈʒi(x)] vt rédiger.

redobrar [xedoˈbra(x)] vt (esforço, atenção) redoubler.

redondamente [xe,dõndaˈmẽntʃi] adv (enganar-se) carrément.

redondo, da [xeˈdõndu, da] adj rond(e).

redor [xeˈdo(x)] m • **em** OU **ao redor (de)** autour (de).

redução [xeduˈsãw] (pl -ões) f réduction f.

redundância [xedũnˈdãnsja] f redondance f.

reduzido, da [xeduˈzidu, da] adj réduit(e).

reduzir [xeduˈzi(x)] vt réduire.

reembolsar [xjẽmbowˈsa(x)] vt rembourser.

reembolso [xjẽmˈbowsu] m remboursement m.

reencontro [xjẽŋˈkõntru] m retrouvailles fpl.

refazer [xefaˈze(x)] vt refaire □ **refazer-se** vp (de susto, acidente) se remettre; (recuperar forças) récupérer.

refeição [xefejˈsãw] (pl -ões) f repas m • **às refeições** pendant les repas • **refeição leve** repas léger.

refeitório [xefejˈtɔrju] m réfectoire m.

refém [xeˈfẽ] (pl -ns) nmf otage m.

referência [xefeˈrẽsja] f référence f • **fazer referência a** faire référence à □ **referências** fpl références fpl.

referendo [xefeˈrẽndu] m référendum m.

referente [xefeˈrẽntʃi] adj • referente a concernant.

referir [xefeˈri(x)] vt faire référence à □ **referir-se** a vp + prep se référer à • **no que se refere a** en ce qui concerne.

refinado, da [xefiˈnadu, da] adj raffiné(e).

refinaria [xefinaˈria] f raffinerie f.

refletir [xefleˈtʃi(x)] • vt réfléchir, refléter • vi réfléchir • **refletir sobre algo** réfléchir à qqch □ **refletir-se em** vp + prep se refléter dans.

refletor [xefleˈto(x)] (pl -es) m catadioptre m.

reflexão [xeflekˈsãw] (pl -ões) f réflexion f.

reflexo [xeˈfleksu] m reflet m; (reação) réflexe m.

reflexões → **reflexão**.

refogado, da [xefoˈgadu, da] • adj mijoté(e) • m (molho) sauce à l'oignon et à la tomate; (guisado) ragoût m.

refogar [xefoˈga(x)] vt faire mijoter; (cebola) faire revenir.

reforçado, da [xefoxˈsadu, da] adj (esforço, energia) accru(e); (objeto, substância) renforcé(e).

reforçar [xefoxˈsa(x)] vt renforcer.

reforma [xeˈfoxma] f (de pessoa) retraite f; (de sistema) ré-

reformado forme f; *(de casa, edifício)* rénovation f.

reformado, da [xefoxˈmadu, da] m/f retraité m, -e f.

refrão [xeˈfrãw] *(pl -ões)* m refrain m.

refratário, ria [xefraˈtarju, rja] adj réfractaire.

refrear [xefriˈa(x)] vt refréner □ **refrear-se** vp se refréner.

refrescante [xefreʃˈkãntʃi] adj rafraîchissant(e).

refrescar [xefreʃˈka(x)] vt rafraîchir • **refrescar as idéias** reprendre ses esprits • **refrescar a memória de alguém** rafraîchir les idées à qqn □ **refrescar-se** vp se rafraîchir.

refresco [xeˈfreʃku] m rafraîchissement m *(boisson).*

refrigerante [xefriʒeˈrãntʃi] m boisson f non alcoolisée.

refrões [xeˈfrõjʃ] → **refrão**.

refugiado, da [xefuʒiˈadu, da] m/f réfugié m, -e f.

refugiar-se [xefuʒiˈaxsi] □ **refugiar-se em** vp + prep *(asilar-se em)* se réfugier à; *(abrigar-se, esconder-se em)* se réfugier dans.

refúgio [xeˈfuʒju] m refuge m.

refugo [xeˈfugu] m rebut m.

refutar [xefuˈta(x)] vt réfuter.

rega [ˈxega] f arrosage m.

regaço [xeˈgasu] m giron m.

regador [xegaˈdo(x)] *(pl -es)* m arrosoir m.

regalia [xegaˈlia] f privilège m, faveur f.

regar [xeˈga(x)] vt arroser.

regata [xeˈgata] f frégate f.

regenerar-se [xeʒeneˈraxsi] vp s'améliorer.

reger [xeˈʒe(x)] vt *(orquestra, banda)* diriger.

região [xeˈʒjãw] *(pl -ões)* f région f • **região demarcada** ≃ vin m de pays.

regime [xeˈʒimi] m régime m.

regiões [xeˈʒjõjʃ] → **região**.

regional [xeʒjoˈnaw] *(pl -ais)* adj régional(e).

registrado, da [xeʒiʃˈtradu, da] adj recommandé(e).

registrar [xeʒiʃˈtra(x)] vt enregistrer; *(escrever)* noter; *(criança, morte, casamento)* déclarer; *(carta, encomenda)* envoyer en recommandé.

registro [xeˈʒiʃtru] m registre m; *(de nascimento, casamento, morte)* déclaration f; *(repartição)* bureau m; *(de carta, encomenda)* envoi m en recommandé • **Registro Civil** bureau m de l'état civil • **Registro de Imóveis** ≃ conservation f des hypothèques.

regra [ˈxegra] f règle f • **não fugir à regra** ne pas échapper à la règle • **regra geral** en règle générale • **em regra** en règle générale • **por regra** par règle.

regressar [xegreˈsa(x)] vi rentrer • **regressar a** rentrer à.

regresso [xeˈgresu] m retour m • **estar de regresso** être de retour.

régua [ˈxegwa] f règle f *(pour mesurer).*

regulamento [xegulaˈmẽntu] m règlement m.

remendar

regular [xegu'la(x)] (*pl* -**es**) ♦ *adj* régulier(ère); *(tamanho, qualidade)* moyen(enne); *(habitual)* habituel(elle) ♦ *vt (regulamentar)* réglementer; *(mecanismo)* régler.

rei ['xej] *m* roi *m*.

reinado [xej'nadu] *m* règne *m*.

reinar [xej'na(x)] *vi* régner; *(fam)* blaguer.

Reino Unido [,xejnu'nidu] *m* • **o Reino Unido** le Royaume-Uni.

reivindicação [xejvĩndʒika'sãw] (*pl* -**ões**) *f* revendication *f.*

reivindicar [xejvĩndʒika'ka(x)] *vt* revendiquer.

rejeição [xeʒej'sãw] (*pl* -**ões**) *f* rejet *m.*

rejeitar [xeʒej'ta(x)] *vt* rejeter.

relação [xela'sãw] (*pl* -**ões**) *f* relation *f*, rapport *m* • **com ou em relação a** en ce qui concerne ❏ **relações com alguém** fréquenter qqn • **relações públicas** relations *fpl* publiques.

relâmpago [xe'lãmpagu] *m* éclair *m.*

relatar [xela'ta(x)] *vt (acontecimento)* raconter.

relativo, va [xela'tʃivu, va] *adj* relatif(ive) • **relativo a** concernant.

relatório [xela'tɔrju] *m* rapport *m.*

relaxado, da [xela'ʃadu, da] *adj* détendu(e).

relaxante [xela'ʃãntʃi] ♦ *adj* relaxant(e) ♦ *m* tranquillisant *m.*

relaxar [xela'ʃa(x)] *vt* décontracter ❏ **relaxar-se** *vp* se détendre.

relembrar [xelẽm'bra(x)] *vt* rappeler • **relembrar-se de algo** se rappeler qqch.

relevo [xe'levu] *m* relief *m;* *(realce)* importance *f* • **dar relevo a algo** mettre qqch en relief.

religião [xeliʒj'ãw] (*pl* -**ões**) *f* religion *f.*

relíquia [xe'likja] *f (coisa preciosa)* relique *f.*

relógio [xe'lɔʒju] *m (de parede)* horloge *f; (de mesa)* pendule *f; (de pulso)* montre *f* • **relógio de cuco** coucou *m* • **relógio de sol** cadran *m* solaire.

relojoaria [xeluʒwa'rja] *f* horlogerie *f.*

relutância [xelu'tãsja] *f (reticência)* réticence *f; (oposição)* résistance *f.*

reluzente [xelu'zẽntʃi] *adj* reluisant(e).

relva ['xɛwva] *f* gazon *m.*

relvado [xɛw'vadu] *m* pelouse *f.*

remar [xe'ma(x)] *vi* ramer.

rematar [xema'ta(x)] *vt* conclure.

remediar [xeme'dʒja(x)] *vt* remédier à.

remédio [xe'mɛdʒju] *m* médicament *m* • **não ter remédio** *(fig)* ne pas avoir de solution.

remendar [xemẽn'da(x)] *vt (pneu)* réparer; *(peça de vestuá-*

rio) raccommoder; (com remendo) rapiécer.
remendo [xe'mẽndu] m (em pneu) Rustine f; (de peça de vestuário) pièce f.
remessa [xe'mesa] f envoi m.
remetente [xeme'tẽntʃi] nmf expéditeur m, -trice f.
remeter [xeme'te(x)] vt (expedir) envoyer; (dirigir) adresser; (fazer referência a) renvoyer.
remexer [xeme'ʃe(x)] vt fouiller dans.
remo ['xemu] m rame f.
remoção [xemo'sãw] (pl -ões) f retrait m; (de feridos) transport m; (de lixo) enlèvement m • remoção de manchas détachage m.
remorso [xe'mɔxsu] m remords m.
remoto [xe'mɔtu] adj lointain(e).
remover [xemo've(x)] vt (lixo) enlever; (feridos) transporter; (quisto, pedra) retirer; (obstáculo) surmonter • remover manchas détacher.
remuneração [xemuera'sãw] (pl -ões) f (salário) rémunération f; (pagamento) récompense f.
renascer [xenaʃ'se(x)] vi renaître.
Renascimento [xenaʃsi'mẽntu] m • o Renascimento la Renaissance.
renda ['xẽnda] f (de casa, apartamento) loyer m; (crochê) crochet m; (de vestido, blusa etc.) dentelle f; (rendimento) revenu
• fazer renda faire du crochet • renda nacional revenus mpl de l'État.
renegar [xene'ga(x)] vt renier.
renovação [xenova'sãw] (pl -ões) f (substituição) renouvellement m; (reforma) rénovation f.
renovar [xeno'va(x)] vt (consertar) rénover; (substituir) renouveler; (fortalecer) se renouveler.
rentabilidade [xẽntabili'dadʒi] f rentabilité f.
rentável [xẽn'tavew] (pl -eis) adj (lucrativo) rentable.
renúncia [xe'nũsja] f (rejeição) renoncement m; (a cargo, pretensão) renonciation f.
renunciar [xenũ'sja(x)] vt renoncer à.
reparação [xepara'sãw] (pl -ões) f réparation f.
reparar [xepa'ra(x)] vt réparer ◘ reparar em vp remarquer.
repartição [xepaxtʃi'sãw] (pl -ões) f répartition f; (local) service m.
repartir [xepax'tʃi(x)] vt repartir • repartir algo com alguém partager qqch avec qqn • repartir algo em algo répartir qqch en qqch.
repelente [xepe'lẽntʃi] ♦ adj repoussant(e) ♦ m • repelente (de insetos) anti-moustiques m inv.
repente [xe'pẽntʃi] m accès m • de repente soudain.
repentino, na [xepẽn'tʃinu, ina] adj soudain(e); (momentâneo) bref(brève).
repercussão [xepexku'sãw] (pl -ões) f répercussion f.

requeijão

repertório [xepex'tɔrju] *m* répertoire *m*.

repetição [xepetʃi'sãw] (*pl* -ões) *f* répétition *f*.

repetidamente [xepe͜tʃida'mẽntʃi] *adv* à plusieurs reprises.

repetido, da [xepe'tʃidu, da] *adj* répété(e).

repetir [xepe'tʃi(x)] *vt* répéter; *(ano escolar, disciplina)* redoubler; *(prato, refeição)* reprendre de ▫ **repetir-se** *vp* se répéter.

replay [xi'plej] *m* reprise *f* d'une séquence.

replicar [xepli'ka(x)] *vt*
• **replicar que** répliquer que.

repolho [xe'poʎu] *m* chou *m* pommé.

repor [xe'po(x)] *vt (verdade)* rétablir; *(dinheiro)* restituer
• **repor algo no lugar** remettre qqch en place.

reportagem [xepox'taʒẽ] (*pl* -ns) *f* reportage *m*.

repórter [xe'pɔxte(x)] (*pl* -es) *nm/f* reporter *m*.

reposteiro [xepuʃ'tejru] *m* rideau *m*.

repousar [xepo'za(x)] *vt & vi* se reposer.

repreender [xepriẽn'de(x)] *vt* rappeler à l'ordre.

represa [xe'preza] *f* écluse *f*.

represália [xepre'zalja] *f* représailles *fpl*.

representação [xeprezẽnta'sãw] (*pl* -ões) *f* représentation *f*.

representante [xepreʒẽn'tãntʃi] *nm/f* représentant *m*, -e *f*
• **representante oficial** représentant officiel.

representar [xeprezẽn'ta(x)] ◆ *vt* représenter; *(espetáculo)* jouer ◆ *vi* jouer.

repressão [xepre'sãw] (*pl* -ões) *f* répression *f*.

reprimir [xepri'mi(x)] *vt* réprimer.

reprise [xe'prizi] *f* reprise *f*.

reprodução [xeprodu'sãw] (*pl* -ões) *f* reproduction *f*.

reproduzir [xeprodu'zi(x)] *vt (evento)* restituer; *(quadro, escultura)* reproduire ▫ **reproduzir-se** *vp* se reproduire.

reprovar [xepro'va(x)] *vt (atitude, comportamento)* réprouver; *(lei, projeto)* rejeter; *(aluno)* refuser.

réptil ['xɛptiw] (*pl* -teis) *m* reptile *m*.

república [xe'publika] *f (sistema político)* république *f*; *(de estudantes)* résidence *f*.

repudiar [xepudʒi'a(x)] *vt* rejeter.

repugnância [xepug'nãsja] *f* répugnance *f*.

repugnante [xepug'nãntʃi] *adj (asqueroso)* répugnant(e); *(indigno)* odieux(euse).

repulsa [xe'puwsa] *f* répulsion *f*.

repulsivo, va [xepuw'sivu, va] *adj* repoussant(e).

reputação [xeputa'sãw] (*pl* -ões) *f* réputation *f*.

requeijão [xekej'ʒãw] (*pl* -ões) *m* fromage *m* frais.

requerer [xeke're(x)] *vt (precisar de)* requérir; *(por requerimento)* solliciter.

requerimento [xekeri'mẽntu] *m* requête *f*.

requintado, da [xekĩn'tadu, da] *adj* raffiné(e).

requinte [xe'kĩntʃi] *m* raffinement *m*.

requisito [xeki'zitu] *m* condition *f* requise.

rescindir [xeʃsĩn'di(x)] *vt (contrato)* résilier.

resenha [xe'zaɲa] *f* compte *m* rendu • **fazer uma resenha de algo** passer qqch en revue.

reserva [xe'zɛxva] *f* réserve *f*; *(de quarto, lugar, passagem)* réservation *f*; *(de vinho)* millésime *m* • **reserva de caça** réserve de chasse • **reserva natural** réserve naturelle.

ⓘ RESERVAS INDÍGENAS

De nos jours, il existe à peu près 560 zones indigènes situées dans les régions Nord et Centre-Ouest du Brésil, s'étendant sur 9,8 % de la superficie totale du pays. La multiplication des ravages et des invasions a entraîné la destruction et la contamination des ressources naturelles de ces réserves. Aujourd'hui, les principaux sujets de discussion portent sur l'exploitation du bois, l'extraction de minerais et la possession de la terre. Selon le ministère de la Santé brésilien, 60 % de la population indigène vit dans les régions où l'hépatite B, la fièvre jaune et la tuberculose sont des maladies endémiques.

---

reservado, da [xezex'vadu, da] *adj* réservé(e); *(íntimo)* tranquille.

reservar [xezex'va(x)] *vt* réserver.

resfriado [xeʃfri'adu] *m* rhume *m*.

resgate [xeʒ'gatʃi] *m* rançon *f*.

resguardar [xeʒgwax'da(x)] *vt* protéger ▫ **resguardar-se** *vp* se protéger.

residência [xezi'dẽsja] *f (particular)* résidence *f*; *(acadêmica)* ≃ résidence *f* universitaire.

residencial [xezidẽn'sjaw] *(pl* **-ais**) *adj* résidentiel(ielle).

residir [xezi'dʒi(x)] ▫ **residir em** *vp (morar em)* résider à OU en; *(consistir em)* résider dans.

resíduo [xe'zidwu] *m* résidu *m*.

resignação [xezigna'sãw] *f (paciência)* résignation *f*.

resignar-se [xezig'naxsi] *vp* se résigner.

resina [xe'zina] *f* résine *f*.

resistência [xeziʃ'tẽsja] *f* résistance *f*.

resistente [xeziʃ'tẽntʃi] *adj* résistant(e).

resistir [xezi∫'tʒi(x)] *vi* résister • **resistir a algo** résister à qqch.

resmungar [xeʒmũŋ'ga(x)] *vt & vi* marmonner.

resolução [xezolu'sãw] (*pl* -ões) *f* résolution *f*.

resolver [xezow've(x)] *vt* résoudre • **resolver fazer algo** résoudre de faire qqch ▫ **resolver-se** *vp* • **resolver-se a** se résoudre à.

respeitar [xe∫pej'ta(x)] *vt* respecter ▫ **respeitar a** en ce qui concerne.

respeitável [xe∫pej'tavew] (*pl* -eis) *adj* respectable.

respeito [xe∫'pejtu] *m* respect *m* • **tudo o que diz respeito a** tout ce qui concerne • **ter respeito por** avoir du respect pour • **a respeito de** *OU* **com respeito a** en ce qui concerne, au sujet de.

respiração [xe∫pira'sãw] *f* respiration *f*.

respirar [xe∫pi'ra(x)] *vt & vi* respirer.

resplandecente [xe∫plãnde'sẽnt∫i] *adj* resplendissant(e).

responder [xe∫põn'de(x)] ◆ *vt* répondre ◆ *vi* répondre; (*ir a tribunal*) comparaître • **responder a** répondre à • **responder torto** répondre avec insolence ▫ **responder por** *vp* répondre par.

responsabilidade [xe∫põsabili'dadʒi] *f* responsabilité *f* • **responsabilidade civil** responsabilité civile.

responsabilizar [xe∫põsabili'za(x)] *vt* • **responsabilizar alguém/algo por algo** rendre qqn/qqch responsable de qqch ▫ **responsabilizar-se por** *vp* + *prep* assumer la responsabilité de.

responsável [xe∫põ'savew] (*pl* -eis) *adj & nmf* responsable • **responsável por** responsable de.

resposta [xe∫'pɔ∫ta] *f* réponse *f*.

resquício [xe∫'kisju] *m* fond *m*.

ressabiado, da [xesa'bjadu, da] *adj* (*desconfiado*) méfiant(e); (*ressentido*) déçu(e).

ressaca [xe'saka] *f* (*de bebedeira*) gueule *f* de bois.

ressaltar [xesaw'ta(x)] ◆ *vt* faire ressortir ◆ *vi* ressortir.

ressentimento [xesẽnt∫i'mẽntu] *m* ressentiment *m*.

ressentir-se [xesẽn'tixsi] *vp* se vexer • **ressentir-se de algo** se ressentir de qqch.

ressurgimento [xesurʒi'mẽntu] *m* résurgence *f*.

ressuscitar [xesu∫si'ta(x)] *vt & vi* ressusciter.

restabelecer [xe∫tabele'se(x)] *vt* rétablir ▫ **restabelecer-se** *vp* (*recuperar saúde*) se rétablir; (*de susto*) se remettre.

restar [xe∫'ta(x)] *vi* rester.

restauração [xe∫tawra'sãw] (*pl* -ões) *f* (*de edifício*) restauration *f*; (*de forças, energia*) reprise *f*.

restaurante

restaurante [xeʃtawˈrãntʃi] *m* restaurant *m* • **restaurante panorâmico** restaurant panoramique.

restaurar [xeʃtawˈra(x)] *vt (edifício, regime político)* restaurer; *(ordem)* rétablir.

restinga [xeʃˈtĩŋga] *f* banc *m* de sable.

restituir [xeʃtʃiˈtwi(x)] *vt* restituer.

resto [ˈxɛʃtu] *m* reste *m* □ **restos** *mpl* restes *mpl* • **restos mortais** dépouille *f* mortelle.

resultado [xezuwˈtadu] *m* résultat *m*.

resultar [xezuwˈta(x)] *vi* resulter • **resultar de algo** venir de qqch • **resultar em algo** aboutir à qqch.

resumir [xezuˈmi(x)] *vt* résumer □ **resumir-se a** *vp* + *prep* se résumer à.

resumo [xeˈzumu] *m* résumé *m* • **em resumo** en résumé.

reta [ˈxɛta] *f (linha)* droite *f*; *(em estrada)* ligne *f* droite.

retaguarda [ˌxetaˈgwarda] *f* arrière *m* • **na retaguarda** à l'arrière.

retalho [xeˈtaʎu] *m* coupon *m*.

retaliação [xetaljaˈsãw] *(pl* -**ões**) *f* riposte *f*.

retaliar [xetaˈlja(x)] ♦ *vt* faire payer ♦ *vi* riposter.

retângulo [xeˈtãŋgulu] *m* rectangle *m*.

retardar [xetaxˈda(x)] *vt* retarder.

reter [xeˈte(x)] *vt* retenir; *(suspeito, criminoso)* arrêter.

304

reticente [xetʃiˈsẽntʃi] *adj* réticent(e).

retina [xeˈtʃina] *f* rétine *f*.

retirada [xetʃiˈrada] *f (debandada)* débandade *f*; MIL retraite *f*.

retirar [xetʃiˈra(x)] *vt* retirer □ **retirar-se** *vp* se retirer • **retirar-se de algo** se retirer de qqch.

reto, ta [ˈxɛtu, ta] ♦ *adj* droit(e) ♦ *m* rectum *m*.

retorcido, da [xetoxˈsidu, da] *adj* tordu(e).

retórica [xeˈtɔrika] *f* rhétorique *f*.

retornar [xetoxˈna(x)] *vi* revenir • **retornar a** retourner à.

retraído, da [xetraˈidu, da] *adj* réservé(e).

retrato [xeˈtratu] *m (fotografia)* photographie *f*; *(pintura, desenho)* portrait *m*.

retribuir [xetriˈbwi(x)] *vt* rendre.

retroceder [xetroseˈde(x)] *vi* reculer.

retrógrado, da [xeˈtrɔgradu, da] *adj* rétrograde.

retrovisor [xetroviˈzo(x)] *(pl* -**es**) *m* rétroviseur *m*.

réu, ré [ˈxɛu, ˈxɛ] *mf* accusé *m*, -e *f*.

reumatismo [xewmaˈtʃiʒmu] *m* rhumatisme *m*.

reunião [xjuˈnjãw] *(pl* -**ões**) *f* réunion *f*.

reunir [xjuˈni(x)] *vt* réunir □ **reunir-se** *vp* se réunir.

réveillon [xeveˈjõ] *m* réveillon *m*.

revelação [xevela'sãw] (*pl -ões*) *f* révélation *f*; *(de fotografia)* développement *m*.

revelar [xeve'la(x)] *vt* révéler; *(fotografia)* développer ◻ **revelar-se** *vp* se révéler.

revendedor, ra [xevẽnde'do(x), ra] (*mpl -es, fpl -s*) *mf* revendeur *m*, -euse *f*.

rever [xe've(x)] *vt* revoir.

reverso [xe'vɛrsu] *m* revers *m*.

revés [xe'vɛʃ] (*pl -eses*) *m* revers *m*.

revestir [xeveʃ'ti(x)] *vt* recouvrir.

revezar-se [xeve'zaxsi] *vp* se relayer.

revirado, da [xevi'radu, da] *adj* retourné(e); *(casa, gaveta)* sens dessus dessous.

reviravolta [xe,vira'vɔwta] *f (com carro, moto)* demi-tour *m*; *(pirueta)* tour *m*; *(fig) (em situação)* revirement *m*.

revisão [xevi'zãw] (*pl -ões*) *f* révision *f*.

revisor, ra [xevi'zo(x), ra] (*mpl -es, fpl -s*) *mf (de texto, provas tipográficas)* réviseur *m*, -euse *f*.

revista [xe'viʃta] *f* revue *f* • **revista feminina** magazine *m* féminin • **revista em quadrinhos** bande *f* dessinée.

revolta [xe'vɔwta] *f* révolte *f*.

revoltar-se [xevow'taxsi] *vp* se révolter • **revoltar-se com algo** se révolter contre qqch.

revolução [xevolu'sãw] (*pl -ões*) *f* révolution *f*.

revolver [xevow've(x)] *vt* remuer.

revólver [xe'vɔwve(x)] (*pl -es*) *m* revolver *m*.

rezar [xe'za(x)] ◆ *vi* prier ◆ *vt (missa, oração)* dire.

ri ['xi] → **rir**.

ria ['xja] *f* ria *f*.

riacho ['xjaʃu] *m* ruisseau *m*.

ribeira [xi'bejra] *f* rivière *f*.

ribeirão [xibej'rãw] (*pl -ões*) *m* ruisseau *m*.

ribeirinho, nha [xibej'riɲu, ɲa] *adj* de rivière.

ribeiro [xi'bejra] *m* = **ribeira**.

ribeirões → **ribeirão**.

rico, ca ['xiku, ka] *adj* riche • **rico em** riche en.

ricota [xi'kɔta] *f* ricotta *f*.

ridicularizar [xidʒikulari'za(x)] *vt* ridiculiser.

ridículo, la [xi'dʒikulu, la] ◆ *adj* ridicule ◆ *m* ridicule *m*.

rido ['xidu] *pp* → **rir**.

rifa ['xifa] *f (sorteio)* tombola *f*; *(bilhete)* billet *m* de tombola.

rigidez [xiʒi'deʒ] *f* rigidité *f*; *(de músculos)* raideur *f*.

rigor [xi'go(x)] (*pl -es*) *m* rigueur *f*.

rijo, ja ['xiʒu, ʒa] *adj* dur(e); *(forte)* vigoureux(euse); *(material)* rigide.

rim ['xĩ] (*pl -ns*) *m* rein *m* ◻ **rins** *mpl* reins *mpl*.

rima ['xima] *f (de verso)* rime *f*; *(de papéis, revistas)* pile *f* ◻ **rimas** *fpl* vers *mpl*.

rímel® ['ximew] (*pl -eis*) *m* mascara *m*.

ringue ['xĩŋgi] *m* ring *m*.

rinoceronte [xinose'rõntʃi] m rhinocéros m.
rinque ['xĩki] m patinoire f.
rins [xĩnʃ] → **rim**.
rio ['xju] m (que deságua no mar) fleuve m; (que deságua em rio) rivière f • **rio abaixo/acima** en aval/amont.

> ### ⓘ O RIO SÃO FRANCISCO
>
> C'est sous le nom de *Velho Chico* (le vieux Chico) qu'est communément appelé le fleuve São Francisco. Plus grand fleuve entièrement brésilien, il prend sa source dans l'État de Minas Gerais et traverse les États de Bahia, de Pernambuco, d'Alagoas et de Sergipe, sur un parcours long de 3 160 kilomètres. Fondamental pour l'économie de la région, il traverse le territoire semi-aride du Nord-Est, permettant aussi bien la pratique de l'agriculture sur ses rives que l'irrigation artificielle des régions plus éloignées. Son potentiel hydroélectrique est exploité par les usines de Paulo Afonso et de Sobradinho dans l'État de Bahia, de Moxotó et de Xingó dans l'État d'Alagoas et de Três Marias dans l'État de Minas Gerais.

rio ['xju] → **rir**.
Rio de Janeiro [ˌxjudʒiʒa'neʒru] m • **o Rio de Janeiro** Rio de Janeiro.
riqueza [xi'keza] f richesse f.
rir ['xi(x)] vi rire • **desatar a rir** éclater de rire • **rir a bandeiras despregadas** rire à gorge déployée.
ris ['xiʃ] → **rir**.
risada [xi'zada] f éclat m de rire.
risca ['xiʃka] f rayure f; (em cabelo) raie f • **risca no meio/de lado** raie au milieu/sur le côté • **à risca** à la lettre.
riscar [xiʃ'ka(x)] vt (frase, folha) barrer; (parede, carro, móvel) rayer.
risco ['xiʃku] m (traço) trait m; (perigo) risque m • **correr o risco de** courir le risque de • **pôr em risco** mettre en danger; (projeto) compromettre • **risco de vida** danger m de mort.
riso ['xizu] m rire m • **riso amarelo** rire jaune.
risoto [xi'zotu] m risotto m.
ríspido, da ['xiʃpidu, da] adj revêche.
rissole ['xisoli] m beignet à la viande ou au poisson.
ritmo ['xitʃimu] m rythme m.
ritual [xi'twaw] (pl **-ais**) m rituel m.
riu ['xiu] → **rir**.
rival [xi'vaw] (pl **-ais**) nmf rival m, -e f.
rivalidade [xivali'dadʒi] f rivalité f.
robalo [xu'balu] m bar m.
robô [rɔ'bo] m robot m.

robusto, ta [xo'buʃtu, ta] *adj* robuste.

roça ['xɔsa] *f* champ *m*.

rocambole [xokãn'bɔli] *m* gâteau roulé salé ou sucré.

roçar [xu'sa(x)] *vt* effleurer.

rocha ['xɔʃa] *f* roche *f*.

rochedo [xo'ʃedu] *m* rocher *m*.

rock ['xɔki] *m* rock *m*.

roda ['xɔda] *f (de carro, bicicleta)* roue *f*; *(de saia, vestido)* ampleur *f*; *(de pessoas)* ronde *f* • **à roda de** environ.

rodada [xo'dada] *f (de bebidas)* tournée *f*.

rodagem [xo'daʒẽ] *f* → **faixa**.

roda-gigante [xɔdaʒi'gãntʃi] *(pl* **rodas-gigantes**) *f* grande roue *f*.

rodapé [xoda'pɛ] *m* tour de lit *m*, soubassement *m*, plinthe *f (bricolage)* • **nota de rodapé** note en pied de page *f*.

rodar [xo'da(x)] ◆ *vt* faire tourner ◆ *vi* tourner.

rodear [xode'a(x)] *vt* entourer ❑ **rodear-se** *vp + prep* s'entourer de.

rodela [xo'dɛla] *f* rondelle *f*.

rodízio [xo'dʒiziu] *m* restaurant où les grillades sont servies à volonté.

rododendro [xodo'dʒẽndru] *m* rhododendron *m*.

rodopiar [xodo'pja(x)] *vi* tournoyer.

rodovia [xodo'via] *f* autoroute *f* • **rodovia com pedágio** autoroute à péage.

rodoviária [xodovj'arja] *f* gare *f* routière.

roer ['xwe(x)] *vt (com dentes)* ronger; *(com atrito)* user.

rola ['xɔla] *f* tourterelle *f*.

rolar [xo'la(x)] *vi* rouler • **rolar no chão** se rouler par terre • **rolar de rir** se tordre de rire • **rolar na lama** se rouler dans la boue.

roleta [xo'leta] *f* roulette *f*.

roleta-russa [xo'leta'xusa] *f* roulette *f* russe.

rolha ['xoʎa] *f* bouchon *m* • **rolha de cortiça** bouchon en liège.

rolo ['xolu] *m (fotográfico)* pellicule *f*; *(de cabelo)* bigoudi *m*; *(de pintar)* rouleau *m* • **rolo de massa** rouleau à pâtisserie.

ROM *(abrev de* **Read Only Memory**) *f* ROM *f*.

romã [xo'mã] *f* grenade *f (fruit)*.

romance [xo'mãsi] *m* roman *m* • **romance cor-de-rosa** roman à l'eau de rose • **romance policial** roman policier.

romântico, ca [xo'mãntʃiku, ka] *adj* romantique.

romaria [xoma'ria] *f* pèlerinage *m*.

rombo ['xõnbu] *m (fig)* trou *m*, enfoncement *m*, perte *f*, détournement *m* (de fonds), dommage *(dégâts)*.

romper [xõm'pe(x)] *vt* trouer ❑ **romper-se** *vp* se déchirer ❑ **romper com** *vp* rompre avec.

ronda ['xõnda] *f* ronde *f* • **fazer a ronda** faire la ronde.

rosa ['xɔzɐ] f rose f ◆ **a vida não é um mar de rosas** tout n'est pas rose.
rosário [xo'zarju] m rosaire f.
rosbife [xoʒ'bifi] m rosbif m.
rosca ['xoʃkɐ] f (de garrafa, tampa, parafuso) filet m; CULIN brioche en forme de couronne.
rosé [xo'zɛ] m rosé m.
roseira [xo'zɐjrɐ] f rosier m.
rosnar [xoʒ'na(x)] vi grogner.
rosto ['xoʃtu] m visage m.
rota ['xɔtɐ] f route f.
rotativo, va [xota'tivu, vɐ] adj rotatif(ive).
roteador, ra [rotea'do(x), rɐ] m INFORM routeur m.
roteiro [xo'tɐjru] m circuit m; (de filme) scénario m.
rotina [xo'tʃinɐ] f routine f.
roto, ta ['xɔtu, tɐ] ◆ pp → **romper** ◆ adj (sapato, roupa) troué(e); (cano) percé(e).
rótula ['xɔtulɐ] f rotule f.
rotular [xotu'la(x)] vt étiqueter.
rótulo ['xɔtulu] m étiquette f.
rotunda [xo'tũdɐ] f rond-point m.
roubar [xo'ba(x)] vt & vi voler ◆ **roubar algo de alguém** voler qqch à qqn.
roubo ['xobu] m vol m.
rouco, ca ['xoku, kɐ] adj rauque ◆ **estar rouco** être enroué.
roupa ['xopɐ] f (vestuário) vêtement m; (de cama) linge m ◆ **roupa íntima** sous-vêtements mpl.
roupão [xo'pãw] (pl -ões) m robe f de chambre.
rouxinol [xoʃi'nɔw] (pl -óis) m rossignol m.

roxo, xa ['xoʃu, ʃɐ] adj violet(ette).
rua ['xuɐ] ◆ f rue f ◆ interj dehors! ◆ **rua abaixo/acima** en descendant/en montant la rue.
rubéola [xu'bɛulɐ] f rubéole f.
rubi [xu'bi] m rubis m.
rubor [xu'bo(x)] (pl -es) m rougeur f.
ruborizar-se [xubori'zaxsi] vp rougir.
rubrica [xu'brikɐ] f signature f.
ruço, ça ['xusu, sɐ] adj gris(e).
rúcula ['xukulɐ] f roquette f (salade).
rude ['xudʒi] adj grossier(ère).
ruela ['xwɛlɐ] f ruelle f.
ruga ['xugɐ] f (em pele) ride f; (em tecido) pli m.
rugby ['xugbi] m rugby m.
rugido [xu'ʒidu] m rugissement m.
rugir [xu'ʒi(x)] vi rugir.
ruído ['xwidu] m bruit m.
ruim [xuĩ] (pl -ns) adj mauvais(e).
ruínas ['xwinɐʃ] fpl ruines fpl.
ruins [xu'ĩʃ] → **ruim**.
ruivo, va ['xuivu, vɐ] adj roux(rousse).
rum ['xũ] m rhum m.
rumar [xu'ma(x)] □ **rumar a** vp mettre le cap sur.
rumba ['xũbɐ] f rumba f.
rumo ['xumu] m (direção) direction f; (de coisas) tournure f.
rumor [xu'mo(x)] (pl -es) m (boato) rumeur f.
ruptura [xup'turɐ] f rupture f.
rural [xu'raw] (pl -ais) adj rural(e).
rush ['xɐʃi] m heure f de pointe.

sacrificar

Rússia ['xusja] *f* • a Rússia la Russie.
russo, a ['xusu, sa] ◆ *adj* russe ◆ *m f* Russe *m f* ◆ *m (língua)* russe *m*.
rústico, ca ['xuʃtʃiku, ka] *adj* rustique.

S

S.A. *(abrev de Sociedade Anônima)* SA *f.*
sábado ['sabadu] *m* samedi *m*, → **sexta-feira**.
sabão [sa'bãw] *(pl -ões) m* savon *m*.
sabedoria [sabedo'ria] *f* sagesse *f.*
saber [sa'be(x)] ◆ *m* savoir *m* ◆ *vt & vi* savoir • **saber fazer algo** savoir faire qqch • **fazer saber** faire savoir • **não quero saber** je ne veux pas le savoir • **não saber nada** ne rien savoir • **sem saber** sans le savoir • **saber a** avoir un goût de • **saber bem/mal** avoir bon/mauvais goût ▫ **saber de** *vp (entender de)* s'y connaître en; *(ter conhecimento de)* connaître • **vir a saber de algo** apprendre qqch.
sabiá [sa'bja] *f* grive *f.*
sabões [sa'bõjʃ] → **sabão**.
sabonete [sabo'netʃi] *m* savonnette *f.*
saboneteira [sabone'tʃejra] *f* porte-savon *m.*
sabor [sa'bo(x)] *m (gosto)* goût *m.*
saborear [saborj'a(x)] *vt* savourer; *(provar)* déguster.
sabores → **sabor**.
sabotagem [sabo'taʒẽ] *(pl -ns) f* sabotage *m.*
sabotar [sabo'ta(x)] *vt* saboter.
sabugueiro [sabu'gejru] *m* sureau *m.*
saca ['saka] *f* sac *m.*
sacar [sa'ka(x)] *vt (fam)* piger.
sacarina [saka'rina] *f* saccharine *f.*
saca-rolhas [ˌsakaˈxoʎaʃ] *m inv* tire-bouchon *m.*
sacarose [saka'rɔzi] *f* saccharose *m.*
sacerdote [sasex'dɔtʃi] *m* prêtre *m.*
sachê [sa'ʃe] *m* sachet *m.*
sacho ['saʃu] *m* sarcloir *m.*
saciar [sasj'a(x)] *vt (fome)* assouvir; *(sede)* étancher ▫ **saciar-se** *vp* se rassasier.
saco ['saku] *m* sac *m* • **saco de dormir** sac de couchage • **saco de lixo** sac poubelle • **saco de plástico** sac en plastique • **saco de viagem** sac de voyage.
sacola [sa'kɔla] *f* sac *m.*
sacramento [sakra'mẽntu] *m* sacrement *m* ▫ **sacramentos** *mpl* sacrements *mpl.*
sacrificar [sakrifi'ka(x)] *vt* sacrifier ▫ **sacrificar-se** *vp* • **sacrificar-se por alguém** sacrifier pour qqn.

sacrilégio

sacrilégio [sakri'lɛʒju] m sacrilège m.

sacristia [sakriʃ'tʃia] f sacristie f.

sacro, cra ['sakru, kra] adj sacré(e).

sacudir [saku'dʒi(x)] vt secouer; *(rabo, cabeça)* remuer.

sádico, ca ['sadʒiku, ka] mf sadique mf.

sadio, dia [sa'dʒiu, dʒia] adj sain(e).

saem ['sajẽ] → sair.

safio [sa'fju] m congre m.

safira [sa'fira] f saphir m.

Sagitário [saʒi'tarju] m Sagittaire m.

sagrado, da [sa'gradu, da] adj sacré(e).

saguão [sa'gwãw] (pl -ões) m cour f.

sai ['saj] → sair.

saí [sa'i] → sair.

saia ['saja] f jupe f.

saia-calça [ˌsaja'kawsa] (pl saias-calças) f jupe-culotte f.

saída [sa'ida] f *(de lugar)* sortie f; *(de ônibus, trem)* sortie f; *(de problema, situação)* issue f; *(profissional)* débouché m • saída de emergência sortie de secours, issue de secours • dar uma saída sortir • estar de saída être sur le point de partir • ter saída se vendre bien.

saio ['saju] → sair.

sair [sa'i(x)] vi sortir; *(partir)* partir; *(custar)* revenir • sair de sortir de ❏ **sair-se** vp • sair-se bem/mal bien/mal s'en sortir.

saiu [sa'iu] → sair.

sal ['saw] (pl **sais**) m sel m • sem sal sans sel • sal comum ou marinho sel de mer • sal de fruta bicarbonate m • sal grosso gros sel m ❏ **sais** mpl *(de cheirar, banho)* sels mpl.

sala ['sala] f *(de casa)* salon m; *(qualquer divisão)* salle f • sala de bingo salle de bingo • sala de espera salle d'attente • sala de estar salon • sala de jantar salle à manger • sala de jogos salle de jeux.

salada [sa'lada] f salade f • salada de alface salade verte • salada de frutas salade de fruits • salada mista salade mixte • salada russa salade russe • salada de tomate salade de tomates.

saladeira [sala'dʒejra] f saladier m.

salamandra [sala'mãndra] f salamandre f.

salame [sa'lami] m sorte de saucisson.

salão [sa'lãw] (pl **-ões**) m salon m; *(de bailes)* salle f • salão de beleza salon de beauté • salão de chá salon de thé • salão de festas salle des fêtes.

salário [sa'larju] m salaire m • salário mínimo salaire minimum.

salário-família [saˌlarjufa'milja] (pl **salários-família**) m allocations fpl familiales.

saldar [saw'da(x)] vt solder.

saldo ['sawdu] m solde m • em saldo en solde ❏ **saldos** mpl soldes mpl.

salgadinhos [sawga'dʒiɲuʃ] mpl petits gâteaux salés, olives, chorizo etc. servis en apéritif.

salgado, da [saw'gadu, da] adj salé(e).

salgueiro [saw'gejru] m saule m.

salientar [saljẽn'ta(x)] vt souligner ▫ **salientar-se** vp ressortir.

saliente [sa'ljẽntʃi] adj saillant(e).

saliva [sa'liva] f salive f.

salmão [saw'mãw] m saumon m • **salmão defumado** saumon fumé.

salmonela [sawmo'nɛla] f salmonelle f.

salmonete [sawmo'netʃi] m rouget m.

salmoura [saw'mora] f saumure f.

salões [sa'lõjʃ] → salão.

salpicão [sawpi'kãw] (pl -ões) m (prato) plat froid à base de poulet, de porc et de jambon coupés en fines lamelles macérées dans la sauce.

salpicar [sawpi'ka(x)] vt (com água) éclabousser; (com açúcar) saupoudrer.

salpicões f → salpicão.

salsa ['sawsa] f persil m • **salsa picada** une persillade.

salsicha [saw'siʃa] f saucisse f.

salsicharia [sawsiʃa'ria] f charcuterie f.

saltar [saw'ta(x)] vt & vi sauter • **saltar à vista** OU **aos olhos** sauter aux yeux.

salteado, da [sawte'adu, da] adj (interpolado) dans le désordre; CULIN sauté(e).

salto ['sawtu] m saut m; (de calçado) talon m • **dar um salto a** faire un saut à • **salto alto** talon haut • **salto baixo** OU **raso** talon plat • **salto em altura** saut en hauteur • **salto em distância** saut en longueur • **salto com vara** saut à la perche.

salto-mortal [sawtu'mox'taw] m saut m périlleux.

salutar [salu'ta(x)] (pl -es) adj salutaire.

salva ['sawva] f (planta) sauge f; (bandeja) plateau m • **salva de palmas** salve f d'applaudissements.

salvação [sawva'sãw] f salut m.

salvaguardar [,sawvagwax'da(x)] vt sauvegarder.

salvamento [sawva'mẽntu] m sauvetage m.

salvar [saw'va(x)] vt INFORM • **salvar um arquivo** sauvegarder un fichier.

salvar [saw'va(x)] vt sauver ▫ **salvar-se** vp (escapar) s'échapper.

salvar [saw'va(x)] vt sauver • **salvar as aparências** sauver les apparences ▫ **salvar-se** vp • **salvar-se de** réchapper de.

salva-vidas [,sawva'vidaʃ] m inv (embarcação) canot m de sauvetage.

salvo, va ['sawvu, va] ◆ pp → salvar ◆ adj sauf(sauve) ◆ prep sauf • **estar a salvo** être en sûreté • **pôr-se a salvo** se mettre à l'abri • **salvo erro** sauf erreur • **salvo se** sauf si.

samba

samba ['sãmba] *m* samba *f.*

> ### SAMBA
>
> La *samba* est un genre musical et une danse d'origine afro-brésilienne. De rythme syncopé, elle est jouée à l'aide de percussions, d'une guitare et d'un *cavaquinho*. Les paroles des chansons, en général, portent sur la vie urbaine ou sur l'amour. Bien qu'il y ait plusieurs types de *samba*, comme la romantique *samba-chanson* et le populaire *pagode*, la plus connue est, sans doute, la *samba-enredo* qui est dansée par les écoles de *samba* pendant les défilés du carnaval.

samba-canção [,sãnbakãn'sãw] (*pl* **sambas-canções**) *m (tipo de samba)* samba lente et sentimentale; *(fam) (cueca)* caleçon *m.*

sambar [sãn'ba(x)] *vi* danser la samba.

sambista [sãn'biʃta] *nmf* danseur *m,* -euse *f* de samba.

sambódromo [sãn'bɔdromu] *m* enceinte dans laquelle défilent les écoles de samba pendant le Carnaval au Brésil.

sanatório [sana'tɔrju] *m* sanatorium *m.*

sanção [sã'sãw] (*pl* **-ões**) *f* sanction *f.*

sandália [sãn'dalja] *f* sandale *f.*

sanduíche [sãndw'iʃi] *f inv* sandwich *m.*

sanfona [sã'fona] *f* accordéon *m.*

sangrar [sãŋ'gra(x)] *vi* saigner.

sangria [sãŋ'gria] *f* sangria *f.*

sangue [sãŋgi] *m* sang *m.*

sangue-frio [,sãŋgi'friu] *m* sang-froid *m.*

sanguessuga [,sãŋgi'suga] *f* sangsue *f.*

sanguíneo [sãŋ'gwinju] *adj* → **vaso**.

sanidade [sani'dadʒi] *f (higiene)* hygiène *f;* (mental) santé *f.*

sanitário, ria [sani'tarju, rja] ◆ *adj* sanitaire ◆ *m* toilettes *fpl,* wc *mpl.*

santo, ta ['sãntu, ta] *mf* saint *m,* -e *f* ● **o Santo Padre** le Saint-Père.

santuário [sãntw'arju] *m* sanctuaire *m.*

são¹ ['sãw] → **ser**.

são², **sã** ['sãw, 'sã] *adj* sain(e) ● **são e salvo** sain et sauf.

São [sãw] *m* = **Santo**.

São Paulo [,sãw'pawlu] *s* São Paulo.

São Tomé e Príncipe [sãwto,mei'prĩsipi] *s* São Tomé et Príncipe.

sapataria [sapata'ria] *f* magasin *m* de chaussures.

sapateado [sapa'tʒjadu] *m* claquettes *fpl.*

sapateira [sapa'tejra] *f* tourteau *m,* → **sapateiro**.

sapateiro, ra [sapa'tejru, ra] *mf* cordonnier *m.*

sapatilhas [sapa'tiʎaʃ] *fpl (de bailarinos)* chaussons *mpl*.

sapato [sa'patu] *m* chaussure *f* • **sapatos de salto alto** chaussures à talon.

sapê [sa'pe] *m* ≃ chaume *m*.

sapo ['sapu] *m* crapaud *m*.

saque ['saki] *m (de dinheiro)* traite *f*; *ESP* défaite *f*; *(roubo)* pillage *m*.

saquinho [sa'kiɲu] *m* • **saquinho de chá** sachet *m* de thé.

sarampo [sa'rãmpu] *m* rougeole *f*.

sarapatel [sarapa'tɛw] *(pl -éis)* *m* plat à base de sang et de foie de porc, tomates, piments, oignon.

sarar [sa'ra(x)] *vt & vi* guérir.

sarcasmo [sax'kaʒmu] *m* sarcasme *m*.

sarda ['saxda] *f* tâche *f* de rousseur.

sardinha [sax'dʒiɲa] *f (peixe)* sardine *f*; *(jogo)* jeu qui consiste à taper sur les mains de son adversaire avant qu'il ne les retire • **sardinha assada** sardine grillée.

sargento [sax'ʒẽntu] *m* sergent *m*.

sarja ['saxʒa] *f* serge *m*.

sarjeta [sax'ʒeta] *f* caniveau *m*.

sarro ['saxu] *m* tartre *m*.

satélite [sa'tɛlitʃi] *m* satellite *m*.

sátira ['satʃira] *f* satire *f*.

satisfação [satʃiffa'sãw] *(pl -ões) f (contentamento)* satisfaction *f* • **não dar satisfações a ninguém** ne rendre de comptes à personne • **pedir satisfações a alguém** demander des comptes à qqn.

satisfatório, ria [satʃiʃfa'tɔrju, rja] *adj* satisfaisant(e).

satisfazer [satʃiffa'ze(x)] *vt & vi* satisfaire ☐ **satisfazer-se com** *vp + prep* se satisfaire de.

satisfeito, ta [satʃiʃ'fejtu, ta] *adj* satisfait(e) • **dar-se por satisfeito** s'estimer heureux.

saudação [sawda'sãw] *(pl -ões) f* salutation *f*.

saudade [saw'dadʒi] *f* vague à l'âme • **tenho saudade da família** la famille me manque • **deixar saudade** regretter • **matar saudade** se rattraper • **morro de saudade da comida da minha mãe** la cuisine de ma mère me manque terriblement.

saudar [saw'da(x)] *vt* saluer.

saudável [saw'davɛw] *(pl -eis) adj* sain(e).

saúde [sa'udʒi] ◆ *f* santé *f* ◆ *interj* tchin(-tchin)!

sauna ['sawna] *f* sauna *m*.

saveiro [sa'vejru] *m* bateau *m* de pêche.

sável ['savɛw] *m* alose *f (poisson)*.

saxofone [sakso'fɔni] *m* saxophone *m*.

scanner [iʃka'ne(x)] *(pl* **scanners***) m INFORM* scanner *m*.

scooter [skute(x)] *(pl -s) m* scooter *m*.

script [iʃkriptʃi] *(pl* **scripts***) m INFORM* script *m*.

s.d. *(abrev de* sem data*)* sans date.

se

se [si] ◆ *pron* **1.** *(uso reflexivo referindo-se a ele, ela, eles, elas)* se; *(você)* te; *(vocês)* vous ◆ **ele não se enganou** il ne s'est pas trompé ◆ **eles se perderam** ils se sont perdus ◆ **vocês se perderam** vous vous êtes perdus **2.** *(uso recíproco referindo-se a eles, elas)* se; *(vocês)* vous ◆ **amam-se** ils s'aiment ◆ **escrevem-se regularmente** ils s'écrivent régulièrement **3.** *(com sujeito indeterminado)* on ◆ **vive-se melhor no campo** on vit mieux à la campagne ◆ **aluga-se quarto** chambre à louer ◆ *conj* **1.** *(ger)* si ◆ **se tiver tempo, escrevo** si j'ai du temps, j'écrirai ◆ **se está com fome, coma alguma coisa** si tu as faim, mange qqch ◆ **se um é feio, o outro ainda é pior** si l'un est affreux, l'autre est encore pire ◆ **que tal se tirássemos umas férias?** et si nous prenions des vacances? ◆ **se pelo menos não chovesse** si au moins il ne pleuvait pas ◆ **avisem-me se vierem** prévenez-moi si vous venez ◆ **perguntei-lhe se gostou** je lui ai demandé si ça lui a plu **2.** *(em locuções)* ◆ **se bem que** bien que.

sé ['sɛ] *f* cathédrale *f*.

sebe ['sɛbi] *f* haie *f* ◆ **sebe viva** haie vive.

sebento, ta [se'bẽntu, ta] *adj* crasseux(euse).

sebo ['sebu] *m* sébum *m*.

seca ['seka] *f* sécheresse *f*.

secador [seka'do(x)] *(pl* **-es)** *m (de cabelo)* sèche-cheveux *m inv*.

secadora [seka'dora] *f* ◆ **secadora de roupas** sèche-linge *m inv*.

seção [se'sãw] *(pl* **-ões)** *f (repartição pública)* service *m*; *(de loja)* rayon *m* ◆ **a seção de perdidos e achados** les objets trouvés.

secar [se'ka(x)] ◆ *vt* faire sécher ◆ *vi* sécher; *(rio, poço, lago)* assécher ◆ **vou secar o cabelo** je vais me sécher les cheveux.

seco, ca ['seku, ka] ◆ *pp* → **secar** ◆ *adj* sec(sèche).

secretaria [sekreta'ria] *f* secrétariat *m* ◆ **secretaria de Estado** secrétariat d'État.

secretária [sekre'tarja] *f* bureau *m* ◆ **secretária eletrônica** répondeur *m* automatique → **secretário**.

secretário, ria [sekre'tarju, rja] *mf* secrétaire *mf* ◆ **secretário de Estado** secrétaire d'État.

secreto, ta [se'krɛtu, ta] *adj* secret(ète).

sectário, ria [sɛk'tarju, rja] *adj* sectaire.

secular [seku'la(x)] *(pl* **-es)** *adj* séculaire.

século ['sɛkulu] *m* siècle *m*.

secundário, ria [sekũn'darju, rja] *adj* secondaire.

seda ['seda] *f* soie *f*.

sedativo [seda'tʃivu] *m* sédatif *m*.

sede¹ ['sɛdʒi] f (de empresa) siège m social; (de organização) siège m.

sede² ['sɛdʒi] f soif f • matar a sede étancher sa soif • ter sede de avoir soif de.

sedimento [sedʒi'mẽntu] m sédiment m.

sedoso, osa [se'dozu, ɔza] adj soyeux(euse).

sedução [sedu'sãw] (pl -ões) f séduction f.

sedutor, ra [sedu'to(x), ra] (mpl -es, fpl -s) adj séduisant(e).

seduzir [sedu'zi(x)] vt séduire.

segmento [sɛg'mẽntu] m segment m.

segredo [se'gredu] m secret m.

segregar [segre'ga(x)] vt (pôr de lado) mettre à l'écart, isoler; (secreção) sécréter ❑ **segregar-se** vp s'isoler.

seguida [se'gida] f • em seguida ensuite.

seguidamente [se,gida'mẽntʃi] adv (sem interrupção) d'affilée; (em seguida) ensuite.

seguido, da [se'gidu, da] adj suivi(e) • seguido de suivi de.

seguinte [se'gĩntʃi] ♦ adj suivant(e) ♦ nmf • o/a seguinte le suivant/la suivante • o dia seguinte le lendemain • o mês seguinte le mois d'après.

seguir [se'gi(x)] ♦ vt suivre; (carreira, profissão) faire ♦ vi continuer • seguir com algo para a frente mener qqch à bien • seguir para continuer vers • siga pela esquerda/direita prends à gauche/à droite • a seguir ensuite.

segunda [se'gũnda] f deuxième f (vitesse).

segunda-feira [se,gũnda'fejra] (pl **segundas-feiras**) f lundi m, → sexta-feira.

segundo, da [se'gũndu, da] ♦ num second(e) ♦ m seconde f ♦ prep d'après ♦ adv deuxièmement • de segunda mão d'occasion → sexto.

seguramente [se,gura'mẽntʃi] adv sûrement.

segurança [segu'rãsa] f sécurité f; (certeza) assurance f • com segurança avec assurance • em segurança en sécurité.

segurar [segu'ra(x)] vt (coisa) tenir; (pessoa) retenir.

seguridade [se,guri'dadʒi] f • a Seguridade Social la sécurité sociale.

seguro, ra [se'guru, ra] ♦ adj (sem riscos, firme) sûr(e); (preso) attaché(e); (a salvo) en sûreté; (garantido) assuré(e) ♦ m assurance f • estar seguro (estar a salvo) être en sécurité; (ter certeza) être sûr • pôr no seguro assurer • ser seguro de si être sûr de soi • seguro contra terceiros assurance au tiers • seguro contra todos os riscos assurance tous risques • seguro de viagem assurance voyage • seguro de vida assurance vie.

seguro-saúde [se,gurusa'udʒi] (pl **seguros-saúde**) m assurance f maladie.

sei ['sej] → **saber**.
seio ['saju] m sein m.
seis ['sejʃ] ♦ adj num, pron num & m six; (dia) le six ♦ mpl six ♦ fpl • às seis à six heures • ele tem seis anos il a six ans • eles eram seis ils étaient six • são seis horas il est six heures • seis de janeiro le six janvier • página seis page six • trinta e seis trente-six • o seis de copas le six de cœur • de seis em seis dias tous les six jours • empataram em seis a seis (ils ont fait) six partout • seis a zero six à zéro.
seiscentos, tas [sejʃ'sẽntuʃ, taʃ] num six cents, → **seis**.
seita ['sejta] f secte f.
seiva ['sejva] f sève f.
seixo ['sejʃu] m caillou m.
sela ['sɛla] f selle f.
selar [se'la(x)] vt seller; (carta, subscrito) cacheter.
seleção [sele'sãw] f (escolha) sélection f; (em esporte) équipe f nationale.
selecionar [selesjo'na(x)] vt sélectionner.
seleto, ta [se'lɛtu, ta] adj chic (inv).
self-service [sɛwf'sɛrvis] (pl **self-services**) m self-service m.
selim [se'lĩ] (pl **-ns**) m selle f.
selo ['selu] m timbre m • selo de garantia label m (de qualité).
selva ['sɛwva] f jungle f.
selvagem [sɛw'vaʒẽ] (pl **-ns**) adj & nmf sauvage.
sem [sẽ] prep sans • estar sem água/gasolina ne plus avoir d'eau/d'essence • estar sem fazer nada ne rien avoir à faire • sem que sans que • sem mais nem menos comme ça, sans raison.
semáforo [se'mafuru] m feu rouge m.
semana [se'mana] f semaine f • de semana em semana de maine en maine • por semana par semaine, hebdomadaire ▫ **Semana Santa** / la Semaine Sainte.
semanada [sema'nada] f argent m de poche.
semanal [sema'naw] (pl **-ais**) adj hebdomadaire.
semblante [sẽn'blãntʃi] m air m (apparence).
semear [se'mja(x)] vt semer.
semelhança [seme'ʎãsa] f ressemblance f • à semelhança de de la même manière que.
semelhante [seme'ʎãntʃi] adj semblable • semelhante a semblable à.
sêmen ['semen] m sperme m.
semente [se'mẽntʃi] f graine f, semence f.
semestral [semeʃ'traw] (pl **-ais**) adj semestriel(elle).
semestre [se'mɛʃtri] m semestre m.
sem-fim [sẽ'fĩ] m • um sem-fim de une infinité de.
seminário [semi'narju] m séminaire m.
sêmola ['semola] f semoule f.
semolina [semo'lina] f farine f de semoule.

sempre ['sẽmpri] *adv (o tempo todo)* toujours; *(afinal)* finalement • **o mesmo de sempre** comme d'habitude • **como sempre** comme toujours • **para sempre** pour toujours • **sempre que** chaque fois que.

sempre-viva [,sẽmpri'viva] *(pl* **sempre-vivas***) f* immortelle *f.*

sem-teto [sẽn'tɛtu] *nmf inv* sans-abri *mf inv.*

sem-vergonha [sãjvex'goɲa] *nmf inv* sans-gêne *mf inv.*

sena ['sena] *f* six *m (de carreau, trèfle, pique, cœur).*

senado [se'nadu] *m* sénat *m.*

senão [se'nãw] *conj* sinon.

senha ['seɲa] *f* ticket *m* • **senha de saída** contremarque *f.*

senhor, ra [se'ɲo(x), ra] *(mpl* -es, *fpl* -s*) m, f* monsieur *m*, madame *f* • **senhoras damas**.

senhorio, ria [seɲo'riu, ria] *mf* propriétaire *mf.*

senil [se'niw] *(pl* -is*) adj* sénile.

sensação [sẽsa'sãw] *(pl* -ões*) f* sensation *f* • **causar sensação** faire sensation.

sensacional [sẽsasjo'naw] *(pl* -ais*) adj* sensationnel(elle).

sensacionais → **sensação**.

sensato, ta [sẽ'satu, ta] *adj* sensé(e).

sensível [sẽ'sivew] *(pl* -eis*) adj* sensible.

senso ['sẽsu] *m* sens *m* • **bom senso** bon sens • **senso comum** sens commun • **senso prático** sens pratique.

sensual [sẽ'swaw] *(pl* -ais*) adj* sensuel(elle).

sentado, da [sẽn'tadu, da] *adj* assis(e).

sentar-se [sẽn'taxsi] *vp* s'asseoir.

sentença [sẽn'tẽsa] *f* sentence *f.*

sentido, da [sẽn'tʃidu, da] ♦ *adj (melindrado)* vexé(e); *(magoado)* blessé(e) ♦ *m* sens *m* • **fazer sentido** avoir un sens • **em certo sentido** dans un sens • **sentido proibido** sens interdit • **sentido único** sens unique.

sentimental [sẽntʃimẽn'taw] *(pl* -ais*) adj* sentimental(e).

sentimento [sẽntʃi'mẽntu] *m* sentiment *m* • **os meus sentimentos!** toutes mes condoléances!

sentinela [sẽntʃi'nɛla] *nmf* sentinelle *f* • **estar de sentinela** faire le guet.

sentir [sẽn'tʃi(x)] *vt* • **sinto frio** j'ai froid • **sentir raiva** être en colère • **sinto muito!** je suis désolé! • **sinto falta dele** il me manque • **sentir vontade de fazer algo** avoir envie de faire qqch ☐ **sentir-se** *vp* se sentir • **sinto-me mal** je me sens mal.

separação [separa'sãw] *(pl* -ões*) f* séparation *f.*

separado, da [sepa'radu, da] *adj* séparé(e) • **em separado** séparément.

separar [sepa'ra(x)] *vt* séparer ☐ **separar-se** *vp* se séparer.

septuagésimo

septuagésimo, ma [sɛptwaˈʒezimu, ma] *num* soixante-dixième, → **sexto**.

sepultar [sepuwˈta(x)] *vt* enterrer.

sepultura [sepuwˈtura] *f (cova)* sépulture *f*; *(túmulo)* tombe *f*.

seqüência [seˈkwẽsja] *f* séquence *f*.

sequer [seˈkɛ(x)] *adv* • **nem sequer** même pas • **ele nem sequer protestou** il n'a même pas protesté.

seqüestrador, ra [sekweʃtraˈdo(x), ra] *(mpl* -res, *fpl* -s) *nmf* ravisseur *m*, -euse *f*.

seqüestrar [sekweʃˈtra(x)] *vt (raptar)* enlever; *(fechar)* séquestrer.

seqüestro [seˈkwɛʃtru] *m* séquestre *m*.

seqüóia [seˈkwɔja] *f* séquoia *m*.

ser [ˈse(x)] *(pl* -es) ♦ *m (criatura)* être *m* ♦ *o ser humano* l'être humain ♦ *vi* **1.** *(ger)* être • **é demasiado longo** c'est trop long • **são bonitos** ils sont beaux • **sou médico** je suis médecin • **ele é do Brasil** il est du Brésil • **é no Porto** c'est à Porto • **sou brasileira** je suis brésilienne • **quanto é?** c'est combien? • **são sessenta euros** soixante euros • **hoje é sexta** aujourd'hui, on est vendredi • **que horas são?** quelle heure est-il? • **são seis horas** il est six heures • **é do Paulo** c'est à Paulo • **este carro é teu?** cette voiture est à toi? • **os livros eram meus** les livres étaient à moi **2.** *(em locuções)* • **a não ser que** à moins que • **que foi? qu'y a-t-il?** • **ou seja** c'est-à-dire • **será que...?** est-ce que...? ♦ *v aux* être • **foi visto à saída do cinema** il a été vu à la sortie du cinéma ♦ *v impess* être • **é de dia/noite** il fait jour/nuit • **é tarde/cedo** il est tard/tôt • **é difícil de dizer** c'est difficile à dire • **é fácil de ver** c'est facile à voir □ **ser de** *vp (matéria)* être en; *(ser adepto de)* être pour □ **ser para** *vp (servir para, ser adequado para)* servir à • **isto não é para comer agora** ce n'est pas pour manger maintenant.

serão [seˈrãw] *(pl* -ões) *m* veillée *f* • **fazer serão** veiller.

sereia [seˈreja] *f* sirène *f*.

serenar [sereˈna(x)] ♦ *vt* apaiser ♦ *vi* s'apaiser; *(vento)* se calmer.

serenata [sereˈnata] *f* sérénade *f*.

seres = **ser**.

seresta [seˈrɛʃta] *f* = **serenata**.

seriado [seˈrjadu] *m* série *f* télévisée.

série [ˈsɛrji] *f* série *f*; *(de bilhetes de metrô)* carnet *m* • **uma série de** une série de.

seriedade [serjeˈdaʒi] *f* sérieux *m*.

seringa [seˈrĩŋga] *f* seringue *f*.

seringueira [serĩˈgejra] *f* hévéa *m*.

sério, ria [ˈsɛrju, rja] ♦ *adj* sérieux(euse) ♦ *adv* • **a sério?** sérieusement? • **sério!** sérieu-

sement! • **levar** ou **tomar a sério** prendre au sérieux.

sermão [sex'mãw] (pl **-ões**) m sermon m.

serões → **serão**.

serpente [sex'pẽntʃi] f serpent m.

serpentina [serpẽn'tʃina] f serpentin m.

serra ['sɛxa] f (instrumento) scie f; (em geografia) montagne f.

serralheiro [sexa'ʎejru] m serrurier m.

serrar [se'xa(x)] vt scier.

sertanejo, ja [sexta'neʒu, ʒa] adj du sertão.

sertão [sex'tãw] m sertão m.

servente [sex'vẽntʃi] m (de pedreiro) apprenti m maçon.

serventia [sexvẽn'tʃia] f (préstimo) utilité f; (de casa, edifício, terreno) chemin m d'accès.

serviço [sex'visu] m service m; (trabalho) travail m ◆ **fora de serviço** hors service ◆ **serviço incluído** service compris ◆ **serviço cívico** service civil ◆ **os serviços** les services (secteur tertiaire).

servidor, ra [sex'vido(x), ra] nmf (funcionário) fonctionnaire m ◆ **servidor público** fonctionnaire public m.

servidor [sex'vido(x)] m INFORM serveur m.

servil [sex'viw] (pl **-is**) adj servile.

servir [sex'vi(x)] ◆ vt servir ◆ vi servir; (roupa, calçado) aller ◆ **em que posso servi-lo?** en quoi puis-je vous être utile?

◆ **servir de algo** servir de qqch
□ **servir-se** vp se servir □ **servir-se de** vp + prep se servir de.

servis → **servil**.

sessão [se'sãw] (pl **-ões**) f séance f; (de debate político, científico) session f.

sessenta [se'sẽta] num soixante, → **seis**.

sessões [se'sõjʃ] → **sessão**.

sesta ['sɛʃta] f sieste f.

seta ['sɛta] f flèche f.

sete ['sɛtʃi] num sept, → **seis**.

setecentos, tas [sɛtʃi'sẽntuʃ, taʃ] num sept cents, → **seis**.

setembro [se'tẽmbru] m septembre m ◆ **durante o mês de setembro** au mois de septembre ◆ **em setembro** en septembre ◆ **em meados de setembro** à la mi-septembre ◆ **este mês de setembro** le mois de septembre ◆ **em setembro passado** en septembre dernier ◆ **no próximo mês de setembro** en septembre prochain ◆ **no princípio/final de setembro** début/fin septembre ◆ **o primeiro de setembro** le 1er septembre.

setenta [se'tẽta] num soixante-dix, → **seis**.

sétimo, ma ['sɛtʃimu, ma] num septième, → **sexto**.

setor [se'to(x)] (pl **-es**) m (ramo de atividade) secteur m; (seção de empresa) service m.

seu, sua ['sew, 'sua] ◆ adj **1.** (dele, dela, de coisa, animal) son(sa) **2.** (do senhor, da senhora) votre **3.** (de você) ton(ta) **4.**

(deles, delas) leur ♦ *pron* • **o seu/a sua** *(dele, dela)* le sien(la sienne); *(de você)* le tien(la tienne); *(do senhor,* **da** *senhora)* le vôtre(la vôtre); *(deles, delas)* le leur(la leur) • **isto é seu?** *(dele)* c'est à lui?; *(dela)* c'est à elle?; *(deles, delas)* c'est à eux/à elles?; *(de você)* c'est à toi?; *(do senhor,* **da** *senhora)* c'est à vous? • **um amigo seu** *(dele, dela)* un de ses amis; *(deles, delas)* un de leurs amis; *(de você)* un de tes amis; *(do senhor,* **da** *senhora)* un de vos amis • **os seus** *(a família de cada um)* les siens ♦ *mf* **1.** *(pej)* (forma de tratamento) espèce *f* de • **seu estúpido!** espèce d'imbécile! • **seus irresponsáveis!** bande d'irresponsables! **2.** *(com malícia)* • **seu malandrinho!** petit vaurien! • **sua danadinha!** petite coquine!

severidade [severi'dadʒi] *f* sévérité *f.*

severo, ra [se'vɛru, ra] *adj* sévère.

sexagésimo, ma [sɛksa'ʒɛzimu, ma] *num* soixantième, → **sexto.**

sexo ['sɛksu] *m* sexe *m.*

sexta-feira [,sejʃta'fejra] *(pl* **sextas-feiras)** *f* vendredi *m* • **às sextas-feiras** les vendredis • **até sexta-feira** à vendredi ! • **ela vem sexta-feira** elle vient vendredi; *(próxima)* ce vendredi-ci, vendredi prochain; *(passada)* vendredi dernier • **hoje é sexta-feira** aujourd'hui nous sommes vendredi • **todas as sextas-feiras** tous les vendredis • **sexta-feira de manhã/à tarde/à noite** vendredi matin/après-midi/soir • **sexta-feira 13 de junho** vendredi 13 juin • **sexta-feira passada** vendredi dernier • **sexta-feira que vem** vendredi prochain ❑ **Sexta-Feira Santa** *f* vendredi saint.

sexto, ta ['sejʃtu, ta] ♦ *adj num* & *pron* sixième ♦ *m* sixième *m* & *mf* • **o sexto/a sexta** le/la sixième • **chegar em sexto** arriver sixième • **capítulo sexto** chapitre six • **em sexto lugar** en sixième • **no sexto dia** le sixième jour • **a sexta parte** le sixième.

sexual [sɛk'swaw] *(pl -***ais***) adj* sexuel(elle).

sexualidade [sɛkswali'dadʒi] *f* sexualité *f.*

sexy ['sɛksi] *adj* sexy.

shareware [ʃari'wari] *(pl -***shareware)** *m* INFORM logiciel *m* contributif.

shopping ['ʃɔpĩŋ] *m* centre *m* commercial.

short ['ʃɔɾtʃi] *m* short *m.*

show ['ʃow] *m* spectacle *m.*

si ['si] *pron (ele, coisa, animal)* lui; *(ela)* elle; *(eles, elas)* eux(elles); *(impessoal)* soi • **falar para si** parler tout seul • **estar fora de si** être hors de soi • **voltar a si** revenir à soi • **cheio de si** imbu de sa personne • **em si** en soi • **entre si** entre eux/elles • **para si** pour lui/elle/eux/el-

sinalização

les • **por si só** (sem ajuda) tout seul(toute seule); (isoladamente) en soi • **si mesmo** ou **próprio** lui-même • **si mesma** elle-même • **si mesmos** eux-mêmes.

siderurgia [si'derur'ʒiɐ] f sidérurgie f.

sido ['sidu] pp → **ser**.

sidra ['sidrɐ] f cidre m.

sífilis ['sifiliʃ] f syphilis f.

sigilo [si'ʒilu] m secret m.

sigla ['siglɐ] f sigle m.

significado [signifi'kadu] m signification f.

significar [signifi'ka(x)] vt signifier.

significativo, va [signifika'tʃivu, va] adj significatif(ive); (quantidade) important(e).

signo ['signu] m signe m.

sigo ['sigu] → **seguir**.

sílaba ['silabɐ] f syllabe f.

silenciar [silẽ'sja(x)] vt (pessoa) faire taire; (detalhe, assunto) passer sous silence.

silêncio [si'lẽsju] ♦ m silence m ♦ interj silence!

silencioso, osa [silẽ'sjozu, ɔzɐ] adj silencieux(euse).

silhueta [si'ʎwetɐ] f silhouette f.

silicone [sili'kɔni] m silicone m.

silvestre [siw'vɛʃtri] adj sauvage.

sim ['sĩ] adv oui • **penso que sim** oui, je pense • **pelo sim pelo não** au cas où.

símbolo ['sĩmbolu] m symbole m.

simetria [sime'triɐ] f symétrie f.

similar [simi'la(x)] (pl -es) adj similaire.

simpatia [sĩmpa'tʃiɐ] f sympathie f.

simpático, ca [sĩm'patʃiku, kɐ] adj sympathique.

simpatizante [sĩmpatʃi'zãntʃi] adj sympathisant(e).

simpatizar [sĩmpatʃi'za(x)] ❏ **simpatizar com** vp trouver sympathique.

simples ['sĩmplɛʃ] adj inv simple; (bebida) nature.

simplicidade [sĩmplisi'dadʒi] f simplicité f.

simplificar [sĩmplifi'ka(x)] vt simplifier.

simular [simu'la(x)] vt simuler.

simultaneamente [simuw,tanja'mẽntʃi] adv simultanément.

simultâneo, nea [simuw'tanju, njɐ] adj simultané(e) • **em simultâneo** en simultané.

sinagoga [sina'gɔgɐ] f synagogue f.

sinal [si'naw] (pl **-ais**) m (símbolo, marca) signe m; (indicação) signal m; (em pele) grain m de beauté; (dinheiro) acompte m; (de trânsito) panneau m • **dar sinal de** se reprendre connaissance; (dar notícias) donner signe de vie • **em sinal de** en signe de • **nem sinal** aucune nouvelle • **sinal de alarme** signal d'alarme • **dar sinal de ocupado** sonner occupé.

sinalização [sinaliza'sãw] f signalisation f.

sinceridade

sinceridade [sĩseri'dadʒi] f sincérité f.

sincero, ra [sĩ'sɛru, ra] adj sincère.

sindicato [sĩndʒi'katu] m syndicat m.

síndico ['sĩndʒiku, ka] m syndic m.

síndrome ['sĩdromi] f syndrome m.

sinfonia [sĩfo'nia] f symphonie f.

sinfônica [sĩ'fonika] adj f → música.

singelo, la [sĩ'ʒɛlu, la] adj simple (modeste).

singular [sĩŋgu'la(x)] (pl -es) ♦ adj (único) particulier(ère); (extraordinário) singulier(ère); GRAM singulier ♦ m singulier m.

sino ['sinu] m cloche f.

sinônimo [si'nonimu] m synonyme m.

sintaxe [sĩ'tasi] f syntaxe f.

síntese ['sĩtɛzi] f (resumo) synthèse f.

sintético, ca [sĩ'tɛtiku, ka] adj synthétique.

sintoma [sĩ'toma] m symptôme m.

sintonizar [sĩntoni'za(x)] vt syntoniser s.

sinuca [si'nuka] f snooker m, billard m américain.

sinuoso, osa [si'nwozu, ɔza] adj sinueux(euse).

sirene [si'rɛni] f sirène f (alarme).

siri [si'ri] m petit crabe m.

sirvo ['sixvu] → **servir**.

sísmico, ca ['siʒmiku, ka] adj m → abalo.

siso ['sizu] m sagesse f.

sistema [siʃ'tema] m système m • **sistema métrico** système métrique • **sistema nervoso** système nerveux.

> ### ⓘ SISTEMA EDUCATIVO DO BRASIL
>
> Le système d'accès à l'université au Brésil, redouté par tous les élèves, comprend une série de concours auxquels les candidats doivent se soumettre. Selon l'orientation choisie, il peut y avoir près de cinq épreuves dont la finalité est l'évaluation des connaissances acquises par les élèves tout au long de leur parcours dans le secondaire.

sistemático, ca [siʃte'matʃiku, ka] adj systématique.

sisudo, da [si'zudu, da] adj sérieux(euse).

site ['sajtʃi] (pl **sites**) m INFORM site m.

sítio ['sitʃju] m **1.** (propriedade) propriété agricole f **2.** MIL siège m • **estado de sítio** siège m • **em estado de sítio** en état de siège.

situação [sitwa'sãw] (pl **-ões**) f situation f.

situado, da [si'twadu, da] adj • **bem/mal situado** bien/mal situé • **situado em** situé dans • **situado em Lisboa** situé à

Lisbonne • **situado ao norte/oeste** situé au nord/à l'ouest.
situar [si'twa(x)] *vt* situer ▫ **situar-se** *vp* se situer.
s/l = Sudoeste.
slide [iʒ'lajdʒi] *m* diapositive *f.*
slogan [iʒ'logãn] *m* slogan *m.*
smoking ['smokĩŋ] *m* smoking *m.*
snack-bar [snɛk'ba(x)] (*pl* **snack-bares**) *m* snack-bar *m.*
snooker ['snukɛ(x)] *m* snooker *m*, billard *m* américain.
SO (*abrev de* **Sudoeste**) S-O.
só ['sɔ] ♦ *adj* seul(e) ♦ *adv* seulement • **é só pedir!** il suffit de demander! • **um só** un seul • **a sós** en tête à tête • **não só... como também...** non seulement... mais aussi... • **só que** seulement.
soalho ['swaʎu] *m* plancher *m.*
soar ['swa(x)] *vt & vi* sonner • **soar bem/mal** sonner juste/faux.
sob ['sobi] *prep* sous.
sobe ['sɔbi] → **subir**.
soberania [sobera'nia] *f* souveraineté *f.*
soberano, na [sobe'ranu, na] *adj* souverain(e).
soberbo, ba [su'bexbu, ba] *adj* (*suntuoso*) superbe.
sobrado [so'bradu] *m* (*soalho*) plancher *m.*
sobrancelha [sobrã'seʎa] *f* sourcil *m.*
sobrar [so'bra(x)] *vi* rester.
sobre ['sobri] *prep* (*em cima de, acerca de*) sur; (*por cima de*) au-dessus de.

sobreaviso [sobrea'vizu] *m* • **estar** *ou* **ficar de sobreaviso** être sur le qui-vive.
sobrecarga [sobre'kaxga] *f* surcharge *f.*
sobrecarregar [sobrekaxe'ga(x)] *vt* • **sobrecarregar alguém com algo** surcharger qqn de qqch.
sobreloja [sobre'lɔʒa] *f* entresol *m.*
sobremesa [sobre'meza] *f* dessert *m.*
sobrenatural [,sobrenatu'raw] (*pl* **-ais**) *adj* surnaturel(elle).
sobrenome [sobri'nomi] *m* nom *m* de famille.
sobrepor [sobre'po(x)] *vt* • **sobrepor algo a algo** superposer qqch à qqch; (*fig*) (*preferir*) faire passer qqch avant qqch ▫ **sobrepor-se** *vp* se superposer.
sobrescrito [sobreʃ'kritu] *m* enveloppe *f.*
sobressair [sobresa'i(x)] *vi* ressortir.
sobressaltar [sobresaw'ta(x)] *vt* faire peur ▫ **sobressaltar-se** *vp* sursauter.
sobressalto [sobre'sawtu] *m* (*susto*) sursaut *m*; (*inquietação*) inquiétude *f.*
sobretaxa [,sobre'taʃa] *f* surtaxe *f.*
sobretudo [sobre'tudu] ♦ *m* pardessus *m* ♦ *adv* surtout.
sobrevivência [sobrevi'vẽsɡa] *f* survie *f*; (*de tradição*) survivance *f.*

sobrevivente

sobrevivente [sobrevi'vẽntʃi] *nmf* survivant *m*, -e *f.*
sobreviver [sobrevi've(x)] *vi* survivre.
sobriedade [sobrie'dadʒi] *f* sobriété *f.*
sobrinho, nha [so'briɲu, ɲa] *mf* neveu *m*, nièce *f.*
sóbrio, bria ['sɔbriu, bria] *adj* sobre.
social [so'sjaw] (*pl* -ais) *adj* social(e).
socialismo [sosja'liʒmu] *m* socialisme *m.*
socialista [sosja'liʃta] *adj & nmf* socialiste.
sociedade [sosje'dadʒi] *f* société *f.*
sócio, cia ['sɔsju, sja] *mf* associé *m*, -e *f.*
sociologia [sosjolo'ʒia] *f* sociologie *f.*
sociólogo, ga [so'sjɔlogu, ga] *mf* sociologue *m.*
soco ['soku] *m* coup *m* de poing.
socorrer [soko'xe(x)] *vt* secourir ▫ **socorrer-se de** *vp + prep* (*recorrer a*) recourir à.
socorrismo [soko'xiʒmu] *m* secourisme *m.*
socorro [so'koxu] ♦ *m* secours *m* ♦ *interj* au secours! • **pedir socorro** appeler à l'aide.
soda ['sɔda] *f* (*bicarbonato de sódio*) soude *f;* (*bebida*) soda *m.*
sofá [so'fa] *m* canapé *m.*
sofá-cama [so,fa'kama] *m* canapé-lit *m.*
sofisticado, da [sofiʃtʃi'kadu, da] *adj* sophistiqué(e).

324

sofrer [so'fre(x)] ♦ *vt* (*acidente*) être victime de; (*revés*) essuyer; (*abalo, susto, decepção*) avoir; (*perda, humilhação*) subir ♦ *vi* souffrir.
sofrimento [sofri'mẽntu] *m* souffrance *f.*
software [sɔf'twɛri] *m* logiciel *m.*
sogro, sogra [sogru, sɔgra] *mf* beau-père *m*, belle-mère *f.*
soirée [swa're] *f* soirée *f.*
sóis [sɔjʃ] → **sol**.
soja ['sɔʒa] *f* soja *m.*
sol ['sɔw] (*pl* **sóis**) *m* (*astro*) soleil *m.*
sola ['sɔla] *f* semelle *f.*
solar [so'la(x)] (*pl* -es) ♦ *adj* solaire ♦ *m* manoir *m.*
soldado [sow'dadu] *m* soldat *m.*
soleira [so'lejra] *f* seuil *m.*
solene [so'lɛni] *adj* solennel(elle).
soletrar [sole'tra(x)] *vt* épeler.
solha ['soʎa] *f* limande *f.*
solicitar [solisi'ta(x)] *vt* solliciter.
solícito, ta [so'lisitu, ta] *adj* prévenant(e).
solidão [soli'dãw] *f* solitude *f.*
solidariedade [solidarje'dadʒi] *f* solidarité *f.*
solidário, ria [soli'darju, rja] *adj* solidaire • **ser solidário com** être solidaire de.
sólido, da ['sɔlidu, da] *adj* solide.
solista [so'liʃta] *nmf* soliste *mf.*
solitário, ria [soli'tarju, rja] ♦ *adj* solitaire ♦ *m* (*para flores*) soliflore *m;* (*jóia*) solitaire *m.*
solo ['sɔlu] *m* sol *m;* MÚS solo *m.*

soltar [sow'ta(x)] vt *(desprender, desatar)* détacher; *(grito, gargalhada)* pousser; *(de prisão)* relâcher; *(de gaiola)* lâcher □
soltar-se vp se détacher.

solteiro, ra [sow'tejru, ra] adj célibataire.

solto, ta ['sowtu, ta] ♦ pp → **soltar** ♦ adj *(livre)* détaché(e); *(animal)* en liberté; *(sozinho)* à l'unité.

solução [solu'sãw] *(pl -ões)* f solution f.

soluçar [solu'sa(x)] vi *(ter soluços)* avoir le hoquet; *(chorar)* sangloter.

solucionar [solusjo'na(x)] vt *(problema)* résoudre.

soluço [su'lusu] m *(contração)* hoquet m; *(choro)* sanglot m.

soluções → **solução**.

solúvel [so'luvew] *(pl -eis)* adj soluble.

som ['sõ] *(pl -ns)* m son m • **ao som de** au son de.

soma ['soma] f somme f.

somar [so'ma(x)] vt additionner.

sombra ['sõmbra] f *(de pessoa, árvore)* ombre f; *(cosmético)* ombre f *(à paupières)* • **à** ou **na sombra** à l'ombre • **sem sombra de dúvida** sans l'ombre d'un doute.

sombrio, bria [sõm'briu, 'bria] adj sombre.

somente [sɔ'mẽntʃi] adv seulement.

sonâmbulo, la [so'nãmbulu, la] mf somnambule mf.

sonda ['sõnda] f MED sonde f
• **sonda espacial** sonde spatiale.

sondagem [sõn'daʒẽ] *(pl -ns)* f sondage m.

soneca [so'nɛka] f somme m.

soneto [so'netu] m sonnet m.

sonhador, ra [soɲa'do(x), ra] *(mpl -es, fpl -s)* mf rêveur m, -euse f.

sonhar [so'ɲa(x)] vi rêver
• **sonhar acordado** rêver debout • **sonhar com** rêver de.

sonho ['soɲu] m rêve m • **de sonho** de rêve □ **sonhos** mpl = pets-de-nonne mpl.

sonífero [so'niferu] m somnifère m.

sono ['sonu] m sommeil m
• **estar caindo de sono** tomber de sommeil • **pegar no sono** s'endormir • **ter sono** avoir sommeil • **sono pesado** sommeil profond.

sonolento, ta [sono'lẽntu, ta] adj somnolent(e).

sonoro, ra [so'nɔru, ra] adj sonore.

sons [sõʃ] → **som**.

sonso, sa ['sõsu, sa] adj sournois(e).

sopa ['sopa] f soupe f • **sopa de hortaliça** ou **de legumes** soupe de légumes • **sopa de frutos do mar** velouté de fruits de mer.

soporífero [sopo'riferu, ra] m soporifique m.

soprar [so'pra(x)] vt & vi souffler.

soquete [so'ketʃi] f douille f.

sórdido, da [ˈsɔrdʒidu, da] *adj* sordide.

soro [ˈsoru] *m MED* sérum *m*; *(de leite)* petit-lait *m* • **soro fisiológico** sérum physiologique.

soronegativo, va [soronegaˈtʃivu, va] *adj* séronégatif(tive).

soropositivo, va [soropoziˈtʃivu, va] *adj* séropositif(tive).

sorridente [soxiˈdẽntʃi] *adj* souriant(e).

sorrir [soˈxi(x)] *vi* sourire.

sorriso [soˈxizu] *m* sourire *m*.

sorte [ˈsɔxtʃi] *f (acaso, destino)* sort *m*; *(fortuna)* chance *f*; *(em tourada)* feinte *f* • **boa sorte!** bonne chance! • **dar sorte** porter chance • **estar com sorte** avoir de la chance • **ter sorte** avoir de la chance • **tirar a sorte grande** gagner • **a sorte grande** le gros lot • **à sorte** au sort • **com sorte** avec de la chance • **por sorte** par chance.

sortear [soxˈtea(x)] *vt* tirer au sort.

sorteio [soxˈteju] *m* tirage *m* au sort.

sortido, da [soxˈtʃidu, da] ♦ *adj* assorti(e) ♦ *m* assortiment *m*.

sortudo, da [soxˈtudu, da] *mf (fam)* veinard *m*, -e *f*.

sorvete [soxˈvetʃi] *m* glace *f*.

sorveteria [soxveteˈria] *f* • **ir à sorveteria** aller chez le marchand de glaces.

SOS *m (abrev de Save our Souls)* SOS *m*.

sósia [ˈsɔzja] *nmf* sosie *m*.

sossegado, da [soseˈgadu, da] *adj* calme.

sossego [soˈsegu] *m* calme *m* • **deixar em sossego** laisser tranquille.

sótão [ˈsɔtãw] *m* grenier *m*.

sotaque [soˈtaki] *m* accent *m*.

sotavento [sotaˈvẽntu] *m* côté *m* sous le vent.

soterrar [soteˈxa(x)] *vt* ensevelir.

sou [ˈso] → **ser**.

soube [ˈsobi] → **saber**.

sova [ˈsɔva] *f* • **dar uma sova** rouer de coups.

sovaco [soˈvaku] *m* aisselle *f*.

sovina [soˈvina] *adj* pingre.

sozinho, nha [sɔˈziɲu, ɲa] *adj (sem companhia, ajuda)* seul(e); *(falar, rir)* tout seul(toute seule).

spam [ˈijpãm] *(pl* **spams***) m INFORM* spam *m*, *(Québec)* pourriel *m*.

spray [iʃˈprej] *m* spray *m*.

squash [ˈskwaʃ] *m* squash *m*.

Sr. *(abrev de senhor)* M.

Sra. *(abrev de senhora)* Mme.

sua → **seu**.

suar [swˈa(x)] *vi* suer.

suástica [ˈswaʃtʃika] *f* croix *f* gammée.

suave [ˈswavi] *adj* doux(douce); *(vento, sabor, cheiro, dor)* léger(ère); *(voz)* suave.

suavidade [swaviˈdadʒi] *f* douceur *f*.

suavizar [swaviˈza(x)] ♦ *vt (pele, sabor)* adoucir; *(dor)* soulager ♦ *vi (vento, chuva)* se calmer.

subalimentação [subalimẽnˈtasãw] *f* sous-alimentation *f*.

subalimentado, da [subalimẽn'tadu, da] *adj* sous-alimenté(e).

subalterno, na [subaw'tɛxnu, na] *adj & mf* subalterne.

subconsciente [subkõʃ'sjẽntʃi] *m* subconscient *m*.

subdesenvolvido, da [subdezẽvow'vidu, da] *adj* sous-développé(e).

subdesenvolvimento [subdezẽvowvi'mẽntu] *m* sous-développement *m*.

subentendido, da [subẽntẽn'dʒidu, da] ♦ *adj* sous-entendu(e) ♦ *m* sous-entendu *m*.

subida [su'bida] *f* montée *f*; *(de preços)* hausse *f*.

subir [su'bi(x)] ♦ *vt* **1.** *(galgar)* grimper **2.** *(ir para cima, percorrer)* monter **3.** *(escalar)* escalader, gravir **4.** *(aumentar)* augmenter **5.** *(ascender)* remonter **6.** *(voz)* hausser ♦ *vi* **1.** *(ger)* monter • subir a/até grimper jusqu'à • subir em *(árvore)* grimper; *(telhado, cadeira)* grimper à • subir por monter par • subir à cabeça *(fig)* porter/monter à la tête **2.** *(ascender)* *(balão, neblina, fumaça)* monter; *(elevador, teleférico)* monter; *(em ônibus)* prendre *(le bus)* **3.** *(socialmente)* s'élever • subir a cabeça *(fig)* porter/monter à la tête • subir na vida évoluer dans la vie **4.** *(aumentar)* augmenter.

súbito, ta ['subitu, ta] *adj* subit(e) • de súbito subitement.

subjetivo, va [subʒe'tʃivu, va] *adj* subjectif(ive).

subjugar [subʒu'ga(x)] *vt* subjuguer; *(inimigo)* dominer □ **subjugar-se a** *vp* + *prep* se mettre à.

subjuntivo [subʒõn'tʃivu] *m* subjonctif *m*.

sublime [su'blimi] *adj* sublime.

sublinhar [subli'ɲa(x)] *vt* souligner.

sublocar [sublo'ka(x)] *vt* sous-louer.

submarino [subma'rinu] *m* sous-marin *m*.

submergir [submex'ʒi(x)] *vt* submerger.

submeter [subme'te(x)] *vt* • submeter algo/alguém a soumettre qqch/qqn à □ **submeter-se a** *vp* + *prep* se soumettre à.

submisso, a [sub'misu, a] *adj* soumis(e).

subnutrido, da [subnu'tridu, da] *adj* sous-alimenté(e).

subornar [subox'na(x)] *vt* soudoyer.

suborno [su'boxnu] *m* *(de testemunhas)* subornation *f*; *(de outras pessoas)* captation *f*.

subsídio [sub'sidju] *m* subvention *f*; *(de desemprego)* allocation *f*.

subsistência [subsiʃ'tẽsja] *f* subsistance *f*.

subsistir [subsiʃ'tʃi(x)] *vi* subsister.

subsolo [sub'sɔlu] *m* sous-sol *m*.

substância [subʃ'tãsja] *f* substance *f*.

substantivo [subʃtãn'tʃivu] *m* substantif *m*.

substituir

substituir [subʃtʃi'twi(x)] vt remplacer.

substituto, ta [subʃtʃi'tutu, ta] mf remplaçant m, -e f.

subterrâneo, nea [subte'xãnju, nja] adj souterrain(e).

subtrair [subtra'i(x)] vt soustraire.

suburbano, na [subux'banu, na] adj de banlieue.

subúrbio [su'buxbju] m banlieue f.

subversivo, va [subvex'sivu, va] adj subversif(ive).

sucata [su'kata] f ferraille f.

sucção [suk'sãw] f succion f.

suceder [suse'de(x)] vi arriver ❏ **suceder-se** vp se succéder ❏ **suceder a** vp (em cargo) succéder à.

sucedido, da [suse'dʒidu, da] ◆ adj survenu(e) ◆ m ● **o sucedido** ce qui s'est passé ● **ser bem/mal sucedido** bien/mal se passer.

sucessão [suse'sãw] (pl -ões) f (de acontecimentos) suite f; (em cargo) succession f.

sucessivo, va [suse'sivu, va] adj successif(ive).

sucesso [su'sɛsu] m succès m ● **fazer sucesso** avoir du succès.

sucessões → sucessão.

sucinto, ta [su'sĩntu, ta] adj succinct(e).

suco ['suku] m jus m.

suculento, ta [suku'lẽntu, ta] adj succulent(e).

sucumbir [sukũm'bi(x)] vi (morrer) succomber; (desmoronar) céder ● **sucumbir a** (ceder) succomber à.

sucursal [sukux'saw] (pl -ais) f succursale f.

sudeste [su'dɛʃtʃi] m sud-est m ● **no sudeste** dans le sud-est.

súdito, ta ['sudʒitu, ta] mf sujet m.

sudoeste [su'dwɛʃtʃi] m sud-ouest m ● **no sudoeste** dans le sud-ouest.

sueca ['swɛka] f ≃ belote f, → sueco.

Suécia ['swɛsja] f ● **a Suécia** la Suède.

sueco, ca ['swɛku, ka] ◆ adj suédois(e) ◆ mf Suédois m, -e f ◆ m (língua) suédois m.

suéter ['swɛtɛ(x)] (pl -es) m & f pull m.

suficiente [sufi'sjẽntʃi] ◆ adj suffisant(e) ◆ m mention f passable ● **tenho água suficiente** j'ai assez d'eau.

sufixo [su'fiksu] m suffixe m.

suflê [su'fle] m soufflé m.

sufocante [sufo'kãntʃi] adj suffocant(e).

sufocar [sufo'ka(x)] vt & vi suffoquer.

sugar [su'ga(x)] vt sucer.

sugerir [suʒe'ri(x)] vt suggérer.

sugestão [suʒeʃ'tãw] (pl -ões) f suggestion f.

sugestivo, va [suʒeʃ'tʃivu, va] adj suggestif(ive).

sugestões → sugestão.

Suíça ['swisa] f ● **a Suíça** la Suisse.

suíças ['swisaʃ] fpl favoris mpl, pattes fpl.

suicidar-se [swisi'daxsi] *vp* se suicider.

suicídio [swi'sidʒju] *m* suicide *m*.

suíço, ça ['swisu, sa] ♦ *adj* suisse ♦ *mf* Suisse *mf*.

suíte ['switʃi] *f* suite *f*.

sujar [su'ʒa(x)] *vt* salir □ **sujar-se** *vp* se salir.

sujeitar [suʒej'ta(x)] *vt* ♦ sujeitar algo/alguém a algo soumettre qqch/qqn à qqch □ **sujeitar-se a** *vp + prep* se soumettre à.

sujeito, ta [su'ʒejtu, ta] ♦ *mf (fam)* type *m*, bonne femme *f* ♦ *m* sujet *m* ♦ **sujeito a guincho** passible d'enlèvement ♦ **sujeito a** sujet à ♦ **se continuar assim, estarás sujeito a levar uma bofetada** si tu continues comme ça, tu vas recevoir une gifle.

sujo, ja ['suʒu, ʒa] *adj* sale; *(negócio)* malhonnête.

sul ['suw] *m* sud *m* ♦ **ao sul** au sud ♦ **ao sul de** au sud de ♦ **no sul** dans le sud.

sulfamida [suwfa'midʒa] *f* sulfamide *m*.

suma ['suma] *f* ♦ **em suma** en somme.

sumário, ria [su'marju, rja] ♦ *adj* sommaire ♦ *m* sommaire *m*.

sumo ['sumu, ma] *m* jus *m*.

sundae ['sãndej] *m* coupe *f* glacée.

sunga ['sũŋga] *f* slip *m* de bain.

suor [sw'ɔ(x)] *(pl -es)* *m* sueur *f* ♦ **suores frios** sueurs froides.

superar [supe'ra(x)] *vt (obstáculo, dificuldade)* surmonter; *(inimigo, rival)* surpasser.

superficial [supexfisj'aw] *(pl -ais)* *adj* superficiel(elle).

superfície [supex'fisji] *f* surface *f*; *(extensão)* superficie *f* ♦ **à superfície** à la surface.

supérfluo, flua [su'pεxflu, fla] *adj* superflu(e).

superior [supe'rjo(x)] *(pl -es)* ♦ *adj* supérieur(e) ♦ *m* supérieur *m* ♦ **piso** *OU* **andar superior** étage du dessus ♦ **mostrar-se superior** se donner des airs.

superioridade [superjori'dadʒi] *f* supériorité *f*.

superlativo [supexla'tʃivu] *m* superlatif *m*.

superlotado, da [,supexlo'tadu, da] *adj (sala)* comble; *(metrô)* bondé(e).

supermercado [,supexmex'kadu] *m* supermarché *m*.

superstição [supexʃtʃi'sãw] *(pl -ões)* *f* superstition *f*.

supersticioso, osa [supexʃtʃi'sjozu, ɔza] *adj* superstitieux(euse).

superstições → **superstição**.

supervisão [,supexvi'zãw] *f* supervision *f*.

supervisionar [supexvizjo'na(x)] *vt (pessoa)* diriger; *(trabalho)* superviser.

suplemento [suple'mẽntu] *m* supplément *m*.

suplente [su'plẽntʃi] ♦ *adj (pessoa)* suppléant(e) ♦ *nmf* remplaçant *m*, -e *f*.

súplica ['suplika] f supplication f.

suplicar [supli'ka(x)] vt supplier • **suplicar a alguém que faça algo** supplier qqn de faire qqch.

suplício [su'plisju] m supplice m.

supor [su'po(x)] vt supposer ❑ **supor-se** vp s'imaginer.

suportar [supox'ta(x)] vt supporter.

suporte [su'pɔxtʃi] m support m.

suposição [supozi'sãw] (pl -ões) f supposition f.

supositório [supozi'tɔrju] m suppositoire m.

suposto, osta [su'poʃtu, ɔʃta] adj (hipotético) supposé(e); (alegado) présumé(e); (falso) prétendu(e) • **é suposto (que)** on suppose (que).

supremo, ma [su'premu, ma] adj suprême ❑ **Supremo** m • **o Supremo (Tribunal de Justiça)** ≃ la Cour de cassation.

supressão [supre'sãw] (pl -ões) f suppression f.

suprimir [supri'mi(x)] vt supprimer.

surdez [sux'deʒ] f surdité f.

surdina [sux'ʒina] f • **em surdina** en sourdine.

surdo, da ['suxdu, da] ♦ adj sourd(e) ♦ mf sourd m, -e f • **fazer-se de surdo** faire la sourde oreille.

surfar [sux'fa(x)] vi surfer.

surfe ['suxfi] m surf m • **fazer surfe** faire du surf.

surfista [sux'fiʃta] nmf surfeur m, -euse f.

surgir [sux'ʒi(x)] vi surgir.

surpreendente [suxpriẽn'dẽntʃi] adj surprenant(e).

surpreender [suxpriẽn'de(x)] vt surprendre ❑ **surpreender-se** vp être surpris(e).

surpresa [sux'preza] f surprise f • **fazer uma surpresa a alguém** faire une surprise à qqn • **de surpresa** par surprise.

surpreso, sa [sux'prezu, za] adj surpris(e).

surra ['suxa] f raclée f, rossée f • **dar uma surra em alguém** (fam) filer une raclée à qqn • **levar uma surra de alguém** (fam) se prendre une raclée.

surtir [sux'tʃi(x)] vt produire, obtenir • **surtir efeito** faire son effet.

surto ['suxtu] m éclosion f.

suscetível [suʃse'tʃivew] (pl -eis) adj susceptible • **suscetível de** susceptible de.

suscitar [suʃsi'ta(x)] vt susciter.

suspeita [suʃ'pejta] f soupçon m • **lançar suspeitas sobre alguém** faire peser des soupçons sur qqn → **suspeito**.

suspeito, ta [suʃ'pejtu, ta] adj & mf suspect(e).

suspender [suʃpẽn'de(x)] vt suspendre; (aluno, trabalhador) renvoyer.

suspensão [suʃpẽ'sãw] (pl -ões) f (de veículo) suspension f; (de escola) renvoi m.

suspense [suʃˈpẽsi] *m* suspense *m*.

suspensões → suspensão.

suspensórios [suʃpẽˈsɔrjuʃ] *mpl* bretelles *fpl*.

suspirar [suʃpiˈra(x)] *vi* soupirer • **suspirar por** se languir de.

suspiro [suʃˈpiru] *m* (de cansaço, prazer) soupir *m*; (doce) meringue *f*.

sussurrar [susuˈxa(x)] *vt & vi* chuchoter.

sussurro [suˈsuxu] *m* chuchotement *m*.

sustentar [suʃtẽnˈta(x)] *vt* soutenir; (manter) entretenir; (alimentar) nourrir.

suster [suʃˈte(x)] *vt* retenir.

susto [ˈsuʃtu] *m* peur *f* • **levar um susto** avoir peur • **pregar um susto em alguém** faire peur à qqn.

sutiã [suˈtʃjã] *m* soutien-gorge *m*.

sutil [suˈtfiw] (*pl* **-is**) *adj* subtil(e).

SW (*abrev de* **Sudoeste**) S-O.

T

ta [ta] = te + a; → te.

-ta → te.

tabacaria [tabakaˈria] *f* bureau *m* de tabac.

tabaco [taˈbaku] *m* tabac *m*.

tabela [taˈbɛla] *f* tableau *m*; (de horários) panneau *m* horaire; (de preços) tarif *m*.

taberna [taˈbɛxna] *f* bistrot *m*.

tablete [taˈblɛtʃi] *m & f* • **tablete (de chocolate)** tablette *f* (de chocolat).

tabu [taˈbu] ♦ *adj* tabou(e) ♦ *m* tabou *m*.

tábua [ˈtabwa] *f* planche *f* • **tábua de passar roupa** planche à repasser.

tabuleiro [tabuˈlejru] *m* (para comida) plateau *m*; (de damas) damier *m*; (de xadrez) échiquier *m*; (de ponte) tablier *m*.

tabuleta [tabuˈleta] *f* (em porta) plaque *f*; (em estabelecimento) enseigne *f*; (em estrada) panneau *m*.

TAC (*abrev de* **Tomografia Axial Computorizada**) scanner *m*.

taça [ˈtasa] *f* coupe *f*.

tacada [taˈkada] *f* coup *m*.

tacho [ˈtaʃu] *m* casserole *f*.

taco [ˈtaku] *m* (de bilhar) queue *f*; (de golfe) club *m*; (de chão) latte *f*.

tacões → tacão.

tagarela [tagaˈrɛla] *adj & nmf* bavard(e).

tainha [taˈiɲa] *f* mulet *m* (poisson).

tal [ˈtaw] (*pl* **tais**) ♦ *adj* tel(telle) ♦ *pron* **o/a tal** celui-là / celle-là • **que tal?** alors? • **um tal senhor...** un certain *ou* dénommé... • **que tal um passeio?** que dirais-tu d'une promenade? • **na rua tal** dans telle rue • **como tal** alors

tala

• **para tal** pour cela • **tal coisa** une chose pareille • **tal como** comme • **tal e qual** comme.
tala ['tala] f attelle f.
talão [ta'lãw] (pl -ões) m talon m • **talão de cheques** carnet m de chèques.
talco ['tawku] m talc m.
talento [ta'lẽntu] m talent m.
talhar [ta'ʎa(x)] vt tailler ▫
talhar-se vp cailler.
talharim [taʎa'rĩ] (pl -ns) m tagliatelle f.
talher [ta'ʎɛ(x)] (pl -es) m couverts mpl.
talho ['taʎu] m taille f.
talo ['talu] m (de flor) tige f; (de legume) trognon m.
talões → talão.
talvez [taw'veʒ] adv peut-être • **talvez sim, talvez não** peut-être bien que oui, peut-être bien que non.
tamanco [ta'mãŋku] m sabot m.
tamanho, nha [ta'maɲu, ɲa] ♦ adj pareil(eille) ♦ m taille f.
tamanho-família [ta,maɲu-fa'milja] adj inv familial(e).
tâmara ['tamara] f datte f.
tamarindo [tama'rĩndu] m (árvore) tamarinier m; (fruto) tamarin m.

também [tãm'bẽ] adv aussi • **eu também não gosto disso** je n'aime pas ça non plus.
tambor [tãm'bo(x)] (pl -es) m tambour m.
tamboril [tãmbo'riw] (pl -is) m (peixe) baudroie f; MÚS tambourin m.
tamborim [tãmbo'rĩ] (pl -ns) m tambourin m.

332

tamboris → tamboril.
Tâmisa ['tamiza] m • **o Tâmisa** la Tamise.
tampa ['tãmpa] f couvercle m.
tampão [tãm'pãw] (pl -ões) m tampon m.
tampo ['tãmpu] m (de mesa) plateau m; (de vaso sanitário) abattant m.
tampões → tampão.
tampouco ['tãmpoku] adv non plus.
tanga ['tãŋga] f string m.
tangerina [tãʒe'rina] f clémentine f.
tanque ['tãŋki] m réservoir m; (para lavar roupa) lavoir m; (para peixes) bassin m; (veículo militar) tank m • **tanque de gasolina** réservoir m.
tanto, ta ['tãntu, ta] ♦ adj 1. (exprime grande quantidade) tant de • **tanto dinheiro** tant d'argent • **tanta gente** tant de monde • **esperei tanto tempo** j'ai attendu si longtemps • **tanto... que... tellement... que...** 2. (indica quantidade indeterminada) tant • **de tantos em tantos dias** tous les tels jours • **tantos outros** tant d'autres • **é tanto por dia** c'est tant par jour • **são umas tantas vezes ao dia** ce sera tant de fois par jour 3. (em comparações) • **tanto... como...** autant de... que... • **eles têm tanta sorte como você** ils ont autant de chance que toi • **tanto um como o outro** l'un comme l'autre ♦ adv 1. (exprime grande

quantidade) autant, tant • quero-te tanto je t'aime tant • não quero tanto je n'en veux pas autant 2. (em comparações) autant que • ele sabe tanto quanto eu il sait autant que moi 3. (em locuções) • é um tanto caro c'est un peu cher • de tanto fazer algo à force de faire qqch • tanto faz! c'est du pareil au même! • tanto pior/melhor tant pis/tant mieux • tanto quanto autant que • um tanto un peu • um tanto quanto un tant soit peu • tanto que tant et si bien que • comi tanto que fiquei maldisposto j'ai tellement mangé que je me suis trouvé mal ♦ pron 1. (indica grande quantidade) autant • ele não tem tantos il n'en a pas autant 2. (indica igual quantidade) autant • havia muita gente ali, aqui não era tanta lá-bas, il y avait du monde, ici il n'y en avait pas autant 3. (indica quantidade indeterminada) • quero pêssegos, uns tantos verdes e uns tantos maduros je veux des pêches, quelques vertes et quelques mûres • uns tantos aqui, uns tantos ali quelques-uns ici, quelques-uns là-bas • a tantos do mês passado le tant du mois dernier • suponhamos que vêm tantos supposons qu'il en vienne tant 4. (em locuções) • às tantas tout d'un coup • às tantas da noite tard dans la nuit • para tanto pour cela.

tão [tãw] adv si • **tão... como...** aussi... que... • **tão... que...** si... que...

tapa ['tapa] m claque f.

tapar [ta'pa(x)] vt couvrir; (garrafa, frasco, caixa) fermer; (buraco) boucher; (boca, ouvidos, nariz) se boucher.

tapeçaria [tapesa'ria] f tapisserie f.

tapete [ta'petʃi] m tapis m.

tardar [tax'da(x)] vi tarder • tardar a OU em fazer algo tarder à faire qqch • não tardar ne pas tarder • o mais tardar au plus tard.

tarde ['taxdʒi] • f (até o crepúsculo) après-midi f m; (depois do crepúsculo) soir m ♦ adv tard • à tarde l'après-midi • boa tarde! (até o crepúsculo) bonjour!; (depois do crepúsculo) bonsoir! • fazer-se tarde se faire tard • ser tarde être tard • mais tarde plus tard • nunca é tarde demais il n'est jamais trop tard.

tardinha [tax'dʒina] f tombée f du jour.

tardio, dia [tax'dʒiu, 'dʒia] adj tardif(ive).

tarefa [ta'rɛfa] f tâche f.

tarifa [ta'rifa] f tarif m.

tartaruga [taxta'ruga] f tortue f.

tática ['tatʃika] f tactique f.

tático, ca ['tatʃiku, ka] adj tactique.

tato ['tatu] m (sentido) toucher m; (fig) (cuidado, habilidade) tact m • **ter tato** (fig) avoir du tact.

tatuagem

tatuagem [tatwa'ʒẽ] (*pl* **-ns**) *f* tatouage *m*.

tauromaquia [tawroma'kja] *f* tauromachie *f*.

taxa ['taʃa] *f (imposto)* taxe *f; (percentagem)* taux *m* • **taxa de câmbio** taux de change • **taxa de juros** taux d'intérêt.

tax-free [taks'fri] *adj inv* détaxé.

táxi ['taksi] *m* taxi *m*.

taxímetro [tak'simetru] *m* compteur *m* (de taxi).

tchau ['tʃaw] *interj* tchao!

te [tʃi] *pron* te • **lembra-te!** rappelle-toi! • **os óculos? já tos dei ou não?** les lunettes? je te les ai déjà données ou pas?

tear [te'a(x)] (*pl* **-es**) *m* métier *m* à tisser.

teatral [tea'traw] (*pl* **-ais**) *adj* théâtral(e).

teatro [te'atru] *m* théâtre *m* • **teatro de fantoches** théâtre de marionnettes, guignol *m* • **teatro de variedades** music-hall *m*.

tecelagem [tese'laʒẽ] (*pl* **-ns**) *f* tissage *m*.

tecer [te'se(x)] *vt* tisser.

tecido [te'sidu] *m* tissu *m*.

tecla ['tɛkla] *f* touche *f*.

teclado [tɛ'kladu] *m* clavier *m*.

teclar [tɛ'kla(x)] *vt* pianoter sur le clavier ♦ *vi INFORM* • **teclar (com alguém)** chatter, papoter • **você quer teclar?** veux-tu chatter?

técnica ['tɛknika] *f* technique *f*, → **técnico**.

técnico, ca ['tɛkniku, ka] ♦ *adj* technique ♦ *mf* technicien *m*, -enne *f*.

tecnologia [tɛknolo'ʒia] *f* technologie *f* • **Tecnologias da Informação** technologies *fpl* de l'information.

tecnológico, ca [tɛkno'lɔʒiku, ka] *adj* technologique.

teco-teco [ˌtɛku'tɛku] *m* avion *m* monomoteur.

tédio ['tɛdʒju] *m* ennui *m*.

teia ['teja] *f (de aranha)* toile *f*.

teimar [tej'ma(x)] *vi* s'entêter • **teimar em** s'entêter à.

teimosia [tejmo'zia] *f* entêtement *m*.

teimoso, osa [tej'mozu, ɔza] *adj* têtu(e).

Tejo ['tɛʒu] *m* • **o (rio) Tejo** le Tage.

tel. [tɛl] *(abrev de telefone)* tél.

tela ['tɛla] *f (tecido)* toile *f; (de cinema, televisão)* écran *m*.

telecomandado, da [tɛlekoˌmãn'dadu, da] *adj* télécommandé(e).

telecomunicações [tɛlekomunika'sõjʃ] *fpl* télécoms *fpl*.

teleconferência [tɛlekõfeˈrẽsja] *f (telecomunicações)* téléconférence *f*.

teleférico [tele'fɛriku] *m* téléphérique *m*.

telefonar [telefona(x)] *vi* téléphoner • **telefonar para alguém** téléphoner à qqn • **telefonar para o Brasil** téléphoner au Brésil.

telefone [tele'fɔni] *m* téléphone *m* • **telefone celular** téléphone mobile • **telefone público** téléphone public.

telefonema [telefo'nema] *m* coup *m* de téléphone • **fazer um telefonema** passer un coup de téléphone.

telefônico, ca [tele'foniku, ka] *adj* téléphonique.

telefonista [telefo'nifta] *nmf* standardiste *mf*.

telegrafar [telegra'fa(x)] *vt* télégraphier.

telegrama [tele'grama] *m* télégramme *m* • **telegrama fonado** télégramme téléphoné.

telejornal [,telezox'naw] (*pl* -ais) *m* journal *m* télévisé.

telenovela [,tɛlɛno'vɛla] *f* feuilleton *m* télévisé.

teleobjetiva [,tɛlɛobʒe'tʃiva] *f* téléobjectif *m*.

telepatia [telepa'tʃia] *f* télépathie *f*.

telescópio [telef'kɔpju] *m* télescope *m*.

telesqui [,telef'ki] *m* téléski *m*.

televisão [televi'zāw] (*pl* -ões) *f* télévision *f* • **televisão em cores** télévision couleur • **televisão em preto-e-branco** télévision noir et blanc • **televisão a cabo** télévision par câble • **televisão por satélite** télévision par satellite.

televisor [televi'zo(x)] (*pl* -es) *m* téléviseur *m*.

telex [te'lɛks] (*pl* -es) *m* télex *m inv*.

telha ['teʎa] *f* tuile *f*.

telhado [te'ʎadu] *m* toit *m*.

telnet [tel'netʃi] (*pl* **telnets**) *f INFORM* telnet *m*.

tem ['tē] → ter.

têm ['tajē] → ter.

tema ['tema] *m* (*de poesia, texto*) thème *m* ; (*de discussão*) sujet *m*.

temer [te'me(x)] *vt* craindre • **temer que** craindre que.

temido, da [te'midu, da] *adj* redouté(e).

temível [te'mivεw] (*pl* -eis) *adj* redoutable.

temor [te'mo(x)] (*pl* -es) *m* crainte *f*.

temperado, da [tēmpe'radu, da] *adj* (*comida*) assaisonné(e); (*clima*) tempéré(e).

temperamento [tēmpera'mēntu] *m* tempérament *m*.

temperar [tēmpe'ra(x)] *vt* assaisonner.

temperatura [tēmpera'tura] *f* température *f*.

tempero [tēm'peru] *m* assaisonnement *m*.

tempestade [tēmpef'tadʒi] *f* tempête *f* • **fazer uma tempestade num copo de água** faire une montagne de qqch.

templo ['tēmplu] *m* temple *m*.

tempo ['tēmpu] *m* temps *m* • **chegar a tempo de** arriver à temps pour • **ganhar tempo** gagner du temps • **não ter tempo para** ne pas avoir le temps de • **passar o tempo a fazer algo** passer son temps à faire qqch • **por tempo indefinido** *OU* **indeterminado** pour une durée indéterminée • **poupar tempo** gagner du

têmpora

temps • **recuperar o tempo perdido** rattraper le temps perdu • **é o tempo de** il est temps de • **em tempo integral** à plein temps • **tempos livres** loisirs *mpl* • **antes do tempo** avant terme • **ao mesmo tempo** en même temps • **dentro de pouco tempo** dans peu de temps • **de tempos em tempos** de temps en temps • **nos últimos tempos** ces derniers temps • **por algum tempo** pendant un certain temps • **no tempo que...** depuis le temps que....

têmpora [ˈtẽmpora] *f* tempe *f*.

temporada [tẽmpoˈrada] *f* saison *f* • **passar uma temporada em** passer quelque temps à.

temporal [tẽmpoˈraw] (*pl* -ais) *m* tempête *f*.

temporário, ria [tẽmpuˈrarju, rja] *adj* temporaire.

tencionar [tẽsjoˈna(x)] *vt* • **tencionar fazer algo** avoir l'intention de faire qqch.

tenda [ˈtẽda] *f* (*para acampar*) tente *f*; (*em mercado*) étal *m*.

tendão [tẽˈdãw] (*pl* -ões) *m* tendon *m*.

tendência [tẽˈdẽsja] *f* tendance *f* • **ter tendência para** avoir tendance à.

tendões → tendão.

tenente [teˈnẽntʃi] *nmf* lieutenant *m*.

tenho [ˈtaɲu] → ter.

tênis [ˈtenif] ◆ *m inv* tennis *m* • **tênis de mesa** tennis de table ◆ *mpl* (*sapatos*) tennis *mpl*.

tenro, ra [ˈtẽxu, xa] *adj* tendre • **de tenra idade** en bas âge.

tensão [tẽˈsãw] (*pl* -ões) *f* tension *f* • **tensão arterial alta/baixa** hypertension *f*/hypotension *f* artérielle.

tenso, sa [ˈtẽsu, sa] *adj* tendu(e).

tensões → tensão.

tentação [tẽntaˈsãw] (*pl* -ões) *f* tentation *f*.

tentáculo [tẽnˈtakulu] *m* tentacule *f*.

tentador, ra [tẽntaˈdo(x), ra] (*mpl* -es, *fpl* -s) *adj* (*comida, objeto*) tentant(e); (*pessoa*) tentateur(trice).

tentar [tẽnˈta(x)] ◆ *vt* tenter ◆ *vi* essayer • **tentar fazer algo** essayer de faire qqch.

tentativa [tẽntaˈtiva] *f* tentative *f* • **à primeira tentativa** du premier coup • **na tentativa de fazer algo** dans le but de faire qqch.

tênue [ˈtenwi] *adj* (*cheiro, sabor*) léger(ère); (*cor*) pâle.

teologia [teoloˈʒia] *f* théologie *f*.

teor [teˈɔ(x)] *m* (*de álcool, gordura etc.*) teneur *f*; (*de conversa, filme, livro*) sujet *m*.

teoria [teoˈria] *f* théorie *f* • **em teoria** en théorie.

teoricamente [ˌtjorikaˈmẽntʃi] *adv* théoriquement.

tépido, da [ˈtepidu, da] *adj* tiède.

ter [ˈte(x)] ◆ *vt* **1.** (*ger*) avoir • **a casa tem dois quartos** la maison a deux chambres • **ela**

tem os olhos verdes elle a les yeux verts • **tenho muito dinheiro** j'ai beaucoup d'argent • **ter saúde/juízo** être en bonne santé/être prudent • **a sala tem quatro metros de largura** la salle a quatre mètres de large • **quantos anos você tem?** quel âge as-tu? • **tenho dez anos** j'ai dix ans • **tenho dor de dentes/cabeça** j'ai mal aux dents/à la tête • **tenho febre** j'ai de la fièvre • **ter sarampo/varicela** avoir la rougeole/la varicelle • **tenho frio/calor** j'ai froid/chaud • **tenho sede/fome** j'ai soif/faim • **tenho medo** j'ai peur • **ter amor/ódio a alguém** avoir de l'amour/de la haine pour qqn • **ter carinho/afeição por alguém** avoir de la tendresse/ de l'affection pour qqn • **esta caixa apenas tem três bolos** il n'y a que trois gâteaux dans cette boîte • **esta garrafa tem um litro de água** il y a un litre d'eau dans cette bouteille • **eles têm muitos problemas económicos** ils ont beaucoup de problèmes financiers • **tivemos uma grande discussão** nous avons eu une grande discussion • **não tenho aulas hoje** je n'ai pas cours aujourd'hui • **tenho um encontro** j'ai un rendez-vous • **ele tinha uma reunião, mas não foi** il avait une réunion, mais il n'y est pas allé • **tenho certeza de que está certo** je suis certain que c'est bien • **tenho a impressão de que vai chover** j'ai l'impression qu'il va pleuvoir • **pode ter certeza de que vou** tu peux être sûr que j'y vais • **têm o carro mal estacionado** votre voiture est mal garée • **tem alguém à porta** il y a qqn à la porte • **ela teve uma menina** elle a eu une petite fille **2.** *(para desejar)* • **tenha umas boas férias!** bonnes vacances! • **tenham um bom dia!** bonne journée! **3.** *(em locuções)* • **ir ter a** *(desembocar)* aller à • **ir ter com alguém** aller rejoindre qqn ◆ *v aux* **1.** *(haver)* avoir • **eles tinham partido o vidro** ils avaient brisé la vitre • **tinha alugado a casa** il avait loué la maison • **tinha chovido e a estrada estava molhada** il avait plu et la route était mouillée **2.** *(exprime obrigação)* devoir • **ter de** *ou* **que fazer algo** devoir faire qqch • **temos que estar lá às oito** nous devons y être à huit heures • **tenho muito que fazer** j'ai beaucoup à faire.

terabyte [texa'bajtʃi] *(pl* **terabytes**) *m* téraoctet *m*.

terapeuta [tera'pewta] *nmf* thérapeute *mf*.

terapêutico, ca [tera'pewtʃiku, ka] *adj* thérapeutique.

terapia [tera'pia] *f* thérapie *f*.

terça-feira [,texsa'fejra] *(pl* **terças-feiras**) *f* mardi *m*.

terceira

• **Terça-feira de Carnaval** mardi gras → **sexta-feira.**

terceira [tex'sejra] f troisième f (vitesse).

terceiro, ra [tex'sejru, ra] num troisième • **a terceira idade** le troisième âge → **sexto.**

terço ['texsu] m (parte) tiers m; (rosário) chapelet m • **rezar o terço** dire le chapelet.

terçol [tex'sɔw] (pl **-óis**) m MED orgelet m, (fam) compère loriot m.

terebintina [texebĩn'tina] f térébenthine f.

termas ['texmaʃ] fpl thermes mpl.

térmico, ca [tex'miku, ka] adj thermique • **garrafa térmica** une thermos.

terminal [texmi'naw] (pl **-ais**) • adj terminal(e) • m (de transportes) terminus m; INFORM terminal m • **terminal rodoviário** gare f routière • **terminal ferroviário** gare f ferroviaire • **terminal aéreo** aérogare f.

terminar [texmi'na(x)] vt & vi terminer • **terminar por fazer algo** finir par faire qqch • **terminar em algo** se terminer en qqch.

termo ['texmu] m terme m; • **pôr termo a** mettre un terme à.

termômetro [ter'mometru] m thermomètre m.

termostato [texmoʃ'tatu] m thermostat m.

338

terno, na ['texnu, na] • adj tendre • m (de homem) costume m.

ternura [tex'nura] f tendresse f.

terra ['texa] f terre f, pays m; (localidade) endroit m • **a Terra** la Terre • **terra a terra** terre à terre • **cair por terra** tomber à l'eau • **ficar em terra** rater (son train, son avion etc) • **por terra** par voie terrestre.

terraço [te'xasu] m terrasse f.

terreiro [te'xejru] m terrain m.

terremoto [texe'mɔtu] m tremblement de terre.

terreno, na [te'xenu, na] • adj terrestre • m terrain m.

térreo, ea ['texju, ja] adj (andar, piso) au rez-de-chaussée; (casa) de plain-pied.

terrestre [te'xɛʃtri] • adj terrestre • nmf terrien m, -enne f.

terrina [te'xina] f soupière f.

território [texi'tɔrju] m territoire m.

terrível [te'xivew] (pl **-eis**) adj terrible.

terror [te'xo(x)] (pl **-es**) m terreur f.

tese ['tɛzi] f thèse f.

tesoura [te'zora] f ciseaux mpl • **tesoura de unhas** ciseaux à ongles.

tesouro [te'zoru] m trésor m.

testa ['tɛʃta] f front m.

testamento [teʃta'mẽntu] m testament m.

testar [teʃ'ta(x)] vt (experimentar) essayer; (pôr à prova) tester.

teste ['tɛʃtʃi] m (de máquina, carro) essai m; (de gravidez, seleção) test m; EDUC contrôle m

- **teste de dosagem alcoólica** Alcotest® m.
- **testemunha** [teʃteˈmuɲa] f témoin m • **testemunha ocular** témoin m oculaire.
- **testemunho** [teʃteˈmuɲu] smjur témoignage m; ESP témoin m.
- **testículo** [tesˈtʃikulu] m testicule m.
- **tétano** [ˈtɛtanu] m tétanos m.
- **teto** [ˈtɛtu] m plafond m.
- **tétrico, ca** [ˈtɛtriku, ka] adj lugubre.
- **teu, tua** [ˈtew, ˈtua] ♦ adj ton(ta) ♦ pron • **o teu/a tua** le tien/la tienne • **isto é teu** c'est à toi • **um amigo teu** un de tes amis • **os teus** (a tua família) les tiens.
- **teve** [ˈtevi] → ter.
- **têxtil** [ˈtejʃtʃiw] (pl -teis) adj textile m.
- **texto** [ˈtejʃtu] m texte m.
- **textura** [tejʃˈtura] f texture f.
- **texugo** [teˈʃugu] m blaireau m (animal).
- **tez** [ˈteʃ] f teint m.
- **ti** [ˈtʃi] pron toi • **ti mesmo** OU **próprio** toi-même.
- **tia** [ˈtʃia] → **tio**.
- **tigela** [tʃiˈʒɛla] f bol m • **de meia-tigela** (fig) minable.
- **tigelada** [tiʒeˈlada] f (de sopa, doce etc.) bol m.
- **tigre** [ˈtʃigri] m tigre m.
- **tijolo** [tʃiˈʒolu] m brique f.
- **til** [ˈtʃiw] (pl **tis**) m tilde m.
- **tília** [ˈtuilja] f tilleul m.
- **time** [ˈtʃimi] m équipe f.
- **timidez** [tʃimiˈdeʃ] f timidité f.
- **tímido, da** [ˈtʃimidu, da] adj timide.
- **timoneiro** [tʃimoˈnejru, ra] m (em barco) timonier m; (em expedição) capitaine m.
- **Timor** [tiˈmo(x)] s Timor m.
- **tímpano** [ˈtʃĩmpanu] m tympan m.
- **tina** [ˈtʃina] f baquet m.
- **tingido, da** [tʃĩˈʒidu, da] adj déteint(e).
- **tingir** [tʃĩˈʒi(x)] vt teindre.
- **tinha** [ˈtʃiɲa] → **ter**.
- **tinir** [tʃiˈni(x)] vi (sino, campainha) tinter; (ouvidos) bourdonner.
- **tinta** [ˈtʃĩnta] f (para escrever) encre f; (para pintar) peinture f; (para tingir) teinture f ♦ **tinta fresca** peinture fraîche.
- **tinteiro** [tʃĩnˈtejru] m encrier m.
- **tinto** [ˈtʃĩntu] adj m → **vinho**.
- **tintura** [tʃĩnˈtura] f ♦ **tintura de iodo** teinture f d'iode.
- **tinturaria** [tʃĩnturaˈria] f teinturerie f.
- **tio, tia** [ˈtʃiu, ˈtʃia] mf oncle m, tante f.
- **típico, ca** [ˈtʃipiku, ka] adj typique • **ser típico de** être typique de.
- **tipo, pa** [ˈtʃipu, pa] ♦ mf (fam) (pessoa) type m, bonne femme f ♦ m type m.
- **tipografia** [tʃipograˈfia] f imprimerie f.
- **tíquete** [tʃiˈketʃi] m ticket m.
- **tíquete-refeição** [ˈtʃiketʃixefejˈsãw] (pl **tíquetes-refeição**) m ticket-restaurant m.
- **tiracolo** [tʃiraˈkolu] m • **a tiracolo** en bandoulière.
- **tiragem** [tʃiˈraʒẽ] (pl -ns) f (de jornal, livro, revista) tirage m.

tira-manchas [ˌtʃiraˈmɛˈʃaʃ] *m inv* détachant *m*.

tirania [tiraˈnia] *f* tyrannie *f*.

tirar [tʃiˈra(x)] *vt* enlever; *(férias, fotografia)* prendre • **tirar algo de alguém** prendre qqch à qqn • **tirar manchas de uma camisa** détacher une chemise • **tirar à sorte** tirer au sort • **tirar a mesa** débarrasser la table.

tirinhas [tiˈriɲaʃ] *fpl* petites bandes *fpl* • **cortar papel em tirinhas** découper des bandes de papier.

tiritar [tʃiriˈta(x)] *vi* grelotter.

tiro [ˈtʃiru] *m (de arma)* tir *m*; *(disparo)* coup *m* de feu • **tiro ao alvo** tir à la cible • **tiro aos pratos e pombos** ball-trap *m*.

tiroteio [tʃiroˈteju] *m* fusillade *f*.

tis → **til**.

título [ˈtʃitulu] *m* titre *m*.

tive [ˈtʃivi] → **ter**.

to [tu] = **te** + **o**; → **te**.

-to → **to**.

toalete [twaˈletʃi] *m (banheiro)* toilettes *fpl; (roupa)* tenue *f* ♦ *f* • **fazer a toalete** faire sa toilette.

toalha [ˈtwaʎa] *f* serviette *f* • **toalha de banho** serviette de bain • **toalha de mesa** nappe *f*.

tobogã [toboˈgã] *m* luge *f*.

toca [ˈtɔka] *f (de coelho, raposa)* terrier *m*.

toca-discos [ˌtɔkaˈdʒiʃkuʃ] *m inv* tourne-disque *m*.

toca-fitas [ˌtɔkaˈfitaʃ] *m inv* magnétophone *m*.

tocar [toˈka(x)] ♦ *vt (instrumento)* jouer ♦ *vi (campainha, sino, telefone)* sonner; *MÚS* jouer; • **toca a trabalhar!** au travail! • **quando tocar a minha vez** quand ce sera mon tour • **tocar de leve** effleurer • **tocar a sua vez** être son tour • **tocar na ferida** touché au vif ▫ **tocar** *em vp (em pessoa, objeto)* toucher qqn/qqch; *(em assunto)* aborder ▫ **tocar a** *vp* • **no que me toca** en ce qui me concerne ▫ **tocar para** *vp (telefonar)* appeler au téléphone.

tocha [ˈtɔʃa] *f* torche *f*.

toda → **todo**.

todavia [todaˈvia] *adv & conj* cependant.

todo, da [ˈtodu, da] ♦ *adj* tout(toute) • *m* tout *m* • **em toda-parte** partout • **todas as coisas que** tout ce qui • **todo o dia/mês** toute la journée/tout le mois • **todos os dias/meses** tous les jours/les mois • **todo mundo** tout le monde • **todos nós** nous tous • **ao todo** en tout • **de todo** pas du tout • **no todo** dans l'ensemble **todos, das** *pron pl* tous(toutes).

Todos os Santos [ˌtoduzuʃˈsãntuʃ] *s* → **dia**.

toldo [ˈtowdu] *m* bâche *f; (de loja, varanda)* store *m*.

tolerância [toleˈrãsja] *f* tolérance *f*.

tolerar [toleˈra(x)] *vt* tolérer.

tolice [toˈlisi] *f* bêtise *f*.

tolo, la [ˈtolu, la] *adj* bête.

tom [tõ] *(pl -ns)* *m* ton *m* • **em tom de** sur le ton de • **ser de bom-tom** être de bon ton.

tomada [to'mada] f prise f
• **tomada de posse** investiture f.

tomar [to'ma(x)] vt prendre
• **tome!** tiens! • **vamos tomar um café!** allons prendre un café! • **vamos tomar um copo!** allons prendre un verre! • **tomar ar** prendre l'air • **tomar o café-da-manhã** prendre le petit déjeuner • **tomar posse** entrer en fonction.

tomara [to'mara] interj • **tomara eu!** j'aimerais bien!

tomate [to'matʃi] m tomate f
• **tomate pelado** tomate pelée.

tombar [tõm'ba(x)] ◆ vt renverser ◆ vi tomber.

tombo ['tõmbu] m chute f
• **levar um tombo** faire une chute.

tomilho [to'miʎu] m thym m.

tonalidade [tonali'dadʒi] f tonalité f.

tonel [to'nɛw] (pl -éis) m tonneau m.

tonelada [tone'lada] f tonne f.

tônica ['tonika] f • **pôr a tônica em** mettre l'accent sur.

tônico, ca ['toniku, ka] ◆ adj GRAM tonique, accentué(e); (fortificante) tonique ◆ m (medicamento) tonifiant m.

toninha [to'niɲa] f marsouin m.

tons [tõʃ] → **tom**.

tonto, ta ['tõntu, ta] adj (com tonturas) étourdi(e); (tolo) bête.

tontura [tõn'tura] f vertige m.

topázio [to'pazju] m topaze f.

tópico ['tɔpiku] m (assunto) sujet m; (aspectos) point m.

topless [tɔpi'lɛʃ] adj topless
• **fazer topless** faire du monokini.

topo ['topu] m (de montanha) sommet m; (de rua, pilha) haut m • **topo de linha** haut de gamme.

toque ['tɔki] m (contato) coup m; (som) coup de sonnette
• **o toque (da campainha)** la sonnette.

tórax ['tɔraks] m thorax m.

torcedor, ra [toxse'do(x), ra] (mpl -es, fpl -s) m supporter m.

torcer [tox'se(x)] vt (entortar) tordre; (pé, tornozelo) se tordre; (espremer) essorer ❑ **torcer-se** vp se tordre ❑ **torcer por** vp soutenir.

torcicolo [toxsi'kɔlu] m torticolis m.

torcida [tox'sida] f (pavio) mèche f; (de futebol) supporters mpl.

torcido, da [tox'sidu, da] adj (torto) tordu(e).

tormenta [tox'mẽnta] f tourmente f.

tormento [tox'mẽntu] m (sofrimento, dor) supplice m; (desgosto) tourment m.

tornado [tox'nadu] m tornade f.

tornar [tox'na(x)] vt rendre ❑ **tornar-se** vp devenir ❑ **tornar a** vp • **tornar a fazer algo** refaire qqch • **tornar a ver** revoir • **tornar a sair** ressortir • **tornar atrás** revenir sur ses pas • **tornar algo em algo** transformer qqch en qqch.

torneio [tox'neju] m tournoi m.

torneira [tox'nejra] f robinet m.

torno ['toxnu] m • **em torno de** autour de.

tornozelo [toxno'zelu] m cheville f.

torpedo [tox'pedu] m torpille f.

torrada [to'xada] f toast m.

torradeira [toxa'dejra] f grille-pain m.

torrão [to'xãw] (pl -ões) m motte f • **torrão de açúcar** morceau m de sucre.

torrar [to'xa(x)] vt griller.

torre ['toxi] f tour f.

torrente [to'xẽntʃi] f torrent m.

torresmo [to'xeʒmu] m morceau de lard frit.

tórrido, da ['tɔxidu, da] adj torride.

torrões → torrão.

torta ['tɔxta] f (doce) tarte f.

torto, torta ['toxtu, 'tɔxta] adj tordu(e) • **a torto e a direito** à tort et à travers.

tortura [tox'tura] f torture f.

tos [tuʃ] = te + os; → te.

-tos → te.

tosse ['tɔsi] f toux f • **tosse convulsa** coqueluche f.

tossir [to'si(x)] vi tousser.

tostado, da [toʃ'tadu, da] adj grillé(e).

tostão [toʃ'tãw] (pl -ões) m ancienne pièce de 100 centimes • **não valer um tostão furado** ne pas valoir un sou.

total [to'taw] (pl -ais) ♦ adj total(e) m • m total m • **no total** au total.

totalidade [tutali'dadʒi] f totalité f • **na totalidade** en entier.

totalmente [totaw'mẽntʃi] adv totalement.

totó [to'tɔ] m baby-foot m inv.

touca ['toka] f bonnet m • **touca de banho** bonnet de bain.

toucador [toka'do(x)] (pl -es) m coiffeuse f.

toucinho [to'siɲu] m lard m • **toucinho defumado** poitrine fumée.

toucinho-do-céu [to,siɲudu'sɛu] (pl **toucinhos-do-céu**) m crème riche en jaunes d'œufs.

toupeira [to'pejra] f taupe f.

tourada [to'rada] f corrida f.

toureiro [to'rejru, ra] m torero m.

touro ['toru] m taureau m ▫ **Touro** m Taureau m.

tóxico, ca ['tɔksiku, ka] adj toxique.

toxina [tok'sina] f toxine f.

Tr = travessa.

trabalhador, ra [trabaʎa'do(x), ra] (mpl -es, fpl -s) adj & mf travailleur(euse).

trabalhar [traba'ʎa(x)] vt & vi travailler.

trabalho [tra'baʎu] m travail m • **trabalho de casa** devoirs mpl • **trabalhos manuais** travaux manuels • **trabalho de parto** travail.

traça ['trasa] f mite f.

tração [tra'sãw] f traction f.

traçar [tra'sa(x)] vt tracer.

traço ['trasu] m trait m; (vestigio) trace f.

tradição [tradʒi'sãw] (pl -ões) f tradition f.

tradicional [tradʒisjo'naw] (pl -ais) adj traditionnel(elle).

tradições → tradição.

tradução [tradu'sãw] (pl -ões) f traduction f.

tradutor, ra [tradu'to(x), ra] (mpl -es, fpl -s) m/f traducteur m, -trice f.

traduzir [tradu'zi(x)] vt & vi traduire.

tráfego ['trafegu] m trafic m.

traficante [trafi'kãntʃi] nmf trafiquant m, -e f.

traficar [trafi'ka(x)] vt faire du trafic de.

tráfico [trafiku] m trafic m.

tragar [tra'ga(x)] vt (fumaça) inhaler; (bebida) avaler d'une seule gorgée.

tragédia [tra'ʒɛdʒja] f tragédie f.

trágico, ca ['traʒiku, ka] adj tragique.

trago ['tragu] → trazer.

trago ['tragu] m gorgée f.

traição [traj'sãw] (pl -ões) f trahison f • à traição par traîtrise.

traidor, ra [traj'do(x), ra] (mpl -es, fpl -s) m/f traître m, -esse f.

traineira [traj'nejra] f chalutier m.

traje ['traʒi] m costume m • traje de luzes habit m de lumière • traje de noite tenue f de soirée • traje típico costume m traditionnel • trajes menores dessous mpl.

trajeto ['traʒɛtu] m trajet m.

trajetória [traʒe'tɔrja] f trajectoire f.

tralha ['traʎa] f (fam) bazar m.

trama ['trama] f (de fios) trame f; (de livro, filme) intrigue f.

tramar [tra'ma(x)] vt • tramar algo (fam) manigancer qqch.

trâmite [tramitʃi] m voie f.

trampolim [trãnpo'lĩ] (pl -ns) m tremplin m.

tranca ['trãŋka] f verrou m.

trança ['trãsa] f tresse f.

trancar [trãŋ'ka(x)] vt bien fermer.

tranqüilidade [trãŋkwili'dadʒi] f tranquillité f.

tranqüilizante [trãŋkwili'zãntʃi] ♦ adj rassurant(e) ♦ m tranquillisant m.

tranqüilo, la [trãŋ'kwilu, la] adj tranquille.

transação [trãnza'sãw] (pl -ões) f transaction f.

transar [trã'za(x)] vt (fam) manigancer ▫ **transar com** vp (fam) coucher avec.

transatlântico, ca [trãzat'lãntʃiku, ka] ♦ adj transatlantique ♦ m transatlantique m.

transbordar [trãʒbox'da(x)] vi déborder.

transbordo [trãʒ'boxdu] m correspondance f • **fazer transbordo** changer.

transe ['trãnzi] m transe f.

transeunte [trã'zeũntʃi] nmf passant m, -e f.

transferência [trãʃfe'rẽsja] f (de escola, país) changement m; (de dinheiro) virement m.

transferir [trãʃfe'ri(x)] vt (pessoa) muter; (dinheiro) virer.

transformador [trãʃfoxma'do(x), ra] (pl -es) m transformateur m.

transformar

transformar [trãʃfox'ma(x)] *vt* transformer.

transfusão [trãʃfu'zãw] *(pl -ões) f* transfusão de sangue transfusion f sanguine.

transgredir [trãʒgre'di(x)] *vt* transgresser.

transgressão [trãnʒgre'sãw] *(pl -ões) f* transgression f.

transição [trãzi'sãw] *(pl -ões) f* transition f.

transistor [trãzi'ʃto(x)] *(pl -res) m* transistor m.

transitar [trãzi'ta(x)] *vi* circuler • transitar para passer par.

transitivo, va [trãzi'tʃivu, va] *adj* transitif(ive).

trânsito ['trãzitu] *m* circulation f • trânsito congestionado ralentissements • trânsito proibido circulation interdite • trânsito nos dois sentidos circulation à double sens.

transmissão [trãʒmi'sãw] *(pl -ões) f* transmission f.

transmitir [trãʒmi'tʃi(x)] ◆ *vt* transmettre; *(suj: rádio, TV)* diffuser ◆ *vi (rádio, TV)* émettre.

transparência [trãʃpa'rẽsja] *f* transparence f.

transparente [trãʃpa'rẽntʃi] *adj* transparent(e).

transpiração [trãʃpira'sãw] *f* transpiration f.

transpirar [trãʃpi'ra(x)] *vi* transpirer.

transplantar [trãʃplãn'ta(x)] *vt* transplanter.

transplante [trãʃ'plãntʃi] *m (de planta, árvore)* transplantation f; *(de órgão)* greffe f.

344

transportar [trãʃpox'ta(x)] *vt* transporter.

transporte [trãʃ'pɔxtʃi] *m* transport m • transporte coletivo transports en commun • transportes públicos transports publics.

transtornar [trãʃtox'na(x)] *vt (chocar)* bouleverser; *(incomodar)* déranger; *(reunião, rotina)* perturber.

transtorno [trãʃ'toxnu] *m* dérangement m • causar transtorno déranger.

trapalhão, lhona [trapa'ʎãw, ʎona] *(mpl -ões, fpl -s) mf* personne f brouillonne.

trapézio [tra'pɛzju] *m* trapèze m.

trapezista [trape'ziʃta] *nmf* trapéziste mf.

trapo ['trapu] *m (pano velho)* chiffon m; *(roupa velha)* fripe f.

trarei [tra'rej] → trazer.

trás [trajʃ] ◆ *interj* patatras! ◆ *prep & adv* • andar para trás reculer • deixar para trás *(local)* quitter; *(pessoa)* dépasser • por trás de derrière • de trás derrière • para trás en arrière.

traseira [tra'zejra] *f* arrière m.

traseiro, ra [tra'zejru, ra] ◆ *adj* arrière ◆ *m* derrière m *(fesses)*.

tratado, da [tra'tadu, da] ◆ *adj* traité(e); *(terreno)* entretenu(e) ◆ *m* traité m.

tratamento [trata'mẽntu] *m* traitement m; *(de terreno)* entretien m.

tratar [tra'ta(x)] *vt (curar)* traiter, soigner; *(desinfetar)* traiter

❏ **tratar de** *vp (encarregar-se de)* s'occuper de; *(assunto, negócio, tarefa)* traiter ❏ **tratar-se de** *vp + prep* s'agir de • **trata-se de** il s'agit de il • **tratar alguém bem/mal** bien/mal traiter qqn.

trator [tra'to(x)] *(pl -es) m* tracteur *m*.

trauma ['trawma] *m* traumatisme *m*.

Trav. = **travessa**.

travão [tra'vãw] *(pl -ões) m* frein *m*.

travar [tra'va(x)] ◆ *vt (combate, luta)* livrer ◆ *vi* freiner • **travar conhecimento** faire connaissance.

trave ['travi] *f* poutre *f*.

travessa [tra'vɛsa] *f (rua)* passage *m*; *(peça de louça)* plat *m*; *(para cabelo)* peigne *m*.

travessão [travɛ'sãw] *(pl -ões) m (sinal gráfico)* tiret *m*.

travesseiro [travɛ'sejru] *m (de cama)* oreiller *m*.

travessia [travɛ'sia] *f* traversée *f*.

travesso, a [tra'vesu, a] *adj (criança)* espiègle; *(comportamento)* turbulent(e).

travessões → **travessão**.

travões → **travão**.

traz [trajʃ] → **trazer**.

trazer [tra'ze(x)] *vt (vir acompanhado de)* amener; *(carregar)* apporter; *(vestir)* porter; *(problemas)* causer; *(conseqüências)* avoir • **trazer à memória** rappeler.

trégua ['trɛgwa] *f* trêve *f*.

treinador, ra [trejna'do(x), ra] *(mpl -es, fpl -s) mf* entraîneur *m*, -euse *f*.

treinar [trej'na(x)] *vt (esportista)* entraîner; *(língua)* pratiquer ❏ **treinar-se** *vp* s'entraîner.

treino ['trejnu] *m* entraînement *m*.

trela ['trɛla] *f* laisse *f*.

trem ['trẽ] *(pl -ns) m* train *m* • **pegar o trem** prendre le train • **perder o trem** rater le train • **trem direto** train direct • **trem expresso** train express • **trem de pouso** train d'atterrissage • **de trem** en train.

tremendo, da [tre'mẽndu, da] *adj (horrível)* terrible; *(enorme)* épouvantable; *(formidável)* formidable.

tremer [tre'me(x)] *vi* trembler.

tremoços [tre'mɔsuʃ] *mpl* graines *fpl* de lupin.

tremor [tre'mo(x)] *m* tremblement *m* • **tremor de terra** tremblement de terre.

trêmulo, la ['tremulu, la] *adj (mãos, pernas, voz)* tremblant(e); *(luz)* vacillant(e).

trenó [tre'nɔ] *m (grande)* traîneau *m*; *(pequeno)* luge *f*.

trens → **trem**.

trepadeira [trepa'dejra] *f* plante *f* grimpante.

trepar [tre'pa(x)] ◆ *vt* gravir ◆ *vi* grimper • **trepar a** OU **em** grimper à • **trepar para** grimper sur.

três ['trejʃ] *num* trois, → **seis**.

tretas ['trɛtaʃ] *fpl* balivernes *fpl*.

trevas ['trɛvaʃ] *fpl* ténèbres *fpl*.

trevo ['trevu] m trèfle m.
treze ['trezi] num treize, → seis.
trezentos, tas [tre'zẽntuʃ, taʃ] num trois cents, → seis.
triângulo [tri'ãŋgulu] m triangle m.
tribo ['tribu] f tribu f.
tribuna [tri'buna] f (de estádio) tribune f.
tribunal [tribu'naw] (pl -ais) m tribunal m • o Supremo Tribunal la Cour de cassation.
triciclo [tri'siklu] m tricycle m.
tricô [tri'ko] m tricot m.
tricotar [triko'ta(x)] vt tricoter.
trigésimo, ma [tri'ʒezimu, ma] num trentième, → sexto.
trigo ['trigu] m blé m.
trilha ['triʎa] f (carril) rail m; (caminho) sentier m • trilha sonora bande f sonore.
trilho ['triʎu] m (de trem) rail m; (caminho) sentier m.
trimestral [trimeʃ'traw] (pl -ais) adj trimestriel(elle).
trimestre [tri'mɛʃtri] m trimestre m.
trincar [trĩŋ'ka(x)] vt (com dentes) croquer.
trincha ['trĩʃa] f (pincel) pinceau m.
trincheira [trĩ'ʃejra] f (em praça de touros) barrière f; (escavação) tranchée f.
trinco ['trĩŋku] m loquet m • fechar com trinco fermer.
trinta ['trĩnta] num trente, → seis.
trio ['triu] m trio m • trio elétrico véhicule équipé d'une sono qui diffuse de la musique dans les rues pendant le Carnaval.
tripa [tri'pa] f boyaux mpl.
tripé [tri'pɛ] m trépied m.
triplicar [tripli'ka(x)] vt tripler.
tripulação [tripula'sãw] (pl -ões) f équipage m.
tripular [tripu'la(x)] vt piloter.
triste ['triʃtʃi] adj triste.
tristeza [triʃ'teza] f tristesse f • que tristeza! c'est triste!
triunfar [triũ'fa(x)] vi triompher.
triunfo [tri'ũfu] m triomphe m.
trivial [tri'vjaw] (pl -ais) adj banal(e).
triz [triʃ] m • por um triz de justesse.
troca ['trɔka] f échange m • em troca en échange • em troca de en échange de.
troça ['trɔsa] f moquerie f.
trocado, da [tro'kadu, da] adj mauvais(e) □ **trocado** m monnaie f • temos os lugares trocados nous avons inversé nos places.
trocar [tro'ka(x)] vt (objeto, produto) échanger; (dinheiro) faire la monnaie de; (ideias) échanger; (confundir) mélanger □ trocar de vp changer de □ **trocar-se** vp se changer • trocar dinheiro faire de la monnaie.
troco ['trɔku] m monnaie f; (fig) (resposta) réponse f • dar o troco (responder) relever • a troco de en échange de.
troféu [tro'fɛu] m trophée m.
tromba ['trõmba] f (de elefante) trompe f; (de água) trombe f.

trombadinha [trõbaˈdʒiɲa] *nmf* pickpocket *m*.

trombeta [trõˈbeta] *f* clairon *m*.

trombone [trõmˈbɔni] *f* trombone *m* • **trombone de varas** trombone à coulisse.

trompa [ˈtrõpa] *f* cor *m*.

trompete [trõmˈpetʃi] *m* trompette *f*.

tronco [ˈtrõŋku] *m* tronc *m*.

trono [ˈtrõnu] *m* trône *m*.

tropa [ˈtrɔpa] *f* armée *f*.

tropeçar [trope'sa(x)] *vi* trébucher • **tropeçar em algo** trébucher sur qqch.

tropical [tropiˈkaw] (*pl* -**ais**) *adj* tropical(e).

tropicalismo [tropikaˈliʒmu] *m* mouvement culturel brésilien.

(i) TROPICALISMO

Le *Tropicalismo* (Tropicalisme) est un mouvement culturel apparu au Brésil à la fin des années 1960 qui, avec une grande audace, irrévérence et improvisation, bouleversa la musique populaire brésilienne de l'époque. Ayant à sa tête les musiciens de l'État de Bahia, Caetano Veloso et Gilberto Gil, ce mouvement s'est basé sur la contre-culture en favorisant la fusion d'éléments étrangers dans la culture brésilienne afin de créer un nouveau produit artistique qui suscita la polémique.

---

trópico [ˈtrɔpiku] *m* tropique *m*.

trotar [troˈta(x)] *vi* trotter.

trouxa [ˈtroʃa] *f* balluchon *m*.

trouxe [ˈtrosi] → **trazer**.

trovão [troˈvãw] (*pl* -**ões**) *m* tonnerre *m*.

trovejar [troveˈʒa(x)] *v impess* • **está trovejando** il tonne.

trovoada [trovwˈada] *f* orage *m*.

trovões [troˈvõjʃ] → **trovão**.

trucidar [trusiˈda(x)] *vt* massacrer.

trufas [ˈtrufaʃ] *fpl* truffes *fpl*.

trunfo [ˈtrũfu] *m* atout *m*.

truque [ˈtruki] *m* tour *m*.

truta [ˈtruta] *f* truite *f*.

T-shirt [tiˈʃertʃi] *f* tee-shirt *m*.

tu [ˈtu] *pron* (*fam*) tu • **tu mesmo** *ou* **próprio** toi-même.

tua [ˈtua] → **teu**.

tuba [ˈtuba] *f* tuba *m*.

tubarão [tubaˈrãw] (*pl* -**ões**) *m* requin *m*.

tuberculose [tubɛxkuˈlɔzi] *f* tuberculose *f*.

tubo [ˈtubu] *m* (*cano*) tuyau *m*; (*de comprimidos*) tube *m* • **tubo de ensaio** tube à essai.

tudo [ˈtudu] *pron inv* tout • **estar por tudo** être prêt à tout • **antes de tudo** avant tout • **apesar de tudo** malgré tout • **por tudo e por nada** pour un oui ou pour un non • **dar tudo por tudo** donner le tout pour le tout.

tulipa [tuˈlipa] *f* tulipe *f*.

tumba [ˈtũmba] *f* tombe *f*.

tumor

tumor [tu'mo(x)] (*pl* **-es**) *m* tumeur *f* • **tumor maligno/benigno** tumeur maligne/bénigne.

túmulo ['tumulu] *m* tombeau *m*.

tumulto [tu'muwtu] *m* (*alvoroço*) tumulte *m*; (*revolta*) trouble *m*.

túnel ['tunew] (*pl* **-eis**) *m* tunnel *m*.

túnica ['tunika] *f* tunique *f*.

turbina [tux'bina] *f* turbine *f*.

turbulência [turbu'lẽnsja] *f* (*em* voo) turbulences *fpl*.

turco, ca ['tuxku, ka] ♦ *adj* turc(turque) ♦ *mf* Turc *m*, Turque *f* ♦ (*língua*) turc *m*; (*tecido*) éponge *f*.

turfe ['tuxfi] *m* (*hipódromo*) hippodrome *m*; (*hipismo*) courses *fpl* hippiques.

turismo [tu'riʒmu] *m* tourisme *m*.

turista [tu'riʃta] *nmf* touriste *mf*.

turístico, ca [tu'riʃtʃiku, ka] *adj* (*local, cardápio*) touristique; (*classe*) loisirs *f*.

turma ['tuxma] *f* (*em escola*) classe *f*; (*fam*) (*amigos*) bande *f* (de copains).

turnê ['tuxne] *f* tournée *f*.

turno ['tuxnu] *m* équipe *f* • **trabalhar por turnos** faire un roulement • **por seu turno** à son tour.

turquesa [tux'keza] *f* turquoise *f*.

Turquia [tux'kia] *f* • **a Turquia** la Turquie.

tutano [tu'tãnu] *m* moelle *f*.

tutela [tu'tɛla] *f* tutelle *f*.

tutor, ra [tu'to(x), ra] (*mpl* **-es**, *fpl* **-s**) *mf* tuteur *m*, -trice *f*.

tutu [tu'tu] *m* • **tutu à mineira** pâte de haricots épaissie à la farine de manioc mélangée à de la viande de porc.

TV [te've] *f* (*abrev de* **televisão**) TV.

tweed ['twidʒi] *m* tweed *m*.

U

UE *f* (*abrev de* **União Européia**) UE *f*.

UEM *f* (*abrev de* **União Econômica e Monetária**) unión économique monétaire.

uísque ['wiski] *m* whisky *m*.

uivar [ui'va(x)] *vi* hurler (*chien*).

úlcera ['uwsera] *f* ulcère *m*.

ultimamente [ˌuwtʃima'mẽntʃi] *adv* dernièrement.

ultimato [uwtʃi'matu] *m* ultimatum *m*.

último, ma ['uwtʃimu, ma] ♦ *adj* dernier(ère) ♦ *mf* • **o último/a última** le dernier/la dernière • **por último** enfin.

ultraleve [ˌuwtra'lɛvi] *m* ULM *m*.

ultramar [ˌuwtra'ma(x)] *m* • **o ultramar** les pays *mpl* d'outremer.

ultramarino, na [ˌuwtrama'rinu, na] *adj* d'outre-mer.

ultrapassado, da [ˌuwtrapa'sadu, da] *adj* dépassé(e).

ultrapassagem [,uwtrapa'saʒē] (pl **-ns**) f dépassement m.

ultrapassar [,uwtrapa'sa(x)] vt dépasser; (carro) doubler.

ultravioleta [,uwtravjo'leta] adj inv ultraviolet(ette).

um, uma [ũ, 'uma] (mpl **uns**, fpl **-s**) ◆ art un(une) • **um homem** un homme • **uma mulher** une femme • **uma valise** une valise ◆ adj **1.** (ger) un(une) • **um dia voltarei** un jour, je reviendrai • **comprei uns livros** j'ai acheté quelques livres • **vou uns dias de férias** je pars quelques jours en vacances • **um destes dias** un de ces jours • **trinta e um dias** trente et un jours • **um litro/metro/quilo** un litre/mètre/kilo **2.** (aproximadamente) environ • **estavam lá umas cinquenta pessoas** il y avait environ cinquante personnes • **esperei uns dez minutos** j'ai attendu une dizaine de minutes **3.** (para enfatizar) un/une de ces • **aqui está um frio/calor!** il fait un de ces froids/une de ces chaleurs! • **estou com uma sede!** j'ai une de ces soifs! ◆ pron (indefinido) un(une) • **só não gosto de um/de uma** il n'y en a qu'un/qu'une que je n'aime pas • **dê-me um** donne-m'en un • **quero mais uma** j'en veux encore une • **um a um, um por um** un à un, un par un • **um deles** l'un d'entre eux • **uns e outros** les uns et les autres → **seis**.

umbanda [ũn'bānda] f culte afro-brésilien dérivé du candomblé.

umbigo [ũm'bigu] m nombril m.

umbral [ũn'braw] (pl **-ais**) m (ombreira) montant m; (soleira) seuil m.

umidade [umi'dadʒi] f humidité f.

úmido, da ['umidu, da] adj humide.

unanimidade [unanemi'dadʒi] f unanimité f • **por unanimidade** à l'unanimité.

UNE f (abrev de União Nacional dos Estudantes) syndicat étudiant brésilien.

Unesco [u'nɛʃko] f Unesco f.

unha ['uɲa] f ongle m.

união [u'njāw] (pl **-ões**) f union f • **a União Européia** l'Union Européenne.

unicamente [,unika'mēntʃi] adv uniquement • **unicamente para adultos** réservé aux adultes.

único, ca ['uniku, ka] ◆ adj unique; (um só) seul(e) ◆ mf • **o único/a única** le seul/la seule.

unidade [uni'dadʒi] f unité f.

unido, da [u'nidu, da] adj uni(e) • **eles são muito unidos** ils sont très liés.

unificar [unifi'ka(x)] vt unifier.

uniforme [uni'fɔxmi] adj & m uniforme.

uniões → **união**.

unir [u'ni(x)] vt unir; (colar) joindre • **unir o útil ao agradável** joindre l'utile à l'agréable

unissex

□ **unir-se** *vp* s'unir • **unir-se contra** s'allier contr.

unissex [uni'sɛks] *adj inv* unisexe.

unitário, ria [uni'tarju, rja] *adj* unitaire.

universal [univex'saw] (*pl* -**ais**) *adj* universel(elle).

universidade [univexsi'dadʒi] *f* université.

universo [uni'vɛxsu] *m* univers *m*.

uns [ũnʃ] → **um**.

untar [ũn'ta(x)] *vt* **untar com óleo** huiler • **untar com manteiga** beurrer.

update ['apdejtʃi] *m INFORM* mise à jour *f*.

upgrade ['apgrejdʒi] *m INFORM* • **fazer um upgrade** augmenter a capacidade, mettre à niveau.

upload ['aplodʒi] *m INFORM* • **fazer um upload** télécharger.

urânio [u'ranju] *m* uranium *m*.

urbano, na [ux'banu, na] *adj* urbain(e).

urgência [ux'ʒẽsja] *f* urgence *f* • **com urgência** d'urgence.

urgente [ux'ʒẽntʃi] *adj* urgent(e).

urgentemente [ux,ʒẽntʃi'mẽntʃi] *adv* d'urgence.

urina [u'rina] *f* urine *f*.

urinol [uri'nɔw] (*pl* -**óis**) *m* urinoir *m*.

URL (*abrev de* Universal Resources Locator) *f* URL *f*.

urna ['uxna] *f* (*de voto*) urne *f*.

urrar [u'xa(x)] *vi* hurler.

urso ['uxsu] *m* ours *m* • **urso de pelúcia** ours en peluche.

urso-pardo ['uxsu'paxdu] *m* ours *m* brun.

urso-polar ['uxsupola(x)] *m* ours *m* polaire.

urticária [urtʃi'karja] *f* urticaire *f*.

urtiga [ux'tʃiga] *f* ortie *f*.

Uruguai [uru'gwaj] *m* • **o Uruguai** l'Uruguay *m*.

urze ['uxzi] *f* bruyère *f*.

usado, da [u'zadu, da] *adj* (*de segunda mão*) d'occasion; (*método, sistema*) utilisé(e); (*gasto*) usé(e).

usar [u'za(x)] *vt* (*utilizar*) utiliser, se servir de; (*vestir, calçar*) porter □ **usar de** *vp* faire preuve de □ **usar-se** *vp* se porter.

username [uzex'nejmi] (*pl* **usernames**) *m INFORM* nom d'utilisateur *m*.

usina [u'zina] *f* usine *f* • **usina de açúcar** sucrerie *f* • **usina hidr(o)elétrica** centrale *f* hydroélectrique • **usina nuclear** centrale *f* nucléaire.

uso ['uzu] *m* usage *m* • **uso externo** usage externe • **fazer uso de** utiliser; (*de influência, talento*) faire usage de • **para uso próprio** à usage personnel.

usual [uzw'aw] (*pl* -**ais**) *adj* usuel(elle).

usuário, a [u'zwarju, rja] *mf* usager *m*.

usufruir [uzufru'i(x)] □ **usufruir de** *vp* (*possuir*) jouir de; (*tirar proveito de*) profiter de.

usurpar [uzur'pa(x)] *vt* usurper.

úteis ['utejʃ] → **útil**.

utensílio [utẽ'silju] *m* ustensile *m.*
útero ['uteru] *m* utérus *m.*
útil ['utʃiw] (*pl* **úteis**) *adj* utile; (*dia*) ouvrable.
utilidade [utʃili'dadʒi] *f* utilité *f* • **qual é a utilidade disso?** à quoi ça sert?
utilização [utʃiliza'sãw] (*pl* -ões) *f* utilisation *f.*
utilizar [utʃili'za(x)] *vt* utiliser.
utopia [uto'pia] *f* utopie *f.*
U.V. (*abrev de* **ultravioleta**) UV *mpl.*
uva ['uva] *f* grain *m* de raisin
• **uvas** raisin *m.*

V

V. (*abrev de* **vide**) voir.
vá ['va] → **ir**.
vã [vã] → **vão**.
vaca ['vaka] *f* (*animal*) vache *f*; (*carne*) bœuf *m.*
vacilar [vasi'la(x)] *vi* (*hesitar*) hésiter.
vacina [va'sina] *f* vaccin *m.*
vacinação [vasina'sãw] *f* vaccination *f.*
vácuo ['vakwu] *m* vide *m.*
vadio, dia [va'dʒiu, 'dʒia] *adj* (*pessoa*) vagabond(e); (*cão*) errant(e).
vaga ['vaga] *f* (*em emprego*) poste *m* vacant; (*onda*) vague *f*
• **uma vaga de** une vague de.

vagabundo, da [vaga'būndu, da] *mf* vagabond *m*, -e *f.*
vaga-lume [,vaga'lumi] (*pl* **vaga-lumes**) *m* ver *m* luisant.
vagão [va'gãw] (*pl* -**ões**) *m* wagon *m.*
vagão-leito [vagãw'lejtu] (*pl* **vagões-leito**) *m* wagon-lit *m.*
vagão-restaurante [va,gãwxeʃtaw'rãntʃi] (*pl* **vagões-restaurantes**) *m* wagon-restaurant *m.*
vagar [va'ga(x)] ♦ *vi* se libérer ♦ *m* • **ter vagar** avoir le temps.
vagaroso, osa [vaga'rozu, ɔza] *adj* lent(e).
vagem ['vaʒẽ] (*pl* -**ns**) *f* cosse *f.*
vagina [va'ʒina] *f* vagin *m.*
vago, ga ['vagu, ga] *adj* (*desocupado*) libre; (*indefinido*) vague.
vagões [va'gõjʃ] → **vagão**.
vai ['vaj] → **ir**.
vaia ['vaja] *f* huée *f*, moquerie *f*, risée *f.*
vaidade [vaj'dadʒi] *f* vanité *f.*
vaidoso, osa [vaj'dozu, ɔza] *adj* vaniteux(euse).
vais ['vajʃ] → **ir**.
vaivém [vaj'vẽ] (*pl* -**ns**) *m* va-et-vient *m.*
vala ['vala] *f* (*de irrigação*) rigole *f*; (*fosso*) fossé *m* • **vala comum** fosse *f* commune.
vale¹ ['vali] *m* vallée *f* • **vale postal** mandat *m* postal.
vale² ['vali] → **valer**.
valente [va'lẽntʃi] *adj* (*corajoso*) courageux(euse); (*forte*) fort(e).

valer

valer [va'le(x)] ♦ *vt* valoir ♦ *vi* être valable • **vale mais...** il vaut mieux... • **a valer** vraiment • **para valer** pour de bon ▫ **valer-se de** *vp + prep* se servir de.

valeta [va'leta] *f (de estrada)* fossé *m; (de rua)* caniveau *m*.

valete [va'letʃi] *m* valet *m*.

valeu [va'lew] → **valer**.

valho ['vaʎu] → **valer**.

validade [vali'dadʒi] *f* validité *f*.

validar [vali'da(x)] *vt (bilhete)* valider.

válido, da ['validu, da] *adj* valable • **válido até...** valable jusqu'à...

valioso, osa [valj'ozu, ɔza] *adj* • **ser valioso** avoir de la valeur.

valor [va'lo(x)] *(pl* -es*) m* valeur *f; (em exame, teste)* point *m* • **dar valor a** apprécier ▫ **valores** *mpl (bens, ações etc.)* valeurs *fpl; (de sociedade)* titres *mpl*.

valsa ['vawsa] *f* valse *f*.

válvula ['vawvula] *f (de coração)* valvule *f; (de motor)* soupape *f* • **válvula de segurança** soupape de sécurité.

vampiro [vãm'piru] *m* vampire *m*.

vandalismo [vãnda'liʒmu] *m* vandalisme *m*.

vândalo, la ['vãndalu, la] *mf* vandale *m/f*.

vangloriar-se [vãnglo'rjaxsi] *vp* se vanter • **vangloriar-se de** se vanter de.

vanguarda [vãŋ'gwaxda] *f* avant-garde *f* • **estar na vanguarda de** être en tête de.

vantagem [vãn'taʒẽ] *(pl* -ns*) f* avantage *m* • **que vantagem você tira disso?** qu'est-ce que tu y gagnes?

vantajoso, osa [vãnta'ʒozu, ɔza] *adj (útil)* bénéfique; *(lucrativo)* avantageux(euse) • **não é vantajoso para mim** ça ne m'arrange pas.

vão¹ ['vãw] → **ir**.

vão², vã ['vãw, vã] ♦ *adj* vain(e) ♦ *m* **vão de escadas** dessous *m* d'escalier • **em vão** en vain. **vapor** [va'po(x)] *(pl* -es*) m (de líquido)* vapeur *f; (tóxico)* émanation *f*.

vaporizador [vaporiza'do(x)] *(pl* -es*) m* vaporisateur *m*.

vara ['vara] *f (pau)* bâton *m* • **vara de pescar** canne *f* à pêche.

varal [va'raw] *(pl* -ais*) m* étendoir *f* (à linge).

varanda [va'rãnda] *f* balcon *m*.

varejeira [vare'ʒejra] *f* mouche *f* bleue.

varejo [va'reʒu] *m* vente *f* au détail.

variação [varja'sãw] *(pl* -ões*) f (alteração)* variation *f; (de preços)* différence *f*.

variado, da [va'rjadu, da] *adj* varié(e).

variar [va'rja(x)] *vt & vi* varier • **para variar** pour changer.

varicela [vari'sɛla] *f* varicelle *f*.

variedade [varje'dadʒi] *f* variété *f*.

varinha [vaˈriɲa] f • **varinha de condão** baguette f magique.

varíola [vaˈriɔla] f variole f.

vários, rias [ˈvarjuʃ, rjaʃ] adj pl plusieurs.

variz [vaˈriʃ] (pl **-es**) f varice f.

varredor, ra [vaxeˈdo(x), ra] (mpl **-es**, fpl **-s**) mf balayeur f, -euse f.

varrer [vaˈxe(x)] vt balayer • **varrer algo da memória** chasser qqch de sa mémoire.

vascular [vaʃkuˈla(x)] (pl **-es**) adj vasculaire.

vasculhar [vaʃkuˈʎa(x)] vt • **vasculhar (em)** fouiller (dans).

vaselina [vazeˈlina] f vaseline f.

vasilha [vaˈziʎa] f pot m.

vaso [ˈvazu] m (para plantas) pot m (de fleurs); (jarra) cruche f; ANAT vaisseau m • **vaso sanitário** cuvette f des W-C • **vaso sanguíneo** vaisseau sanguin.

vassoura [vaˈsora] f balai m.

vasto, ta [ˈvaʃtu, ta] adj vaste.

vatapá [vataˈpa] m crevettes pilées et morceaux de poisson cuits dans de l'huile de palme et du lait de coco.

Vaticano [vatiˈkanu] m • **o Vaticano** le Vatican.

vazio, zia [vaˈziu, ˈzia] ◆ adj vide ◆ m vide m • **vazio de** (sentido) vide de; (interesse) sans.

Vd. (abrev de **vide**) voir.

vê [ˈve] → **ver**.

veado [ˈvjadu] m cerf m.

vedado, da [veˈdadu, da] adj (edifício) fermé(e); (campo, local) clôturé(e); (recipiente) étanche; (interdito) interdit(e).

vedar [veˈda(x)] vt (edifício) fermer; (local) clôturer; (buraco) boucher; (recipiente) fermer hermétiquement; (acesso, passagem) interdire.

vêem [ˈveẽ] → **ver**.

vegetação [veʒetaˈsãw] f végétation f.

vegetal [veʒeˈtaw] (pl **-ais**) m végétal m.

vegetariano, na [veʒetaˈrjanu, na] adj & mf végétarien(enne).

veia [ˈveja] f veine f.

veículo [veˈikulu] m véhicule m ◆ **veículo longo** véhicule long.

veio [ˈveju] → **vir**.

vejo [ˈveʒu] → **ver**.

vela [ˈvɛla] f bougie f; (de barco) voile f.

veleiro [veˈlejru] m voilier m.

velejar [veleˈʒa(x)] vi naviguer.

velhice [veˈʎise] f vieillesse f.

velho, lha [ˈvɛʎu, ʎa] adj & mf vieux(vieille).

velocidade [velosiˈdadʒi] f vitesse f.

velocímetro [veloˈsimetru] m compteur m de vitesse.

velocípede [veloˈsipedʒi] m cycle m.

velório [veˈlɔrju] m veillée f funèbre.

veloz [veˈlɔʃ] (pl **-es**) adj rapide.

veludo [veˈludu] m velours m.

vem [ˈvãj] → **vir**.

vêm [ˈvajãj] → **vir**.

vencedor, ra [vẽseˈdo(x), ra] (mpl **-es**, fpl **-s**) ◆ mf vainqueur m ◆ adj gagnant(e).

vencer [vẽ'se(x)] ♦ *vt (adversário)* vaincre; *(corrida, competição)* remporter; *(fig) (obstáculo, timidez, problema)* surmonter ♦ *vi (em competição)* gagner; *(prazo de pagamento)* arriver à échéance; *(contrato, documento)* expirer • **deixar-se vencer por** céder à.

vencido, da [vẽ'sidu, da] *adj* vaincu(e) • **dar-se por vencido** s'avouer vaincu.

vencimento [vẽsi'mẽntu] *m (ordenado)* salaire *m*; *(de prazo de pagamento)* échéance *f* • **não dar vencimento a** ne pas suivre le rythme.

venda ['vẽda] *f (de mercadorias)* vente *f*; *(mercearia)* épicerie *f*; *(para olhos)* bandeau *m* • **pôr à venda** mettre en vente • **venda pelo correio** vente par correspondance • **venda por atacado/no varejo** vente en gros/au détail • **venda pelo telefone** télévente *f*.

vendaval [vẽda'vaw] *(pl* **-ais)** *m* vent *m* violent.

vendedor, ra [vẽde'do(x), ra] *(mpl* **-es,** *fpl* **-s)** *mf* vendeur *m*, -euse *f*.

vender [vẽ'de(x)] *vt* vendre ❏ **vender-se** *vp* ♦ **vende-se** à vendre • **vender à prestação** vendre à crédit • **vender à vista** vendre au comptant.

veneno [ve'nenu] *m* poison *m*.

venenoso, osa [vene'nozu, ɔza] *adj (cogumelo)* vénéneux(euse); *(serpente)* venimeux(euse).

venéreo, rea [ve'nɛrju, rja] *adj* vénérien(enne).

venezianas [vene'zjanaʃ] *fpl* persiennes *fpl*.

Venezuela [vene'zwɛla] *f* • **a Venezuela** le Venezuela.

venho ['vaɲu] → **vir**.

vênia ['vɛnja] *f (saudação)* révérence *f*.

vens ['vãjʃ] → **vir**.

ventania [vẽnta'nia] *f* gros vent *m*.

ventar [vẽn'ta(x)] *vi* venter.

ventilação [vẽntfila'sãw] *f* ventilation *f*; *(saída)* aération *f*.

ventilador [vẽntʃila'do(x)] *(pl* **-es)** *m* ventilateur *m*.

ventilar [vẽntʃi'la(x)] *vt* ventiler.

vento ['vẽntu] *m* vent *m*.

ventoinha [vẽn'twiɲa] *f (de ventilação)* ventilateur *m*.

ventre ['vẽntri] *m* ventre *m*.

ventrículo [vẽn'trikulu] *m* ventricule *m*.

ventríloquo, qua [vẽn'trilokwu, kwa] *mf* ventriloque *mf*.

ver ['ve(x)] ♦ *vt* voir; *(televisão, filme)* regarder ♦ *vi* voir ♦ *m* • **a meu ver** à mon avis • **até mais ver!** à la prochaine! • **vamos ver** on verra bien • **estar vendo** voir • **não estou vendo o que você quer dizer** je ne vois pas ce que tu veux dire • **deixe-me ver...** fais-moi voir... • **fazer ver a alguém que...** faire comprendre à qqn que... • **não ter nada a ver com** n'avoir rien à voir avec.

veracidade [verasi'dadʒi] f véracité f.

veraneio [vera'neju] m villégiature f • **cidade de veraneio** ville estivale f.

veranista [vera'niʃta] nmf estivant m, -e f.

verão [ve'rãw] (pl **-ões**) m été m.

verba ['vɛxba] f montant m, somme f.

verbal [vex'baw] (pl **-ais**) adj verbal(e).

verbo ['vɛxbu] m verbe m.

verdade [vex'dadʒi] f vérité f • **dizer a verdade** dire la vérité • **a verdade é que** à vrai dire • **na verdade** à vrai dire.

verdadeiro, ra [vexda'dejru, ra] adj (verídico) vrai(e); (genuíno) véritable.

verde ['vexdʒi] ♦ adj vert(e) ♦ m vert m.

verdura [vex'dura] f (vegetação) verdure f; (hortaliça) légumes mpl/verts.

vereda [ve'reda] f sentier m.

veredicto [vere'dʒiktu] m verdict m.

verga ['vɛxga] f osier m.

vergonha [vex'goɲa] f (timidez) timidité f; (desonra) honte f • **ter vergonha** avoir honte; (ser tímido) être gêné • **ter vergonha de alguém** avoir honte de quelqu'un • **não ter vergonha na cara** être sans gêne.

verificação [verifika'sãw] (pl **-ões**) f vérification f.

verificar [verifi'ka(x)] vt vérifier; (constatar) constater ▫ **verificar-se** vp (realizar-se) arriver; (acontecer) y avoir • **verificou-se um acidente** il y a eu un accident.

verme ['vɛxmi] m ver m.

vermelho, lha [vex'meʎu, ʎa] ♦ adj rouge ♦ m rouge m.

vermute [vex'mutʃi] m vermouth m.

verniz [vex'niʃ] (pl **-es**) m (para madeira) vernis m; (para unhas) vernis m à ongles.

verões [ve'rõjʃ] → **verão**.

verossímil [vero'simiw] (pl **-meis**) adj vraisemblable.

versão [vex'sãw] (pl **-ões**) f (de história, acontecimento) version f.

versátil [vex'satʃiw] (pl **-teis**) adj polyvalent(e).

verso ['vɛxsu] m (de poema) vers m; (de folha de papel) verso m.

versões [vex'sõjʃ] → **versão**.

vértebra ['vɛxtebra] f vertèbre f.

vertical [vextʃi'kaw] (pl **-ais**) ♦ adj vertical(e) ♦ f verticale f • **na vertical** à la verticale.

vértice ['vɛxtʃisi] m (de ângulo) sommet m.

vertigem [vex'tʃiʒẽ] (pl **-ns**) f vertige m.

vesgo, ga ['veʒgu, ga] adj • **ser vesgo** loucher.

vesícula [ve'zikula] f • **vesícula (biliar)** vésicule f (biliaire).

vespa ['veʃpa] f (inseto) guêpe f; (motociclo) scooter m.

véspera ['vɛʃpera] f veille f • **na véspera** la veille • **em vésperas de** à la veille de.

vestiário

vestiário [veʃ'tʃjarju] *m* vestiaire *m.*
vestibular [veʃtʃibu'la(x)] *m* concours d'entrée en faculté.
vestíbulo [veʃ'tʃibulu] *m* hall *m.*
vestido, da [veʃ'tʃidu, da] ◆ *adj* habillé(e) ◆ *m* robe *f* • vestido de habillé en.
vestígio [veʃ'tʃiʒju] *m* trace *f.*
vestir [veʃ'tʃi(x)] *vt (boneco, bebê, criança)* habiller; *(roupa)* porter; *(enfiar)* mettre ▫ **vestir-se** *vp* s'habiller • **vestir-se de** s'habiller en.
vestuário [veʃ'twarju] *m* vêtement *m.*
veterano, na [vete'ranu, na] *mf* vétéran *m.*
veterinário, ria [veteri'narju, rja] *mf* vétérinaire *mf.*
véu ['vɛu] *m* voile *m.*
V.Exa. *(abrev de* Vossa Excelência*)* Cher Monsieur/Chère Madame *(formule de politesse à l'écrit);* Monsieur, Madame *(formule de politesse).*
vexame [ve'ʃami] *m* honte *f.*
vez [veʃ] *(pl* -es*) f (ocasião)* fois *f; (turno)* tour *m* • perder a vez passer son tour • às vezes parfois • alguma vez você há aprender tu finiras par apprendre • de uma só vez en même temps; *(beber)* d'un trait • de vez une fois pour toutes • de vez em quando de temps en temps • mais de uma vez plusieurs fois • muitas vezes souvent • em vez de au lieu de; *(de pessoa)* à la place de • outra vez encore • por vezes parfois • poucas vezes rarement • era uma vez... il était une fois....
vi ['vi] → ver.
via ['via] *f* voie *f; (documento)* copie *f* • a Via Láctea la Voie lactée • via férrea voie *f* ferrée • por via aérea par avion • por via das dúvidas au cas où • por via de regra normalement • por via nasal par voie nasale • por via oral par voie orale • segunda via duplicata *m* • via pública voie publique • via rápida *(em auto-estrada)* file *f* de gauche; *(estrada)* voie express.
viaduto [via'dutu] *m* viaduc *m.*
viagem ['vjaʒɛ] *(pl* -ns*) f* voyage *m* • boa viagem! bon voyage! • viagem de negócios voyage d'affaires.
viajante [vja'ʒãntʃi] *nmf* voyageur *m,* -euse *f.*
viajar [vja'ʒa(x)] *vi* voyager • viajar pela França/pelo Japão voyager en France/au Japon.
viatura [vja'tura] *f* véhicule *m.*
viável ['vjavɛw] *(pl* -eis*) adj (transitável)* praticable; *(exeqüível)* faisable.
víbora ['vibora] *f* vipère *f.*
vibração [vibra'sãw] *(pl* -ões*) f* vibration *f.*
vibrar [vi'bra(x)] *vi* vibrer.
viciado, da [vi'sjadu, da] *adj* dépendant(e).
viciar [vi'sja(x)] *vt (adulterar)* falsifier; *(comunicar vício)* cor-

rompre ▫ **viciar-se em** *vp* + *prep* être dépendant(e).
vício ['visju] *m* vice *m*.
vida ['vida] *f* vie *f* • **ganhar a vida** gagner sa vie • **perder a vida** perdre la vie • **tirar a vida a alguém** tuer qqn.
videira [vi'dejra] *f* vigne *f*.
vídeo ['vidʒju] *m (aparelho)* magnétoscope *m; (filme)* film *m* vidéo.
videocassete [,vidʒjuka'sɛtʃi] *f* cassette vidéo.
videoclipe [,vidʒju'klipi] *m* vidéo-clip *m*.
videoclube [,vidʒju'klubi] *m* vidéoclub *m*.
videoconferência ['vidʒjukõnfe'rẽnsja] *f (telecomunicaes)* vidéoconférence *f*.
videodisco [,vidʒju'diʃku] *m* vidéodisque *m*.
videogame [,vidʒju'gejmi] *m* jeu *m* vidéo.
vidraça [vi'drasa] *f* vitre *f* • **com vidraça** vitré(e).
vidro ['vidru] *m (substância)* verre *m; (vidraça)* carreau *m; (de carro)* vitre *f*.
viela ['vjɛla] *f* ruelle *f*.
vieste [vi'ɛʃtʃi] → **vir**.
viga ['viga] *f* poutre *f*.
vigário [vi'garju] *m* vicaire *m*.
vigésimo, ma [vi'ʒɛzimu, ma] *num* vingtième, *f* • **sexto**.
vigia [vi'ʒia] ♦ *f (vigilância)* surveillance *f; (janela)* hublot *m* ♦ *nmf* vigile *m*.
vigilância [viʒi'lãsja] *f (guarda)* surveillance *f; (atenção)* vigilance *f*.

vinho

vigor [vi'go(x)] *m* vigueur *f* • **em vigor** en vigueur.
vil ['viw] *(pl* **vis**) *adj (infame)* abominable; *(desprezível)* ignoble.
vila ['vila] *f (povoação)* petite ville *f; (habitação)* villa *f*.
vilarejo [vila'reʒu] *m* hameau *m*.
vim ['vĩ] → **vir**.
vime ['vimi] *m* osier *m*.
vinagre [vi'nagri] *m* vinaigre *m*.
vinagrete [vina'grɛtʃi] *f* vinaigrette *f*.
vinco ['vĩŋku] *m* pli *m*.
vínculo ['vĩŋkulu] *m* lien *m* • **vínculo empregatício** contrat de travail *m*.
vinda ['vĩnda] *f (regresso)* retour *m; (chegada)* venue *f* • **à vinda** au retour.
vindima [vĩn'dʒima] *f* vendange *f*.
vindo, da ['vĩndu, da] *pp* → **vir**.
vingança [vĩŋ'gãsa] *f* vengeance *f*.
vingar [vĩŋ'ga(x)] ♦ *vt* venger ♦ *vi (planta)* pousser ▫ **vingar-se** *vp* se venger • **vingar-se de** se venger de.
vingativo, va [vĩŋga'tʃivu, va] *adj* rancunier(ère).
vinha¹ ['viɲa] *f* vigne *f*.
vinha² ['viɲa] → **vir**.
vinha-d'alhos [,viɲa'daʎuʃ] *f* marinade *f*.
vinheta [vi'ɲeta] *f* vignette *f*.
vinho ['viɲu] *m* vin *m* • **vinho branco/tinto** vin blanc/rouge • **vinho da casa** vin de la maison • **vinho espumante** OU **espumoso** vin mousseux • **vinho**

vinicultor

a martelo vin frelaté • **vinho de mesa** vin de table • **vinho moscatel** muscat m • **vinho do Porto** porto m • **vinho rosé** vin rosé • **vinho verde** vin blanc ou rouge légèrement pétillant fait alors que le raisin n'a pas atteint sa maturité.

vinicultor, ra [,vinikuw'to(x), ra] (mpl -es, fpl -s) mf viticulteur m, -trice f.

vinil [vi'niw] m vinyle m.

vinte ['vĩntʃi] num vingt, → seis.

viola ['vjɔla] f guitare f (à dix cordes).

violação [vjola'sãw] (pl -ões) f violation f; (estupro) viol m.

violão [vjo'lãw] (pl -ões) m guitare f.

violar [vjo'la(x)] vt violer.

violência [vjo'lẽsja] f violence f.

violento, ta [vjo'lẽntu, ta] adj violent(e).

violeta [vjo'leta] ♦ f violette f ♦ adj inv violet(ette).

violino [vjo'linu] m violon m.

violões → violão.

violoncelo [vjolõn'sɛlu] m violoncelle m.

vir ['vi(x)] vi 1. (ger) venir • **veio ver-me** il est venu me voir • **vem amanhã** il viendrai demain • **vir de** venir de • **venho agora mesmo de lá** j'en viens à l'instant même 2. (chegar) arriver • **veio atrasado/adiantado** il est arrivé en retard/en avance • **veio no trem das onze** il est arrivé par le train de onze heures 3. (surgir) arriver, venir • **o carro veio não sei de onde** la voiture est arrivée de je ne sais où • **veio-me uma idéia** il m'est venu une idée 4. (a seguir no tempo) • **a semana que vem** la semaine prochaine • **o ano/mês que vem** l'année prochaine/le mois prochain 5. (estar) être • **vem escrito em português** c'est écrit en portugais • **vinha embalado** c'était emballé 6. (regressar) revenir • **ele vem amanhã** il revient demain • **hoje, venho mais tarde** aujourd'hui, je rentre plus tard • **venho de férias na próxima semana** je reviens de vacances la semaine prochaine 7. (em locuções) • **que vem a ser isto?** qu'est-ce que c'est que ça? • **vir a ser** devenir • **vir abaixo** s'écrouler • **vir ao mundo** venir au monde • **vir a saber (de algo)** apprendre (qqch) • **vir sobre** (arremeter contra) venir sur • **vir a tempo de** arriver à temps pour.

virado, da [vi'radu, da] ♦ adj retourné(e); (casa) orienté(e) ♦ m • **virado à paulista** plat de São Paulo à base de haricots et de viande de porc • **virado para** tourné vers.

vira-lata [,vira'lata] (pl vira-latas) m bâtard m (chien).

virar [vi'ra(x)] ♦ vt renverser; (cabeça) tourner; (objeto) retourner; (transformar-se em) devenir ♦ vi (mudar de direção) tourner; (mudar) changer • **virar à direita/es-**

querda tourner à droite/gauche • **virar o carro** faire demi-tour ▫ **virar-se** vp se retourner • **virar-se contra alguém** se retourner contre qqn • **virar-se para** se tourner vers.

virgem [vi'ʒẽ] (pl **-ns**) ♦ f vierge f ♦ adj vierge ▫ **Virgem** f Vierge f.

vírgula [ˈvixgula] f virgule f.

viril [viˈriw] (pl **-is**) adj viril(e).

virilha [viˈriʎa] f aine f.

viris → **vil**.

virose [viˈrɔzi] f maladie f virale.

virtual [vixˈtwaw] (pl **-ais**) adj virtuel(elle).

virtude [vixˈtudʒi] f vertu f • **em virtude de** en vertu de.

vírus [ˈviruʃ] m inv virus m.

vis [viʃ] → **vil**.

visão [viˈzãw] (pl **-ões**) f (capacidade de ver) vue f; (ilusão) vision f.

visar [viˈza(x)] vt viser; (ter em vista) avoir l'intention de.

vísceras [ˈviʃseraʃ] fpl viscères fpl.

viscoso, osa [viʃˈkozu, ɔza] adj visqueux(euse).

viseira [viˈzejra] f visière f.

visibilidade [vizibiliˈdadʒi] f visibilité f.

visita [viˈzita] f visite f • **fazer uma visita a alguém** rendre visite à qqn.

visitante [viziˈtãntʃi] nmf visiteur m, -euse f.

visitar [viziˈta(x)] vt (pessoa) rendre visite à; (local, país) visiter.

visível [viˈzivew] (pl **-eis**) adj visible.

vivência

vislumbrar [viʒlũmˈbra(x)] vt apercevoir.

visões [viˈzõjʃ] → **visão**.

visor [viˈzo(x)] (pl **-es**) m viseur m.

vista [ˈviʃta] f vue f; (olho) œil m • **até à vista!** au revoir! • **dar na vista** se faire remarquer • **ter algo em vista** avoir qqch en vue.

visto, ta [ˈviʃtu, ta] ♦ pp → **ver** ♦ adj vu(e) ♦ m visa m • **bem visto!** bien vu! • **pelo visto** apparemment • **visto que** vu que.

vistoso, osa [viʃˈtozu, ɔza] adj voyant(e).

visual [viˈzwaw] (pl **-ais**) adj visuel(elle).

vital [viˈtaw] (pl **-ais**) adj vital(e).

vitamina [vitaˈmina] f vitamine f.

vitela [viˈtɛla] f (animal) génisse f; (carne) veau m.

vítima [ˈvitʃima] f victime f.

vitória [viˈtɔrja] f victoire f.

vitória-régia [viˌtɔrjaˈxɛʒja] (pl **vitórias-régias**) f nénuphar m géant.

vitral [viˈtraw] (pl **-ais**) m vitrail m.

vitrina [viˈtrina] f vitrine f.

viu [ˈviw] → **ver**.

viúvo, va [ˈʒjuvu, va] mf veuf m, veuve f.

vivacidade [vivasiˈdadʒi] f vivacité f.

viveiro [viˈvejru] m (de plantas) pépinière f; (de trutas) vivier m.

vivência [viˈvẽnsja] f expérience f.

vivenda

vivenda [vi'vẽnda] f maison f (individuelle).
viver [vi've(x)] ♦ vi (ter vida) vivre; (habitar) habiter ♦ vt vivre • viver com alguém vivre avec qqn • viver de algo vivre de qqch • viver em vivre à.
víveres ['viveriʃ] mpl vivres mpl.
vivo, va ['vivu, va] adj vif(vive); (com vida) vivant(e) • ao vivo live.
vizinhança [vizi'ɲasa] f voisinage m.
vizinho, nha [vi'ziɲu, ɲa] adj & mf voisin(e).
voar ['vwa(x)] vi voler.
vocabulário [vokabu'larju] m vocabulaire m.
vocação [voka'sãw] (pl **-ões**) f vocation f • ter vocação para avoir la vocation de.
vocalista [voka'liʃta] nmf chanteur m, -euse f (d'un groupe).
você [vo'se] pron tu □ **vocês** pron pl vous.
voga ['vɔga] f • estar em voga être en vogue.
vogal [vo'gaw] (pl **-ais**) f ♦ voyelle f ♦ nmf membre m.
volante [vo'lãntʃi] m volant m (de véhicule).
volátil [vo'latʃiw] (pl **-teis**) adj volatil(e); (fig) versatile.
vôlei ['volei] m volley-ball m.
voleibol [,volei'bɔw] m volley-ball m.
volta ['vɔwta] f tour m; (regresso) retour m; (mudança) tournant m • dar uma volta faire un tour • dar a volta em algo faire le tour de qqch • estar de volta être de retour • volta e meia (fig) sans arrêt • a toda a volta tout autour • por volta de vers.
voltagem [vow'taʒẽ] f voltagem m.
voltar [vow'ta(x)] ♦ vt retourner; (cabeça, olhos, costas) tourner ♦ vi (regressar) revenir; (ir de novo) retourner • voltar a fazer algo refaire qqch • voltar a chover recommencer à pleuvoir • voltar atrás (retroceder) revenir sur ses pas; (no tempo) revenir en arrière • voltar para revenir à • voltar para casa rentrer à la maison □ **voltar-se** vp se retourner • voltar-se para se tourner vers.
volume [vo'lumi] m volume m; (embrulho) paquet m.
voluntário, ria [volũn'tarju, rja] mf volontaire mf.
volúpia [vo'lupja] f volupté f.
vomitado [vomi'tadu] m vomi m.
vomitar [vomi'ta(x)] vt & vi vomir • sentir vontade de vomitar avoir envie de vomir.
vômito ['vomitu] m (contração) vomissement m.
vontade [võn'tadʒi] f (desejo) envie f; (determinação) volonté f • pôr-se à vontade se mettre à l'aise • ter vontade de fazer algo avoir envie de faire qqch • fazer as vontades a alguém faire les quatre volontés de qqn • com vontade ou sem ela que tu le veuilles ou non • contra a

vontade à contre cœur • **de livre vontade** de plein gré.
vôo ['vou] *m* vol *m* • **vôo charter** vol charter • **vôo direto** vol direct • **vôo doméstico** vol intérieur • **vôo fretado** vol affrété • **vôo livre** vol libre.
voraz [vo'raʃ] (*pl* **-es**) *adj* vorace.
vos [vuʃ] *pron* (*vocês*) vous.
vós [vɔʃ] *pron* (*fml*) vous • **vós mesmos** *ou* **próprios** vous-mêmes.
votação [vota'sãw] (*pl* **-ões**) *f* (*ato*) vote *m;* (*resultado*) scrutin *m* • **por votação secreta** à bulletin secret.
votar [vo'ta(x)] *vi* voter • **votar em alguém** voter pour qqn.
voto ['vɔtu] *m* (*eleição*) vote *m;* (*resultado*) voix *f* ▷ **votos** *mpl* • **votos de** tous mes vœux de bonheur • **fazer votos que** souhaiter que.
vou ['vo] → **ir**.
voz ['vɔʃ] (*pl* **-es**) *f* voix *f* • **ter voz ativa em algo** avoir son mot à dire sur qqch • **em voz alta/baixa** à voix haute/basse.
vulcão [vuw'kãw] (*pl* **-ões**) *m* volcan *m*.
vulgar [vuw'ga(x)] (*pl* **-es**) *adj* (*freqüente*) courant(e); (*comum*) banal(e); (*grosseiro*) vulgaire.
vulgaridade [vuwgari'dadʒi] *f* (*banalidade*) banalité *f;* (*grosseria*) vulgarité *f.*
vulnerável [vuwne'ravɛw] (*pl* **-eis**) *adj* vulnérable.
vulto ['vuwtu] *m* (*figura indistinta*) silhouette *f;* (*pessoa importante*) figure *f.*

W

walkie-talkie [,wɔki'tɔki] (*pl* **walkie-talkies**) *m* talkie-walkie *m*.
WC *m* (*abrev de* water closet) W-C *m*.
web [web] *f* le Web.
webcam ['uɛbikã] (*pl* **webcams**) *f INFORM* webcam *f.*
webmail ['uɛbimejo] (*pl* **webmails**) *m INFORM* webmail *m*.
webmaster ['uɛbimaʃte(x)] (*pl* **webmasters**) *nmf INFORM* webmaster *m*.
website ['uɛbisitʃi] *m INFORM* website *m*.
windsurfe [wĩnd'suxfi] *m* windsurf® *m*, planche à voile *f* • **fazer windsurfe** faire du windsurf.
windsurfista [wĩndsux'fiʃta] *nmf* windsurfeur *m*, -euse *f.*
WWW (*abrev de* World Wide Web) *f* WWW *m*.

X

xadrez [ʃa'dreʃ] *m* (*jogo*) échecs *mpl;* (*fam*) (*cadeia*) taule *f;* (*saia, tecido*) à carreaux.
xale ['ʃali] *m* châle *m*.

xampu

xampu [ʃãm'pu] *m* shampoing *m*.
xarope [ʃa'rɔpi] *m* sirop *m* • **xarope para a tosse** sirop pour la toux.
xenofobia [ʃenofo'bia] *f* xénophobie *f*.
xenófobo, ba [ʃe'nɔfobu, ba] *mf* xénophobe *mf*.
xeque-mate [,ʃeki'matʃi] (*pl* **xeques-mates**) *m* échec et mat.
xerez [ʃe'reʃ] *m* xérès *m*.
xerocar [ʃero'ka(x)] *vt* photocopier.
xerox® ['ʃerɔks] *m inv* (*fotocópia*) photocopie *f*; (*máquina*) photocopieuse *f*.
xícara ['ʃikara] *f* tasse *f*.
xicrinha [ʃi'kriɲa] *f* petite tasse *f*.
xilofone [ʃilo'fɔni] *m* xylophone *m*.
xilografia [ʃilɔgra'fia] *f* xylographie *f*.
xingar [ʃĩ'ga(x)] *vt* insulter.
xinxim [ʃĩ'ʃĩ] (*pl* **-ns**) *m* poulet à l'huile de palme et à la noix de cajou pilée.
xisto ['ʃiʃtu] *m* schiste *m*.
xixi [ʃi'ʃi] *m* (*fam*) pipi *m* • **fazer xixi** (*fam*) faire pipi.

Z

zagueiro [za'geiru] *m* (*em futebol*) arrière *m*.
Zaire ['zajri] *m* • **o Zaire** le Zaïre.
zanga ['zãŋga] *f* brouille *f*.
zangado, da [zãŋ'gadu, da] *adj* fâché(e).
zangão [zãŋ'gãw] (*pl* **-ões**) *m* bourdon *m*.
zangar [zãŋ'ga(x)] *vt* énerver ❑ **zangar-se** *vp* se fâcher.
zangões [zãŋ'gõjʃ] → **zangão**.
zarpar [zax'pa(x)] *vi* lever l'ancre.
zebra ['zebra] *f* zèbre *m*.
zelador, ra [zela'do(x), ra] (*pl* **-es**, *fpl* **-s**) *mf* (*de edifício*) concierge *mf*.
zelar [ze'la(x)] ❑ **zelar por** *vp* veiller à.
zelo ['zelu] *m* (*dedicação*) soin *m*; (*com pessoa*) égard *m*.
zeloso, osa [ze'lozu, ɔza] *adj* appliqué(e).
zero ['zɛru] *num* zéro • **partir do zero** recommencer à zéro • **ser um zero à esquerda** (*fam*) être nul • **estão seis graus abaixo de zero** il fait moins six → **seis**.
ziguezague [,zigi'zagi] *m* zigzag *m* • **andar aos ziguezagues** zigzaguer.
zinco ['zĩŋku] *m* zinc *m*.

zipar [zi'pa(x)] *vt INFORM* zipper.

zíper ['zipe(x)] (*pl* **-es**) *m* fermeture *f* Éclair®.

Zodíaco [zo'dʒiaku] *m* zodiaque *m*.

zoeira ['zwejra] *f* bourdonnement *m*.

zombar [zõm'ba(x)] *vi* se moquer • **zombar de** se moquer de.

zona ['zona] *f* zone *f*; *MED* zona *m* • **zona comercial** zone commerçante.

zonzo, za ['zõzu, za] *adj* étourdi(e).

zôo ['zou] *m* zoo *m*.

zoologia [zolo'ʒia] *f* zoologie *f*.

zoológico [zo'lɔʒiku, ka] *adj m* → **jardim**.

zumbido [zũn'bidu] *m* bourdonnement *m*.

zumbir [zũm'bi(x)] *vi* bourdonner.

zunzum [zũn'zũ] (*pl* **-ns**) *m* (*fig*) cancan *m*.

zurrar [zu'xa(x)] *vi* braire.

GUIDE DE CONVERSATION
GUIA DE CONVERSAÇÃO

Cumprimentos	Salutations
Bom dia.	Bonjour (utilizada para saudar alguém que se encontra pela primeira vez).
Boa tarde.	Bonjour (até o fim do dia).
Boa noite.	Bonsoir (a partir do começo da noite)./Bonne nuit (antes de dormir).
Olá!	Salut !
Oi!	Salut !
Como vai?	Comment vas-tu ?/Comment allez-vous ?
Tudo bem?	Ça va ?
Muito bem, obrigado(a).	Très bien, merci.
Bem, obrigado(a).	Bien, merci.
E o senhor/ a senhora/você?	Et toi ?/Et vous ?

Apresentar-se	Se présenter
Meu nome é Sérgio.	Je m'appelle Sérgio.
Eu sou brasileiro/brasileira.	Je suis brésilien/brésilienne.
Eu sou de Paris.	Je suis de Paris.

Apresentar alguém

Este é o Sr. Silva.

Gostaria de apresentar o Sr. Silva.

Prazer em conhecê-lo.

Como vai?

Bem-vindo(a).

Présenter quelqu'un

C'est M. Silva.

Permettez-moi de vous présenter M. Silva.

Enchanté(e)/Ravi(e) de faire votre connaissance.

Comment vas-tu ?/Comment allez-vous ?

Bienvenu(e)/Soyez le bienvenu/la bienvenue.

Despedir-se

Tchau.
Até logo.
Até breve.
Boa noite.
Boa viagem!
Foi um prazer conhecê-lo.

Prendre congé

Salut.
Au revoir !
À bientôt.
Bonne nuit.
Bon voyage !
Ravi(e) d'avoir fait votre connaissance.

Agradecendo

(Muito) obrigado(a).
Obrigado(a). Igualmente.
Obrigado(a) por sua ajuda.

Remercier

Merci (beaucoup).
C'est moi qui te/vous remercie.
Merci pour ton/votre aide.

Respondendo a agradecimentos | Répondre à des remerciements

Não há de quê.	Il n'y a pas de quoi.
De nada.	De rien.
Foi um prazer.	C'est un plaisir.

Desculpando-se | S'excuser

Com licença.	S'il vous plaît.
Sinto muito.	Désolé(e).
Desculpe.	Pardon./Excuse-moi./Excusez-moi.
Perdão.	Pardon.
Desculpe-me.	Excuse-moi./Excusez-moi.
Desculpe-me pelo atraso/por incomodá-lo.	Excuse-moi./Excusez-moi pour le retard./Excuse-moi de te déranger./ Excusez-moi de vous déranger.

Aceitando um pedido de desculpas | Accepter des excuses de quelqu'un

Não tem importância.	Ce n'est pas grave./Aucun problème.
Tudo bem.	Très bien.
Não foi nada.	Ce n'est rien.

VI

Votos e cumprimentos	Vœux et salutations
Boa sorte!	Bonne chance !
Divirta-se!	Amuse-toi bien !/Amusez-vous bien !
Bom apetite!	Bon appétit !
Feliz aniversário!	Joyeux anniversaire !
Boa Páscoa.	Joyeuses Pâques !
Feliz Natal!	Joyeux Noël !
Feliz Ano Novo!	Bonne et heureuse année !
Tenha um bom fim de semana.	Bon week-end !
Boas férias!	Bonnes vacances !
Tenha um bom dia!	Bonne journée !/Je te/vous souhaite une bonne journée !

Como está o tempo?	Quel temps fait-il?
Está um dia lindo.	C'est une belle journée./Il fait beau.
Está um dia agradável.	C'est une journée agréable.
Está fazendo sol.	Il y a du soleil./Il fait beau.
Está chovendo.	Il pleut.
Está nublado.	C'est nuageux.
A previsão é de chuva para amanhã.	On annonce de la pluie pour demain.
Que tempo horrível!	Il fait un temps horrible !
Está (muito) quente/ frio.	Il fait (très) chaud/froid.

VII

Expressando preferências | Exprimer des préférences

Expressando preferências	Exprimer des préférences
Eu gosto (disso).	J'aime ça./Cela me plaît.
Eu não gosto (disso).	Je n'aime pas ça./Cela ne me plaît pas.
Você gostaria de beber/comer alguma coisa?	Est-ce que tu voudrais/vous voudriez boire/manger quelque chose ?
Sim, por favor.	Oui, s'il te plaît/s'il vous plaît.
Não, obrigado(a).	Non, merci.
Você gostaria de ir até o parque?	Est-ce que tu veux/vous voulez aller au parc ?
Sim, eu gostaria.	Oui, volontiers.

Usando o telefone | Au téléphone

Usando o telefone	Au téléphone
Alô.	Allo ?
Aqui é Ana Francino.	C'est Ana Francino.
Gostaria de falar com o Sr. López.	Je voudrais parler à M. Lopez.
Volto a ligar daqui a dez minutos.	Je le rappellerai dans dix minutes.
Posso deixar um recado?	Puis-je laisser un message ?
Desculpe, devo ter discado o número errado.	Excuse-moi./Excusez-moi. Je n'ai pas dû composer le bon numéro.
De onde falam?	C'est de la part de qui ?

Alugando um carro | Louer une voiture

Alugando um carro	Louer une voiture
Queria alugar um carro com ar condicionado.	Je voudrais louer une voiture avec climatisation.
Qual é o preço por dia?	C'est combien la journée ?
A quilometragem é ilimitada?	Le kilométrage est illimitée ?
Quanto custa o seguro total?	Que/(Quel) est le prix de l'assurance tous risques ?
Posso devolver o carro no aeroporto?	Est-ce que je peux laisser la voiture à l'aéroport ?

Pegando um táxi | Prendre un taxi

Pegando um táxi	Prendre un taxi
Você poderia chamar um táxi?	Est-ce que tu pourrais/vous pourriez m'appeler un taxi ?
Para a rodoviária/a estação/o aeroporto, por favor.	À la gare routière/à la gare/à l'aéroport, s'il vous plaît.
Pare aqui/no sinal/na esquina, por favor.	Arrêtez-vous ici/au feu/au coin de la rue, s'il vous plaît.
Você poderia me esperar?	Pourriez-vous m'attendre ?
Quanto é?	C'est combien ?
Gostaria de um recibo, por favor.	Je voudrais un reçu, s'il vous plaît.
Pode ficar com o troco.	Vous pouvez garder la monnaie.

Tomando o ônibus/ trem

A que horas é o próximo ônibus para o Rio de Janeiro?

De que plataforma sai o trem?

Quanto custa uma passagem de ida e volta para Porto Alegre?

Com licença, este lugar está ocupado?

Prendre l'autobus/le train

À quelle heure est le prochain bus pour Rio de Janeiro ?

De quel quai part le train ?

C'est combien le billet aller-retour pour Porto Alegre ?

S'il vous plaît, cette place est-elle occupée ?

No aeroporto

Onde é o terminal 1/o portão número 2?

Onde é o check-in?

Gostaria de sentar no corredor/na janela.

A que horas é o embarque?

Perdi meu cartão de embarque.

Onde é o setor de bagagem?

A l'aéroport

Où est le terminal 1/la porte 2 ?

Où est c'où l'enregistrement (des bagages) ?

Je voudrais un siège côté couloir/hublot.

C'est à quelle heure l'embarquement ?

J'ai perdu ma carte d'embarquement.

Où est le secteur des bagages ?

Onde é?

Pode me mostrar no mapa onde nós estamos?

Onde é a rodoviária/o correio?

Por favor, como faço para chegar à Avenida Paulista?

É longe/perto?

Dá para ir a pé?

Où est?

Pourriez-vous m'indiquer où nous sommes sur la carte ?

Où est la gare routière/la poste ?

S'il vous plaît, comment faire pour arriver à l'avenue Paulista ?

C'est loin/près ?

C'est loin à pied ?

X

Circulando na cidade

Qual ônibus vai para o aeroporto?

Onde tomo o ônibus para a estação?

Quero uma passagem de ida/ida e volta para Manaus.

Pode me dizer onde devo descer?

Ponto de ônibus.

Circuler en ville

Quel autobus dois-je prendre pour aller à l'aéroport ?

Où est l'arrêt d'autobus pour aller à la gare ?

Je voudrais un billet aller/aller-retour pour Manaus.

Pourriez-vous m'indiquer où je dois descendre ?

Arrêt d'autobus.

No hotel

Queremos um quarto de casal/dois quartos de solteiro.

Quero um quarto por duas noites, por favor.

Fiz uma reserva em nome de Alves.

A chave do quarto 121, por favor.

A que horas é servido o café-da-manhã?

Pode me acordar às 7 horas da manhã?

À l'hôtel

Nous voulons une chambre double/deux chambres individuelles.

Je voudrais une chambre pour deux nuits, s'il vous plaît.

J'ai fait une réservation au nom de M. Alves.

La clé de la chambre numéro 121, s'il vous plaît.

À quelle heure est servi le petit-déjeuner ?

Pourriez-vous me réveiller à 7 heures du matin ?

Nas lojas

Quanto custa?

Queria comprar óculos de sol/roupas de banho.

Meu tamanho é 38.

Eu calço 36.

Posso experimentar?

Posso trocar?

Onde ficam os provadores?

Você tem um tamanho maior/menor?

Você tem isso em azul?

Tem cartões-postais/ guias da cidade?

Queria comprar um filme para minha máquina, por favor.

Dans les magasins

Combien ça coûte ?

Je voudrais acheter des lunettes de soleil/un maillot de bain, s'il vous plaît.

Je fais du 38.

Je fais du 36.

Je peux essayer ?

Est-ce que je pourrais l'échanger ?

Où sont les cabines d'essayage, s'il vous plaît ?

Avez-vous une taille plus grande/plus petite ?

Est-ce que vous l'avez en bleu ?

Avez-vous des cartes postales/des guides de la ville ?

Je voudrais acheter une pellicule pour mon appareil photo, s'il vous plaît.

XII

Pedindo informações | Demandar des renseignements

Pedindo informações	Demandar des renseignements
A que horas o museu fecha?	À quelle heure ferme le musée ?
Onde é a piscina pública mais próxima?	Où est la piscine publique la plus proche ?
Pode me dizer onde é a igreja mais próxima?	Pourriez-vous me dire où est l'église la plus proche ?
Você sabe o horário das missas/dos cultos?	Connaissez-vous l'horaire des messes ?
Há um cinema perto daqui?	Y a-t-il un cinéma près d'ici ?
Qual a distância daqui até a praia?	C'est loin d'ici la plage ?

Na lanchonete | Au café (bistrot)

Na lanchonete	Au café (bistrot)
Esta mesa/cadeira está livre?	Cette table/chaise est libre ?
Por favor!	S'il vous plaît !
Dois cafezinhos/cafés com leite, por favor.	Deux cafés/cafés au lait, s'il vous plaît.
Um suco de laranja/uma água mineral.	Un jus d'orange/une bouteille d'eau minérale.
Pode trazer mais uma cerveja, por favor?	Pourriez-vous m'apporter une bière, s'il vous plaît ?
Onde é o banheiro?	Où sont les toilettes, s'il vous plaît ?

XIII

No restaurante

Gostaria de reservar uma mesa para as 8 horas da noite.

Uma mesa para dois, por favor.

Pode trazer o cardápio/a carta de vinhos?

Você tem um menu para crianças/para vegetarianos?

Uma garrafa de vinho tinto/branco da casa, por favor.

Qual é a especialidade da casa?

O que tem de sobremesa?

A conta, por favor?

Au restaurant

Je voudrais réserver une table pour 20 heures ce soir, s'il vous plaît.

Une table pour deux personnes, s'il vous plaît.

Le menu/la carte des vins, s'il vous plaît.

Auriez-vous un menu enfants/végétarien ?

Une bouteille de vin rouge/de blanc maison, s'il vous plaît.

Quelle est la spécialité de la maison ?

Qu'est-ce qu'il y a comme dessert ?

L'addition, s'il vous plaît.

No banco

Gostaria de trocar cem euros em reais, por favor.

Em notas de valor pequeno, por favor.

Qual é o câmbio para o dólar?

Gostaria de trocar alguns cheques de viagem.

Onde há um caixa automático?

À la banque

Je voudrais échanger cent euros en réaux, s'il vous plaît.

En petites coupures, s'il vous plaît.

Quel est le taux de change du dollar ?

Je voudrais changer des chèques-voyage.

Où y a-t-il un distributeur automatique de billets ?

XIV

No correio

Quanto custa enviar uma carta/um cartão-postal para São Paulo?

Quero dez selos para o Brasil.

Gostaria de remeter este pacote registrado.

Quanto tempo leva para chegar lá?

À la poste

C'est combien pour envoyer une lettre/une carte postale à São Paulo ?

Je voudrais dix timbres pour le Brésil.

Je voudrais expédier ce colis en recommandé.

Combien de temps mettra ce colis ?

No consultório médico

Estou vomitando e com diarréia.

Estou com dor de garganta.
Estou com dor de estômago.
Meu filho está com tosse e febre.
Sou alérgico a penicilina.

Au cabinet médical

J'ai des vomissements et la diarrhée.

J'ai mal à la gorge.
J'ai mal à l'estomac.
Mon enfant tousse et a de la fièvre.
Je suis allergique à la pénicilline.

Na farmácia

Você tem alguma coisa para dor de cabeça/dor de garganta/diarréia?

Você tem analgésico/band-aid, por favor?

Poderia me indicar um médico?

Onde há um pronto-socorro?

À la pharmacie

Je voudrais un médicament contre les maux de tête/de gorge/contre la diarrhée, s'il vous plaît ?

Auriez-vous des analgésiques/des pansements auto-adhésifs, s'il vous plaît ?

Pourriez-vous me recommander un médecin, s'il vous plaît ?

Où est l'hôpital, s'il vous plaît ?